U0617841

【中国现代史学要籍文献选汇·中国历史(第一编)】

中华通史(上)

第一册(上古史) 第二册(中古史 上) 第三册(中古史 续)

章嶔 著

图书在版编目(CIP)数据

中华通史/章嵚著. —上海：上海三联书店，2021.1
ISBN 978-7-5426-6967-4

Ⅰ. ①中… Ⅱ. ①章… Ⅲ. ①中国历史—远古-民国
Ⅳ. ①K20

中国版本图书馆CIP数据核字(2020)第016639号

中华通史（上下卷）

著　　者：章　嵚
责任编辑：程　力
责任校对：江　岩
装帧设计：清　风
策　　划：嘎　拉
执　　行：取映文化
加工整理：嘎　拉　笑　然　牵　牛　牧　原
监　　制：姚　军
出版发行：上海三联书店
(200030) 中国上海市漕溪北路331号A座6楼
印刷装订：常熟市人民印刷有限公司
版　　次：2021年1月第1版　　印　　次：2021年1月第1次印刷
开　　本：650×900　1/16
字　　数：1280千字
印　　张：99.25

ISBN 978-7-5426-6967-4/K·568　　定价：648.00元（上下卷精装）

中華通史

第一册

甲編　上古史

中華民國二十三年四月初版

編輯概畧

一、本書首列導言，凡一切術語之必當先事說明及歷代總表之必須首爲羅舉者，均爲列入以見眉字。都會統系諸表，隸事尤精，卽此已費半年之力。

一、本書析列四編：甲編爲上古，乙編爲中古，丙編爲近古，丁編爲近世及現代。甲編乙編分時代各三，丙編丁編分時代各二，合爲十大時代。區析政治、法制、文化，按代敍述。而於第八時代以後，言之尤詳。

一、歷史爲時間之科學，本書節目最注意及之，學者按目一觀，便知本時代中已經過幾多之年數。用例之新，取材之巧，洵爲有史以來所未見。且於民國紀元以前年數之推算，最爲核實，一一俱經編對，與襲掠所得者不同。

一、本部歷史最難考定者古代，本書則羅陳衆說而折衷之；所最難徵實者近時，本書則搜稽信史而翦訂之：此類之長，實不勝其枚舉。著者因謀力纂是書，十年以來，搜羅新舊中外各籍，已達五萬册以上，調查參考，可稱富有。

一、本書引用各籍，種別最多，但如史類瑣記、子類小說之未易徵信者，一概不采，以求其爲信史。

一、本書所注今地均查照前內務部職方司訂定之表用之，惟道區已按照國民政府現制裁去。

一、本書不專爲學校參考而作，凡文章、政法、軍事、實業諸專家，以及一般公民、海外僑商有志瀏覽本邦史乘者，俱可應用。

一、本書於民國三年草成，嗣後本邦地理沿革上有所更革，本書俱不及竄改，幸希　亮詧。

中華通史總目

第一册

第二册

第三册

第四册

第五册

中華通史第一册目次

甲編（上古史）

第二篇　政治發展時代（夏商周）

第三篇　封建解紐時代（春秋戰國）

中華通史上册

編首解題

第一　史者何謂也?

史之由來遠矣!吾人今日處夫數千年以降,將欲仰溯數千年以上之陳迹,稽其原委。而說明之,詎曰簡易?玆者遞求緣起自近及遠,約有三端:一爲成文之始,二爲成事之始,三爲成象之始。奚言乎成文之始也?古者師說相傳,包犧神農黃帝之書,謂之三墳,少昊顓頊帝嚳之書,謂之五典,周之初世,三墳五典尚有存者,是古史流傳,並不限於唐虞以降。自周衰書佚古籍無徵,僅有堯典諸篇,爲虞史之所成,尙緜延而未替,故原史書之所自起,仍不得不推本於包犧。蓋當包犧之世,書契初成,文字既有見端,史籍於玆孕育。文之必由包犧始者,一也。奚言乎成事之始也?往古人民,當榛莽甫闢之初,賦性顓愚,罔殊物類,後稍進化,乃號初民,其時非無事實可徵,但無術以成書,亦共任其荒落。今試一冥念彼時情勢,則一切發達變遷之程級,固歷歷其可明。故原史實之所自來,舍邃古之初民,此外末由徵信。事之必由初民始者，又一也。奚言乎成象之始也？由初民之始而進溯之，距有史之時期歷年尚早，茫茫大陸，部落未分，人跡僅存，尚無所謂事實。俗士妄談盤古，以爲洪荒，西儒分析地層，擬之弘積，然事雖不著，而象已先呈，歷史概狀之萌，實由於是。象之必自初民以前始者，又其一也。是故有象而後有事，有事而後有文，象之始，事之始，固皆爲史之始，而文之始則眞爲史書之始。試變言之，謂象之始，事之始，文之始，皆爲史之始可也；再變言之，謂象之始者事之始，事之始者文之始，文之始者史之始，亦無不可也。

第二　中華通史者，何謂也？

中華通史者，纂於中華民國成立之後，追錄民國以前數千年歷史之梗概，綱爲一帙，而備往導來者也。自曩例言之，中國之稱，夙沿爲定號，衆諸習慣，則「中」可爲名也。自古義言之，華夏之稱，曾聞於孔子，徵之往籍，則「華」可爲名也。民國成立以前，朝名屢變，而國號虛懸，故所謂正史，大抵皆爲君主一姓之史，而不見有吾民立國之史，即治史者亦僅僅知治君史，而不知君史以外別有國史。審是，無今日之中華民國，則安有吾中華民國之史？故執狹義繩之，舉凡古來重要之史實，包舉於吾中華通史全帙之內者，多爲中華民國以前之所經歷，而必標題爲「中華」者，崇國名也。易廣義繩之，自民國完成，從此邦內治史諸家，不致蹀躞於君主國體專制政體之下，並得養成其社會觀念、國家觀念、世界觀念，渙其史識而擴之廣焉，其爲史才而又助之正焉，則是中華通史者，乃中華民國之產兒，中華民國之武，得以斬君史，中華民國之慈，並得以孕民史，本書之必以「中華」爲標題者，實所出也。然則審史名之肇始，溯新國之經程，代君史而以一振本邦史界之槁腐者，其或在此也哉？其或在此也哉？

導言之一　釋地

歷史之成因，以種族與地理爲原素。種族者，歷史之所恃以結合；地理者，又歷史之所藉以發生者也。本邦疆宇之大，冠於亞洲，高山障其邊陲，江河輸其文化，平原適其耕種，海岸利其交通，凡地理上之特質，爲現今文明大國之所兼資者，求之本邦，無乎不備。故按察本邦今日輿地之現狀，返而映之於數千年以往，覺本邦之歷史地理，自與東西列國相顯殊，雖古者東西列國之地同此變遷，而斷無能有兹優勝。數其美點，匪惟特質兼備而已；形勢善而至易於振興，一也；變更屢而終歸於一統，二也；建國古而區畫之方隨時而改善，三也。今綜求其概，首現勢，次變遷，次區畫，連而屬之，析其要如左：

（一）現勢　吾述現勢地理，吾匪敢離歷史以立言也，欲探地理更變之原，不可不明現勢，現勢地理者，猶歷史地理之寫眞也。兹區別言之，先全部，次國界：

（甲）全部　本部地理，可大別爲內外兩部，內部包舊時之十八省而言。其在北隅者列省凡四：自直隸而西曰山西，又西曰陝西，又西曰甘肅。其在南隅者列省亦四：自福建西南曰廣東，又西曰廣西，又西曰雲南。其在中區者列省凡十：山東江蘇浙江安徽江西爲中區東面五省，四川貴州爲中區西面二省，河南湖北湖南爲中區中間三省。衡之歷史，北隅之大部習征戰中區之大部饒富源，南隅之一部則又爲歐化輸入之途，迥非古昔蠻荒之比。凡若此者，皆內部優點之所存也。外部包關東三省（奉天吉林黑龍江）新疆全省，內外蒙古、青海、西藏而言。自關以東，乃遼金清諸朝根據之故墟，並爲本國東北方之重蔽。其西爲內外蒙古，胡元於此創帝皇之業，亦本邦北隅屛衞之區也。蒙古又西爲新疆，漢時謂之西域，東西陸路交通之孔道，自昔在茲。越新疆而南爲西藏，西藏東北曰青海，今多爲西藏人種之所分住，連帶邊地，號爲西陲。凡若此者，又外部大勢之所賴以絜維者也。綜計全部現勢之一班，地理之大端可覓。至如長城修闢，運河通濬之故，則又爲我先民精力之所表，著略沿革以徵近況，當爲舉世所共知耳。

（乙）四邊　本國邊境，除東方全部，南方一部濱海外，皆與東西諸強國之轄境相關連：關東之奉天吉林，南與日本所領之朝鮮爲界，吉林之東，與俄之東海濱省爲界，黑龍江暨外蒙古之北，與俄之西伯里亞諸省爲界，新疆西北與俄之中亞細亞諸省爲界，西藏西南與英領之印度爲界，雲南西南與英領之緬甸爲界，雲南廣西之南，與法領之安南爲界。故與吾有界務關係之國凡四：一爲日本、一爲俄、一爲英、一爲法，而本邦邊地，尤與俄之接觸爲多。今綜稽邊境，參以各約，再絜表以徵之：

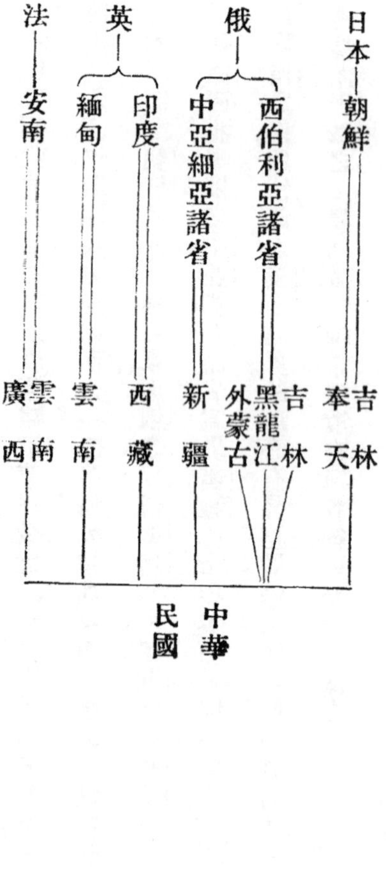

日本—朝鮮——吉林、奉天

俄—西伯利亞諸省——吉林、黑龍江、外蒙古
俄—中亞細亞諸省——新疆

英—印度——西藏
英—緬甸——雲南

法—安南——雲南、廣西

——中華民國

(二)變遷　邃古之疆里，於史罔得而稽矣，始黃帝以訖今日，其間變遷概況，代有異徵：或藉國威之奮迅而土宇擴張，或受外勢之侵陵而版圖減縮，或由羣雄之未能相下而分裂之局成，或因割據之不克久長而統一之基建，要之國之大小，地之分合，皆有歷史趨勢以綱維之。然此趨勢全出於人爲，斷乎於天行無與，故莫之爲而爲者，不得諉之天，卽莫之致而至者，亦不得歸諸命！今整次吾國地理上變遷之情勢，條其大要，以說明之：

（甲）擴張　自昔黃河流域爲中華民族最初繁殖之區，其後歷世增強，土地從而加拓，然猶限於本部，未及遐方，彼時所謂邊陲，皆近時之行省。訖於黃帝，聲威所及，僅限江南，其他崆峒（山名在甘肅高台縣西南）已盡西陲，釜山（在河北保安縣西南）又爲北衛，綜諸全局，未越今日內部之半；然考其東界，已至海濱，則本部東面之方輿，實於黃帝一朝而定。——求之遠古，惟是堪徵。故本邦有史以來，土宇擴張，此爲其始。唐堯之世，輿圖遠啓，又超軼於古初。觀堯典一篇，歷載羲仲宅嵎夷，（禹貢錐指援據後漢書以嵎夷爲朝鮮地）羲叔宅南交，（尙書地理今釋南交今安南國）和仲宅西，和叔宅朔方，（尙書集傳西謂西極之地，朔方北荒之地）是四界所包，方黃帝之時爲更廣，此爲本邦土宇擴張之第一步。其後洪水爲災，疆原不晰，夏禹奠定洪水，域內九州之制，於焉碻立。禹貢所謂東漸海，西被流沙，（甘肅邊外沙漠之地）朔南暨，聲教訖四海者，是又復廣堯初世之概觀，而疆里之整齊，且視堯時爲善，此爲本邦土宇擴張之第二步。越夏商以至周初，內仍列侯析建之制，外劃蠻夷分治之界，四陲所及，未能越古。迨秦人強盛，蠶食關東，嬴政幷滅羣雄，統一中夏，其地東至海暨朝鮮，西至臨洮羌中，（今甘肅）南至南交，北據河爲塞，並陰山至遼東，皆隸秦而治，其南陲所至，且遠拓於周初，此爲本邦土宇拓張之第三步。西漢建元以後，復從事於四夷，南服南海，北走匈奴，東制朝鮮，西通西域，舉今日本部東南西南諸省及新疆要地，蒙古邊隅，皆折入其版圖，置郡治之等於內地，此爲本邦土宇擴張之第四步。自是以後，君統屢易，內部分併亦頗無常。至於唐初，世民振武於前，其子繼承於後，東伐高麗，（卽朝鮮）北平突厥，（在內外蒙古）滅薛延陀，（在外蒙古）西降西域諸國，幷吐谷渾，（在青海附近）西南如苗猺諸蠻散處之地，亦奉唐命。舉今興都克士山以東，鴨綠江以西，西伯里亞以南，法領交趾支那以北，盡屬於唐。唐開六都護府統治其地，馭邊之法，彌善於漢家。此爲本部土宇擴張之第五步。越五代至宋，衰微不振，中國之大，竟全覆於胡元。胡元恃其兵力之強，幾收全亞。亞洲土地，除東方日本外，元之權勢，均克被之，並能旁及東歐，遙爲宰制，方諸今古，罕有其倫。此爲本邦土宇擴張之第六步。越明至清，始起關東窎僻之區，勢猶未盛，迨服內蒙古，下朝鮮，收中夏，再傳以後，舉今外蒙古新疆西藏之地，悉受制於清廷。清人統治邊疆，各置辦事之官，分臨其地，駐兵輸餉，炯察森嚴，以視漢之列郡，唐之開府，更爲切至，亂事不興。此爲本邦土宇擴張之第七步。惟我民國光復，內部整理舊疆，方期五族一心，弼成郅治，而蒙疆遼廓，藏部孤危，外患遂殷，需謀孔急；綜數土宇擴張之故，更不能稍弛維護之思矣！

（乙）減縮　反於擴張者，則爲減縮。有史以來，惟洪水成災，浩浩懷山襄陵，下民昏墊，九州改籍，罔得明稽，本部僅有高原，足防沉溺，夏商以上，國疆之減縮，玆其見端，然此猶可諉過天然，謂無與於人事。降而揆之，夏商之末，人君無道，土地率多蹙削之虞；至於東周，列國稱兵，戎狄因而坐大，中原沃壤，幷無力以拒其遷居積勢所成，奚論邊地？此爲洪水以還國疆縮減之第一步。越秦至漢，滅楚建邦，亦數用兵以謀固圉，然而南不能收三越，北不能拒匈奴，以擬強秦，反多削地，此爲國疆減縮之第二步。經東漢三國迄於西晉，五胡之亂，旋於本部滋生，晉人戰守失宜，倉皇南渡，因而僑置其已失諸州郡於江淮兩水之南，視同未失，究於實際，亦有何裨？此爲國疆減縮之第三步。自是以還，隋一中國，唐立邊功，承數世之擴張，至於中衰，藩鎭驕兵，久而益甚，吐蕃回紇乘是交侵，寖淫而有契丹，據東北之偏隅，爲五季之巨患；宋初統一中夏，外似寧壹，而燕雲重地，終不能收，此爲國疆減縮之第四步。越元至明，其初雖能大舉親征，防閑蒙古，迨其後世，韃靼縱橫於塞內，交趾獨立於南方，諸番擾攘於西陲，滿洲崛興於東北，至其內部，一方之患，猶未勝詳，此爲國疆減縮之第五步。淸初疆里之大，固已勝明，末造不振，乃舉黑龍江以北，烏蘇里江以東之地，讓諸俄國，其後西北界約，亦多更變，外藩坐是不保，台灣坐是屬人，列強乘此租借軍港，分劃範圍，訂約成盟，我無以拒，門戶之衛，遂無可言！此爲國疆減縮之第六步。惟我民國處可爲之勢，屬多難之秋，強弱存亡，惟力是視，擴張之與縮減，亦在吾民之自勉與否而已。

(丙)統一　本邦全部地勢，利於合不利於分，故統一之時期常較分裂之時期爲永久，惟當遠古之初，部落析居，各崇酋長，其時必有強有力之人君，起謀兼併，而思所以統一之者，顧其人姓氏無徵，吾黨雖言，不過藉爲假定。黃帝以降，統一之規早啓，故唐虞之禪，夏商之繼，其間君統雖有更變，而版圖分裂之事無聞。淩夷至於春秋，霸主建威，遂開七姓爭雄之局，諸紛紛者妄謀據土，縱横雜出，而卒幷於秦。故自周以還，秦幷六王，爲第一次之統一。秦亡，漢興，爲第二次之統一。迨漢祚爲王莽所移，劉秀起而復之，史稱東漢，爲第三次之統一。晉司馬炎滅蜀代魏，南幷東吳，爲第四次之統一。隋楊堅代周幷陳，爲第五次之統一。唐李淵立隋幼主而禪代之，傳子世民，中國全服，爲第六次之統一。宋趙匡胤繼後周而興，用兵四方，傳弟匡義，四方悉定，爲第七次之統一。元忽必烈承其先人之緒，南幷宋疆，爲第八次之統一。明朱元璋東南起義，北逐胡元，爲第九次之統一。清福臨入關，據燕卒奠中原，爲第十次之統一。以上諸朝，除秦隋兩系外，其統一之時代皆頗久長。至其久長之故，則以本邦地理之適於一統爲其主因，其他政制之善良與兵機之精奮，雖皆足以促成一統，而不能必其久長。故統一之久長，其端實全基於地理，而統一時代之地理，其樞又即筦於本部。故就本部言之，大山幹脉，概屈横支，區劃所包，輒兼數省，誠使一隅獨據，保障爲勞，其長一也。濱海諸疆，多爲要地，南北遙制，聲息易聞，即能負固自尊，亦難久持，其長二也。江河經程，長數千里，川流所至，通道匪艱，易於結合，而不易於孤立，其長三也。自民國成立，南北同心，統一之基將基茲而永定，徵之本論，三長之外，政體之改進，與物質之文明，與統一之局相繫聯，而歷史上之宿因，蓋又當緩論矣。

(丁)分裂　反於統一者則爲分裂。分裂之世，中央常無君主，而一任分裂者之自爲；卽有君主，而諸分裂者亦或附或不附，甚至有相率不附中央者。自周以前，列邦諸侯，對於君主，無德則叛，有德則朝，未聞有一一據地自雄，如後世所謂周末六國，漢末三國，東晉十六國，五代十國之局者。自周室東遷，由春秋而入戰國，其機漸熟，而禍亦漸紛，故自周以還，戰國六王爲第一次之分裂。秦亡，六國之人紛紛立後，爲第二次之分裂。西漢之末，羣雄角逐，互起兵爭，爲第三次之分裂。三國之世，爲第四次之分裂。晉室南遷，中原不守，其後遂成南北析治之局，爲第五次之分裂。隋末，李密楊玄感諸人因而起事，爲第六次之分裂。五代之世，其据地稱尊者，前後共有十國，爲第七次之分裂。宋人南徙臨安，與金對治，爲第八次之分裂。元末，張士誠陳友諒之徒，亦皆竊土，爲第九次之分裂。明之將亡，李自成張獻忠釀亂於前，福唐桂三藩圖存於後，爲第十次之分裂。以上諸邦，除東晉南北朝南宋之外，分裂之期皆不過數十年而止，甚至有稱王稱帝未數載而卽亡者，故從歷史之慣例言之，其國或三、或六、或十、或十六，實則胥乘無統一政府之日，伺一時之機會，輕圖自立，而皆不具一國之資格者也。設其國而果能建統一政府也，吾又何責？而無如諸分裂者之反爲其他之統一政府所亡也。況夫本邦地理，於分裂爲非宜，彼叛爲一時分裂之謀者，綜其際遇，或有不同，而結局終不離於殘滅，烏乎！豈非古今之殷鑒也哉？

（三）區劃　地理上之區畫，非僅關係一朝也，而一朝之內，亦數有其變遷。誠以地理區畫之原，全基本於政制，未有政制不善，而區畫猶可不更者。本邦有史以來，地理上之區畫，世有改進，今仍區別言之，先都會，次地方。

（甲）上古至今日之都會中心　自古京師有首善之名，爲全國之政府所在地，使畫本部爲南北二方，則建都時代之久長，南不能望北也。南方建都之區域四，（湖北江蘇浙江四川）北方建都之區域五，（河南陝西山西山東直隸）而此五區域之形勢，又較南方之四區域爲優。抑北方五區域之中，基於歷史上地理之變遷，亦各有其優點：自周以上，利在河南，次爲山東、西，次爲陝西；自唐以上，利在陝西，次爲河南；自明以上，利在河南，次爲直隸；自清至於民國，利在直隸。五區域以內，陝西與直隸各得九百餘年，河南則得一千八百餘年，此後直隸奠都之年數雖不可知，而於歷史上過去之年齡，究以河南一區爲最久。蜀漢之於成都，東晉之於建業，後梁之於江陵，南宋之於臨安，歷年雖有久暫之殊，立國究異北方之便。今編爲左表以見一隅：

（乙）上古至今日之分治　地方分治之制，不自黃帝一朝始也。或謂黃帝畫野分州，即爲區畫地方之始，不知遠古大九州之傳說，尙在黃帝之前，縱其時文字無徵，不皆足信，而大小部落之錯居分列，實爲經土設井之原，分治之起因，有不必待至黃帝之朝而始顯者。黃帝以降，至於唐虞，州名之析，則始有可徵。觀舜典有肇十有二州之文，後人以其事在未平水土之前，謂彼時疆域之宏，疑非後世九州之所能盡。禹貢九州之區畫，並不包有幽營并之三州，是古之分州，至禹定洪水而形勢一變。其後商周兩代九州綜數，罔有變更，惟界域所關，或多出入。迄秦始皇統一中國，全廢封建，廣行郡縣，列郡之多，至於四十，於是古時法制，無復留遺，而形勢再變。自秦區地方爲郡，漢以後俱仍其制，兩漢並統以十三部，部以包郡，郡以領縣，而部亦名州。西晉初世，有州十九，下列郡縣，井井可稽。東晉既喪北方全部，乃立地方僑置之法，去古甚遠，而析州之數亦由是而日繁。至於南北對峙之朝，州治增加，濫至二百有餘，而不以爲弊（後周畫州二百十一）於是秦漢舊制，幾乎無從規復，而形勢三變。隋與罷郡置州，復改郡。唐初，改郡爲州，後州又改郡，郡再改州，要之曰郡曰州，其下固皆領縣，稱名略異，析治則同。惟唐分國內爲十道，後又增爲十五，以統諸州，方之隋制，不無差別。宋改道爲路，始析爲十五，末爲二十六，南宋僅得十六，餘悉隸金。其制，路下有府有州有軍，府州軍之下有縣。訖於元朝，悉易宋世成規，立中書省一，行中書省十一，下區路府州縣四級，而縣悉領於州。自元以前，曰路曰道曰部或州，猶合地方建置之名，至元始以官署之稱區別地方，而其一省所領之範圍，又甚寬廣，於是隋以後之區畫，至是大更，而形勢四變。明自太祖再傳至於成祖，定都於燕，設立南北兩京，以京畿府州直隸六部外，爲十三布政使司，以統諸府州縣。清初京畿置順天府，外爲十八布政使司，後有增至二十一布政使司，其下府州縣之制，間有分併，以迄於亡。而世俗通稱，猶沿元代行省之名，未能遽革，故民國今日遂有主張縮小省區之計劃者。抑本邦自上古以來，地方區劃，久必變更，其變更之故之最大者，一見於禹，再見於秦，三見於隋，四見於元，往籍羅陳，班班可數。過此以往，第五次之變遷，或繼之而起，則析疆之新治，又卽在此數載之中矣。

導言之二　釋族

往者國內種族論之紛爭，常以政治論爲歸宿，而其要點，則爲漢族與東胡族孰宜占有政治勢力之一問題。主君憲者曰：吾問政治而不論種族；主民憲者曰：吾先問種族而後再論政治。其論種族，又嘗標舉歷史公例，謂自昔漢族夙能同化他族，而斷無被他族同化之理由。立說旣堅，和者漸衆，至於今日，主民憲者之議論，遂成爲事實，而民憲亦由是而發生。種族之辨，其將已矣。吾今述種族，吾非徒就政治言，又非專從漢與東胡之二族言也。自昔搆成吾國之歷史者，除多數之漢族外，尙有次多數之蒙古族，少數之突厥族，西藏族，東胡族。是等諸族之中，或曾屢窺中國邊陲，而爲漢族之所戰敗；或亦入主中原全土，而仍爲漢族之所屛除。縱其間如蒙古東胡，出全力以與漢族相爭，聲勢之強，僅屬一時，而不能永久，無他，凡其入居之地位，多與彼族無歷史之根源，徒以蒙古東胡，始俱銳於進取，故用師雖效，而其勢恆勞；其在漢族，則取以主待客之成謀，抗之不難，而覆之亦暇。二族之優於聲勢者，且猶如是，他可知矣。今者吾人取廣義之民族主義，合漢滿蒙回藏五族組合一大民邦，而一切歷史上之陳迹，在所勿論，惟道德與政治雙方進化，而始克有所謂五族共和之一日。誠哉其新造國家之譽，而又本邦史書未有之國聞也。吾述歷史，遂取吾國數千年來關於五族已往之事實，略爲詮次，以著其概，先類別而次及異同，又次及於關係，非樂爲深論，亦以見吾歷史之本相固嘗如是。遵斯道也，吾五族人民之當力爲團集，永相結合，以鞏我中華民國之基宇，無可疑也。

(一)類別　就各種派系統之大者以立言，至其勢力強弱之殊，間或尙論其徵，但不關於主旨。

(甲)漢　卽漢族，初曰華族，近世歐洲學者，謂華族之始源，本在亞洲西方之地，後由西方東徙，徑行本國之黃河上流沿岸，折入內部，攘斥苗人，而有其地，遂爲華族建國之起源。而其率族東徙之人，西士號爲那苛貢特(Nakhunte)，世俗淺信，或以黃帝擬之，此第就音譯之近同，藉端推測，自餘如紀時之分析，文字之簡單，雖或相符，而究不足定吾族西來之鐵證。故在今日華族西來之一語，尙無何種完全之論，卽欲勉推其說，等諸假定，而亦有所不能者，誠愼之也。大抵華族之在古初，勝苗民而闢新地，乃歷史上最爲昭著之事實，故本族之於本部，其憑藉之永久，無論世界何國，均不能及。卽蒙古東胡兩族，能以非常之勢力，一時入主，終不得閡其關係而斬絕之。本族之衆，而旣世有本部之憑藉矣，故其被分裂也，得起而統一之；其被佔據也，得出而光復之。證之往史，秦隋宋之統一，明之光復，與夫民國今日之易國體革政體，皆其徵也。其本族之能建立朝代者，黃帝以後凡十有九：曰唐，曰虞，曰夏，曰商，曰周，曰秦，曰漢，曰晉，曰宋齊梁陳，曰北齊曰隋，曰唐，曰梁，曰周，曰宋，曰明。

(乙)滿　卽東胡族，亦譯通古斯族。東胡爲本邦東北邊外之一族，其在上古，勢力殊爲小弱，向隸屬於中國，後稍繁衍，久乃稱強。顧其所以致盛之由，線迹最明，與他族之盛衰迥異：例如肅愼，貢周，爲其族接近中國之始，至於戰國，東胡漸強，其勢初振。厥後烏桓、鮮卑亂晉，寇掠日多，而鮮卑種人，且曾據有北部大區，甲馬縱橫，戰常得志，其勢再振。唐季契丹洊興，初猶不過邊陲之患，後乃入侵中夏，代立君主，收歲幣而享尊稱，幽燕形要，並爲所據，其勢又較鮮卑爲振。契丹之衰，女眞繼起，奄有中國北方，屢敗南宋，其勢又較契丹爲振。歷元至明，滿洲崛興，乘明室之多故，迭次戰勝，卒下中國而全有之，其勢又較女眞爲振。綜觀滿洲以前各部勢力之張，版圖之巨，從未有能及滿洲者。故滿洲凌替，即爲東胡全族衰息之表徵，而執歷史之定義相繩，則其族當無能再盛。自中世以降，其族人之能建立朝代者凡五：曰鮮卑之北魏，曰鮮卑之北周，曰契丹之遼，曰女眞之金，曰滿洲之清。

（丙）蒙　即蒙古族，亦譯蒙兀爾族，在今本部以北，內外蒙古之地，其強盛始見於近世。東胡之窺伺中國也以漸，蒙古之憑陵中國也以驟，惟其漸也，故統治必遲至千年，惟其驟也，故興衰不逾於百載，然此百載以內，經營規建，幾包全亞之地而併有之，此其排山倒海之聲勢，匪獨舉東胡全族之力莫能暨敵；即吾漢族，亦曾屈於一時之武力，而始得徐圖恢復。於其後來者也，自蒙古就衰，遽離本部，歸屯沙漠，其氣已竭而無可復盈，雖終朱明一朝，小侵大寇無有已時，而其究也，終爲滿洲之所征服。女眞亡國之恥，遂得由滿洲諸部伸之。此事匪止蒙古人種初意之所未知，抑又其族人之樂於驟進而不防及其他人種之漸進有以誤之也。故近代以內，蒙古人於中國所建立之朝代，惟有一元。

（丁）回　卽回族，亦曰突厥族，又譯土耳其族。在今本部西北，邊內外一帶地。唐虞以上，史稱獯鬻，至周而爲玁狁，至漢而爲匈奴。玁狁匈奴皆爲北方一隅之巨敵，而匈奴在漢並能統一漠中諸部，與華夏相對衡。其後逾三國兩晉，至於南北分立之朝，突厥大部復承之而稱盛，其可汗又多悖恣蔑視周齊。唐興，迭次窮征，幸能累勝，以促之衰；而其同族之回紇踵興，邊境轉多紛擾。至於唐末，沙陀入主，李存勖張皇於始，石敬塘劉知遠聯翩據位，其勢頓驕。蓋彼族先世之竊伺中原，其始亦未嘗不主張漸進，後一挫於漢之盛時，而匈奴離爲南北，再敗於唐之初世，而突厥又裂爲東西，分析之餘，聲威遽替，卽有回紇窺唐之衆，終亦無能久肆，沙陀之熾，不啻其族人意外之遭矣。然猶有特長未可遽擯也。方北匈奴之替，卒能挈羣西走，於宋眞宗之世，得那盧彌之要地，組合匈加利之名邦；西突厥之衰，亦曾率衆西行，於明景帝之時，下東羅馬之故墟，改建土耳其之新國。凡玆偉舉，類出於其種人，若與置中夏而論西方，則突厥民族之轉徙成邦，實非蒙古之強所能企。然在近世，其種人之東留中國者，初亦爲蒙古始盛時之兵力所排斥，競存至苦，僅得潛殖於天山南路及甘肅一部之中，至於今雖能繼續生存，與其先世初起時之情形相違益遠，蓋並無克望西方之土耳其匈加利各邦矣。自中世以降，其族人於中國所建立之朝代凡三！曰沙陀之後唐後晉後漢。

（戊）藏　卽西藏族，亦曰羌族，又譯圖伯特族。考西藏人之亦稱羌族者，以古初西藏附近，爲羌族之所居；舊說相傳，又謂羌之先人與苗爲同祖，自舜服有苗，徙其衆於三危，（山名在甘肅燉煌縣）於是爲羌人派系之所由來，其爲患迄殷周兩朝而未已。春秋以降，秦雖屢有西戎之伐，而終無力以殲除其種人，遷延以至東漢之衰，羌禍之横，爲列朝所未見。同時彼中支族，又別建大小月氏諸邦，其據地遂漸次廣延西北之一方，且展長至於中亞細亞。迨夫唐世，與中國西鄙偪處最近者，爲党項與吐蕃，吐蕃僅能憑其世守之墟，党項之子孫，至北宋盛時，居然建號稱邦，定名大夏；然其有地固不能如吐蕃之遠，故党項之盛不過一時，而吐蕃歷宋元以至於明清，部衆之分居，竟至奄有衛藏之全部。明清代起，均仍其俗以治其人，而其對於喇嘛教之信崇，亦於今不替。

（附）苗卽苗族　苗爲本邦最古之族，玆論人種，獨降之附從之列者，以苗在今日，於五族中固無位置也。然其類别之繁，色目之衆，方之他族，罕有比倫。或爲黎，或爲猺，或爲獠，或爲猓玀，或爲犵狫，其祖系率皆出自苗民。苗民之在古初，亦嘗屢與漢族交兵，嗣以迭次敗衄之餘，自中原方面退處於揚子江以南，從此不得進窺江表。蓋中國自堯舜禹以來，歷世征苗，苗勢久益衰微。至於戰國之初，江南中間一帶已不能有，自後復爲中原所制，歷朝進討，據壤益促，而今日雲南貴州廣西之一部，遂爲其族人生殖老死之鄉。苗之爲族，歷歲最長，而闇愚亦最甚，天行淘汰，理無可逃；爲今之計，惟有乘時急起，求智識於漢人，其諸或有不亡之一日也。又本國舊族，自苗以外，四川之一部，古有蜀族，雲南之大部，古有濮族，福建之大部，古有閩族，兩廣之大部，古有粤族，其他各古族之見於往史者，爲類尚多，玆以與中國民族之大别無闕，姑不備舉。

（二）異同　五族歷史之概要，既約論於右方。今再比較各族地域上之異同，總述其一班如左：

（甲）地域　五族分部之地理，以漢族爲特良，藏之塞，蒙之瘠，回疆之孤寄，滿洲之僻處，均非其比。由歷史方面觀之本邦內部之地所以特異於外部者，其故在此；而外部之人因歷史上之慣情往往憑藉邊陲以窺佔內部者，其故亦在此。蓋本邦自內部以外，惟滿洲有濱海之區，然猶限於東北偏隅，未克受海道交通之賜；其他各地或困於荒漠，或囿於氣候，凡所根據多無可言，故本邦內部偶經禍變，是等諸族，常結合大部以入中原，甚至或入主京師，代膺帝統，無他，其故地既非優勝，自不足以有爲，一旦獲茲膏沃之區，徙舊圖新，亦固其所，第閱時稍久，終以地理變遷之影響，或積漸而與吾同化，或中衰而爲我驅除；在彼既以住居之永，而轉形地域之非宜，在我亦終悟久假之非，而自獲最終之勝利。即以滿洲之盛，徙臨中國，綜其年數；亦僅二百六十餘載而已。抑反而思之，惟吾漢族之人，憑藉既優，自不至建都於外部，而外部諸族之入居中土者，亦卒由地理各殊之故，文化詘而強勢終不能以久伸。元之北行，清之讓國，例尤顯著。則謂中國平原之饒，海隅之富，長江大河之利，其始僅爲惠貺我內部之人而啓，非過言矣。

（乙）庶事　抑吾所謂文化詘而強勢終不能久伸者，其故何也？例如女眞，東胡族之著者也，而宋人論其風俗，則謂『女眞善射，其人無定居，常作鹿鳴，呼鹿而射之，食其生肉，能釀糜爲酒，醉則縛之而睡，醒而後解，不然則殺人。』（見新五代史）以內部之人較之，則遜其獷悍矣。又如韃靼，蒙古族所從出者也，而史言其『游牧爲生，異於契丹之射獵，人強武而地不產鐵，後得鐵作兵器，益出沒爲邊患，金兀朮以兵八萬討之，連年不克，乃多給金幣以示羈縻。』（見元史新編）其部落之強，卽在東胡亦驚其難企，以內部之人較之，又遜其猛鷙矣。又如匈奴，回族之始盛者也，而漢人言『匈奴逐水草遷居，無城郭常居耕田之業，然亦各有分地。無文書，以言語爲約束，士力能彎弓，盡爲甲騎，其俗寬則隨畜田獵禽獸爲生業，急則人習戰攻以侵伐。』（見前漢書）以內部之人較之，又遜其簡易矣。又如吐蕃，藏族之最強者也，而史言『吐蕃無文字，刻木結繩爲約，雖有官，不常厥職，臨時統領徵兵用金箭，用刑嚴峻，與其臣下一年一小盟，三年一大盟。』（見舊唐書）以內部之人較之，又遜其武厲矣。當是等諸族初盛之時，強勢之所加，非不足以挫吾中夏也，故彼族於初，負其獷悍之氣至而勝，挾其猛鷙之勢至而勝，張其簡易之習武厲之度至而亦勝，然以吾中夏文化優美之故，於其究也，以獷悍至者獷悍敗，以猛鷙至者猛鷙敗，以簡易武厲至者簡易武厲敗！綜其先後相距之世，或遲至百年數百年，或不必數百年百年，而以文化未濬之一因，遽倉皇而同化於我，其興衰時代之相距，至不越數十年，故彼族而與本部之人合也，相親相近，得其同化之益，則庶幾大治；不則相違相戾，去同化之軌日遠，而彼族亦終無以自存，種姓之式微，匪僅區區兵夷地蹙之慼而已！嗚呼，監神州之往史，念危狀於今茲，公例所章，滋難爲諱，民族競爭之故，奚必徵之歐陸而後知乎？

(三)關係　吾漢族之與諸外族遇也，其關係之故至繁今擇要述之分四端於左列：

(甲)通婚　自來兩國相遇，有時得藉通婚之舉以實施其交鄰之政策者，其事非僅爲調和血胤已也。大抵本邦內部之人，與外族通婚，於歷史上亦有幾多之遷變。秦漢以上，不以爲殊聞，周襄王之娶狄女，晉獻公之娶驪姬，重耳娶于狄曰季隗，趙衰娶于狄曰叔隗，左氏所書，班班可據！然此猶他族之適我族者也。自秦以後，吾族人之適他族者，其數漸多：例如漢之呂后，以公主妻匈奴冒頓，文帝以宗室女妻匈奴老上，昭帝以宮人王嬙妻匈奴呼韓邪，武帝且以江都王建之女婚西域烏孫矣。雖其時匈奴之婦，亦有嫁漢李廣利諸人者，要其關係無如漢婚匈奴之密也。魏晉以降，柔然寖強，其可汗斛律與北燕馮跋和親，且公然結爲交婚之約。而其時鮮卑人種，以旣盜據中原之故，遂以效漢人不得已者之所爲，觀魏太武帝（拓跋燾）以柔然可汗吳提尙海西公主，又遣使人納吳提妹爲夫人，是在他族亦頗事交婚。（以上事俱見魏書蠕蠕列傳）結婚政策之進行，有如是者。不僅是也，後魏恭帝之世，突厥可汗俟斤，嘗以女許宇文泰矣，約未定而泰死，尋而俟斤又以他女許宇文邕，未及結納，齊人亦遣求婚，俟斤貪其幣厚，將悔之，而邕令使往爭，幸獲如約。（見周書異域傳）是突厥且有時得挾結婚之政策，以操縱周齊矣。彼後周千金公主之下婚佗鉢（突厥可汗名）而猶不能絕其幷州之寇者，欲不謂之失算不能也！抑自西漢立和親之論，後世踵其故習，和則必親，隋於突厥，唐於契丹吐蕃回紇，皆不惜以良姝貴子，遠適窮荒，其初無非圖弭一時內寇之師，而搶攘依然，亦終無術以避甲兵之禍。蓋自秦以後，藉婚媾之故以弭塞外之兵，或行之而小效；魏晉以後變爲交婚寇掠之憂轉亟。隋唐之世並不聞有交婚之約，而他族或且以娶於吾族爲理勢所當然，邊圉之清寧無日矣。宋人力持內外禮義之論，此風旋熄，雖遼夏自爲婚好，其事原與宋室無關。明世理馭邊疆，亦猶趙宋，卽茲一事，亦有足爲外交遞變之徵者。要之，結婚之舉，亦視吾族人強勢之如何，強勢落而僅恃婚姻，未有不重邊隅之患者也。至若後魏金元之世，其種人或挾入主中原之大力娶漢女爲帝妃，則其事初無有何等政策之可言，僅以調和其血胤而已矣。

（乙）移民　移民云者，亦非專就吾族之人言也，往者他族之衆，蓋亦常移居中原矣：春秋之戎狄，魏晉之匈奴，南北分治以前之諸胡，中唐之回紇，皆曾進遷內地，與漢族共疆原；其他如鮮卑沙陀契丹女眞蒙古滿洲之據土稱尊者，猶未與其列也。抑其人而據土稱尊矣，提挈同族以來吾中國，如雲如雨，其奔而赴者必多，例以移民義非不類，顧其移而就我也易，其化而同於我也亦易，吾卽立一探源之論，謂夫鮮卑沙陀契丹女眞蒙古及滿洲之嫡裔孕之歷史胎之地理，其分子殊有和入我漢人種系之間者，吾固自信其說之非謬也。反而觀之，吾族人之入居彼地者，理勢相同，亦無能逭夫斯例。雖然，秦亡人之有辰韓也，（見後漢書）李陵苗裔之爲黠戛斯也，（見舊唐書）金兵破燕以後之遷中原士大夫姝姬子女也，（見大金國志）吾族偶以少數之人羈遲邊域，而其移居之影響終必有被及於他族者，觀夫殷箕子東徙朝鮮，朝鮮之民，歷千百禩而猶保護其陵廟謳詠其遺澤者，寧不令吾人起欽遲眷戀之思哉？烏乎！以彼卽吾道如彼，以吾卽彼道又如此此則吾所急欲著之而以實茲兩方關係之論者也。

(丙)改姓　改姓之說三：有強迫以改之者，有賜姓以改之者，有假托以改之者。由第一說，後魏孝文帝（拓跋宏）之南徙洛陽，悉令羣臣改爲漢姓，如賀魯之爲周，步六孤之爲陸，阿史那之爲史等，其徵也。由第二說，唐賜沙陀姓李，宋賜西夏姓趙等，其徵也。由第三說，漢高祖以宗女爲公主，妻冒頓，約爲兄弟，其子孫遂有托姓爲劉氏者，晉之劉淵劉曜等，其徵也。要之，改姓之故，率基于羨慕文明之一念，雖吾族之文明，不能以改姓一端而盡，而由改姓以徵其同化，是又證明關係之一因也。且夫姓所以辨人系明族別者也。賜他族以漢姓，則出於敷治國家之禮意，而兼以誘啓其依附內部之決心；顧他族之人亦稱之而無忝者，則誠文明之傾向足以致之，初與吾族人勢力上之盛衰無與。若夫元人入主，賜漢官以蒙古之名，則全由強力之所挾持，與他族之易漢姓以內慕文明者，其情迥異，宜乎屆彼淩夷之會，其賜號諸臣之孫子，惟恐革除更正之不先也。

(丁)借師　中古以還，常有假借他族之兵以入靖本邦之內部者，其初未嘗無一時之小利，繼則蒙其損害而莫可如何，唐之借師突厥回紇沙陀，後晉北漢之借師契丹；所患雖有輕重之殊，而得不償失之情則一。他如吳三桂之乞師關外，又其例之近而易徵者也。夫邊患之貴於防弭，盡人知之，朝社未滅，寧盡無兵？若之。何引操弧持戟者之入其居；而又終無術以饜之也？後晉北漢誠無論矣，以唐之盛，乃甘自同於梁師都劉武周，郭子儀之所爲成事者之籌維，不過如是，則後此宋人之約金滅遼，約元滅金，尚爲二邦聯合之衆，以衡諸借師者之過，猶可釋其責備而自寬也。烏乎！借師成而關係密，關係密而疆宇恆不能以自完，其徵驗之來，未有信於是者。然綜斯所舉，要皆準諸往史而言，繼自今五族一家，或者其能軼往史之偏拘而有種界全融之一日乎？詩云：雖不能至，心嚮往之。

導言之三　釋系

凡古今重要之大事，有因果之可論，而足以隸入歷史之範圍者，無不有系：故政治有系也，社會有系也，學術與宗教皆有系也。凡此諸系，求之歷史，殆皆易知；然而或隱或現，或歧或輟，非惟繚曲往復之難窺也，治史者從而病之，往往祇能言其系之概略，而不能詮其系之詳別。故論歷史上之系統者，多就君系以立言，誠以君系之詳別易尋，人明事著，無所謂隱現，此與彼替，不致有歧輟。加之自淸以上，世沿立君之制，膺國乘者恆以臣民萬衆之事爲枝，而以人主一家之系爲幹，陳規相襲，視等典常。本編釋系之必從人主立綱者，非敢仍蹈往史之例也。人主歷世之系不昭，則一代傳承興替之徵不著。今說述系統，先陳總概，而後揭其謀爲。夫亦以見君系之不可再行，往史所徵，足爲殷鑒焉爾。

（一）總概　總概之云二：

（甲）興替　自君位世襲之制定，而一代興替之象亦定。何者？人主之位克世，人主之賢不克世，世襲而未必世賢，則一姓之祚命於是乎替，而他姓之人，始得起而繼之。夫其繼之者，必其能革之者也，乃或革其弊政，而君位世襲之制仍存。毋亦曰吾力興之，吾寧傳諸子孫而待其替，吾何爲而授之他人也哉？果爾，方替者如是，新興者亦仍如是，是寧止以中國爲私器而已。主中國者而旣躋九五之貴矣，功德之旣垂，威嚴之照被，其尊若此，乃其居心多私於傳子，（其必須傳子之原因詳見下節）何不倫乎？或曰棄世襲而行讓國則必爭，爭必亂，故無寧傳子。然則傳子其不亂邪？且讓國未行，安知其爲亂？（戰國時燕王噲與子之事不足論）其傳子而致亂者，於史有之，治道進而讓國之論，化而爲公選，則允之至者也。雖然，歷代興替之間，有久暫之故焉，是亦不可不察也。自秦以上，除最古之伏羲一系外，傳系無有能及千年者，以周之盛，不過八百六十六年。自秦以下，傳系無有能及五百年者，以漢之盛，不過四百零五年。（東西漢合計）此正合孟子所謂「五百年必有王者」之說。周以後之傳系，孟子原不克前知而驗諸人心，以綜計其盛衰，五百年之成數，雖不容拘，而究無難推定也。抑自周以後，雖無王者之興，而求一能謀統一之君，則未嘗不可得，準之孟子五百年之說，或時有其後先。然孟子之所謂五百年，亦第酌舉其成數以示來茲，非謂五百年之例，缺其一則非，溢其一而又非者也。不然，自夏禹之興，何以傳系僅止四百三十九年而已有湯？商湯之興，何以傳系又溢至六百四十四年而始有武？（周之武王）抑降而徵之有周，傳系至八百六十六年，若以五百年之說衡之，似失據矣。然孟子不於「五百年必有王者興」之下，復系以「其間必有名世者」之一言乎？徵諸舊注，名世謂其人德業聞望可名於一世者是也。謂名世爲王者之輔，若皋陶稷契伊尹萊朱太公望散宜生之屬，則非也。夫王者五百年而興，名世生於前後王者之間，則二百五十年卽有名世。（見俞氏經說）特所謂二百五十年者，亦仍爲酌舉成數之言，不容泥論。故五百年前後爲有王者之期，二百五十年前後爲有名世之期，五百年前後而無名世，更歷二百五十年之間，則當有名世。自周之興王者往而僅得名世，（孟子自謂）則仍與孟子之原論相合。周亡秦繼，王者不可得，名世亦不易得，然使治史者而能降格以求，既求吾之所謂能謀統一之君以代王者矣，因是再求能知治概之君以代名世，則五百年前後與夫二百五十年前後之數，未嘗不可合今古而綜推也。茲者類求往史，秦以前爲一大期，秦以後又爲一大期。秦以前之一大期，爲王者名世之期；秦後之一大期，則卽吾之所謂降格以求者之期。自秦以降，吾降格而得一劉邦，謂其能謀統一之治也。至其亡滅，歷四百零五年，正爲王者將出之際，而蜀之劉備，吳之孫權，魏之曹氏父子，（操丕）皆不足以膺降格之求，於是不得不遲至二百五十年前後之一期，而覓吾所謂降格以求之名世。其間歷魏之四十六年，（蜀吳同時不計）晉之一百五十六年，（東西晉合計）南北分邦，卽能識治概之君亦不易得，再歷宋之五十九年，齊之二十三年，梁之五十三年，陳之三十三年，（後魏周齊同時不計）隋之三十一年，（實三十九年，惟開皇九年始滅陳，故除八年）與魏晉之年合計，已滿四百年以上，與五百年前後約定之數近符。吾因仍降格而求，乃得能謀一統之李氏父子。（淵世民）李唐之滅，雖歷二百八十八年，若除高祖（淵）太宗（世民）兩朝之年號，則祇二百五十六年，自後迭經後梁之十七年，後唐之十四年，後晉之十一年，後漢之四年，後周之十年，揆之名世挺生之會，雖已超過而尙屬近符，卒得趙氏弟昆。（匡胤匡義）去二百五十年前後約定之數，固不甚遠，而其人能剏爲開國之模，終未能復幽燕之土，與其謂爲能謀一統，毋寧謂其能知治概之爲公也。趙宋之滅歷三百二十年，（北南宋合計）後更胡元，又八十九年，（實一百五十六年，惟至元十六年始統中國，故未統中國以前，概不入算。）合而計之，已越四百年之上，吾又降格而得一朱元璋。元璋返元室之政，復神州之宇，非惟能謀一統之治而已。過此以往，明歷二百七十七年而亡，淸歷二百六十八年而亡，（實二百九十六年，惟順治元年始統中國，未統中國以前概不入算。）五百年之會已過，及今而有王者之作，與五百年前後約定之數，仍屬近符，吾人之所以禱祀期求而急望遘諸旦暮之間者，其故在是。是則可與參夫孟子之言，而預爲推定者也。夫此五百年前後或二百五十年前後之變遷，其根源全伏於人心，而人心之所從違，雖由時會之變遷使然，實因世襲之賢愚而判；歷綜諸朝之年數，或有遲速久暫之殊，而終不能有興而無替者，固其勢也。夫求賢嗣於世襲之朝，最難必得，吾今所舉之謀統一而知治概者，其人之起，率與孟子約定之年數相符，而固皆一朝開剏之主也，烏乎！以徵往事，寧不昭哉？列代年數比較略表附：

上古一（包犧至無懷十七主歷一千二百六十年）

上古二（神農至榆罔八主歷五百二十年）

上古三（黃帝至舜七主歷四百八十九年）

夏（大禹至履癸十七主歷四百四十年）
商（成湯至受辛三十八主歷六百四十七年）
周（武王至赧王三十七主歷八百六十六年）
秦（始皇至子嬰三主十五年）
漢（高祖至獻帝一十三主歷四百零五年）
吳（大帝至景帝四主歷五十二年）
蜀（昭烈帝後主歷四十三年）
魏（文帝至廢帝五主歷四十六年）
晉（武帝至恭帝十五主歷一百五十六年）
南（朝）宋（武帝至順帝八主歷五十九年）
齊（高帝至和帝七主歷二十三年）

梁（武帝至敬帝四主歷五十三年）

陳（武帝至後帝五主歷三十三年）

北朝

後魏（道武帝至恭帝十三主歷一百七十二年）東西魏分計

北齊（文宣帝至後主五主歷二十八年）

後周（孝愍帝至靜帝五主歷二十五年）

隋（文帝至恭帝三主歷三十九年）

唐（高祖至昭宣帝二十主歷二百九十年）

五代

後梁（太祖末帝八十七年）

後唐（太祖至廢帝四主歷三十年）

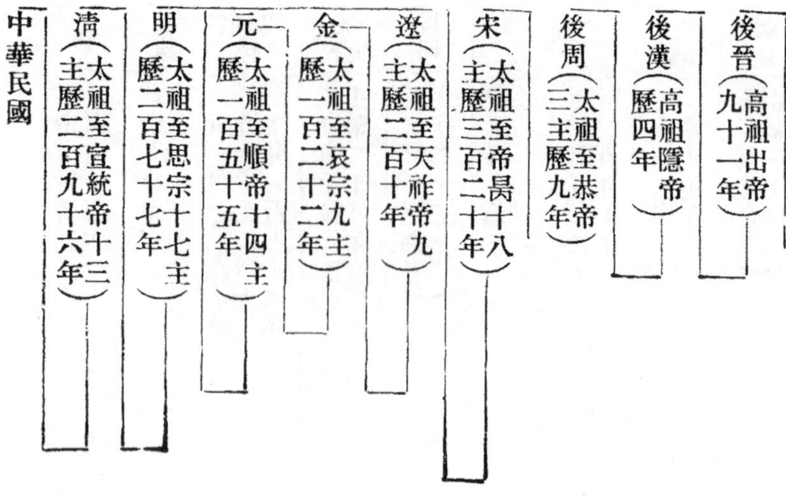

後晉（高祖出帝九十一年）
後漢（高祖隱帝歷四年）
後周（太祖至恭帝三主歷九年）
宋（太祖至帝昺十八主歷三百二十年）
遼（太祖至天祚帝九主歷二百十年）
金（太祖至哀宗九主歷一百二十二年）
元（太祖至順帝十四主歷一百五十五年）
明（太祖至思宗十七主歷二百七十七年）
清（太祖至宣統帝十三主歷二百九十六年）
中華民國

（乙）繼承　近世歐洲學者之觀察吾國也，有謂吾國爲家族主義之國者。夫吾國之尊崇家族主義，固無容諱，然此第能就歷史言之而未足以賅括現象也；現象之所趨，世襲之君位固因之而廢矣。夫君位世襲之由來，其造端卽因於家族，家族之傳系，父以及子，子以及孫，繼承之順序，未聞其有難之者也。聚無數之家族，結合而生聚，隨夫天行自然之理，演進而形爲國家，自國家成而家族之主義因之益固；一國之主，不啻其爲一族之長，一國之主之子，常能順承其父之權力而繼續之，自子而孫而曾而玄，視爲固有，亦卒無有敢言之者。惟君主之統系，既以家族主義行之，故常虞其絕嗣而娶必多妻，妃嬪之制行焉矣。又其繼世之主，思權力之由來，而報本返始之心倍至，議必有以尊崇之者，而始足以導示夫後人，宗廟之制行焉矣。其究也君主以一娶多妻之故，所生之子，暱母之日多，親父之時少，而父子之情因之薄弱，宮廷之弒逆自此萌矣。抑君主又以崇拜祖先之故，思夫主器之尊之必爲我後嗣，而後嗣又不可自我而絕，無子而必期其有子，子不可得，於是乎有養子，血胤之混淆自此始矣。然而爲主者，終爲家族主義之一念所蔽，有子傳子，無子傳孫，不則或傳弟，或傳弟子，或傳兄，或傳兄子，或本支絕而傳族人，甚者並族人而不傳，傳夫養子，此家族主義之表現無可諱也。並吾所謂血胤混淆者而亦不知計，其亦惑矣。有時君主既亡，君后或出而主持國事，其桀黠者常謀以女系移轉男系矣，而其事終不果，豈非自古相傳之家族主義有以刼持於冥漠之中乎？雖然，有史以來，累世相因而不易者，君主之家族主義也；其行之數百年百數年數十年數年而胥不能堅持以至於更易者，一姓之家族主義也。日人有賀氏之論東方族制也，謂日本之羣由單姓族而成，中國之羣由複姓族（卽族姓之多者）而成，故彼之君位可萬世一系，而我國則不能。徵之本邦已往之史情，甲姓國主之後嗣或有不良，而乙姓之人終得起而覆之以代其位；而此推覆甲姓之嗣，亦不能免夫丙姓之推覆；而丙姓亦自有丁姓以起而覆之，如是推移，而人主之統系因以代更，卽一姓人君之家族主義，亦於茲聯貫，凡茲變象，悉由複姓之族而來，無可諱也。夫本邦地在大陸，勢無能禁他族之入居，曩昔之主持政教者，又不敢以一身爲禮法之罪人，必兢兢以衞同姓不婚之禁，複姓之積而益盛，要皆歷史趨勢有以成之。今日廢世襲之君位，而爲公選之總統，歷史上君主繼承之序破，而一姓君主之家族主義亦於是乎告終，此卽吾所謂識吾國爲家族主義之國者，爲不足賅括現象之一大善徵也。歷代傳系順序略表附：（始包犧終宣統）

系	包犧系 16　1 主 包犧氏
族	漢
姓	風
名及字或廟號諡法	漢書古今人表作宓羲或作炮犧而皇前編作伏羲異名甚多
籍	通鑑外紀生成紀今甘肅秦縣
輩	
后	
子	
在位年數	外紀原注一百年或曰一百十六年但他書多有以爲一百十五年者
始年 終年	
民國紀元前年數	
年齡	
死由	
陵地	葬陳今河南淮寧縣北
附考	包犧以後傳系次序本外紀

2 女媧氏	漢	風路史作靈	路史女媧氏媧亦曰女希	伏羲之女弟	外紀原注二百三十年	葬今山西趙城縣其他見於山東河南二省者各一	
3 大庭氏	漢		路史作大氏				大庭後傳系雖本外紀兼以古今人表為序
4 柏皇氏	漢	路史曰姓柏	莊子作伯皇路史曰名芝				
5 中央氏	漢		路史作中黃中皇				
6 栗陸氏	漢		路史作栗睦				
7 驪連氏	漢		莊子作驪畜路史驪作麗或作鳌				
8 赫胥氏	漢		金樓子作赫蘇			路史曰葬朝陽今地不詳	
9 尊盧氏	漢		金樓子作宗盧			路史曰葬藍田今陝西藍田縣	
10 混沌氏	漢		莊子作混沌路史亦作渾敦				

名號	族	姓	名	地	父	注	子	在位	葬	附注
11 韓英氏	漢		帝王世紀作昊英							
12 有巢氏	漢									
13 朱襄氏	漢									
14 葛天氏	漢									
15 陰康氏	漢									
16 無懷氏	漢									外紀原注女媧至無懷十五君皆襲包犧氏之號
神農系8 主										
1 神農氏	漢	姜	路史曰名軌一名石年異名甚多	外紀長於姜水當在今陝西寶鷄縣	少典子	外紀原注神農納奔水氏女曰聽談生臨魁	臨魁	外紀原注一百二十年或云一百四十年	葬茶鄉今湖南茶陵州	神農以後傳系次序仍本外紀
2 帝臨魁	漢		路史分臨魁爲二人一曰帝臨一曰帝魁		神農子		承	外紀原注六十年或云八十年		
3 帝承	漢				臨魁子		明	外紀原注六十年或云六年		
4 帝明	漢				承子		直	外紀原注四十九年		

5 帝直	6 帝釐	7 帝哀	8 帝榆罔	黃帝系7主 1 黃帝	2 金天氏（昌意）	3 高陽氏（橋極）
漢	漢	漢	漢	漢	漢	漢
				公孫又姬姓	路史曰紀姓	姬
通鑑前編作帝宜	帝王世紀作帝來	帝王世紀作帝裒前編作帝裏	路史炎帝參盧是曰榆罔按參盧當為榆罔之名	外紀黃帝名軒轅路史曰名荼一名軒字玄律異名甚多	名摯亦曰少昊外紀原注一曰帝宣路史亦作少昊	顓頊路史作顓畜
				外紀生壽邱今山東曲阜縣東北		
明子	直子	釐子	哀子	少典之子章昭曰少典之裔子	黃帝子	昌意子
				嫘祖（元妃）		路史顓頊娶鄒屠氏勝憤氏
釐	衰	榆罔前編帝裏生節莖節莖生克及戲節克戲皆不在帝位克生子榆罔立		元囂即少昊昌意（嫘祖出）休清輝夷彭蒼林禺陽（他妃出）	倍伐般	窮蟬路史鄒屠氏生禹祖又因夢而生八子世謂八凱
外紀原注四十五年	外紀原注四十八年	外紀原注四十五年	外紀原注五十五年	外紀原注一百年或云一百十年今推數甲子以百年為斷	外紀原注八十四年	外紀原注七十八年
				甲子	甲辰	戊辰
				癸卯	丁卯	乙酉
				民國紀元前四千六百零八年至四千五百零九年	民國紀元前四千五百零八年至四千四百二十五年	民國紀元前四千四百二十四年至四千三百四十七年
				外紀原注三百歲	外紀原注年一百歲	外紀原注年八十一歲或曰九十一歲
				葬橋山今陝西中部縣北	葬雲陽今山東曲阜縣北	葬濮陽今直隸開州
			外紀原注神農至榆罔七帝襲神農氏之號			

4 高辛氏	5 帝摯	6 陶唐氏	｜窮蟬｜敬康｜芒｜橋牛｜彭腹 7 有虞氏	夏凡17主 1 夏后氏
漢	漢	漢	漢	漢
姬	姬	姬或曰姓伊耆	姚	姒
嚳路史曰字亡斤史記三代年表亦作佶	路史以爲不應與其曾祖同名故從廛	堯名放勳	舜名重華	禹史記曰名文命外紀原注禹字高密
		路史堯生於母家伊侯之國後徙耆故號伊耆	外紀生姚墟今山東濮州附近	外紀生石紐今四川汶山縣西
少昊孫	嚳子	嚳子	顓頊五世孫	鯀子顓頊之後
有部氏（元妃）		女皇	娥皇女英	塗山氏
棄（有部氏出）契堯摯（他妃出）路史注謂次妃有陬氏常因夢而生八子世謂八元	玄元	丹朱（女皇出）堯有庶子九人皆不肖	商均（女英出）	啓均（塗山氏出）
外紀原注七十五年或云六十三年前編作七十年今推數甲子以七十年爲斷	外紀原注九年	百年	五十年	九年今推數甲子實八年止
丙戌	乙未	甲辰	丙戌	丙子
甲午	癸卯	癸未	乙亥	癸未
民國紀元前四千三百四十六年至四千二百七十八年	民國紀元前四千二百七十七年至四千二百六十九年	民國紀元前四千二百六十八年至四千一百六十九年	民國紀元前四千一百六十六年至四千一百十七年	民國紀元前四千一百十六年至四千一百零九年
外紀原注年一百歲或曰一百五九十八九十三		外紀原注或作一百十六年或作一百十七或作一百十八	外紀原注爲百歲或云一百五或云一百十三	外紀原注年百歲
			南巡沒	東南巡沒
葬頓邱今山東清豐縣西南		葬穀林今山東濮州	葬九疑今湖南道州	葬會稽今浙江紹縣
			女英本次妃明與娥皇同嫁故特列入	夏之始

2	后啓	漢	姒	路史帝啓曰會亦曰建帝王世紀亦作余		禹子		太康叉夷五人	九年	甲申	壬辰	民國紀元前四千一百零八年至四千一百年	路史啓年九十一
3	后太康	漢	姒			啓子			二十九年	癸巳	辛酉	民國紀元前四千零九十九年至四千零七十一年	
4	后仲康	漢	姒	吳越春秋亦作仲盧		太康弟		相	十三年	壬戌	甲戌	民國紀元前四千零七十年至四千零五十八年	
5	后相	漢	姒	外紀原注作相安		仲康子	有緡氏	少康（有緡氏出）	二十八年	乙亥	壬寅	民國紀元前四千零五十七年至四千零三十年	
6	后少康	漢	姒			相子	二姚	杼無余	二十二年	壬午	癸卯	民國紀元前三千九百九十二年至三千九百七十年	自相以後夏統中絕者三十八年
7	后杼	漢	姒	外紀原注一作予竹書記年附注作帝字路史作伯杼一曰松曼是爲帝輿前編作季杼		少康子		槐	十七年	甲辰	庚申	民國紀元前三千九百六十九年至三千九百五十二年	
8	后槐	漢	姒	帝王世紀作芬或作祖武或作魁竹書紀年附注作芬發		杼子		芒	二十六年	辛酉	丙戌	民國紀元前三千九百五十一年至三千九百二十六年	

9	后芒	漢	姒	路史作芒一曰和竹書紀年附注或曰荒帝		槐子		泄	十八年	丁亥	甲辰	民國紀元前三千九百二十五年至三千九百零八年	
10	后泄	漢	姒	帝王世紀作泄路史作洩		芒子		不降　扃	十六年	乙巳	庚申	民國紀元前三千九百零七年至三千八百九十二年	
11	后不降	漢	姒	帝王世記作帝降外紀原注一作江成		泄子		孔甲	五十九年	辛酉	己未	民國紀元前三千八百九十一年至三千八百三十三年	
12	后扃	漢	姒	帝王世紀作喬路史號曰高陽		不降弟		廑	二十一年	庚申	庚辰	民國紀元前三千八百三十二年至三千八百十二年	
13	后廑	漢	姒	帝王世紀作廣一名頊或曰董江或作廑竹書記年一名胥甲		扃子			二十一年	辛巳	辛丑	民國紀元前三千八百十一年至三千七百九十一年	
14	后孔甲	漢	姒	路史以爲胥甲		不降子		皋	三十一年	壬寅	壬申	民國紀元前三千七百九十年至三千七百六十年	
15	后皋	漢	姒	帝王世紀一名皋苟竹書紀年曰帝昊路史亦作簡昊		孔甲子		發	十一年	癸酉	癸未	民國紀元前三千七百五十九年至三千七百四十九年	葬穀今河南永寧縣境

16 后發	17 后癸	商 凡30主 1 商王成湯（太丁） 2 本外丙 3 本仲壬	4 太甲	5 王沃丁	6 王太庚
漢	漢	漢	漢	漢	漢
姒	姒	子	子	子	子
外紀原注一作敬竹書記年一名后敬或曰發惠路史亦作敬發	桀史記作履癸	名履字天乙竹書紀年湯有七名史記號武王	外紀作祖甲史記稱爲太宗竹書紀年名至	竹書紀年名絢	竹書紀年作小庚名辨
		外紀湯居亳今河南偃師縣西			
皋子	發子	契十三世孫父曰主癸	太丁子	太甲子	沃丁弟
	妹喜（元妃）	有辛氏			
癸	路史注桀放三年死子獯鬻妻桀之衆妾居北野謂之匈奴	太丁外丙仲壬太庚			小甲雍己太戊
十九年	五十三年	十二年	三十三年	二十九年	二十五年
甲申	癸卯	丙申	戊申	辛巳	庚戌
壬寅	乙未	丁未	庚辰	己酉	甲戌
民國紀元前三千七百四十八年至三千七百三十年	民國紀元前三千七百二十九年至三千六百七十七年	民國紀元前三千六百七十六年至三千六百六十五年	民國紀元前三千六百六十四年至三千六百三十二年	民國紀元前三千六百三十一年至三千六百零三年	民國紀元前三千六百零二年至三千五百七十八年
		外紀原注年百歲			
	爲湯所放死亳山今安徽巢縣				
		外紀湯葬亳北今河南商邱縣東北	續漢郡國志注引皇覽葬濟南歷城山上		
	夏亡	商之始	史記湯沒後列外丙仲壬其說頗久今推數甲子仍從前編以外丙仲壬之名附見焉		

7	王小甲	漢	子	竹書紀年名高		太庚子史記三代世表以小甲爲太庚弟			十七年	乙亥	辛卯	民國紀元前三千五百七十七年至三千五百六十一年			
8	王雍己	漢	子	竹書紀年名伷		小甲弟			十二年	壬辰	癸卯	民國紀元前三千五百六十年至三千五百四十九年			
9	王太戊	漢	子	竹書紀年名密史記稱爲中宗		小甲弟		仲丁外壬河亶甲	七十五年	甲辰	戊午	民國紀元前三千五百四十八年至三千四百七十四年			葬內黃今河南內黃縣
10	王仲丁	漢	子	竹書紀年名莊		太戊子			十三年	己未	辛未	民國紀元前三千四百七十三年至三千四百六十一年			
11	王外壬	漢	子	竹書紀年名發		仲丁弟			十五年	壬申	丙戌	民國紀元前三千四百六十年至三千四百四十六年			
12	王河亶甲	漢	子	竹書紀年名整		外壬弟		祖乙	九年	丁亥	乙未	民國紀元前三千四百四十五年至三千四百三十七年			宋史禮志葬相州今河南安陽縣
13	王祖乙	漢	子	竹書紀年名滕帝王世紀亦作帝乙		河亶甲子		祖辛沃甲	十九年	丙申	甲寅	民國紀元前三千四百三十六年至三千四百十八年			

14	祖辛王	漢	子	竹書紀年名旦		祖乙子		祖丁	十六年	乙卯	庚午	民國紀元前三千四百十七年至三千四百零二年			
15	沃甲王	漢	子	竹書紀年作開甲名踰		祖辛弟		南庚	二十五年	辛未	乙未	民國紀元前三千四百零一年至三千三百七十七年			
16	祖丁王	漢	子	竹書紀年名新		祖辛子		陽甲盤庚小辛小乙	三十二年	丙申	丁卯	民國紀元前三千三百七十六年至三千三百四十五年			
17	南庚王	漢	子	竹書紀年名更		沃甲子			二十五年	戊辰	壬辰	民國紀元前三千三百四十四年至三千三百三十年			
18	陽甲王	漢	子	竹書紀年名和		祖丁子			七年	癸巳	己亥	民國紀元前三千三百二十九年至三千三百十三年			
19	盤庚王	漢	子	竹書紀年名旬周語亦作殷庚		陽甲弟			二十八年	庚子	丁卯	民國紀元前三千三百十二年至三千二百八十五年			商至盤庚又號爲殷
20	小辛王	漢	子	竹書紀年名頌		盤庚弟			二十一年	戊辰	戊子	民國紀元前三千二百八十四年至三千二百六十四年			

21 小乙王	22 武丁王	23 祖庚王	24 祖甲王	25 廩辛王	26 庚丁王	27 武乙王
漢	漢	漢	漢	漢	漢	漢
子	子	子	子	子	子	子
竹書紀年名斂	竹書紀年名昭史記稱爲高宗	竹書紀年名曜	竹書紀年名載外紀原注一作辛甲	竹書紀年作馮辛名先	竹書紀年名囂	竹書紀年名瞿
小辛弟	小乙子	武丁子	祖庚弟	祖甲子	祖甲弟	庚丁子
武丁	祖庚祖甲		廩辛庚丁		武乙	太丁
二十八年	五十九年	七年	三十三年	六年	二十一年	四年
己丑	丁巳	丙辰	癸亥	丙申	壬寅	癸丑
丙辰	乙卯	壬戌	乙未	辛丑	壬戌	丙寅
民國紀元前三千二百六十三年至三千二百三十六年	民國紀元前三千二百三十五年至三千一百七十七年	民國紀元前三千一百七十六年至三千一百七十年	民國紀元前三千一百六十九年至三千一百三十七年	民國紀元前三千一百三十六年至三千一百三十一年	民國紀元前三千一百三十年至三千一百一十年	民國紀元前三千一百零九年至三千一百零六年
	葬西華縣北今河南西華縣					

28 王太丁	漢	子	竹書紀年亦作文丁名托		武乙子		帝乙	三年	丁卯	乙巳	民國紀元前三千一百零五年至三千一百零三年			
29 王帝乙	漢	子	竹書紀年名羨外紀作乙原注一作辛乙		太丁子		辛啓呂氏春秋紂同母三人長曰微子啓次曰仲衍三曰受德乃紂也	三十七年	庚午	丙午	民國紀元前三千一百零二年至三千零六十六年			
30 王受辛	漢	子	紂竹書紀年名受沈約注卽紂也呂氏春秋亦作受德通鑑前編作辛		帝乙子	妲己	武庚	三十三年	丁未	己卯	民國紀元前三千零六十五年至三千零三十三年		與武王戰兵敗自焚死		殷亡
周凡37主 1 周武王	漢	姬	名發	棄初封仰後世屢遷至昌遷程遷豐俱在今陝西省內	棄之後父曰昌是爲文王	邑姜	成王誦唐叔虞（邑姜出）	六年	庚辰	乙卯	民國紀元前三千零三十二年至三千零二十七年	禮記年九十三竹書紀年五十四		葬畢今陝西咸陽縣下同	周之始
2 成王	漢	姬	名誦		武王子		康王釗	三十七年	丙戌	壬戌	民國紀元前三千零二十六年至二千九百九十年			葬畢	
3 康王	漢	姬	名釗		成王子		昭王瑕	二十六年	癸亥	戊子	民國紀元前二千九百八十九年至二千九百六十四年	外紀原注年五十七		葬畢	
4 昭王	漢	姬	名瑕		康王子	房后	穆王滿（房后出）	五十一年	己丑	己卯	民國紀元前二千九百六十三年至二千九百十三年		南巡反濟漢而溺發疾死	清一統志昭陵在河南鄧封縣之少室山	

5	穆王	漢	姬	名滿史記亦作繆王		昭王子		共王繄扈	五十五年	庚辰	甲戌	民國紀元前二千九百十二年至二千八百五十八年	史記年一百五歲		葬陝西今長安縣	
6	共王	漢	姬	名繄扈世本作伊扈		穆王子		懿王囏	十二年	乙亥	丙戌	民國紀元前二千八百五十七年至二千八百四十六年	外紀原注年八十四		葬陝西今咸陽縣	
7	懿王	漢	姬	名囏竹書紀年作堅		共王子		夷王燮	二十五年	丁亥	辛亥	民國紀元前二千八百四十五年至二千八百二十一年	外紀原注年五十			
8	孝王	漢	姬	名辟方		共王弟			十五年	壬子	丙寅	民國紀元前二千八百二十年至二千八百零六年	外紀原注年六十五			
9	夷王	漢	姬	名燮漢書古今人表作爕		懿王子		厲王胡	十六年	丁卯	壬午	民國紀元前二千八百零五年至二千七百九十年	外紀原注年六十			
10	厲王	漢	姬	名胡竹書紀年沈約注又稱汾王		夷王子		宣王靖	五十一年	癸未	癸酉	民國紀元前二千七百八十九年至二千七百三十九年		死於彘今山西霍縣	太平寰宇紀王葬霍邑縣東今霍州	厲王自三十七年出居於彘後十四年皆爲周召共和行政時代
11	宣王	漢	姬	名靖史記作靜		厲王子	姜后	幽王涅	四十六年	甲戌	己未	民國紀元前二千七百三十八年至二千六百九十三年				

12	幽王	漢	姬	名涅史記作宮涅集解引徐廣曰一作生		宣王子	申后褒姒	宜臼（申后出）伯服（褒姒出）	十一年	庚申	庚午	民國紀元前二千六百九十二年至二千六百八十二年		為犬戎所弑	葬今陝西臨潼縣東北	
13	平王（洩父）	漢	姬	名宜臼		幽王子		洩父	五十一年	辛未	辛酉	民國紀元前二千六百八十一年至二千六百三十一年				東周之始
14	桓王	漢	姬	名林		平王孫	紀季姜	莊王佗王子克	二十三年	壬戌	甲申	民國紀元前二千六百三十年至二千六百零八年			太平寰宇紀王葬河南澠池縣東北	
15	莊王	漢	姬	名佗		桓王子		僖王胡齊王子頹	十五年	乙酉	己亥	民國紀元前二千六百零七年至二千五百九十三年				
16	僖王	漢	姬	名胡齊史記竹書紀年均作釐王		莊王子		惠王閬	五年	庚子	甲辰	民國紀元前二千五百九十二年至二千五百八十八年				
17	惠王	漢	姬	名閬世本名毋涼竹書紀年亦作聞		僖王子	陳嬀	襄王鄭王子帶	二十五年	乙巳	己巳	民國紀元前二千五百八十七年至二千五百六十三年				
18	襄王	漢	姬	名鄭		惠王子	隗后（狄女）	頃王壬臣	三十三年	庚午	壬寅	民國紀元前二千五百六十二年至二千五百三十年				

19 頃王	漢	姬	名壬臣史記古今人表作王臣		襄王子		匡王班定王瑜	六年	癸卯	戊申	民國紀元前二千五百二十九年至二千五百二十四年
20 匡王	漢	姬	名班		頃王子			六年	己酉	甲寅	民國紀元前二千五百二十三年至二千五百十八年
21 定王	漢	姬	名瑜		匡王弟	姜后	簡王夷	二十一年	乙卯	乙亥	民國紀元前二千五百十七年至二千四百九十七年
22 簡王	漢	姬	名夷		定王子		靈王泄心	十四年	丙子	己丑	民國紀元前二千四百九十六年至二千四百八十三年
23 靈王	漢	姬	名泄心竹書紀年徐文靖箋王生而有頿亦稱頿王周語韋注亦作大心		簡王子	姜后	太子晉景王貴王子佞夫	二十七年	庚寅	丙辰	民國紀元前二千四百八十二年至二千四百五十六年
24 景王	漢	姬	名貴		靈王子	穆后	太子壽悼王猛敬王匄王子朝	二十五年	丁巳	辛巳	民國紀元前二千四百五十五年至二千四百三十一年
25 悼王	漢	姬	名猛		景王子			六月	辛巳	同年辛巳	民國紀元前二千四百三十一年

26 敬王	漢	姬	名匄史記竹書紀年均作丐	悼王弟	元王仁	四十四年	壬午	乙丑	民國紀元前二千四百五十年至二千三百八十七年	水經洛水注王葬河南三王陵
27 元王	漢	姬	名仁世本作赤	敬王子	貞定王介	七年	丙寅	壬申	民國紀元前二千三百八十六年至二千三百八十年	
28 貞定王	漢	姬	名介史記作定王史記志疑周不應有兩定王歷觀古書所引多作貞定則周兩字諡也	元王子	哀王去疾思王叔襲考王嵬	二十八年	癸酉	庚子	民國紀元前二千三百七十九年至二千三百五十二年	
29 哀王	漢	姬	名去疾	貞定王子		三月	庚子	同年庚子	民國紀元前二千三百五十二年	為思王叔襲所害死
30 思王	漢	姬	名叔襲	哀王弟		五月	庚子	同年庚子	民國紀元前二千三百五十二年	為考王嵬所害死
31 考王	漢	姬	名嵬漢書古今人表亦作考哲王	思王弟	威烈王午	十五年	辛丑	乙卯	民國紀元前二千三百五十一年至二千三百三十七年	
32 威烈王	漢	姬	名午	考王子	安王驕	二十四年	丙辰	己卯	民國紀元前二千三百三十六年至二千三百十三年	水經穀水注王葬洛陽城內東北隅

帝王	族	姓	名		出自		繼承	在位	始	終	民國紀元前	年	死	葬	備考
33 安王	漢	姬	名驕漢書古今人表亦作元安王名驍		威烈王子		烈王喜顯王扁	二十六年	庚辰	乙巳	民國紀元前二千三百十二年至二千二百八十七年				
34 烈王	漢	姬	名喜漢書古今人表亦作夷烈		安王子			七年	丙午	壬子	民國紀元前二千二百八十六年至二千二百八十年				
35 顯王	漢	姬	名扁漢書古今人表亦作顯聖王		烈王子		慎靚王定	四十八年	癸丑	庚子	民國紀元前二千二百七十九年至二千二百三十二年				
36 慎靚王	漢	姬	名定揚子法言作順		顯王子		赧王延	六年	辛丑	丙午	民國紀元前二千二百三十一年至二千二百二十六年				
37 赧王	漢	姬	名延竹書紀年作隱王世本亦作然王		慎靚王子			五十九年	丁未	乙巳	民國紀元前二千二百二十五年至二千一百六十七年				周亡
秦凡3主 1 始皇帝	漢	嬴	名正世本作政政母爲呂不韋姬故班固亦稱爲呂政	先世代爲秦王	伯益之裔莊襄王子楚之子		二世皇帝胡亥長子扶蘇公子十二人將閭昆弟三人公子高具見史記皆爲始皇子又史記引趙高言帝有二十餘子是始皇之子尙不止上列之數也	自統一至死凡十二年	庚辰	辛卯	民國紀元前二千一百三十二年至二千一百二十一年	五十年	東巡死沙邱今直隸平鄉縣	葬驪山今陝西臨潼縣附近	秦一統之始
2 二世皇帝	漢	嬴	名胡亥		始皇帝之子			三年	壬辰	甲午	民國紀元前二千一百二十年至二千一百十八年	年二十三	趙高使兵偪之二世自殺	葬杜南宜春苑中今陝西咸寧縣南	

某　3 秦王嬰	漢	嬴	名嬰廣弘明集引陶公年紀亦曰殤帝		二世兄子		史記子嬰與其子二人謀此爲子嬰有子之據	四十六日	乙未	同年乙未	民國紀元前二千一百十七年				秦亡趙高既害二世謂今六國復立爲王如故便故子嬰無帝號
漢凡25主（連東漢）　1 漢高祖	漢	劉	名邦字季廟號太祖王先謙漢書補注謂季亦名也故項岱云高祖小字季即位易名邦	沛豐邑中陽里人今江蘇豐縣	太公子	呂后	惠帝盈（呂后出）齊王肥文帝恆趙王如意淮南王長趙王友趙王恢燕王建（他妃出）以上共八人	十二年	乙未	丙午	民國紀元前二千一百十七年至二千一百零六年	五十三年		葬長陵今陝西咸陽縣東	漢之始
2 惠帝	漢	劉	名盈		高帝次子	張后	少帝某少帝弘淮陽王強淮陽王武恆山王不疑恆山王朝皆他人子呂后名之爲惠帝子以上共六人	七年	丁未	癸丑	民國紀元前二千一百零五年至二千零九十七年	二十四年		葬安陵今咸陽縣東北	
3 文帝	漢	劉	名恆廟號太宗		高帝中子	竇后	景帝啓梁王武（竇后出）梁王參梁王揖（他妃出）以上共四人	二十三年	壬戌	甲申	民國紀元前二千零九十年至二千零六十八年	四十六年		葬霸陵今陝西咸寧縣東	惠帝癸丑以後呂氏稱制者八載故中鈌八年
4 景帝	漢	劉	名啓		文帝長子	薄后王后	武帝徹（王后出）臨江王榮臨江王閼河間王德魯王餘江都王非膠西王端長沙王發趙王彭祖中山王勝廣川王越膠東王寄清河王乘常山王舜以上共十四人	十六年	乙酉	庚子	民國紀元前二千零六十七年至二千零五十二年	四十八年		葬陽陵今陝西高陵縣西南	

5	武帝			名徹廟號世宗		景帝第十子	陳后衞后	太子據(衞后出)昭帝弗陵燕王旦廣陵王胥昌邑王髆齊王宏(他妃出)以上共六人	五十四年	辛丑	甲午	民國紀元前二千零五十一年至一千九百九十八年	七十一年		葬茂陵今陝西興平縣東
6	昭帝 太子據 皇孫進	漢	劉	名弗陵		武帝第六子	上官后		十三年	乙未	丁未	民國紀元前一千九百九十七年至一千九百八十五年	二十二年		葬平陵今咸陽縣東北
7	宣帝	漢	劉	初名病已後改名詢字次卿廟號中宗		武帝曾孫	許后霍后王后	元帝奭(許后出)淮陽王欽楚王囂東平王宇中山王竟(他妃出)以上共五人	二十五年	戊申	壬申	民國紀元前一千九百八十四年至一千九百六十年	四十三年		葬杜陵今咸陽縣東南
8	元帝	漢	劉	名奭廟號高宗		宣帝長子	王后	成帝驁(王后出)定陶王康中山王興(他妃出)	十六年	癸酉	戊子	民國紀元前一千九百五十九年至一千九百四十四年	四十三年		葬渭陵今咸陽縣東北
9	成帝	漢	劉	名驁字太孫		元帝長子	許后趙后		二十六年	己丑	甲寅	民國紀元前一千九百四十三年至一千九百十八年	四十六年		葬延陵今咸陽縣西北
10	哀帝(定陶王康)	漢	劉	名欣		元帝孫	傅后		六年	乙卯	庚申	民國紀元前一千九百十七年至一千九百十二年	二十六年		葬義陵今咸陽縣西
11	平帝(中山王興)	漢	劉	初名箕子後改名衎廟號元宗		元帝孫	王后		五年	辛酉	乙丑	民國紀元前一千九百十一年至一千九百零七年	十四年	爲王莽所害死	葬康陵今咸陽縣西

12 淮陽王欽（廣戚侯勳）廣戚侯顯 孺子嬰	1 東漢光武帝	2 明帝	3 章帝
漢	漢	漢	漢
劉	劉	劉	劉
名嬰	名秀字文叔廟號世祖	名莊廟號顯宗	名炟廟號肅宗
宣帝玄孫	高祖九世孫父欽	光武第四子	明帝第五子
	郭后陰后	馬后	竇后
	東海王欽沛王輔濟南王康阜陵王延中山王焉（郭后出）明帝莊東平王蒼廣陵王荊臨淮公衡瑯琊王京（陰后出）桂王英他妃出以上共十一人	章帝炟梁王暢千乘王建陳王羨彭城王恭梁成王党下邳王衍淮陽王昺濟陰王長（他妃出）以上共九人	清河王慶和帝肇濟北王壽河間王開千乘王伉平春王全城陽王淑廣宗王万歲（他妃出）以上共八人
三年	三十三年	十八年	十三年
丙寅	乙酉	戊午	丙子
戊辰	丁巳	乙亥	戊子
民國紀元前一千九百零六年至一千九百零四年	民國紀元前一千八百八十七年至一千八百五十五年	民國紀元前一千八百五十四年至一千八百三十七年	民國紀元前一千八百三十六年至一千八百二十四年
年二歲王莽立之後被廢年方五歲至建武元年爲更始兵所殺以甲子推之蓋二十一歲也	六十二年	四十八年	三十三年
	葬原陵今河南孟津縣西	葬顯節陵今河南洛陽縣東南	
			葬敬陵今洛陽縣東南
西漢亡	自孺子嬰戊辰後王莽稱號者十五載更始稱號者二載故中缺十六年東漢之始		

4 和帝	漢	劉	名肇廟號穆宗		章帝第四子	陰后鄧后	平原王勝殤帝隆（他妃出）	十七年	己丑	乙巳	民國紀元前一千八百二十三年至一千八百零七年	年二十七		葬順陵今洛陽縣東南
5 殤帝	漢	劉	名隆		和帝少子			八月	丙午	同年丙午	民國紀元前一千八百零六年	年二歲		葬康陵今洛陽縣東南
6 安帝（清河王慶）	漢	劉	名祜廟號恭宗		章帝孫	閻后	順帝保（他妃出）	十九年	丁未	乙丑	民國紀元前一千八百零五年至一千七百八十七年	年三十二		葬恭陵今洛陽縣東南
7 順帝	漢	劉	名保廟號敬宗		安帝子	梁后	沖帝炳（他妃出）	十九年	丙寅	甲申	民國紀元前一千七百八十六年至一千七百六十八年	年三十		葬憲陵今洛陽縣東南
8 沖帝	漢	劉	名炳		順帝子			五月	乙酉	同年乙酉	民國紀元前一千七百六十七年	年三歲		葬懷陵今洛陽縣東南
千乘王伉 樂安王龍 渤海王 9 質帝	漢	劉	名纘		章帝玄孫			一年	丙戌	同年丙戌	民國紀元前一千七百六十六年	年九歲	爲梁冀所害死	葬靜陵今洛陽縣東南
河間王開 蠡吾侯昌 10 桓帝	漢	劉	名志廟號威宗		章帝曾孫	梁后鄧后竇后		二十一年	丁亥	丁未	民國紀元前一千七百六十五年至一千七百四十五年	年三十六		葬宣陵今洛陽縣東北

11（解瀆亭侯淑長）靈帝	漢	劉	名宏		章帝玄孫	宋后何后	少帝辨（何后出）獻帝協（他妃出）	二十二年	戊申	己巳	民國紀元前一千七百四十四年至一千七百二十三年	年三十四		葬文陵今洛陽縣西北	
12 少帝	漢	劉	名辨董卓廢之諡曰懷		靈帝長子			五月	己巳	己巳同年	民國紀元前一千七百二十三年	年十八	爲董卓所害死	董卓葬之故中常侍趙忠誠壙之	
13 獻帝	漢	劉	名協		靈帝次子	伏后曹后	後漢書云太子早卒孫康立此爲獻帝有子之徵惟其名未詳	三十二年	己巳	庚子	民國紀元前一千七百二十三年至一千六百九十二年	讓國後十二年沒年五十四		葬禪陵今河南修武縣北	東漢亡
魏凡5主 1 魏文帝	漢	曹	名丕字子桓廟號高祖	譙人今安徽亳州	漢曹參後父操	甄后郭后	明帝叡（甄后出）贊王協北海王蕤東武陽王鑒東海王霖元成王禮邯鄲王邕清河王貢廣平王儼（他妃出）以上共九人	七年	庚子	丙午	民國紀元前一千六百九十二年至一千六百八十六年	年四十		葬首陽陵今河南偃師縣	三國之始
2 明帝	漢	曹	名叡字元仲廟號烈祖		文帝子	毛后郭后	廢帝芳秦王詢（皆養子）	十三年	丁未	己未	民國紀元前一千六百八十五年至一千六百七十三年	年三十五		葬高平陵今河南孟津縣	
3 廢帝	漢	曹	名芳字蘭卿後降封齊王晉初諡曰厲公		明帝養子	甄后張后王后		十五年	庚申	甲戌	民國紀元前一千六百七十二年至一千六百五十八年	被廢後二十年沒年四十三			
（東海王霖）4 廢帝	漢	曹	名髦字彥眞後被廢爲庶人		文帝孫	卞后		七年	甲戌	庚辰	民國紀元前一千六百五十八年至一千六百五十二年		爲司馬昭黨人所害死	葬河南今洛陽縣西北	

(燕王宇)5 元帝	吳凡4主 1 吳大帝	2 廢帝	3 景帝	(南陽王和)4 歸命侯	蜀漢凡2主 1 蜀漢昭烈帝	2 後帝
漢	漢	漢	漢	漢	漢	漢
曹	孫	孫	孫	孫	劉	劉
初名璜後更名奐字景明禪晉後降封陳留王	名權字仲謀廟號太祖	名亮字子明後降封會稽王	名休字子弘	名皓字元宗一名彭祖字皓宗	名備字玄德	名禪字公嗣降魏後封安樂公
	富春人今浙江富陽縣				涿人今直隸涿州	
文帝從子	孫武之後父堅	大帝少子	大帝第六子	大帝孫	景帝之後父弘	
卞后	潘后	全后	朱后	滕后	甘后吳后	張后張后
	太子登景帝休廢帝亮建昌侯慮南陽王和魯王霸齊王奮(他妃出)以上共七人		豫章王𩅦汝南王𩃙梁王𩃎陳王𩃏(他妃出)以上共四人	三國志皓降晉後太子瑾拜中郎諸子爲郎者拜郎中此爲歸命侯多子之徵惟其名未詳	後帝禪(甘后出)魯王永梁王理(他妃出)	太子璿諸子瑤琮瓚諶詢璩(他妃出)
六年	三十一年	七年	七年	十七年	三年	四十一年
庚辰	壬寅	壬申	戊寅	甲申	辛丑	癸卯
乙酉	壬申	戊寅	甲申	庚子	癸卯	癸未
民國紀元前一千六百五十二年至一千六百四十七年	民國紀元前一千六百九十年至一千六百六十年	民國紀元前一千六百六十年至一千六百五十四年	民國紀元前一千六百五十四年至一千六百四十八年	民國紀元前一千六百四十八年至一千六百三十二年	民國紀元前一千六百九十一年至一千六百八十九年	民國紀元前一千六百八十九年至一千六百四十九年
讓國後三十八年沒年五十八	年七十一	被廢後二年自殺年十六	年三十	降晉後三年沒年四十二	年六十三	降魏後八年沒年六十
葬蔣陵今江蘇江寧縣	三國志注晉戴顯葬之賴鄉地未詳	葬定陵今安徽當塗縣東	三國志注葬河南縣界		葬惠陵今四川華陽縣西南	
						三國華

晉凡15主連東晉 1 晉武帝	2 惠帝	3 懷帝（吳王晏）	4 愍帝	1 東晉元帝	2 明帝
漢	漢	漢	漢	漢	漢
司馬	司馬	司馬	司馬	司馬	司馬
名炎字安世廟號世祖	名衷字正度	名熾字豐度後降劉曜封阿公又封會稽郡公	名業字彥旗後降劉曜封懷安侯	名睿字景文廟號中宗	名紹字道畿廟號肅宗
溫縣孝敬里今河南溫縣					
祖懿父昭	武帝次子	武帝第二十五子	武帝孫	曾祖懿父覲	元帝長子
楊后楊后	賈后羊后	梁后		虞后	庾后
惠帝衷昆陵王軌秦王柬（楊武后出）渤海王恢（楊武悼后出）淮南王允吳王晏城陽王景楚王瑋長沙王乂代王演清河王遐城陽王憲東海王祇始平王裕成都王穎懷帝熾新都王該汝陰王謨及其他八人均（他妃出）以上共二十六人	太子遹（他妃出）	太子詮（他妃出）		明帝紹簡文帝昱琅琊王冲武陵王晞琅琊王裒（他妃出）以上共六人	成帝衍康帝岳（庾后出）
二十六年	十七年	五年	五年	六年	三年
乙酉	庚戌	丁卯	壬申	丁丑	癸未
庚戌	丙寅	辛未	丙子	壬午	乙酉
民國紀元前一千六百四十七年至一千六百二十二年	民國紀元前一千六百二十二年至一千六百零六年	民國紀元前一千六百零五年至一千六百零一年	民國紀元前一千六百年至一千五百九十六年	民國紀元前一千五百九十五年至一千五百九十年	民國紀元前一千五百八十九年至一千五百八十七年
年五十五	年四十八	降劉曜之後一年被殺年三十	降劉曜之後一年被殺年十八	年四十一	年二十七
		為劉曜所害死	為劉曜所害死		
葬峻陽陵今河南洛陽縣北	葬太陽陵今河南洛陽縣境			葬建平陵今江蘇江寧縣	葬武平陵今江寧縣下同
晉之始				東晉之始	

3成帝	漢	司馬	名衍字世根廟號顯宗		明帝長子	杜后	哀帝丕廢帝奕（他妃出）	十七年	丙戌	壬寅	民國紀元前一千五百八十六年至一千五百七十年		年二十二	葬興平陵
4康帝	漢	司馬	名岳字世同		明帝次子	諸后	穆帝聃（當爲諸后出惟晉書未明言母氏）	二年	癸卯	甲辰	民國紀元前一千五百六十九年至一千五百六十八年	年二十二		葬崇平陵
5穆帝	漢	司馬	名聃字彭祖廟號孝宗		康帝子	何后		十七年	乙巳	辛酉	民國紀元前一千五百六十七年至一千五百五十一年	年十九		葬永平陵
6哀帝	漢	司馬	名丕字千齡		成帝長子	王后		四年	壬戌	乙丑	民國紀元前一千五百五十年至一千五百四十七年	年二十五		葬安平陵
7廢帝	漢	司馬	名奕字正齡後被廢爲東海王又降封海西公		哀帝弟	庾后	晉書海西公有三男此爲廢帝有子之徵惟其名未詳	六年	丙寅	辛未	民國紀元前一千五百四十六年至一千五百四十一年	被廢後十五年沒年三十九		葬吳陵今江蘇吳縣
8簡文帝	漢	司馬	名昱字道萬廟號太宗		元帝少子	王后	皇子道生俞生（王后出）孝武帝曜會稽王道子臨川王郁皇子朱生天流（他妃出）以上共七人	二年	辛未	壬申	民國紀元前一千五百四十一年至一千五百四十年	年五十三		葬高平陵今江寧縣下同
9孝武帝	漢	司馬	名曜字昌明廟號烈宗		簡文帝第三子	王后	安帝德宗恭帝德文（他妃出）	二十四年	癸酉	丙申	民國紀元前一千五百三十九年至一千五百十六年	年三十五	爲張妃所害死	葬隆平陵

10 安帝	11 恭帝	宋凡8主 1 宋武帝	2 少帝	3 文帝
漢	漢	漢	漢	漢
司馬	司馬	劉	劉	劉
名德字德宗	名德文字德文後被廢爲零陵王	名裕字德輿小字寄奴廟號高祖	名義符字車兵	名義隆小字車兒廟號太祖
		彭城綏里人今江蘇彭城縣		
孝武帝子	安帝弟	漢高帝弟楚王之後父翹	武帝長子	武帝第三子
王后	褚后	臧后	司馬后	袁后
		少帝義符文帝義隆廬陵王義眞彭城王義康江夏王義恭南郡王義宣衡陽王義季（他妃出）以上共七人		太子劭（袁后出）孝武帝駿明帝彧始興王濬建平王宏南平王鑠廬陵王紹竟陵王誕晉熙王昶東海王禕武昌王渾始安王休仁山陽王休祐海陵王休茂鄱陽王休業臨慶王休倩新野王夷父桂陽王休範巴陵王休基（他妃出）以上共十九人
二十二年	二年	二年	二年	三十年
丁酉	己未	庚申	癸亥	甲子
戊午	庚申	壬戌	甲子	癸巳
民國紀元前一千五百十五年至一千四百九十四年	民國紀元前一千四百九十三年至一千四百九十二年	民國紀元前一千四百九十二年至一千四百九十年	民國紀元前一千四百八十九年至一千四百八十八年	民國紀元前一千四百八十八年至一千四百五十九年
年三十七	被廢後之二年遇害年三十六	年六十	年十九	年四十六
	爲劉裕所害死		爲徐羨之等所害死	爲太子劭所害死
葬休平陵	葬冲平陵	葬初寧陵今江蘇江寧縣		葬長寧陵今江寧縣下同
	東晉亡	南北朝之始南朝一		

4 孝武帝	漢	劉	名駿字休龍小字道民廟號世祖		文帝第三子	王后	廢帝子業豫章王子當（王后出）始平王子鸞永嘉王子仁晉安王子勛松滋王子房安陸王子綏臨海王子頊作安王子眞昭陵王子羽淮南王子孟南平王子產廬陵王子興南海王子師淮南王子霄東平王子嗣皇子子鳳子元子深子悅子衡子況子文子雍子趨子期（他妃出）以上共二十八人	十一年	甲午	甲辰	民國紀元前一千四百五十八年至一千四百四十八年	年三十五		葬景寧陵	
5 前廢帝	漢	劉	名子業小字法師		孝武帝長子	何后		一年	乙巳	乙巳同年	民國紀元前一千四百四十七年	年十七	爲壽寂之等所害死	葬龍山今江寧縣	
6 明帝	漢	劉	名彧字休炳小字榮期廟號太宗		文帝第十一子	王后	後廢帝昱順帝準晉王燮隋陽王翽新興王高邵陵王友江夏王濟始建王禧武陵王贊白王子法良智并皇子某（他妃出）以上共十二人	八年	丙午	癸丑	民國紀元前一千四百四十六年至一千四百三十九年	年三十四		葬高寧陵今江寧縣	
7 廢帝	漢	劉	名昱字德融小字慧震後追廢爲蒼梧王		明帝長子	江后		五年	癸丑	丁巳	民國紀元前一千四百三十九年至一千四百三十五年	年十五	爲蕭道成所害死	葬秣陵郊壇西今江寧縣	
8 順帝	漢	劉	名準字仲謀小字智觀後被廢爲汝陰王		明帝第三子	謝后		三年	丁巳	己未	民國紀元前一千四百三十五年至一千四百三十三年	年十三	爲蕭道成所害死	葬遂寧陵今江寧縣	

齊（凡7主） 1 齊高帝	2 武帝 太子常懋	3 鬱林王	4 海陵王
漢	漢	漢	漢
蕭	蕭	蕭	蕭
名道成字伯紹小字鬪將廟號太祖	名賾字宣遠小名龍兒廟號世祖	名昭業字元尙小名法身	名昭文字季尙後諡曰恭
南蘭陵人今江蘇武進縣			
漢蕭何之後父承之	高帝長子	高帝孫	高帝孫
劉后	裴后		
武帝賾豫章王嶷（劉后出）武陵王曄安成王暠始興王鑑宜都王鏗江夏王鋒河東王鉉臨川王映長沙王晃鄱陽王鏘晉熙王銶桂陽王鑠衡陽王鈞南平王銳又其他四子失名（他妃出）以上共十九人	太子常懋竟陵王子良（裴后出）廬陵王子卿魚復侯子響安陸王子敬建安王子眞臨賀王子岳晉安王子懋衡陽王子峻隨郡王子隆西安王子明永陽王岷南海王子罕巴陵王子倫邵陵王子貞西陽王子文南康王子琳後郡王子夏湘東王子建又其他四子失名（他妃出）以上共二十三人		
四年	十一年	一年	四月
己未	癸亥	甲戌	甲戌
壬戌	癸酉	同年甲戌	同年甲戌
民國紀元前一千四百三十三年至一千四百三十年	民國紀元前一千四百二十九年至一千四百十九年	民國紀元前一千四百十八年	民國紀元前一千四百十八年
年五十五	年五十四	年二十二	年十五
		爲蕭鸞所害死	爲蕭鸞所害死
葬太安陵當在今武進縣境	葬景安陵今丹陽縣		
南朝二			

（始安王道生）5明帝	漢	蕭	名鸞字景栖小字玄度廟號高宗		高帝從子	劉后	廢帝寶卷江夏王寶元鄱陽王寶寅和帝寶融（劉后出）巴陵王寶義晉熙王寶嵩廬陵王寶源邵陵王寶修桂陽王寶貞又其他二子失名（他妃出）以上共十一人	五年	甲戌	戊寅	民國紀元前一千四百十八年至一千四百十四年	年四十		葬興安陵今江蘇丹陽縣	
6廢帝	漢	蕭	名寶卷字智藏後被廢爲涪陵王追封東昏侯		明帝次子	褚后	太子誦（他妃出）	三年	己卯	辛巳	民國紀元前一千四百十三年至一千四百十一年	年十九	爲寶融所害死	葬今江蘇丹陽縣東	
7和帝	漢	蕭	名寶融字智昭後被廢爲巴陵王		明帝第八子	王后		二年	辛巳	壬午	民國紀元前一千四百十一年至一千四百十年	年十五	爲蕭衍所害死	葬恭安陵	
梁凡7主連後梁1梁武帝	漢	蕭	名衍字叔達小字練兒廟號高祖	南蘭陵中都里人今江蘇武進縣	漢蕭何之後父順之	郗后	太子統簡文帝綱孝元帝繹廬陵王續豫章王綜南康王績邵陵王綸武陵王紀（他妃出）以上共八人	四十八年	壬午	己巳	民國紀元前一千四百十年至一千三百六十三年	年八十二	爲侯景所偪餓死	葬脩陵今江蘇丹陽縣下同	南朝三
2簡文帝	漢	蕭	名綱字世纘小字六通廟號太宗		武帝第三子	王后	太子大器南郡王大連（王后出）南海王大臨安陸王大春瀏陽王大雅新興王大莊武寧王大盛義安王大听紋建王大川西陽王大鈞建平王大球臨川王大穎桂陽王大成汝南王大封樂安王大闓皇子大訓（他妃出）以上共十七人	二年	庚午	辛未	民國紀元前一千三百六十二年至一千三百六十一年	年四十九	爲侯景所害死	葬莊陵	

3 孝元帝	漢	蕭	名繹字世成小字七符廟號世祖		武帝第七子		敬帝方智太子方矩世子方等方諸始安王方略（他妃出）餘皆失名	三年	壬申	甲戌	民國紀元前一千三百六十年至一千三百五十八年	年四十七	爲蕭詧所害死	初葬澤陽門外今湖北江陵縣陳文帝時改葬江寧舊陵	
4 敬帝	漢	蕭	名方智字慧相小字法眞禪陳後爲江陰王		元帝第九子	王后		三年	乙亥	丁丑	民國紀元前一千三百五十七年至一千三百五十五年	年十六	爲陳霸先所害死		
1 太子統後梁宣帝	漢	蕭	名詧字理孫廟號中宗		武帝孫	王后	皇子巋（王后出）明帝巋皇子岌巖岑（他妃出）	八年	乙亥	壬午	民國紀元前一千三百五十七年至一千三百五十年	年四十四		葬平陵	都於江陵爲西魏周隋附庸之國後爲隋滅
2 明帝	漢	蕭	名巋字仁遠廟號世宗		宣帝子	某后	末帝琮皇子瓛（他妃出）	二十四年	壬午	乙巳	民國紀元前一千三百五十年至一千三百二十七年	年四十四		葬顯陵	
3 末帝	漢	蕭	名琮字溫文降隋封國公		明帝子			二年	丙午	丁未	民國紀元前一千三百二十六年至一千三百二十五年				
陳凡5主 1 陳武帝	漢	陳	名霸先字興國小字法生廟號高祖	吳興長城下數里人今浙江吳興	漢陳寔後父文讚	錢后章后	世子克衡陽王昌（他妃出）陳書僅言昌爲帝之六子可知武帝之子不止二人惟其名未詳	四年	丁丑	庚辰	民國紀元前二千三百五十五年至一千二百五十二年	年五十七		葬萬安陵今江蘇江寧縣	南朝四

2 文帝（始興王道譚）	3 廢帝	4 宣帝
漢	漢	漢
陳	陳	陳
名蒨字子華廟號世祖	名伯宗字奉業小字藥王後被廢爲臨海王	名頊字紹世小字師利廟號高宗
武帝從子	世祖長子	武帝從子
沈后	王后	柳后
廢帝伯宗始興王伯茂（沈后出）永陽王伯智桂陽王伯謀鄱陽王伯山晉安王伯恭新安王伯固衡陽王伯信廬陵王伯仁江夏王伯義武陵王伯禮餘二子失名（他妃出）以上共十三人	臨海王至澤（王后出）	後主叔寶（柳后出）始興王叔陵沙車王叔獻豫章王叔英長沙王叔堅宜都王叔明建安王叔卿新蔡王叔齊晉熙王叔文義陽王叔達新會王叔坦武昌王叔慶湘東王叔平海陵王叔儉南郡王叔澄岳山王叔彥太原王叔匡淮南王叔彪巴山王叔賀始興王叔重蕁陽王叔儼岳陽王叔愼臨賀王叔敖江陵王叔興陽山王叔宣西陽王叔穆新興王叔純巴東王叔謨臨海王叔顯新寧王叔隆新昌王叔隆皇子叔濬叔忠叔泓叔訓叔武叔處叔封又二子失名（他妃出）共四十二人
七年	二年	十四年
庚辰	丁亥	己丑
丙戌	戊子	壬寅
民國紀元前一千三百五十二年至二千三百四十六年	民國紀元前一千三百四十五年至一千三百四十四年	民國紀元前一千三百四十三年至一千三百三十年
年四十五	年十九	年四十
葬永寧陵今江寧縣		葬顯寧陵今江蘇江寧縣

5 後主	後魏—連西魏 1 後魏道武帝	2 明元帝	3 太武帝	4 （太子晃）文成帝	5 獻文帝
漢	鮮卑	鮮卑	鮮卑	鮮卑	鮮卑
陳	拓跋	拓跋	拓跋	拓跋	拓跋
名叔寶字元秀小字黃奴降隋後卒贈長城縣公諡曰煬	名珪廟號太祖	名嗣字木末廟號太宗	名燾廟號世祖	名濬廟號高宗	名弘字萬民廟號顯祖
	先世居盛樂王代盛樂今山西歸化城南				
宣帝長子	祖什翼犍父實格	道武帝長子	明元帝長子	太武帝孫	文帝長子
沈后	慕容后　劉后	姚后　杜后	赫連后　賀后	馮后　李后	李后（廢后）（幽后）
太子深會稽王莊南海王虔錢塘王恬吳興王藩南平王嶷永嘉王彥邵陵王競信義王祗東陽王恮吳興王允皇子總觀明綱統充洽韜綽威辨（他妃出）以上共二十二人	明元帝嗣（劉后出）清河王紹陽平王熙河南王曜廣平王建京兆王黎河間王脩長樂王處父皇子渾聰（他妃出）以上共十人	太武帝燾（杜后出）樂平王丕樂安王範永昌王健安定王彌建寧王崇新興王俊（他妃出）以上共七人	太子晃（賀后出）晉王伏羅東平王翰臨淮王譚廣陽王建閭南安王余皇子小兒貓兒彪頭龍頭（他妃出）以上共十一人	獻文帝弘（李后出）安樂王長樂廣川王略齊郡王簡河間王若安豐王猛韓王安平（他妃出）以上共七人	孝文帝宏（李后出）趙郡王幹高陽王雍彭城王勰咸陽王禧廣陵王羽北海王詳（他妃出）以上共七人
七年	二十四年	十六年	二十九年	十五年	六年
癸卯	丙午	己酉	甲子	壬辰	丙午
己酉	己酉	甲子	壬辰	丙午	辛亥
民國紀元前一千三百二十九年至一千三百二十三年	民國紀元前一千五百二十六年至一千五百零三年	民國紀元前一千五百零三年至一千四百八十八年	民國紀元前一千四百八十八年至一千四百六十年	民國紀元前一千四百六十年至一千四百四十六年	民國紀元前一千四百四十六年至一千四百四十一年
降隋後十五年殁年五十二	年三十九	年三十二	年四十五	年二十六	禪位後五年殁年三十二
	爲清河王紹所害死		爲近侍宗愛所害死		
葬河南洛陽芒山	葬盛樂金陵或曰陵在雲中今山西懷仁縣	葬雲中金陵今山西懷仁縣下同	葬雲中金陵	葬雲中金陵	葬雲中金陵
以上南朝畢	北朝一				

6 孝文帝	鮮卑	改姓元	名宏廟號高祖		獻文帝長子	林后馮后馮后高后	太子恂（林后出）宣武帝恪廣平王懷（高后出）京兆王愉清河王懌汝南王悅皇子桃（他妃出）以上共七人	三十年	辛亥	庚辰	民國紀元前一千四百四十一年至一千四百十二年	年三十三		葬長陵今河南汝州東南	
7 宣武帝	鮮卑	元	名恪廟號世宗		孝文帝次子	于后高后胡后	皇子昌（高后出）孝明帝詡（胡后出）	十六年	庚辰	乙未	民國紀元前一千四百十二年至一千三百九十七年	年二十三		葬景陵	
8 孝明帝	鮮卑	元	名詡廟號肅宗		宣武帝次子	胡后		十三年	丙申	戊申	民國紀元前一千三百九十六年至一千三百八十四年	年十九	為胡太后所害死	葬定陵	
9 （彭城王勰）孝莊帝	鮮卑	元	名子攸廟號敬宗		獻文帝孫	爾朱后		三年	戊申	庚戌	民國紀元前一千三百八十四年至一千三百八十二年	年十四	為爾朱兆所害死	葬靜陵	
10 （廣陵王羽）節閔帝	鮮卑	元	名恭字修業後被廢為廣陵王		獻文帝孫		渤海王（他妃出）	一年	辛亥	同年辛亥	民國紀元前一千三百八十一年	年三十五	為高歡所害死		
1 （廣平王懷）西魏孝武帝	鮮卑	元	名脩字孝則魏書亦稱出帝		孝文帝孫	高后		三年	壬子	甲寅	民國紀元前一千三百八十年至一千三百七十八年	年二十五	為宇文泰所害死	葬永陵今陝西富平縣下同	
2 （京兆王愉）文帝	鮮卑	元	名寶炬		孝文帝孫	乙弗后郁久閭后	廢帝欽武都王戊（乙弗后出）恭帝廓（他妃出）北史乙弗后生男女十二人多早夭可知文帝之子不止此三人惟其名未詳	十六年	乙卯	庚午	民國紀元前一千三百七十七年至一千三百六十二年	年四十五		葬永陵	

3 廢帝	鮮卑	元	名欽		文帝長子	宇文后		三年	辛未	癸酉	民國紀元前一千三百六十一年至一千三百五十九年	年十六	為宇文泰所害死	葬永陵	
4 恭帝	鮮卑	復姓拓跋	名廓讓位後降封宋公		文帝四子	若干后		四年	甲戌	丁丑	民國紀元前一千三百五十八年至一千三百五十五年	年二十一	為宇文護所害死		
（清河王懌亶）東魏孝靜帝	鮮卑	元	名善見讓位後封中山王		孝文帝曾孫	高后	宜陽王景植皇子長仁（他妃出）	十七年	甲寅	庚午	民國紀元前一千三百七十八年至一千三百六十二年	年二十八	讓位後二年為高洋所害死	葬漳西崗	
北齊6主 1 北齊文宣帝	漢	高	名洋字子進廟號顯祖	渤海脩人今山東晉州境	父歡	李后	廢帝殷太原王紹德（李后出）范陽王紹義西河王紹化隴西王紹廉（他妃出）共五人	十年	庚午	己卯	民國紀元前一千三百六十二年至一千三百五十三年	年三十一		葬武寧陵高歡陵在河南臨漳縣南此當與歡陵相近	北朝二
2 廢帝	漢	高	名殷字正道小名道人後被廢為濟南王謚閔悼		文宣帝子			一年	庚辰	同年庚辰	民國紀元前一千三百五十二年	年十五	為高演所害死	葬武寧陵西北	
3 孝昭帝	漢	高	名演字延安		文宣帝弟	元后	樂陵王萬年（元后出）襄城王亮汝南王彥理始平王彥德城陽王彥基定陽王彥康汝陽王彥忠（他妃出）以上共七人	二年	庚辰	辛巳	民國紀元前一千三百五十二年至一千三百五十一年	年二十七		葬文靜陵	

4 武成帝	漢	高	名湛		孝昭帝弟	胡后	後主緯瑯琊王儼（胡后出）南陽王綽齊安王廓北平王貞高平王仁英淮南王仁光西河王仁機東平王仁邕穎川王仁儉安樂王仁雅丹陽王仁直東海王仁謙（他妃出）共十三人	五年	辛巳	乙酉	民國紀元前一千三百五十年至一千三百四十七年	禪位後四年殂年三十二		葬永平陵
5 後主	漢	高	名緯字仁綱		武成帝長子	斛律后胡后穆后	幼主恆（穆后出）東平王恪皇子善德買德質錢（他妃出）以上共五人	十三年	乙酉	丁酉	民國紀元前一千三百四十七年至一千三百三十五年	年二十六		
6 幼主	漢	高	名恆		後主長子			一月	丁酉	同年丁酉	民國紀元前一千三百三十五年	年九歲		葬長安北原今陝西咸陽縣
後周5主 1 後主孝愍帝	鮮卑	宇文	名覺字陀羅尼後被廢爲洛陽公	先世居代	父泰	元后		一年	丁丑	同年丁丑	民國紀元前一千三百五十五年	年十六	爲宇文護所害死	葬靜陵宇文泰陵在陝西富平縣北此當與泰陵相近
2 明帝	鮮卑	宇文	名毓小名統萬突廟號世祖		孝愍帝弟	獨孤后	畢王賢酆王貞宋王實（他妃出）	四年	丁丑	庚辰	民國紀元前一千三百五十五年至一千三百五十二年	年二十七	爲宇文護所害死	葬昭陵
3 武帝	鮮卑	宇文	名邕字彌羅突廟號高祖		明帝弟	阿史那后李后	宣帝贇漢王贊（李后出）秦王贄曹王允道王充荆王元蔡王光（他妃出）以上共五人	十八年	辛巳	戊戌	民國紀元前一千三百五十一年至一千三百三十四年			葬孝陵

4 宣帝	5 靜帝	1 隋文帝（隋 凡3主）	2 煬帝（太子昭）	3 恭帝
鮮卑	鮮卑	漢	漢	漢
宇文	宇文	楊	楊	楊
名贇字乾伯	名闡初名衍讓位後降封介公	名堅字那羅延廟號高祖	名廣一名英小字阿麼	名侑讓國後封酅公
		宏農華陰人今陝西華陰縣		
武帝長子	宣帝長子	漢楊震之後父忠	文帝次子	煬帝孫
楊后朱后陳后元后尉遲后	司馬后	獨孤后	蕭后	
靜帝闡（朱后出）鄴王衎郢王術（他妃出）		煬帝廣房陵王勇秦王俊蜀王秀漢王諒（獨孤后出）	太子昭齊王暕（蕭后出）趙王杲（他妃出）	
一年	三年	二十四年	十三年	二年
己亥	己亥	辛丑	乙丑	丁丑
同年己亥	辛丑	甲子	丁丑	戊寅
民國紀元前一千三百三十三年	民國紀元前一千三百三十三年至一千三百三十一年	民國紀元前一千三百三十一年至一千三百零八年	民國紀元前一千三百零七年至一千二百九十五年	民國紀元前一千二百九十五年至一千二百九十四年
禪位後一年歿年二十二	年九歲	年六十四	年五十	讓國後二年歿年十五
	為楊堅所害		為宇文化及所害	
葬定陵	葬定陵	葬泰陵今陝西武功縣	初葬江都縣西唐改葬雷塘今江蘇江都縣東北	隋亡
	以上北朝畢南北朝終	隋之始		越王侗亦太子昭之子王世充立之東都亦諡恭帝今以隋書本紀不列故表內從闕

1 唐凡20主 唐高祖	2 太宗	3 高宗	4 中宗
漢	漢	漢	漢
李	李	李	李
名淵字叔德玄宗時上尊號神堯大聖大光孝皇帝	名世民玄宗時上尊號文武大聖大廣孝皇帝	名治字爲善玄宗時諡天皇大聖大弘孝皇帝	名哲初名顯玄宗時諡大和大聖大昭孝皇帝
隴西成紀人今甘肅秦安縣			
西涼李暠之後祖虎父昞	高祖次子	太宗第九子	高宗第七子
竇后	長孫后	王后武后	趙后韋后
太子建成太宗世民衛王元霸巢王元吉（竇后出）楚王智雲豐王元亭徐王元禮道王元慶韓王元嘉魯王靈夔彭王元則霍王元軌虢王鳳荊王元景漢王元昌鄧王元裕江王元祥舒王元名密王元曉鄭王元懿滕王元嬰周王元芳（他妃出）以上共二十二人	高宗治常山王承乾濮王泰（長孫后）吳王恪蜀王愔齊王祐越王貞江王囂紀王慎趙王福蔣王惲曹王明楚王寬代王簡（他妃出）以上共十四人	少帝弘太子賢中宗哲睿宗旦（武后出）許王素節燕王忠原王孝澤王上金（他妃出）以上共八人	太子重潤（韋后出）譙王重福太子重俊溫王重茂（他妃出）以上共四人
九年	二十三年	三十四年	前後七年
戊寅	丁亥	庚戌	前甲申　後乙巳
丙戌	己酉	癸未	同年甲申　庚戌
民國紀元前一千二百九十四年至一千二百八十六年	民國紀元前一千二百八十五年至一千二百六十三年	民國紀元前一千二百六十二年至一千二百二十九年	民國紀元前一千二百二十八年　民國紀元前一千二百零七年至一千二百零二年
禪位後十年歿年七十二	年五十二	年五十六	年五十五
葬獻陵今陝西三原縣東南	葬昭陵今陝西醴泉縣東北	葬乾陵今陝西乾縣西北	葬定陵今陝西富平縣西北
唐之始	唐以前君主簡稱多用諡號至唐始用廟號		

5 睿宗	6 玄宗	7 肅宗	8 代宗
漢	漢	漢	漢
李	李	李	李
名旦玄宗時諡元貞大聖大與孝皇帝	名隆基諡至道大聖大明孝皇帝	名亨初名璵諡文明武德大聖大宣孝皇帝	名豫初名俶諡睿文孝武皇帝
高宗第八子	睿宗第三子	玄宗第三子	肅宗太子
劉后竇后	王后武后楊后	張后吳后	獨孤后沈后
太子憲（劉后出）玄宗隆基（竇后出）隋王隆悌皇子業範撝（他妃出）以上共六人	夏王一懷王敏壽王瑁盛王琦（武后出）肅宗亨（楊后出）儀王璲棣王瑛鄂王瑤永王璘涼王璿汴王璥穎王璬延王玢濟王環信王遑陳王珪光王居義王玭豐王琪恆王璸太子琮瑛琬又其七子失名（他妃出）以上共三十人	太子佋定王侗（張后出）代宗豫（吳后出）兗王僴召王偲襄王僙彭王僅杞王倕涇王侹越王係衞王佖鄆王榮皇子僙僖（他妃出）以上共十四人	韓王迥（獨孤后出）德宗适（沈后出）太子邈均王遐睦王述丹王逾恩王連簡王遘益王迺隋王迅荆王選蜀王遡忻王造韶王暹嘉王運端王遇循王遙恭王通原王逵雅王逸（他妃出）以上共二十人
三年	四十五年	七年	十七年
庚戌	壬子	丙申	癸卯
壬子	丙申	壬寅	己未
民國紀元前一千二百零二年至一千二百年	民國紀元前一千二百年至一千一百五十六年	民國紀元前一千一百五十六年至一千一百五十年	民國紀元前一千一百四十九年至一千一百三十三年
禪位後四年歿年五十五	禪位後七年歿年七十七	年五十三	年五十二
葬橋陵今陝西蒲城縣	葬泰陵今陝西蒲城縣東北	葬建陵今陝西醴泉縣北	葬元陵今陝西富平縣西北

9 德	10 順	11 憲	12 穆	13 敬
宗	宗	宗	宗	宗
漢	漢	漢	漢	漢
李	李	李	李	李
名适諡神武孝文皇帝	名誦諡宏道大聖大安孝皇帝	名純宣宗時諡昭文章武大聖至神孝皇帝	名恒諡睿聖文惠孝皇帝	名湛諡睿武昭烈孝皇帝
代宗太子	德宗太子	順帝太子	憲宗第三子	穆宗太子
王后	王后	郭后鄭后	王后蕭后韋后	
順宗誦（王后出）通王諶虔王諒肅王詳資王謙代王諲昭王誡欽王諤珍王諴（他妃出）太子謜舒王誼（二人爲繼子）以上共十一人	憲宗純福王綰（王后出）郯王經宋王結郁王綜岳王緄衡王絢均王緯漵王縱莒王紓密王綢集王緗冀王綠邵王約和王綺會王繻珍王繕撫王紘桂王綸袁王紳翼王綽蘄王緝欽王續（他妃出）以上共二十一人	穆宗恆（郭后出）宣宗忱澧王惲深王悰洋王忻絳王悟建王恪鄜王憬瓊王悅沔王恂婺王懌茂王愔淄王協衡王憺澶王恍棣王惴彭王惕信王憻榮王憒皇子寧（他妃出）以上共二十人	敬宗湛（王后出）文宗昂（蕭后出）武宗炎（韋后出）皇子湊安王溶（他妃出）以上共五人	皇子普陳王成美梁王休復襄王執中紀王言揚（他妃出）以上共五人
二十六年	八月	十五年	五年	三年
己未	乙酉	丙戌	庚子	甲辰
甲申	同年乙酉	庚子	甲辰	丙午
民國紀元前一千一百三十三年至一千一百零八年	民國紀元前一千三百零七年	民國紀元前一千一百零六年至一千零九十二年	民國紀元前一千零九十二年至一千零八十八年	民國紀元前一千零八十八年至一千零八十六年
年六十四	禪位後一年歿年四十六	年四十三	年三十	年十九
		爲宦官陳弘志所害死	服方士金丹死	爲宦官蘇佐明所害死
葬崇陵今陝西涇陽縣	葬豐陵今陝西富平縣東北	葬景陵今陝西蒲城縣南	葬光陵今陝西蒲城縣北	葬莊陵今陝西三原縣西北

14 文宗	漢	李	名昂初名涵諡元聖昭獻皇帝		穆宗次子		皇子永蔣王宗儉（他妃出）	十四年	丁未	庚申	民國紀元前一千零八十五年至一千零七十二年	三十三年		葬章陵今陝西富平縣西北	
15 武宗	漢	李	名炎初名瀍諡至道昭肅孝皇帝		穆宗第五子		杞王峻益王峴兗王岐德王嶧昌王嵯（他妃出）以上共五人	六年	辛酉	丙寅	民國紀元前一千零七十一年至一千零六十六年	三十三年		葬端陵今陝西三原縣東	
16 宣宗	漢	李	名忱初名怡懿宗時諡元聖至明成武獻文睿章仁神聰懿道大孝皇帝		憲宗第十三子	鼂后	懿宗漼（鼂后出）皇子漢夔王滋慶王沂濮王澤鄂王潤懷王洽昭王汭康王汶廣王澭衛王灌（他妃出）以上共十一人	十三年	丁卯	己卯	民國紀元前一千零六十五年至一千零五十三年	五十年	服方士金丹死	葬貞陵今陝西涇陽縣	
17 懿宗	漢	李	名漼初名溫諡睿文昭聖恭惠孝皇帝		宣宗太子	王后王后	僖宗儇（王惠安后出）昭宗曄（王恭憲后出）魏王佾涼王健蜀王佶威王偘吉王保睦王倚（他妃出）以上共八人	十四年	庚辰	癸巳	民國紀元前一千零五十二年至一千零三十九年	四十一年		葬簡陵今陝西富平縣西北	
18 僖宗	漢	李	名儇初名儼諡惠聖恭定孝皇帝		懿宗第五子		建王震益王陞（他妃出）	十五年	甲午	戊申	民國紀元前一千零三十八年至一千零二十四年	二十七年		葬靖陵今陝西乾州城東	
19 昭宗	漢	李	名曄初名傑又名敏諡聖穆景文孝皇帝		懿宗第六子	何后	德王裕哀帝柷（何后出）棣王祤虔王禊沂王禋遂王禕景王祕祁王祺雅王禛瓊王祥瑞王禎豐王祁和王福登王禧嘉王祜潁王禔蔡王祐（他妃出）以上共十七人	十五年	己酉	癸亥	民國紀元前一千零二十三年至一千零零九年	三十八年	為朱晃所害死	葬和陵今河南偃師縣南	

20 哀宗	漢	李	名祝初名祚後唐明宗時追諡昭宣光烈孝皇帝廟號景宗		昭宗第九子			三年	甲子	丙寅	民國紀元前一千零零八年至一千零零六年	禪位後一年遇害年十七	爲朱晃所害死	葬溫陵今山東定陶縣	唐亡
後梁2主 1 後梁太祖	漢	朱	名晃初名溫唐賜名全忠諡神武元聖孝皇帝	宋州碭山午溝里人今江蘇碭山縣	父誠	張后	末帝瑱（張后出）郴王友裕博王友文郢王友珪福王友璋賀王友雍建王友徽康王友孜（他妃出）以上共八人	六年	丁卯	壬申	民國紀元前一千零零五年至一千年	年六十一	爲子友珪所害死	葬宣陵今洛陽縣城東	五代之始 五代一
2 末帝	漢	朱	名瑱初名友貞		太祖第三子			十一年	癸酉	癸未	民國紀元前九百九十九年至九百八十九年	年三十六	爲其下所害死		
後唐4主 1 後唐莊宗	沙陀	（原姓朱邪唐賜姓李）李	名存勗諡光聖神閔孝皇帝	其先出西突厥自號沙陀	祖國昌父克用	劉后	皇子繼岌（劉后出）皇子繼潼繼嵩繼蟾繼嶢（他妃出）以上共五人	四年	癸未	丙戌	民國紀元前九百八十九年至九百八十七年	年四十三	其下作亂爲流矢所中死	葬雍陵今河南新安縣	五代二
2 明宗	沙陀	李	名亶初名嗣源胡名邈佶烈諡聖德和武欽孝皇帝		克用養子	曹后夏后魏后	秦王從榮愍帝從厚（夏后出）潞王從珂（魏后出隨嫁明宗）許王從益皇子從璟從璨（他妃出）以上共六人	八年	丙戌	癸巳	民國紀元前九百八十六年至九百七十九年	年六十七		葬徽陵今洛陽縣城東北	
3 愍宗	沙陀	李	名從厚		明宗第三子	孔后		五月	甲午	同年甲午	民國紀元前九百七十八年	年二十二	爲從珂所害死	葬徽陵南	
4 廢帝	沙陀	（本姓王改姓李）李	名從珂	本平山人嗣明宗後	明宗養子	劉后	皇子重吉重美（他妃出）	三年	甲午	丙申	民國紀元前九百七十八年至九百七十六年	年五十一	石敬瑭兵起自焚死	葬徽陵南	

後晉2主 1 後晉高祖	沙陀	石	名敬瑭諡聖文章武明德孝皇帝	世出西夷與沙陀同族	父臬捩雞	李后	楚王重信（李后出）虢王重英壽王重義剡王重允夔王重進陳王重杲皇子重睿（他妃出）以上共七人	六年	丙申	辛丑	民國紀元前九百七十六年至九百七十一年	年五十二		葬顯陵今河南宜陽縣	五代三
（宋王石敬儒）2 出帝	沙陀	石	名重貴		高祖從子	馮后	皇子延煦延寶（他妃出）	五年	壬寅	丙午	民國紀元前九百七十年至九百六十六年	年三十四	爲契丹所執死於黃龍今奉天開原縣		
後漢2主 1 後漢高祖	沙陀	劉	名暠初名知遠諡睿文聖武昭肅孝皇帝	其先爲沙陀部人後世居太原	父琠	李后	隱帝承祐（李后出）魏王承訓陳王承勳（他妃出）	二年	丁未	戊申	民國紀元前九百六十五年至九百六十四年	年五十四		葬睿陵今河南登封縣	五代四
2 隱帝	沙陀	劉	名承祐		高祖次子			三年	戊申	庚戌	民國紀元前九百六十四年至九百六十二年	年二十	郭威起兵爲亂兵所害死	葬潁陵今河南禹州	
後周3主 1 後周太祖	漢	郭	名威諡聖神恭肅文武孝皇帝	邢州堯山人今直隸唐山縣	自稱周虢叔之後父簡	柴后	鄴王侗紀王信（他妃出）世宗榮（養子）	四年	辛亥	甲寅	民國紀元前九百六十一年至九百五十八年	年五十一		葬嵩陵今河南新鄭縣	五代五
2 世宗	漢	本姓柴改姓郭	名榮諡睿武孝文皇帝	邢州龍岡人今直隸邢臺縣西南	太祖養子	劉后符后（宣懿）符后	恭帝宗訓皇子宜哥熙讓熙謹熙誨又二子皆失名（他妃出）以上共七人	五年	乙卯	己未	民國紀元前九百五十七年至九百五十三年	年三十九		葬慶陵今河南鄭州下同	
3 恭帝	漢	郭	名宗訓		世宗第四子			六月	己未	同年己未	民國紀元前九百五十三年	禪國後十四年殁年二十一		葬順陵	五代畢

宋18主（連南宋）1宋太祖	漢	趙	名匡胤眞宗時加諡啓運立極英武睿文神德聖功至明大孝皇帝	涿人今直隸涿州	父弘殷	賀后王后宋后	滕王德秀魏王德昭舒王德林（賀后出）楚王德芳（王后出）以上共四人	十七年	庚申	丙子	民國紀元前九百五十二年至九百三十六年	年五十		葬永昌陵今河南鞏縣西南下同	宋之始
2太宗	漢	趙	名炅初名匡乂改賜光義諡神功聖德文武皇帝		太祖弟	尹后李后李后（元德明德）符后	楚王元佐眞宗恆（李后出）皇子元僖商王元份安王元傑寗王元偓曹王元偁鎭王元儼代國公元億（他妃出）以上共九人	二十二年	丙子	丁酉	民國紀元前九百三十六年至九百十五年	年五十九		葬永熙陵	
3眞宗	漢	趙	名恆初名元侃仁宗時諡膺符稽古神功讓德文明武定章聖元孝皇帝		太宗第三子	潘后郭后劉后李后楊后	周王祐（郭后出）仁宗禎（李后出）溫王禔昌王祇信王祉欽王祈（他妃出）以上共六人	二十五年	戊戌	壬戌	民國紀元前九百十四年至八百九十年	年五十五		葬永定陵	
4仁宗	漢	趙	名禎初名受益諡體天法道極功全德神文聖武睿哲明孝皇帝		眞宗第六子	郭后曹后張后（溫城）	豫王昕褒王昉鄂王曦（他妃出）	四十一年	癸亥	癸卯	民國紀元前八百八十九年至八百四十九年	年五十三		葬永昭陵	
（商王元份濮王元讓）5英宗	漢	趙	名曙初名宗實諡體乾應歷隆功盛德憲文肅武睿聖宣孝皇帝		太宗曾孫	高后	神宗頊吳王顥潤王顏益王頵（高后出）	四年	甲辰	丁未	民國紀元前八百四十八年至八百四十五年	年三十六		葬永厚陵	
6神宗	漢	趙	名頊初名仲鍼諡紹天法古運德建功英文烈武欽仁聖孝皇帝		英宗太子	向后朱后陳后	哲宗煦楚王似（朱后出）徽宗佶（陳后出）成王佾襄王褒儀王偉惠王僅冀王僩徐王倜吳王佖燕王俁越王偲豫王价唐王俊（他妃出）以上共十四人	十八年	戊申	乙丑	民國紀元前八百四十四年至八百二十七年	年三十八		葬永裕陵	

7 哲宗	8 徽宗	9 欽宗	1 南宋高宗	2 孝宗
漢	漢	漢	漢	漢
趙	趙	趙	趙	趙
名煦初名傭徽宗時諡憲元繼道顯德定功欽文睿武齊聖昭孝皇帝	名佶後傳位太子爲教主道君太上皇帝既又爲金所執封昏德公高宗時諡體神合道駿烈遜公聖文仁德憲莊顯孝皇帝	名桓高宗時諡恭文順德仁孝皇帝	名構字德基光宗時諡受命中興全功至德聖神武文昭仁憲孝皇帝	名昚初名瑗又名瑋字元永寧宗時諡紹統同道冠德昭功哲文神武明聖成孝皇帝
神宗第六子	神宗第十一子	徽宗太子	徽宗第九子	太祖七世孫父偁
孟后劉后	王后鄭后劉后（明達）劉后（明節）韋后	朱后	邢后吳后	郭后夏后謝后
皇子懋昭（劉后出）	欽宗桓（王后出）高宗構（韋后出）益王棫祁王模信王榛（劉后出）建安王楧嘉國公椅英國公檍（劉后出）兖王檉鄆王楷荆王楫肅王樞景王杞濟王栩邠王材莘王植華原王朴徐王棣沂王樗鄆王栱和王栻漢王椿安康王楃廣平王楗陳國公機相國公梴瀛國公樾溫國公棟儀國公桐昌國公柄潤國公樅（他妃出）以上共三十一人	太子諶少子訓（朱后出）	太子旉（他妃出）	皇子愭魏王愷光宗惇邵王恪（郭后出）
十五年	二十五年	二年	三十六年	二十七年
丙寅	辛巳	丙午	丁未	癸未
庚辰	乙巳	丁未	壬午	己酉
民國紀元前八百二十六年至八百十二年	民國紀元前八百十一年至七百八十七年	民國紀元前七百八十六年至七百八十五年	民國紀元前七百八十五年至七百五十年	民國紀元前七百四十九年至七百二十三年
年二十五	禪位後十一年歿年五十四	北遷後三十四年歿年六十四	禪位後二十五年歿年八十一	禪位後五年歿年六十八
	爲金所執死於五國城據滿州源流考今吉林三姓地方有五國城舊址	同上		
葬永泰陵	歸葬永祐陵今浙江紹興縣	金人葬之永獻陵今河南鞏縣附近	葬永思陵今浙江紹興縣下同	葬永阜陵

3 光宗	4 寧宗	5 理宗	6 度宗（福王與芮）	7 恭帝	8 端宗	3 帝昺
漢	漢	漢	漢	漢	漢	漢
趙	趙	趙	趙	趙	趙	趙
名惇寧宗時諡循道憲仁明功茂德溫文順武聖哲慈孝皇帝	名擴理宗時諡法天備道純德茂功仁文哲武聖睿恭孝皇帝	名昀初名貴誠諡建道備德大功復興烈文仁武聖明安孝皇帝	名禥初名孟啓改賜名孜諡端文明武景孝皇帝	名㬎元封瀛國公端宗即位尊爲孝恭懿聖皇帝	名昰諡裕文昭武皇帝	名昺
孝宗第三子	光宗次子	太祖十世孫父希瓐	理宗從子	度宗太子	度宗子	度宗子
李后	韓后楊后	謝后	全后			
皇子挺寧宗擴（李后出）	兗王埈邠王坦郢王增華王坰（韓后出）順王圻申王墌肅王胡邳王坻皇子某（他妃出）以上共九人		恭帝㬎（全后出）端宗是帝昺（他妃出）			
五年	三十年	四十年	十年	二年	三年	二年
庚戌	乙卯	乙酉	乙丑	乙亥	丙子	戊寅
甲寅	甲申	甲子	甲戌	丙子	戊寅	己卯
民國紀元前七百二十二年至七百十八年	民國紀元前七百十七年至六百八十八年	民國紀元前六百八十七年至六百四十八年	民國紀元前六百四十七年至六百三十八年	民國紀元前六百三十七年至六百三十六年	民國紀元前六百三十六年至六百三十四年	民國紀元前六百三十四年至六百三十三年
禪位後六年歿年五十四	年五十七	年六十	年三十五	即位年五歲降元後至英宗時歿	年十一	年九歲
葬永崇陵	葬永茂陵	葬永穆陵	葬永紹陵		葬永福陵今廣東新會縣	葬廣東海濱
						宋亡

帝號	族	姓	名字諡號	部族	世系	后	子	在位	即位	卒	民國紀元前	年壽	死因	葬	備考
遼9主又西遼3主 1 遼太祖	契丹	耶律	名億字安巴堅小字多爾濟興宗時諡大聖大明神烈天皇帝	德勒部轄培里鍋林鄉耶律穆魯人	父撒剌的	蕭后	讓帝倍太宗德光皇子魯呼（蕭后出）皇子雅爾噶（他妃出）以上共四人	二十年	丁卯	丙戌	民國紀元前一千零零五年至九百八十六年	年五十五		葬祖陵今奉天錦州附近同下	遼之始時爲後梁太祖開平元年
2 太宗	契丹	耶律	名德光字德謹小字耀庫濟興宗時諡孝武惠文皇帝		太祖第二子	蕭后	穆宗璟齊王雅斯哈（蕭后出）皇子天德冀王迪里越王必舒（他妃出）以上共五人	二十二年	丙戌	丁未	民國紀元前九百八十六年至九百六十五年	年四十六		葬懷陵	
3 世宗（讓國皇帝倍）	契丹	耶律	名阮小字烏靈聖宗時諡孝和莊憲皇帝		太祖孫	蕭后	景宗賢哈勒布（蕭后出）寧王札穆（他妃出）契丹國志世宗有六子可知世宗之子不止三人惟其名未詳	五年	丁未	辛亥	民國紀元前九百六十五年至九百六十一年	年三十四	爲察克所害死	葬醫巫閭山今奉天廣寧縣西	
4 穆宗	契丹	耶律	名璟小字舒魯興宗時諡孝安敬正皇帝		太宗長子	蕭后		十八年	辛亥	戊辰	民國紀元前九百六十一年至九百四十四年	年三十九	爲晉格所害死	祔葬懷陵	
5 景宗	契丹	耶律	名賢字賢寧小字明扆興宗時諡孝成康靖皇帝		世宗次子	蕭后	聖宗隆緒晉王隆慶齊王隆祐（蕭后出）皇子藥師奴（他妃出）以上共四人	十四年	己巳	壬午	民國紀元前九百四十三年至九百三十年	年三十五		葬乾陵今奉天錦州附近	
6 聖宗	契丹	耶律	名隆緒小字文殊奴興宗時諡文武大孝宣皇帝		景宗長子	蕭后	秦王重元（興宗宗眞（蕭后出）燕王武格皇子格爾混同郡王海吉勒柳城郡王布古德（他妃出）[illegible]丹國志聖宗有子八人可知聖宗之子尙不止此數惟其餘二子名不詳	四十九年	癸未	辛未	民國紀元前九百二十九年至八百八十一年	年六十一		葬慶陵在臨潢西北同下	
7 興宗	契丹	耶律	名宗眞字雅布濟小字濟古爾道宗時諡神聖孝章皇帝		聖宗長子	蕭后	道宗洪基宋王和囉噶秦王阿林（蕭后出）	二十四年	辛未	甲午	民國紀元前八百八十一年至八百五十八年	年四十		葬慶陵	

8 道宗	契丹	耶律	名洪基字納琳小字札拉諡仁聖大孝文皇帝		興宗長子	蕭后	順宗濬（蕭后出）	四十六年	乙未	庚辰	民國紀元前八百五十七年至八百十二年	年七十		葬慶陵	
9 天祚帝（順宗濬）	契丹	耶律	名延禧字延寧小字阿古後為金所執降封海濱王又改豫王		道宗孫	蕭后	晉王額魯溫梁王雅里燕王塔魯趙王錫訥坪秦王定許王寧（他妃出）以上共六人	二十三年	辛巳	癸卯	民國紀元前八百十一年至七百八十九年	降金後死年五十四		葬乾陵傍	遼亡
1 金太祖（金凡9主）	女眞	完顏	名旻本名阿固達熙宗時諡應乾興運昭德定功睿神莊孝仁明大聖武元皇帝	世居女眞完顏部	父合理博	唐古后費糜后赫舍哩后布薩后	皇子宗峻豐王烏里趙王宗傑（唐古后出）遼王宗幹（費糜后出）宋王宗望陳王宗雋瀋王額魯欽（赫舍哩后出）皇子宗堯幽王鄂爾多（布薩后出）梁王宗弼衛王宗強曹王宗敏紀王錫訥坪息王寧嘉莒王雅遜任王咸赫鄰王幹渾（他妃出）以上共十七人	九年	乙未	癸卯	民國紀元前七百九十七年至七百八十九年	年五十六		葬睿陵今順天房山縣下同	金之始
2 太宗	女眞	完顏	名晟本名烏奇邁後諡體元應運世德昭功惠仁聖文烈皇帝		太祖弟	唐古后	宋王宗磐豳王宗固代王宗雅虞王阿里布滕王呼沙呼薛王宗懿陳王宗本襄王呼蘭豐王宗美鄆王神土門璽王哈必蘇蔡王天里畢王宗習徐王宗順（他妃出）以上共十四人	十二年	癸卯	甲寅	民國紀元前七百八十九年至七百七十八年	年四十一		葬恭陵	
3 熙宗（景帝宗峻）	女眞	完顏	名亶本名哈喇廢帝即位降為東昏王世宗時諡宏基纘武莊靖孝成皇帝		太祖孫	費糜后	皇子濟安（費糜后出）魏王道濟（他妃出）	十四年	乙卯	戊辰	民國紀元前七百七十七年至七百六十四年	年三十一	為完顏亮所害死	葬思陵	

（遼王宗幹）4 廢帝	女眞	完顏	名亮字元功本名費古魯納世宗時降封海陵郡王諡曰煬		太祖孫	后圖克坦	皇子光英（圖克坦后）崇王元壽滕王廣陽宿王舒蘇鄂博（他妃出）以上共四人	十二年	己巳	庚辰	民國紀元前七百六十三年至七百五十二年	年四十	爲其下所害死	葬大房山西南	
（睿宗宗堯）5 世宗	女眞	完顏	名雍本名烏祿章宗即位諡爲光天興運文德武功聖明仁孝皇帝		太祖孫	后烏凌阿	顯宗趙王蘇尼越王薩登（烏凌阿后）後廢帝永濟鎬王永思越王永功鄭王永蹈潞王永德豫王永成夔王永升（他妃出）以上共十人	二十九年	辛巳	己酉	民國紀元前七百五十一年至七百二十三年	年六十七		葬興陵	
（顯宗允恭）6 章宗	女眞	完顏	名璟小字瑪達格後廢帝時諡憲天光運仁文義武神聖英孝皇帝		世宗孫	富察后	絳王洪裕（富察后出）葛王德里荆王洪靖榮王洪衍壽王洪輝（他妃出）以上共六人	十九年	庚戌	戊辰	民國紀元前七百二十二年至七百零四年	年四十一		葬道陵	
7 後廢帝	女眞	完顏	名永濟又名元濟小字興勝宣宗即位降封東海郡王後追復衛王諡曰紹		世宗第七子	后圖克坦	胙王從恪皇子琛瑄瑧又二子失名（他妃出）以上共六人	五年	己巳	癸酉	民國紀元前七百零三年至六百九十九年		爲呼沙呼所害死		
8 宣宗	女眞	完顏	名珣賜名從嘉哀帝即位諡繼天興統述道勤仁英武聖孝皇帝		章宗弟	（溫敦）王后（明惠）王后	哀宗守緒皇子玄齡（王后出）荆王守純皇子守忠（他妃出）以上共四人	十一年	癸酉	癸未	民國紀元前六百九十九年至六百八十九年	年六十一		葬德陵	
9 哀宗	女眞	完顏	名守緒初名守禮又名寧嘉蘇		宣宗第三子	后圖克坦		十一年	甲申	甲午	民國紀元前六百八十八年至六百七十八年	年三十七	宋元兵入自縊死		
元14主 1 元太祖	蒙古	却特	名特穆津始稱成吉思皇帝武宗時諡法天啓運聖武皇帝	蒙古部人	父伊蘇克	后鴻吉里	太宗諤格德依皇子卓沁察罕台圖類（鴻吉里后出）皇子烏拉齊科爾戩（他妃出）以上共六人	二十二年	丙寅	丁亥	民國紀元前七百零六年至六百八十五年	年六十六		葬起輦谷地在漠北	蒙古之始

2太宗	蒙古	却特	名諤格德依諡英文皇帝		太祖第三子	尼瑪察后	定宗庫裕克皇子奎騰庫春哈喇徽爾（尼瑪察后出）皇子哈斯哈坦默埒（他妃出）以上共七人	十三年	己丑	辛丑	民國紀元前六百八十三年至六百七十一年	年五十六		葬起輦谷	辛丑後無君者四年
3定宗	蒙古	却特	名庫裕克諡簡平皇帝		太宗長子	烏拉海額錫后	皇子諾畢呼察和和（他妃出）	三年	丙午	戊申	民國紀元前六百六十六年至六百六十四年	年四十三		葬起輦谷	戊申後無君者二年
（睿宗圖類）4憲宗	蒙古	却特	名孟克諡桓肅皇帝		太祖孫	鴻吉哩后	皇子巴爾圖烏蘇岱永隆喇實錫里濟瓌都（他妃出）以上共五人	九年	辛亥	己未	民國紀元前六百六十一年至六百五十三年	年五十二		葬起輦谷	
5世祖	蒙古	却特	名呼必賚諡聖德神功文武皇帝國語曰色辰皇帝		太祖孫	鴻吉哩后鴻吉哩后（昭睿順聖）（徽仁裕聖）	太子珍戩（鴻吉哩后）皇子多爾濟安西王莽噶拉北安王諾木罕雲南王和克齊寧王庫庫楚鎮南王托歡皇子阿雅噶齊和塔特穆爾（他妃出）以上共十人	三十五年	庚申	甲午	民國紀元前六百五十二年至六百十八年	年八十		葬起輦谷	蒙古改元之始
（裕宗珍戩）6成宗	蒙古	却特	名特穆爾諡欽明廣孝皇帝國語曰諤勒哲圖皇帝		世祖孫	鴻吉哩后巴約特后	皇子德壽（鴻吉哩后出）	十三年	乙未	丁未	民國紀元前六百十七年至六百零五年	年四十二		葬起輦谷	
（順宗達爾瑪巴北）7武宗	蒙古	却特	名哈尚諡仁惠宣孝皇帝國語曰庫裕克皇帝		世祖曾孫	鴻吉哩后鴻吉哩后	明宗和實拉文宗圖卜特穆爾（他妃出）	四年	戊申	辛亥	民國紀元前六百零四年至六百零一年	年三十一		葬起輦谷	

8 仁宗	蒙古	却特	名阿裕里爾巴巴特剌諡聖文欽孝皇帝國語曰布延圖皇帝		武宗弟	鴻吉哩后	英宗碩迪巴拉（鴻吉哩后出）安王溫都遜布哈（他妃出）	九年	壬子	庚申	民國紀元前六百年至五百九十二年	三十六年		葬起輦谷	
9 英宗	蒙古	却特	名碩迪巴拉諡睿聖文孝皇帝國語曰格根皇帝		仁宗子	伊奇哩后		三年	辛酉	癸亥	民國紀元前五百九十一年至五百八十九年	二十一年		葬起輦谷	
10 （顯宗噶瑪拉）泰定帝	蒙古	却特	名伊蘇特穆爾無廟諡		世祖曾孫	鴻吉哩后	晉王巴特瑪爾藏布皇子勒濟雅巴錫錫允丹藏布（他妃出）以上共四人	五年	甲子	戊辰	民國紀元前五百八十八年至五百八十四年	三十六年		葬起輦谷	
11 明宗	蒙古	却特	名和實拉諡翼獻恭孝皇帝國語曰呼圖克圖皇帝		武宗長子	班布爾實后瑪里達后	寧宗伊埒哲伯（班布爾實后出）順帝托歡特穆爾（瑪里達后出）	八月	乙巳	乙巳同年	民國紀元前五百八十三年	三十年		葬起輦谷	
12 文宗	蒙古	却特	名圖卜特穆爾諡神明元孝皇帝國語曰濟雅圖皇帝		武宗次子	鴻吉哩后	皇子喇特納遠喇雅克特古斯（鴻吉里后出）皇子太平納（他妃出）	三年	乙巳	辛未	民國紀元前五百八十三年至五百八十一年	二十九年		葬起輦谷	
13 寧宗	蒙古	却特	名伊埒哲伯諡冲聖嗣孝皇帝		明宗次子			四月	壬申	壬申同年	民國紀元前五百八十年	七歲		葬起輦谷	
14 順帝	蒙古	却特	名托歡特穆爾明初諡爲順帝元臣諡爲惠宗		明宗長子	欽察后鴻吉哩后奇后	皇子阿裕錫哩達喇（奇后出）又二子失名（他妃出）	三十五年	癸酉	丁未	民國紀元前五百七十九年至五百四十五年	元亡後二年沒年五十一			元亡

明16主又明末 1明太祖	（興宗標） 2惠帝	3成祖	4仁宗	5宣宗
漢	漢	漢	漢	漢
朱	朱	朱	朱	朱
名元璋字國瑞世宗時謚開天行道肇紀立極大聖至神仁文義武俊德成功高皇帝	名允炆清高宗時謚恭閔惠皇帝	名棣世宗時謚啓天弘道高明肇運聖武神功純仁至孝文皇帝	名高熾謚敬天體道純誠至德弘文欽武章聖達孝昭皇帝	名瞻基謚憲天崇道英明神聖欽文昭武寬仁純孝皇帝
濠州鍾禹人今安徽富陽縣東				
父世珍	太祖孫	太祖第四子	成祖長子	仁宗長子
馬后	馬后	徐后	張后	胡后孫后吳后
太子標秦王樉晉王棡（馬后出）成祖棣周王橚（馬后出）楚王楨齊王榑潭王梓魯王檀蜀王椿代王桂谷王橞湘王柏遼王植慶王㮵寧王權岷王楩韓王松瀋王模唐王桱郢王棟伊王㰘肅王楧趙王杞安王楹皇子楠（他妃出）	皇子文奎文圭（馬后出）	仁宗高熾漢王高煦趙王高燧（徐后出）皇子高爔（他妃出）以上共四人	宣宗瞻基越王瞻墉襄王瞻墡（張后出）鄭王瞻埈蘄王瞻垠淮王瞻墺荊王瞻堈滕王瞻塏梁王瞻垍衛王瞻埏（他妃出）以上共十人	英宗祁鎮（孫后出）景帝祁鈺（吳后出）
三十一年	四年	二十二年	一年	十年
戊申	己卯	癸未	乙巳	丙午
戊寅	壬午	甲辰	乙巳同年	乙卯
民國紀元前五百四十四年至五百十四年	民國紀元前五百十三年至五百十年	民國紀元前五百零九年至四百八十八年	民國紀元前四百八十七年	民國紀元前四百八十六年至四百七十七年
七十一年		六十五年	四十八年	三十八年
	燕兵南下帝不知所終	北征歸歿於途		
葬孝陵今江蘇江寧縣		葬長陵今順天府昌平州下同	葬獻陵	葬景陵
明之始				明史后妃傳孫后本無子陰取宮人子爲己子卽英宗英宗生母人卒無知者

6 英宗	漢	朱	名祁鎮諡法天立道仁明誠敬昭文憲武至德廣孝睿皇帝		宣宗長子	錢后周后	憲宗見深崇王見澤（周后出）德王見潾吉王見浚忻王見治許王見淳秀王見澍徽王見沛皇子見湜（他妃出）以上共九人	前後共二十二年	前丙辰　後丙子	前己巳　後甲申	前民國紀元前四百七十六年至四百六十三年　後民國紀元前四百五十五年至四百四十八年	三十八年		葬裕陵	
7 景帝	漢	朱	名祁鈺英宗復位廢爲郕王諡曰戾憲宗時改諡恭仁康定景皇帝		宣宗次子	汪后杭后	皇子見濟（杭后出）	七年	庚午	丙子	民國紀元前四百六十二年至四百五十六年	三十年		葬西山憲宗時始繕爲陵	
8 憲宗	漢	朱	名見深初名見濬諡繼天凝道誠明仁敬崇文肅武宏德聖孝純皇帝		英宗長子	吳后王后紀后邵后	孝宗祐樘（紀后出）興獻帝祐杬岐王祐棆雍王祐樗（邵后出）益王祐檳衡王祐楎汝王祐梈壽王祐榰涇王祐橓申王祐楷榮王祐樞皇子祐極又二子失名（他妃出）以上共十四人	二十三年	乙酉	丁未	民國紀元前四百四十七年至四百二十五年	四十一年		葬茂陵	
9 孝宗	漢	朱	名祐樘諡達天明道純誠中正聖文神武至仁大德敬皇帝		憲宗第三子	張后	武宗厚照蔚王厚煒（張后出）	十八年	戊申	乙丑	民國紀元前四百二十四年至四百零七年	三十六年		葬泰陵	
10 武宗	漢	朱	名厚照諡承天達道英肅睿哲昭德顯功弘文思孝毅皇帝		孝宗長子	夏后		十六年	丙寅	辛巳	民國紀元前四百零六年至三百九十一年	三十一年		葬康陵	
11 世宗（興獻帝祐杬）	漢	朱	名厚熜諡欽天履道英毅神聖宣文廣武洪仁大孝肅皇帝		憲宗孫	陳后張后方后杜后	穆宗載垕（杜后出）景王載圳穎王載壐戚王載壡薊王載壏均王載堌皇子載基載壑（他妃出）以上共八人	四十五年	壬午	丙寅	民國紀元前三百九十年至三百四十六年	六十年		葬永陵	

12 穆宗	13 神宗	14 光宗	15 熹宗	16 愍帝	（福王常洵）1 聖安帝
漢	漢	漢	漢	漢	漢
朱	朱	朱	朱	朱	朱
名載垕諡契天隆道淵懿寬仁顯文光武純德弘孝莊皇帝	名翊鈞諡範天合道哲肅敦簡光文章武安仁止孝顯皇帝	名常洛諡崇天契道英睿恭純憲文景武淵仁懿孝貞皇帝	名由校諡達天闡道敦孝篤友章文襄武靖穆莊勤悊皇帝	名由檢明諡思宗後又改毅宗又改威宗後改欽宗清諡守道敬儉寬文襄武體仁致孝莊烈愍皇帝	名由崧思文郎位尊爲聖安皇帝後粵中諡爲安宗簡皇帝
世宗第三子	穆宗第三子	神宗長子	光宗長子	光宗第五子	神宗孫
（孝定）李后 陳后 （孝懿）李后	（孝端）王后 （孝靖）王后	郭后 王后 劉后	張后	周后	
神宗翊鈞潞王翊鏐（孝定李后出）皇子翊釴（孝懿李后出）靖王翊鈴（他妃出）以上共四人	光宗常洛（孝靖王后出）福王常洵沅王常治端王常浩惠王常潤桂王常瀛邠王常㵒永思王常溥（他妃出）以上共八人	熹宗由校簡王由櫻（王后出）愍帝由檢（劉后出）齊王由楫懷王由模湘王由栩惠王由橏（他妃出）以上共七人	皇子慈焴慈炅慈然（他妃出）	太子慈烺懷王慈烜定王慈炯（周后出）永王慈炤悼王慈煥又二子失名（他妃出）以上共七人	
六年	四十八年	一月	七年	十七年	二年
丁卯	癸酉	庚申	辛酉	戊辰	甲申
壬申	庚申	庚申同年	丁卯	甲申	乙酉
民國紀元前三百四十五年至三百四十年	民國紀元前三百三十九年至二百九十二年	民國紀元前二百九十二年	民國紀元前二百九十一年至二百八十五年	民國紀元前二百八十四年至二百六十八年	民國紀元前二百六十八年至二百六十七年
三十六年	五十八年	三十九年	二十三年	三十五年	
				流寇陷京師自縊死	爲清所執死北京
葬昭陵	葬定陵	葬慶陵	葬德陵	葬思陵	

2（唐王碩熿）思文帝	漢	朱	名聿鍵小字長壽粵中尊爲思文皇帝後謚紹宗襄皇帝		太祖八世孫	曾后		二年	乙酉	丙戌	民國紀元前二百六十七年至二百六十六年		爲清所執死福州		
3（桂王常瀛）永曆帝	漢	朱	名由榔無謚		神宗孫	王后	皇子慈煊（王后出）	十五年	丙戌	辛丑	民國紀元前二百六十六年至二百五十一年	年三十八	爲清所執死雲南	葬雲南省城北	明亡
清12主 1 清太祖	滿洲	愛新覺羅	名努爾哈赤高宗時謚承天廣運聖德神功肇紀立極仁孝睿武端毅欽安弘文定業高皇帝	先世起長白山		葉赫納喇后	太宗皇太極（葉赫納喇后出）禮王代善饒王阿巴泰睿王多爾袞豫王多鐸皇子褚英阿拜湯古代塔拜巴布太巴布海阿濟格賴墓布莽古爾泰德格類費揚古（他妃出）以上共十四人	十一年	丙辰	丙寅	民國紀元前二百九十六年至二百八十七年	年六十八		葬福陵故盛京城東北	滿洲之始
2 太宗	滿洲	愛新覺羅	名皇太極高宗時謚應天興國弘德章武寬溫仁聖睿孝敬敏昭定隆道顯功文皇帝		太宗第八子	博爾濟吉特后	世祖福臨（博爾濟吉特后出）肅王豪格裕王碩塞襄王特穆博果爾皇子洛格輅博會葉布舒高塞常舒皇子某（他妃出）以上共十一人	十七年	丁卯	癸未	民國紀元前二百八十五年至二百六十九年	年五十二		葬昭陵故盛京城西	滿洲改清之始
3 世祖	滿洲	愛新覺羅	名福臨高宗時謚體天隆運定統建極英睿欽文顯武大德弘功至仁純孝章皇帝		太宗第九子	博爾濟吉特后	榮王某（博濟吉特后出）聖祖玄燁（佟佳后出）恭王常寧純王隆禧皇子紐紐福全奇授永幹（他妃出）以上共八人	十八年	甲申	辛丑	民國紀元前二百六十八年至二百五十一年	年二十四		葬孝陵今直隸遵化州下同	

4 聖祖	5 世宗	6 高宗	7 仁宗
滿洲	滿洲	滿洲	滿洲
愛新覺羅	愛新覺羅	愛新覺羅	愛新覺羅
名玄燁高宗時諡合天弘運文武睿哲恭儉寬裕孝敬誠信中和功德大成仁皇帝	名胤禛高宗時諡敬天昌運建中表正文武英明寬仁信毅大孝至誠憲皇帝	名弘曆諡法天隆運至誠先覺體元立極敷文奮武孝慈神聖純皇帝	名顒琰諡受天興運數化綏猷崇文經武孝恭欽儉端敏英哲睿皇帝
世祖第三子	聖祖第四子	世宗第四子	高宗第十五子
赫舍哩后鈕祜祿后佟佳后烏雅后	納喇后烏雅后	富察后納喇后魏后	喜塔喇后鈕祜祿后
理王允礽皇子承祜（赫舍哩后出）世宗胤禛皇子允祚恂郡王允禵（烏雅后出）誠郡王允祉恆王允祺淳王允祐履王允祹怡王允祥莊王允祿愉郡王允禑果王允禮慎郡王允禧誠王允祕皇子允禔承慶承瑞賽音察渾長華長生允禟允禌允禶允䄉允祄允禨允禨允禕允祁萬業允禶允禑允禝（他妃出）以上共二十五人	端王弘暉（納喇后出）高宗弘曆（烏雅后出）恭王弘晝恭郡王弘瞻懷王福惠皇子弘時弘盼弘昀福宜福沛（他妃出）以上共十人	皇子端慧永璉永瑞（富察后出）皇子永琪（納喇后出）仁宗顒琰皇子永璐永璘（魏后出）定王永璜循郡王永璋質王永瑢履郡王永珹儀郡王永璇成王永璟榮王永琪又二子失名（他妃出）以上共十七人	宣宗旻寧（喜塔喇后出）皇子緜德惇郡王緜愷端王綿忻惠郡王綿愉（他妃出）以上共五人
六十一年	十三年	六十年	二十五年
壬寅	癸卯	丙辰	丙辰
壬寅	乙卯	乙卯	庚辰
民國紀元前二百五十年至一百九十年	民國紀元前一百八十九年至一百七十七年	民國紀元前一百七十六年至一百十七年	民國紀元前一百十六年至九十二年
年六十九	年五十八	禪位後四年殁年八十九	年六十一
葬景陵	葬泰陵今直隸易州	葬裕陵今直隸遵化州	葬昌陵今直隸易州下同

8 宣宗	滿洲	愛新覺羅	名旻寧諡效天符運立中體正至文聖武智勇仁儉忠勤孝敬成皇帝		仁宗第二子	佟佳后鈕祜祿后	文宗奕詝（鈕祜祿后出）惇郡王奕誴恭王奕訢醇王奕譞皇子奕緯奕綱奕繼奕詥奕譓（他妃出）以上共九人	三十年	辛巳	庚戌	民國紀元前九十一年至六十二年	六十九年		葬慕陵	
9 文宗	滿洲	愛新覺羅	名奕詝諡協天翊運執中垂謨勳德振武聖孝淵恭端仁寬敏顯皇帝		宣宗第四子	薩克達后鈕祜祿后那拉后	穆宗載淳皇子某（那拉后出）	十一年	辛亥	辛酉	民國紀元前六十一年至五十一年	三十一年		葬定陵今直隸遵化州下同	
10 穆宗	滿洲	愛新覺羅	名載淳諡繼天開運受中居正保大定功聖智誠孝信敏恭寬毅皇帝		文宗長子	阿魯特后		十三年	壬戌	甲戌	民國紀元前五十年至三十八年	十九年		葬惠陵	
11 德宗（醇王奕譞）	滿洲	愛新覺羅	名載湉諡同天崇運大中至正經文緯武仁孝睿智端儉寬節景皇帝		宣宗孫	那拉后		三十四年	乙亥	戊申	民國紀元前三十七年至四年	三十八年		葬崇陵今直隸易州	
12 宣統帝（醇王載灃）	滿洲	愛新覺羅	名溥儀		宣宗曾孫			三年	己酉	辛亥	民國紀元前三年至一年			清亡	

(二)謀爲　謀爲云者，猶云有國之主，關於傳系上之一切行爲也。其說又有二：

(甲)立儲　遠古無立儲之事也，而太子之名則往往於古籍見之；周武王之爲太子（見賈誼新書），成王之爲太子（見帝王世紀），證之於古，咸有明證。而韓詩外傳則謂：『五帝官天下，三王家天下；家以傳子，官以傳賢。故自唐虞以上，經傳無太子稱號；夏殷之王雖則傳嗣，其文略矣；至周，始見文王世子之制。』若是則世子太子之立，均始於周。故周之平王卒以冢嗣而遭讒廢，其後雖得強侯之助，入承宗緒，漸至諸侯大盛，周室東遷。夫以彼人主狃於家天下之一私念而預立其儲，乃儲立而患難之乘，亦終於無可避，甚者至以危夫宗社，於其初、家天下之一私念無得相濟而益以相違，其亦可謂惑矣！降至秦漢，人心夸詐，習而漸固，恆以豫定儲君之故，其後禍端迭作，廢立頻仍。彼變之尤烈者，如唐高祖立建成為太子，至於操戈同室，喋血宮門；不則如明神宗之朝，羣臣奏請建儲，騷亂紛紜，釀為禍本。其他如漢武帝之於戾太子，據清聖祖之於理親王允礽，則構禍之小者也。清之盛年，曾鑒是而有不立儲宮之戒矣，然其謀為之深隱，方立儲者而更過之，此高宗時代之儲貳金鑑一書所為作也。要之，自周以降，主立儲者，固為私帝系於一家；即不立儲者，亦未見其能公尊權於一國；如是而欲期國之長治，非歷世子孫之盡為明辟，烏可能哉？此眞所謂與其初、家天下之一念，無得相濟，而益以相違，是惑之甚者也。

（乙）禪位　關於傳系上之所謂禪，非所論於唐虞揖讓之朝也。蓋揖讓美德，後世不能行。後世之禪，其界說：

凡二：禪諸子孫者，史曰「內禪」；禪諸異姓者，史祇言「禪」，而吾人為特立一誅意之名，標之曰「篡禪」。

夫所謂篡禪者何也？自世襲之制行，一姓子孫必不能無不德，其臣僚之桀黠而有力者，時或乘其不德，篡其祿位以代治之，而又恐代治之不實，或及身而有臣民訕笑之加也，乃相與冒襲古人禪讓之名，以為吾之所行，正為應天順人之舉；又以禪讓之不可虛行故事，於是復託詞於其故主，草為讓位之文，歷數禪者之不德若何其繁，受禪者之道義若何其備，鋪張揚厲，甚或盈篇連牘而不能休，正不必如王莽代劉效尚書體肅括宏深而布之也。夫窮篡禪者之私意，天壤間固無世不可爲，自劉裕推刃零陵，而後之以劉裕自居者，安有不零陵其故主也哉？宋以後，胡元入據，明祖起而復之，無所謂禪位而冒襲禪讓之名，以肆行其攘奪之實者，亦遂絕跡於往史。然往史有所謂「內禪」之舉者，則猶行也。內禪始於魏拓跋弘之於子宏（夏亦嘗遜位，其事遠在上古，茲不備徵）。其後唐高祖之於太宗，玄宗之於肅宗，宋徽宗之於欽宗，高宗之於孝宗，孝宗之於光宗，光宗之於寧宗，繼體循行，至於四世。自明以下，淸高宗之於仁宗，猶襲爲之。蓋篡禪絕而內禪之舉猶有未能遽革者，此雖由於立君制度使然，然於政治上尚無有何種弊害之可言，故其事屢見於近古以來而不能竟絕也。夫猶是傳子，而作史者反以「禪」歸之，傳子而可云「禪」，何以處揖讓之古人哉？偏私之舉，苟冒夫公正，彼作史者果以公正予之矣，名實之乖違，殊可戒也！

導言之四　釋時

歷史云者，舊解以爲歷代史之約言。昔人之志於纂史者，僅偶稱之，匪常見也。日本沿用漢語，五十年以來，新修乙部之書，輒顏曰「歷史」其精良者既輸入於吾國，於是吾國人遂取曩昔史家所不常稱之語而盛行之，歷史之定名始固矣。夫歷猶經歷，說文：『歷，過也。』書召誥：惟有歷年，傳云：『多歷年數。』則是「史」云者，即已往之幾多史實，經過久長時間之定稱。去古逾遠，則時間愈永，史實亦愈多。治史者憂夫史實之多，而所積時間之未易簡單包舉也，因是區分歷史時代而有量析數部之法。顧其量時析部，亦各有所主張，而諸史家旨趣之歧，因觀察歷史方面之不同，篇第即隨之而異：有衷諸學術之盛衰而分之者，有衷諸種族之更替而分之者，有衷諸輿圖之廣狹而分之者。凡諸量時析部之法，或宜於學術，或宜於種族史，或宜於地理沿革史，而與本篇新史之篇第，多有未符。蓋本篇之所衷者，在政治與文化兩方之起落，而劃爲時代，於是乎有上古、中古、近古、近世之別。而此之所謂上古、中古、近古、近世云者，又實吾人不得已之稱名。蓋古今歷史無有間斷之一時，於其絕無間斷之中，而欲強作區分，量時析部，準之篇第而通者，折諸理勢或以爲窒，是誠莫可如何之事。吾人於此而甘自認爲不得已之稱名者，明知其不便而勉爲之，實亦無道以易此也。今約舉各時代之概而以表明之：

時代	相距年數	總積年數	內包	比較
上古	民國紀元前四千六百零八年（四千六百零八年以上包入）至紀元前二千一百三十三年	二千四百七十五年以外（四千六百零八年以上包入）	黃帝以前　堯舜以前　夏　商　周　東周　春秋戰國	黃帝紀元以前年數史無準詞故上古比較置外
中古	民國紀元前二千一百三十二年至紀元前一千零零六年	一千一百二十六年	秦　西漢　東漢　三國　西晉　東晉　五胡十六國　南北朝　隋　唐	比近古多三百八十九年　比近世多八百五十六年
近古	民國紀元前一千零零五年至紀元前二百六十八年	七百三十七年	五代　北宋　遼　金　南宋　元　明	比近古少三百八十九年　比近世多四百六十七年
近世並現代	民國紀元前二百六十八年至紀元後二年	二百七十年	明末諸王　清　民國	比近古少八百五十六年　比近世少四百六十七年

觀右表所分：可知上古時代，歷年爲獨多；近世時代，歷年爲最少。然近世史者，卽含有最近世史之全部（卽現代），政治與文化方在進行，再歷百年數百年而吾人今日之所謂近世者，又安知夫後人之不並幷入近古，而以後此之百年數百年爲近世也。假令循是以推，則是歷史上之近世云者，實無有終極之一日！吾人今日計其年數所積而僅僅稱爲二百七十年者，亦祇就現在以爲言。上古中古近古年數有定，近世年數則無定，故謂近世年數爲必少於其他時代之總積者，則又非也。又一時代之內，尙有包含時代焉，卽右表之所謂內包者也。內包之時代，例如於夏則曰夏代，於商、周則曰商代、周代。而夏商周三代之內又有包含之小時代焉，此爲右表之所未曾旁舉者：例如夏代之中，可得而析爲禹之時代，少康之時代；商代周代之中，可得而析爲湯之時代，盤庚之時代，武丁之時代，武王之時

代，成王之時代，宣王之時代，——此類之時代，已不勝其列舉矣。而此類時代之中，更有包含之最少時代焉，又爲右表之所不及旁舉者：例如夏初之禹時代，可得而析爲受禪時代，傳啓時代；商初之湯時代，可得而析爲征夏時代，有商時代；周初之武王時代，可得而析爲征商時代，治周時代，而此類時代實爲分不勝分。故積時成日，積日成月，積月成歲，積歲成代，積代成史，歷史云者，實包孕無數之時代，匯而爲書，而右表之所標列者，固猶其概也。又吾人之所謂上古中古近古近世者，僅比較其年數，誠如右表之所云矣；而此比較所得之數，吾人固祇就時代爲綱維，絕無有成心於其際，故其年數之或繁或簡，衷諸政治與文化兩方之起落，萬無能斟其年數之多寡而均分也。夫政治與文化之起落，亦何常之有？有逾夫千年者，亦有不及千年者，而中古近古之名稱，卽緣茲而定。縱使量時析部之意見，史家或有不同，而基於事物之起落，以爲篇第之區分，則其論固未有不合者。今爲綜求其故，一曰次第，一曰範圍，論如左：

(一)次第　時代之次第，卽上古、中古、近古、近世區別之次第也。各時代之情事，今不及偏舉，舉其大者而系以曆年，亦以見此一時代之中，發生之大事幾何，變更之大事幾何，吾人所必當注意之大事又爲幾何。其稍緩末者，茲姑從闕，羅陳列舉，讓之正編。

(甲)上古　黃帝以前之年數，旣在罔從研究之列，則上古時代之次第，必當自黃帝始也明矣。由黃帝以來，歷四百二十年，爲唐堯之八十載，癸亥，禹治水之功告成，此一大事也。一由黃帝以來，歷四百四十年，爲唐堯之第一百載，癸未，距禹治水功成之時凡二十年，堯禪位於舜，又一大事也。二由黃帝以來，歷四百九十年爲虞舜之第五十載癸酉，距堯禪舜之時凡五十年，舜禪位於禹，又一大事也。[三] 由黃帝以來，歷五百年爲禹之八歲癸未，距舜禪禹之時凡十年，禹子啓嗣父位而有中國，又一大事也。[四] 由黃帝以來，歷六百十九年爲少康元歲壬午，距后啓嗣位之時凡一百十九年，夏道中興，又一大事也。[五] 由黃帝以來，歷九百三十二年爲后癸之五十三歲乙未，距少康中興之時凡三百十三年，商湯滅夏，又一大事也。[六] 由黃帝以來，歷一千五百七十六年，爲商王辛之三十五祀己卯，距商湯滅夏之時凡六百四十四年，周武王發滅商，又一大事也。[七] 由黃帝以來，歷一千八百五十七年爲周共和元年庚申，距武王滅商之時凡二百八十一年，召公周公二相共理周政，史稱「共和」，又一大事也。[八] 由黃帝以來，歷一千九百二十八年，爲周平王宜臼元年辛未，距共和行政之時凡七十一年，周室東遷於洛邑，又一大事也。[九] 由黃帝以來，歷二千三百二十二年爲安王驕之二十六年乙巳，相距周室東遷之時凡三百九十四年，春秋之局終而戰國之局始，又一大事也。[十] 由黃帝以來，歷二千四百四十九年，爲秦莊襄王子楚之元年壬子，距戰國開始之時凡一百二十七年，秦人盡滅周室之地，而周以亡，又一大事也。[十一] 凡諸大事，皆上古時代中之最著者，今聯而綴之，以成吾通史之甲編。

（乙）中古　中古之史實雖始於秦，吾人述其年數之次序，一方以秦始皇統一之年爲起數，一方仍以黃帝紀元之年爲起數，二者固不容廢其一也。由黃帝以來，歷二千四百七十七年爲秦王政之二十六年庚辰，即秦統一中國之首年，距秦滅周之時凡二十八年，秦政稱皇帝，此一大事也。一 由黃帝以來，歷二千四百九十二年，爲秦王子嬰元年乙未，即秦統中國後之第十六年，楚義帝使劉邦入關，而秦以亡，又一大事也。二 由黃帝以來，歷二千四百九十六年，爲漢高祖劉邦元年己亥，即秦統一中國後之第二十年，距邦入關之時凡四年，漢有中國而西楚霸王項羽以亡，又一大事也。三 由黃帝以來，歷二千五百五十八年，爲武帝徹在位之元年辛丑，即秦統一中國後之第八十二年，距漢滅西楚之時凡六十二年，始建年號，又一大事也。四 由黃帝以來，歷二千七百零六年，爲王莽在位之元年己巳，即秦統一中國後之第二百二十八年，距漢武建元之時凡一百四十八年，莽稱新皇帝，又一大事也。五 由黃帝以來，歷二千七百二十二年，爲光武帝在位之元年乙酉，即秦統一中國後之第二百四十四年，距王莽稱新凡十六年，漢室中興，又一大事也。六 由黃帝以來，歷二千八百八十六年，爲獻帝協在位之元年己巳，即秦統一中國後之第四百零一年，距光武中興之時凡一百六十四年，袁紹殺宦人，董卓立獻帝，遂開後日州牧稱兵之禍，又一大事也。七 由黃帝以來，歷二千九百十七年，爲魏文帝曹丕在位之元年庚子，即秦統一中國後之第四百三十二年，距獻帝即位之時凡三十一年，魏代漢室稱帝，蜀吳亦各據土而不相下，三國之局以成，又一大事也。八 由黃帝以來，歷二千九百七十七年，爲晉武帝司馬炎在位之十六年庚子，即秦統一中國後之第四百九十二年，距三國開始之時凡六十年，晉人滅吳，中國復一統，又一大事也。九 由黃帝以來，歷三千零十四年，爲晉元帝睿在位之元年丁丑，卽秦統一中國後之第五百二十九年，距晉一統中國之時凡三十七年，晉室東遷，胡族之禍方亟，又一大事也。[十] 由黃帝以來，歷三千一百十七年，爲宋武帝劉裕在位之元年庚申，卽秦統一中國後之第六百三十二年，距晉室東遷之時凡一百零三年，劉裕代晉；而鮮卑拓跋氏亦漸混合夫北方，遂開南北分治之局，又一大事也。[十一] 由黃帝以來，歷三千二百八十六年，爲隋文帝楊堅在位之九年己酉，卽秦統一中國後之第八百零二年，距南北分治之始凡一百七十年，隋始併陳，中國復一統，又一大事也。[十二] 由黃帝以來，歷三千三百十五年，爲唐高祖李淵在位之元年戊寅，卽秦統一中國後之第八百零三十一年，距隋人滅陳之時凡二十九年，唐受隋禪而有中國，又一大事也。[十三] 由黃帝以來，歷三千三百八十七年，爲武后在位之元年庚寅，卽秦統一中國後之第九百零二年，距高祖代隋之時凡七十一年，唐因女主當國之故而易號爲周，又一大事也。[十四] 由黃帝以來，歷三千四百五十四年，爲肅宗亨在位之元年丙申，卽秦統一中國後之第九百六十八年，距武后稱周之時凡六十六年，藩帥安祿山稱燕建號，爲唐代藩鎭用兵抗命之始，又一大事也。[十五] 由黃帝以來，歷三千五百七十五年，爲僖宗儇在位之五年戊戌，卽秦統一中國後之第一千零九十年，距祿山稱號之時凡一百二十二年，黃巢稱齊而中原大亂，遂召亡唐之禍，又一大事也。[十六] 凡諸大事，皆中古時代中之最著者，今聯而綴之，以成吾通史之乙編。

(丙)近古　近古之史實雖始於五代，吾人述其年數之次序，一方以五代開始之年爲起數，一方仍必以黃帝紀元之年爲起數，二者又不容廢其一也。由黃帝以來，歷三千六百零四年，爲後梁太祖朱晃在位之元年丁卯，卽五代開始之首年，距黃巢稱號之時凡二十九年，若倂中古計之，則爲秦統一中國後之第一千一百十九年，後梁代唐，而遼太祖耶律億亦於同年稱號於契丹，此一大事也。一由黃帝以來，歷三千六百五十七年，爲宋太祖趙匡胤在位之元年庚申，卽五代開始以來之第五十四年，若倂中古計之，則爲秦統一中國後之第一千一百七十二年，趙宋代周，而五代之局以結，又一大事也。二由黃帝以來，歷三千八百十二年，爲徽宗佶在位之十五年乙未，卽五代開始以來之第二百零九年，距宋室代周之時凡一百五十五年，若倂中古計之，則爲秦統一中國後之第一千三百二十七年，金太祖完顏旻始建號於女眞，又一大事也。三由黃帝以來，歷三千八百二十二年，爲徽宗佶在位之二十五年乙巳，卽五代開始以來之第二百十九年，距女眞稱號之時凡十年，若倂中古計之，則爲秦統一中國後之第一千三百三十七年，女眞滅遼，而中國北部之憂以亟，又二年，女眞侵宋，而宋室南遷，又一大事也。四由黃帝以來，歷三千九百三十一年，爲理宗昀在位之十年甲午，卽五代開始以來之第三百二十八年，距女眞滅遼之時凡一百零九年，若倂中古計之，則爲秦統一中國後之第一千四百四十六年，蒙古滅金，而南宋之勢日蹙，又一大事也。五由黃帝以來，歷三千九百七十六年，爲宋帝昺卽位之次年己卯，卽五代開始以來之第三百七十三年，距蒙古滅金之時凡四十五年，若倂中古計之，則爲秦統一中國後之第一千四百九十一年，蒙古滅宋，中國始混一，而受治於元朝，又一大事也。[六] 由黃帝以來，歷四千零六十五年，爲明太祖朱元璋在位之元年戊申，即五代開始以來之第四百六十二年，距元朝混一之時凡八十九年，若併中古計之，則爲秦統一中國後之第一千五百八十年，明兵北上，逐元主於塞外，而元以亡，又一大事也。[七] 由黃帝以來，歷四千三百十三年，爲神宗翊鈞在位四十四年丙辰，即五代開始以來之第五百零十年，距明覆蒙古之時凡二百四十八年，若併中古計之，則爲秦統一中國後之第一千八百二十八年，清太祖努爾哈赤始稱號於滿洲，又一大事也。[八] 由黃帝以來，歷四千三百三十一年，爲明莊烈帝由檢在位之第七年甲戌，即五代開始以來之第五百二十八年，距努爾哈赤稱號之時凡十八年，若併中古計之，則爲秦統一中國後之第一千八百四十六年，李自成稱闖王，兵勢轉強，而明亡之基實肇於此，又一大事也。[九] 凡諸大事，皆近古時代之最著者，今聯而綴之，以成吾通史之丙編。

（丁）近世（連現代） 近世之史實雖始於清初，吾人述其年數之次序，一方以清代開始之年爲起數，一方仍必以黃帝紀元之年爲起數，二者又不容廢其一也。由黃帝以來，歷四千三百四十一年，爲清世祖福臨在位之元年甲申，即清朝入主之首年，距李自成稱闖王之時凡十年，若併中古計之，則爲秦統一中國後之第一千八百五十六年，併近古計之，則爲五代開始以來之第五百三十八年，滿洲入關，李自成自燕京西走，明年死，此一大事也。一　由黃帝以來，歷四千三百七十年，爲聖祖玄燁在位之十二年癸丑，卽清朝入主後之第二十九年，若倂中古計之，則爲秦統一中國後之第一千八百八十五年，倂近古計之，則爲五代開始以來之第五百七十七年，吳三桂建周稱帝與清室相持，又一大事也。二　由黃帝以來，歷四千五百四十八年，爲文宗奕詝在位之元年，卽清朝入主後之第二百零八年辛亥，距三桂建號之時，凡一百七十八年，若倂中古計之，則爲秦統一中國後之第二千零六十二年，倂近古計之，則爲五代開始以來之第六百四十四年，洪秀全稱太平天國王，又一大事也。三　由黃帝以來，歷四千六百零八年，爲宣統帝溥儀之第三年辛亥，卽清入主後之第二百六十八年，距太平天國稱號之時，凡六十年，若倂中古計之，則爲秦統一中國後之第二千一百二十二年，倂近古計之，則爲五代開始以來之第七百零四年，民軍起義於武昌，各省應之，遂建中華民國，又一大事也。四　凡此諸事，皆近世及現代之最著者，今聯而綴之，以成吾通史之丁編。

（二）範圍　隸於本篇之範圍內者，凡有四說：一曰朝號，一曰甲子，一曰年號，一曰正朔，今以次擇述，舉其概如左方：

（甲）朝代（附分國之大者）　凡一朝代之定名，必不能無取意，有本之封號以爲名者，有因其治地以爲名者，有稽之姓系以爲名者，有託之前代以爲名者，亦有誇其權力以爲名者。例如堯之唐、李淵之唐、李存勖之唐，同是唐也；而堯之唐，李淵之唐，本之封號以爲名者也，李存勖之唐，託之前代以爲名者也。（存勖姓李，由於唐賜，非其本姓，故不得言姓系。）例如舜之虞，本之封號以爲名者也。例如禹之夏，趙元昊之夏，同是夏也；而禹之夏，本之封號以爲名者也，趙元昊之夏，其始由於契丹封册（宋仁宗明道元年，契丹以元昊爲夏國王），而亦得謂之本諸封號以爲名者也。例如湯之商，本之封號以爲名者也。例如姬發之周、宇文覺之周、郭威之周，同是周也；而姬發之周，因其治地以爲名者也，宇文覺之周，本之封號以爲名者也，郭威之周，稽之姓系以爲名者也。（郭威以郭與虢通，虢爲周之後，因建號爲周。）例如嬴政之秦，本之封號以爲名者也。（周孝王封非子於秦，爲秦人有國之始。）例如劉邦之漢、劉備之漢、劉知遠之漢，同是漢也；而劉邦之漢，本之封號以爲名者也，劉備之漢，稽之姓系以爲名者也，劉知遠之漢，託之前代以爲名者也。（知遠之先，出於沙陀，非本姓劉，故不得言姓系。）例如曹丕之魏，拓跋珪之魏，同是魏也；而曹丕之魏，本之封號以爲名者也，拓跋珪之魏，託之前代以爲名者也。例如司馬炎之晉，石敬瑭之晉，同是晉也；而司馬炎之晉，本之封號以爲名者也，石敬瑭之晉，因其治地以爲名者也。（石敬瑭以從太原起事，治晉陽，因建號爲晉。）例如劉裕之宋，趙匡胤之宋，同是宋也；而劉裕之宋，本之封號以爲名者也，趙匡胤之宋，以其治地爲名者也。（趙匡胤以歸德節度使代周，歸德故宋地，因建號爲宋。）例如蕭道成之齊，高洋之齊，皆本之封號以爲名者也。例如蕭衍之梁，朱晃之梁，同是梁也；而蕭衍之梁，本之封號以爲名者也，朱晃之梁，雖由唐之封册，而亦得謂之因其地以爲名者也。（朱晃初名溫，本爲宣武節度，治汴州，汴州故梁地，後又受唐封爲梁王，因建號爲梁王。）例如陳，本之封號以爲名者也。例如隋，亦本之封號以爲名者也。例如遼，誇其權力以爲名者也。（遼以濱鐵爲號，意取其堅。）例如金，亦誇其權力以爲名者也。（金取不變不壞。）例如元，亦誇其權力以爲名者也。（取易「大哉乾元」之義。）例如明，美名而有誇示其權力之意者也。例如淸，亦美名而含有誇示權力之意者也。以上五例，均爲歷朝定名取義之準，而皆非可以擬國號者。朝代可屢更，國號則一成而不可易，今日中國之義而爲中華民國，簡言之，固仍爲中國，故朝代變而中國之名固定不可變。試徵往史，恆有以朝代而冒名其國者，今者朝代絶而此弊亦自廢滅，是亦愈於往史之一端也。

（乙）甲子　自黃帝以來至於今，歷七十七甲子矣。由甲子紀年之法數之，一甲子爲六十年，七十七甲子，即得四千六百零二十年。故民國之第十三年，即爲黃帝以來之第七十八甲子；民國之第七十三年，即爲黃帝以來之第七十九甲子；民國之第一百三十三年，即爲黃帝以來之第八十甲子。今自黃帝始建甲子之年起算，約爲簡表，以示其數，亦以見吾國往史上所經歷之歲月，其長久固有如是焉爾。

甲子紀年	民國紀年逆推	黃帝以來順數
第一甲子　黃帝元年	民國紀元前四千六百零八年	黃帝始建甲子元年
第二甲子　黃帝六十一年	民國紀元前四千五百四十八年	黃帝始建甲子後之六十一年
第三甲子　少昊二十一年	民國紀元前四千四百八十八年	黃帝始建甲子後之一百二十一年
第四甲子　少昊八十一年	民國紀元前四千四百二十八年	黃帝始建甲子後之一百八十一年
第五甲子　顓頊五十七年	民國紀元前四千三百六十八年	黃帝始建甲子後之二百四十一年
第六甲子　帝嚳三十九年	民國紀元前四千三百零八年	黃帝始建甲子後之三百零一年
第七甲子　唐堯二十一年	民國紀元前四千二百四十八年	黃帝始建甲子後之三百六十一年
第八甲子　唐堯八十一年	民國紀元前四千一百八十八年	黃帝始建甲子後之四百二十一年
第九甲子　虞舜三十九年	民國紀元前四千一百二十八年	黃帝始建甲子後之四百八十一年
第十甲子　夏后仲康三年	民國紀元前四千零六十八年	黃帝始建甲子後之五百四十一年
第十一甲子　夏后少康卽位前之十八年	民國紀元前四千零零八年	黃帝始建甲子後之六百零一年
第十二甲子　夏后槐四年	民國紀元前三千九百四十八年	黃帝始建甲子後之六百六十一年
第十三甲子　夏后不降四年	民國紀元前三千八百八十八年	黃帝始建甲子後之七百二十一年
第十四甲子　夏后扃五年	民國紀元前三千八百二十八年	黃帝始建甲子後之七百八十一年
第十五甲子　夏后孔甲二十三年	民國紀元前三千七百六十八年	黃帝始建甲子後之八百四十一年

第十六甲子	夏后癸二十二年	民國紀元前三千七百零八年	黃帝始建甲子後之九百零一年
第十七甲子	商王太甲十七年	民國紀元前三千六百四十八年	黃帝始建甲子後之九百六十一年
第十八甲子	商王太庚十五年	民國紀元前三千五百八十八年	黃帝始建甲子後之一千零二十一年
第十九甲子	商王太戊二十二年	民國紀元前三千五百二十八年	黃帝始建甲子後之一千零八十一年
第二十甲子	商王仲丁六年	民國紀元前三千四百六十八年	黃帝始建甲子後之一千一百四十一年
第二十一甲子	商王祖辛十年	民國紀元前三千四百零八年	黃帝始建甲子後之一千二百零一年
第二十二甲子	商王祖丁二十九年	民國紀元前三千三百四十八年	黃帝始建甲子後之一千二百六十一年
第二十三甲子	商王盤庚二十五年	民國紀元前三千二百八十八年	黃帝始建甲子後之一千三百二十一年
第二十四甲子	商王武丁八年	民國紀元前三千二百二十八年	黃帝始建甲子後之一千三百八十一年
第二十五甲子	商王祖甲二年	民國紀元前三千一百六十八年	黃帝始建甲子後之一千四百四十一年
第二十六甲子	商王武乙二年	民國紀元前三千一百零八年	黃帝始建甲子後之一千五百零一年
第二十七甲子	商王辛十八年	民國紀元前三千零四十八年	黃帝始建甲子後之一千五百六十一年
第二十八甲子	周康王二年	民國紀元前二千九百八十八年	黃帝始建甲子後之一千六百二十一年
第二十九甲子	周昭王三十六年	民國紀元前二千九百二十八年	黃帝始建甲子後之一千六百八十一年
第三十甲子	周穆王四十五年	民國紀元前二千八百六十八年	黃帝始建甲子後之一千七百四十一年
第三十一甲子	周孝王十三年	民國紀元前二千八百零八年	黃帝始建甲子後之一千八百零一年

第三十二甲子	周共和五年	民國紀元前二千七百四十八年	黃帝始建甲子後之一千八百六十一年
第三十三甲子	周幽王五年	民國紀元前二千六百八十八年	黃帝始建甲子後之一千九百二十一年
第三十四甲子	周桓王三年	民國紀元前二千六百二十八年	黃帝始建甲子後之一千九百八十一年
第三十五甲子	周惠王二十年	民國紀元前二千五百六十八年	黃帝始建甲子後之二千零四十一年
第三十六甲子	周定王十年	民國紀元前二千五百零八年	黃帝始建甲子後之二千一百零一年
第三十七甲子	周景王八年	民國紀元前二千四百四十八年	黃帝始建甲子後之二千一百六十一年
第三十八甲子	周敬王四十三年	民國紀元前二千三百八十八年	黃帝始建甲子後之二千二百二十一年
第三十九甲子	周威列王九年	民國紀元前二千三百二十八年	黃帝始建甲子後之二千二百八十一年
第四十甲子	周顯王十二年	民國紀元前二千二百六十八年	黃帝始建甲子後之二千三百四十一年
第四十一甲子	周赧王十八年	民國紀元前二千二百零八年	黃帝始建甲子後之二千四百零一年
第四十二甲子	秦始皇十年	民國紀元前二千一百四十八年	黃帝始建甲子後之二千四百六十一年
第四十三甲子	漢文帝三年	民國紀元前二千零八十八年	黃帝始建甲子後之二千五百二十一年
第四十四甲子	漢武帝二十四年	民國紀元前二千零二十八年	黃帝始建甲子後之二千五百八十一年
第四十五甲子	漢宣帝十七年	民國紀元前一千九百六十八年	黃帝始建甲子後之二千六百四十一年
第四十六甲子	漢平帝四年	民國紀元前一千九百零八年	黃帝始建甲子後之二千七百零一年
第四十七甲子	漢明帝七年	民國紀元前一千八百四十八年	黃帝始建甲子後之二千七百六十一年

第四十八甲子	漢安帝十八年	民國紀元前一千七百八十八年	黃帝始建甲子後之二千八百二十一年
第四十九甲子	漢靈帝十七年	民國紀元前一千七百二十八年	黃帝始建甲子後之二千八百八十一年
第五十甲子	魏廢帝五年	民國紀元前一千六百六十八年	黃帝始建甲子後之二千九百四十一年
第五十一甲子	晉惠帝十四年	民國紀元前一千六百零八年	黃帝始建甲子後之三千零零一年
第五十二甲子	晉哀帝三年	民國紀元前一千五百四十八年	黃帝始建甲子後之三千零六十一年
第五十三甲子	宋文帝元年	民國紀元前一千四百八十八年	黃帝始建甲子後之三千一百二十一年
第五十四甲子	齊武帝二年	民國紀元前一千四百二十八年	黃帝始建甲子後之三千一百八十一年
第五十五甲子	梁武帝四十三年	民國紀元前一千三百六十八年	黃帝始建甲子後之三千二百四十一年
第五十六甲子	隋文帝二十四年	民國紀元前一千三百零八年	黃帝始建甲子後之三千三百零一年
第五十七甲子	唐高祖十五年	民國紀元前一千二百四十八年	黃帝始建甲子後之三千三百六十一年
第五十八甲子	唐玄宗十二年	民國紀元前一千一百八十八年	黃帝始建甲子後之三千四百二十一年
第五十九甲子	唐德宗五年	民國紀元前一千一百二十八年	黃帝始建甲子後之三千四百八十一年
第六十甲子	唐武宗四年	民國紀元前一千零六十八年	黃帝始建甲子後之三千五百四十一年
第六十一甲子	唐哀帝元年	民國紀元前一千零零八年	黃帝始建甲子後之三千六百零一年
第六十二甲子	宋太祖五年	民國紀元前九百四十八年	黃帝始建甲子後之三千六百六十一年
第六十三甲子	宋仁宗二年	民國紀元前八百八十八年	黃帝始建甲子後之三千七百二十一年

第六十四甲子	宋神宗十七年	民國紀元前八百二十八年	黃帝始建甲子後之三千七百八十一年
第六十五甲子	宋高宗十八年	民國紀元前七百六十八年	黃帝始建甲子後之三千八百四十一年
第六十六甲子	宋寧宗十年	民國紀元前七百零八年	黃帝始建甲子後之三千九百零一年
第六十七甲子	宋理宗五年	民國紀元前六百四十八年	黃帝始建甲子後之三千九百六十一年
第六十八甲子	元泰定帝元年	民國紀元前五百八十八年	黃帝始建甲子後之四千零二十一年
第六十九甲子	明太祖洪武十七年	民國紀元前五百二十八年	黃帝始建甲子後之四千零八十一年
第七十甲子	明英宗九年	民國紀元前四百六十八年	黃帝始建甲子後之四千一百四十一年
第七十一甲子	明孝宗十七年	民國紀元前四百零八年	黃帝始建甲子後之四千二百零一年
第七十二甲子	明世宗四十三年	民國紀元前三百四十八年	黃帝始建甲子後之四千二百六十一年
第七十三甲子	明熹宗四年	民國紀元前二百八十八年	黃帝始建甲子後之四千三百二十一年
第七十四甲子	清聖祖二十三年	民國紀元前二百二十八年	黃帝始建甲子後之四千三百八十一年
第七十五甲子	清高宗九年	民國紀元前一百六十八年	黃帝始建甲子後之四千四百四十一年
第七十六甲子	清仁宗九年	民國紀元前一百零八年	黃帝始建甲子後之四千五百零一年
第七十七甲子	清穆宗三年	民國紀元前四十八年	黃帝始建甲子後之四千五百六十一年
第七十八甲子	中華民國十三年	民國紀元後十三年	黃帝始建甲子後之四千六百二十一年

（丙）年號　吾人編述年號，所必當首及者，有三事焉：其一，古人紀年，何以不曰一年，而必曰元年？其二，漢以

前帝王皆單稱元年，何以至於漢武遂加之以年號？其三，既加以年號矣，一帝一年號可也，何以漢武以來，一帝常不止一年號，至明清兩朝而一帝一年號之制始能成立？吾人今日綜求古人紀年之故，而知此三事之非無微意繫乎其間也。如第一事所以不曰一年而必曰元年者，以元爲義，乃古人所最重。易曰：『元者，體之長也。』子夏易傳云『元，始也。』春秋元年杜預注左傳云：『隱公之始。』公羊傳云：『元年者何？君之始年也。』何休注云『變一爲元，元者氣也，無形以起，有形以分，造起天地，天地之始也。』漢書董仲舒傳：『謹按春秋謂「一元之意」，一者萬物之所從始也，元者辭之所謂大也，謂一爲元者，視大始而欲正本也。』此爲古人詮說元年之眞解，而改一爲元之意，端在於茲。此第一事之可知者也。如第二事年號之屢更，古人多以爲由於漢武，實則不爾。史記秦惠文王十四年更爲元年，此實後世更元之始，然尚未有明定之年號。武帝以前，文帝有後元年之改，景帝亦有中元年後元年之改，曰中曰後，卽爲年號之代名。武帝以中後諸稱，失之概括，而不能示異，因是而采用二字之號以表別之，是改元立號之制，自秦以來，因時漸進，而非自漢武作古，已可共明。而漢武之所必采用二字之號者，正史記封禪書所謂有司言：『元宜以天瑞命，不宜以一二數推，』而天瑞又非可以一字括之，故特標爲二字之號，後世因之而沿爲慣例也。宋吳仁傑謂：『文帝凡兩改元，故以前後別之；景帝凡三改元，故以前中後別之；武帝卽位以來，大率六年一改元，二十七年之間改元者五，當時但以一元、二元、三元、四元、五元爲別，五元之三年，有司言元宜以天瑞，不宜一二數，蓋爲是也。時雖從有司之議，改一元爲建元，二元爲元光，三元爲元朔，四元爲元狩，至五元則未有以名，帝意將有所待也；明年，寶鼎出，遂改五元爲元鼎，而以是年爲元鼎四年。然則謂元號起於元鼎，固然；謂元鼎爲後來追改者，亦不誤也。』據仁傑所論，即此二字之標名，亦非遽定於一時，則年號之由來，其事由漸進，而非由頓進：所謂某帝元年之上必有年號之加題者，實非昉於武帝；而武帝時去漢興未遠，中國治安，故得假借天瑞以文致其太平，而不料後世諸朝之從而襲之，迄不能變也。此第二事之可知者也。如第三事：漢武以來，一帝不止有一年號者，則其間仍不離假借天瑞文飾平治之用心。後世政術因時改進，年號之更易，不必盡由天瑞，且漸有知數易年號之無當乎治者：元代諸帝已不常改，至於明清，遂成一帝一年號之制，此事之進化最爲明瞭。蓋僅就一帝一年號計之，積一朝之總數，已覺其多，史家綜計古今，尚有嫌其未便者。要之，改元度數之減除，總由歷史自然之勢而定；即今民國紀元之制，過此以後，若能永遠垂爲恆數，亦全歷史自然之勢有以成之。此第三事之可知者也。茲括歷代改易年號之數，勒爲一表：所以必自漢武始者，因采用二字之號，惟漢武爲最先。其他如三國南北朝國各有史，遼金二史，亦與宋元兩代並傳，故皆繫入，以見大凡。至於割據小國，或一時起事而不能成爲一朝代者，則始從删略云。

朝別	年號別	
漢連東漢	漢武帝（十一元）	建元六（民國紀元前二千零五十一年改） 元光六（民國紀元前二千零四十五年改） 元朔六（民國紀元前二千零三十九年改） 元狩六（民國紀元前二千零三十三年改） 元鼎六（民國紀元前二千零二十七年改） 元封六（民國紀元前二千零二十一年改） 太初四（民國紀元前二千零十五年改） 天漢四（民國紀元前二千零十一年改） 太始四（民國紀元前二千零七年改） 征和四（民國紀元前二千零三年改） 後元二（民國紀元前一千九百九十九年改）
	昭帝（三元）	始元六（民國紀元前一千九百九十七年改） 元鳳六（民國紀元前一千九百九十一年改） 元平一（民國紀元前一千九百八十五年改）
	宣帝（七元）	本始四（民國紀元前一千九百八十四年改） 地節四（民國紀元前一千九百八十年改） 元康四（民國紀元前一千九百七十六年改） 神爵四（民國紀元前一千九百七十二年改） 五鳳四（民國紀元前一千九百六十八年改） 甘露四（民國紀元前一千九百六十四年改） 黃龍一（民國紀元前一千九百六十年改）
	元帝（四元）	初元五（民國紀元前一千九百五十九年改） 永光五（民國紀元前一千九百五十四年改） 建昭五（民國紀元前一千九百四十九年改） 竟寧一（民國紀元前一千九百四十四年改）
	成帝（七元）	建始四（民國紀元前一千九百四十三年改） 河平四（民國紀元前一千九百三十九年改） 陽朔四（民國紀元前一千九百三十五年改） 鴻嘉四（民國紀元前一千九百三十一年改） 永始四（民國紀元前一千九百二十七年改） 元延四（民國紀元前一千九百二十三年改） 綏和二（民國紀元前一千九百十九年改）
	哀帝（二元）	建平四（民國紀元前一千九百十七年改） 元壽二（民國紀元前一千九百十三年改）
	平帝（一元）	元始五（民國紀元前一千九百十一年改）
	孺子嬰（一元）	初始一（民國紀元前一千九百零四年改） 附王莽（元二） 始建國五（民國紀元前一千九百零三年改） 天鳳六（民國紀元前一千八百九十八年改） 地皇四（民國紀元前一千八百九十二年改） 附更始帝 更始二（民國紀元前一千八百八十九年改）
	東漢光武帝（二元）	建武三十一（民國紀元前一千八百八十七年改） 中元二（民國紀元前一千八百五十六年四月改）
	明帝（一元）	永平十八（民國紀元前一千八百五十四年改）
	章帝（三元）	建初八（民國紀元前一千八百三十六年改） 元和三（民國紀元前一千八百二十八年改） 章和二（民國紀元前一千八百二十五年七月改）

和帝(二元)	永元十六（民國紀元前一千八百二十三年改）元興一（民國紀元前一千八百零七年改）
殤帝(一元)	延平一（民國紀元前一千八百零六年改）
安帝(五元)	永初七（民國紀元前一千八百零五年改）元初六（民國紀元前一千七百九十八年改）永寧一（民國紀元前一千七百九十二年四月改）建元一（民國紀元前一千七百九十一年七月改）延光四（民國紀元前一千七百九十年三月改）
順帝(五元)	永建六（民國紀元前一千七百八十六年改）陽嘉四（民國紀元前一千七百八十年三月改）永和六（民國紀元前一千七百七十六年改）漢安二（民國紀元前一千七百七十年改）建康一（民國紀元前一千七百六十八年改）
冲帝(一元)	永嘉一民國紀元前一千七百六十七年改）
質帝(一元)	本初一（民國紀元前一千七百六十六年改）
桓帝(七元)	建和三（民國紀元前一千七百六十五年改）和平一（民國紀元前一千七百六十二年改）元嘉二（民國紀元前一千七百六十一年改）永興二（民國紀元前一千七百五十九年四月改）永壽三（民國紀元前一千七百五十七年改）延熹九（民國紀元前一千七百五十四年六月改）永康一（民國紀元前一千七百四十五年六月改）
靈帝(四元)	建寧四（民國紀元前一千七百四十四年改）熹平六（民國紀元前一千七百四十年五月改）光和六（民國紀元前一千七百三十四年改）中平六（民國紀元前一千七百二十八年十二月改）
少帝(二元)	光熹昭寧（民國紀元前一千七百二十三年改）
獻帝(五元)	永漢一（民國紀元前一千七百二十三年改）初平四（民國紀元前一千七百二十二年改）興平二（民國紀元前一千七百十八年改）建安二十四（民國紀元前一千七百十六年改）延康一（民國紀元前一千六百九十二年改）
漢君主二十一	漢年號七十五王莽更始不在內

三國　魏吳蜀

魏文帝（一元）	黃初七（民國紀元前一千六百九十二年改）
魏明帝（三元）	太和六（民國紀元前一千六百八十五年改）青龍四（民國紀元前一千六百七十九年三月改）景初三（民國紀元前一千六百七十五年三月改）
魏廢帝（二元）	正始十（民國紀元前一千六百七十二年改）嘉平五（民國紀元前一千六百六十二年四月改）
魏廢帝（二元）	正元二（民國紀元前一千六百五十八年改）甘露五（民國紀元前一千六百五十六年三月改）
魏元帝（二元）	景元四（民國紀元前一千六百五十二年改）咸熙二（民國紀元前一千六百四十八年改）
吳大帝（六元）	黃武七（民國紀元前一千六百九十年改）黃龍三（民國紀元前一千六百八十三年改）嘉和六（民國紀元前一千六百八十年改）赤烏十三（民國紀元前一千六百七十四年四月改）太元一（民國紀元前一千六百六十一年五月改）神鳳一（民國紀元前一千六百六十年二月改）
吳廢帝（三元）	建興二（民國紀元前一千六百六十年改）五鳳二（民國紀元前一千六百五十八年改）太平三（民國紀元前一千六百五十六年十月改）
吳景帝（一元）	永安七（民國紀元前一千六百五十四年改）
吳歸命侯（八元）	元興一（民國紀元前一千六百四十八年改）甘露一（民國紀元前一千六百四十七年四月改）寶鼎三（民國紀元前一千六百四十六年八月改）建衡三（民國紀元前一千六百四十三年十月改）鳳皇三（民國紀元前一千六百四十年改）天冊一（民國紀元前一千六百三十七年改）天璽一（民國紀元前一千六百三十六年七月改）天紀四（民國紀元前一千六百三十五年改）
蜀昭烈帝（一元）	章武三（民國紀元前一千六百九十一年改）
蜀漢後帝（四元）	建興十五（民國紀元前一千六百八十九年改）延熙二十（民國紀元前一千六百七十四年改）景耀五（民國紀元前一千六百五十四年改）炎興一（民國紀元前一千六百四十九年八月改）
魏君主五　吳君主四　蜀漢君主二	魏年號十　吳年號十八　蜀漢年號五

晉
晉運
東

晉武帝（四元）	泰始十（民國紀元前一千六百四十七年改） 成寧五（民國紀元前一千六百三十七年改） 太康十（民國紀元前一千六百三十二年四月改） 太熙一（民國紀元前一千六百二十二年改）
晉惠帝（十元）	永熙一（民國紀元前一千六百二十二年改） 永平（民國紀元前一千六百二十一年改） 元康九（民國紀元前一千六百二十一年改） 永康一（民國紀元前一千六百十二年改） 永寧一（民國紀元前一千六百十一年改） 泰安二（民國紀元前一千六百十年改） 永安建武（均民國紀元前一千六百零八年改） 永興二（民國紀元前一千六百零八年改） 光熙一（民國紀元前一千六百零六年六月改）
懷帝（一元）	永嘉六（民國紀元前一千六百零五年改）
愍帝（一元）	建興四（民國紀元前一千五百九十九年改）
東晉元帝（三元）	建武一（民國紀元前一千五百九十五年改） 太興四（民國紀元前一千五百九十四年三月改） 永昌一（民國紀元前一千五百九十年改）
明帝（一元）	太寧三（民國紀元前一千五百八十九年改）
成帝（二元）	咸和九（民國紀元前一千五百八十六年改） 咸康八（民國紀元前一千五百七十七年改）
康帝（一元）	建元二（民國紀元前一千五百六十九年改）
穆帝（二元）	永和十二（民國紀元前一千五百六十七年改） 升平五（民國紀元前一千五百五十五年改）
哀帝（二元）	隆和一（民國紀元前一千五百五十年改） 興寧三（民國紀元前一千五百四十九年改）
廢帝（一元）	太和五（民國紀元前一千五百四十六年改）
簡文帝（一元）	咸安二（民國紀元前一千五百四十一年改）
孝武帝（二元）	寧康三（民國紀元前一千五百三十九年改） 太元二十一（民國紀元前一千五百三十六年改）
安帝（三元）	隆安五（民國紀元前一千五百十五年改） 元興三（民國紀元前一千五百一十年改） 義熙十四（民國紀元前一千五百零七年改）
恭帝（一元）	元熙二（民國紀元前一千四百九十三年改）
晉君主十五	晉年號數三十五

南朝 宋齊梁陳後梁加入	
宋武帝（一元）	永初三（民國紀元前一千四百九十二年改）
宋少帝（一元）	景平一（民國紀元前一千四百八十九年改）
宋文帝（一元）	元嘉三十（民國紀元前一千四百八十八年改）
宋孝武帝（二元）	孝建三（民國紀元前一千四百五十八年改）大明八（民國紀元前一千四百五十五年改）
宋前廢帝（二元）	永光景和均（民國紀元前一千四百四十七年改）
宋明帝（二元）	泰始七（民國紀元前一千四百四十六年十二月改）泰豫一（民國紀元前一千四百三十九年改）
宋後廢帝（一元）	元徽五（民國紀元前一千四百三十九年改）
宋順帝（一元）	昇明三（民國紀元前一千四百三十五年改）
齊高帝（一元）	建元四（民國紀元前一千四百三十三年四月改）
齊武帝（一元）	永明十一（民國紀元前一千四百二十九年改）
齊鬱林王（一元）	隆昌（民國紀元前一千四百十八年改）
齊海陵王（一元）	延興（民國紀元前一千四百十八年七月改）
齊明帝（二元）	建武四（民國紀元前一千四百十八年十月改）永泰一（民國紀元前一千四百十四年四月改）
齊廢帝（一元）	永元三（民國紀元前一千四百十三年改）
齊和帝（一元）	中興二（民國紀元前一千四百十一年改）
梁武帝（七元）	天監十八（民國紀元前一千四百十年四月改）普通七（民國紀元前一千三百九十二年改）大通二（民國紀元前一千三百八十五年三月改）中大通六（民國紀元前一千三百八十三年十月改）大同十一（民國紀元前一千三百七十七年改）中大同一（民國紀元前一千三百六十六年四月改）太清三（民國紀元前一千三百六十五年四月改）
梁簡文帝（一元）	大寶二（民國紀元前一千三百六十二年改）
梁孝元帝（一元）	承聖三（民國紀元前一千三百六十年十一月改）
梁敬帝（二元）	紹泰一（民國紀元前一千三百五十七年改）太平二（民國紀元前一千三百五十六年九月改）
後梁宣帝（一元）	大定八（民國紀元前一千三百五十三年七月改）
後梁明帝（一元）	天保二十四（民國紀元前一千三百五十年三月改）
後梁末帝（一元）	廣運二（民國紀元前一千三百二十六年改）
陳武帝（一元）	永定三（民國紀元前一千三百五十五年改）
陳文帝（二元）	天嘉六（民國紀元前一千三百五十二年改）天康一（民國紀元前一千三百四十六年改）
陳廢帝（一元）	光大二（民國紀元前一千三百四十五年改）
陳宣帝（一元）	大建十四（民國紀元前一千三百四十三年改）
陳後主（二元）	至德四（民國紀元前一千三百二十九年改）禎明三（民國紀元前一千三百二十五年改）
宋君主八 齊君主七 梁君主七 陳君主五	宋年號十一 齊年號八 梁年號十四 陳年號七

北朝 後魏 東西魏 齊周						
後魏道武帝（四元）	登國十（民國紀元前一千五百二十六年改）	皇始二（民國紀元前一千五百十六年七月改）	天興六（民國紀元前一千五百十四年改）	天賜六（民國紀元前一千五百零八年十月改）		
後魏明元帝（三元）	永興五（民國紀元前一千五百零三年改）	神瑞二（民國紀元前一千四百九十八年改）	泰常八（民國紀元前一千四百九十六年四月改）			
後魏太武帝（六元）	始光四（民國紀元前一千四百八十八年改）	神䴥四（民國紀元前一千四百八十四年三月改）	延和三（民國紀元前一千四百八十年改）	太延五（民國紀元前一千四百七十七年改）	太平十一（民國紀元前一千四百七十二年改）	正平二（民國紀元前一千四百六十一年六月改）
後魏文成帝（四元）	興安二（民國紀元前一千四百六十年改）	興光一（民國紀元前一千四百五十七年七月改）	太安五（民國紀元前一千四百五十六年六月改）	和平六（民國紀元前一千四百五十二年改）		
後魏獻文帝（二元）	天安一（民國紀元前一千四百四十六年改）	皇興五（民國紀元前一千四百四十五年八月改）				
後魏孝文帝（三元）	延興五（民國紀元前一千四百四十一年改）	承明一（民國紀元前一千四百三十六年改）	太和二十三（民國紀元前一千四百三十五年改）			
後魏宣武帝（四元）	景明四（民國紀元前一千四百十二年改）	正始四（民國紀元前一千四百零八年改）	永平四（民國紀元前一千四百零四年八月改）	延昌四（民國紀元前一千四百年四月改）		
後魏孝明帝（四元）	熙平二（民國紀元前一千三百九十六年改）	神龜二（民國紀元前一千三百九十四年二月改）	正光五（民國紀元前一千三百九十二年七月改）	孝昌四（民國紀元前一千三百八十七年六月改）		
後魏孝莊帝（二元）	建義（民國紀元前一千三百八十四年改）	永安三（民國紀元前一千三百八十四年九月改）	附主曄建明一			
後魏節閔帝（一元）	普泰二（民國紀元前一千三百八十一年改）	附主朗中興二				
東魏孝靜帝（四元）	天平四（民國紀元前一千三百七十八年改）	元象一（民國紀元前一千三百七十四年改）	興和四（民國紀元前一千三百七十三年改）	武定八（民國紀元前一千三百六十九年改）		
西魏孝武帝（二元）	大昌（民國紀元前一千三百八十年改）	永熙三（民國紀元前一千三百八十年十二月改）				
西魏文帝（一元）	大統十七（民國紀元前一千三百七十七年改）					

西魏廢帝	未建年號
西魏恭帝	未建年號
北齊文宣帝（一元）	天保十（民國紀元前一千三百六十二年改）
北齊廢帝（一元）	乾明（民國紀元前一千三百五十二年改）
北齊孝昭帝（一元）	皇建二（民國紀元前一千三百五十二年改）
北齊武成帝（二元）	太寧一（民國紀元前一千三百五十一年改）河清四（民國紀元前一千三百五十年改）
北齊後主（三元）	天統五（民國紀元前一千三百四十七年改）武平六（民國紀元前一千三百四十二年改）隆化一（民國紀元前一千三百三十六年改）
北齊幼主（一元）	承光一（民國紀元前一千三百三十五年改）
後周愍帝	不建年號
後周明帝（一元）	武成二（民國紀元前一千三百五十三年改）
後周武帝（四元）	保定五（民國紀元前一千三百五十一年改）天和六（民國紀元前一千三百四十六年改）建德六（民國紀元前一千三百四十年三月改）宣政一（民國紀元前一千三百三十四年三月改）
後周宣帝（一元）	天成（民國紀元前一千三百三十三年改）
後周靜帝（二元）	大象二（民國紀元前一千三百三十三年改）大定一（民國紀元前一千三百三十一年改）
後魏十主　東魏一主　西魏四主　北齊六主　後周五主	後魏年號三十　東魏年號四　西魏年號三　北齊年號九　後周年號八

隋及唐

隋文帝（二元）	開皇二十（民國紀元前一千三百三十一年改） 仁壽四（民國紀元前一千三百十一年改）
隋煬帝（一元）	大業十四（民國紀元前一千三百零七年改）
隋恭帝（一元）	義寧二（民國紀元前一千二百九十五年改） 附越王侗皇泰二
唐高祖（一元）	武德九（民國紀元前一千二百九十四年改）
太宗（一元）	貞觀二十三（民國紀元前一千二百八十五年改）
高宗（十四元）	永徽六（民國紀元前一千二百六十二年改） 顯慶五（民國紀元前一千二百五十六年改） 龍朔三（民國紀元前一千二百五十一年改） 麟德二（民國紀元前一千二百四十八年改） 乾封二（民國紀元前一千二百四十六年改） 總章二（民國紀元前一千二百四十四年三月改） 咸亨四（民國紀元前一千二百四十二年三月改） 上元二（民國紀元前一千二百三十八年八月改） 儀鳳三（民國紀元前一千二百三十六年八月改） 調露二（民國紀元前一千二百三十三年六月改） 永隆二（民國紀元前一千二百三十二年八月改） 開耀二（民國紀元前一千二百三十一年十月改） 永淳二（民國紀元前一千二百三十年二月改） 弘道（民國紀元前一千二百二十九年十二月改）
中宗（三元）	嗣聖一（民國紀元前一千二百二十八年改） 神龍二（民國紀元前一千二百零七年改） 景龍四（民國紀元前一千二百零九年五月改） 附武后 天授二（民國紀元前一千二百二十二年改） 如意（民國紀元前一千二百二十年四月改） 長壽二（民國紀元前一千二百二十年九月改） 延載一（民國紀元前一千二百十八年五月改） 證聖（民國紀元前一千二百十七年改） 天册萬歲一（民國紀元前一千二百十七年改） 萬歲登封（民國紀元前一千二百十六年改） 萬歲通天一（民國紀元前一千二百十六年改） 神功一（民國紀元前一千二百十五年九月改） 聖歷二（民國紀元前一千二百十四年改） 久視一（民國紀元前一千二百十二年改） 大足（民國紀元前一千二百十一年改） 長安四（民國紀元前一千二百十一年十月改）
睿宗（八元）	文明（民國紀元前一千二百二十八年改） 光宅一（民國紀元前一千二百二十八年九月改） 垂拱四（民國紀元前一千二百二十七年改） 永昌一（民國紀元前一千二百二十三年改） 載初一（民國紀元前一千二百二十三年十一月改） 景雲二（民國紀元前一千二百零二年改） 太極（民國紀元前一千二百年改） 延和（民國紀元前一千二百年五月改）
玄宗（三元）	先天一（民國紀元前一千二百年八月改） 開元二十九（民國紀元前一千一百九十九年十二月改） 天寶十五（民國紀元前一千一百七十年改）
肅宗（四元）	至德二（民國紀元前一千一百五十六年改） 乾元二（民國紀元前一千一百五十四年四月改） 上元二（民國紀元前一千一百五十二年改） 寶應一（民國紀元前一千一百五十年改）
代宗（三元）	廣德二（民國紀元前一千一百四十九年改） 永泰一（民國紀元前一千一百四十七年改） 大歷十四（民國紀元前一千一百四十六年十二月改）

德宗（三元）	建中四（民國紀元前一千一百三十二年改） 興元一（民國紀元前一千一百二十八年改） 貞元二十（民國紀元前一千一百二十七年改）
順宗（一元）	永貞一（民國紀元前一千二百零七年改）
憲宗（一元）	元和十五（民國紀元前一千一百零六年改）
穆宗（一元）	長慶四（民國紀元前一千零九十一年改）
敬宗（一元）	寶歷二（民國紀元前一千零八十八年改）
文宗（二元）	太和九（民國紀元前一千零八十五年改） 開成五（民國紀元前一千零七十六年改）
武宗（一元）	會昌六（民國紀元前一千零七十一年改）
宣宗（一元）	大中十三（民國紀元前一千零六十五年改）
懿宗（一元）	咸通十四（民國紀元前一千零五十二年改）
僖宗（五元）	乾符六（民國紀元前一千零三十八年改） 廣明一（民國紀元前一千零三十二年改） 中和四（民國紀元前一千零三十一年七月改） 光啓三（民國紀元前一千零二十七年三月改） 文德一（民國紀元前一千零二十四年二月改）
昭宗（七元）	龍紀一（民國紀元前一千零二十三年改） 大順二（民國紀元前一千零二十二年改） 景福二（民國紀元前一千零二十年改） 乾寧四（民國紀元前一千零十八年改） 光化三（民國紀元前一千零十四年改） 天復三（民國紀元前一千零十一年四月改） 天祐一（民國紀元前一千零八年閏四月改）
哀帝	仍稱天祐
隋君主三 唐君主二十	隋年號四 唐年號六十一

五代　梁唐晉漢周			
後梁太祖（二元）	開平四（民國紀元前一千零五年改）乾化二（民國紀元前一千零一年五月改）	後晉出帝（一元）	開運三（民國紀元前九百六十八年七月改）
後梁末帝（二元）	貞明六（民國紀元前九百九十七年改）龍德三（民國紀元前九百九十一年五月改）	後漢高祖（一元）	乾祐一（民國紀元前九百六十四年改）
後唐莊宗（一元）	同光四（民國紀元前九百八十九年改）	後漢隱帝	仍稱乾祐
後唐明宗（二元）	天成四（民國紀元前九百八十六年改）長興四（民國紀元前九百八十二年十月改）	後周太祖（二元）	廣順三（民國紀元前九百六十一年改）顯德一（民國紀元前九百五十八年改）
後唐愍帝（一元）	應順一（民國紀元前九百七十八年改）	後周世宗	仍稱顯德
後唐廢帝（一元）	清泰三（民國紀元前九百七十八年四月改）	後周恭帝	仍稱顯德
後晉高祖（一元）	天福七（民國紀元前九百七十六年改）	後梁君主二 後唐君主四 後晉君主二 後漢君主二 後周君主三	後梁年號四 後唐年號五 後晉年號二 後漢年號一 後周年號二

宋連南宋

宋太祖（三元）	建隆三（民國紀元前九百五十二年改）乾德五（民國紀元前九百四十九年十一月改）開寶九（民國紀元前九百四十四年十一月改）
太宗（五元）	太平興國八（民國紀元前九百三十六年十二月改）雍熙四（民國紀元前九百二十八年十一月改）端拱二（民國紀元前九百二十四年改）淳化五（民國紀元前九百二十二年改）至道三（民國紀元前九百十七年改）
眞宗（五元）	咸平六（民國紀元前九百十四年改）景德四（民國紀元前九百零八年改）大中祥符九（民國紀元前九百零四年改）天禧五（民國紀元前八百九十五年改）乾興一（民國紀元前八百九十年改）
仁宗（九元）	天聖九（民國紀元前八百八十九年改）明道二（民國紀元前八百八十年十一月改）景祐四（民國紀元前八百七十八年改）寶元二（民國紀元前八百七十四年二月改）康定一（民國紀元前八百七十二年二月改）慶歷八（民國紀元前八百七十一年十一月改）皇祐五（民國紀元前八百六十三年改）至和二（民國紀元前八百五十八年四月改）嘉祐八（民國紀元前八百五十六年九月改）
英宗（一元）	治平四（民國紀元前八百四十八年改）
神宗（二元）	熙寧十（民國紀元前八百四十四年改）元豐八（民國紀元前八百三十四年改）
哲宗（三元）	元祐八（民國紀元前八百二十六年改）紹聖四（民國紀元前八百十八年四月改）元符三（民國紀元前八百十四年六月改）
徽宗（六元）	建中靖國一（民國紀元前八百十一年改）崇寧五（民國紀元前八百十年改）大觀四（民國紀元前八百零五年改）政和七（民國紀元前八百零一年改）重和一（民國紀元前七百九十四年十一月改）宣和七（民國紀元前七百九十三年二月改）
欽宗（一元）	靖康一（民國紀元前七百八十六年改）

南宋高宗（二元）	建炎四（民國紀元前七百八十五年改）紹興三十二（民國紀元前七百八十一年改）
孝宗（三元）	隆興二（民國紀元前七百四十九年改）乾道九（民國紀元前七百四十七年改）淳熙十六（民國紀元前七百三十八年改）
光宗（一元）	紹熙五（民國紀元前八百二十二年改）
寧宗（四元）	慶元六（民國紀元前七百十七年改）嘉泰四（民國紀元前七百十一年改）開禧三（民國紀元前七百零七年改）嘉定十七（民國紀元前七百零四年改）
理宗（八元）	寶慶三（民國紀元前六百八十七年改）紹定六（民國紀元前六百八十四年改）端平三（民國紀元前六百七十八年改）嘉熙四（民國紀元前六百七十五年改）淳祐十二（民國紀元前六百七十一年改）寶祐六（民國紀元前六百五十九年改）開慶一（民國紀元前六百五十三年改）景定五（民國紀元前六百五十二年改）
度宗（一元）	咸淳十（民國紀元前六百四十七年改）
恭帝（一元）	德祐二（民國紀元前六百三十七年改）
端宗（一元）	景炎三（民國紀元前六百三十六年改）
帝昺（一元）	祥興二（民國紀元前六百三十四年五月改）
宋君主十八	宋年號五十七

遼及金

遼	年號	金	年號
遼太祖（三元）	神册六（民國紀元前九百九十六年改）天贊四（民國紀元前九百九十年二月改）天顯一（民國紀元前九百八十六年改）	金太祖（二元）	收國二（民國紀元前七百九十七年改）天輔七（民國紀元前七百九十五年改）
遼太宗（二元）	會同十（民國紀元前九百七十五年改）大同一（民國紀元前九百六十五年二月改）	金太宗（一元）	天會十五（民國紀元前七百八十九年九月改）
遼世宗（一元）	天祿五（民國紀元前九百六十五年改）	金熙宗（二元）	天眷三（民國紀元前七百七十四年改）皇統九（民國紀元前七百七十一年改）
遼穆宗（一元）	應歷十九（民國紀元前九百六十一年改）	金廢帝（三元）	天德四（民國紀元前七百六十三年十二月改）貞元三（民國紀元前七百五十九年三月改）正隆六（民國紀元前七百五十六年二月改）
遼景宗（二元）	保寧十（民國紀元前九百四十三年改）乾亨四（民國紀元前九百三十三年十一月改）	金世宗（一元）	大定二十九（民國紀元前七百五十一年十月改）
遼聖宗（三元）	統和二十九（民國紀元前九百二十九年改）開泰九（民國紀元前九百年十一月改）太平十一（民國紀元前八百九十一年一月改）	金章宗（三元）	明昌六（民國紀元前七百二十二年改）承安五（民國紀元前七百十六年改）泰和八（民國紀元前七百十一年改）
遼興宗（二元）	景福一（民國紀元前八百八十一年六月改）重熙二十四（民國紀元前八百八十年十一月改）	金廢帝（三元）	大安三（民國紀元前七百零三年改）崇慶一（民國紀元前七百年改）至寧一（民國紀元前六百九十九年五月改）
遼道宗（五元）	清寧十（民國紀元前八百五十七年改）咸雍十（民國紀元前八百四十七年改）太康十（民國紀元前八百三十七年改）大安十（民國紀元前八百二十七年改）壽隆六（民國紀元前八百十七年改）一作壽昌	金宣宗（三元）	貞祐四（民國紀元前六百九十九年九月改）興定五（民國紀元前六百九十五年改）元光二（民國紀元前六百九十年改）
遼天祚帝（三元）	乾統十（民國紀元前八百十一年改）天慶十（民國紀元前八百零一年改）保大五（民國紀元前七百九十一年改）	金哀宗（三元）	正大八（民國紀元前六百八十八年改）開興（民國紀元前六百八十年改）天興三（民國紀元前六百八十年四月改）
		遼君主九 金君主九	遼年號二十二 金年號二十一

元

元世祖（二元）	中統四（民國紀元前六百五十二年改）至元三十一（民國紀元前六百四十八年三月改）
元成宗（二元）	元貞二（民國紀元前六百十七年改）大德十一（民國紀元前六百十五年二月改）
元武宗（一元）	至大四（民國紀元前六百零四年改）
仁宗（二元）	皇慶二（民國紀元前六百年改）延祐七（民國紀元前五百九十八年改）
英宗（一元）	至治三（民國紀元前五百九十一年改）
泰定帝（二元）	泰定四（民國紀元前五百八十八年改）致和一（民國紀元前五百八十四年二月改）
明宗	未建年號
文宗（二元）	天歷二（民國紀元前五百八十四年九月改）至順三（民國紀元前五百八十二年五月改）
寧宗	未建年號
順帝（三元）	元統二（民國紀元前五百七十九年十月改）至元六（民國紀元前五百七十七年十一月改）至正二十八（民國紀元前五百七十一年改）
元君主十	元年號十五

明

君主	年號
明太祖（一元）	洪武三十一（民國紀元前五百四十四年改）
惠帝（一元）	建文四（民國紀元前五百十三年改）
成祖（一元）	永樂二十二（民國紀元前五百零九年改）
仁宗（一元）	洪熙一（民國紀元前四百八十七年改）
宣宗（一元）	宣德十（民國紀元前四百八十六年改）
英宗（二元）	正統十四（民國紀元前四百七十六年改）天順八（民國紀元前四百五十五年改）
景帝（一元）	景泰八（民國紀元前四百六十二年改）
憲宗（一元）	成化二十三（民國紀元前四百四十七年改）
孝宗（一元）	弘治十八（民國紀元前四百二十四年改）
武宗（一元）	正德十六（民國紀元前四百零六年改）
世宗（一元）	嘉靖四十五（民國紀元前三百九十年改）
穆宗（一元）	隆慶六（民國紀元前三百四十五年改）
神宗（一元）	萬曆四十八（民國紀元前三百三十九年改）
光宗（一元）	泰昌一（民國紀元前三百九十二年八月改）
熹宗（一元）	天啓七（民國紀元前三百九十一年改）
愍帝（一元）	崇禎十七（民國紀元前二百八十四年改）附明末三王 聖安帝弘光（民國紀元前二百六十八年改）思文帝隆武（民國紀元前二百六十七年改）永歷帝永歷（民國紀元前二百六十六年改）
明君主十六	明年號十七

清												
清太祖(一元)	太宗(二元)		世祖(一元)	聖祖(一元)	世宗(一元)	高宗(一元)	仁宗(一元)	宣宗(一元)	文宗(一元)	穆宗(一元)	德宗(一元)	宣統帝(一元)
天命十一(民國紀元前二百九十六年改)	天聰九(民國紀元前二百八十五年改)	崇德八(民國紀元前二百七十六年改)	順治十八(民國紀元前二百六十八年改)	康熙六十一(民國紀元前一百五十年改)	雍正十三(民國紀元前一百八十九年改)	乾隆六十(民國紀元前一百七十六年改)	嘉慶二十五(民國紀元前一百十六年改)	道光三十(民國紀元前九十一年改)	咸豐十一(民國紀元前六十一年改)	同治十三(民國紀元前五十年改)	光緒三十四(民國紀元前三十七年改)	宣統三(民國紀元前三年改)

清君主十二　清年號十三

(丁)正朔　自伏羲作甲曆而後有歲月日時，有歲月日時卽有正朔。正朔者，歲月日時之首也。虞書曰：正朔曰月正，曰上日，曰元日，曰朔旦。周禮曰：正歲曰正月。以其爲一歲之首，曰正歲；以其爲十二月之首，曰正月；以其爲正歲正月之首日，曰元曰上曰朔。正朔之名準此矣。古者易姓不相襲，故凡一姓有國之始，輒改及於正朔，上古世其例最明。中古雖改朔，亦有不以沿襲前代爲非者。近古以降，改朔之議，輟而不行，民以爲便。迨夫今日，因時勢之所趨，不獲已而舉數千年循用之正朔變革焉，以同夫列國，從玆一定，而將無可易？自上古以至今日，改朔之局，遂於斯結！而凡近古以上歷世變更之正朔，使不爲列舉，亦終有嫌其昧所自來者。夫正朔之變更，奚昉乎？宋呂祖謙言：『黃帝調曆建子，伏羲顓頊之曆建寅，若神農少昊諸曆，當必有建丑者。鄭康成謂：堯正建丑，舜正建子，其言必有所受。』觀此則有夏以前之曆大較可知。其後夏月以建寅爲正，商月以建丑爲正，周月以建子爲正，秦月以建亥爲正，漢武帝以前，猶之秦也。武帝太初元年（民國紀元前二千零十五年）夏五月正曆，始以建寅之月爲正。魏明帝時，偶以建丑之月爲正，未幾而仍以建寅之月爲正。唐武后時，又偶以建丑之月爲正，未幾而仍以建寅之月爲正。自是以後，至於清末，歷世不易，均以建寅之月爲正。夫建寅爲正者，夏之正也。中古以降，夏正循行久而民俗緣之爲便，魏唐間議改革，不利推行，正朔變遷之必應於時勢有如是者！昔人推求變遷之故，而或叛爲改朔不改月之說（宋蔡沈注書，嘗謂三代改正朔，不改月數，冬不可以爲春，寒不可以爲暖。又曰：三代雖正朔不同，然皆以寅月起數，蓋朝覲會同，頒律授時，則以正朔行事，至於紀月之數，則皆以寅爲首）。後之論者，又多從而析之，謂商周正朔使名改實不改，孔子亦何必謂『行夏之時？——』而古且明明有謂之十一月爲商之十二月者。要之，改朔改月，原以示不相襲之心。試以理衡之，換新革故之秋，變易之端，寧止正朔？使古人果以紛更爲病，則紛更不僅於改月爲然。吾人今日第就其著於事實者以言，但當研求漢時之改朔，究與改月有無同異：

使其改朔即爲改月，則其依據即由三代而生；三代改朔不改月之論，即由茲而可已。今考漢書高帝本紀元年冬十月，五星聚於東井，沛公至霸上；春正月，爲陽尊懷王爲義帝。唐顏師古曰：凡此諸月號，皆太初正曆之後，紀事者追改之，非當時本稱也。以十月爲歲首，即以十月爲正月；今世眞正月，當時謂之四月。此改月之證一也。又叔孫通傳七年長樂宮成，諸侯羣臣朝十月。師古又曰：漢時尙以十月爲正月，故行朝歲之禮，史家追書十月。此改月之證二也。又武帝本紀太初元年夏五月正曆，以正月爲歲首。師古又曰：謂以建寅之月爲正也，未正曆以前謂建亥之月爲正；今此重以正月爲歲首者，史追正其月名。此改月之證三也。綜師古之所論，後之說史者未嘗無所駁詰；要之，吾人於彼之所謂追書追改者，無不可爲漢人改月之證，此證定而三代改朔即改月之故，亦由是大明也。烏乎！正朔之所係，易視聽，示變革，制也，而術亦於是焉寓。白虎通言：王者受命必改朔，明受之於天，不受之於人，此正爲古昔君主憑藉神權牢籠萬類之微意！特自中古而後，人民對於神權之意見，漸不復如前此之固，而關於正朔變遷之舉，當局者亦自知其無謂，於是沿行夏正以迄於淸。蓋惟民智有進步之可徵，而夏正始能無變；亦惟民智能相形進步，而其及身之更革，乃有信行歐曆之可期也。然則不變夏正者，乃爲關於民智上初步之進程；不變夏正而卒能變從歐曆者，又豈非關於民智上最近之進程也哉？

導言之五　釋政

吾今釋政，吾先揭一界說於玆：玆之所論，乃包政治大體而言，非專涉於行政者也。夫政治大體，寧有外於國家與政府之二端乎？自二端之形體言之（卽國體政體之謂），國家之形體與政府之形體固無可相蒙者也：國家之形體，因主權所在而定；政治之形體，因主權行使之形式如何而定。就世界之常例而觀：有國體爲君主，而政體爲立憲者；有國體爲民主，而政體爲共和者。由前之例，民國成立以前數年間之歷史是也；由後之例，民國成立以後之歷史皆是也。在民國成立以前數年間之歷史，至暫之歷史也，逾此數年間以上，推而至於古代，又豈無所謂國體與政體者？然而國體君主也，政體專制也，行君主專制而猶可以治者，曩昔之歷史也；行君主專制而未有不亂者，又曩昔之歷史也！夫曩昔歷史而既如此矣，吾人處夫今日而追求夫曩昔之國家之政府，何以造因？何以獲果？何以有興亡久暫？其源流雖不可概見，而其痕迹非無可以指尋者。吾人於今日謀獲其痕迹而指尋之，窮搜往乘，以立爲後人萬世之鑒，則正本文之所不能自已者也。玆分兩類以求其故：一曰治制，一曰弊源。

（一）治制　治之制也。夫國何以定？政何以建？必有所以爲之制者，而後其事治。就曩昔之歷史以言：當其最初，無君而立之君，無相而立之相，無官而設之官，尤其制之犖犖大者。今以次述之如下方：

（甲）立君　君者，人主之通稱，而非尊號，故統古今諸代無有直稱人主爲君者（君主之起原，已見上釋系篇繼承茲不再及）。上古之世或稱爲皇或稱爲帝至秦始皇始併爲一名，後世由之，罔有革者。夫立君制度既沿於往古其名稱雖數改而於人主之尊權，固自不變同時一國義不容有二人，而此一人者，常舉立法行政司法之三大權，悉幷而合之攬諸一人之手；又以專諸一人之身之不足，復從而世其子孫：如是而君主專制之弊，猶可以至於無亂者，未之聞也。其在歐陸，有以三權不析爲人民不得自由者矣！遠溯吾國置君以來，吾民之憔悴於其政事之下者，豈惟三權不析之故？其不德者或且軼此三權之外，而更乃蹈夫違反人道者之所爲也！烏乎！古之爲訓釋者，猶謂皇之義爲美也大也帝之義爲諦也象可承也；王之義爲可往也天下所歸往也；今試通觀吾國以往之歷史，彼人之由皇而帝帝而王王而皇帝者，若除少數有道之君主以言，孰是其能名副厥實者哉？至名罔副實而猶尊奉以至美之名，則正君主權力專制之表徵，而後知二世之亡，秦煬帝之亡隋，乃皆由其自亡，而非眞吾先民之力足以亡之也！抑非止力不足以亡之而已，又以爲立君制度，遠沿於往古，君長之局，成爲齊民所共奉。而爲之君者，又從而制夫大逆不道之刑以爲之待，曰：如是而議君，則無道也；曰：如是而謀君，則大逆也。——吾先民既不能議之謀之，卽其防檢限制之方亦終無有，譬彼舟流，罔知所屆，此其程度去君主立憲似猶甚遠。稽之往史，固有不必爲吾之先民諱者！蓋吾國自上古以來，始以立君之因，獲專制之果；繼復以專制之果，生紛亂之因，因果遞降，以至於今，始有所謂防檢限制之方出然而終不足與域外諸邦相馳逐者，則時爲之也。夫君主立憲，今既不足爲治；則所以振挈吾國者，有歐美大國之長而無本邦往史之弊，非民主共和之治而何哉？

（乙）置相　據近世社會學家之論，或以古時君主多爲武人，而輔相之者大抵卽其同黨。蓋惟武人克成大業，而爲之佐者，又以同黨爲親，相職之起原在是矣。夫立君制度之下，揆之現勢，必不能無輔相之人。在歐洲近世，亦有以君主而自兼大宰相之職者，吾國往時，則夙無是例。管子稱黃帝得六相而天地治，路史稱舜得十六相而天地治，相職之由來既久，古初所置，又不僅一二人，則相位之崇，非無故也。其後商爲左右之別，周立師保之制，至秦乃明定相國丞相之名，相制遂一成而莫易。自漢以後，歷世遞爲輕重，卽有時或不尊相職，而亦有他官以行宰相之權，易其名而不去其階，職固未嘗絕也。夫君主之下之所以必有此一級者，原所以保君主位置之尊崇：凡庶司有事，皆可不必直接於君主；其待君主之決斷者，有時宰臣亦得匡助以行之；萬一君主無良，宰臣且應負其匡助不忠之過，所謂立君制度之下，必不能無輔相之人者，蓋謂是也。雖然，君主專制之政體，任私人之好惡而不顧民情之政體也。故君主而與爲相者之意合也，則好而任之；不則兩者之意或至於相違也，則惡而罷之。好者不必盡賢，罷者不皆不肖，而君主專制之態度，由是滋明！則是歷世之任相者，不啻爲專制君主實驗其能力者之一物！故徵之本邦既往之史，其居相位者，往往非國內之第一流人，而第一流人或反不能爲相者，又非無故也。然爲相者而果挾其叵測之謀以起革君命也，則事又甚易；自非英武有爲之主，鮮有不被其欺敓者。曹魏之所以爲魏，司馬晉之所以爲晉，劉宋之所以爲宋，蕭齊之所以爲齊，蕭梁之所以爲梁，陳陳之所以爲陳，高齊之所以爲齊，宇文周之所以爲周，楊隋之所以爲隋，李唐之所以爲唐——通中代七百餘歲之中，一姓之朝社果有變移，其人未有不經宰相之一階而能成其大事者！自五代之局開，中代政治之積習，時或革其一二，然其始以朱温武力之肆，迨夫篡國，似可無膺此號；而唐末之哀帝，猶必加以相國，使統百揆，備九錫，然後引領而降，以待其戮辱者，誠可哀也！故就立君制度以言，居相位者常可憑藉而升爲君主，有其職而君主之制終無改進者，相之由也！自有史以來，本邦歷朝置相之概情，大概惟此兩端爲著。就專制流弊而言，相臣輔佐君主而可任君意爲進退，益以鞏固君主專制之權力者，又相之由也！清之季年，亦知相職之緣夫君主專制而生，始有所謂責任內閣之制；然民心已去，補救爲難，而相局之終，卽因時勢之所趨而定。本邦歷史上幾多之慣例，亦於此破除矣。

(丙)設官　自立君置相之局成，而庶事之司卽不可無官以爲之理。上古事簡，故官少；後世事賾，故官多。官多官少之判，說者以爲乃治道隆汚之判。由中世以降，一朝之衰亂，其職司之濫必倍蓰於剏祚之初，故古人亦有以官多爲擾民者。抑知本邦專制君主之權能至中世而愈進：始也賦斂出於民力，役出於民，慮夫若民之亂而勿附，而思所以羈絡之整治之也；武力既不足以屈人，王道又不能以附衆，乃不惜虛縻爵祿，增司廣職，選拔其秀者而登庸之，其能有裨政治與否？其能無損於民生與否？類不問也。且其例又不必專證之宋之冗職，明之散官而始明也。秦以後朝社之遷流，大抵率循是術。又其甚者，開納粟之風，而名位且可充販鬻騶夫、走卒、織兒、仄豎，居然鞶帶而冠袍矣！烏乎！官者殆專制君主所縱以與吾民搏者也！夫吾民至衆，誠非無秀者，政事脞而秀者殆不可得？其所得者，其或不能容於吾民者也！且古來君主恆蔽於專制之一念，政學不備，官規不舉，而欲此十數萬、數十萬者之悉軌於法，使其盡得秀者登庸之，於勢且形不及，而況乎其降此者哉？或曰吾先民自秦漢以還，官治之外，不力求所謂自治事必賴官，而官治因以不振：則吾民之咎亦有未易辭者！然而本邦既往之歷史，君主專制之歷史也；使本邦於中世以降，地方而果可力求自治以代官治也，則是專制之政，早有祛之而革其面目者，何待乎近今。況夫自治行而官治固不能盡廢也，故改善官治，必以變更不良政治爲前提。吾人今日之所厚望於民國者：祛歷史之積弊，成維新之盛勛，官治之改善，尤首端也。

（二）弊源　弊之原也。自本邦之曩例言之，已治之朝必不能無亂；其所以致亂者，雖有各端，要其於政治上之失宜則一也。今爲綜求其弊：或由女后，或由宦官，或由武人朋黨。歷朝或僅遇其一，或全備其事，茲類爲綴述，敍其略如左方：

（甲）女后　歷史上有所謂外戚之禍者，其端卽由於女后。女后之尊權，雖分之於君主，實則由專制政體而生者；政體益趨於專制，則女后干政之舉，始漸有可乘：故秦以前，未聞此事。夫專制君主之謀國既或出於私心，則重權必不樂其下移，而惟親暱者始得潛分其柄；迨其既逝，而分柄者卽得代起以握其權：故其夫主臨御之年，亦罕聞有此事。（唐之武后韋后雖干政於君主未死之前，然於名義上初不能代爲君主。）夫謂女后之必不能謀治，其說亦未足以服人，彼域外諸邦亦曾有女主臨其國者，顧亦視所行之若何耳！今徵之往史：凡諸女后之自當大政者，其舉動匪獨無異於專制之君主，而又且過之：呂后祇知有呂，不知有劉，而其他何論也；武后祇知有武，不知有李，而其他又何論也；彼元代稱制諸后之本爲殊類者，更無事苛求矣！故女后當國，非無成例於往朝，而絕不容於舊日，史家贊許者以無大效而適滋擾惑於吾民也。夫使彼女后者驅其私衷，力謀國是，而以吾先民鈐束於男尊女卑之慣習，恐猶未能爲一致之推許；況其涉心私利，貽口實於方來哉？雖然，女后之禍，亦有導源於外戚者：或其人本非外戚，納女以竊其名，或外戚蓄志無良，乘機以盜其政，彼女后者會逢其適，不幸首受禍患之名；甚或位號廢除，而身命且將莫保，此其患而蒙難，尤有足爲女后悲者！夫吾國以往之政治，非必悉壞於女后也，而女后當國輒生變故，豈眞有所不見諒於舊史氏者，而故從而枉之也哉？

（乙）宦人　宦人者，又君主專制時代之產物也。溯其職之由始，肇自周初。周禮天官之所謂奄者，員數不多，衆未逾夫四十。鄭康成謂奄、精氣閉藏者，今謂之宦人。其以奄敍官者，惟內小臣爲上士；而康成又謂奄稱士者，異其賢。然則周初之制：於奄人僅限於上士，不使逾越；卽倂閹寺諸司計之，而所供者亦不過門闥飲食之事。職至微也。中世以來，君主專制之謀隨時俱進，以宦人之職之在於禁近，而足以順其私圖也；於是漸加委任，與聞政事。其始君主利其暱己，謂莫予患，乃履霜堅冰之漸至，而變已中乘；爲之患者，卽在此暱己之宦人，而非盡由於百官卿士。舉其著者：漢以中人而撓其治，唐以內侍而害其君，明以司禮太監而擅干其刑政。竊嘗緬念其禍端之熾，而知中世以後之君主，蔽於專制之欲，務暇逸而多防檢宦人之數，因是而增內至房幃袵席之微，亦或以專制之智行之，而使宦人參加其事。夫此刑餘之輩，其地位旣接近於君主，而乘權怙勢之所極，遂得以左右夫朝臣；不則此輩乘女后臨馭之秋，亦常有出其紛擾愚弄之能，而居間肆志者。積日較長，而時或釀作宮廷之禍，徵之往世，其鑒戒非不昭也！然而後人知有以責戒，不知所更革，前轅後軫，軌跡相循，而閹寺之官，胥無能去！夫革除閹寺，豈必定效漢季之盡改士人哉？裁損嬪御，菲薄飮膳，節減衣巾車乘，君主供奉之端少，而後量擇少數相當之人以司其事，宜若可爲也。——而彼專制之君主，則必曰：予寧能困此？與其困此也，予寧用彼！故吾以宦人爲君主專制時代之產物者，非過言也！夫周初定制，原以䘏刑餘者，而使列職以自効也。中世以來，宮禁廣而宦人之數衆，則安得此多數之刑餘者，而使充之？成習相沿，閹寺遂有淨身之事，天下制之奇而計之忍，孰有過於是者？是制存而徒令局外之縱談典制者，以吾與同州僿野之國相挈而合爲一談也！夫吾國已往之政治，又非必悉壞於宦人也；而宦人專柄，未有不害及政治者！今者，國步改，而宦人舊制，遂得乘自然之趨勢以解除之。前代弊習之沿至晚清者，原不止一閹寺，自立君之制廢，而閹寺之職先基是而除，是又弊習之不待絕而自絕者也。

（丙）驕兵　兵之驕而難戢者，曰驕兵。上古無是也，兵之驕者莫如唐，莫如五代。漢季之州牧，東晉之都督，所舉夸矣，而非盡兵之咎。唐五代以上所可數者，其北魏之衰乎？然而魏以鮮卑大部，南遷河洛，種人舊習，夙樂爭衡，高歡宇文泰之徒乘時集事，東西裂地，而必不可久：鮮卑之不利，未始非我之利也。唐則不然矣；其始蹈襲君主專制之威以保安其國內，繼以邊圉驛騷之故，分兵四境而特尊節鎮之權，終則節鎮且不能約束夫全軍，而兵志遂一驕而不可馭！夫君主專制而析其兵權於外鎮，未有不重紛紜之變以亂我中原者；亂起而不知所以爲防，則君主專制云者，徒負其名而已漓其實：君主不足威藩帥，專制不足屈軍人，何其左也！然就武人方面以觀：則若輩動作之非，亦重有可異者：夫逐故帥，立新鎮，此何等事？而彼時顧各毅然行之！使其舉措果明，卽以爲一朝革命之導機，亦無不可也；乃綜諸實事，知其徒爲貪功競祿之心所驅迫，而彼人之行動，亦恆有嗾使之者，故其結局，往往爲二三挾隙故帥者所利用。前之利用者，或不幸而殞其生命；後之利用者，卽得復起而踵圖之。故一鎮之中，禍常數發：於一朝之政治，競相撓挫，而不明改革，旁奪君主專制之柄，以專制地方，吾先民偸生其下，而不獲以旦夕息者，火熱水深，不足喻也。抑驕兵之所極，大勢變爲五代止矣，禍亂踵興，亦寧足言革命？然自宋以後，戒其覆轍，杜驕兵之漸，而不偏重地方之防；及其究也，重文治而疏武備，僅能以專制之威威國內，而不能以專制之威威外敵，一時之得策，致壞及來世之國防，而說者或且以不重兵之故詬之也。烏乎！重兵而爲唐五代，不重兵而爲宋，降則爲明——明亦以潰其國防而覆者；——然則重兵可也，驕兵不可也。其在政治修舉之國，未嘗有驕兵，而亦未見有不重兵者：先之以教育，申之以紀律，然後待之以勛名。今世之謀治者，其毋疏於所擇也哉！

（丁）朋黨　論者不嘗謂吾國曩時歷史無所謂政黨，僅有所謂朋黨者，以撓政治而蔽是非哉？雖然，君主專制之下，亦寧有政黨？黨之云者，又昔時士大夫之所諱言者也！或以君子爲羣而不黨矣，或斥小人爲植黨營私矣，故吾國歷史上之所謂朋黨云者，乃爲一種調停之定名，其說大抵以君子爲朋，小人爲黨。故歐陽修朋黨論以君子爲有朋，而小人爲無朋。然無朋即有黨，修僅以無朋外之者，其意即欲以黨坐小人也。今徵之往史，漢有甘陵，唐有牛李，宋有新舊法，明有東林，若而人者，無論其爲朋爲黨，究之競利害之私慾，乏容恕之雅量，好持意見而不顧全局，小人有之，君子亦不免；而其互爲徒黨，則皆同也。抑吾徵之往史而更有一似奇實允之論焉：往史之所謂小人本無有所謂黨者，以彼之所謂君子者之聚徒相詆也，乃亦用其聚徒相詆之方以還治之。而所謂君子者，乃大憤，因從而自解曰：吾君子，彼小人也。夫使無君子之聚徒爲黨，又奚致誘起聚徒爲黨之小人哉？而所謂君子者，其外則不許敵黨之一日存，其內則徒黨之內，復有所謂徒黨，逞忿慾而淪其道德，若之何其不逐小人而共逝，隨朝代以偕亡也？夫使君主而果眞實專制也，集大權於一己，其下莫得而撓之，卽徒黨亦有不容其存在者！徒黨之起也，大抵乘君威之稍落，競起以獵其權。其未得、或得而復失者，以權旣析於君主，祇須獵之敵黨；而敵黨又以權之受於君主者，不能讓之未得、或得而復失者之人也；相互紛爭，而政治上首蒙其大蔽！據吾國已往之史情而論，欲不歸因於專制君主之過，而亦不能矣！夫黨人之必以國利民福爲前提者，固世人所公認，而特非所語於吾國已往之徒黨。革徒黨之弊，以進而規夫政黨，此則不能無望於民主立憲者也。

導言之六　釋民

民有明昧之義。古之說民者，多以民爲非明。天視民視，天聽民聽，雖託經言，而究非習見。春秋繁露深察名號篇：民者，瞑也。又曰米出禾中而禾未全美，善出性中而性未全善。民之號，取之瞑也。賈誼書大政篇：民之爲言、萌也，萌之爲言、盲也；故惟上之所抉，而以之民無不化也，故曰民萌。民萌者，直言其意而爲之名也。此皆以民爲非明之說也。後之說民者，則以民爲至明而非昧。其在他國，匪維盧梭以民爲神而已，卽東方論政諸儒，亦有以人民爲有監督政府及立法部之責者。此又以民爲至明而非昧之說也。由前之論，民僅爲受治者；由後之論，民雖受治，而能糾察夫治之者。吾人今日之所當明爲詮釋者：則在窮兩方立言之異，返而叩其致異之由，並當進思夫吾國之立言者，何以昔日之所見如彼，而今日之所見又與域外之說相和相勝如此？夫由民萌之說，改而至於至明，此中必有階段之可探求；而吾人今日之所當明爲詮釋者，事尤莫要於此。茲不避猥瑣，首爲類敍，曰民數，民級，次爲推覈，曰民德，民風。

(一)類敍　歷代人民之總數及其級數，非可一言盡也。今綜求概狀而約貫其要者，以類敍於左方：

(甲)民數　民數之增減，端由歷史上各方之趨勢而然；而其趨勢之變遷，則恆基於政治。自昔吾國關於政治之措施，時或不能畢舉，故舊史亦不見有調核戶口之法。所記歷代戶口總數，增減無定率，有非可以進化之論相繩者。其進退之故，既無史例之可憑依，而爲數之參差亦多不實，徒令後之追求民數者，以爲吾國疆域之大，人民之數，胡僅如此？不得已而蹈襲日人根岸結之論，以爲吾邦人數不能精舉，而僅可推求。夫不能精舉固矣，僅推求以得其數，則所得者，僅由吾人之理想而來，而其眞實之數終不能出，則視昔人之不能精舉者，相去又幾何也？今先取歷代戶口兩數之較盛者，約悉如左，以見一班：

總別	時代	民國紀元以前年數	月數	口數
漢人口最盛時	和帝時	民國紀元前一千八百二十三年至一千八百二十七年間	九、二三七、一一二	五三、二五六、二二九
漢人戶最盛時	桓帝時	民國紀元前一千六百六十五年至一千七百四十五年間	一六、○七○、九○六	五○、○六六、八五六
唐人戶人口最盛時	玄宗之世	民國紀元前一千一百七十年至一千一百五十七年間	九、六一九、二五四	五二、九○九、三○六
宋人戶人口最盛時	徽宗之世	民國紀元前八百十一年至七百八十七年間	二○、○一九、○五○	四三、八二○、七六九
明人戶人口最盛時	成祖之世	民國紀元前五百○九年至四百十八年間	一一、四一五、八二九	六六、五九八、三三七
清咸同以前人口最盛時	宣宗道光二十二年	民國紀元前七十年		四一四、六八六、九九四
清宣統以前人口最盛時	宣統三年	民國紀元前一年		四三八、四二五、○○○

據右表視之：人口之多，莫如清之中世；戶數雖不能考悉，然其實額度必能超越於前朝，無容惑也。吾人今日之所當急論者：即爲古時人數與今遠距之一問題。又因此問題而發生者：則爲今人四百兆衆之

數，雖稽核未精，吾人究竟能否認爲假定之一問題。今試綜計古時人數，自宋以前，其數無有達六十兆者，自明以前，其數無有達七十兆者，論者疑其不實，於是乃有前之一問題：夫不實誠不實矣；然古時本邦地域，自元以外，多不能及清世之遠。元之戶口雖非無考，然戶不能望宋徽宗之世，口不能望明成祖之世（元世祖時戶一三、一九六、二〇六，口五八、八三四、七一一，前表未列），恐所舉者僅止於本部。漢唐宋明地不如元，而戶口之數，時或過之者，則仍爲本部人民偶然繁殖之一表徵，而其所得稽核之數，仍未嘗出本部之外。至於清世，本部以外之人口，據近時所統計，其數已盈三十五兆之上，或有謂其尙不止此者：此古今民數遠距之因基於地域上之變遷者一也。又古之施治者，或有時亦爲人口上之稽核，而其稽核之用意，則由課稅、徭役、兵賦等事而生，否則殆不在其稽核範圍之內。故其稽核所得之數，咸與稅、役、兵三者相關。全國之人口，由是不求遍核，且於勢亦有不及遍核者。至於清世，稅、役、兵諸制全更，遂不必詳稽夫人口，而人口之數從之漸顯。彼偶然從事於稽核者，或所報溢於實數，於政治上初無影響之可尋求，以較昔人關於稅、役、兵諸制之實施，而首當核及人口之若何者，緩急重輕，其情迥異：此古今民數遠距之因基於政治上之變遷者又一也。又古人之稽核戶口也，沿襲上古男夫授田之制，疑所數不及於女，而祇及於男。故晉武以前，僅有丁男之目，至晉丁始無分男女，女子亦得占地，然老小固猶不與，則無論其爲戶爲口，即不遺夫女子，而老小固仍未列其間也。自是以還，賦制縱有變更，丁年大抵同限，且每戶人口，吾正疑其祇就成戶者而言；若未成戶，或本無戶，或已至於無戶，或竟至不能成戶者，恐皆未與。卽彼流徙無定居者，在宋雖有「客戶」之名，爲之規定；而此無定居者，終不能必其停留年月之久長而時時加以稽核。則是古人所舉戶口之數，幾乎無一足爲見信之徵。且觀之宋馬端臨之論，而知戶口不實之故，猶不止此。端臨以爲『南北分裂之時，或稱僑寄，或冒勳閥，或以三五十戶爲一戶，苟避科役。』又謂：『唐天寶十四載所上戶總八百九十一萬四千一百九，而不課戶至有三百五十六萬五千五百。夫不課者：鰥、寡、廢疾、奴婢及品官有蔭者皆是也。然天下戶口，豈容鰥、寡、廢疾、奴婢、品官居其三之一有奇哉？』弊生於隱匿，而戶口之實數淆，彼宋人固有先我而言者。淸之盛也，地賦丁糧合徵而爲一，其無地者得免，民始不必自匿其口數。故乾隆以後，口數之增，倏然而進，歷史之故步，遂不足以封之矣：此古今民數遠距之因基於事實上之變遷者又其一也。然則淸之季世人人所知四百兆衆之一語，又可信乎？抑不可信乎？是亦一足資研究之問題，卽吾人今日之所鍥而不舍者也。近時東西學者，恆謂吾國人口，必無四百兆之繁。卽吾國人之明白事理者，亦以爲難信。何也？由前表驗之：四一四、六八六、九九四之調查，尙在道光之世；淸之將覆，始知全國之戶口總數，不可無稽，用是謀爲碻切之調查，而以期限急迫，措施歧誤之各原因，其事未能悉舉；卽其舉者，亦或實或不實，頗聞有地方官吏臆造而出之者。又其所陳，多務盈而戒絀，故不必俟之全國內外蒇事之日，而其數之有盈無絀，已可前知。則吾人今日對於稽核未碻之四百兆衆之一端，若貿然而認爲假定，於推論民數之法，未始無便，而卒期期以爲未可者：則正未敢妄蹈往史之愆，而竊願於本邦歷史之前，除得有眞實不虛之人數也。夫今日民數之增減，驟思似與往史無關，而要其增減之由來，則必爲治史者之所當討論。今既不克碻陳其數，則不能不於往史之所失察者，而一一揭發之也。

(乙)民級　歷代人民之級數，雖有區分，自昔未聞有著其等第者。蒙古入主中夏時，有南人十等之別；然其用意，不過以之羞蠛戰敗之國，未嘗定爲令甲，而強漢族之必從也。且吾國昔時守儒者之教義，而以富欺貧、強凌弱之事爲當懲，故國內人民雖有各級之分，亦多因其地位使然，從無明定等差，加以淫威之事：此則往史之所示者爲善，非夸論也。夫民級衆矣，彼夫陰陽醫卜之流，奴婢傭賃之屬，均吾民也；特其所居地位與政治上初無重要之關聯，故不及旁舉。茲舉其大者：（子）士。說文：士，事也。數始於一，終於十，孔子曰：推十合一爲士。段注：數始一終十，學者由博返約，故云推十合一。說文以「一」建首，云：惟初太極，道立於一，造分天地，化成萬物。於「十」又云：數之具也，一爲東西，丨爲南北，則四方中央備矣。然則士之所事，乃天地萬物四方中央之事，卽白虎通義所謂通古今、辨然否者，固無能離此定義之中也。大抵古時士出於農，故周太宰九職任萬民而不及士。民之秀者，養之庠序，升之司徒，故士之望頗尊，操政柄者亦恆致優禮。周公謂我一沐三握髮，一飯三吐哺，以待士，猶恐失天下之賢人者，殊非虛語。春秋以降，古制不行，游說之士，倡爲士貴王不貴之辭，士之望既不如古者之尊，而士反務自尊以炫世；戰國人主遂倚士爲安危，爲士者之勢力日伸，學說因而紛起。迨後秦皇帝下焚書坑儒之令，士之望大落，若劉邦之所爲：解儒冠以溲溺，斥酈生爲豎儒，又詬陸賈『乃公居馬上而得之，安事詩書』者是也。漢世人主，非無重士者，顧行之無大效，而士貴王不貴之論，復無自而萌；士之貴賤隆替，遂視夫施治者待遇之如何，而爲士者卽不能自伸其勢力。彼矯激者，或因是而擇一塗以自處，相約不爲世用；而世主或反高其矯激，不惜奉以尊重之名，東漢之逸民，兩晉之隱逸，南北朝之逸士、處士，其人固皆與一代之儒林文學齊聲，其名隱而不隱，其事逸而不逸，於是歷史上遂多一閒人之位置。中世以降，沿而勿易，斯冒其名譽者日衆，而所謂士之所事，爲天地萬物四方中央之事者，幾乎無人知完其職任：吾竊於玆羞士習之媮也！且夫士者古今官司所從出之階也，士不矯激，則或出於詭隨，古今來以詭隨而入官者，何止數萬萬士？而此數萬萬士之中，求其能任一時代之大局者，多或不過十數，少乃僅止數人，士多而無所用，於是用人者遂不必悉求諸士，而士展布之塗愈隘！近世以來，納粟之例開，人人皆獲入官，卽舍仕求學，而以本邦歷史上之慣性，不重學而重仕，士之窮愁困苦鬱抑無聊，乃反視他級之民爲甚，寧不悲哉？烏乎！學術之盛衰，係一國之盛衰，非僅士業之盛衰已也。士亦民級之一，苟施治者而謀所以待遇之法也：其必自奬勵學術，劑學稭官祿而使之平，使爲士者復知有所謂天地萬物四方中央之事，毋輕予矯激者以美名始矣。(丑)農 本邦，農國也。上古之世，君有神農，職有農官，農事之興，由來久遠。故觀男字從田從力，而知古之男子首務力田。三代因之，有授田之制。管子謂昔先王爲民興利除害，故天下歸之。所謂興利者，利農事也；所謂除害者，禁害農事也。又曰：夫國富多粟生於農，故先王貴之。商子謂：百人農、一人居者王，十人農、一人居者強。古代視農之重，多見於政治家所著書。而西漢成帝亦謂先帝劭農，薄其租稅，寵其強力，令與孝弟同科。自是以後，君中國者，常以重農爲美談，知稼穡爲睿德。五代周世宗有命工刻木爲耕夫織婦蠶女之舉，期獎耕稼。然所以擴農業而新農利者，二千年以降，仍於史無聞也。坐是之故，吾農民徒知墨守舊業，忘其所以爲學。以本邦穀產之富，地力之饒，至於今日，猶祇能養給夫國內，而不能與人馳騁於域外。夫農亦民級之一，農之不競，民何以富？則今日之所以策勵吾農而使之頓進者，殆一急圖也。（寅）工。考工記：知者刱物，巧者述之，守之世謂工。說文：工爲巧飾，故巧字從工；又工必有法式，故式字亦從工；又工必有規巨，故巨字亦從工。古者，工有專官，列掌百工之事。至於中世，農有農書，工亦有木經，工人用其聰明，殫其謀畫，漢唐宋之世，機巧之器數見（其事實讓文化史言之）。以擬域外，吾之工非不能爲也！無以繼之，傳承不遠；甚者其法中絕，後世或僅能舉其物名，而不能知其方術。故吾謂中國之士，實非四民之秀者也，其秀者爲工。而工人自視以爲職司微末，幸列平民，縱無刱作，竊以自娛，但保師傳之罔輟而已。誠使循是以行，百物之供，未始無便。究之：一方與古人備物利用之經義相背馳，一方與今人工藝改進之前途爲隔閡。夫工亦民級之一，農競而民富，工競而民大富，則今日之所以策勵吾工而使之頓進者，又一急圖也。（卯）商。賤商之說，非始於古代也。日中爲市，蓋爲遠古要政之一端，其後懋遷之利，因之民得無困。春秋以降，范蠡呂不韋輩多以商致富；而漢世桓寬尤豔稱其利，所謂長沮桀溺無百金之積，蹠蹻之徒無倚頓之富，宛周齊魯商偏天下，故乃賈之富或累萬金者也。劉邦之有中國，嘗令賈人不得衣絲乘車，重租稅以困辱之！然其後鼂錯疏論貴粟，而指商人爲乘堅策肥，履絲曳縞；從知邦之禁令不足以約束商人，商之強勢猶周末也。自後賤商之論大起而商勢漸夷，商之利亦日絀。中世以降，施治者之待遇商賈，無一定之方針，一時爲其倡導商利者，一時又爲其阻遏商情者，而務本逐末之迂談，固猶未革。至於近世，而始與外商相見，施治者初猶挾其重農之態度臨之，自後商力日疲，利權外溢，始稍稍謀所以振作吾商者，而其效卒未能少著：商情之滯遲，未始非歷史上之慣性有以誤之也。夫商亦民級之一，管仲所謂與士農工三民而儕之石民之列者（猶言柱石之民），農工競而商更當競，則今日之所以策勵吾商而使之頓進者，又一急圖也。（辰）兵　兵非在四民之列者也；然使四民無兵以爲之衞，則四者之業將至無一能自安者！故古人以禁暴、戢兵、保大、定功、安民、和衆、豐財，爲武之七德。又古時兵民不分，文武無別，後人習爲詐僞，乘募兵之制定，於是妄叛男不爲兵之說，而於古者人盡爲兵之制荒。夫兵亦民級之一，糜數十百萬人之生命，以維國威，而固民力，勝固有功，即敗亦未爲無助。故戰爲凶事，亦爲美德。桓範所謂：好戰則亡，而忘戰亦危者，蓋實有見夫兵以衞民之眞理；而凡吾民之置身行伍者，尤勿應牽於往史上之成見，而謂四民輩次本在兵先也。夫舍四民之安而就兵之危，輿論所趨，宜若何獎勸之？而以徵本邦歷史之慣性，顧獨勿爾！則吾人今日安得不力矯昔人之論，相與進之於民級之中也。凡茲五類，皆其要者：

(二)推覈　歷代人民之道德及其風尙，亦非可一言盡也。今綜求概狀，而詮次其大者，以推覈於左方：

(甲)民德　本邦歷世之革命，有起於權要者，有起於氓庶者。然其起於權要者，非得吾民之同心附與，則形勢亦不能久存！故本邦歷世革命之進行，時而敏速，或時而擾攘者，雖屬歷世政治上之問題，而究則吾民道德上之問題也。吾民之道德，而固隆重也，湯武革命，一戰而集事，大易所謂順天而應人者，蓋卽吾民之道德息息與其征誅之舉相合。諸侯賓商，而不再變，小國朝周，而無復叛，民德之所孚有如是者！楚漢之際，中原共逐秦鹿，兵事之烈，上古革命時所未聞也；然且不越五年，大業垂定，民心一致，尙無敢創爲分裂之舉者。自三國之勢成，於是神州士宇，久而必析；東晉倉皇南渡，釀爲南北對治之局，鮮卑諸邦，挾其獷悍思動之習，進規中夏，吾民之道德，被其浸染，因是而日漓於古：北則於三百載之中，國更十數，朝易三姓；南則於一百七十年以內，迭更四代，連害十三君：使非吾民之天性淪胥，則必不致廢滅轉移，易於置棋如此！而顧任其廢除轉移，至於如此者，則卽欲無謂吾民之乏於道德，不可能也。自是以後，歷一度之革命，增一度之殺戮，民德耗而益無與返於古。迨夫五季，而黑暗極矣；宋人有國以後，儒者盛爲性理之談，雖其說於民德之前途，不無捄助，而循是六百年以往，契丹女眞蒙古滿洲之衆，方且長驅遠馭，得志中原，中原民德屈茲進遲退速之年，而又值諸種人之強勢侵凌，於是一本諸往時盲從革命之慣情，以盲信強族；彼夫少數先知之士，亦嘗竭力圖其矯正，終以時機未至，遂不能於吾民之道德有所匡持。蓋自中世以降，至於今日，歷史之情勢時多遷變，而吾民之道德，使長此悠悠，茲事何得終古？況夫今日域外之參求民性者，恆以民爲至明，而至明之程度，必首以道德爲之基本；遠徵往史，近衷強國，求所以挽回而振起者，其必在此革故鼎新之秋矣！

（乙）民風　若論往史革命之由來，既推原於吾民之道德，而道德心之厚薄，則當由吾民之風俗以養成之！此論民德之所以必及民風也。古者民風渾樸，縱尙忠尙質，夏商不必從同，而去古未遙，卽風俗之眞純可見。周世以文爲治，至其末季，乃共習爲夸詐，而浮僞之弊以滋。漢劉向鄙夷當代之俗，以爲貪號險詖，不閑義理！而又指其爲乘千歲之衰周，繼暴秦之餘弊！則是漢興以後，民風之頹廢，猶曩時也。兩晉困於外亂，南北益生敵愾之心；迨唐壹中原，而人民尙武之風遂摯：此正有足爲唐人重者。唐之武人，其氣最盛，凡少年行公子行諸作，往往見於唐人詩集之中，其詞大都以躍馬鳴鏑殺虜報國爲人生之樂事；又國家之大征伐、大政事，亦多決於武人，徵之史書，無可諱也。宋世懲五代驕兵之患，重文輕武，由是而尙武之風漸絕！古代遺俗流衍於社會者，仍惟是夸詐浮僞諸弊習，善俗斬而徒蹈其不德之風，亦奚爲者？況夫外勢內侵，兵爭日烈，殺敵致果，端基民氣；以不武之民戰，猶棄民也！烏乎！女眞之戮辱，蒙古之蹂躪，宋明之專制，皆間接以助成民間卑靡之習俗，吾人處此，卽有奮思自振而亦不能者！三百載以來，滿洲入主，屢更大故，奄忽以至今日，窮極變生；以久經挫折之民風，一旦而造共和之制，則又不虞其不振作，而但懼其過於自振而流爲忞佚之可憂也！吾國歷史上民風之遞變，有如是者。

甲編（上古史）

第一篇　文明孕養時代（黃帝前後）

第一章　黃帝以前上

黃帝紀元以前傳疑論之一（盤古及三皇）

盤古之論起自雜書，皆恍惚之辭，不足以爲信史。後人侈談邃古，以爲天地間之現象，必有其所自來；求其故而勿明，於是遂以生物之全功歸之盤古。使誠如五運歷年紀之所論，則凡天地間之風雲雷電日星雨澤，推而至於四極五嶽江河田土之巨，草木金石珠玉之微，無不自盤古一人之所化！其造詞之卓詭，久爲達者所譏。微論邃古首出之君，未必果爲盤古；卽讓一步言，果爲盤古，亦萬無有若是之能。再讓一步言，盤古卽有如是之能，而彼時書契未興，後世又緣何印證？再讓一步言，卽使有可憑之口述，流傳後世，而其人亦斷不至以盤古爲名。蓋古爲今之對稱，盤又大之借訓。大古猶言太古，未有其人生當太古，而先自以太古爲名者。再讓一步言，盤古之稱，或後世所追加，其人出於邃古之初，本無所謂定號。然既不聞定號，則邃古之始之果有其人與否，即無得而前知，而盤古「開闢」之粃談，終無有可以自完之餘地者，蓋於理然也。至於近人所論本邦民種，由西亞遷來，即歐人所號以爲巴克之族者。巴克之音，與盤古爲相近，而遂欲以本邦之盤古當之，則尤似望文生義之辭。吾人今日，並未得其碻徵，所未敢輕心比附者也。

三皇之說，亦與盤古論同一恍惚者。舊說相傳，盤古之後，即爲三皇：天皇氏一姓十三人，兄弟各一萬八千歲；地皇氏一姓十一人，兄弟各一萬八千歲；人皇氏一姓九人，兄弟合四萬五千六百歲。而三皇始興之地，又各有內外遠近之殊：例如天皇之起，遠在西北柱州昆侖山下；地皇之起，近在本部龍門熊耳之山；至於人皇肇興，又遠出刑馬山提地之國。近人考古，且有以提地爲圖伯特之轉音者。卽使人皇由圖伯特而興，其地乃遠疆藏衞，古時民族，處交通未便之世，何以忽內忽外，時遠時近，漫無安宅至此。卽由漢族西來之說，而謂天皇由西北方遷入，人皇由西南方遷入，則又何解於地皇龍門熊耳之興乎？謂地皇之始，漢族已入居中國，則人皇當不至由提地而興。或謂提地爲別一地名，如路史注所謂刑馬在秦州者，地當與之相近。不知秦州之於內部，亦爲遠域。且觀蜀之爲國，肇自人皇，則人皇之發跡西南，似又無難取信。如斯詰辨，益見古皇祓跡，必有顚倒疑似之端。況夫三皇歷壽之緜延，治世之永久，造績之奇荒渺遠，求之於古，具無可證，則吾人今日，又安得以羲昔緯書所附會者，而遽以爲邃古之信詞也。

黃帝紀元以前傳疑論之二（十紀之稱號及禪通紀以上之異聞）

自社會進化之理推之，邃古之世，但有酋長，尙無所謂君主，顧酋長之强勢奚若？教令如何？彼時書契未興，則一切施爲，俱非後世之所能追溯。自春秋緯發爲「古皇十紀」之說，而伏羲神農以前之事，轉爲學者之所樂聞；有宋羅泌諸家從而和之，其說益支離而無可已。究其立論，以爲天地開闢，至春秋獲麟之歲，凡二百二十七萬六千年，又此多數年代之中，分爲十紀：其一曰九頭紀，即人皇氏。其二曰五龍紀，五姓。其三曰攝提紀，五十九姓。其四曰合雒紀，四姓。其五曰連通紀，六姓。其六曰敍命紀，四姓。其七曰循蜚紀，二十二氏。其八曰因提紀，十三氏。其九曰禪通紀，十八氏。其十曰疏仡紀，自黃帝以訖有周，皆包入兹紀之中，歷史上事實之變遷，亦惟此紀爲繁而且著。今自九頭以次，因紀遞迹以至禪通。黃帝以後，其事實具見於他章，兹姑闕列，此九紀以內帝王名號，多屬神祕。禪通以上，其事情之恍惚，多與盤古三皇之論相同。兹爲連而屬之，其說如左：

九頭紀者，以人皇一姓九頭，頭即人也，古語質，如今人數魚鳥，以頭計之。九頭紀畢而五龍紀起。

五龍紀者，以有皇伯皇仲皇叔皇季皇少五主而名，路史所謂『龍德而正中』者也。五龍紀畢而攝提紀起。

攝提紀以後，曰合雒，曰連通，曰敍命，事跡不概見，即君名亦無可考。而路史之所謂合雒乘蜚鹿以理，連通乘蜚麟以理，敍命駕六龍而治者，殆即想像夫初民游獵之概情，因假古籍以助其證定也。

以上四紀畢而循蜚紀起。

循蜚紀者，其時代下於前之六紀。御世之君，凡二十二，各有主名。一爲鉅靈，二爲句彊，三爲譙明，四爲涿光，五爲鉤陳，六爲黄神，七爲狛神，八爲犂靈，九爲大騩，十爲鬼騩，十一爲弇茲，十二爲泰逢，十三爲冉相，十四爲蓋盈，十五爲大敦，十六爲雲陽，十七爲巫常，十八爲泰壹，十九爲空桑，二十爲神民，二十一爲倚帝，二十二爲次民。綜其所居各地，具有足爲吾人研究之資者，例如鉅靈於汾脽，在宋爲滎河縣，今固猶隸山西也。或云治蜀，蜀則四川也。狛神出於長淮，則淮水流域也。大騩見於南密，在宋爲密縣，今固猶隸河南也。蓋盈興於若水，則四川也。雲陽出於長沙，則湖南也。空桑興於空桑之野，在宋爲陳留縣。倚帝都於倚帝之山，在宋當內鄉縣之東，今固皆隸河南也。自昔三皇之興，其據地之距離，各遠不相及，而循蜚紀內諸君，則無有興於崑崙衞藏之地者，蓋本部當太古之世，其氏族之果由西來與否，今猶未得確徵，但自伏羲神農以上，太古人民之已各散處於本邦內部，吾人當可質諸理論而逆知之。今考循蜚以內諸君，凡其根據之區，適多在於內部，此等君主之命名傳世，爲無爲有，吾人雖未免懷疑？然亦黄帝紀元以上傳疑各論之中，比較其爲可信者矣。循蜚紀畢而因提紀起。

因提紀者，其時代又下於前之七紀。不獨御世之君，各有主名，即其治跡亦多有可論者。羅泌所謂『辰放、有巢、燧人，皆因其變而舉之』者是也。因提凡十三氏，首爲辰放，亦曰皇次，見夫人民之不知蔽體也，而教民衣皮；二爲蜀山；三爲豗傀；四爲渾沌；五爲東戶；六爲皇覃；七爲啓統；八爲吉夷；九爲几遽；十爲狶韋；十一爲有巢，亦曰大巢，見夫人民之無得安居也，而教民構巢；十二爲燧人，見夫人民之不知熟食也，而教民用火；十三爲庸成。綜其所居各地，蜀山出於蜀，則四川也。有巢治於石樓山南，在宋爲石樓縣，今固猶隸山西也。惟庸成守於羣玉山，近人以爲葱嶺，則其居地又在本部之外矣。因提紀內，自辰放以至庸成，其傳世共至六十八代之多。循蜚以上，則無考云。因提紀畢而禪通紀起。

禪通紀者，包循蜚以後黃帝以上諸代而言。其傳系之次序，論古諸家，各執一說。宋劉恕所謂『諸儒各稱上古，名號年代，世遠書亡，其存者參差乖背，且復煩而無用！』殆爲近之。要之禪通一紀，其時代並較前之八紀爲下，事實之散見古書者漸徵完備；諸家之說，因此而歧。茲爲擇取古說之較著者表列於左方，而下章卽本通鑑外紀原注之說以爲次焉：

路史前後紀之順序	通鑑前編三皇紀之順序	通鑑外紀包犧以來紀原注之順序
（一）史皇氏	（一）軒轅氏（非黃帝軒轅氏）	（一）包犧氏
（二）柏皇氏	（二）祝融氏	（二）女媧氏
（三）中皇氏	（三）太昊伏羲氏	（三）大庭氏
（四）大庭氏	（四）史皇氏	（四）柏皇氏
（五）栗陸氏	（五）柏皇氏	（五）中央氏
（六）昆連氏	（六）中央氏	（六）栗陸氏
（七）軒轅氏（非黃帝軒轅氏）	（七）大庭氏	（七）驪連氏

(八)赫胥氏	(八)栗陸氏	(八)赫胥氏
(九)葛天氏	(九)昆連氏	(九)尊盧氏
(十)尊盧氏	(十)赫胥氏	(十)混沌氏
(十一)祝誦氏	(十一)葛天氏	(十一)皞英氏
(十二)昊英氏	(十二)尊盧氏	(十二)有巢氏(非人皇後之有巢氏)
(十三)有巢氏(非人皇後之有巢氏)	(十三)昊英氏	(十三)朱襄氏
(十四)朱襄氏	(十四)有巢氏(非人皇後之有巢氏)	(十四)葛天氏
(十五)陰康氏	(十五)朱襄氏	(十五)陰康氏
(十六)無懷氏	(十六)陰康氏	(十六)無懷氏
(十七)太昊伏羲氏	(十七)無懷氏	(十七)神農氏
(十八)女皇氏	(十八)女皇氏	(十八)帝臨魁
(十九)炎帝神農氏	(十九)炎帝神農氏	(十九)帝承
(二十)炎帝柱	(二十)帝臨魁	(二十)帝明
(二十一)炎帝慶甲	(二十一)帝承	(二十一)帝直
(二十二)炎帝臨	(二十二)帝明	(二十二)帝氂
(二十三)炎帝承	(二十三)帝宜	(二十三)帝哀

（二十四）炎帝魁	（二十四）帝來	（二十四）帝榆罔
（二十五）炎帝明	（二十五）帝襄	
（二十六）炎帝直	（二十六）帝榆罔	
（二十七）炎帝釐		
（二十八）炎帝居		
（二十九）炎帝節莖		
（三十）炎帝克		
（三十一）炎帝戲		
（三十二）炎帝參盧（即榆罔）		

據右表以觀，三書順序各不相符。要其審核，則當推外紀。何者：莊子論列古皇，於大庭氏以下，敍在包犧之先；史記封禪書敍無懷氏亦在包犧之上；路史輕仍前說，遂謂大庭以下諸主，悉居包犧之前。不知莊子史記兩書，偏於證事，而非專述系。其述系者，莫如帝王世紀爲明。其謂大庭以下諸氏，皆襲包犧之號，則固明認包犧以降，然後有大庭以次之各君也。世紀而上，其可信者又莫如漢書古今人表。而人表分列大庭諸氏，亦俱次於包犧之後。從知世紀非一家之私言，不能以爲中古晚出之書而忽之也。抑如前編三皇紀之所列，女皇反次於無懷。所謂女皇，雖未明指女媧，而自世紀考之，女媧一號女希，是爲女皇。則女媧之於女皇，非二人也。且古者女子稱皇，僅有女媧一氏。女媧與太

昊同母，前編五帝紀，已自述之；而三皇紀所序，乃獨列女皇於無懷之後。且前編於包犧一系，五帝與三皇二紀，序各不同：其紀三皇也，包犧以後，由史皇及柏皇，最終爲女皇；其紀五帝也，包犧以後，由女媧及柏皇，最終爲共工；於包犧全系之順序，尚不能自爲一致之編列！吾今所以未敢輕爲論定者，蓋有惑於茲也。夫包犧氏以來之史實，非盡屬傳疑者。今觀外紀原注之所論列，覺其順序多不戾於古書。本編沿用其序，而於歷主傳系之要略，明其概，不過以著包犧神農二代之大事。若欲以是爲禪通一紀君系順序之論定，竊未敢承也。

第二章　黃帝以前下

黃帝紀元以前「古政論」之一（包犧以來之大事）

吾人立於今日，追溯黃帝紀元以上，其人民之概狀，有不難以理論測之，而可決定爲習於游牧者，則包犧氏全系是也。包犧之世，耕稼未興，而人民漸衆，游獵所得，殆不足以供食？有酋長出，教以游牧之道，人民神而歸之，帝皇之業，乃由斯而漸舉。此卽包犧之所以得名者也。包犧，古書或作伏羲，蓋取其德伏物，教人取犧牲以供庖廚之意。風姓，生成紀（甘肅秦安縣），都陳（河南淮寧縣）。黃帝以前諸主，史家所引，疑論紛如，其較可取信者，當自包犧始。包犧在位，庶政初舉，顧名思義，要以教民佃漁畜牧之烈爲最先。蓋當邃古之初，民情茫昧，凡事不知創始，必待施治者爲代謀之。今舉包犧之世所以代民謀者如左：

（一）包犧以前，未聞有「養民」之方也，故包犧始「養民」。　初民之始，本儕偶於動物，臥則呿呿，起則吁吁，飢則求食，飽則棄餘。茹毛飲血，而衣皮革，其後漸知畜牲之大用，外可以供玩好，內可以備不時。包犧因而教之，使爲畜牧以充庖廚，而禽獸之用，於茲漸廣。抑當初民之始，陸居者獵禽獸，水居者拾蠃蚘，獵之不足而後思畜，拾之不足而後思漁。故當包犧御世之初，網罟既作，而佃漁並教，於是民食始漸形富有矣。

（二）包犧以前，未聞有「序民」之方也，故包犧始「序民」。　初民之始，憧憧終日，并不知有歲時。包犧始立周天歷度，掤爲日月列星分度之法，由是而有「甲歷」之作。日主晝，月主夜，日月相逐，積三百六十晝夜而爲歲，時序以明，而年歲以立。於是民事之序，始漸有端倪矣。

（三）包犧以前，未聞有「理民」之方也，故包犧始「理民」。　初民之始，人事簡單，無所謂「官司」之治也。包犧始名官，而有六佐，庶政賴之以理。或曰以龍紀官，實爲太昊。徵諸左傳，太昊蓋在黃帝之後，非包犧也。然而吾人懸想包犧之世，一切治規，業謀興掤，何獨於官而轉置之？紀官以龍，非無可議，必謂包犧不立官司，則目論也。惟夫包犧當日，有分職之可徵，於是民治始漸臻發展矣。

（四）包犧以前，未聞有「牖民」之方也，故包犧始「牖民」。　初民之始，紀事紀物，尚不知有符號。包犧仰觀象於天，俯觀法於地，中觀萬物之宜，於是始爲楔形之符號，以紀事物；即世儒所謂『始作八卦，因而重之，而爻象以備』者也。其爲號有橫畫，無縱畫，一以象天，- -以象地，一- -相錯而象天地以內應有之事物。簡直而易知，約略而能記，於是民智始漸以萌朕矣。

(五)包犧以前，未聞有「育民」之方也，故包犧始「育民」。　初民之始，未有人紀，知有母而不知有父，知有愛而不知有禮。故男女配耦，往往出於掠奪，羣雌孤雄，一陰衆陽，皆不能禁也。包犧始制嫁娶，以儷皮爲禮，儷爲偶數，所以示其配。道雖非嚮，蓋舉之以酧嫁女者之家，而彌其望，原以持夫人道之平，而泯其侵攲者。然猶必別之以姓氏，申之以媒妁，而同羣以內，斯不至瀆以成婚，於是民生始漸形繁育矣。

(六)包犧以前，未聞有「和民」之方也，故包犧始「和民」。　初民之始，無道德之制裁，性情必日趨於剛虐！包犧思所以和之也，於是斲桐象琴，絙桑象瑟，繩絲爲絃，被其上而鼓之，以調民氣，而反其天眞，甚盛制也。或曰：『苟能制繭成絲，則何不先爲衣冠，而乃以爲絃；苟能斲木成器，則何不先爲棟宇，而乃以爲樂。』不知此固易解者也。琴瑟之始造者，必苟簡，初民或濱澤，或居陸，習聞天籟，而包犧特假器以發之，衣冠棟宇之未興，一飮一啄，一游一息，固非必無具也。造琴瑟者，其苟簡亦視此，於是民性始漸即綏和矣。

包犧之所以爲治者如此。自其當國，歷一百十年而沒，而同母女弟女媧氏以興。

女媧，女主也。女主而治中國，則自女媧始。其始佐包犧正婚姻，以重萬民之判；禱祀神祇，而爲女媒，因置媒妁。包犧既沒，有康回者，曰共工氏，竊保冀方，任智刑以強，伯而不王，振滔洪水，爲害於中國。女媧氏與共工氏較，卒滅共工而誅之，復統一其土宇，都於中皇之山（河南西華縣西有女媧城，相傳爲女媧所都）。包犧之治，賴以不墮。抑觀女媧承包犧，制度代治中國，居然一區宇而誅強敵，且其馭世至於百三十年之久；從知遂古帝系不必定屬於男君，惟勇力足以壓服夫人民者自克固其承襲之權而有茲中夏。惜哉黄帝紀元以上所可知者，僅女媧一君也。

女媧以後，自大庭柏皇中央栗陸驪連赫胥尊盧混沌皞英有巢朱襄葛天陰康至於無懷，歷主十四，其年數已不可具知，而包犧氏之系以絕。今附世次假定表如左：

一包犧氏（一世）——三大庭氏（二世）——四柏皇氏（三世）——五中央氏（四世）——六栗陸氏（五世）——七驪連氏（六世）
二女媧氏
八赫胥氏（七世）——九尊盧氏（八世）——十混沌氏（九世）——十一皞英氏（十世）——十二有巢氏（十一世）——十三朱襄氏（十二世）
十四葛天氏（十三世）——十五陰康氏（十四世）——十六無懷氏（十五世）

黄帝紀元以前「古政論」之二（神農以來之大事）

吾人立於今日，追溯黄帝紀元以上其人民之概狀，有不難以理論測之而可決定爲由游牧以入於耕稼者，則神農氏全系是也。神農之世，民數日增，即游牧所積，亦不足以供食。神農因是發明耕稼之法，俾人民不必專恃游牧以爲生，鮮食進化而爲粒食，又即神農之所以得名者也。神農爲少典之子，生姜水（陝西寶鷄縣境），故姜姓；都陳，又營曲阜（山東曲阜縣）；繼無懷氏之後而治中國。所與庶政，重要同於包犧，而條目較其簡切。究其大體，厥有三端：

一、包犧注重於「養民，」故神農亦「養民。」　神農以上，人民不明耕稼之法，而所食全憑於畜牧；且有因食物之失其調劑，而罹毒傷疾病之憂者！神農以其制爲不可久，乃求可食之物，相土地燥濕肥磽高下，因天之時，分地之利，教民藝穀，厥種爲五。其法斲木爲耜，揉木爲耒，用之鉏耨以墾草莽，民賴其利。蓋耕稼之業，其勤勞過游牧，而養人之量則倍蓰而有餘，故民利也。神農又以養之之道猶未周也，因嘗百草酸鹹之味，察水泉之甘苦，令民知所避就，當此之時，一日而遇七十毒，神而化之，使民宜之，於是人民得居安食力，夭札之患希，而養民之方曰備矣。

二、包犧注重於「序民，」故神農亦「序民。」　神農以上，商業未興，人民縱有交貿貨物之心，施之無序，未足爲訓也。神農剏列廛於國之法，日中爲市，致四方之民，聚四方之貨，交易而退，各得其所；與初民之世，老死不相往來者，其情迥異。蓋當邃古社會形成之際，有農以任供給，必賴商以爲分配，於是人民獲通貨之利，而貿遷不獨「序民」之道大周矣。

三、包犧注重於「理民，」故神農亦「理民。」　神農以上，非無官司之立也。時代漸降，則人事亦漸多。神農之世，設官治事，尤不容缺，揆之事機，無可惑者。或曰：『以火紀官，實爲炎帝。』徵之左傳，炎帝蓋在黃帝之後，非神農也。』然而吾人懸想神農之世，理民之政，立職爲先。神農炎帝之是否一人，後世縱多異論；必謂神農當日，無有官職以理兆民，又目論也。要之神農繼包犧一系而興，包犧剏之而垂爲永制者，神農亦必率而循之，蘄赴於治官司之大體，既無更變，於是理民之道，乃歷久不渝矣。

神農之所以爲治者如此，此猶其內政也。自包犧以來，中國土宇漸形展拓，吾人今日，若從政治方面推而求之，彼時之中國，必有多數之酋長存在於各地者。是等酋長，古史號曰「諸侯。」有時憑藉方隅，或爲中央之患，神農時代，夙沙氏之反抗，卽其徵也。夙沙煑海爲鹽，不用神農之命。其臣箕文，諫而被殺。但其德不足以勝神農，神農亦不恃兵以服之，故夙沙之民，有自攻其君而來歸神農之事。

神農當國，歷百二十年而沒，其子臨魁，繼之以興。臨魁在位六十年，其後歷承之六年，明之四十九年，直之四十五年，釐之四十八年，哀之四十三年，楡罔之五十五年，世襲神農之號。凡三百零六年而神農之系亦絕。

一世 一神農氏——二世 二帝臨魁——三世 三帝承——四世 四帝明——五世 五帝直——六世 六帝釐——七世 七帝哀——八世 八帝楡罔

第二章　黃帝之世（民國紀元前四千六百零八年至四千五百零九年）

黃帝紀元百年間盛治之一（戰事及巡狩）

黃帝亦少典之後，古史相傳與神農爲同族。生於軒轅之邱（河南新鄭縣境），故名軒轅。長於姬水，故姬姓。神農氏既衰，諸侯相侵伐，暴虐百姓，蚩尤氏尤甚。此時中國雖尙爲神農氏之所有，而勿能征也。軒轅乃習用干戈，征諸侯之不朝享者，諸侯多從於軒轅。軒轅益修德振兵，以爲之備。方是時，神農氏欲侵陵諸侯，諸侯既歸軒轅，於是軒轅順諸侯之所歸，與楡罔戰於阪泉之野（河北涿縣城東），三戰然後得志。據史記本文，阪泉之役，謂是黃帝與炎帝之戰，炎帝之果爲楡罔與否，記無明文。由是而後人對此生兩疑論如左：

（甲）以史記本文之炎帝爲非楡罔　由清崔述之說，引史記五帝本紀，軒轅氏之時，神農氏世衰，諸侯相侵伐，暴虐百姓，而神農氏勿能征；又引炎帝欲侵陵諸侯，軒轅乃修德振兵，以與炎帝戰於阪泉之野，三戰然後得其志。夫神農氏既不能征諸侯，又安能侵陵諸侯？既云世衰矣，又何待三戰然後得志乎？且前文言衰弱，凡兩稱神農氏，皆不言炎帝；後文言征戰，凡兩稱炎帝，皆不言神農氏。然則與黃帝戰者自炎帝，與神農氏無涉也。其後又云諸侯咸尊軒轅爲天子，代神農氏，又不言炎帝，然則帝於黃帝之前者自神農氏，與炎帝無涉也。此以炎帝爲非楡罔之說也。

（乙）以史記本文之炎帝爲稱蚩尤　由清梁玉繩之說，引逸周書嘗麥解，蚩尤攻逐赤帝於涿鹿，黃帝乃執蚩尤殺之。左傳僖公二十五年，黃帝戰阪泉之兆，亦指蚩尤。然則阪泉之戰，卽涿鹿之戰，是軒轅勤王之師，而非有兩事。故逸周書稱蚩尤曰阪泉氏，斯爲碻證。始緣炎帝世衰，諸侯不享，軒轅征之而來賓，爲炎帝征也；既因蚩尤謀逆，炎帝蒙塵，軒轅徵師以誅之，爲炎帝誅也。（以上所稱炎帝，玉繩均指榆罔言之）。紀中兩炎帝，俱蚩尤之誤。路史後紀云：『蚩尤，姜姓，炎帝之裔，逐帝自立，僭號炎帝。』當是因此致誤，此以炎帝爲稱蚩尤之說也。

觀二家所論，要皆謂黃帝未嘗與榆罔交兵，謂黃帝與榆罔交兵者，實緣後世史家之誤，固也。然而吾人今日懸想榆罔衰亡之世，神農氏之系，果何自而移轉於黃帝之身？其中必有一重大事端，足以管此兩世系之樞紐者：非榆罔之禪讓，則由黃帝之征伐。而古史中固無有謂榆罔爲遜位者，豈是時蚩尤已滅榆罔，而黃帝之位乃繼自蚩尤而非繼自榆罔者耶？然據逸周書之文以觀，僅言蚩尤逐帝而非謂滅帝；且原文於蚩尤逐帝之後，復言赤帝大懾，乃說黃帝執蚩尤殺之於中冀。而此赤帝蓋卽爲榆罔。使榆罔果爲蚩尤所攻滅，則何以復有說黃帝之事耶？或曰：『赤帝卽炎帝，炎帝或非榆罔？』此則崔氏之說，吾已於前引之。今觀史記本文，黃帝與炎帝三戰然後得志。所謂「志」者，蓋卽包有中國之志而言。卽使炎帝爲當日之別一君主，而史記於禽殺蚩尤之下文，宜逕曰代炎帝，而不必謂代神農。如謂神農既衰，黃帝不必三戰，則當日黃帝以諸侯而征君主，勝負之數，豈得前知？三戰而克，亦理之常，未可議也。今蚩尤攻滅榆罔之事，徵之古史既不見有明文；而炎帝之果爲榆罔與否，後世又多異論。故本編不得已，蹈襲帝王世紀之說，而妄斷史記本文，以黃帝與榆罔爲有阪泉之役也。

繼阪泉之役而起者，則有涿鹿（今河北涿縣）之戰。蚩尤者，亦當日諸侯之一。軒轅既勝榆罔，蚩尤興師作亂而不用命。軒轅乃徵師諸侯，與蚩尤交兵於涿鹿之野，累戰而禽蚩尤殺於中冀。中國大服。或曰阪泉涿鹿，地壤接近，黃帝戰榆罔戰蚩尤，何以必同在一區域之內？不知此固易解者也。據史記以觀，是軒轅既勝榆罔，阪泉之地，必受治於軒轅；而蚩尤作亂，必向軒轅所在之地行師，於是阪泉一役以後，遂有涿鹿之兵。黃帝以蚩尤之強也，故先徵師諸侯以備之。蚩尤之亂定而涿鹿遂成爲都邑矣。然則都陳徙魯之神農氏何以至於榆罔之世而又在阪泉乎？不知此又易解之事也。再據史記觀之，『蚩尤最爲暴，莫能伐』之下，卽云『炎帝欲侵陵諸侯，』可知當日蚩尤之爲虐，卽君主亦莫可如何；故古史有謂榆罔避蚩尤之亂而至涿鹿者。涿鹿之與阪泉地壤相接。軒轅既勝榆罔而又克蚩尤，戰地之同符，固其所也。

阪泉涿鹿之戰定，於是諸侯尊軒轅爲天子，代神農氏，是爲黃帝。「黃」者中和美色，尊帝之德，故以美色稱。信斯言也，近人猶有以「黃」爲種別之徵，而稱帝爲黃色種人之肇祖者。

以上大抵爲黃帝紀元以前之事。但黃帝既卽君位，甲子之紀，當卽由斯而起。至其四方之巡狩，則必爲紀元以後之事無疑也。黃帝初立，諸侯有不順者，從而征之，平者去之，披山通道，未嘗寧居。東至於海，登丸山（山東臨朐縣）及岱宗。西至於空桐，登雞頭（均山名，在今甘肅境內）。南至於江，登熊（熊耳山，陝西商縣東境）湘（湘山，湖南益陽縣）。北逐葷粥（北狄名），合符釜山（括地志山在懷戎縣北三里，懷戎今河北懷來縣）。而邑於涿鹿之阿。

夫葷粥北狄，於周稱玁狁，於秦爲匈奴。其在當日，度必於今長城塞下之地，散殖內侵。今觀黃帝用兵，多在中夏東北一隅；從知南方苗禍未熾之前，民族競爭之勢，先集於東北。黃帝僅逐薰粥而不窮其所往者，以東北之地定，即足以南面而控諸侯。當日大漠南北之荒隅，黃帝固未必廑念及之。即彼薰粥被逐之餘，恐亦僅避漠南，而不至遠遷於漠北。自是以後，北方之殊族，既不足以謀我；而所患者當在後來爲禍之「有苗」矣。或曰：『蚩尤爲九黎之君，黎即苗也。』然正惟蚩尤即苗之故，安知黃帝於涿鹿一役之後，不慮及苗族之再強，而故北逐外族之內侵者，以杜其後來之聯合哉？此殆黃帝對待殊族之成謀，後人不難綜其戰事而測之者也。

黃帝紀元百年間盛治之二（政事）

黃帝之統治中夏也，承包犧神農二代之後，凡關於政事上之措施，前此之二代固已有發明者，黃帝從而新之，或因或創，而政綱大舉。顧其措施之次第，古史多有不同：或先紀官，或先制服。今酌諸家之論，而以先後寓輕重之意，條次如下方：

一、爲「區畫土地」之事　邃古土宇無明著之分畫，易以紊程序而啓釁端；於是黃帝畫野分州，以立其要經土設井，以別其居，立步制畝，以防其不足。使八家爲井，井開四道而分八宅，鑿井於中。一則不洩地氣，二則無廢一家，三則同風俗，四則齊巧拙，五則通財貨，六則存亡更守，七則出入相司，八則嫁娶相媒，九則有無相貸，十則疾病相救，是以情性可得而親，生產可得而均，欺陵之路塞，鬬訟之心弭。井一爲鄰，鄰三爲朋，朋三爲里，里五爲邑，邑十爲都，都十爲師，師十爲州。夫始分之於井則地著，既計之於州則數詳，井田之制成，而耕稼立國之端大著，農業亦於茲碻定矣。

二、爲「制作」之事　包犧之世，書契雖有萌芽，僅爲楔形之字。黃帝史官蒼頡，觀鳥獸蹏迒之跡而有所悟：其始作書，依類象形，故謂之「文」；自後形聲相益，卽謂之「字」。文者物象之本，字者言孳乳而寖多也。著於竹帛謂之「書」，書者如也。蓋字義有六：其初起於「指事」「象形」，所謂「依類象形」是也；無何而有「形聲」「會意」，所謂「形聲相益」是也；然已在蒼頡之後矣。若「轉注」與「假借」二者，則又在其後。故蒼頡作書，始惟有「指事」「象形」二者而已。

三、爲「分配甲子」之事　甲乙丙丁戊己庚辛壬癸謂之「幹」，子丑寅卯辰巳午未申酉戌亥謂之「枝」。「枝」「幹」相配以名「日」，凡六十日而甲子一周。其法刱自大撓，蓋黃帝之臣也。又有容成者，製蓋天（卽渾天儀）及調歷（黃帝歷名）以定四時。視包犧之世之「甲歷」，更有進步矣。

四、爲「創造冕服」之事　黃帝以前，未有冕服之創造也。黃帝始作冕，垂旒充纊，衣玄而裳。黃旁觀翬翟草木之華，乃染五色爲文章，以別貴賤等級明而章服之制定，易所謂『垂衣裳而天下治』者也。

五、爲「經始器用」之事　黃帝始命隸首定數，造爲律度量衡。又命寧封爲陶正，赤將爲木正，以利器用。揮作弓，夷牟作矢，以威中國。又命共鼓化狐，刳木爲舟，剡木爲楫，以濟不通。邑夷作車，以行四方。服牛乘馬，備物致用，而民乃大利。又多作行師必備之物，如旂纛鐲鐃鼓角靈鞞神鉦之類，用之戰陣以奏武功，而四方咸服。

六、爲「建築宮室」之事　包犧以來，至於有巢，編槿而廬，緝藋而扉，塓塗茨翳，用以避禍，而「宮室」之狀，由是萌生。以其能革有巢（此謂人皇後之有巢）之化，故亦號有巢。然上棟下宇之制，猶未備也。黃帝有作，伐木搆材，起建「合宮」，以祀天而敷教。封禪書所謂「黃帝明堂」者也。

七、爲「鑄造貨幣」之事　神農之世，貿易雖興，尚未有一定之貨幣爲交換之法也。黃帝范金爲貨，制金刀五幣，（金刀泉布帛）以御輕重。自此山居之民，不必以皮爲幣；水居之民，亦不必以貝爲貨矣。易繫辭所謂『通其變，使民不倦』者也。

八、爲「發明蠶絲」之事　黃帝以前，未有養蠶製絲之事也。西陵氏之女嫘祖，爲帝元妃，始教民育蠶，治絲繭以供衣服，而人民無皴瘃之患。後世祀爲「先蠶」。蓋育蠶之事，與冠服制度相表裏，自黃帝興，而衣皮衣卉之風，於茲漸革矣。

九、爲「著作醫經」之事　黃帝以人之生也，寒暑蕩於外，喜怒攻於內，夭昏凶札，君民代有！乃上窮下際，咨於岐伯而作內經。視神農時代之醫，僅憑經驗，而無方書之可證者，則殊形進步也。

十、爲「訂定律呂」之事　黃帝以前，音樂雖興，尚無一定之律呂，足以辨別聲音也。黃帝因命伶倫取竹澥溪之谷（昆侖北谷），斷兩節間而吹之，以爲黃鍾之宮，制十二篇，以聽鳳凰之鳴，其雄鳴六，雌鳴亦六，以比黃鍾之宮損益相生，爲六律（黃鍾，太簇，姑洗，蕤賓，夷則，無射，皆爲陽，陽管曰律）。六呂（大呂，應鍾，南呂，林鍾，仲呂，夾鍾，皆爲陰，陰管曰呂）。並候氣之應分立五聲。（宮，商，角，徵，羽）。鑄鍾以和而奏之命曰「咸池」。蓋自黃帝興而聲音之道亦於茲漸備矣。

十一、爲「分命官司」之事　官司分職，黃帝以前，固已有之。至於黃帝，又以雲紀官得六相而中國大治。風后明乎天道故爲當時（主時令之官）。太常察乎地利，故爲稟者（稟卽廩，主廩給之官）。奢龍辨乎東方，故爲士師。祝融辨乎南方，故爲司徒。大封辨乎西方，故爲司馬。后土辨乎北方，故爲李（法官）。又別立司天之官，命臾蓲占星，鬬苞授規，正日月星辰之象，於是有星官之書；並令羲和占日，尙儀占月，車區占風，各掌天文之事，而職司之備，較包犧神農之世爲更昭矣。

十二、爲「建立氏族」之事　黃帝之作律也，吹之而並能別姓。白虎通所謂『聖人吹律定姓』是也。夫吹律定姓之說，雖見於古史，罕有屬之黃帝之時者。本編姑用路史之說而因殿諸以上各制之後焉。

以上各端，皆爲黃帝一朝政事之大者。史稱『黃帝之世，人民不夭，百官無私，市不預賈，城郭不閉，邑無盜賊，相讓以財，風雨時，五穀登，遠夷之國，莫不獻其貢職』者，蓋以形成其君治之完成，而又包犧神農以來所未有之盛也。故黃帝之治，其民不引而來，不推而往，不使而成，不禁而止，置法而不變，能使民安其法。凡若此者，又足以徵君主之權力，利於行使，而絕無阻閡，有以致之。豈徒龍驤虎變，與俗異道而已哉？

第四章　黃帝以後與唐虞之前(民國紀元前四千五百零八年至四千二百六十九年)

金天高陽高辛三朝二百餘年間大勢之一(少昊之嗣統及顓頊嚳之代興)

黃帝在位百年沒，子少昊立。少昊以正妃西陵氏之所出而膺君統，賜姓巳，亦稱金天氏。或云金天、國號，少昊、身號。其初降居江水(岷江)爲諸侯，又邑於窮桑(山東曲阜縣北)，及登帝位，都曲阜，歷八十四年沒。其同母弟昌意之子顓頊代之。

顓頊，黃帝子昌意之子。昌意居若水(金沙江)爲諸侯，故顓頊生於若水。其初國於高陽(河南杞縣)，亦號高陽氏。既卽位，都帝邱(河北濮陽縣)。或曰：『顓者專也，能專正天人之道』故有是稱。在位歷七十八年沒。少昊孫，蟜極之子嚳代之。

嚳於黃帝爲曾孫，始封辛(河南商邱縣南)，故號高辛氏。既卽位，都亳(河南偃師縣西)。或曰：『嚳者極也，能極道德以固民』故有是稱。在位歷七十五年沒。子摯代之，無道，爲諸侯所廢，僅九年而堯嗣。

或曰：少昊非金天，顓頊非高陽，嚳非高辛，各爲一人。而其世系，並非出於黃帝之後。少昊且不直繼黃帝；卽顓頊與嚳，其承接之帝系，亦必前後不能相及。其一例則可徵之國語，國語云：『少皡之衰，九黎亂德，顓頊受之。』少昊既衰，顓頊乃興。是顓頊與少昊不相及也。其一例又可徵之左傳，左傳云：『高陽氏有才子八人，高辛氏有才子八人。此十六族者世濟其美，不隕其名，以至於堯。』即謂高陽高辛為顓頊與嚳，是至堯時已數世而分數族。則堯與二代亦不相及也。故春秋緯以少昊傳八世五百年，或云十世四百年。顓頊傳九世三百五十年，或云八世五百四十八年。嚳傳十世四百年。其傳世與年數，今雖無得碻徵，要必有影響之可探尋，故有十世九世之異論。然而吾人今日懸想唐虞以前之世，少昊顓頊嚳三系繼承之際，其間所歷尚有何主？即緯書好異，亦不能歷證其人。而諸家考古之書，多數以少昊顓頊嚳三君為一貫。其故因唐虞以前之史，異說紛乘，若欲一一考其本眞，徵論古說之未足全憑；即彼自謂考見本眞者，又安必世儒之不薄為目論哉。故本編不得已，寧蹈襲史記帝王世紀之說，而以顓頊為繼少昊，嚳為繼顓頊也。

以上為關於傳系上之異論，唐虞以前，所必當述及之一大事端也。今約為世系略表，而仍假定為一世二世諸次以列其旁，堯舜亦附焉。得人十四，其君主凡七。

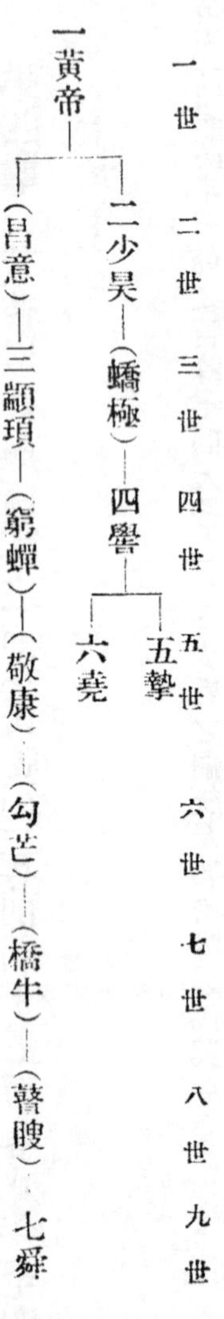

金天高陽高辛三朝二百餘年間大勢之二（治道之進化）

三朝之中，治道之大綱，不及黃帝時代之備也。要其前後注意之點，亦各有在。其一、爲官司上之進化。金天之世，以鳥紀官，其後因九黎亂德之故，民神瀆亂；高陽憂之，乃命南正重司天以屬神，北正黎司地以屬民，使復舊常，毋相侵叛。又古時紀官多假雲物龍鳥之義，資爲祥瑞之徵；至於高陽，始以民事命官，而關於治術上之設施，由是大有進化。所謂顓頊以來『百官之號因其事』者是也。其二、爲樂制上之進化。金天以上，歷世不忘興樂。蓋古人視樂以爲諧人神、和上下之見端。金天立建鼓，制浮磬，作爲「大淵」之樂。顓頊取浮金以鑄鐘，作爲「承雲」之樂。至於高辛，又命咸墨典樂爲聲歌，倕作鼙鼓制琴管壎篪，佐以鐘磬。鼓奏以觀聲，歌奏以觀和，舞奏以觀禮，禮以樂龢，政是以成，命曰「九招」。是則聲音之道，通諸政治之特徵，非樂制進化，未易至也。其三、爲歷法上之進化。金天以來，果用黃帝調歷與否，史無明文。高陽之世，始以建寅之月爲歷元。後世神之，因有歷宗之號。至於高辛，未聞變革，是又歷法進化之可知者也。其四、爲地域區畫上之進化。高陽之世，始有九州之建：一兗，二冀，三青，四徐，五豫，六荆，七揚，八雍，九梁，分地而治，包有全國。其地北至幽陵，南至交阯，西至流沙，東至蟠木，四遠皆平而來服屬。其故始由區畫大定，內外如一，故中央敷治，易於見功。所謂『顓頊制九州，帝嚳受之』是也。其五、爲政治道德上之進化。古史謂少昊能修太昊之法，象日月之明，故以少昊之名歸之。然猶未足爲異也。高陽之敷治也，淵靜以有謀，疏通而知事。高辛之敷治也，普施利物，不於其身。聰以知遠，明以察微。順天之時，知民之急。仁而威，惠而信，修身而天下服。取地之財而節用之，拊教萬民而利誨之，歷日月而迎送之，明鬼神而敬事之。其動也時，其服也士。嚳之政兼教養，德備公私，有過夫金天高陽之二代者。此蓋關於君主政治道德上之進程，徵之古史而尚有可信也。

第五章　唐虞之世（民國紀元前四千二百六十八年至四千一百十七年）

唐虞一百五十年間特徵之一（治水及分封）

堯爲嚳之子，名放勳。年十五，佐兄摯受封唐侯，姓伊祁，或曰從母姓。號陶唐氏。既代摯即帝位，都於平陽（山西臨汾縣）。改年之稱曰載。其爲政有因諸前代而稍加改良以見於施措者：如育重黎之後，使復典天地之官，是爲羲氏和氏，分命其四子羲仲羲叔和仲和叔掌四時之職，又定期爲三百六十六日，以閏月正四時而成歲是也。有爲前代之所未及爲而居然以任賢使才之故，使彌天之巨患潛歸於底定者：則舉舜登庸，使之攝位，而用禹治水，十三載成功是也。上古水患之大，堯時爲甚。其在女媧之世，共工氏亦嘗振滔洪水，爲患於中國矣（見上第二章）。或曰：共工氏之子孫至顓頊時，常有爭帝之舉，以洪水薄窮桑，其立國大抵在江淮流域間，堯時洪水或亦有由東南方面而流入中原者。然觀古書所載，多謂河出孟門，江淮流通，四海溟涬而有此患。則是洪水之禍，首由河水之氾濫，而江淮二水，復流衍以助成之，故平原高阜，盡爲所滅，而其禍適中於中原一帶，迤及東南之地，凡諸水之流域，無有不被其患者，故其水曰「洪水」，亦名「鴻水」。

抑「洪水」之患，實非自堯時始也。故孟子亦曰：『當堯之時，天下猶未平，洪水橫流，氾濫於中國。』所謂猶未平者，即爲洪水非於堯始之徵。堯時求有能治水者，四岳舉鯀。鯀者顓頊之後，堯封爲崇伯，使治水。鯀主隄防而不爲疏通之法，歷九年而水患如故。堯在位之七十載，以中國多故，欲遜位於四岳，四岳皆辭。堯命舉有德者，無避疏遠隱匿，四岳舉舜。舜年二十以孝聞，三十受知於堯。堯與語禮樂而不逆，道廣大而不窮，因而用之，使攝國政。乃殛鯀而用禹。禹爲鯀子，使續父業。禹治水主疏通，而不專恃其父障水之法。因令諸侯百姓興人徒以敷土，隨山刊木，奠高山大川。又傷父功之不成受誅，乃勞身焦思，水乘舟，陸乘車，泥乘橇（蹺），山乘檋。身執耒臿，以爲民先，高高下下，疏川導滯，過家門而不入，如是者十三年，不以爲瘁。蓋禹之治水，以爲禍之巨者莫如河。而河之所從來者高，水湍悍，難以行平地，故導河雖自積石（即大雪山青海西南境），而施功則自壺口（山西吉縣西南）。於是闢龍門，鑿底柱，自孟津（河南孟縣南）而北，疏爲九河（徒駭，太史，馬頰，覆鬴，胡蘇，簡潔，鉤盤，鬲津，共爲九河，故道久湮）。同爲逆河，入於海。其導河經程之大略如是。淪濟自沇水，沇爲濟水上源（出河南濟源縣王屋山），東流爲濟，入于河，溢爲滎（即滎澤，河南滎陽縣南）。東出于陶邱（山東定陶縣西南），又東至于菏（即菏澤在定陶縣東），又東北會于汶（大汶水出山東萊蕪縣），又北東入于海。其淪濟經程之大略又如是。導淮自桐柏（山名，在河南桐柏縣），東會于泗（泗水出山東泗水縣陪尾山），沂（沂水出山東沂州之沂山），東入于海。其導淮經程之大略又如是。導江自岷山東別爲沱（沱水有二：一在梁州，卽四川成都之郫江；一在荊州，卽湖北荊州之夏水）。又東過九江（卽洞庭湖），至于東陵（湖南岳州），東迆北會于匯（卽鄱陽湖），東爲中江（自震澤出丹陽蕪湖下云中江），入于海。其導江經程之大略又如是。其他諸水之著名者如洛如渭，則皆導之入河。大抵北條之水，多入河濟；南條之水，多入江淮；江淮河濟共爲四瀆，所謂『四瀆修而民宅土』者是也。初禹之治水也，以冀爲帝都所在，三面距河，特由冀州始，故禹貢紀治水首冀州。次兗，故冀之次曰濟河惟兗州。次青，故兗之次曰海岱惟青州。次徐，故青之次曰海岱及淮惟徐州。次揚，故徐之次曰淮海惟揚州。次荊，故揚之次曰荊及衡陽惟荊州。次豫，故荊之次曰荊河惟豫州。次梁，故豫之次曰華陽黑水惟梁州。次雍，故梁之次曰黑水西河惟雍州。九州次第，卽由治水之先後而定。觀此可知禹之着手，自北而東，自東而南，自南而西，九州之水治而四方亦治。禹貢所謂『聲教訖於四海』者此也。

禹治水功成，舜褒其勞，因封爲夏伯（河南禹縣），賜姓曰姒。中國宗之，謂之大禹。並祚四岳以國，封之於呂（河南新蔡縣），賜姓曰姜。又伯益曾佐禹治水，賜姓曰嬴。其他封契於商（陝西商縣），賜姓曰子。封棄於邰（陝西武功縣），賜姓曰姬。契者商之祖，棄則周之祖也。若夫伯益，又周代秦趙二國之祖云。

唐虞一百五十年間特徵之二（征苗及禪位）

苗爲邃古以來之一強族，或曰『黃帝所戮之蚩尤，卽爲彼中酋長。』唐虞以上，代與漢族爭而不能勝也。少昊之衰，九黎亂德，黎卽苗也。顓頊起而誅之，其不善者流之於西裔；然餘種之散居中國南方一帶者，固未絕也。高辛之衰，九黎再亂，堯復起而誅之，於是遂有丹水之役。大抵苗族之在遠古，當一朝君系改易之初，必有交兵之事。而所以開此交兵之漸者，則其種人之不服中夏，乘機搆亂爲之也。堯既命舜攝位，苗族之在中國南方者，度必仍有興師之事，而古史不言；但云竄三苗於三危（山名，甘肅燉煌縣南）。三危在當日爲西裔最遠之地。自非苗之好亂，則必不令其徙此。而舜世之對付苗民，且列之爲「四凶」之一。則其行動，必仍猶曩日之不服中夏，乘機搆亂可知也。然三危之遠，雖足以處苗而其餘種之散居中國南方一帶者，仍未絕也。舜既命禹攝位，而苗民之在中國者，其故態當無異於往時。故又有『有苗勿率命禹徂征』之事。雖歷時甚暫，有苗已格，然其所謂「格」者，當僅就一時之現象而言？抑或爲史臣贊美之詞，亦非無說。不然何以有苗既格，而舜尙有蒼梧（湖南寧遠縣）之巡也。又其甚者，舜沒蒼梧而葬零陵（湖南寧遠縣東南），地本一隅，使非南方苗患之張，何遽不歸葬中夏哉。或曰：『舜既命禹攝位，故特巡狩南裔，往而不返。欲其民之專意戴禹，示遠遯無後望之意。』信如是也，舜出狩他方可也，何必蒼梧？蓋苗族之在舜世，其國左洞庭而右彭蠡。自洞庭湖湘而上，可以達蒼梧，度其旁近必爲苗民徙殖之區。舜至蒼梧，其境之已盡耶？抑猶未盡而舜已無能再進耶？此於當日雖不得其碻徵，而要必爲南中重要之地，可斷言矣。

唐虞以上之君位，大抵皆私傳其後嗣，必其後嗣至於衰落，然後有他姓之諸侯，起而相代，以繼之爲君。此事在遠古諸朝，亦若成爲自然之法。古人本此以推求故事，遂有以金天高陽高辛三朝爲有子孫之迭相繼襲者。要之唐虞以上諸朝，既各有其世系，其世系之長短，雖各不同，而凡既爲中國之君，後世子孫，於九五之一階，固未必爲無望。

執夏商之繼嗣以例夫遠古無二情也。自堯之興以洪水之難平，即有讓位其臣之志。初以天下事授之許由，許由不受。堯本有子丹朱，而知舜之足授天下，以爲授舜則天下得其利而丹朱病；授丹朱則天下病而丹朱得其利。堯曰：『終不以天下之病而利一人。』在位之七十二載，卒授舜使攝行天子事。舜因巡狩四岳，以覲政於諸侯。迨舜即位，奠都蒲坂（山西永濟縣），中國大治。舜亦有子曰商均，其不肖類丹朱。舜初以天下事授之其友，其友不一人，而皆不受；然當舜之時，功莫有禹若者。舜在位之三十二載，亦授禹使攝行天子事。禹讓於皋陶，而舜不許。迨禹即位，奠都安邑（山西安邑縣），中國又大治。其詳見於後章。

第六章　本時代之法制

本時代法制之一（建官及理財）

本國之法制，多發源於遠古，茲擇其重要者言之，先建官，次理財。

（一）建官　唐虞以上，世有五官之建（詳見下表）。要其取義，或有出於後人之附會者。包犧、太昊、神農、炎帝、金天、少昊，是一是二，古有異詞；今述官制，姑舍是辨，而先以五官之掌，列爲簡表，藉以見唐虞以上諸朝建職，徵之古史，大抵相同。若夫唐虞之世，年代較下，分職漸明，經傳所載，多堪徵信。故本段所述，首及五官之建，而以他之見於古史與夫唐虞之職之載於經傳者終焉。

（唐虞以前五官之沿革）

	包犧之世	神農之世	黃帝之世	金天氏之世	高陽氏之世（高辛氏之世同）
春官	青龍氏	大火氏	青雲氏	鶻鳩氏（司事）	木正（句芒）
夏官	赤龍氏	鶉火氏	縉雲氏	雎鳩氏（司馬）	火正（祝融）
秋官	白龍氏	西火氏	白雲氏	爽鳩氏（司寇）	金正（蓐收）
冬官	黑龍氏	北火氏	黑雲氏	鳲鳩氏（司空）	水正（玄冥）
中官	黃龍氏	中火氏	黃雲氏	祝鳩氏（司徒）	土正（后土）

右爲唐虞以上五官沿革之略徵。五官以外，若包犧之世，舊說相傳，尙有所謂飛龍氏之官，潛龍氏之官，居龍氏之官，降龍氏之官，土龍氏之官，水龍氏之官，各有職司，不相淆亂。然而吾人今日，懸想邃古制作初興之世，設官分職，恐未必能如是之詳？其事殆與「龍」「火」「雲」「鳥」之紀官，同屬傳疑之說。黃帝之世，五官之與六相，是否相同？古史所傳，並無明論。但據官數以爲比例，或五或六，立職多歧。是則古史六相之稱，恐不能包入五官之內矣。又黃帝之世，畫野分州之制，既已頒行，則各方治地之官，當必於茲分置。縱各地有諸侯之分立，而於都邑或中原之旁近，豈能一無守土之司？則是地方官制之推行，當必於黃帝一朝爲始。然而徵之史記，僅謂『帝置左右大監，監於萬國。』所謂監者，殆猶周初周召二公之分陝，而諸國地方之職，或受

間接之使令於兩監。而究其職守之若何？後世迄無能追悉，爲可惜也。至於金天之世，五官以外，關於天文各職，尙有鳳鳥氏之官，玄鳥氏之官，伯趙氏之官，青鳥氏之官，丹鳥氏之官；其他並有五鳩之官，五雉之官，九扈之官。高陽之世，又有南正之官，北正之官。高辛之世，又有典樂之官。官制之漸趨於完備，已可斷言；然猶非所論於唐虞之朝也。唐虞繼治，內建衆官，外設州牧，三載考功，三考乃行黜陟；蓋三歲而小考者，正職而行事，九歲而大考者，黜无職而賞有功，法至密也。今采取唐虞所設各官之概，爲表如左：

官別	職守	關於職司上之異論	人別
百揆	總理庶政	左傳（以揆百事無不時敘） 後漢書百官志引古史考（舜居百揆總領百事）	舜（堯之世）禹（舜之世）
四岳	統治諸侯	王夫之尙書稗疏（四岳爲十二牧之長以一統三以四統十二） 王鳴盛尙書後案引鄭玄說（四岳四時之官主方岳之事） 宋翔鳳過庭錄引漢書百官公卿表（四岳謂四岳諸侯繫於四方故云四岳其號非一人其職非一定其人非一時）	姜姓等爲之（堯舜之世）
司空	典司水土	孫星衍尙書今古文注疏引鄭玄說（初堯冬官爲共工舜舉禹治水堯知其有聖德必有功故改命司空以官名寵異之非常官也）	禹（堯舜之世）
后稷	典司農事	唐孔穎達尙書正義（稷是五穀之長立官主此稷事后訓君也） 國語韋昭注（后君也稷官也）	棄（堯舜之世）

司徒	典司教化	唐宋沈尙書集傳（司徒掌教之官）	契（舜之世）
士	典司兵刑	尙書今古文注疏引馬融說（獄官之長）又引鄭玄說（士察也主察訟獄之事）（皋陶兼爲司馬主兵故鄭釋士爲察不以爲士師之士也）	皋陶（舜之世）
共工	典司百工	尙書今古文注疏引馬融說（司空共理百工之事）（其官共百工之事禹爲之既升宅百揆此官又當求賢也）	垂（舜之世）
虞	典司山澤	尙書今古文注疏引應劭說（虞掌山澤禽獸官名也）	益（舜之世）
秩宗	典司祭祀	尙書集注音疏引鄭玄說（主次秩尊卑）（以秩宗所次秩當不但鬼神之尊卑而鬼神其一隅也）	伯夷（舜之世）
典樂	典司樂教	尙書集傳（典主也）	夔（舜之世）
納言	出納帝命	尙書後案引鄭玄說（納言如今尙書官主喉舌）	龍（舜之世）
州牧	分治諸侯	尙書今古文注疏引曲禮『九州之長入天子之國曰牧』注每一州之中天子選諸侯之賢者以爲之牧也（編者案舜時爲十二州故書言十有二牧）	

（附）人才之培養與任用　唐虞以上之人才，其見於古史者甚備。唐虞之世，賢哲尤多。至任用之法，古史語焉不詳，茲爲綜究其略如左：

(甲)選舉　選舉之法，邃古未之有聞也，其人才之任用，大抵卽出於推舉。觀堯求能治水者，四岳皆曰『鯀可。』是鯀之用，由四岳之舉也。後堯求遜位，四岳又薦舜。是舜之用，又由四岳之舉也。又昔高陽氏有才子八人，天下謂之「八凱」。高辛氏有才子八人，天下謂之「八元」。世濟其美，堯不能舉；舜舉八凱主后土，八元布五教。古史之所謂舉者，殆爲彼時任用人才之一法。堯之得舜，舜之得禹，皆由斯進。此其可知者一也。

(乙)學校　學校之設，所以教民。或謂邃古之世，明堂與學校，本非二地，教民在此，舉賢亦在此。卽謂古之任用人才，有時或卽由於學校，殆無不可。又古史所稱五帝之學，名曰「成均」。顧其所謂五帝，史各一詞，亦無碻論。惟有虞養國老於上庠，養庶老於下庠，紀事較明，自堪徵信。而上下庠之設立，旣以養老，並以教民，人材之必當由此而興，殆無疑問。此其可知者又一也。

(二)理財　自遠古以至唐虞，理財制度，實無得而具知。本書采取古史所言，略析其說如左：

(甲)徵稅　自黃帝剏行經土設井之法，地著數詳，人民漸有一定之住居，賦稅之徵收，當卽由之而起。然於州域之分畫，猶未及紀載於古書也。自顓頊剏制九州，州之分部大明。至於舜時，遂有十有二州之制。禹平水土，復爲九州（冀，兗，青，徐，豫，荆，揚，雍，梁）。或謂水患之平，限於九州，而不足以盡十二州。十二州之制在前，禹貢九州之制在後。故禹貢言賦，僅有九州。且其書雖開夏制之先，而實爲虞史氏之所作。九州之賦，原就虞制而言。所謂貢者，卽取制賦之意。蓋古時本有賦民之法，及諸侯貢法。昔者黃帝嘗習用干戈以征不享矣，不享猶言不貢，則貢固非興於虞舜之時也。特徵之古史鮮有明晰可據之詞。茲就禹貢田賦貢之區分，爲表如下以見其概：

州別	田別	賦別	貢別
冀	中中	上上錯。詩毛傳曰：（錯，雜也。）	
兗	中下	貞。鄭玄曰：貞，正也。（謂賦正當也。）	漆，絲，織文。
青	上下	中上	鹽，絺（細葛也）海物，絲，枲（麻也）鉛，松，怪石，檿絲（山桑絲韌可用爲絃）。
徐	上中	中中	夏翟（雉羽）孤桐，浮磬，蠙（蚌之別名）珠，魚，玄纖縞。
揚	下下	下上上錯。清江聲曰：「上錯，謂雜出上等，蓋時或出中下之賦也。九等之賦，下上爲第七，中下爲第六。」	金銀銅三品，瑤，琨，篠簜（竹也），齒革，羽毛，橘柚，織貝，（染其絲五色織之成文者曰織貝，不染五色而織之成文者曰織文）。
荊	下中	上下	羽毛，齒革，金三品，杶榦，栝柏，砮（中矢鏃之用）丹（赤石）箘簵（竹也）楛（可以爲矢）菁茅（菁茅所以縮酒）大龜，玄纁璣組（璣珠不圓者）。
豫	中上	錯上中	漆，枲，絺紵，磬錯，纖纊，（細棉也）。
梁	下上	下中三錯。江聲曰：經言三錯，是正賦之外，雜出三等，而正賦下中之下，止有下下一等，故知幷其上三等爲三錯。	璆（玉磬）鐵（柔鐵）銀，鏤（剛鐵）砮，磬，熊羆，狐狸，織（毯）皮（裘）。
雍	上上	中下	球（美玉）琳，琅玕（石之似珠者）。

（乙）鑄錢　錢，古文作「泉」。泉制之興，古史多歸功於黃帝；然亦有謂伏羲神農之世，卽已有泉者，所謂『太昊九棘神農一金』是也。管仲著書言『燧人以來卽行輕重之法』。究其所謂輕重，或未必專指泉幣而言。故吾人推求泉制之興，當以易繫辭之言爲可信。繫辭謂：『神農日中爲市，致天下之民，聚天下之貨。』說文：『貨，財也。從貝，化聲。』徐鍇曰：『貨，化也。』廣韻引化淸經：『貨者化也，變化反易之物。』蓋古時貿易，或以貝代泉，及後用以代泉者不止一貝，因是而有幾多之變化，故定名爲「貨」。漢書食貨志言：『貨謂布帛可衣及金刀龜貝。』然則神農之聚貨，或卽并金刀之屬而言。知泉制之興，不必待至軒轅之世矣。抑徵之通志謂：『自太昊以來有錢，太昊氏高陽氏謂之金，有熊氏（卽黃帝）高辛氏謂之貨，陶唐氏謂之泉。』雖不言及神農，而旣以太昊以來爲辭，則泉制又似始於太昊。要之邃古之世，發明一事，未必能全無依據而成。必謂黃帝以前無有造泉之舉，論雖較信，而未免過拘。觀管仲所言：『中國出銅之山四百六十七，出鐵之山三千六百九。』而其下歷述伯高之對黃帝謂：『山之上有丹沙者，下有黃金；上有慈石者，下有銅金；上有陵石者，下有鉛錫赤銅；上有赭者，下有鐵。』此其所論，具由經驗而生。從知出銅出鐵之山，黃帝以前殆已爲古人所發現。銅鐵之產辨，而泉制之肇始不難矣。夫泉爲人生最利便之一物，黃帝以來，泉形日備，若有進化之大勢驅之，不可戾也。故從其質言，則有「金」之一名；就其用言，則有「貨」之一名；就其形言，則又有「泉」之一名。自農工商交易之路通，而泉制卽因之發達，所從來久遠，黃帝以上，後人之所推測，具如上論，其實事蓋靡得而徵云。

本時代法制之二（制兵及用法）

其次於建官理財者又有二：

（一）制兵　兵制之起，寓於包犧畫卦之初。包犧以坤上坎下，至靜而順，象之曰「師」。所以然者：伏險於陰明不測也；士以臨水，防淫溢也；委之玄冥，示無用也。然而天不廢冬，聖不廢師，故自黃帝以來，兵制漸舉，器械備而兵之運用漸獲其宜矣。其先女媧之定共工，已不能無兵以爲誅戮。黃帝有作，勝榆罔於坂泉，禽蚩尤於涿鹿，古書附會，謂由握奇之陳，有以助之。要之黃帝之世，兵事大興，關於軍制上一切之設施，必已於玆碻定。故黃帝治民，雖遷徙往來無有常處，而帝之所至，輒以師兵分內外爲營衛。其制：立外衛二十八以包中衛，立中衛二十以包外營，立外營十二以包內營，立內營四以應外衛，攻守居行，一循是法。則當黃帝之世，固已有兵制之可徵，而漢志所傳黃帝兵法之書，非鑿空矣。或曰：『古時兵刑不分，故書云：『天秩有禮，天討有罪，』聖人因天秩而制五禮，因天討而作五刑。大刑用甲兵，其次用斧鉞，中刑用刀鋸，其次用鑽鑿，薄刑用鞭扑。大者陳諸原野，小者致之市朝。』則是「甲兵」云者，乃爲古時刑法之一。故舜命皋陶爲士，蠻夷猾夏，與寇賊奸宄同言。蓋兵事卽寓於刑制之中，故關於軍制上單獨之設施，唐虞之世，未聞其事。然自黃帝以降，世系代易，經幾次之事變，以訖唐虞，其間內鎮京師，外討不服，必不能離兵以圖有效。雖古昔兵民本無歧別，觀虞舜之世，苗民逆命，益贊於禹班師振旅。而其所謂「師旅，」卽爲彼時所制之兵。則夫唐虞之世，兵事制度，雖不得其碻徵而「師旅」之名稱，固已見於古史矣。

(二)用法　治國不能無法，邃古之世，未必無刑制也。自古書鮮徵信之詞，於是論刑法者咸以唐虞爲斷；或謂唐虞以上，無「肉刑」而僅有「象刑。」「象刑」云者，畫其象以治其罪，於本人無傷，例如犯黥者皂其巾，犯劓者丹其服，犯臏者墨其體，犯宮者雜其屨，大辟之罪，則布其衣裾而無領緣。白虎通所謂『五帝畫象』者是也。徵之書，舜命皋陶作士，首有『象以典刑，流宥五刑』之說。所謂象者，唐以前說經諸家，多以爲畫象，而實於流宥五刑之說相違。何者？刑止於象，輕之至矣；而其宥之也，乃使之流，去親戚，離鄉里，投之遠方，則視刑之爲更重。後人因而惑之，於是有以象爲書名者焉，有以象爲象魏者焉，有以象爲象天道以制刑者焉，有以象刑爲兼流宥而言，凡流宥之人，必畫象以辱之者焉。要之以象爲法，於義最明。『象以典刑』云者，卽法用常刑之謂。故其下歷述用刑之事，以明詔其國人。然則五刑之目，唐虞之世，固已有之，曰墨，曰劓，曰剕，（代臏）曰宮，曰大辟，皆肉刑也。荀卿著書，斥古無肉刑而有象刑之說爲不然，誠確論矣。然肉刑必有其所自起，試觀書言：『苗民勿用靈，制以刑，惟作五虐之刑曰法，殺戮無辜，爰始淫爲劓刵椓（卽宮）黥，越茲麗刑。』則是肉刑之創始，實由苗族。自黃帝以來，至於唐虞，本族與苗族之競爭方烈，而本族卒代之以起，沿用苗之刑法，以制苗民，故書又有『報虐以威，遏絕苗民』之說。而其後漸用其法以治本族，於是肉刑之制立，而後世皆沿襲以行矣。其民之犯此者，或於法當宥，則宥而流之，故書曰：『流宥五刑。』五刑以外，又有鞭刑，爲辦治官事者而立，故書曰：『鞭作官刑。』又有扑刑，爲整飭學校者而立，故書曰：『扑作教刑。』或犯罪而由於過失等事，則於法可許其出金以贖罪，故書曰：『金作贖刑。』五刑以外，流宥一也，鞭二也，扑三也，贖四也，合而言之，是爲九刑。當是時，流又謂之放，或謂之竄，於共工曰流，於驩兜則曰放，於三苗又曰竄，所謂『流共工於幽州，放驩兜於崇山，竄三苗於三危』是也。大辟亦曰殛，於鯀嘗行之，所謂『殛鯀於羽山』是也。然刑制之興，實非肇自唐虞，即采用苗族之法一事，亦當出於唐虞以上；不過至於唐虞之世，書有明文，爲可核耳。不然，黃帝之世，何爲有李官乎？

第七章　本時代之文化上

遠古文化之一（學藝）

本國之學藝發達最早，故對於世界，克享有「文明古國」之榮名。就其大綱析之，可分爲文學質學兩類：凡文字、文詞、歷史、哲理諸種之學，皆得曰文學；歷數、醫術諸種之學，皆得曰質學。文與質相異而實相成，本書所述，文學爲先，而質學次焉。

（一）文學　文學之別四：

（甲）文字　文學之興，必由文字。世俗相傳，黃帝時代之蒼頡，實爲創造文字之祖。但古時多不曰字而曰文，何者？文者奇偶剛柔雜比以相承，如天地之文，故謂之文；字者，始於一而生於無窮，如母之字子，故謂之字，此卽許愼所謂「孳乳寖多」者也。今人聯合二字言之，則曰「文字。」文字之始，雖由六書，以意推之，大致造字之始，無所憑依，宇宙間事與形兩大端而已：指其事之實曰「指事，」一二上下是也；象其形之大體曰「象形，」日月水火是也。文字既立，則聲寄於字，而字有可調之聲，意寄於字，而字有可通之意。是又文字之兩大端也。因而博衍之，取乎聲諧，曰「諧聲，」聲不諧而會合其意曰「會意。」四者書之體止此矣。由是施於用，數字共一用者，如初哉首基之皆爲始，卬吾台予之皆爲我，其義多轉相爲注，因爲別之曰「轉注；」一字具數用者，依於義以引伸，依於聲而旁寄，其字多假此而依於彼，因而別之曰「假借。」所以用文字者，斯又其兩大端也。蓋六書之次第，出於自然，立法歸於易簡。自其發明之順序而言，諧聲、會意、轉注、假借四端，殆又在蒼頡作書之後。然古昔文字之學，必由六書之漸備而後能成。今觀說文所列古文，其例總不越於「指事」「象形。」蓋中國文字，方於此萌生，六書爲文字之本原，象形與指事，又本原之本原。惟其作始之簡，故古人亦有以字爲圖者（張彥遠名畫記引顏光祿云：圖載之意有三：一曰圖理，卦象是也。二曰圖識，字學是也。三曰圖形，繪畫是也）。此則文字學之起原，所爲立於一切科學之先，而一切科學，罔不由之孕育者也。

（乙）文詞　文詞之起原，尚矣。當書契未制之前，古書即有采錄歌謠之事。意者自包犧以降，文明漸啓，而有畫無文之八卦，或能於文字未興之際，代以紀言；又古史稱包犧之世，絲桑爲瑟，均土爲塤，則音樂之教，方由此而開，遂古有韻之文，殆即根玆而起。故其後葛天氏之治，三人摻牛尾，投足以歌八闋：一曰載民，二曰玄鳥，三曰遂草木，四曰奮五穀，五曰敬天常，六曰達帝功，七曰依帝德，八曰統萬物之極。其闋雖不傳於後世，而既爲歌詠，則必屬文之有韻者可知矣。自是以降，神農耕織之令，則曰：『耕不強者無以養生，織不力者無以衣形。』黃帝巾几之銘，則曰：『予居民上，搖搖恐夕不至朝；惕惕，恐朝不及夕。兢兢慄慄，日愼一日，人莫蹪於山而蹪於垤。』其他如高辛之世，咸墨爲頌以歌九招。唐堯之世，老人擊壤以歌日出。至於虞舜且作五絃之琴以歌南風矣。凡此具足爲韻文始盛之徵，而文詞之所自興，必先肇體於有韻者，要有三故，尤不可不察也。古者文字少而語多簡至，惟其簡至，故易爲順口之詞，一也。無筆札繕寫之可資，語言之傳遞，多憑口述，故韻文實較散文爲易記而易傳，二也。古以樂教人，舜之命夔，不曰『詩言志，歌永言，聲依永，律和聲，八音克諧，無相奪倫』乎？上以是爲教，下必以是爲學，韻文之發達，於此可知，三也。或曰，唐虞之書，皆古史也，未聞其爲韻言。不知唐虞之書，雖爲紀載教令而作，而其行文，實與後世之散文不同。堯典之言曰：『湯湯洪水方割，蕩蕩懷山襄陵，浩浩滔天。』又曰：『愼徽五典，五典克從。納于百揆，百揆時敍。賓于四門，四門穆穆。納于大麓，烈風雷雨弗迷。』綜玆論調，實襲韻文而其君臣賡歌所疊之詞，如曰：『股肱喜，元首起，百工熙。元首明，股肱良，庶事康。元首叢脞，股肱惰，萬事墮。』則其韻方唐虞以上傳說之各歌謠，更爲明碻。非古人趨重韻文之故，何以於文字簡單之世，而韻文之發達，能至於斯？此則關於文詞學中最宜研究之一端，而吾人於本時代中，急欲爲之表舉者也。

(丙)歷史　漢班固有言曰：『古之王者，世有史官，君舉必書，左史記言，右史記事，事爲春秋，言爲尚書。』劉知幾所謂『史有六家，尚書家之先，出於太古』者是也。顧尚書僅始於唐虞，唐虞以前，固非無史官者，觀黃帝之世，蒼頡爲左史，沮誦爲右史，從知左右史之設立，邃古已然。其職司雖不可具明，而蒼頡沮誦二人，後世俱以爲始制文字之祖，則其所掌之重在紀錄，由此可知。蓋楔形之卦畫，既不足以成書，而職守所關，又不容缺焉弗議；如是文字作而史書之肇始因之矣。周禮春官『外史掌三皇五帝之書，』與左傳之所謂「三墳五典，」是否相同？學者頗多疑論；要之此必爲本邦最古之史書。黃帝以前，雖憑口耳之流傳，而既至於文字之興，則其事當無難追錄。姑無論其孰爲三皇，孰爲五帝，使其書果盡存於周世，則周人考古，卽得假爲徵信之資。故朱子謂：『周公制禮，所錄必非僞妄，若果全備，孔子亦不應悉刪去之。或其簡編脫落，不可通曉？或是孔子所見，是唐虞以下？均不可知。』是眞所謂典有五而逸其三，墳有三而不存其一者！而古史之源流，則不難於斯見之也。

(丁)哲理　「八卦」者，由一種高尚深妙之理想所構成，而六十四卦，遂由斯演出，不獨文字之萌朕，又哲理之見端也。包犧所作之卦，雖有畫而無文，而陰陽剛柔之道，卽於玆寓。八卦者，卦之初；六十四卦者，又卦之重也。諸家言重卦者，或曰神農，或曰文王，皆非碻論。惟其時無卦說之可徵，其義至奧，而其象又至簡，哲理之起原，殆莫先於是矣。

(二)質學　質學之別三：

(甲)天文　天文之學，不專包歷象而言。邃古之人，明歷象所由然，因爲天文學發端之始。包犧畫卦，兌上離下，成澤中有火之象，取義爲「革」；而後人作傳，以爲天地革而四時成，治歷明時，實肇端於玆義。古者周天歷度之立，昉自包犧，非無故也。神農有作，分八節以始農功，歷學旋有端緒。黃帝繼之，正閏餘，定調歷，歷象之道，因玆而有進步。金天之世，歷正以次，司分至啓閉，各有專官。及其衰也，九黎亂德，禍災洊至，莫盡其氣。高陽分命天地之官，使復舊常。其後三苗再興，二官俱廢，而閏餘乖次，星序無紀。堯時復立二官之後，使紹其業。故書曰『乃命羲和，欽若昊天，歷象日月星辰，敬授民時。歲三百有六旬六日，以閏月定四時成歲。』後以授舜曰：『天之歷數在爾躬。』舜亦以命禹。由是觀之，邃古以降，諸君無有不重歷法以爲治者。而堯之治歷，又以日之所在，不能以目視而器窺也，因爲之中星以紀之；又以日之出入發斂，不可以一方之所見爲定也，因爲之立東南西北四方之宅以分候之。且治歷所用，別有其儀器焉：唐虞之世，璣曰「璿璣」，衡曰「玉衡」。春秋緯所謂『唐堯卽位，羲和立渾儀』者，無他，璿璣玉衡，其渾天之始名也。

(乙)算數　自包犧畫八卦，而萬物之數，卽因茲而肇始。班固有言：『數者一十百千萬也。故書曰先其算命。』(漢書律歷志顏師古注：書、逸書也。言王者統業先立算數以命百事也。)古者數萌於一而起於三。觀八卦之畫，多以三成，從知三爲物數變化之始基。由是相乘，可以至於無盡。蓋一奇二偶，一二不可以爲數，二乘一則爲三。古常有因三成數，重之而著爲定則者，如六律六呂之合爲十二律，其徵也。溯律呂所自分，在於黃帝之時。黃帝命隸首敉作算數，不第爲尋常事物之本已也。算數與歷象相表裏，自古未有不名算法而能考察天文者，故黃帝之世，數作而歷亦成。說文：『算長六寸，計歷數者也。』則是歷象之學，必賴數而後明；古代數學之尤重於歷學，從可知矣。自數學旣明，由是而有「度」，以度物之長短，所謂十分爲寸，十寸爲尺，十尺爲丈，十丈爲引者是也。由是而有「量」，以量物之多少，所謂十龠爲合，十合爲升，十升爲斗，十斗爲斛者是也。由是而有「權」，以權物之輕重，所謂二十四銖爲兩，十六兩爲斤，三十斤爲鈞，四鈞爲石者是也。抑觀虞舜巡守四方，凡諸侯之國，律度量衡有不齊者，皆爲審而同之，以昭統一。而四端之排列，律獨冠乎三者之先，則知度量衡之法，胥由律法而生。自制度之順序言之，度起於黃鍾之律之管，量衡起於黃鍾之律之龠，其後先本末，微有不同，而要皆爲數學上著要之物云爾。

(丙)醫術　當初民之始，人羣散處而不相結合，猛獸食人之患，方興未艾，更何計乎養生？久之而最初散處之人羣，多數互相結合，其勢力漸足抵當外侮；而包犧有作，復教民以儲養犧牲之益，於是動物漸不能爲人羣之患；而間有智識勝常之輩，或進而慮夫寒暑雨暘之失序，復求所謂養身之法以衞其生，古者醫術之興由此矣。自包犧以來，百病之理，得以有類；至於神農，嘗味草木，宣藥療疾，救夭傷之命，百姓日用而不知，後人僞托其名，著爲本草，此醫方始於神農之說所自興也。自神農以至黃帝，醫藥之學，大有發明。故黃帝之臣岐伯，首以醫術著稱；雷公則間接以受之岐伯者也（漢書藝文志考證引針灸圖經曰：黃帝問岐伯，盡書其言，藏於金蘭之室。洎雷公請問其道，乃坐明堂以授之）。顧黃帝時代之醫術，所以能有進步者，則以帝與岐伯上窮天紀，下極地理，遠取諸物，近取諸身，更相問難而不倦也。內經素問之作，卽爲古代醫書之起原；而其後巫咸爲唐堯之醫，能有名於古史者，又不可謂非黃帝岐伯雷公以降之傳人也。

遠古文化之二（美術）

本時代之文質諸學，具如前述；若夫美術，則僅見其端倪，雖略有可陳，如繪畫彫刻建築之屬，亦未嘗無本末之可觀，然不能如後世之備也。誠以美術之定名，爲昔日史家所未有，今欲於遠古時代中求其大略，則當別爲三類以說明之：繪畫一也，建築二也，彫鑄三也。三類之外，附以音樂，於此見邃古以降美術史之一斑焉。

（一）繪畫　繪畫之事，爲古人所特重。何也？畫能成教化，助人倫，窮神變，測幽微，與六籍同功，四時並運，發於天然，非由述作。邃古之世，有所謂河圖者，包犧得之以畫八卦，此卽爲古代畫事之起原。或曰：古史言『包犧氏有天下，龍馬負圖出於河。』揆之易卦，乾爲龍，坤爲馬，所謂龍馬，卽是乾坤。八卦與河圖，非二物也。然自河圖以上，繪畫之事史無明文。周之衰也，孔子亦有『河不出圖』之嘆。則其文既以河圖爲號，必爲一種之繪畫無疑。所謂河圖卽八卦云者，亦第爲後人推測之詞，而非可憑爲確證者也。包犧以後，訖於神農，其時畫事之如何，無由置論。惟觀神農嘗百草以療諸疾，古史有『神而化之，使民宜之』之說，則綜百種草類性質之若何，似不能無圖畫以爲之記載?不然，恐未易收「家喻戶曉」之功也。神農以後，訖於黃帝，其臣史皇因之作畫，此其所畫，必爲鳥書之流，蓋視原始時代之畫已有進步；必謂古人之畫始作於史皇者，則又固也。自黃帝畫蚩尤形象以威天下，其後畫事漸精。虞舜有言：『予欲觀古人之象日月星辰山龍華蟲、作會宗彝藻火粉米黼黻、絺繡，以五采彰施於五色，作服、汝明。』鄭玄曰：『會、讀爲繪，謂畫也。』然則畫事之盛興，自有夏以前，已有經文之可證矣。

(二)建築　初民之始，穴居而野處，無有宮室棟宇之樂也。舊說相傳，包犧以前，尙有所謂有巢氏者，亦號大巢，發明構木爲巢之法，教民傚之，晝拾橡栗，夜棲木上。所謂「有巢氏之民」者也。包犧畫卦，因而重之，爲六十四，震下而乾上，是爲大壯。大壯者，又卽黃帝師之而成宮室之制者也。然當包犧之世，宮室制度，未之有聞。至於神農，始有明堂之作。其制有蓋而無四方，風雨不能襲，燥濕不能傷，黃帝謂之「合宮」。唐堯謂之「五府」，又謂之「衢室」。虞舜謂之「總章」，又謂之「總期」，皆明堂也。又漢武帝時，濟南人公玉帶上黃帝時「明堂圖」，明堂中有一殿曰「昆侖」。或曰：『明堂無樓，帶言謬。』或曰：『帶言昆侖實爲靈台。』要之，黃帝時之明堂，其祀神農之世，自必更爲完善，無可疑也。古者明堂之作，爲用至廣：凡君主禘祭宗祀，朝覲，耕藉，養老，尊賢，饗射，獻俘，治歷，望氣，告朔，行政，皆行於其中。此明堂所以爲大教之宮，而爲一切建築物之肇祖者也。然古之建築以樸素爲高。觀堯治中國，宮室之奉，力崇儉約。茅茨不翦，采椽不斲，宮垣室屋不堊色，皆其明證。未可因古史有『使禹作宮』之說而疑之也。抑吾人述建築，必詳言夫明堂者，則亦有故焉：關於建築上一切應明之制，如門如壁如樓如道如宮室堂府之異號，試一言明堂，而諸制俱可概括以傳也。其他又有階焉，禹謨所謂『舞干羽於兩階』是也。又有廊焉，漢書所謂『虞舜之時，游巖廊之上』是也。又有竈焉，淮南子所謂『黃帝作竈』是也。又有井焉，世本所謂『伯益作井』是也。又有城焉池焉，漢書所謂『神農之教，石城十仞，湯池百步』是也。又有巷焉，詩所謂『誕置之隘巷』是也。自夏以前建築術之發達，有如此者。

(三)彫鑄　彫刻與冶鑄之術是也。今先言彫刻。黃帝以前，樂器之制作，已見古書。彼時之琴瑟，未有不施斲削而能成者。則是刀刻之技，邃古之人已習爲之。至於神農之世，斲木爲耜，揉木爲耒。揉雖從手，其用意殆與彫斲同符。其後黃帝代興，舟以刳而成，楫以剡而成。刳剡字俱從刀。則以刀雕木而可成各物所發明者，恐又不止舟楫矣。又黃帝之與蚩尤戰也，作指南車以示方位。而指南車之剏作，亦不能離彫刻而成。自是以來，彫刻之技，必積世而漸精。觀堯致舜中國，而贈舜以苕華之玉，則知玉工之原始，或卽在唐堯平治之期。又舜受堯命，有五瑞之輯。五瑞云者：鄭玄以爲卽公之桓圭，侯之信圭，伯之躬圭，子之穀璧，男之蒲璧。然則圭璧之區分，又豈能外彫刻而成器耶？至於舜時，西王母獻白玉環及玦。禹游東海，得玉珪長一尺二寸，圖如日月。曰環曰玦曰珪之長與圓均非彫刻不爲功。而春秋緯所書，且有謂黃帝之時已有符璽者。是則玉工之原始，當又在於唐虞之前也。其次述冶鑄。鑄造金屬器用之謂也。古器之最重者，莫如鐘與鼎。昔者黃帝命伶倫與榮猨鑄鐘十二以和五音，或即以爲金屬鑄造物發明之始，非也。史遷不嘗謂黃帝獲寶鼎而迎日推筴乎？不曰鑄而曰獲，則黃帝以前，固已有鑄造其器者。黃帝之鑄鼎荆山之下，非剏舉也。其後夏禹治水，收天下美銅以鑄九鼎，則知鼎爲古代重要之物，故後之王者，恆以鼎爲有邦之證。所謂「傳國之寶」者是也。錢幣之興，亦在邃古。自包犧以來，固已有此。雖鑄造之法，不詳於古史，而古史亦有謂黃帝『范金爲貨』者，以模鑄金，厥名爲范，是邃古鑄錢之法，猶得考見其一班也。他如陶器之成，亦導源於前古。觀舜陶河濱，器不苦窳，而韓非解此，謂『東夷之陶者器苦窳，舜往陶焉，期年而器牢。』知陶器之發明，並不在舜世矣。又唐太宗世民有言：『舜作漆器，諫者十七人。』則器之布漆，當自舜始。是又可因類而附及者。凡此具足爲古代美術肇始之徵也。

（附音樂）　音樂云者，班固所謂：『教化百姓，悅樂其俗』者也。包犧神農之世，音樂代興。包犧樂曰扶來，亦曰立本。神農樂曰扶持，亦曰下謀。其後黃帝作咸池之樂（通典原注，咸、皆也，池、施也，言德無不施也），金天作大淵之樂，高陽作六莖之樂（古史又有言高陽作承雲之樂者，通典原注，莖、根也，謂澤及下也），高辛作五英之樂（古史又有言高辛作九招之樂者，通典原注，英謂華茂也），堯作大章之樂，舜作大韶之樂（通典原注，章、明也，言堯德章明也。韶、繼也，言舜能繼堯之德）。樂名歷代不同，而人主注意音樂之道則一。說文『樂，五聲八音總也。』五聲之別：一曰角，角者躍也，陽氣動躍也。一曰徵，徵者止也，陽氣止也。一曰商，商者張也；陰氣開張，陽氣始降也。一曰羽，羽者紓也；陰氣在上，陽氣在下也。一曰宮，宮者容也含也；含容四時者也。八音之別：一曰革，鼓之屬是也。一曰金，鐘之屬是也。一曰石，磬之屬是也。一曰絲，琴瑟之屬是也，一曰竹，簫管之屬是也。一曰土，壎之屬是也。一曰木，柷敔之屬是也。一曰匏，笙之屬是也。聲何以有五？聲爲本，出於五行者也。音何以有八？八音爲末，象八風。故樂記曰：『聲成文謂之音，知音而樂之，謂之樂也。』又樂之在耳者曰聲，在目者曰容。聲應乎耳，可以聽知；容藏於心，難以貌觀。故古人假干戚羽旄以表其容，發揚蹈厲以見其意。此爲樂舞之所自興，而自包犧以來，十數傳至於陰康，作爲樂舞以導民氣，其先例也。自後黃帝之世，有雲門之舞。高陽之世，有承雲之舞。唐堯之世，有咸池之舞。虞舜之世，有韶舞，有干羽之舞。是又古時樂舞與音樂並重之徵矣。

第八章　本時代之文化下

遠古文明之三（宗教）

本邦自昔，無紀教之專書以云宗教，其自外輸入者，至於後世，或可列舉以見其梗概；其發生於內者，古史所舉頗多晦詞。蓋吾國古者，無外方傳入之教，或謂人種西來，古初之外教，當緣之而東被。不知此爲吾人今日想像之辭，於史初無徵也。本書之述宗教約分四類：一爲宗教之起於內國者，一爲宗教之傳於外方者。又其二端，則宗教與政治之關係，及民習之關係是也。今外方傳入之教，徵之邃古，既不見有明徵；而其發生於內國者，又不似中古諸朝之明晰。然吾人猶必斷斷及是者，則以本邦古代之宗教，多與政治民習相關連，故本時代中除第二端「外教」闕疑外，於國內宗教之發生，及其與政治民習相連之故，正不辭爲瑣屑之陳也。

(一)宗教之起於內國者　後人之述盤古氏也，有謂其身之諸蟲，因風所感化爲黎甿者，此實爲神祕宗教論之起原；說雖起於後人，而事則擬於邃古。其他類於是等奇譎之論，多不離宗教家附會之常情。因是而有「三皇長壽」之說。因是而有「共工觸山」之說。因是而有「女媧補天」之說。因是而有「蚩尤徵召風雨」之說，而其說之最爲離奇者，則九天玄女授黃帝以兵書，術士伍胥說黃帝以攻城之術是也。大抵古初諸教，以神仙之說爲最明，其論雖或出於後世方士所假托；而方士假托之始，則必有影響之可尋求。故「黃帝上天」之說，雖以漢司馬遷之博識，猶采述之！蓋神仙說之濫觴，與陰陽五行雜占之論同古。故近人有謂生民之初，必方士爲政，而以黃帝之相容成爲其佐證者。此「神仙論」起原之可考者也。自包犧畫卦，肇端於陰陽。陰陽云者，初僅象天地以立名，包犧取之以擬乾坤，而卦體因之開始。包犧以後，別有所謂陰陽家者，名同而意漸異。漢志所傳，有黃帝陰陽之書，有黃帝諸子論陰陽之書。卽使其書盡出於後世之所僞爲，而陰陽家言，何以專托名於黃帝？則必黃帝之世，已有「陰陽論」之萌朕可知矣。抑觀黃帝以風后爲師，風后善於包犧之道，常推演陰陽之事。從知黃帝之世，其言陰陽者，尙推本於包犧。則必其說猶與八卦之理相接近，又可知矣。古者陰陽家言，有時亦用之於戰陳，故漢志別有兵陰陽之目。而黃帝之臣，如風后力牧諸家類能解此。漢人之解兵陰陽者，並有假助鬼神之附會，由是而陰陽之說，日以支離。此則「陰陽論」起原之可考者也。又五行之教，盛行於夏代。顧後世亦有飾爲神農之言者，神農大幽五行之作，由茲依附而後人之述黃帝陰陽者，又多涉及五行。則是神農以來，五行之說，已漸流播，是又「五行論」起原之可考者也。若夫雜占記百事之象，候善惡之徵，邃古之世，已有行其術者，大抵衆占非一，而夢爲大。例如帝王世紀所云：『黃帝夢大風吹塵垢皆去，又夢人執千鈞之弩，驅羊萬羣。帝寤，依二占而求之，得風后以爲相，得力牧以爲將，黃帝因着占夢經十一卷。』漢志所載「黃帝長柳占夢」，蓋卽是書。又「占星」之術，亦始於黃帝，卽後人所述以爲星官之學者。此又「雜占論」起原之可考者也。自邃古以來，關於宗教上派別之分，有如是者。

(二)宗教與政治之關繫　邃古人君，多以神道教民，故宗教之與政治，本無歧別。包犧之「蛇身人首」，神農之「人身牛首」，雖出後人之附會，而其附會之用意，卽因表示人君神聖之儀狀而來。誠以生人之衆，同處兩間，言語之與形容，大體上不生差別，而欲推戴一人以爲邦內民羣之主，既不由夫衆意，又復同此形骸，邃古之君，因是而有假託「神權」之一術。蓋彼時之民衆，多顓蒙而蔽於近物，仰而觀夫氣體之所積，雷雨風雲，寒暑燥濕，罔不因之變幻，遂相驚以爲神祕，因奇生畏，因畏生敬，其始敬天之念，實深於敬主；自後爲之主者，或宣示其威力，以爲命之自天，不啻爲天之代表，彼顓蒙而蔽於近物者，謂夫其主之與天合撰也，本其敬天之念以敬主。其實天無意思，又無權力；而爲之主者，由是而得假天以使用其意思，並布施其權力，其意思與權力之不測，有時且過於天；由是人民敬主之念，尤深於敬天，而人主之憑藉神權以行政治，亦遂成一永久不變之事實。故帝爲天號，皇爲天人之統，而人君以爵事天，亦得稱爲天子；帝皇天子，均不能離天以立言者，誠爲是也。由是言之，神農之所以爲神，神堯之所以爲神，其定名當非起於後世，而自夏以前，一切官職之因神權而置者，尤不一其名。則知邃古以降，宗教思想之奮興，大體多緣夫政治上之施爲而起，而其主動，卽在邃古時代之數君云。

(三)宗教與民習之關係　邃古之世，人主既利用神權以爲治，於是人民對於神明之觀念，益堅信而盲從。黃帝以前，人民尊神之習，必已久著。故黃帝立官，分設天地神民事物之職，各司其序，俾不相亂，民是以能有忠信，神是以能有明德。民神異業，敬而不瀆。金天氏之衰，九黎亂德，民神之業，因以無分，人民初以尊神之故，夫人作享，家爲巫史，無有要質。民匱於祀，而不知其福，蒸享無度，民神同位，民瀆齊盟，無有嚴威。卒也神狎民而不蠲其爲，嘉生不降，無物以享，禍災薦臻，莫盡其氣，度其時必有假借神明奇異之談，以熒惑人民之觀聽，而社會之觀念，多有從之變革者。故古人以爲瀆神，而反益其禍，誠不如其已也。高陽之世，因有南北正之分立，使復故常。自是人民不得相率事神，而民習上必又爲之一變。尚書所謂『絕地天通』者，蓋卽概括是事而言。所謂絕地民與天神相通之道，使民不得率爲祈祝而要福於神也。高陽之後，至於唐堯，猶有此禁，所以然者，人民祀神而不得其報，顓蒙漸啓，必有以爲神之無靈者。古昔人君之統治兆民，有時實藉神權之賜。不得已而剏爲瀆神之論，絕人民祀神之方。從此人民對於天帝之尊崇，可保持其觀念而勿墜，而益以見遂古以來之民習，無在不爲宗教勢力之所驅矣。

遠古文化之四（風俗）

繼宗教而可知者，又有風俗。本書之述風俗，大致析爲四類：一爲風俗之成因，基本於禮制者。一爲風俗之成因，基本於自然者。其三四兩端，則風俗與國勢之關係，及與人心之關係是也。茲以次約述如下：

（一）風俗之成因基本於禮制者　初民之始，一切制度，都無可言。人民之風俗，卽由自然之趨勢而成，未聞有能矯正之者。包犧有作，禮制漸興，自是以後，人民風俗，遂多更變。故古昔風俗之成因，多有基本於禮制者。茲再以類分之：

（甲）婚姻　自社會學家言之，初民之始，未嘗無男女之慾也，而不得遽以夫婦名。其後民智進步，男女牉合，漸立別而能終。婚姻之禮，卽緣茲而制定。包犧之制嫁娶，女媧之立女媒，胥是道也。又自社會學者言之，其在遠古之世，他國亦有以買妻爲俗者：女子之身，如貨物然，市有定價，則量各物以酬失女者之家。包犧之嫁娶而必以「儷皮」爲禮者，亦是道也。抑自嫁娶之禮成而一夫多妻之制，固猶有未革者：黃帝之娶嫘祖方傫肜魚嫫母，高辛之娶姜原簡狄慶都常儀，虞舜之娶娥皇女英癸比，皆以君主之貴而匹耦多妃。方是時，民間居室之制，雖無可考，而爲人主者，既負有表率國民之責，同時所娶，不能終於一后，抑奚怪後世人君嬪御之多哉？且觀古人制姓之原因，大要爲辨別婚姻而起，班固所謂：『紀世別類，使同姓不得相娶』者，所以重人倫也。然徵之遠古，唐堯與虞舜，既同出於黃帝，而唐堯之女，且下嫁於虞舜（卽娥皇女英）。以言世次，舜之降於堯者實凡四傳，是直以遠世之祖姑爲其夫人，不僅爲同姓無別之證已也。後人考古，乃從而爲之詞，謂唐堯虞舜皆非黃帝一系之後。然其事既流傳於遠古，其系又曠世而多疎，安知非如周世之魯宋秦趙，遠系相合，而近派非親，已無嫌之可論哉？又考制度於「遠古」諸朝，凡所設施，非必悉如後來之進化，卽謂虞舜實娶諸同姓，亦豈足爲其政治之累？而尙論者必多方競論以務窮其究竟，抑獨何也！

（乙）死喪　「靈魂不死」之論，初民猶未能明也。初民之所知者，思夫人之生存，言語動作，超越於物類，一旦身死，則必有所歸；而其言語動作，或有爲生人之所未及見者。說文『人所歸爲鬼』，然則鬼者歸也；故古者謂「死人」爲「歸人」，猶鬼之義也。其有因人死而致禍者，則皆以爲「厲」。故「厲」者古人所深畏，所謂「鬼」有所歸，乃不爲「厲」。然則「鬼」爲良名，「厲」者其惡稱。「厲」之與「鬼」，同類而異名。由是而有所謂「魃」焉，卽古之厲鬼。禮緯所謂『顓頊三子生而亡去，一爲魃鬼』者是也。由是而有所謂「魃」焉，爲古之旱鬼。山海經所謂『蚩尤縱風雨，黃帝下天女曰「魃」而雨止』是也。又古者人之初死，常以不忍之心而望其重生，於是乎有「復」。禮運所謂『升屋而號告曰皋某復，然後飯腥而苴孰』（含時飯用生稻之米，故曰飯腥；葬時用苞裹孰肉以遣送尸，故曰苴孰）者是也。又古者於人之死也，則必爲營葬事。其在上世，常有不葬其親者，因不忍見狐狸蠅蚋之患，遂歸反虆梩而掩之。埋葬之法，卽權輿於此。其後黃帝別爲棺椁之制，葬事得以漸備。易繫詞所謂『古之葬者，厚衣之以薪，葬之中野，不封不樹，喪期无數；後世聖人易之以棺椁』者是也。至於君主之沒，亦如後世有合葬之禮與否，史無明文。惟觀禮檀弓所謂『舜葬蒼梧之野，而三妃未從』（娥皇女英癸比。）又曰『合葬非古也，』似在遠古尚無有行合葬之禮者？凡此皆足爲古昔葬事之徵也。

（丙）祭祀　古以天爲神，地爲祇，人死爲鬼（說見上節）。死則必有祭所，以不忘其所自來者，故孔子謂『爲之宗廟，以鬼享之，春秋祭祀，以時思之』也。惟是宗廟之制，古史無徵，僅有虞五廟，開後世祭祀之先，爲夏商二朝之所本。蓋宗者尊也，廟者貌也，象先祖之尊貌，故有是稱。抑古之人主，又有祭天之禮，而以祖配之。祭天者何？緣事父以事天也。祭天必以祖配何？自內出者無匹不行，自外至者無主不止，故推其始祖，配以賓天順天意也。禮祭法有言：『有虞氏禘黃帝而郊嚳，祖顓頊而宗堯』，禘，郊，祖，宗，皆古之大祭，所謂『祀以配食』者也。禘郊均爲祭天之禮，而虞世固已行之，其在遠古敬天之念甚深，祭天之舉，必先已有之，虞舜特有受而爲之耳。觀堯授舜命使受終於文祖，馬融曰：『文祖，天也。天有文，萬物之祖，故曰文祖。』雖後人詁義說各不同，而要之古人敬天崇祀之心，固有於茲可見者。又唐虞之郊祀，亦名爲類；其祭天神，亦名爲禋；書所謂：『類於上帝（天），禋於六宗（時寒暑、日、月、星、水旱天神之屬）』者也。祭地之禮，稽之遠古，雖無可徵，而其祭社祭山川之事，則已有之。蓋社祭土神，始於遠古穴居之世，故禮郊特牲言：『家主中霤而國主社。』中霤云者，遠古之人掘地而居，開中取明，雨水霤入，故曰「中霤」。中霤在家，社則在國，是二神所在，皆得祭之也。又禮祭法言：『共工氏之子曰后土，能平九州，故祀以爲社。』后土名句龍，則古代之社神也。至於山川之祭，唐虞曰望，書堯典所謂『望於山川，望秩於山川』者是也。又遠古之世，又有所謂「封禪」之事者，其制：於泰山上築土爲壇，以祭天，報天之功，故曰「封」；泰山下小山上除地，報地之功，故曰「禪」。然則「封禪」云者，乃爲一種祀天祭地之尊禮，包犧封泰山，禪云云，神農封泰山，禪云云，黃帝封泰山，禪亭亭，顓頊封泰山，禪云云，帝嚳封泰山，禪云云，堯封泰山，禪云云，舜封泰山，禪云云，具其徵也。

凡此皆遠古時代祭祀之大者。

（二）風俗之成因基本於自然者　初民之始生，人各因其慣性而蒸爲習尚。及禮制既成，於是一切固有之習尙，有可改者，有不可改者。其不可改者，則皆本於人爲之趨勢而成者也。玆以次述之：

(甲)語言　遠古人民常用之言詞後世無由徵引。所可知者，惟唐虞之世君臣答問之用詞而已。舉其例如『帝曰咨，』『帝曰吁，』『帝曰兪，』『帝曰咈哉，』皆發自君主者也。『夔曰於，』『禹曰兪，』『皋陶曰都，』『岳曰异哉，』皆發自臣工者也。觀此可知古初言語使用之一班焉。

(乙)好尙　遠古人民好尙之如何後世亦無由論定。然必謂太古之世民風渾樸，無有足亂其性者，則又非也。唐虞之世縉雲氏之不才子，曾以貪於飮食冒於貨賄之故中國之民，加「饕餮」之號以外之矣。其他如帝鴻氏之不才子，則曰「渾敦。」少昊氏之不才子，則曰「窮奇。」顓頊氏之不才子，則曰「檮杌。」皆諸人好尙乖方致之也。然遠古之民，終以慾望單簡之故，所求不在高遠，昔無懷氏之民，甘食而樂居，安土而重生者，未嘗不占人民中之多數。觀此又可知遠古人民好尙之一班焉。

(丙)階級　人民階級之分非必悉由於制定也。試由文子之言推之，『九皇之制，主不虛王，臣不虛貴。階級尊卑，名號自居，吏民放恣者無國。』是包犧以前，固已有階級尊卑之制矣。其後唐堯之世，又有「百姓」與「黎民」之別：黎爲黑色，蓋指苗民言；「百姓」則羣臣之父子兄弟，皆貴族也。古者官有世功，則受氏姓，姓有百者，舉成數以狀其多也。又「百姓」皆爲同族之人，而與「黎民」較之，則一漢族，一苗族也。古者尊本族而外視他族，以己族有姓者之尊也，故曰「百姓。」以苗民之無姓可別也，而僅得以其狀態爲別，故曰「黎民。」其在君主之於本族，則「百姓」尤非至親者。「百姓」之先，尚有「九族，」其人皆與君主爲至親故書言『九族既睦平章百姓』也。要之古初階級狀況之可指求者莫如堯典『平章百姓』一語。何者？姓，生也。以此爲祖令之相生，雖下及百世而此姓不改，凡所以示別於國人焉。然必謂「百姓」云者，已足賅古初漢族之全羣，則吾人又竊慮其失實！蓋「百姓」之名，既由羣臣之父子兄弟而定，而賜姓之典亦必因官有世功而加，則通國之衆，不能盡人爲官，已可共明。由漢族之全羣以言，「九族」爲君主之至親，「百姓」爲羣臣之父子兄弟，其餘之普通民人，當得何稱？此不可不研究者。謂「黎民」之名爲苗而立可也；謂「民」之名亦爲苗而立，似有所不可。何也？堯典敬授民時以下，厥民析，厥民因，厥民夷，厥民隩，豈皆指苗言者？古人之稱「苗，」或曰「黎民，」或曰「苗民。」其單稱民者，有時亦爲本族之普通民人而言。民雖訓冥，又訓盲，然彼時漢族之合羣，決非全數清明多智，可以斷言。鄭玄之注呂刑，雖有『穆王以苗凶惡故著其氏而謂之民』之說；但鄭玄所解，乃解有苗稱民之由，非但單舉民之一字，卽可以爲苗之代名也。然則本族於百姓之下，殆未嘗無平民之一階（呂刑言蚩尤惟始作亂，延及於平民，此平民殆指漢族言之）。觀此又可以知古初階級狀況之一班焉。

(三)風俗與國家之關係　遠古之世，人民無別，羣物不殊，風俗之概情，未及悉也。包犧以來，俗尚儉樸，故治亦渾約。後世論葛天之治，則曰：『不言而信，不化而成。』論神農之治，則曰：『法立不煩，其化如神。』論黃帝之治，則曰：『百官正而無私，上下調而無尤，法令明而不闇，輔佐公而不阿，田者不侵畔，漁者不爭隈，道不拾遺，市不豫賈，城郭不關，邑無盜賊。』論高陽之治，則曰：『民神不雜，萬物有序。』論唐堯之治，則曰：『不賞而民勸，不罰而民治。』論虞舜之治，則曰：『民無慍惡不服而天下化之。』凡致此者，皆由彼時之風俗簡而易齊，樸而易理故有國者之治化，苟浹洽於民心，則事無不宜，而國勢自振，由是而轉移風俗，抑又何難？自包犧以降，徵之歷代具然，至於舜時，其功尤著。故孔子美舜以爲『恭己無爲而治。』蓋古者風俗良而圖治常易，圖治易而國勢自昌。此風俗之所爲有關係於國勢也。

（四）風俗與人心之關係　遠古人民之心理，無由知也。然其大者，可觀諸風俗而推言之。包犧以來，俗尙簡樸，故人心淳厚。後世論赫胥之民，則曰：『居不知所爲，行不知所之。』論無懷之民，則曰：『形有動作，心無好惡，民至老死不相往來。』論神農之民，則曰：『不忿爭而財足，不勞形而功成。』論黃帝之民，則曰：『人民相讓以財，無忿爭之心。』論唐堯之民，則曰『牛馬之牧不相及，人民之俗不相知，不出百里而求足。』論虞舜之民，則曰：『農不以力獲罪，女不以巧獲罪，民不以政獲罪。』凡若此者，皆由彼時人心之淳厚，故能各得其所，不爭自足，而罪惡不生。蓋民習之善良，實肇基於民德，所謂風俗與人心之關係，卽此其徵矣。

第二篇　政治發展時代（夏商周）

第一章　夏之世（民國紀元前四千一百十六年至三千六百七十七年）

夏興八十餘年間世變之一（禹之傳子及啓之征扈）（民國紀元前四千一百十六年至四千一百年）

禹字高密，鯀之子，生於石紐（山名，四川汶川縣西），長於西羌（古時四川西北大部，皆羌所居）。明導山決川之法，佐舜仕堯，平洪水有功，及舜卽位，以禹爲司空，賜姓曰姒，封爲夏伯。既受舜禪，有中國，不稱帝而稱王，世以夏揖讓受禪爲君，故褒曰夏后；又重其世，故以氏係之，稱曰夏后氏。禹循前代之政績，作樂曰「大夏」，頒曆曰「夏時」，（以建寅月爲歲首，自漢至清，皆用此曆）。初任皋陶以政，而皋陶卒，又任益以政，中國大治。南巡狩，會諸侯塗山（安徽懷遠縣）。諸侯承唐虞之盛，遠近畢至，執玉帛者萬國。又濟江而東，致羣臣於會稽。其時汪芒氏（狄名）之君曰防風氏，漆姓，守封嵎之山（封山，嵎山，浙江武康縣境）。會稽之會，防風後至，而禹斬之。行未還而沒，葬會稽之山陰，子啓嗣。

禹在位八年，子啓嗣。曉知王事，達於君臣之義。益死之後，啓歲獻犧牲以祠之，不忘賢也。初，啓繼父位，享羣后於鈞臺（本河南禹州城北門之外），諸侯從之歸於夏都（卽安邑）。啓復作璿臺享之，諸侯咸服。有扈氏者（扈國名，陝西鄠縣），爲夏同姓諸侯，或曰啓庶兄。以堯舜傳賢，啓獨繼父位，不服，故伐啓。啓以諸侯新定，扈獨不服，於大局攸關，因率師親征，與扈戰於甘（陝西鄠縣附近）。將戰，作「甘誓」，召六卿申之，卒滅有扈氏，諸侯咸朝。顧扈雖滅，實衷公理，故古人義之。扈滅而傳子之局乃大定。

夏興八十餘年間世變之二（太康之衰及羿浞之大）（民國紀元前四千零九十九年至四千零三十年）

啓在位九年沒，子太康立。太康承啓繼禹業之成局，徵之古史，彼時之諸侯，未聞其有異詞也。有國以後，不幸以尸位稱，習於逸豫，而人民始貳。太康不自反省，游畋無藝，勿恤民事，於是內亂萌生，而太康因之失國。至其內亂之所由起，書有異詞。今擇述最著之數說如下：

（一）由逸周書之文觀之，內亂之生，由於啓之五子；而平其內亂者，則爲彭壽。其文曰：『啓之五子，忘伯禹之命，假國無正，用胥興作亂，遂凶厥國。皇天哀禹，賜以彭壽，思正夏略。』然則太康之失國，當卽啓五子爲之，故夏有五子歌之作。此一說也。

（一）由五子之歌觀之，內亂之生，由於有窮（尙書蔣廷錫地理今釋引水經注云：鬲縣，故有窮后國也，本山東德州北）后羿，而當時並未聞有平羿之人。其文曰：『太康尸位，以逸豫滅厥德，黎民咸貳。乃盤游無度，畋於有洛之表，（洛水之外）十旬勿反。有窮后羿因民勿忍，距於河。』然則太康之失國，又由后羿致之。此一說也。

（一）由竹書紀年之文觀之，啓與太康之時，各有內亂，而不相涉。在啓時者爲武觀之亂，在太康時者則羿之亂也。其文曰：『帝啓十一年，放王季子武觀於西河。十五年，武觀以西河叛，彭伯壽帥師征西河，武觀來歸。十六年陟（啓沒）。帝太康元年癸未，帝卽位，居斟鄩（河南鞏縣西南）。畋於洛表，羿入居斟鄩。四年陟（太康沒）。』是武觀與羿各爲一事，時序亦先後不同，此又一說也。

據吾人所見，武觀殆卽啓子，其爲亂定非與羿同時。觀夫太康以後，羿力日強，致代夏命；則太康之末，羿勢之大可知，太康之失國，自別由羿致之，不足異也。蓋羿之先祖，世爲射官，帝嚳在位，賜之彤弓素矢，封之於鉏（河南滑縣）。降歷虞夏，其官未替，故嚳時有羿，堯時亦有羿。羿既以射世官，故其字從羽從廾。拱羽爲羿，是指其人而制字也。夏自太康卽位，荒於游畋，寄居斟鄩。羿因自鉏遷窮石（左傳沈欽韓地名補注，窮石卽斟鄩）以偪之。太康卒，以見困於羿而沒。弟仲康立，仍居斟鄩，而政出於羿。子相繼立，又爲羿偪，出徙商邱（河南商邱縣），羿遂稱帝。蓋羿當太康之末，其勢初強。至於仲康，代夏之謀已露，故專政而無復有所忌。至於相時，則羿幷不願夏主之尙處其都，故相遂有商邱之徙，於是羿歷年之謀畫，至此告成，而夏祚殆同於絕滅矣。

羿既代夏，恃其善射，不修民事，而專務畋游，棄其良臣，而用寒浞。寒浞，伯明氏之讒子弟也。伯明后寒（山東濰縣東北）棄之，羿收之，信而使之，以爲己相。浞行媚於內，施賂於外，愚弄其民，而虞羿於田，樹之詐慝，以取其國家。外內咸服。羿猶不悛，浞使家衆逢蒙殺羿，遂代羿自立，而不德於民。又因羿室，生澆豷。處澆於過（山東掖縣北境），處殪於戈（左傳杜預注戈在宋鄭之間），蓋至是而浞之羽翼張，聲勢尤盛矣。

先是相居商邱，羿勢日強，故依邳侯（江蘇邳縣境），然終不可久居。及寒浞殺羿，因是而有斟灌（山東壽光縣東北）之徙，因是而有帝邱（河北濮陽縣境）之徙，而浞勢之偪，更甚於羿，相無如何也。斟灌，斟鄩，皆夏時同姓諸侯。浞爲謀相故，先使澆滅斟灌，然後伐斟鄩。此時之斟鄩，度已棄其故封，故澆與斟鄩有濰（山東濰縣距鞏地殊遠）之戰，而斟鄩亦卒爲澆所滅。浞遂使澆害相，相后有緡氏有仍（山東金鄉縣東北有東緡故城，當爲有仍之都）氏之女也。時方有娠，逃出自竇，歸於有仍而生少康。

自夏禹以來，有啓之九年，太康之二十九年，仲康之十三年，相之二十八年，凡七十九年；合以禹之九年，僅八十八年。而夏之君系竟絕。蓋自「世襲制度」既成，一姓之世系固未有歷久而不亡者！特窮羿之荒，寒浞之不德，皆非亡夏之人，故夏亡未久而其祀復盛也。

少康至廑二百年間大政之一（少康之中興及杼之繼世）（民國紀元前三千九百九十年至三千九百五十二年）

少康既長，爲仍牧正。惎澆能備之，澆使其臣椒求之。少康奔有虞（河南虞城縣），爲其庖正。虞之君思妻以二姚，而邑諸綸（河南虞城縣東南），有田一成（方十里爲成），有衆一旅（五百人爲旅），能布其德而兆其謀，以收夏衆，拊其官職。初夏之遺臣靡事羿，羿死，靡奔有鬲氏（山東德平縣東南）以避浞。浞既滅二斟，靡因有鬲收二國之燼滅，浞以立少康。而少康復使女艾諜澆，季杼（卽杼）誘豷，澆豷皆滅，而過戈俱定。由是夏代歷世之巨患，於此悉平。少康因自綸歸於安邑，復禹舊都，號曰「中興」。自相之死，夏后氏之無君已四十年；回溯羿亂初起之時，至於少康中興之始，歷年之久，達於百載；不可謂非夏代之一大變故。少康具光復之苦志，幸得遺臣靡之濟助，卒以再主中國，奠定夏基。而惜也少康泥於「世襲制度」之常，知羿浞之恣橫，而不知所以戢來日征誅之禍。迄其後嗣，如孔甲之妄行，履癸之昏德，夏政因之衰熄，而宗社以移。窮不能亡夏，而商亡之，則知「世襲制度」之沿行，未有不禍延其裔者矣。

少康旣歸安邑，夏治復舉，至其要政，厥有二端：其一復田稷之官，爲周先世肇基之始。初，后稷仕唐虞大禹之際，有功，封於邰（陝西武功縣）。后稷之後，有不窋者，當夏后氏政衰，去稷不務。不窋失職，而自竄於戎狄之間，沒，子鞠立。鞠沒，子公劉立，能修后稷之業，爲人民所歸。少康之復田稷之官也，或謂卽在不窋後世公劉之時（此據韋昭國語注諸書之說）。蓋自后稷傳系之序言之，不窋以前，距稷尙有數傳，至於不窋，適當太康仲康之世，鞠當相之世，公劉當少康之世，故後人有以少康復田稷之官爲卽復之以官公劉者，此少康之要政一也。其一使商侯冥治河，爲商先世肇基之始。冥者，契之後，契仕唐虞之際，有功，封於商（陝西商縣）。契沒，子昭明立。昭明沒，子相土立。相土沒，子昌若立。昌若沒，子曹圉立。曹圉沒，子冥立。少康之世，因河水之患，使冥爲司空以治之。禮祭法所謂『冥勤其官而水死』者，此少康之要政又一也。少康初都安邑，後又遷原（河南濟源縣），在位二十一年，沒，子杼嗣，自原遷老邱（河南陳留縣西北)。

初,少康在位,封其庶子於越,號曰無余,是爲越祖。越在東南而以封君嗣,則國內之敉寧,於茲自見,諸侯之服可知也。少康既沒,子杼嗣位,復行君位「世襲制度」而諸侯皆服。或曰繼少康之位者爲伯杼,滅豷者爲季杼,伯杼其長子,季杼其少子,蓋卽無余。今略伯季字僅曰杼者,存疑也。在位十七年而沒,子槐嗣。

少康至廑二百年間大政之二(槐以後之馭夷及不降之遜位)(民國紀元前三千九百五十一年至三千七百九十年)

當有夏以前,本族與外族之最有關係者曰苗,古史所謂有苗三苗黎民皆苗也。自有夏以來,本族與外族之最有關係者曰夷,古史所謂東夷方夷九夷皆夷也。夷之所居,大抵在東方濱海之地。禹之興也,東教九夷,漢夷之關係,自茲而密。至於相世,用兵淮夷(淮水流域);又征風夷黃夷,而于夷來賓。少康之世,方夷又來賓。然東方之九夷(後漢書東夷列傳,夷有九種:曰畎夷,于夷,方夷,黃夷,白夷,赤夷,玄夷,風夷,陽夷)猶未盡也。至槐卽位,九夷來御。於是東方九夷,至此全服。然東夷雖服,猶未加以爵命之榮也。傳芒至泄,乃命畎夷白夷赤夷玄夷風夷陽夷。九夷之中,得爵命者凡六。自是東方無羣夷之患,而夏之外禍以紓。夷至泄而定,猶苗之至禹而定也。觀夫夏之末世,諸夷向化,猶有來獻樂舞之事。而夏桀不德,猶能起九夷之師以伐商湯,知夏人歷世之所以羈馭夷族者至矣。

槐在位二十六年沒,子芒嗣。芒在位十八年沒,子泄嗣。泄在位十六年沒,子不降嗣。不降之立也,首伐九苑(水經注，苑川水出天水勇士縣。勇士今甘肅金縣東北，九苑或即其地，蓋西戎之一種）。五十九年，不降遜其位於弟扃，此爲本邦歷史上人主内禪之始。論者謂三代之世内禪惟不降實有聖德。顧其所以遜位之由古史不言而史記本紀，且未言其遜位，似遜位又爲古史傳疑之論？不知此未足疑也。不降以前，夏之君系，傳及於弟者惟太康之於仲康。然太康之沒，適在窮羿謀夏之日，非平時之比。自後歷世傳系，無不及子，至不降而獨傳弟者遜也。且不降亦有子孔甲矣，孔甲不得立而扃反得立者又遜也。綜計夏前後君主凡十有七，其在位未有如不降之久者，意者不降以席崇之久而故遜其位於弟，亦未可知。自其遜位以後，歷扃在位之十年而不降沒，不降沒後之十一年，扃沒，子廑嗣，復居西河（卽安邑）。廑在位二十一年沒，不降之子孔甲嗣。

孔甲至桀一百十餘年間亡徵之一（孔甲之失政及諸侯之廢興）（民國紀元前三千七百九十年至三千七百三十年）

夏自孔甲以來，諸侯多離，而其失政則自孔甲始。周語所謂『孔甲亂夏，四世而隕』（孔甲至桀凡四世而夏亡）者也。孔甲初立，居西河。後畋萯山（後漢書郡國志泰山南城縣東有東陽城，注引呂氏春秋，孔甲田於東陽萯山卽此，南城今山東費縣西南），漸多失政，又好鬼神而有亂行。諸侯畔之，夏政以衰。蓋自世襲之制度行，後世之中國，無數十年而不敝；古代之中國，則無有至二百年而不敝者，自少康至此，蓋歷年已積二百有餘矣。孔甲念夏祀之方長，懼民心之或叛，當必有道處此。乃不能行其善羣之治與保民之政，而惟日以「鬼神」之說愚其國人！宜乎夏祀之不克永存，而受湎泮陂僻之譏於後世也。

孔甲在位三十一年沒，子皋嗣。皋在位十一年沒，子發嗣。發在位十一年沒，子癸嗣，世稱爲桀。夏自孔甲以降，朝廷失政，諸侯日強，其尤著者爲昆吾與豕韋，史家所謂『有夏之衰昆吾豕韋相繼爲伯』者也（據沈約說）。昆吾者顓頊裔孫，陸終之子，名樊，巳姓，封於昆吾（河北濮陽縣西南）。仲康之世，錫昆吾命作伯，爲昆吾勢力方盛之始。至於槐時，復封昆吾氏子於有蘇（河南臨漳縣西）。廑時又遷於許（河南許昌縣）。其後嗣實開楚國之先，楚靈王所謂『昔我皇祖伯父昆吾舊許是宅』是也。豕韋者亦顓頊之後，顓頊孫大彭爲夏諸侯，少康之世，封其別孫元哲於豕韋，故豕韋亦爲彭姓（河南滑縣東南）。孔甲之世，廢豕韋，以劉累代之。劉累旋遷於魯陽（河南魯山縣東）。至於皋時，又使豕韋復國。蓋昆吾豕韋皆爲夏時有力之諸侯。逮夫夏末，其國猶存。故有昆吾伐商及商師取韋克昆吾之事。其他如洛伯用與河伯馮夷，槐時亦有交兵之舉。傳芒及泄，商侯微且以河伯之師伐有易（河北易縣），殺其君緜臣矣。夏之季世，河洛二國雖事實鮮徵，要必與昆吾豕韋同爲有名之列服云。

孔甲至桀一百十餘年間亡徵之二（夏桀之敗亡及諸侯之黨惡）（民國紀元前三千七百二十九年至三千六百七十七年）

桀初卽位，居斟鄩（河南鞏縣西南），後又遷河南（河南禹縣）。桀本以勇力聞，故不務德而武傷百姓，百姓不能堪，其失政之大者厥有四事：

（一）熒惑女寵　古代帝王多不止一后，此不足爲桀戾也，桀之戾在得新而棄故。初，桀伐有施，有施氏進其女妹喜。妹喜美於色，薄於德，桀嬖之，所言皆從。後又伐岷山，岷山莊王亦進其二女曰琬曰琰。桀嬖琬琰，遂棄妹喜於洛。

（二）奢事營建　營建宮室，亦不足爲桀戾也，桀之戾在踵事而增華。初，桀得妹喜，築傾宮以居之，後又於傾宮飾瑤臺以居琬琰，則營建奢矣。而未已也，復鑿山穿陵以通於河，民有諫者，桀怒而殺之，人心始貳。

（三）靡費飲食　『維辟玉食，』古語有之，猶不足爲桀戾也，桀之戾在貪多而無節。山曰「肉山，」林曰「脯林，」池曰「酒池，」靡費之多，於玆可見，故後人傳錄（以下據韓詩外傳之說）至謂桀爲酒池可以運船，糟隄可以望十里，而牛飲其間者，又有三千人之衆云。

（四）枉戮忠良　自古忠良之士，多不能效用於闇君，桀如不克用之，猶不足以爲其戾也，桀之戾在誣賢而妄殺。桀旣失政，時或不朝，太史令終古泣而諫之，不聽，終古奔商，而桀不悟也。于辛爲桀之暴臣，曹觸龍者，則桀之諛臣，皆爲桀所信用。大夫關龍逢懼，引黃圖以諫曰：『古之人君，愛民節用，享國之日長，今君用財若無窮，殺人若不勝，亡無日矣。』立而不去。桀曰：『子又妖言矣。』於是焚黃圖，殺龍逢，衆庶莫敢直言，臣僚咸懼。桀愈自得，而夏由此亡。

當桀之時，至德滅而不揚，帝道揜而不興。然商湯猶未敢遽滅之者，則以桀尚有諸侯之助也。初，桀肆其侈心，合諸侯爲有仍之會，有緡氏（釋地見上）勿附，桀攻克之，愈自矜肆。諸侯韋氏（即豕韋）顧氏（已姓之國，今山東范縣）昆吾氏皆黨桀之惡，恣行亂政，以虐其民，而昆吾尤強。湯初興師征韋，征顧，又把鉞以伐昆吾，昆吾滅而後及於桀。詩商頌所謂韋顧既伐，昆吾夏桀是也。然是時東方夷族，亦有爲桀用命者。先是湯欲伐桀，伊尹曰：『請阻乏貢職以觀其動。』桀怒，起九夷之師以伐之。伊尹曰：『未可。彼尚能起九夷之師，是罪在我也。』湯乃謝罪請服，復入貢職。明年又不供貢職，桀怒，起九夷之師，九夷之師不起。伊尹曰：『可矣。』桀在位之五十三年（民國紀元前三千六百七十七年），湯興師伐桀，天大雷雨，會戰於鳴條（山西安邑縣），夏師敗績。桀出奔三朡（山東定陶縣北）。商師征三朡，俘厥寶玉，戰於郕（山東汶上縣西北），桀又敗走，被獲於焦門（淮南子高誘注焦或作巢，徐文靖引一統志巢湖一名焦湖，地當在今安徽巢縣。一說焦爲神農之後所封，即安徽亳州。按地望亳在西北，巢在東南，桀之敗走，必由北而南。觀夫湯之放桀南巢，則桀之被獲，當在亳地）。湯放之於南巢（安徽巢縣東北）後三年，沒於亭山（本安徽和縣）。夏亡。自禹至桀，歷主十七，凡四百四十年（羿浞代夏年數幷列）。世次如下表：

一世 一禹——二世 二啓——三世 三太康——四世 五相——五世 六少康——六世 七杼——七世 八槐——八世 九芒——九世 十泄
（二啓——）四仲康

十世 十一不降——十一世 十四孔甲——十二世 十五皋——十三世 十六發——十四世 十七履癸
（十世）十二扃——十三廑

第二章　商之世（民國紀元前三千六百七十六年至三千零二十三年）

商與四十餘年間世情再變之一（湯之征誅）（民國紀元前三千六百七十六年至三千六百六十五年），自夏啓繼承父位而傳子之規定自商湯用兵滅桀而征誅之局開。商湯以前未嘗無征誅得國之主（黃帝），特其事猶在遠古未足以爲確徵；猶之夏禹以前亦有君位傳子之事，而吾人今日溯「世襲制度」之由來，必推本於有夏者，由其近也。湯爲契後。自契傳昭明，相土，昌若，曹圉至冥，爲夏之司空。冥沒子振立。振沒子微立。微沒子報丁立。報丁沒子報乙立。報乙沒子報丙立。報丙沒子主壬立。主壬沒子主癸立。主癸沒子天乙立。天乙即湯，亦曰成湯，名履。以其用武得國，故後人稱爲武王。其國都自契始封商，昭明再遷砥石（荀子楊倞注砥石或曰即砥柱，今山西平陸縣東南黃河中），三遷商（陝西商縣，即契始居地）。相土四遷商邱（河南商邱縣）。夏后芒之時五遷殷（即西亳，河南偃師縣境西）。孔甲之時六遷商邱。湯七遷南亳，以南亳（河南商邱縣境）爲都；後又遷西亳，以西亳（河南偃師縣境）爲都。故史記謂自契至湯八遷。湯初居南亳，與葛（河南寧陵縣西）爲鄰，葛伯不祀，湯因伐之，此爲湯用師諸侯之始。其後降荆滅溫（荆即荆楚，其都不可考。溫今河南溫縣）。又取韋顧，以次諸國，兵勢日盛。初湯得伊尹，用以輔政，故事無不舉。桀以湯之強也，囚之夏臺（即鈞臺）。已而釋之。諸侯多叛桀而歸湯，先後貢職之國甚衆，其未附者，湯或出師伐之，而軍行所至，克蘇民望。孟子所謂『東面而征西夷怨，南面而征北狄怨，曰奚爲後我』者也。湯既敗桀，同日滅昆吾，遂代夏而有中國。其始湯以諸侯而起，誅人主，猶恐己德之未足勝之也；故湯誓之言曰：『非台小子敢行稱亂，有夏多罪，天命殛之。』此爲湯之假借天命以信其民，其審慎之謀一。又曰『夏王率遏衆力，率割夏邑，有衆率怠勿協，曰時日曷喪，予及汝皆亡。』此爲湯之明言桀惡以示其民，其審慎之謀二。又曰：『夏德若茲，今朕必往。爾尚輔予一人致天之罰，予其大賚汝。爾無不信，朕不食言。爾不從誓言，予則孥戮女，罔有攸赦。』此爲湯之明定賞罰以戒勵其民，其審慎之謀三。要其伐桀之初，必圖維至再而後出者，無他，征誅之局，自商湯而開。商以前，積夏之四百十年，唐虞之一百五十餘年，黃帝至嚳之三百餘年，綜八百餘歲以來，未聞有以諸侯而起征誅君主之兵者。況君主「世襲制度」既固定於夏初，即此四百餘歲之中，有扈抗之而國遽夷，有窮謀之而身被戮，湯雖明德，寧忘所戒。故湯必審慎至再而始出之。蓋禪讓以禮，征誅則以兵，兵凶戰危，古之王者，第不得已而用之。諸侯未集，民心未附，湯不敢興師也。敢興師矣，猶未敢自勝也。故事天曰「予小子」（論語予小子履），告民曰「台小子」（台，我也。見上引湯誓語），從可知征誅之局，於此初開，當其事者猶懼冒天下人之不韙；其在後世，儘有孱朝未撲而帝制先行者。湯始創征誅，固猶未敢。蓋商初之人心，以較唐虞，縱形無逮，而未嘗不優於後世。然正惟其僅優於後世，故征誅定，而吾人不能再望唐虞讓國之休也。

湯既滅夏，歸南亳，諸侯來會者三千，湯退再拜，從諸侯之位。湯曰：『此天子位，有道者可以處之。天下非一家之有也，有道者之有也。故天下惟有道者理之，惟有道者宜久處之。』湯以此讓三千諸侯，三千諸侯皆莫敢當，然後湯即天子之位。改夏正朔，以建丑之月爲歲首，易歲爲祀。同時作誥，以告諸侯，與中國更始。分爵定祿，建學制樂，輕賦明刑。諸侯悉歸，中國遂大治。湯自即天子位以來，屢遘大旱，迨二十四年（民國紀元前三千六百七十一年），湯禱桑林之野，幸而得雨。然自十八年以後，天災洊至，無歲無之。惜乎湯備旱之法無傳，而僅以禱雨之舉傳疑於後世。使雨眞可禱，何不禱於十八年之役，而必遲遲以至於湯之二十四年乎？

湯在位，克寬克仁，彰信兆民，五十八年而革夏正，踐君主之位。又十二年遷九鼎於西亳，其明年湯沒。初湯逢大旱，人無食者，則鑄幣以相捄，民得其所，而商化大行。雖遘凶年，於治無害也。湯沒，必有繼者，後人疑論，或謂外丙仲壬先立而後及於太甲？或謂外丙仲壬未立，而太甲實繼其祖而爲君？今分述其說如左：

（一）由尚書孔傳及通鑑前編諸書觀之，則太甲之立，係直繼夫湯。其故因誤讀書序，有『成湯既沒，太甲元年』之文，遂謂太甲爲直繼成湯而立。而宋邵子之皇極經世書因不紀二君年世，皆折入於湯之末歲。程子從而和之。以孟子所言之外丙二年，仲壬四年，爲外丙年方二歲，仲壬年方四歲。果爾，則以湯壽百歲之說徵之，是湯年九十七而生仲壬，九十九而生外丙也。此其說之有所未安者也。

（二）由史記殷本紀、通鑑外紀諸書之文觀之，則繼湯而立者，爲外丙與仲壬。史記之言曰：『湯沒（原書作崩，下同），太子太丁未立。於是乃立太丁之弟外丙，是爲帝外丙。外丙即位三年沒，立外丙之弟仲壬，是爲帝仲壬。仲壬即位四年沒，伊尹乃立太丁之子太甲。太甲，成湯嫡長孫也，是爲帝太甲。』通鑑外紀所言較略，而實取殷本紀之語而成，其說均與孟子之外丙二年仲壬四年相合；惟所異者，史記計外丙在位，不曰二年而獨曰三年，後人於此不無懷疑之點，然其論實比前說爲優。古書中之足以證明此事者尤衆，是又其說之較足爲據者也。

商興四十餘年間世情再變之二（伊尹之放太甲）（民國紀元前三千六百六十四年至三千六百三十二年）

太甲即位三年，行多不明。時伊尹爲政，三年之內，尹屢作書訓之而不能改也。太甲之立，去湯興未遠。尹以太甲之顚覆湯德也，放太甲於桐（桐爲湯之離宮所在，本鄭玄說。又王隱晉太康地道記，尸鄉南有亳坂，東有城，太甲所放處也。按尸鄉在故河南縣西南，桐地又在尸鄉之東）而代之攝政。太甲悔過，自怨自艾，於桐處仁遷義三年，聽伊尹之訓已。尹迎太甲返亳，歸政太甲，而仍爲其相，並作太甲三篇以戒之。諸侯咸朝，百姓以寧，商於是再治。

沃丁至庚丁五百二十年間大政之一（兄弟傳系之更迭及歷代之遷都）（民國紀元前三千六百三十一年至三千二百八十五年）

太甲在位三十三年沒，克紹先人之業，故稱太宗。子沃丁立，在位二十九年沒，弟太康立，商代傳系兄終弟及之例自此始。太康在位二十五年沒，子小甲立。小甲在位十七年沒，弟雍己立。雍己亦以弟繼兄之祚，即位之始，不能綱紀庶政，號令不行，諸侯不朝，中央寖無統馭四方之力，而商治以衰。雍己在位十二年沒，弟大戊立，商代傳系以弟繼弟之例又自此始。大戊能用賢，伊陟（伊尹子）巫咸諸人佐之，修先王之政，明養老之禮，早朝宴退，問疾弔喪，治歷三年，遠方重譯而至者七十六國。於是雍己時之衰政全革，而其治復如商世之盛時矣。大戊在位七十五年沒，商代前後諸王，在位之日以大戊爲最久，治化所及，亦惟大戊爲最遠，故稱中宗。商中興之主三：曰大戊，曰盤庚，曰武丁，而大戊爲最先。大戊沒，子仲丁立。在位十三年沒，國有內亂，弟外壬立。外壬在位十五年沒，弟河亶甲立。河亶甲亦以弟繼弟者，在位九年沒，子祖乙立。巫賢者，巫咸之子，祖乙用爲相，諸侯賓服。十九年祖乙沒，子祖辛立。祖辛在位十六年沒，弟沃甲立。沃甲在位二十五年沒，國內又亂，而傳系更紛。祖辛之子祖丁繼沃甲卽位，商代傳系以姪繼叔之例，又於此始。祖丁在位三十二年沒，沃甲之子南庚繼祖丁卽位，商代傳系從兄弟之繼承，又於此始。南庚在位二十五年沒，祖丁之子，陽甲卽位，商代傳系從姪之繼其叔，又於此始。雖然，姪之繼叔也，從弟之繼從兄也，從姪之繼從叔也，於商代全系中，亦惟此三君則然；古史或僅於沃甲之沒，稱有國亂，而不知亂實非始於沃甲者。自仲丁以來，廢嫡而更立諸弟子，諸弟子或爭相代立，比九世亂，於是諸侯莫朝；要其統系互爲更迭之時，殆卽禍亂最深之日？不然，無如是之紛紛也。陽甲在位七年沒，弟盤庚立，改國號曰殷，殷雖蹔治，復未久而衰，蓋釀亂之日旣長，雖有興者，亦不易回復往時之盛也。

盤庚之改號爲殷，正以遷都北亳（卽湯故都）之故。故古史於殷亦稱亳殷。然遷都不自盤庚始也，自湯以來，商代遷都之役，不可謂非數。其開之先例者則仲丁也。仲丁初自西亳遷囂（史記作敖，卽敖山，今河南滎澤縣西北）。再傳至河亶甲，復由囂遷相（河南內黃縣南有殷城，魏王泰括地志亦云河亶甲所都）。至子祖乙時，又自相遷耿

（山西河津縣）。九年，耿為水所圮，又徙都於邢（河北邢臺縣）。蓋商代遷都，雖由於河決，屢徙屢不得避，亦為商政衰落之一原因。商人知徙都而實不知弭患，故其治河導水之法，終世無聞。祖乙四傳至於南庚，又遷都於奄，曰商奄（續漢書司馬彪郡國志魯國即奄國，當今山東曲阜縣地）。南庚再傳至於盤庚，初尚居奄，嗣後又有北蒙（即北亳）之徙。其徙北蒙也，一因陽甲之時，宮室奢侈，而民居墊溢，水泉濁鹵之故；一因人民之強富者安土重遷，其苦弱者反蕩析而離居，亟思有以救濟之故。當其初徙，人民不免有咨嗟憂愁相與怨上之事，盤庚再三告諭，百姓以寧。自此盤庚行湯之政，遵湯之德，諸侯來朝，商治復振。自成湯至此，凡積三百六十有餘年云。

沃丁至庚丁五百二十年間大政之二（武丁之王業）（民國紀元前三千二百八十五年至三千一百十一年）

盤庚在位二十八年沒，弟小辛立，殷道復衰。商自仲丁以來，其平治之蹟，皆為一時而非永久！祖乙之世然，盤庚之世亦然，故小辛繼位而殷又不振。小辛在位二十一年沒，弟小乙立。小乙在位二十八年沒，子武丁立。武丁內用賢相，外征殊域，內外無患而商道再興，亦為成湯以來著名之主；與大戊盤庚齊譽而稱高宗。初武丁為王子時，父小乙欲其知民好惡，使出入民間，而俾稔知民隱。書無逸篇所謂高宗舊勞於外是也。武丁在外，居於河，學於甘盤。小乙沒，諒闇三年，未嘗及國事，默以思道，而人民無叛，既免喪，思復興先王之業，雖得甘盤用之，猶不為足也。有傅說者，其人早為武丁所知，恐一旦用之，不為國人所信，因託之夢以示諸臣，即以夢之所見驗諸臣工，然無有如夢者。於是乃使百工圖寫夢象以求諸野。是時說為胥靡，築於傅巖（史記作險，今山西平陸縣，有聖人窟，相傳為說版築處），應武丁之求而出，武丁陽與語而聖之，立以爲相，使總百官。朝夕風諫，並視學養老，於是殷禮廢而復起。遂以傅巖姓之，號曰「傅說」。然武丁之治，尚不止以內政著也。武丁外征之最著者，則有鬼方之伐。鬼方者，西藏族之一派，即後世西羌之別祖。其在上古，散居西南荒服之地，當今滇蜀區域之邊。武丁用師，必向西南出發，故有殷師次荊之事。易言高宗伐鬼方，詩言高宗伐荊楚，其出師當先經荊楚而後入鬼方，蓋爲一時之事，非二役也。武丁用兵三年，鬼方以克。於是氐羌來賓。自唐虞以來，本族之征苗征夷，具見成功，至於武丁，又揚征羌之烈，與夏中世之征夷，同其榮譽。而又內滅大彭並及豕韋，強侯既克，諸國咸歸。溯自祖乙元年（民國紀元前三千四百三十六年）命彭伯韋伯以來，中更十主，歷二百有餘年，而彭韋俱滅，成湯以後王業之開張，未有盛於此時者也。即曰大戊之世，西戎來賓，東九夷來賓；仲丁之世，初征藍夷；河亶甲之世，再征藍夷（亦東夷）而侁人（山東曹縣北）來賓，皆不克媲其盛。故後世推美武丁，又有「盛天子」之譽（據漢書嚴助傳）。

武丁在位五十九年沒，子祖庚立。祖庚在位七年沒，弟祖甲立。初，武乙欲舍祖庚而立祖甲，祖甲以爲不義，出亡於外，而祖庚得以有位。自成湯以來，弟兄傳系間，偶有紛更，常生爭隙，從未聞有能慨然讓國而爲高蹈之舉者！微獨商世無聞，由商而上溯之，亦未之聞也。以弟讓兄，則自祖甲始。書無逸所謂『其在祖甲，不義惟王，舊爲小人，爰知小人之依』者是也。祖甲在位，習於淫亂。武丁之治，因之衰落。雖非令主，而能以讓聞，故猶見稱於周世。祖甲在位三十三年沒，子廩辛立。廩辛在位六年沒，弟庚丁立。庚丁在位二十一年沒，子武乙立。政事衰落，殷勢遂一蹶不復興，子氏之亡，於斯兆焉。

武乙至受辛七十八年間亡徵之一（武乙之無道及周室之初興）（民國紀元前三千一百十年至三千零六十七年）

武乙初卽位，徙都河北（卽相，河亶甲曾都之），後又遷沫（河南淇縣）。行事無道，殷政日衰，然其時有一事焉，足以引起吾人之注意者！則武乙反於古帝王之所爲，不信神權而爲滑稽之行動以恣其排斥也。神權之起，雖於古無徵，而人主行事，往往陰假借之以便其私圖；從未有樂爲破壞而加以極端之排斥者。武乙則爲土木偶人，謂之天神，與之博，令人爲行，天神不勝，乃戮辱之。爲革囊盛血，仰而射之，謂之射天。然古代人民崇事鬼神之念甚固，見武乙之所爲，驚爲無道，而民心以離。武乙在位之四年，畋河渭間死。子太丁立，自沫復遷河北。太丁在位三年沒，子帝乙立，仍自河北遷沫。帝乙在位三十七年沒，子受辛立。

方殷之衰，患多見於西方。祖甲之世，西戎不服，王親征之，雖西戎旋定，而西方之土宇，殷終不能包舉之也。其在西方，歷世增強而漸爲多數諸侯之所歸附者，則有周。周之先世曰棄，系出於帝嚳，世爲農官，別姓姬氏。由棄傳不窋，鞠，公劉，始定居於邠（陝西邠縣）。方夏之世，中國西方一帶多爲戎狄所居。公劉雖處戎狄之間，能修后稷（卽棄）之業，故爲人民之所思附，周道初興。公劉沒，子慶節立，遂於邠立國。慶節沒，子皇僕立。皇僕沒，子差弗立。差弗沒，子毀隃立。毀隃沒，子公非立。公非沒，子高圉立。高圉沒，子亞圉立。亞圉沒，子公叔祖類立。公叔祖類沒，子古公亶父立，復修后稷公劉之業，用以漸強。自夏至殷，西方立國，仍不能免戎狄之患。亶父雖賢，狄人侵不已，事以皮幣，或犬馬，或珠玉，皆不得免。亶父乃去邠而邑於岐（陝西岐山縣），邠人從之，一歲而成三千戶之邑，號曰周；時殷王小乙在位之二十六年（民國紀元前三千二百三十八年）也。周室既遷，一年成邑，二年成都，人民五倍其初，隱然爲殷世西方之一大強國。大抵周之先世僻處西方，俗尙游牧，本行國也；至於公劉，始有定居而爲土著，由行國爲居國。當在是時，然猶未能全變西方之俗也。至亶父遷岐，營築城郭宮室而邑別居之，翦殷之志，實於玆始。時殷室中衰，西方諸侯，雖有強者，殷不能化也。亶父三子，長太伯，次仲雍，少季歷。季歷有子昌，以聖德聞。亶父欲傳國以及之，曰『我世當興，其在昌乎。』太伯仲雍體亶父之意，出走荊蠻，故亶父沒而季歷嗣國，以日強。西方小國，或戎狄渠酋，皆爲周所征服。如伐程（陝西咸陽縣東境）而勝於畢（畢地在程西北），伐義渠（括地志寧原慶三州爲義渠戎國之地。寧本寧州，原爲固原，慶則慶陽也）而獲其君，皆其明證。至殷太丁之世，戎族之爲周征服者日多。如燕京（卽管涔山，在山西嵐縣）余無（山西屯留縣西北爲余吾故城所在地）諸戎，皆爲所克。方是時，周師西及隴坂，東渡黃河，中國西北大隅，幾全爲所底定；太丁因而命之以爲牧師，所謂「西伯」是也。其後季歷卒而昌立，拓地更多，故孔子有『三分天下有其二』之說。卽無受辛之虐，商亦安能保其不亡哉？

武乙至受辛七十八年間亡徵之二（受辛之敗亡及諸侯之黨惡）（民國紀元前三千零六十六年至三千零三十三年）

受辛之立，周勢已成，諸侯漸棄殷而歸周，受辛不悟也。受辛爲人資辨捷給，聞見甚敏，材力過人，知足以拒諫，言足以飾非，以爲天下皆出己之下，世號爲紂。其失政多與桀同，故夏桀殷紂，世人並論；至其不德之徵，亦有數事，惟方桀爲甚。茲以次說明如下方：

其與桀相類者四事：

（一）熒惑女寵　桀固以熒惑女寵而敗者也，至紂亦不免。紂初伐有蘇氏（河南濟源縣西北），有蘇氏以妲己女焉。妲己有寵於紂，紂惟言是從，所好者貴之，所憎者誅之，政務益荒。後周師入殷，妲己被殺。

（二）奢事營建　桀又以奢事營建而敗者也，至紂亦不免。紂於都邑築鹿臺，爲瓊室玉門，其大三里，高千尺，凡七年而成，厚賦斂以實其中，民力爲敝。

（三）靡費飲食　桀又以靡費飲食而敗者也，至紂亦不免。廣沙丘苑臺，以酒爲池，縣肉爲林，與桀之肉山脯林酒池同一荒濫。又列宮中九市，爲長夜之飲，車行酒，騎行炙。紂飲酒過醉，且自忘其日辰甲子，問箕子；箕子知其不可以理諫也，乃亦以酒辭。

（四）枉戮忠良　桀又以枉戮忠良而敗者也，至紂亦不免。初紂以九侯（史記集解，徐廣曰：「一作鬼侯，鄴縣有九侯城。」鄴今河南臨漳縣）鄂侯（徐廣曰「一作邘，野王縣有邘城。」野王今河南沁陽縣）西伯昌爲三公。九侯入女於紂，紂不喜其女，殺之，并醢九侯；鄂侯爭之，又脯鄂侯；西伯昌聞之竊嘆，爲紂所知，又囚昌於羑里（河南湯陰縣北九里）。時昌爲諸侯所歸，紂懼而釋昌，昌沒，子發立，周勢大強。微子啓傷紂之虐，數諫不聽而去。箕子初亦強諫，人曰可以去矣！箕子不從，乃佯狂爲奴。比干見箕子之爲奴也，諫三日不去，紂怒殺之，剖視其心。箕子亦終爲紂所囚，忠良盡矣。

其較桀爲甚者又二事：

（一）瀆亂古樂　紂飲酒淫樂，所好者非古樂而爲新聲，使師涓爲之。北里之舞，靡靡之樂，皆彼時所創，因改沬曰「朝歌」。

（二）濫用非刑　九侯之醢，鄂侯之脯，刑之至慘者也；顧紂用非刑，尙不止是！其法或用膏銅柱，下加之炭，令有罪者行焉；行則輒墮炭中，紂與妲己觀之以爲大樂，名曰「炮烙之刑」。後西伯昌獻洛西地於紂，請除炮烙之刑，紂始許之。

夏殷二代之末葉相距較遠，故人心日下，紂之昏德，更勝於桀，而諸侯之間亦頗有黨紂以爲非行者：紂初信崇（陝西鄠縣）侯虎，西伯羑里之囚，由虎之告密。既又嬖飛廉，與其子惡來。飛廉爲伯益之遠裔，先世以功助殷，故嬴姓多顯，遂爲諸侯，蜚廉父曰中潏，在西戎，保西陲，生蜚廉，善走；其子惡來亦有力，善讒毀，父子俱以材力事紂。紂先以費仲爲政，仲善諛好利，國人勿親，乃用惡來以代之，其行與仲若，諸侯益疏，多叛歸西伯，以是周力日聚而殷勢日孤。

初，西伯昌獻地於紂，紂命西伯得專征伐，西方諸侯之附昌者日多，紂由是稍失權重。至是西伯發繼父昌嗣位，習聞紂惡，乃率兵東出，渡師於孟津（河南孟縣），諸侯叛殷會周者八百，皆曰：『紂可伐矣，』發曰：『汝未知天命，』乃還。周師既去，紂昏虐愈甚，於是發再率諸侯之師伐紂，戰於牧野（河南淇縣南），殷師大敗，紂入登鹿臺，自焚死。崇侯虎費仲惡來諸人，亦爲周所殺，妲己與焉。周師入殷，釋箕子之囚，封比干之墓，表商容之閭，封紂子武庚於殷，以續湯祀，殷民大悦。於是諸侯共戴西伯發爲天子，殷亡。自成湯至受辛，歷主三十，凡六百四十七年。方夏之亡，桀猶不至即死；至殷則不然，紂兵敗自焚，一若不容以須臾緩者！從知君位絶續之交，必不能無競爭，而殷末之競爭，爲更烈於夏末也。世次如下表：

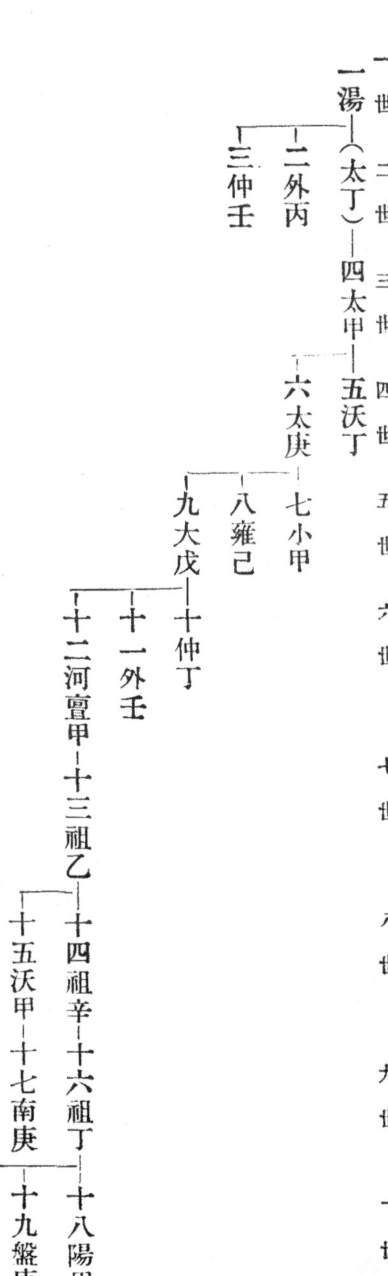

二十小辛
廿一小乙

十一世　廿二武丁
十二世　廿三祖庚
廿四祖甲
十三世　廿五廩辛
廿六庚丁—十四世　廿七武乙—十五世　廿八太丁—十六世　廿九帝乙—十七世　三十受辛

第三章　周之世（民國紀元前三千零三十二年至二千六百八十二年）（春秋戰國不在其內）

周興七十年間世情再變之一（周初之立邦及滅殷後之封建）（民國紀元前三千零三十二年至三千零二十七年）

周之先世，詳見上章。茲所陳者，則西伯昌以來之大勢也。初，季歷自岐遷畢（陝西鄠縣西）。昌繼立，降密須（甘肅靈臺縣西），自畢遷程（陝西咸陽縣東）；又敗耆（卽黎國，史記集解徐廣曰，黎一作阢，或疑爲阮之誤。朱右曾詩地理徵，阮、國名，本涇州東南，於密須為東北）及邘（即鄂侯之鄂，河南沁陽縣），遂伐崇（陝西鄠縣）降之，即其地作為豐邑，因自程遷豐；並命世子發營鎬（陝西鄠縣東）。殷王受辛之二十年，昌沒。溯昌被囚羑里，在受辛十一年；其得釋西歸受命為西伯也，在十三年；諸國之討伐及其遷邑，在十六年至十九年。其外如虞芮之質成於周，在受辛之十四年；犬戎之伐，呂尙之來，在十五年。綜計十年以內，拓地得人，立威樹德，勝殷之績，即建於茲。至其子發嗣位之年，西北大隅，已早底定，中原諸侯，多數景從，所未取而代者，僅殷業而已。

西伯發初立，將伐殷；先戡黎（黎、國名，釋地見上節）。黎為殷近畿諸侯，祖伊告紂，而紂無懼，且無道滋甚。殷內史向摯，太史屠黍，先後來奔，發旋決策伐殷，並遣使徧告諸侯曰：『殷有重罪，不可不伐。』時為發在位之十一年。初渡師孟津，作泰誓；既與紂戰牧野，作牧誓；克殷而識其政事，作武成。殷亡周繼，發代紂為君，人民大說，諸侯悉歸。後世尊昌曰「文王」，發曰「武王」，父子並稱，則綜曰「文武」。

發既勝殷，歸豐，又自豐遷鎬，易有中國之號為周。因殷餘民，封紂子祿父（武庚名）使主之；而命弟管（河南鄭縣）叔鮮，蔡（河南上蔡縣西南）叔度，霍（山西霍縣西）叔處以分監之，號曰三監。此湯放桀時所未聞也。又念中國之大，諸侯之多，不可無法以為維繫，因是而分封古君相後裔及其功臣，或同姓兄弟，使為諸侯，散處各方重要之地，互謀督制；舊時諸侯，雖有存者，而其勢力為之遞替。此又湯放桀時所未聞也。抑其封建諸侯，又各有所措意，今約述其分封之地於左方：

(一)薊祝陳焦等國爲一類　薊（河北大興縣）封黃帝之後。祝（山東長淸縣）封唐堯之後。陳（河南淮陽縣）封胡公滿，爲虞舜之後。杞（河南杞縣）封東樓公，爲夏禹之後。殷（本紂都）封武庚，爲成湯之後。又封神農之後於焦（安徽亳縣），少昊之後於莒（山東莒縣），祝融之後於邾（山東鄒縣），四岳之後於許（河南許昌縣）。其間黃帝唐堯虞舜之裔，謂之「三恪」。夏商之裔，皆爲上公，謂之「二王」之後。

(二)魯畢曹郕等國爲一類　管蔡霍之封國，已見上節。其外魯（山東曲阜縣）封弟周公旦，畢（陝西咸陽縣）封庶叔高，曹（山東菏澤縣）封叔振鐸，郕（山東寧陽縣）封叔武。又求泰伯仲雍之後，封仲雍曾孫周章於吳（江蘇無錫縣）；別封周章弟虞仲於故夏墟，爲西吳，後謂之虞（山西平陸縣東北）。

(三)齊燕爲一類　周初功臣以呂尙爲首，故得封於齊（都營邱，山東昌樂縣）。召公奭者，雖周支族，而實列於功臣，故得封於燕（河北薊縣）。燕齊皆大國，而據形要，視魯尤重。

周興七十年間世情再變之二（武庚之復起及洛邑之經營）（民國紀元前三千零二十七年至二千九百六十四年）

武王在位十三年，代殷十九年，沒。子誦立，是爲成王。誦諒闇，周公旦攝政，總百官；其時召公畢公亦皆在內，而管叔蔡叔處外，疑焉。因流言於國曰：『公將不利於孺子。』周公旦聞之，出居東都。知罪在管蔡，及誦迎旦歸，管蔡大懼，遂挾武庚以叛。蓋武庚在周，雖受封於殷，而殷之餘民，固猶有不服周室者。周室初定，中國東南一帶，尙非其兵力之所及，故武庚起而奄及淮夷亦偕之肇亂也。武庚之叛，雖由三監，而實成於奄。奄君見周人之交疑也，謂武庚曰：『此百世之時，請舉事。』於是武庚之亂作，而周東方之變成矣。誦命旦出師，旦東征，再滅殷，誅武庚管叔，處蔡叔等以罪，遂定奄及淮夷，東土以寧，諸侯復宗周。

初，周再滅殷，分殷遺民爲二：其一封微子啓於宋（河南商邱縣），使續殷後，得用先王禮樂，在周爲客。啓故仁賢，爲殷所愛戴。其一封康叔封於朝歌（即沬，本殷都，河南淇縣），因殷餘民以治之，國號曰衞。周公旦懼封年少，使求殷之賢人君子長者，問其先殷之所以興亡，而並勗以愛民爲務。封之國，能力行其言，和集殷民，亦爲殷民之所悅服。然周猶懼殷民之心，尚有所未慊，乃復遷其餘者於洛邑而告誡之。洛又爲周之東都，成王誦承父之志，使周公旦召公奭力經營之，定九鼎於此。故既告殷民於前，而又大會諸侯於後，蓋其注重洛邑，即以廑念殷民。商湯代桀之時，固未聞有此事。然則世道降而世變亦爲之加烈，故周人勿獲已而目殷之遺庶爲「頑民」也。

誦在位三十七年沒，子釗立，是爲康王。釗在位二十六年沒，子瑕立，是爲昭王。成康之世，刑措四十餘年不用，號爲太平。方釗沒時，召公奭亦沒。奭與旦齊名，後人綜稱，亦曰「周召」。

昭王瑕至宣王靖二百八十年間大政之一（昭穆之巡游及殊方之底定）（民國紀元前二千九百六十四年至二千八百五十八年）

巡狩之禮，自古有之。成王誦之世，曾有巡狩方嶽之舉。昭王瑕在位既久，王道微缺，乃始南巡。及濟漢，船人惡之，以膠船進。瑕御船，至中流，膠液船解，王及祭公俱溺水中而沒。從者辛餘靡多力，振王屍而涉，旣歸，周人諱其事，故不告於諸侯，時瑕在位之五十一年也。瑕沒，子滿嗣，是爲穆王。

滿卽位，能治其國，自鎬遷都於南鄭（陝西華縣北），周室甃治而不能久也。滿性好逸豫，得千里馬，以造父爲御，欲周游天下。祭公謀父帥師從滿西征，初發犬陽紆（山名，本陝西鳳翔府境），進至昆侖之邱（帕米爾高原相近），由此益西至於西王母，又進至於曠原（裏海旁近），然後東還。今約數其當日之經程及遠征之里數，析列於左方：

自宗周瀍水（河南洛陽縣西）至於河宗之邦陽紆之山三千又四百里
自陽紆西至於西夏氏（本甘肅寧夏府）二千又五百里
——以今日地望徵之尚在本國本部

自西夏至河首（青海河原）一千又五百里
自河首至於春山（帕米爾高原）珠澤（大龍池）昆侖之邱七百里
——以今日地望徵之已出本國本部

自春山以西至於赤烏氏（阿富汗）三百里
東北還至羣玉山（帕米爾高原相近）截春山以北自羣玉山以西至於西王母之邦三百里
自西王母之邦至曠原之野千又九百里
——以今日地望徵之已出本國

綜穆王滿之所經，共歷一萬餘里，其歸也，蓋由徐戎內亂之故。先是周室初興之際，四方外族，先後歸周，故成王誦會諸侯於東都，外族各以方物入貢於周，合而計之至六十四國之多。史臣因之作王會之篇以紀其盛。其後肅愼越裳驪戎（陝西臨潼縣東）諸國，復相繼來朝。至於穆王滿之世，北唐（山西太原縣北）又來賓。滿以周威之未替也，乃從事西征；然去國萬里，四方諸侯爭訟無所質正，而咸歸於徐。徐子有地五百里，行仁義，得諸侯之附，自稱偃王。因率九夷之師以伐宗周，西至河上。滿聞信急歸，使楚伐徐。徐子愛民無權，不忍鬬，故敗，乃北走彭城東山下（江蘇銅山縣），百姓從之者以萬數。將死曰：『吾賴於文德而不明武備，故至於此。』徐患平而滿於是又有西征犬戎之事。

犬戎處周西部，夙爲周先世之患。滿將征犬戎，祭公謀父力諫，滿不從；獲其王五，白狼四，白鹿四，遂遷戎於太原，以遠其患，而荒服之兵至是甦戢。蓋周自康王釗以後，王威漸替；至滿既滅徐遷戎，朝西王母，於是聲威再起。其後荆人入徐，周師又敗荆於泲（卽濟水），並南伐越，至於紆（江西雩都縣），而荆旋入貢。自昭王瑕南征不返，周化幾不能復被南方；迨荆越既歸，南方復定。滿旋聯合諸侯爲塗山之大會，周威之盛，蓋彷彿東都王會時矣。

滿初卽位，欲肆其心，周游天下，將使天下之廣，必有車轍馬跡。祭公謀父作祈招之詩以諫，故在位之五十有五年，獲沒於祇宮。然其巡狩之遠，實爲有史以來所未聞！加之征討殊族，強固國勢，後世秦皇漢武，雖或符其一二，然而游程之冒險，功業之開發，上古以降，未有若斯偉異者也！

昭王瑕至宣王靖二百八十年間大政之二（共和之布政及周道之中興）（民國紀元前二千八百五十七年至二千六百八十三年）

滿沒，子翳扈立，是爲共王。翳扈在位十二年沒，子囏立，是爲懿王。方是時，西戎侵鎬，狄人侵岐，囏乃自鎬徙都槐里（陝西興平縣東南）。既而王師北伐犬戎，敗績，周威復替。囏在位，興居無節，號令不時，二十五年沒，共王弟辟方立，是爲孝王。周之世系多由父傳子，至於辟方，其例中絕。辟方於囏爲叔，非獨異於下繼，而且乖於上傳。通周代三十七君中，惟此一主。辟方在位十五年沒，懿王子燮立，是爲夷王。王之立，實由諸侯，始下堂而見，降與抗禮。蓋就周代傳系之順序以言，既由囏以上傳辟方，囏之子系雖存，究不易復承夫君系，故此事必由諸侯之協助無疑。燮在位十六年沒，子胡立，是爲厲王。

厲王胡之立，王室已衰，而諸侯漸大。初，周當孝王辟方之世，命申（河南南陽縣北）侯伐西戎，西戎來獻馬，馬漸蕃，因使非子牧馬汧（汧水在今陝西汧陽縣入渭）渭（渭水在今陝西寶雞縣東，與汧水合）間。辟方從而命之曰：『昔伯益爲舜主畜，畜多息，故有土，賜姓嬴。今其後世亦爲朕息馬，朕其分土爲附庸，邑之秦（甘肅清水縣），使復續嬴氏祀，號曰秦嬴。』於是嬴秦得以建邦，爲後日西方強國植基之始。又楚之先有鬻熊者，事文王昌有功，成王誦封其曾孫熊繹於楚蠻，與以子男之田，姓羋氏，居丹陽（本在湖北歸州境，後徙枝江，亦曰丹陽。今湖北枝江縣），至五世孫熊渠，有子三人。當夷王燮之時，王室微，諸侯或不朝，相伐。熊渠甚得江漢間民和，乃興兵西伐庸（湖北竹山縣東南），東伐揚粵（史紀索隱作揚雩，地名也。雩疑今江西雩都縣），至於鄂（湖北武昌縣），熊渠曰：『我蠻夷也，不與中國之號謚。』乃分封其三子於江上，而楚地始拓。三子與熊渠皆稱王，是爲南方強國植基之始。厲王胡之在位也，諸侯漸大而王不知警。榮夷公好專利而不知大難，胡悅之，以爲卿士。芮良夫諫，不聽，諸侯旋不享，而胡益無道，國人謗焉。胡怒，得衞巫，使監謗者，以告則殺之。國人莫敢言，道路以目。胡喜，以告召虎曰：『吾能弭謗矣。』召虎曰：『是障之也！防人之口，甚於防川。川壅而潰，傷人必多，民亦如之。是故爲川者決之使導，爲民者宣之使言。（中略）夫民慮之於心而宣之於口，成而行之。若壅其口，其與能幾何？』胡不從，於是國人莫敢出言。如是者三年，民終勿忍，乃相與襲胡，胡奔彘（山西霍縣），國人亦勿追。方是時，太子靖匿召虎家，得免禍。蓋此爲平和之革命，亦歷史之美談，王室危而不危，周祀絕而不絕，必放胡，所以保民；不殺胡，乃所以愛周也。厲王胡既殂，於是周室遂有共和布政之事。

共和布政，古有二說，茲以次擇述如下方：

（一）由竹書紀年及史記正義所引魯連子之說觀之，則共和云者，係指諸侯共伯和而言。厲王胡奔彘，周無當國之人，於是諸侯奉共（河南輝縣）伯和以攝政行事，號曰共和。共和十四年，胡沒於彘。紀年則曰周定公召穆公（即召虎）立太子靖爲王，共伯和歸其國。魯連子則曰共伯使諸侯奉王子靖爲宣王，而共伯復歸國於衞。此於共和之解，彼此相同；而於立太子靖之一說，則又互異者也。

（一）由史記周本紀及國語韋昭注之說觀之，則共和云者，係指周公召公（即召虎）二相，共理國事而言。厲王胡奔彘後，周本紀謂周召二相行政，故曰共和。共和十四年，胡沒於彘。太子靖（史記作靜）長於召公之家，二相共立之，是為宣王。此即韋昭所謂『彘之亂，公卿相與和而修政事，號曰共和，凡十四年而宣王立』者是也。

由以上之二說比較觀之，自當以史記之說為勝。蓋自厲王胡出亡，周召當國，胡既身沒，周召立君，皆為自然之事。故厲王胡之五十一年，靖立為宣王，而諸侯復能宗周也。靖即位，以周召為輔，法文武成康之遺風，故能舉周室中興之績。自厲王胡不道，周勢日衰，欲強於諸侯，必征夷狄。方是時，西戎滅大駱（非子之父）之族，玁狁（即北狄）謀內寇之師，靖因命秦仲征西戎，尹吉甫伐玁狁，方叔征荊蠻，召虎平淮夷；而靖又親率六師以征徐，徐人亦服。於是四方咸定，而周道再興，乃大會諸侯於東都，以田獵講武事。自成王誦東都之會至此，凡二百有七十年。

宣王靖之世，周既中興，而不能久治，則由靖之失和諸侯，善政於茲中息！自此周道不能再興，良足惜也。先是魯侯敖（即武公，周公旦之八世孫）及其長子括少子戲來朝，靖愛戲，欲立為魯世子。樊仲山甫諫，不從。敖歸魯旋沒，子戲立，是為懿公。魯人殺之，而立括之子伯御。於是周師伐魯，殺伯御而立戲之弟稱，是為孝公。魯之內亂，實由靖貽之。諸侯之間，因是失和，而周勢旋落。時戎族日強，周連用師於戎，皆不利：先伐太原之戎，未克。既又及晉師伐條戎（左傳地名補注，條即鳴條，湯與桀戰處。鳴條岡在山西安邑縣北三十里），敗績。既又伐姜戎，戰於千畝（今山西安澤縣）又敗績。四十年，乃料民於太原（山西太原縣），仲山甫諫，不從，卒料之。其晚年，又殺大夫杜伯，伯本無罪，殺之冤也！識者於此知周室之果衰矣。

靖在位四十六年沒，子涅立，是爲幽王。寵褒（陝西褒城縣）姒，廢申（河南南陽縣境）后及太子宜臼，以褒姒爲后，立姒子伯服爲太子。宜臼奔申，涅求之而申不與，涅因伐申，申侯怒，起兵，犬戎應之，涅旋爲犬戎所害，死於驪山（陝西臨潼縣東南）下。時爲涅在位之十一年。

幽王涅以後，周室東遷，其事實已不在本時代範圍之內。要之周自平王宜臼，東徙洛陽，王祚未絕，而大勢全非。春秋之周，尚可謂之衰而不謂之亡；戰國之周，實已等於亡而不能僅謂之衰。顧其衰亡之徵驗，既已劃出於本時代年數之外，則本時代中所可附見者，惟平王宜臼以後至於赧王延之世系而已。茲爲擇述一班以見其概：

(附)平王宜臼至赧王延五百十餘年間之世系　平王宜臼在位五十一年沒，太子洩父早死，孫林立，是爲桓王。周君系之由祖傳孫者惟此一主。林在位二十三年沒，子佗立，是爲莊王。佗在位十五年沒，子胡齊立，是爲僖王。胡齊在位五年沒，太子閬立，是爲惠王。閬在位二十五年沒，太子鄭立，是爲襄王。鄭在位三十三年沒，子壬臣立，是爲頃王。壬臣在位六年沒，子班立，是爲匡王。班在位六年沒，弟瑜立，是爲定王。周君系之由兄傳弟自班始。瑜在位二十一年沒，子夷立，是爲簡王。夷在位十四年沒，太子泄心立，是爲靈王。泄心在位二十七年沒，太子晉早沒，次子貴立，是爲景王。貴在位二十五年沒，弟猛立，未及卽位沒，追謚悼王。弟匄立，是爲敬王。徙都成周（河南洛陽縣東二十里），匄在位四十四年沒，太子仁立，是爲元王。以上皆爲春秋之世。元王仁在位七年沒，太子介立，是爲貞定王。介在位二十八年沒，長子去疾立，是爲哀王。立三月，弟叔襲殺之而自立，是爲思王。立五月，少弟嵬又攻殺之而自立，是爲考王。嵬在位十五年沒，太子午立，是爲威烈王。午在位二十四年沒，子驕立，是爲安王。驕在位二十六年沒，子喜立，是爲烈王。喜在位七年沒，弟扁立，是爲顯王。扁在位四十八年沒，子定立，是爲慎靚王。定在位六年沒，子延立，是爲赧王。延在位五十九年沒，周亡。以上均爲戰國之世。　初考王嵬封弟揭於河南（河南洛陽縣西），使續周公之職，是爲西周桓公。桓公沒，子威公立。威公沒，子惠公立。又封其少子班於鞏以奉王，號東周惠公。自周室東遷，至此復有東西二周：王城爲西周，鞏爲東周，時周顯王扁在位之二年也。至赧王延時，周室微甚，東西周分主政理，各居一都。延徙都西周（卽王城），西周武公，惠公之長子也，因怨攻秦，爲秦所伐。武公入秦獻地，延亦卽沒。秦旋收西周地，遷武公子文公於𢠸狐聚（河南臨汝縣西北），時爲延沒之後之次年。既秦滅東周，又遷其君於陽人聚（河南臨汝縣西），時爲延沒後之三年，周室全滅。自武王發至赧王延，歷主三十有七，凡八百六十六年。世次如下表：

一世　二世　三世　四世　五世　六世　七世

一武王發——二成王誦——三康王釗——四昭王瑕——五穆王滿——六共王繄扈——七懿王囏

└八孝王辟方

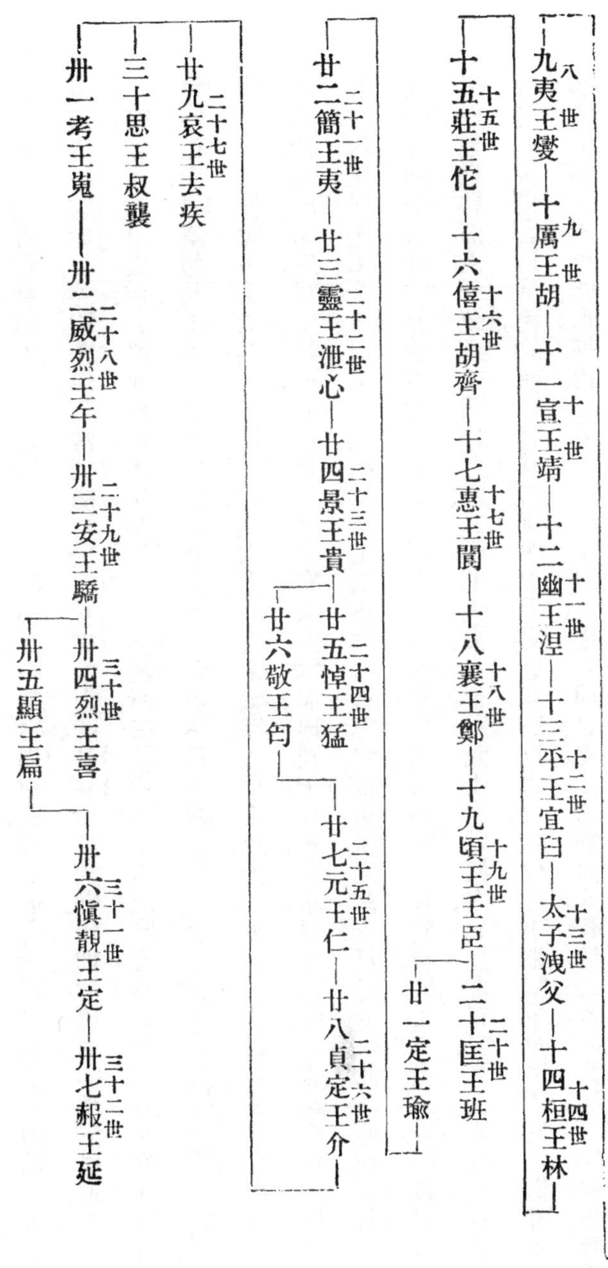
八世 九夷王燮—九世 十厲王胡—十世 十一宣王靖—十一世 十二幽王涅—十二世 十三平王宜臼—十三世 太子洩父—十四世 十四桓王林
十五世 十五莊王佗—十六世 十六僖王胡齊—十七世 十七惠王閬—十八世 十八襄王鄭—十九世 十九頃王壬臣—二十世 二十匡王班
廿一定王瑜
二十一世 廿二簡王夷—二十二世 廿三靈王泄心—二十三世 廿四景王貴—二十四世 廿五悼王猛
廿六敬王匄—二十五世 廿七元王仁—二十六世 廿八貞定王介
二十七世 廿九哀王去疾
三十思王叔襲
卅一考王嵬—二十八世 卅二威烈王午—二十九世 卅三安王驕—三十世 卅四烈王喜
卅五顯王扁
三十一世 卅六慎靚王定—三十二世 卅七赧王延

第四章　本時代之法制

本時代法制之一（建官及理財）

本時代法制之大端，方諸遠古，進步甚著，蓋吾國政治之發展，以本時代爲最良。其制之可考者，當先區爲左之二端：

（一）建官　遠古官制，以五官爲最明。後人廣證經言，以爲自周以前，皆爲五官；六官之制，當由周始（據求古錄禮說五官考）。然據此以論，當無能解於書甘誓之六卿。甘誓所謂六卿，殆卽后稷、司徒、秩宗、司馬、士、共工之職，非謂六軍之將，其爵如卿也。周初殷箕子陳洪範所云「司徒司空司寇」，皆爲夏制，而古人解此，亦有謂司寇卽士，司空卽共工者。其他庶職，雖或散見各書，而要不爲重職（如主夫、虞人、嗇人見於夏小正之類），六卿其職之較重者也。商制：天子建天官，先六太，曰太宰、太宗、太史、太祝、太士、太卜，爲典司六典之官。次立五官，曰司徒、司馬、司空、司士、司寇，爲典司五衆之官。次立六府，曰司土、司木、司水、司草、司器、司貨，爲典司六職之官。次立六工，曰土工、金工、石工、木工、獸工、草工，爲典制六材之官。商重職之落落可見者如此。其他如阿衡、左相父師、少師各職，亦散見於古書，不能如周初之備。禮明堂位有言：『夏后氏官百，殷二百，周三百。』說者謂其舉成數以言，而由昏義天子三公、九卿、二十七大夫、八十一元士之數觀之，知夏之官數實已達於百有二十。自夏以後，倍官以爲治，故商之官爲二百四十，周之官爲三百六十，時代愈下，則職位愈多；周官之備，亦由自然之勢爲之，不可強也。抑由三公九卿之制以言，從知周之立法，第襲前人，公卿之名，亦非始自周初，特執爲三公？孰爲九卿？古史不載其詳。至周則三公九卿之官，始昭然可證。其在殷末，紂以西伯昌九侯鄂侯爲三公，猶爲概括之稱，未見三公之果爲何職？觀於周初，乃知太師、太傅、太保之卽爲三公，少師、少傅、少保之別爲三孤，而三孤又號孤卿（據漢書百官公卿表）。其他又有天官冢宰以掌邦治，地官司徒以掌邦教，春官宗伯以掌邦禮，夏官司馬以掌邦政，秋官司寇以掌邦禁，冬官司空以掌邦土，謂之六卿，各有徒屬職分，用於百事。孤卿與六卿並，則曰九卿；其下又有中大夫、下大夫、上士、中士、下士，士之下又有府、史、胥、徒、工、賈之職，視事而列，各有定數。此周代官司之備，所以勝於夏商也。不獨此也，周初官府之制，自王宮以至於四畿，分配最爲適當。如膳夫、內宰諸職，均爲王宮之官。六卿以次，若醫師、太府諸職，均爲外朝之官。至於畿內，如祖廟壇兆等處之官，俱各就地涖事。其官在朝者，則使屬守之，此爲畿內治事之官。地方如國中、國門、國郊，亦因地設官，無常所常數而有常職，此爲地方治事之官。故夏商官制，所可知者，僅重要官職之一斑；至周則畿內庶官，多可列舉，而地方之職，更不厭夫求詳，其間鄉遂各官，尤占員司總額之多數。此非夏商二代之所能及也。又夏商定制，諸侯之國，均有卿、大夫、士。周因其法，析公、侯、伯、子、男爲五等，而卿大夫士之員數，分別爲之規定，以著其體制，立法有較前古爲詳者。夫豈僅爲「封建制度」之徵已哉？

夏商二代，歷年雖久，而命官之典籍無存。至周則有周官經之可稽求，而全經之文，實以太宰八法爲之綱領：其「官屬」一科，敍官甚備。至於司存攸寄，悉爲「官職」；總揭大綱，則曰「官法」；詳舉庶務，則曰「官常」；

而「官計」「官成」「官刑」亦多錯見。諸端之外，又有「官聯」。條緒紛繁，脈絡隱互，散見於百職，與上七事合爲「八法」，具爲周代官治之精神。自周以來，立官之制，未有精整於周官者也。

若夫制祿之法，夏殷之世，固已有之。禮王制有言：『天子之制祿爵，公侯伯子男凡五等。天子之三公之田視公侯，天子之卿視伯，天子之大夫視子男，天子之元士視附庸。』從知古者王朝之官，具有祿田以代其耕；卽諸侯之官，亦皆分別等第，以領祿食。至於周初，立制雖有小殊，而大體不異。孟子所謂：『天子之卿受地視侯，大夫受地視伯，元士受地視子男』者，其說雖與王制未符，而王制元士受田視夫附庸，周初則元士受田視夫子男，是周代制祿之厚，由此可見。至其所視，各以何者爲之分量，則一觀諸王制而卽可瞭然。王制『制農田百畝，百畝之分，上農夫、食九人，其次、食八人，其次、食七人，其次、食六人，下農夫食五人，庶人在官者，其祿以是爲差。諸侯之下士，視上農夫，中士倍下士，上士倍中士，下大夫倍上士，卿四大夫祿，君十卿祿；次國之卿三大夫祿，君十卿祿；小國之卿倍大夫祿，君十卿祿。』凡茲所列，證以孟子之論，彼此相同。然後知周初制祿，殆原本於前朝；而元士所受獨有所增益者，重祿所以勸賢，則正周制之優點也。自周官「司祿」之職亡，幸有孟子王制諸書，猶足徵其一二，讀周官者，毋輕滋官多田寡之疑矣。

（附）人才之任用與培養　三代人才衆多，其任用之方法，又可列爲左之二類：

（甲）選舉　選舉之法，於夏尚無所聞。然學制備於虞朝，夏代因襲其成，有東序西序之分設，則其舉賢選能之典，或卽行於學校之中。殷世循行不廢，觀王制所記『命鄉論秀士，升之司徒，曰選士。司徒論選士之秀者而升之學，曰俊士。升於司徒者不征於鄉，升於學者不征於司徒，曰造士。大樂正論造士之秀者，以告於王，而升諸司馬，曰進士。司馬辨論官材，論進士之賢者，以告於王，而定其論。論定然後官之，任官然後爵之，位定然後祿之。』則知古代取人必先試之學而後予以官，其愼重如此。至周於學校取人之外，別有所謂「賓興」之制。觀周禮地官鄉大夫所掌『三年則大比，考其德行道藝而興賢者能者，鄉老及鄉大夫帥其吏與其衆寡，以禮禮賓之。厥明，鄉老及鄉大夫羣吏獻賢能之書於王，王再拜受之，登於天府，內史貳之。退而以鄉射之禮，五物詢衆庶：一曰「和」，二曰「容」，三曰「主皮」，四曰「和容」，五曰「興舞」。此謂使民興賢出使長之；使民興能入使治之。』是則三年大比，興其賢能，而直達於王，不復再入國學。故賢能之書獻，鄉射之禮行，而其人俱可膺長民治民之職。此又周制之改善於古者矣。

（乙）學校　學校之設，所以教民，卽所以養賢。遠古以來，學校之名，數有更革。至夏不曰庠而曰序，大學曰東序，小學曰西序，惟鄉學曰校。商則以序爲州遂之學名，而大學易名右學，小學易名左學，然猶其略也。周制立四學於國中，僅爲君主承師問道之所，非爲教學之地。辟雍之南爲成均，古五帝之學。其北爲上庠，虞之學。其東爲東序，夏之學。其西爲瞽宗（卽右學），商之學。學禮者就瞽宗，學書者就上庠，學舞干戈羽籥者就東序，學樂德樂舞樂語者就成均，故人多以四學爲周之大學也。若夫小學之設，於古有之。至周則天子之所立者有二其一爲門闈之學師氏保氏掌之所以教太子而國之貴游子弟亦得入學肄業者是也其一爲郊外之學王制所謂虞庠在國之西郊而說經者又謂四郊皆有小學所以教大夫元士之子及國中之秀者是也其他各地量土地之大小以施學制二十五家爲閭閭里有塾五百家爲黨黨有庠二千五百家爲州州有序而諸侯之邦胥得立學凡以教國內之衆而期之成材其優良者得由小學而遷升於大學。其與殷代升選任官之制用意多符教育之普及猶其事之易見者也。

(二)理財　關於理財制度之說又有二：

(甲)徵稅　自虞夏之世「任土作貢」之法成後世因之於是地域上之區分代有改善既謀政事之便並利稅則之行故三代徵稅之法不同而地域區分之意則一。茲先表列其地別如左：

三代之地	夏	商	周
冀	夏有(今山西河北)	商有兩河(自東河至西河)之間惟無山西河北北隅	周有河內(今河南北山西南)
兗	夏有(今河北東南山東西北)	商有濟河之間地與夏同	周有河南(今山東中部以西)
青	夏有(今山東中部以東)		周有正東(今山東東南河南東北及江蘇北境)
徐	夏有(今山東南境江蘇北境及安徽東北一隅)	商有濟東地與夏同惟兼有淮南之境	
揚	夏有(今江蘇南境浙江西北境安徽全部)	商有江南地與夏同惟北有淮南之境	周有東南(今江蘇中部以南安徽東南及浙江北境)
荊	夏有(今湖北南境湖南北境)	商有漢南地與夏同惟北境稍狹	周有正南(今湖北湖南及安徽西北河南之南)

方區別	夏	商	周
豫	夏有今湖北北境河南南境	商有河南地與夏同惟南境稍廣	周有河南今河南中部及陝西之東
梁	夏有今甘肅東南陝西南境及四川		
雍	夏有今陝西甘肅北境及嘉峪關外	商有河西地與夏同	周有正西今陝西中部以西及甘肅之東
幽		商有燕今河北山西北境	周有東北今山東北河北南及遼寧之東
營		商有齊今山東中部以東	
幷			周有正北今山西北河北西北

古者賦里以入量其有無之謂賦;籍田以力,視其遠邇之謂稅。賦與稅本相區別,至於後代始幷爲一談。有虞之世,僅有賦制可得而言,其詳見於禹貢。夏賦法因之,惟商無考,至周則有太宰之職,以九賦斂財:邦中之賦一,四郊之賦二,邦甸之賦三,家削之賦四,邦縣之賦五,邦都之賦六,關市之賦七,山澤之賦八,弊餘之賦九,是謂九賦。若夫稅法,則根據夫井田制度而來。井田剏於黃帝,洪水以後,禹修而復之,孔子所謂『盡力夫溝洫』者卽此。今考周制,六尺爲步,步百爲畝,畝百爲夫:而一夫之間有遂,遂上有徑。十夫有溝,溝上有畛。百夫有洫,洫上有涂。千夫有澮,澮上有道。萬夫有川,川上有路,以達於畿。夏時溝洫之制,其視周相同與否?雖不可知,要之溝洫既分,則後世無故必不至於紛更,以致民之不便,可斷言也。夏時一夫授田五十畝,較賦稅之中,不論豐歉,其法謂之「貢」。商依古昔井田之法,畫田九區,一夫授七十畝,而以其中之七

十畝爲公田。公田須八家共耕，所穫、入之公家，其法謂之「助。」周方里而井，井九百畝，一夫授田百畝，亦以其中之百畝爲公田。八家皆私百畝，同養公田，其法謂之「徹。」公田百畝中，別畫出二十畝爲八家田舍樹藝之用，一家各得二畝半，孟子所謂『五畝之宅，二畝半在田』者也。且猶是田也，夏何以五十？殷何以七十？周何以百？言人人殊。茲擇其說之較信者略述於左：

(一)以此爲度數之不同，所以異制也。徵之詩『信彼南山，惟禹甸之。畇畇原隰，曾孫田之。我疆我里，南東其畝。』則周之疆里猶禹制也。使夏授田必五十，殷必七十，周必百，是一王之興，必將改畛涂，變溝洫，移道路以就之。豈其然哉？蓋三代取民之異，在乎貢助徹，不在乎五十七十百畝。其畝數之異，特丈尺之不同，而田未嘗易也。王制曰：『古者以周尺八尺爲步，今以周尺六尺四寸爲步。』而當日因時制宜之法，亦有可言：夏時土曠人稀，故其畝特大；殷周土易人多，故其畝漸小：名殊而實一。此以畝數不同之由夫度數者也。

(二)以此爲萊田多寡之殊，所以異制也。古者必有休而不耕之田，以養地力，謂之萊田：夏制、民受田百畝，而以五十畝爲萊田，則民所耕者止五十畝，故曰：「夏后氏五十。」商制、民受田百畝，而以三十畝爲萊田，民所耕者七十畝，故曰「殷人七十。」周制、民受田百畝，而萊田在其外，周官遂人職曰：『上地夫一廛，田百晦，萊五十晦；中地、夫一廛，田百晦，萊百晦；下地、夫一廛，田百晦，萊二百晦：』此鄉遂之制也。大司徒職曰：『不易之地，家百畮；一易之地，家二百畮；再易之地，家三百畮：』此都鄙之制也。一易之地，家二百畮，卽以百畮爲萊田。再易之地，家三百畮，卽以二百畮爲萊田。惟不易之田，無萊田，與郊遂異。要之一夫歲耕百畝，則無異也。故曰：「周人百畝。」明乎此，則知三代之田，初無改易，而特以萊田之多寡，爲五十七十百畝之異制。此以畝數不同之由夫萊田者也。

觀二者之論，雖各有所主張，而謂三代未嘗有改畝之事則一。惟周於田稅之外，取民之法，方三代爲多。曰廛布，曰里布，爲房屋之稅。曰質布，爲劵稅。曰漁征，爲漁稅。曰關市之征，爲商賈之稅。其他又有一切雜稅，以補充其收入。蓋時代旣降，政務日殷，用財之事漸多，故取民之道，遂未由節減耳。

（乙）鑄錢　管子有言：『湯以莊山之金鑄幣，而贖人之無糧者。禹以歷山之金鑄幣，以救人之困。』是禹湯亦嘗鑄幣，特幣制無傳。然觀周時原穆公之諫景王有曰：『古者天降災戾，於是乎量貨幣，權輕重，以振救民。民患輕則爲作重幣以行之，於是有母權子而行，民皆得焉；若不堪重，則作輕而行，亦不廢重，於是有子權母而行，小大利之。』觀此可知古人造幣之用意。穆公之所謂古，殆指成周以上言之。徵諸夏商初世，鑄幣必在災至之年者非無故也。周初太公立九府圜法，黃金方寸而重一斤，錢圜函方，輕重以銖。金以斤爲重，錢以銖爲重。蓋自周以前，錢爲泉形，降而爲刀器。由周而來，錢爲圜法。自圜法流行於世，民甚便之，而泉與刀皆廢。此爲錢幣變古之始，言周制者不可不注意也。

不但此也，周禮地官載師：『凡宅不毛者有里布。』鄭衆謂『里布者，布參印書廣二寸，長二尺，以爲幣貿易物，』後人以爲鈔幣之類。又考質人『掌稽市之書契，』而其文與小宰八成『聽取予以書契』之語相應。或者後世銀行滙票之類，周初固已有之，則鈔幣亦何必待至中古而始興哉。

(附)農工商之待遇　遠古之時，當國事者，對於農工商待遇之如何？後世無由考論。至於三代，實業漸重，而農民之職務尤屬殷繁。夏制每歲孟春必令農大夫率農夫以均理其田。夏小正所謂『農率均田』者也。均田之法行，然後農民得實受恆產之利，而不至於窮。又觀王制制農田百畝，第爲五等。公田之肥墽雖有不同，而其至下之田亦有五人可食。可知商世農夫之生計，固亦未爲窘迫。而尙書盤庚篇一則曰：『若農服田力穡，乃亦有秋。』再則曰：『惰農自安，不昏作勞，不服田畝，越其罔有黍稷。』於此又可以見商世之重視農民，故恆懸以爲準則，非汜論也。至於周代，尤爲重農。君主春籍田並祈穀，夏大雩，冬勞農，皆親行之，以爲農民勸。又觀周禮地官所掌，凡一切官屬之爲農民特置者尤多，自大司徒以次至於廩人，往往有關農事。蓋本邦自昔以農立國，至周尤重。而全國之民，大抵以農人爲最多。故農政之推行，與夫農事之講求，均不容少緩也。

古者工人之地位，雖不如農，然工亦爲國家生利之人，古人固未嘗輕視之也。唐虞之世，共工本爲官名，而古書百官亦稱百工。黃帝以後，專掌工事之官，歷世皆有。蓋本邦工業發明最早，至於唐虞，彌著進步。觀禹貢所載九州貢賦，所謂織文、織貝、織縞之屬，無一不與工事相關。商初立制，分建六工之職，綜其所掌，凡土之屬，金之屬，石之屬，玉之屬，獸之屬，草之屬，皆列專官以分司其器。此殆由工藝之擴張，百事待理，故朝廷爲立各職，以管治之。周之興也，國有六職，百工居一；而百工之事，悉掌於冬官。以爲工者審曲面勢，飭五材，辨民器，古聖人之所作，視之尤重。凡攻木之工七，攻金之工六，攻皮之工五，設色之工五，刮摩之工五，搏埴之工二。又試進而爲之比較，有虞氏上陶，夏后氏上匠，殷人上梓，周人上輿，故周代一器而工聚焉者，於車爲多。其工政之條目，尤爲繁重，舉其著者以言：如以世事教百工，以居肆鳩百工，以式灋正百工，以財齋會工事，以省試辨工能，以旣稟勸工業，以六灋正邦器；俱散見古書，斑斑可考，尤足爲周人注重工藝之徵焉。

商之爲道，通財物，均聚散。神農之世，日中爲市，商利已興；則商之由來，可謂與農工並古。古之易於阜財者莫如商。然財貴流通而不貴積聚，故古語運而不積，則謂之「化」，虞書所謂『懋遷有無化居』者也。留而不散，則謂之「貨」，商書所謂『不肩好貨』者也。古者化與貨通，唐虞之世曰化，至殷始曰貨。於此足知古之人務散財，後之人乃務積財。古商人之道德，或有較勝於後人者。其與商相對者則曰「賈」。商之爲言商也，商其遠近，度其有無，通四方之物，故謂之「商」。賈之爲言固也，固其有用之物，以待民來，而求其利，故謂之「賈」。其下於賈者，又有負販。昔者舜常販於頓丘矣，則是負販之業，於古有之，非賤事也。夏代商政，不可考。至商典市之官，不粥之禁，具見於王制。周禮大司徒，有司市之職，以其經紀事大，故使下大夫尊官充其任，非獨不賤商，且鄭重之。其下並有胥師賈師諸官，分任職務，而司市之所掌，尤爲重要：一以次敘分地而經市，二以陳肆辨物而平市，三以政令禁物靡而均市，四以商賈阜貨而行布，五以量度成價而徵儥，六以質劑結信而止訟，七以賈民禁僞而除詐，八以刑罰禁虣而去盜，九以泉府同貨而斂賒。市政之善，蓋莫過於周。方周盛時，設鄉官以治農，工官以治工，而又設市官以治商。凡所以待遇農工商者，洵無微不至也。

本時代法制之二（制兵及用法）

建官與理財，具如上述。其次又有制兵用法之二端：

（一）制兵　古者君主得設六軍，觀夏啓有扈之征，大戰於甘，乃召六卿，說者以爲六軍之將。夫六卿之果爲軍將與否？古有異詞。惟甘誓篇於六卿之下，復言六事之人，則軍之有六，可以無疑。又此六軍大抵多爲車卒，故甘誓又曰：『左不攻于左，汝不恭命。右不攻于右，汝不恭命。御非其馬之正，汝不恭命。』則當日用兵之必爲車戰可知矣。至於仲康之世，胤侯專征，亦率六師而出，則六師制度之久而不易，又可知矣。商之興也，六軍之制，襲自夏初，而兵事之政，專於司馬。漢書所謂立司馬之官，設六軍之衆者，雖包周制以言，而已兼收殷制。至於周世，兵制之組織，多以五數相乘：五人爲伍，五伍爲兩，四兩爲卒（不以五相乘者惟此）。卒五爲旅，旅五爲師，師五爲軍。一軍人數爲萬二千五百，卿帥之。一師人數爲二千五百，中大夫帥之。一旅人數爲五百，下大夫帥之。一卒人數百，上士長之。一兩人數二十五，中士爲司馬。一伍人數五，下士長之。天子六軍，大國三軍，次國二軍，小國一軍，軍之隸屬如下表：

軍（五師）——師（五旅）——旅（五卒）——卒（四兩）——兩（五伍）——伍（五人）

周制，大小司馬所掌多關軍事（大小猶言正副）。其尤著者：如以軍輿之法用衆庶，以軍陳之法教戰守，以軍屯之法置更戍，以軍行之法整行列，以軍舍之法正壁壘，以軍賓之法致果毅，以軍刑之法糾威令，以軍愷之法禁暴亂，以軍恤之法哀死事是也。又有軍司馬，各掌其軍之政令，而職列陳之事者也。又有輿司馬，各掌其輿之政令，而職奉戰之事者也。又有行司馬，各掌其徒之政令，而職徒兵之事者也。以上諸職，皆以大司馬一官綜其成。然大司馬雖任掌制六軍之職，而至於軍旅大事，則五官亦皆得與。蓋古者寓兵於農，寓將於卿。命卿爲將，此僅就有事時言之。若無事而統兵，亦不專屬之司馬。今就周制考之，國子宿衛之士，則屬之太宰。虎賁宿衛之兵，又屬之司馬。師保四夷之隸，既屬之司馬，復屬之司寇。至國有大事，國子游卒，雖屬司徒，而又勿征於司馬。其衛兵之權散出，固可知也。鄉遂之民皆軍也，則屬之司徒。四時之田皆兵也，又屬之司馬。閭師者，司徒之屬，軍旅之戒，則受法於司馬。至於鄉師率民徒而致政令，受役要可也，而必考辟於司空。其畿兵之權散出又可知也。周之盛時，兵滿內外，而絕不聞有兵多之患者，其故在此。而其衛兵之數，又多列於額兵之外，周之兵規，夫亦可謂善矣！

（附）兵士之徵調　三代徵調兵士之制，惟周爲詳。夏少康之中興，有田一成，有衆一旅，於制：方十里之謂成，五百人之謂旅。夫爲方十里之地而使其民之出應兵役，達五百人，夏制恐非如是？然言田而必及有衆，則衆之集必依於田制，可斷言也。周承夏殷之制，兵農合一，兵額之衆，全出於夫家。夫積數而成鄉，兵卽積數而成軍。故伍爲一比，兩爲一閭，卒爲一族，旅爲一黨，師爲一州，軍爲一鄉。茲比較其狀如下：

五家爲比	凡五家	五人爲伍	凡五人
	（比有長） （下士爲之）		（伍有長） （下士爲之）
五比爲閭	凡二十五家	五伍爲兩	凡三十五人
	（閭有胥） （中士爲之）		（兩有司馬） （中士爲之）
四閭爲族	凡百家	四兩爲卒	凡百人
	（族有師） （上士爲之）		（卒有長） （上士爲之）
五族爲黨	凡五百家	五卒爲旅	凡五百人
	（黨有正） （下大夫爲之）		（旅有師） （下大夫爲之）

五黨爲州	凡二千五百家——五旅爲師	凡二千五百人
	（州有長）	（師有帥）
	（中大夫爲之）	（中大夫爲之）
五州爲鄉	凡萬二千五百家——五師爲軍	凡萬二千五百人
	（鄉有大夫）	（軍有帥）
	（卿爲之）	（卿爲之）

觀右之所列：凡一鄉出一軍，得兵一萬二千五百；周之郊內立鄉六，凡六鄉出六軍，得兵七萬五千。郊外立遂六，其制與鄉同，亦家出一人爲兵，以爲鄉之副。茲再比較鄉遂之概狀如下：

五家爲鄰	凡五家——五家爲比	凡五家
	（鄰有長）	（比有長）
	（下士爲之）	（下士爲之）
五鄰爲里	凡二十五家——五比爲閭	凡二十五家
	（里有宰）	（閭有胥）
	（中士爲之）	（中士爲之）

四里為酇	凡百家	——四閭為族	凡百家
	（酇有長）		（族有師）
	（上士為之）		（上士為之）
五酇為鄙	凡五百家	——五族為黨	凡五百家
	（鄙有師）		（黨有正）
	（下大夫為之）		（下大夫為之）
五鄙為縣	凡二千五百家	——五黨為州	凡二千五百家
	（縣有正）		（州有長）
	（中大夫為之）		（中大夫為之）
五縣為遂	凡萬二千五百家	——五州為鄉	凡萬二千五百家
	（遂有大夫）		（鄉有大夫）
	（卿為之）		（卿為之）

周制：鄉遂所出之兵，皆為正卒；正卒之外，又有羨卒。即周禮地官所謂上地、家七人，可任也者家三人。中地、家六人，可任也者二家五人。下地、家五人，可任也者家二人。凡起徒役，無過家一人，以其餘為羨者是也。然此皆

就比法言之，非所語於甸法也。比法出兵而不出車，甸法則出車。其制：九夫爲井，四井爲邑，四邑爲邱，四邱爲甸，甸出長轂一乘，戎馬四匹，甲士三人，步卒七十二人，大車三乘，牛十二頭，徒二十五人，干戈備具。甸又謂之乘，百乘爲同，故卿大夫采邑之大者，其賦百乘。諸侯之大者十同，其賦千乘。王畿百同，其賦萬乘。乘之云者，蓋就車制言，而卽以甸法徵集之者也。

本書述歷世用刑之故，大要亦分二類，玆就第一類及第二類述之：

（一）用法　晉叔向有言：『夏有亂政而作禹刑，商有亂政而作湯刑，周有亂政而作九刑。』禹刑湯刑云者，殆卽古之五刑，夏因虞，商因夏而襲用之。而或者以湯之官刑當之，亦偏論也。又夏商之世，五刑以外，其見於古書者尙有數端。就夏代觀之：紀年謂『帝芬（卽槐）作圜土』，此爲夏有牢獄之徵。甘誓謂『用命，賞于祖，不用命，戮于社，予則孥戮汝，』此爲夏有孥戮之徵。書序言呂命穆王訓夏贖刑作呂刑，此爲夏有贖刑之徵。又就商制考之：白虎通以殷之牖里，爲與夏之夏臺，周之囹圄，同爲圜土，此爲殷有牢獄之徵。湯誓謂：『爾不從誓言，予則孥戮女，罔有攸赦，』此爲商有孥戮之徵。紀年謂：『祖甲作湯刑，』此爲商刑復定之徵。呂覽引商書言：『刑三百，莫重於不孝，』此爲不孝罪大之徵。凡此皆夏商刑制之可知者也。若周之九刑，殆指刑書以言，猶今人習稱之法典。逸周書所謂刑書，蓋卽指此，此成王時事也。就周代刑制以言，其目亦有五：（墨，劓，剕，宮，大辟）。穆王之世，五刑之外，又有贖刑。書呂刑所謂『五刑不簡，正于五罰』者也。罰鍰（銅六兩曰鍰）

之數，墨辟百鍰，劓辟二百鍰，剕辟五百鍰，宮辟六百鍰，大辟千鍰。墨罰之屬千，劓罰之屬千，剕罰之屬五百，宮罰之屬三百，大辟之罰，其屬二百，通計立刑之屬凡三千。蓋贖刑自古有之，至周而條目尤備。贖刑之外，又有徒刑，墨者使守門，劓者使守關，宮者使守內，刖者使守囿，髡者使守積，皆徒刑之屬。士大夫及老弱者雖有罪得免服徒，則周之忠厚也。徒刑之外，又有流放。古者流宥五刑，見於虞書，夏商沿而弗革。觀王制所謂移郊移遂，或謂均屬殷時之制，至周而其法不廢。以上皆三代刑制之大凡也。

三代刑制，周爲獨詳，其精意往往散見於周禮一書，其政治之尤善者約有三端：一曰議辟。小司寇所謂：『以八辟、麗邦法，附刑罰』者是也。八議之目：一曰議親之辟，二曰議故之辟，三曰議賢之辟，四曰議能之辟，五曰議功之辟，六曰議貴之辟，七曰議勤之辟，八曰議賓之辟。周制凡此八者之人，非於王躬有所關係，即於國家有所裨益，不幸有罪，從而議之，可赦則赦，次亦爲之末減。如有爵者不爲奴，同族者無宮刑，有罪不即市，皆是也。凡命夫命婦不躬坐獄訟，得使其屬若子弟代之者，亦此意也。二曰聽訟。大司寇以兩造禁民訟，入束矢於朝，聽之，以兩劑禁民獄，入鈞金三日，乃致於朝，然後聽之。小司寇以三刺斷庶民獄訟之中：一曰訊羣臣，二曰訊羣吏，三曰訊萬民。聽民之所刺宥，以施上服下服之刑。周制凡訟事必先入束矢鈞金者，蓋所以備不直者之罰。而臨訟又必有三訊之法，使羣臣羣吏萬民咸得與議，合於疑獄與衆共之之義，尤立法之善者。三曰收教。大司寇以圜土聚教罷民，凡害人者置之圜土，而施職事，以明刑恥之。其能改者，反於中國，不齒三年。其不能改而出圜土者殺。又以嘉石平罷民，凡萬民之有罪過而害於州里者，桎梏而坐諸嘉石，役諸司空，重罪旬有三日坐，朞役。其次九日坐，九月役。其次七日坐，七月役。其次五日坐，五月役。其下罪三日坐，三月役。所謂施職事，所謂役，皆爲收而教之之事。所謂罷民，則皆無業游惰之民，爲周法之所難容者。古者民必有職，故太宰爲治官，以九職任萬民。大司徒爲教官，則施十二職事。明有事則必授以職事，無職者謂之惰游，亦謂之罷民，不得齒於曹伍。故大司寇必以嘉石平罷民也。就其議辟之法觀之，似周人亦尙「貴族主義」之政治者，故八議之法行，而凡此八者之人得邀厚典，不與吾民相等倫。及就聽訟收教各制以觀，則知周之所以善待吾民者，固亦未嘗薄也。

（二）法典之編纂　凡法有屬於國家者，有屬於社會者。國家法中，有成文者，有不成文者。成文法中，有公布者，有不公布者。公布之成文法，有單行者，有集合者。集合之成文法，即法典。本邦自黃帝堯舜之時，即已有國家法；而虞夏之間，成文法之痕跡，散見於古書者，漸可考見；迨夫周初成文法之公布，竟成爲事實，特法典之編纂，其方法無可尋求！然因此而遂謂古代並無法典之書，則吾人今日所不敢贊同者也。三墳五典，爲本邦最古之書名。古人之解五典，或有以爲五帝之書者，即假定爲出於五帝，而書以典名，與吾人所謂之法典名稱相合；然則謂五帝之書爲本邦最古之一種法書，宜若可通也。然僅以典名之合推之，猶未碻也。古者禮之與法，實視爲同物。禮者即古代規律人間之法，故凡禮制之見於古書者，均可認爲一種之成文法。而書堯典云：

『修五禮，』禮而言修，則其依據成文可知。論語言『殷因於夏禮，所損益可知也。周因於殷禮，所損益可知也。』古代之因禮而治，殆猶後世之因法而治。然因此而遂謂古者於因禮之外，別無有所謂法系，則又非也。古人於禮或與刑同論，故皋陶謨言『天秩有禮，五禮有庸，天討有罪，五刑五用。』其文先後相聯應，從知古人爲治，禮所不能及者，則藉刑以爲之救濟。三代因禮而治，雖見論語；因刑而治，亦見晉志所謂『夏后氏王天下，五刑之屬三千，殷因於夏，有所損益』者是也。故吾人以禮爲成文法之一種，未嘗不可；而以成文法專屬於禮，則固有所不可者也。今試就周禮考之，凡下一語而有法典意味之可玩索者，其類至衆：大司寇之職，凡諸侯之獄訟，以邦典定之；凡卿大夫之獄訟，以邦法斷之；凡庶民之獄訟，以邦成弊之。綜而計之，凡六典八法八成，具見本經。所謂集合成文法者，吾人今日縱不能遽斷其有無，而大司寇之所職司，往往有列數之可供稽討，而此列數之或六或八，當必有所依據而出。凡諸依據，或非爲當時法典，而其組織必與法典有同一之程度，無庸疑也。且吾稽之司寇所掌，而益信夫周法已必有所謂典者，行當日焉。其曰『刑新國，用輕典；刑平國，用中典；刑亂國，用重典。』凡輕之云、中之云、重之云者，究以何種之程度爲之標準，周治煩密，必非可貿然而析之者。使不懸其則以爲之鵠，則何以處茲諸夏而弼成統一之體也。然則周禮之所謂典，或亦如後世之人所習稱之法典，而自有其一書，特其書之綜概，後世無傳，故一切編纂之方法，吾人今日，亦末由論及，而終不可謂古無法典編纂之方法者，亦情也。故爲中論大意，著其要於此。

不但此也，大司寇所掌『正月之吉，始和布刑於邦國都鄙，乃縣刑象之法於象魏，使萬民觀』。此則直言刑典之必當每歲和布，一若刑象輕重必有隨時更變之處？故特著諸職守以明其必行。是則法典編纂之度數，必係至勤，不僅爲周有「集合成文法」之一證已也。至其別而言之，或曰刑，或曰禁，要皆視事以定其名。法治事業之發達，誠未有如周初之盛者也！

第五章　本時代之文化上

本時代文化之一（學藝）

本書之論學藝，析類爲二，其條例已於前時代中說明之。茲爲析其綱要如下：

（一）文學　文學之別四

（甲）文字　六書原起，已見首篇。黃帝以降，大抵通行；倉頡之書，鮮聞改觓。古代世界諸國，凡文字發明之始，常或不能畫一，而於吾國則其證尤明。此代與彼代固有不同，而同此時代之中，亦時相殊異。即三代論之，岣嶁碑之文，夏文也；比干銅盤之文，商文也；石鼓之文，周文也，而其文各異。石鼓文者，又卽籀體之所賴以傳。其文爲諷宣王畋獵之所作，出於太史籀。籀作大篆，間與古文殊體，後世稱爲籀文，其字數多少，不可知，而或者斷定爲九千字，則非也。史籀十五篇，名見漢志，當時實與古文並行。所謂古文，卽黃帝時代倉頡之所作，乃書之本文。籀之所作，殆爲周代之通俗文字。黃帝以降，書不能無異體，籀文之於古文，乃異體之大者。說者謂古代之文多爲獨體，卽史籀所作爲今人之所得見者，猶可討論其大概焉。

(乙)歷史　就文字言，夏書商書周書，代有專長。若就事實言，夏商周之書，卽夏商周之史。三代之政事，諸侯之誥命，歷歷可數。然古代之史，不止於書也。書者記言之史。其外如春秋爲記動之史。易爲卜筮之史。風也者，史所采於民，而編之竹帛，付之司樂者也。雅頌也者，史所采於士大夫也。禮也者，一代之律令，史職藏之故府，而時以詔王者也。小學也者，外史達之四方，瞽史諭之賓客之所爲也。又周制宗伯雖掌禮，禮不可以口舌存，儒者得之史，非得之宗伯。樂雖司樂掌之，樂不可以口耳存，儒者得之史，非得之司樂。然則經言非史不傳，尤昭然明矣。史之範圍於古爲甚廣，百家諸子，無不於此胚胎，至周而其證尤顯。孔子有言：『夏禮、吾能言之，杞不足徵也；殷禮，吾能言之，宋不足徵也；文獻不足故也。』文獻之不足，則史亡，故周代之以興，而史特盛也。又昔商紂之亡也，其史向摯抱籍以歸於周，此爲商史入周之證。而史者一代治亂興亡之所繫，故商史亡而君祿亦隨之絕也。雖然，商史替矣；而周史後亦衰於東遷之際。蓋周初設立史官，既不啻爲一代學術之總滙！故太史、小史諸職，分司而理，責任尤崇。周之東遷，孔子因有天子失官之歎，傷周史之亡，至與杞宋同慨。則周史末途之祿運，固亦猶之夏商而已！

（丙）哲理　古代哲理之可知者惟易。易之類三：一連山，二歸藏，三周易。其經、卦皆八，其別、六十有四。連山者夏之易，以艮爲首。歸藏者商之易，以坤爲首。晉阮籍所謂『包犧氏布演六十四卦之變後世聖人觀而因之象而用之，禹湯之統皆在，而上古之文不存』者是也。或曰：夏易曰連山，商易曰歸藏，而不以夏商之易爲名者，以時無易之名故。然則易名至周而始具故周易始曰易而又必以周冠之者誠有鑒夫連山歸藏之易，不著時代，後人對之，致生聚訟；周易成於殷之末世，故以代名，是可法也。六十四卦之作，實始包犧，文王因而成之，以彖辭列六十四卦之吉凶，若『乾元亨利貞』之類是也。周公繼志述事，於逐卦之爻，又分別爻義而繫之爻詞，以斷六爻之吉凶，若『初九潛龍勿用』之類是也。然猶未經孔子之贊定，尚未成爲完書。特視包犧所作之易，有卦畫而無文字者，固已截然不類。蓋周之易實繼連山歸藏之系而來，與包犧之卦畫，間接而非直接者也（連山歸藏書已失傳，有文無文，尚待論定）。易之爲書，無所不有，不但以卜筮傳，故古人謂五經言理，莫詳於易，其辭深且密，闡幽顯微，不以直易言。蓋易爲古代哲學之書已無所疑。至周而文王周公復加以多少之説明，期由是以盡天下之變，而古人研究哲理之精神，亦於斯大著焉。

（丁）文詞　古者文體簡至，迄於三代，詩書所載，多足研求。昔人論書，虞夏之書渾渾，商書灝灝，周書噩噩，此書之異也。論詩，商頌駿發而嚴厲，二南寬緩而和柔，此詩之異也。詩者有韻之文，其在夏時，即爲一種之歌謠。禹之治水，登會稽作操，有曰『洪水滔天，下民愁悲，上帝愈咨，三過吾門不入，父子道衰。』此夏操之著者也。『吾王不游,吾何以休?吾王不豫,吾何以助?』此夏諺之著者也。至商太師陳詩以觀民風,韻文之流派,必多增進;至其末世,伯夷叔齊義不臣周,而恥食其粟,偕隱首陽(山名,河南洛陽縣東北),作采薇之歌,用以見志。此於一朝世故,尤有關係。蓋韻文足以達沈思,抒情緒,苟當愉曠,則其聲足樂;處夫怨慕,則其音易哀不以世代而易也。至周太師,乃有六詩之教:一曰風,二曰賦,三曰比,四曰興,五曰雅,六曰頌,是謂詩之六義。一方承古代韻文之系統,一方兼促當代韻文之進步,不僅以歌謠見其長也。若夫周代散文,周書而外,如周官之載法,周易之言理,皆爲別開生面之作。方之夏商,進步多矣。

(二)質學　質學之別三:

(甲)天文　天文之學,發端於遠古;歷象之道,其尤著者也。箕子之陳洪範,而以五紀爲禹九疇之一。五紀之別:一曰歲,所以紀四時者。二曰月,所以紀一月者。三曰日,所以紀一日者。四曰星辰,所以分敍氣節,紀日月之會者。五曰歷數,所以爲氣節之度而授時者。商時天學雖無有可徵,而盤庚篇之誥誡殷民,固嘗曰:『鮮以不浮於天時』矣。至於有周,始以十二歲爲一終,故周禮春官馮相氏掌十有二歲,十有二月,十有二辰,十日,二十有八星之位,辨其敍事,以會天位。蓋十有二歲之位,用之紀年者也;十有二月之位,用之紀月者也;十有二辰、十日之位,用之紀日者也;二十有八星之位,用之紀日躔月逡者也。又春官太史正歲年以序事,頒之於官府及都鄙。此尤足爲周人注重歷象之徵焉。抑觀爾雅釋天,而知歲月之異名,亦至周而可信。

古者甲至癸爲十日，寅至丑爲十二辰。此二十二名，乃用之以紀日，非所以紀歲月者。故爾雅之言歲月，皆別有主名：如太歲在甲曰閼逢，在己曰旃蒙，正月爲陬，二月爲如之類是也。蓋周禮之歲月，但紀於十二；爾雅踵事加密，遂與甲子之法相符。然必特殊其名號者；懼其溷淆，愼別之也。從知古者並無歲月之號，但以閼逢旃蒙等名配歲，陬如等名配月。若夫取甲子之單名以著歲而稱月者，皆後世之制，非周以上之法也。特三代正朔不同，夏正建寅，商正建丑，周正建子，歷代互殊，夏制以孟春月爲正，商制以冬季月爲正，周制以仲冬月爲正。三者比較，惟夏正爲善，論語『顏淵問爲邦？子曰：行夏之時。』禮記『孔子曰：我欲觀夏道，是故之杞而不足徵也，吾得夏時焉。』得夏時者，謂得夏四時之書也，其書存者有夏小正。

(乙) 算數　算數之學，亦發達於遠古。夏禹治水，以勾股之算式，測量山川而定其高下，數學進步，於此足徵。然彼時所謂勾股，不過爲算數上之一術，而猶未有其書。至周，關於算數學之專書始出，周髀算經一書，其著者也。髀之義訓股，於周地立八尺之表以爲股，其影爲勾，故曰「周髀」。其首載周公與商高問答之詞，實爲勾股之學、信而有徵之始，後人以其書爲六藝之遺文者此也。周初注重六藝，數爲其一。人人六年教之數與方名，九年教之數日。蒙養教育已注重若此。故周禮地官凡數掌於保氏，所謂九數：一曰方田，以御田疇界域；二曰粟米，以御質劑變易；三曰差分，以御貴賤廩稅；四曰少廣，以御積冪方員；五曰商功，以御功程積實；六曰均輸，以御遠近勞費；七曰方程，以御錯糅正負；八曰贏不足，以御隱雜互見；九曰勾股，以御高深廣遠。九章算法，卽由玆而昉。後世謂周公制禮，有九章之名，非無據也。惟吾人於此尚有說焉：遠古之制作，往往爲後人之所難明，惟天文算數之學，則愈闡愈精。試觀容成造術，顓頊立制，而別星紀閏，多述唐堯，此爲後人勝古之明徵。至於三代，必有修改而益密者，此不可不知也。度量衡制度，亦各依據算數而成，古人視此極爲注重。惟歷代不同，試各就其著者言之：夏以十寸爲尺，商以十二寸爲尺，周以八寸爲尺（據漢制比較）。此度之相殊一也。禹有中國，釐改制量，比類百則，則必非襲用虞量可知。至周，㮚氏爲量，見於考工，䰛深尺，內方尺而圜其外。其實一䰛，其臀一寸，其實一豆，其耳三寸，其實一升，重一鈞，其聲中黃鍾之宮。槪而不稅。此度之相殊又一也。又禹調權衡以示民法度，則權衡亦別有夏代之制，至周亦稱數器。周禮夏官合方氏所謂『同其數器，壹其度量』者，數器卽指權衡而言。此衡之相殊又一也。論語云：『武王謹權量，審法度。』禮記云：『周公頒度量。』於此具足徵周人之注意爲尤過於夏商焉。

（丙）醫術　醫術之由來，歷年甚古。唐虞以後，事雖鮮考，而其術仍傳。商武丁之告傅說，有曰：『若藥不瞑眩，厥疾不瘳。』從知商人操術，利用重劑以起積痾，而醫亦爲官，與祝史射御百工同執技以事上。至於周世，業其術者必視古爲尤多；故曲禮有：『醫不三世，不服其藥』之說，而周禮天官醫師掌醫之政令，聚毒藥以共醫事，凡邦之有疾病者，疕瘍者造焉，則使醫分而治之。其職：食醫掌和王之六食六飲六膳百羞百醬八珍之齊，疾醫、掌養萬民之疾病，瘍醫、掌腫瘍潰瘍金瘍折瘍之祝藥劀殺之齊，獸醫、掌療獸病獸瘍。醫之分門而治，不紊其職若此！此足以徵周世醫術進步之一班矣。

本時代文化之二（美術）

本時代文質諸學，具如上所述。至於美術，亦皆承襲遠古之系緒而來。本書於美術一端，原析分爲三類：

（一）繪畫　夏時鑄鼎，窮形盡狀，非繪畫之合度，不易爲功！自夏以前圖畫之工，或施之服飾，未有施之型器者；至夏始列山川奇異之物於九鼎，而畫事之進步，於此益明。然猶未已也，商初、伊尹從湯言素王及九主之事，所謂九主，其品凡九，均形於圖畫以爲先鑒，此爲商代畫象之始；而武丁之夢得傅說，寫形象以事旁求，猶其後也。至周，畫學之進程，尤勝前古。舉凡服用之物，其需用繪事者正多，不僅如夏初之鑄鼎象物也。例如周禮春官、司常，掌九旗之物名，各有屬，以待國事。日月爲常，交龍爲旂，通帛爲旜，雜帛爲物，熊虎爲旗，鳥隼爲旟，龜蛇爲旐，全羽爲旞，析羽爲旌。此畫旗之證一也。春官司服，所掌有袞冕鷩冕毳冕之屬，皆因畫而成，此畫袞之證又一也。春官司尊彝、掌六尊六彝之位，其別、有鷄彝鳥彝山尊諸名。鄭玄說：鷄彝、鳥彝、謂刻而畫之爲鷄鳳凰之形，山尊、刻而畫之爲山雲之形。此畫尊彝之證又一也。春官師氏居虎門之左，司王朝。鄭玄說：王日視朝於路寢，門外畫虎以明勇猛。此畫門之證又一也。考工記梓人張五采之侯，則遠國屬。鄭玄說：五采者，內朱，白次之，蒼次之，黃次之，黑次之。其侯之飾，又以五采畫雲氣焉。此畫侯之證又一也。又地官大司徒之職，掌建邦土地之圖。此爲後世輿圖之所昉，蓋惟畫事進步而後始能及輿圖之學。輿圖之與物積體不同，而操術則一，凡此皆周代之畫之可知者也。不但是也，周制，畫繢分爲二事，各立專官。凡模成物體而各有分畫謂之畫，分布五色而會聚之謂之繪。其法，考工常言之：如謂畫繢之事雜五色，東方謂之靑，南方謂之赤，西方謂之白，北方謂之黑。天謂之玄，地謂之黃。靑與赤謂之文，赤與白謂之章，白與黑謂之黼，黑與靑謂之黻，五采備謂之繡。土以黃，其象方天時變。火以圜，山以章水以龍，鳥獸蛇，雜四時五色之位以章之，謂之巧。凡畫繢之事後素功。均其法也。

(二)建築　遠古之建築，莫尊重於明堂，三代亦然：夏后氏世室，殷人重屋，周人明堂，具見周禮匠人，雖名異實同，而搆造之法各別；且夏度以步計，周度以筵計，故結合之形多異。此三代明堂制度之可知者也。其他若廟或朝或寢，三代異宜，惟周初尤備。凡廟外爲門，中爲堂，後爲寢。天子之廟七，諸侯之廟五，大夫之廟三，士之廟一。一廟之外周以垣，二廟之間亘以垣，七廟之外統以垣，故無論其爲七爲五爲三，其廟均外同而中隔，期以別祖祧昭穆之所在。此廟之制然也。周宮門有五，郭門謂之臯，臯內謂之庫，庫內謂之雉，雉內謂之應，應內謂之路。此門制然也。路以內曰內朝，路以外曰治朝，雉以內曰外朝。外朝右社稷，左宗廟，皆在庫門之內。內朝爲宗人嘉事之所，又謂之燕朝。治朝爲日聽政事之所。外朝爲國有大政，詢於萬民之所。此朝之制然也。朝以內謂之路寢，路寢以內謂之燕寢。路寢謂之正寢，燕寢謂之小寢。天子路寢一，小寢五；諸侯路寢一，小寢二。而周禮天官宮人實掌修天子之六寢。此寢之制然也。周制：堂與屋各有等威。天子之屋四注四霤，諸侯之屋四注三霤，大夫之屋二注二霤，士二注一霤。天子之堂九尺，諸侯之堂七尺，大夫五尺，士三尺，尺一等。此則建築之因階級而異者。周代建築之事掌於司空。鄭玄說：司空，掌營城郭，建都邑，立社稷宗廟，造宮室車服器械，監百工者；唐虞以上曰「共工」。今綜司空所掌，實於建築之事爲多，而匠人即爲其屬職焉。

（三）彫鑄　彫刻與冶鑄之起原，已詳陳於遠古；至於三代，彫刻之技，又方遠古爲精。其在禹貢，揚州之瑤琨，梁州之璆，雍州之球琳，均爲美玉，而左傳亦言『成王分魯公以夏后氏之璜。』璜爲半璧，乃古人之至寶，夏代玉工之成績，由茲表示，故其物至周世而猶存也。湯初謀夏，受小球大球；其伐三朡，並俘寶玉。球玉之在商初，其見於記載者類此，然此猶物之單簡者也。至周，術益分而成物亦益衆，觀爾雅釋器，本有治朴治器之分。凡器未成而治其朴，則其術之別五：象謂之鵠，角謂之觷，犀謂之剒，木謂之劇，玉謂之雕。成一器加工而治之，則其術之別六：金謂之鏤，木謂之刻，骨謂之切，象謂之磋，玉謂之琢，石謂之磨。要而言之，固皆得以彫刻之術約之者也。又周禮築氏爲削，爲攻金六工之一。削者猶刀，所以刻器，而其具又至利，考工記所謂長尺博寸，合六而成規，欲新而無窮，敝盡而無惡者也。又玉人亦見考工，專爲斲玉成器而設，器以將禮，故特置其官。周初之重視彫刻，與商代之設立石工，無以異也。次於彫刻而當述者，又有冶鑄。夏初鑄鼎象物，雖合彫鑄二事而成，而冶鑄之工實尤急於彫刻。至商特設金工以經紀之，顧其術無傳。至於周代，冶鑄之法，始見於考工。其說金有六齊：六分其金而錫居一，謂之鐘鼎之齊。五分其金而錫居一，謂之斧斤之齊。四分其金而錫居一，謂之戈載之齊。三分其金而錫居一，謂之大刃之齊。五分其金而錫居二，謂之削殺矢之齊。金錫半，謂之鑒燧之齊。綜斯六者，四分以上，謂之上齊，四分以下，謂之下齊。古代冶鑄之法，至此而明。又陶器既起原於遠古，至周亦有摶埴之工，陶人旊人其職也。至若染人掌染絲帛，春暴練，夏纁玄，秋染色，冬獻功，各有厥序。其事亦皆與美術相關，故三代之美術，周爲最著。

(附)音樂　音樂雖足以發育人之美感，究與繪畫建築彫鑄各事之直接於目者不同。然其概別亦不可不明也：唐虞以後，禹作大夏之樂，湯作大濩之樂，周武王作大武之樂，周公作勺之樂。此三代樂制不同之大概也。然有一代之中，亦有自爲更變者；例如夏用大夏之樂，至於孔甲，復作破斧之歌，爲東音所自始。商用大濩之樂，至於辛受，好爲靡靡之樂，而淫聲由此興。周之中衰，武勺之樂息，而列國之樂行，與夏商之變一也。又三代均有典樂之官，至周而其職尤衆：周禮春官之屬，有大司樂，掌樂德、樂語、樂舞之事。樂之德六：中和祗庸孝友是，樂之語亦六：興道諷誦言語是，樂之舞又有六：雲門大卷（黃帝之樂）大咸（堯之樂）大磬（舜之樂）大夏大濩大武是。周人重視音樂，故常兼收並蓄，分事以敍舞；黃帝以後歷代之樂，未有遺者。至於司樂之屬，有大師、小師、大胥、小胥、磬師、鐘師、笙師、鎛師、籥師諸官，各供其職，已爲明備；而其外並立鞮鞻氏之官，掌四夷之樂及其聲歌，則立制並不遺夫域外，而周樂爲尤備於夏商矣。又周以六藝爲教，常於保氏五禮五射五馭六書九數之外，又有六樂：即包黃帝堯舜禹湯武之樂而言，其序、次於禮而先於射，不僅以是爲美術之寄已也。

第六章　本時代之文化下

本時代文化之三（宗教）

本時代宗教自外方傳入者尚無所見，茲仍前時代之例，析其說爲三端：

（一）宗教之起於內國者　遠古之世宗教派別，約有四事：一曰神仙，二曰陰陽，三曰五行，四曰雜占。漢志所載神仙之書，多托名於黃帝，至於三代事雖不著，而其道仍傳。陰陽之論，亦自黃帝之世而興，三代迭更，簡册未言其術要其傳衍，必無因而絕可斷言也。五行之教，惟夏爲盛，洪範九疇，五行爲其始。何謂五行？行者，言爲天行氣之義。播五行於四時，迭相休旺，是爲天行氣也。五行有位置，有性質，有支配。洪範，一曰水，二曰火，三曰木，四曰金，五曰土。此位置之說也。水曰潤下，火曰炎上，木曰曲直，金曰從革，土爰稼穡，此性質之說也。潤下作鹹，炎上作苦，曲直作酸，從革作辛，稼穡作甘，此支配之說也。至於後世，凡世間事物之以五成者，往往以五行之說附會之，而支配之論益雜。周初，文王周公雖從事演易，不信五行；迨夫東遷，五行之論復起，不可絕也。古者雜占之數，常假百物之感應而斷其吉凶。漢志有言，桑穀拱主，大戊以興；雊雉登鼎，武丁爲宗。其例證也。衆占非一而以夢爲大。武丁之得傅說，文王之得呂尙，皆先有夢以爲之兆。故周禮春官太卜掌三夢之法：夢出於有所因曰「致夢」，其怪異者曰「觭夢」，無心感物而自應者曰「咸陟」。別有占夢之官，以日月星辰占諸夢之吉凶季冬聘王夢（鄭玄曰：聘、問也），獻吉夢於王，王拜而受之乃舍萌於四方以贈惡夢（鄭玄曰：舍萌猶釋菜也，贈、送也）。是又雜占之最著者也。

漢志之言術數，凡六家；一曰天文，二曰歷譜，三曰五行，四曰蓍龜，五曰雜占，六曰形法。天文歷譜，語在學術；五行雜占，亦見上文。玆所當補述者，爲蓍龜與形法：蓍龜本爲二術，包犧作卦，始有筮易說卦所謂『聖人作易，幽贊於神明而生蓍』者是也。古者蓍爲筮而龜爲卜，說文卜、灼龜也，象兆之縱橫也。龜之爲卜，亦起自三代之前，故夏代已有龜書，夏龜二十六卷見於漢志。箕子之陳洪範，從龜與從筮並言，知古代之重龜猶重蓍也。商立太卜爲天官之一。至周其職益多，有掌卜之官，有掌筮之官，有卜筮兼掌之官。周禮春官卜師掌開龜，龜人掌取龜攻龜釁龜，此卜官也。筮人掌三易，此筮官也。而其上有太卜，則爲卜筮兼掌之官，掌三兆之法：一曰玉兆，二曰瓦兆，三曰原兆。又掌三易之法：一曰連山，二曰歸藏，三曰周易。以邦事作龜之八命：用兵之謂征，災變雲物之謂象，有所共事之謂與，計議之謂謀，勇決之謂果，至不至之謂至，雨不雨之謂雨，疾瘳不瘳之謂瘳。凡國大貞，卜立君，卜大封，則眡高作龜。大祭祀，則眡高命龜。凡小事、涖卜。國大遷大師，則貞龜。凡旅，陳龜，凡喪事、命龜。由此以觀，知周之重龜爲勝於重蓍也。三代卜筮之法雖同，而其間不無微異：夏殷二代卜筮，取書龜，已則棄去之，以爲龜藏則不靈，筮久則不神；至周則常寶藏著龜，又其大小先後，各有所尙，則法之小別也。形法之學，遠古無聞。自禹治洪水，益主記異物，於是有山海經之作，於此識休祥變怪之物，見遠國異人之謠俗，此爲尙論形法者之肇端。漢志形法六家，山海經實居其首。至於周世，其術益行。

(二)宗教與政治之關係　或謂夏啓與有扈之爭，其因卽發生於宗教，五行爲禹之國教，而扈不從，故啓征而滅之，夏書錄甘誓，所以著教之爭也；八卦之術與五行相牾，禹之教雖盛而不能西被於關中，文王之興，當有扈之故墟，故講八卦而不言五行，周書錄洪範，所以明教之異也。夫洪範之陳，由於箕子，箕子、殷人也，則殷崇五行之教可知矣。惟八卦之說之有關政治也，故文王周公邃於易理，而足以致治；惟五行之說之亦有關政治也，故後人推闡五行之道，而亦足以言治。舉其說例：如謂簡宗廟，不禱祠，廢祭祀，逆天時，則水不潤下。棄法律，逐功臣，殺太子，以妾爲妻，則火不炎上。田獵不宿，飲食不享，出入不節，奪民農時，及有姦謀，則木不曲直。好攻戰，輕百姓，飾城郭，侵邊境，則金不從革。治宮室，飾臺榭，內淫亂，犯親戚，侮父兄，則稼穡不成。凡此諸端，皆與政治之論相牽引，惟其文不如彖爻之密，故五行之教，至周初而替。迨夫後世，雖有說其術者，迄不能如夏代之盛行云。

(三)宗教與民習之關係　禮表記之言曰：『夏道尊命，事鬼敬神而遠之。殷人尊神，率民以事神。周人尊禮，尙施，事鬼敬神而遠之。』所謂事，所謂敬，皆爲崇信鬼神之證。惟夏周之俗，崇信鬼神而能遠之，所以較異於商；

故商人崇信鬼神之念於古代爲獨著。觀武乙之戮辱天神，仰而射天，而民心不附，卽其顯徵。又其甚者，紂爲無道，或有不敬神祇之事，而書微子篇卽曰：『今殷民乃攘竊神祇之犧牷牲，用以容，將食無災？』以爲商室將亡之一證。則商人之重視鬼神，從可知也。古昔帝王，其初常假借神權之論以制其民，民非不附也，行之既久而人民傾向神權之見益堅；其君主或有反此傾向以行者，則必爲人民之所疑懼，雖欲脫離此規範而亦不能矣。周禮春官，凡以神仕者，以冬日至致天神人鬼，以夏日至致地示物鬽，以禬國之凶荒，民之札喪。夫天神地示諸祀，既有大宗伯以掌之，而又立神仕之官以與致禮鬼神之末；則周俗之崇信鬼神亦可見矣。

本時代文明之四（風俗）

繼宗教而可知者則爲風俗。本書之述風俗，約爲四類，具見於上篇。茲仍前例以敍述之：

（一）風俗之成因基本於禮制者　古者禮制既與人民自然之風俗，因之而有幾多之變動；其不善者，可借端於禮制而改進之。故究其創制，則可概以禮；觀其蹈襲，亦可謂之俗。曲禮曰：『禮從宜，使從俗。』說者謂禮與義俱，禮不合宜，是謂非禮之禮。風俗各有所尙，苟非俗之所安，君子不以爲禮。然則禮之與俗，實相輔而行，惟禮由制定，俗出自然，所不同者，惟在是點。今先本諸禮制以說明之：

（甲）婚姻　古者婚姻之禮無聞，至周而其制始定。一夫多妻之制，貴者多襲行之；觀商周之制，天子三夫人、九嬪、二十七世婦、八十一御妻，其人數之衆，爲遠古所未見。周代婚姻期限，男三十而娶，女二十而嫁，男女合爲五十，適爲大衍之數，所以生萬物者也。大抵周之男子二十而冠，行冠禮，既冠則有爲人父之道。女子十五許嫁，亦有適人之道。而禮必以三十二十爲規定者，僅舉其極言之，然則周制亦非可泥解也。又周禮地官媒氏以仲春會男女，而曲禮亦言男女非有行媒不相知名，媒者又男女二姓婚禮之介人也。昏禮有六：將欲合昏，必先使媒氏通其言於女氏，女氏許之，然後使人納其采擇之禮，是曰納采，一也。既納采矣，必詢其名氏以歸，卜其吉凶，是曰問名，二也。問名然後卜之，卜定以告女氏，是曰納吉，三也。既納吉矣，乃使使者納幣於女氏以成昏禮，徵之猶言成也，是曰納徵，四也。納徵既畢，然後使人以吉日請於女氏，以示聽命女氏之意，所以尊之，是曰請期，五也。及吉日既屆，壻親迎於女氏，女氏將行，陳器饌以待之，及壻迎歸，先俟於門外，入以行禮，是曰親迎，六也。親迎至而昏禮成，於是又有婦見舅姑之禮，贊醴之禮，婦饋舅姑之禮，舅姑饗婦之禮，廟見之禮。蓋周代之締結婚姻，其儀式之尊重，有如是者。又曲禮言天子之妃曰后，諸侯曰夫人，大夫曰孺人，士曰婦人，庶人曰妻。后者後也，夫者扶也，孺者屬也，婦者服也，妻者齊也。古者惟士之妻，始可以言齊；妻以上之取義，皆主卑順：於此又見古代男女之未克平權云。

（乙）死喪　唐虞以後，鬼神之崇事，無代不然。至周，人鬼之祀，與天神地亓同重。蓋人死之謂鬼，義實沿夫遠古。周制，人死必復，男子稱名，女子稱氏。復而不蘇，然後敢行死事。蓋送死之禮，莫備於周。於其終也，有初終之禮；及葬有葬禮，致祭有祭禮，訃有訃禮，弔有弔禮，臨有臨禮，贈襚賻賵有贈襚賻賵之禮。舉其著者以言：

人始死必爲之沐浴；又緣生食，死不欲虛其口，乃有飯含之事：故天子飯以玉，諸侯以珠，大夫以米，士以貝。飯含而後用襲，襲而後設冒，乃陳小歛之衣而行小歛：凡歛者袒，遷尸者襲，君之喪，大胥是歛，衆胥佐之，大夫之喪，大胥侍之，衆胥是歛，士之喪，胥爲侍，士是歛。厥明，陳大歛之衣，及其奠歛之具而行大歛：夏后氏尚黑，大事歛用昏，殷人尚白，大事歛用日中，惟周尚赤，大事歛用日出。歛既，然後殯。夏后氏殯於阼階，殷人殯於兩楹之間，周人殯於西階。周制，凡殯天子七日，諸侯五日，大夫士三日，各以時日而別其等倫。此初終之禮也。自初殯至葬，其間經過之儀節，又非苟然而已也：周制，葬事之前，先筮宅，使冢人營其事，然後卜日，卜定然後啓殯，遂徙於祖廟，謂之「朝祖」，又曰「祖載」。既畢事，發引，商祝執功布以御柩，引披，祥車曠左而行。至於壙下，柩乃窆。天子七月而葬，諸侯五月，大夫三月，士逾月。天子墳高三仞，樹以松；諸侯半之，樹以柏；大夫八尺，樹以欒；士四尺，樹以槐；庶人無墳，樹以楊柳。至於棺槨，商代始有膠漆之用，周人寖文，牆置翣，加巧飾。天子之棺槨九重，衣衾百二十稱；公侯五重，衣衾九十稱；大夫有大棺三重，衣衾五十稱；士再重，無大棺，衣衾三十稱（單袷備爲一稱）。此葬禮之一班，而墳墓與棺槨亦得因之附見者也。葬畢，反哭於祖廟，遂適殯所，於是有虞祭。周人親喪有哭有踊，然皆制禮以爲之節，既葬而虞，始卒哭。卒哭而祔，有祔祭。祔之期年爲小祥，有小祥之祭。又期爲大祥，有大祥之祭。大祥一月而禫，有禫祭。三年之喪畢，又有吉祭。此祭禮也。

凡訃，各因所訃者之名位而異其稱，或曰不祿，或曰死；自國君至士，用語各殊，死則必訃，爲禮之常。此訃禮也。凡弔，亦各以名位而異。遭喪而訃，訃而後弔者至。大抵知生者弔，知死者傷，知生而不知死，弔而不傷；知死而不知生，傷而不弔。此弔禮也。古者臨喪則必有哀色，不笑不翔不歌。此臨禮也。贈襚者何謂也？贈之爲言稱也，玩好曰贈。襚之爲言遺也，衣被曰襚。賻賵者何謂也？賻之爲言助也，貨財曰賻。賵之爲言覆也，車馬曰冒。贈襚所以助生送死，追恩重終，而賻賵亦所以佐給不足。此贈襚賻賵之禮也。不獨此也，古禮之最要者爲喪服，遠古之世，其事無徵，至於周代，喪服之制大明。喪服之別，卽以情誼之親疏而定。其爲親成服也，推之而可以知周人「家族制度」之大成；其爲君成服也，推之而可以知周人「封建制度」之完密。今綜周代服制之別，列爲簡表，凡爲今制之所因者，明注於下，藉見古代「服制」之一班如左：

（下表卽據儀禮喪服）

喪服年別	喪服類別	喪服今制
斬衰	（一）父	同（卽子爲父母）
	（二）諸侯爲天子	無
	（三）君	無
	（四）父爲長子	改
	（五）爲人後者	同（卽爲人後者爲所後父母）

三年	（六）妻爲夫	同
	（七）妾爲君	同（卽妾爲家長）
	（八）女子子在室爲父	同（卽女在室爲父母）
	（九）子嫁反在父之室爲父	同（卽女嫁反在室爲父母）
	（十）士大夫之衆臣爲其君布帶繩屨	無
齊衰三年	（一）父卒則爲母	改
	（二）繼母如母	改
	（三）慈母如母	改
	（四）母爲長子	改
齊衰杖期一年	（一）父在爲母	改
	（二）妻（禮記雜記爲妻父母在不杖不稽顙母在不稽顙）	同
	（三）出妻之子爲母	改
	（四）父卒繼母嫁從爲之服報	改
齊	（一）祖父母	同（卽孫爲祖父母）
	（二）世父母叔父母	同（卽爲伯叔父母）
	（三）大夫之適子爲妻	無
	（四）昆弟	同（卽爲兄弟）

衰不杖期一	
（五）爲衆子	同（卽父母爲適長子卽衆子）
（六）昆弟之子	同（卽爲兄弟之子及兄弟之女在室者）
（七）大夫之庶子爲適昆弟	無
（八）適孫	同（卽祖爲適孫）
（九）爲人後者爲其父母報	同（卽爲人後者爲其父母）
（十）女子子適人者爲其父母	同（卽女出嫁爲父母）
（十一）女子子適人爲其父母昆弟之爲父後者	同（卽女適人爲其兄弟之當爲父後者）
（十二）繼父同居者	同（卽爲繼父同居而無大功之親者）
（十三）爲夫之君	無
（十四）姑姊妹女子子適人無主者姑姊妹報	同（卽女在室及雖適人而無夫與子者爲其兄弟及兄弟之子）
（十五）爲君之父母妻長子祖父母	無
（十六）妾爲女君	同（卽妾爲適妻）
（十七）婦爲舅姑	改
（十八）夫之昆弟之子	同（卽婦人爲夫親兄弟之子）
（十九）公妾大夫之妾爲其子	同（卽妾所主之長子及衆子及所生子）
（二十）女子子爲其祖父母	同（附於孫爲祖父母）
（廿一）大夫之子爲世父母叔父母子昆弟昆弟之子姑姊妹女子子無主者爲大夫命婦者唯子不報	無

服制	儀禮	後世
年	（廿二）大夫爲祖父母適孫爲士者	無
	（廿三）公妾以及士妾爲其父母	無
大功九月	（一）姑姊妹女子子適人者	同（卽爲姑及姊妹兄弟之女出嫁者）
	（二）從父昆弟	同（卽爲同堂兄弟）
	（三）爲人後者爲其昆弟	同（卽爲人後者爲其兄弟姑姊妹在室者）
	（四）庶孫	同（卽祖孫衆孫）
	（五）適婦	改
	（六）女子子適人者爲衆昆弟	同（卽女出嫁爲本宗兄弟及兄弟之子）
	（七）姪丈夫婦人報	同（卽女出嫁爲本宗伯叔父母）
	（八）夫之祖父母世父母叔父母	同（卽爲夫之祖父母伯叔父母）
	（九）大夫爲世父母叔父母子昆弟昆弟之子爲士者	無
	（十）公之庶昆弟大夫之庶子爲母妻昆弟	無
	（十一）皆爲其從父昆弟之爲大夫者	無
	（十二）爲夫之昆弟之婦人子適人者（婦人子猶言女子子）	無
	（十三）大夫之妾爲君之庶子	無
	（十四）女子子嫁者未嫁者爲世父母叔父母姑姊妹	無
	（十五）大夫大夫之妻大夫之子公之昆弟爲姑姊妹女子子嫁於大夫者	無

	（十六）君爲姑姊妹女子子嫁於國君者	無
殤大功九月七月	（一）子女子之長殤中殤（年十九至十六爲長殤十五至十二爲中殤十一至八爲下殤）	無
	（二）叔父之長殤中殤	無
	（三）姑姊妹之長殤中殤	無
	（四）昆弟之長殤中殤	無
	（五）夫之昆弟之子女子之長殤中殤	無
	（六）適孫之長殤中殤	無
	（七）大夫之庶子爲適昆弟之長殤中殤	無
	（八）大夫爲適子之長殤中殤	無
	（九）公爲適子之長殤中殤（以上長殤皆九月中殤皆七月）	無
繐衰〔七月〕	（一）諸侯之大夫爲天子	無
小	（一）從祖祖父母從祖父母報	同（卽爲伯叔祖父母）
	（二）從祖昆弟	同（卽爲再從兄弟及再從姊妹在室者）
	（三）從父姊妹	同（卽爲同室姊妹之嫁者）
	（四）孫適人者	無

功五月	（五）爲人後者爲其姊妹適人者	同
	（六）爲外祖父母	同
	（七）從母丈夫婦人報	同（卽爲母之兄弟姊妹）
	（八）夫之姑姊妹娣姒婦報	同（卽爲夫之姑及夫之姊妹）
	（九）大夫大夫之子公之昆弟爲從父昆弟庶孫姑姊妹女子子適士者	無
	（十）大夫之妾爲庶子適人者	無
	（十一）庶婦	改
	（十二）君母之父母從母	無
	（十三）君子子爲庶母慈子者	改
殤小功五	（一）叔父之下殤	無
	（二）適孫之下殤	無
	（三）昆弟之下殤	無
	（四）大夫庶子爲適昆弟之下殤	無
	（五）爲姑姊妹女子子之下殤	無
	（六）爲人後者爲其昆弟從父昆弟之長殤	無
	（七）爲夫之叔父之長殤	無
	（八）昆弟之子女子子夫之昆弟之子女子子之下殤	無

服制	條目	
月	（九）爲姪庶孫丈夫婦人之長殤	無
	（十）大夫公之昆弟大夫之子爲其昆弟庶子姑姊妹女子子之長殤	無
	（十一）大夫之妾爲庶子之長殤	無
齊衰三月	（一）寓公爲所寓	無
	（二）丈夫婦人爲宗子宗子之母妻	無
	（三）臣爲舊君君之母妻	無
	（四）庶人爲國君	無
	（五）丈夫在外其妻長子爲國舊君	無
	（六）繼父不同居者	同
	（七）曾祖父母	改
	（八）大夫爲宗子	無
	（九）大夫爲舊君	無
	（十）大夫之曾祖父母爲士者如衆人	無
	（十一）女子子嫁者未嫁者爲曾祖父母	無
緦	（一）族曾祖父母	同（卽爲族曾祖父母）
	（二）族祖父母	同（卽爲族伯叔祖父母）
	（三）族父母	同（卽爲族伯叔祖父母）

緦	三
（四）從祖昆弟之子	同（卽爲同曾祖兄弟之子）
（五）族昆弟	同（卽爲族兄弟及族姊妹在室者）
（六）庶孫之婦	同（卽祖母爲嫡孫衆孫婦）
（七）父之姑	同（卽爲從祖祖姑及從祖姑及從祖姊妹之出嫁者）
（八）從祖姑姊妹適人者報	無
（九）外孫	同（卽爲外孫）
（十）庶子爲父後者爲其母	改
（十一）士爲庶母	改
（十二）貴臣貴妾	無
（十三）乳母	同
（十四）曾孫	同
（十五）從母昆弟	同（卽爲兩姨兄弟）
（十六）甥	改
（十七）壻	同
（十八）妻之父母	同
（十九）姑之子	同
（二十）舅	改

服	條目	比較
月	（廿一）舅之子	同
	（廿二）夫之諸祖父母報	同（卽爲夫之從祖祖父母）
	（廿三）君母之昆弟	改
	（廿四）爲夫之從父昆弟之妻	同（卽爲夫同堂兄弟之妻）
	（廿五）爲夫之外祖父母從母改葬緦	無
殤緦麻三月	（一）庶孫之中殤	無
	（二）從祖父從祖昆弟之長殤	無
	（三）從父昆弟姪之下殤	無
	（四）夫之叔父之中殤下殤	無
	（五）從母之長殤報	無
	（六）夫之姑姊妹之長殤	無
	（七）從父昆弟之子長殤	無
	（八）昆弟之孫長殤	無
總計	一百三十五條	同五十四條 改十八條 無六十三條

（丙）祭祀　祭祀之禮，起原於遠古，三代人主因而用之，於是「天神」「地祇」「人鬼」之享，皆設立專官以司其事。總其職者，商則爲太宗，周則爲宗伯。凡諸祭祀，皆得以此三綱括之：一曰天神，其祭之大者有六：古者禮以祭爲重，祭以天爲尊，惟君主得祭天，諸侯不與。周禮春官冬日至，祀昊天上帝於圜丘，圜丘在南郊，故亦曰郊祭。郊祭非一，龍見而雩，則有雩祭；或祈農事，則有祈穀之祭。其時日先後各有不同，圜丘祭在冬至，祈穀在孟春，雩在仲夏，而均得以郊祭賅之。凡祭天必用樂舞及玉帛粢盛秬鬯酒醴犧牲籩豆之屬，而祭者之冕服，又歷代相殊，有虞氏皇，夏后氏收，殷人冔，周人冕。又祭天必有所配，有虞氏嚳，夏后氏鯀，殷人冥，周人稷。周代郊天之祭三：或於冬，或於春夏。惟明堂之祭則於秋，且以文王配，孝經所謂宗祀文王於明堂以配上帝者也。此祭天之禮也。祭天之外，又有五帝之祭。五帝亦各有其所配，太皞配木，炎帝配火，黃帝配土，少皞配金，顓頊配水。故月令孟春之月，其帝太皞，其神句芒。孟夏之月，其帝炎帝，其神祝融。中央土，其帝黃帝，其神后土。孟秋之月，其帝少皞，其神蓐收。孟冬之月，其帝顓頊，其神玄冥。而周禮五帝之祀，掌於太宰；裘冕而祭，掌於司服。凡諸儀式，或與天同以極其隆，或與天異以致其辨。此祭五帝之禮也。周禮春官籥章有仲春逆暑、仲秋迎冬之樂。祭法，相近於坎壇，祭寒暑也。此祭寒暑之禮也。祭義，祭日於東，祭月於西。祭法，王宮祭日，夜明祭月。夫王宮夜明，皆爲日月正祭之處；至其時會，則祭日於春分，祭月於秋分。此祭日月之禮也。星辰正祭，雖於經無見，然祭法謂幽宗祭星，爾雅言祭星曰布，則古者星辰之祀，當必與日月同尊。此又祭星辰之禮也。以上爲「天神。」

次曰「地示。」古者祭以天爲尊，而地次之，惟人主得祭地，諸侯不與。周禮春官，夏日至，祭地於方澤。方澤在北郊，地之正祭，即行於此，故亦稱郊祭。然祭地與祭天不同：古代祭天之配，詳見於經，而祭地之配，則經無明訓。此一異也。周人祭地，如壇壝樂舞圭璧之屬，均與祭天之禮相殊。又一異也。祭天一歲有四（明堂之祭列入），祭地則夏至以外無聞。又一異也。此祭地之禮也。祭地之外，又有社稷。周禮春官小宗伯，掌國之神位，右社稷，左宗廟。社祭土神，稷祭穀神，土穀之有資於民生也大，故建國以社稷爲先。土亦是地，穀又麗夫土而土穀之祭，必與祭地異者？隤然下凝，皆地也，其職主載，故古者惟君主得以祭之。於地之中而別爲土，職主稼穡以養人，洪範所謂『土爰稼穡』者也；土之中又別爲穀，所謂『稼穡作甘』者也。經傳於社稷，或分或合，或僅言社，而究以言社者爲多。凡王爲羣姓立社曰大社，王自爲立社曰王社。諸侯爲百姓立社曰國社，諸侯自爲立社曰侯社。大夫以下，成羣立社曰置社。又月令仲春命民社爲春祭，孟冬大割祠於公社爲冬祭。詩以社以方爲秋祭。古者社稷並稱亦並祀。此祭社稷之禮也。社稷之外，又有山川。古者禱祀山川，其名不一。周禮於四望則曰祀，於山川又曰祭。蓋同一山川，遠而望之則名曰望；祭於其地，則直曰祭山川。大抵山川之祭，君主則及天下。近者就祭之，周禮所謂『兆山川因其方』是也；遠者或因事祭之，虞書所謂「柴望」是也；或命有司祭之，月令所謂「祈祀」是也。諸侯不能如君主之及天下，而僅能及境內。曾子問所謂『令祝史告於山川』是也。蓋古者山川之祭，以四望爲最尊，故周禮四望與山川有別，一切樂舞牲玉之屬因之而異其等差；則以山川之祭爲足以包夫四望者疏也。此祭山川之禮也。山川之外，又有五祀。禮運降於五祀之謂制度，五祀所以本事也，禮行於五祀而正法則焉。故月令春祀戶，夏祀竈，中央祀中霤，秋祀門，冬祀行；孟冬則腊五祀。此祭五祀之禮也。周制，腊與蜡各爲一祭，蜡祭行於仲冬。蜡也者，索也，合聚萬物而索饗之也，而其所饗，大抵皆爲地示之屬。此又蜡祭之禮也。以上爲地示。

又次曰「人鬼」。人鬼之祭，合祖宗及古代帝王功臣之祀而言。君主宗廟之數，虞夏以降代有異同，至周而其制最備。虞夏之廟五，商之廟六，周之廟七，諸侯以次則遞相降殺：故周代天子七廟，三昭三穆，與太祖之廟而七。諸侯五廟，二昭二穆，與太祖之廟而五。大夫三廟，一昭一穆，與太祖之廟而三。士一廟。此周制之所爲較備於古也。然徵之家語引孔子言，公廟設於私家，非古禮之所及，天子七廟，自虞至周不變，則七廟之制，又不自周始矣。世室之名，始於夏代；至周有文世室祀文王，武世室祀武王。後之說者，或謂在七廟之內，或謂在七廟之外，或謂世室卽爲二廟，合七廟而爲九。要之天子太祖百世不遷，世室亦百世不遷，如世室爲廟，則何必別立世室之名？然則世室當在七廟之外，而幷不得以廟爲名矣。周室宗廟之祭，凡宮室服冕籩豆尊罍牲牢器數樂舞之屬，其散見於三禮者，雖不無闕略；然皆有脈絡之可尋求，而於一代崇祀先祖之誠心，具穆然而可會。周禮春官，小宗伯掌四時祭祀之序事與其禮，肆師又以歲時敍其祭祀。夏殷之祭，春曰礿，夏曰禘，秋曰嘗，冬曰烝。至周，春曰祠，夏曰礿，秋曰嘗，冬曰烝，而以禘爲殷祭；殷猶大也，禮不王不禘，惟人君得以行之，五年一舉。此祭宗廟之禮也。宗廟之外，又有古之帝王，與其功臣。王者制祭，各於其所當祭者而立之準：法施於民則祀之，以死勤事則祀之，以勞定國則祀之，能禦大菑則祀之，能捍大患則祀之。故帝嚳君也，能序星辰以著衆，則得祀。堯君也，能賞均刑法以義終，則得祀。舜君也，勤衆事而野死，則得祀。鯀臣也，鄣鴻水而殛死，則得祀。禹君也，能修鯀之功，則得祀。黄帝顓頊皆君也，黄帝正名百物以明民共財，顓頊能修之，則皆得祀。契臣也，爲司徒而民成，則得祀。冥臣也，勤其官而水死，則得祀。湯君也，以寬治民而除其虐，則得祀。文王武王皆君也，文以文治，武以武功，則皆得祀。又商周之世，有功臣配享之禮。孔子曰：「古者臣有大功，死則必祀之於廟，所以殊有績，勸忠勤也。」周禮夏官司勳，凡有功者，銘書於王之太常，祭於太烝，司勳詔之。此又祭古帝王及功臣之禮也。是種諸祭之外，又有厲祭，儺祭，酺祭。厲主不祥，周制王主天下，凡天下之大，其厲皆當祀之，故祭泰厲。諸侯主國，凡一國之無主者皆當祀之，故祭公厲。大夫主家，凡家之無主者皆當祀之，故祭族厲。此厲祭之禮也。儺所以逐疫，月令春季之月，命國儺，九門磔攘以畢春氣。仲秋之月，天下乃儺，以達秋氣。季冬之月，命有司大儺，旁磔出土牛以送寒氣。而儺祭之事，周官則以方相氏掌之。此儺祭之禮也。酺爲人物災害之神，春秋祭酺，見於周禮地官。是又祭酺之禮也。以上爲人鬼。

三代祭祀，以周爲最繁，上舉各端，僅見什一於千百；要其大者，固已略具於茲篇矣。祭祀之外，如射有射禮，賓有賓禮，聘饗有聘饗之禮，燕飲有燕飲之禮，朝會有朝會之禮，養老有養老之禮；推而至於一動一息，一行一言，亦不無有禮以爲之範：「禮儀三百，威儀三千，」非夸論也。周代風俗之美，惟賴禮教以植其基，即夏商之世，亦無得而幾其盛焉。

（三）風俗之成因基本於自然者　人民俗尚之成因，其端不一。由一代之禮制而生者：禮制一更，風俗必因之變遷，此其有迹可按者也。由自然之趨勢而來者：大勢所趨，風俗常隨之默轉，雖欲尋其跡象以事稽求，不易得也。茲之所述，僅就自然之勢之表著於外者言之，至其類別，則仍前篇之例，得分爲左之三端：

（甲）語言　三代人民通用之語言，後世未有徵引；惟觀古人之互相稱謂，亦可以見言語之大凡。夏商之世，其詳制無聞。至周，族制之主義大明，故稱謂之名，先自家族之間而定；推之以及於親戚，無不有相當之用語，具見於爾雅釋親一篇。其施之家族間者，如父之昆弟，先生爲世父，後生爲叔父；父之從父晜弟爲從祖父，父之從祖晜弟爲族父等，爲一例。其施之親戚間者，如母之考爲外王父，母之妣爲外王母，母之晜弟爲舅，母之從父晜弟爲從舅；妻之父爲外舅，妻之母爲外姑，妻之姊妹同出爲姨，女子子之妻爲婦，女子子之夫爲壻，壻之父爲姻，婦之父爲婚，兩壻相等爲亞等，又爲一例。凡此皆古人言語之著於稱謂者也。古以禮爲教，酧對亦必以禮，故曲禮立勦說雷同之戒，以示範於國人。然則古代之語言，亦未嘗純任自然而不加裁擇也。

(乙)好尚　夏之人尚忠，商之人尚質，周之人尚文。尚忠者奉上而尊命，尚質者不欺而尊神，尚文者多儀而尊禮，此其所長也。反是尚忠之敝，惷而愚，喬而野，朴而不文。尚質之敝，蕩而不靜，勝而無恥。尚文之敝，利而巧，文而不慚，賊而敝，此其所短也。又自夏以來，在上者之好尚，往往無節。觀五子之歌有曰：『內作色荒，外作禽荒，甘酒嗜音，峻宇雕牆，有一於此，未或不亡。』此夏之事也。伊訓有曰：『敢有恆舞於宮，酣歌於室，時謂巫風；敢有殉於貨色，恆於游畋，時謂淫風；敢有侮聖言，逆忠直，遠耆德，比頑童，時謂亂風。』此商之事也。酒誥有曰：『我民用大亂喪德，亦罔非酒惟行；越小大邦用喪，亦罔非酒惟辜。』又曰：『羣飲汝勿佚。』此周之事也。然則古人之好尚，亦正不一；其不善者，正足以爲後世之戒也。

(丙)階級　本邦階級之狀況，既略述於遠古；虞夏以降，此風未泯；至於周代，乃反盛於古初，至其細別，則有「貴者」之階級與「非貴者」之階級之二種。自士以上，貴者之階級（如諸侯卿大夫）；自士以下，則非貴者之階級也（如庶人）。茲以次分述之：

(子)貴者之階級，於何徵之？徵之於姓與氏之間　或謂諸侯卿大夫士，卽爲貴者之階級，固也；然此階級由制度而定，非因趨勢而成也。鄭樵言自隋唐以上，家之婚姻，必由於譜系，歷代皆有圖譜局以撰譜事，使貴有常尊，賤有等威。此爲古人辨姓氏以別階級之明證。顧其事必有所受，而鄭氏論此，則以爲受諸三代之前，不知此蓋三代之事也。三代姓氏本分，姓所以別婚姻，氏所以明貴賤，故婦人稱姓，而男子稱氏，氏惟國內之貴者得以稱之。左傳諸侯與鄭同盟於亳，其盟書云『或間茲命，明神殛之，俾失其民，隊命亡氏，踣其國家。』以明亡氏與奪爵失國相同，卽爲貴降爲賤之一證。然則氏之不能盡人而有，與夫亡氏之不能列入貴者之階級，其故不於此大明乎？不但此也，有氏之人，雖爲一國之貴者，而貴者之氏，亦隱然有小大之分：或胙土命氏，凡有德者封之以國，卽以國爲之氏。周語所謂『帝嘉禹德，賜姓曰姒，氏曰有夏；胙四岳國，賜姓曰姜，氏曰有呂』者，此一例也。或以字，諸侯位卑，不得賜姓於其臣，故其臣有以其王父之字爲氏者。古時王者之子稱王子，王者之子之子稱王孫，諸侯之子稱公子，公子之子稱公孫，公孫之子不得復稱公孫，乃以王父之子爲氏。此又一例也。或以謚，卽以先人之謚爲氏。如楚之昭氏景氏，又其一例也。或以官，卽以先人之官爲氏。如太史太師司馬司空之類，又其一例也。或以邑，卽以先人所封之邑爲氏。如周之祭氏尹氏蘇氏毛氏之類，又其一例也。又古貴者之階級，不僅於氏之一方面然也，於姓亦有然。風姓也，姜姓也，姬姓也，已姓也，嬀姓也，姒姓也，子姓也，皆帝王之貴姓；至於周世，姬姓且復有中國矣，其他諸姓，裔胄多存，未嘗絕也；至於衰周，姓之見於春秋者，僅二十二，而二十二姓之中，若風若姜若姬若已若嬀若姒若子，固皆無恙，則知諸姓之裔，亦隱然負有競爭之勢，其先絕者，必其較微者也。若是乎古代貴者之階級，其表示於姓氏之間者，蓋不爲不確。觀之諸氏分別之故，而知氏之爲用，非僅爲賤者之所不得與，卽貴者之間，亦隱有其程序；抑觀諸姓存絕之故，而知貴者之間，其程序之稍卑者，亦終無道以保其姓之久盛也。

(丑)非貴者之階級，於何徵之？徵之於庶人與奴隸之間　庶人與奴隸之名稱，其起因雖由於制定；實則隨歷史上自然之趨勢而成，非有所強也。古代最重世系，其世系之尊貴與否，則各於其氏族求之，故古之大臣，類多出於名族。至於周世，封建世祿之制益備，王室公卿，亦皆有守士，諸侯執政，亦用世臣，成例相沿，莫之能易！庶人所守，祇其本業，無由望公卿執政之榮也。又自曲禮有禮不下庶人之文，而後之解者異說孔多；要其輕視庶人之心，則於斯益著。雖庶人有事，得假「士禮」以行；然亦必有所降殺，故以昏則緇幣五兩，以喪則四寸之棺、五寸之槨，以葬則懸棺而窆，不爲雨止，以祭則無廟而薦於寢，其禮皆不能擬士。而爲庶人者，卽有俊傑不凡之材力，亦終囿於資格而無以自伸。雖農民之秀者，亦得由選舉或學校而貢其身，然其事實，不能概見。蓋周代之庶人，其程序雖次於士之一階，而所享之權利，並不能望士；至於奴隸，則更不足以望庶人矣。夷考遠古之時，法律未行，貨幣未鑄，罰罪爲奴與鬻價爲奴二者，尚無所聞。其後「爲奴」之罪，著於甘誓『箕子爲之奴』，見於論語。至周凡以罪爲奴者，男子入於罪隸，女子入於舂槀。是周代定法，且有奴罪之專條。庶人爲自由之民，奴隸則爲犯罪之號，此其與庶民異者一也。買賣人民之事，夏商未有明徵；至周乃立質人以司其事。凡價人用長券謂之質，至其所價之人，男者爲臣，女者爲妾。臣妾猶言奴婢，此其與庶民異者又一也。又周代別有四夷之隸，分守王門，其名稱與國內之奴隸有別。此蓋非由捕獲則必出於歸順，此其與庶民異者又一也。由是以觀，知周代之平民，固不能擬士而奴隸之位置亦不能同夫平民階級之弊，於斯爲烈矣！

（寅）風俗與國勢之關係　古人論三代風俗，於夏商周之上，輒連虞以言之；蓋虞夏風俗，有過於商周者，儼然虞夏合爲一時，商周又合爲一時。質言之，虞夏之道寡怨於民，殷周之道，不勝其敝。民怨苟寡，則必形寧一，而其國自能久安；民不勝敝，則必厭煩苛而其國亦不能永治。此不易之理也。雖然，禮法之備，莫過於周，周公以禮爲治，故其初、風俗良而國勢亦因之而盛。周公封魯，故魯之周禮，至後世猶存，而風俗亦獨優於他國，孔子有言：『齊一變，至於魯；魯一變，至於道。』豈不然乎？

（卯）風俗與人心之關係　尚忠尚質尚文之不同，語在前節；然其關係於歷代之人心者，猶未詳也。夏惟尚忠之故，太康失國，而羿浞得以復之，人心不忘有夏也。商惟尚質之故，紂爲周滅，而其遺民之不肯臣周者猶多，周人屢誥誡之，而目爲「頑民」！蓋商之人心，亦不忘有商也。周惟尚文之故，監於二代，郁郁可觀，盛則盛矣；迨夫衰世，徒以士夫崇重文釆之故，人心不競，而風俗轉失之優柔，此固無容爲周諱者。蓋尚文之治，以救世風之野，則得矣；若夫期振柔靡之俗，而求其自強，則不如尚忠或質者之能著其效也。

第三篇　封建解紐時代（春秋戰國）

第一章　春秋之世上（民國紀元前二千六百八十一年至二千五百五十四年）

春秋始局百二十餘年間概狀之一（封建之大凡與東周之不振）（民國紀元前二千六百八十一年至二千六百零九年周平王至桓王之世）

封建制度自古有之，至周初而益備。當春秋開始之時，封建制度，固猶未革也；然而諸國之概情與周初封建之概情漸異：周初封國狀靜而此則狀動，周初封國事少而此則事多動而多事，則正封建大局將變而又不能遽變之一際會，由是而幻成一春秋之時代。春秋之時代終，而遽變之際會漸至，由是而再幻成一戰國之時代。過此兩時代間，而封建制度，乃全然廢滅，此春秋戰國所以爲封建解紐之一大時期也。

吾人於本篇分春秋時代爲始局，爲中局，爲終局，非鑿空言也。蓋春秋二百八十餘年之間（自魯隱公元年，至哀公十四年，寔二百四十二年。此云二百八十餘年者，蓋包隱公以前之年次而通言之也），時勢凡三大變：當魯隱公桓公莊公閔公僖公（十八年止）之世，霸主未興，諸侯無統，會盟不信，征伐屢興，戎狄荆楚交熾，賴齊桓公出而後定。此世道之一變也。當魯僖公（十九年始）文公宣公成公之世，齊霸息而宋不競，荆楚復熾，賴晉文公出而復定；其後晉之襄公靈公成公景公嗣其成業，與楚迭勝迭負。此世道之又一變也。當魯襄公昭公定公哀公之世，晉之悼公再霸，幾軼桓文，然寔開大夫執政之漸；嗣後衞之孫甯，宋之華向，魯之三家，晉之六卿，齊之田氏，交起柄國，政出大夫，而春秋時代遂變爲戰國矣。故春秋一局，始爲齊桓之霸，中爲晉楚之爭，終乃爲大夫之竊政。吾人於是篇，因而析之，約爲三局，卽此意也。

春秋始局，封建之要情，既具如上述矣。方是時，周之平王宜臼，以犬戎之難，東遷洛邑，周基未拔，而聲勢已非，諸侯大者漸次稱強。東遷之始，秦晉鄭衞皆有擁護王室之功：周因爵秦襄公爲伯，賜岐西之地以報之，而秦以大。又策命晉文侯仇，賜秬鬯圭瓚，並河内之地以報之，而晉亦大。鄭桓公友爲周司徒，死犬戎之難，其子掘突（卽武公）收父散兵，從諸侯之後，以建東周，周因命掘突仍爲司徒，纘其父之職，而鄭與王室之關係較著。衞侯和時年已老，亦從晉逐戎，周因命和爲公（卽武公），而衞與王室之關係亦著。宜臼在位既久，賞罰不行，四十九年己未，爲魯隱公息姑元年，後孔子修魯史，成春秋，遂託始於是年，是爲春秋一局之始。

前此犬戎之難，雖由申侯召之，然幽王湼固非有道之主，申侯之兵，尚可恕也。申侯以前，止徐戎有侵周之事；然以穆王之力滅徐，以定中國，並不爲難，則徐戎之兵亦不足懼也。所最異者，莫如東遷後鄭人侵周之役，鄭固諸侯，且有功於周者，乃獨敢於侵周，此未可援申以爲例矣。當春秋一局之始，首破諸侯均平之勢，肆爲攻周之舉，而啓大小列國之戎心者，厥惟鄭國。鄭莊公寤生，武公掘突之子也。繼父之職，爲周室卿。平王宜臼，欲分政於虢公忌父，而寤生不服。周因與鄭交質，王子狐爲質於鄭，鄭公子忽爲質於周。迨桓王林立，將畀虢公忌父以政，鄭因使祭足帥師侵周，周鄭始交惡。然寤生猶來朝，林怒其侵周，勿禮；寤生怒，旋與魯易祊許田（據史記索隱許田，近許之田，魯朝宿之邑。祊者，鄭所受助祭太山之湯沐邑。鄭以天子不能巡狩，故以祊易許田，各從其近），輕周之心大露。蓋鄭於此事，侵周不已，又從而去其賜，周威之替可知矣。

雖然，桓王林之處鄭，亦非無失也。林之失，一在易田：取鄔劉（河南偃師縣附近有鄔聚劉聚）蔿（河南偃師孟縣之間）邘（河南沁陽縣西北）之田於鄭，而與鄭人以溫（河南溫縣西南）原（河南濟源縣西北）絺（河南沁陽縣西南）樊陟（均在河南武陟縣西南）郕（山東汶上縣北）攢（河南修武縣西北）茅（河南獲嘉縣東北）向（河南濟源縣南）盟（河南孟縣南）州（河南沁陽縣東南）陘（河南沁陽縣西北）隤（河南獲嘉縣西北）懷（河南武陟縣西）之田。此啓鄭人之怨者一也。一在奪政：虢公忌父之始爲周卿也，寤生猶以齊人朝周；既而周竟奪寤生之政，寤生因是不朝。此啓鄭人之怨者又一也。時鄭勢初強，寤生卽位，克其弟段於鄢，春秋人倫之釁，惟鄭啓之；既又伐衞，春秋鄰國之爭，又惟鄭開之；其後伐宋入許，諸侯之間，戰鬭日紛，而寤生勢大盛。既奪政，遂不朝周。周桓王林因以蔡衞陳諸國之師伐鄭，林自爲中軍，虢公林父將右軍，周公黑肩將左軍。鄭人爲左右拒以禦周師，戰於繻葛（河南長葛縣）。蔡衞陳先奔，周師大敗。祝聃射林中肩，林亦能軍。祝聃請從之，寤生不可，曰『君子不欲多上人，況敢陵天子乎？苟自救也，社稷無隕多矣。』夜，寤生又使祭足勞王，且問左右。是役也，周挈諸侯之衆攻鄭，反爲鄭敗，周代君主與諸侯交綏不能勝，而重以負傷，則自繻葛之役始。

周自伐鄭不服，由此王命不行於中國，然彼時諸侯之強者，尚不止一鄭也；方鄭伯寤生沒之前一年，時爲周桓王林之十有六年（民國紀元前二千六百十五年），楚子熊通又有僭稱王號之事。先是熊通伐隨（隨國名，姬姓，侯爵，本湖北隨州），使請於周室，尊其位號，隨懼楚之強，爲之固請，而周不許，熊通怒，乃自立爲王（卽武王），與隨人盟而去，於是始開濮（卽百濮，在雲南省境）地而有之，楚勢大盛。周於此時，中原之地，既有敢於敗王之鄭；南方一帶，又有擅自稱王之楚，亦周代封建之始所料不及此者矣。

自平王宜臼之四十九年（卽民國紀元前二千六百三十三年），至桓王林之十六年，春秋開始僅十九年，而鄭已敗周，楚方自大，世變之烈，於茲可見。加之列國內訌，時或不免。例如桓王林之世，衞州吁弑其君完（卽桓公），魯公子翬弑其君息姑（卽隱公），宋督弑其君與夷（卽殤公），及其大夫孔父，皆其特證。自是以後，諸侯內叢爭亂，外託盟會，爭亂息而主柄旋且下移，盟會瀆而攻伐因之紛起。流風所扇，雖有聖智，誠末如之何也已矣。

春秋始局百二十餘年間概狀之二（東周之內難及齊霸之初興）（民國紀元前二千六百零八年至二千五百五十四年周莊王至襄王九年）

莊王佗繼父林而立，初卽位，周公黑肩謀弑之，而立其弟子克（卽子儀）；大夫辛伯告佗，遂殺黑肩，子克奔燕。

佗沒，子僖王胡齊立。胡齊沒，子惠王閬立。初王姚嬖於佗而生子頹，子頹有寵，蔿國爲之師。及閬即位，取蔿國之圃以爲囿；邊伯之宮近於王宮，而閬又取之；並奪子禽祝跪與詹父田，收膳夫石速之秩。閬既召怨於諸人，於是蔿國邊伯石速詹父子禽祝跪因蘇氏而爲亂（司寇蘇忿生，食采於溫，亦曰蘇城。其後爲周卿士。桓王林八年，以蘇之十二邑與鄭，故怨），奉子頹以攻閬，不克，出奔溫（河南溫縣西南）。蘇子奉子頹奔衞，於是衞人燕人皆來攻周，立子頹爲王。鄭厲公突（莊公寤生子）出而調停之，不克；執燕仲父，並奉閬以歸，居之於櫟（河南禹縣）。時閬在位之三年也（民國紀元前二千五百八十五年）。明年，鄭虢同攻王城，厲公突將閬自圉門入，虢叔自北門入，殺子頹及蔿國諸人。閬與鄭武公之略（界也），自虎牢（河南汜水縣）以東；既又巡狩於虢，虢因爲王宮於玤（河南澠池縣界），閬以虢與鄭同功，復與虢酒泉（當在陝西澄城縣境）地。凡此皆所以旌鄭虢者也。久之，使召伯廖錫齊桓公小白之命，使爲方伯，且令伐衞，以其立子頹也。於是齊師伐衞，戰敗衞師，數之以王命，取賂而還。迨閬沒後，狄人入溫，而周不捄，溫者蘇子之邑，溫滅，蘇子奔衞。凡此又所以罪衞與溫者也。然而以地行賞則濫與假人施罰則削威。東周之衰，於斯可見矣。

方是時，周政不綱，諸侯日肆，而其乘時圖霸，謀以一國左右夫列服者，尤莫如齊。齊當僖公祿父之世，國勢未振，受北戎之侵，因鄭捄而免。子諸兒繼立，是爲襄公，伐紀（侯爵，姜姓，山東壽光縣東南），克其都邑，其強過祿父。初，祿父同母弟夷仲年死，其子曰公孫無知，祿父愛之，令其秩服奉養比太子；及諸兒立，絀無知秩服，以是無知怨諸兒。諸兒之在位也使連稱管至父戍葵邱（山東臨淄縣西北），瓜時而往，曰：『及瓜而代。』期戍，公問不至；請代，又不許；故此二人怒因公孫無知謀作亂。連稱有從妹在公宮無寵因使間諸兒。諸兒卒爲諸人所弒時莊王佗在位之十一年也（民國紀元前二千五百九十七年）。初，諸兒立政令無常，鮑叔牙曰：『君使民慢亂將作矣。』因奉公子小白（祿父庶子），出奔莒。亂作，管夷吾召忽舉公子糾（小白庶兄），出奔魯。無知嘗虐於雍廩既立，雍廩殺無知，齊國無君，魯聞，伐齊，納子糾；而小白已自莒先入，高奚立爲君（卽桓公），發師拒魯。戰乾時（山東博興縣），魯敗，殺子糾，召忽死，管夷吾請囚；鮑叔牙受而脫之，薦於小白，小白以爲相，號曰仲父，用其謀以治齊，小白爲霸主。則孔子所謂『管仲相桓公霸諸侯，一匡天下，民到於今受其賜』者也。

自東周之衰，列國之君或有能善理其國者，未嘗不可得數年之治；顧其設施無一定之方鍼，策畫又無一貫之系統，故治期至暫而亂事寖興。若管夷吾之治齊，則微異乎是。今約列其政策如下方：

（一）爲成民之事　夷吾對小白曰：『四民者勿使雜處，雜處則其言哤，其事易。昔聖王之處士，使就閒燕；處工，就官府；處商，就市井；處農，就田野。少而習焉，其心安焉，不見異物而遷焉。是故父兄之教不肅而成；子弟之學不勞而能。士之子恆爲士，工之子恆爲工，商之子恆爲商，農之子恆爲農。』

（二）爲定民之居　夷吾對小白又曰：『制國以爲二十一鄉，商工之鄉六，士農之鄉十五；公帥十一鄉，高子帥五鄉，國子帥五鄉。參國起案，以爲三官（參，三也，案，界也，蓋分國土爲三之意）。臣立三宰，工立三族，市立三鄉，澤立三虞，山立三衡。』

(三)為固民之志　制國郊內之地，五家為軌，軌為之長，十軌為里，里置有司，四里為連，連為之長，十連為鄉，鄉有良人（即鄉士），以為軍令：五家為軌，故五人為伍，軌長帥之。十軌為里，故五十人為小戎，里有司帥之。四里為連，故二百人為卒，連長帥之。十連為鄉，故二千人為旅，鄉良人帥之。五鄉一帥，故萬人為一軍，五鄉之帥帥之。伍之人祭祀同福，死喪同恤，禍災共之，人與人相疇，家與家相疇，世同居，少同游；故夜戰聲相聞，足以不乖，晝戰目相見，足以相識，其懽欣足以相死，居同樂，行同和，死同哀：是故守則同固，戰則同強。

(四)為役民之才　正月之朝，鄉長復事，君親問焉；賢不肖必以告，否則罪。是故鄉長退而修德進賢，君親見之，遂使役官。令官長期而書伐以告且選，選其官之賢者而復用之。退問其鄉，以觀其所能而無大厲，升以為上卿之贊，謂之三選。

(五)為厚民之生　管子書有言：『國多財則遠者來，地辟舉則民留處，倉廩實則知禮節，衣食足則知榮辱。』故其治齊最重於理財。小白問夷吾何以為國。對曰：『惟官山海可耳。海王之國，謹正鹽筴與鐵官之數，其餘輕重皆準此而行，則舉臂勝事，無有不服籍者。』

(六)為重民之田　管子書又有言：『不生粟之國亡，粟生而死者霸，粟生而不死者王。粟也者，民之所歸也，財之所歸也，地之所歸也，粟多則天下之物盡至矣。』夷吾之對小白，又曰：『粟重而萬物輕，農輕而萬物重，兩者不衡立，故殺去商賈之利，而益農夫之事，則請重粟之價，金三百；若是則田野大闢，而農夫勸其事矣。』又：曰『穀爲君，幣爲下。』又曰：『五穀者，萬物之主也。』

以上皆夷吾治齊政策之大者，至其條目，散見管子各篇，茲不備舉。

桓公小白之霸，有功亦有過：尊周室，攘夷狄，小白之功也；首開諸侯併滅（莊王佗之十三年，即民國紀元前二千五百九十五年，齊師滅譚）之端，而僭代人主以主持中國會盟之政（僖王胡齊之元年，即民國紀元前二千五百九十二年，齊侯宋人蔡人邾人會於北杏）者，又其過也。要而言之，滅國也，聯盟也，皆爲霸者所必爲之事，齊特不幸而首開其例！滅譚（子爵，子姓，山東歷城縣東南）之後，又繼以滅遂（嬀姓，山東寧陽縣北）；北杏大會以後，衣裳兵車之會，又因而踵起：鄭莊公以後之時勢，不啻自小白一人造成之，故論者以小白爲春秋之首霸也。小白初霸，顧不能得志於魯，伐之反敗；然二國疆域相依，又不能因此無事，於是齊魯有柯（山東陽穀縣東北）之會，反魯之侵地。其後山戎伐燕，燕之齊告急，小白救燕，遂伐山戎，命燕君復修召公之政，納貢於周，如成康之世；諸侯聞之，益相親附齊。已而狄滅衛，又繼進侵邢，齊合諸侯之師救邢（侯爵，姬姓，周公之後，河北邢臺縣），邢遷於夷儀（山東聊城縣西南十二里有夷儀故城）；楚北進攻鄭，齊又汲汲謀救鄭。凡此皆惠王閬十三年至十八年（即民國紀元前二千五百七十五年至二千五百七十年）之事。明年，小白率諸侯城楚邱（河南滑縣東）以封衛。方是時，邢遷如歸，衛國忘亡，諸侯益服；而楚猶侵鄭，小白於是不得不更籌禦楚之方矣。

齊方有志征楚，而江（嬴姓，河南正陽縣東南）黃（嬴姓，河南潢川縣西）來服；江黃蓋楚與國，齊因而進之，爲合宋以盟於貫（釋地見下表），又會於陽穀（釋地見下表），共謀伐楚。未幾，齊合宋魯陳衞鄭許曹七國之師而出，先修舊怨於蔡；蔡潰，遂伐楚。蓋楚於中原，蔡隱爲之蔽，蔡潰則楚勢孤。齊師進次陘（河南臨汝縣南），楚子頵使屈完如師，師退次於召陵（河南郾城縣東），屈完及諸侯盟；齊及七國之師均歸，而楚得無事。自是以後，楚人漸萌輕齊之志，受盟一年而滅弦（子爵，隗姓，河南光山縣），滅弦一年而圍許，圍許之六年滅黃，滅黃之三年伐徐，伐徐之明年又滅英（偃姓，皋陶後，本安徽六安縣西），小白迄不克禁遏之云。

抑小白之征楚而歸也，旋合前此同行征楚之七國，爲會於首止（釋地見下表）。是會也，以惠王閬欲廢太子鄭而立子帶故。閬故不欲，因使人離鄭，鄭果叛齊，先逃不受盟。時閬在位之二十二年（民國紀元前二千五百六十六年）也。明年，小白合宋魯陳曹四國以伐鄭，楚謀救鄭，因侵許，諸侯救許，而鄭得無事，尋與齊盟。閬沒，襄王鄭立，小白又會諸侯於葵邱（釋地見下表），爲申明天子之禁焉。

襄王鄭之七年，管夷吾沒；又二年，齊侯小白亦沒。其屢會諸侯之次序，別爲表於下方：

總別	會地	與會之國	會之用意	紀年			
				周	齊	魯	民國紀元以前
衣	一 北杏（山東東阿縣北）	宋陳蔡邾	宋萬弒其君捷（卽閔公），齊會諸侯以平之	僖王元年庚子	桓公五年	莊公十三年	紀元前二千五百九十二年

裳之會九						
二鄄（山東濮縣東）	周宋衞鄭 宋陳衞鄭	宋亂平 齊始稱霸	僖王二年辛丑 僖王三年壬寅	桓公六年 桓公七年	莊公十四年 莊公十五年	紀元前二千五百九十一年 紀元前二千五百九十年
三幽（河南考城縣東）	宋魯陳衞鄭許滑滕 宋魯陳鄭	鄭侵宋諸侯爲宋伐鄭 陳鄭服於齊	僖王四年癸卯 惠王十年甲寅	桓公八年 桓公十九年	莊公十六年 莊公廿七年	紀元前二千五百八十九年 紀元前二千五百七十八年
四檉（河南淮甯縣西北）	宋魯鄭曹邾	楚人伐鄭諸侯謀救鄭	惠王十八年壬戌	桓公二十七年	僖公元年	紀元前二千五百七十年
五貫（山東曹縣）	宋江黃	江黃服于齊	惠王十九年癸亥	桓公二十八年	僖公二年	紀元前二千五百六十九年
六陽穀（山東陽穀縣）	宋江黃	因江黃之服謀伐楚	惠王二十年甲子	桓公二十九年	僖公三年	紀元前二千五百六十八年
七首止（河南睢縣東南）	宋魯陳衞許曹	謀安周室定太子鄭之位	惠王二十二年丙寅	桓公三十一年	僖公五年	紀元前二千五百六十六年
八甯毋（山東魚臺縣東）	宋魯陳鄭	伐鄭之後會諸侯以謀之	惠王二十四年戊辰	桓公三十三年	僖公七年	紀元前二千五百六十四年
九葵邱（河南考城縣）	周魯宋衞鄭許曹	修好諸侯共尊周室	襄王元年庚午	桓公三十五年	僖公九年	紀元前二千五百六十二年
兵車之會四						
一洮（山東濮縣西南）	周宋魯衞許曹陳	謀安周室鄭又服于齊	惠王二十五年己巳	桓公三十四年	僖公八年	紀元前二千五百六十三年
二鹹（河北濮陽縣東南）	宋魯陳衞鄭許曹	淮夷病杞故且謀周室	襄王四年癸酉	桓公三十九年	僖公十三年	紀元前二千五百五十九年
三牡丘（山東聊城縣東北）	宋魯陳衞鄭許曹	楚人伐徐會諸侯以救之	襄王六年乙亥	桓公四十一年	僖公十五年	紀元前二千五百五十七年
四淮（本安徽鳳陽府境）	宋魯陳衞鄭許邢曹	淮夷病鄫故且謀東略	襄王七年丙子	桓公四十二年	僖公十六年	紀元前二千五百五十六年

齊自小白之沒，國內大亂，五公子爭立；世子昭因宋之援，得以繼立，是爲孝公。春秋始局，由此而結。顧此始局之中，尙有二端，不可不附述及之者：則曲沃之并晉，及慶父之亂魯是也。初晉自唐叔受封，九傳至穆侯費壬，有子二，太子曰仇，少子曰成師。費壬沒，弟殤叔自立，太子仇出奔。又四年，仇率其徒襲殤叔而立，是爲文侯。仇沒，子昭侯伯立，封其叔父成師於曲沃（山西聞喜縣）。曲沃之邑大於晉都，成師既封，號爲桓叔，年五十八，其下咸附。平王宜臼之三十二年（民國紀元前二千六百五十年），晉臣潘父弒其君伯，而迎成師於曲沃；成師欲入爲晉人所攻敗，退歸曲沃。晉人立伯之子平爲君，是爲孝侯，誅潘父。平王宜臼之三十九年（民國紀元前二千六百四十三年），成師沒於曲沃，子鱓代立，是爲莊伯。平王宜臼之四十七年（民國紀元前二千六百三十五年），鱓弒晉君平，將謀代立，又爲晉人所攻敗，退歸曲沃。晉人復立平之子郄，是爲鄂侯。鄂侯之二年，始入春秋，晉內難未已。已而郄沒，鱓聞信，輿兵伐晉。周師助晉，鱓仍退保曲沃。晉人共立郄之子光，是爲哀侯。鱓沒，子稱代立，是爲武公。桓王林之十一年（民國紀元前二千六百二十年），伐晉於汾隰（汾水之旁），晉君光爲曲沃所獲。晉人復立光之子小子爲君，是爲小子侯。明年，稱弒其君光；又三年，並弒小子侯。周師再助晉，稱仍退保曲沃。晉人又立光之弟緡爲晉侯。晉侯緡之二十八年，爲僖王胡齊之三年（民國紀元前二千五百九十年），齊侯小白始霸。武公稱自曲沃起兵伐晉侯緡，滅之，盡以其寶器賂周，周因命曲沃武公爲晉君，列爲諸侯。於是曲沃盡并晉地而有之，自更號曰晉武公。自桓叔成師初封曲沃，至武公稱并晉，凡六十七年，而卒代晉爲諸侯。春秋之始，除周室外，其內爭之烈，無有過於晉者。晉於春秋列國間，處地至優顧不能早強，則正內爭梗之無容諱也。武公稱既沒，子詭諸立，是爲獻公。再傳以至重耳，於是成霸業。

魯自隱公息姑傳弟桓公軌；軌沒，子同立，是爲莊公。莊公之十五年，爲僖王胡齊之三年，齊侯小白始霸。莊公同有弟三，長曰慶父，次曰叔牙，次曰季友，同出於桓公，其嗣亦曰「三桓」；所謂「孟孫」「叔孫」「季孫」之「三家」者是也。「三家」之始，各有其不幸，而其原因，則由均「無適嗣」釀成之。初，魯與齊爲世親，桓公軌娶齊襄公諸兒之女弟曰文姜，而文姜實通于諸兒。軌與文姜適齊，諸兒使力士彭生害軌死，魯人讓之，齊殺彭生以謝，文姜因留齊不歸。莊公同立，仍娶齊桓公小白女弟曰哀姜，無子；其娣曰叔姜，生子啓方，無寵；同別悅孟氏女，生子般，欲立之。既病，問嗣於其弟叔牙。叔牙曰：『慶父材，可爲嗣。』同患叔牙欲立慶父，退而問季友。季友曰：『臣以死奉般。』同曰：『曩者叔牙欲立慶父，奈何？』季友以同命害叔牙死之，魯因立其後爲叔孫氏，是爲「三家」之一。時僖王胡齊之十五年（民國紀元前二千五百七十八年）也。同年莊公同沒，季友立般爲君。先是慶父與哀姜通，欲立哀姜娣子啓方；及同沒而般立，慶父因使人殺般，立啓方，是爲閔公，季友奔陳。由此慶父與哀姜暱，哀姜與之謀殺啓方而立慶父，慶父復使人襲殺啓方；季友聞之，自陳與啓方弟申（同之少子）如邾，請魯求納。魯人將誅慶父，慶父懼，奔莒。於是季友奉申入立，是爲僖公。哀姜恐，奔邾。齊小白聞哀姜與慶父之比而亂魯也，乃召之邾而殺之，以其尸歸魯。慶父在莒，季友亦以賂如莒求之，慶父自殺，其後爲孟孫氏。季友之後，則爲季孫氏。孟孫季孫與叔孫，共爲魯之三家。其僭魯之事實，別述於後章。

第二章　春秋之世下（民國紀元前二千五百五十三年至二千三百八十七年）

春秋中局七十年間概狀之一（宋霸之無成及秦晉之繼霸）（民國紀元前二千五百五十三年至二千五百三十一年周襄王九年至五十二年）

宋自微子就封而後十四傳至於殤公與夷，爲宣公力之子，繼其兄穆公和有位。諸侯數來攻，在位十年而十一戰，卒爲華督所弑。迎和之子馮於鄭，立爲莊公。時猶在桓王林之十年（民國紀元前二千六百二十一年）也。馮既有位，華督爲相。馮沒，子捷立，是爲閔公。旋爲南宮長萬所弑，並及華督，更立公子游爲宋君；宋諸公子不服，共立捷弟御說，是爲桓公。宋萬奔陳，宋以賂請於陳而歸之，卒爲宋所醢。御說病，太子茲父讓其庶兄目夷爲嗣，御說義太子意，竟不聽。御說沒，太子茲父立，是爲襄公。謀圖霸，爲諸侯所阨，且梗於強楚，卒不克踵齊桓之盛，識者惜焉。

茲父始卽位，以目夷爲仁，使爲左師以聽政，宋於是乎治。在位之八年，爲襄王鄭之九年（民國紀元前二千五百五十四年），齊侯小白沒。初小白之夫人三，皆無子；小白故好內，內嬖如夫人者六人：長衞姬生無虧，少衞姬生元（卽惠公），鄭姬生昭（卽孝公），葛嬴生潘（卽昭公），密姬生商人（卽懿公），宋華子生雍。小白嘗屬昭於宋公茲父，以爲太子；雍巫有寵於衞姬，因寺人貂以薦羞於小白，亦有寵，小白許之立無虧。及沒，易牙入，與寺人貂，殺羣吏而立無虧，昭出奔宋。宋茲父乃約曹衞邾以伐齊，納昭；齊人恐，殺無虧，將立昭；四公子之徒不服，宋師與其徒戰，勝之，卒立昭，是爲孝公。此爲茲父謀霸之始。

茲父既立齊君，欲遂爲盟會，初有曹南（曹之南部）之盟，邾曹皆與；而曹人不修地主之禮，旋復圍之，使服於宋，然茲父之心未已也。襄王鄭之十三年（民國紀元前二千五百五十年），爲鹿上（山東曹縣東北）之盟，以求諸侯於楚，楚人許之。同年又合楚、陳、蔡、鄭、許、曹會於盂（河南睢縣界）；楚執茲父以伐宋，旋會於薄（河南商丘縣附近）以釋之。明年，鄭君捷（卽文公）如楚，宋伐鄭，楚伐宋，宋楚戰于泓（泓水名，渙之支流，在河南柘城縣），宋師大敗，茲父傷股，國人皆恐，自此而茲父之霸威大挫。

楚既敗宋，宋方思結晉自固。未幾，茲父病傷於泓，沒，子王臣立，是爲成公。宋及楚平，既又棄楚而親晉；楚又伐宋，宋告急於晉，重耳救宋，楚兵去。茲父圖霸，既不克成，同時克定霸於諸侯者，惟晉之重耳。茲再就重耳成功之事，故及其由來述之：

晉在春秋初世，爲內訌最烈之國。自曲沃幷晉以後，由武公稱傳子獻公詭諸，禍猶未已。詭諸初娶於賈（伯爵，姬姓，陝西蒲城縣西南），無子；烝於齊姜，生秦穆夫人及太子申生；又娶二女於戎，大戎狐姬生重耳，小戎子生夷吾。其伐驪戎（男爵，姬姓，陝西臨潼縣東）也，以驪姬歸，生奚齊，其娣生卓子。諸子中以申生、重耳、夷吾爲賢，而驪姬結詭諸嬖臣，欲立其子奚齊；以謀傴申生，申生自殺！幷欲害重耳、夷吾，於是重耳、夷吾皆出奔。詭諸病，屬奚齊於荀息。比沒，里克丕鄭欲納重耳以三公子（申生重耳夷吾）之徒作亂，殺奚齊於喪次。荀息乃立奚齊弟卓子，未幾，卓子亦爲里克所殺荀息死之。里克等使人迎重耳重耳辭迎夷吾，夷吾請於秦發兵送之乃入嗣位，是爲惠公。

夷吾旣立以重耳在外，懼里克爲變賜里克死。時丕鄭方謝秦，獨不及難，常爲秦君任好（卽穆公）謀，冀得間以報晉。晉飢如秦乞糴，丕鄭主不與，任好與之；秦飢乞糴於晉，晉轉不與，且伐秦；秦怒亦發師伐晉，時爲襄王鄭之七年（民國紀元前二千五百五十六年），夷吾戰敗，爲秦師所虜。秦以晉君之姊爲任好夫人故卒歸晉君；晉秦之釁，實由夷吾臣慶鄭贊之故旣歸而殺慶鄭。又八年，夷吾沒，太子圉立，是爲懷公。

初夷吾自秦歸，使其子圉質秦，秦以女妻之；子圉棄女歸，及立，秦怨之，始謀納重耳。重耳始因內難奔蒲（山西蒲縣），處狄十二年，經衞、齊、曹、宋、鄭而之楚，數月，秦君任好怨圉之亡，召重耳於楚，且納女五人結之；遺使告晉臣爲內應，殺圉入重耳。重耳立，是爲文公。

重耳之立，在襄王鄭之十六年（民國紀元前二千五百四十七年）。初，王子帶因不得立，召揚、拒、泉、臯、伊、洛（皆在河南洛陽縣附近）之戎以攻周，入王城，焚東門。秦晉二國伐戎以捄周。周因戎難故，出師討子帶，子帶奔齊。及晉小白立，子帶尙在齊，富辰爲子帶請，自齊歸京師。帶歸，又通於狄后隗氏，襄王鄭廢隗氏。隗氏，狄女也，狄奉帶攻周，周師敗，襄王鄭出居於鄭，告難於諸侯。秦君任好師於河上，將納王；晉侯重耳用狐偃謀，辭秦師而下，納王入王城，取帶殺之。周嘉重耳功，與以陽樊、溫、原、茅、攢之田，晉于是始啓南陽。此爲晉文圖霸之始。

重耳既誅帶，有名于諸侯，乃侵曹伐衛。衛賴楚捄，晉遂入曹，執曹君襄（卽共公）。然猶未足舉其霸威也，舉霸威莫如勝楚。昔齊小白會諸侯之師入楚，不能一戰，卽退師而盟！故雖稱霸中國，而不能操縱南方，晉則不然。重耳善觀楚，楚故多詐，故戰地不在楚而在衞。蓋城濮（山東濮縣南）者，衞地也。征楚之師，不南行入楚，幸與楚師相遇於衞地，斯反客而爲主，故重耳一戰而霸也。城濮之役，楚若勝晉，則中原諸侯禍至無日矣。晉勝，故晉之霸業卽以大定，而楚勢因之頓挫！自楚子惲以來，未有經此失敗者也。至戰事之起因，則自有說。

春秋全局之中，晉楚兵爭，往往因宋而起。蓋宋居中夏門戶之地，楚人窺之最急，晉欲定霸，不得不首先保宋者，勢爲之也。宋在重耳之前，曾善楚，至是又棄楚卽晉；楚因聯合陳蔡以圍宋，宋如晉告急；故晉有曹衞之師，以紓宋患，楚果謀歸，兵事垂定矣。而楚將子玉，與其君頵（卽成王）意不合，欲一戰以息人言，頵故少與之兵；子玉恐，使大夫宛春告晉，使晉復曹衞而已，亦釋宋。晉人知之，一方執宛春，一方私許復曹衞，使自絕于楚，以促子玉怒。子玉果與晉戰城濮，將戰頗貌；晉既戰，大敗，歸而自殺。重耳聞之喜曰：『莫余毒也已。』楚及晉平。

重耳既勝楚，歸至衡雍，（河南原武縣）作王宮於踐土（河南滎澤縣），獻楚俘於周，遂合齊、宋、魯、蔡、鄭、衛、莒七國，爲踐土之會。王子虎亦臨盟。時爲襄王鄭之二十年（民國紀元前二千五百四十三年）。旣又合齊、宋、魯、蔡、鄭、陳、莒、邾、秦九國，爲溫之會，謀討衛許。晉遂執衞君鄭（卽成公）歸之於京師，二年而後釋；並以諸侯之師圍許。未幾，又合周及魯、宋、齊、陳、蔡、秦六國，爲翟星（河南洛陽縣）之會，以尋踐土之盟，且謀伐鄭。蓋衞許之伐，以不服晉故；鄭之伐，則以城濮之役助楚故。迨襄王鄭之二十二年（民國紀元前二千五百四十一年），晉結秦圍鄭，秦棄晉與鄭盟，反使人戍鄭，晉解兵去，又二年，重耳沒。

重耳子驩，繼父即位，是爲襄公，世稱襄公繼霸，爲能追蹤重耳也。驩之霸，一在禦秦，一在敗狄，一在討魯衞，而尤以禦秦之烈爲最有名。方是時，秦師謀東出侵鄭，過周，無禮，王孫滿譏之，兵至滑（河南偃師縣南），鄭賈人弦高將市於周，遇之，以十二牛勞秦師，秦師驚，滅滑而去。驩乘之伐秦，墨經從戎，敗秦師於殽（山名，在河南洛寧縣）。獲孟明視、西乞術、白乙丙，已而歸之，霸威一。狄之處壤，於晉爲近，聞重耳之沒也，侵齊，且伐晉，及於箕（山西太谷縣東），驩以師敗之，霸威二。又當重耳季年，諸侯朝晉，魯衞獨否；驩立，伐魯衞，魯衞始朝，霸威三。襄王鄭之三十一年（民國紀元前二千五百三十二年），驩沒，子夷皋立，是爲靈公。

當晉襄繼霸之年，秦君任好亦頗有圖霸東方之志；既謀襲鄭不果，僅滅滑，又轉爲晉敗，然任好之雄心未已也。明年，爲襄王鄭之二十七年（民國紀元前二千五百三十六年），復使孟明伐晉，以報殽之役。晉驩禦之，戰彭衙（陝西白水縣東北），秦師又敗。任好任孟明如故，孟明增修國政，重施於民。又明年，秦再伐晉，濟河焚舟（山西永濟縣有孟明橋，相傳爲秦師濟河焚舟處），取王官（山西虞鄉縣南）及郊（據左傳地名補注引括地志，南郊故城在澄城縣北十七里，又有北郊故城，又有西郊故城），晉人不出，遂自茅津（山西平陸縣）濟，封殽尸，爲發喪，哭之三日，乃誓於軍，尚書所傳秦誓是也。又明年，晉復伐秦，圍邧（陝西大荔縣東北）、新城（陝西澄城縣東北），報王官之役。自此秦晉交兵之端屢作，秦或有時勝晉，而卒無由東展其霸威者，則晉遏之也。

秦君任好之報晉也在用孟明，而其霸西戎也則在用由余。由余先爲晉人，亡入戎，能晉言。戎酋聞任好賢，使由余覘秦；任好與之語而賢之，退與內史廖謀，以女樂遺戎，戎酋喜，終年不還。於是秦乃歸由余，由余數諫，戎酋不之聽；任好又數使人要由余，由余遂去戎降秦。任好待以客禮，問伐戎之形，卒用其謀，討戎，敗之，益國十二，開地千里，遂霸西戎。時爲襄王鄭之二十九年（民國紀元前二千五百三十四年）。周室嘉之，賜任好金鼓，命爲西方諸侯之伯。

春秋中局七十年間概狀之二（楚霸之踵興及晉威之中落）（民國紀元前二千五百三十一年至二千四百八十三年周襄王九年至簡王之世）

晉秦以外之力圖霸業者爲南方之楚。楚入春秋後，翦滅附近小邦，惟日不足！齊小白入其境而不敢討，楚志益驕。滅黃以後，壯圖未足，已而下江（嬴姓，河南正陽縣東南），已而又滅六（偃姓，皋陶後，安徽六安縣北）及蓼（偃姓，皋陶後，安徽霍邱縣西北），事皆在城濮一役之後。當楚穆王商臣之世。商臣蠭目豺聲，偪死其父頵（卽成王）而卽位，中原諸侯，無有能正其罪者！以故商臣經營中夏之心，較其父爲烈；迨晉驩之沒，鄭、陳、蔡、宋，俱爲所服，時晉方西向爭秦，未之顧也。商臣沒，子旅（侶）立，是爲莊王。卽位之始，身坐鐘鼓間，日夜爲樂，三年之內，外有庸濮之變，內有越椒之亂，幾不能望霸，而卒能成其霸業者，則知旅之圖治，又賢於商臣也。初，楚國薦飢，戎人來伐，庸（湖北竹山縣東）人率羣蠻以叛，麇人（湖北鄖縣）率百濮（濮，南蠻之大族，以邦落多，故稱百概之。當在今雲南省地）聚於選（湖北枝江縣南），將攻楚。楚出師以懼麇濮，麇濮果罷；乃伐庸，秦人巴（四川巴縣）人俱從，庸爲楚滅。此爲旅攘外見功之始。若敖氏者，楚同族；自若敖傳鬬伯比生子良，子良生越椒，旋爲司馬，因事怨旅，將攻之，師於漳澨（漳、水名，出東荊山，卽湖北房縣之景山），旅因與若敖氏戰皐滸（皐、卽漢皐，亦名萬山，湖北襄陽縣西）而滅之。是爲旅輯內見功之始。方若敖氏之初肆也，旅並不爲意；故定王瑜之元年（民國紀元前二千五百十七年），卽楚內亂發動之前一年，旅方繼其前人經營中夏之心，用師陸渾（戎名，子爵，允姓，初居瓜州，在甘肅敦煌縣，後遷伊川，河南嵩縣北），遂至於洛，觀兵於周郊。周使王孫滿勞之，旅問周鼎之大小輕重，意在闚周；雖爲滿所折，而其經營中夏之志自若也。其後滅舒蓼（偃姓，安徽舒城縣），滅蕭（附庸，子姓，江蘇蕭縣），楚地益廣；又復縣陳，伐鄭，敗晉，圍宋，屢抗衡中夏，其志頓驕。初，陳之君平國（卽靈公）與其臣公孫寧、儀行父通於夏徵舒之母曰「夏姬」，出入無忌，爲徵舒所殺，徵舒自立爲陳侯。是時楚方強盛，辰陵（河南淮陽縣）之會，陳鄭皆與，而楚爲盟主，遂討陳內難，以師入陳，殺徵舒。旣縣陳而又復之，立平國之子午，是爲成公。楚旣定陳，旋以師伐鄭，鄭之君堅（卽襄公）肉袒牽羊以迎楚師，楚師退與鄭盟。晉人救鄭，及河，聞鄭與楚平，欲還；其將先穀主戰，師遂濟。楚亦無戰意，遣人求成於晉，得晉同意；旋忽變計，楚晉戰於邲（河南鄭縣），晉敗，楚師祀河而返。先穀歸晉後，又召狄師，晉殺先穀，滅其族。自昔城濮之役，晉勝而楚敗；此則楚勝而晉敗，楚之霸威，由是建焉。

春秋全局之中，關於楚國稱霸之情形，具如上述。至於晉國，則自襄公驩以後，內憂間作，強勢轉衰。夷皐（卽靈公）繼驪而立，在位之十四年，趙穿弒之，而立重耳之子黑臀，是爲成公。

晉侯黑臀之在位也，與楚君旅同世，晉楚爭霸，蓋在是時；然晉不能勝楚也。戰邲以前，晉頗注意於鄭，故夷皐初立，卽出師以正鄭人倍晉之罪，鄭畏晉師，果棄楚而卽晉；楚怒伐鄭，晉往救之。自是晉楚於鄭，爭端日烈，此伐彼救，相競無已時！至定王瑜之十年（民國紀元前二千五百零八年），晉侯獳（卽景公，成公之子）遂與楚人有交綏於邲之事。戰泌後之二年，晉又伐鄭，蓋是時之楚，入陳得陳，圍鄭得鄭，其得志未有甚於是時者！故晉人汲汲焉謀所以復之也。

雖然，復鄭之績，未可一蹴而幾也；其勝因則在戰鞌（山東歷城縣境）之役。先是齊伐魯北鄙，勝之，遂南侵衞；衞孫良夫率師與齊戰，敗績，乃如晉乞師；時魯亦乞師於晉，於是晉使郤克等出救魯衞，與齊師戰於鞌，齊師大敗，與晉盟於爰婁（山東臨淄縣西），而歸魯汶陽（田在汶水之北，故云）之田，晉威復振，諸侯漸來附，因而收鄭不難矣。

初魯自僖公傳子文公申，申沒，子倭立，是爲宣公。方思求好於楚，會楚旅沒，子共王審立；而倭亦同年沒，子成公黑肱立。已而魯與晉盟，衞亦受盟於晉，從伐齊，此戰鞌之役所由來也。楚人聞信，先率師侵衞，遂及魯，於是魯衞不得已，蹔附於楚，同盟於蜀（山東泰安縣西）。其後鄭費（卽悼公）因事與許隙，鄭師侵許，晉伐鄭，楚救鄭；鄭許共訟於楚，許直而鄭負，鄭因請成於晉以絕楚。至是晉人兩世侵鄭之志始達，遂合齊、宋、魯、衞、鄭、曹、邾、杞諸國，同盟於蟲牢

（河南封邱縣）。自是鄭益親晉，諸侯亦多離楚而向晉矣。乃歷時未幾，晉侯獳復使韓穿至魯，使魯以汶陽之田仍歸於齊。七年之中，忽與忽奪，諸侯互疑，因共貳於晉；晉懼，復爲會於蒲（山西蒲縣），將始會吳，吳人不至，而楚且以重賂求鄭。於是晉鄭之交，又因之中梗，而晉兩世侵鄭之決心，亦因之而不能貫澈其初志矣。

楚既賂鄭，鄭睔（即成公），會楚公子成於鄧（本河南鄧州）；已而睔又如晉，晉以其貳於楚，執諸銅鞮（山西沁縣），使欒書伐鄭。鄭因圍許，促晉之歸睔；晉用欒書計，先伐鄭而後歸睔；時晉侯獳有疾，世子厲公州蒲立，會諸侯之師伐鄭，鄭與晉盟，晉歸睔於鄭。初，睔爲晉執，楚出師侵陳以捄鄭；既又自陳伐莒，入莒三都。晉雖爲諸侯之望，不能捄也。自是以後，晉漸讓步，楚亦有倦意，宋華元起而調停，合晉楚二國之成，聯盟於宋，蹔得無事，時爲簡王夷之七年（民國紀元前二千四百九十年）。逾四年而晉楚又有鄢陵之役。

自戰邲一役以來，晉之不能以武力勝楚，顯已形諸事實；然晉亦非終不能勝楚者也。晉楚合盟後之三年，楚又侵鄭且及衛，既又與鄭和，鄭復棄晉而即於楚。晉伐鄭，楚捄鄭，遇於鄢陵（河南鄢陵縣西北），楚師薄於險，晉軍大勝，楚將子反自殺。

以上猶晉與楚之概情也，至晉之於秦，又別有說：秦晉兵爭凡六十有九年，始於殽而終於十三國之伐。今除悼公周一代計之，自晉襄公驩至厲公州蒲，與秦交兵已達十三役之多，其戰役之與大局攸關者凡四：殽之役已於前述之，次爲令狐之役，事在襄王鄭之三十二年（民國紀元前二千五百三十一年）。晉襄公驩既沒，太子夷皐少，晉人以難故欲立長君，時公子雍（文公重耳子）仕秦爲亞卿，晉方遣使奉迎；夷皋母穆嬴不欲，卒立夷皋，而秦已出師送雍。晉人禦之，敗秦於令狐（山西猗氏縣）。晉秦於此戰，殽之怨終，而令狐之怨又起，故爲殽以後有關係之第一役。又次爲侵崇之役，事在匡王班之五年（民國紀元前二千五百十九年）。令狐戰後，秦雖報晉以河曲（山西永濟縣）之師，然不能遽得志，而其怨亦終；至是晉趙穿復侵崇（陝西鄠縣附近）以挑秦怒，於是兩國之兵爭復起，故爲殽以後有關係之第二役。又次爲麻隧之役，事在簡王夷之八年（民國紀元前二千四百八十九年）。戰麻隧之前二年，秦晉爲成，侵崇之怨亦解；然令狐之會，晉州蒲先至，而秦桀（卽桓公）不來，於是晉又伐秦，戰麻隧（陝西涇陽縣北），秦師敗績，兩國之釁再開，故爲殽以後有關係之第三役。又五年，州蒲失政，爲欒書中行偃所弒，立襄公驩孫周，是爲悼公。悼公再霸，晉國對秦對楚，各有盟戰，及晉楚之衰，而秦乃坐大，其實情當於下方編述焉。

春秋終局九十餘年間概狀之一（晉霸之再建及齊勢之終衰）（民國紀元前二千四百八十三年至二千四百五十六年周靈王之世）

晉侯周初卽位，取靈成景厲隳壞之紀綱而振作之，晉勢大變！顧周之大功，在於制楚；而制楚之首算，則在城虎牢（河南汜水縣）。先是晉屢合諸侯之師伐鄭，鄭恃楚救，卒不附。靈王泄心之元年（民國紀元前二千四百八十二年），晉用魯仲孫蔑之謀，城虎牢以偪鄭，自是諸侯兵出可直指鄭郊，非特扼鄭之吭，而且得藉鄭以屏楚，鄭人遂服。靈王泄心八年（民國紀元前二千四百七十五年）以後，晉屢伐鄭，楚知鄭之終不能爲己有也，遂亦置而不問，鄭始決意附晉。其後二十餘年，鄭不復叛，而楚亦不復伐，其功實自晉悼成之云。

抑晉侯周之霸，非獨能收鄭已也！使魏絳和戎，則近鄰之患弭；合諸侯救宋戍陳以遏楚，則南方之勢衰；王叔陳生，與伯輿共爭周政，晉使士匄平之，則周室之紛立解。秦見晉之寖以柔楚，欲佐楚以爭鄭，因伐晉救鄭；及鄭為晉取，乃又伐宋，晉因出師報之，雖不能逕入攻秦，但秦亦不敢再加師於晉。凡此皆所以服諸侯者也。晉侯周生十四年而立，不十年而駕楚，又五年而沒，曾不逮夫中年！而功名之赫奕，蓋過於其先人重耳焉。

晉侯周沒，子平公虎立，時晉勢雖衰，而不忘用兵制楚；宋處中夏，實首當其阨，其大夫向戍，欲令兩國為成以紓其難，宋之利，亦楚之志也。弭兵之論，倡於靈王泄心之二十六年（民國紀元前二千七百五十四年），蓋是時之楚，方不能得志於諸侯，弭兵之議定，楚可藉是以收中國之權；而晉乃貪弭兵之名，以求一時之逸，異日楚氛之惡，何以堪之？此吾人之所以多為晉慨也。宋向戍者，與晉楚二國之臣大抵有深交，故弭諸侯之兵以為名。如晉，告趙武，趙武許之；如楚，楚亦許之；如齊如秦，齊秦均許之；皆告於小國，為會於宋。是時晉、楚、魯、蔡、衛、陳、鄭、許、曹諸邦皆至，惟齊秦不與？所以然者，秦偏於楚，齊偏於晉，楚欲晉楚之從交相見，而趙孟難之。謂：『楚若能使秦君辱於敝邑，寡君敢不固請於齊。』故齊秦遂不與於斯會也。楚子昭者，其威名霸略，固皆不如其祖若父；然宋之盟，楚人衷甲而會，負勢先歃，昭直儼然而為諸侯之盟主，晉侯虎不能與之爭也。自重耳以來，晉之防禦楚人，不為不力；弭兵之會定，晉且不能自對其先公矣。尤有說者：宋之盟，齊猶不與，因晉勢尚強，故延至景王貴之四年（民國紀元前二千四百五十二年），齊亦從楚爲會於虢以後陳蔡內亂，而楚且得假平亂之名，以收陳蔡二邦之地矣。

春秋終局九十餘年間概狀之二（楚吳越之競爭及世臣之專政）（民國紀元前二千四百五十五年至二千三百八十七年周景王至敬王之世）

楚子昭之沒也，子麇立，是爲郟敖，用昭之弟圍爲令尹，使主兵事；旋乘麇疾，弒之而自立，是爲靈王，易名曰虔。時景王貴之五年也（民國紀元前二千四百五十一年）。卽位後，使伍舉求諸侯於晉，晉旣得請，乃合蔡、陳、鄭、許以次諸國於申（河南南陽縣）；惟晉魯衞不至，然不足爲楚病也。會申之後，旋伐吳；又滅陳蔡，且及徐，將以恐吳，虔自次乾谿（安徽亳縣）以待之。公子比者，共王審之子，初因虔自立，奔晉；時虔驕侈，頗失其下心，於是羣臣之怨虔者，陰招比至蔡，共帥陳蔡之師入楚，殺虔之太子祿，立比爲王。楚衆在乾谿者，聞其事立潰；虔謀歸楚不果，死，而楚之內亂仍不能止也。公子棄疾者，公子比之弟，楚滅陳蔡，使爲陳蔡公。比之入，棄疾亦從，至是爲司馬。時虔之死否？楚人尙不知。每夜驚以爲前王入！棄疾因僞以王入告比，促比自殺，而代比位，改名曰居，是爲平王，時爲周景王貴之十七年（民國紀元前二千四百三十九年）。居旣以詐術弒其君，恐國人及諸侯叛之，乃施惠百姓，復陳蔡之地而立其後，歸鄭之侵地，存恤國中，修政教以安其民。吳以楚亂，乘楚師歸自徐，要而擊之，大勝，並滅州來。楚內治稍定，於是乃籌對待吳國之事。

吳自太伯十八世而至壽夢，始通於中國。壽夢沒，子諸樊立，欲讓位於其弟季札，季札不可，吳人固請立之，季札棄其室而耕，吳始舍季札。自諸樊傳弟餘祭，使季札聘魯，觀周樂；去魯，遂使齊；去齊，又之鄭，自是之晉。歷聘諸國，與晉羊舌肸鄭公孫僑諸臣游，凡所敷陳，具有條理，是爲吳交上國之始。旋餘祭沒，弟夷末立。夷末沒，吳又謀立季札，季札仍不可，乃立夷末之子僚爲王，於是吳楚乃有長岸（安徽當塗縣）之役。

吳楚之交兵，始於簡王夷二年（民國紀元前二千四百九十五年），伐郯（子爵，己姓，少昊氏之後，山東郯城縣西南）之役。同年吳入州來。顧是時壽夢雖強，楚尚未有報吳之意也。簡王夷之十二年（民國紀元前二千四百八十五年），吳又圍巢（伯爵，安徽巢縣東北）。閱四年，楚公子嬰齊始以師伐吳，是爲吳楚爭強之始。自是吳屢伐楚，楚亦累攻吳，甚或借援助於中夏之諸侯。景王貴之十五年（民國紀元前二千四百四十一年），楚人伐徐，因內亂而敗。其明年，州來遂爲吳有，吳楚之競爭，由是日烈。吳君僚與楚君居同時，僚之二年，爲景王貴之二十年（民國紀元前二千四百三十六年），吳楚戰長岸，楚師先勝，獲吳乘舟餘皇；吳公子光卒以計敗楚師，奪餘皇以歸。又六年，爲敬王匄之元年（民國紀元前二千四百十七年），於是又有柏舉（湖北麻城縣東北）之役。

先是楚平王居沒，子軫立，是爲昭王。軫兄建，與軫異母，嘗被大夫費無忌所讒，無寵於居，居召其傅伍奢責之，奢諫，居囚奢，幷欲誅建，建出奔宋。奢故有二子，曰尚，曰員。尚廉孝，員智勇，居懼後患，使奢召二子，尚至，員奔吳，居遂殺奢及尚。軫之立也，楚衆不說費無忌，無忌卒被殺，然員報楚之志未息也。員初奔吳，說其君僚以伐楚，爲公子光所尼，不行。員知光有異志，乃求勇士鱄設諸薦之光，光喜，始客員。員退而耕野，以待鱄設諸之事。未幾，光固謀殺僚，設諸慫恿之，謀定。一日光謁僚飲，陰使鱄設諸置匕首於炙魚中以進食，手匕首刺僚，僚死；光竟代立，是爲吳王闔廬。光之謀殺僚也，以公子蓋餘燭庸（二人皆僚弟），皆用師於楚；故及二公子聞弒僚，遂以兵降楚，楚封二公子於舒（安徽舒城縣）以扞吳；未幾，吳師拔舒，二公子被殺。時楚與蔡不睦，蔡請於晉謀伐楚，而晉勢終衰，不足以對楚，乃因吳而報楚。楚自昭王軫嗣位以來，無歲不有吳師，至是遂與吳師會戰於柏舉，楚師大敗，令尹囊瓦奔鄭。吳從楚師，五戰及郢，楚君軫奔隨（湖北隨縣）。伍員撻平王居之墓以報父仇，楚幾滅矣！大夫申包胥者，故與伍員善；員之亡，謂申包胥曰：『我必復楚國。』申包胥曰：『子能復之，我必能興之。』及楚君軫在隨，申包胥如秦乞師，依庭牆而哭！尋得以秦師至楚，使楚人先與吳戰，而自稷（河南桐柏縣境）會之。吳師敗，軫復入郢。又二年，遷都（湖北江陵縣）。是役也，吳先大勝，後轉敗，而都邑之地亦爲越所乘，得不償其失。請繼此以言吳越交兵之事：

越自無餘傳二十餘世至允常，與吳王闔廬戰而相怨伐；楚人嘗乘之謀夾攻吳地。柏舉之役，吳闔廬久出，越遂入吳，吳使別兵攻越而不能勝也；闔廬弟夫概，乘機自立，闔廬急歸擊定之。比允常之沒，吳乃興師伐越，越敗吳於檇李（浙江嘉興縣），闔廬傷將指，還沒於涇（去檇李七里）。將死，告其子夫差曰：『必毋忘越。』未幾，吳夫差伐越，敗之夫椒（山名江蘇吳縣西南太湖中），句踐以甲楯五千保棲於會稽（浙江紹興縣），使其大夫文種因吳太宰伯嚭（伯嚭亦楚人，與伍員同奔吳國，同從闔廬伐楚入郢）以行成；夫差將許之，伍員極諫，勿聽，卒與越平。吳既勝越，復侵陳，兵勢日盛。敬王匄之三十二年（民國紀元前二千三百九十八年），邾爲魯伐，至吳乞救，吳以故伐魯，魯與吳和。其明年，吳急謀伐齊，城邗溝通江淮；又明年，遂會魯伐齊。魯自成公黑肱傳襄公午、昭公裯、定公宋至哀公蔣，國勢日落至是因結吳以報齊，戰於艾陵（山東泰安縣境），大敗齊師，獲其將國書。初吳將伐齊，句踐率其衆以朝，自夫差以下，皆有饋賂；伍員懼，諫勿伐齊，夫差不能用，反殺員。閱三年，吳會魯晉於黃池（河南封邱縣西南），強霸中國，以全周室；句踐乘間襲吳，獲其太子友。吳聞越警，急與晉定盟；既歸，國亡太子，內空，王居外久，士皆疲敝，於是乃使厚幣以與越平，越勢益彊。敬王匄之四十二年（民國紀元前二千三百八十九年），越復伐吳，敗吳師於笠澤（即太湖）。又三年，越圍吳，吳不能禦。又二年，吳為越滅。

越師之入吳也，夫差率其賢良與其重祿之臣，以上姑蘇之山（江蘇吳縣西南），使公孫雄肉袒膝行，請成於越，期如會稽之和；句踐勿忍，將許之，范蠡極諫。句踐乃使人謂夫差曰：『吾置王甬東（浙江定海縣東），君百家。』夫差謝曰：『孤老矣，不能事君王也。吾悔不用子胥（即伍員）之言，自令陷此！』遂自剄死。句踐誅太宰嚭，以為不忠！遂滅吳而歸，吳滅而越地遂與楚鄰矣。

句踐既平吳，乃以兵北渡淮，與齊晉諸侯會於徐州，致貢於周；元王仁使人賜句踐胙，命為伯。及其歸也，以淮上地與楚，反吳所侵宋地於宋，又與魯泗東方百里。當是時，越兵橫行江淮之東，諸侯畢賀，號稱霸王。范蠡從句踐自會歸，以大名之下，難以久居，辭句踐而去，旋以書遺種，種不朝，句踐疑而賜之劍，種因自殺。句踐勢漸衰。其後傳鼫與、不壽、翁、翳之侯，至無彊，卒為楚之君商（即成王）所殺。地悉入於楚，越以此散。諸族子爭立，或為王，或為君，濱於江南海上，朝服於楚。

春秋之世，競權奪位之見於列國者，率爲世臣干政之事；而戰國之變局，卽萌芽於此時，其著者，爲衞宋魯晉齊諸國；而晉齊之變尤與春秋終局有重大之關係。姬晉之變爲三晉，姜齊之變爲田齊，胥職是故。茲約列其事於下方：

(一)晉之六卿　晉爲春秋大國，其世卿之族凡十有一：一趙氏，二魏氏，三韓氏，四狐氏，五胥氏，六先氏，七郤氏，八欒氏，九范氏，十知氏，十一中行氏。知與中行同族荀氏，故雖十一族而實僅十族。十族之人，興衰不一：昭公夷之世，韓氏趙氏魏氏范氏知氏中行氏，共爲六卿，政出其門，公室遂弱。自夷傳子去疾，是爲頃公。六卿地大人衆，而晉益弱。去疾傳子午，是爲定公。六卿過強，內訌繼作，而競爭之勢以成。初，趙鞅（卽簡子）圍衞，衞懼，貢五百家，鞅置之邯鄲（河北邯鄲縣）；而邯鄲爲其族大夫午之別邑，鞅因告午，言將徙此五百家於晉陽（山西太原縣）；午許之，歸告其父兄，皆曰不可，鞅怒，圍邯鄲。范氏中行氏與午氏有親，相與睦，故不與圍邯鄲，且出師伐趙氏，鞅奔晉陽。而荀氏韓氏魏氏，則故與范、中行不善，乃奉定公午以伐范、中行，范、中行亦以師抗定公午，國人皆助定公午，范寅、士吉射（中行氏）戰敗，奔朝歌（河南淇縣）。韓不信（卽簡子），魏曼多（卽襄子），以趙氏爲請，鞅得入晉。時敬王匄之二十三年也（民國紀元前二千四百零八年）。又七年，荀寅、士吉射爲晉所敗，懼而奔齊。至貞定王介之十一年（民國紀元前二千三百六十九年），晉荀瑤（荀躒之孫），與趙無恤（卽襄子，鞅之子），韓虎（卽康子，不信之孫），魏駒（卽桓子，曼多之子），共分范中行地以爲己邑。晉出公鑿（定公午之子）怒，告於齊魯，欲伐四卿；四卿恐，反以師攻鑿。鑿奔齊，道死。荀瑤立昭公夷之曾孫驕，是爲哀公。時晉卿四，惟瑤最專政；驕又爲瑤立，凡事不得有所制，范、中行之地，遂多入於荀氏。瑤猶不足，請地於韓虎；虎與之，請地於魏駒，駒又與之；又請地於趙無恤，無恤本惎瑤，獨勿與。瑤怒，帥韓魏之甲攻趙。無恤走晉陽自保，瑤圍晉陽，決晉水（山西太原縣西，亦曰晉渠）灌之，城不沒者三版矣！荀瑤行水，魏駒韓虎從。瑤曰：『吾乃今知水之可以亡人國也。』駒虎聞，慮禍及己，適趙使張孟談潛出，駒先陰與約，且示以期。無恤夜使人殺守隄吏，而決水以灌瑤軍，軍亂，韓魏翼擊之，趙出其前，瑤大敗，被殺，其族盡滅。於是荀氏之地，悉入於趙韓魏之三家；三家得地，又以趙爲最廣，時貞定王介之十六年也（民國紀元前二千三百六十四年）。晉室之列卿，由六而四，四而三，至并爲三家，而其勢更較六卿爲盛。自哀公驕傳子幽公柳，晉室所保，僅絳與曲沃，餘地皆入於三家。柳畏其強，反往朝以自固，晉人亦不之奇也。晉三家所由與魯異者，其先世闢壤遠，民數實繁，久而分立，足以自固；魯三家未嘗無地，顧分而爲國，卽不能以自存。實力之所區，故一則因積勢之強而化家爲國，一則匪獨無能爲國而家且式微也。

（二）齊之田氏　田氏之先，出於陳，陳本舜後，自胡公滿十三傳至厲公躍，代兄佗卽位。未幾，弟林立，是爲莊公。林沒，弟杵臼立，是爲宣公。杵臼愛庶子款，殺太子禦寇，禦寇素與厲公子完善，完懼禍及己，乃奔齊，爲齊工正，別以田爲氏。完沒，謚敬仲。由敬仲五傳至田乞（卽僖子），爲敬仲五世孫，事齊侯杵臼（卽景公），爲大夫，收民賦稅以小斗，施民米粟以大斗，行陰德於齊民，而杵臼勿禁。時晏嬰爲齊相，有賢名，見田氏所爲，數諫而杵臼勿聽。嬰沒，晉有范、中行之亂。范、中行請粟於齊，乞欲樹外援，請於杵臼，救以師，且輸之粟，杵臼勿悟也。且乞非但結民而已，齊於是時，公族之失職者衆，子城子公公孫捷（出頃公無野）之徒，越在草莽，乞皆反之而皆益其祿；凡公子公孫之無祿者，私分之邑；於是齊之世家大族，下逮貧約孤寡，無不交口頌德田氏，以得齊衆，故而宗族益彊矣。杵臼沒，齊相國子（名夏）、高子（名張），共立子荼爲君，是爲安孺子。乞滋不悅，欲立杵臼他子陽生，時陽生已奔魯；乞以計間高國與齊大夫，而旋起兵攻高國，國子奔莒，高子被殺，荼出亡，旋死！乞迎陽生歸齊，匿其家，召諸大夫飲，而出陽生立之，是爲悼公。時在敬王匄之三十二年（民國紀元前二千三百九十九年）。田氏入齊以來，執齊國之大政，操廢立之重權者，自乞始。齊族雖衆，崔、慶敗，欒、鮑衰，高、國亦落，故聲望羣集於田氏。田氏未幾，乞沒，子恆（常）代之，專齊政如故。陽生旋爲其下所弒，子壬立，是爲簡公。常與闞止同相而爭權，常勿克；於是再修乞政，貸民以大斗，收民以小斗，齊人謳歌之；常遂以事殺闞止，逐其君壬，弒之於舒州（山東滕縣南），立其弟驁，是爲平公。時在敬王匄之三十九年（民國紀元前二千三百九十二年）。常既弒壬，懼諸侯誅己，乃盡歸魯衞侵地，西約晉韓魏趙氏，南通吳越之使；修功行賞，親於百姓，並誅國中大族，及公族之彊者，而割齊自安平（山東臨淄縣東）以東至瑯琊（包今萊登沂諸州），自爲封邑，大於其君之所食。常沒，子盤立（卽襄子），專齊政，又使其兄弟宗人盡爲齊都邑大夫，與晉之三卿通使。

盤沒，子白（即莊子）立，專用師於外，晉魯俱受其兵。白沒，子和立（即太公），又約鄭伐衞。時齊自宣公積傳康公貸，貸見齊政之歸田氏也，耽於酒色而不聽政；和因遷貸於海上，使食一城，以奉其先祀。時在周安王驕之十一年（民國紀元前二千三百零二年）。又二年，和求諸侯於魏斯（即文侯），魏斯爲言於周及諸侯，得周室之許可，乃後三晉十七年列爲諸侯，而姜齊滅。

第三章　戰國之世上（民國紀元前二千三百八十六年至二千一百二十一年）

戰國前局百六十餘年間概狀之一（七雄之大勢及秦楚之重強）民國紀元前二千三百八十六年至二千二百七十三年當周元王之世至顯王七年）

先民之苦，至戰國極矣！春秋競爭，不專尙詭祕，戰國則以詭祕爲智者也；不多務刑戮，戰國則以刑戮爲武者也；不汲汲於尸名號厚封殖，戰國則以名號封殖爲富強者也。民生之憔悴，民德之窳敗，民性之鬬狠，春秋一局已有然矣；戰國之勢成，民之悲憔悴，趨窳敗，習鬬狠者，機深於往日，而其禍且數倍於春秋也。夫一姓將亡，殺機必起，徵之往史，何代不然？顧於周末則其機更烈。何者？古代一姓之亡，多亡於暴主，周無暴主而多闇主。暴主之召亡也以驟，闇主之召亡也以漸。亡機漸至而不能即決，於是歷二百餘年而成春秋之一局，又歷二百餘年而再成戰國之一局。既曰戰國，則凡事自必以攻戰爲前提，未有攻戰開而殺機不烈者也。而此攻戰之局，遷延百年，又不能以卽決；於是周末之受禍，於古代爲特甚。吾人今日試一尋其故實，而亦烏從排斥劉向『暴師經歲，流血滿野，父子不相親，兄弟不相安，夫婦離散，莫保其命』之說爲虛詞也？茲述七雄大勢：燕秦楚三國之系略，及其地望，已見春秋。其變動者，惟田齊三晉。他如魯衞宋越諸國，雖有存者，而勢皆不競。迨戰國之將終，小國之幸存者亦僅一衞！蓋周初封建成局，至此而變動極矣。茲約述其成因如下：

東周之夷爲春秋，由王室之衰，諸侯之大有以致之；顧其初列國競爭之度，尚未烈也。歷二百餘歲以來，春秋大勢，漸趨而爲戰國，其原因至爲繁複；與春秋一局之始，顯爲殊異。茲約述其大者以見一斑：

(一)由戎狄內侵之波折也　春秋戎狄之見於經傳者甚多。卽以南方吳楚之大，在中夏之人觀之，猶蠻夷也。其首見經傳者爲戎，近魯者曰己氏之戎。近燕者曰山戎。近周者曰陸渾之戎，曰揚拒泉皐伊洛之戎。近楚者曰蠻戎。近秦者曰驪戎，曰犬戎。戎之外有蠻，曰羣蠻，曰百濮，皆密邇楚國。蠻之外又有夷，介萊根牟，均接於齊，淮夷則接於吳。以上諸族，雖或稱兵一時，然不能竟爲當時之患；其爲當時之患者，莫如狄。狄之大別有三：曰赤狄，曰白狄，曰長狄。三者之中，尤以赤狄爲強。連侵大國，所欲不饜，其地壤且外錯於晉邊。故晉國當春秋之世，汲汲以對狄。迨後諸狄盡爲晉滅，晉地日廣，而世族亦日強。向者利用其民敵愾之心以禦國外，至此則內訌亦因之勃起，建晉國者，且不能禦矣。惟其然也，故魯三家分魯，不足以自強；晉三家分晉，各足以自廣。夫使三晉不析，戰國不過四雄。晉力既聚，能遏秦東出，亦未可知？加之山西小國，多爲晉并，益以狄之廣漠，宜若可爲？乃地大而不知固之之法，三晉裂而戰國之勢成，何其易也！抑當春秋之末，其散入中原之外族，久爲諸侯之所排屏；有幸存者，亦多寧息而不敢逞。非眞不思逞也，競爭之勢日烈，而戰國之局將成，其寧息者，一若待戰國機會之來，而後圖乘時以復動。故義渠烏氏之戎，林胡樓煩之族，其勢力之橫，間或過於春秋之世也。

（二）由小弱諸侯之淘汰也　春秋滅國，以楚爲最多，匪僅東南小國而已；漢陽諸姬，楚實盡之，故其壤地與中原皆錯接，而猶不知止也。春秋之始，小弱諸邦，猶足以自存者無他，一二大國，尙不圖急并人國以益己宇，而周室之虛君，猶得以維持之也。夫自諸侯間有交戰之行爲，於是小弱諸邦，或爲甲屏蔽，或爲乙牽制，而諸侯間交戰之結果，卒不能以容之者？則以小弱諸邦之不并爲己有，地不能拓，而其爲患，且未易盡防也。雖然，強大之并小弱，必有已時；而春秋之終局，卽爲并滅小弱之已時。過此則強大將與強大爲敵，滅之不能，而亟思所以勝之，六國之互爲攻伐是也；勝之不足，而亟思所以滅之，秦與六國之攻伐是也。故小弱諸侯之被汰，卽爲演成戰國一局之動機。當是時也，上無天子，下無方伯，力功爭強，勝者爲右。夫豈猶是春秋初世之情狀也哉？

（三）由社會亡業者之衆多也　方春秋之世，戰爭數起，民力已垂疲矣。「井田」之制荒，則不知所以爲養；「學校」之官廢，則不知所以爲教。然猶未甚也，自強兵富國之議興，綜玆無教無養之平民，或因謀強而驅之死於兵戈焉！或因謀富而迫之死於生計焉！建國者知自利而已，奚問平民？平民之苟而免者，宛轉困苦而羣亡其業。浮而譎者，流而爲游士；愚而狠者，夷而爲游民。六國之亂，游民且無責；彼游士之貴爲卿相，聚爲食客者，安在不與人家國事？而究安在能寧人家國以保其弗爭也？故吾謂春秋之世，民多失業；失業者，其本有業者也。戰國之始，民多亡業；亡業者，其本失業者也。民亡業而國必無幸，夫豈僅蠹國而已哉？

(四)由人間仁義心之汩沒也　自春秋以來，孔子之道不行，民之不樂聞仁義之論也久矣。商君變秦，以仁義爲「六蠹」之一，屏之勿道；魏王罃之以「利國」問孟子也，孟子雖以仁義之教折之，而罃終不聽？非自絕於仁義也，「利國」之主張，七雄幾乎一致矣。魏如行仁義以治其下，收效遠，而齊秦之偪近，以罃中才，不足支其國也。夫仁義之與殺伐，兩義不能並立，雖古之帝王亦有假殺伐以行其仁義者！然此不過暫時之事，非有如戰國爭城奪地殺人盈野之甚也。戰國之君，而既不懼殺伐之戚矣！屠敵之慘酷，坑降之暴烈，仁義之心，無形汩沒，春秋之夷爲戰國，惟此一時最爲著明。春秋之世，臣弒其君，子弒其父，已爲綱紀之所不容，然被弒者尚爲少數之人；至於戰國，則眞孟子所謂『仁義充塞，則率獸食人，人將相食』者也！

以上四端，爲春秋夷爲戰國之總因；自茲以後，就戰國大勢略一述之，而必先楚與秦者：以田齊三晉之由來，既具述於前章。惟楚秦二國，在春秋之世已爲大邦；迨夫戰國，則必又有振興之術，而始足與田齊三晉相抗衡。故本章首爲論列，以見其大凡也。

楚自昭王軫之世，爲吳所敗，勢漸不振；然猶能滅唐（侯爵，姬姓，唐堯之後，湖北隨縣西北），頓（子爵，姬姓，河南商丘縣），胡（子爵，歸姓，安徽阜陽縣西北），諸國以益其封。時吳越交仇，楚轉得無事，傳子惠王章，卒滅陳而縣之，後又及於蔡杞，東侵廣地，至於泗上，楚勢遂再強。章沒，子中立，是爲簡王，滅莒。中沒，子當立，是爲聲王，爲盜所殺，子疑立，是爲悼王，用吳起以治楚，楚國大治。初起在魏，爲魏相公叔所譖，懼而奔楚。疑素聞起賢，用以爲相。起本知兵，因以兵法通之內治，令貴人往實廣虛之地，廢公族之疏遠者，損不急之官，養戰鬭之士，破游說士之言縱橫者，疑悉用其策。於是南平百越，北卻三晉，西伐秦，諸侯皆患楚之彊，而其功盡成於起。起當國稍久，貴戚大臣多有怨言。疑沒，貴戚大臣作亂，殺起。疑子臧卽位，是爲肅王，討爲亂者，夷七十餘家。時周安王驕之二十一年也（民國紀元前二千二百九十二年）。

抑楚自惠王章以來，屢與三晉交兵，間或與秦媾好；至肅王臧之世，蜀人來伐，取茲方（湖北松茲縣），楚乃爲扞關（湖北長陽縣），以拒之。楚至戰國，非僅有北面之師已也；於東於西，俱不能無備。據地大而受患之途廣，自茲以後，其勢力上之設施，漸不足敵秦！於是楚人不得不與三晉燕齊爲一角，而秦且自成爲一角矣。

秦之所以自爲一角，不與餘之六國爲儕者，其由來久遠。茲姑就戰國前局之狀況約言之：初秦謀東出，與晉交兵，至數世而不輟。彼時晉勢彊盛，南且制強楚，西何至不能拒秦？故秦終不獲收什一之效，然其雄志則歷世未忘也。自三家分晉，晉地雖大，而其勢已分。秦人處此，初無聲息；然亦嘗取大茘（陝西大茘縣），縣頻陽（陝西同官縣），伐義渠（戎名，史記正義以爲周先公不窋所居，本甘肅慶陽府地），塹洛城重泉（陝西蒲城縣東南），儼然有一種之潛勢力焉。凡此皆爲厲公（惠公孫，悼公子），至簡公之事，當元王仁元年（民國紀元前二千二百八十六年），至安王驕之二年（民國紀元前二千三百十一年），自悼公三傳至獻公，城櫟陽（陝西臨潼縣）而居之，雖河西之地爲三晉侵奪，而其勢固已寖強。初敗韓魏之師於洛陽；既又敗韓趙魏之師於石門（山名，山西解縣東南），斬首六萬。是爲秦人肆行戮敵之始。秦既告捷，周顯王扁因是賀秦，賜黼黻之服以榮之，秦於是再強。時扁之五年（民國紀元前二千二百七十六年）也。後三年，又攻魏，戰少梁（陝西韓城縣），虜其將公孫痤而又歸之。蓋自三晉分裂以來，累與秦戰，皆不克致勝；迨後秦師西出，漸不能控遏，而戰國之勢，遂全集於秦，并楚亦不能與之敵矣。

戰國前局百六十餘年間概狀之二（商鞅之變秦及「縱橫論」之勃起）（民國紀元前二千二百七十二年至二千二百二十六年，當周顯王八年至赧王五年）

秦獻公沒，子渠梁立，是爲孝公。孝公初立，六國之勢方盛，周室卑弱，諸侯力征，相經營。魏楚與秦壤地相接錯，而皆不重秦；以秦僻在雍州，儕之夷翟，屏不得與中夏之會盟。渠梁即位，布德惠，振孤寡，招戰士，明功賞，下令國中有曰：『寡人思念先君之意，常痛於心。賓客羣臣有能出奇計強秦者，吾且尊官，與之分土。』公孫鞅者，衛之庶孫也。聞孝公令，遂去魏，西入秦，因嬖臣景監入見渠梁，說以富國強兵之方，得渠梁稱許，與議秦政。鞅力主變法，而秦人不悅。鞅言於渠梁曰：『夫民不可與慮始，而可與樂成。論至德者不和於俗，成大功者不謀於衆。是以聖人苟可以強國，不法其故苟可以利民，不循其禮。』渠梁曰：『善。』甘龍杜摯輩後先反對，俱爲鞅所折，鞅以是得爲左庶長，以定變法之令。令民爲什伍而相收司（據史記索隱，收司謂相糾發也。）連坐，不告姦者腰斬，告姦者與斬敵首同賞，匿姦者與降敵同罰。一民有二男以上不分家者倍其賦。二有軍功者各以率受上爵，爲私鬭者各以輕重被刑。三大小僇力本業，耕織致粟帛多者復其身，事末利及怠而貧者舉以爲收孥。四宗室非有軍功不得爲屬籍。五明尊卑爵秩等級，各以差次名田宅臣妾衣服以家次。六有功者顯榮，無功者雖富無所芬華。七上諸條，皆鞅變法令之大者（條文簡隸事廣，古之法令，不尙繁辭，其切要視此）。然秦之民，猶不能信也。鞅又立木示信，懸金以爲賞；民有徙者，予之金，以明不欺，然後下令。令行期歲，民之言令不便者以千數。於是太子駟犯法，鞅曰：『法之不行，自上犯之。太子、君嗣也，不可施刑；刑其師公子虔，黥其傅公孫賈。』明日，秦人皆趨令。行之十年，秦民大悅，道不拾遺，山無盜賊。民勇於公戰，怯於私鬭，舉國大治。秦民初言令不便者，復來言令便。鞅曰：『此皆亂化之民也。』盡遷之邊城，其後民莫敢議令！於是渠梁任鞅爲大良造（即大上造，與左庶長同爲爵名。秦爵二十：一、公士，二、上造，三、簪裊，四、不更，五、大夫，六、官大夫，七、公大夫，八、公乘，九、五大夫，十、左庶長，十一、右庶長，十二、左更，十三、小更，十四、右更，十五、少上造，十六、大上造，十七、駟車庶長，十八、大庶長，十九、關內侯，二十、徹侯），時周顯王扁之十七年也（民國紀元前二千二百六十三年）。

以上所舉，僅鞅變政之大端；至於平斗桶權衡丈尺，以一法度，禁民父子兄弟同室內息（據大事記解題，內者納也，息者子也，子弟納妾而生子，則不許同居也）以廣戶齒，亦爲彼時要政。秦以用鞅故，周室致胙，諸侯畢賀，不啻舉向時一種之潛勢力流呈於外，而中夏無不知秦國之強矣。顯王扁之二十九年（民國紀元前二千二百五十一年），鞅以破魏功，秦封之商（陝西商縣）於（河南淅川縣）十五邑，以爲列侯，號曰「商君」。商君相秦十年，宗室貴戚多怨望者，而已亦頗自戒備，然地位日危，而渠梁又先沒，惠文君駟立，固前犯法之太子也。公子虔之輩旋誣商君反而告之駟，發吏捕鞅，鞅去之魏，魏不受，反納之於秦。於是秦人車裂鞅以徇曰：『莫如商鞅反者』！遂滅商君之家！時顯王扁之三十一年也（民國紀元前二千二百四十九年）。

雖然，鞅則死矣，而法固未死也。鞅死而秦強，微夫人力不及此；使鞅早死，秦未必遽強也。七雄之始，皆列國耳。故吾謂使重心之力獨集於秦者，商鞅也；使其餘之六國，忽輕忽重，隨勢欹側，而絕無有自主之靜力者，則蘇秦張儀公孫衍之徒也。請繼此以言蘇張公孫「縱橫」之事：

當「縱橫論」勃起以前，列國之狀況是否一致？此事不可無論。惟秦之變法，已擇述於上文；茲專就六國大勢說之如左：

（一）趙於「縱橫論」勃起以前之狀況　昔者三卿分晉，以趙爲強。敬侯章者，爲烈侯籍之孫，當周安王驕之世，屢與齊魏交兵；是時中山方立國，又兩伐中山。傳子成侯種，當顯王扁之世，秦方重用商鞅，而三晉不悟，互相攻鬩。扁之十五年（民國紀元前二千二百六十五年），魏師伐趙，圍其都邯鄲。趙初乞師於楚，楚救不急至；復請於齊，齊以田忌爲將，使孫臏參其謀，臏主攻魏以釋趙圍。魏拔邯鄲，還與齊戰桂陵（山東菏澤縣東北），魏師大敗。閱二年，魏歸趙邯鄲而與之盟．兵端稍息，然不能弭也。自成侯種傳子肅侯語，趙勢日強，至顯王扁之三十六年（民國紀元前二千二百四十四年），遂與諸侯定合縱之約。

（二）韓於「縱橫論」勃起以前之狀況　韓自分晉以後，勢亦漸強。哀侯爲景侯虔之曾孫，破鄭，滅其國，自陽翟徙都之，因改號曰鄭（戰國策謂韓宣惠王爲鄭惠王）。未幾，爲其臣韓嚴所弒。子懿侯立，兩敗於魏。懿侯沒，子昭侯立，與秦宋魏戰皆不利；雖寇東周，得不償其失，韓勢寖衰！後用申不害爲相，韓乃大治。不害學本于黃老而主刑名，及登相位，內修政教，外結諸侯，如是十五年，韓以復強，與商鞅之治秦同時，而無鞅之堅決，與其恢遠：故鞅死而秦仍稱治，不害死而韓即就衰也。顯王扁之二十八年（民國紀元前二千二百五十二年），魏使龐涓伐韓，韓請救於齊。齊用孫臏計，陰許韓使而遣之。韓因恃齊，五戰不勝，東委國於齊。齊令田忌將兵救韓，仍使孫臏參其謀，直走魏都；龐涓聞之，急棄韓而歸。臏故爲減竈法誘之，度其行，暮當至馬陵（河北元城縣東南），馬陵道陿而旁多阻隘，令萬弩夾道而伏；涓至，萬弩盡發，魏師大亂，涓自殺。齊乘勝，虜魏太子申而去，韓轉得無事矣。至顯王扁之三十六年（民國紀元同上節），昭侯沒，子宣惠王立，遂與諸侯定合縱之約。

（三）魏於「縱橫論」勃起以前之狀況　魏自分晉以後，其強勢與韓相若。文侯斯當國，勝秦，克中山，並能好賢禮士，國人稱仁，上下和合。魏由此得譽於諸侯，而國以治。斯沒，子擊立，是爲武侯。擊沒，子罃立，是爲惠王，當顯王扁之二十八年（民國紀元同上節），與齊師戰敗，強勢寖衰。其明年，秦使衞鞅來伐，襲魏公子卬，虜之，大敗魏師。罃因獻河西地於秦，遂去安邑，徙大梁（河南祥符縣），改國號曰梁。卑詞厚幣以招賢者，而不能用鄒人孟軻。又六年，罃沒，子嗣（一名赫）立，是爲襄王。會齊宣王辟彊於徐州以相王，是爲列國相王之始。相王後之一年，卽顯王扁之三十六年（民國紀元見上節），遂與諸侯定合縱之約。

(四)齊於「縱橫論」勃起以前之狀況　齊自太公和幷滅姜氏以來，國勢日強。再傳至威王因齊，初卽位，不能治其國，委政卿大夫。九年之間，諸侯並伐，如魯如衞如趙，皆以師來攻，因齊不能禦也。因齊治齊，初放任，後轉嚴實，齊卒賴以治。時周室微，天子尊勢不敵一諸侯，諸侯莫朝，而因齊獨朝。事在烈王喜之六年（民國紀元前二千二百八十一年）。卽墨大夫賢，因齊封之；阿（山東陽穀縣東北）大夫不賢，烹之；於是羣臣聳懼，莫敢飾詐，務盡其情，而齊賴以治。又使其臣檀子守南城，防楚之北寇；田朌守高唐（山東高唐縣），防趙之侵河；黚夫守徐州，燕趙之人徙而從者凡數千家；種首備盜賊之警，而境內亦因之輯洽。於是齊勢遂震懾夫諸侯矣。迨顯王扁之十六年（民國紀元前二千二百六十五年），齊師勝魏，因齊遂稱王以令中國。比沒，子辟彊立，是爲宣王。復勝魏於馬陵，旋會魏罃徐州而相王。其明年，遂與諸侯定合縱之約。

(五)燕於「縱橫論」勃起以前之狀況　方春秋之世，列國共以競爭爲務，燕人閉關固守，習耕種以自安，未嘗預聞外事也。自召公二十二傳至獻公，春秋之世終，戰國之局始。自獻公傳孝公、成公、閔公，至於僖公，伐齊，勝之，自是以後，燕漸事外營。自僖公傳桓公至文公，蘇秦始來見，燕乃從此多故，其明年，遂與諸侯定合縱之約。

（六）楚於「縱橫論」勃起以前之狀況　春秋之世，中國患在楚；戰國之世，中國患在秦。楚之所以爲春秋患也，其故已於上文述之；顧何以至于戰國，反不能爲患？則又不可不略究其事情也。楚當肅王臧之世，其勢漸不足以敵秦。臧沒，無子，弟良夫嗣，是爲宣王。其時魏惠王罃，齊威王因齊，均以強大著名于諸侯。而秦又嘗以師侵楚，楚雖用師于魏，不能致大勝。良夫沒，子商立，是爲威王。謀大治其國，聘莊周爲相，周辭不就。方是時，楚志在親秦而敵齊，故顯王扁之三十二年（民國紀元前二千二百四十八年），與韓趙等聯合朝秦，此爲楚勢顯爲秦下之一明徵。又四年，遂出師伐齊，圍徐州。燕趙乘齊之敗，皆侵齊。齊請和于諸侯，乃罷兵。楚勢轉以敗齊而振，同年，遂與諸侯定合縱之約。

南北之謂「縱，」東西之謂「橫。」縱曰「合縱」者，合六國以攻秦也；橫曰「連橫」者，連六國以事秦也。苟善用之，縱固足以圖存，橫亦不難自保，然而六國皆不能善用其術，以致轉爲秦制，而終無以窮秦。其首倡是論者，曰蘇秦，曰張儀，曰公孫衍。顧其人皆非有一定之主張，秦初本倡連橫，儀初亦附合縱，衍於縱橫尤無定見。其人之操術，大抵隨時勢與地位而著其變更。茲爲約述一班以見其概：

自戰國之局開，世卿制度，不適於生存，於是世之趨承勢利者，流往往藉策士之盛名，乘機而干進。以列國之君，富於功名之念得人而治，方惟日不足；故凡乘機干進之士，多數爲當事諸人之所崇信，其言易入而其位尤易尊。列國之君生長富貴未明大計，聞言而信，多不問是非利害之如何？但予以一官使之自効，甚者舉國以聽其謀畫，而一朝失敗，國勢亦因是以傾危。此等趨承勢利者流，朝爲禍于甲之國者，夕可出舍于乙之國；如是之丙之丁，任循行以自便。良心之淪沒，公德之消亡，惟意行之，可無反顧！則不能不致憾于蘇、張、公孫輩之作俑長也。縱橫之術，始起于戰國，或云出鬼谷先生。蘇秦者，東周洛陽人，東師事于齊，爲鬼谷之弟子。出游數歲，無所得，退而讀周書陰符，簡鍊以爲揣摩，求說周顯王扁，勿信；乃西至秦，說秦惠文君駟以兼并天下之術，時秦方誅商鞅，疾辯士，勿用；又舍而之燕，說燕文侯，與趙從親，文侯從之，資蘇秦車馬以說趙；趙肅侯聞擯秦立約之論而喜，厚賜賚之，以約于諸侯；由是說韓，韓宣惠王從其言；說魏，魏襄王亦聽之；又說齊及楚，齊宣王、楚威王皆許之。於是蘇秦爲縱約長，并相六國。北報趙，過周，顯王扁大恐，使人郊勞，秦志得意滿，散千金以賜宗族朋友，徧報諸所嘗見德者。比至趙，趙乃投縱約之書於秦，封蘇秦爲武安君。

蘇秦之游說列邦，論調大抵一致，要其立意，則多依據一種不碻備之統計而來；列邦以其說之足以動人也，相率從之，六國之縱約，於是遂定。顧蘇秦之對于諸國，其先後輕重，亦頗具有深心。燕於山東諸國，聲息多違，故秦先入燕，燕定然後說趙。趙下，爲首難而得屏秦以成西拒之功，故因之色喜，如是則韓魏亦無有不從矣。然當日關東之強勢，實不在三晉而在楚齊。秦奉趙命而行，又益以魏韓之風從，其地皆近於秦，而猶甘冒難；則齊之許可，自在意計之中。燕齊三晉既從，楚亦因茲被動，而六邦聯合之大勢成矣。夫使縱約一成，關東諸國，各出其實力，永與秦抗，擯不得東略，豈不甚善？而是時魏人公孫衍，方盡忠於秦，縱約既定之翌年，衍爲秦欺齊魏與共伐趙，敗縱約；趙肅侯讓蘇秦，秦恐，請使燕，必報齊，蘇秦去趙而縱約皆解。後又適齊與人爭寵，卒被殺，事在周慎靚王定四年（民國紀元前二千二百二十八年）。

方蘇秦去趙，魏人張儀，得以術操縱魏國，效忠于秦，而連橫之論乃起。儀本與秦同學，秦既說趙使與諸侯從親，然恐秦之攻諸侯，敗約後負，乃設法激張儀入秦，而陰使爲己用，儀亦慧給而姑許之。及爲秦客卿，將兵伐魏，取蒲陽（今河北長垣縣），請秦復以與魏，而並使公子繇往魏爲質，因說魏曰：『秦之遇魏甚厚，魏不可無禮于秦。』于是魏盡入上郡十五縣之地以謝秦。儀又欲令魏事秦爲諸侯先，乃出而相魏。是時關東縱人之說爲盛，魏襄王終不用儀說，秦怒，再出師伐魏，取曲沃（河南陝縣非晉都之曲沃）平周（山西介休縣），陰厚儀益甚，儀慚無以歸報，留魏四歲而襄王赫沒，子哀王立，儀復有所陳說，不用，陰令秦伐魏。魏亦約楚、趙、韓、燕伐秦，攻函谷，大敗，時爲周慎靚王定之三年（民國紀元前二千二百二十九年）。明年，秦又敗韓，斬首八萬，諸侯大恐，張儀復說魏；於是魏哀王首背縱約，而請成于秦，儀聯魏之功，由是告竟。遂歸，復相秦。此爲張儀主橫之第一步。

秦既聯魏，破關東縱約；並用司馬錯謀，出師取蜀，滅巴，富厚，輕諸侯。然是時關東強勢，以齊楚爲尤，齊楚之交親；秦雖得志三晉，不能久安也。秦欲伐齊，患楚與齊善；於是張儀復出，爲秦相楚，因說懷王槐使絕齊。曰：『大王誠能聽臣，閉關絕約于齊，臣請獻商（陝西商縣）於（河南淅川縣）之地六百里，使秦女得爲大王箕帚之妾。秦楚娶婦嫁女，長爲兄弟之國。』槐悅，厚賜儀，而絕約于齊；使一將軍隨儀至秦，儀佯病不朝。槐恐己之絕齊，爲猶未甚也；乃使人北罵齊王，齊王怒，激而事秦。齊秦之交合，儀乃朝，見楚使曰：『子何不受地？自某至某，廣袤六里。』使者還報，槐大怒，使屈匄伐秦，時爲赧王延之二年（民國紀元前二千二百六十四年）。明年，楚師大敗，漢中失，屈匄爲秦虜，韓魏之師皆來襲楚。楚不得已，割地與秦和。自是秦勢遂足以制楚。此爲張儀主橫之第二步。

秦既用張儀謀以制楚，又遣使于楚，願以武關（本陝西商州東）之外易黔中地（據國策地名考，楚黔中，大約今湖南常德、辰州、沅州、永順、澧州、靖州、岳州之華容，及湖北荊州之公安、宜昌之長陽皆是）。懷王槐曰：『不願，願得張儀而獻黔中。』儀請行，之楚，槐囚儀將殺，而儀善槐嬖臣靳尙，尙得事槐幸姬鄭袖，尙受儀託，謂袖曰：『秦王甚愛張儀，將以六縣及美女贖之；王重地尊秦，秦女必貴，而夫人斥矣。』於是袖日夜泣王前，勸毋殺儀，儀因得免；又聞蘇秦死，知縱人餘論，必無以動六國，因說槐以事秦之利，槐已得儀而重出地，乃許之。儀遂之韓，說韓襄王事秦而攻楚，韓亦許之。儀歸報秦，秦封以六邑。復使東說齊，西說趙，又北說燕；齊湣王、趙武靈王、燕昭王均從其說。連橫之約，由是遂定。向日列邦信用縱人之狀態，爲之一變。時周赧王延在位之五年也（民國紀元前二千二百二十一年）。是爲張儀主橫之第三步。

張儀之游說列國，與蘇秦之論調，雖絕端反對，要其立說，亦自有其後先輕重：秦魏接壤，易脅以兵，張儀先說魏，而魏不聽，迨迫以兵力而魏卽從儀者，無他，地域相連，魏之力不足以西拒也。魏既從儀，則三晉之勢歧，說而下之，可俟異日；而此時所汲然在抱者，蓋在南方之楚。楚之舉動，常足以易中原之觀聽而其勢又較強。儀故爲秦謀所以折楚之法，使離齊以孤其勢，然後以連横之說進：楚信然後說韓，說齊，說趙，最終乃及燕。燕之地位，易與中夏相閡絶。故縱人之說，必由燕始：由燕始者，欺其不與中原通消息，餂之以廿論，而得挾燕以說山西也；横人之論，不妨於燕終：於燕終者，又因其處壤之有別于中原大勢之所趨而燕究不能自爲孤立也。自横約告成，六國之大，俱折而事秦。儀歸秦報命，未至咸陽，而秦惠王駟沒，子武王蕩立，素不說儀，羣臣左右，亦多有譏儀者。六國聞儀方不得于新主，皆畔横而復合從，于是儀之游說卒因之無效。昔蘇秦爲縱，方一年而敗者；迨張儀爲衡，且未及一年而又敗矣。

抑張儀者，陰謀詭計之徒也。既自知不容于秦，乃說武王蕩，爲秦出相魏，一年而沒。又有公孫衍者，與蘇秦張儀同時（參觀上節），顧與張儀弗善。初相魏，中入秦，後復事魏，又嘗佩五國之相印，或從或横，常爲約長；要其運用列國，不足以望蘇張，而其名則與蘇張同著。其他如陳軫去楚仕秦，繼又去秦仕楚，其後齊楚交戰，軫又爲楚使秦，其論辨之利，尤絶于儕輩云。

不獨此也，戰國說士，蘇氏爲其宗。蘇秦既顯，其弟蘇代蘇厲，亦皆學其術。秦死，代求見燕王噲，欲襲秦故事，勸燕結齊，噲意爲動。燕相子之，嘗與蘇代婚，而欲得燕權，因使代侍燕質子于齊。齊使代報燕，燕王噲問曰：『齊王其霸乎？』曰：『不能。』曰：『何也？』曰：『不信其臣。』於是噲專任子之。子之因遺蘇代百金，而聽其所使。鹿毛壽謂噲不如讓國於子之，可與堯同行。噲因屬國於子之，幷收吏印綬，自三百石以上而呈之子之。子之南面行王事，噲老不聽政，反爲臣，凡此皆緣蘇代之力。如是三年，國大亂，百姓交怨，將軍市被與太子平謀攻子之，齊與燕故有昔仇，陰許助平，平使市被攻子之，不克，被反攻平，國人連戰數月，死者甚多，齊因出師伐燕，入其城，醢子之，殺王噲。時周赧王延之元年也（民國紀元前二千二百二十五年）。又二年，燕人立太子平，是爲昭王，代自此不敢入燕；又其弟厲，初因燕質子入齊，遂委質爲齊臣，至是亦不敢復入，齊皆善待之。其後代復入燕用事，竟成破齊之功；又爲燕約諸侯從親，如蘇秦時，後與弟厲皆壽死。厲弟蘇辟、蘇鵠，亦頗知名，而事跡不著。

第四章　戰國之世下（民國紀元前二千三百二十一年至二千一百三十二年）

戰國後局九十年間概狀之一（楚齊之衰落及秦力之東侵）（民國紀元前二千二百二十一年至二千一百六十七年，當周赧王五年至五十九年）

方戰國競爭至烈之時，秦之所以折楚者，不僅如張儀之謀已也。初，齊湣王地繼其父辟畺而立，欲爲諸侯從長，而患楚與秦合，乃遺書于楚，使共絕秦。時張儀已死，橫約將瓦解，懷王槐謀于羣臣，乃合齊以善韓，資爲己固；既又陰倍齊、韓、趙而與秦合。秦昭襄王稷，方繼兄蕩而立，以厚賂結楚，與楚人爲黃棘（河南新野縣東北）之盟；上庸（湖北竹山縣）之地本爲楚有，自屈匄爲秦所敗，地入於秦，至是秦重以地歸楚，秦楚之交復合。赧王延之十二年（民國紀元前二千二百十四年），齊韓約魏伐楚，楚使太子橫爲質于秦而請救，秦出師救楚，三國引兵去。其明年楚太子在秦，私與秦大夫鬬，殺之亡歸。又明年，秦會韓、魏、齊兵伐楚，楚兵大敗。自後秦屢伐楚，楚勢不能支，乃送太子橫質齊以求平，而秦伐如故。秦王稷又遺楚書，要楚王槐會武關，面約結盟，及槐入秦，秦令一將軍詐爲王，伏兵武關，刼之俱西至咸陽，朝章臺，要以割巫黔中之郡。槐不可，秦留之不遣。楚太子橫時在齊，其大臣相與謀，乃詐赴于齊；齊歸橫于楚，楚人立之，是爲頃襄王。時赧王延之十六年也（民國紀元前二千二百十年）。明年，秦以楚立王相拒，發兵出武關攻楚，楚師又敗。秦人斬首五萬，取城十六。又明年，楚王槐自秦走趙，趙不納，欲改道走魏，爲秦追及，復返于秦，逾年而沒。秦歸其喪于楚，楚人憐之，如悲親戚！諸侯由是不直秦。赧王延之二十三年（民國紀元前二千二百零三年），秦又遺楚書，願合諸侯之衆，以與楚戰！楚人大懼，乃復與秦和，且迎婦于秦，以堅其好。自是秦楚二國之君，屢爲盟會，兩方得不興師旅者垂十年。至赧王延之三十五年（民國紀元前二千一百九十一年），秦司馬錯復伐楚，據黔中，楚獻漢北（漢水以北宛、葉、隨、鄧之地），及上庸（釋地見上節）地。明年，白起又伐楚，取楚西陵（本湖北宜昌府境）。又明年，起據郢，燒夷陵（湖北宜昌縣），楚王兵散，遂不復戰，東北徙都陳（今河南淮陽縣）。赧王延之三十八年（民國紀元前二千一百八十八年），秦復取楚巫、黔中，楚地日削。頃襄王橫雖得東地（淮泗之地）兵十餘萬，率以拒秦，卒不能再盛。赧王延之四十三年（民國紀元前二千一百八十三年），楚使太子完爲質于秦，秦楚乃復和。

方太子完質秦之先，楚使者黃歇在秦，聞秦將與韓魏伐楚；乃上書秦王，勸之善楚勿伐，可收韓魏而制齊。秦王稷從之，使歇歸約親于楚；楚復使歇侍完以爲質于秦。赧王延在位之五十二年（民國紀元前二千一百七十四年），楚王橫有疾，歇教完變服先歸，而自爲守舍；度去已遠，乃自言于秦，請死。秦因歸之，欲資以親楚。歇至，橫旋沒，完立，是爲考烈王。以歇爲相，封吳（江蘇吳縣），號春申君。是時楚雖弱，春申勢甚豪，門多食客，爲戰國四君之一；後制于李園，竟爲所殺。

戰國秦爲最橫，楚次之，齊又次之。楚爲秦制，語在上文，茲再述齊國。齊當宣王辟疆之世，盛喜文學游說之士，騶衍、淳于髡、田駢、愼到、環淵之徒七十六人，皆賜列第爲上大夫，故說客以齊爲多，而來者且日衆。辟疆沒，子湣王地立，初謀合楚制秦；後楚與秦合，齊亦折而事秦。秦既出其謀以制楚，復謀所以制齊。齊獨力懼無以勝秦，乃與韓魏合師，於是遂有函谷之捷。

齊公族有田文者，父曰田嬰，爲辟疆庶弟，仕齊，封于薛（山東滕縣南）。嬰沒，謚靖郭君。文代立于薛，招致諸侯賓客，及亡人有罪者，一一厚遇之，無貴賤咸與文等，故門列食客，以數千人計。秦王稷聞其賢，使弟涇陽君悝爲質于齊，請文入秦爲相。或說稷謂文有賢名，且齊族，相秦必先齊，稷欲殺文。文使人求解于稷幸姬，姬欲其狐白裘，而文先已獻于稷，更無他裘，竊以爲患；因商之食客，最下座有能爲狗盜者，乃夜爲狗，入秦宮，取所獻裘至以獻姬，姬爲言于稷，文得釋馳去更封傳變姓名以出關，夜半至函谷。稷悔，使追之。關法，雞未鳴，例不出客，其客又有能爲雞鳴者，而雞齊鳴，文乃得出輾轉以之齊。初，齊王地以文入秦頗不自得；文至，卽用文爲相使任齊政。文亦冀以兵報秦。赧王延之十七年（民國紀元前二千二百九年），乃與韓魏攻秦勝之所謂「函谷之捷」者也。秦王稷使公子池以河東三城（本山西平陽府境）講於三國，三國乃與秦和。齊、韓、魏居然勝秦而獲其地，要其功烈，當以文爲著。其後齊王地滅宋而驕，南侵楚西侵三晉，欲幷二周爲天子，並欲去文。文遂適魏爲魏相，與諸國共伐破齊；後又中立爲諸侯，無所屬。赧王延之三十六年（民國紀元前二千一百九十年），文死于薛，齊魏共滅薛。

方齊湣王地之盛也，秦王稷謀合之伐趙；乃自稱西帝，別遣使至齊，尊地爲東帝。蘇代自燕至齊，爲齊定策，受其號而勿稱，以收諸侯之望。地從其說，稱帝二日而復歸之，稷聞，亦去帝號。時齊王地勢正盛，輕視諸侯，燕故與齊不洽，乃謀伐齊。燕樂毅約秦、趙、楚、魏，共出師，與齊兵戰濟西（濟水之西），齊兵大敗，燕師入臨淄，齊王地出奔莒。燕王平勞軍，親至濟上，封毅爲昌國君。楚使淖齒將兵救齊，因爲齊相，齒欲與燕分齊，執王地，弒之。六月之間，燕攻下齊七十餘城，齊國幾滅，時爲赧王延之三十一年（民國紀元前二千一百九十五年）。明年，齊人殺淖齒，太子法章在莒，齊亡臣求得之，立以爲君，是爲襄王。保莒，拒燕，與卽墨均不下。樂毅幷軍圍之，卽墨人擁田單爲守。或讒毅于燕王平，平斬讒者，立毅爲齊王，毅惶恐不受，拜書以死自誓。由是齊人服其義，諸侯威其信，莫敢復有謀者。未幾平沒，子惠王立，素與毅有隙，田單乘之，行間于燕，惠王乃使騎刼代毅，毅奔趙。單知燕軍可擊，先遣使約降，懈其備，收城中牛千餘，束兵刃於其角，灌脂束帶於其尾，鑿城穴而出之，使壯士五千隨其後。牛尾熱，怒觸燕軍，燕軍駭而敗，齊人殺騎劫，追亡逐北，至河上，齊七十餘城先後復。乃迎法章入臨淄，以田單爲相，封安平（山東臨淄縣東）君。時赧王延之三十六年（民國紀元前二千一百九十年）也。齊於戰國本爲大邦，夙與燕弗洽，自樂毅入齊，齊幾不國，則爲齊王地之驕而失德，與夫燕王平之明於任毅，有以致之，非眞燕之勢力，足以加齊也。自田單勝燕，齊地盡復，而以久困兵爭之故，國威衰落，漸難爲諱，從此無以望宣湣之盛時矣；謂王建之亡邦，陳田之絕祚，萌于茲役，亦無不可也。

方是時，秦強勢方新，日淬厲其民力以圖東侵，東方諸國，鮮有能敵之者，此戰國全局之大勢，所爲折入于秦也。秦自用張儀行橫術于六國，頗收一時之利。儀死之後，諸橫人之習其游說者，或利或不利。然而秦人用兵關東之舉，未嘗忽也。赧王延之八年（民國紀元前二千二百十八年），秦甘茂拔韓宜陽（河南宜陽縣），渡河城武遂（據國策地名考言：策每以宜陽武遂連言，其地必相近，惟宜陽在河南，武遂在河北，碻地不詳），其東略之謀，畢顯然，此猶秦王蕩時也。赧王延之二十一年（民國紀元二千二百零五年），向壽伐韓，取武始（河北邯鄲縣西南）；白起伐韓，攻新城（河南洛陽縣附近）。二十二年（民國紀元前二千二百零四年），韓魏攻秦，秦白起復敗之伊闕（河南洛陽縣南），殺魏將犀武，虜韓將公孫喜，斬首二十四萬，拔五城；又涉河取韓安邑以東至乾河（乾河源出于山西絳縣東南，南流注河，冬乾夏流，故曰乾河），秦威大振。論者謂秦幷六國大勢伏於伊闕，而伊闕之捷，則由于白起，起者，魏冉所薦以代向壽，而壬稷傾心用之者也。顧是時，韓魏亦均有其取敗之道：韓延頸魏，不欲先用其衆；魏恃韓銳，欲推以爲鋒。二軍爭便之力不同，是以起得設疑兵待韓陣，專軍并銳觸魏之不意，魏軍敗而韓師亦潰。自此諸侯懾起之威，與起交綏，輒爲所克，而秦人盡決六國之勢成矣。

秦自伊闕勝後，至赧王延之五十八年（民國紀元前二千一百六十八年），連歲用師，往往屬之白起；迨起自殺，秦人幷吞六國之局，固已早定。其功之最著者，秦趙長平之役是也。秦在戰國，既制楚連齊，所注意者卽在三晉；三晉以趙爲強，因亟謀下之之策，此范睢所謂「遠交近攻」者也。然趙亦初非懼秦者，自肅侯語用蘇秦謀合縱，未幾，縱謀中破，而擯秦之志不衰；語沒，子武靈王雍立，頗能治其國。赧王延之十六年（民國紀元前二千二百一十年），傳國于少子何，使肥義爲相，傅何，自號主父。先是主父與肥義謀，胡服騎射以教百姓，志在幷中山；至是使其子治國事，而己西北略地，將從雲中九原（據通鑑地理今釋：雲中，山西歸化城土默特二旗，九原，山西口外烏喇特三旗），南襲咸陽。于是詐爲使者入秦，欲以觀秦地形及秦王稷之爲人。稷初不知，已而怪其狀甚偉，使人逐之，而主父已脫關矣。主父故有太子章，初以愛吳娃故，立娃之子何；至是娃死，又思分趙而王章于代，計未決，主父及何游沙邱（河北平鄉縣），異宮，太子章之徒作亂，大敗，章走主父所，卒被殺，主父久在圍，餓而死。趙自主父死後，何當國，勢衰。何沒，子孝成王丹立。至赧王延之五十四年（民國紀元前二千一百七十二年），秦趙于是有長平之役。

先是秦將伐趙，先加兵于韓魏。伊闕戰後，未幾，而秦攻魏取垣（今河北長垣縣），伐韓拔宛（河南南陽縣）矣。未幾，而魏與秦河東地四百里，韓與秦武遂地二百里矣。未幾而秦又伐魏，至軹（河南濟源縣東南），取城大小六十一矣。未幾，而又拔魏之新垣（山西垣曲縣）曲陽（河南濟源縣西）矣。未幾，而又攻魏之安成（河南汝南縣東南），兵至大梁矣。未幾，而又伐魏取兩城矣。未幾，而又伐魏敗韓，斬首四萬矣。未幾，而又攻魏取邢丘（河南沁陽縣）懷（河南武涉縣西）矣。未幾，而又伐韓，拔少曲（河南濟源縣西）高平（山西高平縣）矣。未幾，而又攻韓，拔汾旁五城，斬首五萬矣。未幾，而又攻韓取南陽，絕太行道矣。凡此皆赧王延二十二年（民國紀元見上節）至五十二年（民國紀元前二千一百七十四年）之事。韓魏受秦師既久，國力日憊，趙不能恃以爲援，加之武靈以後，中山雖滅，仍屢與他國交兵，間亦受秦之伐；梗陽（山西榆次縣境）之拔，光狼（山西高平縣）之陷，其尤著者。赧王延之三十六年，秦王稷約趙王何共會澠池（河南澠池縣），意在乘間謀何，趙以藺相如同行，秦終不能有加于趙；趙亦盛爲之備，秦不敢動！然二國之猜嫌，固未釋也。赧王延之四十二年（民國紀元前二千一百八十四年），趙與魏伐韓，韓告急于秦，秦師捄韓，趙魏兵皆敗。魏軍被斬者十三萬，趙卒被沈于河者二萬。魏且入南陽于秦以和，趙怨秦益甚。赧王延之四十五年（民國紀元前二千一百八十一年），秦出師圍趙閼與（山西沁縣西北），趙用趙奢爲將，大破秦師，於是秦又冀得一當以敝趙矣。

初，秦內主政事者爲魏冉，外用強兵者爲白起，關東諸國已無能拒秦；閼與一戰，秦雖暫受趙挫，而秦國在內主兵謀者又多一范雎。秦王稷用其「遠交近攻」之謀，專爲「得寸得尺」之計，故韓魏之被兵日烈，而趙亦不免於秦侵。范雎既用事於秦，讒魏冉而逐之，權勢日固。時趙王丹新立，秦又攻趙，齊出師捄之，趙得無事。至赧王延之五十三年（民國紀元前二千一百七十三年），秦白起伐韓，拔野王（河南沁陽縣）。上黨（山西長治縣）地亦屬韓，與韓都路絕，急而降趙。趙用公子勝謀，受之。又二年，秦使王齕攻拔上黨，上黨民走趙。趙廉頗軍長平（山西高平縣西）援之。齕攻趙兵，屢勝，頗堅壁不出。范睢因使人行千金於趙，爲反間，趙王丹果疑頗，以趙奢之子括代頗將，藺相如諫，不聽。秦王稷聞括將，乃陰使白起爲上將，王齕爲裨將。括至，悉更廉頗法，反守爲戰，出師以攻秦。起佯敗走，張二奇兵以刼之。趙括乘勝，欲攻入秦壁，不得，而秦奇兵絕其後，糧道斷絕。用四十六日，括戰死，卒四十萬人悉降！白起計曰：『前秦已拔上黨，上黨民不樂爲秦而歸趙，趙卒反覆，非盡殺之，恐爲亂。』乃挾詐而盡阬殺之，遺其小者二百四十人歸趙！並盡下上黨地。趙韓均恐，乃使蘇代入秦，說范睢毋高白起之功；睢爲言于王稷，請許韓趙割地以和，由是白起與范睢有隙。

長平戰後之二年，秦白起方病，秦王稷使王陵伐趙，攻邯鄲，少利；起旋病愈，稷欲使代之，辭不行，乃以王齕代陵。時趙新爲秦挫，雖力守邯鄲，而勢易絀，乃使公子勝如楚乞師。勝爲惠文王何弟，平居喜賓客，賓客之至者數千人，所謂（平原君）者也。至是勝約門下同行，其客毛遂自請從，至楚，楚王完難從約，久而不決，遂按劍歷階而上，促完速定約。楚師出，趙勢得稍振；而魏之公子無忌亦率師來捄，於是邯鄲之圍解，而趙尚得保三十載之苟安矣。

魏公子無忌者，昭王遬之少子，而安釐王圉之異母弟也。圉卽位，封無忌信陵君。無忌好下士，食客亦數千；及秦圍趙，無忌姊爲趙勝夫人，數遺書請捄。魏王圉使晉鄙救趙，秦王稷使人告魏曰：『吾攻趙，旦暮且下，而諸侯敢捄者；

已拔趙，必移兵先擊之。」魏王圉因止晉鄙壁鄴，名爲救趙，實持兩端；並使新垣衍說趙，欲共事秦爲帝。時魯仲連在邯鄲，力說衍勿爾，而趙圍益不能解，趙人盼無忌救益切。無忌用其客侯嬴計，求魏如姬竊得晉鄙兵符，于王圉臥內，持往奪鄙兵；又懼鄙不從，嬴爲薦力士朱亥，使與俱行。無忌至鄴，鄙果疑兵符，亥出四十斤鐵椎擊殺鄙。無忌勒兵，得精卒可恃者八萬人，將之救趙，大破秦軍，王齕解圍走。無忌留趙，不敢歸，使將將其軍還魏。時赧王延之五十八年也（民國紀元前二千一百六十八年）。初，秦攻邯鄲，白起預策不利，故不願行；至是秦王稷怒起，強起之不可，乃免起爲士伍，遷之別地，起遂自殺。

戰國後局九十年間概狀之二（東周三晉之先亡及楚燕齊之遞滅）（民國紀元前二千一百六十六年至二千一百三十二年當東周君至秦王政之世）

烏乎！秦之操縱六國也久矣。量遠近，計強弱，伸此以抑彼，攻甲以親乙，六國之君，常墮其術中而不悟！於是秦人幷滅關東之計遂，而其禍先中于東周。邯鄲之後，秦勿能勝趙，不得不急謀東略：乃伐韓，取陽城（河南登封縣），斬首四萬；伐趙，取二十餘縣，斬首九萬。周王延大恐，與諸侯約從，欲將銳師于伊闕攻秦，令毋得通陽城；秦使將軍樛攻周。西周武公奔秦，頓首受罪，因獻其邑三十六，口三萬。秦受其獻，歸武公于周，而王延亦沒。周既獻地，其民不樂屬秦，相率東亡，秦乃遷文公（武公子）之居，取周九鼎寶器而去。又五年，秦滅東周，大遷其君之居，於是東西周盡爲秦滅。時秦莊襄王異人之元年（民國紀元前二千一百六十年）也。異人者，孝文王柱之子。稷沒，柱立，柱沒，異人（卽子楚）立。異人立三年，又沒，子政立。

政之立生十三年矣；秦國之政，皆決于呂不韋。不韋故陽翟大賈，其姬，邯鄲豪家女，善歌舞，初遨遊於趙，秦異人之爲質于趙也，不韋與之結。異人故他姬所出，妃華陽夫人無子，不韋乃爲之西游說華陽夫人，夫人爲言於柱，且請不韋爲之傅。不韋待邯鄲姬有娠，獻之子楚，期年生子政，異人遂以邯鄲姬爲夫人。及邯鄲被圍，趙欲殺異人，不韋賂守者得脫亡歸秦。迨異人立，封不韋文信侯，以洛陽爲其食邑。子政卽位，號文信侯爲仲父。不韋於秦雖無赫赫功，顧亦喜養士。當是時，魏有信陵君，楚有春申君，趙有平原君，齊有孟嘗君，皆下士養賓客。不韋以秦之強，羞不如，亦招致士厚遇之，至食客三千人。不韋起商賈，無內行，逮政年壯，頗患不韋，免其相位，使就國。不韋平日深與關東諸國交，旣之國，歲餘，諸侯使者請之，相望於道。政恐不韋謀變，徙處蜀，不韋自殺。

秦自王政卽位以來，益經營六國，其首受滅亡之禍者爲韓。韓自宣惠稱王，傳襄王倉、僖王咎而至桓惠王，滎陽（河南滎澤縣）成皋（河南汜水縣），盡爲秦所取，秦界東至大梁。王政之六年（民國紀元前二千一百五十二年），韓與諸國合從伐秦，奉楚王完爲從長而不能勝。桓惠王沒，子安立，韓日削弱。秦王政之十四年（民國紀元前二千一百四十四年）王安遣使納地致璽于秦，請爲藩臣，益不振。旣又獻南陽，秦遣使發卒受地；尋令內史騰滅韓，虜王安，以其地置潁川郡。公子成亡走。張良者，韓人，其先相韓五世，至是亦出亡；省兵法，後謀刺王政，卒無成。

次于韓而爲秦滅者有趙。趙當孝成王丹之世，竭力禦秦，又與燕搆戰，國勢日衰。丹沒，子悼襄王偃立，良將廉頗奔魏，趙益不振。初，頗與藺相如友善，共謀趙國，嘗東敗齊，北勝燕，西拒秦，名顯諸侯。頗伐魏，取繁陽（河南內黃縣東），適偃卽位，使樂乘代頗，頗怒出奔魏，魏不能用，又去之楚而沒。時秦王政之二年也（民國紀元前二千一百五十六年）。明年，趙以李牧爲將，拔燕兩城，趙勢轉振。偃沒，子幽繆王遷立，秦王政之十二年（民國紀元前二千一百四十六年），使桓齮伐趙，趙師拒之，喪其將扈輒；乃復以牧爲大將軍，與秦師復戰于宜安（河北藁城縣西南），秦師大敗。又三年，秦復攻番吾（河北房山縣東），仍爲牧所擊敗，以故秦甚懼牧。秦王政之十八年（民國紀元前二千一百四十三年），使王翦伐趙，下井陘（河北井陘縣西）。趙使牧禦秦，秦多與趙嬖臣郭開金，言牧且將反，遷不察，令趙葱顏聚代牧，使韓倉數牧罪，促令自殺。翦遂大破趙軍，殺趙葱，走顏聚，虜王遷，克邯鄲。趙之亡大夫乃共立遷之兄嘉爲王，王代（山西代縣）。又七年，秦進兵破嘉，遂滅趙以爲郡。又其後有趙歇。

次于趙而爲秦滅者有魏。魏當安釐王圉之世，秦蒙驁伐魏，拔汲（河南汲縣西南）。圉懼，使人請公子無忌於趙。無忌還魏，圉以爲上將軍，求援師于諸侯，諸侯聞無忌復爲魏將，皆遣兵救魏。無忌遂率五國之兵，大敗秦兵，破驁於河外，乘勝追逐至函谷，秦兵不敢出。自戰國以來，秦爲諸侯所敗，止有二役：田文函谷之捷在前，無忌河外之捷在後。而河外之捷，尤勝于函谷。時秦王政卽位之前一年也（民國紀元前二千一百五十八年）。秦既敗，懼無忌之大用于魏，乃亦施其使金行間之法，求得晉鄙客，令說王圉。圉使人代將，於是無忌謝病不朝，與賓客爲長夜之飲者四年，竟病酒而死。是年王圉亦沒，子景湣王增立。秦乃復使驁攻魏，拔二十城，初置東郡，魏乃不復振。增沒，子假立，秦益蠶食魏地至王政之二十二年（民國紀元前二千一百三十六年），乃使王翦之子賁伐魏，引河溝灌大梁城，三月城壞，王假請降，殺之，而以魏地爲郡縣。又其後有魏咎魏豹。

次于韓、趙、魏而爲秦滅者有楚。楚當考烈王完之世，諸侯患秦攻伐無已時，謀列國合從以伐之，得楚、趙、魏、韓、燕、衞之六邦，而以完爲從約長，黃歇主其事，至函谷關，秦師出，六國之師皆走！移兵以攻齊，討其不合從之罪。楚師歸，王完以伐秦無功，頗咎黃歇，情益疏。又懼秦來攻，徙都壽春（安徽壽縣）。完沒，子幽王悍立，本黃歇子；其母李，爲李園妹，初嫁歇，有娠，李說歇進之王完，而悍生，遂以爲太子。太子既立，園恐歇泄其事，伏兵殺歇，歇死，楚益衰。自悍傳哀王猶至王負芻，秦窺楚日急。方是時，秦將之賢向有名者，爲王翦。秦王政謀南伐，始用李信及蒙驁之孫恬將兵攻楚，不勝；翦以與王政論兵不合，時方謝病，王政強起之，令將六十萬衆以行。至平輿（河南汝南縣東南），翦堅壁自守。楚人以秦不戰，引軍東，翦追擊大破之，楚將項燕自殺。翦乘勝，略定城邑，虜楚王負芻，遂滅楚，置楚郡。懷王之孫心亡走，爲人牧羊。項燕之子梁，孫籍，亦同時出走。

次於楚而爲秦滅者有燕。燕自昭王平傳惠王武成王孝王而至烈王喜，嘗出師伐趙，爲趙將廉頗所敗，頗輕師逐北五百里，遂進圍燕，燕人請和；已而又伐齊，拔聊城（山東聊城縣），或譖其將於王喜，齊攻之急，燕救不至，其將自殺，聊城亂，爲田單所克，自是燕勢益衰。太子丹者，嘗質秦，秦王政待丹不善，丹怒亡歸，求所以報秦，患國小力不足；而秦日出師山東，蠶食至燕，燕君臣皆恐禍之至。太子丹與其師鞠武謀不決。未幾，秦將樊於期亡之燕，武諫丹，請急遺於期入匈奴滅口，然後西約三晉，南連齊楚，北講於單于以拒秦。丹以爲計緩，不從；乃因武交田光，因光交荊軻，且促軻曰：『丹誠得天下之勇士使於秦，刼秦王，使悉反諸侯侵地，若曹沫之與齊桓公，則大善矣。不然，則因而刺殺之。此丹之上願，而不知所委命，惟荊卿留意。』荊軻辭，且亟請之，軻終無行意。迨秦滅趙，北略地至燕南界，丹益懼，因請於軻；軻願得樊於期首及燕督亢（河北涿縣東南）地圖入秦，獻王政，因而刺之。丹不忍殺於期，軻私與於期謀，於期自刎，乃函其首入咸陽，見王政，奉圖以進，圖窮匕首見，軻起刺政，不遂，政拔劍擊軻，斷其左股，而走，軻被殺。王政怒燕，遂大發兵，就王翦中山。翦兵力益增，與燕戰易水西，破之，進圍薊。王喜走遼東，斬丹以獻，而兵不止。軻之刺政，與翦之破燕，俱在秦王政之二十年（民國紀元前二千一百三十八年）。後五年，秦卒使王賁攻遼東，滅燕，虜王喜。而上谷卒史韓廣亦出亡。

次於五國而爲秦所最後滅者有齊。齊之處地，較遠於秦，有三晉以爲之蔽。范雎所謂遠交，其意在齊。齊以秦之不至圖己也，恃交而弛備，卒至三晉楚燕滅，而齊亦不能以獨存，則齊君臣平日慢信游說者之所致也。齊自湣王地傳襄王法章而至王建，關東諸國或合從攻秦，而齊皆不與，爲諸侯之所惡。秦王政之十年（民國紀元前二千一百四十八年），王建入朝秦，秦王政置酒咸陽以張之，自此兼幷關東之心日亟。其後關東諸國，迭爲秦滅，至秦王政之二十六年（民國紀元前二千一百三十二年），乃使王賁蒙恬襲齊，齊王建用其相后勝計，不戰以兵降秦，虜王建，遷之共（河南共城縣），遂滅齊爲郡。初，王建年少，國中事皆決於襄王法章后太史氏，后力主事秦；秦時方攻三晉燕楚，以故王建立四十餘年不受兵。襄王后死，后勝用事，與賓客多受秦金，共爲反間，勸建去從朝秦，不修戰備，不助五國攻秦，秦以故得滅五國；五國既亡，秦兵入臨淄，王建遂被遷於共，處松柏間，餓而死。田氏當戰國之始，族大人多；迨其衰亡，宗氏未替，故建弟假之外有田榮、田廣、田橫俱生存。

第五章　本時代之法制

本時代法制之一（建官及理財）

本時代法制，固不如周初之備，然其犖犖大者，仍不可無述也。茲仍上例，先析爲左之二端：

（一）建官　建官之制，莫備於周；而侯國之官，獨不詳於周禮。迨夫春秋之世，列邦官秩，雖或散見經傳，而其官名所繫，不無偏漏，若欲綜其系統，其道無由；至於戰國，設官更多變古，其定號往往異於三代，而導秦漢官制之先河。蓋戰國之世，實管古今官制上之中樞，周室之法度，自此而終，中古之法度，自此而始，其重要過於春秋，尤不可無論也。就其大者述之，春秋之世，列國僭竊紛紜，或多更制；然於周初之法度，固未全忘。王制大國三卿，皆命於天子；明大夫以下，皆其君自命。觀左傳管仲辭饗禮曰：『有天子之二守國高在。』晉侯（景公孺）請於王（定王瑜），命士會爲太傅，是爲卿命於天子之徵。晉鞏朔以上軍大夫獻捷於周，而王（定王瑜）曰：『鞏伯未有職司於王室。』是爲大夫不命於天子之徵。夫命官之法，旣猶依據周初，則一切官名，自不致棄周而妄擬，例如周室有宰，而魯之太宰，宋之太宰，齊之太宰，楚之太宰，吳之太宰，皆由此立名；鄭雖別號冢宰，固猶宰也。周有司徒，而魯之司徒，宋之司徒，晉之司徒，楚之司徒，鄭之司徒，衞之司徒，無不由此立名。周有宗伯，魯亦有宗伯；雖鄭曰宗人，宋晉又僅稱宗，固猶宗伯也。周有司馬，而魯之司馬，晉之司馬，鄭之司馬，蔡之司馬，無不由此立名；宋楚雖加號大司馬，猶司馬也。周有司寇，而魯之司寇，晉之司寇，齊之司寇，鄭之司寇，衞之司寇，無不由此立名；楚雖曰司敗，宋雖曰大司寇，猶司寇也。周有司空，而魯之司空，鄭之司空，陳之司空，無不由此立名；宋雖曰司城，晉雖曰大司空，猶司空也。其他如卜祝之官，樂舞之師，行人之司，地方縣大夫之秩，列國定名，大都相類，要皆依據周制而來，無容惑也。其近於殽異者，如魯之左宰，宋之右師，晉之三軍將佐，齊之左相，楚之令尹，皆爲一國之所特有。蓋其時機旣接近於戰國，變古之端漸作，自不能一一盡依周制，卽周制之存在者，亦不能再垂於久遠，理固然也。至於戰國，其諸侯之大者，雖有七邦，而此七邦之主，旣先後稱王，固不能無相以爲佐理？然自春秋之末，正卿當國，已有相名，例如子產爲鄭相，公儀休爲魯相，孔子攝行魯相事，皆其例證：特尙未明定相國之名耳。戰國變古之風日烈，故於秦曰相，亦曰左右丞相，亦曰相國；於齊於魏皆相，於韓於燕皆曰相國，於趙曰丞相，於楚曰上柱國，亦曰相國。大都轉相師法，而皆不用六官之號。其他諸職，領兵如將軍，治地如縣宮，亦皆自立主名，不拘拘於周制。其後秦壹中國，卽摭拾之以定百司之號，逐爲中古官制之起原，而其依據則固因乎戰國者也。戰國之官，其猶能沿襲古名者，惟有師若傅；然師傅不爲重職，非戰國官制要點之所存也。戰國官制上之要點凡三：一曰君，例如秦商鞅之爲商君，芈戎之爲華陽君，白起之爲武安君，張儀之爲武信君，蔡澤之爲剛成君，齊田嬰之爲靖郭君，田文之爲孟嘗君，田單之爲安平君，楚昭奚恤之爲彭城君，黃歇之爲春申君，趙成相之爲奉陽君，趙豹之爲平陽君，馮亭之爲華陽君，樂乘之爲武襄君，李牧之爲武安君，廉頗之爲信平君，趙奢之爲馬服君，樂毅之爲望諸君，趙勝之爲平原君，魏公子無忌之爲信陵君，燕公孫操之爲成安君，皆爲戰國有封君制度之證。此一事也。一曰侯，例如秦魏冉之爲穰侯，范雎之爲應侯，呂不韋之爲文信侯，嫪毐之爲長信侯，齊鄒忌之爲成侯，楚卞和之爲陵陽侯，趙李同父之爲壽侯，魏龐涓之爲除寧侯，皆爲戰國有封侯制度之證。又一事也。一曰客卿，例如客卿竈之爲秦攻齊，蘇秦之爲齊客卿，趙有客卿東里子，客卿爲韓謂秦王，以上諸國皆有客卿，而韓尤重視，位下相國一等。此又一事也。三事之中，客卿爲朝秦暮楚之輩而設，不足深論；獨此封君封侯之典，錫名裂土，有不免重蹈周初封建之遺風者。後世變封建之全局，而猶行其一部分之封建於郡縣之世，謂即種因於戰國封君封侯之日可也。

若夫制祿之法：春秋之世，官制既未全改，則列邦頒祿，自有周制之可參求；至於戰國，祿或以石計，如史記所載燕噲自三百石吏以上而效之子之者，即其一證。如呂不韋舍人、六百石以上奪爵，孟子爲齊卿，其祿十萬鍾，又皆當日祿制大端之可見者，其詳覈則莫能知也。

(附)人材之任用　人材之任用，不外二端：或試諸選舉，或養諸學校。獨至春秋戰國之世，則不聞有是，何者？春秋重世臣，戰國憑智力也。世臣制度雖始於周初，然周初選舉學校之制，固猶行也。至於春秋，沿世臣之成例，視爲固然；及其衰落，世臣至有代膺君統者。自戰國之局開，田齊三晉，大抵出於世臣，乃不得不爲自衞之謀，於是更變成規，而舉凡白身爲將，徒步爲相者，流因之踵起；故白起王翦之徒，以技力得官，蘇秦張儀之徒，以口舌得官，人材之任用，始不問氏族，而但論智力矣。其後秦并六國，凡春秋世家裔冑，存留於戰國之世者，亦皆後先夷滅，而後世布衣將相之局，實由是而興：是亦古今官制上之一大變革也。

(二)理財　當春秋之世，列國漸務窮兵，人民對於軍賦之負擔，雖日形增重；顧猶按籍出兵，於周室之成規，未盡失也。戰國以來，兵出於召募，軍需所出，以賦稅爲大宗。軍額愈多，則軍需愈重，而人民所應輸之賦稅，亦因募兵之影響而大有增加。顧其增加之法，史籍無傳，吾人亦祇能就其遺制之散見古書者，掇拾言之，見什一於千百而已。

(甲)徵稅　春秋時代徵稅之制，不能一一求也；其著者，莫如魯。魯當宣公倭之世，始賦稅，爲列國加賦見於春秋之始。時魯既取民之公田爲稅，而又稅其私田十分之一，是謂什而取二！然猶未甚也。至哀公蔣時，又有所謂「用田賦」者，而取民之方益爲違古。成周舊制，凡田主出粟，而賦則取於商賈之里廛；時魯以商賈所當出之賦，而亦令農民出之，重以累農，農焉得不斃？其與魯同病者，又有鄭。鄭之邱賦，始作於公孫僑，法與魯田賦等。此皆春秋弊制，不足法也。觀魯哀公問有若，『年飢，用不足，如之何？』有若對曰『盍徹乎』？公曰：『二吾猶不足，如之何其徹也？』由此觀之，周末徹法不行，即什二之賦，匪獨視為分所當然，而又以為取猶未盡！田賦邱賦之行，又奚怪哉？至於戰國，賦制之變，古實始於秦。秦孝公渠梁初為賦，並用公孫鞅之策，廢井田，開阡陌，任其所耕，不限多少。其民田之多者，至以千畝為畔。於是田賦之徵收，漸至無緣稽考，始為舍地稅人之法，而古制全亡，亦古今賦制上之一大變革也。又漢董仲舒有言，秦用商鞅之法，力役三十倍於古，田租口賦鹽鐵之利，二十倍於古。從知鞅之變政，不獨改及田制；即力役鹽鐵之征，亦皆有所更籾，惜乎其詳制之無傳也。古之論賦制者，以為稅歛之法，趙不如楚，楚不如秦。蓋秦賦之繁，實為七邦之冠，其他如楚趙賦制，稽之故籍，亦鮮明文；惟史記言平原君家不肯出田稅，趙奢為趙田部吏，以法治平原用事者九人，可見趙人督徵賦稅之嚴。至如齊國，宣王辟畺出獵，嘗賜父老田不租，又賜無徭役，而其田租徭役之制，史亦無傳。蓋戰國賦制，大抵難明，自秦以外，惟魏較為可據，觀魏襄王赫以史起為鄴令，起進曰：『魏氏之賦田也，以百畝；鄴獨二百畝，是田惡也。』可知魏賦田之法，以一夫百畝為程。昔李悝為文侯斯，作盡地力之教，亦曾論及什一之稅；魏於此時，果猶行什一之制與否？後世未能懸斷，但觀荀卿之論魏兵，謂『魏地雖大而其稅必寡，是為危國之兵。』然則魏之稅制，自當較列國為輕，可斷言也。又蘇秦之游說列王，動曰：『粟支十年。』獨於韓魏二邦，則俱不言粟，殆有內諱之意。魏國收稅之寡，此或為其一因。又觀張儀爲秦說韓，有曰：『韓地險惡山居，五穀所生，非麥而豆，民之所食，大抵豆飯藿羹，一歲不收，民不厭糟糠，地方不滿九百里，無二歲之食。』是韓地力之幷不能望魏，又可知也。

(乙)鑄錢　古者錢幣輕重之制不一，周景王貴之二十一年（民國紀元前二千四百三十一年），患錢輕，更鑄大錢，徑一寸二分，重十二銖，文曰大錢五十；肉好皆有周郭，以勸農，贍不足。此周錢之可考者也。楚莊王旅在位，以爲幣重，更以小爲大，百姓不便，皆去其業。孫叔敖爲言於王，遂令復如故。又楚制每行赦，常封三錢之府。所謂三錢，或謂即金幣三等。是楚錢之可考者也。古太公幣，常有杏字，杏爲齊地，當爲齊貨無疑。是齊錢之可考者也。趙錢仍晉舊，內外皆圓，是晉錢趙錢之可考者也。蘇秦之燕，貸人百錢，後償以百金。是燕錢之可考者也。秦惠文君駟立二十四年，始行錢；秦王政下令，能得嫪毐者，賜錢百萬。是秦錢之可考者也。又用金之法，亦始於戰國：觀燕子之遺蘇代百金，使人游說王噲。蘇秦散千金以賜宗族朋友。孟子之齊，齊餽兼金一百而不受，於宋餽七十鎰而受，於薛餽五十鎰而受。秦人散金行間，以圖六國，六國游士，利其金多，而輒爲所用。皆足爲戰國用金之證。其後秦幷六國，漢滅嬴秦，用金之習，相沿不變。故當戰國之世，未聞別有鑄錢之事，而錢制之大小輕重，更不必言矣。

本時代法制之二（制兵及用法）

自春秋以至戰國，制兵用法，其事最繁。今仍區別言之如左：

(一)制兵　周初定制，凡諸侯大國三軍，次國二軍，小國一軍，至春秋而其制多變：魯於春秋，本非大國，襄公午之世，竟作三軍。此魯變軍制之可考者也。管仲佐齊，作內政以寄軍令，郊內之地，既有軌里連鄉之法，以統率之矣；野鄙之間，復立制以三十家爲邑，十邑爲卒，十卒爲鄉，三鄉爲縣，十縣爲屬，齊之屬有五，自邑至於五屬，爲四十五萬家，率九家出一兵，得甲十萬，九十家一車，得車五千乘，可爲三軍者四；故長勺之戰，桓公小白已自謂有帶甲十萬，車五千乘。此齊變軍制之可考者也。晉之治兵，邾南也，甲車四千乘，其人數當得二十萬。列國出兵之多，未有過於是者。此晉變軍制之可考者也。楚人之兵制，至莊王旅時，始備三軍，以爲正軍；二廣以爲親軍，游闕以爲遊兵。廣有一卒，卒偏之兩。此楚變軍制之可考者也。越之伐吳也，三軍之外，別有左右偏師，號曰句卒。此越變軍制之可考者也。至於戰國，爭城以戰，殺人盈城；爭地以戰，殺人盈野。大興募兵之制，其數以多爲貴，故蘇秦游說列國，輒曰：『大王之國，有帶甲數十萬。』而秦楚之甲，且以萬稱。當昭襄王稷之世，秦養銳士至八百萬之衆，而長平之戰，國中男子，年十五以上者，且皆從役，號曰：『小子之軍』，則秦兵之強大，無敵於當世者也。其他如齊之技擊，與魏之武卒，趙之劍士，韓之射卒，亦皆爲一國獨有之兵，恆恃之以取勝。蓋自戰國以來，兵禍日殷，不獨成周軍制，蕩滅無遺；卽春秋二百四十載之規模，亦變更殆盡！民生其際，欲苟免夫干戈之患，庸可希乎？

(附)兵士之徵調　春秋之世，成周舊制，尚有存者：故調兵之方，雖有變更，而大端未廢。例之著者，莫如魯。魯當成公黑肱之世，刱爲邱甲之法：按諸周制，方里而井，四井爲邑，四邑爲邱，四邱爲甸，甸出甲士三人；至魯行邱甲，一邱使出一甲士，甸出甲士四人，雖變周制而猶未去其法也。次之則有楚。楚於調卒之法，商農工賈，不敗其業；卒乘輯睦，不奸於事。不奸不敗，其去周制，固猶未遠也。至於戰國、井田之制既廢，兵士徵調之法，失其依據；於是列國之兵，往往出於召募。荀卿痛斥戰國之兵，而又謂，『秦之生民也陜阨，其使民也酷烈，劫之以勢，隱之以阨，狃之以賞慶，遒之以刑罰，是爲傭徒鬻賣之道』者，非無由也。故戰國兵數，方之前代，罕可比倫，一國之師，常至數十萬；使合六國計之，則爲數百萬。果其仍行周室徵軍之制，又安得有如許之兵哉？

（二）用法　春秋用刑，較重於成周。綜春秋經之所書，或曰殺，或曰執，其例不一，然猶未足見用法之苛也。其用法之苛者：一曰醢，左傳南宮萬猛獲弒宋閔公，宋人皆醢之，是也。二曰轘，轘猶車裂，齊人轘高渠彌是也。三曰烹，白公勝之亂，楚人生拘石乞而烹之，是也。四曰膊，膊之義猶磔，齊師伐魯，魯執齊嬖人盧蒲就魁殺而膊諸城上，是也。五曰貫耳，楚子玉治兵，盡日而畢，鞭三人，貫三人耳，是也。六曰戮尸，齊人尸崔杼於市，是也。七曰殺人以祭，宋使邾文公用鄫子於次睢之社，是也。然此猶在春秋之時也。戰國百度變古，刑爲尤厲。秦人僻在西方，與戎雜處，商鞅變政，定法最嚴：什伍之法，一法也。舍人之法，一法也。棄灰之法，又一法也。其他如同室私鬬，末利，皆立明禁。而又制爲肉刑大辟，與夫鑿顚抽脅鑊烹之法以隨其後。故令之初作，一日臨渭決囚，刑七百餘人，渭爲變色。又秦法始有三族，其後繼之而有七族，又其後繼之而有十族，秦刑之刻，遂迥絕於關東；而其外如剖腹、腰斬、囊撲、鬼薪諸法，猶未與也。至於關東諸國，齊有烹，又有斮，又有車裂，楚有滅家，又有枝解，又有寘室櫝棺，趙有夷，又有沈，又有收家。魏有臏，又有暴尸，燕有截，又有刳腹。皆爲諸國酷刑，獨韓無所考。較之春秋，暴戾實甚！於此有以見戰國殘民以逞之非矣。

(附)法典之編纂　春秋用法，列國各有刑書。其著者如鄭之鑄刑書於鼎，以爲國之常法。在晉亦謂刑鼎，觀仲尼謂『今棄是度也，而爲刑鼎，民在鼎矣，何以尊貴？』則知春秋以前，固尚無此法也。其他，齊有憲法，晉有被廬之法，楚有僕區之法，茆門之法，雞次之典，其條文俱不傳於後世。至於戰國，趙人則有國律之制，魏邦又有大府之憲，而大府憲上篇又有『子弒父，臣弒君，有常刑。國雖大赦，降城亡子，均不得與』之規定，此魏法文之可見一班者也。孟子至齊，有言：『臣始至於境，問國之大禁，然後敢入。臣聞郊關之內，有囿方四十里，殺其麋鹿者，如殺人之罪。』此又齊法文之可見一班者也。不獨是也，魏用李悝以作法經，其篇凡六：悝之意以爲王者之政，莫急於盜賊；其律因始於盜賊，故盜法爲一篇。盜賊須劾捕，故因法爲一篇，捕法又爲一篇。其輕狡越城博戲，假借不廉，淫侈踰制，皆爲雜律，故雜法又爲一篇。更以具律具其加減，故具法又爲一篇。凡此六篇合爲法經。後世傳其餘教，雖偏而不全；商鞅受之相秦，實覈而能理。此戰國法典之可考者一也。韓有申不害者，著刑符以談法。韓初用其三符，兵不侵境，蓋十五年；其後不能用之，又不察其書，兵挫軍破，國幷於秦。而古之論刑符者，又嘗繫以昭侯，謂之昭侯刑符，其實卽不害三符之一。三符條文之可知者，如一罪謂犯，二罪謂干，三罪大逆曰凶人之例。此戰國法典之可考者又一也。蓋戰國爲用刑失度之世，而猶有法典之書名，或其篇目流傳於後世；則是戰國時代之用法，非專倚本文法而行，可斷言矣。

第六章 本時代之文化上

本時代文化之一（學藝）

本書之論學藝，析類爲二，具見前篇。惟於本時代中學藝趨重之大端，多以孔子一人爲之宗主。孔子以前，其狀況何若？孔子以後，其趨勢何若？皆當於此說明。凡稽求孔子之身世，以及孔子時代先後學藝之大凡者，務當注意及之。茲先揭其凡以告讀者：

（一）文學 文學之別四：

（甲）文字 自蒼頡作書，古代行之，號曰古文。然自成周以前，古文字體，已有互相殊異者；至周太史籀，別立籀文，籀文與古文又異，世俗所謂「大篆」者也。籀文行而古文亦不廢，二者常相雜用之。春秋之世，古文籀文，大抵錯見。漢許愼謂孔子書六經，左邱明述春秋傳，皆以古文。後人以爲六經存傳，不必有古文而無籀文。許愼所謂古文，殆幷籀文而言？然則春秋之世，雖或間用籀文，而古文固未嘗廢絕也。殊文之習，古代不能免；至於春秋，其證尤著。一「作」字也，晉姜鼎作作乍，孔父鼎作作乍，楚王鼎作作乍；一「公」字也，宋公鼎公作仒，魯公鼎公作㕣；類乎是者，其例不少。由斯以論，則孔子所謂『今天下書同文』者，殆謂彼時未嘗更姓改物，別制異樣之書？不得據此謂春秋爲全行大篆也。迨夫戰國，邦自爲制，於是列國文字，遂顯相殊異，其體制大都不合古籀。蓋古代文字積久則必變，籀文通行既久，至春秋而小變，至戰國而大變。秦書小篆將出，而戰國變古實爲導機。惜其字未克概傳，後人僅就一二刀布之文，疑爲彼時之制，終不足窺見其本眞耳。

(乙)歷史　孟子有言：『王者之迹熄而詩亡，詩亡然後春秋作。』春秋者，列國史記之名，不僅魯有之；魯之春秋，則經孔子之刪定而特傳者也。然詩亡春秋作之說，不過言春秋之用，而非言其體；春秋之體，蓋承尙書之亡，而有所遷變者也。古者史莫古于尙書，尙書立體，無一定之例，事各一篇，或典、謨，或訓、誥，或貢、範、官、刑；至于春秋，則比事以屬辭，此左氏所爲特取百司之掌故，與夫百國之寶書，以備其事之始末也。東遷以後，尙書廢而春秋之法行，其職大抵如齊之南史，晉之董狐，輩掌之。於晉亦曰乘，於楚又曰檮杌，均爲彼時國別之史書，乃無人如左邱明、公羊高、穀梁赤之傳釋魯春秋，以昭著其本末，爲可惜也。春秋之世，列國以分治而事益多，事益多則史乃益盛，故周之春秋，燕之春秋，宋之春秋，齊之春秋，其名稱具見于墨子；謂魯春秋之外，僅有晉乘楚檮杌之足徵者，不知春秋者也。國語一書，自漢人言之，則以爲左邱明之所作，鈎貫國別之史，綜其語要，後人尊爲雜史之祖；然則春秋之世，已有雜史矣。又舊說相傳，以爲竹書紀年乃魏之史記；然則戰國之世，已有編年史矣。其他如世本，如戰國策，亦皆爲本時代中著要之史書，歷史學之進程，於斯爲著。

（丙）哲理　古代研究哲理之書，惟易。文王周公，均有所陳述，彖詞爻詞，卽由斯而繫。孔子生於春秋，懼文王周公之志，不見于後世，而易專爲卜筮用也；因作十翼贊之，而又常稱大人君子王后以當其事，推之八方萬國天地萬物以實其言，凡以見哲理之所包含，範圍甚廣。其文有彖上傳，有彖下傳，所以釋文王所繫彖上下經文之辭，若「大哉乾元」以下等是也。有象上傳，有象下傳，所以釋包犧卦之上下兩象，若「天行健」等類，及周公所繫兩象六爻之詞，若「潛龍勿用，陽在下也」等類是也。有繫詞上傳，有繫詞下傳，所以述文王周公所繫卦爻詞之傳，而通論一經之大旨。上自「天尊地卑」以下，下自「八卦成列」以下，是也。有文言傳，所以申言乾坤彖象之旨，而爲諸卦之例，若「元者善之長」以下是也。有說卦傳，所以詳其所未盡之義，若「昔者聖人之作易也，幽贊于神明而生蓍」以下是也。有序卦傳，所以序其先後，若「有天地然後萬物生焉」以下是也。有雜卦傳，所以錯雜而言之，若「乾剛坤柔，比樂師憂」以下是也。孔子之精研易學也如是，猶曰：『假我數年，五十以學易，』則知易理之淵深，或非言語文章之所能盡然？自春秋以迄戰國，精心研易者，實惟孔子一人。其他如前夫孔子之老聃，本「無爲」之說而偏於唯心；後夫孔子之墨翟，立上下經及「天志」之說而偏於唯物。聃曰老學，翟曰墨學，當戰國之世，與孔子之儒學，互成鼎足之勢云。

(丁)文詞　古者書爲散文之祖，詩開韻語之先。至于春秋，韻文之發達，尤有過於散文者：迨定王瑜之八年(民國紀元前二千五百零十年)，陳有夏氏之亂，而詩始亡，其入春秋之世者，已一百七十年。舉其國之要者以言：如魯、如衛、如鄭、如齊、如唐、如秦、如陳、如曹、如魏，無不有詩，而此諸國之詩，又率起于東遷之前後。其體雜，無定章，章無定句，句無定字，字無定音，大小長短，險易輕重，惟意所適。其人上自卿士大夫，下至役夫室妾，各由詩見，不以類殊。雖周詩之作，遠當開國之初；而自平王東徙，以還列國變風，方興未艾：即觀之周室，大雅小雅而後，猶有王風，韻文學之綿延，不以世道之衰而虧其梗阻。故春秋之末，吳季札觀光至魯，猶能歷誦諸國之詩；而當日諸國大夫之賦詩宴席者，更無論也。至于戰國，禮樂日衰，雖詩教不昌，孟子尚有誦詩讀書之論，觀漢班固謂『詩遭秦而全，以其諷誦不獨在竹帛之故。』然則戰國人士之於詩教，固未嘗不研究及之。不然，屈子離騷之作，何以能開變古之宗哉？至于散文，當春秋戰國之時，亦各著其派別：李耳之著書五千言也，其書多玄言。莊周之著書十餘萬言也，其書多寓言。其他發爲奧旨者，則有墨翟之言。精究名物者，則有公孫龍之言。其爲開闔正反之論，以動當世人主之聽聞者，則有蘇秦張儀輩縱橫之言。文詞之變化，章法之殊別，至於此時極矣。後人所謂至戰國而文章之變盡，至戰國而著述之事專，至戰國而後世之文體備，論文於戰國而可知升降盛衰之故者此也。然而戰國散文之體，實導于詩。何也？戰國之文，以縱橫一流爲勝。縱橫之學，本于古者行人之官。觀春秋之辭命，列國大夫聘問諸侯，出使專對，文其言以達其旨，尙未至于戰國之極也；至戰國而抵掌揣摩，騰口說以取富貴，其辭敷張而揚厲，造行人辭命之極。孔子有言：『誦詩三百，授之以政，不達，使于四方，不能專對，雖多亦奚以爲？』是則比興諷諭之道，固行人之所肄；縱橫者流，推而衍之，於以盡游談之能事。大抵戰國諸子之文，其源多不能外于六藝；而縱橫家之於詩教，尤爲深切著明。信如是也，謂自春秋以至於戰國，韻文之學，未嘗一日而見其衰，歟無不可也。

(二)質學　質學之別三。

(甲)天文　古者天文之學，至春秋之世而大明。綜觀左傳所書，如申須之觀星孛，梓愼之望氛祲，申須梓愼皆魯大夫，俱以瞽事之明著名列國。但若輩亦不專以天文自見，曆譜五行之學，往往兼通。如周之萇弘，鄭之裨竈，亦多精嫺其術。至如春秋經之所載，曰日食，曰星隕，曰有星孛，曰大雨，曰雨雪，曰雨雹，曰隕霜，曰不雨，天災洊至，有則必書。其用意初不外假諸天象以警人心！然以史臣廑念之殷，而一般士大夫之嗜好天文，可即推之而喻。至于戰國，秦則日蝕也，彗星見也；楚則雨碧也；齊則雨冰也；趙則六月雨雪也；魏則星盡踵也；韓則大雨三月也；燕則五月飛霜也，白虹貫日也；故書雜記，並載其事。而楚之唐史，周之太史，尤以精窺天象傳名。赤雲夾日，周史知禍中於楚昭；蒼雲圍軫，唐史能畫灰而使滅；尹史見月生齒，且能預占兵變之生，其後卒如所論。蓋自戰國以來，兵禍日紛，加之以饑饉，申之以疾疫，七國君臣，互爲憂患，故其察禨祥，候星氣，尤急；而天文學之經驗，轉因此而明。齊甘公、楚唐昧、趙尹皋、魏石申之徒，後先俱起；要其占驗淩雜，論議瑣碎，亦卒無能蔚爲天文學之大家云。

（乙）算數　古者數爲六藝之一，孔門弟子，身通六藝者七十有二，則知春秋之世，研算數之學者正不乏人。且嫺其法術，亦不必孔門。齊當桓公小白之時，東野鄙人，嘗以九九之術見矣。九章算書一書，雖不識其起自何時，但必爲周末通用之篇，可無異論。蓋算數一科，夙爲周人重要之學。自春秋以迄戰國，凡著書立說之士，大抵知之。舉其要者以言：春秋時之管子，戰國時之墨子，多精其術。周末算數學之發達，於此足見一班。而孫子計然之倫，更不足數矣。

（丙）醫術　古者醫之道出於巫，故巫醫同重。觀孔子引南人之言：『人而無恆，不可以作巫醫。』則知春秋之世，巫醫之相等，尚無異於遠古。其名之著者，莫如醫緩醫和，而緩和俱秦醫；戰國之初，尸佼有所論引，亦以醫竘爲秦之良醫。從知醫之良者，大抵在秦；而鄭人扁鵲，歷游諸國，最後亦至於秦。鵲之術善在診脉，克洞見五臟癥結；其醫道復能隨地隨時而變。或在齊，或在趙，聲譽雖隆，而猶不至爲忌者所害者，齊趙無良醫也；至秦，秦太醫令李醯，自知技不如扁鵲，而使人刺殺之。醫術之競爭，乃至甘爲暗殺，而不顧人道！秦醫之衆，可以知矣。又古人論醫之傳授，謂自岐伯以授黃帝，黃帝歷九師以授伊尹，伊尹以授湯，湯歷六師以授太公，太公以授文王，文王歷九師以授醫和，醫和歷六師以授秦越人（卽扁鵲），秦越人始定立章句。然則漢志所傳之扁鵲內經九卷、外經十二卷之數，殆不虛也。迨夫戰國，扁鵲死而秦醫獨盛，觀莊周所論：『秦王有病名醫破癰潰痤，得車一乘，所治愈下而所得愈多。』則秦醫之著者更當不止一人。至於關東諸國，亦有良醫，而其騰譽者厥惟齊之文摯。摯爲威王因齊治疾，謂須以怒而解；因誤用其藥以激怒，因齊因齊怒而疾果解。以視扁鵲諸人之用藥療治者，其術尤神！蓋文摯不徒明生理之學而又兼通心理之學者也。尤有說者，東周以來，醫之著者日多，而養生之論亦因之大盛。老聃主屏六害：一曰薄名利，二曰禁聲色，三曰廉貨財，四曰損滋味，五曰屏虛妄，六曰除疾妬。謂此六者若存，則養生之道徒設。而韓非亦謂『神不注於外則身全，身全之謂得。』呂覽又謂『凡生之長也，順之也。使生不順者欲也，故聖人必先適（節也）欲。』凡此諸說，且見晚周人士好言養生之理；而莊周著論，且以養生主爲其篇次之名。養生之道，雖不必全通於醫；但醫之旨在卻病而延齡，說養生者，理亦未能外此：此不妨由醫而附論及之者矣。

若夫本時代學藝趨重之端，最先爲儒，中爲儒道，終爲儒道墨；而名法諸家，固猶未與也。古者以易爲哲理高尚之書，非普通民人之所當肄習；其資之爲教者，厥惟禮樂詩書。故周之盛時，禮在宗伯，樂隸司樂，書藏外史，詩領於太師，凡太師外史宗伯司樂諸官，即爲教詩書禮樂之師，而儒學賴以整齊，儒說即因之專壹。蓋有官斯有法，故法具於官。有法斯有書，故官守其書。有書斯有學，故師傳其學。有學斯有業，故弟子習其業。官守學業，皆出於一，而天下以同文爲治，故私門無著述文字，甚盛事也。東遷以後，官守失司，而學業僅賴師傳；於是在朝之事業，易而在野，自此不能禁私門著述之不興矣。然當春秋之始，諸經之傳系，猶未大明，詩、書、禮、樂之遺，授受何人？後世無由索證。所幸諸經未闕，故至於孔子而其道大明。孔子以前，世所資以爲教者，儒說而已。自管子起於齊，尙功利而任法治，於是隱與儒爲對敵，故後世有列管子於道家者。然而管子當日，並無排儒之論；至於孔子，亦以仁許之，未聞有如孟子之斥擊其非也。孔子以前，儒道既無不容之勢，至孔子，而道家一派，得老子之說而名益彰。然孔子亦嘗問禮於老子，道之不與儒敵，猶昔時也。孔子以後，世道大變，諸家雜出。漢班固所謂『仲尼沒而微言絕，七十子喪而大義乖』者，蓋非無見。師傳之道雜，則著述之事繁，而斥擊之風亦起。戰國學術之分歧凌駁，益無術以挽回，儒之不爲世重，亦固其所。蓋自春秋以至戰國，始僅爲儒中爲儒道，儒與道初尙無爭也；終則墨子起於宋，其說與儒道相殊，於是分而爲儒道墨，儒道墨相並，於是乎有爭。而此外之名家、法家、陰陽家、縱橫家、農家、雜家、小說家，亦各析別一支，乘時機以自見，然此諸家皆爲旁系，其勢實不能與儒道墨三者均衡。而儒道墨三者之中，儒與道墨之競爭，尤爲激烈！儒家之孟子有曰：『楊墨之道不息，孔子之道不著。』又曰：『能言距楊墨者，聖人之徒也。』蓋儒道墨之競爭，實惟此時爲烈，而當世人士之崇信道墨，或且反過於儒。故孔子者，生於儒道相並之世而無爭者也；孟子者，生於儒道墨相並之世而有爭者也。

今先分述三宗之概而以諸家附見於其後焉：

儒家者流，蓋出於古司徒之官，助人君順陰陽明教化。遊文於六經之中，留意於仁義之際，祖述堯舜，憲章文武，宗師孔子以重其言於道最爲高。孔子名丘字仲尼生魯昌平鄉陬邑（山東曲阜縣），當周靈王泄心之二十一年（民國紀元前二千四百六十二年）。既長而學官於郯子，當景王貴之二十年（民國紀元前二千四百三十二年）。又適周問禮於老聃，訪樂於萇宏，當敬王匄之二年（民國紀元前二千四百二十九年）明年適齊，又明年，返魯。是爲孔子周遊列國之第一期。歸魯久之，始被用爲中都宰，當敬王匄之十九年（民國紀元前二千四百十二年）。自是以後，一年而攝相事，二年而爲小司空，三年而爲司寇，四年而齊人饋女樂以沮孔子，季孫斯受之，三日不朝，孔子遂出游至衞，當敬王匄之二十一年（民國紀元前二千四百零八年）。明年去衞適鄭，又適陳，遂反衞，將適晉臨河不濟，又明年遂反於陬。是爲孔子周遊列國之第二期。居魯未幾，又適衞，當敬王匄之二十七年（民國紀元前二千四百零四年）。明年，過陳之宋，又適陳之陳，一年而如蔡之蔡，一年而如葉之葉，未幾，而又返蔡，返蔡一年而又之陳，當敬王匄之三十一年（民國紀元前二千四百年）。明年，返魯，是爲孔子周遊列國之第三期。返魯未幾而又適衞，當敬王匄之三十五年（民國紀元前二千三百九十六年）。明年，又返魯，是爲孔子周遊列國之第四期。居魯未幾，西狩獲麟，作春秋，當敬王匄之三十九年（民國紀元前二千三百九十二年）。又二年，孔子沒，當敬王匄之四十一年（民國紀元前二千三百九十年），年七十三。自儒家言之，孔子之道，由修身、齊家、治國、平天下，無不咸宜，而萬事萬物，均以天地爲宗，孝弟忠信爲範。不幸生當春秋之世，始謀用魯而魯不竟用，繼謀用列國而列國亦皆不用。於是栖栖終歲，窮無復之，不得已退而刪詩書，定禮樂，贊周易，修春秋，冀傳道於來世，卒以有用之身而終於魯。然當時之人，雖不重儒家而尚未有顯然與儒爲敵者。其與儒爲敵也，自孟子時始。當孔子之沒，其門徒存在者猶衆，孔氏之學，依然未絕也。孔子生鯉，字伯魚，先孔子而沒；鯉生子伋，字子思，能繼述孔子之道；至於戰國，孟子親受業於子思之門人，孔學因之復顯。請繼此以言孟子之事：

孟子名軻，字子輿，鄒（山東鄒縣）人也。生當周烈王喜之四年（民國紀元前二千二百八十三年）。年十五，學於魯，當顯王扁之十一年（民國紀元前二千二百六十九年）。及後強仕，始客鄒，當顯王扁之三十七年（民國紀元前二千二百四十三年）。明年之平陸（山東汶上縣），既遂至鄒，是爲孟子周遊列國之第一期。又明年，由鄒之任（山東任城縣），之任之明年，由平陸之齊，遂爲齊之賓師，當顯王扁之四十一年（民國紀元前二千二百三十九年）。又二年，去齊之宋，當顯王扁之四十三年（民國紀元前二千二百三十七年）。明年，由宋又反鄒，是爲孟子周遊列國之第二期。又明年，自鄒之滕，在滕兩年，又去滕反鄒，當顯王扁之四十七年（民國紀元前二千二百三十三年）。是爲孟子周遊列國之第三期。又二年，適梁，當愼靚王定元年（民國紀元前二千二百三十一年）。明年，去梁適齊，遂復爲齊卿，當愼靚王定三年（民國紀元前一千二百二十九年）。明年，自齊之魯，又二年，自魯反齊，當愼靚王定六年（民國紀元前二千二百二十六年）。明年，自齊之宋，又明年，自宋如薛，當赧王延三年（民國紀元前二千二百二十三年）。明年，自薛之魯，不遇，旋反鄒。是爲孟子周遊列國之第四期。居鄒久之，終不出，年八十四而沒，當赧王延之二十六年（民國紀元前二千二百年）。大抵孟子一生，四十以前講學設教，六十以後歸老著書；其傳食諸侯，在於四十至六十之間。跡其論道，仍本於孔子。不幸生當戰國之世，之齊而齊不能用，適梁而梁又以爲迂闊而遠於事情。當是之時，列國方務合從連橫，以攻伐爲賢；而孟子乃述唐虞三代之德，是以所如不合！退而與萬章之徒序詩書，述仲尼之意，作孟子七篇。又以楊墨之說盛行，遂隱然以衛道之任自居；而與同時諸學派之衝突，因之不免。

其稍後於孟子者，有荀卿，名況，趙人。年五十，始游學於齊，後三爲祭酒；齊人或讒荀卿，荀卿乃適楚焉而春申君（即黃歇）以爲蘭陵令；春申君死而荀卿廢，乃家於蘭陵。李斯嘗爲其弟子。荀卿之學，本爲儒家，與孟子同宗。然而荀之非十二子也，實專攻子思孟子；其意殆欲排二子而去之，以直接繼承孔子之傳。故其非十子，但曰它囂魏牟也，陳仲史鰌也，墨翟宋鈃也，愼到田駢也，惠施鄧析也；獨於子思孟子，則曰子思孟子之罪也！且非子思孟子之語，亦倍多於它囂諸人。從知學派之競爭，至戰國之時爲獨烈！不獨儒道墨三者有爭，即儒與儒之爭，亦終於無可避。徵諸荀子，豈不然乎？

道家者流，蓋出於古之史官。歷記成敗存亡禍福古今之道，然後知秉要執本，淸虛以自守，卑弱以自持，此爲君人南面之術，其宗曰老子。老子者，楚人，姓李，名耳，字聃，周守藏室之吏也。平居修道德，其學以自隱無名爲務。居周久之，見周之衰，乃遂去之關，關令尹喜曰：『子將隱矣！強爲我著書。』於是老子乃著書上下篇，言道德之意五千餘言而去，莫知其所終。其後有列子，名禦寇，鄭人。列子後，有莊子，名周，宋人，其學無所不窺，然其要則歸於老子之言，故其著書十餘萬言，大抵皆寓言也。作漁父盜跖胠篋諸篇以詆孔子之徒，而明老子之術，道之攻儒自此始。蓋莊周論學，與孟子爲同時，適當學派紛競之時，故其嫉時憤世之談，更甚於老子焉。

墨家者流，蓋出於古時淸廟之守。茅屋采椽，是以貴儉；養三老五更，是以兼愛；選士大射，是以上賢；宗祀嚴父，是以右鬼；順四時而行，是以非命；以孝視天下，是以上同；其宗曰墨子。墨子，名翟，宋大夫，其論道主夏而不主周。嘗曰國家昏亂，則語之尚賢尚同；國家貧，則語之節用節喪；國家喜音沈湎，則語之非樂非命；國家淫僻無禮，則語之尊天事鬼；國家務奪侵凌，則語之兼愛；墨子一生學術，其分目大略在茲。以其處世在孔子之後，學術競爭之勢漸烈；故敢倡爲非儒之論，而以孔子之行，爲不足觀！其斥擊所加，並及於孔門諸子。其徒有隨巢、胡非。

三宗以外，更有諸家。從太史公自序，其與三宗相並者，僅名、法、陰陽三家；從漢書藝文志，則名、法、陰陽三家之外，尙有農、雜、陰陽、小說四家。今於三宗後，先就名法陰陽三家述之：名家者流，蓋出於古之禮官。古者名位不同，禮亦異數。孔子曰：『必也正名乎？名不正，則言不順；言不順，則事不成。』時則有鄧析（鄭人）、惠施（宋人）、尹文、公孫龍（趙人）、毛公（趙人）諸家。法家者流，蓋出於古之理官。信賞必罰，以輔禮制，易曰：『君子以明罰飭法。』時則有李悝、商鞅、愼到（趙人）、申不害、韓非、處子（趙人）諸家。陰陽家者流，蓋出於古羲和之官。敬順昊天，曆象日月星辰，敬授民時。時則有宋司星子韋、公孫發、鄒衍（齊人）、乘邱子、杜文公（韓人）、閭邱子、將鉅子、容成子、鄒奭（齊人）諸家。

上述三家與儒道墨三宗並稱，亦曰六家；合以下之四家，乃曰十家；又十家之中，或屏除小說家，則曰九流。今再就六家以外之四家述之：縱橫家者流，蓋出於古行人之官。其職要在權事制宜，受命而不受時。時則有蘇秦、張儀、龐煖、闕子諸家。農家者流，蓋出於古者農稷之官。播百穀，勸農桑，以足衣食。時則有神農、野老諸家。此二家者，固尚能執一術以自成一派者也。至於雜家，雖出於古代之議官，但其學說在兼儒墨，合名法，既謂之雜，何又能不忝於家？然則雜家之在彼時，殆承三宗爭競之餘，而欲以調停一派自見者也。小說僅出於古之稗官，亦不足以成家；微論街談巷語，道聽塗說，不足與名法陰陽相並，即以擬農與縱橫，亦豈能媲三宗？更無論矣。乃竟得以一家自傳，又其幸也。夫雜也，小說也，居然得與上列之八家，足成十家之目；於此見本時代學藝趨勢之所至，愈後則愈紛，其派別亦因之愈盛。若兵，若數術，若詩賦，若方技，固猶在十家之外，爲本節所未及悉陳云。

本時代文化之二（美術）

學藝之大端既述於前，至於美術，亦適用前篇析類之法，述之如左：

（一）繪畫　繪畫之學，盛行於周初；至於春秋，魯公輸班之畫蠡，楚葉公之畫龍，大要不離動物。齊景公杵臼好馬，命畫工圖而訪之，以象過其實之故，殫百乘之價，期年而不能得，則畫馬之精可知。戰國之世，繪畫一科，益與政治有無窮之關係。其最著者莫如地形宮室之圖，如燕太子丹使荊軻獻督亢地圖於秦，而秦每破諸侯，寫放其宮室作於咸陽北阪之上，均其實例。又由春秋以至戰國，宋之畫史最負能名。淮南子所謂宋畫吳冶（宋人工畫吳人工冶），微妙莫及者也。繪畫之術，周禮考工記固嘗言之，然猶未盡也；觀韓非所論，列客有爲齊王畫者，王問畫孰最難？對曰：『犬馬最難；』孰最易？曰：『鬼魅最易。』所論尤爲抉古今畫學之精微焉。

（二）建築　春秋之世，魯有頖宮，齊有嘖室，晉有施惠宮，越有飛見樓，秦有祈年觀，綜其建築之法，雖盡無傳，要其盛名，早炫揚於古史；至於戰國，建築之事，比春秋爲更多，踵事增華，在所不免。六國宮室之華，臺苑之美，數爲古人之所稱道；而其學亦當隨時勢之變遷以著其進步，可斷言也。春秋之世，已有臺矣；至於田齊乃剏而爲九重；九重之臺，不可謂不高，而戰國時之建築家竟能成此，此足爲斯學進步之徵者一也。春申宮者，楚黃歇之所造，周一里二百四十一步。檐之高者至五丈二尺，霤之高者至二丈九尺。此足爲斯學進步之徵者二也。趙有野臺，可以望見田齊中山之境，其高度可想。此足爲斯學進步之徵者三也。當是時，列國之君，盛事經營，多務繼長增高爲樂，侈風所極，魏襄王赫且謀築中天之臺矣。後因許綰之諫，而其工始罷。不然，亦戰國時代之一大觀也。宮室營建之事，既如是其繁，則建築學之發皇，自可不煩言而喻矣。

（三）彫鑄　遠古以來，雕刻與冶鑄之進步，語在前篇。至於春秋戰國之世，晉之垂棘，魯之璵璠，宋之結綠，俱有名一時；而楚璧尤爲著譽。韓非所謂『楚之和氏，得玉璞於楚山中，後遂命名爲和氏之璧』者也。李斯諫秦逐客，陳書備引六國貨利之端，而其所謂宛珠之簪，傅璣之珥，即專就楚言之。楚之多寶，至戰國之末，猶爲士大夫之所樂道，亦奚怪春申當日以養客自豪，而其客飾物之奢華，視趙客之簪玳瑁、綴珠玉者，又且過之哉？當是時，玉工窮其技巧之能，且有琢玉爲連環，雕玉爲雙屐，刻玉爲兩虎者矣。彼夫公輸之削木鳶，隱游之成木鵰，以此方之，猶爲易事。故七國之世，玉符、玉印、玉鏡、玉屏、玉劍、玉矢以及瑑佩象牀之屬之垂名後世者，其物孔多。雕刻之進程，不聞因世變而稍形停滯也。又鼎鐘之鑄，亦惟晚周之世爲多。魯之郜鼎，晉之讒鼎，齊之甲父鼎，秦之龍文鼎，吳之壽夢鼎，衛之孔悝鼎，楚之九龍鼎，皆鼎也；周景王貴之鑄無射，楚惠王章之鑄楚公鐘，則鏠也。古者鐘鼎必有銘，銘必鑄字；至於春秋，匪獨爲銘，而且有以刑書鑄之於鼎者矣。冶鑄術之進程，又可於斯推見也。至於鑄劍之術，以吳越爲最良。吳工之名者曰干將，越工之名者曰歐冶子，所鑄良劍，均有名於世，迨夫戰國，猶競寶之。

（附音樂）自周政不綱，治道虧缺，講音者爰有古樂新樂之分。魏文侯斯所謂：『吾端冕而聽古樂，則惟恐臥；聽鄭衛之音（即新樂），則不知倦』者也。顧新樂之起，亦非始於鄭衛。鄭音好濫淫志，衛音趣數煩志，固也；而宋音亦燕女溺志，齊音又驁辟驕志，是則四者之樂，皆有害德之弊，不足以擬古也。古樂之流傳，當春秋時，固猶有存在者。陳公子完之奔齊也，完爲舜後，韶樂遂自陳而反齊，故孔子適齊，聞韶（舜樂），三月不知肉味，曰：『不圖爲樂之至於斯，』美之至也。自春秋入戰國，四國之新聲作，而古樂日淪，於是魏人槌鼙之聲，楚人瀟湘之樂，齊人房中之譜，燕人變徵之音，雜奏喧陳，而三代之舊音，已無從緬問；推而至於齊之竽，秦之箏，楚之筌，趙之瑟，魏之琴，燕之筑，器同用異，古響全沈；又雜以齊謳吳歈楚些巴嚁之音，而樂奏更多變化矣。

第七章　本時代之文化下

本時代文化之三（宗教）

本書之述宗教，計有四端。茲以次敍之如下：

（一）宗教之起於內國者　遠古之世，以神仙、陰陽、五行、雜占之說，爲宗教論之四綱；至於三代，又益以蓍龜、形法二端，共爲六事。神仙亦曰僊人，其術雖托名於黃帝，但無徵不信，啫其論者無多；至於戰國之初，屈原爲賦，有曰『貴眞人之休德兮，美往世之登仙。』然則登仙之說，三代以來，固早有之；戰國百家雜出，思想自由，一時如宋毋忌、王子喬、充尙、羨門高之倫，各以僊術著名；最後皆燕人爲方士，僊道修言形解銷化之術，大爲列國人君所迷信。蓋人君之所樂，祇在長生。所謂『古而無死，其樂若何？』故戰國人主之得聞僊化之術者，無一不欲實驗其言以爲快。此齊之威王因齊，宣王辟疆，燕之昭王平，所以聞海上三神山（蓬萊、方丈、瀛洲）

有諸僊人及不死之藥在，亟亟然使人入海以求也。陰陽五行之論，自古有之，戰國亦有與神仙之說相糅合者，齊人騶衍既以陰陽主運顯名諸侯；又掓爲五德終始之說，以爲五行更旺，終始相生，王者易姓，取法於斯。包犧首以木德王，繼之而爲金德，又繼之而爲火德，又繼之而爲水德，又繼之而爲土德。五德各以所勝爲行，周而復始。觀騶衍之所論，知解陰陽者，自必兼諳五行，而其術又多爲說神僊者所附會；然則戰國之世，神仙陰陽五行三事，猶貫珠也。雜占之術，在春秋例證最多，卜偃識童子之謠，子犯占晉侯之夢，驗諸徵應，其說多符。蓋遠古人民之心理，大率爲宗教之學所彌綸；降而爲三代，再降而爲春秋戰國，政治之步驟，雖有變更，獨宗教之精神，則常形興奮：故當晚周之世，術數之士，說雜占之徵應，未有不得社會之信從者。蓍龜之驗，亦猶之雜占。惟雜占則遇時而可知，蓍龜則須憑物以爲信。此其術之微別者也。形法不沾沾於相人，或論宮宅，或究地形，或推而下之以至及於六畜；其術亦必盛於周季，故荀卿著論有非相之篇云。

(二)宗教之傳自外方者　戰國列禦寇之所說，雖多屬於寓言；然其論之必有所受，固也。穆王篇有曰：『周穆王時，西極之國有化人來，入水火，貫金石，反山川，移城邑，乘虛不墜，觸實不硋，千變萬化，不可窮極，既已變物之形，又且易人之慮。』所謂西極，當必爲西域；而化人云者，雖不能遽稱之爲佛跡，其動作，固佛之見端也。古時佛教東行，常以月氏（即月支）爲其經過之地。山海經者，夏伯益之所作，月支之國，已載入於海內東經；至於商初，伊尹爲四方之令，月支亦有貢獻之物，列於狄屬十二國之一。則古代月支之與中國交通，固已漸盛，異日佛教東來之道，卽自此而開，無容惑也。又雍州自古積高，爲神明之隩，故居其上者多立畤，郊上帝，諸神祠皆聚於斯。然則佛教東來，經月支而入雍州，方如鉅川之入瀛海，導機之順，亦未有逾於此者。故當戰國之世，百家之說方芬興而未艾，自蓬萊方丈瀛州之論起，逆度當世好奇之士，必有馳情西域，如列子之所云者。其後秦皇御宇，西域室利房等十八人，果自遠道齎經而至，實爲中國知有佛說之濫觴。則彼教之行，誠非一朝一夕之事矣。

(三)宗教與政治之關係　周室東遷，强侯大盛，天子既不克再假神權之說以樹其聲威，列國亦不以天子之果受命於天而盡其崇敬，天子之名雖在，而其實已瀉。蓋政治之變局益新，則神權之思想愈舊。故當春秋尚有倡爲尊王之說者，至戰國則絕無所聞，而王且求庇於諸侯，此非盡因政治變局之烈也。處諸侯之地位而敢於叛王，則必其兵力之盛强，小侯之集附，然後可謀出此。使於此而仍不克以神權之說制之，則王室必殆。故楚莊王旅觀兵周郊，且以問鼎，而王孫滿告旅有曰：『卜世三十，卜年七百，天所命也。周德雖衰，天命未改，鼎之輕重，未可問也。』此爲春秋天子以神權說制馭强國之一例徵。蓋當春秋之世，列國卿大夫，縱談政治，尚時或歸宿於天；至於戰國，善言天如孟子，亦不能博時君之尊尙；古代神權之論，幾盡破除，不可謂非宗教前途之一重變境矣。八卦五行之教，其傳雖永，其流則不廣；獨神僊之說，爲周末宗教史上最新之一派，當時人主頗傾信之。蓋古人多假神意以懾庶民，此則直欲脫體爲僊而自造神境。其果能達此希望與否？則初亦不問。此誠極宗教思想變遷之至者，而其端則於戰國肇之也。

(四)宗教與民習之關係　鬼神術數之談，最爲上古人民所迷信，東周以降，其習固未改也。觀卜筮之事，盛行於春秋卿大夫之間，一國之貴顯而俊秀者且猶若此，則下民可知。至於戰國，江神聘婦，既見於秦；河伯娶婦，又聞於鄴。得李冰西門豹之定謀破滅，而人民輿論亦無有以二人所舉爲非者；從知戰國之世，正爲一切俗尙變更之日。人民之迷惑鬼神既久，究未嘗無覺悟之者；以視古人之堅信不移，其程度之相違，倜乎遠矣。

本時代文化之四(風俗)

繼宗教而可知者，爲風俗。茲述風俗，仍前篇之例，區爲四類如左：

(一)風俗之成因基本於禮制者　春秋戰國之世，禮教廢弛，於是風俗之澆漓，去周室之盛時益遠；惟是周初制禮，最爲繁密，當其叔季，亦略有存留者。茲爲採擇大端，論其事於下列：

(甲)婚姻　周初制定婚禮，別嫌明微，先德後色，後世循而習之，未之易也。東遷以降，禮制不修，於是陳靈以君臣亂行，晉文以懷嬴荐寵，衞宣有新臺之羞，齊襄有南山之恥，倫紀之防，於焉日潰，揆之世道，豈能無責?然必舉一例百，以爲春秋之世，古人禮法，無一留遺，則又惑也。同姓爲婚，古禮所戒。魯昭公娶吳孟子，是爲同姓，孔子不得已而以知禮許之者，雖不辭爲尊者諱，而卽可知當世人士之對於禮制，固猶未寬其維護之心也。古者諸侯娶適夫人及左右媵，各有姪娣，皆同姓之國，國三人，凡九女。至於春秋，衞人晉人來媵，魯見於經。然則媵之禮，固未絕也。又周人惡媒，以爲媒之言語反覆，紿女家則曰男富，紿男家則曰女美。然而自媒之女醜而不信，述於管仲；媒妁之言，見於孟子。則是行媒之禮，亦未嘗以當其事者之反覆而去之也。親迎之舉，爲古六禮之一。戰國齊楚二邦，均有迎婦於秦之事，則是婚姻大禮，雖在七國窮兵之世，固猶有不越其防者。抑自春秋以降，私約私奔之事，幾視爲風俗之所有；然婚禮所關，尙能於周衰文勝之餘，少著幾微之效！則禮制之有裨風俗，無怪儒家之樂道津津矣。

（乙）死喪　周初制禮，以死喪之事爲繁。東遷以後，惟喪禮所關，轉多增飾；然於禮文之要旨，亦有未嘗實力奉行者：檜風之作，當周室之初衰，而已有素冠之刺。蓋三年之喪，方夷厲之時，已不能畢；檜爲近畿之國，竟先變古，流風所扇，則他國可知。故春秋經載閔公二年五月，吉禘於莊公，公羊高作傳有曰：『其言吉何？言吉者未可以吉也。曷爲未可？以吉未三年也。三年矣，曷爲謂之未？三年之喪，實以二十五月。其言於莊公何？未可以稱宮廟也。曷爲未可以稱宮廟？在三年之中矣。吉禘於莊公何以書？譏。何譏乎？譏始不三年也。』夫喪制以三年之服爲最要，觀公羊所論列，秉周禮如魯國，猶蔑禮而軼古制如此！亦何怪戰國之齊遽有短喪之議也。尤可異者，三年之服，於戰國爲尠聞！觀滕定公之沒，其世子從孟子之說定爲三年之喪，而滕之父兄百官乃皆不欲。曰：『吾宗國魯先君莫之行，吾先君亦莫之行也。』由此推之，是魯當周末，蔑禮爲已久；爲人子者，三年之制猶不能自盡，則一切祭葬之增文塗飾，亦庸有所裨哉？蓋自春秋以至戰國，其喪制之要者，多不能舉列國人主，僅儀節之是求，流及終衰，於是齊之銅樽，魏之石人，踵事增華，不以爲過；其𠠫建雖或本於禮制，而未必全當於古人揆諸周人經始之心，相違甚矣。

(丙)祭祀　周代喪制既繁，則祭祀之儀文益備，東遷以降，凡天神地示諸祭，諸侯亦有行君主之制者；其初周成王誦以公旦有大勳勞，賜魯重祭，若郊若禘若大雩均得行之，至於春秋，郊禘大雩之祭屢見於經，而時或弗衷於禮制，然其儀節猶多受於先世，雖奉行少過，尙得寬其軼禮之愆也。蓋周制惟人主得以祭天，魯國乃其例外。迨夫叔季，秦襄楚靈各祀上帝，而人主不敢問，至於戰國，魏營拜郊之臺，楚致羣望之祭，僭君戾古，相習成風，古禮條文，於焉盡變；推而至於宗廟之禮，亦多有所更張，觀楚國廟堂壁列畫圖，居然上擬明堂之制！則祭典之施於人鬼者，又可知已。

(二)風俗之成因基本於自然者　自有史以來，自然勢力之所趨，常若有左右一世之勢。迨夫周末，禮文上之防制既已盡潰；於是一切風俗之基本於自然者，其勢乃更強於禮制。茲依上篇之例，得分列爲左之三端：

(甲)語言　周世語言之別無徵，至於春秋，列國分疆，自爲風氣，其言語之概況，較易尋求：其一、徵之風詩，風詩所采，多列國之方言，其通用之詞：或曰兮，如衞風之瑟兮僩兮，赫兮咺兮，容兮遂兮，伯兮朅兮等，一也。或曰忌，如鄭風之叔善射忌，又良御忌等，二也。或曰且，如狂童之狂也且，士曰既且等，三也。或曰而，如齊風之俟我於著乎而，俟我於庭乎而等，四也。或曰止，如既曰歸止，曷又懷止等，五也。或爲慨嘆之詞，如秦風之于嗟乎不承權輿，六也。或爲連讀之語，如曹風之其儀不忒，其儀不忒，正是國人，正是國人等，七也。其二，徵之謳諺。謳諺無定體而常用疊詞，如晉謳之原田每每，棄其舊而新是謀。宋謳之於思於思，棄甲復來。一也。且亦善比喻，如虞宮之奇引諺云：輔車相依，唇亡齒寒。周泠州鳩引諺云：衆心成城，衆口鑠金。楚申叔時引諺云：牽牛以蹊人之田，而奪之牛。又一也。至於戰國，縱横家流，習爲便僻馳騁之詞，藉大言以欺世；而滑稽之士，亦復乘機而起，肆其辨捷，言是若非。淳于髡在齊威王因齊飲之以酒，則曰：『一斗亦醉，一石亦醉。』優孟在楚，爲楚王謀葬馬之法，則曰：『以壠竈爲椁，銅厤爲棺，齎以薑棗，荐以木蘭，祭以糧稻，衣以火光，葬之於人腹腸。』凡諸辯給之辭，大抵隨社會之潮流而起。春秋之世，辯論之風漸作，而其習未恣；迨戰國肇興，游說既有專稱，滑稽亦爲世重，所謂談言微中，可以解紛。語言之軌律，遂無故步可以尋求，人心下而辨詐之僞滋，誦前人『愼爾出話』之詩，不能爲戰國諸人解矣。

（乙）好尚　春秋之世，去成周未遠，故猶能尊禮重信，宗君主，善交際；觀風詩之所刺，有可以見彼時人民好尚之大凡者：東遷以後，衛人刺夫婦失道而爲谷風之詩（桓王林之世），鄭人刺學校之廢而爲子衿之詩（莊王佗之世），魏人刺褊而爲葛屨之詩，刺儉而爲汾沮洳之詩（平王宜臼之世），曹人刺奢而爲蜉蝣之詩（惠王閬之世）。由因詩見性之道推之，而知春秋之民，於古者和平中正之忱，猶未失也。至於戰國，人民之好尚，日習於偏陂而靡侈，儉不中禮，春秋以爲戒，求之戰國，殆不可得；而列王嗜聲音，樂狗馬，徵求子女，明白較著，絕不以爲諱。齊之宣王辟疆且自謂『寡人有疾，寡人好貨；寡人有疾，寡人好色。』孟子善辯，至不獲已而以公劉好貨太王好色導之。夫有統治之責任者，其好尙且如此，亦奚怪平原春申輩之紛紛競富以爲榮也。

(丙)階級　當春秋之始，人民階級之習未能遽改，故列國士夫對於宗姓氏族之辨，猶篤嗜之，世臣世祿之制，猶周初也。且世及之制，不獨施諸貴族而已。觀管仲所言：『士之子恆爲士，農之子恆爲農，工之子恆爲工，商之子恆爲商。』是則士農工商，亦以世而及，階級之固定，未有甚於是者。又楚申無宇有言：『人有十等：王臣公，公臣大夫，大夫臣士，士臣皁，皁臣輿，輿臣隸，隸臣僚，僚臣僕，僕臣臺。』自隸以下，說者以爲皆犯罪之徒，故楚棄病誓師有曰：『不用命者，君子廢，小人降。』所謂降者，即由隸而降諸僚僕臺以次各階也。抑自用人一方面而言，楚任孫叔敖而舉於海，秦進百里奚而舉於市，從知春秋之世，固又非專重階級之習者；則是戰國以來，卿相起自布衣，功名成於游說，階級之習破，而遠因實釀於春秋，不可誣也。雖然，春秋貴族之榮，既自玆而墜；閭巷之士，往往挾策以事諸侯，人才衆而趣鬧亦由此起。例如張儀入楚，蒙盜璧之嫌疑；蘇季沮秦，忍引錐之苦痛。馮煖無聊之日，彈鋏求憐；范雎不遇之時，厠中受辱。閥閱剷除而後，乃轉予讀史者以笑談，不亦異乎？

(二)風俗與國勢之關係　管子有言：『齊之民貪麤而好勇。楚之民輕果而賊。越之民愚疾而垢。秦之民貪戾，罔而好事。宋之民簡易而好正。燕之民愚戇而好貞，輕疾而易死。』今以春秋大勢徵之，齊好勇，故首霸。楚輕果，故務窮兵。秦好利，故汲汲求拓地。此其大較也。迨夫戰國，魏俗剛強多豪傑，故辯詐之士，往往出於魏。韓俗夸奢，上氣力，故其甲兵能有名於戰國。趙土廣俗雜，北迫強胡，故武靈胡服騎射以教其民，而趙勢以振。燕俗愚悍少慮，敢於急人，故秦爲無道，燕思刺之，遂速滅亡之禍。齊俗急則離散，緩則放縱，貪麤之習至後世不改，故其賓客瞰秦之利，卒爲秦計所乘。楚人之俗，多急疾有氣勢，終不免輕果，故楚亦易亡。獨秦俗厲武而習農桑，商君變法以來，好事之心日堅，并力經營以圖進取，其後關東六國，終爲所并，而秦勢大張。由是以觀，風俗與國勢之相關，可謂著矣。

(四)風俗與人心之關係　周自東遷以降，人民之行動，漸脫禮制上之束縛！於是人心爲之大變，卽風尙卽因以改觀。其有事實可以證明者：或大潰其先此之防，而荒淫之弊集。如衞之風尙不良，夫婦離絕。鄭之男女相棄，民不能自保其室家。齊之男女爲奔，不能以禮化。是其例也。或反革其拘墟之習，而任俠之道成。如公孫杵臼、程嬰、鉏麑、專諸之輩，旣起於春秋；豫讓、聶政、荆軻、高漸離之徒，復興於戰國。又其例也。夫儒敝則亂法，俠盛則犯禁，二者之弊，雖同爲韓非所誡；然俠之功烈，有時實過於儒，晚周風俗之良，安在其不繫於此也？夫人心之所向，卽風俗之所趨，臧否淑慝之分，悉任人以自勉。有國家之責者，可以於此加之意哉？

中華通史

第二冊

乙編　中古史(上)

中華通史第二册目次

乙編(中古史)

第一篇　帝權初熾貴族助長時代(秦漢)

第二篇　神州分裂外力內侵時代（三國兩晉南北朝）

乙編（中古史）

第一篇 帝權初熾貴族助長時代（秦漢）

第一章 秦（民國紀元前二千一百三十二年至二千一百十七年）

秦統一以來十五年間變局之一（始皇之統一）（民國紀元前二千一百三十二年至二千一百二十一年）

秦統一六國，先後不過十年，中國由玆合一，周制由此大變，而秦王政之一切政令則多於在位之二十六年頒布。故就歷史之全局言，古今大界，自秦而分；就秦之歷史言，古今大界又自政之二十六年而分。故注意於秦者，尤當注意於政之二十六年，其時正爲我民國紀元以前二千一百三十二年庚辰。今先揭載王政二十六年變古之政策如左：

（一）自號皇帝，除謚法，名民曰黔首　政既滅六國，下令丞相御史曰：『名號不更，無以稱成功，傳後世！』於是王綰馮劫李斯等上尊號曰秦皇，命爲制，令爲詔，天子自稱曰「朕」；政曰『去泰著皇』，采上古帝位號，號「皇帝」，他如議。追尊父莊襄王子楚爲太上皇，並下制曰：『死而以行爲謚，則是子議父，臣議君也，甚無謂，自今以來，除謚法，朕爲始皇帝，後世以數計，二世三世，至於萬世，傳之無窮。』更名民曰「黔首」，與皇帝之名同年而定。

(二)不立諸侯，遍置郡縣，分設守尉監　王綰等以燕齊楚地遠，請立諸子爲王。政下其議，李斯以爲置諸侯不便。乃分中國土地，或從其故國之規畫，除內史郡不計外，列郡三十有六，均直隸於皇帝。郡置守、治之，設尉、佐守，典武職甲卒，而以御史、監一郡之事。三十六郡建置略表附：校者按右表係民國三年所訂，故沿用道制，又三十六郡與史記裴駰注不同，多楚東海，少鄣。

大別	何郡	何國置	何年置	舊爲何國地	何年入秦	西漢爲何地	今爲何地
秦王政二十	隴西	秦置		秦故封		西漢因之又分天水	甘肅關山道涇原道
	北地	秦置	秦昭襄王稷時	故戎境	秦昭襄王稷時	西漢因之又分安定	甘肅寧夏道
	上	魏置		魏境	秦惠文王駟十年	西漢因之又分西河	陝西榆林道
	漢中	楚置		楚境	秦惠文王駟後十三年	西漢因之	陝西漢中道及湖北襄陽道西北部
	蜀	秦置	秦惠文王駟後十四年	故蜀國	秦惠文王駟後十四年	西漢因之	四川西川道建昌道及嘉陵道西部
	巴	秦置	秦惠文王駟後十四年	故巴國	秦惠文王駟後十四年	西漢因之又分巴蜀漢中三部地爲廣漢	四川嘉陵道東川道
	邯鄲	秦置	秦王政十九年	趙都	秦王政十九年	西漢爲趙國又分常山眞定中山信都	直隸大名道中部河南河北道東部

六年所定之三十

鉅鹿	秦置	秦王政二十三年	趙境	秦王政二十三年	西漢因之又分清河渤海河間廣平	直隸保定道南部大名道北部
太原	秦置	秦莊襄王子楚三年	趙故部	秦莊襄王子楚三年	西漢因之	山西河東道西部冀甯道北部
上黨	韓置		本韓地後入趙	秦莊襄王子楚三年	西漢因之	山西冀甯道南部
雁門	趙置		趙境	秦王政十九年	西漢因之又分太原雁門二部地爲定襄	山西雁門道東北部
代	趙置		故代國後入趙	秦王政二十五年	西漢因之	山西雁門道治以北
雲中	趙置		趙境	秦王政十三年	西漢因之	陝西榆林道東北境及綏遠省之歸綏城
九原	秦置		趙境		西漢爲五原又分朔方	陝西榆林道北鄂爾多斯旗
河東	秦置	秦昭襄王稷二十一年	魏部	秦昭襄王稷二十一年	西漢因之又分河內魏	山西河東道東部
東	秦置	秦王政五年	魏境	秦王政五年	西漢因之	直隸大名道南部山東東臨道西部
碭	秦置	秦王政二十二年	魏境	秦王政二十二年	西漢爲梁國又分山陽濟陰陳留	河南開封道東部山東濟甯道西部及江蘇之碭山縣至安徽之亳縣
三川	秦置	秦莊襄王子楚九年	韓境	秦莊襄王子楚九年	西漢爲河南	河南河北道及開封道河洛道北部
潁川	秦置	秦王政十七年	韓都	秦王政十七年	西漢因之	河南開封道南部及汝陽道東部
南	秦置	秦昭襄王稷二十九年	楚故都	秦昭襄王稷二十九年	西漢因之	湖北江漢道及荆南道襄陽道東部
黔中	楚置		楚境	秦昭襄王稷三十年	西漢因之	湖南辰沅道
南陽	秦置	秦昭襄王稷三十五年	楚境	秦昭襄王稷三十五年	西漢因之又分潁川南陽二郡地爲汝南	河南汝陽道西部湖北襄陽道東北部
長沙	秦置	秦王政二十五年	楚境	秦王政二十五年	西漢因之	湖南湘江道衡陽道

六　郡

楚	秦置	秦王政二十四年	楚境	秦王政二十四年	西漢爲楚國又分淮陽	江蘇徐海道西部安徽淮泗道東部
九江	秦置	秦王政二十四年	楚都	秦王政二十四年	西漢因之又分衡山廬江豫章江夏	江蘇淮陽道安徽安慶道
泗水	秦置	秦王政二十四年	楚境	秦王政二十四年	西漢爲沛	安徽淮泗道東北部
薛	秦置	秦王政二十四年	楚境	秦王政二十四年	西漢爲魯	山東濟甯道中部
東海	秦置	秦王政二十四年	楚境	秦王政二十四年	西漢因之又分泗水廣陵臨淮	山東濟甯道東南部幷江蘇東海縣一帶
會稽	秦置	秦王政二十五年	楚境	秦王政二十五年	西漢因之又分丹陽	江蘇蘇常道滬海道南部及浙江大部
齊	秦置	秦王政二十六年	齊都	秦王政二十六年	西漢因之又分濟南泰山東平淄川北海千乘平原	山東膠東道濟南道
琅琊	秦置	秦王政二十六年	齊境	秦王政二十六年	西漢因之又分膠東高密城陽東萊	山東濟甯道東南部膠東道南部
漁陽	燕置		燕境	秦王政二十一年	西漢因之	北京東至薊縣一帶
右北平	燕置		燕境	秦王政二十五年	西漢因之	直隸津海道東北部
上谷	燕置		燕境	秦王政二十一年	西漢因之	直隸保定道東部
遼東	燕置		燕境	秦王政二十五年	西漢因之	奉天遼瀋道
遼西	燕置		燕境	秦王政二十五年	西漢因之	直隸津海道境東北

（附後列四郡不在三十六郡數）

南海	秦置	秦始皇（卽王政）三十三年	南越境	秦始皇（卽王政）三十三年	西漢因之	廣東粵海道潮循道瓊南道及廣西桂林道蒼梧道之東境
桂林	秦置	秦始皇三十三年	南越境	秦始皇三十三年	西漢因之	廣西大部
象郡	秦置	秦始皇三十三年	南越境	秦始皇三十三年	漢爲日南	廣東高雷道欽廉道及安南大部

閩中	秦置	閩越境	漢省附屬會稽	福建大部

(三)改定禮樂易正朔壹衡石丈尺及文字　采古禮之尊君抑臣者爲時用，餘皆滅之。古樂惟舜大韶、周大武、房中樂存，改周大武曰「五行」，房中曰「壽人」。又秦自昭襄王稷以來，已用十月（建亥之月）爲歲首，至王政統一六國，乃明定爲制；同年，整齊國內之衡石丈尺文字，以定於一。周制至於六國，已大有變更，至是而存者殆僅？

(四)廢去龜貝玉，制定幣品，重徵民賦役　廢去龜貝玉，僅可爲器飾寶藏，而不能爲幣。別定幣爲二等：黃金以鎰爲名，是爲上幣；銅錢圜如周制，文曰「半兩」，重如其文，是爲下幣。又收民泰半之賦（三分取其二），民之租賦，鹽鐵二十倍於古；更戍力役，三十倍於古。

(五)經營宮殿，銷除兵仗，徙豪富咸陽　秦每破諸侯，寫放其宮室，作之咸陽北阪上，南臨渭，自雍門以東至涇渭，殿屋複道，周閣相屬，所得諸侯美人鐘鼓，盡充入之。又慮諸侯之後或有叛者，乃收中國兵，聚之咸陽，銷爲鐘鐻金人。仍慮列國豪富在外，或易集事，乃徙豪富十二萬戶於咸陽，以實京師，以爲中國可自此無亂。

以上皆爲二十六年之事。其年，政又自號始皇帝，是爲中國有皇帝之始（遠古單稱皇或稱帝，夏稱后，商周稱王）。往後集尊權於一己而作皇帝之威福者又十年，此十年中，一切行動，皆由二十六年之心事推衍而成。今再列類說明如下：

(一)推帝制中夏之心，以從事外征，壓服異族　當戰國季世，南越介中國本郡東南，據地不小，秦初猶自若也，政之三十三年（民國紀元前二千一百二十五年），乃發諸嘗逋亡之人及贅壻賈人爲兵，略取南越陸梁地，置桂林郡，南海郡，象郡，以謫戍民五十萬人守五嶺（大庾，騎田，永明，萌渚，越城），與越雜處。南越東北有閩越，秦亦收其地置閩中郡。秦之北有匈奴者，本狄族，戰國已盛強，其種人大都散處塞外，主之者稱單于。初燕趙與秦皆北邊匈奴，各爲長城禦之，而患未已；秦既統一中國，乃於取地南越之年，使蒙恬將兵三十萬，伐之，匈奴頭曼單于因北徙，恬收黃河（河套之河）以南地，爲四十四縣，以謫戍民實其間，復綴昔日三國所建之長城而加築之，起臨洮（甘肅臨潭縣），至遼東，延袤萬餘里。旋渡河據陽山（在河套北烏喇特旗），逶迤而北，暴師於外者十餘年，匈奴不敢犯。

(二)推罷斥封建之心，以從事巡游，伺察國內　政卽皇帝位，恐國人不服，數巡游以察之。二十七年（民國紀元前二千一百三十一年），始巡隴西北地。二十八年（民國紀元前二千一百三十年），東巡郡縣，祠鄒嶧山（山東鄒縣），刻石頌功業，遂封泰山（山東泰安縣北），禪梁父（泰山下小山，山東新泰縣西北）。東游海上，南上琅琊（山名，山東諸城縣東南），作琅琊臺，立石頌德。還過彭城（江蘇銅山縣），渡淮之衡山（湖南衡山縣），自南郡由武關（陝西商縣東）入。二十九年（民國紀元前二千一百二十九年），東游至陽武博浪沙中（河南陽武縣），韓人張良念韓之亡，思所以報之，令力士操鐵椎擊政，不中，政驚，大索十日，不得。三十二年（民國紀元前二千一百二十六年），又東巡之碣石（河北昌黎縣），刻碣石門，壞城郭，決隄防。同年巡北邊，道上郡入。三十七年（民國紀元前二千一百二十一年），又東巡之雲夢（澤名，湖北雲夢縣），望祀虞舜於九疑（山名，湖南寧遠縣南）。浮江而下，至錢塘（浙江杭縣），渡浙（即錢塘江），上會稽（山名，在浙江紹興縣東南），祭大禹，望於南海。還過吳，渡江，並海上，西至平原津（山東平原縣）而病，旋沒沙邱（河北平鄉縣）。

（三）推畫一國制之心，以從事焚坑排除異己　政始當國，甚重儒。觀李斯治儒家之言，爲政所倚畀，則其利行儒術可知。李斯之學出於荀卿，卿主性惡，其說有利於君權專制。迨二十八年東巡之役，行過鄒魯，召集儒生七十人，至泰山下議封禪，所說各異，政以爲難用，其輕視儒生自此始。至三十四年（民國紀元前二千一百二十四年），李斯惡夫賤儒之多，而儒術之不可不定於一也，乃上言：『諸生不師今而學古，聞令下各以其學議之，入則心非，出則意議，如此勿禁？則主勢降乎上，黨與成乎下！臣請史官非秦記皆燒之；非博士官所職，天下敢有藏詩書百家語者，皆詣守尉雜燒之。有敢偶語詩書者棄市，以古非今者族，吏見知不舉者與同罪。令下三十日，不燒，黥爲「城旦」。所不去者，醫藥卜筮種樹之書。欲學法令者，以吏爲師。』政從其說，而焚書之舉成。其明年，又坑諸生四百六十餘人於咸陽。其罪狀之廉得在後者，或發謫徙邊。長子扶蘇諫，而政不從，且以爲撓己，乃使扶蘇監蒙恬軍於上郡。

(四)推賤視氓庶之心，以從事建築，橫驅民力　政自二十六年後，建築之舉數興。方二十七年，築極廟於渭南，治馳道於國內，勞民傷財，已爲非計。至三十五年（民國紀元前二千一百二十三年），又別營朝宮於渭南上林苑中，先作後殿阿房，周馳爲閣道，自殿下直抵南山（陝西長安縣南），複道渡渭屬咸陽。又政始即位，穿治驪山（陝西臨潼縣東南）；及作阿房，治驪山益亟，乃分役隱宮及徒刑七十萬人以從事其間。其時關中宮達三百，關外四百餘，猶以爲未足也。

(五)推自身樂利之心，以從事神仙迷信邪說　神仙之論，戰國已盛行。政巡幸東方，而燕齊諸方士，故多在者，齊人徐市等爭上書言之。政先後遣徐市盧生入海求神仙，無所得。盧生復說政，勸爲微行以避惡鬼，謂「惡鬼避而眞人至，所居之宮，毋使人知，然後不死之藥可得。」政曰：「吾慕眞人，」遂自號「眞人」，不稱朕。令咸陽旁三百里內宮觀複道相連，帷帳鐘鼓美人充之，各按署不移，有言其行幸之處者，罪至死。羣臣受決事，悉於咸陽宮。由是內外阻閡，臣民畔離，而盧生亦借端亡去。

沙邱之死，丞相李斯、宦者趙高、少子胡亥俱從在左右。初，政以迷信方士之故，素惡言死，及病亟，乃令趙高爲書賜扶蘇曰：「與喪會咸陽而葬，」未付使者而政旋沒。斯高合謀，祕其喪而行，矯詔立胡亥爲太子；更爲書賜扶蘇，數以誹謗怨望，而蒙恬不矯正，賜皆死。扶蘇自殺，恬不即裁，後亦被誅。胡亥等至咸陽，發喪，自即位，是爲「二世皇帝。」趙高大用事，拜郎中令；李斯雖爲丞相，權不如高：異日殺主之禍，隱伏於此，而胡亥不悟，嬴秦卒由趙高而亡。

秦統一以來十五年間變局之二（二世之亡秦）（民國紀元前二千一百二十年至二千一百十七年）

胡亥在位僅三年，其行事多襲始皇之故智，始皇既以勞擾害民，而胡亥又踵之！其事如下列：

（一）襲始皇帝制中夏之心而行之者　胡亥始卽位，下詔增始皇寢廟犧牲，及山川百祀之禮，令羣臣議尊始皇廟，羣臣議定，尊始皇廟爲帝者祖廟。皇帝復自稱「朕」，以恢復其專有之尊名。

（二）襲始皇罷斥封建之心而行之者　始皇既廢除封建，盛事巡遊，而胡亥亦嘗與趙高謀，以爲己年少初卽位，黔首未集附，始皇巡行郡縣以示重威，服海內，今晏然不遊行，卽見弱。元年（民國紀元前二千一百二十年）春，因東行郡縣，李斯從。到碣石，並海南至會稽，刻始皇所立刻石旁，著大臣從者名，章功德。

（三）襲始皇畫一國制之心而行之者　胡亥襲位，以秦法爲猶疏，於是用趙高謀，爲吏嚴之法，律宗室大臣之或稍違異者多被誅滅，其用意與始皇之排除異己相同。時有博士正先者，見高干政，多所非刺；高以其立異，遂殺正先。

（四）襲始皇賤視氓庶之心而行之者　始皇之作阿房，治驪山，濫用民力，已爲無度；胡亥卽位，驪山阿房二役，復繼續進行。其葬始皇驪山也，下錮三泉，奇美珍怪，徙藏滿之，令匠作機弩，有穿近者輒射之。後宮無子者，皆令從死。葬已，恐工匠爲機藏者洩其事，盡閉之，無復出者。其後作阿房宮，規模一本始皇，民力垂盡。

（五）襲始皇自謀樂利之心而行之者　胡亥襲位後，懼京師之力尚不足以控制海內也，乃徵材士五萬人屯衞咸陽。狗馬禽獸，當食者多，度不足，下調郡縣轉輸菽粟芻槀，皆令自持糧食，咸陽三百里內，不得食其穀。及關東亂起，胡亥用趙高計，益深拱禁中，多取狗馬無用之物，務爲燕樂，婦人在前，鐘鼓在後，日趨淫侈，而不問國事。

綜之胡亥不德，多由趙高。高以趙人而爲秦宦者，或疑其爲趙謀？初高說胡亥重法律，誅大臣公子，諸大臣公子有罪，輒下高鞫治。於是公子十二人戮死咸陽市，十公主矺死於杜，財物入縣官，兄弟於玆垂盡矣。重以李斯阿胡亥之意，請修申韓術，行「督責」之道，禍乃益深。胡亥並不復坐朝廷，事由高專決，高時所懼惟李斯，乃以法使斯激怒胡亥，已從而譖之，胡亥果信高，疑斯。斯上書白高罪，反下獄。胡亥卽屬高治斯，責與其子三川守李由反狀，斯懼，自誣服。遂具斯五刑，論要斬咸陽市。斯死，高獨專，胡亥進高爲中丞相，以宦人而膺丞相之名，古今惟趙高，高之謀去胡亥自此始。方是時，關東兵日盛，而高佯言關東盜無能爲，冀己得久專；及劉邦屠武關而入，使人先私於高，高懼胡亥怒，誅及其身，始謝病不朝。胡亥旋因占夢不吉，齋於望夷宮，使讓高以關東事。高乃陰與其婿咸陽令嚴樂，弟趙成謀廢胡亥，更立公子嬰，使樂以兵入宮，胡亥自殺。高語人曰：『秦故王國，始皇君天下，故稱帝。今六國復自立，秦地益小，以空名爲帝，不可，宜爲王如故。』更立胡亥兄子公子嬰爲秦王，時二世在位之三年也（民國紀元前二千一百十八年）。

公子嬰既立，乃設謀刺殺高於齋宮，三族高家以徇。子嬰爲王僅四十六日，而劉邦兵入，卽出降。邦以之屬吏，秦亡。自政至子嬰，歷主三。其統一中國，祇十五年。世次如下表：

（一世）　　　　（二世）　　　　（三世）

1秦始皇帝政（十二年，統一以前不計）——2二世皇帝胡亥 三年

　　　　　　　　　└—某——3王子嬰 四十六日

第二章　秦漢間（民國紀元前二千一百三十年至二千一百十三年）

秦漢過渡七年間風雲之一（六國之再興）（民國紀元前二千一百三十年至二千一百十七年）

秦自東南之亂作，關以東大抵響應；子嬰繼祚，秦已不能自保其關中。溯亂機之動，不過三載，而秦竟亡；其後楚漢相爭，又五載而後事定。變端之成，匪伊朝夕。今略析其事，分類列之，以見秦代造禍之因：

（一）由君權專制之過事發舒也　嬴政專制之政，類列於前。其尤甚者，一國之事，無論大小，皆決於己。其臣下又多畏忌，不敢端言。政且日務刑殺，以叢怨於國民。胡亥繼之，其專斷嗜殺而好爲己謀，無不肖其父！故召禍

極速。

(二)由廢除封建之不求善後也　封建制度，戰國之季，行將自然廢滅；政之并滅六國，盡爲郡縣，亦若有自然之勢導之，未嘗不可謂之識時。顧於歷年巡察四境以外，於所以消融畛域，及夫安置列國遺臣後裔之法，悉未之聞！綜其郡縣建置之制，大都蹈襲六國；六國雖滅而區域未改，人心不死，此爲苟且偷安之計，未有能延之十年之久而不亂者！

(三)由調遣邊戍之不加量擇也　秦自統一以來，北攻匈奴，築塞河上；南收揚越，廣置戍兵。夫匈奴之地，積陰之處也，木皮三寸，冰厚六尺，食肉而飲酪，其人密理，鳥獸毳毛，其性能寒；揚越之地，少陰多陽，其人疏理，鳥獸希毛，其性能暑。秦之人民，不能服其水土，戍者死於邊，輸者僨於道，秦民見行，如往棄市，因以讁發之，名曰「讁戍。」有萬死之害而無銖兩之報，死事之後，不得一算之復。國人明知禍烈及己，而無如之何！此二世元年（民國紀元前二千一百二十年），發閭左戍漁陽（河北密雲縣西南）者九百人，而陳勝所以藉之倡亂也。

(四)由兵端猝發之諱莫如深也　方陳勝初亂，胡亥召博士諸儒生問計，博士諸生三十餘人皆主張急擊。叔孫通進曰：「此羣盜鼠竊狗偷，何足置之齒牙間。郡守尉今捕論，何足憂。」胡亥喜曰：「善。」盡問諸生，諸生或言反，或言盜，於是胡亥下言反者吏，以通爲博士。其後關東兵日盛，胡亥僅遣章邯輩禦之，以爲可卽無事，其諱飾如故，及劉邦破武關，胡亥猶以爲盜，反以讓趙高，卒招身死之禍。

綜上諸因觀之，秦自初併天下，殆無日不足以釀成兵禍？故兵禍之發，迫不及待，至十三年而大難遂作，倡其事者實爲陳勝，而項梁劉邦諸人繼焉。今以國爲別，述其本末如下：

(一)楚之復興　秦之將滅，其憑藉六國之故土而稱兵者，必襲用六國之名而後其事集。故同一楚也，而有陳勝之楚，有景駒之楚，有懷王孫心之楚。陳勝之起，在二世元年七月，時秦發閭左戍漁陽者九百人，屯大澤鄉（安徽宿縣西南），陳勝吳廣爲屯長，勝廣謀起事，並詐稱公子扶蘇項燕，勝自立爲楚將軍，吳廣爲都尉。取大澤鄉及蘄（宿縣南），北據陳（河南淮寧縣），卒數萬，勝進立爲王，號張楚；以廣爲假王，使監軍擊滎陽（河南滎陽縣）。廣與裨將田臧不和，臧旋殺廣代爲上將，卒亦敗死。勝將葛嬰收地至東城（安徽定遠縣東南），立襄彊爲楚王；聞勝已立，因殺襄彊，還報，勝誅殺葛嬰。二世二年（民國紀元前二千一百十九年），秦任章邯擊陳勝，勝走下城父（安徽蒙城縣西北），其御莊賈殺之降秦。勝故臣有呂臣者，復起師攻陳，下之，殺莊賈，仍以陳爲楚，並諡勝曰隱王。以上爲陳勝之楚。初楚將秦嘉守郯（山東郯城縣），聞陳勝兵破出走，立楚之公族景駒爲楚王，引兵之方與（山東魚臺縣），欲擊秦軍定陶（山東定陶縣）。時齊田儋王齊，嘉欲邀齊合擊，而儋不許。是年八月，楚將項梁軍至下邳（江蘇邳縣），宣言曰：『陳王（即勝）首事，戰不利，未聞所在，今秦嘉立景駒，大逆無道。』乃進兵擊殺嘉，駒走死。以上爲景駒之楚。項梁既殺嘉，議別立楚後，乃求得楚懷王孫心於民間，奉以爲楚王。至楚漢元年（民國紀元前二千一百十七年），梁兄子籍尊王爲義帝，徙之長沙。又明年，擊殺之於江中。以上爲懷王孫心之楚。

（二）趙之復興　楚既有後，趙亦繼之。其連續而起者，有武臣之趙，趙歇之趙，張耳之趙。武臣之起，於陳勝人陳，張耳陳餘請兵略趙地，而以所善陳人武臣爲將軍，耳餘爲之校尉。武臣等既渡河，收兵得數萬，下趙諸城邑，耳餘因勸武臣自立爲趙王，都邯鄲（河北邯鄲縣），餘爲大將軍，耳爲丞相。使人報陳勝，勝怒，使趣發兵入關自效。耳餘勸武臣毋出兵，而北徇燕代，南收河內以自廣。於是趙勢日振。二世二年，趙將李良以微事怨武臣，襲邯鄲，殺武臣。張耳陳餘走而免，收散兵以擊李良，良走降秦。以上爲武臣之趙。武臣既死，張耳陳餘求得趙後公子歇立之，都信都（河北冀縣）。秦章邯擊趙，破邯鄲，趙賴楚救而免。漢之元年，項籍定中國，乃徙歇爲代王。以上爲趙歇之趙。歇既王代，項籍別以張耳爲趙王。明年，陳餘不服，擊走耳，復以歇爲趙王。歇德餘，以爲代王。又明年，爲楚漢之三年（民國紀元前二千一百十五年），漢將韓信破趙，禽歇，斬陳餘，仍以張耳爲趙王。以上爲張耳之趙。

（三）齊之復興　趙既立後，齊亦繼之，而更主最多，皆出田氏。大抵諸國之立，皆易數姓，獨魏與齊均一姓。初，陳勝既王楚，令魏人周市徇魏，市略地至狄（山東章邱縣），齊王族田儋殺狄令，自立爲王，擊市去之，東略定齊地，都臨淄。時二世元年也。明年，秦章邯擊魏，齊楚共以師救，而田儋敗死。故王建有弟假在齊，齊人立之以繼儋。儋弟榮收儋餘兵歸齊，逐假，假亡楚。榮立儋子市爲王而已爲相，弟橫爲將。時項梁方追逐秦軍，數使使者，趣齊兵俱西。榮不允，且多所要挾（以假亡在楚故）。及項籍定中國，析齊爲三：而以齊將田都爲齊王，仍都臨淄。徙田市爲膠東王，都即墨（山東即墨縣）。故齊王建之孫田安爲濟北王，都博陽（山東泰安縣）。獨田榮無封。榮怒，發兵擊走都，並殺市及安，遂盡有三齊地，自立爲齊王。明年，爲楚漢之二年（民國紀元前二千一百十六年），項籍伐齊，榮敗死。其弟橫，立榮子廣爲王。楚漢之四年（民國紀元前二千一百十四年），廣爲漢將韓信所襲，亡走，旋被虜。田橫復自立爲王，終不自保，走梁依彭越，自殺，齊地盡亡。以上爲田齊。

(四)燕之復興　與楚趙齊同年而興者，又有燕。先有韓廣之燕，後有臧荼之燕。初陳勝使武臣徇趙，武臣自立爲趙王；武臣使韓廣徇燕，韓廣亦如武臣故事，因燕豪傑附助，而竟繼立爲燕王，都薊（北平薊縣）。秦圍趙急，廣使臧荼率師救趙。趙定，荼遂從項籍入關。以上爲韓廣之燕。項籍定中國，分燕爲二：即以荼爲燕王，仍都薊；而徙韓廣爲遼東王，都無終（河北玉田縣）。未幾，荼又擊殺廣，并其地。至楚漢三年，荼背楚降漢。以上爲臧荼之燕。

(五)魏之復興　其與燕同年而興者，又有魏。初，周市略狄，爲田儋所逐，歸至魏地，欲立魏後公子咎爲王，時咎在陳勝所，不得之魏；魏地已定，魏人欲相與立周市爲王，市不許，遣使迎咎於陳，咎歸爲魏王，周市相之。其明年，爲二世二年，秦章邯擊魏，魏使周市求救於齊楚。齊楚各出兵隨市救魏，爲章邯所敗，周市與齊王田儋俱死。魏王咎勢詘，乃爲民約降而自殺。其弟豹走楚，楚予兵，使復徇魏地，遂立之爲魏王以繼咎。及項籍定中國，分魏爲二：徙豹爲西魏王，都平陽（山西臨汾縣）；以司馬卬爲殷王，都朝歌（河南淇縣）。至楚漢二年，卬豹均爲漢虜。以上爲魏。

（六）韓之復興　五國復立之次年，韓始有王。公子成之韓在先，鄭昌之韓在後。項梁之立楚懷王孫心也，韓人張良因說梁立韓後，梁乃立公子成爲韓王，以良爲司徒，西略韓地，往來爲游兵潁川（秦郡釋地見上表），然數無軍功，得城輒爲秦所復。至楚漢元年，項籍定中國，分韓爲二：使韓王成因故都都陽翟（河南禹縣）；而以申陽爲河南王，都洛陽（河南洛陽縣）。以上爲公子成之韓。已而籍以韓臣張良從漢，廢成爲侯，而旋殺之，以故吳令鄭昌爲韓王。楚漢二年，鄭昌降漢。以上爲鄭昌之韓。

秦漢過渡七年間風雲之二（楚漢之角逐）（民國紀元前二千一百十六年至二千一百十三年）

項梁與劉邦之起，同在二世元年九月。邦之始起，勢甚小弱，非項梁之敵。梁者，楚將項燕之子。燕之死，或疑其出亡，故陳勝起兵，託燕以自重。梁嘗殺人，與兄子籍避仇吳中時會稽守殷通方欲以兵應陳勝，使梁將；梁使籍斬通，卽以所爲喩舊知豪吏起兵，得衆八千，籍渡江而西。東陽（安徽天長縣西北）令史陳嬰已起事，遂以兵屬。及渡淮，英布蒲將軍亦來歸。梁衆六七萬，聲勢頓盛。至薛（秦郡名釋地見上表），劉邦又入見，此爲項劉相合之始。顧其時劉初附項，劉猶爲項屬，項亦未嘗防劉也。

劉邦者，沛人，初爲泗上亭長，沛中弟子奇其行動，多有附之者。及陳勝起，沛令欲應之，掾主吏蕭何曹參說令召邦。邦至衆已數千人矣。令悔，閉城，欲誅蕭曹。蕭曹踰城就邦，邦設法遣書沛父老，爲陳利害。父老率子弟殺令迎邦，以爲沛公，收衆二三千起事，旗幟皆赤。旋破豐（江蘇豐縣），令雍齒守之，而自之薛。齒不欲屬邦，聞魏招，爲魏守豐。邦引兵攻之不下。聞楚王景駒新立在留（江蘇沛縣東），自往從之。途遇張良，良時亦有少年百餘，俱以屬邦。及項梁至薛，邦往見梁，梁予卒五千，使歸拔豐，豐下，雍齒亡走魏。

項梁之渡淮而北也，方謂陳勝未死，楚何至無君。秦嘉之立景駒，梁所不許，故進兵殺嘉，而駒走死。未幾，聞勝眞死，乃召諸別將大會於薛。用范增之議，立楚懷王孫心，以陳嬰爲上柱國，梁自號武信君。時六國已皆立後，秦勢日絀，而其將章邯善用兵，方盛師東略，圍田榮於東阿（即齊之柯邑，山東陽穀縣東北）。梁引師擊破邯軍；邯走而西，梁又破之於定陶（山東定陶縣）。秦聞悉起兵益邯，邯復戰楚，楚師大敗於定陶，梁死。先是梁遣項籍劉邦，分師攻旁地，梁軍之敗，籍邦方有事陳留（河南陳留縣），得信，即引兵東；而楚王心亦自盱眙移都彭城，並呂臣項籍之軍自將之，以圖備禦。於是秦勢忽盛，而楚勢反衰，兵形始一變。

秦章邯於此，以楚地兵爲不足憂，乃渡河擊趙，以爲趙下則楚地自可漸定；乃破邯鄲，進軍鉅鹿之南，以策應王離（翦之孫）。離圍鉅鹿益急，楚王心應趙之求，發軍往救。以故楚令尹宋義（卿子冠軍）爲上將，項籍爲次將，范增爲末將，諸別將皆屬義。二世三年，義屯安陽（山東曹縣東），留四十六日不進；籍因矯楚王令殺義，代爲上將軍，悉以兵渡河，與秦軍九戰，皆捷，章邯引卻，遂虜王離。由是籍始為諸侯上將軍，諸侯之勢再盛，兵形又一變。

方二世二年，楚懷王心與諸將約：「先入定關中者王！」項籍怨秦殺項梁，願先入，諸老將以籍嗜殺，不欲，懷王心乃遣邦。初，心之立，由項梁，雖名為君，實權不己屬；梁死，心移都，自將一軍（詳見上節），此為其收復主權之始。當秦圍趙急，懷王心一方拔宋義而帥之，一方遣劉邦收陳勝、項梁散卒而西，使成入關之烈，其志固未屬於項籍也。自項籍殺宋義而勝秦軍，不獨秦與諸侯間之兵勢變，即楚內部之情形亦變。以籍之盛，還而制懷王，雖愚人亦知其無幸，非復如項梁初死時矣。二世三年，劉邦擊昌邑（山東金鄉縣西北），下陳留，破武關。明年，入關，降秦王子嬰，入咸陽。蕭何收秦丞相府圖籍，得具知天下阨塞、戶口多少、強弱之處。封秦重寶府庫，還軍霸上（陝西長安縣東），申明懷王「入關先王」之約，與秦人立約法三章（殺人者死，傷人及盜抵罪），以待後命。時項籍已於上年大破章邯軍，降邯及其將司馬欣、董翳，置邯楚軍中，而使欣為前導，將秦軍先行至新安（河南新安縣）。籍聞秦降卒多怨言，坑殺二十萬人，乃入關。關閉，又聞劉邦已定關中，大怒，遣兵擊破關，自將諸侯兵數十萬人以入，從之來者，楚共敖、趙張耳、司馬卬、齊田都、田安、燕臧荼、魏魏豹、韓公子成，又有番君吳芮、瑯邪公中陽，將士甚盛。項籍駐戲（水名，在陝西臨潼縣），且日擊邦，大兵集鴻門（陝西臨潼縣東）。邦灞上軍僅十萬，范增告籍急擊。籍季父項伯素善張良，夜馳告良，請俱去，良固要伯見邦，邦請伯申言於籍，具陳所以待籍之意，且日邦自詣鴻門來謝，范增謀死之，不果，邦去。數日，籍引兵西屠咸陽，殺子嬰，燒秦宮室，掘始皇帝冢，大收秦寶貨婦女，出關而東，使人致命於懷王心，心曰：「如約。」

籍怒，又急欲自王而苦無辭。乃曰：『懷王者吾家所立，何以得專約。』乃陽尊懷王爲義帝而徙之郴（湖南郴縣），明年，殺之。

項籍定中國，因自立爲西楚霸王，王梁楚地九郡，以彭城爲都。籍本疑劉邦，以巴蜀道險，無慮其變。乃曰：『巴蜀亦關中也。』因立邦爲漢王，王巴蜀，以南鄭（陝西南鄭縣）爲都。並三分關中，王秦降將，以拒漢出路。使章邯王雍都廢邱（陝西興平縣東）。司馬欣王塞，都櫟陽（陝西臨潼縣）。董翳王翟，都高奴（陝西膚施縣東）。又楚故地甚廣，思惟以諸將功多者治之，可資扞己。因立黥布爲九江王，都六（安徽六安縣）。吳芮爲衡山王，都邾（湖北黃岡縣東南）。共敖爲臨江王，都江陵（湖北江陵縣）。自餘五國之地，復多所分析，如韓魏燕趙各分爲二，齊分爲三，語在上節，茲不重述。

楚漢元年，劉邦不得已，就國，張良說邦，使燒絕所過棧道（陝西褒城縣北），以備盜兵，且示籍無東意。邦之國，諸將及士卒皆思東歸，多道亡；韓信亦出走，蕭何追得之，薦於邦。邦拜信爲大將軍，決策東向，留蕭何收巴蜀租，給軍食。自引兵從故道（陝西鳳縣西北）出襲雍，章邯迎戰，敗走廢邱。遂至咸陽，降司馬欣董翳。時籍方盛師擊齊，不復顧關中。彭越有衆萬人，無所屬，至是亦變。明年，陳餘逐張耳於趙，河北又不靖。劉邦自至陝，鎮撫關中父老，降中陽鄭昌，盡得韓地，爲關外之衞。旋濟河，降魏豹，虜司馬卬。復南渡至洛，爲義帝發喪，告諸侯討項籍。是時邦得地日廣，關內外兵大抵爲所用，而項籍北伐，方牽掣於田氏，於是西楚之勢落而漢反強。自是以後，楚漢之戰爭，約可分爲左之三端：

（一）彭城之役　楚漢二年，項籍方擊齊；雖聞漢東，欲益破齊而擊漢。漢以故得刼降附諸侯之兵凡五十六萬，東伐楚，入彭城，置酒高會；籍聞，令諸將擊齊，而自以精兵三萬人從魯出胡陵（山東魚臺縣東南），至蕭（江蘇蕭縣），漢軍逆戰大敗，入穀泗及睢水死者凡二十餘萬，邦幾不免。會大風晝晦，楚軍亂，邦得亡去。諸侯見漢敗，復背漢與楚。

（二）滎陽成皋之役　彭城敗後，漢積年謀楚之心一挫。九江王黥布，素與項籍不善，邦使隨何說之，使倍楚；而自集散卒，蕭何發關中兵以益之，韓信亦以師會，兵勢漸盛。復與楚戰滎陽南京（河南滎陽縣東南）索（河南滎陽縣）間，破之。築甬道屬河，以取敖倉粟（敖山，河南滎澤縣西北）。又懼關中之變，自歸櫟陽，引水灌廢邱，章邯自殺；雍州定，然後往滎陽。令蕭何守關中，計其戶口，轉漕以給軍。又使韓信渡河擊魏，虜魏豹（豹降漢後，因漢敗復叛）。明年，邦更益信兵，下趙代及燕，而隨何亦以九江王黥布來歸，於是漢勢復盛。籍急圍滎陽，邦請和，願割滎陽以西屬漢，另設間以去范增；增見籍疑己，發憤死，而滎陽圍仍不釋。其後籍因彭越之變，回師擊之，漢復軍成皋。及籍破越，再圍成皋，邦乃走渡河，奪韓信軍，使張耳守趙，韓信擊齊，邦仍以大兵屯小修武（河南獲嘉縣），扼楚師。時籍因梁地未定，使曹咎守成皋，囑斂師待已。又明年，為楚漢四年（民國紀元前二千一百十四年），漢數挑成皋戰，咎怒，渡兵汜水（河南汜水縣西），為漢乘而敗，曹咎自殺。於是劉邦得再渡河，以取成臯，軍廣武（山名，在河南滎陽縣西）。籍聞曹咎死，亦還軍廣武（廣武有東西二城，西城漢築，東城楚築），與漢相守。時楚軍食少，勢漸絀。漢之一方，韓信既下齊，邦思益發關中兵。彭越在梁，又數絕楚兵糧食，楚益難自守。漢兵盛而食亦益聚，其勢頗可久。項籍不得已，乃與漢約，中分天下，割鴻溝（河南滎陽縣東南）以西爲漢，以東爲楚，解師東歸。

（三）垓下之役　楚漢五年（民國紀元前二千一百十三年），劉邦追項籍，止軍於陽夏之南，期與韓信彭越會師擊楚；到固陵（河南太康縣西）不會，反爲楚所乘，漢軍敗，邦堅壘自守。乃設謀發使許益齊王韓信地而王彭越於梁，信越之師始至，合而偪籍。籍壁垓下（安徽靈璧縣東南），食盡，漢圍之數重，籍不支，潰圍南。比渡淮，迷失道，漢軍追者數千，將及。籍左右殘騎僅二十有八，乃特依四潰山（安徽和縣）爲陳。漢兵圍籍，被殺者凡數十百人。籍力垂盡，思東渡烏江（安徽和縣境），亭長檥船待，籍疑之，乃決不渡，下馬步戰，自刎死，楚地悉下。

劉邦滅楚以後，楚地有楚王韓信、淮南王黥布、長沙王吳芮，魏地有梁王彭越，趙地有趙王張耳，韓地有韓王信，燕地有燕王臧荼；惟齊地初封韓信，至是信徙封楚，而齊遂無封。凡此諸國，除臧荼外，皆爲助漢建烈之人，而韓信彭越黥布之業尤著。漢欲一二年間驟事削除，豈爲易事？故不得已而仍各以重要之地畀之，此當日之大勢則然。明知此種制度出入於封建郡縣，誠不如效秦廢罷封建之爲善，然而有所不能。今自秦二世元年至楚漢五年間之各地諸侯，綜爲簡表，藉見六國復興後之大勢如左：

期別及年別／國別	楚（以上六國復興之次第爲序）									趙			
秦二世元年（民國紀元前二千一百二十年）	楚王陳勝	楚王襄強亡								趙王武臣			
秦二世二年（民國紀元前二千一百十九年）	陳勝亡		楚王景駒亡	楚懷王心						武臣亡	趙王歇		
秦二世三年（民國紀元前二千一百十八年）				懷王心							歇		
楚漢元年（民國紀元前二千一百十七年）				楚義帝心	西楚霸王項籍	衡山王吳芮	九江王黥布	臨江王共敖			代王歇	常山王張耳	
楚漢二年（民國紀元前二千一百十六年）				義帝心亡	項籍	吳芮	黥布降漢	共敖			趙王歇	張耳降漢	代王陳餘
楚漢三年（民國紀元前二千一百十五年）					項籍	吳芮		共敖子共驩			歇亡		陳餘亡
楚漢四年（民國紀元前二千一百十四年）					項籍	吳芮	淮南王黥布	共驩				趙王張耳	
楚漢五年（民國紀元前二千一百十三年）					項籍亡	長沙王吳芮	黥布	共驩亡	楚王韓信			張耳子張敖	

齊									燕		魏				
齊王田儋									燕王韓廣		魏王咎				
田儋亡	齊王田假亡	齊王田市儋子							韓廣		咎亡	魏王豹			韓王成
		田市							韓廣			豹			韓王成
		膠東王田市亡	齊王田都亡	濟北王田安亡	齊王田榮				遼東王韓廣亡	燕王臧荼		西魏王豹	殷王司馬卬		韓王成亡
					田榮亡	齊王田廣榮子				臧荼		豹亡	司馬卬亡		
						田廣				臧荼					
						田廣亡	齊王田橫榮弟亡	齊王韓信		臧荼					
								韓信徙楚		臧荼亡				梁王彭越	

韓				河南王申陽				
				韓王鄭昌	韓王鄭昌亡			
					韓王信	韓王信	韓王信	韓王信
秦				雍王章邯	章邯亡			
				塞王司馬欣亡				
				翟王董翳亡				
				漢王劉邦	劉邦	劉邦	劉邦	劉邦即帝位

第三章　漢上（民國紀元前二千一百十三年至二千〇九十一年）

漢前期百五十年間大勢之一（功臣之就戮及呂氏之當權）（民國紀元前二千一百十三年至二千零九十一年）

劉邦有中國，定朝號曰漢，是爲漢之高祖。始都洛陽，旋用劉敬議，西遷關中。邦以平民起事，始奠漢基，用兵八年，多賴臣助諸人之力。迨夫擢滅項氏，諸將有功者大抵裂地而王。在邦既迫於大勢，無得靳封，而諸王亦多假蹇寡容，漸輕漢王，於是邦討滅列王之計動。彼列王鑒於禍機之偪，亦有不待其討而自興者，綜其先後稱兵，似亦可踵秦末

六王之局。願不能復爾者，則人心厭亂，而諸人亦未易爲一致之進行也。今綜記劉邦并滅列王之事如下

（一）燕之滅　漢初異姓諸王之討滅最早者爲燕臧荼。楚漢五年，漢定中國，荼懼誅先反，攻陷代地。邦自征，僅兩月得荼。事平，詔諸侯王議孰可王燕，皆曰『盧綰宜』，乃以綰爲燕王。然荼餘黨之在代者猶多不靖，邦因遣樊噲平代，代定。

漢高祖邦十年（民國紀元前二千二百零八年），代相陳豨亂作，綰發兵助漢，旣又防豨亡及己，欲令豨持久，俾連兵勿決。高祖邦十二年（民國紀元前二千一百零六年），豨亂定，其裨將降，白其事，邦召綰，綰恐，不行。邦疑其果反，遣樊噲將兵征之，綰亡入匈奴，死。

（二）楚之滅　劉邦定中國，立韓信爲楚王，王淮北，都下邳。信初之國，行梁邑，陳兵出入。有上書告信變者，邦用陳平計，僞游雲夢，發使告諸侯，爲會於陳。信來謁，邦預具武士縛之，載後車，至洛，赦爲淮陰侯。時爲邦在位之六年（民國紀元前二千一百十二年）。後信從入長安，其舍人有得罪於信者，信欲殺之，舍人弟上變，告信與代相陳豨通謀，謂將與其家臣乘上征豨出，襲皇后呂氏及太子盈。呂后謀於蕭何，詐令人從邦所來，稱豨已死，紿信來賀，信入，縛而斬之，夷三族。

（三）韓之滅　初，劉邦自漢中起師，定三秦，東出關，以故韓襄王孽孫信曾從入關，且隨之漢中；韓下，即立信爲韓王。信爲人材武，所王當中國精兵處，邦定中國後，頗思備信，因以太原郡三十一縣爲韓國，徙信王之，都晉

陽（山西太原縣）。信以國被邊，晉陽去塞遠，請於邦，得徙馬邑（山西朔縣）。而馬邑迫近匈奴，地險難守，信至，匈奴圍之，因發使求和解。漢讓信，信恐，遂以馬邑降匈奴，匈奴兵直至晉陽，時高祖邦六年也。明年，邦自將破信，信入匈奴。白土（內蒙古鄂爾多斯右翼中旗南）人曼邱臣、王黃等立趙利（故趙後）爲王，收信散兵，謀攻漢，匈奴助之，於是漢又有與匈奴交兵之事。

當秦盛強，匈奴頭曼單于北徙，頭曼子曰冒頓，殺父自立。其東曰東胡，西曰月氏，南爲樓煩（山西崞縣東北）白羊（河套境內），冒頓均先後擊下其地，遂侵入燕代，悉復秦所奪故區。漢初至晉陽，漢兵大破之離石（山西離石縣），乘勝追逐，聞冒頓居代谷（山西代縣西北），使人覘之，還報曰：『可擊。』邦遂由晉陽至平城（山西大同縣東），兵未盡到，冒頓縱大兵圍邦白登（山名，在山西陽高縣）七日，漢兵中外不得相救餉。邦用陳平計，使使厚遺閼氏（匈奴皇后之稱），圍始解，邦罷兵歸。韓王信猶爲匈奴擊漢邊，漢因遣劉敬往匈奴與結和親。陳豨反，信亦有所附合。至邦十一年（民國紀元前二千一百零七年），信復與匈奴騎兵入居叅谷（山西陽高縣東北），柴武遺信書勸歸，不從；武屠叅谷，即斬信，其子頹當後降漢。

（四）趙之滅　劉邦定中國，張耳旋沒，其子敖受漢詔，繼耳王趙，尚邦女魯元公主。邦自白登歸，還至趙，敖執壻禮甚卑，邦箕踞謾罵之，左右請殺邦，敖不可。已而邦擊韓王信餘寇，過柏人（河北唐山縣西），貫高等壁人於廁中，欲以殺邦，不果，旋爲怨家所告，於是邦詔捕張敖，廢爲宣平侯。

（五）梁（即魏地）之滅　彭越與韓信，始皆爲劉邦所忌。及邦有中國，以魏故地王彭越，號曰梁王，都定陶。邦之十年（民國紀元前二千一百零八年），陳豨反，邦自往擊，至邯鄲，徵兵於越，越稱病，遣使將兵至，而邦不悅。後梁太僕有罪亡走漢，告越反，邦使使捕越，至洛囚之，既念其前功，赦爲庶人，徙蜀。至鄭（陝西華縣北），道逢呂后從長安來，越涕泣自言無罪，願處故昌邑。后諾，與俱至洛，私向邦曰：『彭越壯士也，今徙之蜀，此自遺患，不如遂誅之。』乃令舍人告越復謀反，夷三族，醢越肉賜諸侯。

（六）淮南（亦楚地）之滅　黥布姓英氏，本驪山徒，曾犯法坐黥，故稱黥布。始佐項籍，王九江；後從漢，定中國，復王淮南。當漢謀項氏之始，布與彭越韓信，具有舉足重輕之勢。及誅韓信，布心恐；至彭越受戮，布見越醢，大恐；陰令人部署兵，候伺旁郡警急。會淮南臣賁赫得罪走漢，告布將謀變，邦使人往驗。布以爲邦老厭兵，即反，必不自來，韓彭既死，餘子不足畏，因即族賁赫家，起兵，勢頗振，東下荊楚，引兵西。邦聞警，自將而東。十二年（民國紀元前二千一百零六年），與布軍遇會甀（安徽宿縣西南），布兵甚精，邦力戰，破布軍，布走渡淮入江南。布舊娶長沙王吳芮女，至是長沙王以計誘布，約與走越，布信而往，遂被殺。

以上諸國，皆邦所封，亦皆邦所滅。惟長沙王吳芮，傳至五世，至文帝恒時始絕，七國中得一時不爲所滅者僅此。

抑劉邦之戮辱功臣，不僅於其有封國者已也。蕭何素恭謹，至邦晚年，亦有所陳說：以上林苑多空地，請令民得受田。邦誤疑何爲私受賈人金，下廷尉械繫之。賴王衞尉力白，何始得免。迨邦適疾甚，人或言樊噲黨於皇后呂氏家。邦怒，用陳平謀召周勃與俱，同往斬噲。時噲方平燕，出軍在外。二人私計，因而致之。既至，邦沒，即赦。

邦削異姓諸國，預爲劉氏後世之謀，計亦良得。顧不出二十年，而呂氏之變起。其釀禍者乃不在諸國而在宮廷，則劉與呂亦自有其關係，非一言可盡。初，劉邦起亭長，勢甚微。呂后之父曰呂公，避仇家沛，沛中豪吏以爲重客，皆往賀，呂公獨屬意劉邦而妻以女。其後呂氏佐邦定中國，邦爲皇帝，呂亦爲皇后，而常干預行政之大權；韓信彭越之死，皆專決自彼。邦身起布衣，未聞古代約束后權之策，竟無法以抑其擅專；於是呂氏專柄之事成，而漢家外戚之禍，即由茲開始。邦沒，太子盈立，是爲惠帝。盈者呂氏所出。盈立，呂氏爲太后。以邦在日愛戚姬子趙王如意，曾欲易盈以立爲太子，邦沒，呂氏怨未解；乃令永巷囚戚姬，髠鉗衣赭衣令舂。旋斷其手足，去眼煇耳，飲瘖藥，使居鞠域，命曰『人彘』，並殺如意，是爲呂氏發舒威權之始。

當惠帝盈時，呂氏雖專，諸呂權未起。盈本寬仁，見人彘而驚，日飲爲淫樂，不問政事。在位七年，病歿。張良子辟彊，時年十五。爲陳平畫策曰：『帝無壯子，太后畏君等，今請拜呂台（太后長兄澤之子）呂產（台弟）爲將，居南北軍，如此則太后心安。』從之。諸呂由是攬權，是爲諸呂領兵用事之始。

惠帝后張氏無子，呂氏使陽爲有身，取後宮美人子名之，殺其母，以爲太子。盈沒，太子立，是爲少帝，呂氏臨朝稱制。元年（民國紀元前二千〇九十八年），追尊父呂公爲宣王，兄澤爲悼武王，立澤子台爲呂王。二年（民國紀元前二千〇九十七年），台沒，子嘉嗣爲呂王。四年（民國紀元前二千〇九十五年），呂氏殺少帝，以常山王弘（惠帝盈之子）爲帝，稱制如故。六年（民國紀元前二千〇九十三年），廢呂王嘉，立台弟產爲呂王。七年（民國紀元前二千〇九十二年），徙產爲梁王，立兄澤之子祿爲趙王。八年（民國紀元前二千〇九十一年），立台之子通爲燕王，而呂氏沒。

先是劉邦疾亟，呂氏問：『陛下百歲後，蕭相國（何）死，誰可代之？』曰：『曹參。』其次曰王陵，然少戇，陳平可以助之。平智有餘，然難獨任。周勃厚重少文，然安劉者必勃也，可令爲太尉。』復問其次，曰：『此後亦非乃所知也。』惠帝盈六年（民國紀元前二千一百年），王陵爲右丞相，周勃爲太尉。是歲張良沒。七年（民國紀元前二千零九十九年），盈沒，少帝繼立。呂氏欲立諸呂爲王，問王陵，陵曰：『高帝刑白馬盟曰：「非劉氏而王，天下共擊之。」今王呂氏，非約也。』問陳平周勃，皆曰：『高帝定天下，王子弟，今太后稱制，王諸呂，無所不可。』呂氏由是忌陵，稱制元年，以陵爲少帝太傅，實奪其相權。陵謝病免，於是陳平爲右丞相，審食其爲左丞相，勃任太尉如故。時諸呂用事，朝臣無有敢言制呂之策者。比呂氏沒，遺詔呂產爲相國，呂祿女爲帝弘后；而南軍既掌於產，北軍又掌於祿，使諸呂稍善籌畫，卽爲變亦不至於全敗矣。

劉章者，齊王襄之弟，盈兄肥之子。呂氏稱制，封章朱虛（山東臨朐縣）侯，妻以呂祿女。既又封其弟興居爲東牟（山東牟平縣）侯，與章同入宿衞。章憤諸呂專，遇事風厲，爲諸呂所憚。呂氏沒，章因婿呂氏，得知諸呂亂謀，陰令人至齊，告其兄襄，令發兵西，已爲內應，誅諸呂，事成，共帝襄。襄喜，悉發國內兵，並使人紿琅琊王澤（邦從祖昆弟），併其兵，發之西攻濟南。產祿聞，使灌嬰出擊，及滎陽，嬰不進，與齊和，願其待諸呂變而誅之。周勃者，素防諸呂，雖爲太尉，無兵柄，至是與陳平謀，使酈寄紿祿，解其北軍權，祿尚猶豫。會有人自齊來，以灌嬰與齊合，告產從事者曹窋（參之子）聞其語，馳告平勃。勃欲入北軍，不得，時紀通（紀信子）尚符節，乃令持節矯內太尉北軍；復令寄促祿，解其兵授勃。勃入軍，令曰：『爲呂右袒，爲劉左袒。』軍中皆袒左，然尚有南軍。平召劉章佐勃，勃令章監軍門，使曹窋告衛尉，毋入呂產殿門。產入宮，不得進殿門，勃急使章入宮殺產，還報勃。勃曰：『所患今已誅，天下定矣。』遂殺呂祿及呂嬃，分捕諸呂男女，無少長皆斬之。以帝弘及三弟爲王者皆非帝盈子，復共誅之。遣章告襄罷兵，而灌嬰亦歸。是役也，幸距漢興不遠，宗王大臣均忠漢，功臣子弟如曹窋紀通輩，亦各効命，漢基遂大固。

漢前期百五十年間大勢之二（文景之治功及七王之亂事）（民國紀元前二千零九十年至二千零五十二年）

文帝名恒，高祖邦中子，初封代王。諸呂亂定，或議立齊王襄；大臣皆曰：『襄舅駟鈞虎而冠，即立襄，駟必爲呂氏；不如代王恒宜。』乃迎恒入即位，仍以陳平周勃爲左右相，已而平沒，勃亦免，又以事下獄，旋赦而沒。恒嘗論諸臣功，平曰：『高祖時，勃功不如臣；及誅諸呂，臣功不如勃。』其實平變立功，實皆本平謀，平既助劉邦開國，又聯周勃定呂，其功蓋爲漢興三十年以內諸臣之冠。

漢自惠帝以來，呂氏專權，政在房戶，而中國顧晏然，官罕刑罰，民務耕稼者，無他；平民得離戰國之苦，朝野上下，俱欲休息無爲而漸治也。文帝恒有見於此，故其政見時或與黃帝老子之學通其消息。當其初立，得陳平以爲佐，平亦治黃老之學者，平死而恒之政見不變。其善者，如除田租，止貢獻，減宮室苑囿車騎服御之奉，皆爲後世人主之所難爲。惟克知足，故尙儉而用不窮；惟務無爲，故息事而民不擾。雖然，秦以後之中國，純任黃老，彊與爲善，終不可久也。恒亦智者，寧於事無驗？因漸參名法之治於其中。貴廉潔，賤貪污，吏坐贓者皆禁錮。賞善罰惡，不阿親戚，罪白者伏其誅（據貢禹言）。張武舊助受賂不飭，未至大惡，故更加賞賜媿之，此例外也。恒頗幸竇姬，竇亦喜治黃老之學。恒沒，子啓立，是爲景帝。啓爲竇姬出，於是啓與諸竇乃不得不讀老子書而尊其術，然其爲政仍參名法。後儒見景之任法，或譏其深刻，或贊其核實，以爲景帝之治殊反於文帝！不知景帝實受之文帝者也。抑當文帝恒之世，施治於民，兆姓懷服；至景帝啓，不復憂異姓，而啓任鼂錯，刻削同姓諸侯，遂使七國俱起合從而西嚮，以諸侯大盛而錯爲之不以漸也！及主父偃言之而諸侯以弱，卒以乂安，此爲呂氏稱制後之一大事變。茲略記如下：

七國亂事之起滅，在景帝啓之三年（民國紀元前二千零六十五年），而此七國之由來，於例自當析述。今先析述之：

（一）吳之由來　高祖邦六年，分楚王信地立邦從兄賈爲荊王。十一年，黥布起兵收荊，賈敗滅。布亂平，邦更立兄仲之子濞爲吳王，都廣陵（江蘇江都縣）。後至景帝啓時，濞尙生存。

(二)膠東膠西淄川濟南之由來　高祖邦六年，立子肥爲齊王。自後由肥傳襄，由襄傳則；至文帝恒之十六年(民國紀元前二千零七十五年)，則沒無子，國除。恒分齊地，立齊王肥子將閭爲齊王，都臨淄。志爲濟北王，辟光爲濟南王(據史記漢興以來諸侯王年表，濟北濟南之都不著。漢書諸侯王表，並四國之都皆不著。今考地理志濟北治盧，今山東長淸縣；濟南治東平陵，今山東歷城縣)。賢爲菑川王，都劇(山東壽光縣)。雄渠爲膠東王，都卽墨(山東卽墨縣)。卬爲膠西王，都密(山東高密縣)。是謂齊之六王。七國變作，齊與者四，獨將閭不從。濟北王志以城壞未完，其郎中令劫守，故不克發兵，亦不與。

(三)楚之由來　高祖邦九年，分楚王信地，立弟交爲楚王，都彭城。交沒，子郢客立。郢客沒，子戊立。至景帝啓時，遂與七國之變。

(四)趙之由來　高祖邦八年，以趙王張敖地徙代王如意爲趙王，都邯鄲。後淮陽王友、梁王恢，均先後徙爲趙王，而恢旋自殺，國除。其繼王趙地者有呂祿。文帝恒元年(民國紀元前二千零九十年)，祿誅，因封友之子遂爲趙王。至景帝啓時，亦與七國之變。

綜上七國以觀，其爲高祖邦所自立者，祇有吳王濞。濞初封吳，以壯王塡要地，形勢嚴重，國用富饒。旣之國，卽有不利於漢之心，顧不敢輕動。常默察漢廷舉止，至景帝啓時，乃首發兵，而七國之難起。

或謂漢室同姓相戕之禍，始於七國，而實始於吳者，非也。自吳以前，禍端已著，特漢能定之，故暫得無事。初誅諸呂時，朱虛侯章兄弟功頗巨，大臣許盡以趙地王章，以梁地王其弟興居；文帝恒立，聞章初欲立其兄襄，因詘其功。至王諸子，乃以齊城陽王章，齊北王興居，而章旋沒，興居怏怏。文帝恒三年（民國紀元前二千零八十八年），匈奴入寇，恒幸太原，興居遂起兵欲襲滎陽；恒聞，返長安，使柴武往擊，虜興居，興居自殺。此同姓圖變之一導機也。淮南王長者，又高祖邦子，至是亦頗擅自作法令，逐漢所置吏，請自立相，恒從之；又專刑殺不辜，及爵人至關內侯，數上書不遜，恒責之而不能悛也。六年（民國紀元前二千零八十五年）謀起事，事泄，召入長安，徙處蜀，長因恚憤不食死。此同姓圖變之又一導機也。吳王濞者，專擅類長，而材武謀略，均過於興居。當恒在位時，曾使太子入見，得侍太子啓（即景帝），飲博爭道不恭。啓引博局提吳太子殺之。濞由是怨望，稍失藩臣禮，稱疾不朝，陰有反謀（據漢書鄒陽列傳）。恒察其意，乃賜濞几杖，老，不朝。吳雖不即變，然自此更橫。諸侯王地大者或五六郡，連城數十里，百官宮觀僭於天子；而中央列郡祇十有五，公主列侯，尚食邑其中，故吳勢日驕。鼂錯即以「削地」為請，謂不僅當削吳；楚亦有罪，當削郡東海；趙亦有罪，當削郡常山；膠西亦有罪，當削六縣。濞聞漢臣議，因發謀舉事，聞膠西王卬勇而好兵，乃與膠西約，並及齊淄川膠東濟南，皆許諾。楚趙以均坐削故，亦皆附和。及削吳會稽豫章郡書至，濞遂先起兵，殺漢使，諸國附濞者皆動。獨齊有後悔，背約自城守，於是膠西膠東淄川濟南共攻齊，趙發兵，止其西界。濞自起廣陵，西涉淮，合楚師同進，遺書諸侯，以罪狀鼂錯為名，乘勝而前，所至輒下；乃以梁之中阻，致挫其鋒，而形勢為之一變。

七國之敗，原因非一，而梁之中阻，則其事為最信。梁都在睢陽（河南商邱縣），邦之子恢，盈之假子柑，皆曾王之至恢之十一年（民國紀元前二千零八十年），又徙已子淮陽王武爲梁王。武夙有寵，居膏腴，所治皆大縣。啓立，武來朝，相與晏飲。啓時未置太子，因有『千秋萬歲後傳位於武』之說。武雖知非至言，然心內喜。及吳楚師來，先擊破其棘壁（河南永城縣南）。武城守睢陽，而使韓安國張羽等爲將軍，以距吳楚。吳楚以梁爲限，不得過而西，與漢將周亞夫相距三月，而吳楚破。梁所殺虜略與漢相當，梁之中阻之害於吳楚有如此者。

方吳楚師起，即借名誅鼂錯；錯不早自計，與啓議出兵，願啓自將而身居守。其平素又常與袁盎不善，盎曾相吳，錯以盎宜知吳計謀，欲治之；爲盎所悉，乃設法入對。方啓與錯調兵食，問盎計，盎請屏錯，密陳錯出，盎謂惟斬錯可罷兵。啓意動，乃使盎於吳，促罷兵，即令丞相廷尉劾奏錯，錯猶不知！乃使中尉召錯，斬之東市。盎至吳，濞欲殺之，遁而免。自錯爲盎間受戮，其後爲官者均養交安祿，莫敢復議制。七國之反也，景帝啓拜周亞夫爲太尉，將三十六將軍擊吳楚。分師攻齊趙，屯重兵滎陽。亞夫至洛陽，用鄧都尉計，引軍東北壁昌邑（山東金鄉縣），以梁委吳，別出輕兵絕吳餉道。吳既不得志於梁，即走亞夫軍，亞夫堅守不與戰；夜奔攻亞夫壁，大敗。濞亡去，渡江走丹徒（江蘇丹徒縣），欲保東越，爲東越所紿，遂被殺。楚王戊軍敗，即自殺。齊初受諸國圍，力守不下，後諸國兵破，將閭亦自殺。膠西王卬事敗，肉袒詣漢軍，亦自殺。膠東王雄渠，淄川王賢，濟南王辟光，皆被執伏誅。齊諸國既下，趙亦不守，王遂亦自殺。

七國之難，僅三月而定。其後諸國亦多有徙廢。梁王武自此益驕，既又因事刺殺袁盎，謀沮周亞夫，亞夫謝病免相職。景帝啓十三年（即中元六年，民國紀元前二千零五十五年），武沒，乃分梁爲五國，盡王武子，雖以報武，而實析其權。七國以後，強藩之裂地均封自此始。當漢室初興，諸侯王國置官如中央。七國變後，啓令諸侯王不得治國，吏名諸侯丞相爲相，他官皆損其員。又留列侯於京師，不使就國。於是諸王僭制之弊自此解除，列國規模與郡縣漸無違異。至武帝徹時，主父偃力主弱藩，徹從其計，使諸侯得推恩分子弟以地侯之，而漢爲定制封號，輒別屬漢郡縣，於是列國更不能有所謀議。又行左官之律，附益之法，諸侯僅得衣食稅租，無所事事，其酎金不如法者輒奪爵。諸侯之勢力乃盡失，於是郡縣之政始得推行於全國矣。

漢前期百五十年間大勢之三（武帝之經營及昭宣之更化）（民國紀元前二千零五十一年至一千九百六十年）

啓沒，太子徹立，是爲武帝。徹行事並未自言模倣秦政，顧其事征伐，好巡游，興建築，崇神仙，統一學術，往往與秦政相類似。惟政之行事，常於一年以內兼舉並發，而徹則略有後先。今按徹在位之年次，繫其事如下方：

（一）最先爲「崇儒」　武帝徹元年（即建元元年，民國紀元前二千零五十一年），詔舉賢良方正直言極諫之士，董仲舒連對三策，主張廣興學校，以教化爲大務，而太學尤爲教化之本原。且謂今、世異道，人異論，百家殊方，指意不同，凡諸不在六藝之科，孔子之術者，皆絕其道，勿使並進；邪僻之說滅息，然後統紀可一，而法度可明。丞相衞綰因是奏所舉賢良或治蘇張申韓之言者，皆罷之，奏可。又博士轅固曾以老子書爲家人言，觸怒竇太后，至是亦在黜中。可知徹已先有篤重儒術之意，故其後遂卓然能黜百家，表章六經，置博士，舉孝廱，與太學，定大禮，協音律，作詩樂，多以儒爲依歸。而又恐儒術之不盛行，至詔吏通一藝（六藝之一）以上者，皆選擇以補右職，爲儒生開其利祿之途，而百家自廢。

抑漢自文景以來，其篤信儒術者往往爲貴族，此尤於儒術之推行有利。竇嬰者，竇太后（景帝啓生母）之從兄子，而田蚡則王后（景帝啓后）之同母弟也。方武帝徹時，嬰爲丞相，蚡爲太尉，俱好儒術，舉趙綰爲御史，王臧爲郎中令。綰臧亦務隆儒術，貶道家言，故爲竇太后所不悅，綰臧旋被逐，嬰蚡亦俱免官。二家故多賓客及士吏，一有倡導，自靡然從風；雖不在位，而士大夫之附蚡者尤多。至武帝徹六年（即建元六年，民國紀元前二千零四十六年），竇太后沒，田蚡爲丞相，於是悉罷黜黃老刑名百家之言，延文學儒者以百數。向日趙綰因竇太后之非難五經，請徹毋奏事東宮，而致遭太后之怒者；至是徹始能爲所欲爲，而旋且任專治春秋之公孫弘爲丞相也。

（二）次爲「巡游」「建築」　武帝徹三年（即建元三年，民國紀元前二千零四十九年），欲廣行儒術，吾邱壽王東方朔諸人以次任用。是歲，徹微行，與左右善騎射者期諸殿門，夜出夕還，巡游之端自此始。而又以道遠勞苦，爲百姓所患，乃令吾邱壽王除上林苑屬之南山，東方朔諫，卒不能力從，建築之端又自此始。自是「巡游」之心漸盛，至在位之二十八年（即元鼎四年，民國紀元前二千零二十四年），乃巡幸郡國；其後東如海上，北出長城，南至江漢，所至事「祠祭」，間或行「封禪」，碌碌風塵間，不爲疲也。徹初作柏梁臺，臺災；乃更營建章宮，千門萬戶，窮極經營，建築之侈，爲古來所未有。

（三）又次爲「神仙」　武帝徹八年（即元光二年，民國紀元前二千零四十四年），從方士李少君言，始親祠竈。少君謂祠竈則致物，致物而丹砂可化爲黃金；黃金成，以爲飲食器則益壽；益壽則海中蓬萊仙者可見，見之以封禪則不死。臣嘗游海上，見安期生。安期生仙者，通蓬萊中，合則見人，不合則隱。徹頗迷其說，因遣方士入海，久之，少君死，徹求蓬萊安期生如故；而海上燕齊迂怪之士，多入京師。其後少翁欒大之屬，大抵貴顯；雖或以詐誅，而徹於「長生」之說，終不悟也。建章既成，造承露盤，甚高，上有仙人掌承露，和玉屑飲之，云可以長生。其愚而無謂，多類此！

因「神仙」而信「符瑞」，於是所獲「白麟」「朱雁」「寶鼎」「靈芝」之屬，無不以爲天瑞。有司又言『元宜以天瑞命』，乃追定即位以來年號，而年號始紛

上舉各端，尙不足盡武帝徹之所爲也。徹之當國，最善於對外。故自漢興至此，始爲經略邊隅之策，卒至版圖大啓，國威奮張，中夏形勢，爲之一變。至其著手，則始於東南，終於西北。今就用兵拓地之先後，類爲差次，申其說如下：

（一）平東甌閩越南越　閩越與東甌，其王故皆漢廷所立。自高祖邦五年，漢立無諸王閩越，都冶（福建閩侯縣）；惠帝盈五年，立搖王東海，都東甌（浙江永嘉縣），世又稱東甌。其先皆勾踐之後，姓騶氏。閩越東甌傳數世，至景帝啓時，吳王濞反，欲閩越從，已閩越不行，獨東甌從；及吳破，東甌又爲漢殺濞，以故得不誅。吳王子

騶亡入閩越，怨東甌殺其父，常勸閩越擊東甌；武帝徹三年，閩越圍東甌。東甌使人入漢告急，徹使嚴助發會稽兵浮海往救，未至，閩越引兵去；東甌請舉國內徙，漢因遷其衆於江淮間。又三年，閩越擊南越，南越又以聞；徹遣王恢等往擊閩越，越人殺其王郢以降。漢立無諸孫丑爲越繇王，奉閩越祭祀；而郢弟餘善以曾立殺郢功，不服，漢復立之爲東越王，與繇王並處。至武帝徹二十九年（即元鼎五年，民國紀元前二千〇二十三年），南越叛漢，餘善請助征，不行，反陰助南越。明年，樓船將軍楊僕既下南越，願使引兵擊之，而徹不許。餘善聞，遂反，發兵距漢道。漢亟分師助僕共擊。又明年，繇王居股殺餘善以其衆降。徹以閩地險阻，數反復，乃詔諸將悉徙其民於江淮間。

南越王趙佗，秦之南海龍川（廣東龍川縣西北）令也。二世即位，南海尉任囂病且死，屬佗後事，使絕秦；且被佗書，行南海尉事。囂死，佗繼，絕秦通越之道，聚兵自守。秦滅，佗即擊幷桂林象郡，自立爲南越武王。劉邦既定中國，以兵力罷苦，故釋佗勿誅；旋遣陸賈往立佗爲南越王。呂氏當國，佗自尊號爲南越武帝。漢出兵擊之，不能勝也。南越地大，益藐漢。文帝恆即位，乃爲佗親冢在眞定者置守邑，歲時奉祀；召其從兄弟，尊官厚寵賜之；復使賈賫書往責南越自帝。佗感慨，去帝號。後至景帝啓時，仍稱臣奉朝請如故。武帝徹時，佗沒，孫胡立。胡沒，子嬰齊立。嬰齊沒，子興立。母樛氏不貞，國人多不附。相呂嘉得衆心，與樛氏不相容。樛氏頗倚漢自重，勸興內屬，而嘉不欲。樛氏因謀誅嘉，不成。嘉攻殺興及樛氏，盡戮漢所遣使者，別立嬰齊孫建德爲王。於是徹下詔，使路博德爲伏波將軍，楊僕爲樓船將軍。僕入越，先陷尋陝（廣東始興縣西北），破石門（廣東番禺縣北），待博德至俱進。到番禺，南越人盡降。呂嘉與其王建德均走入海，南越亡。時武帝徹在位之三十年也（即元鼎六年，民國紀元前二千零二十二年）。漢既下南越，遂分其地置南海（治番禺今廣東番禺縣），蒼梧（治廣信今廣西蒼梧縣），鬱林（治布山今廣西貴縣），合浦（治徐聞今廣東海康縣），珠崖（治瞫都，今廣東瓊山縣），儋耳（治義倫今廣東儋縣），交趾（治羸𨻻安南國地），九眞（治胥浦安南國地），日南（治朱吾安南國地），凡九郡，自此漢境始達於南海。

（二）平西南夷　西夷君長以十數，夜郎（貴州桐梓縣東）最大。其西靡莫之屬以十數，滇最大。自滇以北，君長以十數，邛都（四川西昌縣）最大。皆椎結，耕田，有邑聚。其外西自桐師（雲南雲龍縣北）以東北至葉榆（雲南大理縣東北），名爲嶲、昆明，編髮，隨畜移徙，無常處，亡君長。自嶲以東北，君長以十數，徙（四川天全縣東）、筰都（四川清溪縣東南）最大。自筰以東北，君長以十數，冉駹（四川茂縣）最大。其俗或土著，或移徙，在蜀之西。自冉駹以東北，君長以十數，白馬（甘肅成縣）最大，皆氐類。此皆巴蜀西南徼外蠻夷也。戰國之世，巴爲秦併，滇爲楚克。及秦有中國，諸部疆里間頗置吏爲治。漢興，棄其國不問。武帝徹既立，王恢擊降東越，因兵威使番陽令唐蒙風曉南越，始知有夜郎；及歸，上書請通夜郎。徹拜蒙中郎將，率兵千人，從筰關（當作符關，今四川合江縣南）入至夜郎，夜郎聽命，乃置犍爲郡（初治鼈今貴州遵義縣），後徙治僰道（今四川宜賓縣）。時武帝徹在位之十一年也（即元光五年，民國紀元前二千零四十一年）。已又拜蜀人司馬相如爲中郎將通西夷邛筰，爲置一都尉十餘縣屬蜀；數歲，道不通，夷人數反，發兵興擊，耗費而亡功，乃多罷之，獨置南夷夜郎兩縣一都尉。其後至武帝徹之十九年（即元狩元年，民國紀元前二千零三十三年），張騫言『可從西南夷通身毒』（今印度）。於是漢再遣人出西南夷，指求身毒國，至滇，滇人爲之求道，久之，閉於昆明，道不通。迨南越叛漢，漢因揵爲發南夷兵助征，且蘭（貴州平越縣）不從，殺漢使；會漢已平南越，遂以師下且蘭，並定邛筰。南夷平，特置牂牁郡（治佚邑，今貴州平越縣）；冉駹亦震恐，請臣置吏，乃以邛都爲越嶲郡（治邛都），筰都爲沈黎郡（治筰都，邛筰地名均見上），冉駹爲汶山郡（治汶山，四川茂縣），廣漢西白馬爲武都郡（治武都，今甘肅成縣）；滇雖小邑，亦夷中強國，有衆數萬，未幾亦降，乃以爲益州郡（治滇池，今雲南昆明縣），自此漢境始達於川滇。

（三）平朝鮮　漢朝鮮當今朝鮮北境及奉天省（遼寧）之東南，其北較今遠，南不若今廣。自周封箕子後，傳四十餘世至箕準，始稱王號。秦滅燕，以其地屬遼東外徼。漢興，爲遠難守，復修遼東故塞，至浿水（朝鮮之大同江）爲界，屬燕。燕王盧綰叛漢入匈奴，燕人衛滿亡命，聚黨東出塞，渡浿水，王秦故空地，都王險（朝鮮平壤府）。惠帝盈以來，遼東太守特約滿爲外臣，以故滿得以兵威財物侵降其旁近小邑，再傳至孫右渠，所誘亡人滋多，又未嘗入見；小國欲上書見漢主，又雍閼不通。武帝徹在位之三十二年（即元封二年，民國紀元前二千零二十年，）使涉何譙諭右渠，不從；復拜何爲遼東東部都尉，又被殺，於是漢遣楊僕，荀彘等分師往討。明年，兩將會城下，朝鮮垂破，而僕彘意不合，徹遣公孫遂往正之。彘以「急擊」之意告遂，而怨僕常持和節，不相容。遂因執僕，併其軍還報。徹誅遂，彘擊朝鮮益急，朝鮮人乃殺右渠以降。漢分其地，置樂浪（治朝鮮，今朝鮮平壤），臨屯（治東暆，平壤府城西南），玄菟（治高句驪，今朝鮮咸興府東北），眞番（治霅縣，今平壤府城西）四郡。彘徵至，坐爭功乖計棄市，僕贖爲庶人。自此漢境達朝鮮半島矣。

雖然，武帝徹之所最廑念者，爲「征匈奴」「通西域」二端，匈奴地大勢集，西域道遠國多，非一二役即可如其願也。茲再提述之：

（一）征匈奴　匈奴之在漢初，聲勢驟張，白登之役，高祖邦亦爲所困。其時邦專注力國內，故外寇寖強。邦僅恃和親以羈絡之，患何能已。迨惠帝盈時，且貽書以辱呂后。自是匈奴屢入犯狄道（甘肅狄道縣），兩寇雲中（綏遠省歸化城土默特西）大入漢無如何也。當文帝恆六年（民國紀元前二千零八十五年）冒頓單于死，子稽粥立，號「老上單于」。漢遣宗人女翁主爲單于閼氏，使宦者燕人中行說傅主。中行說不欲，漢廷強之，說曰：『必我也，爲漢患者。』匈奴部人初不知漢內情，亦終無對漢策；說至，乃一一教之，使大猾夏。不出十年，胡騎入朝那（甘肅平涼縣），蕭關（甘肅固原縣東南），進燒回中宮（陝西隴縣西北），其候騎且至雍（陝西鳳翔縣）甘泉（陝西淳化縣）而東南趨長安。漢以張相如欒布爲將軍，擊逐出塞，即還，不能有所殺，匈奴益驕。迨老上單于死，子軍臣單于立，復行和親，而邊患如故；非有大撻伐，匈奴之患不絕也。武帝徹立，因變「和親」之議爲「撻伐」，用王恢等爲將軍，帥車騎材官三十餘萬，匿馬邑旁谷中，使人誘軍臣入塞而襲擊之。謀洩，恢自殺。迨徹在位之十四年（即元朔二年，民國紀元前二千零三十八年），匈奴入上谷漁陽（郡名，治漁陽，今河北密雲縣），漢遣將軍衞青李息出雲中以西，擊走白羊樓煩王，遂取河南地，立郡曰「朔方」，因河爲塞，自此無烽火通甘泉之患。然猶爲徹征匈奴之初步，未足見大功也。明年，軍臣單于死，弟伊穉斜單于立，攻敗軍臣太子於單，於單亡降漢。於是漢與匈奴之戰爭，從玆更烈。徹在位之十七年（即元朔五年，民國紀元前二千零三十五年），遣衞青率六將軍之兵分路出擊，得右賢王裨將十餘人，虜人畜甚衆。明年，青再率六將軍出定襄（郡名，治成樂，故城在綏遠省歸化城南），蘇建趙信軍並進，逢敵兵，戰敗，信降匈奴。徹在位之二十年（即元狩二年，民國紀元前二千零三十二年），乃以霍去病爲驃騎將軍，兩出塞外，深入匈奴中，自此去病名比衞青，而匈奴始懼。是年秋，渾邪王偕其部衆降漢，漢爲置五屬國，分處其衆，由是金城（郡名，治允吾，今甘肅）河西（黃河之西），西並南山（即南祁連山），至鹽澤（羅布淖爾），空無匈奴矣。是爲徹征討匈奴之第二步。匈奴既衰，徹議益征之，以絕邊患。又三年（即元狩四年，民國紀元前二千零三十年），大發士卒粟馬十萬，令衞青霍去病分道窮征。青出定襄，知單于所居，自以精兵走圍之，單于夜遁，漢兵追至寘顏山（外蒙古土謝圖左旂北訥拉特山）趙信城（在訥拉特山商喀山之間），燒其積粟而還。去病出代，絕大漠，直匈奴左賢王兵，獲其將相等八十餘人，封狼居胥山（察哈爾多倫縣北德爾山），禪于姑衍（多倫縣），登臨瀚海（內蒙古蘇尼特旗北大戈壁）。青斬首萬五千級，而去病則斬至七萬級，故功多於青。既皆還，同爲大司馬，而漢士卒物故亦數萬，戰馬死者十一萬。自後匈奴遠遁，漠南無王庭。此爲徹征討匈奴之第三步。

昔匈奴當冒頓盛強，控弦之士三十餘萬。至武帝徹時，屢與交鋒。計霍去病兩征，始斬三萬，後降四萬；及其出代，又斬七萬。於是幾耗其種之半，勢已無能爲，而去病亦旋死，故自後漢亦不復大出擊匈奴。徹在位之二十七年（卽元鼎三年，民國紀元前二千零二十五年），伊穉斜單于沒，子烏維單于立。又三年，漢滅南越，兵多無所事，復擊匈奴。迨出塞，已不復見其部人。漢於渾邪故地，本置郡二，曰酒泉（治表是，今甘肅高臺縣），武威（治姑臧，今甘肅武威縣）；至是乃分置張掖（治觻得，今甘肅張掖縣），敦煌（治敦煌，今甘肅敦煌縣）。西北邊益拓，匈奴且甘言求「和親」，自此戰事之禍息，而「和親」之議又萌矣。

其在漢廷，僅許匈奴之和而不許其親，故先之則有王烏之使，繼之又有楊信路充國之使，志在邀彼稱臣，然不得要領。已而烏維單于死，子兒單于立，年少，好殺伐，部人不安，有謀應漢者。徹在位之三十七年（卽太初元年，民國紀元前二千零十五年），乃使公孫敖築受降城（內蒙古吳喇忒旗北）爲備。明年，趙破奴出征匈奴，匈奴部人之謀應破奴者事洩，破奴敗沒，自此轉挑匈奴之釁。又二年，兒單于謀自攻受降城，會病死，子少，匈奴立其季父烏維弟右賢王句黎湖爲單于。又明年，句黎湖沒，弟且鞮侯單于立。時方下詔伐胡，出五原塞數百里，遠者千里，築城列障亭至盧朐（山名，卽外蒙古之肯特山），匈奴滋懼，乃盡歸漢使之不降者路充國等，並遣使來獻。又明年，爲徹在位之四十一年（卽天漢元年，民國紀元前二千零十一年），漢亦遣匈奴使之在漢者，令蘇武送之。武既至，單于轉驕，處武北海（貝加爾湖）上。武雖困，能不失漢節，匈奴無如之何也。自是以後，漢兵出擊匈奴者多不免失敗。李陵李廣利，均漢名將，先後俱敗沒。且鞮侯沒，子狐鹿姑單于立，其勢漸弱，而「和親」之議又興。

(二)通西域　漢世所謂「西域」，當今甘肅邊界、新疆全省及西逾葱嶺之地。其分國最繁，建名不一；顧皆有戶口勝兵，漢人能一一舉其數，非若西南夷部之寥闊難明也。漢邊境多荒，惟西域則疆程櫛比，民戶多寡，昭晰可數。其組合非「部落」，非「郡縣」，而又非「國家」。或行或居，種類故不一。漢人過其地，識其程序而無以爲之名，因而綜之曰「西域諸國」。至其由來，則漢史亦不明。吾人今日竊怪當時西北大隅，何以能形成無數「有條理之社會」，分別部居若此？今先繫表以明西域諸國地勢之一斑如下：

書別／地別	漢書西域傳之程序
(1)婼羌國	行國

南道諸國	（2）鄯善國（即樓蘭）	行國
	（3）且末國	居國
	（4）小宛國	居國
	（5）精絕國	居國
	（6）戎盧國	居國
	（7）扜彌國	居國
	（8）渠勒國	居國
	（9）于闐國	居國
	（10）皮山國	居國
	（11）烏秅國	居國
	（12）西夜國	行國
	（13）子合國（漢書西夜子合爲一茲分列之）	行國
	（14）蒲犂國	居國
	（15）依耐國	居國
	（16）無雷國	居國
	（17）難兜國	居國
西	（18）罽賓國	居國

踰葱嶺諸國	(19)烏弋山離國	居國
	(20)安息國	居國
	(21)大月氏國	行國
	(22)康居國	行國
	(23)大宛國	居國
	(24)奄蔡國	行國
北道	(25)桃槐國	行國
	(26)休循國	行國
	(27)捐毒國	行國
	(28)莎車國	居國
	(29)疏勒國	居國
	(30)尉頭國	行國
	(31)烏孫國	行國
	(32)姑墨國	居國
	(33)溫宿國	居國
	(34)龜茲國	居國
	(35)烏壘國	

閒	諸
（36）渠犂國	
（37）尉犂國	居國
（38）危須國	居國
（39）焉耆國	居國
（40）烏貪訾離國	居國
（41）卑陸國	居國
（42）卑陸後國	居國
（43）郁立師國	居國
（44）單桓國	居國
（45）蒲類國	居國
（46）蒲類後國	居國
（47）西且彌國	居國
（48）東且彌國	居國
（49）劫國	居國
（50）狐胡國	居國
（51）山國	居國
（52）車師前國	居國

地別	國名	居國
國	(53)車師後王國	居國
	(54)車師都尉國	居國
	(55)車師後城長國	居國

地別	國名	書別：漢西域圖考之程序
南道六國	(1)鄯善國(卽樓蘭)	李光廷曰論爲戈壁丁謙曰地在羅布泊東南
	(2)且末國	李光廷曰論爲戈壁丁謙曰地在羅布泊西及南
	(3)精絕國	李光廷曰論爲戈壁丁謙曰當在車爾成西一帶(車爾成屬和闐今新疆和闐縣)
	(4)扜彌國	李光廷曰和闐所屬之克勒底雅城
	(5)于闐國	王先謙曰今爲和闐直隸州
	(6)莎車國	王先謙曰今爲莎車直隸州(按今新疆莎車縣)
南道以南四國	(7)婼羌國	李光廷曰在陽關西論爲戈壁丁謙曰在柴達木郭斯特等處
	(8)小宛國	李光廷曰論爲戈壁丁謙曰當在阿勒騰塔格山南
	(9)戎盧國	李光廷曰論爲戈壁丁謙曰當在車爾成東南山間
	(10)渠勒國	李光廷曰論爲戈壁丁謙曰當在和闐東南之波斧地

北道十四國	(11)狐胡國	李光廷曰今闢展西魯克沁地
	(12)車師前國	李光廷曰今土魯番地（按今新疆土魯番縣）
	(13)車師都尉國	李光廷曰今喀喇和卓
	(14)山國	李光廷曰今羅布淖爾之北廣安城之西南丁謙曰當在博斯騰泊南呼爾圖克達山間
	(15)危須國	李光廷曰今喀喇沙爾丁謙曰當在博斯騰泊北今烏沙克塔爾台地
	(16)尉犁國	李光廷曰今博斯騰羅布兩淖爾中間之地丁謙曰當在博斯騰泊西南
	(17)烏壘城	王先謙曰今策特爾地爲喀喇沙爾屬境
	(18)渠犁城	李光廷曰今喀喇沙爾所屬策特爾車爾楚軍台之南
	(19)焉耆國	王先謙曰今爲喀喇沙爾直隸廳（按今新疆焉耆縣）
	(20)龜茲國	李光廷曰今庫車（今新疆庫車縣）
	(21)姑墨國	李光廷曰今阿克蘇屬之哈剌裕勒袞軍台地
	(22)溫宿國	李光廷曰今阿克蘇境（按今新疆阿克蘇縣）
	(23)尉頭國	李光廷曰今喀克善山之南奇里克布魯特部地丁謙曰即今烏什（按今新疆烏什縣）
	(24)疏勒國	李光廷曰今喀什噶爾（按今新疆疏勒縣）
北道西二國	(25)休循國	李光廷曰今那林河南喀爾提錦布魯特地丁謙曰在蘇約克山口地
	(26)捐毒國	李光廷曰今巴爾琿山之南丁謙曰在察提爾湖邊地
	(27)蒲類國	李光廷曰今爲巴里坤地（按今新疆鎮西縣）

北道以北九國	（28）蒲類後國	李光廷曰又在蒲類國之北丁謙曰其前後部當在巴里坤湖南北地
	（29）車師後王國	李光廷曰今濟木薩地丁謙曰今烏魯木齊地（烏魯木齊今新疆迪化縣）
	（30）卑陸國	李光廷曰今阜康縣地丁謙曰當在迪化州西呼圖壁山間
	（31）單桓國	李光廷曰今烏魯木齊地丁謙曰當在阿爾輝河濱
	（32）烏貪訾離國	李光廷曰今綏來縣地
	（33）東且彌國	李光廷曰東西且彌國在今呼圖壁河卡馬納斯河一帶丁謙曰當在烏魯木齊東阜康縣地
	（34）西且彌國	見上
	（35）烏孫國	李光廷曰今阿克蘇北境木素爾嶺之北伊犂南境特克斯河之南丁謙曰在伊犂河特克斯河濱
北道再北四國	（36）車師後城長國	李光廷曰今奇台縣北
	（37）郁立師國	李光廷曰今古城西北丁謙曰當即今羅克倫河地
	（38）卑陸後國	李光廷曰今阜康城東北
	（39）劫國	李光廷曰今昌吉城北丁謙曰當在今瑪拉斯河南
蔥嶺	（40）皮山國	李光廷曰今噶勒察回之乾竺特部東境王先謙曰今葉爾羌東南和闐之西
	（41）西夜國	李光廷曰今乾竺特之西境
	（42）子合國	李光廷曰今噶勒察回之博洛爾部南境
	（43）蒲犂國	李光廷曰今乾竺特之北境
	（44）依耐國	李光廷曰今博洛爾北境王先謙曰今英吉沙爾直隸廳（按今新疆英吉沙縣）

	國名	考證
九國	（45）無雷國	李光廷曰今噶勒察阿之八達克山部東北境
	（46）難兜國	李光廷曰今八達克山部西境
	（47）烏秅國	李光廷曰今八達克山部南境
	（48）桃槐國	徐松曰蔥嶺西小國丁謙曰當在後阿賴山北距大宛國不甚遠
葱嶺以西七國	（49）大宛國	李光廷曰今浩罕八城皆其地丁謙曰故浩罕國南境
	（50）大月氏國	李光廷曰今布哈爾國南境丁謙曰兼有今布哈爾及阿富汗北境
	（51）康居國	李光廷曰今哈薩克右部地
	（52）奄蔡國	李光廷曰屬今俄羅斯國東境西伯利部
	（53）罽賓國	李光廷曰今阿富汗地徐松曰舊唐書一作在葱嶺南丁謙曰今克什米爾本若南部地
	（54）烏弋山離國	李光廷曰今波斯國南境丁謙曰今俾路芝國
	（55）安息國	李光廷曰今波斯北八部之境

漢西域諸國之大者，曰月氏，曰烏孫，曰大宛；而其任西域之使事者曰張騫。初匈奴降者言：月氏故居敦煌祁連間爲強國，匈奴攻破之，殺月氏王，以其頭爲飲器；餘衆逃遁遠去，怨匈奴，無與攻擊之。徹下詔募能通月氏者，漢中張騫遂以郎應募。出隴西，徑匈奴中，匈奴留之不遣，予妻有子。後十餘年，騫得間，西走之大宛。大宛爲發譯道，抵康居，傳致大月氏。大月氏初無報胡心，騫留歲餘，不得要領，欲並南山從羌中歸，又爲匈奴所得，會其族內亂，騫始得還。時武

帝徹在位之十五年也（卽元朔三年，民國紀元前二千零三十七年）。騫歸，具爲徹言西域狀況。又三年，徹以騫有從擊匈奴功，封博望（河南南陽縣）侯。已又以兵敗奪爵，騫失侯，無以自效，而徹方注意西域，於是復爲徹言：烏孫王昆莫本不服匈奴；今渾邪王已降漢，故地空無人，誠招烏孫居之，可斷匈奴右臂。徹因拜騫中郎將，使烏孫。烏孫王初猶豫，騫分遣副使至大宛康居月氏大夏，而烏孫旋發譯道送騫還。時武帝徹在位之二十六年也（卽元鼎二年，民國紀元前二千零二十六年）。騫還，拜大行，歲餘而沒。又歲餘，其所遣副使通大夏之屬者皆頗與其人俱來。於是西域諸國，均先後通漢。而烏孫迄不肯東徙，使言願得尙漢公主爲昆弟；於是漢以江都王建女細君爲公主，往妻烏孫焉。

武帝徹既通西域，尤念大宛諸國風土。使者出發，一歲恆至十餘輩。樓蘭車師當道苦之，攻刼漢使，又數爲匈奴耳目。徹遣將軍趙破奴擊之；於是漢使西發得以無阻，而大宛之師興。大宛有別邑七十餘城，多善馬，馬汗血。張騫始爲徹言，其後使者亦累有陳奏，謂宛有善馬在貳師城。徹意動，遣使持千金及金馬往請，大宛王不肯。漢使怒，椎金馬去，大宛人殺漢使。事聞，漢以李廣利爲貳師將軍伐大宛。時武帝徹在位之三十七年也（卽太初元年，民國紀元前二千零十五年）。廣利將兵前後十餘萬，連三年始至宛城，圍攻四十餘日，宛人殺其王毋寡，獻馬三千匹以降。漢兵立宛大將之故與漢善者曰昧蔡爲宛王，與盟而罷，終不得入城。又明年，師還。徹既得宛善馬，大悅，作「西極天馬之歌」，封廣利爲海西侯。

廣利歸，所過小國聞宛破，皆遣其子弟從入貢獻，見漢主，因留質長安。樓蘭者，欲持兩端，旣通匈奴，又事漢。當廣利戰大宛，匈奴欲遮其道，廣利兵盛，不敢當，卽遣騎因樓蘭候漢使後過者，欲絕弗通；時漢軍屯玉門爲廣利後距，卽引兵捕得樓蘭王，王請徙國內屬，漢赦之，而匈奴與漢爭樓蘭如故也。後至昭帝弗陵之時，漢兵斬其王之叛漢者，復立質子尉屠耆爲王，更名其國爲鄯善。於是漢通西域之道，始得無阻，而西域之兵事亦定。

以上皆爲武帝徹經營域外之大端。自東南至西南，延及於西北，均奏成功；惟對於匈奴一方，雖獲大勝，而猶未能弭其異世之患，則正由敵勢盛大之故，不得以是爲徹咎也。徹之武烈，其卓卓可見者如此。迨其晚年，則莠政漸興，於民多不利；而徹顧貿然興之，於是終不克無內亂：故漢史美其「雄才大略」，而特非其「不恭儉」。蓋恭儉所以爲文景，雄才大略所以爲武帝。用其雄才大略以對外，則必有武功；用其雄才大略以對內，則必至於不恭儉。不恭儉者，乃其君權專制之表徵。今爲述其事端如下：

武帝徹對外比歲征發，國用不給，在位之十八年（卽元朔六年，民國紀元前二千零三十四年），乃設價賣官，名曰「武功爵」。凡買爵至千夫者，並得除爲吏。於是漢之吏道雜，而其補救於財用者仍屬無多。至徹在位之二十二年（卽元狩四年，民國紀元前二千零三十年），以白鹿皮爲皮幣，雜造銀錫爲白金，更鑄新錢，定盜鑄之法；置鹽鐵官，收鹽鐵之利；並制緡錢舟車之賦，而任東郭咸陽、孔僅、桑弘羊三人以理財之事。三人故善理財，又有張湯亦嗜言貨利，用是漢於財政方面頗有所發揮。「均輸」之制，「榷酤」之法，均因此而起，民用始窮。徹恐制之不舉，務在用酷吏，施重法，以濟助之嘗使張湯趙禹定律令，務在深文；義縱王溫舒之屬，皆峻刻爲能。然用刑雖嚴，民窮無所告，則輒犯法；甚至東方盜賊，由之嘯聚。是時朝臣如卜式輩，雖反對言利，而徹終不悟！至其將死，始能議輪臺（新疆迪化道界內）屯田；又其下詔，斷斷以禁苛暴，止擅賦，力本農，修馬復爲言，然亦晚矣。此其弊之由於不儉者也。

武帝徹晚年信用江充，充與太子據素有隙。徹在位之四十九年（卽征和元年，民國紀元前二千〇〇三年），因嫌疑事大搜長安。是時方士等集京師，女巫羣得出入宮掖，教諸姬禱祀以度災厄，多有埋木人於宮中而祭者；已而妒嫉恚詈，更相攻訐，以爲祝詛，當世號曰「巫蠱」。太子據出於衛后，而性寬厚，徹以爲不類已；始由其舅青有征伐功，羣下莫敢欺，青沒，競欲搆據短。適巫蠱事起，徹使江充治之，自京師三輔及郡國，坐獄而死者人數萬。充懼徹年老，恐後爲據誅；因言宮中有蠱氣，掘蠱於太子宮。據怒，捕充親臨斬；白母衛后發兵，期自衛。有蘇文者故助充掘蠱，得報，急奏徹。徹詔閉城門，捕斬反者，使劉屈氂將兵敗據。據出奔，旋自經死，衛后亦自殺。初，徹爲據立博望苑，使通賓客，從其所好；賓客多以異端進，故終及於敗。時武帝徹在位之五十年也（卽征和二年，民國紀元前二千〇〇二年）。明年，吏民以巫蠱相告言者，按驗多不實。徹漸悟據枉，會田千秋爲據訟冤，徹大悟，族滅江充家，作思子宮，而其悔又晚。此又其弊之由於不恭者也。

太子據既死，徹欲立鉤弋夫人趙氏之子弗陵；弗陵年幼多智，徹因殺趙氏，立弗陵爲太子。徹在位五十四年沒，子弗陵立，是爲昭帝。霍光等共輔政，卽位未幾，而有燕王旦及上官桀相繼謀亂之事。

燕王旦者，亦武帝徹子，出於李妃，視弗陵爲長顧動作無法，不爲徹所愛。及徹沒，弗陵立，賜諸侯王璽書，旦得書不哭。曰：『璽書封小，京師疑有變。』遣幸臣王孺等之長安，假問禮儀爲名，陰刺候朝廷事，歸以報旦。旦頗疑。霍光以旦橫，厚褒賜之。旦曰：『我當爲帝，何賜也？』遂與齊王肥曾孫澤等詐言，以武帝時受詔得職吏事，修武備，備非常；並爲姦書言弗陵非先帝子，宜共伐之。傳言郡國，以搖動百姓。澤爲青州刺史雋不疑所捕，獄詞連及旦。詔以旦至親勿誅，僅斬澤以息其事。

霍光當國，與上官桀相親善，每休沐出，桀常代入決事。光女爲桀子安妻，生女甫六歲，安欲因光內之宮中，光不聽。弗陵姊鄂邑蓋長公主私近子客丁外人，安說外人使長主召其女入爲倢伃，旋立爲皇后。安以女貴，得拜車騎將軍。時昭帝弗陵在位之四年也（即始元四年，民國紀元前一千九百九十四年）。安既尊顯，桀尤弄權。霍光雖爲外戚，乃后外祖，論誼原不若桀安親；桀安執事，頗與光爭權。其初嘗爲丁外人求官而光不許。燕王旦本懷怨望，桑弘羊欲爲子弟得官，亦怨恨光。於是長主、桀、安、弘羊，均與旦通謀。迨弗陵在位之七年（即元鳳元年，民國紀元前一千九百九十一年），令人詐爲旦上書，言霍光專權自恣，疑有非常。桀欲從中下其事，弘羊當與大臣共執退光。書奏，弗陵不爲惑，謂旦書、詐也，光無罪。桀安等既不得間光，而心仍不悛。乃謀令長主置酒宴光，伏兵格殺之，佯請廢弗陵立旦，誘旦至，則殺之而立桀；會其謀爲朝臣楊敞所知，以告杜延年，延年聞；乃詔捕桀、安、弘羊、外人等，並宗族悉誅之。長主自殺。燕王旦聞事敗，亦自殺。皇后上官氏，以年少不與謀，又爲光外孫，得不廢。昭帝弗陵幼年（八歲）即位，專任霍光，迨年十四，辨燕王上書之詐，不愧明主；霍光承武帝徹奢侈餘敝，師旅之後，海內虛耗，戶口減半，知時務之要，輕徭薄賦，與民休息，亦不愧良臣。故其時匈奴和親，百姓充實。舉「賢良文學」問民所疾苦，議鹽鐵，罷榷酤，皆爲善政；使弗陵能永其世，所以善其先人之後者，當不止紀贊所舉各端而止。自弗陵之沒，光不善立賢，而又不得已以擅廢之，於是光之舉動，或不免爲當世所譏！漢治之再振，不能不有待於宣帝之朝矣。

弗陵沒，無嗣。時武帝徹子，獨有廣陵王胥，而不賢，常與燕王旦相比，於是決議立昌邑王賀。賀爲髆子，武帝徹之孫。既立，淫戲無度，在位二十七日，使者旁午持節，詔諸官署徵發，凡一千一百二十七事。光憂懣，問計於田延年，延年告以伊尹放太甲事。光因召集百官，開會未央宮，復決議去賀。奉太后上官氏幸承明殿，詔書廢之，歸昌邑，賜湯沐邑二千戶，除其國爲山陽郡。昌邑羣臣坐無輔導之誼，陷賀於不善，悉誅殺二百餘人。出死，呼號市中曰：『當斷不斷，反受其亂。』所謂「斷」者，是否卽指去光而言？於史無明文？然則昌邑羣臣，當日亦必有祕密籌謀之事，爲光所覺，光因憂懣改圖，而淫亂之罪名，第其顯而共見者耳。

初，太子據納史良娣，生子進，號史皇孫；進生子病已，號皇曾孫，生數月，遭巫蠱事，自據以次皆死，病已雖在繈褓，亦收繫獄中。而丙吉爲廷尉監，哀病已無辜，私令人乳養；已而赦出，年漸長，娶許廣漢女。其爲人高材好學，然亦喜游俠，鬬雞走狗，上下諸陵，周偏三輔，以是具知閭里奸邪，吏治得失。迨昌邑王賀廢，霍光方與羣臣謀所立；丙吉時爲光祿大夫、給事中，因以病已名聞於光，光會羣臣決議立之，更名詢，是爲宣帝。

宣帝詢既立，詔有司論定策功，大將軍霍光等皆益封。光請歸政，不許，諸事皆先關白，然後奏御。光於昭帝弗陵朝，子禹及兄孫雲，山，皆貴顯，諸婿外孫，亦多居尊官，權勢日重。光夫人顯，婢也欲貴其小女成君，而道無由會皇后許氏當娠病，顯私使乳醫淳于衍行毒藥殺許后！事成，勸光內其女入宮。光初聞甚驚愕，久乃默然。宣帝詢在位之四年（即本始四年民國紀元前一千九百八十一年），立光女為后，霍氏勢益隆。又二年光沒，即日拜其子禹為右將軍，山等亦皆得遷。已而詢頗聞霍氏有毒殺許后事，而莫明虛實？乃先徙光諸婿之任衞尉者為他官，以霍禹為大司馬，罷其屯兵官屬；其黨之領有兵權者，輒以事易職，而以所親信許史子弟代之。霍顯及禹等自見日有侵削，漸起反謀。詢在位之八年（即地節四年民國紀元前一千九百七十七年），禹山等謀殺朝臣，廢漢主而立禹，事洩，張章董忠楊惲等具以情告。霍雲霍山及光婿范明友皆自殺，顯禹被捕，禹要斬，顯及諸昆弟皆棄市，與霍氏相連坐誅滅者數十家。皇后霍氏廢處昭臺宮，又十二年，復徙雲林館，霍氏自殺。詢初立，謁見高廟，光從驂乘，詢內嚴憚之，若有芒刺在背；及光身死，而宗族竟誅。故俗傳之曰：『威震主者不畜，霍氏之禍，萌乎驂乘。』

初，昭帝弗陵專任霍光，國內安寧，文景之治，庶幾可企。迨宣帝詢即位，光沒，詢親政，信賞必罰，綜核名實。一時良吏，如趙廣漢朱邑龔遂尹翁歸韓延壽黃霸張敞之屬，皆治民有美績，為朝野所共稱。詢在位日久，雖曾修武帝徹故事，幸甘泉，郊泰畤，巡河東，祠后土，崇信方士，增置神祠，甚者至遣諫大夫王褒求金馬碧雞之神於益州；然其後卒能信從張敞之言，罷斥方士。究於內政猶不為害，故能吏稱其職，民安其業。至於對外，如定匈奴西域，制西羌，彷彿武帝徹強盛之年，而西京之治，亦於斯終結！茲約記其武事如下：

（一）定匈奴西域　初武帝徹征伐匈奴二十餘年，匈奴力日絀。當昭帝弗陵世，狐鹿姑單于死，子壺衍鞮單于立，內部不睦漸分，恐漢兵來襲，乃決計與漢和親，而歸蘇武於漢。自武之歸，匈奴之窺擾漢邊者，仍不能遏絕，甚或聯車師以擊烏孫。迨宣帝詢在位之三年（即本始三年，民國紀元前一千九百八十二年），乃大發兵，以五將軍（田廣明趙充國田順范明友韓增）率之分道並出，使校尉常惠持節護烏孫兵共擊匈奴。是時西域兵五萬，漢兵十六萬，風聲所至，匈奴懼，西奔，漢軍遂罷；惟烏孫入其西方，捕獲獨盛。是年冬，匈奴以師報烏孫，會天大雨雪，人畜凍死，匈奴兵萬人還者不能什一；於是丁零（當科布多北）攻其北，烏桓入其東，烏孫擊其西，其人民畜產喪失過多，部落大弱，諸國羈屬者皆瓦解，乃益向和親。又二年，壺衍鞮死，弟虛閭權渠單于立，又與漢相競於西域。於是塞外之戰事旋息，而西域之兵事復興。

自漢與通西域以來，匈奴憾西域諸國與漢相親，漸用兵威以劫制西域，而兩方之爭點，乃漸集於西域之一隅。最初有樓蘭之持兩端，昭帝弗陵遣兵斬其王以懾之，樓蘭始真附漢；其後漢發烏孫兵以擊匈奴，匈奴報之，雖擢失敗，而用兵西域之念仍易世不灰。蓋西域諸國本皆役屬匈奴，其西邊日逐王置僮僕都尉，使領西域，常居焉耆危須尉犂間，賦稅諸國，以資其富給；及漢通西域，諸國先後朝漢，於匈奴大不利。而漢使西域者常得職，於是敦煌西至鹽澤（羅布淖爾）往往起亭，而輪臺渠犂，皆有田卒數百人，置「使者校尉」領護以給使外國者；匈奴自視，於西域益遠，既忌漢，尤惡諸國。迨宣帝詢時，漢與匈奴在西域之爭，乃各比其先世爲更烈矣。

西域有車師者，夙附於匈奴，其王常與匈奴結婚，教匈奴遮漢道通烏孫者；匈奴利其地足以田，故屢與漢爭。宣帝詢在位之六年（即地節二年，民國紀元前一千七百九十九年），遣侍郎鄭吉等將免刑罪人田渠犂，積穀欲攻車師；至秋收穀，吉等即發西域城郭諸國兵萬餘人，自與所將田士千五百人，共擊車師，攻交河城（新疆土魯番縣），破之。車師請降，吉等歸渠犂。初，匈奴聞車師附漢，即引師來攻，爲吉等所拒，不得逞；吉等歸，車師王恐匈奴兵復至，奔烏孫。匈奴收其餘民東徙，吉使吏卒三百人往田車師地以實之；而匈奴大臣多謂車師地肥美，漢得之，多田積穀，必害人國，不可不爭，數遣兵來擊田者。宣帝詢在位之十年（即元康二年，民國紀元前一千九百七十五年），吉等盡將渠犂田士往救，爲匈奴所圍，吉上書欲益田卒；公卿議以爲道遠須費，可且罷車師田者。乃遣常惠將騎兵迎吉，匈奴兵引去，吉等還渠犂。漢盡徙車師國民令居渠犂，遂以車師故地予匈奴。車師既近漢，與匈奴絕其交通，漢與匈奴在西域之爭，乃於此暫結。

匈奴於西域諸國事，本以西邊日逐王先賢撣領之。宣帝詢在位之十四年（即神爵二年，民國紀元前一千九百七十一年），虛閭權渠單于沒，烏維單于耳孫握衍朐鞮單于立。雖欲與漢修和親，而不能整治其部，盡殺虛閭權渠時用事貴人，又盡免虛閭權渠子弟近親，而自以其子弟代之，部人多不附。先賢撣雖在西邊，故與握衍朐鞮有隙，及是郎率衆數萬歸漢，至渠犂與鄭吉相聞；吉知先賢撣本領西域諸國事，一旦歸漢，西域必風從，因卽發諸國兵五萬人迎先賢撣至京師；明年漢封先賢撣爲歸德侯。吉旣破車師，降先賢撣，威震西域。始僅護南道諸國，至是並車師以西北道諸國護之，故號都護。都護之置自吉始，並受封安遠侯。吉乃中西域而立幕府，治烏壘城（釋地見上表）。匈奴益弱，不敢爭西域，僮僕都尉由此罷。是時諸國均寧息願事漢，卽好事如莎車亦早爲馮奉世所平，不敢有異志！漢之號令班西域矣。

匈奴之弱，弱於爭西域；而其衰則衰於單于更立之不得其人。初虛閭權渠單于當國，黜壺衍鞮單于所幸顓渠閼氏；虛閭權渠死，子稽侯狦不得立，顓渠閼氏立其所私之右賢王屠耆堂爲握衍朐鞮單于。稽侯狦有妻父烏禪幕居右地，憤握衍朐鞮之不道，因立稽侯狦爲呼韓邪單于，發兵擊握衍朐鞮；握衍朐鞮敗走自殺，其民衆降呼韓邪單于。時宣帝詢在位之十六年（卽神爵四年，民國紀元前一千九百六十九年）也。匈奴故部官制，有左右賢王，左右谷蠡，左右大將，左右大都尉，左右大當戶，各名稱；自左右賢王以下至當戶，大者萬餘騎，小者數千，分配其衆。匈奴謂賢曰「屠耆」，故常以太子爲左屠耆王，實卽左賢王也。至日逐王之立，專管西域，乃其後來之制。當握衍朐鞮時，其西邊日逐王旣歸漢，乃更立其從兄薄胥堂爲日逐王；及呼韓邪起，顓渠閼氏弟都隆奇及握衍朐鞮弟右賢王共以薄胥堂爲屠耆單于，襲呼韓邪之衆而敗之；旋使故日逐王先賢撣兄右奧鞬王與烏藉都尉各將二萬騎，屯東方以備呼韓邪。已而西方呼揭王來，讒右賢王，言欲自立爲單于；屠耆單于不察，殺右賢王父子，已而悟其寃；呼揭王恐，遂叛去，自立爲呼揭單于，右奧鞬王聞之，卽自立爲車犂單于。烏藉都尉，亦自立爲烏藉單于，凡五單于。屠耆單于自將兵擊車犂單于，使都隆奇擊烏藉單于。烏藉車犂皆敗西北走，與呼揭單于合。呼揭烏藉去單于號，並力輔車犂單于。屠耆於是別分兵東屯，牽制呼韓邪；自將西擊車犂，車犂敗走西北。時宣帝詢在位之十七年也（卽五鳳元年，民國紀元前一千九百六十八年）。明年，呼韓邪遣師西襲屠耆，屠耆兵敗自殺。都隆奇乃與屠耆少子右谷蠡王姑瞀樓頭亡歸漢，車犂亦東降。烏藉都尉謀乘機復立，亦爲呼韓邪所捕斬。四單于盡敗亡，於是五單于分裂之禍平，而三單于鼎峙之形又起。

呼韓邪既定四單于之亂，復都單于庭；然衆僅數萬，兵威不盛。屠耆從弟休旬王乃自立于右地，爲閏振單于，在西邊；呼韓邪兄左賢王呼屠吾斯，亦自立爲郅支骨都侯單于，在東邊。宣帝詢在位之二十年（卽五鳳四年，民國紀元前一千九百六十五年），閏振東攻郅支，爲郅支所殺。郅支乘勝進攻呼韓邪，呼韓邪敗走至宣帝詢在位之二十二年（卽甘露二年，民國紀元前一千九百六十三年），呼韓邪引其衆款五原塞，願入朝；明年，果至，贊謁稱臣而不名，就邸長安，賜酒建章宮，旋遣歸國；呼韓邪請居光祿塞下，保受降城。自是烏孫以西，至安息諸國，咸知尊漢，不獨西域附而匈奴亦定矣。

郅支聞呼韓邪之附漢也，適其部內右地有亂，郅支定之，卽留居右地；欲聯烏孫，烏孫不從，殺其使，乃北擊烏揭，破堅昆（今塔爾巴哈台西）丁零，以堅昆距漢遠，遂留都其地。郅支既遠徙，呼韓邪後亦北歸單于庭，匈奴旋定。已而康居王以爲烏孫所困，遣使迎郅支；郅支大悅，遂南入康居。時漢經略西域已大定，車師故地又復屯田，並置戊己校尉以經紀之；而郅支既來西域，嘗借兵以擊烏孫，於是漢與匈奴在西域之爭爲之復起。郅支出兵常勝，又數辱困戮漢使；西域副校尉（主屯田事屬都護）陳湯，謀於都護甘延壽發師襲郅支，進攻康居，郅支被殺。呼韓邪懼，復入朝，願婿漢自親；時元帝嗣，即以後宮良家子王嬙賜之，其先世和親之議，至是始定。此匈奴後裔世稱「漢甥」之所自來也。

（二）制西羌　西羌之先，出於三苗，其種人散殖於賜支（即析支，青海番地）至河首間，綿地千里，南接蜀漢徼外蠻夷，西北界樓蘭車師諸國，所居無常，自古與中國通。其嗣系之著者曰無弋爰劍，曰爰劍曾孫忍，曰忍季父卬，皆當春秋之世。卬以地偪於秦，懼爲秦滅，挈其種人附落而南，出賜支河曲西數千里，與衆羌絕遠，不復交通，其後子孫分別，各自爲種。忍及弟舞獨留湟中（湟水出甘肅西寧塞外，至蘭州入河），忍生九子，爲種九；舞生十七子，爲種十七。忍諸子中以研爲最豪，羌之興盛自此始。當匈奴冒頓盛時，諸羌服於匈奴。迨漢武帝徹用師域外，開河西武威敦煌張掖酒泉四郡，於是羌與匈奴間之交通，爲之阻隔，諸羌悉爲漢兵所逐，不復能居湟中。至宣帝詢朝，義渠安國使行諸羌。其先零羌豪言，願時渡湟水北，逐人所不田處畜牧。其實羌以湟水北地肥美，又可與匈奴合師寇漢，安國不察，遽以聞。是時後將軍趙充國方領騎四萬屯緣邊九郡，聞劾去安國。而羌豪卒因緣前言渡湟而進；匈奴亦陰遣使與相勾結，漢乃復遣安國行視諸羌，安國斬其酋豪，而先零遂反。安國不能禦，漢乃決策使趙充國馳往擊羌。時宣帝詢在位之十三年也（卽神爵元年，民國紀元前一千九百七十二年）。充國時年七十餘，審於用兵，徐至先零中，斬獲甚衆。乃上奏曰：「羌易以計破，難用兵碎擊之不便。願罷騎兵，留步兵萬餘屯田。」詢報曰：「卽如將軍之計，虜當何時伏誅？」充國上狀曰：『帝王之兵，以全取勝，故爲不可勝以待敵之可勝。留屯田得十二便，出兵失十二利，惟明詔采擇。』奏下公卿，魏相是之。於是詔令充國屯田，降羌甚衆。明年，充國復奏陳諸羌本可五萬人，凡斬降及溺河湟饑死者，遺脫不過四千人，請罷屯田。報曰：「可。」充國振旅還，羌禍大靖。漢因置金城屬國以處降羌。其後至元帝奭時，隴西始有羌亂。漢遣將軍馮奉世以師破之，餘衆出塞，不敢遽擾邊，漢得無事。

以上皆宣帝朝經略域外之大端，其武功殆與武帝徹時相彷彿；惟武帝徹用兵未及西羌，至詢則並西羌之禍，亦於一二載以內而戡除之。從此匈奴無助亂之族，故不克終逞。大抵西漢盛時，對外之武功，始武帝徹，而終於宣帝詢；過此以後，漢勢日衰。迨王氏當權，內變滋生，外釁交起，漢亦以疲於亂事而旋亡矣。

第四章 漢下（民國紀元前一千九百五十九年至一千八百八十九年）

漢後期七十年間大勢之一（元成以來之政況）（民國紀元前一千九百五十九年至一千九百十八年）

宣帝詢在位二十五年沒。太子奭立，是爲元帝。奭少好儒，即位後，徵用儒生，與之圖治，先後如貢禹薛廣德韋賢匡衡諸人，相繼爲相，而奭亦牽制文義，優游不斷，論者以爲漢世中興之業，於此始衰。竊謂漢自文帝恒當國以來，其後數君，多以名法爲治。文景用名法而參以黃老，武宣用名法而參以儒術。以黃老參名法，故文樂無爲而無枉法；景尚守法而絕紛營。此其證可稽之史書而見者也。以儒術參名法，故武定一尊而貴任法，宣亦綜覈而仍講五經。此其證又可稽之史書而見者也。至元帝奭則專倚任儒術，而廢棄名法，於是習爲柔謹，而主柄轉以下移！宦寺比於內，變寵橫於外，激爲禍變，而奭不能去；其能朝匈奴而靖隣右者，猶宣帝詢之遺澤長也。至其禍變之生，則具如下論：

通西漢一代中佞幸之徒，不過六七人，而其罪以弘恭石顯爲最著。先是宣帝詢寢疾，遺詔史高（詢祖母史良娣之兄子）蕭望之周堪輔奭。及奭立，望之堪俱以師傅舊恩，頗見信任；選宗室劉向給事中，與侍中金敞，並拾遺左右；四人同心謀議，遇事多所匡正。史高雖領尚書，充位而已。望之等既淡漠視史高，高由是與諸人有隙。時恭顯皆以宦者久典樞機，而顯尤爲奭所任；顯巧慧而深賊，能持詭辯，與高相表裏，望之亦疾視之！建議以爲中書政本，宜用賢明之選，白欲更置士人，於是恭顯亦皆惡望之。奭初即位，謙讓重改作，議久未定，而旋出劉向爲宗正；於是望之等儼然爲一黨，高恭顯等又爲一黨，兩方之嫌隙始深。時外戚史氏許氏（宣帝后許氏之屬），爲先朝所隆遇；望之堪數引名儒以備諫官，有鄭朋者，陰欲附望之，上疏言許史罪。後堪察得朋之無行，絕之不與通；又有華龍，亦爲堪所絕，退與明結。恭顯乃令二人告望之等，欲疏退許史狀，事下恭顯推問；恭顯因奏望之堪向朋黨相稱舉，毀離親戚，欲以專擅權勢！卒俱免爲庶人。堪向雖獲再用，仍爲恭顯所阨，不克行其志，望之亦飲鴆自殺，時元帝奭在位之二年也（卽初元二年，民國紀元前一千九百五十八年）。是年恭死，顯代恭爲中書令，威權大盛，縱恣過於恭。太中大夫張猛，魏郡太守京房，御史中丞陳咸，待詔賈捐之，皆嘗奏封事，或召見言顯短，顯俱求索其罪而致之死。自是公卿以下畏顯，重足一跡。顯與中書僕射牢梁，少府五鹿充宗，結爲黨友，諸倚附者皆得寵位；專權據勢，靡所不圖，而奭不問也。迨後奭沒，漢始正顯罪，而顯旋死；諸所交結以顯進身者乃皆廢罷。史高當宣帝詢時，曾以舉發霍禹反謀有功，迨元帝奭朝，雖與望之等莫能相容，然於高之祿位，實無所損，終安然而沒。

元帝奭在位十六年沒。太子驁立，是爲成帝。驁少好經書，後幸酒，樂燕樂。奭意頗屬於傅昭儀子山陽王康，爲史高之子丹所諫阻；驁得無廢，然實不能理國事。驁爲王政君所出，既卽位，卽以元舅王鳳爲大司馬大將軍，領尚書事；明年，又封舅王崇爲安成侯，王譚王商王立王根王逢時爵關內侯，王氏之強盛自此始。今推論王氏致強之原因如下：

（一）爲大司馬大將軍一職之迭屬於王氏也　成帝驁始卽位，大司馬大將軍職，既屬於王鳳矣，卽位之三年（卽建始三年，民國紀元前一千九百四十一年），壹專意任鳳。其後鳳疾，驁往問，將以大將軍職屬王譚；而鳳以譚倨不如音之敬，乃力薦音。鳳沒，音代，而詔譚位特進，領城門兵以慰之。驁在位之十八年（卽永始二年，民國紀元前一千九百二十六年），音沒，時譚亦早死，乃以王商爲大司馬、衞將軍，王立位特進、領城門兵。驁在位之二十一年（即元延元年民國紀元前一千九百二十三年），商沒，王立當代，嗣以立有過，乃以王根爲大司馬、驃騎將軍。驁在位之二十五年（即綏和元年民國紀元前一千九百十九年），根以病自免，乃以王莽爲大司馬。莽者太后王氏弟曼之子，少有聲譽。時王氏子弟多以輿馬聲色相尚；莽獨折節爲恭儉，勤身博學，被服如儒生，外交英俊，內事諸父，曲有禮意，迨根免，莽代，遂欲以名譽超其四父，於是刻苦立志，以盜虛聲。王氏至此，輔政者五人，而莽名獨盛。

（二）爲外戚執權者之見擯於王氏也　許嘉者，成帝后許氏之父，廣漢弟延壽之子也。宣帝后許氏，許廣漢女。元帝奭即位，傷其母許后居位日淺，而遭霍氏之害，故選嘉女以配太子驁。嘉當奭世，即以大司馬、車騎將軍輔政，已八九年矣。及驁嗣統，復尊用王鳳，職與嘉並。杜欽以爲故事、后父重於帝舅，乃說鳳曰：『車騎將軍至貴，將軍宜尊之重之，蓋輕細微眇之漸，必生乖忤之患。』而鳳有太后王氏在，驁又極平弱，故不懼也。驁在位之三年（即建始三年民國紀元以前一千九百四十一年），果專任鳳，而策免嘉，政權乃獨攬於鳳。鳳之專，王氏之盛，蓋皆由此。又歲餘，嘉沒。

（三）爲朝臣反對者之被害於王氏也　丞相王商者，素持大體。會瑯琊有災，其郡太守楊彤與王鳳連婚，商按問之，鳳以爲請，不可，竟奏免彤。奏寢不下，鳳自是怨商，使人訐告商過，收其印綬，商旋以憂死。時驁在位之八年也（卽河平四年，民國紀元前一千九百三十六年）。明年，京兆尹王章直陳王鳳專政之罪，驁漸感悟，謂章曰：『君試爲朕求可以爲輔者！』章薦馮野王，鳳聞甚懼，杜欽令鳳上疏乞骸骨，詞甚哀。太后憐之，垂涕不食。驁乃強起鳳而使尚書劾章，下章吏，廷尉致其大逆罪，章竟死獄中。自是公卿見鳳皆側目，而朝士之附和鳳者日衆。杜欽嘗抱其邪才，爲王氏効奔走，固爲世人所薄；其後王根輔政，而帝師張禹因上問災異之故，乃謂：『災變之意，深遠難見，故聖人罕言命，不語怪神；新學小生，亂道誤人，宜毋信用。』蓋當時吏民多上書言災異由王氏專政所致，禹獨爲之解釋，驁且深信之，自此不疑王氏之專矣。

（四）爲游士無業者之多養於王氏也　西京外戚多恣肆，而王氏尤以奢侈聞。驁在位之六年（卽河平二年，民國紀元前一千九百三十八年），悉封諸舅爲列侯：譚、平阿侯，商、成都侯，立、紅陽侯，根、曲陽侯，逢時、高平侯，五侯羣弟爭爲奢侈，賂遺珍寶四方交至；然皆通敏人才，好士養賢，傾財施予，以相高尙，賓客滿門，競爲聲譽；故雖專橫擅縱，而反有賢名。王氏勢愈盛，趨之者亦益衆。後莽當國，蔽主聽，代漢統，罔不由此。洵爲前此呂霍諸氏之所未及知，呂霍敗而王氏盛，此又其一因也。宗室劉向疑之，所上封事，有曰：『五侯驕奢僭盛，朋黨比周，稱譽者登進，忤恨者誅傷。』蓋卽指此。而驁迄不悟！至於王莽，終以覆漢云。

以上所舉，僅就成帝驁之世言之。加以驁之當國，酒色俱荒，始猶近許后，愛班倢伃；後寵趙飛燕，並其女弟，俱授倢伃，而許后以廢；未幾，又立飛燕爲后，后居別館，多不貞。劉向上列女傳以爲王化由內及外，自近者始，而驁不能用也。后女弟進位昭儀，尤見幸。姊弟顓寵十餘年，然皆無子。驁在位二十六年，無病暴歿。民間咸歸罪趙昭儀，昭儀自殺。

漢後期七十年間大勢之二（王莽之代劉）（民國紀元前一千九百十七年至一千八百八十九年）

成帝驁無子，以定陶王欣爲太子。驁沒，欣立，是爲哀帝。欣覩先世祿去帝室，權柄外移；欲強主威，則武宣以「儒術」之治，參用「名法」，期永其家法，而底漢基於再治。然不可得也！王嘉鄭崇鮑宣皆無罪死，輿論惜之；而欣不自檢，益寵董賢。賢美而佞，進秩大司馬，貴震漢廷。欣在位六年，病歿。賢知罪，自殺。欣亦無子，繼其位者爲中山王衎（興子）與欣同爲元帝奭之孫，是爲平帝。在位五年，王莽弒之，而更立宣帝詢之元孫孺子嬰。在位三年，亦爲王莽所廢，通西漢一朝，外戚族大人多，以王氏爲最；而王莽虛譽，於諸王中又最高。既拜大司馬，志在代漢，其所行頗有程序。今自哀帝欣之世，降而至於孺子嬰被廢之日，析爲三步以說明之：

初，哀帝欣即位，尊其祖母定陶皇太后傅氏，與其母定陶皇后丁氏，俱謚曰「共」；而以丁氏兄明爲陽安侯，傅氏從父之子晏爲孔鄉侯，傅氏從弟喜爲右將軍。時王太后雖受尊號爲太皇太后，以丁傅貴戚在朝，王氏之勢漸絀：太皇太后即詔莽就第，避丁傅，而欣不許。一日，置酒未央宮，內者令爲傅太后張幄，坐於太皇太后坐旁。莽按行，令內者撤去，更設坐。傅太后怒，不會。莽乃自請罷歸，衆望屬傅喜，代莽爲大司馬；時傅太后初預政，不欲貴喜，乃以師丹代莽，而旋遣曲陽侯王根就國，成都侯王況（商之子）亦被廢爲庶人。丁傅皆驕奢，惟喜恭儉，旋代丹爲大司馬，而不諛附傅氏。傅太后欲稱尊號，喜與師丹孔光共執不可。欣先免丹以感動喜，而喜終不順。傅晏等謀成尊號事，數毀短浴：遂策免晏，而以丁明爲大司馬。孔光位丞相未久，亦以忤傅氏意，與師丹先後，均被廢爲庶人。而遣新都侯王莽就國。時哀帝欣在位之二年也（卽建平二年，民國紀元前一千九百十六年）。又二年，封傅商（太后傅氏從弟幼丹之子）爲汝昌侯，傅太后同母弟子鄭業（傅太后父早卒，母更嫁魏郡鄭翁，生男惲，惲生業）爲陽信侯。太后正尊號，丁傅子弟並進，而傅氏勢尤盛。欣在位之五年（卽元壽元年，民國紀元前一千九百十三年），以傅晏爲大司馬、衞將軍，丁明爲大司馬、驃騎將軍。晏未幾卽罷，而尊寵如故。同年，傅太后死，丁傅勢漸衰，明亦免職。明年，欣歿，太皇太后仍以王莽爲大司馬，領尙書事，而王氏復盛。初，莽以丁傅用事，故力辭就第，既得辭，公卿大夫多稱之者；迨其歸國，杜門自守，益修名譽，居國三年，吏民上書訟莽冤者以百數。欣在位之五年，賢良周護宋崇等對策，頌莽功德，卽於是年徵返京師，故欣歿而卽能起膺大司馬之職也。是爲王莽力謀代漢之第一步。

莽既復出，以從弟安陽侯舜爲車騎將軍，議決，立中山王衎繼欣位，而使舜奉迎。追貶傅太后爲定陶共王母，丁太后爲丁姬。丁傅子弟俱免官爵，歸故郡。傅晏將妻子，徙合浦（今廣東合浦縣）。獨褒揚傅喜，喜雖外戚，然傷於孤立，不爲王氏之所忌，於莽初無損。凡莽諸父之不得於莽者，莽均以法使之就國。其大臣之稍有違異者，亦俱免官。比衎正位，莽以太皇太后臨朝而自秉政，進位太傅，號安漢公。又風公卿奏言太后春秋高，不宜親省小事，惟封爵則以聞。於是莽權與人主並，卽太皇太后亦不得而進退之矣。元帝衎在位之三年（卽平始三年，民國紀元前一千九百零九年），莽又納其女爲衎后，並殺衎母衞氏之族，惟衞后在莽子宇坐與衞氏通，亦被殺，紅陽侯立，莽嚴正；平阿侯仁，亦剛直同爲莽諸父爲莽所憚，皆以太皇太后詔迫令自殺！微論他人，即其諸父嫡子，亦莫能容，與其先修飾虛譽時，大相徑庭矣。明年，莽采伊尹周公稱號，加爲宰衡，位在諸侯王上；而陰賂遺太皇太后左右，日譽其能。又嘗風示匈奴使上書慕化；招誘西羌使獻地內屬，夸爲己功。又明年自加九錫（據漢書注校補，莽九錫：一衣服，二車馬，三弓矢，四斧鉞，五秬鬯，六命珪，七朱戶，八納陛，九虎賁。獨無樂懸，與公羊緯禮緯及韓詩外傳所言皆不合；即武紀注引應劭說亦異：蓋皆有樂懸無命珪也。此恐出王莽諸臣所臆造而爲之，不必應經典）。時衍漸年壯，以其母衞氏爲莽所扼，不得至京師；而其宗屬又盡爲莽所殺，頗不慊。莽臘日上椒酒，置毒酒中，衍飲之而死。是爲王莽力謀代漢之第二步。

王莽之顚漢政也，以王舜王邑爲腹心，甄豐甄邯主擊斷，平晏領機事，劉歆典文章，孫建爲爪牙。孔光雖爲仲尼之後，進爵太傅，然祇能趨承莽旨，無所建白。在朝諸臣，如龔勝邴漢之自願罷歸者，實不多見，莽故無所忌。迨平帝衎爲所謀害，當事諸臣莫能進一言，奚論正其罪也！時元帝嗣世絕，而宣帝詢曾孫有見王五，列侯四十八，以其先世專務屏削宗藩之結果，故宗姓雖盛，而無救於漢亡。然莽又惡其長大，不欲立之也；別立宣帝詢之元孫嬰，年方二歲，號曰「孺子」。莽自託周公故事，踐阼居攝，使臣民尊之曰「攝皇帝」，朝見稱「假皇帝」；既又以太皇太后詔，號令奏事毋言「攝」，而自稱「新皇帝」。更號太皇太后爲「新室文母太皇太后」，廢嬰爲定安公。漢亡時，孺子嬰在位之三年也（即初始元年，民國紀元前一千九百零四年）。是爲王莽力謀代漢之第三步。

西漢傳世，自高祖邦至孺子嬰，歷主十二，凡二百十四年。始於邦爲漢中王之元年，而終於孺子嬰之三年，此合君系首尾言者也。儒子嬰三年後，又有王莽之十五年。今綜其事實，繫於西漢之末以論敍之：

王莽代漢，改朝號曰「新。」新雖代漢而興，不久仍為漢滅。於歷史程序中，未嘗不可自別為一朝；無如莽不再傳而亡，有朝而無世，其不能與兩漢相提而論者，又勢也。莽代漢以來，所行大事，約有四端：然皆為漢民之所怨恨，坐是人心不附，而新亦旋亡。茲分列其事於左：

（一）降斥劉氏　王莽初即位，降漢諸侯王皆為公，王子侯皆為子；既又降諸侯王之為公者，悉上璽綬為民。孫建又奏漢氏宗廟不當在長安城中，及諸劉為吏者當與漢俱廢，請皆罷之。莽曰「可。」嘉新公國師劉歆等三十二人，皆知天命，勿罷，賜姓曰「王；」唯歆以女配莽子，故不賜姓。平帝后雖莽女，自劉氏廢，常稱疾不朝會。時年未二十，莽欲嫁之，乃更號為「黃皇室主，」欲絕之於漢；而后欲終漢，不再嫁，因發病不肯起。莽在位之五年（即始建國五年，民國紀元前一千八百九十九年），太皇太后沒，年八十四，莽葬之渭陵，與元帝陵合，而溝絕之。又九年，漢兵入長安，后自焚死。

（二）濫授官爵　王莽崇信「符瑞」，而常謀假以代漢。哀章知之，作銅匱為兩檢，署其一曰天帝行璽金匱圖，其一署曰赤帝璽邦傳予皇帝金策書。書言王莽為真天子，並及莽大臣八人，又取令名王興王盛，章亦自竄姓名入之，共十一人，皆署官爵為輔佐。日昏時，衣黃衣，持匱至高廟，以付僕射；僕射以聞，莽至高廟，拜受金匱以為神禪，御王冠，謁太皇太后，還坐未央前殿，即真天子位，按金匱封拜其黨與，以王舜平晏劉歆哀章為四輔，甄邯王尋王邑爲三公，甄豐孫建王興（城門吏）王盛（賣餅）爲四將，凡十一公。別制祿爲十五等，最尊爲四輔，歲祿萬斛，又務多封爵人。其在位之九年（卽天鳳四年，民國紀元前一千八百九十五年），更授諸侯茅土於明堂，以示褒功之典。

（三）紛更制作　王莽初當國，卽好興制作，如置羲和之官，起明堂、辟雍、靈臺，立樂經，以徵國內通經異能之士，皆汲汲爲之。迨旣建國爲新，制作之事紛起，改官名，立九廟，更幣制，禁不得買賣田及奴婢，立金木土穀布五均司市、錢府之官，令民各以行業所得之利，十分之而貢其一；更定六筦（一鹽，二酒，三鐵，四名山大澤，五五均賒貸，六銅冶）之禁，犯者罪至死，民搖手觸禁，不得耕桑；又析土地，立萬國，後復變更，一郡至五易名，而還復其故，吏民不能紀，每下詔書，輒繫其故名，不便益甚。莽意以爲制作定則中國自平，故銳思於制禮作樂，講合六經之說，公卿旦入暮出，論議連年不決，吏治隳廢，賄賂風行，而國政大壞。莽自見前專權以得漢政，故務自攬衆事，有司受成苟免，諸寶物名帑藏錢穀官，皆宦者領之，吏民上封事，宦官左右開發，尚書不得知。其畏備臣下如此。莽旣改變制度，政令煩多，常夜御燈火至明，猶不能勝，尚書因事爲奸，上書待報者連年不得去；拘繫郡縣者，逢赦而後出，衞卒不交代者至三歲；邊兵二十餘萬人，皆仰食於縣官；中國遂大亂。

（四）挑釁外夷　匈奴自呼韓邪單于入婚漢室，與中國重爲「和親」之約。呼韓邪沒，子復株累若鞮單于雕陶莫皋立。雕陶莫皋沒，弟搜諧若鞮單于且糜胥立。且糜胥沒，弟車牙若鞮單于且莫車立。且莫車沒，弟烏珠留若鞮單于囊知牙斯立。莽既代漢，恃府庫之富，欲立威匈奴；先遣使至匈奴，易漢所賜之故璽，更其印文曰：「新匈奴單于章。」匈奴怨恨，乃勒兵朔方塞下，受車師降者，與同入寇。莽乃更名匈奴單于曰「降奴服于」，遣孫建等分道並出，募卒三十萬，先至者屯邊郡，須畢具，乃同時出窮追匈奴，分其國土人民以爲十五，立呼韓邪子孫十五人皆爲單于。匈奴更怒，乃大入塞，殺掠甚多。諸將以大衆未集，不敢擊，而匈奴益橫。莽在位之六年（即天鳳元年，民國紀元前一千八百九十八年），囊知牙斯沒，弟烏累若鞮單于咸立，復願和親。會緣邊大飢，人相食，莽亦悔孟浪用師，乃遣使賀之，而徵還諸將，罷其屯兵，又改匈奴單于爲「恭奴善于」。單于貪金幣，曲聽之，然寇盜如故。已而單于咸沒，弟呼都而尸道皋若鞮單于輿立。莽因誘致須卜當至長安，立爲須卜單于。當者，王昭君女伊墨居次云之婿也。匈奴聞之怒，寇邊益甚。莽又大募兵以擊匈奴，嚴尤諫，不從，北禍自此重。西域自漢武以來，雖有叛亂，然終附於漢；及莽建國爲新，失恩信於西域，焉耆先叛，殺莽都護但欽，西域瓦解。莽在位之九年（即天鳳四年，民國紀元前一千八百九十五年），遣王駿及何封、郭欽等出西域，焉耆詐降，伏兵擊駿，死之。欽封後到，襲擊老弱，從車師還入塞。西域自此與中國絕。西南夷者，漢武時地多開爲郡；及莽代漢，遣兵出西南夷，改句町王爲侯（古句町國，今雲南建水縣），王邯怨怒。莽諷牂牁大尹周歆詐殺邯。邯弟承起兵殺歆，州郡攻之不能服。先是莽發高句驪兵擊匈奴，高句驪不欲行，強迫之，皆亡出塞，犯邊爲寇。遼西大尹田譚追擊之，被殺；莽乃遣嚴尤誘高句驪侯騶至而斬之，更名高句驪爲「下句驪」。於是高句驪人愈犯邊，西南與東北交亂矣。

莽稱帝十五年，專任己意，輕於改剏，而銳於用兵，人民棄新思漢之心日盛。先是莽立孺子嬰，東郡太守翟義起兵，立漢宗室劉信為天子，三輔豪傑應之；莽遣孫建等擊義，義戰不克死，三輔兵亦皆為莽滅。其後徐鄉（山東黃縣）侯劉快繼起討莽，亦不克，死於長廣（山東萊陽縣）。莽在位之七年（即天鳳二年，民國紀元前一千八百九十七年）五原代郡兵起，數千人為羣，轉入旁郡；莽以兵擊之，歲餘乃定。明年，臨淮瓜田儀等為盜，其衆寖多，至萬數。新市王匡王鳳有衆數百人，諸亡命者馬武王常成丹皆往從之，聚綠林山（湖北當陽縣東北）中，數月間至七八千人。又有南郡張霸，江夏羊牧等，與王匡俱起，衆皆萬人。此輩初無心抗莽，迫於飢寒，不得已嘯聚；故所至不攻城，不建號。莽謂此輩逆亂，無與於飢寒，主捕殄！有以民飢寒言者必被斥。於是羣下愈恐，莫敢言亂，亦不敢擅發兵，而禍乃益熾。

凡此嘯聚之徒，其人最多而有力者曰，瑯琊樊崇。崇初起兵於莒（山東莒縣），衆百餘，已而萬數，已而數萬，乃與為約，殺人者死，傷人者償創，勢日盛。莽在位之十四年（即地皇三年，民國紀元前一千八百九十年），遣太師王匡將軍廉丹，將銳士十餘萬人討之。崇恐其衆與莽兵亂，乃皆朱其眉以為識，號曰「赤眉」。時赤眉別校董憲在梁，匡丹引兵進戰，不勝；匡走，丹戰死，赤眉益盛。

然赤眉雖盛，實不能成事，而荊州兵據綠林山五年，困於疾疫，死者亦半，乃各分散引去。王常等西入南郡，號下江兵，王匡王鳳等北入南陽，號新市兵，皆自稱將軍。匡等進攻隨（湖北隨縣），平林人陳牧聚兵數千，號平林兵以應。漢宗室劉縯及其弟秀，亦起兵舂陵（湖北棗陽縣）。縯招說新市平林兵與其帥王鳳陳牧，拔附進各地。縯欲進攻宛（河南南陽縣），至小長安聚（南陽附近），與莽兵戰敗，新市平林兵皆欲解去；會下江兵五千餘人，至宜秋（河南泚源縣），縯與秀造其壁，見王常，說以合縱之利，常引兵來合，自是縯等勢轉強，聯師破莽兵，進圍宛。先是青徐兵衆，雖數十萬人，迄無文書號令，旌旗部曲；及漢兵起，皆稱將軍，攻城略地，移書數莽罪，莽聞之，始懼。時縯族兄舂陵戴侯（景帝曾孫熊渠）曾孫玄，在平林兵中，號更始將軍。諸將以漢兵多，欲立劉氏以從人望，南陽豪傑及王常等均欲立縯；而新市平林諸將樂放縱，利立庸弱，乃共立玄。玄旣即帝位，改元更始，以縯爲大司徒，秀爲太常、偏將軍。秀徇下昆陽（河南葉縣東北）定陵（河南郾城縣），縯拔宛，玄入都之，漢之形勢漸成。自新莽代漢，漢室無主者十四年，迨劉玄爲帝，漢復有主，時爲王莽在位之十五年（即更始帝玄元年，民國紀元前一千八百八十九年）。同年，有昆陽之捷，長安旋下，而莽以亡。

王莽聞漢立主，遣司徒王尋、司空王邑發師往討。邑至洛陽，州郡兵會者四十二萬。漢諸將見兵盛，皆反走入昆陽，惶怖欲散歸；秀約與俱建功，爲圖計成敗。時昆陽城中惟八九千人，秀使王鳳王常守昆陽；夜與李軼等十三騎出城南門，至郾定陵，悉發諸營兵。待昆陽圍迫，鳳等乞降，尋邑不許；秀將前鋒步騎千餘先進，尋邑不能敵，旋却，諸部共乘之，尋邑陳亂，漢兵遂殺尋，城中之師亦出，內外合勢夾攻，莽兵大潰。會大風雨，滍川（水經注，滍水出南陽縣西堯山，東南經昆陽城北，東入汝）盛溢，士卒溺死以萬數。王邑獨與所將數千人還洛陽，關中大恐，於是海內豪傑，翕然響應，皆殺其牧守，自稱將軍，用漢年號，以待詔命；旬月之間，徧於國內。

王莽聞關東兵敗頗自疑懼；會有人告將軍王涉曰『讖文劉氏當復興，國師公（卽劉歆，更名秀，與光武帝秀同名）姓名是也。』涉秀謀劫莽降漢，謀洩，皆自殺。莽益憂懣，未幾，劉玄遣王匡攻洛陽，申屠建李松攻武關，三輔豪傑起兵應之。漢兵進長安，旁邑兵皆會城下，爭發掘莽妻子父祖冢，燒其棺槨，及九廟明堂辟雍；城中少年火未央宮使門。莽初鑄威斗，以五石銅爲之，若北斗，欲以厭勝衆兵！使司命負之，出在前，入在旁。至是火勢盛，莽避宣室前殿，旋席隨斗柄而坐，冀以止漢兵；而外師已入，乃之漸臺。衆兵上臺殺莽，未幾，申屠建李松之兵亦至，傳莽首於宛。莽稱帝十五年，新亡。

第五章　東漢（民國紀元前一千八百八十九年至一千六百九十一年）

東漢前期六十餘年間大勢之一（光武之中興）（民國紀元前一千八百八十九年至一千八百八十五年）

方新莽之末，人心依附劉氏，而劉氏實惟縯與秀爲賢。更始帝玄元年，秀等既獲昆陽之捷，威名日盛！新市平林諸將，懼於己不利，陰勸更始誅秀。縯部將劉稷，有勇名，聞劉玄立，不服；以爲將軍，又不拜；玄怒，陳兵收稷，將誅之，而縯固爭，有人勸玄並殺縯。縯死，秀深自引過，亦不敢爲其兄服喪，玄因拜秀爲破虜大將軍，封武信侯，慰之，始無除秀意。

莽誅，玄北都洛陽，招降赤眉，中國事漸定；而以秀行大司馬，遣徇河北。然玄實不德人心，故未定；漢宗室劉林，遂於是年，以卜者王郎詐稱成帝遺子子輿，據邯鄲，稱帝，河北大擾。明年，秀至河北，吏民喜悅。以王郎新盛，乃自盧奴（河北定縣）北徇薊。薊亦舉兵應王郎，秀急南馳，備經困厄，至蕪蔞亭（河北饒陽縣東北），馮異上豆粥；將渡滹沱河，（饒陽縣北）無船，適冰合，得過。及南宮（河北南宮縣）遇大風雨，秀對竈燎衣，馮異進麥飯；至下博城西（河北深縣），遑惑不知所之，得途人指告，始至信都（河北冀縣）。時郡國皆已降王郎，獨信都太守任光，和戎（據通鑑胡三省注引東觀記云王莽分信都爲和戎，居下曲陽，戎當從邳彤傳作成爲是）太守邳彤不肯從。光聞秀至，喜爲延謁，邳彤亦自和戎來會。因發旁縣，得精兵四千，使光彤將之，從擊王郎，郡縣復應秀。初，秀徇河北，上谷太守耿況子弇，方奉父命詣長安，在途，王郎變起，因馳至盧奴說秀，秀與俱北至薊，會薊亂，弇與秀相失，因北走昌平（河北昌平縣），就其父，請擊邯鄲；既遣寇恂至漁陽（北平密雲縣），約太守彭寵同發兵，所過多擊斬。抵廣阿（河北隆平縣）時，秀兵屯廣阿城中，城中傳言二郡兵爲邯鄲來，衆皆恐！已而悉詣營謁秀，秀兵轉盛。會劉玄遣尚書令謝躬率六將軍討郎，不能下，秀與合軍圍鉅鹿（河北鉅鹿縣），亦不克；乃移師先攻邯鄲（河北邯鄲縣），連戰破之，王郎出走，爲漢兵所斬，於是河北漸定。玄即遣使立秀爲蕭王，令其罷兵，歸詣玄。秀從耿弇謀，以河北未定爲辭，不就徵。時玄遷都長安，委政趙萌，萌女爲玄夫人，猶漢外戚，專權用事，羣小滿朝。玄則日夜飲讌，不問外事，郎吏有言萌放縱者，玄拔劍擊之。自是萌更恣肆，所授官爵，下及庖人，甚或着繡面衣袴，罵詈道中。莽政既非，劉玄尤甚！由是關中怨叛，民庶離心；而劉秀之師，積時愈盛！秀又務行寬惠，大悅人心；故帝業之成，不在彼而在此。

抑秀在河北，不僅王郎之變已也；新莽之末，各地起兵，其師行無序者，當世或目之爲盜賊！故當時自王郎據地以南，河濟間有銅馬大彤高湖重連鐵脛大槍尤來上江青犢五校檀鄉五幡五樓富平獲索諸路之兵，或以山川土地爲名，或以軍容強盛爲號，各領部曲，衆合數十百萬人，所在寇掠。更始帝玄之二年（即更始二年，民國紀元前一千八百八十八年），秀擊銅馬諸路之兵於鄡（河北束鹿縣），破之；受降未盡，而高湖重連從東南來，與銅馬餘衆合，秀復與大戰，盡破降之，封其渠帥悉爲列侯，銅馬諸衆之降者以數十萬計，秀兵極盛！關西至有號秀爲「銅馬帝」者。是時赤眉別帥與青犢上江大彤鐵脛五幡十餘萬衆在射犬（河南沁陽縣），秀擊破之，徇河內（河南沁陽縣），太守韓歆降。謝躬與秀會共滅王郎，而與秀不合，嘗欲襲秀，率兵屯鄴（河南臨漳縣）；秀遣邀尤來，躬兵敗，秀因躬在外，使吳漢岑彭襲據鄴城，躬歸，漢等收斬之，其衆降。

赤眉樊崇等之起，在王莽未滅之時；至莽爲漢滅，劉玄自宛遷洛，招降赤眉；崇等喜聞漢室復興，即留其兵濮陽（山東濮縣），自將渠帥廿餘隨漢使入洛，玄皆封爲列侯，而未有國邑，其衆漸叛。崇等乃亡歸，分衆侵掠，專略河南地；後雖數勝，而衆思東歸，樊崇等慮衆東向必敗，不如西攻長安；於是分道入關，玄遣兵禦之，不勝。時秀將北徇燕趙，度赤眉必破長安，欲乘此並舉關中，乃使鄧禹西入關，而命寇恂守河內，調餱糧，治器械，以供諸軍，爲河北根本。令馮異統兵河上，與劉玄兵之在洛陽者相持，而自徇燕趙；及燕趙定，還軍至鄗（河北高邑縣），遂從諸將請，即位，是爲光武帝。時更始帝玄在位之三年六月也（即更始三年，光武帝秀建武元年，民國紀元前一千八百八十七年）。同月長安亂，赤眉將入，立漢宗室劉盆子爲帝，年十五。九月，玄將王匡等迎降，長安破，玄出奔。秀封玄淮陽王，而玄將朱鮪，亦以洛陽降。秀入洛陽，以爲漢都，世稱「東京」。玄降赤眉，尋被殺。

初，鄧禹之奉命而西也，取道河東（山西解縣），爲劉玄兵所扼，不能即進。迨禹渡河，赤眉已破長安。是時三輔連覆敗，百姓不知所歸，聞禹師行有紀，降者日多，衆號百萬。時赤眉尚盛，禹引軍屯栒邑（陝西栒邑縣），徐待其敝。光武帝秀在位之二年（即建武二年，民國紀元前一千八百八十六年），赤眉以長安食盡，收載珍寶，大縱火燒宮室，引兵而西，自南山轉掠城邑，入安定（甘肅固原縣），北（甘肅寧夏）地。禹得長安，仍患乏食，歸附者離散，而赤眉復還。秀乃以馮異代禹入關，赤眉復引而東。於是與異軍遇於華陰（陝西華陰縣）。明年，禹愧無功，要異共攻赤眉，大敗。禹脫歸，異收兵自保。已而異復與赤眉會戰崤底（崤山在河南洛寧縣北），大摧破之。其餘衆東向宜陽（河南宜陽縣），秀親勒六軍，嚴陳以待，赤眉驚震，遂以盆子降，於是關中亦定。

秀未稱帝以前，戰昆陽，下王郎，降銅馬諸寇，其事頗順。迨既即位，赤眉又定，宜若無事矣。然而秦豐據黎邱（湖北宜城縣東），稱楚黎王；李憲據廬江（安徽舒城縣），稱淮南王；公孫述據成都，稱帝，號成家；隗囂據天水，稱西州上將軍；竇融據河西（甘肅酒泉等縣），稱五郡大將軍；盧芳據安定，稱西平王；彭寵據漁陽，稱燕王；劉永據睢陽（河南商邱縣），稱梁王；張步據臨淄，稱齊王；董憲據東海（江蘇東海縣），稱海西王；擁兵據地，紛紛不相下，與劉玄初立時之情形，殆無以異。

秀於此不能不爲次第排除之法，乃先著手於東北東南，而後徐圖西面：因先與劉永彭寵李憲秦豐等交兵，迨諸路師平，而東方一帶乃眞大定。劉永故漢宗室，梁王之立實由劉玄；迨秀入都洛，永亦稱帝。明年秀以永地距洛不遠，遣蓋延督兵伐永，而以劉玄舊將蘇茂與俱。茂延不相容，茂反降永。延破之，進圍睢陽，永走湖陵（山東魚臺縣），梁不能卽下。又明年爲光武帝秀在位之三年（卽建武三年民國紀元前一千八百八十五年）睢陽復反，迎劉永，蓋延再圍之，永爲其將所殺，而蘇茂等復立永子紆爲梁王，保垂惠（安徽蒙城縣）。翌二年秀自將擊紆，幸湖陵，其下斬紆以降，梁亡。初彭寵守漁陽，助秀發師攻王郎，有功後頗自負；又與幽州牧朱浮不合，浮譖寵，寵聞遂反，時爲秀在位之二年。明年朱浮棄薊，寵據之，自稱燕王。秀遣祭遵討寵，寵時與涿郡太守張豐合；遵旋據涿，斬豐，孤其勢。逾二年寵亦爲其下所殺，燕亡。李憲初仕莽爲廬江連率；及莽誅，憲遂據郡，自稱淮南王。秀在位之三年，憲自稱帝，置百官，擁九城，有衆十餘萬。其明年遣馬武等擊憲，遂圍舒（安徽舒城縣），逾二年拔之，憲亡走，爲其下所殺，淮南亡。秦豐兵起，於諸人中爲最早，事在王莽之十三年（卽地皇二年民國紀元前一千八百九十一年）。又二年豐據黎邱，自稱楚黎王。秀在位之三年（卽建武三年民國紀元前一千八百八十五年），遣岑彭進圍黎邱，時逾兩載，斬首九萬，豐兵不過千，而終不下。秀使朱祐代彭攻豐，豐窮困始降，祐送洛陽，斬之，楚亡。劉永之立也，瑯琊張步方起兵據本郡，永結之，封爲齊王。秀在位之五年，遣耿弇討張步，弇與步戰，大破之，步降，齊亡。又劉永之立，東海董憲亦起兵據本郡，永結之，封爲海西王。秀在位之五年，遣龐萌蓋延共擊董憲，詔書下延，而不及萌，萌反，與董憲合。秀聞，自將討萌。憲時在下邳，急遣將助萌，合圍桃城（山東東阿縣西南），與秀戰，大敗，萌憲等共走至朐（江蘇東海縣），吳漢圍之。明年，爲秀在位之六年（即建武六年民國紀元前一千八百八十二年），漢拔朐，斬萌憲，海西亦亡。於是東面之兵事全定。

秀既得志於東，乃轉而征西，與隗囂公孫述交兵。迨西方之禍平，中國無事，漢室統一之局，於是漸固；舉王莽以來二十餘年之變故，先後結束，而漢以再興。隗囂當劉玄初立，起兵平襄（甘肅通渭縣），受衆推爲上將軍，旋就玄徵，至長安，謀刼玄東行，事覺，遁歸天水，自稱西州上將軍。時爲光武帝秀元年。囂善禮士，三輔士大夫多趨歸之，其勢寖盛。已而漢命爲征西大將軍，涼州朔方事，俱得專制。未幾，關東將帥上書，言公孫述帝蜀，可乘機進擊。秀頗聞述結囂，因以書示意，令囂攻蜀自効，囂不從。秀使馬援來歙往說之，僅遣子恂入侍，終無內事心。秀在位之六年，公孫述用師南郡，復詔囂伐蜀，囂仍不行。秀謀討之，囂反，使王元據隴坻（陝西隴縣西北），馮異祭遵分師擊之，乃獲大勝。北地諸豪悉畔囂降漢，囂勢大蹙，急降蜀稱臣於公孫述，述以囂爲寧朔王。翌二年，秀遣別將伐之，不下，乃自將征囂，其將多降，而囂終不下，乃殺其子恂，使吳漢等分道圍城。會潁川盜起，秀還京，而公孫述救師旋至，漢兵不能拒，吳漢軍食又盡，乃暫引兵下隴。又明年，爲秀在位之九年（即建武九年民國紀元前一千八百七十九年），囂死，諸將立其子純，擁兵保冀（甘肅伏羌縣東），秀使馮異擊之。又明年，秀再親征，降其將高峻，來歙等又攻破落門（伏羌縣），隗純降，王元奔蜀，西州亡。竇融者，其先世累官河西，秀初立，融據其地，自稱五郡大將軍。迨秀在位之五年，融遣使奉書入見，秀特詔融爲涼州牧。隗囂變起，秀親征，進至高平第一（甘肅固原縣），融率五郡太守及羌虜小月氏等步騎數萬與漢軍會，遂合攻囂。囂死，純降，融與有力焉。隴右旣平，秀命來歙等由隴伐蜀。時公孫述方遣王元拒河池（甘肅徽縣），田戎等下江關（荊門虎牙二山之間曰江關，當湖北宜都縣與宜昌縣隔江相對之地），拔夷陵（湖北宜都縣），據荊門虎牙以爲固。秀在位之十一年（卽建武十一年，民國紀元前一千八百七十七年），吳漢等將兵會岑彭破江關，歙等與元相拒，亦大勝，遂克下辨（甘肅成縣）。述懼，遣刺客殺歙！然漢兵自江關進者已深入，述悉遣兵分道拒守，而岑彭精騎已至廣都（四川雙流縣），去成都數十里，勢若風雨，所至皆奔散，王元爲漢軍所敗，亦降。述益懼，再遣刺客殺彭！於是吳漢卽自夷陵泝江而上，與述師戰於成都廣都間，八戰八克，他將亦來會，漢軍愈盛。述益困，引兵急戰，爲吳漢所擊殺。述將延岑乃以成都降，蜀亡。時秀在位之十二年（卽建武十二年，民國紀元前一千八百七十六年）也。隴蜀旣定，中國始無事，而西平王盧芳始嘗與匈奴烏桓連兵寇邊，至蜀平之次年，亦亡入匈奴，安定之地乃悉爲漢有。於是西面之兵事又全定。東西兩部之兵事定，漢室一統之局，於以再成。自秀卽位至此，蓋歷時凡十有三年焉。

秀前後平亂，或自將，或遣將；或經年而定，或數年而定；或功成於稱帝以前，或功成於稱帝之後；事較複雜，今綜爲一表，以便稽求。其禍變之不在秀時勘定，或雖在秀用兵之日，而無據土稱號之實者，皆不入表。

類別	人	地	遣將或自征	結果	時
光武稱號以前	王郎	邯鄲	自征	伏誅	更始帝玄元年至二年（即更始元年至二年）民國紀元前一千八百八十九年至一千八百八十八年
光武稱號以後	赤眉子劉盆子	長安	遣將鄧禹馮異等	降赦	光武帝秀元年至三年（即建武元年至三年）民國紀元前一千八百八十七年至一千八百八十五年
	劉永及劉紆	睢陽	初遣將蓋延後自征	永先紆後爲其下所殺	更始帝玄元年至光武帝秀五年（即更始元年至建武五年）民國紀元前一千八百八十九年至一千八百八十三年
	彭寵	漁陽	遣將朱浮	爲部下所殺	光武帝秀二年至五年（即建武二年至五年）民國紀元前一千八百八十六年至一千八百八十三年
	李憲	廬江	遣將馬武等	爲其下所殺	更始帝玄元年至光武帝秀六年（即更始元年至建武六年）民國紀元前一千八百八十九年至一千八百八十二年
	秦豐	黎丘	遣將岑彭朱祐等	伏誅	新莽十三年至光武帝秀五年（即地皇二年至建武二年民國紀元前一千八百九十一年至一千八百八十三年）
	董憲	東海	遣將吳漢等	伏誅	更始帝玄元年至光武帝秀六年（即更始元年至建武六年）民國紀元前一千八百八十九年至一千八百八十二年
	張步	臨淄	遣將耿弇	降封侯	更始帝玄元年至光武帝秀五年（即更始元年至建武五年）民國紀元前一千八百八十九年至一千八百八十三年
	隗囂及隗純	天水	遣將來歙等又自征	囂死純降後伏誅	更始帝玄元年至光武帝秀十年（即更始元年至建武十年）民國紀元前一千八百八十九年至一千八百七十八年
	竇融	河西		降授牧	光武帝秀元年至五年（即建武元年至五年）民國紀元前一千八百八十七年至一千八百八十三年
	公孫述	成都	遣將來歙岑彭吳漢臧宮等	與吳漢戰傷亡	更始帝玄元年至光武帝秀十二年（即更始元年至建武十二年）民國紀元前一千八百八十九年至一千八百七十六年
	盧芳	安定		亡入匈奴	更始帝玄元年至光武帝秀十三年（即更始元年至建武十三年）民國紀元前一千八百八十九年至一千八百七十五年

西漢諸帝之強健者，往往以儒術之治參名法；至光武帝秀，則兼或采用黃老。觀其既有中國，平羣亂，乃曰：「吾治天下，欲以柔道行之。」匈奴衰敝，臧宮馬武上書請用兵，秀報書告以黃石公記曰：「柔能勝剛，弱能勝強。」夫柔

勝弱勝之說，老子嘗持之。老曰：『弱者道之用。』又曰：『天下之至柔，馳騁天下之至堅。』又曰：『骨弱筋柔而握固。』又曰：『堅強者死之徒，柔弱者生之徒。』返而徵諸秀之所言，其與老學相符驗者，不一而足。太子莊知父之欲，見其勤政，乘間諫曰：『陛下有禹湯之明，而失黃老養性之福。』可知黃老之術，並非秀所厭用，然則秀所主持，雖未必悉遵黃老，而未嘗不懸黃老之術以爲其鵠，可斷言矣。由是思之，秀定中夏以後，其日望無事者，乃其一種之政見使然。綜其所行，凡西漢不良之治，得秀變更之，而間能收一時無事之效者，正非無故。今條舉其事，約有四端：

(一)西漢外戚盡縱恣，至此一變而爲檢束　東漢外戚之患，甚於西漢；然當光武之世，外戚恣肆之禍，尚無所聞，則檢束之效，暨著於一時故也。秀密於制內，六宮稱號，惟皇后貴人，下置美人宮人采女三等，並無爵秩，歲時賞賜充給而已。后族陰郭之家，雖各授榮位，而不使專政。郭后弟況，小心謹慎，家雖富重，賓客而不爲非舉。陰后爲貴人時，其母鄧氏及弟訢爲盜賊所殺，秀傷之，封貴人弟就爲宣恩侯，復召就兄侍中興，欲封之。興辭曰：『臣未有先登陷陳之功，而一家數人，並蒙爵士，誠所不願。』貴人問其故？興曰：『外戚家苦不知謙退，富貴有極，人當知足，夸奢益爲觀聽所譏。』貴人感其言，深自降抑，卒不爲宗親求位。其後郭后廢，貴人代爲后，恭謹如故。至明帝莊時，陰郭二家，數有賞賜，而禮待必均。陰郭子弟，亦舉動中範，以視漢初呂氏之縱恣，相違遠矣。

(二)西漢功臣多戮辱，至此一變而爲保全　高祖邦之戮辱功臣，稍治歷史者類能道之；其後文帝恆之薄待周勃，景帝啓之寃誅亞夫，猶未改其祖父之行，頗貽譏於後世。秀既代劉玄而治，對於功臣，皆力主保全；在位之始，廣封功臣皆為列侯，其下詔有曰：『人情得足，苦於放縱，快須臾之欲，忘慎罰之義。惟諸將業遠功大，誠欲傳於無窮，宜如臨深淵，如履薄冰，戰戰慄慄，日慎一日。』又曰：『在上不驕，高而不危；制節謹度，滿而不溢。敬之戒之，傳爾子孫，長為漢藩。』其整飭勳貴之心，見於言表。及隴蜀平，吳漢振旅還京師，於是大饗將士，功臣增邑更封，凡三百六十五人。定封鄧禹為高密侯，李通為固始侯，賈復為膠東侯。禹復知秀偃兵戎修文德，不欲功臣擁衆京師，乃去甲兵，敦儒學。秀亦欲完功臣爵土，不令以吏職為過，諸功臣自耿弇以次，皆以列侯就第，加位特進，奉朝請。賈復為人剛毅方直，多大節。朱祐等薦復宜為宰相，時秀方以吏事責三公，故功臣並不用。列侯參議政事者，自復以外，僅鄧禹李通。秀善制馭而每能回容，宥其小失，故皆保其福祿，無誅譴者。

(三)西漢藩王本擅專至此一變而為馴順　西漢廣封宗室，以為藩王，其後禍變屢興。秀初即位，封叔父良為廣陽王，族父歙為泗水王，祉為城陽王，歙子終為淄川王；又封兄縯子章為太原王，興為魯王；秀子十一，明帝莊以外，衡封臨淮公，彊封東海王，輔封沛王，英封楚王，康封濟南王，蒼封東海王，延封阜陵王，荊封廣陵王，焉封中山王，京封瑯琊王，皆居京師，修名譽，招遊士，其勢甚盛。故平阿侯王仁之子磐，嘗與諸親戚友善，未幾坐事死。其子肅，復出入王侯邸第。至秀在位之二十八年（即建武二十八年，民國紀元前一千八百六十年），有人上書告肅等受誅之家，為諸王賓客，慮因事生亂。會更始之子鯉，得幸於沛王輔，因事結賓客殺人。秀怒，輔坐繫詔獄，三日乃得出。因詔郡縣收捕諸王賓客，更相牽引，死者千數。自是彊輔英康延始就國，諸王「養客」之風戢，而宗室亦共循法度矣。

（四）西漢士節無榮典，至此一變而爲表章　西漢之季，清節如梅福龔，當世雖或尊之，而朝廷對之絕不注意。秀在位之五年，中國猶未全平，即以汲引高士爲務。詔徵太原周黨、會稽嚴光至京師。黨入見，伏而不謁，自陳願守所志，賜帛四十匹，罷之。光少與秀同學，秀即位，以物色訪之，得於齊國，累徵乃至，拜諫議大夫，不肯受，去耕釣於富春山（浙江桐廬縣西）中，以壽終。其他如太原王霸、北海逢萌，亦隱居養志，霸尚就徵，萌則徵之不起，當代人論以爲高潔。自此清節之士，多有知名於時者。其後士大夫轉相倣法，咸篤飭其行誼，皆由秀加意表章，有以致之也。

以上皆光武政事上之特徵。外戚之禍，至其後嗣雖無能免；而其他三事，則皆有效於來世。史稱光武同符高祖，實則光武比高祖爲賢。自其年二十八起兵，三十爲帝，四十二悉平羣亂，六十二歲沒，在位凡三十三年。太子莊立，是爲明帝。

東漢前期七十餘年間大勢之二（明章之善繼）（民國紀元前一千八百五十四年至一千八百二十四年）

光武帝秀之治術，雜用黃老，而期於息事，語在上節。至其所參取者，則爲儒術。觀其興建太學，修明禮樂，起明堂靈臺辟雍，皆足爲其崇儒之證。惟論治兼尚「讖緯」，則不能無失！然此不足爲漢代人主病也。明帝莊繼父而立，其治乃漸傾於儒術。儒術之最重者莫如禮，莊用弟東平王蒼之議，定南北郊冠冕車服制度，及光武廟中樂舞；又親臨辟雍，行大射養老之禮。禮畢，引諸儒升堂自爲演講，諸儒共執經問難於前，圜橋門而觀聽者，人數極盛。且以莊崇尚儒術之效，自皇太子諸王侯及大臣子弟，功臣子孫，罔不受經。莊又爲外戚諸家立小學於南宮，置五經師以授其業；自期門羽林之士，悉令通孝經章句。匈奴聞之，亦遣子入學。崇儒之業，且擴爲風尚，皆由莊一人提倡致之也。莊雖遣使迎佛，爲營寺傳經，議者或病其不專於儒；然既用儒以理其國，又未嘗因迎佛之故而或廢其治，則議者亦多事矣。莊在位十八年沒，太子炟立，是爲章帝。

章帝炟之立，承其先世治平之後，一意守成；而亦重儒術，且專注之。明帝莊之治，尚時或參以名法。楚王英有罪，廢徙丹陽，坐其獄而死者以千數；比英自殺，而繫獄者尚數千人！雖嚴馭宗藩，不得謂之非策，而究嫌過濫。炟立，知人厭苛切，故事從寬厚，慎刑省徭，民賴其慶，而專用儒術以闡王理。觀其尊師重學，親詣魯，祀孔子於闕里（孔子所居，在山東曲阜縣城中），作六代（黃帝，唐，虞，夏，商，周）之樂，具徵誠意；又以宣帝詢之曾會諸儒石渠論五經同異也，乃仿而修之，詔諸儒會議於白虎觀。使魏應問，淳于恭奏，炟親稱制臨決，作白虎議奏。世儒所傳白虎通者是也。莊之重禮，語在上文。炟因曹襃疏言，乃使襃依漢舊典撰次，自君主至於庶人冠婚吉凶終始制度，爲書奏之；惟襃所編集，時或采及讖記，而炟不復令有司再議，遂以爲一代之定禮，則誠不免於一時之失！然其尊重禮文之志，則彌有足多矣。

東漢自光武帝秀十六年（即建武十六年，民國紀元前一千八百七十二年）以後，內漸寧息，然外難未已；明章之世，用兵猶亟。蓋東漢一朝，前六十餘年間內亂平而始籌攻外，後一百三十餘年間外攻稍弭而即不能已於內憂。今先就光武、明、章三世對外之事，述之如左：

（一）平南北匈奴　當東漢之初，匈奴無所謂南北也；盧芳藉倚之，與中國交兵，時和時叛，漢終勿能創。秀在位之二十年（即建武二十年，民國紀元前一千八百六十八年），匈奴寇上黨天水，且至扶風矣。自呼韓邪以來，其子次第代立，單于輿既交芳以寇漢，漢不能討，故日驕。故烏珠留若鞮單于之子比，素不得於輿。輿沒，子烏達鞮侯立。旋沒，弟蒲奴立。比時領南邊，不得立，益怨恨。會匈奴旱蝗，畏漢乘其敝，遣使詣漁陽求和親。漢使李茂報命，而比陰遣人奉匈奴地圖。蒲奴聞比將內附，欲誅比，比盛師以待，不果。於是匈奴部人共立比為醯落尸逐鞮單于，款塞稱臣。匈奴自是有南北之分，比本領南方，故為南單于。秀在位之二十六年（即建武二十六年，民國紀元前一千八百六十二年），徙比居西河美稷（美稷，漢縣，在今內蒙古鄂爾多斯左翼中旗），置兵衛之。而比亦列置諸部王，助漢捍戍，以偵邏北匈奴。北匈奴蒲奴單于頗懼，亦遣使求和親，而漢不許，僅略加頒賜。已而南單于比沒，弟丘浮尤鞮單于莫立。莫沒，弟伊伐于慮鞮單于汗立。汗沒，比之子醯僮尸逐侯鞮單于適立。適沒，莫之子丘除車林鞮單于蘇立。蘇沒，適之弟胡邪尸逐侯鞮單于長立。時北匈奴猶盛，數寇邊；既又欲合市，遣使求和親。漢冀其不復寇，許之；而南匈奴懷疑，欲畔而即北。明帝莊在位之八年（即永平八年，民國紀元前一千八百四十七年），漢始置度遼營以間隔之。即以使匈奴中郎將（光武帝秀在位之二十六年，南單于既降，漢始置使匈奴中郎將，將兵爲之衞）吳棠爲度遼將軍，屯五原曼柏（曼柏，漢縣，今內蒙古鄂爾多斯黃河西岸），北匈奴由是與漢絕和親，而復事寇鈔矣。莊在位之十六年（即永平十六年，民國紀元前一千八百三十九年），漢大發兵擊北匈奴，而以竇固耿忠等爲將。固忠至天山，擊走匈奴呼衍王，追至蒲類海（新疆巴爾庫勒淖爾），取伊吾盧地（即伊吾），置宜禾都尉以屯田，漢兵大捷。其後西域諸國均附漢，北匈奴勢益衰；又爲其屬部所侵，不能自立，乃遠引而去。章帝炟在位之十二年（即章和元年，民國紀元前一千八百二十五年），鮮卑入北庭，斬優留單于，其部五十有八，悉詣漢降，北匈奴蹔定。

南匈奴素主親漢，不似北庭之好亂。單于長沒，汗之子伊屠于閭鞮單于宣立。宣沒，長之弟休蘭尸逐侯鞮單于屯屠何立，其親漢如故。和帝肇以後，雖數有內亂，仍依附中國。屯屠何沒，宣之弟安國立，爲下所殺，適之子亭獨尸逐侯鞮單于師子立。師子沒，長之子萬氏尸逐鞮單于檀立。檀沒，弟烏稽侯尸逐單于拔立，拔沒，弟去特若尸逐就單于休利立。休利自殺，南匈奴立句龍王車紐爲單于。車紐爲漢所斬，呼蘭若尸逐就單于兜樓儲立。兜樓儲沒，伊陵尸逐就單于居車兒立。居車兒沒，子屠特若尸逐就單于某立。某沒，子呼徵立。呼徵爲漢將所斬，右賢王羌渠立。羌渠沒，子持至尸逐侯單于於扶羅立。於扶羅沒，弟呼廚泉立，以至漢亡。

北匈奴數爲漢所征伐，自蒲奴單于以後，其系序之更迭，不如南匈奴之明。蒲類海大敗後，優留死於鮮卑，部入立優留弟爲單于。章帝炟在位之十三年（即章和二年民國紀元前一千八百二十四年），竇憲等復大發兵擊北單于。明年爲和帝肇即位元年（即永元元年民國紀元前一千八百二十三年），憲等大破北單于於稽落山（據讀史兵略，稽落山疑今外蒙古三音諾顏左翼右旂額布根山），追擊諸部，遂臨私渠北鞮海（據通鑑地理今釋疑今科布多之烏布薩泊；讀史兵略疑鄂羅克泊），諸部先後降者八十有一。憲等出塞三千餘里，登燕然山（今三音諾顏之杭愛山），勒石紀功歸。逾年，北單于遣使款塞，漢方遣使禮迎而南單于屯屠何求滅北庭甚切，漢因變計襲擊北單于，單于被創，僅而得免。又明年爲肇在位之三年（即永元三年民國紀元前一千八百二十一年），憲使耿夔等出塞，大破北單于於金微山（據通鑑地理今釋，疑今阿爾泰山），北單于逃走，不知所在。餘衆度山（即阿爾泰山），西走康居；其不能去者往龜茲。北庭空，其弟於除鞬自立爲單于，止蒲類海，遣使款塞。漢立爲北單于，並依南單于故事使中郎將將兵衛之；旋復畔還北，漢遣王輔以千餘騎與任尚共追斬於除鞬，破滅其衆。時已在和帝肇之五年矣。

（二）通西域　西域自武帝徹以來，棄匈奴而事中國。中國常羈縻之，勿使絕；比王莽代漢，失恩信於西域，於是西域棄中國而事匈奴。光武帝秀即位，西域怨匈奴賦斂重刻，諸國不堪命，皆願內屬，請都護於漢，而漢不許。莎車王賢再遣使奉獻，秀賜賢都護印綬；尋奪還之，更予大將軍印。賢憤，遂詐稱大都護，令諸國。車師鄯善等十八國懼，俱遣子入侍，願得都護。漢厚賜之而還其侍子。莎車知漢都護不出，擊破鄯善，攻殺龜茲王。鄯善車師復附匈奴，而漢不問也。莎車王賢死後，諸國復自相攻伐，小宛、精絕、戎盧、且末爲鄯善所幷，渠勒皮山爲于闐所統。郁立、單桓、狐胡、烏貪訾離爲車師所滅。其後諸國雖或復立，而西域一隔，兵爭叢起。北匈奴盛時，或脅諸國寇邊，河西郡縣城門晝閉。明帝莊之十六年，漢大破北匈奴，竇固使假司馬班超使西域，至鄯善，其王廣禮超甚備，後忽更疏懈。超知有匈奴使至，因設計殺之，以匈奴使首相示！廣懼，願屬漢，納質子。超還，白竇固，固上超功，漢以爲軍司馬，令遂前功。當是時，于闐破莎車，主南道；龜茲攻殺疏勒王，主北道；勢均強。明年，超先至于闐，于闐震恐，卽攻殺匈奴使而降。已，從間道至疏勒，疏勒王兜題，本龜茲所立；超執兜題遣之，立其故王兄子忠（本名榆勒）爲王，疏勒亦服。由是諸國多遣子入侍，西域與漢絕六十五載，至是復通。

時車師猶未服，竇固耿秉擊定之，復置西域都護，戊己校尉。北單于爭車師，戊校尉耿恭遣兵救之，軍盡沒，匈奴遂殺車師後王安得，而攻戊校尉所駐之金蒲城（卽車師後王所治，據漢西域圖考，謂是今濟木薩地），恭善守禦，得不敗；而都護陳睦，則爲焉耆龜茲所攻滅；己校尉關寵，亦被匈奴圍，沒於柳中。柳中（新疆土魯番縣）者，己校尉之所治也。恭久守而無援師，車師又叛，與匈奴共圍恭，未下，漢遣酒泉太守段彭往救之。彭擊走匈奴，降車師，迎耿恭歸。中郎將鄭衆上疏曰：『耿恭以單兵固守孤城，當匈奴之衝，對數萬之衆，連月踰年，心力困盡，鑿山爲井，煮弩爲糧，先後殺傷醜虜數千百計，卒全忠勇，不爲大漢恥。恭之節義，古今未有，宜蒙顯爵，以厲將帥。』詔拜恭騎都尉，悉罷戊己校尉及都護。時班超在疏勒亦徵還，西域與漢復絕。超將發，疏勒憂爲龜茲滅，頗懼。及至于闐，王侯以下，俱號泣，不欲超去。疏勒兩城，自超去後，復降龜茲，而與尉頭連兵。超還捕斬反者，擊破尉頭，疏勒再定，超亦不復歸。時章帝炟即位之元年也（即建初元年，民國紀元前一千八百三十六年）。

迨炟在位之五年（即建初五年，民國紀元前一千八百三十二年），超欲竟其平定西域之功，復上疏請兵。其時西域惟焉耆、龜茲未服，超意在先擊破龜茲，則其他被制於龜茲者自定。會平陵人徐幹，與超同志，聞超疏上，幹自告奮勇。漢以幹爲假司馬，將弛刑及義從千人來就。超與幹先平疏勒叛者，又主結烏孫，謀夾擊。炟在位之九年（即元和元年，民國紀元前一千八百二十八年），漢發兵益超。超以莎車降龜茲久，即發疏勒于闐兵擊之。莎車以賂誘疏勒王忠使叛漢。超遂勒兵更立其府丞成大爲疏勒王，別設策討忠，殺之，其衆俱破，南道通。炟在位之十二年（即章和元年，民國紀元前一千八百二十五年），超再發于闐諸國兵，擊莎車，而龜茲發溫宿等兵救之。超揚言兵少須散，使龜茲溫宿聞之，各於東西界伏師邀超。超知二虜出，密召兵馳涉車營，莎車駭懼附漢，龜茲等因各退散而降。自是超威震西域。初，月氏嘗助漢擊車師有功，後求尚漢公主，爲超所拒，遂以師來攻，不下，又抄掠無所得。超出奇兵擊破之，月氏亦懼，歲奉貢獻。後至和帝肇之六年（即永元六年，民國紀元前一千八百十八年），又討焉耆，斬其王廣，更立元孟爲焉耆王。於是西域五十餘國，悉納質內屬。超以功封定遠侯，西域復通。

班超之出入西域，前後計三十一年，後以年老思歸，得旨返國。顧超經略西域，其情況多與西漢相殊。第一：西漢之用師西域，因與匈奴爭地使然；至於東漢，匈奴雖曾連結西域以疲漢兵，然自北匈奴衰耗之餘，西域諸邦，輒互相攻伐，漢欲定其土地，非先去其好事攻伐者不爲功。故西漢與匈奴爭西域，東漢則可謂之與西域爭西域。此其情況之不同者一也。第二：西漢遣使之屯駐西域也，其立功最著爲鄭吉。顧吉於西域，所恃者兵威；而超則不惟兵威，且兼資德意。超拜西域都護，得遠夷之和，同異族之心，爲他人所莫及；後任尚代爲都護，卒以嚴急之故而失邊和，漢遂終棄西域，不復置都護。蓋東漢時之西域，其不能專恃兵威以爲讋服者，其徵已若是。此其情況之不同者又一也。第三：西漢張騫奉使西域，最遠至於大夏（阿富汗國北境）。班超留西域既久，遣掾甘英西使大秦（今歐洲東南境古羅馬帝國），抵條支（今波斯西南），臨大海（波斯灣），英欲逕渡，而安息西界船人謂曰：『海水大，往來逢善風，三月乃得渡；若遇遲風，亦有二歲者。入海人皆齎三歲糧。海中善使人思土戀慕，數有死亡者。』英聞之，乃止。然則英之行程，蓋已抵亞洲西境，其通道之遠，已過於西漢。此其情況之不同者又一也。以上三端，具爲兩漢通道西域之異徵。又其顯然相反者，則西漢通西域，至王莽而始絕；東漢通西域，至安帝時而即絕也。今因陳說西域情況之便，連敍於下，以見一斑：

任尚既代班超爲都護，屢爲西域人所攻圍，漢遂罷都護，棄西域。北匈奴復收屬諸國，共爲邊患。其後諸國中亦有一二附漢者，皆爲匈奴之所劫制，不克自由。當安帝時，漢廷僅置西域副校尉，居敦煌，以示羈縻而已。

其後車師之衆屢合匈奴來寇河西，漢甚至議閉玉門陽關絕之。嗣用陳忠議，以班超之子勇爲西域長史，將兵五百西屯柳中。勇遂破平車師，擊散匈奴兵。自光武帝秀至此，西域三絕三通。迨順帝保在位，勇復擊降焉耆，旋定龜茲，疏勒于闐莎車等十七國皆來服從。已而漢威稍損，諸國驕傲，互相攻伐，西域絕漢，遂不復通越數百年，俱并滅於突厥。

(三)伐西羌　自光武至明章，爲武功最盛之世；至和帝肇時，雖亦用兵域外，但其勝績，皆基於明章之治世。故吾人稱述明章之治，時或涉及明章以後之數年。即如西羌，最爲東漢一代之患；而在明章之世，則常遭敗衄，終不久而降。東漢初世對外之強，此又其一證也。初羌當漢宣帝詢時，爲趙充國所平，西陲告靖。至元帝奭時，研種之一支曰「燒當」者，偕其同族，共寇隴西，雖爲馮奉世所平，而燒當旋又漸熾。王莽建國，諷諸羌獻西海(今青海)地，立郡曰「西海」，徙民居之。及莽敗，羌復據西海爲寇。光武帝秀在位之十年(即建武十年，民國紀元前一千八百七十八年)，諸羌相結，復寇金城隴西，漢遣來歙擊之，羌衆大敗，明年復爲馬援所破。羌禍暫舒，然不能絕也。其後諸羌自相攻伐，而以燒當之後人滇吾爲最強，據大榆中(甘肅導河縣)，屢率衆寇隴西，守塞諸羌，從而附之；其勢轉盛。漢遣將軍馬武率兵四萬往擊，羌始敗走。時明帝莊即位之元年也(即永平元年，民國紀元前一千八百五十四年)。西漢舊制：益州部置蠻夷騎都尉，幽州部置領烏桓校尉，涼州部置護羌校尉，皆持節領護，理其怨結，歲時循行，問所疾苦；又數遣使驛通動靜，使塞外羌爲吏耳目，州郡因此可得儆備。東漢校尉職如故，馬武平羌後，因校尉不職，遂去其官；已又以羌禍未靖，復立校尉。至章帝炟在位之二年（卽建初二年，民國紀元前一千八百三十五年），滇吾子迷吾大敗金城太守郝崇兵，諸羌叛應。校尉吳棠不能制，賴將軍馬防耿恭等破之，迷吾等雖降而亂仍未靖也。帝在位之十一年（卽元和三年，民國紀元前一千八百二十六年），迷吾等又叛。明年，護羌校尉傅育帥師出塞，窮追之，陷伏死。會諸郡兵到，羌遂引去。詔以張紆代育，屯臨羌（甘肅西寧縣）爲備。迷吾旣殺傅育，狃忲邊利，復寇金城塞，爲馬防所敗，去降紆。紆設計待之，斬其酋豪八百餘人，迷吾與焉。迷吾子迷唐痛父之死，因厚結諸族，冀得當報漢。至和帝肇時，遂大舉入寇，漢兵禦之不利，旋入居金城。護羌校尉吳祉促令出塞，種人更懷猜懼，遂遠踰賜支（卽析支）河曲而遁，自是西海及大小榆谷（甘肅導河縣左右）無復羌寇。至安帝祜以後，羌禍乃復興。

（四）服交阯南蠻　漢世稱交阯亦曰南蠻，其地最遠。自西漢滅南越，置九郡，皆領於交阯刺史。其後交阯地數不靖，漢屢徙中國罪人使雜居之。光武中興，南越徼外蠻夷，亦有貢獻。至十六年（卽建武十六年，民國紀元前一千八百七十二年），交阯女子徵側與妹徵貳反，攻郡。徵側者，麊泠（安南太原府西）縣雒將之女也。嫁爲朱䳒（安南交州府東南，麊泠與朱䳒皆漢縣，屬交阯郡）人詩索妻，甚雄勇。交阯太守蘇定以法繩之，側忿，故反。九眞日南合浦等郡悉應。凡略城六十五，自立爲王，都麊泠。交阯刺史及諸太守僅得自守。逾二年，爲秀在位之十八年（卽建武十八年，民國紀元前一千八百七十八年），伏波將軍馬援緣海進師，隨山刊道千餘里，直至浪泊（安南交州府東關縣），與徵側等戰，大破之。追至禁谿（在故麊泠縣西南），餘黨盡散走。明年，斬徵側徵貳，傳首洛陽。漢嘉援功，封爲新息侯。援歸朝未久，而平蠻之事復起。

南蠻之種類不一，其最先爲東漢患者曰武陵蠻。武陵故地本秦黔中郡，漢興改名。其地雖有蠻人散居，但不足爲郡國患；光武中興，其勢漸強。至二十三年（即建武二十三年，民國紀元前一千八百六十五年），精夫相單程等反，漢遣將軍劉尙討之。尙泝沅水（出貴州故黎平府苗地，經湖南沅州辰州至常德入洞庭），入武谿（出湖南常德縣武山入沅水），輕敵深入，舟師不得上，爲敵所乘，全軍皆沒。明年，相單程等下攻臨沅（湖南常德縣），漢師討之不克。馬援年六十二，請行，許之。援軍至臨鄉（湖南常德縣境），大破羣蠻；更以兵進營壺頭（山名，在湖南沅陵縣東），壺頭水險，蠻乘高守隘，船不得上，會暑甚，士卒多疫死，援亦中病耿弇之弟舒從援進師，本不主由壺頭；及是與兄弇書頗咎援；弇聞漢使責問援，而援已沒，乃收其新息侯印綬，示懲儆。時蠻亦飢困，漢軍疫病死者又大半。監軍謁者宗均乃矯制告諭羣蠻，示之恩信，武陵蠻遂降。均爲置長吏治之，蠻地乃定。

武陵蠻定後，直至章帝炟即位之初，武陵澧中（湖南澧縣）蠻陳從等旋反，爲零陽（湖南慈利縣東）蠻所擊定。又二年，漊中（湖南臨澧縣西北）蠻覃兒健等繼叛，漢發兵拒守於零陽，別募羣蠻之不叛者共擊之，覃兒健被斬，餘衆遂定。自後惟更迭爲小寇，不能爲鉅患。

至若西南夷部落，西漢大抵開爲郡縣；光武中興，牂牁諸大姓，皆保境爲漢，朝廷嘉之，均加褒賞。益州本滇國，太守文齊亦竭力爲漢守；其後文齊受漢徵，死於道，附近諸夷共叛益州太守繁勝不能制。秀在位之十九年（即建武十九年，民國紀元前一千八百六十九年），遣劉尚發廣漢犍爲蜀郡人及朱提（故漢縣，本雲南昭通府境）夷擊之。尚軍遂渡瀘水，入益州界，蠻夷聞漢兵至，皆散走。翌二年，尚等追諸夷至不韋（雲南保山縣南），斬其渠帥，虜獲甚衆，於是益州諸夷皆服，其地悉平。迨明帝莊時，哀牢（本雲南永昌府）夷亦內屬，漢於其地置縣二，曰哀牢（雲南保山縣），曰博南（雲南永平縣），於是東漢之聲勢，直達西南絕域山川深阻之深區矣。

以上爲東漢前期對外大勢之一斑，光武振作於前，明帝繼承於後，卒以重寧中國，再建漢威。加之明章之世，內亂早平，對外一方，尤易爲力。不謂盛功方竟，而衰象漸呈。和帝肇以後，外戚攬權，宦官競勢，東漢之治，其敝也忽焉！豈剏其業者猶未固其本歟？抑隱孽之萌，雖有智者，亦無得而籌其豫也。

東漢後期百三十年間大勢之一（竇鄧閻梁之迭起及宦寺等之竊權）（民國紀元前一千八百二十三年至一千七百五十三年）

章帝炟在位十三年沒。太子肇立，是爲和帝。肇在位十七年沒，子隆立。初肇失皇子以十數，後生者輒養民間，羣臣不知也。肇沒，隆生始百餘日，太后鄧氏迎於民間立之，是爲殤帝。在位一年沒，章帝炟孫長安侯祜立，是爲安帝。在位十九年沒，皇后閻氏，立章帝烜孫北鄉侯懿數月沒，詁太子保即位，是爲順帝。在位十八年沒，太子炳立，是爲沖帝。在位未一年沒，太后閻氏立章帝玄孫建平侯纘，是爲質帝。自和帝肇至質帝纘，外戚歷世用事，宦官乘之，干預國政，而纘時外戚之勢尤盛。自纘以後，人主在位之日較長，外戚之難稍息，而莠政用興。最後何進用事，激戮宦官，而漢祚乃終傾於外戚。夫兩漢制馭宗藩，皆有其道，而獨不能馭外戚。以光武之明，親遭王氏之難，顧亦不能垂令甲以立來世之範。女寵蔽人，豈眞如是？烏乎！執陰郭以概後人，見諸馬而幸無患，即明章亦有不能逭其責備者矣。

東漢外戚之禍，其先發者爲竇氏，而最烈者爲梁氏。大都乘權肆志，靡所不爲：庸弱之主，既不得而加誅；闒茸之夫，且趨承之恐後。夫使外戚攬政，歷數世如一日，寧不爲彼攬政者之所願？顧其事非獨不容於漢時之趨勢，即於君主政體之下，亦不能適存。何也？君有繼者，則后族之得權，亦必因之而易。西漢王政君之爲太皇太后，得乘權勢至四世之久者，殆例外也。外戚攬政，既有必替之日，使其從而替之者，或爲君主左右近習之流，則其權必又移於近習。吾人觀夫東漢外戚之攬政，宦寺常從之以竊大權，未嘗不爲東漢人主一深其憤慨！要其擾亂東漢之罪，外戚主之，宦官其從也。今綜舉外戚攬政之概情，及其引起宦寺專權之流弊，陳述於左方：

（一）以外戚竇氏之用事而引起宦官鄭衆等之專權　初，明帝莊繼承父志，愼於用人，外戚之家，咸守法度，莫敢自肆。皇后馬氏，爲新息侯援之女，以賢明著稱。后兄馬廖、馬防、馬光俱封侯，雖亦甚貴顯，而不至於爲亂。迨章帝烜在位，皇后竇氏，大司徒融之曾孫女也。烜愛幸之，專固後宮，而獨無子。貴人宋氏生子慶，梁氏生子肇。

（即和帝），竇氏嫉忌，遂誣殺宋貴人，廢慶爲清河王，梁貴人亦以憂死。自是宮房慄息，后寵日隆。兄憲，弟篤、景、瓌均顯。章帝殂沒，子和帝肇立，竇氏爲太后，臨朝，竇憲以侍中內幹機密，出宣誥命，最居權要。未幾，擅殺漢宗室都鄉侯暢，懼得罪，願率師擊匈奴自效。後果建功，還拜大將軍，威名益起。陰以耿夔、任尚爲爪牙，鄧疊、郭璜爲心腹，班固、傅毅典文章。刺史守令多出其門，賦斂吏民，共爲賂遺。尚書僕射郅壽、樂恢並以忤意相繼自殺。由是朝臣震懾，望風承旨。而諸竇之中，景尤驕縱，奴客緹騎，恃勢陵人，商賈避之，有如仇敵。和帝肇在位之四年（即永元四年，民國紀元前一千八百二十年），封鄧疊爲侯，疊與其弟步兵校尉磊、憲女婿射聲校尉郭舉，舉父長樂少府璜，皆相交結。舉得幸太后，遂謀害肇。肇知其謀，而憲兄弟專權，末由與內外臣僚親接，所與居者惟有閹官鈎盾令鄭衆，謹敏有心機，獨不事豪黨，素爲肇所親信。及是，肇因與衆定議除憲，以憲方屯軍涼州，慮其爲亂，忍而未發。及憲歸京師，肇將發其謀，使清河王慶私從千乘王伉（肇長兄）求得外戚傳，夜獨納之。又令慶傳語鄭衆，求索故事。明日，幸北宮，詔分兵屯南北宮，閉城門，捕璜、舉、疊、磊，皆下獄死，收憲大將軍印綬，更封爲冠軍（河南鄧縣）侯。篤、景、瓌故皆有侯封，悉令就國。肇以太后故，不欲顯誅憲，選賢能相、督察之，比到國，皆迫令自殺。鄭衆以功遷大長秋。東漢宦官之用權，自此始。肇在位之十四年（即永元十四年，民國紀元前一千八百十年），念衆之功，特封爲能鄉（河南新野縣）侯，其後衆傳養子閎，閎傳子安，國絕，至桓帝志時，又封其曾孫石讐爲關內侯。宦官之封侯，蓋又自衆始矣。

(二)以外戚鄧氏之用事而引起宦官江京李閏等之專權　和帝肇之后鄧氏，太傅禹之孫也。肇沒，鄧氏無子，迎立庶子隆，是爲殤帝，鄧氏爲太后臨朝。隆沒，又立清河王慶子祜，是爲安帝，鄧太后仍臨朝。初，太后兄隲仕和帝肇朝，素謹飭，位不過中郎將。比安帝祜立，隲雖官將軍，而太后猶下詔司隸校尉等檢勅諸鄧賓客，既而封隲及其弟悝、弘、閶皆爲列侯，隲等俱力辭不受。太后久當國，亦頗有善政。安帝祜在位之十五年（即延光元年民國紀元前一千七百九十一年）疾沒，祜始親政，而鄧氏乃不免。先是羌之亂，搖蕩西州，太后詔遣隲率師西屯漢陽（甘肅伏羌縣），使任尚等與羌戰，不利；詔徵隲歸京師，拜爲大將軍，既至，使大鴻臚親迎，中常侍郊勞，光耀震都鄙。適遇災厄，漢威漸替，隲等崇節儉，能力役，推薦賢士何熙、祋諷、羊浸、李郃、陶敦等，列於朝廷，辟楊震、朱寵、陳禪，置之幕府，故中國復安。祜少號聰明，及長多不德，稍不可太后意；而乳母王聖見太后久不歸政，慮有廢置，常與宦官李閏伺察太后。及太后沒，隲以有功漢室，得封上蔡（河南上蔡縣）侯；而宮人中之不得於太后者，乃陰自定謀，誣告鄧氏兄弟先有廢立意。時悝、弘、閶已皆身故，祜聞追怒，乃各廢其子之侯封，斥爲庶人；隲以不與謀，僅免，徙封羅（湖南湘陰縣）侯，遣就國。隲與子鳳並不食而死，諸鄧亦多有自殺者。祜雖漸悟隲冤，使還葬洛陽北芒舊塋，而宦官李閏等則已乘之用事，皇后閻氏之族亦因以倖顯。范曄所謂『來寵方授地既害之（李賢注後來寵者方欲授之要職，而前代權臣見居其地，必須除舊，方得授新，是地既害之也）；隙開勢謝，讒亦勝之（李賢注君臣有隙，上下離心，則權寵之人形勢漸謝，於是讒人構會，尋亦勝也）』者也。隲等兄弟委遠時柄，忠勞劉氏，而終莫之免！誠哉漢外戚之不可一朝居矣；要其禍胎，則太后十五年當國之久種之也。祜既廢斥諸鄧，於是以貴人耿氏之兄寶監羽林左軍車騎；貴人宋氏兄弟與寶俱封侯，宋氏爲卿校侍中者十餘人；閻后兄弟顯景耀並爲卿校，典禁兵，內寵始盛。宦官江京亦以迎祜功，與李閏同封侯，並遷中常侍；京兼大長秋，與其黨樊豐劉安陳達相交結；及王聖，聖女伯榮扇動內外，競爲侈虐。伯榮出入宮掖，傳通姦賂；太尉楊震等連諫不從，宦官樊豐，乃益無顧忌！遂詐作詔書，調發司農錢穀，大匠見徒材木，各起冢舍園池廬觀，役費無數；震復極諫，豐等遂譖震爲鄧故吏，有恚恨心！乃詔收震印綬，震因自殺。

（三）以外戚閻氏之用事，而引起宦官孫程等之專權　當安帝祜時，內寵既盛，而其類最雜！外戚以外，宦官有之，乳母有之，故宮庭隱患之萌，最爲深至。初王聖江京李閏等，譖太子保之乳母王男，廚監邴吉等殺之，保聞，嘆息。京等懼有後害，乃與閻后妄造虛無，構讒太子，祜怒，遂廢太子爲濟陰王，居德陽殿西鍾下（通鑑胡注引帝紀，德陽殿在北宮掖庭中），時祜在位之十八年也（即延光三年，民國紀元前一千七百八十七年）。明年，祜東巡，沒於葉（河南葉縣），閻后與兄顯及江京等謀，以廢太子保在內，恐公卿立之，乃僞云上疾，馳歸京師，然後發喪。閻后又思久專國政，擇立幼年，定策迎濟北王壽（章帝炟之子）子北鄉侯懿爲嗣，閻后爲太后，臨朝。於是漢庭之形況，遂爲之一變。祜當國，宦官外戚及嬖幸之徒多雜進；及是政權既爲閻氏所專，其餘祜時得志之儔，必不能並用。顯本忌樊豐耿寶輩之肆，乃諷有司，奏耿寶樊豐及其黨與虎賁中郎將謝惲，侍中周廣，王聖母子等，更相阿黨，互作威福，皆大不道。豐惲廣同下獄死，貶寶爲亭侯，遣就國，寶自殺。聖母子徙雁門。於是顯弟景爲衛尉，耀、城門校尉，晏、執金吾；兄弟並處權勢，威福自由。懿立二百餘日而疾，閻顯兄弟及江京等，皆在左右，京勸顯早徵諸王子，預簡所從。及懿沒，顯白太后，祕不發喪，更徵王子；未至，而宦官孫程等十九人，謀立廢太子保，集謀於西鍾下，夜入省門，斬江京劉安陳達；以李閏積爲省內所服，脅與俱迎保。保卽位，是爲順帝，時年十一。召尚書令僕射以下，從輦幸南宮；程等留守省門，遮扞內外；並分遣虎賁羽林士，屯南北宮諸門。明日，收顯及其弟耀晏，皆下獄誅死，家屬徙遠郡，遷太后離宮。開門能屯兵，封孫程王康王國黃龍等十九人皆爲列侯。李閏以先不與謀，故不封。遂擢拜程騎都尉，程益驕恣，甚或懷表上殿，呼叱左右保怒，悉遣十九侯就國，後念功勳，悉徵還京師，而程旋沒，王康王國等皆早死；黃龍等九人，與保乳母宋娥，更相貨賂求高官增邑，後並遣就國，減租四分之一。

(四)以外戚梁氏之用事而引起宦官單超等之專權　順帝保后梁氏，大將軍商之女也。后立，商用事，子冀爲河南尹。冀素嗜酒，好佚遊，居職縱暴，保未能問也。商沒，未及葬，保卽拜冀大將軍，弟不疑河南尹。保沒，子沖帝炳立。梁后爲太后臨朝。未幾，炳沒，太后徵清河王蒜及渤海王鴻之子纘至京師。蒜纘皆章帝炟曾孫，蒜爲人嚴重，公卿歸心；冀利纘幼弱，與太后定策禁中，迎之卽位，是爲質帝。蒜能，歸國。纘立，年八歲，而性甚慧。知冀驕橫，嘗朝羣臣目冀曰：「此跋扈將軍也。」冀聞，深惡之，使左右置毒於煮餅以進。纘苦煩甚，召太尉李固，固入，纘旋沒。固伏尸號哭，推舉侍醫，冀慮事洩，大惡之。會議立嗣，固與司徒胡廣、司空趙戒先與冀書，謂宜立清河王蒜，而宦官曹騰常謁蒜不爲禮，由此惡蒜，乃往說冀，謂不如立蠡吾侯志（章帝炟曾孫）。冀乃重會公卿，意氣洶洶，言詞激烈，胡廣、趙戒皆懼，曰「惟大將軍令！」獨固與杜喬仍主立蒜。冀厲聲罷會，說太后策免固，立志，是爲桓帝，太后仍臨朝。貶清河王蒜爲尉氏（河南尉氏縣）侯，徙桂陽（湖南郴縣），蒜自殺。下固、喬獄，固、喬亦死獄中。時太后以冀有定策功，諸梁皆封侯；又立其女弟爲志后，封冀妻孫壽爲襄城（河南襄城縣）君。太后雖未幾歸政而沒，梁氏勢益強，冀與壽對街爲宅，備極奢侈。壽性鉗忌，能制馭冀，冀甚寵憚，常用壽言，多斥奪諸梁在位者，以示謙退，而實崇孫氏。孫氏宗親冒名爲侍中校尉者十餘人，皆貪叨凶淫，無所不至。冀既縱壽，自奉尤侈，嘗起別第於城西，以內姦亡；或取良人，悉爲奴婢，至數千人，名曰「自賣人」。志在位之五年（卽元嘉元年，民國紀元前一千七百六十一年），詔加冀殊禮，賜以甲第，比於霍光，每朝會與三公絕席，十日一入平尚書事。冀猶以禮薄不悅，專擅威權，凶恣日積，機事大小，莫不諮決之。宮衛近侍，並所親樹，禁省起居，纖細必知。百官遷召，皆先到冀門，牋檄謝恩，然後敢詣尚書。梁后恃姊兄勢，奢靡妒忌，無有誕育，宮人孕子，鮮得全者。志內沮於后，外扼於冀，意頗不平。在位之十三年（卽延熹二年，民國紀元前一千七百五十三年），梁后沒，志與中常侍單超、具瑗、唐衡、左悺、徐璜等謀，將合力誅冀。時冀心疑超等，使其黨宦官張惲入省防變。具瑗勅吏收惲，以輒從外入欲圖不軌。志卽詣前殿，遣兵守省閤，斂諸符節送省中。使瑗將虎賁、羽林、都候劍戟士，合千餘人，與司隸校尉張彪共圍梁冀第，收大將軍印綬，徙其侯封，冀及壽卽日自殺。悉收諸梁及孫氏中外宗親送詔獄，無少長皆棄市。不疑先沒，故得免於難。其他所連及公卿列校刺史二千石死者數十人，故吏賓客免黜者三百餘人，朝廷爲空。復收冀財貨，縣官斥賣，合三十餘萬萬，以充王府用，減國內租稅之半，散其園囿以業窮民，百姓稱慶。東漢外戚，官秩最多，當推鄧氏。中興以來，累世寵貴，凡侯二十九，公二，大將軍以下十三，中二千石十四，列校二十二，州牧郡守四十八，其餘侍中將大夫郎謁者尤多，可謂盛矣；然而鄧氏世久族賢，時不限於一世，貴不閡於一門，此其爲盛，殆由漸致？梁氏則不然，冀一門中前後侯七，大將軍二，尙公主者三，其餘卿將尹校五十七人，都在梁商父子用事之世，其盛由驟至！雖不能如鄧氏之久，其勢燄之薰灼，非鄧氏可望。故鄧氏蒙禍以後，其族仍尊；而梁氏則既受顯誅，門祚遂絕也。梁冀之滅，以單超等五人功爲最多，志因封單超徐璜具瑗左悺唐衡皆爲縣侯，世謂之五侯；又封小黃門劉普趙忠等八人爲鄉侯。自是漢政再歸於宦官，朝廷日亂。已而超沒，恤禮甚厚。四侯益驕橫，國中爲之語曰：『左回天，具獨坐，徐臥虎，唐兩墮。』皆競起第宅樓觀壯麗，窮極技巧，金銀罽毦，施於犬馬；又養其疏屬，或乞嗣異姓，或買蒼頭爲子，並以傳國襲封。兄弟姻戚，皆宰州臨郡，辜較百姓，與盜賊無異。五侯宗族賓客，虐徧國內，民不堪命，起爲寇亂。自黨錮之禁以前，宦官爲禍之烈，未有甚於是時者也。

由是言之，宦官之害，固有蠹於政治，而實成於外戚；迨其勢既盛，雖外戚之賢者，亦且無如之何。上之所述，爲東漢夷替之因；以下所述，則東漢覆亡之因也。

東漢後期百三十年間六勢之二（宦寺之貽殃及漢基之傾覆）（民國紀元前一千七百五十二年至一千六百九十二年）

宦寺之制，其來久矣。漢初襲用秦制，置中常侍官。然亦引用士人以參其選，皆銀璫左貂，給事殿省。及呂氏稱制，乃以張卿爲謁者，出入臥內，受宣詔命。文帝恆時有趙談、北宮伯子，頗見親幸。至武帝徹當國，亦愛李延年。徹數宴後庭，或潛游離館，故奏請機事，多以宦人主之。至元帝之時，史游爲黃門令，勤心納忠，有所補益。其後弘恭、石顯以佞倖自進，卒有蕭周之禍。至於東漢中興之始，宦官悉用閹人，不復雜調他士。及明帝莊時，乃置員數。和帝肇以來，鄭衆力鉏貴戚，迭握大權。中常侍由四人而制爲十人，小黃門由十人而制爲二十人。改以金璫右貂，兼領卿署之職。鄧氏以女主臨政，任宦人尤重。其後孫程定立順之功，曹騰參建桓之策。繼以五侯合謀，梁冀受鉞，迹因公正，恩固主心。於是若蘢舉動回山海，呼吸變霜露，漢之綱紀，重以大亂，而鉅禍因之迭發，漢室終以傾危。要之誘起其專政用事之漸，而至貽劉氏之重殃者，則外戚召之也。今爲析述其致禍之端如左：

（一）以宦官用事之故而激成黨錮之禍　東漢之衰也，朝政日非，而風俗轉美。其故因國政委於閹寺，士子羞與爲伍；於是匹夫抗憤，處士橫議，激揚名譽，互相題拂，品覈公卿，裁量執政，婞直之風，由斯大行。初，桓帝志爲蠡吾侯，受學於甘陵（卽淸河國治今山東淸平縣南）周福；及卽位，擢福爲尙書。時同郡房植有名當朝，鄉人謠曰：『天下規矩房伯武（植字）；因師獲印周仲進（福字）。』由是甘陵有南北二部，黨人之議自此興矣。汝南太守宗資任功曹范滂，南陽太守成瑨亦委功曹岑晊，滂晊均有名，二郡又爲謠曰：『汝南太守范孟博（范字），南陽宗資主畫諾；南陽太守岑公孝（晊字），弘農成瑨但坐嘯。』因此傳言轉入太學，諸生三萬餘人，郭泰賈彪爲其冠，並與李膺陳蕃王暢更相褒重，學中語曰：『天下模楷李元禮（膺字），不畏彊禦陳仲舉（蕃字），天下俊秀王叔茂（暢字）。』於是中外成風，共爲危言深論，不隱豪彊，自公卿以下，莫不畏其貶議；閹黨外出肆志者，亦往往爲當地太守之所戮辱，成瑨等雖坐是被殺，而諸人之疾視宦官如故也。河南張成善風角，推占當赦，教子殺人，李膺爲河南尹，督促收捕，既而逢宥獲免，膺愈懷憤疾，竟案殺之。初，成以方技交通宦官，成弟子牢修因上書誣告膺等養太學游士，交結諸郡生徒，更相驅馳，共爲部黨，誹訕朝廷，疑亂風俗。桓帝志聞之怒，班下郡國，逮捕黨人，布告四方，使同忿疾。遂收執膺等下獄，辭連太僕杜密及陳寔范滂之徒，二百餘人，或逃遁不獲，皆懸金購募，使者四出，相望於道。時志在位之二十年也（卽延熹九年，民國紀元前一千七百四十六年）。方黨禍興時，太尉陳蕃上書極諫，志策免之，朝臣皆懼，無有敢爲黨人請者。明年，賈彪說城門校尉竇武尙書霍諝，並表爲請。志以武等奏，使中常侍王甫就獄訊黨人，黨人辭不屈，而李膺等又多引宦官子弟，宦官懼，亦共爲請。詔赦黨人二百餘，皆歸田里，禁錮終身。志在位二十一年，沒。竇后爲太后，臨朝。遣使迎解瀆亭侯宏（章帝玄孫，河間王開之曾孫）入嗣立，是爲靈帝。武以竇后之父，且有定策功；陳蕃亦以舊德，皆封爲侯，蕃辭不受。初竇太后之立，蕃贊助之；比臨朝，政無大小，皆委於蕃。蕃與竇武同心戮力，以獎王室；復徵國內名賢，如李膺杜密等，共列於朝，與參政事。而宏乳母趙嬈及中常侍曹節王甫等，共相朋結，諂事太后；太后信之，數出詔命，有所封拜。蕃武疾焉。會日食，蕃說武請言於太后，能斥宦官，武從之，乃白太后，收宦官官爵，管霸蘇康輩皆坐死；又數白誅曹節等，太后猶豫未忍，故事久不發。武乃奏免黃門令魏彪，以所親小黃門山冰代之，使冰奏素狡猾尤無狀者長樂尚書鄭颯，送獄。蕃謂武曰：『此曹子便當收殺，何復考爲？』武不從，令冰等雜考，詞連曹節王甫。冰等卽奏收曹節諸人，使劉瑜納奏事；爲宦官朱瑀所知，因反誣陳蕃竇武，將廢皇帝，謀大逆。夜召所親十七人，歃血共盟。節請宏御前殿，閉諸禁門，脅尚書官屬，作詔版，拜王甫爲黃門令，持節至獄，收冰等殺之；出颯，卽使持節捕收武等。武馳入步兵營，召會北軍五校士數千人屯都亭，討亂。蕃聞難，將官屬諸生八十餘人，突入尚書門，並爲武辦，卒爲王甫所殺。甫以禁軍討武，武自殺，劉瑜等皆被誅。武家屬徙日南，門生故吏，均免官禁錮。王甫黃門令如故，曹節等六人俱封列侯，又十一人皆爲關內侯。於是羣小得志，士大夫皆喪氣，而「黨錮」之禍復興。

黨錮之復作，雖由宦官致之，而諸黨人之標榜召禍，亦不得謂無失。初，黨人被廢，海內高其名，指士類之賢者爲之稱號：上曰「三君」（竇武劉淑陳蕃），君者言一世所宗也。次曰「八俊」（李膺荀昱杜密王暢劉祐魏朗趙典朱寓），俊者言人之英也。次曰「八顧」（郭泰宗慈巴肅夏馥范滂尹勳蔡衍羊陟），顧者言能以德行引人者也。次曰「八及」（張儉岑晊劉表陳翔孔昱苑康檀敷翟超），及者言其能導人追宗者也。次曰「八廚」（度尚張邈王孝劉儒胡母班秦周蕃嚮王章），廚者言能以財救人者也。自陳竇用事，舉擢膺等；及陳竇被戮，膺等復廢。宦官疾惡之。張儉夙結怨於侯覽，故覽惡儉尤甚；有朱並者承覽指上書告儉與其山陽同鄉二十四人共爲部黨，別相署號，圖危漢室。時靈帝宏年十四，未明黨人所爲，從曹節等之說，捕前黨人下獄；節又諷有司奏諸鉤黨者李膺杜密朱寓荀昱翟超范滂等百餘人，請下州郡考治。於是諸人多死獄中，或先沒不及，或亡命獲免。自此諸爲怨隙者因相陷害，睚眦之忿，濫入黨中；州郡承旨，或有未嘗交關，亦罹禍毒，其死徙廢禁者又六七百人。時宏在位之二年也（即建寧二年，民國紀元前一千七百四十三年）。又七年，永昌太守曹鸞上書大訟黨人，言甚切至，反觸宏怒，詔收鸞掠殺，再令州郡更考黨人門生故吏父子兄弟其在位者，免官禁錮，爰及五屬（李賢注謂斬衰齊衰大功小功緦麻也）。又三年，爲宏在位之十二年（即光和二年，民國紀元前一千七百三十三年），乃詔黨錮自從祖以下，皆得解釋。其後黃巾亂作，始赦黨人，然已無及矣。凡黨事始於甘陵汝南，成於李膺張儉，海內塗炭二十餘年，諸所蔓衍，皆國中善士！要其禍難，皆宦官激成之。吾謂以宦官用事之故而激成黨錮之禍者此也。

（二）以宦官用事之故而激成黃巾之禍　自宦官殺陳竇治黨人，威福之盛，爲前朝所未有。梁人審忠奏朱瑀等罪惡，有曰：「割裂城社，自相封賞，黨所親厚，布在州郡，或登九列，或據三司。故盜賊爲之生，夷寇爲之起。」則是瑀等之所爲，不獨亂政，而且召兵，當世之人且直斥之；而黃巾之禍，尤其證之深切著明者也。宏以暱比宦官之故，漸爲非行，或開西邸賣官，或於後宮設肆，或廣起園囿以資娛樂，秕政日多；至其在位之十有七年（即中平元年，民國紀元前一千七百二十八年），而黃巾之亂起。初，鉅鹿張角，奉事黃老，以妖術教授，號「太平道」。咒符水以治病，令病者跪拜首過，或時病愈，衆共神而信之。角分遣弟子，周遊四方，轉相誑誘。十餘年間，徒衆數十萬，自青徐幽冀荆揚兗豫八州之人，莫不畢應。而宏任事宦官，並不加意；雖有言者，亦忽置之。角遂置三十六方，方猶將軍也；大方萬餘人，小方六七千，各立渠帥。訛言「蒼天已死，黃天當立，歲在甲子（按中平元年爲甲子），天下大吉」。以白土書京城寺門及州郡官府，皆作甲子字。大方馬元義等，先收荆揚數萬人，期會發於鄴。元義數往來京師，而宦官封諝徐奉等，實與之結；至是又爲元義謀內應，約以三月五日內外俱起。宏不之覺也。已而角弟子唐周上書告變，於是收元義，車裂，詔案驗宮省直衛及百姓有事角道者，誅殺千餘人，封諝徐奉等皆死。詔下冀州，逐捕角等。角等知事露，晨夜馳敕諸方，並起，皆著黃巾，以爲標幟。角自稱天公將軍，弟寶稱地公將軍，弟梁稱人公將軍。所在燔燒官府，劫略聚邑，旬月之間，全國響應，京師震動。乃以何進爲大將軍，屯都亭，備亂；並用宦官呂強言，大赦黨人。郎中張鈞又疏言：「張角所以能興兵作亂，萬民所以樂附者，皆由十常侍多放父子兄弟婚親賓客，典據州郡，辜榷財利，侵掠百姓；百姓冤無所訴，故謀議不軌，聚爲盜賊。宜斬十常侍頭，以謝百姓」—（通鑑胡注據宦官傳是時張讓趙忠夏惲郭勝孫璋畢嵐曹嵩段珪高望張恭韓悝宋典十二人皆爲中常侍言十常侍舉大數也）。志不能用，反捕殺鈞，時盧植討張角，皇甫嵩朱儁討潁川黃巾，所至皆勝利，植圍角廣宗（河北廣宗縣），垂當拔之，會朝廷遣小黃門左豐視軍，求賂不得，還而譖植，乃以嵩代，而角已死，嵩與角弟梁戰，斬梁，剖角棺，傳首京師，復攻梁弟寶於下曲陽（河北晉縣），又斬之，冀州遂定。其餘黨之在南陽者，亦爲朱儁等所擊敗，於是黃巾破散，州郡所殺，輒一方數千人。宦官張讓等十三人以討平張角之故，俱封列侯，而嵩等反以得罪宦官免職，漢政愈亂，時宏在位之十有八年也（即中平二年，民國紀元前一千七百二十七年）。先是黃巾之起，附從者甚多，其大聲者稱「雷公」，騎白馬者爲「張白騎」，多鬚者號「於氐根」，大眼者爲「大目」，如此稱號，各有所因。大者二三萬，小者六七千，其中尤以黑山（河北沙河縣北）褚燕爲特強，燕衆百萬，河北被害久，漢廷不能討，後雖降漢，而黃巾餘黨仍不靖，迨宏在位之二十一年（即中平五年，民國紀元前一千七百二十四年），青徐黃巾復起，其餘諸盜亦擾攘不已，終漢之世，迄不能征定。此種禍亂，誠如張鈞之論，多宦官所釀成！吾謂以宦官用事之故，而激成黃巾之亂者此也。

（三）以宦官用事之故而激成董卓之禍，初，靈帝宏數失皇子，皇后何氏生子辯，養於道人史子助家，號史侯；美人王氏生子協，太后董氏自養之，號董侯。羣臣請立太子，宏以辯輕佻無威儀，欲立協，未決，會疾篤，屬協於蹇碩。碩素忌何后之兄進，說宏遣進西討涼州之亂，宏從之；進知碩計，故遲滯不卽行。宏沒，碩欲先除何進而立協，使人迎進；又爲進所知，稱疾不入。辯卽位，是爲少帝。何后爲太后，臨朝，封協爲陳留王。進以大將軍參與朝政，忿蹇碩圖己，陰規誅之。袁紹亦素有謀，因進親客張津，勸悉誅宦官。進以袁氏累世貴寵，而紹與弟術皆爲豪傑所歸，信而用之；復博徵智能之士，龐紀、何顒、荀攸等與同腹心。碩不自安，謀誅進，又爲進所知；進收誅碩，領其屯兵。又以驃騎將軍董重（董太后兄子）與宦官爲黨助，卽借端收重，重自殺。袁紹復說進曰：「前竇武欲誅內寵而反爲所害者，以其言語漏泄，而五營百官畏服中人故也。今將軍兄（何進）弟（何苗），並領勁兵，部曲將吏皆英俊名士，樂盡力命，事在掌握，此天贊之時也。」進然之，與紹定策，卽以其計白太后。太后有難色，而太后母舞陽君及進之弟苗數受宦官賂遺，亦於太后前多所障蔽。紹等又爲進畫策，多召四方猛將及諸豪傑，使並引兵向京師，以脅太后。進用其策，遂召外兵，而董卓之禍起。

董卓於漢，有禦羌功。靈帝宏沒年，拜卓幷州牧，令以兵屬左將軍皇甫嵩；卓不奉詔，駐兵河東以待時變。宏沒，辯立，何進謀盡去宦官，而太后不許，乃陰召卓。卓聞召，卽時就道，並上書請收宦官張讓等以清姦穢。太后猶不許。而進聞其弟苗之諫阻，意頗狐疑，袁紹復力說之，促早決，並遣使敎卓等馳驛上奏，謂兵將急入。太后乃恐，悉罷中常侍小黃門，使還里舍，皆詣進謝罪。紹勸進便於此決之，而進不許。謀積日頗泄，宦官懼而思變。張讓恐其子婦（太后之妹）言於太后母舞陽君，入白太后，太后詔諸常侍悉復入直。進要太后悉誅諸常侍，張讓等聞之，因率黨數十人，持兵伏省戶下，伺進出，斬之。進步將吳匡，及虎賁中郎將袁術，聞進被害，欲將兵入宮，宮閉。術因燒南宮青瑣門及東西宮，欲以脅出讓等。讓等入白太后，言何進兵反，因將太后，少帝辯，陳留王協，從複道走北宮。吳匡以何苗素不與進同心，又疑其與宦官通謀，遂攻殺苗。袁紹即閉北宮門，勒兵捕諸宦者，無少長皆殺之，或有無鬚而誤死者！至自發露，然後得免者，二千餘人。張讓等見勢困偪，遂將辯及協數十人步出穀門（洛陽正北門），夜至小平津（河南鞏縣西北），河南中部掾閔貢，夜至河上，厲聲責讓等，因手劍斬數人，讓等懼，遂投河死。比董卓師到，乃與公卿奉迎於北邙（山名，河南洛陽縣北）阪下。卓與辯言，不能辭對；與協語，遂及禍亂之事。卓以協為賢，且為董太后所養，卓自以與太后同族，因萌廢立意。乃諷朝廷，策免司空劉弘，而代其位。與袁紹議，欲廢辯立協。紹不從，出奔冀州。卓遂脅太后廢辯立協，協即位，是為獻帝。卓自為相國，酖殺何太后及辯。明年，為獻帝協在位之二年（即初平元年，民國紀元前一千七百二十二年），關東兵討卓，卓徙都長安，漢自此亂。吾謂以宦官用事之故，而激成董卓之禍者此也。

就以上各端觀之，從知桓靈以前宦官之禍，為外戚所釀成；而桓靈以降，諸禍之相乘，尤以董卓之禍為最烈！東漢之亡，雖亡於曹氏；而其敗亂之因，則成於董卓。以董卓一人之故，而致令中原雲擾，海宇分崩，其有關係於漢季者何如也？今以卓一人為事實之主，推列其身世先後之大要而析言之：

（一）董卓以前之西羌及涼州　東漢西羌之禍，當和帝肇時已靖。迨安帝祜在位，諸羌之入居漢郡縣者，往往爲吏人豪右所徭役，積以愁怨。燒當羌麻奴遁逃出塞，結其種人滇零等反，斷隴道，漢遣鄧騭任尚討之。尚與滇零羌數萬人戰平襄（甘肅通渭縣），大敗，死八千餘人。其後羌勢日盛，漢悉徙邊郡於內地，而禍未能已也。滇零死，子零昌立，寇掠益甚，漢以虞詡爲武都太守，羌圍詡赤亭（甘肅成縣西南），詡設奇掩擊，連破之，羌遂敗散，而零昌亦旋爲任尚所殺。自羌叛十餘年間，漢用軍費凡二百四十餘億，并涼爲之耗敝，雖一時得無事，而麻奴旋又入寇，漢終不能弭其患也。至順帝保在位，羌勢又盛，漢將馬賢與戰，敗沒，諸羌勢合，寇掠及三輔。已而護羌校尉趙沖擊破燒當別種之燒何羌，於是諸種前後三萬餘戶悉降，沖後戰沒，而羌亦由此耗，隴右再平。自馬賢禦羌至此，亦歷七年，費用又八十餘億，然仍僅博一時之無事而已！後日之患，終未能絕也。桓帝志在位之十三年（即延熹二年，民國紀元前一千七百五十三年），燒當羌八種，共叛寇隴右，護羌校尉段熲討破之，而餘衆悉散。明年，復與燒何大豪寇張掖，賴熲力戰，羌始引退，熲追之四十餘日，遂至積石山右肅導河縣西），斬燒何大帥，出塞二千餘里而還。羌種在諸外族中分類最繁，就地望別之，尚有東西羌之异派。共居安定北地上郡西河者爲東羌，居隴西漢陽金城塞外者爲西羌。張掖之寇，則西羌爲之。自後熲迭東誅伐，至志在位之十九年（即延熹八年，民國紀元前一千七百四十七年），乃大破西羌，進兵窮追，展轉山谷，自春反秋，無日不戰，敵衆敗散。明年，又大破之，西羌遂全定。然尚有東羌，如先零諸種，皆猶倔強，馬賢之沒，乃東羌致之。其後將軍皇甫規、中郎將張奐招之，連年既降復叛。志問策於熲，熲主急征。志沒，靈帝宏立。

熲率師連破東羌，張奐忌其功，謂不如招降便。熲乃上疏言：『昔先零作寇，趙充國徙令居內；煎當亂邊，馬援遷之三輔；始服終叛，至今為梗。今傍郡戶口單少，數為羌所創毒，而欲令降徙與之雜居，是猶種枳棘於良田，養虺蛇於室內也！臣欲絕其本根，不使能殖。本規三歲之費用五十四億，今適期年，所耗未半，而餘寇殘燼，將向殄滅。願卒斯言，一以任臣。』方是時，羌餘衆四千落悉散入漢陽山谷間，漢頗主招降，熲謂未可。明年為靈帝宏在位之二年（即建寧二年民國紀元前一千七百四十三年），熲出師繼擊諸羌，遇之，又復大潰，因分道窮追，熲軍所到處處破之，斬獲極多，東羌乃悉定。熲前後凡百八十戰，費用四十四億，費減而效增，與皇甫規張奐世稱「涼州三明」（規字威明奐字然明熲字紀明），共有名於時，而熲功尤大。自熲破東西羌後，直至宏在位之十七年（即中平元年民國紀元前一千七百二十八年），中國困於黃巾，而先零諸羌復亂。於是董卓得拜中郎將之命，出而征羌，為其建立功名之始。

董卓生長隴西，少游羌中，盡與豪帥相結；桓帝志末年，以六郡良家子為羽林郎，從張奐為軍司馬，共擊漢陽叛羌，破之，拜郎中，稍遷至河東太守。及先零復亂，河關諸盜悉與羌合，立湟中義從胡北宮伯玉為將軍；又劫致金城人邊章韓遂使專任軍政，攻燒州郡；明年為靈帝宏在位之十八年（即中平二年民國紀元前一千七百二十七年），共將數萬騎入寇三輔，侵偪諸陵，託誅宦官為名。詔以董卓為中郎將，副車騎將軍皇甫嵩征之。嵩以無功免歸，以張溫代；並進卓為破虜將軍，而邊章韓遂等勢大盛。溫卓與章遂戰美陽（陝西武功縣北）初不利；已而卓與別將幷兵，大破章遂。溫旋使卓進討先零，全師而返，封斄鄉（陝西武功縣）侯。宏在位之二十年（卽中平四年，民國紀元前一千七百二十五年），韓遂殺邊章及北宮伯玉，擁兵十餘萬，進圍隴西太守李相如與遂和，殺涼州刺史耿鄙；鄙司馬扶風馬騰，亦擁兵反。又漢陽王國，自號安衆將軍，皆與韓遂合，共擁國爲主，進據漢陽。明年，圍陳倉（陝西寶雞縣東二十里）。乃拜卓前將軍，與皇甫嵩共擊破之。遂等復共廢國而刼故信都令漢陽閻忠，使督統諸部。忠旋病死，遂等稍爭權利，更相殺害，其諸部曲，並各分乖，涼州大亂。於是卓得借羌胡牽挽爲之名，卽徵爲少府而亦不肯就矣。

（二）董卓之世之關東　卓不就少府之徵，乃其跋扈之始，其後復不受幷州牧；朝廷令以兵屬皇甫嵩，卓亦不從；及受何進之召至京，而雒中貴戚宅第之被兵禍者，尤爲慘酷！剽虜淫略，謂之「搜牢」。蓋卓之所部，本多湟中義從及秦胡之兵，破紀律，儆賊盜，宜也；而卓且自爲之，既取靈帝陵珍物，又姦亂公主，妻略宮人，虐刑濫罰，睚眦必死。卓既禍漢，猶忍性矯情，擢用羣士，任周珌伍瓊以政，而以韓馥爲冀州刺史，劉岱爲兗州刺史，孔伷爲豫州刺史，張咨爲南陽太守；又以袁紹之強，拜爲渤海太守，以其從弟術爲後將軍。是時豪傑多欲起兵，馥等之官，亦與紹等共謀舉事。於是紹遂以渤海起兵，韓馥等以外，後將軍袁術，陳留太守張邈，廣陵太守張超（邈弟），河內太守王匡，山陽太守袁遺，東郡太守橋瑁，濟北相鮑信，同時俱起，衆共數萬，以討卓爲名，推袁紹爲盟主。紹自號車騎將軍，領司隸校尉。董卓聞紹起山東，誅紹父隗，及宗族在京師者，盡滅之，遂議遷都；

伍瓊周珌諫，卓並殺之。於是徙獻帝協長安，盡挾洛陽人數百萬口而行。步騎驅蹙，更相蹈藉，飢餓寇掠，積尸盈路。卓自屯留畢圭苑中，悉燒宮廟官府居家，二百里內無復孑遺；東京文物，喪失垂盡；又使呂布發諸帝陵，收其珍寶。時長沙太守孫堅，亦起兵討卓；初爲卓敗，後大勝，卓遣使求和，不許，進軍偪洛陽。卓敗走，聚兵於陝；堅入洛陽，修塞諸陵而退。時獻帝協在位之三年也（即初平二年，民國紀元前一千七百二十一年）。關東兵雖盛，然實不能討卓！卓既敗於堅，乃曰『關東將數敗，無能爲；惟孫堅小戇。』遂留師備之，而身入長安，自爲太師，位在諸侯王上。結壘長安城東以自居；又築塢於郿（陝西郿縣），高厚七丈，號曰「萬歲塢」。積穀爲三十年儲，自云『事成，雄據天下；不成，則守此以老。』又忍於誅殺，諸將言語蹉跌，便戮於前，內外岌岌，懼不自保。協在位之四年（即初平三年，民國紀元前一千七百二十年），司徒王允與中郎將呂布謀誅卓；會協疾新愈，大會未央殿，卓入，布直刺之，馳賫赦書以令宮陛，內外士卒皆稱萬歲。卓弟旻時在郿塢，亦爲皇甫嵩所攻殺，盡滅董氏之族。董卓既滅，漢旋遣趙岐和解關東；關東諸將士，雖無解師之意，而兵爭卒爲之暫息焉。

（三）董卓以後之長安　初，王允議赦董卓部曲，呂布亦數勸之，已而不行；布請以卓財物頒賜公卿將校，允又不從；而素輕布，以劍客遇之。布亦負其功，多自夸伐，既失意望，漸不相平。卓黨李傕郭汜，初奉卓命備關東；卓既誅，傕等求赦，允不許，乃率衆西行，隨道收兵，比至長安，已十餘萬；與卓故部曲樊稠李蒙等合圍長安。呂布兵內反，應之。布招允同去，允不可，遂爲傕等所殺。傕、汜、稠均自拜將軍，共秉朝政。初，卓之入關，要韓遂馬騰共謀關東。遂騰見中國方亂，亦欲倚卓起兵。獻帝協在位之六年（卽興平元年民國紀元前一千七百十八年），馬騰從隴右來長安，有私求於傕，而傕不許，因以師攻傕等。韓遂與之合，大敗，遂騰走還涼州。樊稠等追之，遂要稠駢馬笑語，傕聞，始與稠相猜疑。時長安中盜賊不禁，白日虜掠，傕、汜、稠乃參分城內，各備其界，猶不能制。明年春，李傕刺殺樊稠於坐。由是諸將各相疑異，傕汜遂復治兵相攻。安西將軍楊定者，故卓部曲也，與汜合謀迎天子幸其營。傕聞，先以兵奪協。協使人和傕汜，汜不從，遂質留公卿，引師攻傕如故。張濟亦卓將，與傕汜意合，旋自陜來，和傕汜，迎協東歸。傕等皆留，董承楊奉等從協發。駕至華陰，而傕汜等悔遣協東，復相與和，欲刼協西行；張濟亦與楊奉董承不相平，乃反合傕汜，共追協。戰於弘農（靈寶縣）東澗，承奉軍大敗。協露次曹陽（墟名，河南陜縣西），承奉乃僞與傕等連和，而密調援兵河東以破傕等，然終爲傕等所敗。比至陜，夜潛過河，協等幸得至大陽（山西平陸縣），幸李樂營；遣太僕韓融至弘農與傕汜等連和，傕始放遣公卿百官東歸。初，董卓挾協入關，三輔戶口，尙數十萬，自傕汜相攻，乘輿東歸後，長安城空四十餘日，強者四散，羸者相食，二三年間，關中無復人跡。又明年，爲協在位之八年（卽建安元年，民國紀元前一千七百十六年），車駕始還洛，時宮室燒盡，百官飢餓！曹操遂遷協於許（河南許昌縣）。其後，郭汜爲其將伍習所殺，李傕亦爲將軍段煨所誅。

自董卓亂漢，不久而斃；由是曹操乘之，陰謀漢姓；遷許以後，政在曹氏。操初仕靈帝宏，爲典軍校尉。何進欲召外兵，操固爭，不獲；比董卓爲亂，操變易姓名東歸，至陳留，散家財，合義兵，將以除卓；袁紹等以操行奮武將軍。時卓兵強，紹等莫敢先進；操力說之，自引兵西，爲卓所敗。時獻帝協在位之二年也（卽初平元年，民國紀元前一千七百二十二年）。明年，操定東郡，紹表操爲東郡太守。又明年，爲協在位之四年（卽初平三年，民國紀元前一千七百二十年），長安亂。青州黃巾百萬入兗州，操領兗州牧，擊破黃巾，功業日著。協在位之八年，操遷協於許，進大將軍，封武平侯（河南鹿邑縣西）位司空。操外戰羣雄，內謀漢室，志在繼劉；爲人精權變，諳利害，而不厭其詐。協在位之二十年（卽建安十三年，民國紀元前一千七百零四年），操罷三公官，自爲丞相。又五年，爲協在位之二十五年（卽建安十八年，民國紀元前一千六百九十九年），操自爲魏公，加九錫，建宗廟社稷，置尚書侍中六卿。明年，殺皇后伏氏，並其所生二皇子。又明年，以其女曹氏爲協后，居然外戚矣。協在位之二十八年（卽建安二十一年，民國紀元前一千六百九十六年），操自進爵魏王。明年，用天子車服，以其子丕爲王太子。又三年，爲協在位之三十二年（卽建安二十五年，民國紀元前一千六百九十二年），操沒，子丕嗣爲丞相、冀州牧。

曹操之專，由州牧。州牧者，漢由之而寖爲大亂者也。東漢立制，地方尊重之官，莫如刺史。至靈帝宏時，太常劉焉，見漢室多故，建議以爲四方兵寇，由刺史威輕，既不能禁，且用非其人，輒增暴亂。宜改置牧伯，鎮安方夏，清選重臣以居其任。迨宏在位之二十一年（卽中平五年，民國紀元前一千七百二十四年），乃從焉議，選列卿尚書爲州牧，各以本職居位。於是以焉爲益州牧，太僕黃琬爲豫州牧，宗正劉虞爲幽州牧，州牧之重自此始。其後董卓擅權，關東師起，兵爭之局開，不獨州牧，卽太守亦得專兵。諸人既自相攻伐，操從而囓之以并其地；惟孫權、劉備，不爲所下，用是遂成三國分立之局。今就諸人之爲曹操并滅者，分析述之，以見漢末大勢之概；其非操所并滅者，別述於下篇。

（一）陶謙之敗滅　董卓之亂，徐州刺史陶謙以克致貢獻，詔遷爲徐州牧。是時徐方百姓殷盛，穀實甚豐，而謙任用非人，由是漸亂。初曹操父嵩避難瑯琊，爲謙別將所殺；獻帝協在位之五年（卽初平四年，民國紀元前一千七百十九年），操擊謙，屠其五縣，謙遂不振。明年，操復攻謙，所過殘滅。謙旋病死，劉備代領其地，後爲呂布所破。布滅，徐州入於操。

（二）呂布之敗滅　呂布故卓部將，既殺卓，拜奮威將軍，封溫（河南溫縣）侯。李郭之亂，布戰敗，奔南陽，依袁術，從太守張楊於河內。時李傕等求布急，楊部下皆欲圖之，布又去楊依袁紹，爲紹用兵有功。既，紹又疑布，布去紹復歸張楊。道經陳留，太守張邈待之甚厚。紹與邈故有怨，聞與布厚，謀殺邈，邈不自安。獻帝協在位之六年（卽興平元年，民國紀元前一千七百十八年），曹操東擊陶謙，遣陳宮屯東郡，宮說邈據兗州，邈從之，迎布爲兗州牧，據濮陽（山東濮縣）。操引軍擊布，布敗走，依劉備於徐州；邈詣袁術求救，在途爲其下所殺。時劉備領徐州，居下邳，與術相拒於淮上。術欲引布擊備，送糧致書，布悅，襲下邳，備敗，請降。布又恚術糧不復至，乃變計迎備爲豫州刺史，自號徐州牧。未幾，術攻備，備乞救於布，布自往救，術軍遂卻。後備兵日盛，布又惡備攻之，備敗走，依曹操，操以爲豫州牧，復益其兵，使圖呂布。布與袁術離合不常，若以地勢言，徐揚合勢，宜可遏曹操？而布不細思，反與操合。操特加布左將軍，與術絕，且大破術兵。時獻帝協在位之九年也（即建安二年，民國紀元前一千七百十五年）。明年，布復與術通，攻劉備於沛，備遁。操乃自擊布，布屢戰皆敗，袁術不能救，布勢日困，遂降操。操縊殺之，徐州平。

（四）袁術之敗滅　袁術者，紹之從弟。董卓之亂，術起兵西討，爲南陽太守，領豫州刺史。既與兄紹不合，互相構隙。旋爲曹操所敗，退奔九江，殺揚州刺史陳溫而自領之，又兼稱徐州伯。初，南陽戶口繁盛，而術不修法度，百姓多怨。又少見讖書言「代漢者當塗高」，自云名字應之，兼以袁氏出陳，爲舜後，遂萌代漢之志。聞孫堅得傳國璽，拘堅妻得之。獻帝協在位之九年，術果稱帝，自號「仲家」，即眞於壽春（安徽壽縣）。術性驕肆，尊己而陵物。及既稱號，淫侈滋甚，臣下飢困，莫之簡恤。於是資實空盡，不能自立。曹操東征術，術敗走，渡淮，軍遂不振。又爲呂布所破，術勢益衰。協在位之十一年（即建安四年，民國紀元前一千七百十三年），乃燒宮室，奔其部曲陳簡雷薄於灊山（安徽霍山縣），復爲簡等所拒，士卒散走。乃遣使歸帝號於紹，欲從下邳北走，曹操遣劉備邀之，復還壽春，發憤死。

（四）袁紹之敗滅（子袁譚袁尚）　董卓亂漢，紹以渤海太守起兵，時尚未有冀州也。紹既爲關東諸將盟主，爲豪傑之所歸。冀州牧韓馥忌之，陰節其糧，欲使離散。紹用其客逢紀計，陰要降將校尉公孫瓚於右北平，使襲馥，馥與戰不利。紹旋使人說馥，以冀州讓紹。馥才庸性怯，乃遜位。紹代之，牧冀州，以馥為奮武將軍。馥旋去紹依張邈於陳留，卒自殺。是時關東州郡務相兼幷以自強大。紹又與其弟術相背馳，術與荊州不和，而北連公孫瓚；紹與公孫瓚不合，而南連劉表，以故紹與瓚常交兵。獻帝協在位之四年（即初平三年，民國紀元前一千七百二十年），紹擊瓚於界橋（河北威縣北），瓚大敗走還。明年，幽州牧劉虞討瓚不克，見殺，幽州遂全為瓚有，瓚益驕矜。協在位之十一年，紹復擊瓚，瓚又大敗，自焚死，乃克其易京（瓚所都，今河北雄縣），幽州入於紹。初紹專自樹黨，務討伐以益其地；漢雖甚困，絕不出勤王兵。曹操遷許，袁術稱帝，紹初不問；專圖幷瓚，瓚滅，紹頗自得，貢獻漸稀。以曹操之專，乃謀攻許，而沮授力諫，以為未可；紹不從，乃移檄州郡，數操罪惡，進軍黎陽（河南濬縣東南），操乃屯兵官渡（河南中牟縣東北）以備之。紹遣其將顏良攻白馬（津名，河南滑縣），時關羽在操軍，斬良。紹軍莫能當。紹渡河追之至延津（河南延津縣），復為操軍所敗，喪其將文醜。紹軍氣奪，猶務急戰。沮授諫曰：『北兵雖衆而勁果不及南；南兵穀少而資儲不如北。南幸於急戰，北利在緩師，宜徐持久，曠以日月。』紹不從，連營偪官渡。操軍初戰不利，復還堅壁。操衆少糧盡，議欲還許，荀彧諫阻之。未幾，操設計擊破紹護糧兵於烏巢（澤名，河南延津縣東南）。烏巢去紹營四十里，紹軍驚潰。紹自與八百騎渡河，操追之不及，盡收其降卒坑之，前後所殺凡七萬餘人。時協在位之十二年也（即建安五年，民國紀元前一千七百十二年）。初，冀州城邑聞紹敗，多降於操；紹歸，雖復擊定，而軍勢頓衰。協在位之十四年

（即建安七年，民國紀元前一千七百零十年），操復進軍官渡，將以謀紹。紹自官渡敗後，即發病，至是竟沒於鄴（紹所都，今河南臨漳縣），袁譚、袁尚皆紹子。初，紹愛尚，欲以爲後，乃以譚繼兄後，而出爲青州刺史；及紹沒，猶未定嗣。衆以譚長，欲立之；逢紀等不可，遂矯紹命以尚爲嗣。譚既不得立，乃自稱車騎將軍，屯黎陽。曹操聞紹死，進兵攻譚，尚助譚與操相拒，而不能勝。明年，爲獻帝協在位之十五年（即建安八年，民國紀元前一千七百零九年），操攻黎陽，尚敗走，操追至鄴，用郭嘉計，特緩之以速其內爭。譚勸尚追操，尚不許，譚果怒而攻尚，兄弟遂相鬩。未幾，尚圍譚於平原，譚遣人如操請救，尚兵始卻。又明年，尚復攻譚，操乘尚不備，攻鄴，尚還救，戰敗，奔幽州。操遂入鄴，自領冀州牧。明年，斬譚於南皮。

尚之奔幽州也，州刺史袁熙，亦紹子，與尚爲弟昆。獻帝協在位之十七年（即建安十年，民國紀元前一千七百零七年），熙將焦觸等攻熙，熙敗，與尚俱奔遼西烏桓。烏桓王蹋頓素爲袁紹所厚，尚兄弟既入烏桓，烏桓數入寇，欲爲尚等復其故地。又二年，操出兵擊敗烏桓，斬蹋頓。尚、熙恐，奔遼東。遼東公孫康者，太守度之子也。度於協即位之初，東伐高句驪，西擊烏桓，分遼東之地各置太守，越海收東萊諸縣，自立爲遼東侯、平州牧。協在位之十六年（即建安九年，民國紀元前一千七百零八年），度沒，康立。尚、熙俱來奔，康伏兵斬之，送其首於操，操封康襄平侯，拜左將軍。冀州一帶及遼水東西之地俱定。

（五）高幹之敗滅　高幹者，袁紹之外甥。獻帝協在位之五年（即初平四年，民國紀元前一千七百十九年），紹以幹爲并州刺史。袁尙之敗，幹以并州降操。操會幹復叛，舉兵守壺口關（山西長治縣壺口山下），操遣將征之，不拔。協在位二十八年（即建安十一年，民國紀元前一千七百零六年），操自征幹，幹留將守城，自至匈奴求救，不得，獨與數騎亡，欲南奔荆州，爲上洛都尉王琰所斬，并州平。

(六)劉表之敗滅　關東兵之討董卓也，荆州刺史劉表亦合兵屯襄陽。表爲漢宗室，名列黨人，號爲「八顧」，事見上文。袁術與其兄紹有隙，而紹與表相結，故術與孫堅以兵襲表。表敗，堅遂圍襄陽，會表將黃祖救至，堅中流矢死。及李傕等入長安，表遣使奉貢，傕以表爲鎮南將軍、荆州牧。獻帝協在位之八年（即建安元年，民國紀元前一千七百十六年），驃騎將軍張濟自關中走南陽，引衆入荆州。表嚴守襄陽，不受濟，因攻之，不利，死。濟從子繡收衆退。劉表自責以爲己無賓主禮，遣使招繡。繡降表，屯兵於宛。明年，曹操擊繡，繡又降操；聞操納其叔父濟妻，恨之，反襲擊操軍，殺操長子昂。操敗走，繡還保穰（河南鄧縣）。操比年攻之，不克。後操拒袁紹於官渡，繡從賈詡計降操。表遽失外援，勢寖衰。初表在襄陽，立學校，崇儒術，四方人士頗有歸之者，故能自保境守，負一時令名。後勢衰，操謀并之。迨協在位之二十一年（即建安十四年，民國紀元前一千七百零三年），操自將征表，未至而表病死。操至新野（河南新野縣），表子琮舉州降，荆州亦爲操所下。未幾，遂與劉備孫權有赤壁之役。

(七)馬騰韓遂之敗滅　馬騰、韓遂，自與李郭翟交兵，退還涼州；其後部曲相侵，更爲仇敵，積久莫能釋。下隴，戰關中，涼州危亟。曹操方事河北，慮其乘間為亂，乃拜騰征南將軍，遂征西將軍，並加開府以和解之。時獻帝協在位之十四年也（即建安七年民國紀元前一千七百零十年）。未幾，又徵騰為衛尉，封槐里（陝西興平縣）侯。騰乃應召，而留子超領其部曲。協在位之二十三年（即建安十六年，民國紀元前一千七百零一年），操遣鍾繇等討張魯於漢中，關中諸將疑為襲己？於是韓遂及騰之子超俱反，其衆十萬，屯潼關（陝西華陰縣東）。操用賈詡計，離間超遂以乘其虛。超果疑遂，為操所乘，超遂軍敗，奔涼州。明年，操誅馬騰，夷三族。於是超攻略涼州刺史韋康，復據隴右。協在位之二十六年（即建安十九年，民國紀元前一千六百九十八年），天水人楊阜起兵破超，超奔漢中依張魯，旋又降劉備。韓遂走金城羌中為其帳下所殺。初隴西人宋建在枹罕（甘肅導河縣），自稱河首平漢王，署置百官三十餘年。操因遣夏侯淵擊建斬之，涼州乃定。

（八）張魯之敗滅　張魯先世素學道，造作道書以誑愚民。受道者出五斗米，故號「米賊」。魯之竊據漢中也，由益州牧劉焉。焉至益州，以魯為督義司馬，與別部司馬張修將兵擊漢中太守蘇固，魯遂襲修殺之，奪其衆；又欲立威刑以自尊，大殺州中豪強十餘人，士民皆怨。焉死，子璋代立，魯以璋愚闇，行事不順，璋怒，盡殺魯母家室之在成都者。魯聞，遂據漢中，以鬼道教其民，自號「師君」。朝廷不能討，遂就拜魯鎮夷中郎將、漢寧太守，通其貢獻。獻帝協在位之二十七年（即建安二十年，民國紀元前一千六百九十七年），操出師征之。魯衆戰潰，自奔巴中。操入南鄭（陝西南鄭縣），遣人慰諭魯，復漢寧為漢中。魯自巴中出，將餘衆降。魯降之前一年，劉璋亦降劉備，備遂有益州。操雖下漢中，未能望益州也。

操之擊滅群雄，其事跡之犖犖大者若此。迨獻帝協在位之三十二年，操沒，子丕嗣為魏王；旋受協禪，稱帝，改朝號曰「魏」。漢亡。自高祖邦至獻帝協，歷主二十有八（少帝孺子嬰等皆與），凡四百一十年。析言之，西漢歷主十四，凡二百十四年；東漢歷主十四，凡一百九十六年。協既禪位，被廢為山陽公，又十四年沒。太子早死，孫康立。康沒，子瑾立。瑾沒，子秋立，後死五胡之難，國除。其世次如下表：

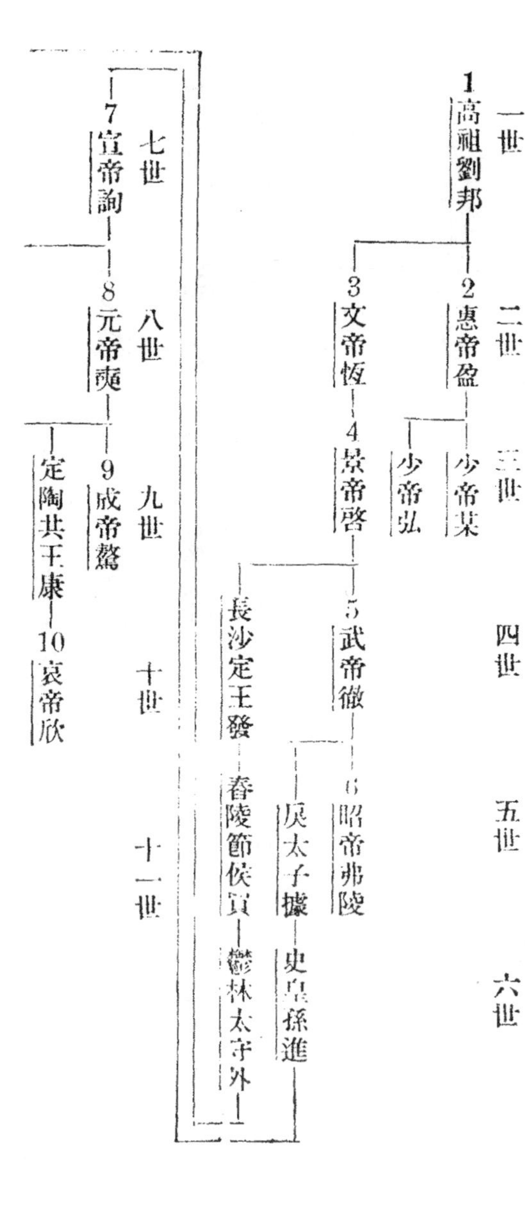

中山孝王興—11平帝衎

淮陽顯王欽—廣戚煬侯勳—廣戚侯顯—12孺子嬰

鉅鹿都尉回—南頓令欽—1東漢光武帝秀—2明帝莊—3章帝炟

十二世　十三世　十四世　十五世　十六世

4和帝肇—5殤帝隆

濟北惠王壽—7少帝懿

清河孝王慶—6安帝祜—8順帝保—9沖帝炳

千乘貞王伉—樂安夷王寵—渤海孝王鴻—10質帝纘

河間孝王開—蠡吾侯翼—11桓帝志

解瀆亭侯淑—解瀆亭侯萇—12靈帝宏—13少帝辯
14獻帝協

第六章　本時代之法制

本時代法制之一（建官及理財）

吾國古今之大界，首判於秦，故古來一切之制度，至秦而變；以兩漢盛世而終無緣以自媲於上古之治制者，由秦之失也。顧秦之力所以能革故而更新者，亦非由旦夕；戰國二百年來已醞釀之矣。秦既一統，古制之蕩滅盡撤，其或猶能更易名號以沿行其意者，必其有便於帝制者也。今仍古代文化史之例，析其概如下：

（一）建官　設官之備，莫如周初；春秋以後，周制浸廢，至秦更張省減，規制日新；漢因之不常，班固以為「明簡易而隨時宜」，固也。然其後官秩漸衆，員數浸多。東漢雖有併省，而大體不更；迨于叔季，其局始漸變。今就秦漢兩朝之官制，分內外封國述之，以見一班：

（甲）京師　吾國之官制，向來「中央集權主義」。故政治上重要之職司，多總其權於京師，京師之官名，而尊者彌衆。秦制，京師官之最尊者爲丞相，置左右各一人。荀悅謂秦本次國，命卿二人，是以置左右丞相，無三公官。然秦左右丞相之下，有御史大夫，其秩亦貴。秦所立功德碑，御史大夫之銜，即在左右丞相之下；漢列御史大夫於三公，即承秦制而然者也。丞相御史之外，其秩之貴者又有國尉，與漢之太尉比，專掌武事。漢興，置一丞相，以太尉御史大夫亞之，號曰三公。其間太尉不常置。武帝徹之後，始置大司馬，代尉主武事。東漢廢丞相及御史大夫，而以太尉、司徒、司空，綜理庶務，雖號三公，而實分行宰相之職。太尉所掌，凡國有大造大疑，則與司徒司空通而論之；國有過事，則與二公通諫爭之。此爲太尉所掌不專囿於武事之徵。三公之上，有太傅，自漢呂后始；有太師太保，自平帝衎始。至於東漢，則僅置太傅一人，號曰「上公」，而別無師保；其後董卓盜爲太師，非漢本制。此關於三公及師保傅之可知者也。秦雖不立九卿之名，而漢之卿，實因秦而置：變秦奉常之名而爲太常，一也。變秦郎中令之名而爲光祿勳，二也。變秦典客之名而爲大鴻臚，三也。變秦治農內史之名而爲大司農，四也。其外如衛尉、太僕、廷尉、宗正、少府五職，且皆沿用秦名。九者合計，則曰「九寺大卿」。至於東漢，九卿之職，始分屬三公：其掌宗廟禮儀之太常，則與掌宮殿掖門戶之光祿勳，掌宮門衛之屯兵，並爲太尉之所部；掌輿馬之太僕，則與掌刑辟之廷尉，掌諸歸義蠻夷之大鴻臚，並爲司徒之所部；掌親族之宗正，則與掌穀貨之大司農，掌給供養之少府，並爲司空之所部。九卿與三公，均爲朝廷之大臣，而三公又即爲九卿之進階，故漢世常尊重之，以崇其遇。公卿之下，各有屬秩，而九卿之屬秩尤多；唐以尚書、中書與門下合稱「三省」，爲宰相之職，在漢則皆少府之屬，無重權。此又九卿與其屬秩之可知者也。以上皆秦漢之官之集於京師者。

(乙)地方　地方之官，爲專治地方之民事而設。周官有內史，秦因其名置官，使治京師。漢景帝時，分置左右內史；武帝徹時，更右內史爲京兆尹，左內史爲左馮翊，又以秦之主爵中尉更名右扶風，是謂「三輔」，治長安城中地方之職，此爲最尊。東漢徙都洛陽，置河南尹，職猶三輔。此京尹之可知者也。周官有司隸，秦無其職。漢武帝徹時，始置司隸校尉；東漢因之，改治洛陽。司隸以外，又有御史。秦置監察御史，分監諸郡；漢初廢罷，惠帝盈以來，復立其職。至武帝徹當國，乃改置部刺史，掌奉詔以察州，而不常所治，除京師地方，別爲司隸校尉部外，一爲豫州刺史部，二爲冀州刺史部，三爲兗州刺史部，四爲徐州刺史部，五爲青州刺史部，六爲荊州刺史部，七爲揚州刺史部，八爲益州刺史部，九爲涼州刺史部，十爲并州刺史部，十一爲幽州刺史部，十二爲交州刺史部，州各立官，置官十二；成帝驁以後，改刺史之名爲牧，而其職不更。光武中興，復爲刺史，仍分國爲十三部，自司隸治河南（河南洛陽縣）外，其餘十二州刺史，亦各有其分治之區；至靈帝宏時，改刺史，惟置牧，州牧之權自此而重。此司隸與刺史之可知者也。刺史以下，漢初亦因秦制，置郡守以治其郡，郡之武事，別立尉以佐之；郡守以下，又因秦制置縣令長，萬戶以上爲令，減萬戶爲長，掌治其縣。後至景帝啓時，改郡守爲太守，郡尉爲都尉。東漢之世，視太守尤重，或以尚書令僕射出典一郡，或自典郡入爲三公！至於一縣令長，與民更爲接近，故考成之法尤嚴。又秦漢地方官制，所以與後世特異者：後世或以縣之大者爲州，而其制盡如縣；秦漢則皆以郡統縣，無統州者。考兩漢地理郡國志，即如益州巴郡之有江州，并州雁門郡之有武州，幽州漁陽郡之有泉州，後漢益州廣漢郡之有雒州，涼州漢陽郡之有隴州，北地郡之有靈州，似爲以州並縣之始？然考其所領，則皆稱曰縣。蓋第曰江州縣武州縣，而不單以州名，其長亦第曰令，而不以牧名。從知郡守縣令，實爲秦漢不易之制。此又關於守令之可知者也。秦制，大率方百里爲縣，十里則爲一亭，亭有長；十亭又爲一鄉，鄉有三老、嗇夫、游徼。三老掌教化，嗇夫職聽訟及收賦稅，游徼徼循禁盜賊，漢世因之。至於東漢，鄉官之制，尤爲周密！一里之地，亦有里魁；什家伍家之民，亦有什伍、主察善惡。此又鄉官之可知者也。以上皆秦漢之官之布在地方者。

（丙）封國　秦不行封建，至漢，凡諸侯王之所封郡，皆稱爲國。高祖邦定制，凡諸侯王之國，置太傅以輔王，內史治國民，中尉掌武職，丞相統衆官，下列庶司，皆如朝廷之制。後至景帝啓時，始令諸侯王不得復治國，朝廷爲置吏，改丞相曰相，並省其官秩之重要者。至成帝驁時，太傅但曰傅，復省內史，更令相治民，如郡太守，中尉如郡都尉，而王國之規模，乃始儕於列郡；至於列侯所食之縣，亦稱爲國，侯國置相，其秩視令長，不能擬王國也。東漢之世，王國與侯國，制限尤嚴。於制，皇子爲王，其郡爲國，每國置傅一人，相一人，而相職即視太守；列侯食縣，則爲侯國，每國置相一人，其職即視令長。侯國之封，至多不過四縣，雖鄧寇元勳，不能逾此；

此外則多有食一縣者。東漢初世，沿襲前制，封建列侯，大抵以縣，其後或以鄉亭。其與縣侯鄉侯亭侯別者，則爲關內侯。列侯有土，而關內侯則無土，寄食在縣，民租多少，各有戶數爲限，其下不立官屬。凡此又兩漢封建官制之可比較而明者也。

以上所述，爲秦漢官制之大凡；若夫制祿之差，惟漢爲可徵，而西漢與東漢，間有不同之點。今繫表以著其要略如左：

石數	西漢穀數	西漢官秩	東漢穀數	東漢官秩
(1)萬石	月俸三百五十斛	三公三太屬之	月俸三百五十斛	三公太傅屬之
(2)中二千石	月俸百八十斛	九卿等屬之	月俸百八十斛	九卿河南尹三輔等屬之
(3)二千石	月俸百二十斛	三輔司隸校尉州牧郡太守等屬之	月俸百二十斛	司隸校尉州牧郡太守等屬之
(4)比二千石	月俸百斛	西域都護等屬之	月俸百斛	護烏桓校尉護羌校尉等屬之
(5)千石	月俸九十斛	九卿之丞萬戶以上之縣令等屬之	月俸八十斛	萬戶以上之縣令等屬之
(6)比千石	月俸八十斛	光祿勳屬之謁者僕射等屬之	月俸八十斛	九卿之丞屬之
(7)六百石	月俸七十斛	州刺史次萬戶以上之縣令等屬之	月俸七十斛	州刺史次縣令等屬之
(8)比六百石	月俸六十斛	光祿勳屬之中郎議郎減萬戶縣長等屬之	月俸五十斛	光祿勳屬之中郎等屬之
(9)四百石	月俸五十斛	縣丞等屬之	月俸四十斛	減萬戶縣長等屬之

（10）比四百石	月俸四十五斛	光祿勳屬之侍郎屬之	月俸四十斛	光祿勳屬之侍郎等屬之
（11）三百石	月俸四十斛	次減萬戶縣長屬之	月俸四十斛	侯國相等屬之
（12）比三百石	月俸三十七斛	光祿勳屬之郎中屬之	月俸三十七斛	光祿勳屬之郎中等屬之
（13）二百石	月俸三十斛	萬戶以上縣尉等屬之	月俸三十斛	九卿之吏屬之
（14）比二百石	月俸二十七斛		月俸二十七斛	光祿勳之節從虎賁等屬之
（15）百石	月俸十六斛	長安游徼等屬之	月俸十六斛	九卿之吏屬之
（16）斗食	月俸十一斛以下	九卿之佐等屬之	月俸十一斛以下	九卿之佐等屬之

（附）人才之任用及培養　秦及漢初人才之任用，初無一定之法；文帝恆以後，乃始有途轍可以尋求，而培養之方，由著漸著。茲仍析爲二類述之：

（甲）選舉　秦自孝公納商鞅策，以富國強兵爲務；仕進之途，惟「闢田」與「勝敵」而已。漢高祖邦初有中國，未遑立制；觀其十一年（民國紀元前二千一百零七年）所下之詔，其意在求明德之士以爲輔助，立論已與秦人相異。蓋古人之用人，德行爲首，材能次之。漢循此意以爲標準，故後之舉賢良方正及孝廉，皆以實行相繩，初不重文墨也。文帝恆在位之二年（即民國紀元前二千零八十九年）下詔有曰：「二三執政舉賢良方正能直言極諫者，以匡朕不逮」。此爲漢舉賢良方正之始。恆在位之十五年（即民國紀元前二千零七十六年），又詔諸侯王、公卿、郡守，舉賢良能直言極諫者。此爲漢下令內外共舉之始。京帝啓在位之十五年（卽後元二年民國紀元前二千零五十三年），下詔有曰：『亡令廉士久失職，貪夫長利』。此爲漢注意廉士之始。武帝徹在位之七年（卽元光元年民國紀元前二千零四十五年），初令郡國舉孝廉各一人。此爲漢舉孝廉之始。由此觀之，西漢之世，士人進身之始，大抵以賢良方正與孝廉二者爲其軌路；而孝廉之入選，又較賢良方正爲難。何也？漢詔郡國薦舉人材，賢良方正原與孝廉並行。然賢良方正一科，文武二世，每對輒百餘人；又徵詣公車上書自炫鬻者以千數。而孝廉之選，文帝恆之詔，以爲萬家之縣，無應令者；武帝徹之詔，以爲闔郡不薦一人。若是則孝廉之實行，尤難於賢良方正可知也。二者之外，明經，明法，能治劇，亦皆可爲官。又其爲官至二千石以上，視事滿三歲者，並得任同產若子一人爲官，如蘇武以父任爲郎，劉向以父任爲輦郎，皆其實例，漢世謂之「任子」。從知古代世臣之法，至漢猶未能革除使盡，而亦得爲謂漢人進身之一法者也。東漢循用舊制，諸科無所變更。惟西漢舉孝廉，無文字之試；東漢當安帝祜時，用左雄之策，諸生試章句，文吏試牋奏，於是漸開後世科舉試士之制，而去孝廉設科之意轉遠。然史言雄立此法後，濟陰太守胡廣等十餘人皆坐謬舉免黜，唯陳蕃李膺等三十餘人得拜郎中，自是牧守畏慄，莫敢輕舉；則知東漢舉士，前此固未免於濫溢！孝廉重實行者猶如此，他可知也。又東漢用人，選舉之外，則有辟召。鄉舉里選，須循序卽升；辟賢召士，則可躐等而進。公府之掾史，州郡之從事，均由公府州郡，自行辟召，其人才之由此進者常多。例如王允初進，刺史辟爲從事；徐穉始仕，太守請補功曹。當時之仕進，此又爲其一途。是則風氣所趨，雖賢者亦不以卑微自沮矣。

(乙)學校　古代學校之設，不專爲學術，而實所以養人材。春秋以降，學制寖隳。秦有中國，博士七十人，徒列其官，備而勿用。漢因秦制，屬之太常，所掌在通古今，秩比六百石，其員亦數百人。凡諸博士，雖各以經授徒，而無考試察別之法；至武帝徹時，始爲博士置弟子員五十人，太常擇民年十八以上，儀狀端正者補之。郡國縣官，有好文學，謹長上，肅政教，順鄉里，出入不悖所聞，令相長丞上之二千石，二千石謹察可者，令與上計吏偕至京師，詣太常得受業爲弟子。一歲皆輒課，能通一藝以上者，補文學掌故事。其高等可以爲郎中者，太常籍奏。即有秀才異等，輒以名聞。其不事學、若不材、及不能通一藝者輒罷之。此對於自身受業而通一藝者然也。或其秩比二百石以上，及吏百石，亦受業，通一藝，則補爲中二千石、二千石之卒史；比百石以下補郡太守卒史，皆各二人，邊郡一人，先用誦多者。此又對於已仕受業而通一藝者然也。其博士授業之地，則爲舊官；武帝徹特興修之，容四方來者。太學之制，因是而興；公卿大夫間從此遂多文學之士。其後博士弟子員數，代有增加；至成帝驁之末，居然三千人矣。班固謂：『武帝立五經博士，開弟子員，設科射策（據漢書顏師古注，射策者，謂爲問難疑義，書之於策，最其大小，爲甲乙之科），勸以利祿；迄於元始（平帝衎年號），百有餘年，傳業者寖盛，支葉蕃衍，一經說至百餘萬言，大師、衆至千餘人，蓋利祿之途爲然』。誠至論也！東漢中興，復修太學，立五經博士，仍總職於太常；明帝莊在位，又親詣太學講經，以資提倡；其後學制中衰，至質帝纘之初，乃復興盛。下令郡國學明經，年五十以上、七十以下者詣太學；自大將軍至六百石，皆遣子受業；歲滿課試，以高第五人補郎中，次五人爲太子舍人。則仍不外以利祿爲獎勸，而學校之興，不啻爲官吏進身而設。自是諸生之來游太學者達三萬餘人，甚或主持輿論，率其徒以論朝政，發之不慎，竟至釀成黨錮之禍！靈帝宏別開學校於鴻都門下，號爲「鴻都門學」，引諸生能爲文賦者居之；其後招致日濫，而賞勸轉優，其諸生皆敕三公州郡，舉用辟召，或出爲刺史太守，入爲尚書侍中，甚或有封侯賜爵者。然則鴻都之制，不啻爲士人更闢一入仕之途，人才不如太學，而冒濫過之，「利祿主義」之極弊，乃至於此！可爲長太息也。漢初，中國粗寧，郡國之學未立；其後文翁治蜀，始設學於成都。武帝徹時，乃令郡國皆立學校之官；平帝衎時，又爲地方正學校庠序之名。至於東漢，地方學制，漸徵普及，然其效終不著！故人才之盛，卒不如京學云。

（二）理財　秦政統一中國，窮征苛斂，無所謂「理財」，斂貨而已。漢興，財政方面漸有條理，而國用之額日鉅，於勢不能寡取，又其一病；然亦歷史趨勢，有以迫之。茲踵前時代之例，首言徵稅，次及於鑄錢。

（甲）徵稅　秦代徵稅之苛，爲古時所未有！收民之賦，至於泰半，三分取二，不以爲重！甚至男子力耕，不足糧餉；女子紡績，不足衣服；竭國內之資財以奉之，猶未能澹皇帝之欲也。三代舊制，均因地而稅；至秦乃舍地稅人地數未盈而其稅必備，以是民生困敝，海內交怨，而帝祚以傾。漢興，接秦之敝，諸侯並起，民失作業，而大饑饉，高祖邦約法省禁，輕田租，十五而稅一，量吏祿，度官用，以賦於民。後至文帝恆時，或賜國內民租之半，或竟除民之田租，但非爲永制。景帝啓在位，令民半出田租，三十稅一。再傳至昭帝弗陵，以孝武窮征，賦斂繁多，往往律外而取，因爲民下令，使各以律占租。綜以上諸朝詔令而觀，西漢租稅，不能謂重，然吾人竊有爲之惜者，僅求減輕租稅，而不爲豪強富人限其占畝之額，民之受實惠者究希也。荀悅有言：「漢代豪強富人占田逾侈，輸其賦太半。官收百一之稅，民輸太半之賦；官家之惠優於三代，豪強之暴酷於亡秦」。推悅所言，其弊可以想見。然自光武中興以來，三十稅一之制復行，而制限豪富之方亦終無有；其後桓靈當國，令郡國有田者畝稅十錢，陸康以爲聚奪民物。不知民物固早有奪之者矣！不正其本而僅輕租稅，雖有仁心仁聞，而民不被其澤，所謂「徒善不足以爲政」者也。然此猶僅就田租言也。漢因秦制，雖有變革，而不能悉盡；田租以外別賦正多，豪強富人固不能免，貧困小民亦無從匿。即使三十稅一，令人民咸沾其利，而取民之法，已較古代爲多。又漢政之一弊也。自高祖邦始爲算賦，民年十五以上至五十六出賦錢，人百二十爲一算。後至文帝恆時，一算改爲四十。宣帝詢時，一算減去三十。成帝驁時，一算減去四十。東漢雖行算賦，而不聞有減算之令，則當仍用西京之制無疑矣。此漢之算賦也。又有口賦，民年七歲至於十四出口賦錢，人各二十。武帝徹又加其三，爲二十三，亦曰「口錢」。其後迭次減省，而制終不廢，東漢因之。此漢之口賦也。又有更賦，其別三：古者正卒之外，人皆當更爲之，一月一更，是爲卒更；貧者欲得僱更錢，次直者出錢僱之，月二千，是爲踐更；國内人皆值戍邊三日，不可人人自行三日戍，諸不行者，出錢三百入官以給戍者，是爲過更，東漢循行不廢。此漢之更賦也。大抵兩漢取民之制，以武帝徹一朝爲特甚；徹用財無度，故雜征最多。綜而計之，其別凡五：一曰車船之算。凡人民身非吏比，或非三老，或非北邊騎士，而有軺車，皆出錢一算。一算者，錢百二十也。商賈人軺車二算，船五丈以上一算。匿不自占，占不悉，戍邊一歲。有能告者以其半畀之，告緡之法自此始。此一事也。二曰緡錢之算。凡諸賈人末作，各以其物自占，率緡錢二千而一算；諸作有租及鑄，率緡錢四千而一算，其告緡之法與上同。又一事也。三曰酒酤之榷。禁民間酤釀，獨官開置，以收其利。又一事也。四曰鹽鐵之征。禁民間冶鑄鬻鹽，獨官營作以收其利。又一事也。五曰畜產之租。令亭畜馬而歛民出錢，以充芻秣之費，昭帝紀中所謂「馬口錢」者即此。又一事也。五事中惟鹽鐵收利最宏，而於民少擾，故東漢中興，不廢其制；諸雜征中，惟此爲易行，而識者猶譏刺之，以爲經費雖濟而民下無聊！然則務多取者，盍亦反其本也？

（乙）鑄錢　秦併中國，制幣爲二：黃金以鎰計，銅錢重半兩。漢興，以爲秦錢重難用，更令民鑄莢錢，重三銖；黃金不以鎰（二十兩爲鎰）計而以斤計，即以一斤爲一金。至文帝恆時，錢益多而輕，乃更鑄四銖錢，文爲半兩。迨武帝徹在位，初造三銖，後鑄五銖；五銖最得輕重之中，其後歷世行之，莫能廢也。王莽變制，以爲周錢有子母相權，於是更造大錢，徑寸二分重十二銖，文曰「大錢五十」；又造契刀錯刀，契刀環如大錢，身形如刀，長二寸，文曰「契刀五百」，錯刀文曰「一刀直五千」。與五銖錢凡四品並行。比莽卽眞，以爲書劉字有金刀，乃罷契刀錯刀及五銖錢，而更作金銀龜貝錢布之品，民間不便，仍私用五銖，莽雖力禁，徒重民困，無更於俗也。光武中興，復行五銖；至桓帝志時，雖有改鑄大錢之議，而迄不行。獻帝協卽位，董卓壞五銖而鑄子錢，無倫理文章，不便人用，由是貨輕物貴，穀一斛至錢數百萬！曹操爲相，乃還用五銖。由是觀之，漢人嗜用五銖，殆成積習？其實五銖視三銖四銖較重有限，而民間便之，以爲得輕重之中，故卒以盛行也。

(附)農工商之待遇　中國自上古以來，重農民，賤工商，儼爲世守不變之法；至暴秦，并不重農，而農因以病，杜佑以爲古代計田而取其賦，乃以勸農，毋令其惰。然則田賦之徵收，兼以防農民之游惰而督促之，所謂一舉兩得者也。漢法賤商人而尊農夫，鼂錯貴農重粟之論，卽因之而作；故終漢之世，田租之收入，代務減省，而不取增加。蓋錮廢不征，既不足策農；浮濫多取，又懼其病農。若無豪強之侵占及其兼并，亦當代農民之幸福也。又漢世待農，尤取「保護主義」。文帝恆時，民貸種食未入，入未備者，皆赦免。元帝奭時，令各務農畝，無田者皆假之，貸種食如貧民。明帝莊之世，以公田賜貧民，悉有差。和帝肇時，遣使循行郡國，稟貸被災害不能自存者，令得漁采山林池澤，不收假稅。其他漢世恤政，類於是者不勝縷舉，不僅置一力田之官，徒資勸導已也。（據後漢書明帝紀，李賢注：三老孝悌力田，皆鄉官之名。三老，高帝置。孝悌力田，呂后置。所以勸導鄉里，助成風化）。故「農爲天下之本」一語，屢見於當代人主之詔書，而圖治者亦先後能廑念及之。武帝徵時，用心田事之官尤衆；趙過搬行「代田」之法，一畝三甽，歲代處，始試之三輔，而復推之於邊城，用力少而得穀多，民皆以爲便；此外如兒寬白公鄭當時，亦均能勤求水利，謀溉田之益以裕農民。徵雖務勞擾以競功名，而於重農政策之展施，則未嘗見其阻滯；於此可見漢世待農之厚爲非虛也。雖然，重農可也；因重農之故而輕商，則有所不可。請繼此以言漢人待商之事：

秦不恤氓庶，無論農商，皆苛遇之；然於農初無遷徙謫戍之令，而其令特施於商。觀二世發戍守邊，先發吏有過及贅壻賈人嘗有市籍者，此爲商人不能免戍之徵；要其主見，大抵蹈襲商鞅賤商之論而來。漢興，財力衰減，而賤商之主見不更，始禁賈人毋得衣錦繡綺縠絺紵，操兵乘騎馬；其後又禁毋得爲吏，所輸租稅，常倍於平民，將謂商賈之勢，自此而微矣。乃自惠帝盈以來，復弛商賈之律，雖令市井子孫，不得仕宦爲吏；然仕宦爲吏，亦豈必能致富？故其規定仍無損於商賈。於是商賈大者積貯倍息，小者坐列販賣，操其奇贏，日游都市，乘上之急，所賣必倍，亡農夫之苦，而有千百之得；甚或因其富厚，交通王侯，力過吏勢，以利相傾，千里游敖，冠蓋相望，乘堅策肥，履絲曳縞。方文帝恆時，鼂錯痛言商賈之肆，力主重農。於是詔民之入粟縣官者，得拜爵除罪，以獎導之。然而利之所在，人趨之若流水，苟可致富，何必爲吏？今綜貨殖傳中所載：蜀之卓氏，趙之遷虜也，而以鐵冶富；程鄭，山東之遷虜也，而以鐵冶富；宛之孔氏，又梁之遷虜也，亦以鐵冶富。餘如魯之曹邴，齊之刁間，周之師史宣曲之任氏，皆爲一代巨富；而其致富，則皆由豪商鉅賈而來，非但不必爲吏，亦且不必力田。漢世之政策雖重遏商，而漢人之風俗，則趨商最急。此非吾人之讆言也，試以漢書地理志之說徵之：秦地富人商賈爲利，周俗之失，喜爲商賈。陳人夸奢上氣力，好商賈魯俗儉嗇愛財，趨商賈。粵地近海，中國往商賈者多取富。其他諸說之涉及商利者尤多，從知漢世商賈之利，並不因朝廷禁令之加而有所懲創；凡諸賤商之策，適能褫其榮譽而不能絕其利源，此商賈之所爲無懼也。武帝徹周悉物情，乃改變其賤商之策而特拔商人之有心計者於高位，寧破其先世禁商從政之令，而必引諸賈人子，如東郭咸陽孔僅桑宏羊一輩，以置之要地者，非有他也；誠以商賈之心計，惟商賈能識之。桑孔諸人用，然後鹽鐵有禁，榷酤有令，緡錢又有算，而猶恐商人之尚能殖利，乃以桑宏羊之計，置均輸官於郡國，平準官於京師。均輸、使遠方各以其物如異時商賈所轉販者爲賦，而相灌輸；平準、則總受國內之轉輸而爲其主政，貴賣賤買，使商賈無所牟大利，而國用以饒。於是不必賤商賈之名，而已舉其病商之實。桓寬論鹽鐵，謀所以挽救之，而其說仍以賤商爲主，意在反徹以前之政策而保守之，議終絀而勿用。究之人民之對於國家，其直接能生利者爲農，而間接能殖財者爲商。商業困而國家豈能弗敝？徹末之思也。東漢之興，以農桑爲盛務，工商爲淫業，則猶是先世抑商之見；而東京務奢靡、競貨物之風俗，乃反盛於西京。王符著潛夫論，指訐時短，其浮侈篇有曰：『今舉俗舍本農，趨商賈，牛馬車輿，塡塞道路，游手爲巧，充盈都邑，務本者少，浮食者衆。「商邑翼翼，四方是極」。今察洛陽，資末業者，什於農夫；

虛僞游手，什於末業』。由是觀之，漢武困商之政策，亦僅效於一時；自中古以來，商勢之繁興，固未有能儕爾漢者也。

工之爲道，周以後之人多輕視之，漢世蓋嘗與商等論；如桓寬所謂『工商盛而本業荒』者，即其一例。輿服法物之重雖非工莫成；第爲工特置之官，除京師之將作、管治宮室外，地方之工官、管治兵器外，別無綜核百工之職。工之不獲受殊遇於其上者，又時勢造之也！

本時代法制之二（制兵及用法）

兵與法又立國之大端，秦漢之世頗有所沿革。茲擇其要者分述於下：

（一）制兵　兵數始多於戰國，秦一中夏，尤爲冒濫，漢世乃有約束。今析類以求，先京師，次地方，次邊外。

（甲）京師　秦京師之兵，不明着於史書，由史記項羽本紀之文觀之，有曰：『先是諸侯吏卒繇使屯戍過秦中者，秦中吏卒遇之多無狀；及章邯以秦軍降諸侯，諸侯吏卒乘勝多奴虜使之。秦吏卒多竊言曰：「章將軍詐吾屬降諸侯，今能入關破秦，大善；即不能，諸侯虜吾屬而東，秦又盡誅吾父母妻子」。諸將微聞其語，以告項羽（即籍），羽乃盡坑秦卒二十餘萬人』。夫此二十餘萬人者，殆即秦時京師之旅？不然，關東之地，已非爲秦有，父母妻子，亦何至爲秦所誅也。衛尉中尉，職掌京兵，其官又皆秦置；秦代京師兵制，必有可觀，而法度不傳，殊足惜也。漢興，京師有南北軍之屯。南軍，衛尉主之，掌宮城門內之兵；北軍，中尉主之，掌京城門內之兵。或謂郎因秦屯衛之制而變（據玉海兵制），古者前朝後市，王宮在南，故漢衛宮之兵，在城內者爲南軍；衛城之兵在城外者爲北軍。要之南軍爲宮衛屯兵之所屬，北軍爲京輔兵卒之所隸，領二軍者其權均重。武帝徹當國，增置八校（一中壘校尉，二屯騎校尉，三步兵校尉，四越騎校尉，五長水校尉，六胡騎校尉，七射聲校尉，八虎賁校尉），合城門校尉而爲九，俱屬北軍；又改中尉爲執金吾，掌北軍如故。至於南軍，雖專掌宿衛，然其間又有兵衛郎衛之分。郎衛爲郎中令之所掌，其職守間同於衛尉；武帝徹改郎中之名爲光祿勳，而郎置期門羽林，以屬諸光祿。然則分衛尉之職者，尚有光祿；光祿與衛尉同主宿衛，衛尉所率者兵，光祿所率者郎，此郎衛兵衛之所以別也。漢代兵制，莫善於京師；中興以後，雖沿革不常，然皆居重馭輕，內外自足以相制。而北軍之儀仗，至西京衰世，猶爲未替；劉秀未貴，亦曰：『仕宦當至執金吾』。執金吾即領北軍者也。比秀即位，京師南北軍，仍行故制；校尉分職，間有省併，而大體不更。靈帝宏之世，始有西園八校尉（一上軍校尉，二中軍校尉，三下軍校尉，四典軍校尉，五助軍左校尉，六助軍右校尉，七左校尉，八右校尉）之立，然不爲定法；又其事粗置於末世，爲百官志所不載，興行未久，而漢室旋亡；加之北軍向畏中人，郎衛亦多不職，京兵一無可恃，而尋召外兵，董卓之禍興，而漢祚遂由茲傾覆矣。

（乙）地方　秦一中夏，郡置材官，凡材官之所屬，大抵俱爲步兵，而列郡官制，又設尉以佐守，典一郡之武職甲卒。此秦地方兵制之可知者也。漢興，諸事多踵秦制，郡國之兵，亦因秦而設。故刑法志有『天下既定，踵秦制而置材官於郡國」之說。其實彼時所置，並不獨材官；又有車騎樓船，亦皆同時所立。三者之兵，多於秋後講肄課試，各有定員；平地用車騎，山阻用材官，水泉用樓船，各隨其地之所宜，以爲支配。例如巴蜀三河潁川諸處，止有材官；上郡北地隴西諸處，則止有車騎；廬江尋陽會稽等處，則止有樓船，兵類雖殊，而制度則一。若分言之，列郡有兵，王國有兵，侯國又有兵，地方制度，既有不同，似兵柄所關，不無參差之處？然而郡有守有都尉，都尉卽佐太守典武，王國有相有中尉，相比太守，中尉比都尉；侯國有相，比縣令長，每歲秋日郡守尉都試教兵，課殿最，令長必與，侯國之相亦必與。侯國之兵，旣屬之郡；而王國之兵，亦隸於京師，兵權不雜出而國以靖。此爲漢盛世之制，其後嗣莫能外也。迨光武中興，起師之日，卽爲秋試之時。有國以後，詔罷郡國都尉，并職太守；無都試之法，舉一切材官騎士樓船之衆，還復民伍，而所用者多長從之募士；於是郡國之兵制，由玆漸壞。官無警備，日啓戎心；一方有難，黔首囂然。此東漢地方之禍，所爲恆發也。至其衰世，地方都尉，時或復置，而無裨於全局！蓋於成規破毀之後，禍至而更法，僅獲補苴一二而已；雖有善者，亦無如之何也。

(丙)邊外　秦時對待邊外，常有特調之兵，以爲之備；北築長城四十餘萬，南戍五嶺五十餘萬，皆爲對外之兵，所以護國防而斥殊族者也。漢興，重事戍邊，而無特定之制，至宣帝詢時，始置西域都護，以資捍禦；元帝奭時，又立戊己校尉，以屯田西域，其下各設丞、司馬、候、諸職，從長官遠戍，而其所率軍士雖人數不多，但皆由於特遣。東漢繼之，而有使匈奴中郎將，護羌校尉，護烏桓校尉之設；其官屬均待隨時增置，所率之兵，亦由其調布。凡此皆其職司之有規定者也。又漢世邊患之竊發，得一時置兵其地，而領兵者之職掌，初不聞有特種之規定者亦有之：如武帝徹時，遣將軍韓安國屯漁陽；宣帝詢時，遣將軍趙充國將四萬騎，屯緣邊九郡，皆爲其例。至於東漢，則漸有定名：如明帝莊時，北邊有變，則置度遼營；和帝肇時，南蠻或叛，則置象林兵；安帝祜時，羌犯三輔，則置長安雍二尉；鮮卑寇居庸，則置漁陽營。又其定名之一例也。又漢時外夷之內附者，亦或編制爲兵，使之從事宿衞，或出任征伐：如武帝徹時，置越騎校尉，掌越騎，因越人內附以爲騎者也；胡騎校尉，掌胡騎，因胡人內附以爲騎者也；宣帝詢時，發羌騎詣金城，因羌人內附以爲騎者也。蓋漢室盛時，不獨邊外之地，克置兵以爲衞；卽殊方之旅，亦有爲我用命者。然而至於衰世，羌胡交肆，董卓部屬，大抵羌人；則又漢制馭外族時，所料不到此者矣。

(附)兵士之徵調　秦代徵調兵士，最無限制，始皇以兵不足用，遂至發謫，先發弛刑之類，次發賈人之類，次發治獄不直者之類，次以隱宮徒刑者，次以嘗有市籍者，又其次則大父母父母嘗有市籍者；先發里門之左，名「閭左之戍」，未及發右而二世立，復調郡國材士五萬人以衞咸陽，大亂遂起，而秦於以亡。漢興，京師兵役，莫重於南北二軍。南軍多調於郡國，北軍多調於三輔。所以然者？郡國去京師甚遠，民情無所適莫，而緩急爲可恃，故以之衞宮城而謂之南軍；三輔距京師甚近，民情有閭里墳墓族屬之愛，而利害必不相棄，故以之護京師而謂之北軍。其被調發者，均爲三輔及郡國之材官騎士。綜而計之，二軍兵額，不過數萬，而皆不出征。有所征伐，則率調郡國之兵。其後至武帝徹時，增置八校，胡越騎皆屬中尉，而北軍始有召募之兵；又於光祿勳置期門羽林，與衛尉同掌宮門，而南軍始有長從之兵；又發中尉卒征西羌，而京兵始遠調。昭宣以後，禁旅列屯，有警則發，雖金城之遠，羽林胡越騎亦從中而遣。光武中興以來，廢罷都試，而外兵不練；一旦有大征伐，不得不藉京師之兵；於是京兵屢當出伐之任，而禁旅不復能盡禁衛之職，軍制日敝！此猶就京師言之也。郡國之兵，漢初均處四方，雖郡守不得擅調，無事散遣，有事徵發，職雖分於都尉，權實總於京師。武帝徹以後，別有選募罪徒，充郡國之兵，於是徵調之法漸壞！其選募曰勇敢，曰奔命，曰伉健，曰豪吏，曰應募；其罪徒曰謫民，曰惡少，曰亡命，曰徒，曰犯刑，曰罪人。至於東漢，郡國之材官騎士，一切罷遣；地方之兵，悉出於召募：於是漢初寓兵於農之法廢，而郡國轉無可恃之兵。此東漢之所以召亡也。又漢初定制，民年二十三始爲兵，一歲爲衛士，二歲爲材官騎士，年五十六乃免就田里，計在兵役者凡三十有四年。其征發年歲，有一定之限制，說者謂猶得古代「徵兵」之遺意云。

（二）用法　用法至戰國嚴矣，秦政併滅中夏，又從而甚之，毀先王之法，滅禮誼之官，專制刑罰，躬操文墨，斷獄理書，晝夜無間，或用衡石量書，晝夜有程，不中程不得休息！其刑之至重者，曰坑，曰斬，曰夷三族（父族，母族，妻族），曰具五刑（先黥劓，斬左右趾，笞殺梟其首，菹其骨肉於市。其誹謗咒詛，又先斷舌，故謂之具五刑）。

漢有中國，動襲秦制，高祖邦雖以除秦苛法，布告中國，而三族五刑之制不改，韓信彭越之屬，皆受其戮。外如收孥之令，挾書之禁，誹謗妖言之罰，仍一切如故！其入關約法，不足爲據如此。惠帝盈始除挾書律；呂后當國，乃除妖言令；文帝恆時，並除收孥相坐之法，且謂今有肉刑三而姦不止，乃除去肉刑（據文獻通考按引漢書注，謂黥、劓、斬趾三者，）遂以髡鉗代黥，笞三百代劓，笞五百代斬趾，獨不及宮刑。至景帝啓元年，詔言孝文皇帝除宮刑，出美人，重絕人之世也。則知文帝恆並宮刑除之。其後宮刑雖復用，第以施之死罪之情輕者，不常用也），而代以髡鉗或笞。然笞重則多死，景帝啓又詔減之；並改磔爲棄市，勿復磔。漢代刑制，寖革寖輕，漸脫秦弊矣。未幾，武帝徹當國，禁網復密，劇行腹誹沉命之法；其時義縱極鷹擊之能，嚴延年有屠伯之號，皆爲世人側目。迨宣帝詢時，再注意平刑；而以先世嗜殺之故，刑罰之用，仍未能減息，爲可惜也。其後歷世或主輕刑，漢威亦終不舉。東漢初世，承王莽嚴刑之後，乃有減省刑法之詔；明帝莊以明法稱，而楚王英之獄，以窮治黨與之故，坐死徙者倍衆，殊失先世平刑之意，則善刑理法之謂何也？

（附）法典之編纂　方戰國之世，衛公孫鞅、趙慎到、韓公子非之流，各以明法著書，凡所撰述，多傳於後世；韓非李斯俱事荀卿，斯自謂不如，是韓非之學，尤爲當世所重可知矣。顧諸家所論，雖偏於任法，以視法經刑符之作，究不同科；其後李斯相秦，於法典之經營，史傳亦闕焉不錄。高祖邦入關之始，下令殺人者死，傷人及盜抵罪，以爲三章之法，約之至矣；有國以後，三章之法，不足以禦奸，復令蕭何攈摭秦法，取其宜於時者，作爲九章之律。律卽法也。秦改法之名爲律，而漢因之，漢以前所有者曰具律，盜律，賊律，雜律，捕律，囚律；何所增者曰興律，廄律，戶律。叔孫通又益以律之所不及，爲傍章十八篇；其後張湯復爲越宮律二十七篇，趙禹復爲朝律六篇，合六十篇。而蕭張趙所定之律，合稱三家，說又互異。其外如錢律，酎金律，上計律等目，復散見於史書。故當戰國之世，李悝六法之目，足以抱括大率狀者，至漢世乃引而伸之，篇第至於六十。事繁則律夥，觀編纂法典者分條之密，而知社會之情狀，較之上古，已大著其變遷！故其成書亦不能以簡括之方法約之也。又漢世律文之外，別有所謂令爲，令卽人主之命令。漢代以命令之多，編爲令甲，令乙，令丙，以視律文有同一之效力；與律合言，則通曰律令。大抵令之所出，由於人主之意思，而其後嗣當共保守而依據之，故積世愈久，則命令愈多；當漢盛時，自令甲以下，已積三百餘篇，而漢律尚六十篇，僅以篇數之多寡爲衡，則漢令之倍多於漢律，又可知也。令之外又有比，漢世稱爲決事比，或稱法比，或單稱比，其義猶後世之所謂例。王制所謂「必察小大之比以成之」者是也。當武帝徹時，死罪決事比，凡萬三千四百七十二事（據漢書顏師古注，比，以例相比況也），其繁可見！加之律令有定而比無定，故解說常紛。比法多端，爲書又巨，其湛深經說，比附古義以折獄者，尚不在其內，而惜乎故籍之已湮也。夫吾國法典之事業，雖淵源於李悝；至於漢世，則此種事業之增進，爲之大著，由是衍之以成魏晉之律；說者以爲皆漢世明法諸家之所賜云。

第十六章　本時代之文化上

本時代文化之一（學藝）

學藝至中古，益有統系條理之可尋求。本時代仍上篇之例，分文質爲兩科；而文學中所列之文字，則改題爲諸經，而以文字之學附詳於其下。蓋上古之世，經非儒書專有之稱，六經要旨，或散見於歷史，或分寄於哲理，諸經故不別列一科；至於中古，諸經之目定，自當別爲專論以說明之。今先陳其變易之由來，而分析各科大要之情形如次：

（一）文學之別四：

（甲）諸經　秦政統一中國，始非不重儒生；已而因事厭儒，匪惟六經（詩，書，易，禮，春秋，樂）之學，不能遽絕，焚坑之禍作，而挾書且有禁！僅有官書掌於博士，傳不能宏也。迨武帝徹當國，表章六經，置五經（缺樂）博士，而傳授者乃漸集；東漢繼起，經師更衆，五經博士，增至十四人，學說之歧出，派別之枝分，日異月新，駸駸大盛。凡所傳授，多從一家之言，以名其學，西漢謂之師徒，東漢謂之家法，承其法者，則守而勿替；當其極盛，諸凡耆門高義，開門授徒，編牒不下萬人；多者至著錄萬六千人，少者亦數百人。後世所謂『六籍之學，莫盛於漢世』者也！夫經之始傳，實由於孔子；孔子弟子之傳經者，詩則有子夏，書則有漆雕開，易則有商瞿，禮則有曾子，春秋則有左邱明及子夏門人公羊高穀梁赤。自是以後，諸經之傳授，遂成各爲系統：以言夫詩，則有魯申培公一家，齊轅固生一家，韓嬰一家，又毛萇一家。以言夫書，則有伏勝一家，歐陽生一家，夏侯勝（大夏侯之學）一家，夏侯建（勝授族子建爲小夏侯之學）一家，又孔安國一家。以言夫易，則有田何一家，梁邱賀一家，施讎一家，孟喜一家，京房一家，高相一家，又費直一家。以言夫禮，則有高堂生一家（今之儀禮），慶普一家，戴德（大戴氏之學）一家，戴聖（小戴氏之學）一家（今之禮記），河間獻王德所得之周官一家。以言夫春秋，自穀梁赤所傳者，有穀梁春秋一家，江公一家；自公羊高所傳者，有公羊春秋一家，嚴彭祖一家，顏安樂一家；又自左邱明所傳者，有左氏春秋一家。此五經傳系分別之大凡也。其他如孝經論語，孔子以後，亦各有其師承。其在東漢，諸儒嚴守家法，「古文」「今文」之判別愈明，而其爭益顯：「今文」者，謂以當代文字筆之於書而傳授其生徒，漢世諸儒之所誦習者（詳見下表）是也；「古文」者，謂其經得之山岩屋壁，皆古人所手定，非猶「今文」之本，其學始興於西漢之季年，費直之易，孔安國之書，毛萇之詩，河間獻王德所得之周官及左氏春秋皆是也。「古文」與「今文」，經說不同，「今文」攻「古文」，則曰「顛倒經法」；「古文」攻「今文」，則曰「蔽固妒毀」。東漢以後，世儒以「今文」爲不可信，競傳「古文」？不知「古文」非眞可信之書也！又兩漢之世雖經各數家，家各數說，然亦有統集之者；以時代論之，大抵西漢則統集於劉歆，東漢則統集於鄭玄。歆與玄皆好古文之學；玄爲馬融弟子，承其師說，偏注緒經，而「古文」之學爲之大顯。范曄謂玄爲「囊括六典，網羅衆家，删裁繁蕪，刊改漏失，自是學者略知所歸；其傳授生徒，專以鄭氏家法」。然則鄭氏之解經，宜其兼衆氏之長，導後生之軌矣；而後之說者謂「鄭學」雖主「古文」，而時亦採取「今文」之說，至或以糅雜之過繩之，是又玄千慮之一失也。

上之所述，關於派別之一方，僅撮綱要言之。兹再補列簡表，以見諸家分合傳承之概如下。

經總別	經小別	文別	人別	其由來	其傳授	立博士之始
詩	魯詩	今文	申培公	自子夏數傳至浮邱伯浮邱伯授申培公	一傳爲瑕丘江公等再傳爲韋賢等三傳爲賢子玄成及韋茂等至東漢時不絕	文帝時始立博士
	齊詩	今文	轅固生		一傳爲夏侯始昌再傳由始昌授后蒼三傳由蒼授匡衡翼奉蕭望之等至東漢時漸微	景帝時始立博士
	韓詩	今文	韓嬰		一傳爲賁生及其孫商再傳爲其後及涿韓生等三傳爲趙子至東漢時不絕	文帝時始立博士
	毛詩	古文	毛萇	自子夏數傳至大毛公亨大毛公授小毛公（卽萇）	一傳爲貫長卿再傳由長卿授解延年三傳由延年授徐敖至東漢時而盛	平帝時始立博士
書	伏生尚書	今文	伏勝	據洞冥記伏勝受書于秦博士李克	一傳爲歐陽生張生再傳由歐陽授兒寬三傳由寬授歐陽生之子世世傳至曾孫歐陽高爲歐陽氏之學	
	歐陽尚書	今文	歐陽高	自伏勝數傳至歐陽世世傳至曾孫高	一傳爲林尊再傳由尊傳平當及翁生三傳由當傳朱普鮑宣翁生傳殷崇龔勝以下略	武帝時始立博士
	大夏侯尚書	今文	夏侯勝	自伏勝傳張生張生傳夏侯都尉都尉傳族子始昌始昌傳族子勝	一傳爲周堪孔霸再傳由堪傳牟卿許商三傳由商傳唐林吳章等至東漢時不絕	宣帝時始立博士
	小夏侯尚書	今文	夏侯建	自伏勝數傳至夏侯勝勝傳族子建	一傳爲張山拊再傳由山拊傳鄭寬中張無故秦恭等三傳由寬中授趙玄無故授唐尊恭授馮賓等至東漢時不絕	宣帝時始立博士
	孔氏尚書	古文	孔安國	魯共王餘壞孔子舊宅得其書安國校伏勝所誦爲隸書寫之	一傳爲都尉朝再傳由朝授庸生三傳由庸生授胡常等至東漢時而盛	平帝時始立博士

易	田氏易	今文	田何	自商瞿數傳至孫虞，孫虞授田何	一傳爲王同、周王孫、丁寬等，再傳由同授楊何，寬授田王孫等，三傳由王孫授施讎、孟喜、梁邱賀	武帝徹時始立楊氏博士
	梁邱氏易	今文	梁邱賀	自田何三傳至田王孫，王孫授梁邱賀，賀又初從京房，後乃事王孫	一傳爲其子臨，再傳由臨傳五鹿充宗及王駿，三傳由充宗傳士孫張、鄧彭祖、衡咸，至東漢時不絕	宣帝詢時始立博士
	施氏易	今文	施讎	自田何三傳至田王孫，王孫授施讎	一傳張禹、魯伯，再傳由禹授彭宣、戴崇，伯授毛莫如、邴丹，至東漢時不絕	宣帝詢時始立博士
	孟氏易	今文	孟喜	自田何三傳至田王孫，王孫授孟喜	傳白光、翟牧，至東漢時不絕	宣帝詢時始立博士
	京氏易	今文	京房	焦延壽嘗從孟喜問易，以授京房	傳段嘉、姚平、乘弘，至東漢時不絕	元帝奭時始立博士
	高氏易	今文	高相	自丁寬別支又受之王璜	傳子康及毋將永，至東漢時不絕	
	費氏易	古文	費直		傳王璜，至東漢時而盛	
禮	高堂生士禮	今文	高堂生		一傳爲蕭奮，再傳由奮傳孟卿，三傳由卿傳后蒼、閭邱卿，蒼傳聞人通漢及戴德、戴勝、慶普	武帝徹時始立（后蒼）博士
	慶氏禮	今文	慶普	高堂生數傳至后蒼，后蒼授慶普	傳夏侯敬及族子咸，至東漢時不絕	宣帝詢時始立博士
	大戴禮	今文	戴德	高堂生數傳至后蒼，后蒼授戴德	傳徐良，至東漢時不絕	宣帝詢時始立博士
	小戴禮	今文	戴勝	高堂生數傳至后蒼，后蒼授戴勝	傳橋仁、楊榮，至東漢時不絕	宣帝詢時始立博士
	周官	古文		河間獻王德所得，或曰李氏上之，失一篇，乃以考工記補	劉歆傳杜子春等，至東漢時不絕	王莽時曾立博士
春秋	穀梁春秋	今文		自子夏門人穀梁亦數傳至申培公，申培公授江公	自江公傳榮廣、浩星公，廣傳周慶、丁公，傳蔡千秋，至東漢時不絕	宣帝詢時始立博士
	公羊春秋	今文		自子夏門人公羊高數傳至公羊壽，壽授胡毋生、董仲舒	自董仲舒傳嬴公，嬴公傳魯眭弘，眭弘傳嚴彭祖、顏安樂	武帝徹時始立博士
	公羊嚴氏春秋	今文	嚴彭祖	自董仲舒再傳至魯眭弘，眭弘傳嚴彭祖	一傳爲王中，再傳由中傳公孫文、東門雲，至東漢時不絕	宣帝詢時始立博士
	公羊顏氏春秋	今文	顏安樂	自董仲舒再傳至魯眭弘，眭弘傳顏安樂	一傳爲冷豐、任翁，再傳由豐傳馬宮、谷咸，至東漢時不絕	宣帝詢時始立博士

左氏春秋	古文	自左邱明數傳至張蒼張蒼傳賈誼賈誼數傳至翟方進翟方進授劉歆	自劉歆傳賈徽徽傳子逵至東漢時而盛	平帝時始立博士

自春秋降爲戰國，文字往往異形；秦兼六王，李斯乃奏同之，罷其不與小篆合者：小篆者，卽漢世之所謂「秦文」。其初李斯作蒼頡篇，趙高作爰歷篇，胡母敬作博學篇，皆取史籀大篆或頗省改，別成爲小篆；然以朝廷奏事之多，小篆亦非倉卒易成，乃卽令隸人佐書曰隸字。或曰：秦造隸書，以赴急速爲官司刑獄用之，餘尙用小篆。要之小篆者大篆之省，隸書者又小篆之省，秦兼用二書，使國內通行之；其餘若大篆，若刻符，若蟲書，若摹印，若署書，若殳書，雖與小篆隸書合體爲八，而不常用。漢興又有草書，各字不連綿，亦曰章草（說文解字序段注引漢趙壹云：草書起秦之末，殆不始史游？其各字不連緜者曰章草，晉以下相連緜者曰今草，猶隸之有漢隸今隸也。漢人所書曰漢隸，晉唐以下楷書曰今隸），其體與後世之草書異，而不在八書之列。王莽當國，頗改定古文，時有六書：一曰古文（卽古文與大篆），二曰奇字（卽古文大篆之別體），三曰篆書（卽小篆），四曰左書（卽隸書），五曰繆篆（卽摹印），六曰鳥蟲書（卽蟲書）。魯共王餘壞孔子宅所得之逸禮尙書春秋經皆作古文，漢世所謂「壁中書」者也。又東漢許愼作說文解字，分五百四十部，凡九千三百五十三文，其字較西漢爲多；近人以爲學術愈密，則所需之字愈多，於此足徵漢世學術之進化或不誣也。大抵兩漢學術，首重說經；說經既通，則文字之源流與其大旨，必不可以無

論。故漢儒課學僮，必先諷書九千字，以得其恉意形聲，授爾雅十七篇，以究其詁訓轉借，三年而一經通，三十而五經立，從未有不明小學而能說經者！本時代述經術之傳承，所由次及文字也。

（乙）歷史　尚書者，後代列之於經，而古人以爲史錄，以古代初無「經籍」之名也；及孔子因魯史記而作春秋，左邱明論輯其本事以爲之傳，後代又卽統之於經，而當世亦未嘗名之爲經也。漢世尚書與春秋左氏傳（卽左氏春秋）既尊爲經，而以史記漢書等爲史，於是經與史之界畫始定；而漢時史書之辨質而核者，尤莫如司馬遷之史記。然史記固嘗取於經者也。何言之？戰國以來，史書之踵春秋而興者，其類漸富：國語也，世本也，戰國策也，楚漢春秋也，綜其所述，非無可採；遷思合爲一書，乃以左氏傳爲之基本，而附以他書。自五帝以至秦漢，次第增敍以見其要；其義則又取諸公羊春秋，辨文家質家之同異，論定人物，多寓文與質不與之意，皆公羊之法也。遷嘗問春秋於董仲舒，仲舒故善公羊之學者。遷能深明其義例，雖未盡得春秋之要；可見漢人經學，固各有其師承，西漢之世經與史之界畫雖定，而仍有未定者也。東漢之世，班固父彪，才高好述作，欲續司馬遷史記而未成，明帝莊乃令固卒爲之，俾成漢書。上起高祖（邦），下至王莽，自言紀志表傳凡百篇：述紀十二，述表八，述志十，述列傳七十。其八表及天文志未及竟而固沒，女弟昭續之而書始成。漢制近古，固此書敍次縝密，故鄭玄等引以注經；而經師如服虔輩，亦皆爲漢書注，蓋實有可輔經而行者。然則漢代經史之界，固非截然；藝文志不列史目，卽以附於六藝春秋之後，非無故也。又史記與漢書後世皆稱正史；其依漢書而別編者，爲荀悅之漢紀。悅易紀傳爲編年，雖詞約事詳，論辨多美，然實不足以望漢書；漢儒史學，自司馬遷外，班固爲尊！悅雖負嘉史之名，究以依據班書而就，即欲與之比隆班氏，未可能也。

（丙）哲理　易爲古代研求哲學之書，至秦，列其書於卜筮，故咸陽既火，易仍用於民間。漢之盛強，尊重五經，以易爲經籍之一宗；於是古代哲理之書，亦爲經術之所範圍，與詩禮尚書春秋諸經爲儔匹。雖易家探求哲理，時或假天人之說以相高；然既列爲經，則如孟喜之明「卦氣」，京房之言「飛候」，鄭玄之闡「爻辰」，虞翻之推「消息」，總其擇術，容或相歧，而要不能離經以自成其說，則斷然也。今試舍易以言，凡漢儒所講貫與後世所謂哲理之學合者，當以淮南王安（高祖邦淮南王長子）董仲舒揚雄諸人爲最著：蓋自戰國以降，學派盛而百家雜出，其流衍極於秦漢之世而未艾！藝文志序九流分派，多涉及於西漢諸家，如述道而及於郎中嬰齊，即其一例。淮南學說最駁，既不斥老，又非尊孔，間亦取莊；揚雄所謂「淮南忽出忽入」者也。仲舒最重天，故著書彌善於言天，其學殆出於儒；雖間尚五行，不足爲仲舒病。若夫揚雄本易體以作太玄，與古代哲理之學，最爲肖似；而其所論，則多與道家相融會焉。

（丁）文辭　戰國以降，文辭之道漸盛；至於漢世，「詩賦」與「書策」均形進化。「書策」者散文，「詩賦」則韻文也。秦代直接戰國，散文具有足觀，李斯之雄放俊偉，是其一證；惟限於年代，遂不能與漢世同稱。漢文西京多樸茂，東京稍繁縟，而繁縟之源實導自西京之季世。其初漢人陳書，取古圏適理而不求塗飾，如鼂錯之言兵事，論募民徙塞，均可得其大凡；至如董仲舒之天人三策，亦悉本諸平居之蘊積而成！故曲折之主張，無不宣達。大抵西京策對之詳盡者，往往含有著書之意味；而司馬遷報任少卿一書，尤爲漢文之粹！史記之章篇，其裂而別出者惟此。遷文推一代之中堅，而自史記以外，卒不能多得，於是西京全代之「黄金文學」，轉在敍事之書；而其以議論爲文者，反居其後。遷所以無愧一代之作家者，文章之不求塗飾爲之也。西京之季，揚雄輩以詞賦之筆，製作散文，駢儷稍興，漸趨而爲塗飾，其後東京之文字，乃漸不如西京。西京之季，匡衡劉向輩專攻經義，猶能不變古圏適理之旨！其在東京初世，能此道者固猶未乏；然觀明帝莊既獲寶鼎，下詔禁章奏浮辭，則文章塗飾之風於玆已啓，不必待章安以後始然矣。大抵西京之文，重在殺意；東京之文，漸趨於謀句。班固雖謹守繩墨，無取放言，以較西京健者，間能取勝，而終不足以媲史遷？此由所造深淺之不同，爲其主因；而時代之遷流，又其從因也。夫文字之盛衰，世運之轉化係焉；後人以爲文至東漢而衰！不知東京之後，更有衰於東京者！東京第衰於西京者也。又韻文之遷變，莫著於西京，就其大端別之，其體凡二：一曰辭賦。其起原由楚詞。楚詞者，戰國時代之韻文，而其名始定於劉向；向裒屈原宋玉諸賦而以楚辭總之，後世亦謂之騷：故劉勰品論楚辭，以辨騷標目。誠以辭賦之源出於騷，浮豔之投亦濫觴於騷。所謂「體慢於三代而雅頌於戰國」者也！考楚辭之胎息，實由國風小雅；而宋玉所爲各賦，已開辭賦之風；漢興，則賦之趨勢盛而與楚辭之文義，亦漸相遠。古者詩有六義，賦爲其一，義主風諭。漢代辭賦，則主侈麗閎衍，雅頌之意寖失！故揚雄因之而特下其界說曰：『詩人之賦麗以則，辭人之賦麗以淫。』蓋戰國時代之楚詞，既不如雅；而漢之辭賦，殆又不如楚詞？此則時代爲之，從而詆之者非，擧之者又非也。大抵兩漢辭賦，西京爲盛；而西京一代，又以武帝徹之後爲盛。劉勰所謂：『繁積於宣時，校閱於成世，進御之賦，千有餘首』者，誠非夸語！而西京辭賦之人才，則當以司馬相如揚雄爲巨擘，枚乘輩尚不能並；猶之東京之世，以班固張衡爲巨擘，王逸輩亦不能並也。迨東京之季，且以抒情體韻爲能，格調漸趨魏晉，則辭賦之思潮，又不能無變；文章之有關於世運，不以辭賦而異也。一曰詩。古者詩卽樂府，樂府卽詩，未嘗有所異也。詩亡樂廢，楚詞代興，而屈原九歌爲侑祭而作，九章爲舒情而發，途轍漸兆；至漢武帝徹之世，郊祀十九章，與古詩十九首，不相爲用，於是詩與樂府，門類攸分，而樂府遂離詩獨立。後人以爲武帝崇禮，始立樂府；不知樂府之名，在惠帝盈時，固已有之，徹特明定爲禮用之樂耳，非刱制也。原樂府之由來，亦多由風詩而變：安世房中歌者，係唐山夫人（高祖邦之姬，唐山其姓也）所製，而清調平調瑟調，皆其遺音。此南與風之所變者然也。朝會道路所用，謂之鼓吹曲；軍中馬上所用，謂之橫吹曲。此雅之所變者然也。至於十九章之歌，則以正月上辛用之。又頌之所變者然也。漢詩之所由與樂府異者，樂府以節奏爲主，漢詩則以風詠爲主。攄忠明敬，以樂府爲長；卽境寫懷，則以詩爲貴。而漢詩有五言有七言，亦有模擬樂府而出之者。古詩十九首，雖不知其作自何人？而寄託悠遠，神思溫厚，與蘇武李陵之贈答詩，同爲五言詩體之母；武帝徹時，柏梁臺營成，大會羣臣，即席聯詠，詩各七字，合二十六句而成一篇，即爲七言詩體之母；其廬江小吏妻羽林郎陌上桑之類，並爲樂府詩體之母。詩之外又有歌，漢亦稱歌詩。高祖邦之大風歌鴻鵠歌，實開其先，要亦詩之類也。詩之各體，既著別於西京；至於東京，流風日盛，魏晉之宗派，漸於斯啓，時代下而漢詩之質者漸文矣。大抵兩漢之詩，作者率得諸無意之間！其初如李陵蘇武張衡之作，並未鍛鍊求合，而神工天造，均極自然；後世文勝於質，以人工擬天造，而反不足以擬漢詩，此漢詩之所爲終勝於後世也。關於本時代文詞之起源與其流別，其大較有如此者。

(二)質學　質學之目三：

(甲)天文　秦併中國，天文之學，傳而勿顯。漢世言天文者約有三家：一曰周髀，二曰宣夜，三曰渾天。宣夜之學絕無師法；周髀術數具存，考驗天狀，多所遺失；惟渾天之說，差爲近理。其說則以天形如彈丸，地在其中，天包其外。雖不能以今日之學說助之糾正，然於三家之說，最爲得中！漢世桓譚張衡蔡邕鄭玄之徒，並所依用。此其學說之可知者也。漢人推測天文，於日月星辰之經行及其占驗，不獨載其學說，垂諸簡册，且各有圖繪以證明之：如日月交會之圖，星宮雲憲之圖，居其一例。是又圖繪之可知者也。古者考察天文，必有儀象，後世亦稱儀器。漢世儀器最有進步，其初當武帝徹時，洛下閎始爲儀器，號曰渾天；宣帝詢時，耿壽昌始鑄器爲銅；至於東漢和帝肇時，賈逵繼作，又加黃道。安帝祜時，張衡再革舊制，以造渾天，立八尺圓體，以具天地之象，以正黃道，以察發斂，以行日月，以步五緯，儀象進步，於斯爲著；又別作候風地動儀，以精銅鑄成。圓徑八尺，合蓋隆起，形似酒尊，飾以篆文山龜鳥獸之形，中有都柱，旁行八道，施關發機，外有八龍，首銜銅丸，下有蟾蜍，張口承之，其牙機巧制，皆隱在尊中，覆蓋周密無際。如有地動，尊振則龍發機吐丸，而蟾蜍銜之，振聲激揚，伺者因此覺知；雖一龍發機，而七首不動，尋其方面，乃知震之所在，驗之以事，合契若神。嘗一龍發機，而地不覺動，京師學者怪其無徵？後數日驛至，果地震隴西，於是人皆服衡制器之妙！是又儀器之可知者也。又曆譜之學，以周爲最明，惜不能得夏正之中！漢興，沿襲秦制，月以建亥爲正，故武帝徹以前，朔晦月建，弦望滿虧，常多推算之差，爲世人所疑怪；自徹改用夏時，於是曆譜之學，始有較明之依據。鄧平以後，劉歆之於曆譜，最所備悉。是又曆譜之可知者也。蓋古代天文之學，至於漢世，分術益明，同時域外諸邦，亦多有承吾國古代天學之流，繼漢而並盛者。觀史記曆書所載，周室之衰，疇人子弟分散，或在夷狄；則後世西域九執，回回術數，及西洋算法，或因若輩流散在外，而廣其傳，亦正未可定也。

(乙)算數　曆譜之學，本通於算術；然漢人算術不必專於曆譜見也。漢世首需算術之事五：一曰備數，二曰和聲，三曰審度，四曰嘉量，五曰權衡。凡兹五者，稽之於古今，效之於氣物，和之於心耳，考之於經傳，咸得其實，靡不協同；而備數一端，尤爲四事之母。其法，紀於一，而協於十，長於百，大於千，衍於萬，綜爲算術，學僮幼而習之，仿周保氏之意，屬其職於太史；從知漢世視算之重，亦猶夫周，宜夫貨殖家之致富理財者之言利，各著其能事於當世，而綜核剖析之藝無不精也。又漢世律度量衡之制，承秦變古之後，不能無異，此則由夫政制使然；昧者或執是爲藉口，以漢算術之學爲不足稱，並趙君卿徐岳輩之專藝，而亦菲薄之！蓋亦過矣。

(丙)醫術　司馬遷著史記，扁鵲與倉公同傳。扁鵲姓秦氏，名越人，戰國時人；倉公姓淳于氏，名意，則漢人也。漢世醫術之良者，不止倉公；倉公生長臨淄，其師元里公乘陽慶，亦臨淄人，與扁鵲同國，殆齊派也？當戰國之世，秦派之醫術最盛；至於漢世，則齊派代興。觀乘陽慶自謂：『有古先道遺傳黃帝扁鵲之脈書，五色診病，知人生死，決嫌疑，定可治，及藥論書甚精』。然則慶之所學，即出於扁鵲，而又授之倉公；齊派之傳承，自戰國以來，殆未嘗一日而息也。倉公治病，重切脈；其歷述所治，又特重經驗；然以不爲人治病之故，病家怨之，至文帝恆時，被誣有罪，幸其少女緹縈爲上書乞救，得以不死！然則醫術之美好，易於招衆愆而至大眚不誣矣。倉公之後，齊派如馬長馮信杜信唐安，雖能各傳其術，而未聞有精於師而邁之者；然則倉公以降，醫術之進步，猶無望也。東漢之世，蔡邕則有本草，涪翁則有鍼經，張機則有傷寒論金匱要略諸書之著；而機於醫術尤爲精至。要略所論，上卷說傷寒，中說雜病，下載其方，併療婦人，其書雖出東京季世，實與黃帝之素問，扁鵲之難經，同爲醫術著書中之三典；後世得其一知半解，或足以起死。蓋素問者內經之一卷，難經者內經之約言，而金匱要略，則坦易切近，於三典中尤爲平實，此其所以傳也。兩漢醫術，倉公開其始，張機殿其終，古人治病之學，賴以不墜！此足爲漢人注重實學之徵矣。

本時代文化之二（美術）

本邦美術自古無專書，然尚有系統之可尋求，爲治國史者所必當注意。今仍上古史之例，析美術爲三，而擇述其要旨如下：

（一）繪畫　繪畫之道，在春秋戰國之時，進步久著；至於漢世，其體漸多。西京明堂之圖，爲宮室畫之一類；經宿常宿列星之圖，爲天文畫之一類；鹵簿雲車之畫，爲器用畫之一類。至於東漢，派別益分，佛像之畫，爲宗教畫之一類；禹貢三禮之圖，爲學術畫之一類；神仙列女之畫，爲人物畫之一類。繪畫之進步，超過於周季者如此；則又時代之遞嬗致之，非眞當世之人果有壓心美術之傾向也。考遠古之世，文字與繪畫本無殊異；至於後世，字則變而益簡，畫則趨而益繁。故以漢世之隸較之古文，則古文繁而漢隸簡；以後世之畫較之漢畫，則漢畫簡而後世之畫反繁。所以然者，漢畫尚質，不以塗飾爲高；後世反是，尚敷佐競工緻，去古益遠，而格局轉卑。故漢代石刻諸畫之流傳於後世者，其眞率之狀態，類皆後世之所不欲爲，而亦有不能爲者！此正漢畫之長，非尚敷佐、競工緻者之所能企也。

（二）建築　秦幷中夏，築長城，營阿房，以虐民之過繩之，誠無以難；要其建築之偉大，自古以來，蓋未之有聞也。

漢興，西京宮之著於正史者五十有一，殿二十有三，室十三，館十五，闕四，臺觀二十二，閣四，苑八，池七，極建築之大觀年代既久而營構之數且過於秦。其制之尤奇者爲武帝徹時之井幹樓，積疊百層，高五十丈，形若井幹，或四角或八角，備具匠心；又有柏梁臺，以香柏爲之，華貴精潔，殆可想見。成帝驁時，又別有所謂龍樓門者，樓上有龍，其質銅，皆異制也。東京宮之見於正史者十二，殿二十九，觀四，苑七，園五，池二，其數雖不全似西京之多，而壯麗之風，固猶未改。章帝炟時，梁鴻作五噫歌曰：『陟彼北芒兮，噫！覽觀帝京兮，噫！宮室崔嵬兮，噫！民之劬勞兮，噫！遼遼未央兮，噫！』此東京建築過盛之一徵也。順帝保時，修飾宮殿，郎顗拜章曰：『宮殿官府，近始永平（平帝衎年號），歲時未積，便更修造；又西苑之設，禽畜是處，離房別觀，本不常居，而皆務精土木，營造無已，消功殫賄，巨億爲計！願罷將作之官，減雕文之飾』。此東京建築過盛之徵二也。又東京宮殿之華縟者，當其盛時，往往見於詞人之賦；其後至靈帝宏之世，國內多故，而宏開西園，尚有萬金堂之建，堂曰萬金，則靡費可見！故就建築一方論之，漢世廣役工程，形式必多進步，京師之內，其可紀者且猶如是，至於地方，河渠之開濬，道途之通闢，郵驛之建置，城塞亭障之設立，又在在與建築之事相關，本時代中，尚不遑徧論也。

（三）雕鑄　雕刻與冶鑄之術，秦代需用之事甚多；至於漢世，則進步更著。秦雕刻之最重要者凡二：一曰造璽，一曰刻石。自秦以前，有中國者無所謂傳國之璽，所世守者九鼎而已；秦政既定中國，九鼎缺而不全，於是有玉璽之製，其原物蓋卽爲楚璧。初楚以卞和所獻之璞，琢成璧後，求婚於趙，用以納聘，秦昭王稷謀以十城易之而不可得；秦併六國，始得之，命李斯篆文，玉工孫壽刻其上八字曰：『受命於天，既壽永昌』。後子嬰奉之以降劉邦者，又即此物。然則孫壽乃當時有名之雕刻專家？不然，何以能膺此有味之重任也。至於刻石，則由秦政巡遊國內，所至謀著其功烈以夸後世，故名山所在，大都立石以刻其文，而嶧山樹石之高至於三丈一尺，刻工之整與李斯篆筆同傳；其他如泰山刻石，琅琊刻石，時古跡妙俱爲世珍！秦時刻石之工，惟斯爲著。漢世璽印之製力摹秦刻，乘輿所用雙印，諸侯王公列侯以白玉，中二千石至四百石皆以黑犀，三百石以下皆以象牙，俱不能離雕刻。而漢工刻玉，又多與後世不同：試觀漢剛卯（漢書王莽傳注引服虔曰：剛卯以正月卯日作。晉灼曰：長一寸，廣五分，四方，當中央從穿作孔，以采絲葺其底，如冠纓頭蕤，刻其上面，作兩行書）之流傳後世者，其文多減筆假借，驟不易識，與後人刻玉，字字清朗可讀者，迥不相同（據古玉圖考）。觀漢馬援上書曰：『臣假伏波將軍印，伏字犬外嚮；城皋令印，皋字爲白下羊；丞印四下羊；尉印白下人，人下羊；即一縣長吏印文不同，恐天下不正者多，符印所以爲信也，所宜齊同，薦曉古文字者事下大司空正郡國印章』，（此雖指金印（將軍）銅印（令丞等）而言，漢世印文之不講求，於此可見）。然則漢世印文之如剛卯者正多，殆彼時工技上流派之所趨，不足異也。又古代碑石之設，始多於漢；漢靈帝宏時，刻石尤徵進步。試觀太學門外石經之立，無字不由鐫刻而來，以五經文字之多，而居然能刊成金石；石經初立，觀視及摹寫者車乘塡隘，日千餘兩，此不僅見漢世嗜經之篤，亦足以徵都人美感之深也（古之經籍皆寫本，最爲不便；自有石經始得摹印，無庸筆寫，即爲文化進步之證）。若夫冶鑄之術，最著重於古代者，莫如鐘鼎。戰國以後，鐘鼎之需用漸輕；漢世神鐘寶鼎，雖爲人主所珍，而非由於新鑄。故冶鑄術之著異者：在秦則有咸陽十二金人，重各二十四萬斤，鎔造之工程，可謂最巨；至於漢世，其物猶存，董卓之亂，始壞其十，此猶秦代所鑄，事不關漢。漢當武帝徹之世，既有承露銅盤之造；中興以後，工役仍紛。靈帝宏時，既鑄四大銅人，列之闕門之外；又鑄四大銅鐘，各受二千斛，懸於宮殿之前。則是漢世冶鑄之工，至於季世，乃愈形其興奮！其他如銅龍之創制，金馬之特立，西京之世，皆已有之；推而至於刀矛劍戟之工，亦多利於往世。冶鑄之成績，其可知者類此，此亦足徵美術進步說之非誣矣。

（附）音樂　戰國之世，本有古樂今樂之分：六代之樂曰古樂，鄭衛之音曰今樂。秦統中國，古樂存者僅有韶武；二世尤好鄭衛之音，是以古樂沈淪，輟而不講。漢興，樂家有魯人制氏，世爲太樂之官，但能紀其鏗鏘歌舞，而不能言其義。叔孫通因秦樂人，別製宗廟之樂。唐山夫人又製房中之樂，劉邦故樂楚聲，房中樂者，楚聲也。邦既定中夏，過沛作大風之歌，令沛中童兒百二十人習而和之；至其身沒，沛宮爲原廟，漢令歌兒習吹以相和。文景之間，禮官肄業而已。武帝徹時，始立樂府，每祭圜丘，使童男女七十人俱歌，然未有本於祖宗之事；八音調均，又不協於鐘律。時河間獻王德所獻雅樂，亦僅隸諸太樂之官，歲時備數而不常御；終西京之世，不復再制雅樂。東漢明帝時，樂有四品：其郊廟上陵之所用者曰「大予」，辟雍鄉射之所用者曰「雅頌」，人主宴羣臣之所用者曰「黄門鼓吹」，軍中之所用者曰「短簫鐃鼓」，樂制之整列，較勝西京；至其末世兵亂交起，樂章復缺，聲音之道再廢，而漢亦亡。

第七章　本時代之文化下

本時代文化之三（宗教）

宗教分類至中古而益明，凡關於宗教上之狀況，亦有所識別。茲仍上篇之例，析其事爲四端：

(一)宗教之起於國內者　上古之世神仙、陰陽、五行、雜占諸論，無所統一；至於漢世，黄老之學盛，方士緣茲比附，而道家之論以行。夫道本爲學藝之稱，漢之季世，方士張角輩聚徒釀亂，而特藉道以飾其名。太平道曰「道」，五斗米道又曰「道」。道本名家，至此乃流而爲術，術又非中正而習於妖妄，漢亂由此作，而「道教」亦由此立；要其禍因，則秦皇漢武植之也。秦政嗜慕神仙，方士輩造爲荒渺奇詭之談，懼徵實之無由，始以海中爲説，此其思想猶鄰於幼稚，初不敢明白以售其欺也。百年以往，方士惑世之術漸深；武帝徹凡事陰規秦政，乃舉秦政所信之方士而亦信之。李少君始以「祠竈」之説進，既售而少君死，於是方士之以神仙論惑徹者日衆；又鑒於少君「祠竈」説之平易，乃漸改其「入海求仙」之妄論，或勸徹爲臺室以致天神，或謂其師卽在泰山，可以詣訊。雖各以事被殺，而言者不已；徼亦羈縻不絕，冀遇其眞。人主「封禪」之舉屢行，則方士嗜利之心益熾！綜其陳述，去黃老淸靜之旨大遠，而嗜之者蔽於其術，並不問其師說之源流何若？故彼輩旣竊名盜祿，其初亦無建教之心。逮夫東京，方士之徒衆，蓋猶未替，而以在位之主，大都年幼，遂無由進其邪說；思夫在野者之必多易動，乃一變其富貴利達之夙抱，而以募集黨羽爲志；黃巾之禍，卽由是而興！其與西京方士之所謀爲，迥然不合。然彼以僞詐之計，謀易其功名；此以人數之多，乃訴諸武力，而國家始直接受其患害，「道」之肇禍人國自此始。建謀之橫烈，張角以上，所未聞也！蓋兩漢之社會，於宗教之觀感，浸漬有素；「圖讖」之學，又時爲術數家之所詭附，故凡怪異神明之說，俱爲當世之所樂聞，卽明哲之士夫，亦多不棄；東漢方士乘機而起，別出其簡捷易用之術，以欺罔當世。西漢如文成五利之徒，雖不暇「鍊養」，而尙講「服食」；東漢則並「服食」亦無暇論，而專尙「符籙」：其事更易，則其趨而相附者因以日多。大勢之所歸，張陵張魯張脩之徒，所以得成其「道教」也！後人誤其本末，謂「道教」實由老子而興？或著神仙之傳，而少君與李耳同科；或定子學之書，而眞誥與道德經並錄。老子旣爲「道家」之祖，而又別爲「道教」之宗？遂使漢志之道家，與後世之道教，並爲一系。彼教方樹老子以崇其望，而局外不加考察，乃亦以老子之道予之；甚者至謂「燒鍊」「服食」「符籙」之方，多可納諸老氏，蓋亦不思之甚者已！

(二)宗教之傳自外方者　「佛教」與「道教」，後世恆相衝突；其在東漢，則二教相容，未嘗聞有抵觸之事。

「佛教」雖自西域傳來，而漢人之嗜佛者，必兼信黃老。楚王英（光武帝秀之子）喜黃老學，更爲浮屠齋戒祭祀；桓帝志好神，數祀浮屠老子（袁宏漢紀曰：浮屠佛也）。然則佛之與道，漢世蓋兼祀之，不爲病也。佛氏之學，西漢末有紀者，惟武帝徹遣霍去病討匈奴，獲休屠之金神，徹以爲大神，列於甘泉宮，金人率長丈餘，不祭祀，但焚香禮拜，此爲「佛教」流通之漸；及開西域，遣張騫使大夏，還傳其傍有身毒國，一名天竺，始聞有浮屠之教。哀帝欣時，博士弟子秦景憲受大月氏王使伊存口授浮屠經，中土聞之，未之信也。東漢明帝莊在位，夢金人身有日光，飛行殿庭；乃訪羣臣，傅毅始以佛對，因遣蔡愔王遵等十二人，使天竺，寫浮屠遺範，愔等乃與沙門攝摩騰竺法蘭東還洛陽。沙門者，漢言「息」，謂息意去欲，而歸於無爲也。中國有沙門及跪拜之法自此始。愔又得佛經四十二章，及釋迦立像；並令畫工圖佛像，置清涼臺及顯節陵上，經緘於蘭臺石室；至於漢末，百姓漸有奉其教者，後遂日盛。

釋迦卽佛，佛者漢言「覺」，將以覺悟羣生，故曰「佛」。其初天竺之俗，雖敬神愼祭，而階級之習殊嚴。國人分爲四族：一曰「婆羅門」，教徒也。二曰「刹帝利」，兵士也。三曰「吠舍」，農商也。四曰「戍陀羅」，奴隸也。四族之中，「婆羅門」最貴；「戍陀羅」最賤。三族不與通婚嫁！釋迦悟其非，乃剏立平等之說，以四族之區分貴賤爲不合。又婆羅門所持之教，大概以爲萬物皆本於「神」，而精神不滅，人由苦行，可以得解脫；釋迦矯其論，以爲萬物皆本於「理」，而精神不滅，人因覺悟，可以得佛果：用是立「平等」之說，闡「眞如」

之理，創爲佛教，別異於婆羅門！於是佛以前之宗教，多見并滅，而佛說漸盛行，釋迦本天竺迦維衞國之王子，生於周莊王佗在位之九年（即民國紀元前二千五百九十九年）；比長，捨太子位，出家學道，勤行精進；年三十成佛，導化羣生四十九載，乃於拘尸那城婆羅雙樹間入般涅槃。涅槃譯云「滅度」：釋迦既逝，弟子大迦葉阿難等五百人，追共撰集，綴以文字，載爲十二部，而以三乘爲歸。東漢初世，佛教傳布天竺，有南北二派之別：蔡愔求經像，至大月氏，凡所搜羅，殆由北派？摩騰法蘭東來以後，其僧徒多接踵而至，爲中國譯經，然不能盡曉；桓帝志時，安息僧安清與月氏僧支婁迦讖，俱詣東京。安清尤博通經律，熟諸國方言，漸精華語，與支婁迦讖譯經甚多，皆得眞解；已而天竺僧竺佛朔又至，所譯經典，多於彼教有直接之助力；以是「佛教」漸浸染於人心，桓帝志且於禁中造佛像而祈祭之矣。雖襄楷上書謂『陛下淫女豔婦，極天下之麗，甘肥飲美，殫天下之味，奈何欲如彼教』？志不能止也。不獨是也，牟子儒生，因黨錮禍興，退脩佛學，排世俗之誹毀，著理惑三十七篇，以衞佛，是則儒生亦且有信之者！佛教之流行，所以至於東漢之衰而愈盛也。

(三)宗教與政治之關係　圖讖之學，爲宗教之旁支，其術始起衰周，猶與政治無所關係；至西漢哀平之世，說乃大行。後人不察，或以圖讖與緯書並爲一談，則又惑也！圖讖與緯書，各自不同。緯者經之分流，如史記自序引易『失之豪釐，差以千里』。漢書蓋寬饒傳引易『五帝官天下，三王家天下』。注者均以爲易緯之文。是讖者預爲隱語以決吉凶，其說多於天文曆數之學，有所隱射，如史記秦本紀稱『盧生奏錄圖書之語』之類是也。緯書所說，雖多出於附會，然不純似圖讖之怪異。後人以爲王莽光武，俱重讖緯之學，不知彼所急者在讖不在緯。讖能推知後世，帶有宗教之氣息；非如緯之作自賢人，須附經而著也（後人僞作之緯，不在此論）。西京之季，王莽方重讖文，時人希旨，號讖文爲符命，競上於莽。莽利用之，果代漢命。其後光武帝秀亦惑其說，用人行政，多以符命決疑，晚年之封禪，亦由惑讖而成。甚者下詔宣布讖書於國中。桓譚始諫，有曰：『伏聞陛下窮折方士黃白之術，甚爲明矣；而乃欲聽納讖記，又何誤也』？迨詔議靈臺所處，秀謂譚曰：『吾欲讖決之』。譚曰：『臣不讀讖』。秀怒，譚幾不免。又嘗問鄭興郊祀事，亦曰：『吾欲讖決之』。興曰：『臣不爲讖』。秀怒曰：『卿之不爲讖，非之也』。興曰：『臣於書有所未學，而無所非也』。秀意乃解。由是觀之，秀之崇信讖文，可謂深至！而其原因，則由李通在新野以圖讖說秀起兵，彊華自關中奉赤伏符勸秀即位基之；其他如道士西門君惠守李等，亦言劉秀當爲天子，秀之堅信不疑，實由若輩之說使然。故名臣如朱浮賈逵，皆與秀講論圖讖；而逵牽引圖讖以合於左氏，尤爲秀所嘉納。其實西漢如夏侯勝眭孟之徒，以經術立名，其所著述，無讖一言；劉向父子領校祕書，閱定九流，亦無讖錄。秀亦明主，獨不能矯論其妄，而深致迷信，則純由一種宗教之觀念蔽之，明章祖述其意，未敢擯毀，流風所趨，習而不返，至或以災異免三公之職。朝廷之篤守讖文，如斯其至！而欲禁無知之士，不因緣其說以圖奸利，焉可得哉？此張角輩所由藉假『蒼天』『黃天』之異說，煽萬衆以事爭戰，其勢不糜爛中原之土宇不休也！

（四）宗教與民習之關係　戰國以來，人民迷信宗教之心，雖不似上古之堅，然其觀念實未能遽改：故陳勝起事，先以丹書帛曰：『陳勝王』。置人所罾魚腹中，卒買魚烹食，得書腹中，固已怪之；勝又間令吳廣之次所旁叢祠中，夜篝火狐鳴呼曰：『大楚興，陳勝王』。卒皆夜驚恐！陳勝終藉其術以爲王。劉邦斬蛇當道，後人來至蛇所，有一老嫗夜哭，人問何哭？嫗曰：『人殺吾子，故哭之』。人曰：『嫗子何爲見殺』？嫗曰：『吾子、白帝子也，化爲蛇，當道；今爲赤帝子斬之，故哭』。人乃以嫗爲不誠，欲告之，嫗因忽不見！後人告邦，邦獨喜自負，諸從者日益畏之，其後邦卒代秦，一統中國。然則陳勝與劉邦，當其初起，固未嘗不假借鬼神術數之說，以愚人民；人民對於宗教上之傾心，由斯可見。迨夫漢世方術之士，亦往往爲社會之所信從，如任文公預占大水，教民設防，民果有爲防以待者；其後還蜀，蜀公孫述據地，武擔山折，文公曰：『噫，西州智士死，我自當之』！後三月，果死，益部爲之語曰：『任文公，智無雙』。高獲亦明天文遁甲之術，占事多驗，死江南石城，石城人思之，共爲立祠。王喬爲葉令，相傳喬有神術，每月朔望，嘗自縣詣朝，而人不知，喬死，百姓爲立廟，號葉君祠。廖扶能預知未來之事，時人號爲北郭先生。樊英能含水潄而爲雨，西向噀之，可滅成都之火。范書方術傳，娓娓言之，儼爲實事！從知漢人之智識，終不免爲宗教之觀念所束縛，對於鬼神術數之事，既羣以爲可信；甚者至或蒸而爲一種之習尚，則利用其術者，卽可乘機而行其強迫之權。例如漢末之「太平道」，爲符祝治病，教病者必叩頭思過，因以符水飲之，得病或日淺而愈者，則曰此人信道；其或不愈，則爲不信道。張修爲人治病，使病者家必出米五斗以爲常，故號曰五斗米師，實無益於治病。張魯在漢中，教民作義倉，置米肉其中，以止行人；又使自隱有小過者，當治道百步，則罪除；又依月令春夏禁酒，禁殺，流移寄在其地者，皆不敢不奉，此悉由人民鼓舞神權之習，有以召之，於張魯輩尚無責焉爾！

本時代文化之四（風俗）

本時代之風俗，亦得析爲四端，其大別如下：

（一）風俗之成因，基本於禮制者　秦併中國，不尚禮文；漢興，漸事講求，禮儀稍備，惟承秦代變古之後，一切禮制之與周不合者甚多。今仍上篇之例，分爲三事，以次於後：

（甲）婚姻　古者婚姻之禮，莫備於周；迨春秋戰國，制多廢墜，越秦至漢，婚禮大端，雖未戾夫古意，而帝室間亦有不論行輩以成婚者：如惠帝盈之婚張氏，乃盈姊魯元公主之女；哀帝欣之婚傅氏，乃傅太后從弟之女。張氏卑於盈而后，傅氏尊於欣而亦后，此不足爲訓者也。漢世婚禮，無庶人之規定，故百姓因仍舊禮，而或不免有違反之處。其證之著者二：一曰「早婚」。西漢宣帝詢時，王吉上書有曰：「世俗嫁娶太早，未知爲人父母之道而有子，是以教化不明而民多夭」。此一事也。二曰「踰度」。東漢王符著潛夫論有曰：「嫁娶者車駢數里，緹帷竟道；騎奴侍僮，夾轂相引。富者競欲相過，貧者恥其不逮，一饗之所費，破終身之業』！此又一事也。又兩漢女亂最多，由歷史上之因果推之，蓋亦不爲無說；而王吉則謂：『漢家列侯尚公主，諸侯則國人承翁主，使男事女夫，詘於婦道。逆陰陽之道，故多女亂』。則是公主與諸侯之女，於禮別有特種之規定，尊之適所以縱之，又安在其悉當於禮也？雖然，貴賤貧富之分，漢人辨之亦有不甚切者：陳平少貧，邑有富人張負奇平而與之女；鮑宣清苦，桓氏富驕，而桓少君卒嫁於鮑氏，於此亦足徵漢人婚姻狀況之一斑也。

（乙）死喪　古者死喪之禮，亦始備於周；春秋戰國以來，古制漸湮；至於漢世，雖非盡違古禮，而亦有變更古禮以爲宜者，其事之最明者莫如「喪服」。禮言：『父母之喪，三年不從政；齊衰大功之喪，三月不從政』。此周初之規定，漢興，尚循此意立法，故大臣有告寧之科。父母死，予寧三年，以終其喪，所以示與庶人同制，意甚公也。蓋漢世定律，凡士民不爲親行三年之喪者，不同選舉。既嚴於士庶，自不得寬於大臣。乃自文帝恆遺詔短喪，以日易月，於是後世習以爲常，大臣無有行三年之喪者；其對於士庶之規定，雖猶未改，而亦不足以塞國人之望。東漢中興，告寧之典，廢而不行；由是內外衆職，並廢喪禮，終兩漢之世，其臣僚能盡三年之喪者不過數人！甚至有因居憂而望遷除者：如魯峻居母憂，乞拜議郎之類是也。漢官居喪，奪情廢禮，乃至於此，其薄甚矣！然又有過厚者：如楊著遭從兄之憂而去官，度尚遭從父之憂而解秩，又有爲師服斬衰而三年不釋者，禮之過不及如此，均不足爲法。大抵禮教之興，原爲範制人倫而立，漢世承秦之敝，違禮之事數聞如甄邵附梁冀，當遷爲郡守，會母亡，邵且埋尸於馬屋，先受封，然後發喪。是匿喪也。陳蕃爲樂安太守，民有趙宣葬親，不閉埏隧，居其中行服二十年，蕃與相見，問及妻子，而妻五子皆墓中所生，蕃怒，致其罪。是不僅服中產子，且產子墓中也。漢制：君主將葬，設吉凶鹵簿，皆有鼓吹。是喪用樂也。又秦漢葬禮最厚，故屆兵興之際，帝王陵墓恆不免於發掘；其陵前有石麒麟石辟邪石馬之屬，人臣墓前又有石羊石虎石柱之屬，而荊州刺史李剛墓內有石闕祠堂石室三間，椽架高丈餘，四壁隱起，雕刻爲君臣官屬飛禽走獸之像，故書所記類於剛墓者頗多；若其人事跡可傳，則又刊石立碑樹之墓前以垂紀念。凡諸制作，大都緣夫厚葬而來，堪輿家乘之，立相地吉凶之說，而張衡冢賦述上下岡隴之狀，略如今葬書「尋龍捉脈」之爲者：一切非禮之俗，乃漸蒸爲慣俗，而古人「葬不擇地」之旨亡矣！

（丙）祭祀　天神地示人鬼之祭，均肇興於遠古，秦代祭禮廢滅，至漢稍能復古。文帝恆以後，亦嘗數舉親郊之禮，雖儀節間多變易，而祭典不更。其後天地之祭或合或分；光武中興，乃分而不合。至於宗廟之禮，亦或師古遺意而行，且有奉常之官以司其事。所可惜者，漢世禮制，西京搆成於叔孫通，東京采輯於曹褒，徒與其名而不能俱施於實用，通所著禮，西京僅與律令同錄，藏於理官，法家又復不傳；漢典寢而不著，至於褒所集錄，東京亦未能行。昔三代祭禮，迨周而繁，越秦至漢，名具而實不備。此爲兩京制作之缺憾，無可辭也。至其祭典之行，其有戾古制之大者，厥有二端：一曰「封禪」。古者受命之君，始爲封禪。秦政效之，封泰山，禪梁父，志在夸功德，祈福祐。綜其所行，已爲不合。漢武帝徹在位，惑於方士之論，令諸儒議習封禪不決，而徹終實行，故漢志有封禪議封禪羣祀兩書之著錄。光武既定中國，始納以六義郤羣臣之請，然卒以惑於讖文之故，張純梁松又從而附會，而封禪之舉復行。其在西京，徹與羣臣議封禪之儀，皆以禮典曠絕，莫知其體，徹乃排衆儒之爭議，而自定其儀式；及中興之際，又特講求徹之故事，從知漢封禪之威儀文物，多出於人主私意所主張。此戾古之不足以爲世法者一也。二曰「淫祀」。東周之季，淫祀漸興；秦信方士，西漢踵之，淫祀之多，且過於周季；武帝徹祈祀神仙，凡所祀祭，尤多濫瀆。應劭謂：『當平帝衎之世，天地六宗以下及諸小神，凡千七百所。』東漢鄧后當國，不好淫祀，故下詔罷不在祀典之官；桓帝志時，又壞郡國諸淫祀。然是時佛教東漸，人民迷信，又移而即彼；且關於一切神怪之祈求，實亦未能俱廢。此淫祀之不足爲世法者又一也。然則漢之祭禮，誠無一足爲後人範乎？是又不然。孔子者，後世之所崇祀，而其事實仿於西京高祖邦十二年（民國紀元前二千一百零六年），行過魯，以太牢祠孔子，此爲後世帝王致祭孔子之始。元帝奭時，詔褒成侯孔霸以所食邑祀孔子，此爲世爵奉祠之始。平帝衎追謚孔子爲褒成宣尼公，此爲謚孔子之始。東漢明帝莊時，養三老五更於辟雍，令郡國行鄉飲酒禮於學校，皆祀周公孔子，牲以犬。此爲國學郡縣祀孔子之始。已而莊東巡過魯，祀孔子及七十二弟子。此爲孔門弟子從祀之始。則是後世祀孔之典，實肇始於兩漢；兩漢表章經術，孔子之祭，即緣是而隆，是又非嬴政所能見及者矣。

(二)風俗之成因，基本於自然者　秦代廢絕禮教，風俗上之傾向，純任自然；漢雖復興禮教，一切儀制，終未能合古。班固所謂『漢世但推士禮以及天子，說義又頗謬異，君臣長幼交接之道，寖以不章』者也。觀漢人風俗，大都本於自然者爲多。茲仍分三事言之：

(甲)語言　自秦以來言語上之變遷，亦非一例。茲就「方言」及「稱謂」二者考之，僅著一斑，不暇徧述也。西漢揚雄從諸計吏懷鉛提槧，訪殊方絕域四方之語，因有方言之作。其語大抵得之親聞，最爲可信。顧方言自有專書，本篇亦不勝其援述，就兩漢書證之；漢書蒯通傳所見曰事，注引李奇東方人以物臿地中爲事，一也。卜式傳所見曰蹻，注蹻即今之鞋，南方謂之蹻，二也。元后傳所見曰椎，注謂椎之知者，吳越之人呼爲橈。三也。賈山傳所見曰蓬顆，注引晉灼東北人名土塊爲蓬顆，四也。後漢書劉元傳所見曰臘，注冀州北郡以八月朔作飲食爲臘，五也。應劭傳所見曰璞，鄭人以乾鼠爲璞（亦見戰國秦策），六也。又就說文徵之：其從手者有揜，自關以東取曰揜，一也。其從女者有娃，圜深目貌，或曰吳越之間謂好曰娃，二也。其從目者有瞯，吳楚謂瞋目顧視曰瞯，三也。其從食者有餽，吳人謂祭曰餽，四也。凡此皆證之尤著者也。至於「稱謂」，亦有因時代而異者：如翁媼太公之屬，散見史書者頗多，茲不備引。

(乙)好尚　秦人之好尚，在春秋戰國之世，俱有可徵；統一以後，年代至短，而始皇刻石，往往以禁止淫佚，男女有別爲言，則彼時風尚之不純，殆可得其大概？然各方之民習本非齊一，執此例彼，寧無良否之差，未能舉一而例百也。漢世人民好尙，惟前書地理志最堪徵信：於秦之長安，有曰：『風俗不純，其世家則好禮文，富人則商賈爲利，豪傑則遊俠通姧』。於天水隴西安定北地上郡，有曰：『迫近戎狄，修習戰備，高尙氣力，以射獵爲先』。於巴蜀廣漢，有曰：『司馬相如游宦京師諸侯，以文辭顯於世，鄉黨慕循其跡，後有王襃嚴遵揚雄之徒，文章冠天下』。於魏之河內，有曰：『俗剛強，多豪傑侵奪，薄恩禮』。於周之雒陽，有曰：『周人之失，巧僞趨利，貴財賤義，高富下貧』。於韓之南陽，有曰：『其俗夸奢，上氣力，好商賈漁獵，藏匿』。於趙之中山，有曰：『丈夫相聚遊戲，悲歌伉慨，起則椎剽掘冢』。於邯鄲，有曰：『土廣俗雜，大率精急，高氣勢，輕爲姦』。於燕之薊，有曰：『其俗愚悍，然敢於急人』。於齊之臨淄，有曰：『其士多好經術，矜功名』。於魯有曰：『其好學猶愈於他俗』。於宋，有曰：『好稼穡，惡衣食，以致畜藏』。於衞，有曰：『剛武，上氣力』。於楚之江南，有曰：『呰窳偸生，而亡積聚，信巫鬼，重淫祀』。於吳，有曰：『吳粵之君皆好勇，故其民至今好用劍，輕死易發』。凡此俱爲漢世人民好尙之一斑。其餘通都大邑，亦有不及備舉者。大抵班志所徵好尙，各就一方隅之情狀言之，而未能遽爲綜括之說者，旨固有在。蓋人民之好尙，最爲不齊，若僅就京師之地言之，則都會之間，尙華侈而競聲華，乃其必至之俗；而或者遽例以兩漢之全局，以爲通國好尙，不踰於此，其亦戔戔拘拘之見也已！

（丙）階級　秦并中國，尊君抑臣，號民爲「黔首」，皆爲注重階級制度之徵。然猶非其至也。六國初滅，秦以六國故族，夙爲人民所附，乃有徙關東諸族之事。漢興，亦從劉敬計，而徙齊諸田，楚昭屈景，燕趙韓魏後，及豪傑名家，以實關中。所謂豪傑名家，殆與戰國諸姓之後，同爲強族？其後武帝徹在位，主父偃亦謂天下豪傑兼并之家，亂衆民，皆可徙茂陵，內實京師，外銷姦猾。是其人古有社會間之潛勢，殆可推知？貧富之度過差，則階級之狀倍著。此不能爲漢人諱也。又文帝恢用鼂錯之計，令民得入粟拜爵；後嗣因之，更立「賣官」之法。是富者且無患其不貴矣。董仲舒說武帝徹曰：「宜去奴婢，除專殺之威」。是富者並有專殺奴婢之事矣。漢世卓王孫僮客八百人，程鄭亦數百人，王商家奴乃至千人。是富者之養奴，並無限制之數矣。蓋漢世豪民之勢常橫，而貧者之身最賤。觀義縱爲河內都尉，族滅其豪穰氏之屬，河內道不拾遺；趙廣漢遷潁川太守，郡大姓原褚，宗族橫恣，賓客犯爲盜賊，廣漢除其首惡，郡中震慄！穰與原褚，蓋皆彼時巨族。迨夫東漢，陽平大姓有趙綱，北海大姓有公孫丹，河東大姓有馬適匡。考若輩姓系之由來，雖非全爲貴族；然攬權脅衆，爲害鄉里，則恆較安閒之貴族爲強。雖先後爲董宣樊曄李章等所誅，而積勢相沿，已成爲一種特殊之階級，與漢京之貴戚，內外相照耀；郡國大邑，往往而有，有守土之責者，不能盡去之也。奴婢之制，始於古代，漢世因之，視奴婢尤賤；民遇飢餓，常自賣爲人奴婢，不獨私家，官府亦有之。漢書貢禹傳所謂：「官奴婢十餘萬，遊戲亡事，稅良民以給之，宜免爲庶人」者是也。東漢沿襲前制，奴婢之販賣如故，而光武降詔曰：「敢炙灼奴婢，論如律」。然則彼時奴婢，必有受其上之炙灼而赴訴無由者！凡此具可見漢人階級之一斑也。

（三）風俗與國勢之關係　風俗之良楛與國勢之安危，有無窮之關係，秦人暴慢，有中國不久，猶證之著者也。西漢人民，間有任俠者，大都能許死生，走荒遠，而絕無阻；其影響所及，使人敢於任事而絕欺陵詐僞之心，未嘗不可爲一時之善俗也。然必主治柄者示之以好惡，齊之以禮法，於是民始知禁而反正；西漢游俠，多不入於道德，此班固之所爲深惜也！東漢風俗較厚，其儒生之尊尚氣節，雖導源於王莽僭漢之始，而實由光武明章之表章節義，敦厲名實開之。故其末世，黨錮之士，最有聲於國內；清議之力，有時亦足以屈權臣。桓靈之間，漢祚衰而不亡，未嘗不受清流之賜。然則風俗之有關於國勢爲何如哉？

（四）風俗與人心之關係　自秦迄西漢，以貨殖致富者甚多，其居積之巨者居然五千萬；此不獨京師爲然，即郡國富民，兼業顓利，以貨賂自行取重於鄉里者，亦不可勝數。人心之所趨，雖爲僕虜，猶亡慍色。舉凡飾變詐爲姦宄者，自足乎一世之間；守道循理者，不免於飢寒之患。故班固以爲傷風敗俗，大亂之道也。財多之狀況，既足熒惑人心；於是人心乃益趨於勢利，兩京奢侈之習，卽爲趨向勢利者之所造成。比王莽之僭，所以爲世俗之所驚；而貴戚踰度之行，直至東漢之衰而未極也。夫文敝則亂生，其殷鑒在戰國，未有風俗澆而人心尚足以依賴者！其後曹操當國，和洽進言於曹操，有曰：『天下之人，才德各殊，不可以一節取也。今朝廷之議，吏有著新衣，乘好車者，謂之不清；形容不飾，衣裳敝壞者，謂之廉潔；至令士大夫故汚辱其衣，藏其輿服，朝府大吏，或自挈壺飧以入官寺」。夫末流之矯枉，誠不免於過正；過正不恤，至相率而爲僞！則彌以形其文敝之失，而人心愈不可問，漢基之傾覆決矣。

第二篇　神州分裂外力內侵時代（三國兩晉南北朝）

第一章　三國（民國紀元前一千六百九十二年至一千六百四十七年）

三國四十五年間鼎立之一（三國成立之由來及魏蜀吳之初勢）（民國紀元前一千六百九十二年至一千六百八十六年）

自曹丕代漢統一中國北方一帶，是爲魏文帝奠都洛陽。丕在位之二年（卽黃初二年，民國紀元前一千六百九十一年），劉備由漢中王進位爲帝，是爲蜀昭烈帝奠都成都。又明年，孫權稱吳王，奠都建業；後七年亦稱帝，是爲吳大帝。今就三國成立之由來，簡斷言之，得其概如左：

（一）爲曹氏兵力之未及南方也　曹操之擊幷羣雄，語在上篇。迨荆州劉表子琮降操，劉備乃去荆州，奔江陵（湖北江陵縣）。操追至當陽（湖北當陽縣），及之。備復走夏口（今漢口）；操乘勢東下，將以滅劉備，制孫權。時權已有江東，初聞劉表之死，遣其臣魯肅往弔，未至，荆州已降操；肅與備合，備使諸葛亮與肅俱詣孫權乞救，見權於柴桑（江西九江縣）。亮請權出兵與備協規同力，必破曹軍；且謂：『如此則荊吳之勢強，鼎足之形成。成敗之機，在於今日！』權從之，使周瑜與肅等合備并力迎操，遇於赤壁（山名，今湖北嘉魚縣西北江濱）。時操軍有疫，初戰不利；瑜用部將黃蓋計，以火燒操軍，而自以輕銳繼其後，操軍大敗，從華容（湖北監利縣）道而遁！瑜等與肅水陸並進，追至南郡。操倉猝北還，時獻帝協在位之二十年也（即建安十三年，民國紀元前一千七百零四年）。明年，其江陵守將曹仁（操之從弟）亦爲周瑜所敗，棄城走，自此操兵力不足以及江南，雖軍合肥（安徽合肥縣），開芍陂（安徽壽縣南），期以困權；而權曾無懼，操一統之望絕矣。

（二）爲江東大勢之自足立國也　漢之盛時，吳中之富厚已甲國內，劉濞之難，恃其資力，竟足以起事；迨夫季世，中原雲擾，東南雖屢動，但猶無損於吳。吳孫堅者，始以破會稽許生，平黃巾，著軍功，董卓之亂，堅亦起兵長沙，敗其師入洛，語在上篇；既與袁術合，爲術擊劉表死。堅子五，策、權，最知名，夙與東南士大夫友善，爲江淮間人心之所向，而常不得效用於袁術；乃與術分，引兵渡浙江，據會稽，平定吳各地盜亂，自領會稽太守；曹操聞其事，表策爲討逆將軍，封吳侯。時策爲人暗殺，未死，創甚，謂其下張昭等曰：『中國方亂，夫以吳越之衆，三江之固，足以觀成敗。公等善相吾弟！』呼權佩以印綬，謂曰：『舉江東之衆，決機於兩陳之間，與天下爭衡，卿不如我；舉賢任能，各盡其心，以保江東，我不如卿』。至夜而死，時獻帝協在位之十二年也（即建安五年，民國紀元前一千七百十二年）。曹操聞策死，表權爲討虜將軍，領會稽太守。權問計魯肅，肅曰：『漢室不可復興，曹操不可卒除，惟有鼎足江東以觀天下之釁』。權雖不能卽決，然已自貳於操；至獻帝協在位之二十年（民國紀元見上），乃以師擊江夏太守黃祖，斬之，同年又有赤壁之捷。於是江東大勢賴以粗定，而吳業遂成。

（三）爲西川僻處之素附劉氏也　漢末州牧之制，始建議於劉焉：其後焉牧益州，撫納離叛，務行寬惠陰圖異計；又托他事殺州中豪強王咸李權等十餘人以立威勢。蜀人懼焉，且以爲劉氏，百姓多附。焉意漸盛，至私造乘輿。時焉子璋從獻帝協在長安，協使璋歸蜀曉諭焉，焉留璋不遣；已而被火，勢轉衰。焉旋沒，子璋代爲益州牧。璋少明斷而易入外言，比聞曹操入荆州，乃遣張松等致敬於操。松歸，勸璋自絕與劉備相交；又說璋迎備來蜀以自固。備至涪（四川涪陵縣），璋自迎之，相與歡飲，並資給之使討張魯漢中；備旋南向，進圍成都。成都吏民故附璋，咸欲死戰，而璋不可，遂開城出降。備遷璋公安（湖北公安縣），自爲益州牧。備平居自謂景帝啓子中山靖王勝之後，旣代璋有益州，益州人以備爲漢宗，且服其善治，而備亦勵精圖理，用諸葛亮爲股肱，法正爲謀主，關羽張飛馬超爲爪牙，許靖麋竺簡雍爲賓友。董和黃權李嚴等，本璋之所授用也；吳壹費觀等，又璋之婚親也；彭羕又璋之所排擯也；劉巴者，宿昔之所忌恨也；皆處之顯任，盡其器能，有志之士，無不競勸，益州之民，是以大和。向之附璋者，又多轉而附備；備始得奠蜀基而因之，三分之局定矣。

積以上之三因，三國之勢以定。然當曹操下荊州之始，劉備猶未有建國之地；赤壁之役，備與孫權合勢以禦曹操，尙爲南北之交兵，鼎足之勢未立也。赤壁戰後，孫權旣獨立於江東，備亦尋下益州之地，於是孫劉勢分，而兩國之兵端又啓，北雖多故，轉得乘間以操縱吳蜀，曹操不死，吳蜀未得安枕而臥也。今先述吳蜀交兵之由，而次及魏待吳人之事：

先是赤壁之戰定，劉備表劉琦（表之子）爲荊州刺史，未幾，琦沒，孫權以備領荊州牧，分荊州南岸地給備。備立營油口（湖北公安縣西），改名公安；權稍畏之，進妹固好。時劉表故吏多歸劉備，備以權所給地少，不足以容衆；乃自詣權，求都督荊州。荊州郡八，備已得江南郡四，又欲兼領江漢郡四。周瑜守南郡，聞其事，即上疏，請權留備；權不從，瑜尋沒巴邱（湖南岳陽縣）。魯肅代瑜領其兵，謀多樹曹操之敵，自爲吳植黨，勸以荊州借備；權從肅計，備得有荊州。時獻帝協在位之二十二年也（即建安十五年，民國紀元前一千七百零二年）。明年，劉璋遣法正迎備入益州，將推爲州主；正陰說備取益州，龐統亦慫恿之，備以爲然；乃留諸葛亮關羽守荊，自將步卒數萬而西，大蒙璋優禮。又明年，備因事與璋隙，據涪城，旋分定諸縣；獻帝協在位之二十六年（即建安十九年，民國紀元前一千六百九十八年），備滅璋有益州。明年，孫權令諸葛瑾從備求荊州，備曰：『吾方圖涼州，涼州定，乃盡以荊州相與耳』。權怒，遂置長沙零陵桂陽三郡長吏，爲關羽所逐，權遣呂蒙襲奪三郡；備聞，自蜀至公安，令關羽入益陽（湖南益陽縣），爭三郡。是年，曹操正出師定漢中，備懼失益州，乃與權連和，分荊州，以湘水爲界：長沙江夏桂陽以東屬權，南郡零陵武陵以西屬備。其後備與曹操爭漢中，操兵不勝，備遂有其地，稱漢中王；關羽亦自江陵，出師攻操兵於樊（湖北襄陽道治北），並取襄陽。羽兵大勝，許以南多有應者；操懼，用司馬懿蔣濟計，遣人說孫權，使躡羽後。權本與羽不善，又發肅已死，呂蒙代肅，素主張謀羽；權因用蒙計，令以輕兵襲之；蒙遂入江陵。羽聞，即走還，爲權兵所格，西保麥城（湖北當陽縣東南），走漳鄉（湖北當陽縣東北），爲吳兵所害。於是孫權遂定荊州，以呂蒙爲南郡太守，陸遜宜都太守；復以劉璋爲益州牧，駐秭歸（湖北秭歸縣）。時獻帝協在位之三十一年（即建安二十四年，民國紀元前一千六百九十三年）也。未幾，璋沒，蒙亦病發死。又二年，劉備即帝位，恥關羽之沒，謀自將以報孫權，於是吳蜀之交兵又起。

陸遜初仕吳，無遠名，而意思深長，才堪負重，爲呂蒙所贊許；吳襲關羽，遜與其功；羽沒，荊州定，遜時屯宜陵，守峽口（湖北宜昌縣西北）；比劉備謀報吳辱，孫權命遜爲大都督，假節，率衆五萬以拒備。魏文帝丕在位之三年（即黃初三年，蜀章武二年，吳黃武元年，民國紀元前一千六百九十年），備自巫峽（四川巫山縣東），建平（四川巫山縣），連營至夷陵界，立數十屯；復以金錦爵賞誘動五谿諸蠻夷。遜知備初至，兵甚銳，姑不與戰；備兵屯日久，不得吳便，意漸沮喪。遜乃令兵士以火攻其一營；既拔，遂率諸軍同時俱攻，連破四十餘營。備升馬鞍山（湖北宜昌縣西北），陳兵自繞，遜督諸軍四面促之，土崩瓦解，死者萬數。備收散兵，由步道僅得入白帝城（四川奉節縣），大慚沮！明年，備病篤，諸葛亮自蜀至，備令亮輔其子禪，以尙書令李嚴爲副。未幾，備沒，在位三年。亮奉其喪還成都，子禪立，是爲後主。封亮爲武鄉侯，領益州牧。政事無巨細，咸決於亮。亮約官職，修法制，蜀以漸治；又與吳和親，吳蜀之交合，而蜀人始無東顧之憂矣。

以上所言爲吳蜀交兵之略情。其初曹操因赤壁之敗，屢思所以報吳；聞孫權以荊州借劉備，意頗不樂。獻帝協在位之二十四年（卽建安十七年，民國紀元前一千七百年），操引師東向，呂蒙說權夾濡須水口（安徽巢縣東南）立塢以防操；已而操兵至，與權相拒，不利，引師退，恐濱江郡縣，或爲權略，徵令內徙，民轉相驚，戶口十餘萬皆東渡江，其地多虛。合肥以南，祗皖城如故。權用呂蒙計攻下之，於是操軍力不能及江；是年冬，又進軍合肥，爲吳所拒，終不利。獻帝協在位之二十九年（卽建安二十二年，民國紀元前一千六百九十五年），操時已得漢中，劉備進兵，操遣曹洪拒備。又二年，操將夏侯淵爲備所斬，漢中陷於備，樊城又爲關羽所蹙，操因變計連吳，吳魏之交合，而吳且乘勢以復荊州。權欲驕操，上書稱臣，稱說天命；操喜，以權爲驃騎將軍，領荊州牧。明年，操沒，子丕立，代漢爲魏。又二年，蜀伐吳，權再稱臣於魏，魏受吳降，遣使奉策拜權爲吳王，加九錫；及吳敗蜀，魏轉擊吳，吳復與魏絕。時文帝在位之三年也。

初，孫權遣于禁浩周等詣曹丕自陳誠款，辭甚恭。丕尤善周，使復至吳，謂權曰：『陛下未信，王遣子入侍，周以闔門百口明之』。權爲之流涕，指天立誓。比周還，吳侍子不出。丕遣辛毗等往與權盟誓，並責任子，權辭讓不受。丕怒，命曹休等出洞口（安徽和縣），曹仁出濡須，曹眞等圍南郡。吳遣呂範以舟師拒休，諸葛瑾等救南郡，朱桓拒仁。時揚越蠻多未平集，權懼內難，乃外上書於丕，求自改厲，而丕不從。於是權臨江拒守，諸道師攻吳者多不利，丕因召諸軍歸洛陽，再圖後舉。會蜀使鄧芝至吳，權初猶疑，不時見芝。芝乃自表請見權，告之曰：『吳蜀二國四州之地，大王命世之英，諸葛亮亦一時之桀也。蜀有重險之固，吳有三江之阻，合此二長，共爲脣齒，進可兼併天下，退可鼎足而立，此理之自然也。大王今若委質於魏，魏必上望大王之入朝，下望太子之內侍。若不從命，則奉辭伐叛，蜀必順流，見可而進。如此，江南之地，非復大王之有也』。權遂絕魏，專與蜀連和。明年，吳復使張溫聘蜀。自是吳蜀信使往來不絕。魏知吳聯蜀，乃一意攻吳，於是曹丕遂有親征之舉。

魏文帝丕在位之五年（即黃初五年，蜀建興二年，吳黃武三年，民國紀元前一千六百八十八年），東巡至許昌，大興師伐吳，親御龍舟，循蔡、潁，浮淮，如壽春，至廣陵，阻江不渡，詔班師。明年，再伐吳，至廣陵故城（江蘇儀徵縣東北），臨江觀兵，戎卒十餘萬，旌旗數百里，有渡江之志。吳人嚴兵固守。時大寒冰，舟不得入江，丕見波濤洶湧，曰：『嗟乎，固天所以限南北也！』遂歸。又明年，丕沒，子叡立，是爲明帝。

三國四十五年間鼎立之二（魏蜀魏吳之戰爭及魏與吳之內政）（民國紀元前一千六百八十五年至一千六百五十五年）

初，蜀與吳合，東顧之憂絕，乃急謀靖內以對魏。當劉備初沒，益州郡耆帥雍闓殺太守以附吳，吳因使闓守永昌。闓以蜀未能討己，又使郡人孟獲誘扇諸夷，牂牁、越巂皆起應。諸葛亮以新遭大喪，撫而不討。閱五年，爲魏文帝丕在位之六年（即黃初六年，蜀建興三年，吳黃武四年，民國紀元前一千六百八十七年），亮始率衆討闓，所在戰捷，由越嶲進兵斬闓。孟獲素爲夷漢所服，收餘衆拒亮。亮募生致獲，既得而復釋之，如是者七役，獲止不去，曰：『公天威也，南人不反』。亮兵入滇池，益州永昌牂牁越嶲四郡皆下。南夷平，蜀無後顧憂，遂出師伐魏。魏聞亮出，亦發師相拒，於是漢中以北一帶之戰事起，而亮亦終以伐魏而卒於軍。

漢中者，魏與蜀之所共爭，蜀雖有其地而不能無守；諸葛亮既東聯吳，南平夷，因率諸軍駐漢中，臨發上疏，有曰：『今南方已定，兵甲已足，當獎率三軍，北定中原，庶竭駑鈍，攘除奸凶，興復漢室，還於舊都』。故既之漢中，即屯沔北陽平（陽平關今陝西沔縣）以圖進取；始及祁山（甘肅西和縣西北），戎陣整齊，賞罰肅而號令明，天水南安安定三郡皆舉軍應亮，關中響震。叡命張郃拒亮，亮使馬謖督諸軍在前，與郃戰於街亭（甘肅秦安縣東北）。謖違節度，舉動失宜，大爲郃所破。亮拔西縣（甘肅天水縣）千餘衆還漢中，戮謖以儆衆，並上疏請自貶三等，詔以右將軍行丞相事。趙雲據箕谷（陝西褒城縣北），同時亦爲魏兵所敗，雲亦坐貶。時魏明帝叡在位之二年也（即太和二年，蜀建興六年，吳黃武七年，民國紀元前一千六百八十四年）。是年冬，亮復上書請圖魏，其陳辭之武健，與視魏之坦易，迥不如前疏。有曰：『先帝以漢賊不兩立，王業不偏安，故托臣以討賊，以先帝之明，量臣之才，故知臣伐賊，才弱敵強也；然不伐賊，王業亦亡，惟坐而待亡，孰與伐之？是故托臣而勿疑』。蓋自街亭敗後，亮志在報魏而不敢輕舉！考微勞，甄壯烈，引咎責躬，布所失於境內，厲兵講武，以爲後圖，用心極苦；及再出師，以懲前敗故，遂不敢再決勝算。時魏揚州牧曹休與吳戰石亭（安徽潛山縣北），爲吳所敗，魏兵東下救休，關中虛弱；亮聞，急引兵出散關（陝西寶雞縣西南），圍陳倉（陝西寶鷄縣）。魏將郝昭嚴守，相拒二十日，陳倉不下，而蜀師糧盡引退；魏將王雙追亮，亮與戰，破之，斬雙。明年亮再伐魏，拔武都（甘肅成縣）陰平（甘肅文縣），蜀復拜亮爲丞相。自亮出師至此，惟是役能有功，魏勢之强可見矣。

魏將曹眞（操之族子爽之後），以蜀人數出，請以兵南伐，會天雨道阻，師還，以是亮謀魏益急。魏明帝叡在位之五年（即太和五年，蜀建興九年，吳黃龍三年，民國紀元前一千六百八十一年），遣司馬懿屯長安，督張郃郭淮等禦亮。亮分軍攻祁山，自逆懿於上邽（甘肅天水縣），懿斂軍依險，兵不得交。亮還，懿躡其後，使郃攻南圍（時蜀兵圍祁山之南，故曰南圍），自按中道向亮。亮遣魏延等逆戰，懿軍大敗。亮以糧盡退師，郃追之，中飛矢死。又三年，爲魏明帝叡在位之八年（即青龍二年，蜀建興十二年，吳嘉禾三年，民國紀元前一千六百七十八年），亮復率師伐魏，懿終不戰，而亮亦於是年病卒。

初，亮謀伐魏，常不能如志，乃勸農講武，作「木牛流馬」，運米積斜谷口（陝西褒城縣北），治邸閣，息民休士者三年，然後集衆十萬，謀大舉；遣使約吳同起師，疲魏。魏主叡自將破吳，而關中兵勢不解。亮初屯五丈原（陝西蒙縣西南），以前者數出，皆以運糧不繼，使己志不伸！乃分兵屯田，爲久駐計，耕者雜於渭濱居民之間，而百姓安堵，軍無所私。相持百餘日，魏軍不出，亮設計激司馬懿；懿欲戰而制於叡，不果。未幾，亮沒於軍中，長史楊儀整軍而出，百姓奔告懿，懿追之；亮將姜維令反旗鳴鼓，若將向懿者，懿斂軍退，不敢偪。儀結陳入谷，然後發喪；懿追至赤岸（陝西褒城縣北），不及而退。儀故與魏延勿善，亮死，延先歸作亂，燒絕閣道，旋爲儀所敗死。諸軍還成都，策贈亮印綬，諡「忠武」。初亮自表禪曰：「成都有桑八百株，薄田十五頃，子弟衣食自有餘饒，不別治生以長尺寸。若臣死之日，不使內有餘帛，外有嬴財，以負陛下」。卒如其言。亮才長於治國，用心平而勸戒明，刑政雖峻，而蜀人不怨；然連年動衆，未易成功，應變將略，殆非所長？故祁山之役，先後數次，迄不能制魏焉。

蜀之伐魏，既不能成功，魏之關中，蹔可無恐；而其當加意戒備者，則有淮南。先是當明帝叡在位之二年（即太和二年，蜀建興六年，吳黃武七年，民國紀元前一千六百八十四年），吳使鄱陽太守周魴詐以郡降魏，魏揚州牧曹休（操之族子）率步騎十萬向皖以應之；叡聞，別分兵爲助。權至皖，以陸遜爲大都督，率師擊休，戰於石亭（安徽潛山縣北），魏師大敗，休上書謝罪，叡以宗室不問，休慚憤死，魏使滿寵督揚州以代之。又二年，吳師攻合肥不克。其明年，爲叡在位之五年（即太和五年，蜀建興九年，吳黃龍三年，民國紀元前一千六百八十一年），孫權復爲詐降之計，使孫布僞爲降魏，以誘揚州刺史王淩，淩信爲眞，發兵迎布，被襲，敗於阜陵（安徽全椒縣）。又二年，爲叡在位之七年（即青龍元年，蜀建興十一年，吳嘉禾二年，民國紀元前一千六百七十九年），權自將攻魏合肥新城（安徽合肥縣西）；又使全琮攻六安（安徽六安縣），亦不勝。時蜀諸葛亮數伐魏，迄無成功，遣使來約吳；於是權入居巢湖口（安徽巢縣西南），向合肥新城，衆號十萬；又遣陸遜與諸葛瑾屯江夏（湖北武昌縣）沔口（湖北漢陽縣），向襄陽；孫韶張承入淮，向廣陵（江蘇儀徵縣）淮陽（江蘇淮陽縣西北）。魏滿寵欲拔新城，致吳師於壽春

（安徽壽縣），叡不聽，曰：『先帝東置合肥，南守襄陽，西固祁山，寇來輒破於三城之下者，地有所必爭也。縱權攻新城，必不能拔。敕諸將堅守，吾將自往征之』。乃使秦朗督步騎二萬助司馬懿禦諸葛亮；敕懿堅壁拒守以挫其鋒，而自御龍舟東征。滿寵募壯士焚吳攻具，吳吏士多病，又聞叡至，遂退，各路師亦罷。是年蜀諸葛亮沒，魏關中之備稍解；而淮南亦新勝吳，叡志得意滿，行日侈靡，於是遂有司馬懿專政之事。

魏司馬懿之軍功，不僅於禦蜀一方見之；魏滅遼東，懿之烈獨著。先是遼東公孫康沒，子晃淵皆幼，衆立其弟恭，久之，恭病，淵遂脅奪其位，魏拜爲遼東太守；而淵志無厭，南與吳通，吳使張彌越海封淵爲燕王；淵知吳遠難恃，斬彌首以送魏，魏封淵爲樂浪公，持節領衆如故，而淵仍不足。明帝叡在位之十一年（即景初元年，蜀建興十五年，吳嘉禾六年，民國紀元前一千六百七十五年），乃遣幽州刺史毌丘儉等徵淵，淵遂發兵反，自立爲燕王，置百官有司；遣使者持節假鮮卑單于璽，封拜邊民，誘呼鮮卑，侵擾北方。明年，魏遣司馬懿討淵，淵聞，遣使乞救於吳，而吳不許；懿進圍襄平（奉天遼陽縣），破之，淵突圍走，爲懿所斬；於是遼東之地盡爲魏有。叡尋以疾沒，召司馬懿入朝，曹爽（操族孫）爲大將軍，共輔太子芳即位，是爲廢帝。

初，明帝叡無子，養芳及詢爲子，芳封齊王，詢封秦王，宮闈事祕，有知其所由來者，或曰，任城王楷子，但終莫能明也。芳立，司馬懿曹爽共當權；爽以懿年位素高，常父事之，而懿頗忌爽。爽弟羲爲中領軍，訓、武衞將軍，彥、散騎將軍，其餘諸弟皆以列侯侍從，出入禁闥，貴寵無比；爽不知自抑，復用鄧颺何晏丁謐等以爲羽翼。颺等欲令爽立威名於關內，勸使伐蜀，懿止之不得；廢帝芳在位之五年（即正始五年，蜀延熙七年，吳赤烏七年，民國紀元前一千六百六十八年），爽至長安發卒六七萬與夏侯玄自駱谷（陝西盩厔縣西南）入漢中阻於中道不得進，關中及氐羌轉輸不能供，牛畜多死。司馬懿貽書責玄，玄懼，言於爽，遂引軍還；蜀費禕進據三嶺（陝西瓜縣）以截爽，爽爭險苦戰，僅乃得過，失亡甚衆，關中爲之虛耗。爽怙權久，仍不自反省，旣歸京師，並不以司馬懿爲意！飲食衣服，擬於乘輿；尙方珍玩，充牣其家；伎樂列專部，妻妾盈後庭；其弟羲深以爲懼，涕諫止之，而爽不聽。時懿方託疾避爽，爽所親李勝出刺荊州，過辭懿，懿稱疾困篤，示以羸形，勝不能覺，謂之信然。芳在位之十年（即嘉平元年，蜀延熙十二年，吳赤烏十二年，民國紀元前一千六百六十三年），車駕謁高平陵（明帝叡之陵），爽兄弟皆從。懿與其子師昭共謀，以太后郭氏令，閉門勒兵，據武庫，召高柔王觀分據爽羲營；懿自出屯洛水浮橋，奏爽『背棄顧命，敗亂國典，內則僭擬，外專威權，破壞諸營，盡據禁兵，羣官要職，皆置所親；又以黃門張當爲都監，專共交關，看察至尊，候伺神器，離間二宮，傷害骨肉！臣已奉太后令，罷爽羲訓吏兵，以侯就第』。爽得奏，甚懼！桓範說爽使車駕幸許昌，招外兵，爽兄弟猶豫未決；懿陰使爽所親勸爽宜早自歸罪，惟免官而已。爽等乃廢範計不用，願自歸罪，奉駕還宮；旣歸，懿發吏卒圍守爽兄弟家。有司復奏張當私以所擇才人與爽，疑有姦，收當治罪；當陳爽與晏等陰謀反逆，並先習兵，須三月中欲發？於是收晏等下獄。會公卿朝臣廷議，以爲爽等大逆無道；於是收爽羲訓晏颺謐等，以及桓範張當，皆夷三族！懿自爲丞相，獨專魏政，其勢較曹爽強倍蓰矣。

司馬懿既專魏權，將軍王淩，時方督揚州，以其主被制強臣，楚王彪（操之子）有智勇，謀立之許昌以抗懿；事爲懿所知，自將討淩，執之，淩自盡。懿歸朝，窮治其事，諸相連者悉夷三族；賜彪死，盡錄諸王公置鄴，使有司察之，不得與人交關；別以諸葛誕繼王淩任都督揚州事。時廢帝芳在位之十二年也（卽嘉平三年，蜀延熙十四年，吳赤烏十三年，民國紀元前一千六百六十一年）。是年，懿沒，子師自立爲撫軍大將軍，錄尚書事。

司馬師秉政，用李豐爲中書令。時夏侯玄負國內重名，以曹爽親故，不得在勢位，居常怏怏；張緝者，芳后父，亦家居不得意。豐皆與親善，又數密語黃門監蘇鑠等曰：『大將軍嚴毅，累以爲言，張當可以爲戒』！鑠等皆許以從命。師微聞其謀，請豐相見，豐不知而往，卽殺之；事下有司，收玄緝等送廷尉。鍾毓奏豐等謀脅至尊，擅誅冢宰，請論如法；於是收玄緝等與豐家，均夷三族，並廢皇后張氏。時廢帝芳在位之十五年也（卽嘉平五年，蜀延熙十七年，吳五鳳元年，民國紀元前一千六百五十八年）。芳因李豐之死，思所以去師而不敢！同年，召師弟昭於許昌，使擊蜀，昭引兵入見，左右勸因昭辭殺之，勒其兵以退師；已書詔於前，遲回不發。爲師所覺，乃急謀廢芳，以太后郭氏令，召羣臣會議；以芳荒淫無度，褻近倡優，不可以承君緒，羣臣莫敢違，乃奏收芳璽綬，使歸藩於齊，別迎文帝孫高貴鄉公髦立之；後爲司馬昭所殺，並追廢之，故亦稱廢帝。芳卽位，年八歲；髦卽位，年十四歲，魏書又均稱少帝。

方司馬懿專政，王淩謀以兵討而不能成；至師當國，揚州都督毋邱儉，刺史文欽等兵起，亦爲師所敗，於是司馬氏之權位愈固；師傳弟昭，至昭子炎，司馬氏遂以代魏！要其怙勢植權之漸，初非一蹴卽幾也。揚州之任，魏於王淩自殺之後，卽用諸葛誕以代之；後又以毌丘儉代誕，實誕與儉互易；故誕為鎮南、都督豫州，儉為鎮東、都督揚州。儉故與李豐夏侯玄等厚善，又與揚州刺史文欽相結；豐等之死，儉心不自安。廢帝髦在位之二年（卽正元二年，蜀延熙十八年，吳五鳳二年，民國紀元前一千六百七十七年），儉欽合謀，矯太后郭氏詔，起兵壽春；移檄州郡，以討司馬師。時師有疾，不待愈而東，遣諸葛誕自安風（安徽霍邱縣）向壽春，胡遵出譙（安徽亳縣）宋（河南商邱縣），絕其歸路。儉欽進不得戰，退恐壽春見襲，計窮不知所為！將士家皆在北，降者相屬。儉退師壽春，先潰，為人所殺；欽以孤軍無援，不能自立，亦詣吳降。於是魏復以諸葛誕為鎮東大將軍，都督揚州事。

揚州之亂定，司馬師亦旋沒。弟昭自為大將軍，錄尚書事；又進為都督，奏事不名，秉政之專，儕其父兄。於是揚州之難復起，經歲而後克！則諸葛誕之強勢，出毌丘儉之上可知也。誕平居亦與夏侯玄厚善；玄等死，王淩毌丘儉相繼誅滅，頗懷戒懼！既鎮揚州，傾帑藏，振施與，以結衆心；厚養親附，及揚州輕俠者數千人為死士。時吳雖謀爭淮南，而誕衆已足相制，乃復請十萬衆守壽春，又求臨淮築城以備寇，意欲保有淮南。昭微知誕謀，以誕舊臣，欲入度之，乃徵誕為司空；誕得詔愈恐，遂起師，召會諸將，自出攻揚州刺史樂綝，殺之；歛淮南北屯田十餘萬及新附四五萬人，聚穀足一年食，為閉壽春自守計；遣使至吳求救。司馬昭奉廢帝髦及太后躬討之；吳使將軍全懌全端等與文欽同救誕，以誕為驃騎將軍，青州牧，壽春侯。昭軍二十六萬屯邱頭（河南沈邱縣東），其將王基進圍壽春，大勝；吳將全懌等又多降魏，誕勢漸不振。時廢帝髦在位之五年也（卽甘露二年，蜀延熙二十年，吳太平二年，民國紀元前一千六百五十五年）。明年，壽春圍不解，文欽勸誕決圍出，不克，復還；又與欽不睦，殺欽，城中益疑懼！昭乘勝進攻，克之，斬誕，夷三族。誕麾下數百人坐不降見斬，皆曰：『為諸葛公死不恨』！時人比於田橫。誕滅，吳兵萬衆器械軍實山積，俱為魏有；司馬氏之權勢乃益基是而橫矣。

揚州之亂再定，昭自為相國，封晉公。髦見威權日去，不勝其忿，乃召近臣王沉王經王業等謂之曰：『司馬昭之心，路人所知也。吾不能坐受廢辱，今日當與卿自出討之』。經諫不從，沉業以告昭；髦呼經欲與俱，經不可；髦遂拔劍升輦，率殿中宿衛蒼頭官僮鼓譟而出。昭黨賈充入，與戰南闕下。髦自用劍，衆欲退；成濟抽戈刺髦，死於車下。昭徐以太后令罪狀髦，追廢為庶人，歸其罪成濟，殺之，夷三族；別迎文帝丕姪常道鄉公璜立之，更名奐，是為元帝。時年十五，魏書亦稱少帝。

魏當司馬氏專政之年，亦數受吳兵；吳雖不能勝魏，魏亦無如吳何也。吳自魏明帝叡在位之三年（即太和三年，蜀建興七年，吳黃龍元年，民國紀元前一千六百八十三年），孫權稱帝於武昌；尋東遷建業，使陸遜輔太子登守武昌。其後登沒，權立和為太子，霸為魯王。霸，和同母弟也，權愛之，使與和同宮，禮秩如一；既又使分宮，二子由是有隙：和霸各樹黨，霸勢漸盛，而和寵日衰。廢帝芳在位之六年（即正始六年，蜀延熙八年，吳赤烏八年，民國紀元前一千六百六十七年），和太傅吾粲請使霸鎮夏口，出其黨楊竺等，不得在京師；霸竺憾粲，譖之，粲被殺，而霸寵如故。既，權兼愛少子亮，而以霸不睦其兄，心亦惡之，漸有廢和立亮意；廢帝芳在位之十一年（即嘉平二年，蜀延熙十三年，吳赤烏十三年，民國紀元前一千六百六十二年）乃幽太子和，羣臣諫不聽，遂廢和爲庶人，徙故鄣（浙江安吉縣），賜霸死，並殺楊竺等，立亮爲太子。明年，權以亮幼，議所付託；侍中孫峻薦諸葛恪（瑾之子），可任大事，乃以恪爲太子太傅。初，陸遜守武昌，沒，恪爲大將軍代遜，領荊州事；既入輔太子，有司諸務，一統於恪。又明年，爲廢帝芳在位之十三年（卽嘉平四年，蜀延熙十五年，吳赤烏十五年，民國紀元前一千六百六十年），權沒，稱號凡三十一年。太子亮立，是爲廢帝。

亮卽位，諸葛恪勢日強，築兩城於東興隄（安徽巢縣東南），魏遣諸葛誕等來爭，恪將兵四萬救之，大敗魏師，亮加恪荊揚二州牧，督中外諸軍事；恪遂有輕敵之心，復發兵二十萬擊魏。時魏司馬師當國，方分防吳蜀，兵不能相救，乃決議以新城（釋地見上節）委吳；會大暑，吳師攻新城者多病死，恪乃引歸。時廢帝芳在位之十四年也（卽嘉平五年，蜀延熙十六年，吳建興二年，民國紀元前一千六百五十九年）。恪還建業，恥新城不下，愈治威嚴，多所罪責；改易宿衞，用其親近，復嚴兵欲向青徐，孫峻因民之怒，搆恪於亮，云欲爲變！因與亮謀置酒宴恪，恪入，峻伏兵爲備；酒數行，峻起斬恪。於是吳之羣臣，共表峻爲丞相，驕矜淫暴，專權過恪，吳人側目而視。已而峻死，從弟綝繼之輔政，擅殺朝臣，事亮尤傲。已而魏諸葛誕據壽春，抗司馬昭，綝既遣軍往助；又自出屯鑊里（安徽巢縣界），急遣朱異解壽春之圍。異軍爲魏所敗，綝使異更死戰；異不從，綝斬之於鑊里，而遣弟恩往救。會誕敗，引還；綝既不能拔出誕，而喪敗士衆，自戮名將，吳民咸怨。廢帝髦在位之四年（卽甘露二年，蜀延熙二十年，吳太平二年，民國紀元前一千六百五十五年），亮始親政，以綝恣肆，多所難問；綝懼，稱疾不朝，使弟據入宿衞，恩、幹、闓分屯諸營，欲專朝自固。明年，亮陰謀誅之；事覺，綝以全尚劉承皆與其謀，遂執尚殺承，廢亮爲會稽王，遣之國，已而自殺，在位七年。綝別立亮兄琅琊王休，是爲景帝。

休卽位，綝殺全尚，專政益固；休恐綝卽變，數加賞賜。或告綝反，休執付綝，綝殺之；然轉懼休，求出屯武昌，休許之。盡勅所督精兵萬餘人，皆令裝載，所取武庫兵器，咸令給與。將軍魏邈說休，謂綝居外必變；衞士施朔又告綝欲反有徵。休密問張布，布與丁奉謀於臘會殺綝；綝屆期，綝稱疾，休強起之，不得已而入，奉布目左右縛而斬之，夷其三族。方是時，魏臣專政，司馬懿之後有其子師與昭，吳則諸葛恪之後有孫峻，峻之後有孫綝。司馬氏於漢，夙爲顯族；孫氏又江東人望，與堅同宗；諸葛氏當漢末世，於魏有誕，於蜀有亮，於吳有瑾，及瑾之子恪，俱漢司隸校尉諸葛豐之後。恪於江表，承父之蔭，亦有所表見，乃不能密自裁抑，致以賈衆怒而覆其家，尤爲後世之所惜云！

三國四十五年間鼎立之三（蜀與魏之傾滅及吳之衰頽）（民國紀元前一千六百五十二年至一千六百四十七年）

蜀自諸葛亮沒後，繼亮而起當禦魏之任者，爲蔣琬與費禕。琬禕功名，略足相比，並承諸葛亮之成規，遵循不易。琬沒，姜維數出軍以伺魏，禕切戒之，而維不從。後攻魏西平（東漢郡名，今甘肅西寧道），獲中郎將郭循，以爲左將軍，循旋刺殺禕；禕死，維自負才武，又以己爲天水冀人，習練西方風俗，欲誘諸羌胡以爲羽翼，謂自隴而西可斷而有。

其先爲禕所制，與兵不多；至是乃率師數萬，伐魏圍狄道（甘肅狄道縣）；時吳方攻魏新城，司馬師急益兵西出，解狄道之圍。時廢帝芳在位之十四年也（民國紀元見上）。明年，維出隴西，敗魏將徐質，拔狄道縣，遷其民歸蜀；後屢出師狄道間，顧不能全勝。廢帝髦在位之三年（卽甘露元年，蜀延熙十九年，吳太平元年，民國紀元前一千六百五十六年），維整飭戎馬，與將軍胡濟期會上邽（甘肅淸水縣）濟失期不至；維爲魏將軍鄧艾破於段谷（水名，在甘肅淸水縣），蜀兵星散流離，死者甚衆；士庶由是怨讟，而隴以西亦騷動不寧！維雖謝過引責，求自貶削，而於事無濟。其後維兵數出，蜀人愁苦，譙周至爲仇國論風之；維不能悟也。已而維又建議，使漢中守兵退屯漢樂（漢城今陝西沔縣，樂城今城固縣），蜀勢日非；而維累年攻戰，功績不立。宦寺黃皓等方竊威權，與將軍閻宇相比，皓陰欲樹宇而廢維；維亦疑之，故自危懼，不復還成都。魏司馬昭以維數北伐，謀大舉下蜀，乃以鍾會都督關中軍事，重其兵以困維；維乞後主禪爲備，禪惑於皓，不從。元帝奐之四年（卽景元四年，蜀炎興元年，吳永安六年，民國紀元前一千六百四十九年），魏遣鍾會鄧艾伐蜀，分其兵以牽制維兵，或截維歸路：會師遂入漢中，維退守劍閣（四川劍閣縣東北），列營拒險，會兵不能克，糧運懸遠，將議還歸；而艾自狄道進至陰平（甘肅文縣），行無人之地數十里，鑿山通道，造作橋閣，山高谷深，又糧運將匱，瀕於危殆！艾以氈自裹，推轉而下，將士皆攀木緣崖，魚貫而進。先登至江油（四川江油縣），蜀令諸葛瞻（亮之子）督軍拒艾；至涪，黃崇勸瞻速據險，毋令敵得入平地！瞻猶豫未決，而艾師已至，瞻退綿竹（四川德陽縣）爲艾所破死，魏師大進。後主禪乃用譙周策，遣使奉璽綬詣艾降，在位四十一年，其子北地王湛遂自殺。艾至成都，禁將士毋得虜掠，將收誅黃皓，皓賂左右而免；姜維等得勅，亦詣鍾會降，蜀亡。蜀初因魏師之偪，乞救於吳；吳師發而蜀旋滅，遂罷兵。明年，禪到洛陽，魏封禪安樂公。蜀歷二主，凡四十三年。

鄧艾在成都，頗自矜伐，凡事擅專，司馬昭不能止也；鍾會故魏名臣，定蜀之功不如艾，而亦有異志。姜維知之，欲搆成擾亂以圖恢復，適因鄧艾之專，會與監軍衛瓘白艾有反狀。司馬昭請詔以檻車徵艾，又恐艾不從勅，會並進軍，而自將大兵奉元帝奐至長安待之。會遣瓘先至成都，收艾及其子忠並入檻車；會所憚惟艾，艾既禽而會旋至，獨統大衆，威震西土，遂決計起事，欲使姜維爲其先驅，己將大兵隨後而出。事機不密，爲護軍胡烈所知，烈以計激諸將士共殺會及維；艾本營將士，追出艾於檻車，迎還。衛瓘自以與鍾會共陷艾，恐其爲變，使人襲艾父子，殺之。蜀事始定。司馬昭初因蜀捷，交至封晉公，加九錫；及蜀事大定，又進爵爲王，立子炎爲世子。明年爲元帝奐在位之五年（卽咸熙元年，吳元鼎元年，民國紀元前一千六百四十八年），昭沒，子炎嗣，廢奐爲陳留王，出居金墉城（河南洛陽縣東北），卽宮於鄴。炎遂代魏，有中國，易朝號曰晉，是爲晉之武帝。魏亡，計歷五主，凡四十五年。

當魏滅蜀之次年，吳景帝休沒，在位七年。國人鑒蜀之覆，欲立長君；濮陽興張布定議，迎故太子和之子烏程侯皓立之。皓初卽位，頗多善政，吳人譽爲明主；及既得志，粗暴驕淫，多忌諱，好酒色，大小失望，興與布俱悔之，或譖諸皓，皓乘二人入朝，執之，徙廣州，戮諸中途，夷其三族，以是益失羣下心。明年，又遷都武昌，武昌墝埆，揚人泝流供給，民多不便；又明年，復歸建業。自此與晉相對峙，歷十五年而卒爲晉滅，語在下章。吳歷五主，凡五十九年。其世次俱如下表：

(一)魏之世次

一世　二世　三世　四世

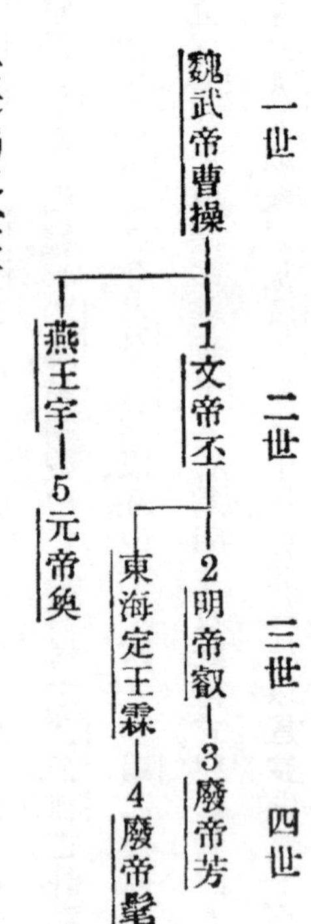

(二)蜀之世次

一世　二世

1蜀昭烈帝劉備—2後主禪

(三)吳之世次

一世　二世　三世　四世

吳武烈帝孫堅—長沙王策
　　　　　　—1大帝權—2廢帝亮
　　　　　　　　　　—3景帝休
　　　　　　　　　　—南陽王和—4帝皓

第二章　晉(民國紀元前一千六百四十七年至一千五百九十六年)

晉五十二年間統治艱難之一(一統之遷延及八王之紛亂)(民國紀元前一千六百四十七年至一千六百零六年)

司馬炎承祖父三世之業，奄有魏蜀；論其經畫，宜卽平吳；吳平，中國然後一統，此急不可緩之事。炎初卽位，晉吳尚相往來；自吳使丁忠歸告孫皓，北方無守戰之備，魏之弋陽(河南潢川縣)，可襲而取！吳雖不出師，自此輕晉，與北方交絕。皓復多行不義，無對晉之戒備，晉於是始萌滅吳之志！炎在位之五年(卽泰始五年，吳寶鼎四年，民國紀元前一千六百四十三年)，乃以羊祜督荊州軍事，鎭襄陽；明年，吳用陸抗督軍，治樂鄉(湖北松滋縣)以備之。祜參軍王濬有大才，祜所深知，晉初用爲益州刺史，將內召；祜以爲宜藉上流之勢伐吳，密表留濬。濬大作船艦，期順流東下；吳建平(湖北秭歸縣)太守吾彥求增建平兵，塞其衝要，皓不許，彥預爲鐵鎖沉江，橫斷其路。時晉謀乘吳他方用師，交兵之機未偪；會吳步闡以西陵(湖北宜昌縣)降晉，晉救遲至，爲陸抗所敗，吳遂下西陵，誅步闡，皓乃益驕，且思幷晉成一統。炎在位之十二年(卽咸寧二年，吳天璽元年，民國紀元前一千六百三十六年)，羊祜復上疏請伐吳，中有『江淮之險，不如劍閣；孫皓之暴，過於劉禪；吳人之困，甚於巴蜀；而大晉兵力，盛於往時』之語，朝臣如杜預張華，贊從而贊之，炎伐吳之志始定。又二年，祜疾篤，舉預自代，沒。初，祜與陸抗對境，務修德行以懷吳人；抗亦禮敬祜，故使命常通。抗遺祜酒，祜飲之；抗疾，祜遺以藥，抗亦飲之。公私兼盡，爲史册美談。祜之沒，抗已前死，兩國交兵之機，因之日偪，而晉人滅吳之勢乃成。

祜沒之明年，爲炎在位之十五年（卽咸寧五年，民國紀元前一千六百三十三年），王濬自益州上疏，請速伐吳；會有言孫皓欲北上者，乃更議明年出師。杜預上表言之，未報；復具表言：『羊祜不博謀而與陛下計，故令朝臣多異同之議。今此舉之利，十有八九，而其害止於無功。若又中止，則明年之計，將亦無及』。於是炎始奮決滅吳之議，遣將軍琅琊王伷（司馬懿子）王渾王戎胡奮唐彬等，與王濬杜預分道伐吳。明年，王渾攻克吳下流諸鎮戍；王濬自巴蜀而東，破沉江鐵鎖，西陵荊門諸險俱下。杜預入江陵，分師襲樂鄉，破吳都督孫歆；兵濬卽克武昌，沅湘以南咸附。預與諸軍會議，指授羣將方略，徑造建業；吳丞相張悌督師渡江迎戰，大敗，悌被殺。濬自武昌順流而下，吳師多降；皓始懼，乞降於渾、濬。濬師直指建業，入石頭；琅琊王伷亦至，以皓曾送綬於己，遣使送皓洛陽，後封歸命侯。

初，蜀之滅，鍾會鄧艾幾相鬩；及吳之滅，王濬王渾又爭功不下，則晉將之結習使然也。濬之徑造建業也，舟師過三山（江蘇江寧縣西南），渾遣人要與論事；濬報曰：『風利不得泊！』比入建業，王渾始濟江，以濬不待己，意甚愧忿，將攻濬；濬以計和之，終不解；旋表濬違詔，不受節度。渾子濟尚常山公主（炎女），宗黨強盛，有司請檻車徵濟，炎勿許；濬至京師，渾多方謀齮濬，爭功不已。炎進渾爵爲公，增邑八千戶；以濬爲輔國大將軍，爵縣侯。濬自以功大，而爲渾父子黨與所抑，意頗不平；炎乃加濬爲鎭東大將軍，濬玉食錦衣，奢縱自逸而沒。

平吳之後，炎頗事游宴，怠於政事，內召吳伎妾五千人以充掖庭，外罷州郡分置之兵，大郡置武吏百人，小郡五十人以典兵事，晉勢日衰。其時交州牧陶璜，僕射山濤，皆以州郡兵備未可撤去爲言，而炎不能悟，晉室之亂，於斯決矣。

晉室之亂，約有數端；其禍之先發者，則有宗室八王之亂：先是魏懲漢轍，馭宗室甚嚴，同姓諸侯，有若匹夫；魏陳思王植爲文帝丕之弟，每自陳入朝，欲求別見，獨談論及時政，幸冀試用，終不能得。其時法制，待藩屬最爲峻迫！寮屬皆賈豎下才，兵人給其殘老，大數不過二百；又復數遷其都，使無寧日。此孫盛所謂：『魏之代漢，非由積德，而彫殘枝幹，委權異族，勢同瘣木，危若巢幕』者也。晉興，又鑒魏轍，待宗室過寬！炎初受禪，即大封宗室諸王，授以職任，以郡爲國。邑三萬戶爲大國，置上中下三軍，兵五千人；萬戶爲次國，置上軍下軍，兵三千人；五千戶爲小國，置一軍，兵千人。其諸王之仕在中朝者，與之國同，均得自選其文武官；其後，雖詔諸王歸國，而諸王分治己土，擁兵選吏，無異獨立，重權既假，患難隨之。炎在位之二十六年（即太熙元年，民國紀元前一千六百二十二年），病沒，子衷立，是爲惠帝。皇后賈氏當權，激變諸王，於是晉初宗室之禍以起。

賈氏爲賈充之女。充世忠於晉，爲人巧諂，衷爲太子時，充設計納其女爲妃；衷即位，闇愚，昧國事。時充已死，賈氏欲預政，又不以婦道事太后楊氏；太后父駿時當權爲太傅，抑賈氏，謀不使伸。賈氏怨駿，與宦者董猛等謀誣誅駿，廢太后，使人報汝南王亮（懿四子）亮不可；又報楚王瑋（武帝炎五子）瑋許之，入朝，啟衷夜作詔，誣駿謀反，遂殺駿，及其弟珧濟，夷三族。賈氏復使有司奏請廢太后爲庶人，詣金墉（釋地見上節），詔可。此爲賈氏用權專殺之第一步。

初，武帝炎之末，楊駿當權，忌汝南王亮，以爲大司馬都督豫州；又封瑋爲楚王，都督荊州。炎疾篤，駿獨侍禁中，以私意改易要近，樹其心腹，事爲炎所諗，乘汝南王亮未發，乃令作詔，以亮與駿同輔政；而炎漸昏亂，詔遂作罷，駿獨輔惠帝。衷即位，仍趣亮赴鎮，亮去，駿獨專。駿既被殺，乃徵亮入朝，爲太宰，與太保衛瓘共錄尚書事；亮代駿而起，專政與駿同。賈氏族兄模，從舅郭彰，女弟之子賈謐，與楚王瑋、東安王繇（伷之子，懿之孫）等，並預政，繇旋密謀賈氏；其兄澹素惡繇，屢譖於亮，亮廢繇，徙遠方。瑋又剛愎好殺，亮謀於瓘，亦欲去其北軍中候官，不成，復謀遣瑋之國，瑋舍人岐盛爲設計，勸瑋自昵於賈氏，氏果留瑋。瓘知盛謀，將收盛，盛復設計，譖亮瓘於賈氏，云將廢立。賈氏使帝衷手詔賜瑋，使屯兵宮門，免亮瓘官。瑋得詔，亦欲因此復私怨，遂以兵分執亮瓘，亮瓘均被殺。岐盛又說瑋誅賈郭，以正晉室，瑋未決；太子少傅張華使董猛說賈氏曰：『楚王既誅二公，則威權盡歸之，人主何以自安？宜以專殺之罪誅之』。賈氏亦欲因此誅瑋，於是使人出告兵衆曰：『楚王矯詔，勿聽也』！衆皆釋仗。瑋勢孤，旋處斬，岐盛爲瑋謀釀大亂，卒以死，瑋己亦夷三族。此爲賈氏用權專殺之第二步。

賈氏竊權，初戮外戚，繼及宗室，繼又殺故太后楊氏！用賈模張華裴頠爲侍中，並管機要；已而模沒，賈氏益淫恣。

太子遹者，謝妃之所生，素不爲賈氏所愛；賈氏常使黃門誘之爲奢虐，遹名譽浸減，甚或廢朝寧而爲逸游。賈氏久無出，謀害遹；惠帝衷在位之十年（即元康元年民國紀元前一千六百十三年），詐稱衷不豫，召遹入朝，既至，置之別室，飲酒使醉，使黃門侍郎潘岳作草稱詔使書之，文曰：『陛下宜自了，不自了，吾當入了之；中宮又宜速自了，不自了，吾當手了之』。遹依寫，半不成字，賈氏補完其書以呈衷。衷會羣臣欲殺遹，張華裴頠議不決，賈氏懼事變，表衷先廢遹，並殺謝妃。明年幽遹許昌，遣太醫令程據和毒藥而令宦者孫慮至許逼殺之；據者賈氏之所私，曾出入宮闈亂彰內外者也。此爲賈氏用權專殺之第三步。

賈氏用權專殺之既久，八王之亂因是而興；而開其先者，則趙王倫（懿之九子）也。舊史論八王，以汝南王亮，楚王瑋，趙王倫，齊王冏（攸之子，武帝炎之姪），長沙王乂（武帝炎第六子），成都王穎（武帝炎第十六子），河間王顒（瓌之子，懿之姪孫），東海王越（泰之子，懿之姪）當之；茲從晉略，而以梁王肜（懿之子，倫之兄）淮南王允（武帝炎之子，惠帝衷之兄），合趙、齊、長沙、成都、河間、東海，別爲八王。述其亂事之情形如左：

趙王倫之起，由於孫秀。秀者倫嬖人，數爲倫謀主。太子遹之廢也，倫領右將軍，梁王肜領大將軍。遹黨司馬雅許超等謀廢賈氏復立遹；知倫貪、且執兵，可假以濟事，因秀說倫。倫納之，遂結通事令史張林等爲內應，約定；秀縱反間，脅賈氏殺遹，遹死，雅超僞稱疾。於是倫肜共謀，遣齊王冏將百人迎惠帝衷幸東堂，收斬賈謐，復入宮執賈氏；賈問起事者誰，冏曰：「梁趙」，倫肜遂廢賈后爲庶人，徙金墉城殺之，張華裴頠程據等皆斬。倫以肜爲太宰，冏游擊將軍。冏意不滿，孫秀覺之，出爲平東將軍鎮許昌；倫自爲相國，督中外諸軍事，秀爲中書令。時惠帝衷在位之十一年也（即永康元年，民國紀元前一千六百十二年）。倫既去賈氏，秀復盡戮賈郭之黨，權益橫肆，倫反爲所制。同年八月，驃騎將軍淮南王允自京師起兵討倫，圍相府；倫與戰，屢敗，死傷千餘。倫子汝陰王虔陰使人設計圖允，允被殺；倫得無恙，遂加九錫。明年，倫自爲皇帝，廢衷，遷金墉，孫秀大用事，一切黨與盡爲卿將，奴卒亦加爵位，倫下詔有不合秀意者，秀輒改之，或自書青紙爲詔，倫勿能禁，晉政不可問，於是冏與穎顒共起兵。

方是時，齊王冏鎮許昌，成都王穎鎮鄴，河間王顒鎮關中；冏首謀誅倫，部署定，遣使告穎顒，及常山王乂（即長沙），新野公歆（駿之子，懿之孫），移檄稱倫及孫秀罪。倫秀聞兵起大懼！遣孫輔張泓等拒冏，秀子會拒穎，冏雖戰勝，穎前鋒戰敗，倫轉無懼，特勝不設備；穎擊之，大敗，穎乘勝長驅濟河。自冏起兵，百官俱欲誅倫秀；及河北軍敗，左衛將軍王輿本爲倫黨，轉攻殺秀，入宮逐倫，迎惠帝衷反正，賜倫死。時張泓尚在陽翟（河南禹縣），穎入都，使人斬泓；冏乃得入，詔以爲大司馬輔政，穎顒各還所鎮，乃以肜爲太宰。時惠帝衷在位之十二年（即永寧元年，民國紀元前一千六百十一年）也。自是年三月興兵至五月亂定，前後六十餘日，皆入戰鬬，死者近十萬！冏當國，驕奢擅暴，殆同於倫，中外失望。明年，肜死，冏與乂專政，立清河王覃（康王遐之子，懿之孫）爲皇太子，方八歲，冏爲太子太師輔之，奸謀畢露，於是顒遂起兵。

河間王顒，本附趙王倫，齊王冏心銜之，顒亦自疑見責；校尉李含，顒黨也，與冏參軍皇甫商有隙，出奔長安，詐云受密詔，使顒討冏，顒從之，道李含張方等趨洛陽，上表罪狀，請敕長沙王乂廢冏，而敘成都王穎入輔。冏懼，急討乂；乂率惠帝攻冏，戰三日，冏為乂所禽，被斬，顒兵還。顒初意請乂廢冏，知冏必殺乂，乂死，已乃從而誅冏，因廢帝立穎，而以己為相，至是計不行；而朝廷方召李含為河南尹，顒因使圖乂，皇甫商知之，告乂，乂殺含，於是顒遂結穎再起兵。

初齊王冏之敗也，成都王穎遂執朝權，事無大小，皆就鄴咨。穎恃功驕恣，甚於冏，憚乂在內，故與顒謀而攻之；顒使張方出函谷，以討皇甫商為名，穎舉兵相應。詔以乂為太尉，乂使商西禦方，自率惠帝東討穎。時惠帝在位之十四年也（即泰安二年，民國紀元前一千六百零九年）。已而商軍戰敗，張方入洛陽大掠，死者萬計，乂軍禦穎，頗勝利，還討張方，復洛陽，張方出屯城外。穎兵日偪，乂拮据其間，糧食雖乏，士民無離志；張方亦以洛陽未可克，欲還長安。將軍朱默等慨乂固守，夜執乂，迎東海王越為主，啓惠，免乂官；越慮事不濟，遂請廢乂，送金墉城。既開，諸將見二王兵力有限，乂功虧成被廢，復謀劫出之；越懼，遣人告張方，方炙殺乂而走。乂死，穎知洛陽無慮，乃旋鄴，後進穎太宰，大都督；顒自長安廢皇后羊氏及太子覃，立穎為太弟，丞相如故。乘輿服御，皆遷鄴，以越為尚書令；穎專權，擅刑殺，用嬖倖，僭妄不道，與倫冏無異，於是東海王越遂起兵。

成都王穎，以修夙怨故，多殺殿中將士；於是右衛將軍陳眕等，奉惠帝攻討穎，推東海王越為大都督，復羊后及太子覃，起兵北征；穎拒戰，越師大敗，惠帝為穎所執，入鄴，越奔東海，陳眕等奉太子覃守洛陽。幽州都督王浚，并州刺史東嬴公騰（越之弟），共起兵討穎，穎遣石超拒之，不勝；浚騰共偪鄴，鄴潰，穎將數千騎奉惠帝南奔。時張方已據洛，遂挾衷及穎西入長安，顒執政，廢穎，更立豫章王熾（衷之弟）爲太弟；洛陽空無主，於是東海王越再起兵。

東海中尉劉洽，以張方刦遷車駕，勸東海王越討之；越傳檄山東，糾集義旅，謀迎惠帝衷復歸洛陽，自以司空領徐州都督，范陽王虓（綏之子，懿之姪）等共推越爲盟主。時衷在位之十六年也（即永興二年，民國紀元前一千六百零七年）。已而越虓發兵西，顒遣穎東禦，越虓不勝；虓本領豫州，敗奔河北，冀州刺史溫羨以州讓虓，虓得冀，並乞師王浚，兵勢再盛，遂渡河，敗穎所督兵，顒懼，明年設計殺張方，送越乞和；越不許，諸將聞方死，益奮，入關。越乃遣祁弘西逼長安，顒遁，弘奉衷東歸，關中皆下；衷入洛，以越爲太傅、錄尙書事，虓爲司空，鎭鄴。穎初拒虓兵，敗，謀歸長安，因張方誅，不敢前，聞衷入洛，欲間道歸本國，爲頓邱（河北清豐縣）太守馮松所執，送鄴，范陽王虓幽之；未幾，虓沒，長史劉輿以穎素爲鄴人所附，僞稱詔賜死。是年，衷沒，弟熾立，是爲懷帝，詔徵顒爲司徒，顒應詔，發關中而東；而南陽王模（越之弟）懼顒入或無利於弟昆，使人要於路，扼殺之！於是諸王作難者皆盡，惟越尙存。

東海王越，既當國，亦欲專權；惠帝衷之死，由食麪中毒，或曰『越實鴆之』。懷帝熾始親政，頗留心庶事，越不悅，出鎭許昌，復徙都兗州；矯詔殺太子覃於金墉，旋又解兗州牧，入京領司徒，多所殺戮，漸失時望！乃謀自討石勒，詔加越九錫。越既出鎭項（河南項城縣），自領豫州牧，所徵四方兵，莫有至者，其屬亦漸叛。兗州刺史苟晞，夙與越善，自越奪晞兗州，使晞刺靑州，晞由是怨越。越屯項，晞移檄諸州，陳越罪，熾亦惡越專權違命，密使晞討之；越以憂憤成疾而沒。熾追貶越爲梁王，以晞爲大將軍、督諸州軍事。八王之難，至是而終。

八王之難既終，五胡之難日亟；晉書所謂『支屬肇其禍端，戎羯乘其間隙』者也。然而五胡之起，亦有其所自來，使無支屬之變，戎羯豈能不大？以下請續陳胡族搆亂之事：

晉五十二年間統治艱難之二（五胡之熾盛及西晉之淪亡）（民國紀元前一千六百零五年至一千五百九十六年）

晉室之亂，女后宗王，均負其咎，而禍皆不久；其久而愈烈者，則為五胡。蓋其禍之滋生，亦不在於晉世。漢末中原多故，并割西陲，雍斷北蔽，涼失東藩，邊徼之區已無可恃；魏代漢氏，西御蜀，東甯吳，連世爭衡，惟日不足，以是之故，戎索蔓延，根株碩大。晉承魏敝，志在息兵，胡患之萌，至斯大茂。顧晉廷彼時，亦未嘗無知者：觀夫郭欽獻策於太康（武帝炎年號）之初，江統著論於元康（惠帝衷年號）之末，曾各嘵音瘏口，警告朝列，而當局不悟！以新造之晉，當西北諸郡百餘年來蟠結堅固之強族，猶望其僥倖不敗，雖無內變，亦安能希之哉？五胡云者：一為匈奴，二為羯，三為鮮卑，四為氐，五為羌，其外又有賨。史家亦曰六夷。今先考其由來，而後言其搆亂中夏之事。

（一）匈奴之由來　東漢之初，南單于居西河美稷；迨靈帝宏時，南徙離石（山西離石縣），單于羌渠，即其東左國城（山西介休縣西南）建庭焉。羌渠為國人所殺，子於扶羅立，死，弟呼廚泉立，以於扶羅子豹為左賢王，自以漢外孫，冒姓劉氏。曹操當國，分其衆為五部，部帥皆劉氏，豹為左部帥；晉武帝炎時，改帥為都尉。劉氏雖分統五部，然皆家晉陽汾澗之濱。凡匈奴十九種，屠各最貴，大姓四，呼延最貴。豹，屠各種；其妻呼延氏，生子曰淵，既長，兼文武才，魏代豹爲匈奴左賢王、左部帥（按匈奴五部：左部居太原故茲氏縣，今山西汾陽縣。右部居太原祁縣，今山西祁縣。南部居平陽蒲子縣，今山西隰縣東北八十里。北部居新興晉昌縣，今山西定襄縣西北。中部居太原大陵縣，今山西文水縣東北）。武帝炎末年，拜淵北部都尉；惠帝衷初立，進爲五部大都督，封漢光鄉侯；已而坐部人叛出塞，成都王穎鎮鄴，淵以自隨，仍使監五部。時晉宗王構釁，淵從祖宣與其族人謀，共推淵爲單于；淵以計說穎歸左國城，集衆得五萬，都於離石，晉匈奴之患自此始；既又自稱漢王。時惠帝衷在位之十五年也（即建武元年，民國紀元前一千六百零八年）。又四年，爲懷帝熾在位之二年（即永嘉二年，民國紀元前一千六百零四年），淵徙都平陽，稱皇帝，據地日大。閱二年，淵沒，子和立；弟聰殺和自即位。是時匈奴部將石勒王彌擾亂橫行，居城邑殺守將，襲青司豫徐兗，南至淮水，多應匈奴。其後再傳至曜，遂有改號爲趙之事（以上爲前趙之由來）。

又匈奴之一支，別有所謂臨松（甘肅張掖縣）盧水胡者，其先爲匈奴左沮渠，遂以爲氏。世爲酋豪，稱河西大族。至西晉時，勢雖未熾，而部衆已立。迨其後嗣，遂有建號爲涼之事（以上爲北涼之由來）。

又匈奴南單于之後，有去卑者，魏時爲右賢王，居并州。子猛，始以鐵弗爲氏；既而冒漢姓劉氏。晉武帝炎時，叛出塞，爲左部將所殺。弟誥升爰統其部，旋沒。子虎，入居新興（甘肅武山縣西南）。懷帝熾時，降劉淵，既又爲劉琨所破，西走渡河，居朔方。淵以爲宗室，封樓煩公。至其後世，乃有建號爲夏之事（以上爲夏之由來）。

（二）羯之由來　羯者，匈奴之別部，其先世曰羌渠，旣入中國，分別散居於上黨（山西潞城縣）羯室，因號羯胡。其最先知名者曰耶奕于，于子周曷朱，一名乞翼加，並爲部落小帥。石勒者，周曷朱之子，初名匐，年十四，隨人行販洛陽，倚嘯上東門，王衍見而異之，顧謂左右曰：「向者胡雛，吾察其音聲視瞻有奇志，恐將爲天下患」。遣收之，而匐已去。及長，有武力，周曷朱凶粗，不爲羣胡所附，匐代督攝，部衆信愛。其後爲東嬴公騰所執，二人一枷，傳賣山東茌平（山東茌平縣）人師懽買爲奴，懽奇其狀，免之。懽家鄰馬牧，匐遂與牧師汲桑善，會成都王穎故將公師藩起兵，稱爲穎報仇，匐與桑赴之，時年二十餘，桑始命匐以石爲姓，勒爲名。已而藩桑死，勒歸劉淵，擾亂中國，勒力居多。旣又與劉氏相爭，於是乃有建號爲趙之事（以上爲後趙之由來）。

（三）鮮卑之由來　東胡當秦漢之際，敗於匈奴，保塞外鮮卑山，因號鮮卑。東漢初世，匈奴日衰，而鮮卑轉盛，自後屢入邊塞，漢亦數出兵征之，其降者多處遼東；及北匈奴單于遠亡，餘種十餘萬落，詣遼東雜處，皆號鮮卑，勢日熾。魏晉間，部落漸分，有慕容氏、拓拔氏、段氏、宇文氏、禿髮氏、乞伏氏，徧布北邊；自遼東至河西，無所不居，而慕容拓拔二氏尤著。先是鮮卑渠帥有檀石槐者，數爲患漢季，桓帝志封之爲王，欲與和親，而檀石槐不允，分其地爲中，東，西三部：自右北平以東至遼東，接扶餘濊貊，爲東部二十餘邑；自上谷以西至敦煌，西接烏孫，爲西部二十餘邑；自右北平以西至上谷，爲中部十餘邑。其中部以慕容爲大帥，是爲慕容強大之始。當魏明帝敘時，其部人莫護跋始入居遼西棘城（遼寧錦縣西北）之北，生木延。木延生涉歸。涉歸東徙，居遼東之北，生廆。晉武帝炎時，拜廆爲鮮卑都督；惠帝衷時，遂定居棘城。懷帝熾即位，廆自稱鮮卑大單于；其後又幷遼東附塞鮮卑至其子皝時，遂有建號爲燕之事（以上爲燕之由來，細別之則有前燕、後燕、南燕，語在下節）。

又有河西鮮卑曰禿髮氏者與拓拔諸氏同出，舊史相傳禿髮之先有匹孤，自塞北遷河西，其妻胡掖氏生子於被中，故以禿髮爲氏。禿髮者，華言被覆也。名曰壽闐。壽闐孫樹機能，當晉武帝炎時始爲變。蓋鮮卑之人降中國，不僅繁殖於遼東，即雍涼之間亦多有其種人。魏世鄧艾納鮮卑降者置雍涼間，與民雜居，即其明證。及樹機能變起，秦州刺史胡烈、涼州刺史牽弘、楊欣先後爲所殺，西陲大擾，晉未能即定；久之，將軍馬隆自請於朝，預募勇士三千往討，武帝炎許之。隆至，樹機能拒戰大敗，被斬，涼州平；從弟務桓代統其殘衆，數傳至烏孤，乃有叛建涼國之事（以上爲南涼之由來）。

又有隴西鮮卑紇干者，莫知所出，養於乞伏部，以驍勇推爲主，號乞伏可汗；其後祐鄰，當晉武帝炎初世，率戶五千遷於夏緣（當爲甘肅寧夏地），部衆稍盛。鮮卑鹿結七萬餘落屯於高平州（甘肅固原縣），與祐鄰相近，祐鄰擊幷其地，因居高平州；三傳至述延，大破鮮卑莫侯於苑川，又徙苑川（甘肅靜遠縣西南）。至其孫國仁，遂有建號爲秦之事（以上爲西秦之由來）。

又有遼西鮮卑段氏者，其酋曰務目塵，當惠帝衷之世，封遼西公，是爲遼西立國之始（以上爲遼西之由來，但不在後章十六國之內）。

(四)氐之由來　氐者，西戎別種，舊史相傳，以爲其先乃有扈氏之苗裔，世爲武都氐帥。有懷歸者，居略陽臨渭(甘肅秦安縣東南)，蒲生池中五節節長因氏蒲。懷歸生洪，洪生健，乃有建號爲秦之事(以上爲前秦之由來)。

又有略陽氐呂氏者，其遠祖爲沛人文和。漢文帝恒時，避仇來徙。至西晉時，勢雖未熾，而部衆已立。其後乃有建號爲涼之事(以上爲後涼之由來)。

又有略陽清水(甘肅清水縣西)氐者，其酋長曰楊駒。漢末，始居武都之仇池(甘肅成縣)，池居山巔，方百頃，故亦謂之百頃池。旁平地二十餘里，四面陡絕，其高七里，爲羊腸盤道三十六回而上。上有醴泉，可煮爲鹽。駒孫千萬附於曹魏，受封百頃王。千萬孫飛龍寖強盛，徙居略陽(甘肅天水縣)。養其甥令狐茂搜爲子，故茂搜冒姓楊氏。晉惠帝衰時，避關中齊萬年之亂，還保仇池，自號輔國將軍、右賢王，是爲仇池立國之始(以上爲仇池之由來，但不在後章十六國之內)。

(五)羌之由來　漢世，西羌大盛，燒當族尤橫，稱雄於洮罕之間，爲諸羌所罕及，有柯迴者，是生弋仲。弋仲子四十二人，其第五子曰襄，第二十四子曰萇。弋仲世居南安之赤亭(甘肅隴西縣東)，晉懷帝熾時，東徙榆眉(一作隃麋，陝西汧陽縣東)，自稱護羌校尉、雍州刺史、扶風公。旋降於劉曜石虎，再傳至萇，乃有建號爲秦之事(以上爲後秦之由來)。

（六）蠻之由來　南蠻廩君之裔，自黔中從漢定三秦，遷巴西（四川閬中縣西）。漢末，其族有李虎者，依張魯於漢中。魏克漢中，虎遷洛陽，臨沒，號曰巴氐。虎生慕，慕生特，特及兄輔，弟庠，流，驤，皆有材武。晉惠帝時，秦雍氐羌齊萬年反關中，薦饑，略陽天水等六郡民，流移入漢川者數萬家。道路有疾病窮乏者，特兄弟救濟之，由是得衆心，旋從流民入蜀。惠帝在位之十一年（卽永康元年，民國紀元前一千六百十二年），益州刺史趙廞據成都起事，以李庠爲將軍。明年，廞因事誅庠，特怒，攻廞，殺之，遂據成都。又二年，爲羅尚敗死，弟流代領其衆，據郫城（四川郫縣），尋沒。特子雄，攻走羅尚，入成都，乃有建國爲成之事（以上爲成之由來）。

以上所舉各族，共有六名。其首爲晉禍者，則爲匈奴。當劉淵稱號之始，已屢攻晉，其將王彌，本爲羣盜，既降劉淵，南寇洛陽。涼州刺史張軌，遣督護北宮純入衞，敗之，而匈奴之勢日盛。既復遣劉聰攻洛陽，仍爲純所擊敗。迨聰代淵位，晉勢日衰，洛陽孤危，遂陷於匈奴，中國始大亂。

先是當惠帝時，江夏之地本有張昌邱沈之亂；張昌之亂定，江東之地，又有陳敏之亂；至懷帝熾時，敏亂甫平，但繼之而起者尚多，南陽則有流民王如之亂，湘州則有刺史杜弢之亂，俱足以搖動中夏；匈奴之燄，卽乘茲而大。熾在位之五年（卽永嘉五年，民國紀元前一千六百零一年），洛陽飢困，晉將軍荀晞，請遷都倉垣（河南祥符縣），不果；劉聰乘之，使呼延晏將兵二萬七千寇洛陽，比及河南，晉兵前後十二敗！劉曜（淵族子）王彌石勒皆引兵會之，同破洛陽，熾謀奔長安，與太子詮同爲聰兵所執。劉曜納羊后，遷熾平陽；聰以熾爲左光祿大夫，封平阿公，曜旋與粲（聰子）進師長安。時晉南陽王模爲征西將軍，都督雍秦梁益軍事，鎮長安，曜粲至，涼州將北宮純等，先降；模倉庫虛竭，士卒離散，亦降爲粲所殺！聰以曜爲雍州牧守長安。

初，洛陽不守，荀晞奉晉豫章王端（遐之子，武帝炎之孫），建行臺於蒙城（安徽蒙城縣）；荀藩奉秦王業（晏之子，武帝炎之孫），自密（河南密縣）趨許昌。未幾，石勒陷蒙城，執晞及端，馮翊太守索綝與安夷護軍麴允，安定太守賈疋，謀乘匈奴不備，恢復晉室，因帥衆向長安，敗曜粲兵；於是疋遂迎業入長安，劉曜等歸平陽，疋等奉業爲皇太子，建行臺及宗廟社稷。未幾，疋死，麴允當國。明年，劉聰宴其臣於光極殿，使晉帝熾著青衣行酒，晉臣從者爲庾珉王儁等，不勝悲憤，相與號哭，爲聰所惡，與熾等俱被殺！凶問至長安，業即位，是爲愍帝，盡以軍事委太尉索綝。肩年十月，劉曜再攻長安，爲麴允破走；又明年，爲業在位之二年（即建興二年，民國紀元前一千五百九十八年），曜師復至，又爲索綝破走長安，匈奴勢不衰。又一年，曜逼長安，陷之，業及麴允索綝俱被執，同送平陽；聰以業爲光祿大夫，封懷安侯，允自殺，綝被殺，曜督陝西，封秦王。西晉亡後，劉聰出畋，以業行車騎將軍，戎服執戟前導；已而饗其羣臣，使業行酒洗爵，既又使執蓋；業忍辱備至，卒爲聰所殺！

匈奴之始熾也，先事而擾晉者有八王；及其既熾，間接而累晉者，則又有二王。何也？當愍帝業初立，以琅琊王睿（伷之孫，武帝炎之姪）爲左丞相，南陽王保（模之子）爲右丞相。詔書大旨，以爲右丞相宜帥秦梁涼雍之師，徑詣長安；左丞相宜帥所領精兵，造洛陽，同赴大期，克成元勛！並各以時進軍，與乘輿會除中原。睿時鎮建業，託詞江東未平，不應詔；保父模初爲劉曜所敗，長安不守，保以其餘衆保於上邽（甘肅天水縣西南），尋稱大司馬，據有秦州，業旣立，屢徵兵於保，保亦應命遲滯，牽於左右不欲助長安；及長安將陷，保遣將胡崧入援，破劉曜；崧恐國威復振，麴允索綝勢必再盛，因遷延魏里（陝西興平縣），於是長安復爲劉曜所破，業蒙塵，保自稱晉王。時上邽大饑，士衆窘困，保卒不能立，尋輾轉奔竄而死！

第三章　東晉（民國紀元前一千五百九十五年至一千四百九十二年）

東晉百年間內外多故之一（晉室之內憂）（民國紀元前一千五百九十五年至一千五百四十年）

方愍帝業時，長安危偪，卽以琅琊王睿爲丞相，都督中外諸軍事；長安陷，睿出師露次，移檄北征，然無行意！初從宦屬之勸，自號晉王；業旣被害，乃卽帝位，是爲元帝。都建業，用王導王敦諸人分任國事，漸爲東南人望之所歸，得以重奠晉基，偏安於江右。初，中原大亂，惟江左差安，士民之避亂者多南渡江，王導說睿收其賢俊，辟掾屬刁協、王承、卞壼、諸葛恢、陳頵、庾亮等百餘人，時人謂之「百六掾」。故睿之始盛，人才衆多；及其旣續晉祚，中國全部淪失未偏，揚、徐、江、荊、湘、廣、交七州全爲晉有，寧州大半晉有，梁、益、豫、兗、司、冀、幽、平、秦九州晉亦半有，其不屬晉者惟幷、雍、青、涼四州，而睿緩圖進取，致不能復有中原，爲可惜也！當東晉之初，諸臣急圖恢復者，僅劉琨、祖逖，而逖尤賢；睿終不能竟逖之才而用之，晉之不復西固已。

初，晉東海王越柄國，以劉輿爲長史，輿說越，請以弟琨鎮并州，爲北面之重；旣之晉陽，承兵事之後，多所安輯，未幾，劉聰遣人襲之，不克；及洛陽破，劉曜兵圍晉陽，琨求救於代，代兵至，大敗曜等兵，晉陽得不失。代者，鮮卑拓跋氏，居并州之北，元魏之祖。琨得代救，守并，終以晉陽殘破，徙居陽曲（山西陽曲縣）。自後琨屢請兵於代，以擊匈奴，晉亦倚用之，進琨司空，都督并冀幽三州；而并州旋爲石勒所下，琨失根據地，奔幽州刺史段匹磾於薊。元帝睿旣立，琨曾勸進，志不忘晉室，遣右司馬溫嶠奉表詣建業，因謂嶠曰：『晉祚雖衰，天命未改。吾當立功河朔，使卿延譽江南，行矣勉之』！睿即轉琨侍中，匹磾亦推琨大都督，檄諸方守，會兵討石勒；而匹磾從弟末杯貳於勒，事卒無成。後匹磾與琨隙，卒縊殺琨，其將士多奔石勒；睿以匹磾尙強，冀其能平河朔，乃不爲琨舉哀。琨死，晉人皆叛匹磾；匹磾棄薊，奔依冀州刺史邵續，與續先後俱爲石虎（勒從子）所執，不屈死。初，琨并州不守，迫而之幽，乃與匹磾同盟，志興晉室；匹磾胡人，竟不可恃，琨死而幽州亦終不保，自此河朔間無有知爲江東計者矣。

劉琨之死，尙可謂自取，并州不失，琨或不至於此；若祖逖則初非琨比，而其不幸，亦正與琨同，此可爲晉惜也！初，愍帝業即位，徵兵江東，元帝睿不行；祖逖進言，以爲：『大王誠能發威命將，使若逖等爲之統主；則郡國豪傑，必因風嚮赴，中國可復，國恥可雪』。睿因以逖爲奮威將軍，豫州刺史。逖渡江中流擊楫，自誓曰：『祖逖不能清中原而復渡者，有如大江』！旣渡，至淮陰，其時流人所在團結爲塢主，或稱刺史將軍守相，或南奉江左節度，或北承劉琨羈之署僭，莫相統一；大小部落分處，而譙（河南夏邑縣北）之張平最強。逖設計斬平進兵，遂克譙。時元帝睿卽位之元年也（卽建武元年民國紀元前一千五百九十五年）。又三年，逖攻下浚儀（河南開封縣西北），自鎮雍邱（河南杞縣）。石勒鎮戍歸逖者日衆。詔加逖鎮西將軍，自河以南皆附。初，逖屯淮陰時，幽州都督王浚爲石勒所襲執，段匹磾遂刺幽州與樂陵太守邵續皆遙附江東。江東授匹磾幽州刺史，續冀州刺史，續女壻劉遐平原內史。劉琨尚有幷州，而逖以無兵糧，不得遽進；及復譙，琨已失幷州依匹磾，匹磾又失幽州依續；及復浚儀，續又沒於石虎，於是東北無復應援！而司州諸將趙固上官巳李矩郭默等各以詐力相攻擊，逖馳使和解之，示以禍福，俱受節度。故石勒先後爲逖所敗，不敢窺河南。元帝睿在位之五年（卽太興四年民國紀元前一千五百九十一年），以戴淵爲司兗豫幷冀雍六州都督，出鎮淮陰。淵吳人，無將略，逖懼致同異，且己翦荆棘收河南，而淵從容一旦來統之，意頗怏怏；又聞王敦與劉隗搆隙，內難將起，傷大功不成，感慨發病！然猶經營虎牢（河南汜水縣），築城未成，而逖病亟，遂沒。王敦久懷逆志，畏逖不敢發；逖死而敦禍成，東晉之內部，蓋自此多故矣。

抑敦之所懼者，祖逖之外，又有涼州刺史周訪。先是永嘉（懷帝熾年號）之亂，胡元起竟陵（湖北天門縣），以杜曾爲太守，已而殺元，幷其衆，與晉荆州刺史第五猗分據漢沔，敗元帝睿所授荆州刺史陶侃兵；睿命訪擊之，大勝，遂定漢沔。論功，遷梁州刺史，屯鎮襄陽。睿在位之三年（卽太興二年民國紀元前一千五百九十三年），杜曾第五猗，俱爲訪得，訪以猗中朝所授，加有時望，乃斬曾而送猗於王敦，且白敦勿殺，敦竟斬之；自此漸與敦勿洽，知敦有意圖私；常切齒！務農訓兵，陰有備敦之志：敦患之而不能制，終訪之世，敦謀不敢發。訪欲宣力中原，故與李矩郭默深相結，以河洛爲己任，先祖逖一年沒；訪逖俱亡，敦得行其志。請繼此以述東晉內亂之事：

始亂東晉者有王敦，敦與導爲從兄弟，元帝睿初鎭江東，敦導同心協助，睿亦推心任之，敦統征討，導專機政，羣從子弟，布列顯要，時人爲之語曰：『王與馬，共天下』。已而敦以平杜弢功，督江揚荊湘交廣六州軍事，領江州刺史，封漢安侯，鎭武昌，敦始自署刺史守令，跡漸專；睿畏而惡之，乃引劉隗刁協等用事，稍抑損王氏權；敦參軍沈充錢鳳皆小人，巧諂凶狡，知敦有他志，陰爲畫策，以故敦日與朝廷乖離。睿在位之六年（卽永昌元年，民國紀元前一千五百九十年），敦舉兵內向，上疏罪狀劉隗；沈充亦起兵吳興應之，敦至蕪湖（安徽蕪湖縣），又上表罪狀刁協，睿怒，詔討敦。湘州刺史譙王承（遜之子，懿之孫）聞變，移檄遠近，列敦罪惡，遣使與涼州刺史甘卓約，卓從之，輕師趨武昌；復南結廣州刺史陶侃，侃亦遣軍北上。戴淵劉隗均入衞，敦勢漸沮！睿以王導爲前鋒大都督討敦，敦進據石頭；睿命導及周顗、隗、協等分道出戰，皆大敗！敦擁兵不朝，放士卒刼掠，宮省蕩然，自爲丞相，殺戴淵周顗。初，敦聞甘卓兵起，大懼！卓兄子卬爲敦參軍，敦遣卬歸說卓，使旋軍，卓徑還襄陽。敦歸武昌，襄陽太守周慮，承敦意襲殺卓，譙王承亦爲敦兵所害！丞卓既死，王敦無後患。明年，睿沒，太子紹立，是爲明帝。

王敦聞睿死，謀代其位，諷朝廷徵己；明帝紹徵以手詔，敦移屯姑孰（安徽當塗縣），自領揚州牧，以其兄含督江西軍，從弟舒爲荊州刺史。明年，爲紹在位之二年（卽太寧二年，民國紀元前一千五百八十九年），敦疾甚，以兄含子應爲武衛將軍資以自副；錢鳳復與沈充定謀，使充東收兵於吳興。中書令溫嶠者，故爲敦所惡，敦請爲左司馬，嶠往，僞自結於敦，敦不察，頗與嶠善；既受敦命爲丹陽尹，乃悉以敦謀入告。紹決意討敦，加王導大都督；導知敦有疾，僞言敦死，衆咸有奮志。紹下詔罪狀敦，歸罪錢鳳，募能殺鳳者封五千戶侯；敦見詔甚怒，而病不能自將，乃使鳳等率衆向京師，含請行，以爲元帥，督將軍段秀與含戰越城（江蘇江寧縣聚寶門外），含軍大敗，敦尋死，繼子應祕不發喪；詔使人說沈充，許以爲司空，充不應，仍與含合。初，督將軍郗鑒定謀，召臨淮太守蘇峻、兗州刺史劉遐等入援，至是峻遐兵亦至，錢鳳沈充兵又大敗，遂燒營而走。尋陽太守周光（訪之子）斬鳳以降，充歸吳興，爲故將吳儒所殺。明年，帝贈故譙王承、甘卓、戴淵、周顗等官有差，以陶侃都督荊湘等州軍事。紹沒，太子衍立，是爲成帝。

成帝衍初立，司徒王導、中書令庾亮、尚書令卞壼同受遺詔輔政；尊皇后庾氏爲皇太后，臨朝稱制。未幾，而蘇峻祖約之亂起：先是，永嘉之亂，流民所在屯聚，蘇峻者，掖（山東掖縣）人，糾集數千家，結壘本縣，其強爲諸屯聚冠，遠近推爲主；江東聞，假峻安集將軍。時曹嶷領青州刺史，表峻爲掖令，峻不受；嶷將攻之，峻懼，率所部浮海至廣陵，晉廷以其遠至，除淮陵（安徽盱眙縣）內史；王敦兵起，有詔使討敦，尋遷臨淮（安徽泗縣）內史；及朝旨促使內衛，遂敗敦兵，以功遷歷陽（安徽和縣）內史。峻聚衆本圖自全，及歸朝立功，威望漸著，有驍卒萬人，器械精利，朝廷寄以江外，而峻負勢驕溢，招納亡命，衆乃日盛，稍拂意則出惡言。成帝衍在位之二年（卽咸和二年，民國紀元前一千五百八十五年），庾亮以峻在歷陽，將爲禍亂，欲建請下詔徵之；王導、卞壼等皆以爲未可；亮不從，召峻爲大司農，以其弟逸代領部曲。峻素疑亮欲害己，因上表曰：『昔明皇帝親執臣手，使臣北討胡寇；今中原未靖，乞補青州界一荒郡，以展鷹犬之用』。復不許。峻嚴裝將赴召，猶豫未決；參軍任讓勸峻毋行，峻從讓計，朝使諭之，卒不從，並遣人約豫州刺史祖約。約者，逖母弟，逖死，約代，而無撫馭才，爲石勒所偪退鎮壽春；王敦反，約逐敦所署淮南太守任台，以功進鎮西將軍。約自以名輩不後郗鑒卞壼而不與顧命，望開府不得，諸所表請多不見許，遂懷怨望；及峻要與舉兵，共除執政，大喜，遂遣兵爲助。峻兵渡江，襲陷姑孰。明年，晉將司馬流禦之慈湖（安徽當塗縣北），大敗；卞壼與峻戰於西陵（江蘇江寧縣西），亦不勝，峻兵繼進，因風縱火，燒臺省及諸營寺署，陷宮城，大掠，驅百官，負擔登蔣山（江蘇江寧縣東北）。峻矯詔大赦，惟亮不原，以祖約爲太守，自錄尚書事。庾亮奔尋陽（江西九江縣），與江州刺史溫嶠，謀共討峻；嶠遣人至荊州，邀刺史陶侃同赴國難，侃率兵赴。侃至尋陽，議者或謂侃欲誅庾亮以謝國人！亮懼，用嶠計，詣侃拜謝，遂同趣建康，戎卒四萬。峻聞之，自姑孰還，遷帝衍於石頭，王導爭之不從；導密遣使約三吳內史太守爲西軍應。西軍與峻相持久不決，且數遭敗衄；陶侃等乃急督水軍趨石頭，峻逆戰陣亡，餘衆潰！任讓立峻弟逸爲主，閉城自守。嶠乃立行臺，布告遠近，令內外百官皆赴臺。峻將韓晃，初破宣城（安徽宣城縣），殺內史桓彝，東略三吳；聞峻死，引兵還石頭。祖約助峻，峻得久持，全賴約持西軍之後；未幾，約爲石勒所敗，棄壽春而奔歷陽，峻遂失勢！峻死，晉將趙胤攻拔歷陽，約奔石勒，於是峻弟逸外援全絕。又明年，爲衍在位之四年（即咸和四年，民國紀元前一千五百八十三年），諸軍攻石頭，長史滕含大破蘇逸兵，獲逸及晃斬之；含部將曹據抱衍上溫嶠船，群臣見衍頓首號泣，乃俱之陸，居建平園。時宮闕灰燼，嶠欲遷都豫章；三吳之豪請都會稽；王導力言不可，因仍都建業，而以褚翜為丹陽尹，鎮之。翜收集流亡，京邑危而復定。

蘇峻之亂，乃庾亮所激成，亂平，亮請罪求外鎮自效，乃出為豫州刺史，鎮蕪湖；已而溫嶠陶侃先後死，亮又代侃鎮武昌。時晉廷內政，咸綜於王導，導初任諸將，趙胤等多不奉法，大臣患之！陶侃嘗欲起兵廢導，而郗鑒與亮不從；至是亮亦欲廢之，貽書於鑒，鑒時官太尉，終不許，故其事得息。亮為帝衍之舅，又鎮重地，遙干朝政，趨勢者相與歸之，導頗不平；然亮導雖交惡，僅見於語言，不為兵釁，故蘇峻亂後，晉得少安。衍在位之五年（即咸和五年，民國紀元前一千五百七十三年），導沒；其明年，亮亦沒，弟翼代之，督江荊等州軍事。

衍在位之十七年沒，弟岳立，是為康帝。在位二年沒，子聃立，是為穆帝。聃初立，庾翼沒；時會稽王昱（元帝睿少子）當國，用桓溫代翼鎮江陵。溫本有才能，既代翼，帥師西伐蜀；蜀自成李據地後，累傳至李勢，頗失蜀人心，穆帝聃在位之三年（即永和三年，民國紀元前一千五百六十五年），溫滅蜀，振旅還，晉進溫征西大將軍，而陰甚之。石氏在北，數侵擾中土，至是石虎死，諸子爭立，中土大亂！晉遣徐州刺史褚裒進師赴彭城，北方士民降者日以千計；既而兵戰不利，退廣陵，旋還鎮京口。方裒之出，溫正遣諸將經略北方，朝廷懼溫勢過甚！裒敗，旋用殷浩督揚豫等州軍事，使謀北伐，而實以抗溫。聃在位之七年（即永和七年，民國紀元前一千五百六十一年），溫以屢求北伐，不為朝議所許，上表即行，率衆五萬，徑下武昌，晉廷大震！昱手書與溫，為明社稷大計，疑惑所由，溫即還鎮江陵；晉懼溫變，進位太尉温固辭不拜。明年，殷浩督諸將攻壽春前軍進討不利又明年爲聃在位之九年（即永和九年民國紀元前一千五百五十九年），浩急圖再舉欲進據洛陽修復園陵中途大敗浩保譙（安徽亳縣）。温因浩數敗，朝野有怨言，乃上疏，有云『羌帥姚襄率衆歸化，遣其母弟入質京邑浩不能撫而用之陰圖殺害；再遣刺客，爲襄所覺用致逆命』。蓋浩之再舉以降羌姚襄爲前導，襄引兵北行，而伏甲於中途故浩遂大敗：朝廷不得已，廢浩爲庶人，自是外政一歸温。聃在位之十年（即永和十年民國紀元前一千五百五十八年），温請伐氐秦（即苻秦詳見下節），自統步騎四萬發江陵水軍自襄陽入均口（湖北光化縣西北）至南鄉（河南淅川縣）；步兵自淅川趣武關；命梁州刺史司馬勳出子午道（陝西鳳縣連雲棧東），以分秦勢。秦苻健遣師與温戰藍田（陝西藍田縣），大敗；温至灞上，三輔郡縣皆來降。苻雄者，健弟，有戰略，知温之強，先簡驍騎馳襲勳，勳敗；温失勢，軍又乏食，乃退出潼關，秦人追擊，亡失萬計！至襄陽，晉廷遣使迎慰之。翌二年，爲聃在位之十二年（即永和十二年民國紀元前一千五百五十六年），姚襄陷許洛，温又北伐，敗襄於伊水，入洛陽，修謁諸陵，置戍兵而返。又五年，聃沒，成帝衍之子丕立，是爲哀帝。

方是時，羌之姚氏勢振而復夷氏之秦氏，鮮卑之慕容氏，則其勢方共盛。丕既立，温欲北伐，憚於鮮卑，特上疏請遷都洛陽爲大舉；欲以恐動朝廷，冀懼而止己，以爲卸責之地。疏上，舉朝惶懼，用揚州刺史王述策下詔褒嘉，委重於温。已而加温侍中、大司馬、都督中外諸軍事。温以既總內外，不宜復在遠，率舟師進次合肥；加揚州牧、錄尚書事，召參朝政，温進次赭圻（安徽繁昌縣西）；朝旨忽中變，止温。温遂城赭圻居之，遙領揚州牧。丕在位之四年（即興寧三年，民國紀元前一千五百四十七年），温移鎭姑孰；二月而哀帝丕沒，弟奕卽位；三月而洛陽爲鮮卑慕容恪所據。

慕容恪者，鮮卑之勁將，爲桓温所畏慴；恪死，温始再謀北伐。帝奕在位之四年（卽太和四年，民國紀元前一千五百四十三年），自姑孰發兵，從兗州進，初戰頗利，至枋頭（河南濬縣），鮮卑主慕容暐將北走，温軍不時進，遂爲所敗，死者三萬人。温收散卒歸屯山陽（江蘇淮安縣），深恥喪敗，委罪於其將袁眞，眞怒，據壽春以叛，温移鎭廣陵；明年，圍壽春，袁眞死，子瑾代，氐秦、鮮卑燕各以師來援，温攻敗之；又明年，爲奕在位之六年（卽太和六年，民國紀元前一千五百四十一年），温拔壽春。

初，桓温鎭姑孰，志不在小，嘗對親寮曰：『爲爾寂寂，將爲文（司馬昭追謚文帝）、景（司馬師追謚景帝）所笑』。已而撫枕起曰：『不能流芳百世，復不足遺臭萬載邪』？旣克壽春，以爲可雪枋頭之恥，問其參軍郗超，超爲主廢立事，温深納之。然憚帝奕守道，恐遭時忌，以宮闈重閟，牀笫易誣，乃譌奕爲閹，播其事民間，並親詣建康，諷太后褚氏，請廢奕而立會稽王昱，並作令草呈之太后，集百官於朝堂，宣太后令，依漢廢昌邑故事，廢奕爲東海王，迎昱卽位，是爲簡文帝。尋降奕爲海西縣公，温復還姑孰。

昱在位二年（卽咸安二年，民國紀元前一千五百四十年），不豫，急召桓温入輔，一日一夜，連發四詔，温以疾辭。詔立皇子曜爲皇太子，道子爲琅琊王。遺詔使温依周公居攝故事，侍中王坦之以爲不可，乃改詔曰：『家國事一稟大司馬，如諸葛武侯（亮）王丞相導故事』。昱沒，曜卽位，是爲孝武帝。温本望昱臨終傳位，不爾，便當居攝，旣不副所望，心殊不悅！昌明旣立，溫入朝，詔坦之及尙書謝安迎之新亭；時人主幼弱，強臣當路，或云：桓溫此行，爲誅王謝？坦之頗懼，而安甚從容，溫見王謝，訖不敢害。已而溫疾還姑孰，諷朝廷加己九錫，累相催促；安、坦之聞其疾篤，密緩其事，錫文未及成而沒。溫弟江州刺史沖夙有令名，溫病，以世子熙才弱，使沖領其衆；至是遂代溫位，盡反溫所爲，故父子兄弟並以功名終。

自元帝睿至此，東晉內部，鮮有寧息之日；而王敦蘇峻桓溫之肆，尤爲前代權臣之所僅見。大抵前代權臣，輒在京內，東晉則多在外方。蓋江左立國，以對待外敵爲重；當其任者無不居形要，擁士卒，積威所至，甚或漸參內政，遙制朝權；朝廷之舉措，或不如其所望，則禍機立發，鮮有能導弭者！王謝之處桓溫，亦幸值溫之垂死耳，不然，京邑之阢隉，人民之糜爛，未見其能愈於王敦蘇峻時也？

東晉百年間內外多故之二（十六國之更迭）（民國紀元前一千五百九十五年至一千四百九十二年）

上節所陳，已至孝武帝昌明之世（昌明在位之十一年）；然於十六國一方，尙未及論述也。茲由東晉之始，推而數之，東晉之終，覺此十六國之迭著興亡，其事原分兩截：太元元年（孝武帝昌明在位之四年）以前爲一期，太元八年（昌明在位之十一年）以後又爲一期。太元元年以前，諸國統於氐之苻秦；苻秦者，十六國之一也；太元八年以後，諸國統於鮮卑之拓跋魏；拓跋魏後爲北朝，不與於十六國之數者也。茲先就太元元年以前諸國言之：

（一）賨之成（卽漢）一國（十六國之一）　巴氐李特之起，語在上章。特之強，由於流民；流民入蜀，不爲晉所容，乃推特爲之主，據廣漢（四川遂寧縣東北），進攻成都。特與蜀民約法三章，施捨振貧，禮賢拔士，軍政肅然，蜀民大悅。益州刺史羅尙頻爲特所敗，成都不守，已而尙以計襲特，斬之，其弟流收集餘衆，還保赤祖（四川綿陽縣東）。特子雄進取郫城（四川郫縣），流徙據之，未幾沒，雄代領其衆，衆推爲益州牧。雄攻走羅尙，遂入成都，自稱成都王；旣又卽帝位，國號大成。時晉益州、梁州、秦州、寧州大部均爲雄據。雄沒，其兄蕩之子班立；雄子越殺班，立其弟期，期以越爲相國。方永嘉之亂，成獨無事，號爲治安，興學校，立史官，規模粗具，然雄政務寬簡，等威不立，官無祿秩，軍無號令，部伍攻城破邑以虜獲爲先，卽無內憂，亦難於久治！迨期在位，又任用非人，驕虐多殺，大臣自危，骨肉不相保，成政大落。未幾，特弟驤之子壽，遂以兵廢期自立，改國號曰漢；壽用私人，成李子弟無復秉兵馬在形勝者。壽沒，子勢立，恆居禁中，不恤國事，輕信近習，濫用刑殺。自李雄以後，蜀無良主，至勢益甚！蜀土先無獠，至是始自山中出，巴西梓潼，雜爲十餘萬落，布山谷爲民害，不可禁止；加以饑饉，雖有三十七郡之地，而不能治蜀，以大亂。穆帝聃在位之二年（卽永和二年，民國紀元前一千五百六十六年），桓溫帥師伐蜀，使袁喬爲先鋒，直趨成都，勢遣兵禦溫，多敗；明年，溫至笮橋（四川成都縣），大破蜀兵，入成都，李勢降，溫送建康，晉封歸義侯，成亡。歷主七：李特，弟流，流傳特子雄，雄傳兄蕩子班，班被殺，雄子期立，期被殺，特弟驤之子壽自立，壽傳子勢，始亡。自晉惠帝在位之二年（卽永寧元年，民國紀元前一千六百十一年），李特據地，至穆帝聃在位之三年（卽永和三年，民國紀元前一千五百六十五年），李勢降晉，凡四十七年。

(二)匈奴之前趙（卽漢）一國（十六國之二）

匈奴劉淵乘晉之亂，建國號曰漢；其後劉聰代立，劉辱懷愍，語在上章。聰好酒色，不問政事，異族之鮮卑、氐、羌俱大，而羯人石勒尤橫。聰死，子粲代立，好酒色如其父，軍國重事，悉委於司空靳準；準陰有異志，教粲殺宗臣，而自復殺粲。石勒劉曜故皆漢驍將，方聰寢疾，以曜爲丞相、領雍州牧，勒爲大將軍、領幽冀牧：粲之死，勒在襄國（河北邢臺縣），率精騎五萬據襄陵（山西襄陵縣），討準；曜亦自長安出兵東行，尋自立於赤壁（山西安澤縣），卽皇帝位，以勒爲大司馬，進爵趙公，勒進攻準於平陽，巴（巴氏也，曹操遷之關中，河東亦有之）及羌羯降者十餘萬落，勒皆徙於所部；已而準爲其將喬泰所斬，衆推準弟明爲主，平陽下，明奔赤壁，遂爲劉曜所誅。時元帝睿在位之二年也（卽太興元年，民國紀元前一千五百九十四年）。勒留戍平陽，仍自歸襄國，而獻捷於劉曜；明年，曜斬勒使，勒怒，與曜絕。曜遂都長安，改國號曰趙，立宗廟社稷，南北郊，居然帝制矣。異族之爭，晉初已有；然東晉南渡，關河之地，相競尤劇：曜稱帝未久，鮮卑尹車仕曜，潛結巴酋徐庫彭等謀變，曜殺尹車庫彭；於是巴氏盡反，推巴歸善王句渠知爲主，四山羌氐巴羯應之者三十餘萬，關中大亂！曜使遊子遠平之，諸族旋定。初，上郡氐羌以大虛除權渠爲最強，嘗自稱秦王，恃險不服曜，西戎爲寇，多稟其命；子遠設法擊之，禽其子伊餘，權渠降，因徙其部落二十餘萬口於長安。曜威既建，用是制關中，抗石勒，聲勢頗盛；其後隴上氐羌雖屢叛動，均爲曜所制。有郡十八，除晉之雍州全爲所據外，司州有其大部，幷州秦州有其一部，黃河之險，爲其所扼，故頗謀東略；成帝衍在位之三年（卽咸和三年，民國紀元前一千五百八十四年），與石勒戰洛陽，兵敗，爲勒所獲，送襄國殺之。明年，其子熙，奔上邽；石勒遣兵取長安，復潰上邽，熙被殺，前趙亡。歷主六，劉淵傳子和，及聰，聰傳子粲，粲死，淵族子曜立，曜傳子熙。自惠帝衷在位之二十五年（即永興元年民國紀元前一千六百零八年），劉淵稱漢王，至成帝衍在位之四年（即咸和四年民國紀元前一千五百八十三年），劉熙被殺，凡二十有六年。

（三）羯之後趙國（十六國之三）　羯人石勒之起，語在上章。其先匈奴入塞種凡十九，羯爲其一；久之，與匈奴分，然猶爲匈奴帥劉淵效命。永嘉之亂，勒謀據江漢，未果；時東海王越屯項病沒，勒追敗晉兵於苦縣（河南鹿邑縣東），縱兵圍而射之，將士十餘萬人無一免者！太尉王衍爲勒所執，衍因勸勒上尊號，冀以自免，勒責衍，殺之。遂陷洛陽；既而據襄國（釋地見上節），遣兵徇冀州諸郡縣；未幾，又攻下鄴，拓地漸大。元帝睿在位之二年（即太興元年民國紀元前一千五百九十四年），靳準殺劉粲，勒以師下平陽，旋與劉曜相隙，自以襄國獨立，稱趙王；至睿在位之五年（即太興四年民國紀元前一千五百九十一年），從子虎攻幽州段匹磾，兵拔厭次（山東陽信縣），勒地益廣。是時勒北破代，南勝晉，西獲劉曜；長安既破，徙其臺省文武關東流民秦大姓九千餘戶於襄國；坑五部屠各五千餘人於洛陽，攻克集木且羌於河南，徙氐羌十五萬落於司冀州。蓋異族相爭，匈奴與羯，持之最烈！勒嘗以胡人爲國人，其待遇殊他族，惟對於晉人則尚知尊重，故有「不得侮易衣冠華族」之令；趙郡張賓，夙爲勒謀主，勒動靜咨之，機不虛發，算無遺策，勒之建業，賓功居多，故勒嘗不敢慢視晉人。成帝衍在位之五年（即咸和五年民國紀元前一千五百八十二年），勒自稱趙天王，尋加帝號。除青州兗州司州冀州雍州全爲所據外，徐州豫州并州幽州荆州，勒有其大部；揚州秦州，亦有其一部，實有郡八十有九。經營鄴宮，以洛陽爲南都，置行臺，其強逾前趙。衍在位之八年（即咸和八年，民國紀元前一千五百七十九年），勒死，子弘立，虎自爲丞相；廢弘，奪其位，殺之，自稱居攝天王，尋遷都於鄴（河南臨漳縣西南），拓地過於勒，凡一百有一郡。穆帝聃在位之五年（即永和五年，民國紀元前一千五百六十三年），虎稱帝，卽死，子世立，兄遵廢世，奪其位，殺之、未幾，虎養子閔（即冉閔）殺遵，立虎庶子鑒。鑒尋謀誅閔，閔又殺之，虎子祇乃自立於襄國。衍在位之七年（即咸和七年，民國紀元前一千五百八十年），其將劉顯殺祇自立；明年，冉閔攻襄國，復殺顯，後趙亡。歷主七，石勒傳子弘，及虎，虎傳子世及遵，鑒，鑒死，虎子祇立，始亡。自元帝睿在位之三年（民國紀元見上節），石勒稱趙王，至成帝衍在位之七年（民國紀元見上節），石祇被殺，凡三十三年。

（四）鮮卑之前燕一國（十六國之四） 鮮卑慕容廆之始大，語在上章。永嘉之亂，遼東附塞鮮卑素喜部帥連，木丸部帥津，攻陷諸縣，屢敗郡兵，東夷校尉封釋不能討，入民失業，歸慕容廆者日衆；廆子翰說廆出師，廆卽以翰爲前鋒，破斬之，盡幷其衆，凡諸所掠民及前歸廆者悉以付郡，遼東賴以復存。愍帝業在位，拜廆昌黎遼西二郡公，廆時處棘城，勢日盛；江左立國，廆又攻幷遼東，數敗高句驪兵。元帝睿在位之五年（即太興四年，民國紀元前一千五百九十一年），晉廷以廆都督幽平二州東夷諸軍事，授車騎將軍。廆雖鮮卑，然頗知忠晉；石勒憚其強，遣使結好，廆執其使送建康，石勒遣兵攻之，不勝，自是勒與廆不相得。後廆致書陶侃，有曰：『凶羯肆虐，中州顚沛，海內之望，惟在君侯！若戮力盡心，悉五州之衆，據兗豫之郊?廆在一方，敢不竭命』。東夷校尉封抽等又疏上侃府，略謂：『昔獫狁之強，匈奴之盛，未有如今日羯寇之暴！車騎將軍慕容廆翹首引領，係心京師；將佐等以爲宜封廆爲燕王，行大將軍事，上以總統諸部，下以割損賊境，使冀州之人，望風向化；廆得祗承詔命，率合諸國，奉詞夷逆，以成桓文之功』。侃得書，報以騰牋上達，候可否之議於朝，而朝議不決。成帝衍在位之八年（即咸和八年，民國紀元前一千五百七十九年），廆沒，子皝立，自稱燕王，始稱藩於趙，遷龍城（內蒙古土默特旂右翼西）。自皝以上，慕容氏無燕之名也。皝故好武，雖與趙結，而數交兵，石虎來侵，大敗，燕勢日強！數年之間，南摧趙氏，東兼高句麗，北敗宇文，拓地三千里，增民十萬戶，遂不復稟晉命。穆帝聃在位之四年（即永和四年，民國紀元前一千五百六十四年），皝死，子儁立。明年，燕諸臣勸乘後趙之亂，兼併中原；儁因選精兵二十餘萬，講武戒嚴，遣慕容霸（皝第五子）爲前鋒都督，以慕容恪（皝第四子）等爲將軍。又明年，爲聃在位之六年（即永和六年，民國紀元前一千五百六十二年），燕師分進，拔薊，儁入都之；中州士女承石趙之後，加以冉閔之虐，降燕者接踵。翌二年，冉閔亦爲慕容恪所獲，斬首龍城。鄴本趙都，至是亦下；燕羣臣共上尊號，儁乃即帝位，置百官，始與晉對峙，復自薊遷都於鄴。聃在位之十六年（即升平四年，民國紀元前，一千五百五十二年），儁死，子暐立。時洛陽已入於晉，慕容恪攻奪之，桓溫不敢救。除冀州幽州并州，全爲暐據外，司州豫州平州，暐有其大部；荊州亦有其一部，得郡八十有五。帝奕在位之四年，桓溫伐燕，慕容恪死二載矣；慕容暐兵敗，謀奔龍城，慕容垂自請擊之，大勝，晉兵潰退。垂還鄴，威名日盛！太傅慕容評者，久攬國權，頗忌垂，遂謀殺之，垂奔氐秦。秦久思伐燕，憚垂不敢；垂既入秦，秦益思圖燕。晉兵之至，燕本與秦約，請出師相救，而賂虎牢以西；及垂戰勝，燕旋悔約，於是秦王苻堅使王猛伐燕，下洛陽。明年，猛督諸軍與慕容評大戰於潞（山西潞城縣）北，評敗，秦師進圍鄴；苻堅繼進，遂下鄴，執慕容暐，遷暐及鮮卑四萬戶於長安，前秦亡。歷主四，慕容廆傳子皝，皝傳子儁，儁傳子暐。自武帝炎在位之二十一年（即太康六年，民國紀元前一千六百二十七年），慕容廆稱遼東王，至帝奕在位之五年（即太和五年，民國紀元前一千五百四十二年），暐為秦滅，凡八十五年。

（附）遼西一國（不在十六國之內） 遼西鮮卑段務目塵，西晉時，受封遼西公，國於令支（河北遷安縣西），傳子就陸眷。就陸眷沒，務目塵之弟涉伏辰立，就陸眷從弟末柸殺之自立。末柸沒，弟牙立，就陸眷之子遼殺之自立。石虎慕容皝合師伐之，遼敗，後降燕，遼西亡。歷主六，自惠帝衷在位之十四年（即太安二年，民國紀元前一千六百零九年），段務目塵封公至成帝衍在位之十三年（即咸康四年，民國紀元前一千五百七十四年），國滅，凡三十六年。

（五）氐之前秦一國（十六國之五） 氐酋蒲懷歸之起，語在上章。懷歸之子洪，仍居臨渭（甘肅秦安縣東南），驍勇多權略，匈奴劉聰拜為將軍，不受；自稱護氐校尉、秦州刺史、略陽公，後降劉曜。曜亡，降後趙，說石虎徙關中豪傑及羌戎以實東方，虎悅，拜為流民都督，居之枋頭（河南濬縣）；從征遼西，有功，拜為六夷都督。虎死，冉閔用事，罷洪都督，洪怒，降晉，晉拜洪河北都督，勢日盛；遂改姓苻氏，稱三秦王；謀定中州，然後入關，未果，為其將麻秋所鴆死。子健立，悉衆入關，自稱大秦天王；其明年，為穆帝聃在位之八年（即永和八年，民國紀元前一千五百六十二年），健稱秦帝；已而關中亂，晉師大至，健退晉師，平關中，秦業始固。健沒，子生立，從弟堅殺之自立。晉世北方諸族，匈奴、羯、鮮卑皆早強，惟氐至苻堅始大。堅在位，并前燕，克仇池，攻晉，下漢中，取成都，滅前涼，分代爲二部，又平西域諸國，拓地益廣，分建二十六州，有郡一百八十，北方全部均爲堅統一。初，堅任王猛，軍國之事，無不由之；猛剛明清肅，精於賞罰，官必當才，刑必當罪，加之勸課農桑，練習軍旅，由是國富兵強，戰無不克。秦之盛業成於猛，猛死，戒堅暫勿圖晉，漸除鮮卑及羌，而堅不悟，僅分散諸氐，散處方鎮，間使諸宗親領之。常數舉攻晉，間獲大勝，襄陽爲所下，堅志日驕！桓沖以大兵爭之，不克，堅遂謀大舉。孝武帝昌明在位之十一年（即太元八年，民國紀元前一千五百二十九年），自發長安，戎卒六十餘萬，騎二十七萬，東西千里，分道並進；晉以謝石（安弟）爲征討大都督，謝玄爲前鋒都督，督衆八萬禦之。秦將苻融（堅季弟）先進，克壽春；堅聞，以大軍屯項城（河南項城縣），而自率精騎八千來會。朱序者，本梁州刺史，秦克襄陽，序爲所執，至是堅使序來勸早降，序私告謝石等，請速擊潰其前鋒，則彼軍奪氣，秦可遂敗。於是謝玄遣將劉牢之先以兵五千攻洛澗（安徽定遠縣西），秦軍屯洛澗者爲晉所敗，赴淮死者萬五千人；於是石等繼進，秦兵偪淝水（安徽壽縣東）爲陳，玄使人謂曰：『移陳小卻，使我兵得渡以決勝負』。秦諸將皆曰：『我衆彼寡，不如遏之，使不得上』。堅曰：『俾使半渡，我以鐵騎蹙而殺之，蔑不勝矣』。融以爲然，麾兵使卻，秦兵退，不可復止；朱序在陳後大呼曰：『秦軍敗矣』！玄等渡水急擊，苻融騎而略陳，欲以止退者，馬倒，爲晉兵所殺，秦師大潰！玄等追至青岡（安徽壽縣西北），秦兵自相踐踏，死者不可勝計。朱序仍入晉。堅收集散亡，歸至長安，威勢大落！鮮卑慕容垂慕容沖（暐弟），羌姚萇等，先後俱起，河南亦爲謝玄所取。昌明在位之十三年（即太元十年，民國紀元前一千五百二十七年），沖攻長安，堅戰敗，奔五將山（陝西岐山縣東北），姚萇遣兵圍而執之，堅遂被殺。其子丕，初守鄴，爲慕容垂所困，奔晉陽，聞堅死，發喪即位，後與慕容永戰敗，奔東垣（河南新安縣）死。堅之族子登，丕時封南安王；丕死，乃繼丕稱帝，都雍（陝西鳳翔縣南），後爲姚萇子興所殺。子崇奔湟中，稱帝，被逐於西秦，前秦亡。歷主七，苻洪傳子健，健傳子生，生從弟堅殺生自立，傳子丕，丕被殺，族子登代立，登又被殺，子崇代立，秦亡。自穆帝聃在位之七年（即永和七年，民國紀元前一千五百六十一年），苻健稱王，至孝武帝昌明在位之二十一年（即太元十九年，民國紀元前一千五百十八年），苻崇逐死，凡四十四年。

（附）仇池一國（不在十六國之內） 仇池楊茂搜之起原，語在上章。茂搜沒，部衆分爲二：子難敵爲左賢王，居下辨（陝西南鄭縣）；子堅頭爲右賢王，居河池（陝西鳳縣）。難敵沒，子毅立；堅頭死，子盤立，臣晉。毅兄初殺毅，幷盤，於是二部仍合爲一。弟宋奴復殺初，初子國又殺宋奴，國從叔俊又殺國，國子安又殺俊，臣晉如故。安沒，子世立；世沒，子纂立，爲苻堅所滅，仇池亡。歷主十一，自晉惠帝在位之七年（即元康六年，民國紀元前一千六百十六年），楊茂搜據地，至帝奕在位之六年（即太和六年，民國紀元前一千五百四十一年），國滅，凡七十四年。

（六）晉人之前涼一國（十六國之六） 十六國之中，亦有爲漢族所建者：太元以前之前涼，即其一也。前涼張軌者，安定烏氏（甘肅涇川縣）人。初仕晉，爲散騎常侍；以時方多難，陰有保據河西之志，因出爲涼州刺史。軌到官，寇盜縱橫，鮮卑爲患，軌悉破滅之；大築姑臧（甘肅武威縣）城，遂世有其土地。永嘉之亂軌遣北宮純等入衞京師，語在上章。是時州郡貢使鮮有至者；軌獨遣使奉獻，歲時不絕。司兗豫徐境內皆困兵災；惟涼州差安，與江東相彷彿。愍帝業初立軌又遣督護宋配等於長安爲助。軌沒，晉以其子寔代之爲都督、涼州刺史；既爲其下所殺，州人以寔子駿尚幼，乃立寔弟茂以代其位，茂因立寔子駿爲世子。其後劉曜遣兵臨河，欲攻姑臧，茂懼，降曜，曜拜爲侍中都督，封涼王；然茂志仍繫晉，茂病，語駿曰：『吾家世以孝友恭順著稱，晉室雖微，汝奉承之不可失也』。茂沒，駿代立，仍受劉曜之封爲涼州牧、涼王；遣使修好於成，勸成主雄去帝號稱藩，雄婉言爲報，信好不絕。然涼州僻寄西北，張軌以來，雖世篤事晉之心，晉以地遠，終勿能羈縻之；及石勒敗劉曜，兵勢日盛，駿不得已，復稱藩後趙，駿欲通表建康，又不得已，稱藩於成，假成道以入晉。其後仇池內附，涼晉道通，成帝衍在位之九年（即咸和九年，民國紀元前一千五百七十八年）晉廷以駿爲大將軍、都督雍秦涼，由是每歲使者相接踵。涼州是時年穀豐登，兵革寖息，駿亦勤修政業，國以富強；既又西伐龜茲、鄯善，西域諸國多來朝貢，而仇池旋降後趙，涼晉道又梗。駿沒，子重華立，石虎遣兵攻之，不克；重華自稱涼王，有郡二十五。重華沒，子曜靈立，年十歲，重華兄祚有勇力，夙與嬖臣趙長等相結，長等卒廢曜靈立祚。祚行暴虐，上下怨憤，河州刺史張瓘等以兵攻祚，殺之；立曜靈弟玄靚，年七歲，而稱藩於氐秦。涼內屢潛作，瓘亦爲人所殺；玄靚叔父天錫又殺玄靚。自重華以來，晉廷數加主涼者以寵命，惟未拜之爲王；天錫立，亦奉表請命，晉仍詔爲涼州刺史、西平公。簡文帝昱在位之元年，苻秦置涼州於天水（甘肅天水縣西南），別設刺史；既又克仇池，乃爲晉諭天錫，天錫懼，謝罪稱藩。秦又徙涼州治金城，遣使諭天錫入朝，天錫殺之，遂與秦開釁；遣其將掌據率師屯洪池（甘肅武威縣東南）；自帥餘衆屯金昌城（甘肅永昌縣）。掌據戰死，天錫亦敗北，奔還姑臧；秦兵至，天錫出降，於是涼州郡縣全入於苻秦，前涼亡。歷主九，張軌傳子寔及茂，茂傳寔子駿，駿傳子重華，重華傳子曜靈，曜靈廢，重華兄祚立，祚被殺，重華子玄靚立，玄靚被殺，叔父天錫立，始亡。自晉惠帝在位之十二年（即永寧元年，民國紀元前一千六百十一年），張軌之涼州，至孝武帝昌明在位之四年（即太元元年，民國紀元前一千五百三十六年），天錫被滅，凡七十三年。有土之長，爲太元以前諸國之首。

（附）冉魏一國（不在十六國之内）　冉閔者，本内黄（河南内黄縣）冉氏子，初名良，父瞻，仕匈奴，後爲石虎所獲，虎養閔爲子；旋以勇略，爲諸將所推服。石虎初稱帝，大赦，故東宫謫卒高力（石宣所選力士）等萬餘人，當戍涼州，俱不在赦例！高力督梁犢等因衆怨起兵，自稱晉征東大將軍，秦雍等城邑，多被摧陷，比至長安，衆已十萬，東出潼關，虎遣師禦之，不能勝也；已而姚弋仲、蒲洪等爲虎平犢，冉閔亦有功。虎沒，立虎庶子鑒，於是閔與李農均盛大，鑒陰謀殺閔農；鑒弟祗時在襄國，亦自外起師討閔農，然皆無成。石氏本重羯族，曾視之逾於漢人；其臣孫伏都等急謀誅閔農，知惟羯爲可恃，乃率羯以攻，閔農斬伏都，下令曰：『與官同心者住，不同心者各任所之』。於是趙人入城，胡羯去者塡門；閔知胡人之不爲己用，又令曰：『趙人斬一胡首送驗者有賞』。一日之中，斬首數萬，閔又躬率趙人誅諸胡羯，所殺二十餘萬，尸諸城外，悉爲豺狼野犬所食；又令趙人在方鎮爲將帥者，悉誅四方屯戍胡，高鼻多鬚多溺死。時穆帝聃在位之五年也（即永和五年民國紀元前一千五百六十三年）。明年，閔欲滅去石氏之跡，更鑒姓曰李，國號曰衞；於是公卿將校萬餘人皆奔襄國，諸將據地勒兵，莫肯附閔。閔旋與農殺鑒，並虎諸孫三十八人，舉下上尊號於閔，閔以讓農，農固辭，閔乃稱帝，復姓冉，國號曰魏，以農爲太宰，尋殺之。石祗聞鑒死，稱帝襄國，出師伐閔，閔使告於晉曰：『胡逆亂中原，今已誅之，若能共討者，可遣軍來也』。晉廷勿能應，閔遂獨敗石祗所遣兵。祗尋以前燕救，勢轉盛，閔輕祗進戰，大敗奔還鄴。當是時，青、幽、荆、雍徙戶及氐、羌、胡、蠻數百餘萬，各欲還本土，道路交錯，互相殺掠，且飢病死亡，其能還者十祗二三，諸夏紛亂，無復農者！祗使劉顯攻鄴，旋降於閔，許殺祗自効，閔舍之；顯果殺祗，傳首於鄴。自石虎之沒，凡二十七月，四易主，皆不得良死；虎子十三人，僅有石混兵敗奔晉，爲晉所殺，石氏盡滅。劉顯尋與閔隙，在襄國自稱尊號，卒爲閔所誅。聃在位之八年（即永和八年民國紀元前一千五百六十年），前燕使慕容恪擊閔，閔被禽殺之；其子智尚幼，在鄴，燕圍鄴，其下開門降，智被執，冉魏亡，凡三年。

以上皆晉孝武帝曜太元以前諸國。自曜在位之十一年（即太元八年民國紀元前一千五百二十九年），前秦苻堅爲東晉所敗，威望不舉！北方郡縣，本爲苻秦之所統一，至是裂秦地而起者：有姚萇、慕容沖、呂光；繼之者又有乞伏國仁、楊定；其他如禿髮烏孤、段業等之獨立在後者，蓋猶未與。苻堅統一北方，僅及七載，淝水戰後，土宇再分，於是北方之形勢大變。所謂十六國者：太元元年以前，初祗六國；太元八年以後，乃至十國。其不與於十六國之數者：太元元年以前，已有三國；太元八年以後，亦有三國，而魏猶未與。茲再就太元八年以後諸國述之：

（一）羌之後秦一國（十六國之七） 西羌姚弋仲之起，語在上章。弋仲仕石虎，志常在晉；石氏削滅，遂降晉；穆帝聃在位之七年（即永和七年民國紀元前一千五百六十一年），拜使持節六夷大都督，未幾，沒，戒諸子必謹事晉。子襄屯碻磝（山東肥城縣），與前秦戰敗，歸晉，詔襄屯譙城；既又數易地，殷浩憚其強，襲之，爲所敗，於是梁陳左右郡縣，漸爲襄統一。襄所部多勸北還，伊水一役，爲晉所敗，襄遂北奔；西入關，又爲秦敗，死。弟萇帥衆降秦，秦苻堅頗重用之。淝水戰後，秦勢不如昔；鮮卑慕容泓，暐之弟也，仕秦，官北地長史，聞慕容垂起事，亦自華陰（陝西華陰縣）舉兵，苻堅使子叡擊之，以萇爲副。叡戰敗，爲泓所殺，萇懼堅罪己，奔渭北起師，自稱大秦王，羌胡從者十餘萬；既而堅與泓弟慕容沖戰敗，出奔，萇遂殺堅！乘鮮卑東行，取長安，稱秦帝。苻登據南安，屢與萇戰，互有勝負，萇不能滅登，萇沒；子興立，始擊秦殺登，於是兩秦合而爲一。興滅前秦，又幷後涼，拓地日多，南北西三涼，俱入貢；當安帝德宗時，除涼州全爲所據外，司州秦州豫州，均有其大部；兗州亦有其一部，得郡二十有七。然是時魏勢已盛，興力不能禦，強勢漸衰！興沒，子泓立，滅於劉裕，後秦亡。歷主三，萇傳子興，興傳子泓。自孝武帝在位之十二年（即太元九年民國紀元前一千五百二十八年），姚萇稱王，至安帝德宗在位之二十一年（即義熙十三年民國紀元前一千四百九十五年），姚泓被滅，凡三十四年。

（二）鮮卑之後燕一國，南燕一國，西秦一國，南涼一國（十六國之八之九之十之十一） 慕容垂之降前秦，語在前節。自前秦苻堅爲東晉所敗，國威不振！丁零（狄種）自中山徙新安（河南新安縣）者，旋起事，翟斌爲其主，堅使垂討之；垂與斌合，自稱燕王，率衆二十餘萬，自洛陽濟河向鄴，秦驍將石越毛當相繼敗滅，秦人大震！苻丕守鄴，堅垂攻不下，乃改趨新城（河北肥鄉縣）；以翟斌與秦通謀殺之，復圍鄴，苻丕不得已乞救，鄴終不下。燕秦相持經年，幽冀人相食！垂北趨中山（河北定縣），遂定都焉。孝武帝曜在位之十四年（卽太元十一年，民國紀元前一千五百二十八年），垂稱燕帝，置公卿百官。既又幷滅西燕，除冀州幽州兗州全爲所據，外幷州平州，垂有其大部，徐州靑州又有其一部。時魏勢初強，本隸燕；魏使入貢，垂年老，諸子激魏怒，魏因叛燕，侵偪附塞諸部。垂遣太子寶伐魏，戰於參合陂（山西陽高縣北），寶師潰敗。垂乃大會兵中山，再與魏戰，克平城（山西大同縣東）。垂沒，寶立，魏師伐燕，步騎四十餘萬，南下晉陽，燕師敗，幷州爲魏有；魏軍繼進，擊幷郡縣甚衆，遂圍中山。中山內亂，寶奔依幽平牧慕容會（寶之庶子）於薊。其姪詳自立於中山；寶弟麟又殺詳自立。中山爲魏克，麟奔鄴。寶自薊走龍城，爲其臣蘭汗所殺，汗自稱昌黎王。寶子盛乘汗不備，殺汗代立，懲其父寶以懦弱失國，務峻威刑，燕人漸不附。將軍段璣又殺盛，立垂少子熙；熙卽位，誅璣，爲政不道，賦斂繁興，民不堪其虐。馮跋乘熙之出，擁兵龍城，推熙養子雲爲主，閉城拒守；熙還攻不克，雲卽位，執熙殺之，復姓高氏，以跋都督中外諸軍。寵臣離班桃仁，素與雲結，而志願無厭，遂共殺雲；馮跋斬班仁，自卽天王位，後燕亡。歷主五，垂傳子寶，寶被殺，子盛立，盛又被殺，垂少子熙立，熙又被殺，寶養子雲立，始亡。自晉孝武帝曜在位之十一年（卽太元八年，民國紀元前一千五百二十九年），慕容垂起兵，至安帝德宗在位之十一年（卽義熙三年，民國紀元前一千五百零五年），高雲被殺，凡二十五年。以上爲後燕。

南燕，若慕容垂之弟德所建。當後燕慕容寶時，德爲冀州牧，鎮鄴。後燕爲魏所敗，中山不守，慕容麟來奔，說德南趣滑臺（河南滑縣），德從之；又因麟之請，用兄垂故事稱燕王。麟復謀反，德殺之；時後燕當蘭汗之亂，不暇它掠。明年，爲安帝德宗在位之三年（即隆安三年民國紀元前一千五百十三年），德陷廣固（山東益都縣），北徙都之；又明年稱帝，自改名備德，除青州全爲所據外，兗州徐州備德有其大部，冀州亦有其一部。會晉桓玄當國，晉臣高雅之等，抗玄不成，奔南燕，請備德伐玄，不果；雅之等亦謀殺備德，事洩，被戮。備德沒，兄子超立，勢遂微，滅於劉裕，南燕亡。歷主二，自安帝德宗在位之二年（即隆安二年民國紀元前一千五百十四年），慕容德據滑，至德宗在位之十四年（即義熙六年民國紀元前一千五百零二年），慕容超被滅，凡十三年。以上爲南燕。

西秦者，乞伏國仁之所建。乞伏之起，語在上章。國仁父司繁，受前秦封爲將軍，鎮勇士川（甘肅榆中縣東北）；傳子國仁，聞苻堅爲姚萇所殺，遂自稱單于，領秦河二州牧，築勇士城都之，又進據苑川（甘肅靖遠縣西南）：秦苻登知其不可制，遂封爲苑川王。國仁沒，弟乾歸立，遷都金城（甘肅皋蘭縣），逐苻崇於湟中，盡有隴西之地，自稱秦王；嘗戰勝西涼，和結南涼，遷都苑川。後秦姚興遣將姚碩德伐之，乾歸禦之，大敗；自苑川奔金城，又走南涼。南涼王禿髮利鹿孤，頗優待之；後秦兵退，乾歸謀歸國，計不成，懼爲南涼知，乃奔後秦。姚興以爲河州刺史，留之長安；既又使歸苑川，分配部衆，仍慮其難制，召爲主客尚書：未幾，逃歸苑川，自稱秦王，據有秦涼二州大部，得郡十餘。而內難旋起，兄子公府殺之，奔大夏；乾歸子熾磐追斬公府，遷都枹罕（甘肅導河縣），大破吐谷渾，王秦如故：又遣使至晉，告劉裕求助，擊後秦，詔拜平西將軍；迨劉裕滅後秦，受晉禪，封爲秦王；熾磐以江左遼遠，關中又爲夏據，不如魏強，乃遣使降魏。乾歸沒，子慕末立，爲北涼所偪，告魏求內徙，至南安（甘肅隴西縣東北），部衆離叛，遂爲夏滅，其故地悉入吐谷渾；吐谷渾者，故燕王慕容廆庶兄西徙陰山，又南徙白蘭者也。西秦歷主四，乞伏國仁傳弟乾歸，乾歸被殺，子熾磐立，傳子慕末，始亡。自晉孝武帝曜在位之十三年（即太元十年，民國紀元前一千五百二十六年），乞伏國仁稱號，至東晉亡後，宋文帝義隆在位之八年（即元嘉八年，民國紀元前一千四百八十一年），慕末被滅，凡四十八年。以上爲西秦。

南涼者，又禿髮烏孤之所建。禿髮部之起，語在上章。其部人夙爲河西巨族，當晉安帝德宗時，禿髮烏孤仕呂光，拜將軍，封廣武公，旋圖獨立，自稱西平王；繼又稱武威王，都樂都（甘肅碾伯縣），分使子弟鎮要地，以備涼。其時河隴間稱王者，禿髮以外，有呂氏、段氏、乞伏氏；而烏孤志常在呂，地小不過五六郡，故未能大強。烏孤沒，子利鹿孤立，自樂都徙西平（甘肅西寧縣）。弟傉檀，當父烏孤時，數建功，故利鹿孤在位，軍國之事，悉由傉檀出。利鹿孤沒，傉檀立，始稱涼王，自西平徙姑臧（甘肅武威縣），旋復回樂都。已而北狄乙弗叛，傉檀輕師往襲；西秦乞伏熾磐即出襲樂都，克之。傉檀歸降熾磐，熾磐酖殺之，並其太子虎臺。南涼歷主三，禿髮烏孤，傳子利鹿孤及傉檀而亡。自安帝德宗在位之元年（即隆安元年，民國紀元前一千五百十五年），禿髮烏孤稱王，至德宗在位之十八年（即義熙十年，民國紀元前一千四百九十八年），傉檀被滅，凡十八年。以上爲南涼。

（附）西燕一國（不在十六國之內）　初慕容垂起兵，慕容泓據華陰，其弟沖亦起兵平陽，已而沖爲前秦所破，奔華陰，依泓。燕諸將殺泓，推沖繼其位，進據阿房（陝西咸陽縣西）。淝水戰後，鮮卑與氐之爭最烈！故慕容氏部者，大抵起兵；沖亦稱帝，取長安，謀爲久安之計，不欲再東，鮮卑咸怨，將軍韓延因衆心不安，殺沖，立其將段隨爲燕王。廆從孫恒、永共殺隨，立慕容顗（鳳之子，桓之孫），帥鮮卑男女四十萬去長安而東。恒弟韜殺顗，恒立沖之子瑤；永又殺之，乃立泓之子忠，築燕熙城（山西聞喜縣）居之；未幾，刁雲等又殺忠，推永爲河東王，稱藩後燕，尋卽帝位於長子（山西長子縣），然强勢不如垂。垂在鄴，頗思幷永；旋分部諸將進擊，永拒戰不勝，長子破，垂執永斬之，得所統八部七萬餘戶，西燕亡。歷主六，慕容泓被殺，弟沖立，沖被殺，顗立又被殺，瑤立又被殺，忠立又被殺，永立又爲垂所殺，六主無一人善終者！自晉孝武帝曜在位之十二年（卽太元九年，民國紀元前一千五百二十八年），慕容泓起兵，至曜在位之二十二年國滅，凡十年。

（三）匈奴之北涼一國，夏一國（十六國之十二之十三）　北涼沮渠氏之起，語在上章。略陽氐呂光據涼州稱王，沮渠羅仇與其弟麴粥俱仕光爲太守；從征河南，兵敗，光怒，殺羅仇、麴粥。其姪蒙遜以喪歸葬，諸部姻屬會者萬餘人。蒙遜哭請其衆，欲以報仇，諸部從之，舉兵拔臨松（甘肅張掖縣）；蒙遜兄男成，亦起師攻建康（甘肅高臺縣）。會蒙遜爲光子纂所破，男成遣使說建康太守段業，推爲涼州牧建康公；蒙遜帥衆歸之。業拜男成及蒙遜，俱爲將軍，而自稱涼王，纂攻之不克。蒙遜有勇略，業頗憚嫉，出爲西安（甘肅張掖縣東）太守；蒙遜旋因事譖殺其兄男成，激衆爲兄報仇，入張掖（甘肅張掖縣）殺業，自稱張掖公，亦號北涼；既又勝南涼，徙都姑臧（甘肅武威縣），稱河西王。嘗與晉益州刺史朱齡石通聘，後因齡石以上表晉廷，有曰：「陛下據全楚之地，擁荆揚之銳，而可垂拱宴然，棄二京以資戎虜，若六軍北軫，剋復有期，臣請率河西戎爲晉右翼前驅」。旋稱藩於晉，晉既禪宋，蒙遜亦并滅西涼，全有涼州地，又數與西秦搆兵。世子德政拒柔然被殺，更立興國；興國爲西秦所執，更立菩提。時魏勢盛強，北涼稱藩，遣子入侍，魏因封爲涼王。其後蒙遜寢疾，國人以菩提幼弱，共立其兄牧犍爲世子。蒙遜沒，牧健立，遣使請命於魏，魏仍以爲王，尙公主；既又與魏開釁，魏師下姑臧，北涼亡。歷主二，自晉安帝德宗在位之五年（即隆安五年，民國紀元前一千五百十一年），北涼蒙遜代段業稱牧，至東晉亡後宋帝義隆在位之十五年（即元嘉十五年，民國紀元前一千四百七十九年），牧健國滅，凡三十八年，於十六國之中爲最後亡。

夏赫連氏之先世，語在上章。自劉虎爲代所敗，尋沒，子務桓立。務桓沒，弟閼陋頭立，務桓子悉勿祈逐之自立。悉勿祈沒，弟衞辰殺其子自立，事代，又通前秦，遂導前秦滅代；秦亂，據朔方，而代王拓跋珪未幾復立，改國號曰魏，怨衞辰之破其國，志在報仇，衞辰先舉攻魏，大敗，爲其下所殺。子勃勃出亡，旋依多羅部帥沒奕于，沒奕于後困於魏，以勃勃奔後秦；後秦主姚興見而奇之，拜將軍，配以雜虜二萬，使鎭朔方。勃勃遂謀獨立，掠取柔然獻馬，襲殺沒奕于於高平（甘肅固原縣）而并其衆，自謂夏后氏苗裔，稱大夏天王。進師敗後秦，破南涼；自後又數與後秦交兵，勃勃多勝，後秦境土日感，以至於亡。勃勃既強，築都城於黑水之南，朔方之北，命之曰「統萬」；又以先世從母姓劉爲非禮，帝王係天爲子，是爲徽赫實與天連，乃改姓「赫連」，匈奴劉氏之易姓赫連自此始。比劉裕攻後秦，取洛陽，勃勃預策後秦必亡，而又知裕之必不能久有；裕滅後秦，遣使通好，約爲兄弟，果不能久留長安，遣其子義眞留鎮。勃勃遂起師取長安，義眞逃歸，關中郡縣悉爲夏有，勃勃稱帝灞上，又以統萬地偪於魏，遂留將鎮長安，而自歸統萬；除晉雍州全爲所據外，司州、秦州亦各有其一部。及宋受晉禪，勃勃旋沒，子昌立。魏師入統萬，取長安，昌保上邽（甘肅天水縣西南），旋被禽於魏。弟定立於平涼，進復長安，又爲魏所破，仍走上邽，略西秦滅之，殺其主乞伏慕末；因欲攻北涼，吐谷渾襲禽之，送於魏，夏亡。歷主三，赫連勃勃傳子昌，昌傳弟定。自晉安帝德宗在位之十一年（卽義熙三年，民國紀元前一千五百零五年），勃勃稱天王，至東晉亡後宋文帝義隆在位之七年（卽元嘉七年，民國紀元前一千四百八十二年），定被執送魏，凡二十四年。

(四)氐之後涼一國（十六國之十四） 後涼呂氏之起，語在上章。呂婆樓者，略陽氐族，仕前秦苻堅，官太尉。堅旣統一北部，士馬強盛，車師、鄯善王入貢，請爲鄉導，導秦師以征西域之不服者，因如漢法置都護；堅卽拜婆樓子光都督，使西域；降下焉耆諸國；惟龜茲王帛純不服，光圍克之，威行西域！諸國悉上還漢節傳，光悉表易之；比還，以駝二萬運載外國珍寶及奇伎異戲、殊禽怪獸千有餘品，駿馬萬餘匹。時堅已敗死，光還入姑臧（釋地見上節），自稱涼州刺史，旋稱涼州牧、酒泉公；光自以全有金城河、賜支河、湟河之地，因自稱三河王，有郡十九，又自稱天王。拜禿髮烏孤爲益州牧，烏孤不受，旋裂地爲南涼；而沮渠蒙遜等又以段業叛，再裂地爲北涼；光沒，子紹立，庶兄纂殺紹代其位，北涼敦煌太守李暠亦以治地叛，又裂而爲西涼。張氏之地，分裂殆盡？西晉涼州，素稱安全，至是則大擾！未幾，後涼內亂起，光從子超殺篡立其兄隆，據地僅五六郡，爲後秦姚興所攻，不得已降秦，勢日替；南北涼又互來侵奪，隆力不支，乃使呂超請迎於秦，秦遣兵迎之，隆率臣民萬餘戶，遷長安，後涼亡。歷主四，光傳子紹，紹被殺，纂立，纂又被殺，隆立。自晉孝武帝曜在位之十三年（即太元十年，民國紀元前一千五百二十七年），呂光據姑臧，至安帝德宗在位之八年（即元興三年，民國紀元前一千五百零八年），降入後秦，凡十八年。

（附）仇池一國（不在十六國之內）　仇池自楊纂爲苻堅所滅，其族楊定於堅敗沒之後，復自立於仇池；又十二傳至其後嗣紹先，當魏宣武帝恪之世，始爲魏滅，凡一百二十年。

（五）晉人之西涼一國，北燕一國（十六國之十五之十六）　十六國中，漢族所建之國凡三：太元以前之前涼，太元以後之西涼及北燕，皆是也。西涼李暠者，隴西成紀人，漢前將軍廣之後，仕段業爲敦煌太守；未幾，晉昌（甘肅安西縣）太守唐瑤畔，推暠爲秦涼二州牧、涼公；於是暠遣師并擊玉門以西諸城，拓地漸大。及業爲沮渠蒙遜所害，暠亦自稱涼公，於是述祖父世爲晉臣，涼州傾沒，己欲興復，及權宜假號建年之意，使人間行奉表詣建康。徙治酒泉（甘肅酒泉縣），顧勢力不如北涼，南涼既亡，或勸暠取北涼，暠終不敢。暠沒，子歆立，有郡七，遣使至晉告襲位，晉拜酒泉公，然終不能禦北涼！宋受晉禪，北涼詐攻西秦以誘歆，歆果乘虛襲張掖，爲沮渠蒙遜所邀擊，敗死，酒泉爲北涼所有；其弟恂保敦煌，亦爲蒙遜所陷，恂自殺，西涼亡。歆有子曰重耳，奔江左，後復歸魏，是爲唐祖。西涼歷主二，自晉安帝德宗在位之四年（卽隆安四年民國紀元前一千五百十二年），李暠被推爲牧，至東晉亡後宋少帝義符在位之元年（卽景平元年民國紀元前一千四百八十九年），歆戰死，凡二十一年。

北燕馮跋，長樂信都（河北冀縣）人，仕後燕，奉高雲作亂，雲立，跋以佐命功，得專政；既而雲爲其下所殺，跋斬亂者，衆推跋爲主，於是跋遂自號天王，仍國名曰燕，不改龍城之都。跋爲政勤敏，關心民治，每遣守宰，必親問爲政之要，以觀其能，燕人大悅。跋沒，子翼爲跋弟宏所殺，宏自立。初，北燕結婚柔然，西通好於夏，而不事魏；魏方有事於夏，燕以故得不被兵。魏既滅夏，服柔然，然後伐燕；馮宏不能敵，奔高句驪，被殺，北燕亡。歷主二，自晉安帝德宗在位之十三年（卽義熙五年民國紀元前一千五百零三年），馮跋代燕，至東晉亡後宋文帝義隆在位之十二年（卽元嘉十二年民國紀元前一千四百七十七年），宏爲魏逐，凡二十七年。

以上十六國中，其滅亡時期，在東晉以後者凡五：一爲西秦，一爲北涼，一爲西涼，一爲夏，一爲北燕。仇池固不與，茲列述諸國歷年之概，因並及之，而其事實之發生於晉後者，則從略焉。

（附）後蜀一國（不在十六國之內）　後蜀譙縱，巴西南充（四川南充縣）人。東晉之衰，桓氏亂起，益州刺史毛璩，攻梁州，復盛師東下；時蜀人不樂遠征，中途推參軍譙縱爲主，號梁秦二州刺史，擁之西還；璩聞變，歸成都，而營戶開城納縱，殺璩，滅其家，縱稱成都王。時安帝德宗在位之九年也（卽義熙元年，民國紀元前千五百零七年）。縱恐晉伐，先稱藩後秦，資爲遠蔽；姚興封縱爲蜀王，除晉之益州全爲所據外，并及梁州大部，有郡十九。德宗在位之十七年（卽義熙九年民國紀元前一千四百九十八年），晉益州刺史朱齡石攻入成都，縱出走死，凡八年。

以上所舉諸國，僅從種族一方以爲系別，所謂太元以前太元以後，亦祇據時代上之大略以作區別，尚未爲之一一細舉也。今再由時代上之順序加細言之：西晉自惠帝衷至愍帝業時，有前涼、前趙、前燕、成、遼西、仇池六國。元帝睿時，又有後趙一國，共七國。明帝紹時，仍爲七國。成帝衍時先爲七國，已而前趙亡，祇爲六國，已而遼西又亡，祇爲五國。康帝岳時，仍爲五國。穆帝聃時，先爲五國，已而成亡，祇爲四國，已而後趙亦亡，祇爲三國，後趙亡之明年，前秦興，仍爲四國。自哀帝丕至廢帝奕，亦爲四國。簡文帝昱之前一年，前燕亡，乃爲三國，已而仇池亡，祇爲二國。孝武帝昌明時，初爲二國，已而前涼亦亡，祇有前秦一國，前秦爲晉敗，又有後秦、後燕、西燕、後涼、西秦、仇池六國，與前秦共爲七國，已而前秦、西燕俱亡，仍爲五國。安帝德宗時，南涼、北涼俱興，仍爲七國，已而南燕興，乃爲八國，已而西涼興，乃爲九國，已而後涼亡，仍爲八國，已而後蜀興，仍爲九國，已而夏興，乃爲十國，已而南燕亡，仍爲九國，已而後蜀亡，仍爲八國，已而南涼亡，仍爲七國，已而後蜀亡，仍爲六國。至恭帝德文時，仍爲六國，而晉禪於宋。以下入南北朝。

然則東晉之亡，諸國猶存在者，尚有西秦、北涼、西涼、夏、北燕、仇池六國，六國之中，惟北燕在東北，餘則羣聚西北一方，其故因中國西北邊荒，爭中原者不以爲首急，故至東晉之亡，存者尚衆。然十六國之起伏，固已早定於東晉之季年，東晉之局終，諸國興亡之局大都結束！五胡之難，亦於是終云。

東晉百年間內外多故之三（江左之覆亡）（民國紀元前一千五百四十年至一千四百九十二年）

東晉立國，大勢不振；自桓温亂後，內憂益岌！當孝武帝曜在位，謝安諸人執政，雖無勛伐，而國政尚理；苻堅統一北方，志在南下，自爲謝石等所敗，北方復裂，而晉得小安；並詔石等進取中原，以圖收復，此爲江左立國後最有希望之事。謝安沒後，瑯琊王道子獨執政，而昌明嗜酒，故多廢事；道子亦日夕與其主以酣歌爲樂，晉政日弛。道子當國，窮奢極費，以尚浮屠，姍姆僧尼，皆得寵昵；甚至交通請託，賄賂公行，官爵濫雜，刑獄繆亂！昌明心雖不平，然政在道子，亦卒無有去之之事；晚年，流連內殿，卒爲貴人張氏所害，在位凡二十五年。太子德宗卽位，是爲安帝。

德宗不慧，政仍在道子；引王國寶王緒等爲其黨與，朝事日非。丹陽尹王恭者，昌明后王氏之兄，於晉爲外戚，見道子之肆，每正色直言；道子懼，深布腹心，陰欲圖之。恭還鎮京口，惡道子等之專，將舉兵；先結荆州刺史殷仲堪，事定：遂抗表罪狀王國寶，及其從弟緒，興師向建康。道子闇懦，欲求姑息，乃收國寶賜死，斬緒於市，深謝愆失；恭乃罷兵，仲堪師亦退。時安帝德宗在位之元年也（卽隆安元年，民國紀元前一千五百十五年）。明年，道子世子元顯密請圖恭，引譙王尚之（懿弟進之後，承之曾孫），與計事；尚之又說道子須密樹外援，道子深然之，以其司馬王愉爲江州都督刺史，又割豫州四郡，使兼督之。豫州庾楷素黨國寶，及見削奪，怒！使子鴻來京口說恭，謂尚之等秉權，欲削方鎮，事宜早圖；恭以爲然，以告仲堪及桓玄。玄，温之孽子，温封南郡公，死，玄嗣爵，與仲堪深相結；仲堪以桓氏世鎮荆楚，故甚禮下玄。玄常覬時變，已得逞志；故王恭使至，玄亦許諾，遂與仲堪推恭爲盟主，剋期同趣京師，上表請討王愉及尚之，京師震懼！道子日飲酒以自解，軍國重事，悉委與元顯，元顯年少果銳，好自負，遂出師討恭，而免仲堪諸人官，分兵遣王珣討恭，尙之討楷。時仲堪兵初發，以楊佺期爲前鋒，桓玄繼之，自帥精兵繼至；佺期與玄先執王愉而下，適楷爲尙之所破，迎奔桓玄，玄師遂東。

王恭素以才地傲物，旣殺王國寶、王緒，自謂威無不行；司馬劉牢之爲恭屬部，恭雖仗牢之爲爪牙，遇之甚輕，牢之負才懷恨！元顯知之，遣人說牢之使叛恭，事成，授以恭位號；恭方使牢之帥軍爲前鋒，牢之至竹里（山名，江蘇句容縣北）反正，遣兵還襲恭，恭兵潰亡走，被執送京師處斬，詔以牢之代恭鎭京口。桓玄等進兵至石頭，聞恭敗，牢之助晉，帥北府之兵（東晉以京口爲北府，歷陽爲西府）已至；玄等甚懼，不敢上岸，回泊蔡洲（江蘇江寧縣西江中）。時晉廷未知西軍虛實，用桓修（沖之子）計，以玄爲江州刺史，佺期爲雍州刺史，黜仲堪爲廣州刺史，而以荊州授修，敕各回軍，以間諸人之交。仲堪時屯蕪湖，聞詔大怒，促進軍；而玄等喜於寵授，仲堪乃還，使徇前軍曰：『不歸者家戮』！軍動，玄等狼狽追仲堪，及之尋陽。當是時，仲堪失職，倚玄等爲援，玄等又資仲堪兵力，雖相疑沮，勢不得異；乃交質子弟，推玄爲盟主，臨境歃血，並不受詔，申理王恭，求誅牢之、尙之等，晉廷咎修，計不立，罷之；還仲堪荊州，然後各就鎭。又明年，爲安帝德宗在位之三年（卽隆安三年，民國紀元前一千五百十三年），玄終恐己力不固，或爲殷楊所乘？乃求廣其所統，兼督荊州四郡，並請以兄偉代佺期兄廣爲南蠻校尉；朝廷欲成三州之釁，並許之。仲堪畏偪，婚佺期自固；而遇事多疑，爲桓玄所乘，兵釁漸啓。又紿佺期來救，佺期師至，與玄戰大敗，單騎還襄陽，仲堪亦出奔；已而俱爲玄軍所獲，殺之，玄勢大振！明年，卽上表求兼領荊雍二州，乃詔玄都督荊江八州軍事。

桓玄既專鎮，輒授兄偉為雍州刺史，鎮襄陽，自鎮江陵；孫恩亂東土，請討，勿許，玄貽書誚讓道子世子元顯，惡之密謀討玄。玄輒移偉刺江州，鎮夏口司馬刁暢督八郡，鎮襄陽；遣其將馮該戍湓口（江西九江縣），置郡調官，行所無事自謂三分有二勢運所歸，屢上禎祥，以表己瑞應！安帝德宗在位之六年（即隆安元年，民國紀元前一千五百一十年），元顯等謀定，下詔罪狀桓玄，以元顯為都督，劉牢之為前鋒，譙王尚之為後部。玄聞，即留兄偉守江陵，抗表傳檄，罪狀元顯，舉兵東下；至姑孰，尚之為玄所執，士氣倍振。而元顯前鋒劉牢之，亦恐事成之後，為元顯所制？自恃材武，擁強兵，欲假玄以持執政，復伺玄隙而自取之，遂定計降玄。庾楷本與元顯相結為內應，至是亦為玄所因，元顯之勢盡失。玄乘牢之之降，引師入京師，自為太尉，殺元顯，徙道子於安成（江西安福縣），以偉為荊州刺史，分置諸官，而以牢之為會稽內史，奪其兵權；於是牢之大集僚佐，議據江北討玄；僚佐以牢之數數翻覆，難恃，因散走！牢之懼，自殺。明年玄自為相國，封楚王，加九錫，遂稱皇帝；廢安帝德宗為平固王，遷尋陽。

自桓玄之變成，劉裕盛名，遂由茲而起。先是瑯琊人孫泰世奉五斗米道，以邪術惑眾，積久將謀變！會稽內史謝輶發其謀於道子，道子誘斬之，並其六子；兄子恩逃入海，其徒皆謂泰仙去實非死？咸就海中資給，恩陰謀復仇。元顯當國，發東土諸郡免奴為客者，置京師，以充兵役，恩因民心騷動，自海島出攻會稽（浙江紹興縣），殺內史王凝之，會稽等郡之民，皆戮其長吏以應恩，恩勢忽盛！自稱征東將軍，表請誅道子元顯；於是晉詔元顯，遣其往討；劉牢之時鎮京口，亦發師討恩。裕時為牢之參軍，牢之師至吳，裕孤身奮戰，獨驅恩眾，勇名漸著；其後又屢破恩，牢之師渡浙江，恩驅男女二十餘萬口東走，復逃入海島。時安帝德宗在位之三年也（卽隆安三年，民國紀元前一千五百十三年）。翌二年，恩復攻丹徒（江蘇丹徒縣），師徒甚盛，裕自海鹽（浙江海鹽縣）入援，兵不滿千，大破恩兵；恩浮海，北走郁洲（江蘇東海縣東北海中），晉廷以裕爲下邳太守，又討破之，恩由是衰弱。其明年爲安帝德宗在位之六年（民國紀元見上節），恩寇臨海（浙江臨海縣），敗死！時玄已入建康，當國事，以恩黨盧循爲永嘉（浙江永嘉縣）太守，以撫安之，而循侵暴不已，又明年使其黨徐道覆寇東陽（浙江東陽縣），仍爲裕所擊破。比玄自稱帝，裕入朝，或勸玄誅之，玄不可；又明年爲安帝德宗在位之八年（卽元興三年，民國紀元前一千五百零八年），裕遂自京口起兵討玄，劉毅、何無忌等共推裕爲盟主，使孟昶守京口，而自移軍竹里（釋地見上節），移檄告起兵；玄使弟謙督衆軍禦之，戰於覆舟山（江蘇江寧縣太平門內），裕軍大勝！玄趣石頭城，旋挾德宗西遁；裕入建康，遣諸將追玄，誅玄宗族之在建康者，人心大定。

桓玄既敗，以安帝德宗入江陵，大修舟師，未三旬，有衆二萬，聞劉裕所遣兵已克尋陽，於是復挾德宗東下，與劉毅等大戰於崢嶸州（湖北武昌縣東北）。毅等乘風縱火，盡銳爭先，玄衆大潰，德宗復被挾入江陵；欲奔漢中，而人情乖沮，乃與腹心百餘人夜出，更相殺害，僅得至船，左右奔散。會寧州刺史毛璠卒，益州刺史毛璩使從孫佑之等率數百人，送其喪還泊江陵，遇玄於枚回州（湖北江陵縣西南），迎擊之，玄遂被殺；乘輿反正於江陵，傳送玄首梟於大桁，而毅等兵猶未至，諸桓猶有在者：於是桓謙與桓振（冲之從孫）復出襲江陵，陷之，何無忌趨奪，不克。明年爲安帝德宗之九年（即義熙元年民國紀元前一千五百零七年），劉毅等引師繼進，振遣使求割江荊二州，奉送天子，毅等不許；會南陽太守魯宗之起兵襲克襄陽，振留桓謙馮該守江陵，而自引兵往戰宗之，敗走，而毅等破該入江陵。振知城陷，乃與謙共奔鄖城（湖北安陸縣）；已而謙走後秦，振復襲江陵，為晉兵所殺，何無忌奉安帝德宗東還建康；德宗尋下詔以毅都督十六州軍事出鎮京口。

先是當桓氏之亂熾，孫恩黨盧循陷番禺（廣東番禺縣），徐道覆陷始興（廣東始興縣），晉均未暇征討；及亂定，姑以循為廣州刺史，道覆為始興相。比劉裕出師北伐，方滅南燕，而循已用道覆之計，自番禺攻長沙；道覆亦連陷大郡，至豫章（江西南昌縣）。何無忌刺江州，急以師禦道覆，兵敗被殺；循師又熾，向江陵而進。晉廷急徵裕，裕在途聞無忌敗死，即直趨建康；劉毅率舟師將西上，裕止之，不得；道覆馳使報循，要循至共戰，循即日發上游，與道覆合軍而下，敗毅於桑落州（江西九江縣東北），建康大震！道覆與循遂東進，裕屯石頭力遏之，循不即戰，迴泊蔡洲，於是兵形頓變！循與晉師戰南岸，不勝；進攻京口，掠諸縣，無所得，乃退師，還尋陽；裕遣兵追之，而別出一軍，襲番禺；既又自率衆追循，與循戰，大勝，且追捷於左里（江西都昌縣）。道覆趨江陵，亦為荊州刺史劉道規所敗。於是循退向番禺，道覆歸始興。時安帝德宗在位之十五年也（即義熙七年民國紀元前一千五百零一年）。明年，晉兵克始興，斬道覆；循至番禺，晉兵已在，攻之不勝，改趨交州，為刺史杜慧度所斬。劉裕既定盧徐之亂，功名益盛，未幾，劉毅代道規刺荊州，頗思圖裕，裕知而備之，乃自帥師襲毅，毅自殺。初，裕西征，以諸葛長民監留府事，比歸，以長民恣侈，執而殺之；

既又惡司馬休之（尙之之子）子文思，在建康不識，廢爲庶人；而並惡休之，自帥師往擊，休之拒戰，兵潰，北奔後秦。裕挾勢陵主，急謀伐後秦：安帝德宗在位之二十年（卽義熙十二年，民國紀元前一千四百九十六年），裕軍發建康，將軍檀道濟下洛陽；明年，王鎭惡破潼關，遂入長安，滅後秦。又明年，長安入於夏，而裕將謀代晉，遂不暇北伐，密謀殺德宗，立其弟德文；德宗在位之三十二年被害，德文立，是爲恭帝。又二年，劉裕代晉，廢德文爲零陵王，守以兵而卒殺之，晉亡。歷主十五，凡一百五十六年。析言之，西晉歷主四，凡五十二年；東晉歷主十一，凡一百零四年。世次如下表：

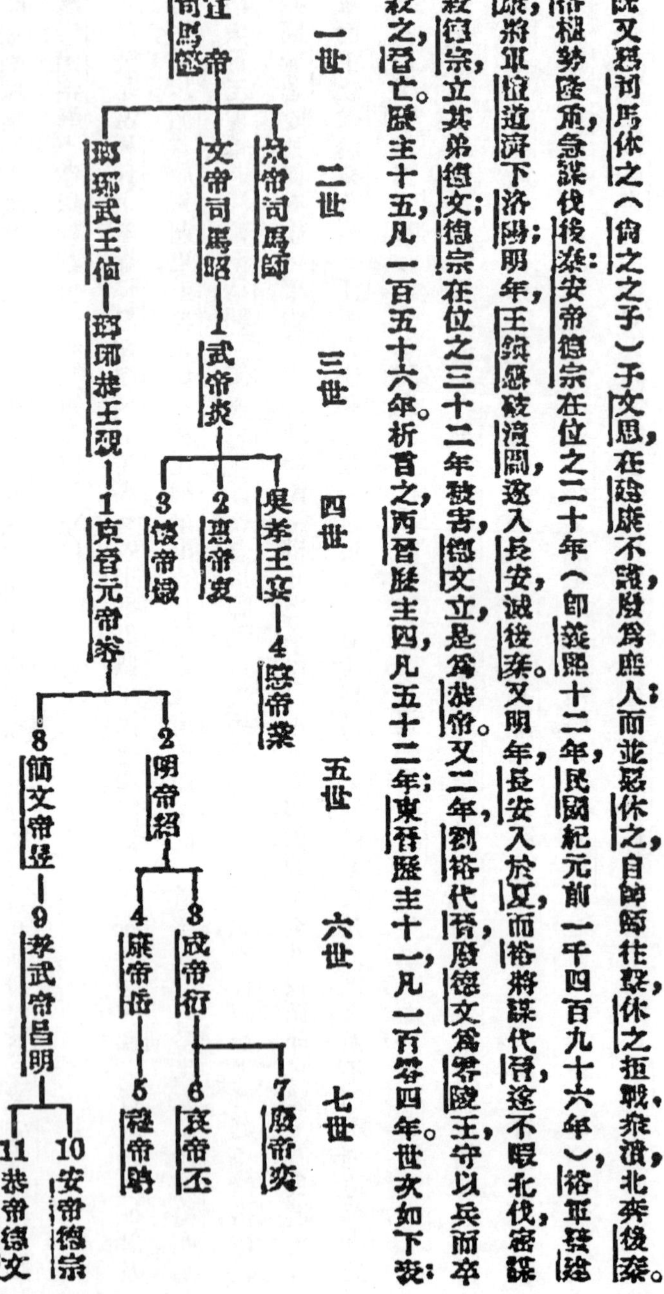

中華通史

第三册

章嶔著

中華通史第三冊目次

乙編（中古史）（續）

第二篇　神州分裂外力內侵時代（續）

第三篇　帝權再熾武人助長時代（隋唐）

第四章　南北朝上（民國紀元前一千四百九十二年至一千四百十年）

南北朝前局九十年間五時之一（宋魏之起源及江南之爭戰）（民國紀元前一千四百九十二年至一千四百五十九年）

當劉裕代晉之年，北方諸國之存在者，猶有六姓：後魏雖已建國，尚未能統一中原之北部也；劉裕承晉基，守南方全部，猶是東晉之局，並不見有顯著之變更？且自裕佐晉以來，下南燕，收後秦，雍州一部，雖未久即捐而兗、豫、青、司，固猶克守：然則南北朝之析別，尚當在劉裕建宋以後；吾人於宋基初建，而即以南北朝冠之者？實由「史例」上之便利使然，未能拘拘以時限規定之也。茲先述宋室締建之情形，及其內政之大凡如下：

裕以布衣而起為天子，前古未之有也；中古之世，前有劉邦，後乃有劉裕。裕微時，嘗躬耕於丹徒；及即位，定朝號曰宋，仍都建康，是為宋之武帝。其耕耜之具，頗有存者，皆命藏之以留示於後；後文帝義隆幸舊宮，見而問焉，左右以實對。義隆色慚，有近侍進曰：「大禹躬耕歷山，伯禹親事土木，陛下不覩列聖之遺物，何以知稼穡之艱難，先帝之至德乎」？由此觀之，裕當日起「平民」以創宋業，並不自諱；至於為貧賤所屈，亦為庶人之常：故其孫子，亦或以「田舍翁」稱之焉。

裕之行事，亦有類劉邦者：邦誅功臣於既平強楚之後，而裕則除之於受晉禪之先？此乃時勢不同使然，諸葛長民所以有『昔年醢彭越，今年殺韓信』之歎也！裕有國三年而沒，太子義符立，年十七，是為少帝。居喪無禮，與左右狎暱，而好遊戲！徐羨之、傅亮、謝晦、檀道濟皆同受顧命，而義符不能禮御；羨之等密謀廢之，預約中書舍人邢安泰、潘盛為內應，使道濟引兵入雲龍門，羨之等繼其後。盛等先戒宿衞，莫有禦者！遂共廢義符，而使安泰殺之；迎宜都王義隆（武帝裕第三子）入卽位，是為文帝。

宋代骨肉之禍，方西晉為烈！要其弊害，則由東晉蟬蛻而來。東晉重臣多恣肆，有謀晉而代之心；宋則恣肆之行，往往發自有國者之叔姪昆弟。重臣皆異姓，為之謀者，必假途於軍力；叔姪昆弟，以同姓圖變為之謀者，或不必以軍力從事，且無須易國名、改朝制，而重為一切革命上之鋪張：故其禍屢發，而有國者亦屢事翦落，迄不能艾！近時說者，或以劉氏起布衣，無家法，致其倫常之禍，續續而起？則猶外著之論，未足以盡一時代之變端也。然使宋主人人如義隆，晚年弒逆之禍，或無由免？而同姓稱兵，據形要以抗京師，則其變當可預弭；卽不能弭，平之亦甚易，不必假手重臣，致成蕭道成之業，有斷然者！觀義隆之誅徐羨之、傅亮、謝晦，可以知矣。義隆卽位，出謝晦都督荊江等州軍事，而以徐羨之、傅亮柄國政，羨之頗專肆，義隆謀去之，並發兵討謝晦。時道濟方進督青徐諸州軍事在外；義隆謂道濟止於脅從，本非糾謀；殺害之事，又所不關，預撫而使之，必將無慮。道濟至，乃下詔暴羨之、亮、晦之罪，羨之、亮皆被殺。王華者，本義隆近臣，嘗忌羨之等專，而陰譖之；謝晦在江陵，聞徐傅等已誅，乃上表稱羨之、亮忠貞，王華凶險躁猜忌：卽舉兵以除君側之惡，發師三萬，遇到彥之於彭城洲（湖南岳陽縣）東北，一戰破之。時義隆自將征晦，彥之軍敗，道濟師亦旋至：晦初自謂已鎮上游，而道濟鎮廣陵，徐傅居中用事，可以持久；至是徐傅死而道濟又來，乃無復爲計，人心乖沮，未幾卽潰！晦還江陵，急而北走，爲人所執，送建康被殺。時義隆在位之三年也（卽元嘉三年，魏太武帝燾始光三年，民國紀元前一千四百八十六年）。自謝晦等被誅，宋內部暫定，於是遂有對外之兵，南北之交兵自此始。

南朝之宋傳至文帝義隆之日，正北朝之魏，逐漸統一北部之年。魏者，本五胡之一，蓋鮮卑也；世居北方，不交南夏，俗以索辮髮，稱「索頭部」，尊其酋曰可汗；其姓拓拔，不知所自始？或曰：『魏之先出黃帝子昌意，黃帝以土德王，北俗謂「土」爲「托」，謂「后」爲「跋」，故以爲氏』。其先世傳系史文無考，自其可汗毛以後，歷主十三，至詰汾，始南遷居匈奴故地，時當中國曹魏之世；詰汾子力微，復徙盛樂（今歸化城西）；其後領地數有分合，五傳及猗盧，始與晉交，幷州刺史劉琨與猗盧結爲兄弟，表爲大單于，封代公，以盛樂爲北都，平城（山西大同縣）爲南都，愍帝業進其爵爲代王；其後猗盧爲子所殺，代都大亂，部衆離散；又七傳至什翼健，復有衆數十萬，拓跋氏大強；旋爲前秦苻堅所敗，代部傾覆，堅使匈奴劉衞辰、劉庫仁分領其衆，健孫珪，卽依庫仁而立；庫仁之子顯，謀殺珪，珪奔賀蘭部，諸部推爲代王，仍都盛樂，改國號曰魏，後人別於三國之魏，稱之，故名曰後魏：此爲後魏建國之始。時東晉孝武帝曜在位之十四年也（卽太元十一年，民國紀元前一千五百二十六年）。珪既建魏，統擊走劉顯，攻破劉衞辰，南勝後燕；遂徙都平城，卽帝位，是爲魏道武帝。珪性殘忍，好殺戮，在位二十四年，爲子淸河王紹所害；長子嗣誅紹而立，是爲明元帝。

即位後之十年，宋受晉禪，南方之朝號遂更；而魏亦頻年與諸國交兵，亟亟焉以圖北方一統之盛業矣。

明元帝嗣沒，在位六年子燾立，是為太武帝。太武之世，魏統一北方之機愈熟：滅夏，滅北燕，滅北涼，中國北部，遂為所混並；又逐吐谷渾，降柔然，高昌西域諸國，亦來朝貢。時宋已代晉，至文帝義隆，魏勢日強，遂南下用兵。先是拓跋嗣在時，即劉裕克長安大捷，乃遣使請和，自是北方使聘之至南中者不絕；及裕受晉禪旋沒，沈範等奉使在魏，適及河，嗣遂入追執之，議發兵取洛陽、虎牢（河南汜水縣）、滑臺（河南滑縣）。蓋彼時魏地僅南至河，洛陽三城皆當沿岸要害，故魏思必得，宋亦苦守，後世之戰爭，多由此三城而起，非無故也。嗣決議用兵，崔浩力諫，以為江南無釁，徒有伐喪之名，而嗣不許；遣司空奚斤率師南下。斤初攻滑臺不拔，嗣復自將南出，為斤等聲援，滑臺旋下；遂進偪虎牢，洛陽亦旋為魏取。魏師之所至，宋地者亦多得利；於是宋兗州諸郡，遂沒於魏。三城要害，所未下者，僅一虎牢，司州刺史毛德祖臨方拒守，魏軍不能克；明元帝嗣自督衆攻之，虎牢破，德祖被執，於是奚斤等悉定司兗豫諸軍縣，魏地直達河南而治。嗣歸旋沒，燾繼之有國，遂萌圖宋之心；而宋人亦以河南之地，本為南朝之所固有，方盡力以謀恢復之策；於是南方之兵機日偪，而南北之戰禍以興。

宋文帝義隆在位之七年（即元嘉七年，魏太武帝燾神䴥二年，民國紀元前一千四百八十二年），備甲卒五萬，給右將軍到彥之，統安北將軍王仲德、兗州刺史竺靈秀舟師入河；又使驍騎將軍段宏，將精兵八千，直指虎牢；豫州刺史劉德武，將兵一萬繼進；長沙王義欣（武帝裕弟道憐之子）監征討諸軍事，出鎮彭城。魏太武帝燾聞警，留造船三十艘，幽州以南戍卒集河上；以司馬楚之為安南大將軍，屯潁川（河南臨潁縣）。到彥之自淮入泗，是年四月至七月，始至須昌（山東東平縣），乃泝河西上；魏人以河南兵少，悉衆北渡。彥之分遣諸將守滑臺、虎牢、洛陽三城，司兗豫諸地，一時皆復，諸將皆喜；王仲德獨有憂色，以為魏人斂戍北歸，必並力完聚，若河冰既合，將復南來。彥之等列河置守，還保東平，而魏師果至，洛陽、虎牢又均為魏下；魏征西將軍長孫道生等濟河而南，彥之欲焚舟東走，仲德曰：「敵去我猶千里，滑臺尚有強兵；若遽舍舟南走，士卒必散！當引舟入濟，更詳所宜」。彥之乃引兵自清河入濟，至歷城（山東歷城縣），焚舟棄甲，步趨彭城，宋兗大擾！宋免彥之等官，下之獄；而魏師旋至，殷攻滑臺。方魏師南渡，河北警日急，宋檀道濟等北行；至是道濟急引師救滑臺。明年，破魏師壽張（故城在山東東平縣），道濟引至濟上，連戰二十餘日，前後數十交；魏師縱輕騎要其前後，焚燒穀草，道濟軍乏食，不能進，滑臺遂陷。道濟等食盡，自歷城還，魏人知而追之，衆將譁；道濟夜唱籌量沙，以所餘少米覆其上，魏軍見宋兵資糧有餘，旋稍稍引退；而洛陽、虎牢、滑臺之三城，乃終陷於魏，宋謀恢復，且反遭敗挫！同年，魏遣使來宋求婚，宋廷依違答之，而南方之兵禍暫以解除；道濟安內攘外，累有大功，頗為義隆所忌，卒收殺之。道濟初見收，怒目投幘曰：「乃壞汝萬里長城！」魏人聞之，喜曰：「道濟已死，吳子輩不足復憚！」自是魏屢南侵，有飲馬長江之志；迨義隆在位之二十七年（魏太武帝太平真君十一年，民國紀元前一千六百四十二年），魏師臨江，義隆登石頭城望，甚有憂色，嘆曰：「若道濟在，豈至此？」

二十七年之役，亦有其由來：自三城入魏以還，魏師再下，實始於義隆在位之二十二年（即元嘉二十二年），魏太武帝燾太平眞君六年（民國紀元前一千四百六十七年），是年，魏選六州驍騎二萬，分道南掠，淮泗之北，宋不能備；又數思挑宋釁而苦於無名，乃移書宋廷，謂南國僑立諸州，多濫北地名號；又欲游獵其區（即太湖），宋雖以理折之，不能泯其「輕視國交」之意也。義隆亦警敏者，坐視其辱而無有所報，何以爲國？用是經略中原之意頗動，而羣臣亦爭獻策迎合；彭城太守王玄謨，言之尤力。魏亦知宋有戒兵之事，於是急圖伐宋。至義隆在位之二十七年（民國紀元見上節）春二月，魏太武帝燾果又自將南下，圍宋懸瓠（河南汝南縣），宋參軍陳憲力守，魏師攻四十餘日不克，燒攻具而返。同年秋，宋遂大舉伐魏，遣寧朔將軍王玄謨，帥步兵校尉沈慶之，參軍申坦，水軍入河，別軍造許洛，東西齊舉；以江夏王義恭（武帝裕之子，文帝義隆之弟），出次彭城，爲衆軍節度。慶之趣碻磝（山東肥城縣），魏守者棄城走。玄謨進兵圍滑臺，士衆甚盛，器械精嚴！而玄謨貪愎好殺，寖失羣下心，攻滑臺數月不下；聞魏救將至，衆請發車爲營，玄謨不從。魏太武帝燾率師渡河，衆號百萬，鼓鼙動地！玄謨懼，退走，魏人追擊，死者萬餘，麾下散亡略盡。初，玄謨之行，詔受督於靑冀二州刺史蕭斌；斌聞玄謨敗，遣沈慶之將兵五千往救，而已無及！斌欲收玄謨斬之，慶之固諫，乃使玄謨守碻磝，申坦據淸口（山東東平縣），而自率師還歷城；已而義恭以碻磝沙城，不可守，召令還，爲魏軍所追，幾不免！

初，宋師北伐，分東西並出；東軍雖敗，西軍則反是。雍州刺史隨王誕（義隆庶子）之遣參軍柳元景等出宏農也，自貲谷（河南盧氏縣南）入盧氏（河南盧氏縣），以盧氏人趙難爲令，使爲嚮導，自熊耳山（河南盧氏縣境內）出；元景等引師繼進，拔宏農，向潼關。方攻陝，與魏兵相遇，大敗魏師，殺魏洛州刺史張是連提，遂克陝，進據潼關；關中豪傑所在蠭起，及四山部落皆來送款！時宋以王玄謨敗退，魏兵深入，元景等不宜獨進，皆召還。

懸瓠城者，魏初攻不克；自王玄謨敗後，懸瓠亦終不守。魏太武帝燾盛勢南下，進偪彭城，江夏王義恭固守，魏師攻之不下；遂舍彭城而南，所過殘滅，城邑兵民望之奔潰，連進至淮上；宋使輔國將軍臧質救彭城，至盱眙（安徽泗縣），魏師已渡淮，質禦之軍潰！引入盱眙城，城中豐實，質因與太守沈璞共守。魏師聞盱眙有積穀，欲因以為糧，攻之又不下；亦舍而南，直至瓜步（江蘇江都縣江口），壞民廬屋，及伐葦為筏，聲言欲渡江；民皆荷擔而立，內外戒嚴：丹陽境內盡戶發丁，王公以下子弟皆從役；並命領軍將軍劉遵考等將兵分守津要，陳艦列營，周亙江濱，自采石（安徽當塗縣）至暨陽（江蘇江陰縣），六七百里。義隆登幕府山（江蘇上元縣江口），觀望形勢，購拓跋燾首，許重賞；又募人齎野葛酒置空村中，欲以毒魏人，竟不能傷。燾鑿瓜步山為盤道，於其上設氈屋；不飲河南水，以橐駝負河北水自隨。宋勢日沮！不得已，乃遣使至魏營與商和親（據宋書通鑑均謂和親之議，由彼使先來請求；但據當日大勢論之，魏師既已臨江，似不必急迫求和，為此先屈之舉：當以魏書北史所載為正，茲從之）；燾以師婚非禮，遂許和而不許婚。明年正月，魏班師，軍行所過，掠居民，焚廬舍！回攻盱眙，臧質力守之，魏不能拔；還過彭城，江夏王義恭，始不敢追，魏師遠，乃追之，不能及也。是役也，魏人凡破南兗、徐、兗、豫、青、冀六州，人民之遭殺掠虜辱者，不可勝計，所經郡縣，赤地無餘，燕子春歸，巢於林木！魏之士馬死傷，亦頗不乏！自是邑里蕭條，元嘉之政衰矣。宋詔賑撫郡縣民遭寇者，蠲其稅調；降義恭爲驃騎將軍，餘將亦遷調有差焉。

魏師北退之次年，魏有宗愛之亂，而太武帝燾遂被害。燾爲政，明斷而任殺：崔浩撰國史，主正直，爲燾所殺；明年，太子晃監國，精察如其父。中常侍宗愛，性險暴，不法事多，晃惡之；給事中仇尼道盛等，有寵於晃，而與愛勿洽；愛恐爲所糾，擿其罪於燾燾怒！殺道盛等，東宮官屬多坐死。晃以憂卒，而燾念晃不已；愛懼，復起而害燾，在位凡二十九年。晃子濬，性聰達，而年尙幼，廷臣議立秦王翰，久不決。愛故善南安王余（翰、余皆燾之庶子），乃密迎余入，而收廷臣之主張立翰者，並翰殺之；余立，以愛爲大司馬、大將軍。愛坐召公卿，專恣日甚！余患之，謀奪其權；愛聞，又起而害余。羽林郎中劉尼勸愛卽立濬，愛猶豫；尼乃別與殿中尙書源賀等謀立濬，執宗愛殺之，夷三族。濬卽位，是爲文成帝。

魏太武帝燾之被害也，宋廷聞之，用兵之議又動；於是遣撫軍將軍蕭思話督張永等向碻磝；司州刺史魯爽等，出許洛；雍州刺史臧質向潼關。魏兵固守碻磝，宋攻之不拔，張永撤圍退，魏人乘之，死傷塗地！思話等以軍乏食，退屯歷城。魯爽至長社（河南長葛縣），魏戍主棄城走，旋與魏軍相遇於大索（河南榮陽縣），破之。臧質頓兵近郊，兵不時發；獨遣柳元景等向潼關，元景等進據洪關（河南靈寶縣）。梁州刺史劉秀之遣參軍蕭道成等將兵向長安；會聞碻磝敗退，於是魯爽、元景等，悉引還。自北師南臨瓜步以來，後日南敗北勝之局，固已早定；至碻磝不能拔，宋勢之絀，猶爲顯然。史臣窮其失敗之因，以爲義隆命將，必先授以成律；交戰日時，亦待中詔：是以將帥趦趄，莫敢自決！致江南之白丁，不足禦六夷之精騎，而北勢卽因以增進云。

抑當魏宗愛爲亂之年，宋太子劭，亦有造作巫蠱，爲上所知之事：始興王濬者，潘妃所生，劭惡濬，並及潘妃；濬懼，曲意事劭，劭更與之善，與女巫嚴道育等相結。劭濬多過失，數被父責！乃與道育等共爲巫蠱，琢玉爲義隆形像，埋於含章殿前。未幾，黃門陳慶國白其事，義隆大驚，收得其罪據，道育逃，捕之不獲，乃欲廢劭，賜濬死。明年，爲義隆在位之三十年（卽元嘉三十年，民國紀元前一千四百五十九年），義隆與廷臣謀事頗泄，潘妃知之，以告濬；濬以語劭，劭乃謀爲逆，詐爲詔，豫加部勒，云有所討；夜呼中庶子蕭斌等入，徧拜之，欲其助己。次日，遂與合載入宮，害義隆！左衞率袁淑不從，殺之；僕射徐湛之、尚書江湛，皆與廢劭謀，皆殺之，並及吏部尚書王僧綽，劭遂自立。

武陵王駿者，文帝義隆之第三子。方劭將變時，緣江蠻爲寇，義隆遣太子步兵校尉沈慶之討之，使駿總統衆軍。劭變成，與慶之書，令害駿。慶之以書呈駿，駿泣，求入於母訣。慶之不可，請發兵討劭。駿喜，卽以慶之領司馬，荊州刺史。南譙王義宣（武帝裕之庶子），雍州刺史臧質，同舉兵以應駿。駿至尋陽，移檄四方，州郡響應。劭懼，遣師禦駿，而又疑舊臣不爲己用，用蕭斌爲謀主。太尉司馬龐秀之，自石頭先衆南奔，人情大震。時駿方有疾，領錄事顏竣代判戎務，而軍中不知。柳元景又先至新亭，因山爲壘。劭使蕭斌等攻之，自登朱雀門督戰，爲元景所乘，劭衆大潰。駿至江寧，江夏王義恭單騎南奔，上表勸進。駿卽位新亭，是爲孝武帝。

駿既卽位，劭猶堅守臺城，不肯下。濬勸劭逃入海，劭以人情離散，不果行。蕭斌令所統皆解甲，自石頭戴白幡降，駿詔斬斌軍門。未幾，駿軍克臺城，斬劭。濬帥左右出走，爲江夏王義恭所誅。道育等並都街鞭殺，宋內禍始靖。

南北朝前局九十年間互峙之二（魏彭城之攻守及宋內亂之蔓延）（民國紀元前一千四百五十八年至一千四百三十三年）

宋孝武帝駿在位九年沒，太子業立，是爲廢帝。行事無道，爲左右壽寂之所害。叔父湘東王彧（文帝義隆庶子）立，是爲明帝。彧卽位之次年，（卽泰始二年，魏文成帝濬和平七年，民國紀元前一千四百四十六年），魏文成帝濬亦沒，在位凡十五年。太子弘立，是爲孝文帝。時魏屢侵宋，宋亦圖北伐，於是兩方之戰事復興。

元嘉一役以後，南北均有內亂，雖未久卽靖，而兩方交兵之舉，亦由是而希；迨孝武帝駿在位之四年（卽大明元年，魏文成帝濬太安三年，民國紀元前一千四百五十五年），魏侵宋兗州；明年，又侵宋清口（山東東平縣），宋初未暇報也。明帝彧卽位，晉安王子勛（孝武帝駿子）起師尋陽（參觀下節），外州刺史多爲之應援；及尋陽爲彧所平，於是徐州刺史薛安都等並遣使乞降，彧欲示威淮北，遂自此北伐；乃命鎮軍將軍張永等將甲士五萬往迎安都；安都懼，降魏。魏遣鎮東將軍尉元救之。元至，安都出迎。張永等進偪彭城，攻之不克；會天雨雪，永棄城走，魏師乘之，永等大敗。時明帝彧在位之二年也（卽泰始二年，魏獻文帝弘天安元年，民國紀元前一千四百四十六年）。自永等敗歸，淮北四州（青濟徐兗）及豫州淮西之地，俱爲魏有；而魏師又別攻青州矣。

初，青州刺史沈文秀爲土人所攻，乞降於魏；迨魏征南將軍慕容白曜等師至，文秀已爲宋救，仍刺青州；白曜等善用兵，一旬中連拔四城，宋城守者皆走，歷城爲魏下。時明帝彧在位之三年也（卽泰始三年，魏獻文帝弘天安二年，民國紀元前一千四百四十五年）。歷城彭城，皆宋重地，而彭城尤要：是年秋，宋因復出師擊彭城。魏尉元表言：『彭城、宋之要藩，而宋向彭城，必由清泗過宿豫，歷下邳；趨青州，亦由下邳沂水經東安（山東沂水縣）：此皆要地，宜先平之』。會宋中領軍沈攸之將兵北出至睢清口（江蘇邳縣），尉元遣兵擊之，攸之大敗，退屯淮陰（江蘇淮陰縣東南），下邳宿豫淮陽，亦俱爲魏有。時魏兵大盛，宋將能禦之者，僅豫州刺史劉勔，有武津（河南上蔡縣）許昌（河南許昌縣）諸捷，然不能遏其東路之寇。至彧在位之五年（卽泰始五年，魏獻文帝弘皇興三年，民國紀元前一千四百四十三年），白曜攻下青州，執刺史沈文秀送魏；魏卽以白曜刺青州，於是青冀之地亦盡入魏矣。彧在位之七年（卽泰始七年，魏孝文帝宏延興元年，民國紀元前一千四百四十一年），魏獻文帝弘傳位於其子宏，是爲孝文帝。宋廷復遣垣崇祖經略淮北，崇祖自郁洲（江蘇東海縣東北）將數百人入魏境七百里，據蒙山（山東費縣西北），爲魏所擊，遂引還。

大抵宋魏交兵，當武帝裕之世，其爭點在於河南；至文帝義隆時，三城（洛陽、虎牢、滑臺）不守，乃漸由河南而東，竟南移於淮北，故彭城爲其重鎭；至明帝彧之世，彭城亦不守，於是又移而至於淮南，淮陰又爲重鎭矣。當日南北交綏，魏步步進規，宋往往退讓，北勝南負，若爲固定之例！宋擇帥之非宜，扼戍之不力，軍制上設備之不完整，皆其主因；而或者諉之「地利」，諉以「天時」，均目論也。

宋魏對治，兩方均有內亂；而宋之內亂，尤爲劇烈！明帝彧以前，有若彭城王義康之亂，有若南郡王義宣之亂，有若竟陵王誕（初封隨）之亂，有若海陵王休茂（義宣武帝裕之子，誕與休茂，文帝義隆之子）之亂；明帝彧時，有若晉安王子勛（孝武帝駿子）之亂；彧在位九年沒，太子昱立，是爲後廢帝，時則有若桂陽王休範（文帝義隆子）之亂，建平王景素（宏之子，文帝義隆之孫）之亂，皆其著者。茲歷述如下：

（一）彭城王義康之亂　彭城王義康，初非有叛亂之舉也；自叛亂者謀戴之以成事，而義康始無得逭其爲亂之名矣。義康有經國才，性好吏職，銳意文案，糾剔是非，莫不精盡。當文帝義隆時，義康管治朝事，凡所陳奏，入無不可；方伯以下，並委義康授用，由是朝野輻輳，威權震主！義隆在位之十六年（卽元嘉十六年，魏太武帝燾太延五年，民國紀元前一千四百七十五年），進位大將軍，權勢愈重；顧不學無術，對於君主，自謂兄弟至親，並無斂抑；義隆病危，左長史劉斌等謀立義康，義康不知也！義隆愈，微聞之，而斌等既爲義康所寵，遂搆結朋黨，與異己者相攻擊，而主相之勢以分。明年，義隆以嫌隙既成，將致大禍，乃收誅斌等；義康知不免，上表遜位，改授江州刺史，出鎭豫章，實幽之也。義隆在位之二十二年（卽元嘉二十二年，魏太武燾太平眞君六年，民國紀元前一千四百六十七年），員外散騎侍郎孔熙先說太子詹事范曄害義隆，立義康。熙先故通數術，以私事德義康，由曄甥謝綜引之與曄結，綜與丹陽尹徐湛之皆黨義康，而湛之亦與熙先往來。熙先貽書義康，陳說圖讖，於是密相署置；又詐作義康與湛之書，令誅君側之惡，宣示同黨。湛之恐事不濟，旋改圖，白其事於義隆；乃命有司收曄、綜、熙先等付廷尉，並其子弟黨與皆誅之，特免義康罪，廢爲庶人，絕其屬籍，徙安成郡

（江西安福縣），使沈邵爲安成相，領兵防守。又二年，胡誕世反豫章，據地起兵，謀奉義康爲主；前交州刺史檀和之，道過豫章，擊斬之。江夏王義恭等奏徙義康廣州，未行；魏軍至瓜步，義隆恐有異志者將奉之爲亂，遂有殺之之意：在位之二十八年（即元嘉二十八年，魏太武帝正平元年，民國紀元前一千四百六十一年），乃遣人持藥，賜死於安成。

（二）南郡王義宣之亂　孝武帝駿始即位，以其弟南平王鑠素負才能，殺之；武昌王渾者亦駿弟，又以其戲作檄文，自號楚王，亦殺之，而骨肉之禍仍未能弭也。初，江州刺史臧質，自謂人才足爲一世英雄；太子劭之亂，質潛有異圖；及駿自攬威權，質亦以少主遇之，刑政慶賞，不復諮稟朝廷；與南郡王義宣深相結合，私以義宣庸闇，欲外相推奉，因而覆之。義宣在荆州十年，勢力雖固，初無抗駿之心；自駿淫義宣諸女，義宣憤恨！質因而說之，義宣以爲可信，遂決議起兵。駿在位之元年（即孝建元年，魏文成帝濬興光元年，民國紀元前一千四百五十八年），密使人報豫州刺史魯爽，及兗州刺史徐遺寶，二人皆義宣夙契，期以今秋同舉兵；使者至壽陽，爽方飲醉，失義宣指，即日起事，遺寶亦勒兵向彭城；義宣聞爽已反，狼狽舉兵，與質俱上表，欲除君側之惡。義宣兼荆江兗豫四州之力，威震遠近，駿欲奉迎；竟陵王誕固執不可；乃遣將軍柳元景王玄謨共討，進據梁山洲（安徽和縣江中），於兩岸築壘，水陸待之。義宣至尋陽，以質爲先鋒；爽亦引兵趣歷陽，與質同下。駿別遣沈慶之濟江，督諸軍討爽，爽敗，追及於小峴（安徽合肥縣東），薛安都斬之，取其首；義宣至鵲頭（安徽銅陵縣），慶之送爽首相示。爽善戰，號「萬人敵」，義宣質聞其死，乃懼！質等雖陷梁山西壘，旋爲玄謨所敗，義宣質皆退走，其衆降散。質逃於南湖（湖北武昌縣南），追斬其首送建康；義宣走向江陵，亦爲荆州刺史朱修之所殺。

（三）竟陵王誕之亂　義宣之亂，駿幾不自主！最竟陵王誕之固爭，則駿且奉戴義宣矣。事平之後，駿曾下詔裁損侯王制度，一切車服器用樂舞之屬，均加減制；然宗王之領州鎮重地者，猶如故也。駿性多猜，於誕尤甚；駿閨門無禮，不辨親疏尊卑，流聞民間，無所不至。誕寬而有禮，誅劭及義宣，皆有大功，人心竊向誕；而誕行事，不自檢抑，常聚才力之士於第內，精甲利器，莫非上品；駿意愈不平。駿在位之二年（即孝建二年，魏文成帝濬大安元年，民國紀元前一千四百五十七年），以司空、太子太傅，出爲都督南兗州刺史；猶以其近在京口不善，翌二年，又出爲南徐州刺史，使鎮廣陵，誕知駿意，亦潛爲之備。駿在位之六年（即大明三年，魏文成帝濬大安五年，民國紀元前一千四百五十三年），有人告密，駿令有司奏誕罪惡，請收廷尉治罪，詔貶爵爲侯，遣之國，使兗州刺史垣閬，給事中戴明寶襲之，明寶使誕典籤蔣成爲內應，誕知之，斬成，擊殺閬，明寶逃還；於是駿以沈慶之爲車騎大將軍，督師討誕。誕閉門自守，分遣書檄，邀結遠近，自申於國無負，並詆及駿宮闈之醜！駿大怒，凡誕左右腹心同籍期親在建康者，誅死以千數。誕懼不能自全，棄城北走，而衆人不欲，復嚴守廣陵；廣陵卒爲慶之所下，誕走，追斬之。詔貶誕姓留氏，廣陵城中士民無大小，悉命殺之；慶之請自五尺以下全之，女子爲軍賞，猶殺三千餘口。長水校尉宗越臨決，皆先刳腸抉眼，或笞面鞭腹，苦酒灌創，然後斬之。越對之欣欣，若有所得！駿悉聚其首於石頭南岸爲「京觀」焉。

（四）海陵王休茂之亂　海陵王休茂年十一，受封駿在位之五年（即大明二年，魏文成帝濬太安四年，民國紀元前一千四百五十四年），出爲雍州刺史，年不及二十，而性褊急；時司馬庾深之行府事，遇事每相阻，休茂滋不悅！左右張伯超有寵，多罪惡，懼爲深之等所害，乃說休茂殺深之等起兵。休茂徵集兵衆，建牙馳檄，使佐吏上己爲車騎大將軍，遂起師襄陽；伯超專任軍政，生殺在己。休茂出城，行營參軍沈暢之等率衆閉門拒之，爲所克，暢之被殺；同日參軍尹玄慶復以兵討休茂，生擒斬之，同黨皆伏誅。

（五）晉安王子勛之亂　義宣，誕，休茂，皆作亂於孝武帝駿之世；子勛則作亂於明帝彧之初。先是駿沒，子業即位，年十六，無道，嗜殺，虐行逾其父！欲有所爲，爲越騎校尉戴法興所制，不能平；法興故前朝恩幸，專權用事，積產千金，子業旋賜法興死。諸大臣知其事，深不自安；於是尚書令柳元景等密謀廢子業，立太宰江夏王義恭；元景以其謀告太尉沈慶之，慶之與義恭諸人不協，發其事。子業遂自帥羽林兵，殺義恭及其四子，並誅元景；以僕射顏師伯之曾與謀也，亦殺之。未幾，子業弟新安王子鸞，又以事被殺；未幾，沈慶之又以事被殺；未幾，南平王鑠之子敬猷，及敬猷弟敬先、敬淵，又以事被殺。大臣與宗王皆惴息，而子業之刻待宗王，尤爲從古之所未有！恐其在外爲患，皆拘之殿內，毆捶陵曳，無復人道；尤惡湘東王彧，建安王休仁，山陽王休祐（皆文帝義隆子）以彧肥謂之「豬王」，休仁爲「殺王」，休祐爲「賊王」；東海王禕（亦文帝義隆子）性不良，則號曰「驢王」。晉安王子勛，時刺江州，子業忌之，使左右朱景雲賜之死！景雲至盆口，未進，子勛典籤謝道邁聞之，馳告長史鄧琬，琬遂稱子勛教，令所部戒嚴。子勛戎服出廳事，集僚佐，宣告起師，復移檄遠近求援，應會子業爲左右壽寂之所害，湘東王彧主衣阮佃夫，實與其謀，共出彧立之，是爲明帝。以子勛爲車騎將軍，子勛不受，傳檄建康，深以彧爲非；於是郢州刺史安陸王子綏，荊州刺史臨海王子頊，會稽太守尋陽王子房（皆孝武帝駿子），俱起兵應子勛。明帝彧在位之二年（卽泰始二年，魏獻文帝弘天安元年，民國紀元前一千四百四十六年），詔以建安王休仁都督征討諸軍事，而以江州刺史王玄謨爲副。鄧琬詐稱受路太后（孝武帝駿生母）璽書，帥將佐上尊號於子勛，子勛遂卽位。彧威信未立，四方貢獻，咸集尋陽，朝廷所保，惟丹陽南陽數郡，而會稽諸郡之兵，又已至永世（江蘇溧陽縣），建康危懼，百官欲奔散！適兗州刺史殷孝祖，帥兵歸建康，人情漸定；乃遣孝祖督前鋒向虎檻（安徽繁昌縣東北），分師進討。已而別軍攻克會稽，孝祖雖死前敵，而彧別遣沈攸之代將，大破子勛兵於赭圻（安徽繁昌縣）；尋又破之濃湖（繁昌縣西），子勛將劉胡遁，都督袁顗亦走。是年秋，攸之遂進克江州，鄧琬爲其同官張悅所殺，子勛被執，攸之斬之，傳首建康；休仁入尋陽，遣兵分向荊郢雍湘諸州，平定餘黨。由是彧猜忌骨肉之心備至，旋殺駿子十餘，孝武一系，無復留遺；已而弟兄之間，亦不能自保，兄廬江王禕（初封東海），第晉平王休祐，建安王休仁，巴陵王休若，又均被殺。

(六)桂陽王休範之亂　彧沒，太子昱立，年十歲，尚書令袁粲等秉政。時桂陽王休範，爲都督江州刺史，自謂尊親無二，應入爲宰輔，佐幼主；既不如志，頗怨憤！典籤許公輿陰爲謀主，煽其變：於是休範招引勇士，繕修器械，行人經過尋陽者，莫不降意折節，至者如流水，朝廷知之，密相防禦。廢帝昱在位之二年（卽元徽二年，魏孝興四年，民國紀元前一千四百三十八年），休範遂舉兵尋陽，晝夜兼行，直趨建康。宋廷遣右衞將軍蕭道成出屯新亭，尋陽前軍已至新林（江蘇江寧縣西南）；休範率大衆步上，遂攻新亭；校尉黃回等謀詐降取之，乃自於道成，出城放仗，僞降於休範，休範信而喜之！回等乘休範不備，奪其防身刀斬首還報，左右並散。其將杜黑驪等不知其死，猶苦戰，宋將劉勔等皆敗死，東府爲所據，黑驪等勢轉熾；已而知休範死，衆心漸散，道成遣陳顯達大破黑驪於杜姥宅（江蘇上元縣城內），斬之，進克東府，餘黨悉平。

(七)建平王景素之亂　廢帝昱既冠，凶狂失德如故；朝野清望，均屬於建平王景素。景素孝友好學，平居負盛譽；時劉裕諸子俱盡，諸孫惟景素爲長，內外皆謂景素宜當神器：唯昱所生陳氏親戚疾忌之，而楊運長阮佃夫並明帝彧時舊隸，貪輔幼主，亦不利其立。昱在位之四年（卽元徽四年，魏孝文帝宏承明元年，民國紀元前一千四百三十六年），有人告景素欲反？時景素官南徐州刺史，在京口，乃遣其世子詣闕自陳；詔奪景素征北將軍，運長輩以是益猜忌之。景素並謀爲自全之計，遣人往來京師，要結武力之士；武人黃回，垣祇祖，曹欣之，韓道清等，皆陰與通謀。時昱常好獨遊走郊野，欣之謀據石頭城，伺昱出行事；道清輩欲說蕭道成，因昱夜出執昱，迎景素，道成不從者，卽關之景素每禁使從緩。是年七月，祗祖率數百人奔京口，云京師已潰，勸令速入；景素信之，卽據京口起兵。運長佃夫等，遣黃回等討之，道成知回有異志，故使李安民與偕；回不得發，遂據京口，禽景素斬之，同黨垣祗祖等數十人皆伏誅。

宋代同姓諸王之亂，旣如是之多；蕭道成乘之以秉大權，而宋祀卽因之傾滅。廢帝昱本多亂行，京口平後，驕恣尤甚！卽位以來，往往微行，或夜宿客店，或晝臥道旁，排突厮養，與之交易，或遭慢辱，不以爲羞；在位稍久，竟無日不出，從者並執鋋矛，逢無免者，民間擾懼，門戶晝閉，行人殆絕；其在宮也，鍼椎鑿鋸，不離左右，殘毒好殺，有若天性！於是殿省憂懼，共謀廢立；阮佃夫等主其計，事洩被殺，而亂如故。時道成爲中領軍，昱嘗直入其府；値盛暑，昱令道成起立，以髇箭（骨鏃箭）射中其臍，投弓大笑。道成自此不安，密與袁粲褚淵謀廢昱別立；越都校尉王敬則潛自結於道成，道成命敬則陰結昱左右，使伺機便。昱在位之五年（卽元徽五年，魏孝文帝宏太和元年，民國紀元前一千四百三十五年）七月，昱在外狂遊飲酒，醉還仁壽殿熟寢，左右楊玉夫等殺之；敬則報道成入殿，以太后王氏（明帝彧之后）令，召羣臣共議，乃迎立安成王準（明帝彧第三子），追廢昱爲蒼梧王。準卽位，是爲順帝。年十一，以道成爲司空。

沈攸之者，慶之之從子，廢帝昱時，官都督荊州刺史，聚斂兵力，養馬至二千，財賦饒足；又嘗與蕭道成同直殿省，相善，結婚姻。昱廢準立，道成專國政；攸之以己名位，夙在其上，心甚不服；遂稱太后王氏使至，賜燭十挺，攸之割之得太后手令曰『國家之事，一以委公』，於是勒兵傳檄，移書道成，責其擅廢立。時中書監袁粲，尚書令劉秉在內，亦密謀誅道成；道成初聞攸之事起，詣粲，粲不見。道成乃召將軍褚淵，與之連席，每事必引淵與；淵故憾粲，至是遂盡忠於道成，粲初不知也。粲與劉秉等謀定，將矯太后令，攻道成於朝堂，以告褚淵；淵以告道成，道成備之，粲遂敗！軍主戴僧靜殺粲及其子最，秉亦爲亂兵所斬，建康平。攸之至夏口，自恃兵強，有驕色！以郢城（湖北江夏縣）弱小，不足攻，欲以偏師守之，而自帥大衆東下；會郢州行事柳世隆挑戰，攸之怒，攻之不拔，其將劉攘兵燒營逝，攸之軍大潰！欲奔還江陵，江陵已爲雍州刺史張敬兒所襲據，攸之進退無路，自縊死。時明帝準在位之二年也（即昇明二年，魏孝文帝宏太和二年，民國紀元前一千四百三十四年）。明年，道成由太傅進位相國，封齊公，加九錫，旋進爵爲王，自稱皇帝；廢準爲汝陰王，徙之丹陽，尋殺之，滅其族，宗室無少長皆死，宋亡。歷主八，凡五十九年。

南北朝前局九十年間五時之三（齊之繼宋及魏之遷都）（民國紀元前一千四百三十三年至一千四百一十年）

蕭道成代宋，猶劉裕之代晉；惟裕起家微末，道成則自其先世，由蘭陵（山東嶧縣東）徙家武進，亦爲南蘭陵（江蘇武進縣）之望族，祖樂子、位輔國將軍，父承之、位右軍將軍，皆爲顯官。道成承其祖父之業，於宋屢建大功，乘人主之愚稚，起代宋祚；既即位，定朝號曰齊，是爲齊之高帝。當是時，綱紀淪胥，人道幾息；道成問政於參軍劉瓛，瓛曰：『政在孝經』。道成曰：『儒者之言，可寶萬世』。故蕭齊初世，無骨肉之變，此則較勝於劉宋者也。道成在位四年沒，太子賾即位，是爲武帝。

賾在位，有治道，史稱永明（武帝賾年號）之治，百姓豐樂，內外晏然者以此：東晉之後，承以劉宋，生民無小康之樂久矣；賾之圖治又其較盛於劉宋者也。誠然，道成之世，尚不免有骨肉之變；至賾則骨肉之間，仍不能自保，此可見宋人遺禍之深矣。巴東王子響者，賾第四子，有武力，好治軍，出任荊州刺史；賾在位之八年（即永明八年，魏孝武帝宏太和十四年，民國紀元前一千四百二十二年），謀集兵仗，長史劉寅等密聞，子響執寅等殺之。賾遣使率臺軍，敕子響，使束手歸京師；使者至，不善措置，激怒於子響，子響遂出攻臺軍，臺軍戰敗。賾又遣丹陽尹蕭順之引兵繼至，太子長懋與子響不洽，陰使順之早爲之所；於是順之遂執子響殺之，然非賾本意，順之卒以是慚懼而沒。賾晚年好游宴，尚書曹事，分送長懋省之，以是長懋甚專權。賾在位十一年沒，長懋早死，太孫昭業即位，是爲廢帝。

蕭鸞者，道成兄道生之次子，於賾爲從兄弟。賾疾亟，中書郎王融，與竟陵王子良（賾次子），皆入宮侍疾。融謀立子良，未果。賾召太孫昭業入，以朝事委僕射蕭鸞而沒。昭業立，深怨融，賜死。鸞時爲尚書令，頗專政，以昭業無道，暱近羣小，濫用無度，密謀廢立。直閤將軍周奉叔，曹道剛，宦者徐龍駒等，皆昭業所寵任，鸞先設法誅奉叔龍駒。昭業深萌去鸞意，並謀出鸞西州，中敕用事，不復關咨於鸞。鸞密與廷臣結，有所定，使蕭諶先入宮，遇曹道剛朱隆之等，皆殺之。鸞自引兵，由尚書省入雲龍門助勢。昭業爲諶殺，諸嬖倖皆死。追廢昭業爲鬱林王，迎其弟新安王昭文立之，史稱廢帝。

昭文即位，以鸞爲驃騎將軍、錄尚書事，權勢益重；鄱陽王鏘（高帝道成庶子）有賢名，宮臺之內，頗屬意於鏘；會有人說鏘及其兄隨王子隆謀誅鸞，事洩，鸞遂遣兵殺鏘，及子隆。江州刺史晉安王子懋（武帝賾庶子），聞二王死，欲起兵又爲鸞知；鸞別遣軍討子懋，子懋亦被殺。未幾，南兗州刺史安陸王子敬（賾庶子），郢州刺史晉熙王銶（道成庶子），湘州刺史南平王銳（道成庶子），南豫州刺史宜都王鏗（道成庶子），俱爲鸞殺。未幾，桂陽王鑠，江夏王鋒，衡陽王鈞（俱道成庶子），巴陵王子倫（賾庶子），亦俱爲鸞殺。未幾，鸞廢其主昭文而自立，是爲明帝，昭文旋亦爲鸞所殺。未幾，領軍蕭諶，及西陽王子明，南海王子罕，邵陵王子貞（俱賾庶子），亦俱爲鸞殺。未幾，河東王鉉（道成庶子），南康王子琳，臨賀王子岳，西陽王子文，永陽王子珉，衡陽王子峻，湘東王子建，南郡王子夏（俱賾庶子），桂陽王昭粲，巴陵王昭秀（長懋子），亦俱爲鸞所殺。

鸞在位五年沒，太子寶卷立，是爲廢帝。武臣稱兵之禍又動：先是鸞在位，輕戮大臣，高武舊僚，多生疑懼；大司馬、會稽太守王敬則，素爲鸞所忌。鸞用張瓌爲平東將軍、吳郡太守，以防敬則。敬則曰：『東今有誰？只是欲平我耳』！遂舉兵反。張瓌拒之兵敗，瓌自匿。敬則以舊將舉事，百姓從者十餘萬，慟哭過武進陵（江蘇武進縣）；鸞疾已篤，急遣前軍司馬左興盛，龍驤將軍胡松，築壘於曲阿長岡（江蘇丹陽縣），遂敗敬則軍，敬則被斬而鸞亦旋沒。寶卷始聞敬則之強，欲急走；幸敬則事平，建康復定，得繼鸞踐位；然實不德，好暱近宦官。是時揚州刺史始安王遙光（鸞弟），尚書令徐孝嗣，左僕射江祏，右將軍蕭坦之，侍中江祀，衛尉劉暄，更直閣省，時稱「六貴」：而寶卷寖多失德，祏議廢之，立江夏王寶玄（鸞子），劉暄不欲；祏兄弟乃欲更立始安王遙光，暄復不從。遙光怒，遣人刺暄；暄覺之，遂發祏謀，寶卷收祏光弟殺之。遙光素有異志與其弟荊州刺史遙欣密謀舉兵，將發，而遙欣死，祏兄弟亦誅，遙光懼，舉兵東府，以討暄爲名；蕭坦之以臺軍討斬之。事定，寶卷多嬖倖，坦之雖立功，剛狠而專，嬖倖從而譖之，與劉暄徐孝嗣等，均先後被殺。其時江州刺史陳顯達，聞寶卷數誅大臣，甚懼，又聞人傳說建康兵當襲江州，乃舉兵，云欲奉建康王寶寅（鸞子，寶玄弟）；詔以崔慧景爲平南將軍，督師擊顯達。顯達發尋陽，敗臺軍於采石，潛師夜渡，襲宮城，初戰大勝；而臺軍繼至，遂敗，顯達騎官趙譚斬之。時寶卷在位之元年也（卽永元元年，魏孝文帝宏太和二十三年，民國紀元前一千四百十三年）。明年，豫州刺史裴叔業，以壽陽降魏；詔以慧景爲平西將軍，將水軍討之。慧景見寶卷無道日甚，謀建廢立大功，遂還軍廣陵，旋濟江，遣使奉江夏王寶玄爲主；寶玄斬其使，而密與相應。慧景軍圍臺城，臺軍驚散；寶卷乃遣密使告急於豫州刺史蕭懿。懿時屯兵小峴（安徽含山縣北），自采石渡江；慧景遣其子覺率精兵數千渡南岸，與懿戰，爲懿所敗。慧景麾部或走降懿，衆心離散；圍城十二日終不能下，遂敗！慧景逃，中途被殺，詔執寶玄斬之，以懿爲尚書令。

當廢帝寶卷時，因江祏等之死，而有陳顯達之亂；因顯達之誅，而有裴叔業之亂；因叔業之降魏，而有崔慧景之亂；慧景禍平，蕭懿當國，寶卷左右茹法珍梅蟲兒等憚之，說其主殺懿。於是雍州刺史蕭衍，因其兄懿之死，遂起兵襄陽；行荊州事蕭穎胄，亦以荊州刺史南康王寶融（鸞第八子），起兵江陵。荊雍之勢合，共奉寶融令，以衍都督前鋒，穎胄都督行留諸軍事；移檄遠近，數寶卷及茹梅諸人之罪。明年，爲寶卷在位之三年（卽永元三年，和帝寶融中興元年，魏宣武帝恪景明二年，民國紀元前一千四百十一年），寶融自稱相國，旋卽位江陵，是爲和帝。衍亦拜征東將軍之命，發師襄陽，旋下郢城（湖北江夏縣）。寶卷以陳伯之爲江州刺史，西擊荆雍，不勝，衍卽引兵東進，克尋陽，圍建康；寶卷遣征虜將軍王珍國等禦衍，衍兵力戰，珍國不能敵，建康軍潰。衍屯石頭，寶卷閉守臺城，不下，衍立長圍偪之，珍國屢戰不勝，衆情怨怠，皆思早亡！法珍蟲兒說寶卷使殺珍國等；珍國等懼，謀害寶卷，卽以兵入雲龍門，殺寶卷，送其首於衍。衍使人先入清宮，收寶卷寵妃潘氏及法珍蟲兒等四十一人，悉以屬吏，後皆誅之；乃以宣德太后（太子長懋妃）令追廢寶卷爲東昏侯，衍爲大司馬、錄尚書事。

方是時，寶融在江陵，以爲下游既定，必不爲己患；不料衍定京師，迎宣德太后入宮稱制，旋自爲相國，封梁公，加九錫，進爵爲王，竟萌受禪之志！用范雲沈約諸人，共參謀議；既而殺齊宗室湘東王寶晊（安陸王緬之子，道生之孫），並其弟寶覽寶宏，又收邵陵王寶攸晉熙王寶嵩桂陽王寶貞（俱明帝鸞子），均殺之；鄱陽王寶寅（鸞子），北走降魏。比寶融東歸至姑孰，梁勢已成，乃下詔禪位於梁。時寶融在位之二年也（卽中興二年，魏宣武帝恪景明三年，民國紀元前一千四百十四年）。衍受禪，廢寶融爲巴陵王，尋害之，齊亡。歷主七，凡二十二年。

蕭齊之代劉宋，其局至短；此短時代中，北方之魏，亦有幾多緊要之事：魏文帝弘者，與宋廢帝子業同時，初卽位，丞相乙渾專權，太后馮氏收誅之，遂臨朝稱制；既歸政於弘，弘嗜黃、老、浮屠，在位之六年，傳位於太子宏，弘自稱上皇。

馮太后內行不正，夙怨弘；弘既內禪，馮氏鴆殺弘，復臨朝稱制，多殺異己之臣，宏不忍正也。齊受宋禪，南北屢通使，齊內亂雖間作，魏人尚無南伐之心，宏惟銳意謀治其國，比馮太后沒，宏勵治更急，修律令，正禮典，猶事之微者。宏習鮮卑俗，與中夏異，欲謀同化之術，洒其先世樸陋之恥，乃陰主遷都；洛陽居中夏之中，異夫平城之偏塞，尤注意遷洛；恐其下不從，乃議大舉伐齊，藉以脅衆，私與任城王澄（雲之子，太子晃之孫）計之。澄曰：『陛下欲卜宅中土以經略四海，此周漢之所以興隆也！』於是宏決議借名南伐，遂集步騎三十餘萬，發自平城。時齊武帝賾在位之十一年也（即永明十一年，魏孝文帝宏太和十七年，民國紀元前一千四百十九年）。同年九月，宏至洛陽，霖雨不止，詔諸軍前發，自戎服執鞭，乘馬而出，諸臣極諫；安定王休（晃之子）抒詞尤懇切，請停南伐，宏曰：『今者興發不小，動而無成，何以示後？朕世居幽朔，欲南遷中土；苟不南發，當遷都於此，王公以為何如？欲遷者左，不欲遷者右。』南安王楨（晃之子）進曰：『成大功者，不謀於衆。今陛下苟輟南伐之謀，遷都洛邑，此臣等之願，蒼生之幸也！』時舊人雖不願南徙，而憚於南伐，無敢言者；遂定遷都之計，使任城王澄還平城，諭留司百官以遷都之事；並遣鎮南將軍于烈還鎮平城，防意外之變。澄至平城，衆始聞其事，無不震駭；澄徐譬喻之，衆乃開伏，魏得無事。明年，洛都營成，于烈等奉太廟神主自平城遷洛；又明年，六宮文武亦俱至洛，而平城一空。

宏既遷都洛陽，一意欲革代北之俗，因是而有以下六事之推行。其次序如左：

（一）禁斷胡服　宏欲變易舊風，詔禁士民胡服，其國人多不悅。時齊明帝鸞在位之元年也（即建武元年，魏孝文帝宏太和十八年，民國紀元前一千四百十八年）。明年，又責留守之官曰：「昨望見婦女，猶服夾領小袖，卿等何不遵前詔」？又曰：「朕言非是，卿等當廷爭；如何入見順旨，退則不從乎？」衆皆謝罪。

（二）屏絕北語　齊明帝鸞在位之二年（即永明二年，魏孝文帝宏太和十九年，民國紀元前一千四百十七年），宏詔諸臣有曰：「夫名不正，言不順，則禮樂不可興。今欲斷諸北語，一從正音；其年三十以上，習性已久，容不可猝革；三十以下，見在朝廷之人，語音不得仍舊；若有故爲，當加降黜，各宜深戒！」既又下詔不得爲北俗之語於朝廷，違者免所居官。

（三）改變度量　同年，又定制，改用長尺大斗，依周禮制度班之。

（四）徵求典籍　同年，又求天下遺書，秘閣所無，有益時用者，加以厚賞。

（五）預禁歸葬　同年，又詔遷洛人死葬河南，不得還北；於是代人南遷者，悉爲河南洛陽人。

（六）變更姓氏　齊明帝鸞在位之三年（即建武元年，魏孝文帝宏太和二十年，民國紀元前一千四百十六年），宏又下詔，以爲：北人謂土爲托，后爲跋；魏之先出於黃帝，以土德王，故爲「拓跋氏」。夫土者黃中之色，萬物之元也，宜改姓元氏；諸功臣舊族，自代來者，姓或重複，皆改之。

魏孝文帝宏之遷洛，謀斷於己，而功實成於任城王澄；澄爲宗室之望，既贊宏議，王公以下，雖有敢異同者：太子恂，雖念切北歸，輕騎出洛，但一詔廢之足矣。定州刺史穆泰，不悅南居，自陳久病，土溫則甚，乞爲恆州；宏徙恆州刺史陸叡爲定州，以秦代之桑至，叡未發，遂合謀抗宏，推朔州刺史陽平王頤（晃之孫）爲主；頤僞許之，而密以聞。任城王澄方有疾，宏以平秦叡事相屬，且曰：『此大事非卿不能辦，強爲我北行』。乃授澄節，行達雁門（山西代縣），遣御史李煥先行入代曉諭泰黨，示以禍福，皆莫爲之用。時泰已引兵就頤，聞警急歸，攻煥不克，走，追禽之；澄至窮治其黨，收陸叡繫獄。時齊明帝鸞在位之三年也（魏孝文帝宏太和二十年，民國紀元前一千四百十六年）。穆泰素不法，代郡舊族往往與泰通，宏毅然遷洛，反對者或結泰謀變；故明年宏至平城，遂誅泰及叡。

抑宏之遷洛，其初藉以爲名者曰南伐；不南伐而遷都，或以爲宏之譎?不知宏之定謀，假詞南伐而遷都；遷都之事竟，而仍不能釋然於南伐者也。齊明帝鸞卽位之元年（卽建武元年，魏孝文帝宏太和十九年，卽民國紀元前一千四百十八年），宏以鸞廢主自立，謀大舉南侵，遣師分出，向南鄭、襄陽、義陽（河南信陽縣）；其東趣者則別向鍾離（安徽鳳陽縣）。齊亦分遣王廣之督司州，蕭坦之督徐州，沈文季督豫州諸軍以拒魏；魏師攻鍾離不克，戰義陽亦不下，尋解圍去。宏聞鍾離無功，自將至壽陽，衆號三十萬，鐵騎彌野，遂循淮而東至鍾離；齊遣將軍崔慧景救之。宏尋敕諸軍欲南臨江，已發，而司徒馮誕死鍾離軍中；宏遂還鍾離，止諸軍南行，遣師臨江，數鸞罪，而鍾離仍不下！宏渡淮歸洛，他軍亦皆無功而返。又三年，爲齊明帝鸞在位之四年（卽建武四年，魏孝文帝宏太和二十一年，民國紀元前一千四百十五年），宏復發河北冀定瀛相濟五州之兵伐齊；假彭城王勰（獻文帝弘之子）中軍大將軍，率衆南下。初魏遷都洛陽，荊州刺史薛眞度勸宏先取樊（湖北樊城縣）鄧（河南鄧縣），眞度引兵攻南陽，與齊太守房伯玉戰，大敗；宏怒，以南陽小郡，志必滅之！遂自引兵向襄陽，𪅏等三十六軍，前後相繼，衆號百萬，吹脣沸池。宏留諸將攻赭陽（河南方城縣東），自以兵至宛（河南南陽縣），夜襲其郛，克之；伯玉嬰內城拒守，宏留軍攻之；自發師而南，至新野（河南新野縣），遂敗齊師於沔北。明年，爲齊明帝鸞在位之五年（即永泰元年，魏孝文帝弘太和二十二年，民國紀元前一千四百十四年），魏軍拔新野，下宛城，降房伯玉，大捷於鄧城；宏帥師十萬，圍樊城不下，走如懸瓠。時魏鎭南將軍王肅攻義陽，齊裴叔業圍渦陽（安徽蒙城縣）以救之；肅解義陽圍，趨救渦陽，叔業不能當，齊師潰。宏更謀大舉，復詔發州郡兵二十萬人，期八月中旬集懸瓠；會齊明帝鸞死，高車界魏北塞，又興師抗魏：於是宏下詔稱禮不伐喪，引兵發懸瓠而還。

齊廢帝寶卷在位之元年（即永元元年，魏孝文帝宏太和二十三年，民國紀元前一千四百十三年），太尉陳顯達，督平北將軍崔慧景等軍四萬擊魏，欲復雍州諸郡；魏遣前將軍元英相拒，齊師取馬圈（河南鄧縣東北）南鄉（河南淅川縣）。魏孝文帝又發洛陽，自將禦之，至馬圈，別出奇兵，斷齊師歸路，顯達等大敗，與慧景南走，士卒死三萬，軍資喪失以億計；而宏亦疾篤北還，至穀塘原（河南淅川縣北）而沒，在位凡三十年。彭城王勰與任城王澄計，以顯達走尚未遠，恐其復相掩逼，乃祕不發喪，密以凶問告留守于烈，烈處分行止無變。太子恪至魯陽（河南魯山縣）遇梓宮，乃發喪入洛，卽位，是爲宣武帝。

第五章　南北朝下(民國紀元前一千四百十年至一千三百二十三年)

南北朝後局八十餘年間互峙之一(梁魏之交兵及東西魏之裂地)(民國紀元前一千四百一十年至一千三百七十八年)

初，梁蕭衍謀代齊，大殺齊宗室，鄱陽王寶寅(明帝鸞之子)，北走降魏，伏於魏闕下，請兵伐梁，雖風雨不移，而魏師不出；會梁江州刺史陳伯之亦叛梁降魏，請兵自效，魏宣武帝恪始議出師：以寶寅爲揚州刺史，禮賜甚厚，配兵，一萬令屯東城(安徽定遠縣)；以伯之爲江州刺史，別屯陽石(安徽霍邱縣南)，俟秋冬大舉。時梁武帝衍在位之二年也(即天監二年，魏宣帝恪景明四年，民國紀元前一千四百零九年)。是年秋，魏發師伐梁，委揚州刺史任城王澄經略，寶寅伯之皆聽節度。元英(魏封中山王)拔梁淮以南數城，而不能克阜陵(安徽全椒縣)。澄本駐壽陽，自外出攻梁，壽陽城空虛；明年春，梁將軍姜慶眞乘澄未歸，襲壽陽，據其外郭，賴任城太妃孟氏力守得不失。澄攻梁鍾離，大捷。是年秋，義陽亦爲魏下。又明年爲武帝衍在位之四年(即天監四年，魏宣武帝恪正始二年，民國紀元前一千四百零七年)，梁漢中太守夏侯道遷以郡降魏，魏遣將軍邢巒入漢中，遂取梁州；梁代齊而起，雍州既不能復，而又失梁州，梁地益蹙。魏兵至涪城，蜀幾不免；幸魏統軍王足，不悅於其主，激而降梁，益州得自保。梁於是詔大舉伐魏，以臨川王宏（衍弟）都督北討諸軍事，而以右僕射柳惔爲副，軍於洛口（安徽壽縣）；明年，宏爲書遺陳伯之，伯之復降梁。魏聞梁師之盛，即以中山王英（楨之子，晃之孫）督諸軍爲拒；未幾，魏宿豫合肥諸城，俱爲梁下，梁城（安徽壽縣東北）亦不守。梁諸將欲乘此深入，宏性懦，部分乖方；魏詔將軍邢巒引兵渡淮，與中山王英合攻梁城。宏聞之懼，召諸軍議旋師；諸將議各異，宏停師不進。會夜暴風雨，軍中驚，宏遂與數騎私發洛口走而南，將士求宏不得，亦散投戈棄甲，塡滿水陸！百萬之衆，出未逢敵，而一日鳥散，時論鄙之。又明年，爲武帝衍在位之六年（即天監六年，魏宣武帝恪正始四年，民國紀元前一千四百零五年），梁魏遂有戰於鍾離之事：

梁洛口軍既潰，魏中山王英進圍鍾離；邢巒以爲鍾離天險，必無克理！詔以齊王蕭寶寅代巒輔英。魏師數十萬鍾離，鍾離城北阻淮水，魏人跨淮築橋通道，形勢極聯絡；而城中兵士，止三千人，昌義之力爲拒守，魏人戰死者甚多。宣武帝恪有詔召英，英表稱必克，願少寬假；而齊師救至，將軍曹景宗，豫州刺史韋叡，先後以其軍來，城中知有外援，勇氣百倍，遂與魏戰，大勝，燒其所築軍橋，魏師大潰！英等脫身走，諸壘士崩，死淮水者十餘萬，斬首及生擒者又數萬。魏有司奏英經算失圖，齊王蕭寶寅等守橋不固，皆處以極法；詔英寶寅免死，除名爲民。

自鍾離之役後，梁魏之戰，雖不似前時之烈；而兩方之兵禍，仍未能平。武帝衍在位之七年（即天監七年，魏宣武帝恪永平元年，民國紀元前一千四百零四年），魏郢州司馬彭珍等叛，潛引梁兵趣義陽三關（據通鑑地理今釋，大隧即黃峴關，河南信陽縣南。其東曰冥阸，平靖關也。又東曰直轅，武陽關也。皆南接湖北麻城應山二縣界），戍主侯登等以城降梁；明年，魏中山王英奪取之，三關仍爲魏有。自是以後，梁魏間小戰輒起；至武帝衍在位之十三年（卽天監十三年，魏宣武帝恪延昌三年，民國紀元前一千三百九十八年），梁始築淮堰，謀恃之以奪壽陽；於是兩國之兵爭因而復烈！

初，壽陽久雨大水入城，魏揚州刺史李崇勒兵泊於城上；水增未已，乃乘船附於女牆，城不沒者二版，將佐勸崇棄壽陽保北山，不許。崇深沈寬厚，有將略，在壽春十年，與梁戰屢勝；梁多方設法以謀之，終不能去也。已而魏降人王足奔梁，獻計求堰淮水以灌壽陽；武帝衍謀去崇久，得足計，以爲可行，發徐揚民作之。假康絢都督諸軍，並護堰作於鍾離；役人及戰士合二十萬，南起浮山（安徽盱眙縣西），北抵巉石（安徽五河縣東），依岸築土，合脊於中流。此爲梁人經營淮堰之始。會魏宣武帝恪在位十七年沒，太子詡立，是爲明帝，太后胡氏稱制。梁師襲西硤石（安徽壽縣西硤石在淮水西岸者），據之，以制壽陽；李崇仍力守；太后假崔亮鎭南將軍，攻西硤石。明年，爲梁武帝衍在位之十五年（卽天監十五年，魏孝明帝詡熙平元年，民國紀元前一千三百九十六年），亮攻硤石不下，與李崇約水陸並進，崇累愆期，太后以諸將不一，壽陽將喪，梁淮堰必成！乃以吏部尚書李平（崇之從弟）爲使，帥兵赴壽陽，別爲行臺，節度諸軍。平部分水陸，攻克西硤石，斬梁將張祖悅，遂進侵浮山堰；亮違平節度，魏師退。是年，梁淮堰成，長九里，下廣一百四十丈，上廣四十五丈，高二十丈，樹以杞柳，列軍壘其上；李崇懼壽陽城壞，或爲梁所乘，乃作浮橋於硤石戍間，又築魏昌城於八公山東南以備之；梁以爲堰成則壽陽必得，卽徵康絢返，而淮堰旋傾，其聲如雷，聞三百里，緣淮城戍村落十餘萬口，皆漂入海。初，魏人患淮堰，以任城王澄爲上將軍大都督南討諸軍事，勒衆十萬，將出徐州，來攻堰；僕射李平以爲不假兵力，終當自壞！及堰破，胡太后喜甚，賞平頗厚，澄止不行。

魏宣武帝恪時，數與梁爭，不減太武之世；至其內治則可述者甚希，高肇之專，尤爲魏政之玷。後人以爲孝文遷洛，魏治始衰；不知魏之衰非基孝文而實由宣武：其後女后之專，夷鎮之叛，武人之暴肆。朝社之迸裂，罔不於宣武一代基之，而其禍患之萌，則首由高肇。蓋當孝文南遷之始，魏人雖有亂者，而國有明主，終亦互相寧息而無敢固爭；孝文既逝，內難漸動，益以高肇之恣，魏政因之衰落，迨外內怨集，肇雖速朽，于忠繼起，而魏勢已非！此則宣武有以致之，孝明後立，無足責也。今擇舉肇用事之情形，著其一班如下：

初，高肇出夷部，爲時望所輕；宣武帝恪在位，年未滿二十，不能親決庶務，委之左右，以是肇及茹皓輩並用權：皓、幸臣，肇者外戚，孝文后高氏之兄，肇與皓又爲婚姻，皓娶肇從妹，以是高茹又互專權。未幾，咸陽王禧（獻文帝弘子）構逆謀，恪誅之，專委政於肇。肇以在朝親戚至少，乃邀結朋援，附之者旬月超擢，不附者陷以大罪；尤忌諸王，以北海王詳（獻文帝弘子）位太傅，爵祿居其上，欲去之，獨執朝政，乃譖云：詳皓謀逆！恪信之，召中尉崔亮使彈詳皓；詔賜皓死，宥詳免爲庶人，徙之太府寺，圍禁彌急，詳遂亦死，恪用肇益專。時梁武帝衍在位之三年也（卽天監三年，魏宣武帝恪正始元年，民國紀元前一千四百零八年）。又三年，皇后于氏暴沒，時貴嬪高氏（肇弟偃之女）有寵而妒，肇勢傾中外，世多疑肇爲之；后所生子昌尋亦沒，侍御師王顯失於醫療，時人亦以爲承肇意。及京兆王愉（孝文帝宏子）出爲冀州刺史，畏肇恣擅，遂至不軌！恪遣尚書李平討愉執之，羣臣請誅愉，恪不許，詔送洛陽，肇陰殺之於途；又與平怨，反奏除平名。時高貴嬪已立爲后，肇因彭城王勰有諫立高氏事，怨勰尤切，數譖於恪；遂因京兆王愉之反，誣勰與之通，恪又信而殺之。肇時官尚書令，每事任己，本無學識，動違禮度，好改前朝舊制，減削封秩，抑黜勳人，由是怨聲盈路。梁武帝衍在位之十一年（即天監十一年，魏宣武帝恪延昌元年，民國紀元前一千四百年），肇遷司徒，自以爲去要職，彌怏怏。又二年，魏大舉征蜀，以肇爲大將軍，督步騎十五萬，攻梁益州。其明年，恪沒，孝明帝詡即位，遂罷西征軍，肇中途旋師，非惟仰慕，亦憂自禍，朝夕悲號，至於羸悴；比入臨，高陽王雍（獻文帝弘子）先居西柏堂，專決庶事，領軍于忠，已殺于顯，並欲除肇，與雍謀，伏壯士於舍人省下，執而拉殺之。下詔暴其罪惡，稱爲自盡；其餘親黨，悉無追問。

于忠既殺肇，以領軍總宿衞，又以侍中居門下，遂專朝政，權傾一時！于氏爲魏望族，國人之所屬目；忠務以惠澤自固，多所更張。初，孝文帝宏時，軍國多事，朝廷以用度不足，百官之祿，四分減一；忠既專權，乃悉歸所減之祿，職人進位一級。舊制：國人輸絹布一匹之外，各輸綿麻八兩，忠悉以與之。高陽王雍，亦憚其威權，加忠車騎大將軍。僕射郭祚，尚書裴植，以忠專權日甚，勸雍出之，忠聞，逼有司誣奏其罪，皆賜死；又欲殺雍，侍中崔光固執乃止，遂免雍太保官，以王還第。自是以後，詔命生殺，皆出於忠，王公畏之，重足脅息。時孝武帝詡初立，太后胡氏（恪后）旋稱制，解忠侍中領軍，出爲冀州刺史；明年，爲梁武帝衍在位之十五年（即天監十五年，魏孝明帝詡熙平元年，民國紀元前一千三百九十九年），中尉元匡奏彈于忠罪，太后特原之；又二年，忠沒。初，宣武宴駕，高太后將害胡太后，宦者劉騰以告侯剛，剛以告忠，忠請計於崔光，光曰：『宜置胡嬪於別所，嚴加守衛，理必萬全，計之上者。』忠等具以啓胡太后，太后意乃安；故太后深德騰等四人，忠雖暴恣，終不及於禍。

高肇于忠之肆，爲魏政衰落之主因；而胡氏之臨朝，又其事證之尤著者也。太后胡氏，孝明之生母，既稱制，以元乂（繼之子，珪之玄孫）爲散騎侍郎；乂娶胡太后妹，故其妻亦入爲女侍中。劉騰不解書而多奸謀，亦宦之爲侍中；騰遂干預政事，納賂爲人求官，無不效者。清河王懌（孝文帝宏之子）美風儀，太后偪而幸之；然素有才能，輔政多所匡益，好學禮士，時望甚重：元乂特寵驕恣，志欲無極，懌每裁以法；劉騰權傾中外，吏部希騰意，用其弟爲郡，人資乖越，懌抑而不奏，騰亦怨之。騰乂密謀，使主預胡定自劾，云懌貨定使毒魏帝！時詡年十一，信之，乂奉詡御顯陽殿，騰閉永巷門，胡太后不得出，遂入執之，諭懌爲大逆，遂殺懌；復詐爲太后詔，自稱有疾，即歸政：於是騰等共幽太后於北宮，斷絕內外，詡亦不得省見，騰與乂表裏專權，乂爲外禦，騰爲內防，常直禁省，共裁刑賞，政無巨細，決於二人，威震內外，百僚隱跡。相州刺史中山王熙者，英之子，夙爲懌所厚，懌死，即起兵於鄴，以誅乂騰爲名；長史柳元章等執之，乂等遣使，就斬熙於鄴，並其子弟。時梁武帝衍在位之十九年也（即普通元年，魏孝明詡正光元年，民國紀元前一千三百九十二年）。將軍奚康生者，又乂等同黨，已而乂等忌之；明年，康生亦被殺，乂騰威燄熾！乂驕愎，耽酒好色，舉奪任情，姑姊婦女，朋淫無別，所用州鎮多非其人，魏之內亂由此始。騰尤專擅，八座九卿，嘗旦造乂騰宅，參其顏色，然後赴省府；亦有歷日不能見者，公私屬請，惟在財貨，歲入利息，以鉅萬萬計！時有徵求，婦女器物，公然受納；逼奪民舍，以廣己居，遠近苦之。翌二年為梁武帝衍在位之二十二年（即普通四年，魏孝明帝詡正光四年，民國紀元前一千三百八十九年），騰死，詡及太后左右，防維漸緩；元乂亦自寬，時出遊於外，詡遂與太后密謀黜乂。時高陽王雍位丞相，雖居乂上，常畏憚之；會詡及太后出遊幸雍第，遂相與圖定乂之計。解乂領軍，然猶總內外；再解乂侍中，於是胡后遂復臨朝稱制。詔追削劉騰官爵，除乂名為民；未幾，有告乂反者，遂賜乂死。時梁武帝衍在位之二十四年也（即普通六年，魏孝明帝詡孝昌元年，民國紀元前一千三百八十七年）。

胡太后再臨朝，以元順（任城王澄之子）為侍中，鄭儼、徐紇、李神軌皆貴幸；其為中書舍人，於是嬖寵用事，政事縱弛。詡年浸長，太后自以所為不謹，凡詡所愛信者，輒以事去之，務為壅蔽，不使知外事；是以母子之間，嫌隙日深；魏政既非，邊政多叛，外夷乘之，國內大亂。今撮記其略，分述之於下方：

（一）破六韓拔陵之亂　初，邊寇之強者莫如柔然，世為魏患；魏自道武帝珪以來，屢征伐之，然不能滅也。至孝明帝詡時，元乂等當權，析柔然為二部，後雖入寇，屢為魏所敗，故甚得無事。其亂魏最早者，蓋為沃野鎮（甘肅寧夏縣東北，黃河東岸）之破六韓拔陵。破六韓者，匈奴南單于之苗裔。自元乂用事，百姓困窮，人人思亂，拔陵遂聚眾起兵沃野。沃野為魏代北六鎮之一，舊統於朔州。拔陵攻殺鎮將，率眾南侵；別遣郎帥衛可孤攻武川（綏遠省薩拉齊縣）、懷朔（內蒙古吳喇忒旗）二鎮與沃野均為代北邊地（代北六鎮，沃野、武川、懷朔、懷荒、柔玄、禦夷）。時梁武帝衍在位之二十二年也（即普通四年，魏及民國紀元具見上節）。明年，魏以臨淮王彧（昌之子，太武帝燾之玄孫）督師討拔陵，戰于五原，彧兵敗；乃改遣李崇，崇亦不能禦。代北六鎮俱叛，東西鐵勒部亦附拔陵，拔陵勢大盛；又二年，魏廣陽王深（嘉之子，太武帝燾之玄孫）被圍五原，深拔軍向朔州，用于謹計，遣謹說降西鐵勒，西鐵勒爲魏擊破拔陵，拔陵勢漸落。初，柔然可汗阿那瓌出師敗拔陵，自稱敕連頭兵豆伐可汗；及是，頭兵又大破拔陵，其衆降魏者二十萬；未幾，拔陵遂爲柔然所殺。

（二）莫折念生之亂　拔陵起事之明年，秦州刺史李彥殘虐失衆心，城內薛珍等執而殺之，推其黨莫折大提爲秦王，陷高平。大提尋死，子念生，自稱天子，遣其弟天生將兵下隴，魏雍州刺史元志戰敗，被殺。翌二年，魏以蕭寶寅爲西道行臺，軍于馬嵬（陝西興平縣西），都督崔延伯進渡黑水（陝西盩厔縣東），大破天生兵，俘斬十萬，天生塞隴道以拒魏兵，諸軍不能入。梁武帝衍在位之二十六年（即大通元年，魏孝明帝詡孝昌三年，民國紀元前一千三百八十五年），寶寅與天生戰於涇陽（甘肅涇川縣），大敗，魏別以楊椿爲行臺以拒之。天生恃勝進寇雍州，爲寶寅部將羊侃所殺，其衆大潰。秦州人聞信，亦殺莫折念生而降。

（三）万俟醜奴之亂　魏自破六韓拔陵反，寇盜蠭起，高平（甘肅固原縣）鐵勒酋長胡琛，亦舉兵自稱高平王，魏將軍盧祖遷擊之，不克；寶寅等既破莫折天生，引兵會祖遷於安定（甘肅涇川縣），琛遣其將万俟醜奴以輕師挑戰，魏兵大敗，都督崔延伯死於陳，於是琛勢大盛。琛嘗與破六韓拔陵結，又與莫折念生相通，而事拔陵寖慢，拔陵遣將至高平，誘琛斬之，其衆盡幷於醜奴；醜奴勢又大盛，魏不能討也。已而莫折念生亂定，醜奴仍侵擾關中；後至孝莊帝子攸之世，始爲都督爾朱天光所討斬，高平復爲魏。

(四)葛榮之亂　梁武帝衍在位之二十五年（卽普通七年魏孝明帝詡孝昌二年民國紀元前一千三百八十六年），魏五原降戶鮮于修禮帥北鎮流民反於定州之左城（河北唐縣），北道都督長孫稚攻之大敗；已而修禮爲其部帥元洪業所殺。其黨葛榮又殺洪業，自領其衆北渡瀛州，襲殺魏都督章武王融（彬之子，晃之曾孫）廣陽王深，自稱天子；明年又陷魏殷州（河北隆平縣）冀州，乘勝攻相州，魏人震動。先是鮮于修禮將起事，柔玄鎮（山西天鎮縣北）民杜洛周先反於上谷，攻沒郡縣；及修禮起，洛周勢亦熾，幽州之民，執行臺常景降洛周，其後定瀛諸州亦俱爲洛周下；時葛榮正盛，旋殺洛周而幷其衆。梁武帝衍在位之二十七年（卽大通二年魏孝莊帝子攸建義元年民國紀元前一千三百八十四年），榮圍相州，衆號百萬，鄴幾不守，爾朱榮率精騎討之，大勝，禽榮，餘衆悉降，縱其所之，數十萬衆，一朝俱散！迨榮斬于洛，冀定等州悉定。自元乂劉騰用事，胡太后一再臨朝，魏之亂事因以蔓延，上之所舉，猶其概略；土崩魚爛，弭靖無由，而魏臣之乘勢興師者，尚未與也。要其亂端，雖與上列之四者相同，而性質較異。其事之著者蓋二：

(五)元法僧之亂　徐州刺史元法僧者，素附元乂，見乂驕恣，恐禍及己，遂謀爲變，殺行臺高諒，稱帝。魏發兵擊之，法僧遣其子景仲降梁，梁遣兵引接，以法僧爲司空。時梁武帝衍在位之二十四年也（卽普通六年，魏孝明帝詡孝昌元年，民國紀元前一千三百八十七年）。又二年，而有蕭寶寅之亂。

（六）蕭寶寅之亂　初蕭寶寅爲万俟醜奴所敗，頗不自安，潛謀起師，乃殺關右大使酈道元，自稱齊帝。魏以長孫稚爲西路行臺，討之，寶寅戰敗，奔万俟醜奴於高平。後醜奴敗，高平不守，寶寅被執，送洛，賜死。

當魏各方亂熾之年，正爾朱榮休養壯威之日：方莫折念生之起，秀容（即北秀容，山西朔縣）人乞伏莫于亦同時肇亂，酋長爾朱榮起兵平亂；時四方糜爛，榮陰散其畜牧資財，招合驍勇，結納豪傑，於是侯景段榮等俱往依榮，久之，高歡亦棄杜洛周而至。榮先世累受魏封，久貴顯，至榮以討乞伏功，封博陵郡公；嘗率衆至肆州（今山西忻縣），刺史尉慶賓閉城，不納，榮怒，襲執之，署其從叔羽生爲刺史，自是兵威漸盛，魏朝不能制。既而與并州刺史元天穆等相結，密謀舉兵入洛，正太后胡氏之罪；孝明帝詡亦惡鄭儼徐紇等倡於太后，不能去，密詔榮師向內。榮以高歡爲前鋒，至上黨（山西長治縣），詡又詔止之；儼紇恐禍及己，私與太后謀害詡，詡死，在位十三年，迎臨洮王世子釗（孝文帝宏之孫）即位，時年三歲。榮聞怒，即舉兵晉陽（山西太原縣），太后懼，用徐紇計，以李神軌爲大都督，率師拒之；榮兵次河內（河南沁陽縣），遣使密迎長樂王子攸（勰之子，獻文帝弘之孫）于洛，濟河即位，是爲孝莊帝。時梁武帝衍在位之二十七年也（即大通二年，魏孝莊帝子攸永安元年，民國紀元前一千三百八十四年）。榮稱子攸之命，爲都督中外諸軍事，封太原王，軍行至河橋（河南孟津縣），守者降，胡太后落髮出家，榮遣騎執太后，及幼主至河陰，沈之河；榮至陶渚（河南孟縣南），引百官自丞相高陽王雍以下，凡二千人，集於行宮西北，責以不能匡輔朝廷之罪，列胡騎圍而殺之；榮令其軍士言，元氏既滅，爾朱氏興，皆稱萬歲！並使人殺子攸兄彭城王劭，弟始平王子正。遷子攸河橋，置之幕中，將自立矣；以鑄像祈卜，均無所成，乃遂感悔！復迎子攸還營，奉入洛陽，立其子爲后，自還晉陽，晉位大丞相。方榮至河橋，神軌紇儼皆遁，已而儼與仲兄滎陽太守仲明謀，據郡起兵，卒爲部下所殺。

北海王顥（詳之子，獻文帝弘之孫）者，相州刺史也；因爾朱榮之暴，帥左右奔梁。梁聞魏亂，封顥爲魏王，遣將軍陳慶之率兵送之還北。明年爲梁武帝衍在位之二十八年（卽中大通元年，魏孝莊帝子攸永安二年，民國紀元前一千三百八十三年），顥拔滎陽城（河南寧陵縣），有衆七千，遂卽帝位於睢陽城南，取梁國一帶地，進偪洛陽。子攸奔河內，臨淮王彧等帥百官迎顥；顥入洛，以慶之爲車騎大將軍。方子攸之出，單騎而去，侍衞後宮安堵如故，顥一旦得之，號令已出四方，想其風政，而顥遽驕，日夜縱酒，不恤國政，所從南兵陵暴市里，朝野失望！爾朱榮馳見子攸于長子（山西長子縣），子攸卽日南還，榮爲前驅，旬日之間，兵衆大集，號稱百萬。顥既得志，陰謀叛梁；慶之亦有所知，常密爲之備。爾朱榮兵至，慶之守北中郎城（河南孟縣南），顥至南岸，慶之一日十三戰，榮兵屢挫，乃使其從子兆縛筏夜渡，衝顥軍，顥軍潰失據，帥麾下南走。慶之馬步數千，結陳東還，榮追之，會嵩高水漲，慶之軍士死散略盡，自間行還建康。子攸復入洛，加榮天柱大將軍；顥逃至臨潁（河南臨潁縣），爲人所殺。

爾朱榮再入洛，聲勢更盛，雖卽歸晉陽，而遙制朝事；爾朱后尤妒，子攸內外交迫，怏怏不以萬乘爲貴，然性實勤敏，朝夕省納，孜孜不已，數自理獄，多所抉發；以榮之勢，肆嘗與侍中李彧等謀之，子攸疑未能遽決，而事頗洩，榮知之，以己強，不爲備也。顥被殺之明年，榮復入洛，子攸以天穆在幷州，恐爲後患，未敢卽殺；乃並召天穆，及天穆至，伏兵明光殿東廊，俟其入而殺之，榮與天穆俱死。榮從弟世隆聞變，卽帥榮部衆走屯河陰，攻北中郎城而據之，旦夕將入洛；子攸募兵與戰，不克，夜縱火燒河橋，爾朱部衆死者甚多，世隆乃收兵北遁。爾朱兆時爲汾州刺史，聞榮死，自汾州移據晉陽，世隆至長子，兆來會之，共推長廣王曄（略之子，晃之曾孫）卽位。世隆兄仲遠亦起兵徐州，向洛陽，陷西兗州（河南滑縣）。兆輕騎涉河，遂入京師，執子攸鎖之，殺臨淮王彧等；世隆仲遠先後至，以子攸送晉陽殺之，在位三年。又明年爲梁武帝衍在位之三十年（卽中大通三年，魏節閔帝恭普泰元年，民國紀元前一千三百八十一年），世隆等以曄疏遠無人望，廢之，尋封爲東海王；別立廣陵王恭（羽之子，獻文帝弘之孫），是爲節閔帝。

高歡以依爾朱氏而強，其建功則在擊破紇豆陵一役。先是子攸既殺爾朱榮，詔河西叛帥紇豆陵步蕃襲秀容，爾朱兆禦之不勝，步蕃兵南偪晉陽，兆使人召晉州刺史高歡與之幷力；歡至，大破步蕃兵，兆德歡，引爲兄弟。初，葛榮部衆爲爾朱榮所破，其流入幷肆者，達二十餘萬人，被契胡陵暴，皆不聊生，大小二十六反，誅夷者半，猶謀亂不止！兆問計于歡，歡曰：『六鎭反殘，不可盡殺，宜選腹心使統之，有犯者罪其帥，則所罪者寡矣。』兆遂以衆委歡；歡出，卽建牙陽曲川（山西太原縣），統六鎭軍，勢頓強。初，河北大使高乾，受子攸命，密爲京師形援；及爾朱兆殺子攸，專權，遣使至冀州，將收乾及其弟敖曹；乾等密集信都，奉前河內太守封隆之，行州事，爲子攸舉哀，將士皆縞素，移檄州郡，共討爾朱氏，並以州迎高歡。歡以爾朱害主，恃其部衆，欲幷吞之；果從入信都，遂起兵守殷州，殺爾朱羽生，立渤海太守朗（融之子，晃之玄孫），是爲廢帝。歡自爲丞相，以乾爲司空，大破兆軍于廣阿（河北隆平縣）；明年，爲梁武帝衍在位之三年（卽中大通四年，魏節閔帝普泰二年，民國紀元前一千三百八十年），歡進克相州，朗入居鄴，歡自爲太師。兆等復會同族天光度律兵攻之，不勝，兆遷晉陽；未幾，仲遠出奔梁，世隆及天光度律，俱爲歡所殺。

高歡入洛陽，朗爲疏屬，恭又明敏，乃俱廢之；別立平陽王修（懷之子，孝文帝宏之孫），是爲孝武帝。修等殺恭，封朗爲安定王；旣又與東海王曄並害之，使歡北討爾朱兆。兆非歡敵，軍連敗，乃大掠晉陽而北，退歸秀容，歡以晉陽四塞，建大丞相府居之；明年爲梁武帝衍在位之三十二年（卽中大通五年，魏孝武帝修永熙二年，民國紀元前一千三百七十九年），再攻爾朱兆，爾朱兆敗死。時高乾刺徐州，亦以不得于修賜死；修自是並萌去歡之志，侍中斛斯椿等，又慫恿之，乃密與關中大行臺賀拔岳相結，旋以岳爲都督雍州刺史。又明年，歡患岳，設計使秦州刺史侯莫陳悅殺之；府司馬宇文泰本爲岳屬，修乃以泰統岳軍，討悅，誅之；遂以泰爲關西大都督，陰恃之爲外援，罷斥歡黨，歡謀遷修於鄴，未幾，修下制書，數歡罪惡；以宇文泰爲關西大行臺，令遣騎奉迎。歡遂引師南下，以誅斛斯椿爲名；泰亦發師關西，爲京師聲援。修自帥大兵屯河橋，聞歡軍大至，遂西奔長安；歡入洛，遣將追之，不及，推淸河王亶（懌之子，孝文帝宏之孫）承制決事。歡進屯華陰，追修，連上四十啓，修皆不報；乃東還入洛，立亶世子善見，是爲東魏孝靜帝。歡立議須遷都，遂奉善見徙鄴；修西入長安，依宇文泰，以泰爲大丞相輔政，是爲西魏；魏之東西裂地自此始。

南北朝後局八十餘年間互峙之二（侯景之亂梁及齊周之繼魏）（民國紀元前一千三百七十八年至一

千三百五十五年）

當梁武帝衍時，北朝多故，而南方之政治，則頗清明；自魏裂東西，北方之亂不息，乃漸次延及於南朝，於是遂有侯景亂梁之事：

衍之初政，爲南朝諸主所莫及，就其大者言之：制造禮樂，敦崇儒雅，與世道人心，關係特鉅，自江左以來，年踰二百，文物之美，未有盛於此時者也；然衍以留心文物之故，漸溺於浮屠，而竟弛其刑典，於是紀綱不立，內政漸敝，而侯景之亂，乘是興矣。魏北六鎮最強，其人民易亂：侯景者，懷朔鎮人，與高歡爲素交；歡既尊大，景亦貴顯。嘗言于歡，願請兵三萬橫行天下，要須濟江，縛取蕭衍老公，作太平寺主；歡壯之，使擁兵十萬，專制河南。又歡嘗與約，每與景書，則加微點爲記，雖子弟勿之知；及歡疾篤，世子澄矯書召之，景知僞，懼禍，上表降梁。時武帝衍在位之四十六年也（即太清元年，東魏孝靜帝善見武定五年，西魏文帝寶炬大統十三年，民國紀元前一千三百六十五年）。時梁與東魏和，邊境無事，僕射謝舉等以爲不宜納其叛臣；衍用嬖人朱异說，卒納之，以景爲大將軍，封河南王。出兵爲應，使司州刺史羊鴉仁入懸瓠（河南汝南縣）；別遣貞陽侯淵明（懿之子）督大軍，北侵東魏，堰泗水，攻彭城。東魏以慕容紹宗爲東南道行臺，督師相拒，先小敗而後大勝，淵明被執；紹宗救彭城既捷，即進擊侯景；明年，景兵戰敗，潰而南，奪據梁壽春城，遣使以敗聞，乞自貶，衍不許，以爲南豫州牧。

衍用朱异謀，以納侯景，其事已誤；而更有深誤者，則因東魏之求成，又用异言，以許其通好也。東魏高澄，數求好于衍，冀以間景，衍初未許；澄乃令蕭淵明奉啓於梁，朱异等以爲便，獨司農卿傅岐切諫，异等固執宜和，衍亦厭用兵，姑許之。使者過壽春，爲景所知，乃啓衍言求盟所以間己，私賂异使代陳之；异收其賂，而不停北使，景漸猜異，乃詐爲鄴中書，求以淵明易景，衍復用朱异言，報書有云：『淵明旦至，侯景夕返』，景得書，反謀遂急；又思假梁同姓爲助，冀易集事，知臨河王正德（宏之子，武帝景之姪）素有反謀，預致書布意，正德報之曰：『僕爲其內，公爲其外，何有不濟？機事在速，今其時矣！』景遂以誅朱异等爲名，自壽陽興師。衍聞，懸賞斬景；並以鄱陽王範（恢之子，武帝衍之姪）等分四道兵討之，於是東南之戎兵大起。

衍在位之四十七年（即太清二年，東魏孝靜帝善見武定六年，西魏文帝寶炬大統十四年，民國紀元前一千三百六十四年），侯景反壽春，出襲譙州（安徽滁縣），下歷陽，引兵臨江。衍問計於尚書羊侃，侃請以精師據采石，拒其渡江；別出奇師襲壽春，覆其巢穴；又爲朱异所沮，議不果行。衍遣正德督諸軍屯丹陽，正德密遣大船濟景，景遂渡江；然勢實不盛，馬數百，兵八千而已。建康聞景渡大震，衍悉以內外軍事付太子綱，而以綱長子宣城王大器都督城內外諸軍事，羊侃副之。梁興至此，閱四十七年，境內無事，敵至倉卒，公私駭震，軍旅指撝，一決于侃；侃雖力任戰守，而景兵已至時，太子尚未知正德通景，使正德守門，正德迎景而入，遂至闕下，引兵繞臺城，百道俱攻，侃隨機禦之，卒不能克；遂奉正德即位，景爲丞相。先是邵陵王綸（武帝衍之子）奉衍命出討景壽春；比聞景渡江，即旋軍入援，破景軍，至玄武湖（江蘇江寧縣北），約明日會戰；景軍退，別軍逐之，遂反爲景乘，綸軍全潰。景軍攻臺城益急，而羊侃旋沒；朝野以侯景之禍，其尤朱异，迨明年，异亦慚憤死。

梁邵陵之軍雖潰，而援軍之繼至者甚多，司州刺史柳仲禮等，各以兵入援；雖不能克景，景亦嘗爲仲禮所敗，故頗形恐懼，用其將王偉計，僞表求和。太子綱白衍，以景爲大丞相、豫州牧，設壇門外，遣僕射王克與之盟，既盟而景圍不解；援軍來者，多淹留中道，勢復不相統一，於是景又背盟，啓陳衍十失。城內出師與戰，爲景所敗，遂陷臺城，悉撤兩宮侍衛，縱兵掠乘輿服御宮人皆盡，自加大都督中外諸軍、錄尙書事；以詔命解外援軍，邵陵王綸奔會稽，柳仲禮叛降於景。景廢正德，以爲大司馬，既又殺之；衍事事俱爲景制，飲膳亦爲裁節，憂憤成疾，口苦索蜜不得，再曰「荷荷」而沒。時爲衍在位之四十八年（卽太清三年，東魏孝靜帝善見武定七年，西魏文帝寶炬大統十五年，民國紀元前一千三百六十三年），太子綱立，是爲簡文帝。景防衞甚嚴，唯僕射王克等並以文弱，得出入臥內，講論而已。

梁湘東王繹（衍之子），時官荊州刺史，侯景初叛，繹嘗移檄討景；會梁與景盟，敕止其援軍；迨綱卽位，繹自稱大都督中外諸軍、承制，藉討景爲名，而與諸骨肉之擁州者相爭戰，反緩置景，景以是得益肆。繹初因事與湘州刺史河東王譽（統之子，武帝衍之孫）搆兵，譽敗；雍州刺史岳陽王詧（譽弟）又帥師襲繹，恐不能自存，復遣使求援西魏，請爲附庸，宇文泰欲經略江漢，特遣兵爲詧援，詧繹兵不解。明年，爲簡文帝綱在位之元年（卽大寶元年，東魏孝靜帝善見武定八年，西魏文帝寶炬大統十六年，民國紀元前一千三百六十二年）西魏兵攻偪繹，繹請盟；西魏師退，立詧爲梁王；詧因於襄陽建臺，置百官，遂入朝於西魏，自是爲北朝附庸之國焉。

方繹詧相爭，邵陵王綸爲景所敗，逃之江夏，亦稱都督承制；及繹退魏師，爲武帝衍發喪，復移檄東討。侯景亦遣兵西上，陷江州豫章；比繹取郢州，綸爲景兵所襲，出奔齊（時齊高澄已代東魏）。景將任約西進至武昌，景自稱漢王；繹遣寧州刺史徐文盛與約戰，頗利。明年，爲綱在位之二年（即大寶二年，東魏孝靜帝善見武定九年，民國紀元前一千三百六十一年）。景自西上攻文盛，文盛軍潰，歸江陵；景師繼進，繹以王僧辯爲都督，守巴邱（湖南岳陽縣）。景前鋒趣巴邱，別遣任約向江陵；巴邱攻不下，約亦戰敗被擒，景遂東遁，自是不復注意上游，歸至建康，廢綱，殺太子大器，而立豫章王棟（歡之子，統之孫）；旋又殺綱，廢棟，自稱漢帝。景自居禁中，非故舊不得見，諸將怨望，人心益解體；又明年，繹遣僧辯下湓城（江西九江縣），會陳霸先合兵討景；霸先故始興太守，初起師，遣使間道詣繹受節度，至是引兵來會；於是二人大進師，自蕪湖而東，連戰破景兵，景自出禦，爲霸先所敗，不敢入臺城，東走亡吳。僧辯啓繹，使霸先鎮京口，而自鎮建康，遣將追景，及於松江；景將入海，羊侃之子鵾，爲景都督，殺之，傳首江陵，暴尸建康市。

侯景既誅，梁公卿藩鎮，共勸繹即位，是爲元帝，居江陵。繹初勝景，遣人殺豫章王棟以絕人心；同時，益州刺史武陵王紀（武帝衍之子，繹之弟）恃己武略，以繹爲文士，未足匡濟，遂起兵成都稱帝；於是繹東顧之憂弭，而西望之慮轉殷。既即位之二年（即承聖二年，西魏廢帝欽三年，齊文宣帝高洋天保四年，民國紀元前一千三百五十九年），紀伐江陵，繹懼，乞救西魏；魏遣大將軍尉遲迥伐成都以救之。紀與繹戰，日久不利，又聞北師深入，成都將不保，遣使與繹和；繹不許，擒而殺之，成都降於西魏，魏以迥爲益州刺史。

梁自侯景之亂，國土日削：江北州郡，多入東魏；漢中川蜀，亦爲西魏所并！迨內亂漸靖，而外患轉強，西魏宇文泰乘勢圖江陵；梁王詧在襄陽，聞信益重其貢獻，冀繹之覆亡，得緣爲利。繹在位之三年（即承聖三年，西魏恭帝廓元年，齊文宣帝高洋天保五年，民國紀元前一千三百五十八年），西魏遣柱國于謹等伐梁，詧以師會；繹懼，徵王僧辯爲大都督，而令陳霸先移鎮建康。繹故好文墨，富藏書，比魏軍日偪，江陵將不守，乃焚古今圖書十四萬卷，以寶劍擊柱折之，歎曰：「文武之道，今夜盡矣！」命其下作降文而出，詧收而囚之，遂爲魏殺。魏師取襄陽，徙詧江陵，立爲皇帝，賚以荊州地三百里，又置防主，將兵居西城，以監督之。其後詧沒，子巋立，是爲明帝。巋沒，子琮立，是爲後主，卒爲隋所廢，地并入隋。歷主三，凡三十三年，史家所謂「後梁」者也。

方繹爲西魏所殺，江陵別立主；僧辯霸先等，既不能救，乃共奉晉安王方智（元帝繹少子）即位，是爲敬帝；齊聞江陵之事，亦以兵送蕭淵明歸梁，一時幾成三帝矣。齊兵既至，梁師禦之大敗，僧辯懼，出屯姑孰，遣使啓淵明，求以方智爲太子；淵明許之，入即位。霸先在京口，聞僧辯迎淵明，遣使爭之，而僧辯不從，乃密謀襲建康；會有告齊師至者，僧辯使霸先爲備。霸先以備齊爲名，入石頭，乘朝廷不備，起事殺僧辯；淵明遜就第，方智復位，而齊師竟不至。

霸先既定方智位，自爲尚書令，都督中外諸軍事。吳興太守杜龕不服，霸先殺之；譙州刺史徐嗣徽，南豫州刺史任約，繼襲建康，亦不克，二人俱奔齊；已而齊遣蕭軌等偕約嗣徽攻梁，仍爲霸先所敗，軌及嗣徽俱被殺，霸先功益高。方智在位之三年（即太平二年，魏恭帝廓四年，齊文宣帝高洋天保八年，民國紀元前一千三百五十五年），霸先自爲相國，封陳公，加九錫，進位爲王，遂稱皇帝；廢方智爲江陰王而旋殺之，梁亡。歷主四，凡五十五年。

以上所述，俱爲梁事。若夫北朝自東西裂地以來，內難頻仍，東魏先亡而西魏繼之，高氏宇文氏，均爲魏世專柄之臣，起膺元祚，權奸代位，南北同情，世變之亟，惟斯爲著：茲先述東魏，而以西魏次焉。

東魏孝靜帝善見，爲高歡之所立，旣徙都鄴，歡勢盛大，自爲相國，立澄爲世子，封次子洋爲太原公。澄年十五，入鄴輔政，用法嚴峻，事無疑滯，歡用爲尙書令、京畿大都督。歡旋還晉陽，屢與西魏交兵，互有勝負。當梁武帝衍在位之三十四年（卽大同三年，東魏孝靜帝善見天平四年，西魏文帝寶炬大統三年，民國紀元前一千三百七十五年），歡將大兵西伐，與宇文泰戰渭曲（陝西大荔縣東南），大敗，泰遣兵渡河，並取河南諸州，東魏地日蹙。明年長安內亂，泰始西歸，自是歡泰交兵暫息。武帝衍在位之四十年（卽大同九年，東魏孝靜帝善見武定元年，西魏文帝寶炬大統九年，民國紀元前一千三百六十九年），北豫州刺史高仲密以虎牢降西魏，宇文泰帥軍爲應。歡聞，急渡河，據邙山爲陳，與泰戰，大勝，斬首三萬餘，虎牢復爲歡有。又三年，歡再攻西魏，圍玉壁（山西稷山縣南），不克，士卒死者七萬人，歡因發疾，解圍去。明年，歡死，澄還晉陽，以弟洋爲京畿大都督，留鄴。已而澄聞善見將謀己，復入鄴，幽善見宮中，誅主謀誅己者而去。武帝衍在位之四十八年（東西魏紀元及民國紀元俱見上），澄在鄴，爲其下所殺，弟洋繼之當國，倨傲如其兄。明年，自爲丞相，封齊王，遂稱皇帝，廢善見爲中山王，在位十七年，東魏亡。

孝武帝修，爲高歡所敗，西入長安，史家以爲西魏；自是東西對峙，各爲強臣所制，然善見改元之始，修固無恙，則東魏不如西之甚；高洋受禪而後，關西猶擁虛號者七八年，則西魏較愈於東之促。後之史家，或單稱西魏爲魏，謂其傳世爲承孝莊節閔諸帝而來者此也。修閨門無禮，從妹不嫁者三：平原公主明月（愉之女），南陽王寶炬之同產也；泰使元氏諸王取明月殺之，修不悅，因與泰有隙，入關未逾年爲泰酖死，在位三年。泰別立寶炬，是爲文帝。

寶炬既立，宇文泰自爲大都督中外諸軍事。泰頗能治國，且屢立戰功，既聞高洋稱帝，帥師伐之；洋自出禦，頓東城（山西太原縣汾水東），泰聞齊兵盛，不戰而退：於是河南自洛陽，河北自平陽以東，地皆入齊，齊勢強於東魏。寶炬在位十七年沒，子欽立。方是時，各方俱亂，惟長安稍靖，而泰驕橫甚於曩昔，尚書元烈謀殺之，事洩，被戮，欽密謀誅泰，泰怒，廢欽，旋殺之，在位四年；立其弟廓，是爲恭帝，復姓拓拔氏，九十九姓改爲單者，皆復其舊。泰行事，好依古，模倣周法，立六官，自爲太師、大冢宰。梁敬帝方智在位之二年（即太平元年，西魏恭帝廓三年，齊文宣帝高洋天保七年，民國紀元前一千三百五十六年），泰死，世子覺繼之當國，自稱周公；明年，遂自稱天王；廢廓爲宋公，在位四年，西魏亡。魏自道武帝拓拔珪稱帝，至孝武帝修西遷，歷主十一，凡一百四十九年。東魏僅孝靜帝善見一主，十七年；西魏歷主三，凡二十三年。其世系俱見後表。

南北朝後局八十餘間互峙之三（陳齊周之交戰及南北之併吞）（民國紀元前一千三百五十五年至一千三百二十三年）

陳霸先代梁即位，定朝號曰陳，是爲陳之武帝。歷朝易姓，多殺其故主之宗族，以絕後患，獨霸先不然，故史有賢譽；在位四年沒，子昌姪頊，皆因江陵之陷，沒於長安：內無嫡嗣，外有強敵，宿將在外，朝無重臣，皇后章氏急召中領軍杜稜等議立臨川王倩（道譚之子，武帝霸先之姪），是爲文帝。

霸先代梁以來，陳內亂之著者，莫如王琳之叛。先是梁侯景之亂，廣州刺史元景仲謀以兵應，霸先出始興，討之，景仲敗死，乃別迎定州刺史蕭勃鎭廣州；及霸先出兵謀景，勃使止之，霸先不從，勃不能遏也。至元帝繹時，勃以非梁所授，心不自安，啓求入朝；繹以王琳刺廣州，而移勃晉州。勃遂自廣州起兵，次南康；遣其同黨分道出師至豫章。霸先遣將軍周文育討之，獲其大將歐陽頠傅泰，勃軍震懼，遂殺勃；霸先更以師進討嶺南，悉平其地，別徵王琳爲司空。琳時爲湘州刺史，兵甚強，嘗恃平侯景功，行動驕肆，戰艦以千數，果不就徵，霸先乃遣侯安都等進討。會陳受梁禪，安都等與琳兵戰失利被禽；琳遂移湘州軍府就郢城（湖北武昌縣），遣師據江州。明年，爲武帝霸先在位之二年（即永定二年，周明帝宇文毓二年，齊文宣帝高洋天保二年，民國紀元前一千三百五十四年），琳引兵十萬下至湓城，屯於白水浦（江西九江縣西），並遣使求援於齊，且請納梁時質齊之永嘉王莊（方等之子，元帝繹之孫）以主梁祀；齊納莊入琳軍，以王琳爲梁丞相，琳遂以莊稱帝。

王琳既盛，別奉梁帝，上游爲所據，霸先不克戡定大難；翌年，病沒。於是琳遂以少府卿孫瑒爲郢州刺史，奉其主莊東下；齊揚州道行臺慕容儼率衆臨江，爲之聲援，軍勢甚振。琳直趨建康，陳將侯瑱等，見琳勇進，徐躡其後，擲火炬燒其船，琳軍大敗，齊師亦自相蹂躪，陳軍乘之，斬獲萬計！琳與莊先後奔齊，瑒亦以州降；琳莊至齊，齊以莊爲梁王，琳為驃騎將軍、揚州刺史，鎮壽陽，梁亂甫靖。

陳之起，新承侯景亂梁之後，故江南酋帥，多私署令長，不受詔命；霸先之世，未暇致討，但羈縻之而已。文帝蒨初即位，熊曇朗在豫章，周迪在臨川，留異在東陽，陳寶應在晉安（福建閩侯縣），共相連接，聲勢頗盛；蒨先後遣兵討之，乃俱為陳所滅，侯景以來之亂象，至是而平。

蒨在位七年沒，太子伯宗立，史稱廢帝。初，陳衡陽王昌，安成王頊，聞南方略定，俱自關西歸；昌濟江，為陳人暗殺；頊後歸建康，幸無恙，蒨以為侍中，漸專權，御史中丞徐陵劾之，頊免。伯宗初立，頊與中書舍人劉師知等同受遺詔輔政，官司徒，錄尚書事。師知等見其專，謀去之；事洩，頊殺之，專權益甚。伯宗立未逾年，頊誣與師知等通謀，廢為臨海王，自即位，是為宣帝。又曾與始興王伯茂（文帝蒨次子）不合，殺之。頊志在闢土，與齊周搆兵，終為周所乘，闢土日蹙！請進此以述周陳交兵之事：

自王琳奔齊，齊人納陳叛亡，陳人遂萌討齊之意：頊在位之五年（即太建五年，齊後主緯武平四年，周武帝邕建德二年，民國紀元前一千三百三十九年），陳遣鎮前將軍吳明徹分道出師，齊發兵逆戰，大敗，乃遣王琳赴壽陽募衆以拒陳；琳本刺揚州，後召還鄴，及是乃復出，然未能勝陳也。方是時，齊歷陽合肥高唐（安徽宿松縣）俱為陳有，明徹進攻壽陽，堰淝水以灌城，齊遣行臺右僕射皮景和救之，衆數十萬，去壽陽三十里，頓軍不進，陳諸將咸懼；明徹主速戰，一鼓下之，禽王琳，送建康，在道追斬之，景和北遁，頊大喜，以明徹為車騎大將軍、豫州刺史，鎮壽陽，於是淮陰諸城，亦俱爲陳有。翌二年，進攻彭城，軍至呂梁（安徽天長縣），又大破齊軍。頊在位之九年（即太建九年，齊幼主恆承光元年，周武帝邕建德六年，民國紀元前一千三百三十五年），周滅齊，頊欲乘勢進平徐兗，並以河南指麾可定，詔明徹北侵；明年進圍彭城，環列舟艦攻之甚急；時齊地盡入於周，周急遣上大將軍王軌救之。軌據淮口，斷清水（即泗水），鎖其下流；明徹攻圍不下，而周兵益至，因卽退師；至清口，舟不得過，軌引兵邀之，陳師大潰，明徹被執，將士輜重俱沒於周，明徹至長安，以憂死。明年，周師至，其將梁士彥攻克壽陽，既盡取江北州郡；於是淮南諸地全入周，陳祇能畫長江而守矣。

周未滅齊以前，陳之戰周，多在上游以北，而尤以巴湘之爭爲烈：初，江陵之陷，巴湘之地盡入於周，周使梁人守之；文帝蒨之世，遣太尉侯瑱將兵偪湘州，周使軍司馬賀若敦救之，不勝，敦率師北退，於是陳復有巴湘地；至廢帝伯宗時，湘州刺史華皎，復以州叛陳，使吳明徹襲之，周聞，遣袁州總管宇文直助皎，與明徹戰於沌口（湖北漢陽縣），大敗，皎直俱奔江陵，明徹進攻江陵，不克，而巴湘仍無恙；至宣帝頊在位，盛師攻齊，齊敗而周繼至，江北之地入周，陳下流失其扞蔽，臨湘巴陵之守，亦幾幾無足輕重矣。

以上所述，俱陳對於齊之事；至齊之何以被滅，則又周齊二國相對之事。今再析言之：

齊自高洋代東魏有國，定朝號曰齊，是爲文宣帝。史家或稱之曰北齊者，別南齊言之也。魏自東西分裂以來，河南州郡，鞠爲茂草，高歡治東魏，盛謀救給；至其末年，元氣已復；高洋踵奠齊業，軍國之政，與東魏初時大異，故頗能自強；而洋又留心政術，務存簡靜，內外肅然！擊降突厥，連平庫莫奚，軍國機策，獨決懷抱，故常致克捷。六七年後，以安樂自矜，嗜酒淫佚，肆行狂暴！或身自鼓舞，盡日通宵；或散髮胡服，雜衣錦綵；或袒露形體，塗傅粉黛；或乘牛驢橐駝白象，不施鞍勒；種種繆舉，行之無忌。又最喜殺人，惟畏其弟常山王演，演離左右，則所行益恣，無敢諫者。其事之最慘者，莫如誅戮諸元；凡元魏後人，鮮得免者，或祖父爲王，或身當貴顯，皆斬於東市；其嬰兒投於空中，承之以矟，先後死者，凡七百二十一人。洋嗜酒過甚，遂成疾，委政楊愔；愔頗明治術，百度修飭，故齊得無事。洋在位十年沒，殷立，史稱廢帝。

殷即位，楊愔受遺詔輔政，常山王演居東館，奏事皆先咨楊愔，演心不平，白太后婁氏，廢殷爲濟南王而自立，是爲孝昭帝。居晉陽，未幾，自鄴徵殷至晉陽，殺之，在位二年沒。弟長廣王湛立，是爲武成帝。侍中和士開用事，齊勢日衰；當高洋時，周常以齊兵爲懼，及是齊反備周。散騎常侍祖珽，有文無行，湛頗重用之；在位之五年，珽上書有云：『陛下雖爲天子，未爲極貴，宜傳位東宮。』湛從之，傳位太子緯，是爲後主，湛自稱太上皇；又三年而沒，以後事屬和士開：故緯在位，士開與穆提婆等，仍專權。出入宮掖，醜聲外播，朝士無恥，甚有爲士開假子者！雖以左道事之，不問賢愚，無不進擢；士開見人將加刑戮，輒爲營救，既得免罪，又令諷諭，責其珍寶，謂之「贖命物」：琅琊王儼（武帝湛子）惡之，與領軍庫狄伏連相謀，收而斬之。侍中祖珽，又繼之專權，說緯殺儼，儼死，珽勢傾朝野，與乳母陸令萱深相結；丞相斛律光患之，與珽等相隙：光女爲緯后，無寵，珽因而間之，緯又殺光，並其二子，斛律后亦坐廢，齊政大亂。嬖人穆提婆，與韓長鸞，高阿那肱，並處鈞軸，號曰「三貴。」長鸞尤疾士人，朝夕惟事譖訴，朝士畏之，咨事莫敢仰觀；已而蘭陵王長恭（澄之子），南陽王緯（武成帝湛之子），亦先後爲緯所殺，骨肉不自保，人心益恐！於是周得乘其衰亂而敗之，齊因以滅矣。

周齊雖分治而境壤相接，以故二姓屢交兵。先是宇文覺代西魏有國，定朝號曰周，是爲孝愍帝。從兄宇文護，初受覺父泰遺詔輔覺政，覺封護晉公，位大冢宰。護頗專政，任刑殺，冢宰趙貴大宗伯獨孤信均爲護所戮，覺性剛悍，惡護，謀誅之，事洩，護廢覺殺之而立寧都公毓（宇文泰長子），是爲明帝。護自爲太師。毓始承覺後，猶稱天王，後稱皇帝，爲人明敏有識量，護憚之，卽位四年，護置毒餅中進毓食之。毓覺，口授遺詔五百餘言，願傳位其弟魯公邕；毓沒，邕立，是爲武帝。陳文帝蒨在位之四年（卽天嘉四年，齊武成帝湛河清二年，周武帝邕保定三年，民國紀元前一千三百四十九年）周與突厥約連兵伐齊，突厥木杆可汗（突厥起原及系統大略，看下編附伐突厥事），許之，於是周使相國楊忠等分道出師，與突厥會；齊武成帝湛聞警，自鄴赴晉陽。明年，齊周戰晉陽，突厥臨陣不肯戰，周師大敗，突厥引退；同年復約周共擊齊，宇文護再發師分道攻齊，齊周戰洛陽，周師又敗，突厥旋遣師與齊通。其後齊周相持於宜陽，犇爭於汾北，周師不能勝齊，齊勢轉振。陳宣帝頊在位之四年（卽太建四年，齊後主緯武平三年，周武帝邕建德元年，民國紀元前一千三百三十九年）邕以護日專，又對外無功，其諸子僚屬貪殘恣橫，周人咸怨，乃密謀去護。邕弟衞公直有怨於護，更慫恿之，因設謀引護入宮，與直共殺之；收護子弟親黨俱置法，邕始親政。時後主緯無道，寖甚，邕既除內患，乃謀征外；又三年，韋孝寬上疏陳三策滅齊，邕引開府儀同三司伊婁謙計之，謙曰：「齊氏沈溺倡優，耽昏麴蘖，其折衝之將斛律明月（光）已斃於讒口，上下離心，道路以目，此易取也。』邕使諫如齊觀釁，齊人知之，留諫不遣。於是邕下詔伐齊，克河陰（河南孟津縣），攻金墉不克；明年，爲陳宣帝頊在位之八年（卽太建八年，齊後主緯隆化元年，周武帝邕建德五年，民國紀元前一千三百三十六年），周復伐齊，邕自將進師，遂克晉州，平陽爲周有。緯方與淑妃馮氏獵天池（山西靜樂縣西南），告急者三至，右丞相高阿那肱曰：『大家正爲樂，邊鄙小小交兵，乃是常事，何急奏聞？』至暮，使更至，云平陽陷，乃奏之；緯將還，馮妃請更獵一圍，從之；旋師師至平陽，圍周軍。邕見齊勢盛，暫還避其銳；既至長安，復下詔伐齊，再至平陽，與齊戰，緯與馮妃並騎觀之，齊師東偏少卻，妃怖曰：『軍敗矣！』穆提婆曰：『大家走！大家走！』緯遂以馮妃北走，齊師大潰。緯謀奔突厥，從官多散，乃回向鄴；晉陽人立安德王延宗（澄之子）拒戰，邕執而殺之，進軍圍鄴，緯子恆時生八年矣，緯聞周師將至，乃傳位於恆，而自稱太上皇；鄴都被圍，齊師出戰，又大敗，緯從百騎東走，邕入鄴，齊王公以下皆降。緯留太后胡氏於濟州，使高阿那肱守碻磝關，自與馮妃及子恆韓長鸞等數十人奔青州，欲入陳，而高阿那肱密告周師，約生致齊主，屢啓云：『周師尚遠。』緯深信之，暫緩行；周師至關，阿那肱出降，周師奄至青州，緯等皆爲將軍尉遲勤所禽，並胡太后送鄴。邕歸長安，封緯爲溫公，後被誣謀反，並其宗族皆賜死。齊亡，歷主六，凡二十八年。

周既滅齊，北方復一統；又與陳戰，得江北之地，土地日拓。邕在位十九年，伐突厥，有疾還，遂沒；太子贇立，是爲宣帝。立皇后楊氏，以后父堅爲上柱國、大司馬，堅權大重。贇卽位一年，傳位太子闡，是爲靜帝。贇在位，行事多不道；既傳位，益縱恣，自稱天元皇帝。一切行動，務自尊大，無所顧憚，國之儀典，率情變更；每對臣下，自稱爲天，用尊彝珪瓚以飲食，號所居宮爲「天宮，」羣臣朝天臺者，致齋三日，清身一日。既自比上帝，不聽人有天高上大之稱，官名有犯，皆改之，改姓高者爲姜，九族稱高祖者爲長祖。又令國內車皆以渾木爲輪，禁通國婦人不得施粉黛，皆黃眉黑妝。每召侍臣論議，唯興造變革，未嘗言及政事；又數好巡游，出入不節。自公卿以下常被捶撻；后妃嬪御雖多寵幸，亦時或杖背；於是內外恐怖，人不自安，皆求苟免，莫有固志！周祚之亡，蓋決於此。

贇傳位踰年沒，楊堅自爲大丞相，假黃鉞，居東宮，位望震主。相州總管尉遲迥者，夙有功於周，知堅將不利周室，舉兵相州。堅以韋孝寬爲行軍元帥，討之。迥起兵六十八日，爲孝寬所敗，自殺，鄴地遂下，關東悉平。毓子畢王賢，邕子趙王招，越王盛，亦先後爲堅所殺，宇文氏宗室無敢抗者。陳宣帝頊在位之十三年（即太建十三年，周靜帝闡大象元年，民國紀元前一千三百三十一年），堅由相國隋公進稱皇帝，闡遜居別宮，旋廢爲介公而殺之，盡滅宇文氏之族。周亡，歷主五，凡二十五年。

北朝之局，至隋而結，南方之陳，旋亦爲隋所併，中國復見一統之盛。先是陳當宣帝頊之時，江北之地既喪，國勢日蹙，而內變旋萌。頊在位之十四年（即太建十四年，隋文帝楊堅開皇二年，民國紀元前一千三百三十年），不豫，太子叔寶與始興王叔陵，長沙王叔堅（均宣帝頊子），並入侍疾。叔陵性險狡，爲揚州刺史，與新安王伯固（宣帝頊子，叔陵弟）嘗圖起事；及是頊沒，叔陵謀乘變殺叔寶，叔堅救之，事不成，馳出入東府（揚州刺史治地），赦東城因以免戰士與伯固合爲亂。叔寶遣右衛將軍蕭摩訶平之，叔陵伯固俱被殺；叔寶卽位，是爲後主。以叔堅爲揚州刺史，旋進司空。叔寶病，政無大小，皆決於叔堅；叔堅權傾朝廷，頗驕恣，叔寶忌之，免其官，叔堅得不死。

方叔寶肆志之年，正隋人潛伺江南之日。楊堅代周之始，卽有吞幷南方之志，問將率於其臣高熲，熲薦賀若弼韓擒虎；於是堅以賀若弼爲吳州總管，擒虎爲廬江總管，陰以伺陳；而叔寶不覺，耽逸樂，廢政務，荒恣日甚。嘗於光昭殿前，起臨春結綺望仙三閣，各高數十丈，連延數十間，窮極侈麗，爲從古所未有！叔寶自居臨春，貴妃張氏居結綺，貴嬪孔氏龔氏居望仙，複道往來，以宮人袁大捨等爲女學士；江總爲宰輔，不親政務，日與尚書孔範等文士十餘人，侍宴後庭，謂之「狎客」，使諸妃嬪及女學士與狎客共賦詩，采其尤艷麗者，被以新聲，君臣酣歌，自夕達旦；由是宦官近習內外連結，宗戚縱橫，貨賂公行，大臣有不從者，因而譖之，朝士畏懼，因而諂附！孔範與孔貴嬪本非同族，而結爲兄弟，範甞善伺叔寶之意，故言聽計從；且自謂文武才能，舉朝莫及，白叔寶曰：『諸將起自行伍，匹夫敵耳』。自是將帥微有過失，卽奪其兵，分配文吏；寖至文武解體，隋師南征，遂不能禦。

陳內政既亂，對外常驕，不以隋爲懼。叔寶在位之五年（卽禎明元年，隋文帝堅開皇八年，民國紀元前一千三百二十五年），隋遣武鄉公崔弘度將兵戍後梁，徵其主琮入朝，琮叔父巖弟瓛等懼，遣使降陳；陳荊州刺史陳慧紀，引兵至江陵，巖等奔陳，隋因廢梁國，拜琮柱國，賜爵莒公。明年，遂下詔伐陳，暴叔寶二十惡，寫詔三十萬紙，徧諭江外；命皇子晉王廣督兵五十一萬八千，總管九十八分八道進，弼擒虎皆與，旌旗舟檝甚盛。楊素軍出永安（四川奉節縣）東下，沿江鎮戍，相繼奏聞；新除湘州刺史施文慶，中書舍人沈客卿，掌機密，並抑而不言。陳江中關船適他調，上流軍爲素兵所阻，不得下；都中軍士尙十餘萬人。及聞隋師臨江，叔寶曰：『王氣在此，齊兵三度來，周兵再度至，無不摧沒；虜今來者必自敗』！孔範亦言無渡江理，但奏伎縱酒，作詩不輟。又明年，爲叔寶在位之七年（卽禎明三年，隋文帝堅開皇元年，民國紀元前一千三百二十三年），賀若弼引兵自廣陵濟江，陳人不覺；韓擒虎將五百人自橫江（安徽和縣）宵克采石，戍主馳啓告變，始內外戒嚴。以蕭摩訶施文慶等爲都督，帥師拒隋。已而賀若弼拔京口，韓擒虎拔姑孰，於是弼自北道，擒虎自南道，並進，緣江諸戍，望風盡走；弼進軍鍾山，擒虎亦會隋大軍屯新林（江蘇江寧縣西南），陳人大駭，降者相繼。摩訶等本無戰意，交綏卽敗，且被擒，諸軍亂潰，不可復止。擒虎自新林進軍，經石子岡（江寧縣南），進趣宮城，自南掖門入，陳文武百官司皆散走，叔寶自匿於井；既而軍人窺井，欲下石，聞叫聲，以繩引之，驚其太重；及出，乃與張妃孔嬪同乘而上。弼自鍾山乘勝進師，夜燒北掖門入，聞擒虎已得叔寶，恥功在擒虎後，與之相詬，挺刃而出，欲令叔寶作降箋歸己，不果。越二日，晉王廣入建康，斬陳都督施文慶等五人，以謝三吳；使高熲等收圖籍，封府庫，班師，以叔寶還長安，後卒，追封長城縣公，投孔範等於邊裔。陳亡。歷主五，凡三十三年。

以上所述，爲南北朝治亂之一班；至其傳統，綜有七朝。今分析之，表其世系如左：

（南朝一）宋之世次。

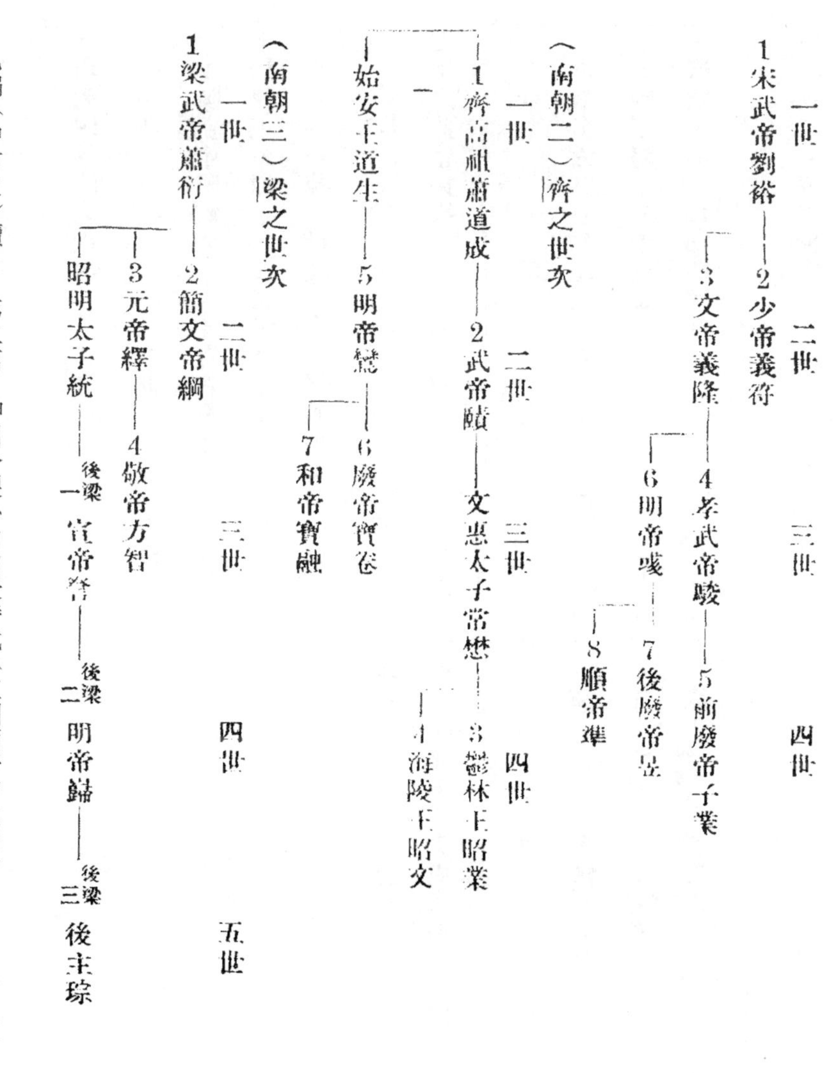
一世 二世 三世 四世
1宋武帝劉裕—2少帝義符
3文帝義隆—4孝武帝駿—5前廢帝子業
6明帝彧—7後廢帝昱
8順帝準
（南朝二）齊之世次
一世 二世 三世 四世
1齊高祖蕭道成—2武帝賾—文惠太子常懋—3鬱林王昭業
4海陵王昭文
始安王道生—5明帝鸞—6廢帝寶卷
7和帝寶融
（南朝三）梁之世次
一世 二世 三世 四世 五世
1梁武帝蕭衍—2簡文帝綱
3元帝繹—4敬帝方智
昭明太子統—後梁一宣帝詧—後梁二明帝巋—後梁三後主琮

(南朝四)陳之世次

一世　二世　三世

1陳武帝陳霸先—4宣帝頊—5後主叔寶

始興王道譚—2文帝蒨—3廢帝伯宗

(北朝一)魏之世次(東西魏並列)

一世　二世　三世　四世　五世　六世

1魏道武帝拓拔珪—2明元帝嗣—3太武帝燾—景穆太子晃—4文成帝濬—5獻文帝弘

七世　八世　九世　十世　十一世　十二世

6孝文帝宏—7宣武帝恪—8孝明帝詡

廣平王懷—11孝武帝修(亦爲西魏之世)

清河王懌—清河王亶—東魏孝靜帝善見

京兆王愉—西魏一文帝寶炬—西魏二廢帝欽

西魏三恭帝廓

彭城王勰—9孝莊帝子攸

廣陵王羽—10節閔帝恭

(北朝二)齊之世次

一世	二世	三世	四世	五世
齊神武帝高歡	1文宣帝洋	2廢帝殷		
		3孝昭帝演		
		4武成帝湛	5後主緯	6幼主恆

（北朝三）周之世次

一世	二世	三世	四世
周文帝宇文泰	1孝愍帝覺		
	2明帝毓		
	3武帝邕	4宣帝贇	5靜帝闡

第六章　本時代之法制

本時代法制之一（建官及理財）

自三國以降，中原大勢，分合不常，一切法制之因革異同，誠不勝其枚舉！衡之西漢，繁簡攸殊；然自其大旨言之，凡在本時代之設施，仍不離夫用漢。何也？南北朝承晉，晉承魏，魏承漢。漢者，本時代一切法制之源；源一而流百，彙其流而歸於一者，則隋唐之世也。本時代中，僅能就其流之分出者溯洄之而已！今仍秦漢時代之史例，析其目於下方：

(一)建官　三國官制，依漢而立；晉氏繼及，大抵略同；其後立國南方，不失舊物；故南朝官制，實優勝於北朝。後周依古周禮以建官，於名似矣，而其實則非！若謂宇文憲章，足凌南國，徒以貌取，詎足為平？茲各據其大略，析內外述之，著其概焉：

(甲)京師　京師官之最尊者為丞相，吳、蜀俱有其官，魏改丞相為司徒，復設中書監令；其後或置丞相，或相國，或司徒，而中書監令常掌機密，多為宰相之任，於是權在中書，兩晉亦然：自後相國丞相，或為贈官，或則不置，自為尊崇之名，多非尋常人臣之職，其真為宰相者，不必居此官。例如宋文帝義隆時，徐羨之為司空、錄尚書事，後以江湛王僧綽俱為侍中，任以機密；錄尚書職無不總，侍中、侍左右，應對獻替，故與中書監令，俱為宰相。唐時以尚書、門下（長官即侍中）、中書三省長官當宰相之實職者，蓋承魏晉以來幾多之沿革仿而集之者也。惟其然也，故自宋以後，常稱尚書令為「朝端」；而南齊有竟陵王子良，以司徒兼侍中，親為衆僧賦食行水，世以為失宰相體；梁、陳尊重中書，凡大臣之預國論者，必兼中書監令，則尤為宰相實職無疑。至於後魏，侍中尚書，均為樞密之任，而侍中尤多輔政，其職更重；中書之清要，雖不若南朝，然如高允崔光等為之，皆得參預機密，當時亦號為「西臺大臣」；蓋其所掌，亦宰相之事，不能自異於南朝也。

北齊置官，多因後魏，雖有左右丞相之職，而其爲宰相秉朝政者，亦多爲侍中。後周仿周禮設官，乃以大冢宰爲宰相之任，於是侍中中書之名亦革而不用，於本時代中立制最異；然其所謂「納言內史」，亦卽門下中書職掌，固不能盡去其實也。丞相之外，別有三公；魏晉宋齊梁陳後魏北齊，俱以太尉、司徒、司空當之，後周以太師、太傅、太保當之，徒有其名而已。晉時又有八公之制：三公之外，加以太宰（卽太師，避司馬師諱，故稱宰）、太傅、太保、大司馬、大將軍，是謂八公，然特假以名號，不必盡知國政；嗣是以至梁陳，太宰太尉司空大司馬諸官，廢置無常，其爲之者，亦必錄尚書事，及兼中書監令者，始能參預機密，已非宰相之任。此關於丞相及諸公之可知者也。九卿列職，秦漢最重；三國不廢其制，晉宋齊因之。梁武帝衍時，以太常卿加置宗正卿，以大司農爲司農卿，三卿是爲春卿；加置太府卿，以少府爲少府卿，加置太僕卿，三卿是爲夏卿；以衞尉爲衞尉卿，廷尉爲廷尉卿，將作大匠爲大匠卿，三卿是爲秋卿；光祿勳爲光祿卿，大鴻臚爲鴻臚卿，都水使者爲大舟卿，三卿是爲冬卿，凡十二卿。後魏又以太常、光祿、衞尉，謂之三卿；太僕、廷尉、大鴻臚、宗正，大司農、少府，謂之六卿。北齊以太常、光祿、衞尉、宗正、太僕、大理、鴻臚、司農、太府，合爲九寺；後魏之世，九卿亦號九寺，但非官寺連稱；官寺連稱，自北齊始。後周遠師周制，置三公三孤，以爲論道之官；次置六卿，以分司庶務，於是九卿之名廢，而其事全隸於六卿；然年代短促，人情相習已久，不能革其視聽，故至隋而廢。此又關於諸卿之可知者也。後世分理衆事，尚書各析專部，所掌實重於諸寺；顧自魏晉以來，尚書多以曹名，列曹尚書各有分職，而皆屬於尚書令僕射之次，其庶務之繁，權限之廣，屬司之衆，俱不能望後世；故諸卿之職，仍與秦漢同重，非列曹尚書之所得竟分；本節言列卿沿革之大凡，而不數及於列曹尚書者，其故在此。

以上皆三國兩晉南北朝之官之集於京師者。

（乙）地方　地方之官制，爲專治地方之事者而設；故秦漢之內史，河南尹，均屬此類。三國分治，魏仍爲河南尹，西晉因之；東晉立國江左，京師所治，置丹陽尹領之，南朝皆然。後魏初立代尹，後改爲萬年尹；遷洛以後，置河南尹，東魏改爲魏尹；北齊則有清都尹，後周又有京兆尹。此京尹之可知者也。司隸校尉，始置於漢，魏晉因其官職，而以京輔所部定名，置司州，部以司隸校尉統之；及東晉渡江，罷司隸校尉官，變其職爲揚州刺史；於是南朝諸代，皆以揚州刺史爲京輦重任，以諸王領之，其權勢又嘗與丹陽尹相表裏；觀宋彭城王義康欲以所親劉斌爲丹陽尹，此卽揚州與丹陽聯絡之一證。後魏亦無司隸之官，而代以司州牧；北齊亦然，後周則別爲雍州牧。考州牧之名，始自漢哀；三國分治，其官不廢，而時以刺史代之：魏分所屬爲十三州，除司州屬司隸校尉，治洛陽外，有揚州、青州、徐州、兗州、荆州、豫州、雍州、涼州、秦州、冀州、幽州、并州之別；其梁益二州，不入版圖者，亦置刺史遙領。蜀得益州梁州，或置牧，或置刺史；又設庲降都督，遙領交州；又與吳約三分中國，兗冀并涼屬蜀，故四州亦置刺史遙領；而荆雍二州，以地勢毗連，亦時置刺史。吳得揚荆交廣四州，或置牧，或置刺史；又與蜀約三分中國，以豫青徐幽屬吳，故四州亦置州牧遙領。晉仍以司隸所統部爲司州，凡州十九，各以刺史領之，除司隸治洛陽外，有兗州、豫州、冀州、幽州、平州、并州、雍州、涼州、秦州、梁州、益州，寧州、青州、徐州、荊州、揚州、交州、廣州之分；及東晉南渡，各州刺史所屬，多有不同。試從元帝睿即位之始考之，僅有揚州、江州、湘州、荊州、交州、廣州、寧州、益州、徐州、豫州；其後諸州類多僑置，有官無地：故刺州之官，往往徒有其名而不能核其實；至於諸州土地，或肆或絕，亦時相出入。宋之始盛，有揚州、南徐州、南兗州、兗州、南豫州、豫州、江州、青州、冀州、司州、郢州、湘州、雍州、梁州、秦州、益州、寧州、廣州、交州、越州等刺史；自宋以後，刺史治地，間多更易，淮泗南北，亦時有其伸縮，而大略從同；至於陳宣帝頊太建之末，諸州分析，無復前制，刺史之職，因是增多，各有治地，但不勝其列舉！除所失江北地之外，刺史所屬，已盡於此，地不加廣，而濫爲分析，徒增員位而已，於治無裨也。後魏當孝文帝宏時，釐定刺史所定之地，於是更有分置諸州之事，除司州牧統治洛陽諸郡以外，共得三十六州，各置刺史領之：并肆定相冀幽營平安瀛汾諸刺史，皆治於河北者也；青南青兗齊濟光豫洛徐東徐雍秦南秦梁益荊涼河沙華陝郢夏岐班諸刺史，皆治於河之南者也。至其衰滅，周齊踵興，於是魏世州鎭，漸多分析：河南自洛陽之西爲周，之東爲齊；河北自晉州之西爲周，之東爲齊。齊之州數，達九十有七；而周之州數，則至於二百十一，刺史之衆，可以推知。又自魏晉以來，刺史有領兵、單車之別：魏晉刺史之領兵者，必加都督諸州軍事，實則以都督兼領刺史，而非以刺史兼統都督；但都督兼領刺史，止治其所駐之一州，其餘則仍別置刺史，專理民事，而專理民事不掌兵柄之刺史，亦即謂之單車：是兼理之中有分理之制；然自晉室南遷，各州刺史大都以都督領之，蓋有不治軍之單車刺史，而無不治民之領兵都督，積勢所趨，至南朝而不返。誠以晉人立制，視都督諸軍爲最重，監諸軍次之，督諸軍爲下；都督使持節者又爲最重，持節次之，假節爲下；宋齊以後，均循是制。後魏官制，俱采南朝，故刺史之爲都督軍事兼領者，其權寄亦特尊；後周改都督諸軍事爲總管，而都督之名，迄亦不廢，至隋而始爲散官。都督之兼領刺史，所以爲本時代官制之特點者，其由來若此。此則關於刺史之可知者也。刺史以下，三國均因漢制，郡置守，縣置令，以屬郡，郡以屬州；南朝諸代，相繼因之；惟晉時郡守，必兼將軍之號，無者爲恥：是郡守所理，並不判乎軍民，與漢制蓋異。後魏以守令治郡縣，而縣有大中小之分；北齊郡縣，又自上上以至下下，釐爲九等；後周守令以戶數多寡定其命之高下，而無九等之繁。此又關於郡守縣令之可知者也。至於州郡縣之佐職，鄉里之庶官，本時代中亦多酌量漢制置之；惟佐職之多，則迥逾於漢世，而其弊蓋由於西晉始之云。

(丙)封國　魏世宗姓封國有王、公、侯、伯、子、男六等之別，而其制馭最嚴，雖設保、傅、相、常侍、侍郎各職，徒有其名而已；晉世諸侯王，俱得置兵，有中尉領之，而又得自選文武之官，變魏之約束而爲放縱！晉室南渡，其制猶未盡廢。南朝傅相以下諸官，多與魏晉相同；魏、齊均用六等之爵分封，惟周除王爵，僅五等，而其屬職則與魏晉諸朝不異。大抵宗王之禍，以西晉劉宋爲橫；而西晉劉宋之宗王，俱得有自典三軍之職，亂機之動，蓋卽由之然則封建不足以召亡，封建各予以兵，乃眞足以召亡耳！

本時代制祿之率，不盡可稽；准之漢制，常多出入。例如晉世諸公，食俸日五斛，給絹春百疋，秋二百疋，綿二百斤；尚書令月五十斛，春三十疋，秋七十疋，綿七十斤，此以斛疋斤並計者然也。後魏制祿，各隨近給公田，刺史十五頃，太守十頃，縣令六頃，吏代相付，此以頃計者然也。北齊官秩一品，每歲絹八百疋，二品六百疋，三品四百疋，四品二百四十疋，五品一百六十疋，六品一百疋，七品六十疋，八品三十六疋，九品二十八疋，此以疋計者也。後周建官，遠師周制，故有下士中士諸名，下士祿一百二十五石，中士以上至大夫各倍之，上大夫是爲四千石，卿二分，孤三分，公四分，各益其一，公因盈數爲一萬石，此以石計者然也。又官品制度，自魏而興，魏變兩漢石祿之級數，始有九品之制，至梁分爲十八班；後魏又各以九品分爲正從，而隋唐以來因之；後周又改品爲命，而以九命分爲正從，皆十八等。其間如晉宋齊陳俱行九品之制，北齊則行九品正從之制。今就魏梁後魏後周四朝之舉行斯制者，列表於下，而以四朝所分之官職，系其略焉。

時代／品數	魏（九品）	梁（十八品）	後魏（九品分正從）	後周（九命分正從）
魏一　梁及後魏一　後周一	（1）一品	（1）十八班	（1）正一品	（1）正九命
	（1）大將軍三公丞相等	（1）太傅太保太尉司徒司空大司馬等	（1）太傅太保太尉司徒司空大司馬等	（1）太傅太保太師柱國大將軍等

等次	魏	梁	後魏	後周
梁及後魏後周二		(2)十七班	(2)從一品	(2)九命
		(2)諸將軍等	(2)儀同三司都督中外諸軍事等	(2)儀同三司雍州牧等
魏二梁及後魏後周三	(2)二品	(3)十六班	(3)正二品	(3)正八命
	(2)諸四征四鎮將軍諸大將軍等	(3)尚書令太子太傅等	(3)尚書令太子太傅等	(3)諸四征四鎮將軍少師少傅少保等
梁及後魏後周四		(4)十五班	(4)從二品	(4)八命
		(4)尚書左右僕射中書監等	(4)尚書令左右僕射中書監司州牧四鎮將軍等	(4)四征將軍都督刺史二萬戶以上者等
魏三梁及後魏後周五	(3)三品	(5)十四班	(5)正三品	(5)正七命
	(3)侍中散騎常侍尚書令左右僕射中書監令九卿等	(5)中領軍太常卿等	(5)侍中中領軍司州刺史等	(5)六卿等
梁及後魏後周六		(6)十三班	(6)從三品	(6)七命
		(6)中書令列曹尚書等	(6)散騎常侍征虜將軍中州刺史等	(6)郡守萬五千戶以上者等
魏四梁及後魏後周七	(4)四品	(7)十二班	(7)正四品	(7)正六命
	(4)城門校尉領兵刺史等	(7)侍中散騎常侍等	(7)城門校尉黃門侍郎下州刺史等	(7)郡守滿萬戶以上者等
梁及後魏後周八		(8)十一班	(8)從四品	(8)六命
		(8)御史中丞吏部尚書等	(8)中書侍郎諫議大夫左右中郎將等	(8)郡守五千戶以上者等
魏五梁及後魏後周九	(5)五品	(9)十班	(9)正五品	(9)正五命
	(5)給事中單車刺史郡國太守相內史等	(9)太子家令率更令僕等	(9)郡國太守相內史等	(9)郡守千戶以上者長安令等

梁及後魏後周十			(10)九班	(10)尚書左丞相大舟卿等	(10)從五品	(10)大司馬大將軍掾屬等	(10)五命	(10)郡守戶不滿一千者縣令七千戶以上者等
魏六 梁及後魏後周十一	(6)六品	(6)尚書令左右丞諸縣署令一千石者	(11)八班	(11)司徒掾屬等	(11)正六品	(11)司徒主簿縣令等	(11)正四命	(11)縣令戶四千以上者等
梁及後魏後周十二			(12)七班	(12)五校等	(12)從六品	(12)太子舍人等	(12)四命	(12)縣令戶二千以上者等
魏七 梁及後魏後周十三	(7)七品	(7)諸縣令六百石以上者等	(13)六班	(13)司徒主簿等	(13)正七品	(13)中縣令等	(13)正三命	(13)縣令戶五百以上者等
梁及後魏後周十四			(14)五班	(14)尚書郎中等	(14)從七品	(14)司州主簿等	(14)三命	(14)縣令戶不滿五百以上者
魏八 梁及後魏後周十五	(8)八品	(8)諸郡有秩鄉老等	(15)四班	(15)給事中中書舍人等	(15)正八品	(15)司州祭酒下縣令等	(15)正二命	(15)正五命郡丞等
梁及後魏後周十六			(16)三班	(16)太子舍人司徒祭酒等	(16)從八品	(16)公車令符節令諸署令	(16)二命	(16)五命郡丞等
魏九 梁及後魏後周十七	(9)九品	(9)諸縣長令相等	(17)二班	(17)太學博士等	(17)正九品	(17)中黃門令等	(17)正一命	(17)正六命州列曹參軍等

梁及後魏後周十八	(18)一班	(18)從九品	(18)一命
	(18)東宮通事舍人等	(18)太子牧長等	(18)山林淮海都尉等

〔附〕人才之任用與培養　本時代中任用人才之法，由於選舉者多，由於學校者少；與漢世學校純爲任用人才而立者其法漸殊，茲以次略述之。

〔甲〕選舉　三國分立，魏由尚書陳羣建請，獨行九品中正之制；其後於州郡各置大小中正，各以本處人任諸府公卿及臺省郎吏有德充才盛者爲之，區別所管人物，定爲九等；其有言行修著則升進之，或以五升四，以六升五；倘有道義虧缺，則降下之，或自五退六，或自六退七。又制：郡口十萬以上，歲察一人，其有秀異，不拘戶口。魏晉以後，南朝至於梁陳，北朝至於齊周，選舉之法，雖互有損益，而九品及中正，至隋始罷：然則謂本時代之取士，全爲九品中正之制所範圍，非過論也。九品中正之制，行之既久，自不能無流弊！劉毅所謂「上品無寒門，下品無世族」者是也。任子之法，於漢有之，史亦稱爲「門蔭」；本時代中，既以九品中正爲取人之法，而九品所取，大抵多爲世家，逮南北朝，益爲重視！如南之王謝，北之崔盧，雖朝代推遷，尚皆然以門地自負，上之人亦緣其門地而用之，凡所選舉，多爲貴胄，門蔭之法，即混合於其中。至於辟召，則與選舉同其用意。故曰：本時代之取士，全爲九品中正之制所範圍也。又魏晉以來，官司之選用，多由吏部；而吏部之選用，仍必下之中正，徵其人居及祖父官名。且又不獨人居官名之調核而已，凡未仕者居鄉履行之善惡，是之謂「品」；旣仕者居官有才能之優劣，是之謂「狀」，九品中正之官，旣設之於州郡，則猶古代鄉舉里選之遺意；其品可知，其狀不可知者勢也。魏晉以降，爲中正者又必以其人才能之狀著於九品，是入仕之後，尙須爲中正所定之品目相拘，然則九品中正之法，非獨取士用之，卽銓官亦用之，詐隨之不平，則於玆益信也。

(乙)學校　自三國以至東晉，太學之制，或興或衰；迨孝武帝曜時，乃改中堂爲之，而生徒之數，不過六十。又兩漢博士，爲太學師表，其人大抵名儒，而由博士入官者多至公卿；魏晉雖立博士，而升遷有限，不能如兩漢之尊也。南朝諸代中，惟梁武帝衍有四館之開，並重國學，總以五經教授，每經各置博士一人，所授學生，其射策通明者，卽除爲吏；然以衍敦崇佛說之故，學制雖舉，而人才不出！人不從其令而從其意，意爲身率，令乃文具，不旋踵而且喪亂，養士之法蕩然矣。後魏國學，始在平城，繼遷洛陽。孝文帝宏尤篤崇學術，故劉芳李彪諸人，以經書進；崔光邢巒之徒，以文史達；其餘涉獵典章，周習詞翰，莫不縻以好爵，動貽賞眷；於是斯文鬱然而興！古者學優則仕，吏治之人才，未有不明學術者；漢世吏治學術之軌日分，至本時代中，學校卽有成材，亦恆無裨吏治；太和（魏孝文帝宏年號）所用，大抵皆學術之人才，此其文治之所以卓絕於周齊也。地方之學，魏晉南北朝，所在多有；其呈效之希絕，亦猶兩漢。蓋自選舉之法盛行，學校徒有其名，而規制未能畢舉！成周之古制，未可期於漢以後之各朝矣。

（二）理財　自三國至南北朝，理財制度，代有輕重繁簡之殊；其最晰者，莫如晉與後魏。玆分別言之：

（甲）徵稅　三國賦稅之可考者，惟魏田賦、畝粟四升，戶絹二疋綿二斤；而制丁占地之法不傳。晉興，男女年十六以上至六十爲正丁；十五以下至十三，六十以上至六十五爲次丁；十二以下，六十六以上爲老小。男子一人地占七十畝，女子三十畝；丁男課田三十畝，丁女二十畝，次丁男半之，次丁女則不課。戶調歲絹三疋綿三斤，女及次丁男爲戶者半輸。大抵晉初賦調，兩者並征；男女既各得占田，則戶調所行，必無無田之戶。東渡以後，至成帝衍時，始度百姓田，取十分之一，率畝稅米三升；是後頻年水旱，田稅不至，未幾，算田稅米空懸五十餘萬斛，尚書諸曹以下免官！哀帝丕卽位，乃減田租，畝收二升。孝武帝曜時，並除度田收租之制，王公以下，口稅三斛，惟蠲在身之役；其後又增稅米口五石：由三斛而增至五石，則爲賦重無疑。東晉戶調絹疋之事，雖於史無徵，而南齊竟陵王子良有言：『昔晉氏初遷，江左草創，絹布所直，十倍於今，賦調多少，因時增減。』然則東晉戶調之法，固時有其變遷，後之說者，未可以西晉之制概之也。南朝田賦戶調，率因東晉之舊；惟宋齊以降，版圖日蹙，賦額必有減損之變！而其施行之制，亦於史無傳，爲可惜也。又古者井田之制，久已不行；西晉雖有占地之法，而其制度之詳，不如後魏。魏孝文帝宏用李安世之言，行均田之法：諸男夫十五以上受露田（不栽樹者謂之露田）四十畝，婦人二十畝，奴婢依良丁，牛一頭受田三十畝，限止四牛，所授之田率倍之，三易之田再倍之，以供耕作及還受之盈縮。人年及課，則受田；老免及身沒，則還田，奴婢牛隨有無以還授。此規制之因露田而定者也。又諸初受田者，男夫一人，給桑田二十畝，俾使種桑榆；非桑之土，夫給一畝，俾種果植，皆爲代業，終身不還。盈者得賣其盈，不足者得買所不足；不得賣其分，亦不得買過所足。此規制之因桑田而定者也。又諸麻布之土，男夫及課，別給麻田十畝，婦人五畝；奴婢依良丁，皆從還受之法。此規制之因麻田而定者也。又諸人有新居者，三口給地一畝，以爲居室；奴婢五口給一畝。男女十五以上，因其地分口課種菜五分畝之一。此規制之因宅地而定者也。以上均爲後魏「均田」之法。至其賦調沿革，史不全著。魏令每一夫一婦，調帛一匹，賦粟二石；人年十五以上未娶者，四人出一夫一婦之額；奴任耕、婢任織者，八口當未娶者四；耕牛二十頭，當奴婢八。其麻布之鄉，一夫一婦，布一疋，下至牛，以此爲降。至孝文帝宏時，賦調加重，每戶增至帛三疋，粟二石九斗，以爲官司之祿；後增調外帛滿二疋，所調各隨其土所出，或以綿絹及絲充，或以麻布充。此又後魏賦調之可知者也。北齊依魏制給授田令，男子率以十八以上爲丁，受田輸租調；六十六退田免租調。一夫一婦爲一床，租二石五斗，調絹一疋，綿八兩，奴婢各準良丁之半。後周授田，有室者得授百四十畝，單丁百畝。凡民年十八至六十四，皆賦之。有室者歲不過絹一疋，綿八兩，粟五斛；單丁半之。其非桑土，有室者布一疋，麻十斤，單丁又半之。豐年則全賦，中年半之，下年三之，皆以時徵。此又齊周賦調之可知者也。至於其他雜稅，南方世行算緡之法，北朝亦有煮鹽之禁，惜其規制，俱無由詳舉云。

（三）鑄錢　三國分立，蜀鑄直百錢，吳鑄當五百錢，皆不足爲法；惟魏仍用五銖錢，西晉因之。東晉過江，用孫氏舊錢，輕重雜行，大者謂之「比輪」，中者謂之「四文」；吳興沈充又鑄小錢，謂之「沈郎錢」。錢制之雜，自東晉始。宋世始行四銖，繼行二銖，錢輕而小，民用不便；梁武帝衍時，復行五銖，其種凡二：一爲肉好周郭，文曰「五銖」；一除其肉郭，謂之「女錢」。百姓或私以古錢交易，旋且下詔非新鑄二種之錢，並不許用；而趨利之徒，私用雜錢轉甚！於是乃議盡罷銅錢，更鑄鐵錢，人以鐵賤易得，並皆私鑄，鐵錢日多，價格日賤，馴至商賈交易，論貫而不計數，梁亦無能挽其弊也。陳定梁亂，鐵錢不行，行五銖而以六銖副之；民不便六銖，卒以廢之，而專行五銖。五銖之用，其便於民習若此，此實自漢以來一成莫易之制！蓋錢之弊莫大於盜鑄，自晉以後，五銖之古錢，積者日衆，盜鑄能混新而不能擬舊，民之視五銖也常貴；當國者易以二銖四銖而不行，易以六銖而又不行，乃俱無以軼乎五銖之範圍，一切質地輪廓，均不能不有仿於五銖；民之樂用五銖者久，誠使五銖新品，其輕重完固，與古無殊，雖有盜鑄，而交易上亦何至驟生其影響？此後魏與北齊所以均用五銖，未易屢爲更制也。後周初亦用魏世五銖，布泉之錢，以一當五，與五銖並行；未幾又鑄五行大布錢，以一當十，與布泉並行；後又以布泉錢日賤，廢之不用，別鑄永通萬國錢，以一當十，與五行大布、五銖，凡三品並行，而終不能斷絕五銖，專用五行大布等品者，此民俗爲之，無可強也。至於盜鑄私錢之禁，本時代中亦歷世行之，而後魏王俔所陳尤爲明切。俔於孝莊帝子攸時上奏，有曰：『在今銅價八十一文得銅一斤，私造薄錢，斤逾二百。論今據古，宜改鑄大錢：則一斤所成，七十六文；錢價至賤，五文有餘：其中人功食料，錫炭鉛砂，縱復私營，不能自潤，直置無利，自應息心』！由是以言，盜鑄之興，大抵由於錢薄；然當後魏末世，偘之所論，未爲不行，而卒不能斷其盜鑄之弊者？無他，偘爲官鑄計，僅求銅價與錢値相和，不知錢幣之行，有關於國計民生者最大，收一斤之銅，鑄一斤之錢，必使銅價超於錢値，而後從事盜鑄者之心始絕；爲國計民生慮者，固不容以「錙銖較利」之見中之也！主錢禁者而果籌及正本之方也，其必自斟酌王偘之言，推而厲行其極始矣。

(附)農工商之待遇　本邦自昔，抑工商而重農民；三國分治，魏最留心足食，戰勝攻取，其根本多操於力農。如征東將軍胡質，廣農積穀，置東征臺，且佃且守，卽其一例。晉承魏業，亦務重農。武帝炎嘗舉行躬耕之典，以爲國内之倡；並詔郡縣長吏，競勸農功。東晉立國江南，視農尤重：周訪在襄陽，則務農訓卒；劉宏督荆州，則勸課農桑。如此之類，不一而足；當孝武帝曜之末，時和年豐，穀帛殷阜，幾乎家給人足，非無由也。後魏「均田」之制既行，農民不足之弊無有；其先世蠲除租賦之詔屢下，恤農儲富，過於南朝。其時北人視農之重，亦與南人之習崇浮靡者攸殊，觀顏氏家訓涉務篇有云：『食爲民天，民非食不生，三日不粒，父子不能相存！耕種之，株鉏之，刈穫之，載積之，打拂之，簸揚之，凡幾涉手而入倉廩，安可輕農事而貴末業哉？江南朝士，因晉中興，南渡江，卒爲羈旅；至今八九世，未有力田，悉資俸祿而食；故治官則不了，營家則不辦。』此爲北人譏南人輕農之一例；而後魏賈思勰撰齊民要術九十二篇，於農圃衣食之法，纖悉畢備，廣例徵而重實驗，古今農家諸書，無有能再出其上者此尤北人注重農業之特徵也。

工商之業古今多輕視之，史書所載實證無多；要之商之盛衰，於國計民生，關係最大，而古人昧然！漢儒治史，尚盛談「貨殖」；三國以後，鮮有講究及之者。麋竺嫁妹於劉備，奴客二千，金銀貨幣，足助軍資者？無他，其先世代事貨殖，僮客滿萬，貲產鉅億，故竺資綽如；三國分立，去漢未遠，故先民殖產之能力，猶可於竺徵之也。晉世賈氏專權，墨吏之誅求，不異商人之殖產，魯褒因有「錢神」之論；從知彼時世態，大抵口尚淡泊而心希商賈，王戎之賣李鑽核，好利無極，即其明證；彼石崇王愷之競富，猶爲外著之事。自是以後，當權之朝士，驕恣之節鎮，往往好斂賦賂，無所於諱；而對於商賈，則多方征榷以促其斂！以人競商賈，不爲田業，故使均輸，欲爲懲勵；雖以此爲詞，其實利在侵削。晉自過江，至於梁陳，凡貨賣奴婢馬牛田宅，有文券，率錢一萬，輸估四百入官，賣者三百，買者一百；無文券者隨物所堪，亦百分收四，名爲「散估」；南朝諸代，歷以爲常。又嘗於各津要置官，司貨物稅之收入，商賦重而民以爲苦，不顧也。後魏後周，嘗行入市之稅，每人一錢；北齊且以稅市所入貢御府聲色之費矣！商情之靜止，殖產者之無傳，固其宜也。

工業之繁榮，常隨時勢上之需求，因端而漸進：本時代中，紡績之業，冶鍛之藝，船舶製造之術，俱有發明；當事者淡漠視之，亦終不聞其有獎勸維持之術！其能以一藝自見者，亦於史無傳！又安望於工政之舉哉？

本時代法制之二（制兵及用法）

本時代之制兵用法，源皆出自漢人；惟北朝崛起鮮卑，兵強而法殊厲，與南朝之崇尚文治者有異：然南方自東晉以後綱紀大亂，所謂文治亦僅於梁武初世見之！兵之不逞，法之不當，亦皆不免。今述其故如左：

（一）制兵　制兵以後周爲最善，茲由三國以後述之，分爲二端如下：

（甲）京師　魏繼東漢而興，京師南北軍如故；文帝不下分州，置都督，又置大將軍，都督中外兵柄世在司馬氏，魏之失國，殆由於此？晉初略改魏制，京師因魏之舊，既置五校，而別有七軍：七軍者，左衛、右衛、前軍、後軍、左軍、右軍、驍騎也；皆有將軍，而中領軍總之，其前後左右，亦稱四軍。五校者，屯騎、越騎、步兵、長水、射聲也；各領千兵爲營，亦隸於中領軍，皆在城中。其後又增立翊軍、積弩二營，均與宿衛；而諸軍之中，以二衛（左衛右衛）爲特重。既而八王構亂，禁兵外散；劉石師起，京師不守。南渡以來，禁兵之制，屢有更張；當哀帝不時，王彪之言：『宿衛之重，二衛（左衛右衛）任之；其次驍騎左軍，各有所領；無兵軍校，皆應罷廢。四衛皆能，則左軍之名，不宜獨立；宜改游擊，以對驍騎。』於是詔改左軍將軍爲游擊將軍，罷右軍前軍後軍將軍，五校三將官。此兩晉京師兵制沿革之大凡也。南朝京衛，略同東晉；惟梁世別立六軍之稱，而以領軍、護軍、左衛、右衛、游擊、驍騎，六將軍分司其衆；其左右二護軍之舊名，晉已不行，宋復有之，與五校同立，梁仍不改。又南朝屯備京城之兵，亦曰「臺軍」，有事之時，常資之以備患；然而抗衡勁敵，則恆見潰散，京師王旅，無可恃者！東晉以來，朝廷倚畀節鎮，遂成定勢，於梁陳不能革也。後魏建都，初在平城，重兵所寄，常置四廂大將統之；孝文遷洛，選武勇之士十五萬人，爲羽林虎賁以充宿衞；其後詔軍士自代來者，皆以爲羽林虎賁，而其額既多，恣行不戢！孝明帝詡在位，征西將軍張彝子仲瑀上封事，求銓削選格，排抑武人，不使預清品；乃有羽林虎賁千人直造其第，焚殺彝父子，遠近震駭！胡太后僅斬羽林虎賁之凶強者八人，餘黨不復窮治：宿衞之橫若此，又南朝所未見，而其釀禍則由孝文之廣立名額，不限代人召之；則後魏禁軍之制，固亦不能以爲善也。北齊軍制，別爲內外領之二曹：內騎兵曹、外步兵曹；至其統制，則於史無傳。故本時代中京師兵制，魏晉南北，鮮可規仿；惟後周「府兵」，系統較明：於京師置持節都督，主六柱國、十二將軍、二十四開府，以分統百府之衆，其制剏於蘇綽；而說者以西魏立國，士狹民寡，周人未幷高齊，江北猶未統一，則其說殆未得盡行？「府兵」制度之實施，不得不有待於隋世云。

乙）地方及外夷　三國分立，蜀兵有「賨叟」、「青羌」之名，吳師立「丹陽青巾」、「交州義士」之號；大抵俱爲地方之兵，故各系以地望，易於識別。晉承魏業，平吳之後，詔罷軍役，示海內大安；遂悉去州郡兵，大郡置武吏百人，小郡五十人；自後五胡亂作，各地不靖，其故在此。而諸王國又皆置軍，大國三軍，中軍二千人，上下軍各千五百人；次國二軍，上軍二千人，下軍千人；小國一軍，凡千人：其後諸王起事，互相攻伐，其故又在此。元帝睿立國江南，其初所統，本爲東南之旅；蓋卽彼時地方之兵；後此上游重鎭，兵士之衆盛，又常過於京師，而狡健者卽資之以圖內寇。論者以爲東晉之始，復使州郡典兵，故有是禍！然而溫嶠陶侃諸人，又寄以州鎭重兵，入衛國難；北方分裂，兵機萬變，亦全恃州鎭之兵以抵禦之：則是東晉地方之兵，固未必盡有害於國也。其屯駐京口者曰「北府兵」，屯駐歷陽者曰「西府兵」；而「北府兵」尤精，爲京邑之外援，戰常克捷。劉宋以後，地方兵制，多承東晉：故國內大鎭，舉足重輕，爲一代安危之所繫；而上游兵禍，亦常數發，亦勢所不得不然也。後魏強兵，聚於六鎭；中國視之，其地爲邊方，而自魏初世言，蓋爲重地。魏廣陽王深所謂『先朝都平城，以北邊爲重，盛簡親賢，擁麾作鎭，配以高門子弟，以死防遏』者，卽此，亦地方之兵也。遷洛以後，六鎭鄰邊，其任漸輕，兵制以壞；然其剽悍好戰，則無殊曩昔！胡后當國，北邊亂起，其特徵矣。後周分地方之兵，糾爲百府，每府一郎將主之，分屬二十四軍，開府各領一軍，以分屬將軍；由將軍以上承柱國，而統於持節之都督，內外相維，系統至明！地方兵制之改善自此始。至於外夷諸部，當中國無事時，亦多置兵以爲備：晉承魏制，增立護羌、夷、蠻等校尉，護匈奴、羌、戎、蠻、夷、越中郎將，或領刺史，或持節爲之，皆有典兵護視夷部之職；東晉以後，西戎、南夷、南蠻，各立校尉，而建置不常；後魏之起，雖由鮮卑，而其官不廢。以上所舉，僅內外兵制之大凡；其他如軍器之所關，馬政之所寄，軍禮之所表著，本時代中，均無漢世之備！惟曹操、諸葛亮各有治軍之書，其後如東晉孔衍之兵林，後周宇文憲之要略，亦俱爲詳述兵事之作：本時代兵學之大端，於斯爲著。

（附）兵士之徵調　兩漢以後，兵士之徵調，大抵由於募集；晉去州郡之兵，卽募集亦不行，東渡後，調兵不出三吳，大發無過三萬，每議出討，多取奴兵，而其議實起於刁協。元帝睿降詔有曰：『昔漢二祖及魏武皆免良人武帝時，涼州覆敗，諸爲奴婢，亦皆復籍，此累代成規。其免中州良人遭難爲揚州諸郡僮奴者，以充兵役。』自是以後，每有征伐，輒發「僮奴」充之；旣而或以義隨爲兵，或以實戶爲兵，兵制不良，莫此爲甚！宋文帝義隆時，大舉伐魏，以兵力不足，乃悉發青冀徐豫等州三五民丁，倩使整行，符到十日裝束，緣江五郡集廣陵，緣淮三郡集盱眙，又募中外馬步衆藝武力之士，應科者皆加厚賞；江南白丁，輕進易退，卒以敗事。至於蕭齊，內外多虞；將帥在建康者且各募集部曲，屯聚京畿。自募兵之制盛行，無限制而滋流弊，其例證若此！若夫北人征戰，其重在馬，故史書特著「調馬」之制：當明元帝嗣時，詔諸州六十戶出戎馬一匹。後又詔國內戶二十，輸戎馬一匹，大牛一頭；六部人羊滿百口者，調戎馬一匹。又凡國人之充兵者，年滿二十，則當負役，務六十而老，兵役即免。故其甲兵之事，殆爲人人應盡之義務？魏師之強，殆由是也？後周仿周典而置六軍，籍六等之民，擇魁健材力之士以爲之首；盡蠲租調，而使刺史以農隙教之，號曰「府兵」：於是寓兵於農之制，因之復活，南北諸代中未有能及之者；其後盡行於隋，而改進於唐，遂爲中正最善之制。

（二）用法　自周禮有『刑亂國用重典』之說，於是後之治者，多欲假嚴刑以治叔季？實則中國之治不治在善政，不在嚴刑；用法者求嚴刑以治中國，中國未有能治者也。三國惟蜀刑較輕，魏吳均取嚴重！觀魏曹爽、毋丘儉、諸葛誕、王淩之叛，皆夷三族；吳孫綝、滕胤、諸葛恪及降晉之步闡等，共數十人，亦皆夷三族，即其證之較著者也。漢世曾廢肉刑，曹操當國，欲復行之，陳羣等深以爲便，而其議息；文帝丕受禪，復議肉刑；明帝叡時，鍾繇又上疏求復，王朗等共駁之，而繇議仍罷；廢帝芳時，夏侯玄又追議肉刑，卒不能決。又古者棄市之刑，本斬右趾；漢文以來，承而勿革；陳羣鍾繇，欲以右趾代棄市，而魏廷亦不能用也。西晉制度，多沿魏世之舊，劉頌爲廷尉，頻表宜復肉刑，終不見省；東渡以後，朝臣亦有主復肉刑者，屢爲時議所格，故卒不行。又三族之誅，懷帝熾時，曾廢除之；至明帝紹時，復刑三族，惟不及婦人，自是以後，族誅之法行，而無由再革：然則東晉雖不復肉刑，而仍施族誅，不得謂爲寬法。劉裕代晉，詔刑法無重輕，悉皆原降；而自文帝義隆以後，宗支殘滅，朝貴誅夷，刑戮之多，爲南朝所罕見。迨夫梁世，武帝衍志在慎法，本晉贖罪之條，推而廣之；而施行勿允，朝士有犯罪者，屈法申之，百姓則按之，民既窮窘，姦宄益深。其後又思所以寬恤，而佛氏「好生」「戒殺」之談，適伺之而入！於是衍日專精佛法，每斷重罪，則終日不懌；或謀反事覺，亦泣而宥之：由是王侯益橫，或白晝殺人，或暮夜剽掠，有罪亡命，匿貴族之家，有司知之，亦不敢捕。衍深知其弊，而溺於慈愛，終無由禁；且詔『自今犯罪非大逆，父母祖父母勿坐。』禁網日弛，而大亂旋起！梁之不祚，於此基之；自魏晉以來，刑罰之寬，未有寬於此時者也。陳承梁祚，多循前法，惟復父母緣坐之刑；自後用法，張弛無恆；至其末世，刑法不立，而陳政以亂。後魏訂法之始，惟反逆之徒，治以族誅；其餘死罪，聽民自贖。至太武帝燾時，詔崔浩定律，大逆不道，腰斬，誅其同籍，年十四以下腐刑，女子沒縣官；其後浩修國史，即以籍沒受誅。清河崔氏，既爲法所難容；推而至於范陽之盧，太原之郭，河東之柳，亦皆坐浩親黨，盡夷其族，魏氏之虐殺，莫甚於此！鮮卑暴酷，所行多有類於是者。孝文帝宏勤於爲治，而尤重刑罰，疑罪奏讞，多減死徙邊，歲以千計，都下決大辟，歲不過五六人，州鎮承風，罪因漸簡；又其始立，詔『非謀反大逆外叛罪止及其身』。於是始罷門房之誅；在位既久，並除逋亡緣坐之法，鮮卑舊習，由茲俱革；魏人所謂『太和之世，吏清政平，斷獄皆簡，百年而後勝殘去殺』者也。抑自魏晉南朝，推而至於後魏，諸法皆能恤宥，或降而從輕，惟於反君叛國，其以爲逆法無由宥，而族誅之罪，即由此輩而施，究之政治無良，即不能禁反君叛國之不興，而族誅仍不能戢其未然之禍；所謂法令之設，有時而窮，仁如蕭衍，智若元宏，不能遏其患也。齊用刑制，率循魏世之常，惟周宇文贇妄自尊大，廣其先世刑書要制之作，爲刑經聖制，謂之法經，以亂周政，則誠所謂非法之法！用刑無狀，斯民心日渙；隋起而代其業，釐定刑制，使日趨於統一，於是南北之刑法，悉合於隋，而條制由此昭然矣。

（附）法典之編纂　漢律襲秦，失之簡陋，積世漸久，不周於用！於是多有主修正者，格於一時之議，而事終不舉；雖有令以輔律，比以通律，終不能應時勢之宜，班固傷之，以爲『有司不能制爲一代之法，而徒鉤摭微細，毛舉數事以塞詔，是以大議不立，遂以至今』。故東京之季，冏主刪定律令，最爲明切；而其餘借故革論者尤衆；然終漢氏之世，不及變也。魏承漢業，諸律舊爲難治，益以令比，其書更繁；東京儒生講求章句，十有餘家，家數十萬言，凡斷罪所當用者，合二萬六千二百七十二條，七百七十三萬二千二百餘言，覽者難明。明帝叡下詔但用鄭氏章句，不得雜用他家；衛覬又請置律博士，轉相教授；然律文煩廣，事比衆多，離本依末，則失眞義；其時陳羣劉卲等本通律學，乃令羣等刪約舊科，旁采漢律，定爲魏法，制新律十八篇，是爲漢以來律文變古之始。司馬昭秉魏政，又以陳羣劉卲之本，雖經改革，而科網太密；又諸儒章句，但取鄭氏，亦爲偏黨，未可承用，於是命賈充等就漢九章之律，增爲二十；蠲其苛穢，存其清約，合六百二十條，二萬七千六百五十七言；其一時權宜之制，不著於律，悉以爲令。都凡律令合二千九百二十六條，十二萬六千三百言，爲書六十卷；至晉武帝炎在位之三年（即泰始三年，即民國紀元前一千六百四十年），事成，炎親自臨講，使裴楷執讀；明年，大赦國內，乃班新律。其後律皆有注，分張裴杜預二家；而侍中盧珽，中書侍郎張華，又表抄新律諸死罪條目，懸之亭傳，以示百姓，詔從其請，晉法大行；蓋自魏行新律，至晉初而改善之事始竣，其業實合兩代而成，中古法典之大備自此始。晉初所注之律，南朝猶行；齊刪定郎王植之，更合張裴杜預二家之注，並爲一書，而事未施行；其文亦旋消滅；別有永明之律，爲宗躬所撰，共八卷二十篇，其目略同晉氏。梁武帝衍時，義興太守蔡法度，能言齊王植之律，於是使損益舊本，以爲梁律；其後又令王亮等定爲二十篇，凡二千五百二十九條，爲書二十卷。至於陳代，比部郎范泉又刪定梁律爲九卷，而篇目無傳。後魏當太武帝燾之末，令胡方回游雅改定律制，凡三百九十一條；文成帝濬時，又增律七十九章；孝文帝宏時，又令高閭修改舊文，隨時增減，凡八百三十二章，爲書二十卷，而篇目亦無傳。北齊之始，議造齊律，積年不成，其決獄仍依魏式；至武帝湛時，尚書令趙郡王叡等奏上齊律十二篇，定罪九百四十九條，爲書十二卷，目一卷。宇文泰秉西魏之政，令有司斟酌今古變通，修撰新律；後至武帝邕時，司憲大夫拓跋迪奏新律，謂之大律，凡二十五篇，爲書二十五卷。由斯言之，晉以後新律之踵興，大率依夫賈充等之蒐輯；而自充等嘗爲撰訂，後人緣其故術，代有删修。試一回溯夫法典事業之由來，雖始於戰國，襲於西漢，而其規模之發達，則本時代之魏晉已足當之；魏晉以後，歷世多艱，而其事業，終不能久輟，降至隋唐定律，於是少變魏晉以來之面目，而愈適於宜。誠哉中古之世，法典事業之繁榮，未有本時代之著者矣！

自魏晉以至南北朝之末，其間南之宋陳，北之後魏，法典篇目多已失傳；其餘諸代，皆可表列。茲綜本時代先後諸朝之法典合表繫之，其概如下：

時代別	律別	篇				
本時代以前	法經	6具法				
	漢律	具律			戶律	廐律
本時代	魏律	刑名			戶律	
	晉律	1刑名 2法例	15衛宮	19違制	12戶律	17祝律
	齊律	刑名 法例	衛宮	違制	戶律	廐牧
	梁律	1刑名 2法例	15衛宮	20違制	12戶律	17倉庫 18廐律
	北齊律	1名例	2禁衛	5違制	3戶婚	11廐牧
	後周律	1刑名 2法例	9衛宮	15違制	5婚姻 6戶禁	18廐牧
本時代以後	隋唐律	1名律	2衛禁	3職制	4戶婚	5廐庫

	1盜法 2賊法			5雜法	4捕法	3囚法									
興律	盜律 賊律			雜律	捕律	囚律									
擅興律	盜律 賊律	刦掠	詐僞	雜律	捕律	斷獄		毀亡	告劾	繫訊	請賕	驚事	償贓		
13擅興律	3盜律 4賊律		5詐僞	11雜律	8捕律	10斷獄		14毀亡	7告劾	9繫訊	8請賕			18水火	20諸侯
興律	盜律 賊律		詐僞	雜律	捕律	斷獄		毀亡	告劾	繫訊	請賕			水火	諸侯
13擅興	3盜刦 4賊叛		5詐僞	17雜律	8討捕	10斷獄		14毀亡	7告劾	9繫訊	8受賕			18水火	
4擅興	盜賊	7鬭訟	8詐僞	12雜律	4捕斷			10毀亡							
8興繕	12刦盜 8賊叛	11鬭競	20詐僞	19雜犯	13逃亡	25斷獄		14毀亡	22告劾	24繫訊	21請賕			7水火	17諸侯
6擅興	7賊盜	8鬭訟	9詐僞	10雜律	11捕亡	12斷律									

綜計	六篇	九章	十八篇	二十篇	二十篇	二十篇	十二篇	二十五篇	十二篇
別				18 關市	關市	19 關市		18 關市 10 市廛	
								3 祠享	
			留律					4 朝會	
			免坐律						

第七章　本時代之文化上

本時代文化之一（學藝）

本時代之學藝，其流別皆承漢世而來。玆仍上例，析二端述之：

（一）文學

（甲）諸經　唐姚思廉有言『兩漢登賢，咸知經術；魏晉浮蕩，儒教淪歇，公卿士庶罕通經業。』不知此爲一隅之見，未足以見本時代經學之全也。自魏晉迄南北朝之末，研經之士雖不能似漢世之盛，而傳授之事，要未見其衰替。東漢鄭玄並爲衆經注解；服虔何休各有所說。玄詩、書、易、禮、論語、孝經，虔左氏春秋，休公羊傳，俱行河北；而魏王肅所注之易，亦間行焉。晉世杜預注左氏，預玄孫坦，坦弟驥，於宋並爲青州刺史，傳其家業，故齊地亦有習杜注之左氏者；而河南及青齊之間，儒生誦易，又多用魏王弼之所注：二王杜預，皆魏晉經師；則是經說之衰微，彼輩不能任其咎也。徐遵明者，魏世之大儒，講鄭玄所注周易，其遠徒爲郭茂，故能言易者多出郭茂之門；遵明又兼通鄭氏之禮，其遠徒爲熊安生，故能言禮者，多出安生之門；其他鄭注之尚書服注之春秋，遵明亦兼通之，故北方能言尚書春秋者，亦多出於遵明之門。劉獻之者，又魏之經師，通毛詩；其遠徒有劉軌思，故北方能言詩者，多出二劉之門。此北朝經學流衍之所別者然也。江左立國，元帝睿注重經學，因有九博士之設立，自後歷世傳其經說：所爲章句，周易用王弼，尚書用孔安國，左氏用杜預，與北朝間不同符；其與北相合者，惟禮注同遵鄭氏，詩說並用毛公而已。此南朝經學流衍之所別者然也。大抵北人之學，涉於深蕪而窮其枝葉；南人之學，趣夫簡易而得其精華。就二者之趨勢而言，南學之傳流，殊不能及北方之盛。蓋北儒喜崇鄭氏，徐劉一輩，俱爲大師；南方經學，至梁世而特崇，一時雖是明山賓陸璉沈峻嚴植之賀瑒諸家，而傳授之間，俱未能廣。此爲兩方好尚區異之特徵，不得以是爲說經者病也。

又古文尚書，本漢世孔安國之所傳；自晉以後，孔氏之本佚。東晉元帝睿時，豫章內史梅賾，奏上孔傳古文尚書；舜典一篇，賾不能得，乃取王肅注堯典從『慎徽五典』以下，分爲舜典篇以續之。齊明帝鸞時，吳興姚方興又於大航市，得舜典一篇奏上；蕭衍時爲博士，斥之不用。後世說經之士，以爲：梅賾之書既僞，而方興所上，又爲僞中之僞；唐人不察，采之以當正經，其關係於經學前途者，爲戾至大！而其僞託，則固由本時代之晉人始之云。

自來窮諸經者，必首先致力於文字；漢世以後，文字日多：漢人所著說文，僅九千三百五十三字；魏張揖所著廣雅，則至一萬八千一百五十一字；梁顧野王所著玉篇，則至二萬二千七百二十六字。文字有音有義有形，而專詳音韻之書，則於本時代中始著：其初魏李登之作聲類，以五聲命字，不立諸部；晉呂靜繼之而著韻集，宮商角徵羽，各爲一篇，其時字別五聲，初無有四聲之說也。齊武帝時，沈約盛解音律，以平上去入爲四聲，撰譜明之；一時王融劉繪范雲之徒，慕而倣法，由是遠近文學，轉相祖述，而四聲之道大行。顧炎武謂『四聲之說，起於永明（齊武帝時年號），定於梁陳之間』者卽此。此關於音韻之可知者也。訓詁字義之書，莫古於爾雅，而漢人之方言、釋名次之；晉郭璞於爾雅方言，俱有注解；魏張揖則別本爾雅之法以作廣雅，又著古今字詁：然則魏張揖晉郭璞，乃本時代之訓詁名家；其他如晉李軌，梁沈旋（約之子）諸子，猶其微焉者也。此又關於訓詁之可知者也。自有文字以來，其形象世有變遷，至秦漢而遞盛，其書之以字形爲主者：漢許愼說文而後，厥有晉呂忱之字林，梁顧野王之玉篇。而字林所列，多補說文所未備；玉篇解詁，亦常較說文爲詳。此又關於字學之可知者也。又本時代中字體之變遷，有特著之一例焉：則南北二方之各爲派別是也。大篆小篆隸草之源流，前篇已約略及之；又有八分書，或謂始秦？或謂始漢？而後儒考古書之源流者，則謂八分實始於蔡邕。清包世臣有言：『秦程邈作隸書，漢謂之今文，蓋省篆之環曲以爲易直，世所傳秦漢金石，凡筆近篆而體近眞者，皆隸書。及中郎（蔡邕官中郎將，故云）變隸而作八分，八、背也，言其勢左右分布相背然也。魏晉以來，皆傳中郎之法，則又以八分入隸，始成今眞書之形。是以六朝至唐，皆稱眞書爲隸。自唐人誤以八爲數字，及宋遂並混分隸之名。竊謂大篆多取象形，體勢錯綜，小篆就大篆減爲整齊，隸就小篆減爲平直，分則縱隸體而出以駿發，眞又約分勢而歸於遒麗。相承之故，端的可尋。一然則隸書之變爲眞書，以八分爲過渡。魏鍾繇精其筆法，當世以爲銘石之書，蓋卽今人之所謂眞書者也；其少子會克傳家法，由是眞書漸行，晉衛恆尤工之！過此以往，眞書一體，漸有南派北派之殊：漢之隸書，有篆籀遺意，北派彌近之，而南派則漸趨漸遠；故後魏、北齊、後周與東晉、宋、齊、梁、陳之間，同異之端，由茲而著。北派宗法漢隸，用筆勁正，圓寓於方：導源於索靖，而流衍於崔浩；南方初亦追摹漢隸，自王導攜鍾繇宣示帖過江，其從子羲之，羲之之弟獻之，皆工眞書，而羲之尤著！其後倣法之者，趨於姸媚，易方爲圓；與北朝筆法不同，而日遠於漢隸，宋羊欣、齊王僧虔輩，俱師則之，遂成南派。南派長於書帖，而北派則長於書碑；蓋自魏晉以來，不第有政治上之南北，而更有經術上之南北，而又有字學上之南北，洵本時代之詭觀也。

（乙）歷史　本時代歷史之學，漸形興盛。晉、陳壽著三國志，魏四記，二十六列傳；蜀十五列傳，吳二十列傳。史家之分國成編自此始。宋、范曄著後漢書，紀十，列傳八十；以後漢尚氣節之故，創爲獨行、黨錮、逸民三傳，表章幽隱。史家之多分門類自此始。北齊、魏收著魏書，紀十二，志十，列傳九十二：收以修史爲世所詬病，世號爲穢史！今以收傳考之，則當時投訴，或不盡屬公論？自魏、崔浩以修史被謗獲禍，後遂釀爲風氣，寧濫毋核！收書雖不盡如訴者所言，而後之史臣則咸以浩爲前車。史家之隱惡揚善，意存規避，自此始。以上皆正史之犖犖大者。其他如梁、沈約之宋書，蕭子顯之南齊書，亦與後漢書、三國志、魏書同列「正史」：約撰宋書，紀八，列傳六十；東漢以下，編史者多無「志」，約書始復其例，後世推爲作者。此宋書之長也。子顯作南齊書，紀八，志八，列傳四十；紀勝代諸事，涉及本朝，亦有能直書無隱者。此南齊書之長也。又本時代中，其鑽研正史而附之以成著述者：於史記，則有宋、裴駰之注解，徐野民之音義；於漢書，則有晉、劉寶之駁議，齊、陸澄之注解，梁、韋稜之續訓，陳、姚察之訓纂；於三國志，則有晉、何琦之評論，王濤之序評。其與正史之體段相合，不幸已佚過半，而後人猶得輯錄以傳其大略者：於後漢，則有吳、謝承，晉、華嶠、謝沈、袁山松、劉義慶，梁、蕭子顯之後漢書；於三國，則有魏、魚豢之魏略，晉、王沈之魏書，吳、韋昭之吳書，張勃之吳錄；於晉則有晉、王隱、虞預、朱鳳，宋、謝靈運，齊、臧榮緒，梁、蕭子雲、沈約之晉書；於宋，有宋、徐爰之宋書；於齊有梁、江淹之齊史；於梁，則有梁、謝吳之梁書，陳、許亨之梁史；於陳，則有陳、顧野王、傅縡、陸瓊之陳書；於後魏，則有北齊、魏澹之魏書。凡此皆著錄於隋書經籍志者。又古者無「通史」之名，至梁始有之；梁武帝衍勅其羣臣上自太初，下終齊室，撰成通史六百二十卷。其書自秦以上，皆以史記爲本，而別采他說以廣異聞；至兩漢以還，則全錄當時紀傳，而上下通達，臭味相依。其吳蜀二主，皆入世家；五胡及拓跋氏，列於夷狄傳，體如史記而無「表」。雖其紀錄，或為後世所譏；而後人通史之名，實昉於此，亦本時代之一鉅書也！匪特此也，隋志所載，正史以下有古史（唐志謂之編年），如晉、袁宏之後漢紀、孫盛之晉陽秋之類，一也；又有「雜史」，如晉、司馬彪之九州春秋之類，二也；又有「霸史」，如晉、常璩之華陽國志之類，三也；又有「起居注」，如晉人所撰漢獻帝起居注之類，四也；又有「舊事篇」，如晉人所撰漢魏吳蜀舊事之類，五也；又有「職官篇」，如齊、王珪之齊職儀之類，六也；又有「刑法篇」，如晉、杜預律本之類，七也；又有「雜傳」，如晉、皇甫謐之高士傳之類，八也；又有「地理志」，如釋法顯之佛國記之類，九也；又有「譜系篇」，如宋、劉湛之百家譜之類，十也；又有「簿錄篇」，如晉、荀勗之中經之類，十一也；合之正史為類十二。本時代史籍之富，史例之多，可以知已！

（丙）哲理　易為古代研求哲理之書，漢京房輩，以陰陽災異說之，魏王弼則以老莊玄虛說之，房等以之明天道，王弼以之明人事，所說不同；而弼之去易理也為尤遠。清談之風，皆弼輩倡之。綜其所論，雖未足以冒哲理之名，然於哲理界之思潮，固有甚相似而繼者？西晉裴頠，疾夫何晏阮籍負時望，廢禮法，以至王衍之徒，位高勢重，不以物務自嬰，轉相倣效，以為名高！乃著崇有論以釋其蔽。以為：『有形雖生於無，然生以有為己分，則無乃有之所遺。賤有者外形忘禮，虧士行，壞朝政；故理既有之眾，非無為之所能循；養既有之化，非無用之所能全也。』王衍等辨難之，而頠論終不絀。然則頠之崇有，視衍之無為，為更密合於哲理，有斷然者！而其時無爲之論，乘時勢之利便，暢然行之，終不因頠之所論而沮；則正由魏晉人思力之薄弱，有以成之。正確之哲學不能見容於清談之世，是清談匪獨誤國，而又誤學。自是以後，迄於東晉，陶侃復力斥之，有云：『老莊浮華，非先王之法言，不益實用！君子當正其威儀，何有蓬頭跣足，自謂宏達耶？』侃之所論，方頠爲切至，而清談之習亦至是而漸除；加之印度佛教之侵入，宋張融佛道調和論之勃興，中國哲理界之思潮，遂漸趨於外教。故本時代之哲學，最爲沈闇；前之既不能比上古大人之論，後之復不能開宋儒說性之詳；始既厄於清談，繼且奪於外教。論本邦哲理變遷之本末者，所由多感慨係之也！

(丁)文詞　本時代之文詞，亦可分爲「散」「韻」二者言之：散文之至優者，不過數家，而要以魏之曹植爲其冠冕。植與同時之陳琳、王粲、徐幹、阮籍、應瑒、劉楨，雖同稱爲建安七子；而植之下筆縱橫，高材捷足，自非陳王諸子之所能及！植文非第爲三國之一人，抑亦本時代之領袖也。晉初，阮籍、嵇康，俱號能文，一時有『嵇詞清峻，阮旨遙深』之目；其後潘岳、左思、陸機之徒，接踵而興，然已漸趨於華縟之一途；六朝侈靡之風，實由茲啓；宋、謝靈運、鮑照，踵沿而習之，而其風日盛。蓋古文至魏氏而小變，至晉宋而大變，變而爲矜才侈博，典麗贍富，自後歷世增華，有所謂「齊梁體」者出焉，則沈約、任昉之文，其中堅也；又有所謂「宮體」者出焉，則梁武帝衍父子之文，其典範也；又有所謂「徐庾體」者出焉，則梁、徐陵、周、庾信之文，其肇祖也。庾信所作，適而能逸，獨出一時。本時代中散文，以曹植爲冠；降而爲駢，則以庾信爲冠。本時代之文章，曹以開其始，庾以殿其終，亦三百六十年間之勝事也。大抵魏晉以降，散文去古漸遠，而駢儷之端開渡江以後，日趨藻績，沈約漸以聲韻束之；蕭氏以下，至於徐庾，其道大茂：顧彼時尚無四六之名，則亦與古代之散文，連類視之而已。古時無韻者謂之筆，有韻者謂之文。本時代之韻文，方漢世爲發達，而要以詩爲最盛；諸詩之中，又以五言詩爲最盛。魏之曹植，又爲此道之宗；應劉以下，羣附和之，唯阮籍別爲一派。當晉盛世，左思、劉琨俱負盛名；而張（張載張協）陸（陸機陸雲）兄弟，均非所及。江左建國，惟陶潛稱最；自是以後，宋之詞人以謝康樂爲冠，而鮑照次之，齊之詞人以謝朓爲冠，而王融次之；梁之詞人，以江淹、何遜爲兩雄，而沈約、范雲等次之；陳之詞人，以徐陵爲冠，而江總次之。此南朝諸家之可知者也。魏齊之間，以顏介爲冠，而高敖曹等次之；後周詞人，以庾信爲冠，而王褒次之。此北朝諸家之可知者也。七言之興，肇基於漢；至魏、曹植、陳琳所作遂多，爲唐作者之所本。六朝惟鮑照最爲遒宕，七言之法大備；梁陳作者，亦有長篇，然氣不足以舉詞，未若五言之適。此又七言諸家之可知者也。樂府別是聲調體裁，與古詩迥別；至魏、曹氏兄弟，往往以樂府題敍漢末之事，謂之古詩，亦相等倫。後世雖有作者，其流不盛。此又樂府變遷之可知者也。辭賦莫盛於漢晉時，左思、陸機漸趨整鍊；齊梁而下，益事妍華：由是辭賦遂變而爲駢賦，與散文之變而爲駢文，趨勢相同；前之鮑照、江淹，後之徐陵、庾信，皆稱作手。此又辭賦變遷之可知者也。關於本時代文詞流別之大端，其概略有若此者。

尤有進者，魏晉以降，文詞之學日盛：梁、劉勰因是有文心雕龍之著，論文詞之體製與其工拙，自是而論文且有專書矣。詩學之盛，亦自魏晉以後爲然，梁、鍾嶸因是有詩品之著，集漢魏以次一百三人，品其高下，而每品之首各冠以序，自是而評詩又有專書矣。梁、蕭統者，武帝衍之太子，編次古今詩文，而爲文選，詩人總集，實由茲昉，自是而名人著作又有總集之專書矣。觀此數者，而知本時代文詞學之繁興，洵足爲唐人之先導也。

(二)質學 質學之目三：

(甲)天文 天文之學，自古有之；至周末而浸衰，至漢世而復盛；魏晉以降，其傳彌遠。要其概略，厥有三端：一曰學說，西晉魯勝之正天論，梁祖暅之天文錄，陶弘景之天儀說要，後魏張淵之觀象賦，具言天文，而淵賦尤備。一曰圖繪，吳陸績之渾天圖，後魏信都芳之器準圖，皆爲良構；而芳之所作，聚渾天、地動、銅烏漏刻、候風諸巧事，類爲圖書，以成專書，並自撰注，述其構造，此於天文學之說明，最多裨益，故其所纂著錄於隋志。一曰儀器，吳陸績造渾象，形如鳥卵，黃道赤道，不相均一，故不滿於當世；王蕃別作渾儀，制作之適，過於陸氏，然猶非其至也。葛衡洞悉天文，能爲機巧，作渾天儀，使地居於中，以機動之，天轉而地止，以上應晷刻；此於今日地球自轉之說，雖相枘鑿，然其所作，固極一時之巧。後魏、明元帝嗣時，亦曾規模葛制，造渾天鐵儀，或謂係斛斯蘭所成，傳之唐代，太史候臺，尚沿用之。其他如宋之渾儀，梁之銅儀，名或不同，而制器尚象之意則一。關於研究天文之事，魏晉以降，雖無甚進步；要其規制，亦自有足傳，不得以其時代之乖違而遺之也。又曆譜之學，自漢以來，代有更革；魏晉迭相增損，事跡糾雜，未易詳言。魏當明帝敘時，曾以建丑之月爲正；至其後嗣雖復仍用夏正，而制作紛然，要不足爲後王之法！自是以後，夏正世相沿襲，無有改者。曆法雖有變遷，而大端不易；其以精於斯學著者：宋之何承天、祖沖之，周之甄鸞，均有盛名。蓋曆譜之用，所以揆天道，察昏明，以定時日，以處百事；是以古今尚之，而承天之術，尤爲南北時代之巨擘焉。

(乙)算數　本時代中算數學之專家，亦不減於兩漢。晉之劉徽，魏之夏侯陽、張邱建，皆有言算之書；而後周之甄鸞，尤爲著聞。隋以前之算書，往往爲鸞所注，例如孫子算經、術數記遺、五曹算經、夏侯陽算經、張邱建算經，鸞皆從事注解，故其道大明；至於五雅算經，則爲鸞所自撰，書中舉易、書、詩、春秋、孝經、論語中待算方明者，均一一列之。然則鸞不第明算，尚亦且通經，傲其藝者，自當以北朝爲衆；北齊顏之推所謂江南此學殊少，河北多曉此術者是也。度量衡制度，全賴算數而成，本時代中南北分部，自爲風氣，故其制亦最雜；同是度也，而有晉前尺、晉後尺、宋鐵尺、梁新尺、後魏銅尺、後周玉尺之殊；同是量也，而有魏杜夔斛、後周玉升銅升之殊；同是衡也，而有後魏銅權、後周玉稱之殊。度量衡之制度不齊，又未有如本時代之甚者也。

(丙)醫術　醫術之效，所以除疾疹，保性命；魏晉而後，尤重視之。晉王叔和、葛洪俱嫻其術，南朝人士，考究醫學，尤爲不遺餘力，所成著述，雖大半不傳於後世，然其趨向之盛，已可推知！梁世方書最稱繁博，而陶弘景阮文叔翟論錄尤多。大抵醫術之行，衰亂之邦，較昇平之世爲易盛。晉當清談始行之日，高名如嵇康，嘗持養生之論，期人生之間適；東渡以後，風尚所趨，漸不爲空論之養生，而爲實施之療治：於是斯道日盛，而醫家著錄，卽由是而繁。此風不獨南地爲然，卽北方如李思矩之流，亦多精研；及此具有足爲醫術進步之徵者。又其異者，本時代中著聲之醫家，其人或不必爲士夫；佛徒傳教之餘，亦有能塵心醫理者：道洪，智斌，行矩，曇鸞之儔，皆爲當時釋氏，而亦俱能辨析醫方，調製丸散；則眞爲漢世所未聞，其流則於本時代始著耳。

本時代文化之二（美術）

美術者，所以啓發人之觀感，而足以發攄一時代特有之文明者也。本時代中，美術上之變遷，與漢世亦多殊異。茲仍上例析二端以述之：

（一）繪畫　元楊維楨有言：「書盛於晉，畫盛於唐宋，書與畫一。」然則本時代之繪畫，不能埒書法之盛，明矣。然而畫者，六書象形之一，故古文象形之書，往往如畫；而畫家所寫各物，有時亦兼用夫書法：書法與繪畫，理固相通。三國之世，繪畫之學，尙不盛行；至於晉時，其傳大盛。自後南北分治，精者益多；至其傳授派別，亦頗著明。晉室過江，書畫以王廙爲第一；廙書爲王羲之之法，畫爲明帝紹之師；後世不知其源，於書推紹而不尊廙，此不明夫傳授者之失也！論晉畫之源流，明帝紹師於王廙，衛協師於吳曹不興，顧愷之，張墨，荀勗，師於衛協一衞張同時，並有「畫聖」之名），史道碩王微師於荀勗衞協，戴逵師於范宣（荀衞之後，范宣第一），逵子勃，勃弟顒，俱師於父。此晉代畫學傳承之可知者也。宋陸探微師於顧愷之，探微子綏弘肅並師於父；顧寶光袁倩師於探微，倩子質師於父；顧駿之師於張墨，張則師於吳暕，吳暕師於江僧寶，江僧寶師於袁陸及戴；劉胤祖師於明帝，紹祖子璞並師於胤祖。此宋代畫學傳承之可知者也。齊姚曇度師於父，蘧道愍師於章繼伯，道愍甥僧珍師於道愍，沈標師於謝赫，周曇研師於曹仲達，毛惠遠師於顧愷之，惠遠弟惠秀子稜並師於惠遠。此齊代畫學傳承之可知者也。梁解倩師於聶松，焦寶願師於張謝。此梁代畫學傳承之可知者也。陳顧野王亦以畫名一代，而師法無傳。此關於陳代畫學之可知者也。北齊田僧亮師於董展，曹仲達師於袁昂。此北齊畫學傳承之可知者也。周鄭法士師於張法士，弟法輪子德文並師於法士；孫尙子師於顧陸張鄭，李雅師於張僧繇；王仲舒師於孫尙子。此後周以來畫學傳承之可知者也。是皆本時代繪畫傳授之大凡也。至其派別，衞協顧愷之則以人物著名，史道碩則以三馬八駿著名，戴勃則以山水著名；陸探微善人物，又以一筆畫著名，其子綏並以佛像著名；劉胤祖則以蟬雀著名，張僧繇則以龍鷹之屬著名，顧野王則以草木著名。自探微以下，俱屬南朝。此南方家數之可見者也。北朝如曹仲達，則以佛像著名，田僧亮則以野服柴車著名，鄭法士則以人物著名，孫尙子則以鬼物著名。此北方家數之可見者也。是又本時代繪畫派別之大凡也。大抵南北地域雖殊，而師承多合；所不同者：或習藝塞北，不識南國山川；或遊處江東，不見京洛盛事。用是地處平原，闕江南之勝；跡參戎馬之醫術之儀。然此是其所未習，非其所不至。故善觀納事者，又必先辨南北之殊情，然後可得南方之家數。蔡模不識蟛蟹而無害其淹通；隱居有昧藥名（陶隱居本草，多未曉北地藥名）而無傷於療治。論書學者，亦若是焉矣。

（二）建築　三國分立，益營宮殿，以壯觀瞻；故建築之事，頗形進步。左思爲三都賦，於魏都則曰：『造文昌之廣殿，極棟宇之宏規；對若崇山崛起以崔嵬，髣若玄雲舒蜺以高垂。』於蜀都則曰：『抗神龍之華殿，施榮楯之捷獵；崇臨海之崔巍，飾赤烏之韡曄。』於吳都則曰：『結陽城之延閣，飛觀榭乎雲中，開高軒以臨江，列綺窗而瞰下。』凡其構築之勝，見於辭人之詠歎者，恆不易於枚舉。魏明帝叡尤好興築，營引穀水過九龍前，爲玉井綺闌，蟾蜍含受，神龍吐流，尤爲當世獨特之制。晉氏繼起，宮室不改；過江以後，仍吳舊治，以作新都，宮省所寓，謂之臺城；宰相所居，謂之東府；儲蓄所在，謂之倉城；諸王所宅，謂之西州。至成帝衍嘗國，繕苑城，作新宮，窮極伎巧，侈靡殆甚！劉宋而後，歷世因之；至其亭觀臺堂，代有增飾。蕭齊之末，東昏至以青油爲堂，取名琉璃；堂南有樓，號曰穿針。其上懸珮千條，玉聲不絕；地鋪錦石，文采煥然。此其意匠之奇，又一時所希有！迨夫陳末結綺望仙臨春三閣，大事經營，而結構之宏，更遠逾夫齊世。後魏起於北部，風尚簡陋，平城僻處，至遷洛而後華，其大夏門樓，峻傑崇閎，並爲洛邑新城之冠；至其寺觀制作，尤過於南方。觀楊衒之洛陽伽藍記所言，有云：『皇魏受圖，光宅嵩洛，篤信彌繁，法教逾甚！王侯貴臣，棄象馬如脫屣；庶士豪家，舍資財若遺跡：於是招提櫛比，寶塔駢羅；爭寫天上之姿，競模山中之影；金剎與靈臺比高，宮殿共阿房等壯。則是魏世寺觀之侈，當無異於皇居？衒之所記列寺之概情，自是當時實錄！後雖不幸摧於兵劫，而北人之善於興築，要可於衒之所記知之。蓋建築之進程，常隨時代之遷流而異；南北分邦之世，內外不無兵燹，而其踵事增華之建築，則歷世而常新，劫火方過，崇居又起。本時代建築之所以著其進步者，如是而已。

（三）彫鑄　彫刻之起原最古，古人符節，亦必有資是技而成？故秦書八體，刻符爲其一；至造璽之與鐫石，於一時代之制度文化關係尤深：魏晉以來，有國者之視璽特重！而有時亦有假爲古物，刻文字以惑衆聞者；璽或出於僞託，故所刻文字恆不相符。例如魏明帝叡所得之璽，則刻曰：天子羨思慈親；晉安帝德宗所得之璽，則刻曰：王者不隱其過。此其所鐫，殆出於時人之僞託？雖其工之精粗雅俗，故記無傳；要其擬議必力追古意，可斷言也。刻石之工，莫難於碑碣。魏晉以後，碑碣之製盛行；南朝雖定立碑之禁，而不能久。瘞鶴之遺銘，井牀之殘字，千秋古色，尙照人間！其在北方，或爲寺石，或爲墓銘，或爲造像之文，或爲磨崖之刻，要其遺跡俱堪寶貴；而後魏之世，所樹碑碣，其數尤多！彫刻之工程，因時勢之需求而進步，亦從之大著；加之佛像之設立，建築物之經營，凡事之須彫刻而後成者，又各予以幾多之助力？本時代之彫刻所爲更勝於漢世也。若夫冶鑄之術，其進步之速，亦有與彫刻相同者：魏明帝叡時，鑄翁仲，鑄黃龍，鑄鳳凰，猶爲襲經世之規模，點一時之塗飾，不足爲精其工者異也。後魏定制，每后初立，必鑄金人；金人不成，后不得立！冶鑄曲藝，有關於一代妃匹大典如此，宜其重矣。又鼎與刀劍，古無專紀之書，梁虞荔著鼎錄，述鼎之源流；陶宏景作古今刀劍錄，辨刀劍之品別：本時代中世人注意冶鑄之術，其觀念之重又若此！綜其所記，並有足爲本時代冶鑄進步之徵者。合以上諸藝而綜觀之，美術之發皇，誠哉其遠於漢氏也！

（附）音樂　古樂至漢衰矣！東京大亂，絕無金石之樂，樂章亡缺；及曹操平荊州，獲漢雅樂郎杜夔，能識舊法；遂使夔刊定雅樂，始設軒懸鍾磬，古樂之復，自茲而始；其後曹丕受禪，亦沿襲行之。永嘉之亂，伶官樂器，皆沒於劉石！江左初立，未有金石之奏；直至孝武帝曜時，破苻堅，獲其樂工楊蜀善閑習古樂，於是東晉金石之樂始備。自宋齊洎梁武帝，衍思弘古樂，沈約奏樂書淪亡，宜選諸生，尋經史百家，凡樂事無大小，悉別纂錄，撰爲樂書，以起千載絕文。是時對樂者七十八家，皆言樂之宜改，而不言改樂之法？衍素善音律，遂平定樂器，以準古音，罔不和諧；又自爲樂篇，被之聲音。侯景亂作，樂制中絕！陳雖取則三朝（宋齊梁），更制雅樂，實無當於古意；至其末葉，樂律以荒。蓋以云古樂，本時代中，惟梁武之世，稍能彷彿；至於新聲俗曲，則歷世有之，不足錄也。後魏初世，樂制駁而不純：太武帝曩破赫連，獲古雅樂；及平沮渠，得其伶人器服，並擇而存之。後通西域，又以悅般國之鼓舞，設於樂署；而古樂音制，罕復傳習，舊工更盡，聲曲多亡。孝文帝宏有志復古，詔中書監高閭令與太樂詳采雅樂，以備盛典；歷年未久，而閭病沒，此論闃然！良由魏之先世，最愛胡聲；遷洛以來，制度雖更，而聲音未變：悽愴急躁，聞者不安；風化之衰，實由此始。蓋本時代之音樂，莫不善於後魏。其後北齊傳習，仍嗜胡晉！祖珽雖廣采樂家之說，制爲正聲；要其節奏，仍無當於大雅。後周之始，江陵初定，大獲梁氏樂器；及建六官，又有詳定音樂之詔而未克竟行。武帝邕當國，始變古樂，北朝諸代，惟此爲宜；然亦間采康國龜茲高昌之音，議者譏其淆古。試分別南北朝而論：魏晉以後，南樂當推梁代，北樂惟有宗文；其他所行，殆均淩雜，而後魏則尤多可議之端云！

第八章　本時代之文化下

本時代文化之三（宗教）

宗教之推行，至本時代而其徵尤著：不獨道家之說，因時而盛；即佛徒之東入吾國者，方之漢世，其數尤多！用是於政治民習上之關連，亦多有其變遷之處。茲仍上例，析其說爲四端：

（一）宗教之起於國內者　道家之學，至於後世，依附之而別爲流派者：不徒有道教，如魏王弼之於老易，郭象向秀之於莊，張湛之於列，類皆假借其學，以成無爲之說；然其標舉，俱近於哲理，不當再於宗教言之。其依道家而別爲一教者：漢世稱爲道教。魏晉以後，道教亦各著其派別：試分端述之，燒鍊一派也，服食一派也，符籙又一派也，而燒鍊服食亦可並爲一派。此派當西漢盛世，固嘗爲人主之所敬崇；自後張角輩盛行符籙之方，而燒鍊服食，遂皆屏而不講。時有魏伯陽者，著參同契一書，託以周易，其實假借爻象，以論作丹之意；故其章目有所謂煉己立基者焉，有所謂金丹刀圭者焉，有所謂養性立命聖賢伏煉者焉。傳其說者，矜爲神祕！由是西漢方士之說復盛。至晉葛洪亦爲著書，以鬯其志，所著抱朴子內篇，雖論煉養服食之法，而亦兼及符籙；又別著所謂神仙服食藥方者，專言服食之所宜：於是道教派別之歧，至洪而始聯爲一氣。其他如隋志所錄之煉化雜述，合丹節度，太清諸丹集要，大抵均爲此派之書；而葛洪神仙傳之所言：如魏之焦先，服食白石，年一百五十歲；晉之王烈，服食黃精，年三百三十八歲。說神仙者，或資之爲先例，以愚流俗！此道教興盛之徵一也。

符籙之起，較前派爲遲。東漢季世，琅琊宮崇詣闕，上其師于吉于曲池泉水上所得神書百七十卷，號太平清領書；有司奏崇所上，妖妄不經，乃藏之。其後張角習之，於是符籙之術，因以流行；而始崇其法者，則惟爲于吉。魏晉以下，能其事者，又往往雜以煉養服食之方；故符籙一家，自嚴格言之，與煉養服食之徒，實亦無由分其門戶。蓋煉養服食，或不必假途於符籙；而托符籙以神其徵驗者，必藉煉養服食而其術始彰：此由世人之嗜尚使然，而其不能如張角輩之專以符籙愚人者，又時爲之也。故梁之陶宏景，雖曾受有道經符籙，而仍兼具辟穀導引之法，凡所著述，均與煉養服食相關；後魏寇謙之自言遇仙人成公興，授以大法，然亦備述居石室、服仙藥之所由，且於服氣導引口訣之術，亦皆諳練；此爲言符籙者兼修煉養服食之徵。此道教興盛之徵又一也。原道教所自興，萌蘗於西京，寖盛於漢末，氾濫於魏晉南北朝；而南北分邦，又以後魏一朝爲最篤，人君崇敬，視若固常。後人或以爲老子之道？實與老子並無關係！清談比附，尙不離柱下史之眞；道教牽連，則殊失五千言之實。而欲綜茲邪說，列彼道家，名同者其義乖，未可卽茲而賤彼矣。

（二）宗教之傳自外方者　佛氏之說，至東漢之末，已漸流行；而傳譯之書，魏晉以來，尤爲興盛。當魏廢帝芳時，天竺沙門曇訶迦羅入洛，宣譯戒律，奏上於朝，以爲沙門度戒之法；蓋佛教之入中國，至此已達一百八十餘年，爲沙門者，僅須剃髮誦經，而無所謂受戒；中國之有戒律自此始。其徒朱士行，潁川處士，志在譯經，因之西入于闐，訪尋古本；本時代中邦人之篤信外教，遠涉求經自此始。晉與佛圖澄從西域來，專事譯經，既又爲石虎之所敬崇，號澄爲大和尙；大和尙之名見史志（魏書釋老志）自此始。澄門下甚多，而以道安爲最著；道安門下，又以慧遠爲最著。東晉之世，慧遠集其同志，共結白蓮社于廬山，佛徒之結合集社自此始。又自朱士行西入于闐以來，一時佛氏之徒，頗萌入竺求經之志：平陽人法顯，慨經文之不備！遂自長安往游天竺，歷三十餘國，隨有經律之處，學其書語，譯而寫之；十年，乃於南海師子國（印度錫蘭島），隨商人汎舟東返，而至靑州。法顯所經諸國，皆有紀錄，今行於世；本時代中邦人之遠適天竺自此始。由是宋雲、智猛，倣其舉止，乃俱先後西游，佛氏之學，自是益興；佛教之諸宗，亦漸於茲成立。自東晉以至南北朝之末，諸宗在中國者，歷歷可稽；茲分別言之，以著其興盛之由如左：

（甲）「毗曇宗」之由來　毗曇宗者，承原始佛教之正統而來，其初盛行於大月氏，後傳入中國，道安等翻譯其經典，是爲毗曇經典譯漢之嚆矢，然猶未大著也；及姚秦有關中罽賓沙門伽提婆，譯成阿毗曇八犍度論二十卷，本邦毗曇宗之傳譯，自此而盛。其後伽提婆又入廬山，依慧遠譯法勝尊者所作之阿毗曇心論四卷，世人亦稱之爲法勝毗曇；此類之經，後傳譯者日多，其宗儀大抵尙實行而異空想，故飫聞其旨者，以北朝爲多云。

（乙）「成實宗」之由來　成實宗之遠祖，卽舠成實論之訶梨跋摩，生于佛滅後九百年，而其宗義，不盛行於印度；及姚秦有關中鳩摩羅什譯成之，始行於中國。鳩摩羅什者，龜茲沙門，旣精法理，且嫻漢語；其在長安，日夜從事翻譯，一切經論，成於其手者，不知凡幾？門徒三千，其中達者號七十八宿；門下道生、道融、僧叡、僧肇，稱關中之四傑；又有僧影、慧觀、道恆、曇濟，號爲四英；與四傑倂稱八俊。僧叡列羅什之譯場，嘗參正之；大任羅什所譯經論，叡具敍其大要；至成實論成，叡首講之，盡發其微，無有餘蘊。成實宗之入中國，全賴羅什師弟爲之，故後世論本旨者，多推之爲開祖。其宗義以理論爲多，齊梁之世，尤盛行之，武帝衍所皈依者，卽此宗云。

（丙）「三論宗」之由來　三論者，一、中觀論，二、十二門論，三、百論也。中觀論及十二門論，爲佛徒龍樹之所作；其弟子曰提婆，受龍樹說，而更作百論，其宗義在以空爲眞理，而破外教之黑暗。鳩摩羅什者，又提婆之三傳弟子，旣傳法東來，大小二乘之各宗派，罔不涉及；三論翻譯，俱出其手。羅什之後，江南盛行成實宗，江北盛行毗曇宗，三論宗頗不振；惟三論以空爲主，故南朝人士，頗饜飫之。羅什之門，有曇濟實傳此宗，授之道朗，遂流傳於南國；道朗又授僧詮，僧詮又授法朗，法朗又授吉藏，所謂嘉祥大師者也。吉藏增飾教義，稱爲三論新說，與關中三論之舊說不同；蓋三論入中國既久，南與北遂不無殊異，吉藏所創，又爲南朝三論宗之開山焉。

(丁)「涅槃宗」之由來　涅槃宗之遠祖，爲主涅槃論之世親。北涼建國之時，天竺沙門曇無讖自西域來姑藏，從事譯經，大涅槃經，由是著手；然屢經搜訪，而不能具其全書。其既譯成者，則盛行於中夏，歷時未久，建業已有其書；沙門慧觀，欲繼曇無讖之志，補其闕佚，使道普等西行，中途死難，志不果達！慧觀乃與慧嚴謝別翻法顯所譯之經，文飾減增，自爲比訂，時議以爲竄改，頗多非論，於是涅槃有南本、北本之殊：北本爲北涼之原譯，凡四十卷，南本爲南朝之所定，凡三十六卷。先是北本翻譯既成，羅什門下之道生，資以講演；其後南朝又復盛行南本，慧觀等各傳授其弟子，於是江左佛徒繼之而開講演者，數逾百次，其說大行；要其宗義，則以一切衆生悉有佛性之說爲特優！後其教派併入於天台，涅槃一宗遂絕，時已在陳隋之間矣。

(戊)「地論宗」之由來　地論宗者，以世親所主之十地經論而名。當後魏宣武帝恪時，天竺沙門勒那摩提入洛，奉勅譯十地經論，而三人意見不相一致；沙門惠光時參譯事，因立三本以著異同，地論宗之開基，實由茲始。光門下甚衆，而以法僧範惠順道慧道愼等爲最著名。諸人皆堅信十地，隨方弘布；然此宗宗義，實藉華嚴經之一部（所謂十地品）而立，而其流衍東土，亦第限北朝；故自南北幷合以還，華嚴之宗日興，而地論遂替！

（己）「淨土宗」之由來　淨土宗之剏始，依無量壽經阿彌陀經及往生論而成；以念佛及想像之佛國而求解脫世俗所謂彌陀教者是也。此宗在中國傳播最久，流行亦最廣。佛教入中國，經八十年，至漢桓帝志朝，淨土一宗，始漸行於中國，所依據之三經，節次譯成；其後晉慧遠結社廬山，念佛修行，此宗之儀式，因之大著：然法門未備，猶未足當淨土之正傳也。後魏中世，菩提流支至中國，傳譯往生論以授曇鸞；鸞著往生論注，並撰贊阿彌陀佛偈，讚歎阿彌陀佛，及其國土聖衆之功德：梁武帝衍聞之，倍殷嚮往，稱爲「北方鸞菩薩」，而遙禮焉。然是時南方三論成實諸宗盛行，多主諸空之說；而淨土宗所論，乃謂別有往生之淨土，於南派各宗之所立，遂不同符：於是淨土一宗，往往爲南人所漠視！惟北方沿其宗義，頗見流行。北齊之世，沙門道綽及其徒善導，顯揚法義，其說益興；第與廬山一派，化機各異：故本時代淨土一宗，析爲兩派，曇鸞在北，慧遠在南；而北方所行，駕於南國，故其傳較慧遠爲宏。

（庚）「攝論宗」之由來　攝論宗者，依於無著之攝大乘論而成。梁武帝衍時，天竺沙門眞諦，自海路達廣州，久居其地，翻譯羣經，攝大乘論，遂於玆譯出；其徒慧愷，又別著攝論疏，攝論一宗，由是而興，僧宗忍翟繼之，弘布其教。其宗義以攝盡大乘佛教之眞理極談立意，故以攝論爲名；至於唐時，法相之宗行，而攝論乃替。

（辛）「禪宗」之由來　諸宗之成，皆依經立名，獨禪宗無此；禪之宗義，在不著語言，不立文字，直指本心，見性成佛，與他宗之沾沾於語言文字者迥異。此宗之由來，相傳靈山會上，釋尊對衆拈花，舉座默然，莫明其意？時迦葉摩訶在座，乃破顔微笑；釋尊曰：『吾有正法眼藏，涅槃妙心，今皆付汝』。尋以衣鉢爲證，此蓋爲禪宗發生之始。其後迦葉傳之阿難，中間經歷馬鳴，龍樹，天親等二十七代，密密相傳，不著一字；直至達摩，是爲迦葉以來之第二十八祖：達摩承其二十七祖之命，東來中國，由廣州入建康，適當南朝梁武帝衍之世，達摩謁衍與談佛理，而衍不能悟！乃去而之魏，入嵩山少林寺，僅面壁默座而已；蓋禪之立名，取靜定之義，故其宗派在以心傳。達摩爲中國禪宗之初祖，自後二祖慧可，三祖僧璨，四祖道信，皆依印度祖師之例，不說法，不著書，惟求得一傳其衣鉢之人，卽自圓寂；至五祖弘忍，號黃梅大師，始開門授徒，禪宗因之漸變其面目，乃有南北兩派之殊，時已在唐世矣。

以上所論，厥有八宗，佛教之入中國，支派之分，以本時代爲始。八宗之外，別有「律宗」，雖已盛行，而尚附着於諸宗之間，未能自立；其後又有「天台」「華嚴」「法相」「眞言」四宗，於本時代中，尚無關係，茲不具引。

（三）宗教與政治之關係　漢世人主盛崇讖緯之學，魏晉以後，此風已替；其人主迷信宗教之有關政治者，在南爲梁，在北爲魏與周。蓋佛說之行，當五胡裂地之秋，北方人士，信之者頗多，其後魏起平城，所崇在道；而南方佛說則日見其盛行，宋文帝義隆梁武帝衍均崇信之；而衍好尤篤，屢幸寺院，供佛度僧以求福；於閒居無事，則諷誦經典，或輯注，或製序，經目千餘卷不爲倦也。衍既崇佛，遂由沙門慧約及智威，受其法戒，日惟一食，永絕辛羶，馴至禁文綺人獸之形；宗廟祭祀，以麪爲牲；於佛則誠，而於治多縱；侯景之亂起，而公私蕩然，中國受其縱弛之禍，未食慈悲之賜也！又自漢以來，佛說積久盛行，而道教之徒，常忌嫉之，謀所以競勝之方，於是東漢王符乃有老子化胡經之作，以爲釋迦牟尼，乃老氏之化身，立說支離，而釋氏之攻之者，於茲漸起；然北方之人，則多有傾向道教之誠，雖在帝王，亦爲所迷溺。後魏當道武帝珪之世，因儀曹郎董謐獻服食仙經數十篇，於是遂置仙人博士，立仙方，煮鍊百藥，封泰山以供其薪蒸，令死罪者試服之，非其本心，多死無驗，而鍊藥之官，因仍不息。迨太武帝燾在位，信道士寇謙之之說，尊崇道教；又因崔浩之言，排斥佛氏。下詔有云：『昔後漢荒君，信惑邪偽，妄假睡夢，事胡妖鬼，以亂天常，自古九州之中無此也！朕承天緒，屬當窮運之敝，欲除偽定眞，復羲農之治，其一切盪除胡神，滅其蹤跡，自今以後，敢有事胡神及造形像泥人銅人者門誅！夫有非常之人，然後能行非常之事，非朕孰能去此歷代之偽物？有司宣告征鎮諸軍刺史，諸有佛圖形像及胡經，卷皆擊破焚燒，沙門無少長悉坑！』自是以後，佛淪而道日興，積七八年，其禁雖弛，然不能驟盛；又以極崇道教之故，每帝即位，必受符籙，國家典禮，此爲一端。其後孝文帝宏，大開釋氏之禁，佛與道勢漸相並；至東西裂地，其爲梁所禁迫諸道士，紛紛北上。當北周武帝邕之世，用道士張賓士之說，以佛氏費害甚多，乃踵太武所爲，毅然下佛教廢除之詔；沙門慧遠爭之，邕遂並罷道教，悉毀寺觀形像，命沙門道士一切還俗，數達二萬餘萬。邕雖並廢釋道，而意嚴於釋；釋氏之徒，所驚爲「三武之法難」一者：第一魏武，第二周武，而其人胥皆主治北朝。北朝代有斥佛之主，故佛說盛行於南，而屢遏於北；要其禁遏，全由政治上之見地使然：此宗教與政治之關係，所以甚形其切至也。

(四)宗教與民習之關係　大抵民間之風習，全視在上者提倡之如何？南方重佛，則民習輕道。觀東晉葛洪止羅浮山（廣東博羅縣西北），著抱朴子，其自序有云：『世儒莫信神仙之事，謂之妖妄之說；見余此書，不特大笑之，又將毀謗眞正，故不以合於世。』書中又引劉向列仙傳，以爲：『所記七十人，必非虛造，而世人終不信。』又云：『經典所載，多鬼神之據。俗人尚不信天下之有鬼神，況乎仙人？』又云：『上古眞人，愍念將來之可教者，爲作方法，委曲欲使其脫死亡之禍，可謂至言！然而俗人終不肯信。』如斯之說，蓋不勝其枚舉！然則南方之不深信道教，由洪所論，可以知矣。後魏太武之世，雖崇道教；而自孝文南遷以後，洛陽佛寺，踵事增華，其嗜好之誠，亦不下於南國。然觀後魏任城王澄之奏有云：『自遷都以來，年逾二紀，寺奪民居，三分且一；今之僧寺，無處不有；或比滿城邑之中，或連溢屠沽之肆，或三五少僧，共爲一寺，梵唱屠音，連簷接響，像塔纏於腥臊，性靈沒於嗜慾，眞僞混居，往來紛雜！往在代北，有法秀之謀；近日冀州，遭大乘之變。皆初假神教，以惑衆心；終設奸誑，用逞私悖。』又云：『昔如來闡教，多依山林；今此僧徒，戀著城邑：當由利引其心，莫能自止，處者既失其眞，造者或損其福？乃釋氏之糟糠，法中之社鼠，內戒所不容，王典所應棄！』又云：『人心不同，善惡亦異；或有棲心眞趣，道業淸遠者；或外假法服，內懷悖德者；如此之徒，宜辨涇渭』。然則北方人之信佛，由澄所論，知其未必盡出眞誠，其故實由後魏末世，中國多虞，王役尤甚！於是所在編民，假慕沙門，實避調役，猥濫之極，僧尼大衆，至二百萬，其寺三萬有餘，流弊不歸，假托多而佛氏之眞反絕，不能卽以爲敦崇釋氏之徵也。要之，表揚道教，北朝爲盛，堅持佛戒，南士稍眞，南北民俗，隱然有判，此又宗教與民習之可得而知者矣。

本時代文化之四（風俗）

本書說述風俗，其大別蓋有二端。茲以次列之：

（一）風俗之成因，基本於禮制者　自三國至南北朝之末，所行禮制，代有不同，然多詳於君上而略於臣民；不知一國風尙臧否之端，惟驗之人民而其徵始著。茲爲揭其大要，具述於下方：

（甲）婚姻　漢世女亂最多，至於魏晉，此風寖止。魏世公主婚禮，自居第；尙公主者來第成婚；至晉司空王朗以爲不可，其後乃革；降皇室之女，以同臣庶，於禮最允。賈氏以後，女禍遂不行，此制之得者也。江左立國，婚姻之禮漸失之侈；其後南北分治，均不能免。齊武帝嘗下詔有曰：『昏禮下達，人倫攸始，晚俗浮麗，歷茲永久，每思懲革，而民未知禁，乃聞同牢之費，華泰尤甚，膳羞方丈，有過王侯，富者扇其驕風，貧者恥躬不逮，或有供帳未具，動致推遷；宜爲節文，頒之士庶，如有故違，繩之以法。』由斯觀之，南朝婚俗之奢，寖失禮意；賾之所詔，可謂得宜。後魏當太武帝燾時，亦以昏禮奢靡，詔有司更爲科限；然民間習俲，積久成風。匪惟奢俗之不易遷除，往往門閥素著之家，利卑族之財賂，結爲婚姻，財婚之勢成，而風尙因之日薄：文成帝濬憂之，宣詔有曰：『中代以來，貴族之門多不率法；或貪利財賂，無所選擇，令貴賤不分，巨細同貫，塵穢淸化，虧損人倫！今制：王族師傅、王公侯伯、及士民之家，不得與百工伎巧，卑姓爲婚。』詔書所禁，雖明切如是，然其弊不能止也。孝文帝宏時，復爲降詔，有云：『乃者民漸奢尙，婚葬越軌，致貧富相高，貴賤無別；又皇族貴戚，及士民之家，不惟氏族高下，與非類昏偶，先帝親發明詔，爲之科禁，而百姓習常，仍不肅改。朕今憲章舊典，祇案先制，著之律令，永爲定準，犯者以違制論！』孝文以後，財婚之弊雖革，而奢俗猶存；故至東西裂地，周齊分治而後，周武帝邕猶特下詔書，有曰：『政在節財，禮惟寧儉；而頃者昏嫁競爲奢靡，牢羞之費，罄財竭貲，甚乖典訓之禮！有司宜加宣勸，使咸遵禮制。』此爲昏姻之俗，猶崇奢侈之徵；南北同風，未能全革也。又婚制之最違古禮者，莫如同姓爲婚，與喪內成婚。觀晉王皆與王沈昏，劉嘏與劉疇昏，俱爲違禮；而魏晉以降，成昏於喪期之內者尤多，此皆不足爲後人法者。古人昏期，方後世爲早，而北朝尤甚：後魏太子晃年十五生文成帝濬，獻文帝弘年十三生孝文帝宏。此早歲成婚之見於帝室者也。後周武帝邕降詔有曰：『自今以後，男年十五，女年十三以上，爰及鰥寡，所在軍民，以時嫁娶。』此早歲成婚之定於詔制者也。一夫多妻之俗，古昔行之，本時代中，風尙相沿，南北漸著不同之點：例如江右不諱庶孽，喪室之後，多以妾媵終其家事；河北恥於側出，不預人流，是以必欲重娶，至於三四。如斯非禮之禮，漸至成爲慣例，而未由革絕；此又考本時代昏姻之制者，所當連類而陳也。

(乙)死喪　漢律士人不行親三年喪，不得選舉，以士人無職事可領，而身居庠序，實爲禮義所自出，故獨重之。晉世亦然，期功之喪，俱不得赴選舉，惟京朝官制、刺史二千石，及有聘使之命，師旅之役者，則與士人異視；以其職守之重，故往往有奪情之事。於禮初喪、去官、除喪，然後就官，奪情則不能終喪，當其事者或不得已而爲是等權宜之制；然自禮言之，實未足爲法也。喪中用樂，古禮所戒，或謂導自謝安，非也；魏武帝操以正月沒，其子丕以其年七月設伎樂百戲，中古之世，喪不廢樂，此爲其始，後世因之，幾成風俗；南齊如蕭昭業，後周如宇文贇，貴爲天子，猶不能戒！送死而不恤終，此違禮之大者也。喪用佛事，始於北朝，後魏胡太后父國珍沒，詔自始葬至七七，皆爲設千僧齋，百日設萬人齋；又後齊孫靈暉嘗爲南陽王綽師，及綽以罪誅，靈暉遂停廢，從綽死後，每至七日至百日，靈暉常爲綽誦經設齋行道：時當佛說盛行，居喪禮者始爲是制，而又爲七七百日之名所自昉，又其變於古禮之甚者也。停喪不葬，古尙無聞；漢末大亂，迫於兵革之禍，或有不及營葬而遷延者，晉世此風漸盛。觀賀循爲武康令，俗多厚葬，及有拘忌迴避數月停喪不葬者，循俱禁之；然猶不過數月而已，未若後世之久也。自晉郭璞著葬書，注靑囊，爲後世堪輿家之祖；而嵇康亦有難宅無吉凶論，則其時風水說之盛行可見。南朝如孔恭高靈文之徒嫻其術者輩出，於是迷溺之者，多願卜吉地以葬其親；甚至有既葬失利而改葬者：匪惟無當禮文，抑且誣亂民俗！此又考本時代死喪之制者，所必當連類而陳也。

（丙）祭祀　本時代中，五禮之制，莫備於梁，何佟之等所撰，成書一千餘卷，武帝衍爲之稱制斷疑；而五禮之中，尤以吉禮爲最要：蓋卽古者祭祀之禮，所以致敬於天地，告虔於鬼神也。天地鬼神之祭，魏晉南北朝均沿用之，其間禮制變更非一；而梁世或以疏果易犧牲之供，最爲不經之事：要之祭禮古今異宜，卽解經者亦多互歧其說。南北分治之世，南方沿用晉代舊儀，說多宗於王肅；北方堅守鄭學，義乃取之鄭玄。卽如天地之祭，南合而北分，主合者從王肅，主分者宗鄭玄。此其證之最大者也。秦漢盛行封禪，宋文帝義隆梁武帝衍，後魏道武帝珪，咸欲行之，而議終不就；晉武帝炎初平吳，羣臣以封禪爲請，炎謂所議誠列代盛事，然方今未可以爾，便行報絕：此其見識，邁秦漢諸君甚遠！自是以後。至於南北朝分治之末，亦迄未有舉行之者。佛說東漸而後，道以盛興，秦漢淫祀，不禁而自絕；然依附佛道而爲祈求之事者，亦緣茲日衆，至其繁瑣，亦無殊淫祀。古者崇祀孔子，實始於西漢，至魏廢帝芳時，始使太常釋奠，以太牢祭孔子於辟雍，而配以顏淵，此爲國學釋奠以弟子配享之始；晉宋以後，釋奠皆配以顏淵，採芳時故事也。晉武帝炎時，皇太子講孝經一通，親以太牢祀孔子，此爲太子釋奠之始；自是以後，皇太子每通一經，必親釋奠於太學者，采炎時故事也。東渡以後，人君祭孔之禮不廢，至宋文帝義隆時，皇太子釋奠於太學，樂用登歌，此爲釋奠用樂之始。齊武帝賾時，詔集有司議祭祀之禮，王儉議曰：『元嘉立學，裴松之議應舞六佾；以郊樂未具，故權奏登歌。今金石已備，宜設軒縣之樂，六佾之舞，牲牢器用，悉依上公。』詔從之，此爲釋奠用舞之始。後魏既興，亦不廢祀孔；北齊以顏淵配之，皇太子每通一經，及新立學，必釋奠，每歲春秋二仲，常行其禮，每月旦，祭酒領博士以下及諸生，拜孔揖顏，此爲春秋釋奠及朔日行禮之始。則是後世祀孔之儀，兩漢肇其基，魏晉南北諸朝踵其事；僾野如鮮卑，亦殷然致敬如禮，亦可見歷朝崇信孔氏之大凡矣。

(二)風俗之成因基本於自然者　本時代之風俗，又有因夫自然之趨勢而成者。其概別如下：

(甲)語言　秦漢以來，方言之繁別，及稱謂之互殊，散見史書，或說經家言，自魏晉以迄南北朝，其例尤富晉郭璞注爾雅，多用當時方言；晉書魏書南北史列傳，散見名人稱謂，俱其證之最確者也。顧方言之與稱謂，歷世增加，恆不勝枚舉；茲就本時代中事之異者言之，約有三端：一曰「清談」。魏晉名流，雅善清談，故長於言語。王衍妙老莊，每捉玉柄麈尾，與手同色；義理有所不安，隨即改更，世號「口中雌黃」。衍從兄戎尤善品題，與諸名士共戲洛水，還，或問王濟曰：『今日戲，樂乎？』濟曰：『裴僕射（頠）善談名理，混混有雅致（頠雖能言，但不附和老莊玄虛之說，故著崇有論）；張茂先（華）論史漢，娓娓可聽；我與王安豐（戎）說延陵子房，亦超超玄著』。又阮咸見戎，戎問曰：『聖人貴名教，老莊明自然，其旨同異？』咸曰：『將毋同。』

戎咨嗟良久，遂辟之，時人謂之三語掾。當日諸人，大抵以言語之長，傾動一世，而二王之名尤籍甚。此因夫清談而見者也。二曰「捷對」。三國之世，吳遣張溫聘蜀，百官往餞，獨秦宓未往，諸葛亮屢催之。溫曰，『彼何人也』？亮曰『益州學者也。』及至，溫問宓曰『君學乎』？宓曰『五尺僮子皆學，何必小人？』溫復問曰『天有頭乎』？宓曰『有之。』溫曰『何方』？宓曰『詩云：「乃眷西顧」，以此推之，頭在西方。』溫曰：『天有耳乎』？宓曰『天處高而聽卑。詩曰：「鶴鳴九皋，聲聞於天」，若其無耳，何以聽之』？溫曰：『天有足乎』？宓曰：『「天步艱難，之子不猶」，若其無足，何以步之』？溫曰：『天有姓乎』？宓曰：『姓劉』。溫曰：『何以然也』？宓曰：『今天子姓劉，以此知之』。溫曰：『日生於東乎』？宓曰：『雖生於東而沒於西』。又宋武帝裕登霸陵，乃眺西京，使傅亮等各詠古詩名句，亮誦王粲詩曰：『南登霸陵岸，回首望長安』。如此之類，非惟其一。此又因夫捷對而見者也。三曰「鮮卑語」。魏晉以來，鮮卑人之入處中國者日盛；至後魏建國，北方爲鮮卑所統治，於是漢人多有研習其語以求聞達者。今綜隋書經籍志之所載：或曰國語，或曰鮮卑語，或曰國語號令，或曰國語雜文，或曰國語眞歌，或曰國語雜物名，蓋卽爲研究鮮卑語者所用之書，當日北方鮮卑語之盛行，於茲可見。又其當國之主，史臣雖媚以聖主神皇之譽，而其所操言語，純取鮮卑。此又關於鮮卑語之可徵者也。且本邦之語，向有南北之分殊，自南北分邦，其別益顯：南方水土柔，其音清舉而失在浮淺，其辭多鄙俗；北方山川深厚，其音沈濁而得其質直，其辭多古語。然冠冕君子，南方爲優；閭里小人，北方爲愈。易服而與之談，南方士庶，數言可辨；隔垣而聽其語，北方朝野，終日難分。而南染吳越，北雜夷虜，皆有深弊，不可具論！其謬說輕微者，則南人以錢爲涎，以石爲射，以賤爲羨，以是爲舐；北人以庶爲戍，以如爲儒，以紫爲姐，以洽爲狎，如此之類，兩失甚多。是又不容無辨者也。

（乙）好尚 凡一時代好尚之端，必有獨著之事；今就本時代中概括言之，則其事之獨著者亦有三端：一曰「飲酒」。漢初之法，無故羣飲酒，則罰金；其後禁網雖弛，然尚不至如晉人之肆也。晉人飲酒之著者，爲畢卓劉伶胡母輔之一流。輔之嘗與畢卓謝鯤阮放羊曼桓彝阮孚散髮裸裎，閉室酣飲已累日；光逸將排門入，守者不聽，逸便於戶外脫衣露頭於狗竇中窺之而大叫！輔之驚曰：『他人決不能爾，必我孟祖（逸之字）也』。遽呼入，遂與飲，不舍晝夜，時人謂之「八達」。畢卓尤奇縱，爲吏部郎，嘗飲酒廢職，比舍釀熟，卓因醉，夜至其甕間，盜飲之，爲掌酒者所縛；明旦視之，乃畢吏部也！遽釋其縛，卓遂引主人宴於甕側，致醉而去。劉伶尤好飲，不以家產有無介意；常乘鹿車，攜一壺酒，使人荷鍤隨之，曰：『死便埋我』。其遺形骸如此。江左立國，孟嘉陶淵明，俱以能飲著名；其後如齊之謝幾卿，梁之王瞻，又皆嗜飲。北朝士大夫，亦多有染其俗者：後魏之夏侯史李元忠，即其人也。二曰「博奕」。論語有言：『不有博奕者乎？爲之猶賢乎已』！江左立國，士夫所樂，多爲圍棊，故奕風頗盛，謝安輩且專精之；北齊顏之推亦謂圍棊有「手談」「坐隱」之目，頗爲雅戲。而隋書經籍志所錄，如棊勢棊譜諸書，其名非一，大抵俱爲硏究奕事者之所編；梁武帝衍且別輯碁法碁品之書，盛談其奧。此足以徵當時奕事之流行矣。三曰「聚書」。古代無印刷，僅相傳寫而已；本時代中刊書之法，仍未發明，故好聚書者，必重貲夫傭寫。觀梁元帝繹自謂初出閤在西省，蒙敕旨賚五經正副本；為瑯琊郡時，蒙敕給書，並私有繕寫；為東州時，寫得史漢三國志晉書。此足見當時士夫寫書聚之之勤矣。而未已也，繹又自謂於東州時，曾寫劉選部儒家；謝通直彥遠家書；又遣人至吳興郡就夏侯亶寫得書；又寫得郭太中闡家書；為揚州時，就吳中諸大夫寫得起居注。當日士夫家聚書者之多，又可知也。繹又自謂於江州江革家得元嘉前後書五帙；又就姚革處得三帙；又就江錄處得四帙；足為一部，合二十帙，一百一十五卷；並是元嘉書，紙墨極精奇。然則癖愛古書，亦不第後世為然？後之視今，猶今之視昔也。北齊顏之推者，素與繹善，凡所搜集亦有足觀；自梁氏祕閣散逸以來，二王真草，亦入其家。然則聚書勤寫，不獨南朝士夫為然；之推且謂「若能常保數百卷書，終不為小人。」北人嗜愛典册之深，又於斯可見也。若夫舍特殊之俗尚，求氓庶之風流，南士崇文，徒競緩帶寬衣之習；北方好武，多擅彎弓盤馬之長。此魏太武燾有志江南，所以笑南人為「無足之國」也。

丙）階級　自九品中正之制行，階級之弊因而顯著。梁裴子野言「有晉以來，草野高士，猶厕清塗；降及季年，專稱閥閱。自是三公之子，傲九棘之家；黃繖之孫，蔑令長之室。」由是以觀，階級之習尚，至於極弊，則晉之叔季為之也。南北分治之世，厥風不改。如南齊荀伯子謂王融曰：「天下膏粱，惟使君與下官耳。」北齊崔稜謂盧元明曰：『天下盛門，惟我與爾』。此矜重階級之見於服官者也。梁侯景請婚王謝，梁武帝衍曰：『王謝門高，可於朱張以下求之』。後魏趙邕欲與范陽盧氏爲婚，盧故北方大族，女母陽氏堅不肯許。此矜重階級之見於通婚者也。齊制，寒人不得用四幅繖。梁制甲族以二十登朝，後門以通玄始試吏。後魏孝文帝宏時，光極堂大選八族以上士人品第有九，九品之外，小人之官復有七等；又定制：望族子孫，迭爲婚姻，不得與卑門相嫁娶。此矜重階級之見於立制者也。又自魏行九品中正之制，有司選舉，必稽譜牒；於是姓氏之譜，代有增修，賈弼所撰，尤爲有名：梁武帝衍時，又命王僧孺改定宋劉湛所訂之百家譜，因賈弼舊本考撰成書，凡十八州譜七百十一卷，百家譜集抄十五卷，南北譜集十卷，而王氏所撰，尤勝於賈。北朝雖專門者少，然後魏孝文帝宏時，詔諸郡中正各立本土姓族次第，以爲選舉之格；又魏收撰次魏書，因中原喪亂，人士譜牒，遺略散盡，遂於諸家姻親，書其枝派，以著其門第之如何。此又矜重階級之見於考譜者也。蓋門第氏族之見，始成於東晉，而衍於南北，積習相沿，遂有舊門、次門、後門、勳門、役門之別，終本時代中末有能破除之者；加之庶人以下，又別有所謂奴婢之一級，魏晉以來，其習未去，至後魏破梁江陵，盡以所俘士民爲奴！則尤北方之胡俗爲然，更不足語夫古制矣。

(三)風俗與國勢之關係　自曹操好法術而俗尚刑名，曹丕慕通達而俗賤守節，其後綱維不攝，而虛無放誕之論，盈於朝野；遂使國內多故，西晉以亡，江左立國，此風未已。旋以外患之亟，虛無放誕之論，由茲漸息！而凌競門閥，附庸風雅；高門尸位，無能爲之事；小人當國，弛責任之心。往往禪代屢更而弊風如故！南方叢亂，職此之由。北朝乘後燕之衰暴，師喋血三十餘年，而中國始定；其始也公卿方鎮，皆故部落酋長，雖參用趙魏舊族，往往以猜忌夷滅！爵而無祿，故吏多貪墨；不重仁慈，故人相殘賊；不貴禮義，故士無風節；貨賂大行，故俗尚傾奪。遷洛以來，稍用夏禮，而風俗日偷，紀綱漸壞，母后亂於內，羣盜撓其外，禍始於六鎮，釁成於爾朱，國分爲二而亡矣。迨夫周齊析軌而行，拓跋餘風，蓋猶未泯；治朝之不永，又未始非北朝之弊俗，冥漠成之：求所以改革而導進之者，誠不能無望於楊隋之世也。

（四）風俗與人心之關係　漢末，曹操有冀州，崇獎跅弛之士；其再三下令，至於求負汚辱之名，見笑之行，不仁不孝而有治國用兵之術者！人心之傾詖，由此益深。幸魏晉諸朝，鄉黨淸議，猶爲士夫所重；故禮義之大防，尚不至於盡潰。南朝代起，骨肉之禍，雖迭興於帝室；而人民輿論，尚多不以其事爲然：故其內部亂事數興，而其數起亂事之朝，亦終易於絕滅。北方久經五胡之亂，人民風習去詩禮之敎日遠，故人心之温厚，轉不如南朝之篤！習慣既久，成爲自然，西京首善之區，亦胥染於外俗；又其衣服舉止，多尚鷙緊，而重危側，蓋風俗偷而人心亦羣不正，兩端之關係，可謂深切著明矣。

中華通史下册

第三篇　帝權再熾武人助長時代（隋唐）

第一章　隋（民國紀元前一千三百二十三年至一千二百九十三年）

隋統一以來三十年間變局之一（帝權之統一）（民國紀元前一千三百二十三年至一千三百〇八年）楊堅，華陰人，漢太尉楊震後，世仕北朝。父忠，隨宇文泰起事關西，賜姓普六茹氏，位至柱國，封隋公。忠歿，堅襲爵，後以助理周政，握一國大權，遂由隋公進爵爲王，而稱皇帝，是爲文帝。堅秉周政僅九月，安坐而取二百餘州，自古有國之易，未有如隋者也。堅既代周，以長安城小，徙都大興（陝西省治之龍首山）。滅後梁，幷陳，中國一統。用蘇威高熲，同參朝政，海內稱治。至其晚年，乃漸多不德，而隋亦漸亂。茲先就其初政之善者述之：

（一）戡定餘亂　初隋師伐陳，楊素下荆門，遣別將略地，南至湘州，刺史陳叔慎（陳宣帝頊弟眞子）拒之；衡陽太守樊通，武州（湖南常德縣）刺史鄔居業，皆以師相助，同據湘州：隋兵攻之，樊通師敗，叔慎居業皆被執，爲隋所殺，湘州平。方陳末年，東南大亂，嶺南遠隔建康，未有所附，數郡共奉高涼郡太夫人洗氏（高涼太守馮寶之婦）爲主：隋遣柱國韋洸等安撫嶺外，陳豫章太守徐璒據南康拒之，洸等不得進；晉王廣遣陳叔寶致夫人書，諭以國亡，使之歸隋，夫人乃遣孫馮魂，以師迎洸，洸擊斬徐璒，嶺南平。時文帝堅在位之九年也（卽開皇九年，民國紀元前一千三百二十三年）。明年，越州高智慧蘇州沈玄懀復起兵抗隋，攻陷諸州縣，陳之故境，大抵皆亂，堅以楊素爲行軍總管討之：素自揚子津（江蘇江都縣南）入，擊玄懀，玄懀師敗被禽；智慧據浙江東岸，亦爲隋將來護兒所襲破，智慧逃入海，走保閩越，素追智慧，泛海及泉州，智慧衆散，亦被執，江南平。時嶺南猶未盡附隋，番禺王仲宣起師圍廣州，隋將韋洸戰沒，堅以其副慕容三藏檢校軍事，又詔給事郎裴矩宣撫嶺南；矩引師三千，至南海，高涼洗夫人遣其孫馮盎，會三藏合擊仲宣，仲宣衆潰，廣州獲全。堅嘉矩功，拜爲民部侍郎，以馮盎爲高州刺史，冊洗氏爲譙國夫人，開幕府，置官屬，給印事，聽便宜行事，嶺南亦平。又七年，爲堅在位之十七年（卽開皇十七年，民國紀元前一千三百十四年），桂州俚帥李光仕作亂，遣前桂州總管周法尚討之，光仕戰敗被殺；而太平公史萬歲亦討克南寧蠻（本雲南曲靖府地）；於是桂州南寧俱平，而陳地之亂悉靖。

（二）注重吏治　文帝堅在位，褒賞守令，有功不遺，故州縣多稱職。梁彥光治揚州，發擿奸隱，有若神明，於是狡猾之徒，莫不潛竄；其餘如樊叔略房恭懿諸人所治之地，亦著有政績。統一以後，平鄉（河北平鄉縣）令劉曠，有異政，高熲薦之，堅升曠莒州刺史，以展其能：故隋初循吏著譽者甚盛。

（三）敦崇儉德　堅始有中國，頗務恤民，故減役調之繁，罷酒鹽之榷；而又躬持儉約之教，省除濫費：如焚揚州所貢綾文布於朝堂，使楊素作仁壽宮，既成，見制度壯麗，大怒曰：『楊素爲吾結怨天下！』皆其徵也。

（四）導揚文教　堅受禪之始，即有訪求遺書之詔；統一以後，更下詔曰：『今率土大同，含生遂性，兵可立威，不可不戢，刑可助化，不可專行。禁衞九重之餘，鎮守四方之外，戎旅軍器，宜皆停罷；武力之子，俱可學文；人間甲仗，悉皆除毀。有功之臣，降情文藝；家門子姪，各守一經。令海內翕然，高山仰止，京邑庠序，爰及州縣，生徒受業，升進於朝，未有灼然明經高第？此則教訓不篤，考課未精，明勒所由，隆茲儒訓！』由斯觀之，堅之導揚文教，固其夙心，且又訂定雅樂，禁藏讖緯，詔議明堂制度，俱爲有功文教之事；至其晚年，乃忽廢罷太學四門及州縣之學，則怠心中之，隋政用是大亂矣。

以上皆就堅善政言之，至堅之失處，事亦頗多，舉其大者，又有四端，今述之如左：

（一）誅戮大臣　文帝堅頗善文法，故其當國，以用法爲急；由是尊如大臣，親如諸子，重如人民，皆不能無罹於法；而首當其難者，蓋爲大臣。堅性猜忌信讒，功臣左右，無始終保全者！統一以前，上柱國梁士彥宇文忻劉昉，固皆以罪被殺；平陳後，又殺楚州參軍李君才於殿內；未幾，又以領軍大將軍賀若弼矜功不平而除其名；未幾，又以魯公虞慶則爲謀反而殺慶則；未幾，又以左僕射高熲爲有罪而亦欲殺熲；未幾，又以太平公史萬歲爲矜功而殺萬歲，佐命建功之臣，大都爲堅所殺，或去其官，朝臣多惴然不自保。

（二）輕視民命　堅既任法以治其國，刑章凜然；至其晚年，盜起愈衆！於是乃特制法，盜邊糧一升以上皆死，家沒官。時堅意每尙慘急，而姦回不止，京市白日公行掣盜，外間強盜，亦往往而有；乃復詔有能糾告者，沒賊家產業以賞糾人！時月之間，內外寧息。其後無賴之徒，候富人子弟出路者，而故遺物於其前，偶拾取則擒以送官，而取其賞，被陷者又甚衆；堅知之，乃命盜一錢以上皆棄市！行旅皆宴起晚宿，舉國畏懼。此後又定制，行署取一錢以上，聞見不告言者坐至死！自此四人共盜一榱桷，三人同竊一瓜，事發即斬。其後一錢棄市之法雖停，而嚴刑不止，暴酷未久，而隋以亡。

（三）猜害諸子　堅初鑒諸子微弱，乃使諸子分據大鎭：以晉王廣爲河北行臺尙書令，蜀王秀爲西南行臺尙書令，秦王俊爲河南行臺尙書令，各立方面，分掌重兵，統一以來，雖屢有更調，而權重如故。堅頗猜忌，俊爲幷州總管，奢侈好內，其妃謀鴆之不成；事聞，徵俊還，免官，廢妃，賜死，俊懼而疾沒。秀後遷益州總管，廣立爲太子，與秀不協，陰令楊素求其罪而譖之，堅徵秀還京，廣又令素詐爲巫蠱，謂秀所爲，以譖諸堅，堅怒，廢秀爲庶人，禁錮死。漢王諒者，於堅諸子爲最少，繼秀爲幷州總管，見秀等得罪，不自安，乃言於堅，以突厥方強，宜修武備，於是繕械集衆，伺京師變故；及堅之沒，果謀反，旋爲楊素所敗，被誅。凡此諸子，俱無得壽終，由堅平日過於猜忌致之也！

（四）廢易儲君　堅失計之大者，莫如廢易儲君：初有中國，以長子勇爲太子，勇性寬厚，率意無矯飾，堅素節儉，而勇喜華靡；又遇冬至，百官詣勇，勇張樂受賀，堅不悅，下詔停之，自是恩寵始衰。皇后獨孤氏亦以事疑勇，嘗遣人伺求勇過，晉王廣知之，彌自矯飾，大臣用事者，廣皆傾心與交，並厚禮堅之左右，左右多稱廣爲仁孝；廣知堅崇儉，亦務爲儉行：由是堅與獨孤后均愛廣，特異諸子，后漸決意廢勇而立廣。廣與安州總管宇文述謀，使述結楊素弟約，約以白素，素喜，贊助之，入見獨孤后，盛言勇不才；后亦喜，使贊堅廢立：於是獨孤后晉王廣楊素三人互相結，協以謀勇，內外諠謗，過失日聞，堅意爲動！旋降詔廢勇及其男女，並爲庶人，左庶子唐令則，左衛大將軍元旻，皆誣死；立廣爲太子，以宇文述預奪宗之謀，進爲左衛率，賜楊素物三千段；又因勇東宮，竟付廣掌之。勇頻請見上，陳寃狀，廣遏之不得聞；及堅病沒，廣僞以詔書賜勇死，追封房陵王，其子八人，後皆爲廣害。

以上皆爲堅之失政，要其過行，尚不止此。大抵堅之爲人，性多疑忌，而言最易入，居常好爲小數，不達大體！故忠臣義士，莫得盡心；而窺伺意旨之徒，或反得乘機以行其詐，此由堅不學無術致之。承分裂之久，一旦統一，人民蘇息，故初治極盛；既而憑藉帝權，妄矜苛察，人心離而禍亂即由茲起：隋室之分崩，堅自召之，廣其甚焉者也。吾人嘗謂唐以前之有隋，猶漢以前之有秦，其治期皆蹔而亡又極易！堅之規模，小於秦政，而其猜防骨肉，並爲秦政所無；顧其有國之永，或且愈於秦氏，此則第由一時事故之殊，而不能以十數載之苟延，謂其有勝嬴祚者矣。

自堅在位之二十年（即開皇二十年，民國紀元前一千三百十二年），廢勇立廣，楊素乘之，大建威權，兄弟諸父，並爲尙書列卿，諸子位至柱國刺史；廣營資產，家僮妓妾各有數千，第宅華侈，制擬宮禁；違忤者誅夷，附會者進擢，朝廷靡然莫不畏附！其後堅亦寖疏忌素，乃敕素三五日一入省論大事，外示優崇而實奪之權。堅在位之二十四年（卽仁壽四年，民國紀元前一千三百零八年），有疾，太子廣慮有不諱，須預防擬，手自爲書，封出問素，素條錄事狀以報宮人誤送堅所，堅覽而大恚；所寵陳夫人又言太子無禮，遂發怒，欲召庶人勇。時兵部尙書柳述，黃門侍郎元巖，俱在左右，堅使述巖召勇，述巖出閤爲敕書，素聞以白廣。廣與素謀，矯詔執述巖繫獄；追東宮兵帖上臺宿衞，門禁出入，並取宇文述等節度，令左庶子張衡入殿侍疾，盡遣後宮出就別室，俄而堅沒，由是頗有異論！廣卽位，是爲煬帝。除述巖名，徙之嶺南。

隋統一以來三十年間變局之二（煬帝之經營及滅亡）（民國紀元前一千三百零七年至一千二百九十三年）

煬帝廣之立，禍端雖伏而大難未形；卽位以後，廣興營造，動事遠夷，民志日離，乃聚而爲亂。今分端述之，以見其概：

亡秦之原因不一，而廣興營造卽爲其一因；亡隋之原因亦不一，而廣興營造又卽爲其一因。綜而計之，約有八端：廣初卽位，發丁男數十萬掘塹，自龍門東接長平（山西晉城縣）汲郡（河南汲縣），抵臨淸關（河南新鄉縣東北），渡河至浚儀（河南開封縣）襄城（河南襄城縣），達於上洛（陝西洛南縣）；以置關防，一也。以洛陽爲東京，詔楊素等營建之，每月役丁二百萬人，徙洛州郭內居民及諸州富商大賈數萬戶以實之，廢二崤道，開葼冊道（河南閿鄉縣）。二也。並敕宇文愷等營顯仁宮（河南宜陽縣西南），發江嶺間奇材異石，輸之洛陽；又求海內嘉禾異草，珍禽奇獸，以實苑囿。三也。因欲巡歷淮海之故，發丁百萬，開通濟渠，自西苑（河南洛陽縣西）引穀洛水，達於河；復自板渚（河南汜水縣東北），引河入汴，引汴入泗以達於淮。四也。又發民十萬開邗溝（即今江蘇江北之運河），入江，溝廣四十步，旁築御道，而樹以柳。五也。自長安至江都，置離宮四十餘所。六也。廣築西苑周二百里；其內爲海，周十里；爲方丈蓬萊瀛洲諸山，高出水百餘尺；臺觀宮殿，羅絡山上，向背如神。海北有渠曰龍鱗，縈注海內。緣渠作十六院，門皆臨渠。宮樹秋冬凋落，則翦采爲花葉，綴於枝條；色渝則易以新者，常如陽春。沼內亦翦綵爲荷芰菱芡，乘輿游幸，則去冰而布之。七也。其幸江都也，龍舟四重，高四十五尺，長二百丈，上重、有正殿內殿東西朝堂；中二重、有房一百十二，皆飾金玉。皇后乘翔螭舟，制度差小，而裝飾無異；別有浮景九艘，三重皆有水殿；餘數千艘，後宮諸王公主百官僧尼道士蕃客乘之。共用挽士八萬餘人，皆以錦采爲袍！衞兵所乘，又數千艘。八也。置洛口倉於鞏（河南鞏縣）東南原上，城周二十餘里，穿三千窖；置回洛倉於洛陽北七里，城周十里，穿三百窖，窖皆容粟八千石。九也。其巡幸代北也，發河北十餘郡丁男，鑿太行山，達於幷州以通馳道。十也。又發丁男百餘萬，築長城，西距榆林，東至紫河（綏遠歸綏縣西北）。十一也。其北巡金河也（內蒙古吳喇忒旂），令宇文愷等造觀風行殿（看後文化史本時代之文化節），胡人驚以爲神。十二也。又發河北諸軍百餘萬，穿永濟渠（即今衞河，山東以北之運河），引渠入沁，南達於河，北通涿郡，丁男不供，始役婦人。十三也。其巡行長城也，又設六合板城，載以槍車，每頓舍則外其轅以為外圍，內布鐵菱，次施弩牀，皆插鋼錐外向，上施旋機弩，人來觸繩，則弩機旋轉，向所觸而發，其外又以𦆘周圍，施鈴柱槌磬，以知所警。十四也。廣在位無日不治宮室，兩京及江都苑囿亭殿雖多，久而益厭，既在太原營晉陽宮，又詔於汾州之北，汾水之原，營汾陽宮（山西靜樂縣）；又欲東巡會稽，穿江南河（即鎮江杭州間之運河），自京口至餘杭（浙江餘杭縣），八百餘里，廣十餘丈。十六也。其經營高麗也，敕幽州總管元弘嗣往東萊海口造船三百艘，官吏督役，晝夜立水中，略不敢息，自腰以下皆生蛆，死者什三四；並敕河南淮南江南造戎車五萬乘，供載衣甲幔幕。十七也。又詔毘陵（江蘇武進縣）通守集十餘郡兵數萬人，於郡東南起宮苑，周圍十二里，內為十六離宮，大都仿東都西苑之制，而奇麗過之。十八也。又其龍舟之構造，長城之興築，前後均更二次，而其營造之原因，則多由於巡幸；然則廣既惟盛興營造之有似亡秦，而其四方巡幸之多，亦與亡秦相伯仲矣！

至其勤事遠夷，雖不無擾民，而中國聲威，自茲而大，廣不得為無功？惟其後用師高麗，過於徵發，國內之亂，由是而乘；廣之罪究浮於其功，而隋室亦因茲絕滅，其事之大者蓋有四端：

（一）平林邑　林邑者，安南大部。其先因漢末女子徵側之亂，內縣功曹子區連殺縣令自立為王；無子，其甥范熊代立；死，子逸立，日南人范文附之；及逸死，國無嗣，文自立為王。其後有范佛，為晉將軍戴桓所破；宋交州刺史檀和之又將兵擊之，深入其境。洎夫梁陳，亦通使往來；隋文帝堅平陳，乃遣使貢方物，其後朝貢又絕。時國內無事，羣臣有言林邑多奇寶者，乃令劉方爲驩州道總管，經略林邑；煬帝廣卽位，仍使方督師前進。方師出海口，林邑王梵志遣兵守險，方擊走之；師度闍黎江（占城國北境），林邑兵乘巨象四面而至，方戰不利，因設計破其象陣，督銳師以繼之，林邑兵大敗；方等進至其國，梵志走入海，方入其都城，獲其廟主十八，皆鑄金爲之，蓋其有國十八葉矣。方班師，沒於中道，廣甚傷之，下詔有曰：『方肅承廟略，出其不意，役不再勞，肅清海外，致身王事，誠績可嘉！可贈上柱國，盧國公。』梵志亦遣使謝罪，廣禮而許之，自是朝貢不絕。

（二）朝突厥　初後魏建國，其北連柔然，旋乘魏衰，屢爲邊患；魏東西裂地，兵爭日烈，各欲結柔然以自固，柔然勢轉振；及突厥起，乃以師幷滅柔然，於是柔然絕而突厥乃獨盛。突厥者，匈奴別種，或云本平涼閒雜胡，姓阿史那氏，後魏太武帝燾滅沮渠，阿史那氏以五百家奔柔然，世居金山（本甘肅鎮西府北境），工於鐵作，金山狀如兜鍪，俗呼兜鍪爲「突厥」，因以爲號。至其酋土門，始強大，求婚於柔然；時柔然頭兵可汗方強，不許，土門怒！襲破柔然，殺頭兵，自號伊利可汗，號其妻爲「可賀敦」，子弟謂之「特勒」，別將兵者皆謂之「設」。伊利沒，子科羅立，號乙息記可汗。乙息記沒，捨其子攝圖而立其子俟斤，號木杆可汗，擊柔然滅之，餘衆奔西魏；木杆建牙都斤山（外蒙古賽音諾顏部南境），西破嚈噠（大月氏別種，居今巴達克什地），東走契丹（東胡別種，今內蒙古東部，蔓延至滿洲西部），北幷結骨（鐵勒諸部之一，居今西伯利亞葉尼塞河上流地），威行諸國，爲突厥強大之始。後周代魏，與突厥連兵擊齊，武帝邕許納木杆女爲后；既而木杆又南與齊通，更許齊人以婚，嗣因天變，乃送其女入周。木杆沒，復舍其子大邏便而立其弟，是爲佗鉢。以攝圖爲爾伏可汗，統東面，又以其弟僻檀可汗之子爲步離可汗，統西面，周齊畏其強而爭賂之，佗鉢益驕。周滅齊，佗鉢助齊攻周，周以千金公主（宇文泰女孫）妻之；而佗鉢旋死，兄子攝圖立，號沙鉢略可汗，千金公主從胡俗，復配沙鉢略：時周已禪隋，公主日夜請爲周復仇，沙鉢略從之，於是遂有與隋室交兵之事。

沙鉢略之立也，以佗鉢子菴邏居獨洛水（外蒙古土拉河），號第二可汗；以木杆子大邏便爲阿波可汗，還領所部；又沙鉢略從父玷厥居西面，號達頭可汗；諸可汗各統部衆，分居四面，而沙鉢略尤強，屢寇隋邊：嘗發控弦之士四十萬入長城，下蘭州，隋行軍總管達奚長儒與之遇，僅得拒之，突厥氣益橫！文帝堅乃命其弟衞王爽爲行軍元帥，分師八道出塞擊之。爽自督總管李充等出朔州，與沙鉢略遇，帥精兵五千，掩擊之，沙鉢略敗遁；營州刺史高寶寧數引突厥爲寇，至是亦爲隋師所平，突厥不敢報。會周長孫晟使突厥還，上書於隋，請密運籌策，以離諸部，堅納用其計，由是諸可汗果自相猜貳：阿波與涼州總管竇榮定相拒，屢敗；晟時爲偏將，乃遣使勸阿波事隋，結達頭以防沙鉢略，阿波然之，遣使隨晟入朝。沙鉢略聞之，先歸，襲破所部，阿波還無所歸，西奔達頭；達頭大怒，遣阿波將兵東攻沙鉢略，屢破之，復得故地：自是突厥析爲二國，東突厥西突厥之分自此始。已而達頭降隋，沙鉢略亦求和親；千金公主自請改姓楊氏，爲文帝堅女，隋更封爲大義公主。和親議成，而阿波在西方，勢日強；又東畏契丹，遣使入隋告急，請將部落度漠南；隋命晉王廣以兵援之，沙鉢略因擊破西突厥，立約以磧爲界，並遣其子庫合眞朝隋，貢獻不絕。沙鉢略沒，弟處羅侯立，是爲莫何可汗。莫何勇而有謀，以隋所賜旗鼓西擊阿波之衆；阿波之衆，以爲隋兵來助，多望風降附，遂生禽阿波。莫何沒，沙鉢略子雍虞閭立，是爲頡伽施多阿都藍可汗。及隋滅陳，以叔寶屏風賜突厥大義公主，公主以周之覆，素不平！因書屏風爲詩以自寄，事聞，禮賜寖薄；公主遂溺惑都藍可汗，頗爲邊患。隋遣長孫晟往廢之；內史侍郎裴矩請說都藍，使殺公主：時莫何子染干號突利可汗，居北方，遣使求婚；隋遣使謂之曰：『當殺大義公主，乃許婚。』突利復譖之於都藍，都藍因發怒殺公主！更表請婚；隋用長孫晟計，不許都藍而獨許突利。突利來迎婚，隋欲離間突厥，卽妻以宗女安義公主，特厚其禮，令南徙近塞，賜予優厚；都藍果怒！絕朝貢，亟抄掠邊鄙，突利伺知動靜，輒遣奏聞，由是邊鄙每先有備。都藍益怒！與達頭連盟，合兵掩襲突利，大敗之；突利部落散亡，惟長孫晟尚留其左右，乃與俱南，突利謀奔達頭，晟設法偪之降隋：至長安，隋厚待之，卽以晟爲驃騎將軍，持節護之；號突利爲啓民可汗，於朔州築大利城（綏遠歸綏城西）居之，時安義公主已死，乃復妻以宗女義成公主。晟奏請徙五原，以河爲固，於夏（陝西橫山縣）勝（內蒙古鄂爾多斯左翼後旂）之間，東西至河，南北四百里，掘爲橫塹，以處其內，使得畜牧，隋從之；未幾，都藍在北爲部下所殺，達頭自立，爲步迦可汗，其國大亂，晟又建請使突利部下分道招慰，隋又從之，於是突厥降隋者日衆。步迦屢攻隋不勝，不能制其下，鐵勒等十餘部悉叛降啓民；步迦衆潰，西奔吐谷渾。長孫晟送啓民至磧口，啓民於是盡有步迦之衆，終其身事隋甚謹；至煬帝廣在位，屢來朝，廣亦張聲威以震懾之，突厥大服。

煬帝廣好事巡幸，突厥啓民可汗，初自塞北入朝，請襲中國冠帶，頗得廣嘉許；及北巡榆林，欲出塞耀兵，經突厥中，恐啓民驚懼，先遣長孫晟諭旨，啓民奉詔，因召所部酋長咸集，自芟庭草，諸部貴人俱效之，以迓車駕；車駕於是發榆林北境，東達於薊，啓民及義成公主來朝行宮。廣令宇文愷爲大帳，其下可坐數千人，以宴啓民及其部落，作散樂，諸胡駭悅！廣賜啓民車旂，贊拜不名，位在諸侯王上。時煬帝廣在位之三年也（卽大業三年，民國紀元前一千三百零五年）。同年八月，發榆林，泝金河（內蒙古吳喇忒旂），甲士五十餘萬，旌旗輜重，千里不絕；幸啓民廬帳，啓民奉觴上壽，王侯以下，袒割帳前，莫敢仰視！廣悅，而賦詩，賜予甚厚。已而啓民死，子咄吉世立，是爲始畢可汗，復以義成公主爲「可賀敦」。時隋兵力日衰，始畢漸有藐隋之意；至廣在位之十一年（卽大業十一年，民國紀元前一千二百九十七年），車駕再北巡，始畢圍廣雁門：詔諸軍發兵赴行在，並遣間使求救於義成公主，始畢解圍去，由是朝貢遂絕。

西突厥者，木杆可汗之子大邏便也，治西部，頗強，稱阿波可汗；自爲處羅侯所禽，西部無主，因別立鞅素特勒之子，是爲泥利可汗；泥利可汗沒，子達漫立，號泥撅處羅可汗。其母向氏，本中國人，生達漫，而泥利沒，向氏又嫁其弟婆實特勒；隋文帝堅時，婆實共向氏入朝，遇達頭之亂，遂留京師。處羅在西部，居無恆，然多在烏孫故地。處羅撫其下無道，部落多叛，與鐵勒屢相攻，累爲鐵勒所挫。煬帝廣在位，黃門侍郎裴矩在西域，聞處羅思其母，請遣使招懷之；隋遣謁者崔君肅齎詔往諭處羅，處羅甚倨，受詔不肯起；君肅責之，處羅跪而受詔，因遣使者隨君肅貢馬。廣在位之六年（卽大業六年，民國紀元前一千三百零二年），車駕將西狩，發使促處羅來會；處羅又不從；會其酋長射匱遣使求婚，廣用裴矩計，使射匱襲處羅，然後拜之爲大可汗。射匱者，都六之子，達頭之孫；聞隋命大喜，興兵襲處羅；處羅大敗，棄妻子東走，廣因遣裴矩馳至玉門關招之，遂入朝，後從征高麗，賜號爲曷薩那可汗，以宗女信義公主嫁之，常從巡幸；隋亡，爲突厥人所殺。

(三)敗契丹　契丹處突厥東，隋文帝堅時，以爲突厥所偪，悉衆款塞，隋納之，聽居其故地；已而諸部相攻擊，久不止，又與突厥相侵，勢漸強；迨煬帝廣卽位，入寇營州。隋遣通事謁者韋雲起護突厥兵討之，啓民可汗發騎二萬授其處分；雲起乘契丹不備，合突厥師襲之，虜獲甚衆；以女子及產畜之半賜突厥，餘皆收之以歸。廣大喜，集百官曰：『雲起用突厥平契丹，才兼文武！』擢爲治書侍御史。

(四)通西域　自漢通西域以來，至於東京，或絕或通；暨魏晉以後，諸國互相吞滅，莫得而詳；迄夫隋興，所不知者，不過二十國。煬帝廣在位，西域諸胡多有至張掖（甘肅張掖縣）與中國交市者，廣使吏部侍郎裴矩掌之。矩知廣好遠略，商胡至者，矩誘訪諸國山川風俗，王及庶人儀形服飾，撰西域圖記三卷，就其傳聞，一一記之，得國四十有四；仍別造地圖，窮其要害，縱橫所畫，將二萬里，發自敦煌（甘肅敦煌縣），至於西海（地中海），凡爲三道：北道從伊吾，中道從高昌，南道從鄯善（據通鑑地理今釋，北道伊吾，係由回疆哈密向鎭西府（今縣）路。中道高昌係由哈喇和卓向庫車阿克蘇等城路。南道鄯善係由塔里木河南向和闐葉爾羌路）。總湊敦煌。廣聞而悅之，日引矩至御座，親問西域事；矩盛言胡中多諸珍寶，吐谷渾易可幷吞。廣於是慨然慕秦皇漢武之功，甘心將通西域，以矩爲黄門侍郎，復使至張掖，引致諸胡，啗之以利，勸令入朝；自是西域胡往來相繼，所經郡縣，疲於送迎，糜費以萬萬計。

吐谷渾者，又西域諸國之一。其先爲鮮卑慕容廆之兄，與廆不協，乃率衆而西，度隴山，止洮水西；其後遂以吐谷渾爲國氏，當魏周之際，始稱可汗，都伏俟城，在青海西十五里。其主呂夸在周數爲邊寇；隋文帝堅受禪，寇邊如故，乃遣上柱國元諧擊敗之。呂夸率親兵遠遁，其名王十三人各率部落而降；上以其高寧王移茲裒素得衆心，拜爲大將軍，封河南王，以統降衆，而呂夸之寇仍不絕。已而移茲裒死，隋以其弟樹歸繼統其衆。平陳之後，呂夸始懼，不敢寇邊。未幾死，子伏立，使其兄子無素奉表稱藩，並獻方物，隋以宗女光化公主妻之；而國內亂作，伏爲其下所殺，共立其弟伏允，遣使告隋，且請依俗尚公主，隋從之，自是朝貢歲至，而常訪國家消息。煬帝廣卽位，鐵勒犯塞，隋出師拒之，鐵勒請降；廣因遣裴矩說鐵勒擊吐谷渾自効，鐵勒果以師擊敗吐谷渾，隋亦出兵掩之，伏允南遁山谷，其故地皆空！隋有其地，東西四千里，南北二千里，詔皆置郡縣鎭戍。廣在位之五年（卽大業五年，民國紀元前一千三百零三年），車駕西巡，將復擊吐谷渾；伏允以詐計誘隋師，隋師不能克。廣進至燕支山（甘肅山丹縣），高昌伊吾及西域諸國，共謁於道左，皆令佩金玉，披錦罽，焚香奏樂，歌舞諠譟；並令武威張掖士女盛飾縱觀，衣服車馬不鮮者，郡縣督課之，以示中國之盛。又命劉權鎮河源郡積石鎮（甘肅臨夏縣西），大開屯田，捍禦吐谷渾，以開西域之路；嘉裴矩功，進位銀青光祿大夫。自西京迤北，轉輸歲鉅億計，或遇寇鈔，及死亡不達者，郡縣皆徵破其家！由是百姓失業，西方先困矣。初伏允遣其子順來朝，廣留順不遣；伏允敗走，無以自資，帥數千騎客於党項（青海和碩特前頭旂）：廣立順為可汗，送出玉門，令統餘衆，以其大寶王尼洛周為輔；至西平，其下殺尼洛周，順不果入而還。廣末年中國亂，伏允復其故地，仍寇邊郡，郡縣不能禦！

廣在位之六年（即大業六年，民國紀元前一千三百零二年），西域諸胡俱來朝，陳百戲於端門街，執絲竹者萬八千人，自昏達旦，終日而罷，所費巨萬。自是歲以為常，馴至民不聊生，而中原亦困！

（五）招日本　日本當後漢時，曾與中國相交通；魏晉以後，交通久絕。煬帝廣在位，其王阿每多利思北孤，遣使至中國，使者曰：『聞海西菩薩天子，重興佛法，故遣朝拜。』兼沙門數十人來學佛法。其國書云：『日出處天子，致書日沒處天子無恙』云云。廣覽之不悅。其明年，為廣在位之五年，遣文林郎裴清浮海至其國，其王迎清相見，與語大悅，遣使隨清入朝，於是隋聲名東溢三島。

（六）服赤土　赤土者，今之暹羅。煬帝廣在位，募能通絕域者：屯田主事常駿，虞部主事王君政等，請使赤土；廣悅！使駿等齎物五千段以使赤土。赤土王瞿曇利富多塞聞駿等至，遣使以三十船迎之，進金鏁以纜隋使船；

凡汎海百餘日至其國，其王居處器用，窮極珍麗，待使者禮亦厚。時廣在位之五年也。明年春，駿等偕其王子那邪迦至中國謁廣，廣嘉駿等功，俱授秉義尉，那邪迦官賞各有差。

（七）滅琉球　琉球居東海中，初不與中國相往還。煬帝廣在位，海師何蠻等言：每春秋二時，天清風靜，東望依稀，似有煙霧之氣，亦不知幾千里？末幾，廣令羽騎尉朱寬入海求訪異俗，何蠻告之，遂與蠻俱往，因通琉球國；言不相通，掠一人而返。其明年，爲廣在位之六年，復令寬慰撫之，琉球不從，寬取其布甲而還；時日本使來中國，見而識之。廣因遣虎賁郎陳稜，朝請大夫張鎭州，自義安（廣東潮安縣）發兵浮海擊之；行月餘至其國，以鎭州爲先鋒。琉球王渴刺兜遣兵逆戰，屢破之，遂至其都，渴刺兜自將出戰，又敗退，稜等乘勝攻拔之，斬渴刺兜，虜其民萬餘口而還。

（八）伐高麗　朝鮮半島間，自西漢之末，三國分建：其南方東部曰新羅，西部曰百濟，新羅百濟之北，占半島之大部曰高句麗。高句麗爲扶餘之別種，當西漢元帝奭時，有朱蒙者，棄扶餘東南行，始建高句麗國，以高爲氏，後寖強大。東漢曹魏間，數寇遼東，與漢遼東刺史公孫康，魏幽州刺史毌邱儉等相搆兵。西晉末，復進偪遼東，會前燕慕容皝初盛，發兵自將與高句麗人戰，其王釗（朱蒙十世孫）大敗，都城九都（朝鮮京畿道國城東北）隨陷，釗降前燕，遷都於平壤（朝鮮平壤府）；其曾孫璉，又通使元魏，元魏始省稱之爲高麗。隋之初興，璉六世孫湯，亦頻遣使入朝，而亦嘗與陳通好；及隋平陳，湯懼，隋督過之，將見伐，因是治兵積穀，爲拒守之計。文帝堅遺書責之，湯恐，將奉表陳謝；會病沒，子元嗣立，率靺鞨之衆萬餘騎寇遼西，營州總管韋冲擊走之；堅聞大怒，命漢王諒爲元帥，統水陸討之。時餽運不繼，六師乏食，師出臨榆關，復遇疾疫，隋師不振，及次遼水，元亦惶懼，稱罪上書稱「遼東糞土臣」云云；於是隋遂罷東征之師，待元如初禮。

煬帝廣嗣位，中國無事，突厥西域諸國俱來朝，廣巡幸北方，幸啓民可汗帳；時高麗使者在啓民所，啓民不敢隱，以見廣，廣納裴矩言，敕使者還語高麗王元入朝；久之，元不至，方陰用策，遣守遼東（遼寧遼陽縣北）。廣謀討之，課國內富人買馬，一匹至十萬錢，簡閱器械，務令嶄新，或有濫惡，則使者立斬！廣在位之七年（即大業七年，民國紀元前一千三百零一年），下詔伐高麗，廣造車船，發河南北民夫以供軍役；又發江淮以南人夫及船，運黎陽及洛口諸倉米至涿郡，舳艫相望千餘里；載兵甲及攻取之具，往還在道常數十萬人，晝夜不絕！明年正月，四方兵皆集涿郡，廣督諸將親征，左右各十二軍，分道並出，期總集平壤：凡一百一十二萬人，餽運者倍之，首尾亙千里！諸軍既渡遼，敗高麗兵，遂圍遼東。遼東嬰城固守，廣會諸軍攻之，久不下；六月，自至遼東，亦不克。將軍來護兒率江淮水軍由海道至高麗，去平壤六十里，破高麗兵，乘勝入其城，遇伏大敗歸。七月宇文述等分道而進，會於鴨綠水西，督師急入，至平壤三十里；高麗兵詐降，述等以糧盡，遂退渡薩水（據錢涉園考訂資治通鑑綱目，過鴨綠，又有沛水，今名清川江），軍半濟，高麗自後擊之，諸軍俱潰，將士奔還。初隋軍渡鴨綠擊平壤者，凡三十萬五千人；及還至遼東，惟二千七百人，資械喪盡！廣大怒，鎖繫述等，去遼東城而還。是行也，惟於遼水西拔高麗武厲邏（邏者游軍之名，高麗游軍在遼水西屯營者），置遼東郡（不得遼東，即於水西立郡），及通安鎮（遼寧新民縣）而已！同年九月，廣還洛陽。

其明年，爲廣在位之九年（即大業九年，民國紀元前一千二百九十九年），再徵四方兵集涿郡，自將伐高麗，左光祿大夫郭策諫，不聽；四月，廣渡遼，遣將軍宇文述等分道趣平壤，以困高麗。初隋攻遼東，用兵過牽制；凡軍事進止，皆須奏聞待報；又敕諸將，高麗若降，即宜撫納，不得縱兵。遼東城將陷，城中輒請降，諸將不敢赴，先令馳奏，比報至，城中守禦亦備，隨出拒戰，如此再三，廣終不悟，故遼東終不下！及是廣懲前牽制之失，命諸將攻遼東，聽便宜行事；隋兵思急建功，一舉下遼東，雲梯地道，四面俱進，而高麗兵應變拒之，晝夜不息，主客死者甚衆，而城終不下。廣遣造布囊百萬，貯土，欲積於大道，高與城齊，使戰士登而攻之；又作八輪樓車，高出於城，欲俯射城內。會楊玄感反書至，東都危殆！廣乃夜召諸將，使引軍還，資械委棄，衆心恟懼，無復部分；高麗見隋兵之盛，一日退走，恐爲所詐，經二日，稍追躡之，終不敢偪，隋得全軍而還。

又明年，爲廣在位之十年（即大業十年，民國紀元前一千二百九十八年），復詔百僚議伐高麗，數日無敢言者！遂復徵國內兵，百道俱進；三月，廣幸涿郡，在道亡者相繼；七月，次懷遠鎮（熱河朝陽縣西）。時國內已亂，所徵兵多失期不至，高麗亦困弊！將軍來護兒至畢奢城（遼寧海城縣境），高麗舉兵逆戰，護兒擊破之，將趣平壤；高麗王元懼，遣使乞降。先是廣九年之役，兵部尚書斛斯政因通楊玄感亡入高麗，高麗以此得知隋軍大勢至是元送斛斯政入隋，廣悅！遣使持節召護兒；護兒以高麗亡在旦夕，不欲遽歸；制於羣下，不得已班師。廣亦自懷遠歸，十月，由東都還長安，以高麗使者及斛斯政告太廟；仍徵高麗王元入朝，元竟不至！敕將帥嚴裝，更圖後舉，竟不果行。初，文帝堅盛時，朝廷皆以高麗爲意，獨劉炫以爲不可，作撫夷論以刺之，至是而其言始驗。

觀廣之窮事遠夷，與其盛興營造，同爲非常之君之所爲，而亦同時爲擾民之舉；又好事刑戮，罪及其大臣，甚似其父堅，而剛決過之。高熲，賀若弼，俱先世舊勛，熲與若弼見廣宴啓民可汗之侈，嘗有違言，廣因而殺之。尙書宇文弼者，亦私與熲言，以廣之侈爲過於天元，於是弼亦遇害。內史令蕭琮，與賀若弼善，弼既誅，廣頗忌之，遂被廢於家，未幾死。僕射蘇威，以諫築長城故，亦坐免官。司隸大夫薛道衡，因議新令，久不決，謂人曰：『向使高熲不死，令決當久。』或以告廣，廣使人坐其罪，縊殺之。張衡於廣素有功，廣營汾陽宮，衡諫，廣以不順己，出之使守榆林，已復敕督江都宮役；衡聞薛道衡死，以爲枉，廣聞之怒，除衡名爲民；衡既放廢，頗怨望，又爲廣所知，賜自盡；衡臨死大言曰：『我爲人作何等事，而望久活？』監刑者塞耳，促令殺之。大抵廣之爲人，專務逞志，偶不相得，則罪名隨之，故朝士多懔懔，惟右光祿大夫牛弘，寬厚閎儉，學術精博，隋室舊臣，始終信任，悔吝不及者，惟弘一人而已。

抑廣自興高麗之役，海內俶擾，民心不靖；數年之內，亂事紛興：而楚公楊玄感（素之子）之圍迫東都，尤爲危急（詳見下章）廣自高麗旋師，遣宇文述等擊之；玄感引兵西趣潼關，爲述所敗，奔上洛而死，其黨與三萬，廣殺之。玄感之亂雖定，而四方多故，且聚而起事者尤多。衞尉少卿李淵，時出爲弘化（甘肅慶陽縣）留守，淵能馭衆，又善自韜晦，廣信方士言，謂李姓當爲天子，故頗疑淵？淵益謹備得自免。李渾與淵同姓，遂爲廣殺；已而廣以淵爲山西河東撫慰大使，承制黜陟，討捕羣盜，而淵名益起；旣又以淵爲太原留守，郎將王威高君雅副之。淵內破羣盜，外平突厥，所向有功。廣時巡幸江都，恣情逸樂，無復以備淵爲意，迨淵起師太原，渡河下長安，廣亦旋被害於江都，中國尋爲唐有。但唐室肇興之故，又卽隋祚傾覆之因，玆簡斷言之，以見其本末一班如後：

李淵之在太原，其子世民見隋室方亂，陰有安定中國之心；晉陽令劉文靜見而異之，深相結納；已而文靜坐與玄感黨李密結婚，繫獄，世民親就省之，陰與計大事，文靜曰：『今主上南巡江淮，李密圍偪東都，羣盜殆以萬數！當此之際，有眞主驅駕而用之，取天下如反掌耳！太原百姓皆避盜入城，文靜爲吏數年，知其豪傑，一旦收集，可得十萬人；尊公所將之兵，復且數萬，一令出口，誰敢不從？以此乘虛入關，號令天下，不過半年，帝業成矣！』世民笑曰：『君言正合我意』！乃陰署賓客，淵初不知也。會突厥寇馬邑，淵遣高君雅將兵拒之，不利，恐並獲罪！世民乘間屏人，說淵以起師事，淵大驚，不從；明日，復說淵，淵曰：『吾一夕思汝言，亦大有理。今日破家亡軀由汝，化家爲國亦由汝矣！』廣以淵不能禦寇，遣使者執詣江都，淵懼；而晉陽宮監裴寂又嘗私以宮人侍淵，至是世民已與寂結，寂因是亦促淵起師。淵乃使文靜詐爲敕書，發太原西河雁門馬邑民年二十以上爲兵，擊高麗，由是人情洶洶，思亂者衆；及劉武周據汾陽宮，世民復力說之。淵乃集將佐謂之曰：『武周據宮，吾輩罪當滅族，若之何？』王威等皆懼請罪，淵曰：『然則當先集兵。』遣使召其子建成元吉於河東及其壻柴紹於長安。王威高君雅見兵大集，疑淵有異志？欲設計討淵；淵乃使世民伏兵晉陽宮外以計誘二人而殺之。文靜又勸淵北結突厥，淵自爲書遺始畢可汗；而又以胡騎之入中夏，爲生民之大蠹，第望資其數百人以壯聲勢。調備大集，故起師無沮異時大業首定於茲。時煬帝廣在位之十三年也。是爲李淵謀代隋室之第一步。

李淵既自太原起師，西河郡（山西汾陽縣）不從；淵使世民建成將兵擊之，執斬郡丞高德儒，餘不戮一人，遠近悅之。淵喜，遂謀入關：分其師爲三軍，通謂之義士，而以建成世民輩領之；裴寂上淵號爲大將軍開府置官，淵於是離隋獨立，命子元吉留守晉陽，自帥軍士三萬西行。初煬帝廣東幸江都，使其孫代王侑居守長安；侑聞淵師之起，遣郎將宋老生屯霍邑（山西霍縣），大將軍屈突通屯河東以拒淵。會積雨，淵不能進；雨久不止，淵中軍糧乏；劉文靜奉使北聯突厥未返，淵欲旋師晉陽，而世民力諫，以爲不可，淵笑曰：『吾之成敗皆在爾，惟爾所爲！』遂止軍待之。已而太原運糧至，雨既霽，淵趣霍邑斬宋老生而有其地；進克臨汾（山西臨汾縣），劉文靜亦以突厥兵至，前軍遂渡河，下韓城（陝西韓城縣），淵亦旋濟，遣建成劉文靜等屯永豐倉（倉在今陝西華陰縣，隋轉關東粟於此置倉），守潼關以備東方兵。世民率諸軍徇渭北；柴紹妻李氏及淵從弟神通亦各起兵鄠縣以應淵，關中勢旋定。淵自引兵西，所過離宮園苑皆罷之，出宮女還其親屬；同年十月，進至長安，附近諸軍俱集，合二十餘萬，淵命諸軍攻城，毋得犯七廟，及代王侑宗室，違者夷三族十一月，克長安。將軍陰世師，郡丞骨儀，共奉侑乘城拒守；及是城下，陰世師骨儀等皆被殺。淵還，舍於長樂宮（長安西北），與民約法十二條，悉除隋苛禁，於是長安亦爲淵有，代王侑受成而已。是爲淵謀代隋室之第二步。

李淵既有長安，陽立代王侑爲皇帝，尊煬帝廣爲太上皇，自爲大丞相，封唐王，以建成爲世子，就武德殿爲丞相府，改教稱令，置丞相府官屬，並傾府庫以賜勳人，分兵禦旁寇（如薛舉之屬），以靖京邑。時廣在江都，益荒淫，見中原已亂，無心北歸，欲保江東，乃命治丹陽宮，將徙都之。會江都糧盡，從駕驍果多關中人，思歸，郎將司馬德戡，趙行樞等謀亡走，欲共推宇文化及爲王，議定，乃集兵數萬爲變；德戡即使人率師入宮，執廣縊殺之，隋宗室無少長皆死！化及自稱大丞相，總百揆，別立秦王浩（秦王浚之子，煬帝廣之姪）爲帝。時恭帝侑之二年三月也（即義寧二年，民國紀元前一千二百九十四年）。方江都變時，淵急謀代隋，進相國，總百揆，並加九錫；同年五月，侑遂禪位於淵，淵廢侑爲酅國公，而選用其宗室；於是關中之隋滅，而唐業以成。此爲淵謀代隋室之第三步。

秦王浩之立，歷時未久，爲宇文化及所害，隋幾亡矣；然越王侗猶稱帝於東都（侑與侗均謚恭帝），隋系固未絕也。煬帝廣東巡，命其孫侗留守東都；及廣被害，東都留守官乃共奉侗即位，朝政以王世充輩掌之。其明年爲侗在位之二年（即皇泰二年，唐高祖淵武德二年，民國紀元前一千二百九十三年），世充自稱鄭王，加九錫；旋自即帝位，而廢侗爲潞國公：於是東都之隋亦滅，而隋乃全亡。計歷主四（秦王浩不與），凡三十九年（自文帝堅代周之日起算）。其世次如下表：

一世	二世	三世	
1隋文帝楊堅	2煬帝廣	3元德太子昭	4恭帝侑
			5恭帝侗

第二章 唐上（民國紀元前一千二百九十四年至一千二百二十九年）

唐前期六十六年間帝政復興之一（締造之艱難及弟兄之仇殺）（民國紀元前一千二百九十四年至一千二百八十六年）

李淵之先，爲隴西狄道人，西涼李暠後也。祖虎，仕後魏有功，封隴西郡公，爲八柱國之一，賜姓大野氏；後周受禪，**追封**唐國公；至楊堅爲周相，還復本姓。父昞，仕後周，爲安州總管柱國大將軍，襲唐國公爵。淵生七歲，即襲封；及長，仕隋，補千牛備身；文帝堅之后獨孤氏，爲淵從母，由是特見親愛，累轉外官；煬帝廣之世，遂以太原留守起兵，代隋之始，中國大亂，淵既奠都長安，乃次第圖其并吞之功；隋末諸雄，遂先後爲所底定。茲就羣雄據土之顯著者，順次述之，**以見當**時大勢之一班如下：

（一）薛舉李軌之敗滅　高祖淵既定長安，所首先用兵者爲秦涼二國：秦爲薛舉，涼則李軌，而秦先涼滅。汾陰薛舉者，初僑居於金城（甘肅皋蘭縣），家產鉅萬，喜交豪猾，故稱雄於邊朔，後爲金城府校尉，大業末，隴西盜起，舉刼金城令郝瑗，自稱西秦霸王，旋有隴西之地，衆至十三萬。煬帝廣在位之十三年，舉稱帝蘭州，並令其子仁杲圍克天水（甘肅秦縣），自蘭州徙都之；又遣仁杲引軍寇扶風郡，爲盜帥唐弼所拒，兵不得進。初，弼起扶風，立隴西李宏芝爲天子，有徒十萬；及是舉遣使招弼，弼殺宏芝，引軍從舉；仁杲因弼弛備，襲破之，并有其衆。弼以數百騎遁免，舉勢益張，將圖京師：會唐兵定關中，遂攻扶風，世民帥師討敗之；舉恐世民踰隴，將爲降計，爲郝瑗所諫沮，因賞瑗，結爲謀主。瑗又勸舉聯結梁師都，共爲聲援，厚賂突厥，餌其戎馬，合從並力，進偪京師，舉從其言，約突厥出師；會有說突厥者，故舉謀不行。唐高祖淵卽位之元年，舉又與唐將劉文靜戰高墌城（陝西長武縣北），唐兵大敗，高墌爲舉有。郝瑗又勸舉直取長安，舉然之；已而發疾死，子仁杲代立，居折墌城（甘肅涇川縣東北）。仁杲與諸將素多不協，及嗣位，衆咸猜懼，郝瑗哭舉悲思，因病不起，自此兵勢日衰！自劉文靜爲舉所敗後，淵命世民率諸軍以擊仁杲，師次高墌，堅壁不戰；旋乘其懈，以大軍攻之，進薄折墌城，仁杲開門降，世民得其精兵萬餘人，以仁杲歸京師，及其首帥數十人皆斬之。舉父子據隴西，自稱號至滅凡五年。由是唐兵力踰隴而西，後顧之憂以絕。

然猶有李軌在，後顧之憂，正未能遽絕也。姑臧李軌，家亦富於財，爲人所稱；大業末，爲鷹揚府司馬。薛舉起事金城，軌與其黨共謀，欲保據河西以觀中國之變；於是其黨共推軌爲主，起兵至武威（甘肅武威縣），軌縛隋郡丞韋士政，自稱河西大涼王。高祖淵卽位之元年，軌稱尊號，薛舉遣兵侵軌，軌擊破之，於是盡有河西五郡之地；其年，軌殺其吏部尙書梁碩。初，軌之起也，碩爲謀主，甚有智略，爲衆所憚；碩見突厥之降軌者種落日盛，乃陰勸軌宜加防察，漸不睦於同僚，軌誤信讒，殺碩，自後故人多懷疑懼之心，心膂漸離。時高祖淵方圖薛舉，遣使潛往涼州，與之相結，下璽書謂之爲從弟，軌大悅，遣其弟懋入朝；淵以懋爲大將軍，遣還涼州，授軌涼州總管，封涼王。明年，軌入朝，表稱「皇從弟大涼皇帝臣軌」，而不受官，淵怒，始興師謀討軌；軌將安修仁兄興貴在長安，表請說軌，諭以禍福，淵從之。興貴至涼州，乘間說軌以竇融故事，軌不聽；興貴乃與修仁結諸胡起兵擊軌，軌出戰而敗，嬰城自守。興貴徇曰：『大唐遣我來誅李軌，敢助之者夷三族！』城中人爭出就興貴，軌計窮，被執至長安，並妻子皆伏誅。軌自起至滅，凡三年，河西爲唐有。淵封興貴涼國公，修仁申國公。

（二）李密王世充之敗滅　李密故世族，爲後魏司徒李弼之曾孫，少有才略，輕財好士；初仕隋，與楊玄感相友善，楊素死，玄感謀爲變，而密實贊之。已而玄感師起，欲卽稱尊號，密曰：『今雖頻捷，而郡縣未有從者，東都守禦尙強，天下救兵且至！公當挺身力戰，早定關中，乃亟欲自尊乎？』玄感笑而止，而旋與密疏，凡事不專任密；密知玄感必敗，但無如之何。玄感旣死，密被獲；已而亡命困乏，變姓名爲劉智遠，聚徒教授，郡縣疑而捕之，密亡去韋城（河南滑縣），依翟讓。時讓與單雄信徐世勣等方擁衆爲盜，密往來諸人間，說以取中國之策，始皆不信久之稍以爲然，相與漸敬密。密說讓取中國，讓初亦不信；已而見密爲豪傑所歸，欲從其計，密因說讓先取滎陽；於是滎陽諸縣俱爲讓所下。時煬帝廣在位之十二年也（卽大業十二年，民國紀元前一千二百九十六年）。明年密又說讓取興洛倉（河南鞏縣），擊敗隋東都兵，威聲益振，讓於是推密爲主，號魏公，拜讓司徒，單雄信徐世勣皆大將軍，江淮以北羣雄俱應，悉拜官爵，使各領其衆，置「百營簿」以領之，衆至數十萬，乃廣築洛口城居之，遣將略地，河南郡縣多附；既又攻偪東都，據回洛東倉（洛北七里），又遣徐世勣取黎陽倉，東都日困。煬帝廣聞警，遣江都通守王世充往救，與密相持；密數敗之，尋殺讓而幷其衆。又明年密進據金墉，於是東至海岱，南至江淮，郡縣莫不遣使歸密；竇建德朱粲徐圓朗之徒，並遣使通表於密勸進，密曰：『東都未平，不可議此。』及李淵兵起，密負其強盛，欲自爲盟主，乃致書長安，呼淵爲兄，請合從以滅隋；淵使記室溫大雅作書報密，內有：『天生蒸民，必有司牧！當今爲牧，非子而誰？老夫年踰知命，願不及此；欣戴大弟，攀鱗附翼，惟冀早應圖籙，以寧兆庶；宗盟之長，屬籍見容，復封於唐，斯榮足矣』云云。密得書甚悅，示其部下，曰：『唐公見推，天下不足定也！』於是不虞長安而專意於世充；俄而宇文化及殺廣北上，將引而西，爲密所阻，不獲徑前。越王侗時守東都，聞化及西來，上下危懼！有蓋琮者上書，請說李密與之合勢以拒化及；東都因使說密；密方畏東都之議其後，與琮語大喜，遂上表乞降，東都拜密太尉，令先平化及，然後入朝輔政：密遂率師攻化及於黎陽，化及食盡，引餘衆北趣魏縣（河北大名縣）。密知其無能爲，引兵而西，遣使朝於東都，越王侗即召密入朝；會王世充與元文都不合，襲殺文都，密至溫（河南溫縣）聞變，乃止於金墉。時密兵少衣，世充兵乏食，乃請交易，密許之；初東都絕糧，兵士歸密者日有數百，至此得食而降人益少，密方悔之而止。密雖據倉而無府庫，兵數戰皆不獲賞；又厚撫初附之兵，由是衆心漸怨。唐高祖淵即位之元年（即武德元年，民國紀元前一千二百九十四年），世充乘之，簡兵擊密，密自引精兵出偃師，北阻邙山以待；旋爲世充所敗，密衆大潰，其將或棄金墉而走，或舉洛口而降，密不能支，乃與諸將議，共降長安；於是密即西入關附唐，其將帥州縣多爲世充所有。密至唐，拜光祿卿，邢國公；未幾，聞其所部將帥，皆不附世充，淵因使密領本兵往黎陽招集。密既出關，長史張寶德上封事，言其必叛，淵敕密還更受節度；密遂斬使者，改道東行，半途爲唐兵所襲獲被斬。密起兵凡六年，降唐復叛，卒不獲善終。

王世充者，本西域胡人，姓支氏；幼隨母嫁王氏，因易其姓。既仕隋，受煬帝廣命，援東都；旋敗密，專政權，廢越王侗，自即位，定國號曰鄭；旋鴆殺侗，廣封王氏同族。其地北據河東，至徐兗，南有襄鄧；然治民無法，衆志日離，世充又多爲嚴刑峻制以虐其民，而亡者踵接。洛中米少，至是尤飢荒；世充屯兵不散，餓斃之人，纍纍於道。高祖淵在位之三年（即武德三年，民國紀元前一千三百九十三年），秦王世民督諸軍擊之，重師屯北邙山，連營偪世充，而洛口餉道又爲唐將王君廓所斷；河南州縣，多相繼降唐。明年，進圍東都，世充悉兵臨穀水拒世民，世民殊死戰，世充兵退；而洛城仍嚴守不下，唐兵掘塹築壘偪之，城中乏食，死者殊衆。時竇建德據河朔久，聞唐兵強，乃悉發其衆西救洛陽，於是唐兵又有與建德交綏之事：

竇建德本漳南（山東恩縣西北）羣盜，煬帝廣在位之十二年（即大業十二年，民國紀元前一千二百九十六年），其黨高士達爲隋將楊義臣所破滅，建德自高雞泊（恩縣西）亡走饒陽（河北饒陽縣），攻陷之，尋復還平原，收士達散兵，軍復振；明年，據樂壽（河北獻縣），久之，又攻下河間河北郡縣，多相繼降附；建德遂定都樂壽，改國號曰夏。時羣盜魏刀兒據深澤（河北深澤縣），稱魏帝，剽掠冀定間，勢頗強；建德滅刀兒，幷其地。唐高祖淵在位之二年（即武德二年，民國紀元前一千二百九十三年），宇文化及稱號於魏縣，建德謂其屬宋正本等曰：『吾爲隋之百姓數十年矣，隋爲吾君二代矣，今化及殺之，是吾仇也！請與諸公討之。』正本等立贊其議，建德即日引兵討化及，連戰大破之；化及保聊城（山東聊城縣），建德破城，入見隋后蕭氏，與語稱臣，悉收弒煬帝廣原謀者斬之，並誅化及及其二子；馳使報越王侗於東都，侗封爲夏王，遂號大夏；既又攻陷洺州（河北永年縣），自樂壽遷都之；又與王世充結好，遣使朝侗東都，後世充廢侗自立，乃絕之，始自尊大，建天子旌旗，出警入蹕，下書言詔，追謚隋煬帝爲閔帝。然猶依倚突厥，隋義成公主先嫁突厥，及是遣使迎蕭后，建德勒兵千餘騎送之，入蕃，又傳化及首以獻公主；既與突厥相連，兵鋒益利，唐師不能討，建德漸驕；明年，又殺其納言宋正本，政教日衰。先是濟陰孟海公擁精兵三萬，據周橋城（山東曹縣西南），以掠河南地；其年冬，建德自率兵渡河擊之。時世民方攻王世充於洛陽，世充遣使乞救於建德；建德以已於鄭爲脣齒，脣亡則齒寒，必無坐視不救之理。又明年，爲高祖淵在位之四年（卽武德四年，民國紀元前一千三百九十一年），建德克周橋，虜海公，留將守曹州，自發兵西來救世充，衆凡十餘萬，進次成皋；又遣間使約世充共爲表裏。時唐兵已入虎牢，建德不得進；世民乘勢遣將軍王君廓領輕騎千餘，抄其糧道，虜獲甚衆。建德數不利，人情危懼，將帥以下，破孟海公皆有所獲，思歸洺州，冀急一戰以報鄭；建德取衆議，乃悉兵以攻虎牢。唐軍按甲挫其銳，及建德結陣於汜水，世民遣騎挑之；建德進軍而戰，爲唐師所沮，少卻，世民馳騎深入，反覆四五合，然後大破之。建德中槍，竄於牛口渚（河南汜水縣西北），車騎將軍白士讓楊武威生獲之；建德所領兵衆一時奔潰，其左僕射齊善行，乃悉舉山東之地降唐。世民俘建德至京師，斬於長安市，自起兵至滅凡六年。其年，劉黑闥復盜據山東。

初竇建德被擒，世民卽囚建德至洛陽城下以示世充；世充惶惑不知所爲，將潰圍而出，南走襄陽，謀於諸將，皆不答！乃帥其將吏詣軍門降。世民於是部分諸將，共入洛陽，分守市肆，禁止侵掠；命記室房玄齡先入中書門下省收隋圖籍制誥，已爲世充所毀，無所獲；命蕭瑀等封府庫，收其金帛，頒賜將士；取其黨單雄信等十數人，悉誅之，東都平。世民還長安，赦世充爲庶人，徙蜀；定州刺史獨孤修德，以其父機，前爲世充所殺，乃矯詔殺世充以報父仇，詔免修德官。世充自稱號至滅凡三年。自是唐關門以東無巨敵矣！

城父（安徽亳縣東南）朱粲，初爲縣佐史；後從軍亡命爲盜，號可達寒賊，自稱迦樓羅王！衆至十餘萬，引軍渡淮，旋轉掠荆沔及山南，郡縣不守，所至殺戮，噍類無遺。高祖淵卽位之元年（卽武德元年，民國紀元前一千二百九十四年），降隋越王侗，以爲楚王；旣復稱楚帝於冠軍（河南鄧縣西北），攻陷鄧州，有衆二十萬。粲所克州縣，皆發其藏粟以充食，遷徙無常，去輒焚餘貲，毁城郭，又不務稼穡，以刼掠爲業：於是百姓大餒，死者如積，人多相食，軍中罄竭，無所虜掠，乃聚嬰兒，蒸而噉之；又稅諸城堡，取小弱男女以益兵糧。明年，粲爲淮安土豪楊士林等所攻敗，奔菊潭（河南內鄉縣東），遣使請降於唐，唐仍以爲楚王，使散騎常侍段確迎勞之；確與粲忤，粲殺確，奔王世充，世充以粲爲龍驤大將軍，使領兵衆。東都平，獲之，斬於洛水之上，自稱號至死凡四年。

（三）劉武周苑君璋劉季眞之敗滅（附宋金剛） 馬邑劉武周，初爲鷹揚府校尉；隋末，武周見中國大亂，殺馬邑太守王仁恭，起事，有衆萬餘，自稱太守；遣使附突厥，破隋兵，攻下隣地，進取汾陽宮，獲隋宮人，以賂突厥始畢可汗，以馬報之，兵威益振。突厥立武周爲定楊可汗，遺以狼頭纛，因自稱皇帝，以定楊爲國號，用其妹壻苑君璋爲內史令。先是上谷人宋金剛在易州界爲羣盜，賊帥魏刀兒與相表裏；後刀兒爲竇建德所滅，金剛救之，戰敗，率餘衆奔武周；武周素聞金剛善用兵，得之甚喜，號爲宋王，委以軍事，中分家產遺之。金剛亦深自結納，遂出其妻，請聘武周妹；又說武周入圖晉陽，南向以爭中國。高祖淵在位之二年，武周令金剛進侵幷州，又引突厥同進；淵先後遣太常少卿李仲文、右僕射裴寂討之，俱敗績。武周進偪太原，總管齊王元吉委城遁，武周遂據有之，遣金剛進下澮州（山西翼城縣）；河東盜帥王行本又密與金剛相連，關中大震。淵欲棄大河以東，謹守關西，秦王世民不可；淵乃發關中兵以益世民，使擊武周。世民渡河，屯柏壁（山西新絳縣西南），與金剛相持久之；明年，世民待金剛食盡，追逐破之；又與金剛激戰於介休（山西介休縣），金剛大敗，其驍將尉遲敬德舉介休降唐。武周聞，大懼，棄并州，走突厥；金剛收集亡散，欲復戰，衆莫肯從，亦走突厥。世民進平并州，悉復故地。未幾，金剛背突厥而遁，將還上谷，爲追騎所獲，腰斬之；武周又欲謀歸馬邑，事洩，爲突厥所殺。武周自初起至滅凡六年。唐河東之地失而復得，世民之決策行師，與有功焉。

武周亂定，其遺黨尚有苑君璋。初，武周引兵南侵，君璋以爲：并州以南，地形險阻，不如連和突厥，結援唐朝，南面稱孤，足爲上策；武周不聽，遣君璋守朔州，遂侵汾晉。武周既敗，泣謂君璋曰：『恨不用君言，乃至於此！』武周既死，突厥以君璋爲大行臺，統其餘衆。淵遣使諭之，其部將高滿政亦勸君璋降唐，不從；滿政偪之，君璋亡突厥，滿政遂以朔州降唐，拜朔州總管。明年，爲高祖淵在位之四年（卽武德四年，民國紀元前一千二百九十二年），君璋復引突厥來攻馬邑，滿政死之，君璋盡殺其黨以走，退保恆安（山西大同縣）；會所部稍離，請降於唐，許之；而突厥頡利可汗亦遣使來召，君璋遂執唐使送突厥，與突厥合軍寇太原北境，後見頡利政亂，終帥所部降唐，拜安州都督。

劉季眞者，離石（山西離石縣）胡人，父龍兒，當煬帝廣在位之十年，擁兵數萬，自號劉王，以季眞爲太子。龍兒爲隋虎賁郎將梁德所斬，其衆漸散；及高祖淵起事太原，季眞與弟六兒復舉兵爲盜，引劉武周之衆，攻陷石州（即離石），季眞北連突厥，自稱突利可汗，以六兒爲拓定王，甚爲邊患；時西河公張綸、眞鄉公李仲文俱以兵臨之，季眞懼而降唐，授石州總管，賜姓李氏，封彭城郡王。季眞見宋金剛與唐軍相持不下，遂復親武周，與之合勢；及金剛敗，其弟六兒又爲世民所斬，季眞亡走，尋爲高滿政所殺。

（四）蕭銑林士宏之敗滅（附張善安）　蕭銑者，後梁宣帝詧之曾孫，仕隋爲羅川（湖南湘陰縣東）令；煬帝廣在位之十三年，巴陵校尉董景珍等共推銑爲主，自羅川入巴陵，稱梁王；明年又稱皇帝，署置百官，一準梁故事。隋將張鎭州攻之不克，及聞隋滅，鎭州因約嶺表諸州盡降於銑；九江鄱陽，初有林士宏稱號，俄而自相攻伐，其郡亦降於銑：於是東自九江，西抵三峽，南盡交阯，北距漢川，銑皆有之，勝兵四十餘萬。高祖淵即位之元年，銑遷都江陵，修復園廟。又二年，淵詔夔州總管趙郡王孝恭率兵討之。而銑以地大兵多，浸益剛暴，見諸將多專權務戮，因令罷兵，陽言營農，而實奪之權。其大司馬董景珍之弟謀亂事洩被誅；景珍據長沙郡降唐，銑遣張繡攻之，景珍爲麾下所殺；繡恃功驕恣，銑又殺之。旣大臣相次誅戮，故人邊將皆疑懼，多有叛者，銑不能復制，以故兵勢益驕。高祖淵在位之四年，孝恭及李靖自夔州沿流而下，破經過各郡縣，直偪其都。初，銑以罷兵營農，宿衞纔數千人，忽聞孝恭至，倉卒徵兵，皆在江嶺之外，未能遽集，乃悉出見兵拒戰；孝恭逆擊，敗走，趣南岸，銑衆委舟收掠軍資，人皆負重。靖見其衆亂，縱兵奮擊，大破之，乘勝入江陵外郭，大獲舟艦；靖使散之江中，援兵見舟艦疑不敢進，遂圍江陵。銑自度救兵不至，出城降唐，自詔軍門曰：『當死者銑，百姓非有罪也，請毋掠。』孝恭囚之，送於京師；銑降後數日，江南救兵十餘萬一時大至，知銑降，皆送款於孝恭。銑至京師，遂被誅，自起事至滅凡五年。此爲唐南方兵事得手之始。

當煬帝廣在位之十二年，鄱陽林士宏與其鄉人操師乞同起爲盜。師乞自號元興王，攻陷豫章郡而據之，以士宏爲大將軍。隋遣兵討之，師乞中流矢死，士宏代統其衆，大敗隋兵，有衆十餘萬。明年，徙據虔州（江西贛縣），自稱皇帝，國號楚，北至九江，南訖番禺，士宏俱有之。其黨張善安保南寧郡，懷貳於士宏，士宏以舟師循江而下，擊破豫章，士宏地漸盛。及蕭銑破後，散兵稍往歸之，士宏復振。趙郡王孝恭遣使招慰之，其循潮二州並降唐。唐高祖淵在位之五年，士宏遣其弟藥師攻循州，大敗，士宏遁走，潛保於安成（江西安福縣西）山洞。其黨王戎亦以南昌降唐，拜南昌刺史。戎於是召士宏藏之於宅，招誘舊兵，更謀作亂。其年，洪州總管張善安密知其事，發兵討之。會士宏死，部兵潰散，戎爲善安所虜。

兗州張善安，起羣盜，附林士宏；後降唐，授洪州總管。高祖淵在位之六年（即武德六年，民國紀元前一千二百八十九年），起兵應輔公祏，安撫使李大亮諭以禍福，善安降，大亮執之，送長安；及公祏敗，亦爲唐所殺。

（五）沈法興李子通杜伏威輔公祏之敗滅　武康（浙江武康縣）沈法興，仕隋爲吳興太守；煬帝廣在位之十四年，東陽盜帥樓世幹舉兵圍郡城，廣令法興等討之。俄而宇文化及殺廣於江都，法興自以代居南土，宗族數千家，爲遠近所附，因起師，以討宇文化及爲名，攻餘杭，毘陵（江蘇武進縣）丹陽，皆下之，據江表十餘郡，自居毘陵，稱江南道大總管，後聞越王侗立，乃上表於侗，稱大司馬、錄尚書事。法興自克毘陵後，謂江淮以南，可指撝而定；專立威刑，將士有小過，便卽誅戮，而言笑自若，由是士卒解體！高祖淵在位之六年，稱梁王，改易隋官，頗依陳氏故事。是時杜伏威據歷陽，陳稜據江都，李子通據海陵，俱有窺覦江表之志；法興三面受敵，軍數挫衂。陳稜尋被李子通圍於江都，遣使求援，法興以兵救之，大敗；明年，京口陷，法興再遣師往拒，又大敗；法興與左右奔吳郡，盜帥聞人遂安遣其將葉孝辯迎之。法興至中路而悔，欲殺孝辯，更向會稽；孝辯覺之，法興懼，乃投江死，自起兵至滅凡三年。其郡縣悉爲李子通所據。

東海李子通，亦起羣盜，初依長白山（山東長山縣西南）盜帥左才相，以武力爲才相所重；時羣盜多務殘忍，惟子通獨行仁慈，故人多歸之，未半歲，兵至萬人，才相稍忌之；子通自引走，因渡淮，與杜伏威合，尋爲隋師所敗，子通擁其餘衆奔海陵（江蘇泰縣），得兵二萬，自稱將軍，進號楚王。初，宇文化及以隋將軍陳稜爲江都太守，稜旋降唐，拜總管，仍守江都；高祖淵在位之二年，子通攻陷江都，據之，陳稜奔依伏威，子通遂自卽皇帝位，國號吳。明年，進攻法興，悉有其地，用法興府掾李百藥及其尚書左丞殷革，使分典文翰禮樂之事，由是隋郡縣及江南人士往往歸之。已而伏威遣輔公祏率兵，以闞稜王雄誕爲副，渡江取丹陽，敗子通兵於溧水（江蘇溧水縣）；子通糧盡，棄江都，保京口，江南之地，多入於伏威。子通又東走太湖，收集亡散，襲沈法興於吳郡破之，率其官屬都於餘杭（浙江餘杭縣）；東至會稽，南至五嶺，西距宣城，北至太湖，盡有其地。高祖淵在位之四年爲伏威將王雄誕所敗滅，執送京師，盡收其地；子通至京師後，謀出亡，爲吏所獲，被殺，自稱號至滅凡三年。方是時，江南之地，多自相攻滅！沈法興李子通之起，始頗盛強，法興既爲子通所平，而子通又爲伏威所滅；伏威曾拜唐命，究與唐師之自行討滅不同，故說者以爲東南郡縣之併入於唐，悉由諸盜帥之自召焉。

章邱（山東章邱縣）杜伏威，少與臨濟輔公祏爲刎頸之交，與公祏並爲羣盜：初投長白山盜帥左君行，不被禮，因捨去，轉掠淮南，自稱將軍；既又并下邳盜苗海潮、海陵盜趙破陣之衆，兵威漸盛；煬帝廣在位之十三年，破高郵，據歷陽，自稱總管，以公祏爲長史，江淮間小盜大抵來附。宇文化及之反也，署爲歷陽太守，伏威不受；又移居丹陽，進用人士，大修器械，薄賦斂，除殉葬法，其犯奸盜及官人貪汚者，無輕重皆殺之，仍上表於越王侗，侗拜伏威爲東道大總管，封楚王。世民圍王世充，遣使招之，伏威請降；淵拜爲江淮以南安撫大使，封吳王，賜姓李氏，預宗正屬籍。淵在位之四年，擒獻李子通，盡有江東淮南之地，南接於嶺，東至於海；尋聞世民平劉黑闥，進攻徐圓朗，伏威懼，入朝，拜太子太保，留京師，禮賜甚厚，後善終於長安。伏威自初起至降唐，凡十一年，迄未嘗稱號；故既入長安，唐廷甚禮貌之。

輔公祏與杜伏威同時降唐，唐以爲淮南道行臺尚書左僕射。初，公祏年長於伏威，伏威恆兄事之，軍中咸呼爲伯，畏敬等伏威伏威潛忌之，陰署其養子闞稜爲左將軍，王雄誕爲右將軍，推公祏爲僕射，外示尊崇，而陰奪其兵權；公祏知其意，怏怏不平，乃與故人左遊仙僞學道辟穀以遠其事。高祖淵在位之五年，伏威入朝，留公祏守丹陽；復以王雄誕典兵，使副公祏。明年，左游仙說公祏，令反；會雄誕疾，公祏奪其兵，詐言伏威不得還江南，貽書令其起兵，因卽帝位於丹陽，國號宋，於陳故都築宮居之，殺王雄誕，署置百官，以左游仙爲兵部尚書、越州總管，大修兵甲，掠東海、壽陽諸郡，勢頗振；淵詔趙郡王孝恭與李靖等討之。又明年，爲淵在位之七年（卽武德七年，民國紀元前一千二百八十八年），公祏兵戰敗，丹陽不守；公祏欲就游仙於會稽，在途爲野人所執，送丹陽，孝恭斬之，傳首京師。自起事至滅，凡十三年，自是江東全定。

（六八）高開道劉黑闥徐圓朗羅藝之敗滅　陽信（山東陽信縣）高開道，初從河間盜格謙，據豆子䴚（河北靜海縣境），謙稱燕王，以開道爲將軍；後謙爲隋兵所滅，開道收其餘兵，勢復振。高祖淵在位之元年，隋將李景守北平郡，開道引兵圍之，連年不克，景自度不能支，拔城走，開道取其地；進陷漁陽，有馬數千匹，衆且萬人，遂自立爲燕王，都漁陽（河北薊縣）。先是懷戎沙門高曇晟者，因縣令設齋，士女大集，曇晟與其僧徒五十人擁齋衆而反，殺縣令及鎭將，自稱大乘皇帝！遣人招誘開道，結爲兄弟，改封齊王；開道帥衆歸之，居數月，襲殺曇晟，悉幷其衆。淵在位之三年，復稱燕王；既又因羅藝遣使降唐，賜姓李氏，授蔚州總管，明年復與唐絕，稱燕國，北連突厥，南結劉黑闥。時開道徙據燕州（察哈爾懷來縣），恆定幽易，數被其患；迨中國大定，開道降，自以數反覆，終恐致罪，又北恃突厥爲援，其將士多山東人，思還本土，人心頗離。初，劉黑闥亡將張君立奔於開道，因與其將張金樹深相結，謀殺開道；淵在位七年，金樹困開道，君立於外城舉火相應；及金樹殺開道，並君立誅之，遂歸唐。開道自初起至滅，凡八年。

漳南劉黑闥，少與竇建德相友善，隋末亡命，從郝孝德爲羣盜，後歸李密，爲裨將；密敗，爲王世充所虜，尋亡歸，仕於竇建德，建德署爲將軍，封漢東郡公。黑闥善觀時變，能出奇師，軍中號爲神勇；及建德敗，黑闥自匿於漳南，杜門不出。而是時建德諸故將，居閭里，多橫暴爲害，唐吏以法繩之，皆驚懼不安。會有詔悉徵建德諸故將；諸故將多謀作亂，卜之以劉氏爲主，吉，因相與之漳南，見劉雅，說之，雅不從，殺之；又見劉黑闥，黑闥即與衆定計，聚衆據縣，自稱大將軍。時高祖淵在位之四年也。淵遣淮安王神通（高祖淵從弟）將軍秦武通王行敏先後擊之，皆爲所敗！於是移書趙魏，其建德將士，往往殺官吏以應黑闥；北連高開道於燕州，兵鋒甚銳，半歲間，悉復建德舊境，並遣使北連突厥，武通等皆自河北遁歸長安。明年，黑闥自稱漢東王，建都洺州（河北永年縣），建德時文武，悉復本位；其用法行政，悉師建德，而攻戰勇決過之。唐遣秦王世民齊王元吉往討。世民進軍洺水（河北永年縣城西），分遣奇兵，斷其糧道，黑闥又數挑戰，世民堅壁不應，以挫其鋒。相持六十餘日，世民度黑闥糧盡，必來決戰，乃使人堰洺水上流。黑闥果帥步騎二萬，南渡洺水，壓唐營而陳，與世民兵大戰，黑闥勢不能支，先遁，守吏決堰，水大至，衆不能渡，遂潰！黑闥與其將亡奔突厥，山東暫定。同年，黑闥引突厥寇山東，又寇定州，淵遣淮陽王道玄（高祖淵從子），原國公史萬寶討之；戰於下博（河北深縣南），唐師敗績，道玄死於陳，萬寶輕騎逃還；由是河北諸城，盡降黑闥，黑闥於旬日間悉復故城，復都洺州。淵遣齊王元吉擊之，遲留不進；又令太子建成督師進討。明年，建成與黑闥相持於昌樂（河北南樂縣西北），黑闥食盡，自館陶北遁，連爲唐兵所躡，不得休息，道遠兵疲，比至饒陽，從者纔百餘；黑闥所署饒州刺史葛德威出迎，饋之食，未畢，勒兵執之，送詣建成，斬於洺州。黑闥自稱號至滅，凡三年，山東復定。

兗州徐圓朗，隋末亡命爲羣盜，據本郡，縱兵略地，自瑯琊以西，北至東平，盡有之，勝兵二萬餘人，仍附於李密；密敗，歸王世充；及洛陽平，歸唐，拜兗州總管，封魯郡公。高祖淵令葛國公盛彥師安輯河南，行至任城，會黑闥亂起，潛結於圓朗，圓朗因執彥師，舉兵應黑闥，自稱魯王，保於任城。黑闥以圓朗爲大行臺元帥，兗鄆陳杞伊洛曹戴等八州豪猾，皆殺其長吏以應之，圓朗勢漸盛；及世民平黑闥，圓朗聞之大懼！淵尋遣淮安王神通及李世勣攻之，圓朗數出戰，不利，勢日蹙，夜與數騎棄城而遁，爲野人所殺。圓朗自附黑闥至滅，凡三年，其地悉平。

襄陽羅藝，仕隋以軍功至虎賁郎將，煬帝廣令受右武衛大將軍李景節度，督軍於北平；及中國亂，藝自稱幽州總管。宇文化及至山東，遣使召藝，藝不從，殺其使者，而爲煬帝廣發喪，大臨三日。高祖淵在位之二年，奉表歸唐，詔封燕王，賜李氏，預宗正屬籍。世民之擊劉黑闥也，藝領本兵數萬，破黑闥之弟什善；及黑闥引突厥入寇，藝復將兵與太子建成會於洺州，因請入朝，高祖淵遇之甚厚，俄拜左翊衛大將軍。時突厥數爲邊患，以藝素有威名，爲北夷所憚，令以本官鎮涇州；世民即位，拜開府儀同三司。藝夙得罪世民，深以爲懼，遂於涇州詐言閱武，率師而出，據有豳州；世民命吏部尚書長孫無忌等討之，未至，爲統軍楊岌所擊敗，藝奔突厥，在途爲左右所殺，傳首京師，復其本姓羅氏。

(七)郭子和梁師都之敗滅　蒲城（陝西蒲城縣）郭子和，初爲隋左翊衛，犯罪徙榆林；煬帝廣在位之十三年，見郡內大飢，遂潛引敢死士，執郡丞王才，數以不恤百姓，斬之，開倉以賑窮乏，自稱永樂王，有衆二千餘騎，南連梁師都，北附突厥始畢可汗，並送子爲質以自固。始畢先署劉武周爲定楊天子，梁師都爲解事天子；又以子和爲平楊天子，子和固辭，始畢乃更署子和爲屋利設。高祖淵即位之元年，遣使歸款，唐授以雲州總管，封郟國公。時師都強暴，子和慮爲所攻，尋勒兵與師都絕；又伺突厥間隙，遣使以聞，爲處羅可汗候騎所獲，處羅大怒，囚其弟子升，子和自以孤危甚懼；淵在位之四年，拔戶口南徙，詔以延州（陝西膚施縣）故城居之；明年，從世民平劉黑闥，陷陳有功，淵賜之姓李氏，拜右武衛將軍。子和自初起至降唐，凡三年，降唐後之四年，始改姓李。

朔方梁師都，代爲本郡豪族，仕隋爲鷹揚郎將，煬帝廣在位之十三年，罷歸；屬盜亂羣起，師都陰結徒黨數十人，殺郡丞唐宗，據郡反，自稱大丞相，隋將張世隆擊之，反爲所敗；師都因遣兵攻克旁郡，自即帝位，定國號曰梁。突厥始畢可汗，遣以狼頭纛號爲大度毘伽可汗；師都乃引突厥居河南之地，攻破鹽川郡（甘肅靈武縣東南）。高祖淵在位之二年，遣延州總管段德操督兵討之，德操大勝，師都勢日絀；及劉武周之敗，師都大將張舉劉旻相次降唐，師都懼，遣人說處羅可汗，大發兵入寇，自願爲突厥鄉導，處羅從之；會病沒，唐邊得無事。而淵又令德操悉發邊兵進擊，克其朔方東城，師都退保西城，又求救於突厥頡利可汗，頡利發精騎救之，始不爲唐滅。時稽胡大帥劉仚成率衆降師都，師都信讒殺之，於是羣情疑懼，多叛師都歸唐；師都自往朝頡利，爲陳入寇之計，自此頻致突厥之寇，邊州略無寧歲，頡利深入，皆師都教之。世民卽位，遣右衛大將軍柴紹等討之，頡利復來援，爲紹所破；師都不自保，其從弟洛仁斬之詣紹降。師都自起至滅，凡十二年。

以上皆爲唐初擊滅羣雄之略史，而羣雄之擊滅，大抵以秦王世民之功爲多！當高祖淵時，羣雄之據地者，多以次盪平；惟梁師都在朔方，則至世民之世始定。要之羣雄割地之舉，至高祖淵內禪之日，固已無復能與，而唐之內難，亦至其內禪之時而始有結束。蓋其內難雖由世民等兄弟之爭，而其所牽涉之方面，則固非一言所能盡！唐當開基之始，既不免有倫常之禍；以後內爭之烈，女禍之橫，迭起環生，謂皆於此導機，亦無不可。要之隋承南北朝分裂之餘，歷世未久而宗社旋傾；唐起而世其業，時風未變。隋煬得國，亦由計取；世民事事鑒隋，而其同室操戈，亦迄無能自止。自「儒家」觀之，覺其綱常之墮落，名教之消亡，冉冉百年，迄未有改之者！世民輩第承其流而動者也。玆就其事之大端核之，而知其昆弟間所發之競爭，大致可得析爲三局，以次述之如下方：

高祖淵二十二男，而皇后竇氏所生之子凡四：長子建成，次世民，三元霸，四元吉，而元霸早歿。淵初起師，皆世民爲之謀；淵嘗語世民曰：『若事成，天下皆汝所致，當以汝爲太子』，世民拜且辭。及淵即帝位，以建成爲太子，世民封秦王，元吉封齊王；既又以世民功高，特置天策上將，位在王公上，使世民爲之開府置官屬。建成性寬簡，喜酒色，游獵；元吉多過失，皆無寵於淵。世民功名日盛，淵常有意以代建成；建成內不自安，乃與元吉協謀共傾世民，曲意事諸嬪妃，以求媚於淵。世民獨不爭之，由是諸妃嬪爭譽建成元吉而短世民；淵亦漸無移易太子之意，待世民寖疏，而建成元吉日親。此其兄弟競爭之初局也。

齊王元吉夙有謀殺世民之心，其私意欲待世民死後，並建成亦去之，而代爲太子：故其爲謀尤隱於建成。嘗勸建成除世民曰：『當爲兄手刃之！』世民從淵幸元吉第，元吉伏兵寢內，欲殺世民；建成性仁厚，不忍，遽止之。元吉慍曰：『爲兄計耳，於我何有』？建成擅募長安及四方驍勇二千餘人，爲東宮衛士，分屯左右長林門，號長林兵，備異時之用；慶州都督楊文幹嘗宿衛東宮，建成與之親厚，私使募壯士送長安。高祖淵在位之七年，幸仁智宮（陝西宜君縣），建成居守，世民元吉皆從；建成就元吉圖世民，又使郎將以甲遺文幹，使之舉兵，表裏相應。郎將至中途告變，淵怒，召建成；建成詣仁智宮，叩頭謝罪，奮身自擲。淵怒不解，置之幕下，以兵守之；馳召文幹，文幹遂發兵反。淵召世民告之曰：『文幹事連建成，恐應之者衆？汝宜自行，還立汝爲太子，當封建成爲蜀王。』世民既行，元吉與妃嬪更迭爲建成請；朝臣亦有爲之營解於外者：淵意遂變，遣建成還守京師；惟責以兄弟不睦，歸罪於太子中允王珪等而流之遠州。文幹陷寧州（甘肅慶陽縣），世民軍至，其黨殺之，傳首京師；世民建功歸，兄弟之間，嫌隙日至，建成輩謀殺世民之心益亟。淵乃遣世民出居洛陽，將行；建成元吉相與謀曰：『秦王若至洛陽，不可復制，不如留之長安，則一匹夫，取之易耳。』乃密令數人上封事，言秦王左右聞往洛陽，無不喜躍，觀其志趣，恐不復來；又遣近幸之臣以利害說淵，淵意遂移，事復中止；於是建成世民元吉同處長安，相鬩之勢，結而不釋，而玄武門之變成矣！此其兄弟競爭之中局也。

已而元吉請淵殺世民，淵曰：『彼有定天下之功，罪狀未著，何以爲詞？』元吉曰：秦王初平東都，顧望不還，散金帛以樹私恩，又違勅命，非反而何？但應速殺，何患無詞？淵不應，秦王僚屬皆憂懼！行臺郎中房玄齡謂比部郎中長孫無忌曰：『今嫌隙已成，一旦禍機竊發，豈惟府朝塗地，實乃社稷之憂！莫若勸王行周公之事，以安家國』。無忌以告世民，召府屬杜如晦謀之，房杜意相同；而無忌與護軍尉遲敬德等，又日夜促世民決大計，世民猶豫。時秦府智略之士，多爲建成等所譖，逐會突厥入塞，建成薦元吉將兵擊之，元吉請尉遲敬德與俱，又簡秦府兵卒以益其軍。率更丞王晊密告世民曰：『太子語齊王，吾與秦王餞汝於昆明池，使壯士拉殺之於幕下，奏云暴卒，吾當使人進說，令授吾國事；敬德等既入汝手，宜悉坑之，孰敢不服？』世民既聞晊言，而尉遲敬德等亦力說之；世民以訪府僚，府僚言：『比聞護軍薛寶嘗謂齊王曰：「大王之名，合之成唐字，大王終主唐祀。」齊王喜曰：但除秦王，取東宮如反掌耳。」彼與太子，謀亂未成，已有取太子之心，亂心無厭，何所不爲？若使二人得志，恐天下非復唐有！』於是世民意漸決。淵在位之九年（卽武德九年，民國紀元前一千二百八十六年）六月，世民密奏建成元吉淫亂後宮，且曰：『臣於兄弟，無絲毫負；今欲殺臣，似爲世充建德報仇？』淵省之，愕然，報曰：『明當鞫問，汝宜早參。』次晨，世民率長孫無忌等入，伏兵於玄武門；張婕妤竊知世民表意，馳語建成，建成召元吉謀之，元吉曰：『宜勒兵不朝，以觀形勢。』建成曰：『兵備已嚴，當與弟入參，自問消息。』乃俱入，趣玄武門，行至臨湖殿，覺變，旣回馬，將東歸宮府，世民射之，建成應弦而斃，元吉中流矢而走，尉遲敬德殺之！俄而東宮及齊府精兵二千人，結陳攻玄武門，守門兵仗拒之，不得入；良久接戰，流矢及內殿，世民左右數百騎來赴難，建成等兵遂敗散，其副護軍薛萬徹亡入終南山，將軍馮立亦解兵逃於野，世民使尉遲敬德入宿衛。淵聞其事大驚，與裴寂等共謀，蕭瑀陳叔達均謂：『秦王功蓋宇宙，率士歸心；陛下若處以元良，委之國務，無復事矣。』淵曰：『善！此亦吾之夙志也。』於是遂下詔，令諸軍並受秦王處分，建成子五人俱坐誅；並詔國中，凶逆之罪，止建成元吉，餘無所問，馮立薛萬徹等俱釋之不罪，卽立世民爲皇太子；又詔自今軍國庶事，無大小，悉委太子處決，然後聞奏。此其兄弟競爭之終局也。

唐內難旣平，宮禁禍釁止，於是淵內禪世民；世民卽位，是爲太宗，尊淵爲太上皇。

唐前期六十六年間帝政復興之二（貞觀之新治及內難之復興）（民國紀元前一千二百八十六年至一千二百二十九年）

後人尚論貞觀之績，以爲世民治唐，爲足震鑠今古；不知世民之治，亦正有不及古人者：自今兼行將相，則推讓三傑不如漢高祖！盛營玉華九成，則持躬儉約不如漢文帝！未嘗招隱逸，故廉恥不如東京！不能定儲貳，故宗禍多於劉氏！此皆事之顯著者也然其特優之點亦非無可言者，茲約爲四事述之，以見一班：

(一)專任賢才　初世民爲秦王，以國內寖平，乃開館以延文學之士，杜如晦房玄齡虞世南褚亮姚思廉陸德明孔穎達爲文學館學士，分爲三番，更日值宿，世民晦日輒至館中，討論文籍，或至夜分，號「十八學士」，士大夫得預其選者，謂之「登瀛州」，此爲世民羅致人才之始；及即帝位，以魏徵王珪爲諫議大夫，而魏徵平日常勸建成早除世民，建成旣敗，世民知其可用，重禮任之；又改置弘文館，選任虞世南等各以本職兼學士，聽朝之隙，引入內殿，講論前言往行，商榷政事；長孫無忌與世民爲布衣交，且兼佐命之功，世民即位，立無忌女弟爲后，屢欲相無忌，長孫后固諫，世民不聽，卒以爲右僕射；李靖者，初因事幾爲高祖淵所斬，世民召至幕府，靖性沈厚，每與時宰議政，恂恂如不能言，而功績卓著。世民之聰明知人，大抵如此，其他如馬周起自疏遠而終致大用，褚遂良得君稍晚，而論議極多，皆足明世民善於任使之略況焉。

(二)講明治道　世民在位，或說重法以禁盜，世民曰：『當去奢省費，輕徭薄賦，選用廉吏，民衣食有餘，自不爲盜，安用重法耶？』又嘗自謂：『人主惟一心，攻之者衆，或以勇力，或以辯口，或以諂諛，或以奸詐，或以嗜欲，輻輳各求自售，人主少懈，而受其一，則危亡隨之，此其所以難也。』又嘗問侍臣：「創業守成孰難？」房玄齡曰：『草昧之初，羣雄並起，角力而後臣之，創業難矣！』魏徵曰：『自古帝王莫不得之於艱難，失之於安逸，守成難矣！』世民曰：『玄齡與吾共取天下，出百死，得一生，故知創業之難；徵與吾共安天下，常恐驕奢生於富貴，禍亂生於所忽，故知守成之難。然剏業之難，往矣；守成之難，方與諸公慎之。』其講明治道，不爲物蔽，所見多類此。

（三）整飭綱紀　世民初卽位，制中書門下及三品以上入閤議事，皆命諫官隨之，有失，輒諫；又命百官自五品以上更宿中書內省，數延見，問民疾苦，政事得失；又以官吏在得人，不在員多，遂併省之，吏治大舉；復更定律令，命自今大辟皆令中書門下四品以上及尚書議之，庶無冤濫；又下詔：『比有奴告主反者，夫謀反不能獨爲，何患不發，何必使奴告之耶？自今奴告主者，斬之。』凡此皆其整飭綱紀之尤著者也。至其興學定禮，重著述，獎教化，尤能爲古人之所難爲，唐之盛業，實於斯奠焉。

（四）善納諫諍　世民自知神采爲臣僚所畏，嘗溫顏接羣臣，導人使諫，賞諫者以勸之，並敕有司自今詔敕行下，有未便者，皆應執奏，毋得阿從；魏徵事世民，最以善諫著，前後上數十疏。世民在位之十三年（卽貞觀十三年，民國紀元前一千二百七十三年），徵上疏陳陛下志業，比貞觀初漸不克終者十條，深爲世民所許；又四年，徵沒，世民歎曰：『以銅爲鏡，可正衣冠；以古爲鏡，可見興替；以人爲鏡，可知得失；徵沒，朕亡一鏡矣！』其他如王珪、馬周、褚遂良輩，論諫亦多，世民俱嘉納之。古之善容臣諫者：漢高祖以明達能聽，文帝以寬恭能聽，武帝以英果能聽，世民兼之；然開豁不及高祖，溫裕不及文帝，故雖善於容納，而不克有終云。

太宗世民之治唐，因以上之四端，誠意躬行，故勛績甚著；又承楊隋之後，良法美意，不因擾亂而泯，故治效又甚速。史稱世民在位，米斗五錢，外戶不閉，道不拾遺，雖不免爲溢美之談，究其治化，固已勝於隋世，加之四方夷部先後歸唐，聲教所暨，逾於前代。或謂世民自受天可汗之稱，既隱然以域外之主自期，則後世外族稱兵，必勞中國，邊釁之啓，蓋卽由之。然此事當世民踐位兵威新盛，慮固未嘗及此，似又未可專爲世民咎也。世民沒，太子治立，是爲高宗。其對外大局有世民時尚未終結者，至於治時，遂告寧壹。茲分端擇述於下：

(一)東突厥　突厥爲中國患，魏齊周之世固已然矣；至隋雖與和親以羈縻之，邊禍未能終息。試觀唐師初起，邊境之稱兵者，無一不假援於突厥，其人之爲突厥資助者聲勢常盛強；以高祖淵之智略，佐以世民，太原起義之時，尚必向突厥乞援，劉武周梁師都輩之所爲，固無足怪！然唐既結突厥以遺後患，功名與共，則責償必至無已，突厥之師固一時不能戢也。突厥之在隋唐，部落析爲東西久矣：東突厥始畢可汗咄吉者，啓民可汗子也。隋末大亂，中國人奔之者頗多，其族復盛，東自契丹室韋（契丹別種，居契丹東北，今黑龍江省），西盡吐谷渾高昌諸國，皆爲其隸屬，控弦之士至百餘萬；及唐遣劉文靜聘於始畢，引以爲援，突厥師來會絳郡者，不過兵五百馬三千而已。已而又遣二千騎助軍，從平京城；高祖淵既卽帝位，前後賞賜不可勝紀，而始畢益驕，使者至長安，每多橫恣。其後始畢沒，子什鉢苾以年幼不堪嗣位，立爲泥步設，使居東偏，直幽州之北；別立其弟俟利弗設以繼始畢，是爲處羅可汗。處羅沒，其子奧射設醜弱不得立，處羅弟咄苾繼之，是爲頡利可汗。頡利者，啓民之第三子。隋義成公主本尚啓民，後又尚始畢，後又尚處羅，至是又尚頡利。頡利初卽位，承父兄之志，兵馬強盛，有憑陵中國之心，而以始畢之子什鉢苾爲突利可汗，資爲己助；其於中國，請求數無厭，詞又驕慢！淵在位之四年，進寇汾陰，嘗遣使與和，事垂息矣，而頡利又復入寇并州；唐既遣師擊破之，復使使頡利，說以修好，而禍終不戢。淵在位之七年，頡利突利二可汗又舉國入寇，詔遣世民元吉將兵出豳州（陝西邠縣）禦之；世民特設計離間，二可汗漸不協，遂請和親。及世民即位，二可汗復因梁師都計，合兵十餘萬寇涇州，頡利進至渭水便橋（陝西咸陽縣西南）之北，世民自與高士廉房玄齡等六騎徑詣渭水上，與頡利隔水而語，責以負約！突厥大驚，皆下馬羅拜；俄而諸軍繼至，旌甲蔽野！而頡利所遣之執失思力亦爲唐廷所留，頡利大懼，自請盟，詔許之，二可汗引兵退。初突厥性淳厚，政令質略，頡利可汗得華人趙德言委用之，德言專其威福，變更舊俗，政令煩苛，部人始不悅；頡利又因用度不給，重斂諸部；由是內外咸怨，諸部多叛，兵寖弱；而薛延陀回紇等部，又皆析自鐵勒，勢漸昌盛，頡利不能制。鴻臚卿鄭元璹還自突厥，言其衰耗，羣臣多請世民擊之，不許。世民在位之二年（即貞觀二年，民國紀元前一千二百八十四年），突利怨頡利，表請入朝；而頡利見薛延陀之降唐，亦遣使稱臣，請尚公主。頡利既請和親，復援梁師都；三年，十一月，命李靖爲行軍總管，合衆十餘萬討之，而突利亦於同年來奔；明年，靖自馬邑進屯惡陽嶺（山西右玉縣），夜襲定襄城（綏遠歸綏縣），頡利驚擾，因徙牙於磧口，胡酋康蘇密遂以隋蕭后等降唐。頡利計窘，竄於鐵山（在陰山之北），兵尚數萬，使執失思力入朝謝罪，請舉國內附；世民遣鴻臚卿唐儉等持節安撫之，並遣李靖將兵往迎。頡利外爲卑詞，內實游豫，謀走磧北；靖等謀曰：『頡利雖敗，其衆猶盛，走度磧北，則難圖矣！』遂勒兵夜發。頡利始見唐儉至，甚喜；嗣聞靖等來襲，乃策馬先奔！其衆遂潰，唐儉脫身歸，靖殺義成公主，斬獲甚多，斥境至大漠。頡利既敗，奔於沙鉢羅設蘇尼失（啓民弟）部落，行軍副總管張寶相率衆奄至，生禽頡利，獻於京師；蘇尼失舉衆降唐，漠南遂空，其部落或北附薛延陀，或西奔西域。其降唐者尙千萬口，詔羣臣議區處之宜？中書令溫彥博請準漢世故事，置於塞下，順其土俗以實空虛；魏徵謂養遺患不如縱之使還故土。世民主彥博議，處突厥降衆東自幽州西至靈州，分突厥故地爲四州，頡利故地爲六州，左置定襄，右置雲中二都督府（定襄僑治寧朔，雲中僑治朔方），以統其衆，以突利爲順州都督，頡利爲右衞大將軍，其酋首至者，皆拜爲將軍中郞將等官，布列朝廷，五品以上百餘人，因而入居長安者數千家。其後突利弟結社率在朝，因久不進秩，陰結種人作亂，旋卽伏誅；於是言事者多云突厥留河南不便：唐因賜頡利族人阿史那思摩姓李氏，立爲乙彌泥孰俟利苾可汗，使率其種落，北還舊部。時世民在位之十三年也（卽貞觀十三年，民國紀元前一千二百七十三年）。思摩自渡河後，薛延陀數攻之，雖有衆十萬，不能撫御，其衆悉南渡河，處夏勝二州間；迨世民在位之十八年（卽貞觀十八年，民國紀元前一千二百六十八年），思摩遂輕騎入朝，願留宿衞，唐以爲右武衞將軍，後從征遼東死。先是貞觀中，突厥別部有車鼻者，亦阿史那之族也，代爲小可汗，建牙於金山之北；頡利之敗，北荒諸部將推爲大可汗，遇薛延陀爲可汗，車鼻不敢當，且率所部歸之；後因薛延陀將殺之，仍竄金山之北，自稱乙注車鼻可汗，遣子入見，又請入朝，唐遣將軍郭廣敬徵之，而車鼻不至。世民在位之二十三年（卽貞觀二十三年，民國紀元前一千二百六十三年），遣右驍衛郎將高偘會回紇等部兵擊之；明年，爲高宗治卽位之元年（卽永徽元年民國紀元前一千二百六十二年），車鼻聞偘至，發諸部兵皆不應，遂以數百騎走，偘追獲之，送京師；於是突厥諸部盡爲内臣，唐因分置單于瀚海二都護府，十都督，二十二州，分統之，各以其首領治事；自是以後，唐北鄙無事者三十年，至骨咄祿復强，當續述於別節。

始突厥族人之分國於西者曰西突厥，自曷薩那可汗朝隋被留，國人遂立達頭孫爲射匱可汗；既立後，始開土宇，東至金山，西至海，自玉門以西諸國，皆役屬之，遂與東突厥爲敵，乃建庭於龜兹北三彌山（新疆庫車縣北）。尋沒，弟統葉護可汗代立，勇而有謀，善攻戰；遂北并鐵勒，西拒波斯，南接罽賓，悉歸之，據舊烏孫地；又移庭於石國北之千泉（今安集延部北），其勢頗盛。時東突厥爲患，高祖淵厚加撫結，與之并力，冀收臂指效；又請婚中國，未果，爲其伯父所殺而自立，是爲莫賀咄侯屈利侯毘可汗，而部人不附；弩失畢部共推泥孰莫賀設爲可汗，泥孰不從；時統葉護之子咥力特勒，避莫賀咄之難，亡在康居，泥孰迎而立之，是爲乙毘鉢羅肆葉護可汗，與侯毘可汗分主其國，而連兵不息。蓋西突厥本由突厥而分，而肆葉護又因西突厥而分，各遣使朝唐請婚，太宗世民不許。肆葉護究以舊主之子，爲衆心所歸，乃興兵以擊莫賀咄；莫賀咄敗遁金山，尋爲部人所殺，衆共推肆葉護爲大可汗。肆葉護既强，頗信讒言，無統馭之略，羣下震駭，莫能自固，其部人又謀擊之，乃出遁康居；沒，衆共迎泥孰於焉耆而立之，是爲咄陸可汗。泥孰沒，其弟同羅設立，是爲沙鉢羅咥利失可汗。俄而其國分爲十部；每部酋長，各賜一箭，謂之「十箭」；又分左右廂：左廂號五「咄陸」，置五大「啜」；右廂號五「弩失畢」，置五大「俟斤」，通謂之「十姓」。後咥利失失衆心，爲其臣統吐屯所逐，走焉耆，尋復其故地；至世民在位之十二年（卽貞觀十二年，民國紀元前一千二百七十四年），西部遂立欲谷設爲乙毘咄陸可汗，中分其地，以伊列水（卽伊犂河）爲界：水以西屬乙毘咄陸，以東屬咥利失；於是西突厥又裂爲東西，而其勢益弱。已而咥利失之臣俟利發與乙毘咄陸通謀爲亂，咥利失窮蹙而死，其弟子沙鉢羅葉護可汗立，謂之「南庭」；乙毘咄陸爲「北庭」，而北庭與南庭，嘗相攻：葉護卒爲咄陸所殺，咄陸自是專制西域，其勢甚強。西突厥分而復合。未幾，部下屋利啜等謀走咄陸，各遣使詣闕，請立可汗；世民在位之十五年（卽貞觀十五年，民國紀元前一千二百七十一年），遣使齎璽書立莫賀咄子爲乙毘射匱可汗，擊咄陸，咄陸亡吐火羅（葱嶺西大國，當大月氏南境），其屬阿史那賀魯以衆內屬，詔以爲瑤池都督，處庭州之莫賀城（本新疆迪化府境內）。賀魯招集亡散，廬帳漸盛；聞唐太宗世民沒，遂擊破射匱，建牙於千泉，自稱沙鉢羅可汗，統有咄陸弩失畢十姓，有兵數十萬，與乙毘咄陸連兵，突厥別部及西域諸國多附之。高宗治在位之二年（卽永徽二年，民國紀元前一千二百六十一年），寇唐庭州（本迪化府境），唐詔武衞大將軍梁建方討之。又二年，乙毘咄陸死，其子眞珠葉護攻破沙鉢羅；已而復爲沙鉢羅所幷，唐廷遣將討之，不克。治在位之八年（卽顯慶二年，民國紀元前一千二百五十五年），以蘇定方爲行軍總管，出討沙鉢羅，至曳咥河（據讀史兵略，河在伊犂東北今博羅搭拉河）西，沙鉢羅帥師十萬拒戰，定方擊破之；又兼行至其牙帳，縱兵擊之，沙鉢羅亡走。定方爲安集其部人，凡爲沙鉢羅所略者悉還給之，十姓安堵如故；復分師追沙鉢羅獲之，乃分西突厥地，置崑陵濛池二都護府（崑陵居碎葉川西，濛池居碎葉川東。碎葉川者，今之吹河也）。以達頭五世族孫彌射爲興昔亡可汗，押五咄陸部落；彌射族兄步眞爲繼往絕可汗，押五弩失畢部落。西突厥自是臣唐。然其餘孽猶不能卽靖：其酋阿史那都支，與別帥李遮匐又嘗與吐蕃連和，侵偪安西，至高宗治季年，波斯已爲大食國所滅，國王卑路斯子泥涅師尚留京師，唐用吏部侍郎裴行儉計，卽遣行儉將兵以護送泥涅師爲名，出不意擒都支降遮匐，行儉遣泥涅師自行歸國，而囚二人以歸，唐之兵力，西盡於波斯！西突厥之衆，遂於此定。蓋唐自開剏以來，四夷之患，惟突厥爲多！西突厥之寇邊，雖不似在東者之烈；然而梗阻西道，連結邊族，其爲盜患亦豈小弱？觀夫高宗治之朝，兩都護府既開，而其餘禍猶未能卽靖，是其種人之易於肇亂，並不以東西析地爲殊；而或者以唐廷突厥之憂爲小於漢匈奴？不知突厥之衰，適當唐興之始，與西漢匈奴之並時盛衰者，其情迥異：而唐猶必縻重餉，集大師以克之！使其初起，如魏衰之際，恐世民以後，正未易卽收戡定之功也？

乃西突厥之餘孽未平，而東突厥之遺憂又起：高宗治在位之三年（卽調露元年，民國紀元前一千二百三十三年），裴行儉西討方慶成功，同時單于都護府之突厥又變；至阿史那泥孰匐爲可汗，塞北二十四州，皆叛應之，衆數十萬，東突厥勢復盛。長史蕭嗣業等戰敗，胡騎至定州；乃復以行儉爲將軍大總管將兵三十餘萬討之。其明年，行儉等大敗突厥於黑山（據讀史兵略山在今蘇拉木倫河東），擒東突厥叛首；其可汗泥孰匐，亦爲部下所殺以首降唐。未幾，東突厥又迎頡利兄子阿史那伏念於夏州，將渡河立爲可汗，諸部落復響應之；於是唐廷仍遣行儉率諸軍進討，虜伏念至京，斬於東市。又三年，爲治在位之三十三年（卽永徽元年，民國紀元前一千二百三十年），頡利疏族阿史那骨咄祿等，招集亡散，據黑沙城（據讀史兵略，城疑在獨石口外），叛寇幷州，爲代州都督薛仁貴所擊敗；後又寇蔚州，寇朔州。骨咄祿死，繼起者尙盛強，至玄宗隆基時，邊患始靖，其詳況別見於後章。

(二)平鐵勒　突厥旣衰，鐵勒諸部繼之而起；其始強者，有薛延陀；是族先與薛種雜居，後滅延陀部有之，號薛延陀。與回紇等部，皆居磧北。自突厥頡利之衰，北邊多叛，共歸薛延陀，推其俟斤夷男爲可汗，夷男不敢當。太宗世民以方圖頡利，乃遣使間道，册拜夷男爲眞珠毘加可汗，使擊東突厥之背。時世民在位之二年也（民國紀元見上）。夷男旣受唐封，建牙於大漠鬱督軍山（外蒙古喀爾喀地），回紇諸部咸屬之，其勢日盛。嘗數攻東突厥，阿史那思摩之北行也，憚薛延陀之強，世民爲賜璽書於夷男，諭令各守疆土，無或踰分，夷男奉詔，思摩始敢建牙於河北。迨世民在位之十五年（卽貞觀十五年，民國紀元前一千二百七十一年），夷男遣其子大度設發諸部兵二十萬擊思摩，思摩不能禦，帥部落入長城，保朔州，遣使告急；唐遣李世勣等分道擊之，薛延陀戰敗，乃遣使請婚，唐廷不許，而思摩終困於夷男之攻伐，復入京師，語在上節。已而夷男死，子拔灼立，是爲頡利俱利薛沙多彌可汗。多彌猜褊而好殺戮，廢棄父時貴臣專用己所親暱，部人不附，回紇諸部擊之大敗；又聞唐兵來伐，羣下驚擾，多彌出走，爲回紇所殺！於是薛延陀故地全爲回紇所佔，此爲回紇代盛之始。然其餘衆猶七萬餘口，相與西走，立夷男兄子咄摩支，遣使奉表，請居鬱督軍山之北；唐遣李世勣等慰安之，陰詔世勣曰：『降則附之，叛則擊之。』世勣至，咄摩支大駭！陰欲拒戰，外好言乞降；世勣縱兵擊斬五千餘級，繫老弱三萬，遂滅其國。咄摩支降拜右武衞將軍，並遣使招諭鐵勒諸部，其酋長皆請入朝。時太宗世民在位之二十一年也（卽貞觀二十一年，民國紀元前一千二百六十六年）。明年，回紇諸部卽來朝請吏，詔於其地分置府州，各以其酋長爲都督刺史。諸酋長奏稱：『臣等旣爲唐民，往來天至尊所，如詣父母；請於回紇以南突厥以北開一道，謂之參天可汗道（按唐太宗世民威振四夷，遠方諸國，朝貢相踵；四夷君長皆詣闕請世民爲天可汗，世民曰：「我爲大唐天子，又下行可汗事乎？」羣臣四夷皆稱萬歲！是後璽書賜西北酋長，皆稱天可汗）；置六十八驛，各有馬及酒肉，以供過使，歲貢貂皮，以充租賦；仍請能屬文人，使爲表疏。』唐皆許之，於是北荒悉平；然回紇酋吐迷度已私自稱可汗，官號皆如突厥故事。

鐵勒諸部強者不止薛延陀；故薛延陀滅後，諸部猶未能卽戢。太宗世民在位之二十二年（卽貞觀二十二年，民國紀元前一千二百六十四年），旣遣左領軍大將軍執失思力出師擊薛延陀餘寇，而回紇等部方盛，遂與其同族聯合寇邊。先是回紇處磧北，爲鐵勒之一部，始曰袁紇，亦曰烏護，亦曰烏紇，至隋曰韋紇，至唐曰回紇，又曰回鶻，在薛延陀北境；初其酋時建俟斤死，有子曰菩薩，部落以爲賢而立之；世民即位，菩薩與薛延陀侵突厥北邊大勝，因率其衆附於薛延陀，樹牙獨樂水上，號菩薩爲活頡利發，仍遣使朝貢於唐。已而菩薩沒，回紇酋帥吐迷度與諸部大破薛延陀多彌可汗，遂併其部曲奄有其地；後吐迷度爲其姪烏紇所殺，唐燕然副都護元禮臣誘烏紇殺之。唐廷聞其事，遣人安撫，而以吐迷度子婆閏爲瀚海都督（唐初以回紇爲瀚海都督府，爲其地六都督府之一，故有是命）。高宗治在位，婆閏死，姪比粟毒主領回紇，與同羅僕固犯邊，詔左武衞大將軍鄭仁泰與將軍薛仁貴等伐之，明年爲治在位之十三年（民國紀元見上節），鐵勒諸部聞唐來伐，兵將至，大怒！乃合衆十餘萬，拒唐軍於天山，選驍健者勒數十人挑戰；仁貴發三矢殺三人，餘皆下馬請降；仁貴悉坑之，度磧北擊其餘衆，當日軍歌中所謂『將軍三箭定天山』者也。是役也，仁貴雖功勛卓著，而仁泰等殺降貪掠，深入敵境，糧盡遇雪，人飢食馬，馬盡食人，軍生還者才八百；自唐基開拓以來，域外之用兵，未有如是役之喪敗者也！

（三）制西域　西域之強國曰高昌，其西曰龜茲，其南曰吐谷渾，皆與唐初有兵事之關係，茲分析言之：高昌之國，當漢車師前王廷地（新疆土魯番縣），其王麴伯雅，爲後魏時高昌王嘉之六世孫，唐初，伯雅死，子文泰嗣，頗親唐；太宗世民在位，賜姓李氏。時西域諸國來朝貢者，皆塗經高昌，文泰後稍壅絕之；伊吾（新疆哈密縣）先不臣西突厥，至是內屬，文泰又與西突厥聯結，將擊伊吾，嗣爲唐廷所聞，切責之，始止。又隋末之亂，中國人多投於突厥，及頡利敗，有投入高昌者，文泰皆留不遣，又尋與西突厥擊破焉耆；唐廷遣使問狀，文泰詞不遜！世民怒，欲發兵擊之，薛延陀可汗夷男遣使請爲鄕導；唐猶冀緩兵，召使入朝，文泰竟不至。世民在位之十三年（卽貞觀十三年，民國紀元前一千二百七十三年）乃遣吏部尙書侯君集出師，率將軍薛萬徹等擊之；明年文泰聞唐兵臨磧，日憂懼，發疾沒，子智盛立，唐兵大至，乃出降。高昌麴氏自嘉至智盛凡九世歷百三十四年。唐以其地爲西州，置安西都護府，留兵鎭之；初西突厥遣其葉護屯兵於可汗浮圖城（新疆濟木薩城）與高昌相影響，至是懼而來降，唐又以其地爲庭州。其智盛君臣及豪右，皆徙入於唐。

龜茲之國，卽漢西域舊地，其王姓白氏。高祖淵卽位，龜茲王蘇伐勃駃遣使入朝；沒，子蘇伐疊代立，號時健莫賀俟利發，獻馬於唐，自此歲貢不絕，然臣於西突厥，安西都督郭孝恪伐焉耆，龜茲遣兵助焉耆。伐疊沒，弟訶黎布失畢代立，漸失藩臣禮；太宗世民在位之二十一年（卽貞觀二十一年，民國紀元前一千二百六十五年），遣左驍衞大將軍阿史那社爾（突厥人）與郭孝恪等將兵擊之，仍命鐵勒突厥等部連兵進討。社爾引兵自焉耆之西，趨龜茲北境，分兵數道，攻下焉耆；龜茲懼，迎戰大敗，其王布失畢被擒。孝恪守龜茲城弛備，爲敵所乘，戰死；唐軍復擊之，龜茲定。社爾因立其王之弟葉護爲王；以布失畢歸唐，唐拜布失畢爲中郎將。高宗治卽位，以龜茲多亂，酋長爭立，唐未可坐視；詔復以布失畢爲龜茲王，遣歸國撫其衆。

初，隋煬帝廣自征吐谷渾，吐谷渾可汗伏允以數千騎奔党項，廣立其質子順爲王，使統餘衆，不果入而還；會中國喪亂，伏允復還收其故地；高祖淵受禪，順自江都還長安，淵遣使與伏允連和，使擊李軌，送順還其國。太宗世民在位，伏允屢入寇，唐廷遣師討之，吐谷渾遠遁，俄而邊寇又起，於是詔遣李靖爲行軍總管，督諸軍討之。其明年爲世民在位之九年（卽貞觀九年，民國紀元前一千二百七十七年），靖分南北二道而進，連敗吐谷渾之衆，兵部尚書侯君集引師行無人之地二千餘里，盛夏降霜，人齕氷，馬噉雪，追及伏允於烏海（靑海漢哭山西）與戰，大破之。靖督諸軍，經積石河源，窮其西境，襲破敵牙帳，伏允脫身走，其子順斬其用事之臣天柱王降唐；部人殺伏允，立順爲可汗，詔以爲西平郡王。順久居中國，未能撫其衆，唐命涼州都督李大亮將精兵數千爲之聲援；已而順竟爲部人所殺，唐復遣侯君集將兵立其子諾曷鉢爲可汗，詔以爲河源郡王。世民在位之十三年（卽貞觀十三年，民國紀元前一千二百七十三年），諾曷鉢入朝，妻以宗女弘化公主；又二年，其丞相宣王再專權，唐廷出師討之，吐谷渾遂靖。

（四）伐遼東（奚契丹附）　隋以屢征遼東而亡，唐興，其王高建武，卽前王高元異母弟，遣使入朝，高祖淵鑒隋前車，特受其稱臣；太宗世民在位之十四年（卽貞觀十四年，民國紀元前一千二百七十二年），又遣其太子桓權來朝，並貢方物，唐廷慰勞甚至；又二年，其西部大人蓋蘇文，姓泉氏，攝職，有犯，諸大臣與建武議欲誅之，事洩，蘇文殺建武，立建武弟大陽子藏爲王，自立爲「莫離支」，專國政。時高麗方與新羅搆兵，新羅請唐營救；唐封藏爲高麗王，遣使諭令勿攻新羅，而蘇文已頻取新羅地，不從。世民在位之十九年（卽貞觀十九年，民國紀元前一千二百六十七年）乃以張亮李世勣爲行軍大總管，詔親征高麗；亮帥戰艦自萊州汎海趣平壤，世勣率步騎循陸至遼東，兩軍合勢，世民親御六師以會之。明年四月，世勣軍渡遼東，進攻蓋牟城（遼寧蓋平縣）拔之；五月，張亮副將程名振攻卑沙城（遼寧海城縣南），又拔之；世勣遂進圍遼東城，世民自引精兵與會，遂拔遼東城。六月，降白崖城（遼寧遼陽縣東北），進攻安市城（蓋平縣東北），高麗兵十五萬來救，世勣拒戰，高麗兵陣亂，薛仁貴大呼陷陣，所向無敵，大軍乘之，高麗兵大潰！降其將高延壽高惠眞，而安市終不下；李世勣請克城之日，男子盡誅！城中聞之，益堅守，久攻不下，凡六旬，終不能得安市。世民以遼東倉儲無幾，士卒寒凍，乃詔班師；歷其城，其城皆屏聲偃幟，城主登城拜手奉辭，世民特嘉其堅守，賜絹百匹以勵事君：其後又遣右武衞將軍薛萬徹等討之，俘獲雖盛，終不能下高麗，而世民旋沒！

高宗治卽位，高麗旋入貢；既又與百濟連兵，侵新羅北境，取三十三城，新羅遣使求援，詔遣營州都督程名振等擊之；於是唐復與高麗搆兵，二國之釁端又啓。時百濟見唐師並不能克高麗，特高麗爲重援，連侵新羅，新羅復求救；高宗治在位之十一年（卽顯慶五年，民國紀元前一千二百五十二年），乃以左武衞大將軍蘇定方等討之。定方引軍自成山（山東文登縣南）濟海，直趨其都；百濟傾國來戰，定方大敗之，生擒其王義慈，詔以其地分置熊津馬韓東明金漣德安等五都督府。明年，百濟故將福信迎其故王子扶餘豐（義慈之弟）於日本，立以爲王，且乞日本援，結高麗圖復其國；又明年，熊津道總管孫仁師等大破百濟餘衆，並敗日本兵於白江（錦江口），百濟悉定，唐進圖高麗。

高麗故與百濟聯合以圍新羅，自百濟爲唐所平，高麗勢漸沮！然尚不願屬唐也；唐之用師百濟也，亦嘗以兵兼征高麗而不能立大功。其後蓋蘇文死，其子男生，代爲莫離支，與其弟男建男產不睦，各樹朋黨以相攻擊；已而男生爲二弟所逐，奔唐，授遼東都督；唐乘其內亂，遣李勣爲行軍總管，出征高麗。其明年，爲高宗治在位之十九年（卽總章元年，民國紀元前一千二百四十四年），勣度遼東，連下高麗諸城，進圍平壤，高麗王藏遣泉男產詣勣降，男建猶閉門拒守，勣縱兵登城，遂擒男建；勣以藏等還，高麗悉平。唐仍授藏等官，分高麗五部爲九都督府，置安東都護府於平壤以統之；後又以平壤難治，徙安東都護府於遼東故城，仍遣藏歸遼東，封高麗王，以安輯餘衆。

初，高麗餘衆叛新羅遣兵爲助；行軍總管高偘以師破之，而新羅仍抗唐命。唐初以新羅之困，而致興師；及是高麗既平，而新羅之兵，轉又不能戢！其王金法敏既納高麗叛衆，又據百濟故地，使人守之，唐廷聞，以其弟臨海郡公仁問在京師，立以爲新羅王，遣之歸國。時高宗治在位之十五年也（卽上元元年，民國紀元前一千二百三十八年）。明年，行軍總管劉仁軌大破新羅兵於七重城（當在朝鮮南部），又使靺鞨浮海略新羅之南境，斬獲甚衆；仁軌引兵還，李謹行繼之，經略新羅，三戰皆捷，新羅謝罪；於是唐復以法敏爲新羅王，仁問中道而還；至是新羅亦定，朝鮮半島間之兵事乃止。

奚爲東胡別種，元魏時，自號庫眞奚；至隋，始去庫眞，但曰奚：在契丹西南，當今內蒙古東部地。唐高祖淵時，高開道借其兵再寇幽州，長史王詵擊破之；太宗世民在位之三年（即貞觀三年，民國紀元前一千三百八十三年），始來朝，閱十七歲，凡四朝，車駕征高麗，大酋蓋蘇文，從戰有功。世民在位之二十二年（即貞觀二十二年，民國紀元前一千二百六十四年），酋長可度者率其所部內屬，乃置饒樂都督府，以可度者爲都督，賜姓李氏；後至高宗治朝，可度者死，奚遂叛，唐發師討之，奚降。

契丹又東胡種，元魏時，始自號契丹，國於潢水（西喇木倫河）之南，其酋長姓大賀氏，地分八部，好與奚鬬；唐高祖淵在位，數掠邊境，後又遣使入貢。太宗世民時，契丹酋摩會，率其部落降唐；突厥頡利遣使，請以梁師都易契丹，世民不許，自是契丹於唐有常貢。車駕征高麗，至營州，會其酋長等，而賜以物，授大酋窟哥爲左武衛將軍；世民在位之二十二年，窟哥等部，咸請內屬，乃置松漠都督府，使窟哥領之，賜姓李氏；高宗治初立，與奚酋可度者同授監門大將軍。已而窟哥死，契丹與奚連叛，行軍總管阿史德樞賓等，執松漠都督阿卜固獻東都，契丹蹔平，後至武后時復叛。

（五）通吐蕃（附党項）　吐蕃在吐谷渾西南，當今西藏地；其種落本出西羌，蓋百有五十種，散處河湟江岷間，有發羌唐旄等：然未始與中國通。其遠祖曰鶻提勃悉野，健武多智，稍并諸羌，據其地，蕃發聲近，故其子孫曰吐蕃，而其姓勃窣野。此一說也。或云：南涼禿髮利鹿孤之後。利鹿孤有子曰樊尼，失國後，輾轉奔竄，濟河逾積石，於羌中建國，開地千里，遂改姓爲勃窣野，以禿髮爲國號，語訛謂之吐蕃。此又一說也。今以地望徵之，吐蕃所出，必本西羌，故建國後，能爲羌衆之所歸懷。其王號贊普，相爲大論小論。俗不言姓氏，其人或隨畜牧，而不常厥居；然頗有城郭，其國都號邏些城。唐太宗世民在位之八年（卽貞觀八年，民國紀元前一千二百七十八年），其贊普棄宗弄讚，始遣使朝貢，唐遣行人馮德遐往撫慰之；弄讚聞突厥吐谷渾皆尙公主，遣使隨德遐入朝求婚，唐初不許，吐蕃疑吐谷渾間之？未幾，發師擊吐谷渾，吐谷渾不能支，遁靑海之北，民畜多爲吐蕃所掠。吐蕃進破党項諸羌，率衆二十餘萬屯松州（四川松潘縣）西境，遣使貢金帛，云來迎公主！尋進攻松州及唐兵。時世民在位之十二年也（卽貞觀十二年，民國紀元前一千二百七十四年）。同年八月，唐以侯君集爲行軍總管，督諸軍討之；將軍牛進達敗吐蕃兵於松州城下，弄讚懼，遣使謝罪，因請婚，唐始許之。翌二年，弄讚遣其大論祿東贊獻黃金珍寶聘唐公主。明年，爲世民在位之十五年（卽貞觀十五年，民國紀元前一千二百七十一年），命江夏王道宗（高祖淵從弟），持節送宗女文成公主於吐蕃，弄讚大喜，見道宗，盡子婿禮，慕中國衣服儀衞之美，爲公主別築城郭宮室而處之。公主惡其人赭面，弄讚令國中權且罷之，自亦釋氈裘，襲紈綺，日染華風；並遣酋豪子弟，請入國學以習詩書；又請中國識文之人典其表疏。迨高宗治卽位，以弄讚爲駙馬都尉，封西海郡王。已而弄讚沒，嫡子早死，其孫繼立，復號讚普。讚普幼弱，國事咸決於其大論祿東贊；祿東贊性明遠嚴重，行兵有法，吐蕃之幷諸羌，雄霸本土，俱出其謀。祿東贊死，其子欽陵等，並專國政，由是與吐谷渾不和，久之，與吐谷渾互相表奏，論曲直國家依違，未爲與奪，吐蕃怨怒，遂率兵以擊吐谷渾，吐谷渾大敗！高宗治在位之二十一年（卽咸亨元年民國紀元前一千二百四十二年），詔以薛仁貴爲行軍大總管督師往討，軍至大非川（青海東），爲吐蕃兵所敗，唐士卒死傷略盡，仁貴等脫身免，吐谷渾全國盡沒，其可汗諾曷鉢，倉皇內屬，唐徙之靈州。自是吐蕃連歲寇邊，唐駐兵洮河以資鎮守，然不能勝吐蕃；以是党項諸羌盡爲吐蕃所幷，吐蕃四境開闢至萬餘里，時或連西突厥以偪安西：自漢魏以來，西戎之盛，未之有也！其後讚普死，子器弩悉弄立，時年八歲，國政仍委於欽陵；未幾，文成公主亦沒：自是以後，西陲之寇日亟，爲唐世「四大邊患」之一，終莫得捍之云（唐代四大邊患：一突厥，二吐蕃，三回紇，四南詔）。

党項爲西羌種，界今四川西北邊外，北連吐谷渾，處山谷間，亙三千里，周隋以來，或叛或朝，屢爲邊患；唐太宗世民時，其酋長細封步賴舉部內附，而諸酋長亦相率歸唐，唐各於其地置州，拜其首領爲刺史。其大酋拓拔赤辭者，初臣屬吐谷渾，甚爲其主伏允所暱，與之結婚；及貞觀初，諸酋歸附，而赤辭不至。李靖擊吐谷渾，赤辭率師以抗唐軍；唐先後遣岷州都督李道彥劉師立等諭誘之，始率衆內屬，唐拜赤辭爲西戎州都督，賜姓李氏，自此職貢不絕：於是自河首積石山而東，皆爲中國地。其後吐蕃強盛，拓拔氏漸爲所偪，遂請內徙，始移其部落於慶州，置靜邊等州以處之；故地陷於吐蕃，其留者爲其役屬，吐蕃謂之弭藥；又有黑党項，雪山党項，後亦並爲吐蕃所破而臣屬焉。

(六)服天竺　天竺即漢身毒，今之印度。其國有五天竺之別，以東南西北中爲識；而中天竺則據四天竺之會，其都城曰茶鎛和羅（印度西北部拜尼普爾之西北）。又姓乞利咥氏，或云刹利氏，世有其國。隋煬帝廣時，遣裴矩應接西蕃，諸國多有至者，唯天竺不通，廣以爲恨！當唐高祖淵時，其國大亂，其嗣王尸羅逸多練兵聚衆，所向無敵，居六載而四天竺之君，皆北面而臣之，威勢遠振，政刑甚肅！會唐浮屠玄奘至其國，尸羅逸多召見，問太宗世民之爲人？元奘粗言其略，尸羅逸多喜曰：『我當東面朝之。』太宗世民在位之十五年（卽貞觀十五年，民國紀元前一千二百七十年），尸羅逸多自稱摩伽它王，遣使朝貢，唐遣雲騎尉梁懷璥持節慰撫；尸羅逸多大驚，問諸國人曰：『自古曾有摩訶震旦（中國）使人至吾國乎？』皆曰：『未之有也！』因膜拜而受，戴之頂，復遣使朝唐；唐以其地遠，禮之甚厚，復遣衞尉丞李義表報使；尸羅逸多遣大臣郊迎，傾都邑縱觀，道上焚香，自率臣下東面拜受詔書。世民在位之二十一年，遣右衞長史王玄策至其國，其四天竺俱遣使朝貢；會中天竺王尸羅逸多死，國中大亂，其臣阿羅那順自立，發兵攻玄策，玄策從騎三十人與戰，不敵，皆被禽；玄策挺身宵遁，至吐蕃，發精銳一千二百人，並泥婆羅國七千餘騎以從，進至中天竺國城，連戰三日，大破之；阿羅那順棄城遁，副使蔣師仁進禽獲之；於是天竺王尸鳩摩送牛馬三萬餽軍，玄策等俘阿羅那順至京師；至高宗治時，東天竺人盧伽逸多亦至唐，拜之爲懷化大將軍，自是唐之兵威達印度矣！

以上皆唐初經略遠國之概情，而其事俱在太宗世民高宗治之世。觀其兵事經營，雖專在東西北三方，於南方未暇兼及；然南方之國，如占婆（交趾）眞臘（柬埔寨）扶南（暹羅）等邦，以及西南邊徼諸蠻，亦俱歸誠唐室；故是時唐威所屆，東跨遼海，北逾大磧，西被達昌水（底格里斯河），南包天竺，國勢之盛，逾於劉漢！且自世民平突厥以來，西北諸蕃及蠻夷漸次內屬，唐廷於其部落，列置州縣，其大者爲都督府，以首領爲都督刺史，皆得世襲；雖貢賦版籍，不上戶部；然聲教所暨，皆邊州都督都護所領，著於令式。唐初國內分爲十道，所領均有常治：其突厥回紇党項吐谷渾，隸關內道者爲府二十九州九十；突厥別部及奚契丹高麗，以及靺鞨降胡，隸河北道者爲府十四州四十六；突厥回紇党項吐谷渾之別部，及龜茲于闐焉耆疏勒，河西內屬諸胡，西域十六國，隸隴右道者，爲府五十一州一百九十八；羌蠻隸劍南道者，爲州二百六十一；蠻隸江南道者，爲州五十一；隸嶺南道者，爲州九十有二；又有党項州二十四，不知其隸屬？大凡府州八百五十六，號爲「羈縻」。其都督都護各府分併置罷，往往不常；茲表列沿邊六都護府之特著者，略述沿革，以見唐代制馭遠國之一班焉（唐沿邊六都護，後單于併入瀚海；武后時，增置北庭，治庭州，仍爲六都護。本章所述，止於高宗治時所置，有崑陵濛池二都護，後俱廢罷，且不在沿邊，故亦不入表）。

府名	隸屬	治地之變更	建設之由來
1安北都護府	關內道	初名燕然，治西受降城東南，後徙回紇，當今西庫倫，最後徙天德軍，本陝西榆林等處	太宗世民時回紇據薛延陀地朝貢始置
2單于都護府	關內道	初治陰山陽黃河北，後入瀚海	高宗治時破東突厥始置

3 瀚海都護府	關內道	初治鬱督軍山東後徙雲中今山西商縣西北改雲中後又改單于最後徙振武軍今綏遠歸化縣西	同上
4 安西都護府	隴右道	初治西州高宗治時徙龜茲今新疆庫車縣	太宗世民時破吐谷渾降高昌党項等邦始置
5 安東都護府	河北道	初治平壤後徙遼東故城最後徙遼西故城	高宗治時滅高麗始置
6 安南都護府	嶺南道	治交州今安南東京	高宗治時改交州都督府置

唐闢地旣遠，四方遠國之與中國通者甚衆。其入諸國之路與關戍走集最要者凡七：一曰營州，入安東道；二曰登州，海行入高麗渤海道；三曰夏州，塞外通大同雲中道；四曰中受降城入回鶻道；五曰安西入西域道；六曰安南通天竺道；七曰廣州，通海夷道，凡此七道，中外往來，俱爲必經之路。高宗治以後，中亞以西諸國，其人民之東游吾土者尤多！外教之遠輸，文明之旁被，蓋皆於此啓之焉。

唐之經略塞外，其功效之著旣若此；至其內部，在朝廷一方，非無善政，而宮帷之內，則恆多禍難之乘！意者玄武門之變，有以導之？然世民非其父淵之比，而魏王泰等，亦無世民之才：此泰之所以無成，而承乾之所以失位也。世民有子十四，而高宗治與恆山王承乾，濮王泰，皆皇后長孫氏所出，承乾爲世民長子，世民有位，卽立爲太子。稍長，頗以游獵廢學，然每臨朝視事，必言忠孝之道；退朝後便與羣小狎褻。或有進諫者，承乾必先揣其情，便危坐斂容，引咎自責；樞機便給，智足飾非，羣臣拜答不暇：故在位者初皆以爲明而莫之察也。承乾先患足，而魏王泰有美譽，陰有奪嫡之計；泰故好學，司馬蘇勖說泰以古之賢王，皆招士著書：於是泰遂乃開館舍，延時俊人物，輻輳，門庭如市，朋黨之勢漸成，而兩方之釁端漸啓。已而泰撰括地志成，上之，詔令付祕閣，賜泰物萬段；既又每月給泰科物，有逾於承乾：於是泰勢日甚，而謀排去承乾之志亦自此而堅。此泰與承乾競爭之初局也。

泰既有奪嫡心，招駙馬都尉柴令武房遺愛（玄齡次子）等二十餘人，厚加贈遺，寄以心腹；黃門侍郎韋挺，工部尚書杜楚客相繼攝泰府事，二人俱為泰要結朝臣，津通賂遺，文武羣臣，各有附託。承乾本不德，後益放肆，嘗造大銅鑪六熟鼎，招亡奴盜取人牛馬，親視烹燖，召所幸廝養共食之；又好突厥言，及其服飾飲食，貌突厥人行動，又僞作可汗死，使衆號哭，忽復起語，左右私相語以為妖，而承乾彌快。既聞魏王泰之廣自聯結，懼為所陵奪，陰遣人詐稱泰府典籤詣玄武門為泰進封事，世民省之，其書皆言泰罪狀，世民知其詐，捕之不獲；而東宮詹事于志寧左庶子張元素見承乾無道，常事切諫，苦不見聽。承乾嘗寵太常樂人，號曰「稱心」，世民聞而大怒，收稱心殺之，而承乾疑泰所告，怨怒益甚，陰養刺客紇干承基等，及壯士百餘人，謀殺泰；泰亦知所防範，不克而止。此又泰與承乾競爭之中局也。

承乾既謀殺泰不克，知吏部尚書侯君集有怨望，陰召君集入東宮，問自安之術？君集以承乾庸弱，欲乘釁圖之，因勸之反；尋與君集及漢王元昌（高祖淵子），左屯衛中郎將李安儼等共謀，將從兵入西宮。世民在位之十七年（即貞觀十七年，民國紀元前一千二百六十九年），齊州都督齊王祐（世民庶子），以與長史權萬紀不洽，殺萬紀為變；尋為齊府兵曹杜行敏等所執，送京師賜死。承乾聞之，謂紇干承基等曰：『我宮西牆去大內，正可二十步耳！與卿為大事，豈比齊王乎？』會治祐反事連承基，繫獄當死，承基懼，上變告太子謀反事；世民召承乾，幽之別室，命司徙長孫無忌等參鞫之，事皆明驗；乃廢承乾爲庶人，徙黔州，元昌賜令自盡，侯君集等亦伏誅，以紇干承基爲折衝都尉。魏王泰見承乾有罪，日入侍奉，世民面許立爲太子；無忌固請立晉王治，而世民私忖，亦爲泰立，承乾治皆不存；治立，泰共承乾可無恙。乃復幽泰於將作監，謂侍臣曰：『自今太子不道，藩王窺伺者，兩棄之！傳之子孫，以爲永制。』改封泰爲順陽王，徙均州。此則泰與承乾競爭之終局也。

世民既立晉王治爲太子，而意猶不愜，謂無忌曰：『公勸吾立雉奴（高宗治小字），雉奴仁懦，得無爲宗社憂，奈何？』迨世民在位之二十三年，病沒，太子治嗣立，是爲高宗。唐代女禍之萌，卽發生於治時，而先之則有吳王恪謀亂之事：

吳王恪者，世民之第三子，其母，隋煬帝廣之女也。恪有文武才，世民嘗稱其類己，既名望素高，甚爲物情所向；世民以恪英果，嘗欲立爲太子，爲長孫無忌所沮而止，以是與無忌相惡。適散騎常侍房遺愛等，因事聯薛萬徹柴令武共圖爲變，事洩，治令長孫無忌鞫之；遺愛因言與恪同謀，冀得免死，而無忌故欲殺恪；於是賜恪自盡，而遺愛等並皆處斬。時高宗治在位之四年也（卽永徽四年，民國紀元前一千二百五十九年）。其明年，治以世民才人武氏爲昭儀，於是宗嗣搆煽之變，終而婦人干政之端又由兹始：

武氏之禍，至中宗哲以後始甚；其在高宗治朝，第不過其變象之萌，代唐之局，固未成也。武氏者，本太宗世民之才人，故荊州都督士彠之女；世民沒，才人年二十六，與羣妾爲尼。會高宗治后王氏與蕭淑妃爭寵，密令武氏蓄髮，勸治納之，既入，拜昭儀，后及蕭妃寵皆弛；已而治欲廢后而以武氏代之，佞臣許敬宗等贊之，右僕射褚遂良不可！治以問李勣，勣曰：『此陛下家事，何必問外人？』遂立武氏爲皇后，王蕭皆遇害，遂良貶而死。武氏又以長孫無忌不助己，令敬宗誣其謀反，寃而殺之；贈武士彠司徒，賜爵周國公。治旋患風眩，不能視百司奏事，或使武氏決之；氏性明敏，涉獵文史，處事皆稱旨：由是始委以政事，專黜陟，決生殺，權與人主侔，時人視之與治並尊號「二聖」。唐室之政權，至是蓋又移轉於女主，而武氏猶未敢倏然代李者？治固未死，武僅分其權而止。計治在位，凡三十四年；而武氏之執政，則二十有五年，惟猶以唐之名義行之：故貞觀時代武功之未竟者，延至高宗治之世，猶得以徐竟其功；其他大政之有利於國者，武氏亦無得而破撓之也。自高宗治死而武氏之禍作矣！

第三章　唐中（民國紀元前一千二百二十八年至一千零五十三年）

唐中期百七十餘年間帝治漸衰之一（武氏之代唐及韋氏之專政）（民國紀元前一千二百二十八年至一千一百九十九年）

初高宗治當國，初政頗肖其父，故永徽（高宗治年號）之治，比隆貞觀；自立武氏爲后，過失寖多，褚遂良輩死，朝臣無有敢言帝后之過舉者。武氏又專作威福，肆行己志；治初爲所制，猶不覺，已而忿甚；會宦者王伏勝發其使道士郭行眞出入禁中爲厭禱事，治因密召同三品上官儀議之，儀請廢武氏，治意亦決，卽命草詔。左右奔武氏告變，武氏遽詣治自訴，治曰：『我初無此心，皆上官儀教我。』儀先事太子忠，時忠已爲武氏所譖廢，武氏於是使許敬宗等誣奏儀，謂儀與忠謀大逆，忠賜自盡，儀下獄亦死，朝士坐是枉而流貶者甚衆；自是治每視事，武氏輒垂簾於後，政無大小皆預聞，時爲治在位之十五年（卽麟德元年，民國紀元前一千二百四十八年），然猶未敢害治而易唐也。忠故後宮所生，旣廢死，武氏立其所生子弘；弘仁孝謙謹，爲治所屬，中外歸心，忤武氏意，武氏又設法酖之，立其次曰賢；賢亦能處事，以明審稱，而武氏又以事譖而廢之，立其次曰哲；迨高宗治沒，太子哲卽位，是爲中宗，而武氏之禍以起。

原夫武氏在高宗治時，雖其專權與人主不異，然僅廢太子而不能易君位，僅攬唐政而不敢滅唐祀，僅有「天后」之稱而不能逕稱己爲皇帝；若使專政之後，無易君滅祀稱皇帝種種之侈行，則其擅恣固已彷彿於漢之呂后，而顧不止此！此則由後例前，而知武氏在高宗治朝，固猶未極其欲也。中書令裴炎者，方治之沒，受遺詔輔哲政，軍國大事有不決者，兼取天后進止；哲旣嗣統，尊天后武氏爲太后，立妃韋氏爲皇后，欲以韋氏父玄貞爲侍中，炎固執不可，哲怒曰：『我以天下與韋玄貞，何不可，而惜侍中耶？』炎懼，白武氏，密謀廢立。哲在位之元年（卽嗣聖元年，民國紀元前一千二百二十八年）二月，武氏集百官，勒兵宣令廢哲爲廬陵王，而卽以『天下與玄貞』之一言爲其罪狀；立其弟豫王旦，是爲睿宗。旦立，國家大事仍決於武氏，旦居別殿，不得有所預；武氏權日尊，易君主國，綽然如己志，於是謀唐之念以萌，此爲武氏謀代唐室之第一步。

武后既廢哲立旦，始御紫宸殿以朝百官；又以故太子賢尚在，殺之；哲居京師亦不便，遷之房州（湖北房縣），諸武多用事，唐室人人自危，衆心憤惋！會眉州刺史英公李敬業（勣之子）及弟盩厔令敬猷，長安主簿駱賓王等，皆坐事貶官，各懷怨望，適會於揚州；乃羣謀作亂，以匡復廬陵王爲詞，殺揚州長史陳敬之，開府庫，赦囚徒，旬日之間，得勝兵十餘萬；復稱嗣聖元年，開三府：一曰匡復府，二曰英公府，三曰揚州大都督府。敬業自稱匡復府上將，領揚州大都督；復求得貌類故太子賢者，置之軍中，云賢不死，逃至此，令其舉兵；以駱賓王爲記室，移檄州縣。武氏見檄，問誰所爲？或對曰：『駱賓王。』武氏歎曰：『宰相之過也！人有如此才而使之流落不偶乎？』遣左玉鈐衛大將軍李孝逸（淮安王神通之子），將兵三十萬以討敬業，復其姓徐氏。爲敬業計者：或謂宜直指洛陽，或謂不如先取常潤？顧當日軍行，實以取洛爲便，而敬業不從！將兵渡江，陷潤州（江蘇丹徒縣）；又聞李孝逸兵且至，回師拒之，使敬猷偪淮陰。孝逸軍至淮陰，初戰不利，繼乃破敬猷；敬業阻下阿溪（江蘇高郵縣西北）拒守，復爲孝逸所敗，其將王那相斬敬業等首以降：於是揚州之亂平，餘黨亦皆被獲，武氏並不必籌對外之謀矣。此爲武氏謀代唐室之第二步。

自徐敬業舉兵不成，武氏疑中國人皆有圖己之心；又自以久專國事，內行不正，知宗室大臣怨望不服，欲大誅殺以威之，然後行其代唐之事：乃盛開告密之門，臣下不得聞，所言或稱旨，則不次除官，無實者不問。胡人索元禮因告密召見，擢爲游擊將軍，令案制獄；元禮性殘忍，推一人必令引數千百人！於是周興來俊臣之徒效之，興累遷至秋官侍郎，俊臣至御史中丞；並迭爲告密羅織經，網羅無辜，織成反狀，構造布置，皆有支節。武氏得告密者，輒令元禮等推之，競爲訊囚酷法，作大枷，有「定百脈」「突地吼」「死豬愁」「求破家」「反是實」等號，中外畏之，甚於虎狼！其大臣如侍中裴炎、同三品劉禕之、太子舍人郝象賢、內史張元輔、同平章事魏玄同，皆先後爲武氏所殺；武氏志在代唐，並漸次除及唐之宗室，韓王元嘉等皆不安，元嘉子黃公譔詐爲中宗哲之詔書，分告諸王，令各起兵；於是琅琊王冲（越王貞子）募兵擊武水（山東聊城縣）；越王貞（太宗世民子），聞冲起兵，亦舉兵豫州，均不克死。武氏削貞父子屬籍，更姓虺氏，又執韓王元嘉、魯王靈夔（皆高祖淵子）黃公譔等於東都，偪令自殺。霍王元軌（高祖淵子），江都王緒（元軌子），東莞公融（虢王鳳子，高祖淵之孫），皆坐與二王通謀，亦被殺；既又殺汝南王煒（蔣王惲子，太宗世民孫）等十二人，南安王穎（密王元曉子，高祖淵之孫）等十四人，唐之宗室，於是殆盡！其幼弱者，亦流嶺南，是爲武氏謀代唐室之第三步。

至其代唐之舉動，連屬言之，亦有種種：如立崇先廟，享武氏祖考；毀乾元殿，作明堂；自加號聖母神皇，更名曌，改詔爲制；歲用周正，改十一月爲正月，十二月爲臘月，夏正月爲一月，皆其建立周祚之預備。至中宗哲之七年（卽嗣聖七年，武氏天授元年，民國紀元前一千二百二十二年），武氏竟改唐朝號曰周，稱神聖皇帝，以皇帝豫王旦爲皇嗣，改姓武氏；立武氏七廟，以其姪承嗣爲魏王，三思爲梁王，士彠兄孫攸寧爲建昌王，其攸暨等十二人各封郡王，武氏代唐之業，於此成，始不必以唐名義行中國之事矣。

武氏以一婦人而有中國丈夫子之心性，故其行事亦頗有爲尋常人主之所未能及者；綜其代唐有國，凡十有六年，而優劣之點各二。今先就其優者言之：

（一）善用名臣　武氏有權略，善用人，故人才競爲之用：將相之中，如魏元忠之公正，婁師德之謹守，姚元崇之純直，狄仁傑之寬厚，俱不易求；武氏尤信重仁傑，稱爲「國老」而不名，仁傑好面折廷諍，武氏每屈意以從。仁傑身雖仕周，志在唐室：武氏姪承嗣三思，皆營求爲皇太子，武氏亦欲之，以問宰相，衆莫敢對，仁傑曰：『臣觀天人未厭唐德，比匈奴（卽突厥）犯邊，陛下使梁王三思，募勇士於市，踰月不及千人；廬陵王代之，不浹日五萬人，欲繼統，非廬陵王莫可！』武氏不悅，罷議。一日，仁傑與王方慶同對，因進詞曰：『文皇帝（太宗世民）身陷鋒鏑，勤勞而有天下，傳之子孫；先帝（高宗治）寢疾，詔陛下監國；陛下掩神器而取之，十有餘年，又欲以三思爲後。且姑姪與母子孰親？陛下立廬陵王，則千秋萬歲後，常享宗廟；三思立，廟不祔姑。』武氏感悟，卽日遣人迎廬陵王於房州，立爲太子，改封旦爲相王，皆仁傑力也。仁傑又嘗薦張柬之及桓彥範敬暉等數十人，卒成反正之功，而柬之之功尤著。

（二）克平邊患　太宗世民高宗治兩朝，邊功甚著；至武氏代唐之世，則亦有然。其一爲封突厥：當高宗治朝，突厥酋骨咄祿既據黑沙城叛唐；至武氏時，其弟默啜尤強。初寇靈州，繼降武氏，又寇涼州，後復表請爲武氏子，並爲其女求婚，又索豐勝靈夏朔代六州降戶及單于都護之地，武氏均許之；默啜寖強，寇東北邊，於是武氏以中宗哲爲河北道元帥，使狄仁傑副之，討默啜，默啜避之，未幾復遣使入朝。其一爲敗吐蕃：初吐蕃寇邊，武氏遣兵攻之不勝；已而西域龜茲于闐疏勒碎葉（卽焉耆）四鎭，俱歸中國有，乃置安西都護府於龜茲，發師戍之，兼以扼吐蕃：吐蕃遣使求和，且求罷安西四鎭戍兵，並分十姓突厥地，武氏不許。已而吐蕃內亂，其將贊婆等帥所部及吐谷渾七千餘帳來降；別將進寇涼州，亦爲隴右大使唐休璟所破。其一爲破契丹：當太宗世民時，契丹酋長窟哥舉部內屬，唐賜姓李氏；窟哥孫曰盡忠，當武氏朝舉兵反，攻陷營州，殺都護趙文翽，自稱無上可汗，契丹人孫萬榮附焉。武氏初發師擊之不勝；已而盡忠死，萬榮代領其衆，勢頗強！後爲突厥所乘，契丹軍潰，萬榮爲其所殺，殘存之餘黨，亦爲武氏所平，自是契丹遂附於突厥。凡諸邊患，皆發生於武氏朝，爲武氏調遣將吏而始克定之者；然則武氏朝之兵力，固亦非甚弱也。

至於武氏之非行，亦有數端。兹擇其最要者言之，又有兩事：

（一）不改殘殺　武氏初謀代唐，務行殺戮以威海內，固也；乃代唐之謀成，而其務行殺戮之志，更甚於其初，則殺戮非其陰謀，乃其暴行矣。自易唐爲周以來，大臣之被殺者固衆；其尤慘者，蓋爲劉思禮等三十六家之獄。先是明堂尉吉頊知箕州（山西遼縣）刺史劉思禮有反謀，告來俊臣使上變告之，武氏使河內王武懿宗（士彠兄孫）推之；懿宗令思禮廣引朝士，許免其死，凡小忤意，皆引之：於是思禮引同平章事李元素孫元通，知天官侍郎事石抱忠劉奇等凡三十六家，皆海內名士，窮極楚毒，以成其獄，皆族誅之，親黨連坐流竄者千餘人。初，懿宗寬思禮於外，使誣引諸人；諸人既誅，然後收思禮，思禮悔之，顧亦無及。其時士夫之爲周與來倿臣輩所羅織者，蓋不可以數計，此皆由武氏之好殺使然；其時能以用法平允聞者，惟徐有功一人。有功官司刑丞，酷吏如與倿臣搆隙，無辜皆抵極刑，公卿震恐，莫敢正言，有功獨存矜恕，詔下大理者，有功皆議出之，前後濟活數十百家，後武氏亦知其志，重用之，酷吏爲少衰，與倿臣輩俱不得良死。

（二）厚植嬖寵　武氏，女主也，厚植嬖寵，則爲不貞，此爲非行之最大者。僧懷義者，本姓馮，名小寶，以得幸於武氏，特度爲僧，便出入禁中；又以其家寒微，令與駙馬都尉薛紹合族，紹執季父禮事之。懷義恃寵，乘御馬，朝貴皆匍匐禮謁！又數奉武氏命出征突厥，顧不能有功，既又命懷義作天堂，日役萬人，費以億計，府藏爲空。會御醫沈南璆亦得幸於武氏，懷義恩漸衰，怨恨頗甚，乃密燒天堂，延及明堂，並爲灰燼，武氏愧而隱之，復令懷義充使再建，於是懷義益驕倨；武氏以爲慮，令其女太平公主擇膂力婦人密防，人有發其陰謀者，太平乳母張夫人令壯士縛而殺之；或曰爲武攸寧所毆死。武氏又置「控鶴監」，率皆嬖寵之人居之，而間以才能文學之士參預其間，既又改監曰「奉宸府」，以張易之爲令。易之與弟昌宗皆爲武氏所幸，時號二張；並多選少年爲「奉宸內供奉」；其後武氏寢疾，朝臣誅二張，於是周室復爲唐有。

武氏之失敗，蓋卽由厚植嬖寵使然，而其嬖寵之用事，最後者爲易之與昌宗。中宗哲之二十一年（卽嗣聖二十一年，周武氏長安四年，民國紀元前一千二百零八年），冬，武氏疾，宰相不得見者累月，而易之昌宗終日侍側；會有告昌宗謀反者，事下平章事韋承慶、御史中丞宋璟等鞫之，璟主當殺，而武氏不從，疾益甚，二張居中用事如故。同平章事張柬之崔玄暐與中臺右丞敬暉司農少卿桓彥範相王司馬袁恕己謀誅之；又引羽林大將軍李多祚共定議，先以謀告哲。明年正月，柬之玄暉等帥羽林兵五百餘人至玄武門，分兵迎哲至，相與斬關而入，斬易之昌宗於廡下，進至武氏所寢長生殿，環繞侍衞，武氏驚起問故，衆對曰：『易之昌宗謀反，臣等奉太子令誅之，恐有洩漏，故不敢以聞；』並告武氏，『請卽傳位太子，以順天人之望。』乃以武氏之制命太子監國，明日，卽傳位太子，哲遂復位，上武氏尊號曰則天大聖皇帝，徙居上陽宮，復朝號曰唐，張柬之袁恕己崔元暐敬暉桓彥範李多祚等，均進官有差。宰相韋承慶等以武氏黨，故流貶嶺南，而三思等勿誅，故其後大權歸於三思；武氏之周改，而武氏之禍未除，自是女主外戚之變再起。

中宗哲復位，立妃韋氏爲后，而以武三思爲司空。先是二張既誅，洛州長史薛季昶，朝邑尉劉幽求多勸柬之等圖三思，而柬之等不從；第請降三思等王爵以安內外，哲不許。諸人畏三思讒，以考功員外郎崔湜爲耳目；湜見哲親三思而忌柬之諸人，乃悉以諸人對武之謀告三思，三思引爲中書舍人，與鄭愔同爲謀主。時柬之暉彥範恕己玄暐並執朝政，與武氏黨日不相容；韋后既攬政，哲每臨朝，氏必施帷幔坐殿上，預聞政事，如高宗治在位時之武氏矣。哲女安樂公主適三思子崇訓，三思因是得出入宮禁，與韋氏相表裏，見柬之等不能容己，乃與韋氏日夜譖毀諸人，以爲恃功專權，將不利於社稷！不若封以王爵，罷其政事？哲信爲然，乃以張柬之爲漢陽王，敬暉爲平陽王，桓彥範爲扶陽王，袁恕己爲南陽王，崔玄暐爲博陵王，皆罷政事，賜金帛鞍馬，令朝朔望；三思又令百官復修則天之政，不附武氏者逐之，爲五王所逐者復之，於是朝權專歸於三思。時猶中宗哲復位之初年也（卽神龍元年，民國紀元前一千二百零七年）。是年武氏死，年八十二。明年，三思又貶五王爲遠州司馬，長流遠方，密遣人矯制殺之。五王既死，三思勢益橫！朝臣宗楚客，宗晉卿，紀處訥，甘元柬，均附三思，遞相引致，干黷朝政；周利用，冉祖雍，李悛，宋之遜，姚紹之等五人，常爲三思耳目，時人呼爲三思五狗云。

先是二張當國，三思屈節事之，故尊寵如初；及誅二張，三思復與韋后及上官婕妤通，表裏用事，故五王爲所害，而猶未已。太子重俊者，非韋氏出，韋氏惡之；三思尤忌重俊；安樂公主（中宗哲女）與駙馬武崇訓，恆陵侮重俊，或呼爲奴；崇訓又教安樂言於上，請廢太子，立己爲皇太女，重俊積不平！中宗哲復位後之三年（卽景龍元年，民國紀元前一千二百零五年），重俊與左羽林大將軍李多祚，右羽林將軍李思冲等，矯制發左右羽林兵及千騎三百餘人，殺三思崇訓於其第，並親黨十餘人；別分兵守宮城諸門，重俊與多祚斬關而入，叩閤索上官婕妤，婕妤大言曰：『觀其意欲先索婉兒（婕妤名），次索皇后，次及大家。』於是哲與韋氏安樂公主上官婕妤，登玄武門樓以避兵鋒。多祚至樓下，按兵不戰，宮闈令楊思勖出擊，斬其前鋒，多祚軍氣奪，所將千騎，卽殺多祚，餘衆潰！重俊以百騎走終南山，在途爲左右所殺，以其首獻太廟，及祭三思崇訓之柩！武氏強宗，雖爲重俊所誅，而韋氏罔無恙；於是武韋之專政，又變而爲韋氏之專政，而唐政日非！

重俊之難定，韋氏及王公以下，表上尊號曰應天神龍皇帝，改玄武門爲神武門，樓爲制勝樓；宗楚客者，本武氏從姊子，附三思，至是又率百官表請加皇后尊號曰順天翊聖皇后，哲並許之，韋氏勢益熾！其從兄溫，用權，欲植黨以自衛，然其能不如諸武。方是時，韋溫宗楚客輩既專柄以恣，而婦人女子，亦多因皇后而聯翩用事：安樂上官以外，有后妹郕國夫人上官婕妤母沛國夫人鄭氏，尚宮柴氏賀婁氏，女巫第五英兒，隴西夫人趙氏，皆依勢營私，請謁受賕；雖屠沽臧獲，用錢三十萬，而上官即爲別降墨敕除官，斜封付中書，時人謂之「斜封官」。上官立外第，出入無節，朝士往往從之游處，以求顯達，安樂尤驕橫，宰相以下，多出其門。蓋中國以婦人參執政權，武氏以來，勢莫張於此，而皆不能自戢！安樂且再嫁，崇訓死後，悅武延秀而適之；又與太平公主輩不睦，各自樹黨，哲以爲慮而不能止也。哲既不德，又政出多門，大柄寸裂，禍患潛伏：而定州郎岌，旋有韋氏與宗楚客將爲逆亂之奏告，雖爲韋氏所殺；許參軍燕欽融又繼起言之，哲因引欽融面詰，欽融抗言不屈，楚客矯制殺之，哲意怏怏，韋氏及其黨始懼。散騎常侍馬秦客以醫術，光祿少卿楊均以善烹調，皆出入宮掖，得幸於韋氏，恐事洩被殺；安樂亦欲韋氏臨朝，得踐其向時皇太女之請求，乃相與合謀，於餅餤中進毒，中宗哲遂爲所害。時哲復位之六年也（卽景龍四年，民國紀元前一千二百零二年）。韋氏既害哲，祕不發喪，自總庶政，召諸宰相入禁中，而以兵權分寄於諸韋；又與韋溫定策，立溫王重茂（中宗哲第四子，後宮出）爲太子，罷相王旦政事，發喪，重茂卽位，是爲少帝，韋氏爲太后，臨朝攝政，命韋溫總知內外兵馬事。

韋氏之用權，至弒君擅立而止矣，而宗楚客輩，猶爲未足！又勸韋氏遵武氏故事，南北衛軍，臺閣要司，悉以韋氏子弟領之，廣聚黨衆，中外聯結，以革唐命，謀害少帝；又與相王旦太平公主諸人相忌，欲一併去之：於是旦之子隆基起兵，而韋氏之難止。

先是韋溫佐韋氏定策有功，引其從子播，族弟璿等分掌左右羽林兵，及飛騎萬騎；播，璿欲自樹威嚴，拜官日，先鞭萬騎數人，衆皆怨，不爲之用；此爲韋氏之深失軍心，即其敗端之始。時隆基在京師，方密結材力之士，圖去諸韋，而羽林萬騎豪傑，又多與隆基相善；及楚客革命之謀起，兵部侍郎崔日用得聞其事，以告隆基，隆基乃與太平公主，及公主子衛尉卿薛崇簡（紹子），苑總監鍾紹京，前朝邑尉劉幽求，折衝麻嗣宗，謀先事誅之。萬騎既怨諸韋，隆基勸以擊諸韋自効，萬騎果毅葛福順陳玄禮並允；隆基恐事不成，特不啓相王，自與幽求等微服入苑中，會鍾紹京廨舍。時羽林將士皆屯玄武門，逮夜，福順等至隆基所，受命，直入羽林營，斬諸韋典兵者以徇曰：『韋后酖殺先帝，謀危社稷，今夕當共誅諸韋，馬鞭以上皆斬之，立相王以安天下，敢有懷兩端，助逆黨者，罪及三族！』羽林之士，皆聽命，隆基勒兵入玄武門，諸宿衛兵皆應之，斬韋氏及安樂公主，武延秀，上官婕妤。比曉，內外皆定，隆基出見其父相王旦，謝不先白之罪；旦曰：『社稷宗廟，不墜於地，汝之力也！』遂迎旦入輔少帝，閉城門，收捕諸韋親黨，及宗楚客，紀處訥，馬秦客，楊均等，皆斬之；諸韋襁褓兒無免者；以隆基爲平王，押左右廂萬騎，薛崇簡賜爵立節王，以鍾紹京守中書侍郎，劉幽求守中書舍人，麻嗣宗行左金吾衛中郎將。幽求言於隆基，請相王旦早即位以定中國，遂以少帝制傳位於旦；睿宗旦復位，仍以少帝爲溫王，立隆基爲太子，加太平公主實封萬戶，追廢韋氏，安樂公主爲庶人。

乃韋氏之難平，而太平奪權之禍又起；於是睿宗旦又赧然以君位授之隆基，唐之女禍，始於茲暫靖。先是太平公主誅二張，殺諸韋，俱立功名，故其權日重：每入奏事，坐語移時，所言皆聽，薦人或驟歷淸職，或至南北衙將相，權移人主；軍國大政事必參決，如不朝謁，則宰相就第，議其可否；太平更驕恣。子薛崇行崇敏崇簡，皆封王，富貴無極！始以隆基年少頗慢易之；旣而憚其英武，欲更立闇弱以久其權：隆基深不自安，顧其時大臣皆善隆基，遇太平讒間，俱力白太平計不行。旦用姚崇宋璟計，出宋王成器豳王守禮（俱睿宗旦子），爲外州刺史；太平公主蒲州安置；命隆基監國。已而太平聞姚宋謀，大怒，以讓隆基：於是隆基奏貶姚宋，寢二兄刺史之命，而太平亦不行。時旦在位之二年也（卽景雲二年，民國紀元前一千二百零一年）。明年，旦傳位隆基，隆基卽位，是爲玄宗，尊旦爲太上皇。

時太平公主猶專權，依附上皇，連結將相，專爲己計，宰相八人，五出其門，文武之臣，大半附之；其黨竇懷貞岑義蕭至忠崔湜等，結太平尤力，相與謀廢隆基，別又謀於赤箭粉中置毒以進。中書侍郎王琚，左丞張說等，皆勸隆基速自爲計；於是隆基與岐王範薛王業（皆玄宗隆基弟）同三品郭元振，內給事高力士等共定計：以兵召蕭至忠岑義，殺之，竇懷貞自殺，崔湜流嶺南，後賜死，太平與其諸子皆伏誅，其黨與相坐而死者又數十人。上皇下詔：『自今軍國政制，一取皇帝處分。』於是唐室之女禍始平，而隆基之位以固。

唐中期百七十餘年間帝治漸衰之二（開元之暫治及諸禍之形成）（民國紀元前一千一百九十九年至一千一百三十二年）

唐當睿宗旦朝，用姚崇宋璟，悉心革弊，政績盛一時；迨後姚宋貶，而紀綱亂，隆基受之，復用姚宋，中國又蹔治。然隆基爲人，鮮恆心而易即安樂，故治不能久！由其善治觀之，開元（玄宗隆基年號）之政，誠足比隆貞觀；然後此諸禍端，亦多有伏於開元之世者。今爲分析述之，而著其異者如次：

玄宗隆基之政，有僅善於開元者，亦有釀禍於開元者。其僅善於開元者，蓋有四端：

（一）爲重任賢才之惟善於開元也　隆基初任姚崇，詢以中國事，衮衮不知倦，欲遂相之；崇知隆基銳於爲治，乃先設十事以堅其意（一、政先仁恕二、不幸邊功三、法行自近四、宦豎不與政事五、絕租賦外貢獻六、戚屬不事臺省七、接臣下以禮八、羣臣皆得批逆鱗犯忌諱九、絕佛道營造十、鑒前代外戚之亂）隆基自謂皆能行之，崇頓首謝，即拜爲相。崇吏事最敏而得君尤專，後因事請避相位，薦宋璟代；璟風度凝遠，喜正諫，爲隆基所敬憚，雖不合意，亦曲從之。史稱崇善應變成務，璟善守法持正，志操不同，而協心輔佐，功在唐室，與前之房杜足以並傳；而宋之剛正，實過於姚。其後相臣行事，與宋璟相彷彿者，又有韓休張九齡：休爲相直方，不務進取，輿論翕然；九齡大用，當開元政事中落時，謇謇有名臣節，所引皆正人，遇隆基有失，必極言之。蓋當開元朝相臣之盡職者本不止一二人；姚宋張韓以外，張嘉貞之吏治，張說之文章，李元紘杜暹之儉德，蘇頲之讓道，皆甚著稱。凡此皆由隆基之善任而來，所以能弼成開元之治者，賴此諸人而已。

（二）爲講求吏治之惟善於開元也　隆基既勵精爲治，制選京官有才識者除都督刺史，都督刺史有政迹者除京官，使出入常均，永爲恆式；又以歲飢悉罷員外試檢校官，詔自今非戰功及別敕，毋得注擬；又以選除縣令流於宂濫，乃悉召諸新除縣令，試以理人之策，惟韋濟詞理第一，擢爲醴泉令，餘二百人不入第，且令之官，四十五人放歸學問，吏部侍郎盧從愿李朝隱皆坐左遷；又敕京官五品以上，外官刺史四府（京兆河南河中太原）上佐，舉縣令一人，視其政善惡爲舉者賞罰；又疑吏部選試不公，乃分爲十銓，以禮部尚書蘇頲等十八掌之，試判將畢，遽召入禁中決定，尚書侍郎，皆不得與；又限明經進士及第，每歲不過百人，又制選人有才行者，委吏部臨時擢用：凡此皆開元時代注重吏治之徵也。

（三）爲敦崇儉德之惟善於開元也　隆基亟圖中國之治，以風俗侈靡，制乘輿服御金銀器玩，令有司銷毀，以供軍國之用，其珠玉錦繡，焚於殿前，后妃以下，皆不得服；敕百官所服帶及酒器銜鐙，三品以上聽飾以玉，四品以金，五品以銀，餘皆禁之；並令國中以後更毋得采珠玉、織錦等物，罷兩京織錦坊，盧懷愼等，均以儉素蒙大用：此其尙儉之旨見於開元之世者也。

（四）爲維持教化之惟善於開元也　隆基當國，尤注重教化：始用姚崇言，以姦宄度爲僧尼，有壞正法，特下詔沙汰僧尼萬二千餘人，禁創寺鑄佛寫經，百官之家，不得與僧尼等相往還；一方深懼中夏文教之衰，搜訪遺書，選吏繕寫，先後使褚無量元行沖督之，歷時四載，得卷四萬八千；又以今之五禮，與貞觀顯慶（高宗治年號）兩書不同，命張說等修五禮，閱七年而後成。凡此皆寓有維持教化之心，亦惟開元朝，爲能見其盛耳。

又其禍變之釀成於開元之世者，亦有四端：

（一）由小人用事之始釀於開元也　開元之初，以宦官高力士有與謀太平公主功，使爲右監門將軍，知內侍省事，宦官勢始盛。先是太宗世民定制內侍省不置三品官；中宗哲時，七品以上至千餘人；及力士用事，宦官總額增至三千，除三品將軍者寖多，人主之溺近小人自此始。

其後李林甫安祿山之進用，仍力士爲之階；而林甫之病唐尤隱而烈！林甫故唐宗室，面柔而有狡計，能伺候人主意，中官妃家尤善結託，伺上動靜，皆預知之，而與力士尤厚。惠妃武氏，爲則天從孫女，有寵於隆基，生壽王瑁，諸子莫得爲比，太子瑛爲趙麗妃所出，浸疏薄。林甫乃因宦官言於惠妃，願盡力保護壽王，惠妃德之，陰爲內助；已而太子瑛與弟鄂王瑤，光王琚（他妃出），因母失職，有怨言，惠妃從而譖之，隆基欲廢三子，張九齡在相位，力諫，三子得毋廢：林甫因日夜短九齡於君前，隆基寖疏九齡，在位之二十五年（即開元二十四年，民國紀元前一千一百七十七年），罷九齡政事，專相林甫。駙馬都尉楊洄適於是時，譖瑛瑤琚三子，皆構異謀，隆基決之宰相，林甫對曰：『此陛下家事，非臣等所宜預。』於是隆基使宦官宣制宮中，廢三子爲庶人，尋賜死！林甫既以兩言殺三子，又自專大權，排斥異己，屢起大獄，誅逐貴臣，以張其勢；與並相者，多唯諾無所事。林甫每有奏事，必賂遺左右，伺察上旨，以固恩寵；隆基在位多載，勌於萬幾，恆以大臣接對拘檢，難盡私欲，自得林甫，一以委成，故杜絕逆耳之言，恣行宴樂，由林甫之贊成也。又太子瑛初廢，儲宮虛位，隆基未定所立，林甫揣上意，贊成壽王，而上意則在忠王璵（即肅宗），及璵立爲太子，更名亨，林甫始懼，巧求陰事以傾太子，其後常屢起大獄以危之，賴亨重愼無過，流言不入；旣又以隆基大任楊釗，於是李與楊又交惡，林甫卒以憂懣而死。時隆基在位之四十二年也（卽天寶十二載民國紀元前一千一百五十九年）。林甫在相位十九年，養成唐室之亂，而隆基不知；比其旣死，釗始誣奏林甫與蕃將阿布思同構逆謀，誘林甫親族間素不悅者爲證；詔奪林甫官爵，廢爲庶人，其子岫崿等，俱流嶺表。

（二）由府藏聚斂之始釀於開元也　隆基在位稍久，用宇文融計，使融括逃移戶口及籍外田，所獲巧僞甚衆，融以功遷兵部員外郞，兼侍御史；於是融奏置勸農判官十八，並令御史分行國內，其新附客戶，免六年賦調：使者競爲刻急，州縣承風勞擾，務爲多獲，虛張其數，或以實戶爲客，凡得戶八十餘萬，田亦稱是！其後韋堅楊愼矜王鉷楊釗之聚斂，皆祖宇文。

宇文融旣以理財得幸於隆基，於是唐始廣置諸使，競爲聚斂，官司寖失其職，隆基心益侈，百姓皆怨；同時太府卿楊崇禮亦善理財，在職二十年，公淸如一：時太平旣久，御府財物山積，以爲經楊卿者無不精好，每歲鈎剝省便出錢數百萬貫；其子愼矜，最有父風，知太府出納，奏諸州所輸布帛有漬汚穿破者，皆下本州徵折估錢，轉市輕貨，徵調自此繁。先是宇文融因事貶死，言利者稍息；及楊愼矜得幸，於是韋堅王鉷之徒，競以利進：堅督江淮租運，歲增數萬，鉷爲戶口色役使，時有敕給百姓一年復，鉷卽奏徵其脚錢，廣張其數，又使市本郡輕貨，百姓所輸，乃甚於不復；舊制戍邊者免其租庸，六歲而更，時邊將恥敗，士卒死者皆不申牒，貫籍不除，鉷志在聚歛，以有籍無人者皆爲避課，按籍戍邊六歲之外，悉徵其租庸，有併徵三十年者，民無所訴；隆基在位久，用度日侈，不欲頻於「左右藏」取之，鉷探知上旨，歲供額外錢帛百億萬，貯於內庫，以供宮人賜宴，曰：『此皆不出於租、庸、調，無預經費。』隆基以鉷爲有富國之術，利於主用，益厚待之。楊釗侍宴禁中，專掌摴蒱文簿，鈎校精密，隆基賞其強明，曰：『好度支郎。』諸楊以屬鉷，鉷奏釗充判官；而釗尤能窺隆基意，以聚歛驟遷，不期年，領十五餘使，後且專判度支事矣。天寶六七年以後，州縣殷富，倉庫積粟帛，動以萬計，釗請所在糶變爲輕貨；又悉令國內義倉及丁租地課皆變布帛，內輸京師，屢奏帑藏充牣，古今罕儔；隆基至爲帥羣臣以觀左藏，賜釗紫衣金魚以賞之：自是以後，隆基以國豐衍，益視金帛如糞壤，賞賜貴寵之家，無有紀極，而國亂旋起。大抵宇文、楊、韋諸人，無非以裒刻爲能，剝下以盈上，而隆基不知，以爲國內經費自如，而財用每至無度，故不惜重官累使，尊官顯赫，以賞若輩；庸知若輩用而國中之流亡日多於前，有司備員不復事事，若輩所欲既充，還用權媚以相屠脅，而諸人於是皆不得其良死！諸人死而唐室因之以亂，不能兩利而適以兩害，則亦何益之有哉？

（三）由宮闈宴樂之始釀於開元也　隆基初即位，開門觀燈，大餔合樂，特御樓觀之，以夜繼晝，如是者月餘；既又置左右教坊以教俗樂，不隸於太常；又選樂工宮女數百人自教之，謂之皇帝梨園弟子；其後楊妃之進，燕安驕侈，即以此心爲之兆焉。

楊氏本壽王瑁之妃，於隆基爲媳。初武惠妃死，隆基念不已，後宮數千，無當意者；或言瑁妃楊氏之美，隆基見而悅之，乃令妃自以其意乞爲女冠，號太眞，更爲瑁別娶，潛內太眞宮中。太眞曉音律，不期歲，寵遇如惠妃，宮中號曰娘子，凡儀體皆如皇后。時隆基在位之三十三年也（卽天寶三載，民國紀元前一千一百六十八年）。明年，册太眞爲貴妃，並其三妹皆賜第京師：其一適崔，爲韓國夫人，其一適裴，爲虢國夫人，其一適柳，爲秦國夫人。三人皆有才色，出入宮掖，並承恩澤，勢傾國內。貴妃從兄銛、錡、釗，皆尊顯，而釗尤見幸，賜名國忠。諸楊及三姊凡有請託，府縣承迎，峻於制敕，四方賄賂，輻輳其門，惟恐居後，朝夕如市。諸家又競開第舍，爭爲壯麗，一堂之成，動踰千萬！釗既以專歛得幸，益以外戚權勢尤豪：其在相位，公卿以下，頤指氣使，莫不震懾；自侍御史至爲相，凡領四十餘使；臺省官有才行時名，不爲己用者，皆出之。蓋自開元以來，豪貴雄盛，專權用事，無若楊氏比，而其禍因則胥基於楊妃！隆基凡有巡幸，楊妃無不隨侍，乘馬則高力士執轡授鞭；宮中供貴妃院織錦刺繡之工凡七百人，其雕刻鎔造又數百人；揚益嶺表刺史，必求良工造作奇器異服，以奉楊妃獻賀，因致擢居顯位：唐政之壞，蓋卽由之；及安祿山亂起，諸楊始失勢，而楊妃亦自縊，語別述於後節。

（四）由邊荒生事之始釀於開元也　隆基初卽位，卽講武於驪山；又因契丹數擾邊境，唐兵討之失敗，而幷州刺史薛訥，適請擊契丹，姚崇等諫不聽，遂以訥同三品，使出討契丹，戰於灤河，訥師敗績，詔削訥官爵：其後邊功之興，卽萌於此。

唐世外患，以西北方爲特強。吐蕃當武氏朝，雖願內屬，而邊寇依然不絕；其後爲北庭節度使張孝嵩所敗，邊境暫靖。而吐蕃仍自恃強大，貽書用敵國禮，隆基大怒！在位之十六年（即開元十五年，民國紀元前一千一百八十五年），河西節度王君㚟請深入討之；會吐蕃寇甘州，焚掠而歸，君㚟勒兵躡其後，及於青海之西，乘冰而渡，破其後軍，俘獲不少，詔遷君㚟爲左羽林大將軍，益事邊功。迨君㚟爲盜殺，而吐蕃寇益熾，攻陷石堡城（甘肅西寧縣西南），留兵據之，侵掠河右；隆基在位之十八年（即開元十七年，民國紀元前一千一百八十三年），始爲唐兵攻克，吐蕃兵數敗而懼，乃求和親，詔以詩書賜吐蕃。久之，吐蕃復入寇，石堡城仍爲所據；至隆基在位之三十八年（即天寶八載，民國紀元前一千一百六十三年），隴右節度哥舒翰始攻拔之，唐兵死數萬。先是吐蕃贊普器弩悉弄死，子棄隸宿贊立，請婚中國，中宗哲以所養雍王守禮女爲金城公主嫁之，使楊矩相送，矩請以河西九曲地（甘肅導河縣邊外）爲公主湯沐；其地水甘草長，宜畜牧，近與唐接；自是吐蕃益雄強，頻致盜掠；至開元末，金城公主沒，而吐蕃贊普婆悉籠臘贊旋立，再遣使親唐，唐亦遣使報之，及還而洛陽已爲安祿山所據。

若夫東突厥，在玄宗隆基初仍強，而其後乃滅。先是其酋默啜北擊拔曳固，被殺！會唐將郝靈荃使突厥，得其首，以爲默啜自武氏來，世爲中國患，朝廷旰食，頃得其首，必爲不世功；適宋璟爲相，以隆基方有侈圖邊績之心，特抑之，靈荃痛哭死。突厥人別立默棘連爲毘伽可汗，其別將蘇祿據有西方，亦自立爲可汗，遣使朝唐，唐以爲忠順可汗毗伽患之，引默啜時牙將暾欲谷爲謀主，掠涼州，敗河西節度兵，由是大振，盡有默啜之衆。時隆基在位之九年也（即開元八年民國紀元前一千一百九十二年）。明年，毗伽遣使求和，唐廷許之，而邊寇暫絕。其後隆基東封泰山，徵其大臣入從，突厥亦遣使遵朝命；吐蕃寇亟，嘗遺毗伽書，欲與俱來，而毗伽以聞，唐廷嘉之，聽於西受降城互市，歲齎縑帛數十萬匹，就市戎馬：由是國馬益壯，而隆基經畫邊事之志益張。未幾，西突厥亡，而東突厥亦旋自亂，毗伽爲其下所殺，子伊然可汗立，死；弟苾伽骨咄祿立，唐廷册爲登利可汗，又爲其下所殺；部人立毗伽可汗子，又爲骨咄葉護所殺，葉護尋自立爲可汗。自毗伽死後，諸部互相殺伐，東突厥大衰！已而回紇等部攻葉護，殺之；其餘衆別立烏蘇米施可汗，又爲拔悉密部所殺；部人立其弟爲白眉可汗，突厥亂日熾！於是唐廷朔方節度王忠嗣以兵乘之，忠嗣破其左廂十一部，獨右廂未下；會回紇定其地，其酋骨力裴羅遣使言狀，唐拜裴羅爲懷仁可汗：懷仁於是南據突厥故地，立牙帳於烏德鞬山昆河（外蒙古鄂爾坤河）之間，磧北諸部，悉爲所併，各置都督治之。至隆基在位之三十三年（即天寶三載，民國紀元前一千一百六十八年），懷仁又攻殺白眉，東突厥盡亡，登利可汗母毗伽可敦率衆歸唐，隆基御花萼樓宴羣臣，賦詩美其事；而回紇益強，其地東極室韋（黑龍江省），西抵金山，南控大漠，盡得古匈奴地。已而懷仁子磨延啜立，號葛勒可汗，剽悍善用兵，窺伺唐邊，漸亟；唐內亂，向之借兵，幾爲所制，其害且等於突厥矣。

又有南詔，本哀牢夷之後，烏蠻別種，居今雲南及四川之大部，姓蒙氏。蠻謂王爲「詔」，其先渠帥有六，自號六詔：曰蒙嶲詔（雲南雪龍縣），曰越析詔（四川西昌縣），曰浪穹詔（雲南洱源縣），曰邆賧詔（雲南鄧川縣），曰施浪詔（雲南洱源縣境），曰蒙舍詔（雲南蒙化縣），兵力相埒，各有君長，蜀時，爲諸葛亮所征，皆臣服之；蒙舍最在南，故曰南詔。唐初有蒙舍龍生迦獨龐，迦獨龐生細奴邏，高宗治時入朝；細奴邏生邏盛，邏盛生盛邏皮，盛邏皮生皮邏閣，當玄宗隆基世始強大，而五詔微弱，皮邏閣乃賂劍南節度王昱，求合六詔爲一，唐廷許之，賜名歸義，策授雲南王。時隆基在位之二十七年也（卽開元二十六年，民國紀元前一千一百七十四年）。歸義既強，五詔服羣蠻，破吐蕃之衆；明年，遂徙居太和城（雲南太和縣南），其勢日熾，唐南陲邊患自此始！已而歸義沒，子閤羅鳳立，襲稱雲南王如故。故事，南詔常與妻子俱謁都督，過雲南，雲南太守張虔陁皆私之；又多所徵求，閤羅鳳不應，虔陀密奏其罪，閤羅鳳乃怒！發兵反，攻陷雲南，殺虔陁，取夷州二十三。其明年，爲隆基在位之四十年（卽天寶十年，民國紀元前一千一百六十一年），劍南節度鮮于仲通討南詔蠻，閤羅鳳遣使謝罪；仲通不可，進軍至西洱河，與戰，大敗，士卒共八萬，死六萬！自是閤羅鳳北臣吐蕃。蠻語謂弟爲鍾，吐蕃命閤羅鳳爲贊普鍾，號曰東帝，給以金印。閤羅鳳刻碑國門，言己不得已而叛唐，且曰：『我世世事唐，受其封賞，後世容復歸唐，當指碑以示唐使者，言吾之叛，非本心也』。仲通者，故楊釗之所薦，既敗，釗仍敍其戰功，而隆基不知，復下制大募兩京及河南北兵以擊南詔。人聞雲南多瘴癘，莫肯應募；釗乃遣御史分道捕人，連枷送軍前，民心憤怨，而南詔亦終不克。隆基在位之四十三年（卽天寶十三載，民國紀元前一千一百五十八年），侍御史劍南留後李宓復以師七萬擊南詔，閣羅鳳誘之深入至太和城，堅壁不與戰；宓兵罹疫或飢死，垂盡引還，南詔追擊，宓被擒，餘軍亦沒。楊釗隱其敗，更以捷聞，益發中國兵討之，前後死者二十萬人，無敢言者！會安祿山反，南詔乘隙攻陷邊地，南陲之患益紛，唐不能禦。

唐室至玄宗隆基時，始尙寧壹，故開元之政，亦稱唐之善治；及隆基倦勤，善治隳落，百弊叢發，而內外交亂，安史之禍，繼之而起；於是唐室大亂，不僅隆基善治隳落無遺，卽唐初所滋培，爲武氏所維繫勿使絕者，亦俱蕩然！此皆隆基「用人不愼」之咎，李林甫楊釗之罪猶末也。吾請繼此以述安史之亂：

安祿山之禍，先於史思明，而後世合稱則曰「安史」；究之史氏之禍，源於祿山，而祿山肇變，亦有遠近四因。茲分述如下：

（一）設立節鎭之鞏固其權位也　方隆基時，內地節度使雖未設置，而沿邊一帶之十節度，則已於開元中後先成立：其撫寧西域者，曰安西節度使，治安西都護府；其防制突騎施（西突厥別部）堅昆（鐵勒別部）默啜者，曰北庭節度使，治北庭都護府；其斷隔吐蕃突厥者，曰河西節度使，治涼州（甘肅武威縣）；其備禦吐蕃者，曰隴右節度使，治鄯州（甘肅西寧縣）；其捍禦突厥者，曰朔方節度使，治靈州（甘肅靈武縣），安北單于都護府屬之；其犄角朔方以禦突厥者，曰河東節度使，治太原；其臨制奚契丹者，曰范陽節度使，治幽州；其鎭撫室韋靺鞨者，曰平盧節度使，治營州，安東都護府屬之；其西抗吐蕃，南撫南詔諸蠻者，曰劍南節度使，治益州（四川成都縣）；其綏靖南海諸國者，曰嶺南節度使，治廣州，安南都護府屬之，共凡鎮兵四十九萬人，馬八萬匹。唐初邊將，文武迭用，不兼統，不久治；自十節度置，初法盡壞！一節度使得兼統數州，州吏盡為其屬，故節度使多有兼按察使度支使者。安祿山既為唐廷寵任，且以一人而領范陽河東平盧三鎮；大權既集，朝廷雖欲徙調而亦有所不能，故祿山專制三道者殆十年：此由節鎮制度之不良，亦漁陽之兵所以因之而起者也。

(二)重任蕃將之保持其威信也　唐自開創以來，蕃將如阿史那社爾，契苾何力，忠孝有才略，亦不專委大將之任，多遣重臣領使以制之；開元中，張嘉貞、王晙、張說、蕭嵩、杜暹皆以節度使入知政事；及李林甫當國，謀久固己位，設法以杜出將入相之源，嘗奏曰：『文士為將，怯當矢石，不如用寒族蕃人。蕃人善戰有勇，寒族卽無黨援。』隆基以為然，乃用蕃人安思順，代林甫為朔方節度，蕃將之用為節度自此始。林甫利諸蕃之不識文字，雖為節鎮，無入相之由；而其後安祿山竟兼三鎮以為亂階，則其端實自林甫啓之！林甫之罪，所以更浮於楊釗也。以上二端，皆遠因之可見者。

(三)攻伐奚契丹之厚集其兵力也　當隆基時，奚契丹勢盛強，幽州節度張守珪討之，斬契丹王屈烈及可突干，而禍猶未已；安祿山者，胡人，時為討擊使，守珪遣攻奚契丹，敗績，將殺祿山，臨刑呼曰：『大夫欲滅奚契丹，奈何殺祿山？』乃更執送京師，隆基惜其才，得不死！在位之二十一年（卽天寶元年，民國紀元前一千二百七十年），出爲平盧節度使已而遂兼范陽；祿山欲以邊功市寵，因數侵掠奚契丹，奚契丹怨與唐絕，祿山討之，其兵益強最後又兼河東凡奚契丹之降者祿山悉養之，得八千餘人謂之「曳落河。」曳落河者胡言壯士也；皆驍勇善戰，一可當百。其後祿山與之侵掠雖間有失敗；至隆基在位之四十一年（卽天寶十一載，民國紀元前一千一百六十一年），祿山又出討契丹。會突厥降將阿布思反於朔方，祿山頓兵不進；已而阿布思遁走漠北，爲回紇所破，祿山誘其部落降之：由是又得有突厥之餘兵，精銳之士咸集其營，爲國中所莫及。其後又奏所部奚契丹勳效甚多，乞超資加賞；詔除將軍者五百餘人，中郎將者二千餘人，衆心咸歸之，於是祿山遂有稱兵唐室之心矣。

(四)溺惑嬖寵之養成其實禍也　祿山之始任節鎭也，嘗入朝，奏事稱旨，爲隆基所寵任；採訪使張利貞以受其賂，故入朝亦盛言祿山能。數載之後，黜陟使席建侯又言其公直無私；裴寬受代，及李林甫順旨，並言其美，以是極得隆基心。時隆基嬖寵楊妃，祿山請爲楊妃養兒，其入朝對旨，皆先拜楊妃；隆基問之，對曰：『臣是蕃人，蕃人先母而後父。』隆基大悅！遂命楊銛以下，並約爲兄弟姊妹，由是祿山有亂中國意。而隆基寵益厚，爲置第宇，窮極壯麗；隆基御勤政樓，於御座東爲設一大金鷄障，前置一榻，坐之，卷其簾以示恩寵。祿山體充肥，腹垂過膝，自稱重三百斤，外若癡直，內實狡猾；又私楊妃，出入宮闈，坦然無忌，醜聲漸外播，而隆基初不以爲疑也。其歸鎭常令要將留京師，詷察朝廷舉動，密以報聞；貢獻之使，復不絕於道。隆基不啻墮其術中，惟李林甫能揣知祿山情，故祿山事林甫惟謹；及林甫死，楊釗代爲相，素爲祿山藐視：於是漁陽之禍作，而隆基且不能辭其蜀道之行矣！以上二端，又其近因之可見者也。

就上列各因觀之，祿山之反謀蓋非儲之一日；加之唐待祿山，惟恐其不厚，如賜鐵券，爵東平郡王，皆爲胡人未有之榮，唐之將帥封王亦自此始。既與楊釗有隙，釗屢以祿山反狀爲言，而隆基不聽；哥舒翰者，突厥人，是時爲隴右節度，亦與祿山不協；會翰擊吐蕃，悉收復河西九曲故地，釗謀結之以排祿山，因奏以翰兼河西節度，賜爵西平郡王，以爲己援，而釗與祿山相軋之情形益顯。釗謂祿山必反，隆基使中官輔璆琳覘之，得其賄賂，盛言其忠；釗又言召必不至，洎召之而至。隆基在位之四十三年（卽天寶十三載民國紀元前一千一百五十八年）正月，謁於華淸宮，因涕泣言：『蕃人不識字，陛下擢臣不次，被楊國忠（釗之賜名）欲得殺臣。』隆基憐之，賞賜巨萬，用爲左僕射；既又歸范陽，預備起兵。明年，請以蕃將代漢將者凡三十二人，楊釗等不可，隆基許之；又表請獻馬三千匹，每匹執鞚夫二人，遣蕃將二十二人部送；於是隆基稍悟，始有疑祿山意，而輔璆琳得賂之事亦泄，隆基託以他事扑殺之，遣中使止其獻。祿山踞床不拜，曰：『馬不獻亦可，十月當詣京師！』是年冬十一月，祿山果發所部兵，及奚契丹凡十五萬，反於范陽；於是中原積年之治安爲之破壞，隆基二十年來之放任，及是而其禍大顯；使祿山而果有命世才，唐室存亡未可卜也？

自范陽起兵至於祿山之滅，析而言之，亦得分爲三局，茲略述如次：

安祿山之反，唐室承平日久，百姓不識兵革，河北州縣，望風瓦解！唐廷聞警，召宰相共謀；楊釗以爲：反者惟祿山，將士皆不欲，不過旬日，必傳首至長安。安西節度使封常清入朝，隆基問以討寇方略，常清請詣東京籌戰守；乃以常清爲范陽平盧節度使，乘驛詣東京，斷河陽橋以爲守禦；並以郭子儀爲朔方節度使，使率軍東討。榮王琬者，隆基庶子，特拜之爲元帥，高仙芝副之，統軍東征。時府兵制已敝廢，京師兵不可用，出內府錢帛，始募兵得十一萬，號曰「天武軍」！其實皆市井子弟，不足當前敵；而常清所募兵，亦皆白徒，從未受訓練，唐兵不足恃若此。武牢之戰，常清師潰；祿山陷東京，仙芝退保潼關：於是河南州郡多陷。距祿山初起止兩月，唐東北之敵，已蔓延至關外。是爲安氏反事之初局。

隆基聞事急，議親征，制太子亨監國，爲楊釗所厄不果；又憾仙芝常清之敗，遂殺二人，而以哥舒翰有威名，且夙與祿山不和，謀利用之，使爲兵馬副元帥，將兵六萬出討。翰並仙芝舊卒，號二十萬，軍潼關；而用法過嚴，不恤士卒，多懈弛無鬭志。時常山太守顏杲卿起師，陰與其弟平原太守眞卿合，欲連兵斷祿山歸路，緩其西入之謀，河北十五郡，咸爲聲援；又密使人入漁陽，招其守者賈循，事覺，循爲祿山所殺。於是祿山雖在洛陽，仍不能不兼顧河北。其明年爲隆基在位之四十五載（卽天寶十五年，民國紀元前一千一百五十六年），祿山僭號，自稱大燕皇帝，以杲卿在終必患河北，使其將史思明等率衆渡河，執杲卿送洛陽斬首，河北幾盡爲祿山有！幸朔方兵馬使李光弼兵至常山，軍形始一變。

是時唐師出討祿山者，蓋爲兩大支：其一，循潼關進規東京，副元帥哥舒翰主之者是也；其一，自朔方進雲中，循祿山北面而下，朔方節度郭子儀主之者是也。及河北郡縣，復爲祿山有，於是子儀自雲中馳歸朔方，謀益發兵以奪東京，去唐關外之患；別薦其將李光弼，爲河東節度，予以兵萬人，使先出井陘（河北井陘縣東北），以定河北。光弼出井陘至常山，執其將安思義；又與史思明大戰於九門（河北藁城縣）南，勝之；而思明計絕常山糧道，子儀急引兵出井陘來救，與光弼軍會，思明戰敗，棄九門而走。唐廷並加顏眞卿爲河北采訪使，眞卿用淸河客李萼計，將討汲鄴以北至於幽陵；然後帥諸同盟，合兵十萬，南臨孟津，分兵循河，據守要害，制其北走之路：遂先擊拔魏郡，軍聲大振。子儀光弼在常山，形勢益固，旋與思明相持於恆陽（河北曲陽縣），思明軍困憊，子儀光弼與大戰於嘉山（曲陽縣東）破之，斬首四萬，思明墜馬奔博陵，光弼因而圍之。於是河北十餘郡，皆殺祿山守將降唐，漁陽路又絕，河南諸郡，同嚴兵守，潼關又不開，所據僅汴鄭數州，祿山大懼！高尙嚴莊故祿山謀主，祿山召而詬之，軍心大搖！遂議棄洛陽，走歸范陽，計未決。自祿山反，河北爲戰場，而常山尤甚，殺人盈野，子儀等卽謀自常山進圍范陽，使無哥舒翰潼關之敗，則祿山之運，恐將斷絕？此河北方面遇敵之情形也。

潼關者，唐京師東面之保障也。是時中國，以楊釗驕縱召亂，罔不切齒；祿山師起，且以之爲名。王玄禮密說哥舒翰，使抗表請誅楊釗，翰不從；或說釗重兵在翰手，若援旗西指，於公甚危，釗懼，疑翰而備之。會有人告隆基，祿山兵在陜，不滿四千，可擊！隆基遣使趣翰進兵，復陜洛，翰奏祿山以羸師誘我，往必墮計，彼利速戰，我利堅守，今諸道徵兵，尙多未集，請且待之；子儀光弼，亦請引兵北取范陽，潼關大軍惟應固守弊之，不可輕出。釗疑翰謀己，言於隆基，以翰逗留，將失機會！隆基遣使趣戰益急；是年六月，翰出關與祿山戰靈寶（河南靈寶縣）西原，果中其計，翰軍大敗，倉卒退入關，祿山兵克潼關，執翰。隆基聞警，召宰相共謀，楊釗首創幸蜀之策，隆基御樓下制，云欲親征，實幸蜀也；俄而車駕與貴妃姊妹等出延秋門而行，既之馬嵬（陝西興平縣），將士飢瘦，皆憤怒！陳玄禮以禍由釗釀，欲誅之，因東宮宦者李輔國以告太子亨，未決而釗旋爲禁軍所殺，並及楊妃姊妹，又請隆基即誅妃，隆基不得已，命高力士引貴妃至佛堂縊殺之，軍士始整部伍爲行計。而關中父老多遮道請留；太子亨奉命宣慰，諸父老曰：『至尊既不肯留，某等願帥子弟從殿下東破賊，取長安。』亨不可，涕泣跋馬欲西，建寧王倓、廣平王俶（俱亨子）均勸亨留；亨遣俶白隆基，隆基曰：『天也！』命分後軍二千人從亨，於是隆基舍亨西南行。亨悵惘折而西北，就兵於朔方，至平涼，始得馬數萬，募士益五百，軍勢稍振，而祿山自潼關破後，即遣將孫孝哲攻陷長安。初祿山子慶宗尙宗女，居京師；及洛陽變作，慶宗爲唐誅；祿山至，乃取唐宗屬妃主皇孫數百人殺之，刳其心以祭慶宗。虜性得所欲，則肆爲殘虐，人益不附；諸將欲有咨決，皆因嚴莊以見，於是腹心亦日相離；而諸將又多慓勇無遠謀，日縱酒嗜聲色貨利，故車駕得安行入蜀，太子亨西北行，亦無追迫之患。此又關中一帶遇敵之情形也。

江淮一帶，爲唐租庸繁盛之區，祿山之所以不得肆志其間者？亦自有故：初祿山入河南，眞源（河南鹿邑縣）令張巡起師雍邱（河南杞縣），敗祿山將李懷仙之衆；及聞車駕幸蜀，帥將士諭以大義，城守益堅，祿山乃於雍邱北置杞州，築城壘以絕巡餉道，而巡終不屈；太守許遠，又力守睢陽（河南商邱縣），於是祿山之師，不得向東南直竄：而唐於是時，亦甚注意江淮，故有以第五琦爲江淮租庸使之命。時太子亨已至靈武卽位，是爲肅宗，尊隆基爲上皇；別遣使以蠟丸東達平原，拜顏眞卿爲工部尙書，並致赦書，亦以蠟丸達之，眞卿頒下諸郡，又遣人頒於河南江淮：由是諸道始知靈武之事，徇唐之心益堅，而河南一帶之聲勢，藉以聯固。此又河南方面遇敵之情形也。統以上三者言之，是爲安氏反事之中局。

肅宗亨既立，子儀自河北將兵來會，於是靈武之軍威大盛，人有興復之望；亨旋以廣平王俶爲兵馬元帥，使發軍東討，並遣使借援於回紇。時河北諸郡，復爲史思明所攻陷；河南之潁川，亦爲祿山所取得；而四道節度使永王璘（亨之子），以爲中國大亂，惟南方完富，宜據金陵，保有江表，如東晉故事：引舟師自江陵東下，於是江淮之地亦不能無用兵之懼。其明年，爲亨在位之二年（卽至德二年，民國紀元前一千一百五十五年），祿山在洛陽，病疽躁暴，動用斧鉞，嚴莊亦被捶撻，莊乃日夜謀之，立其子慶緒，於戶外持刀殺祿山死；莊卽宣言傳位慶緒，慶緒縱樂飲酒，呼莊爲兄，事必咨之。初，思明奉祿山命，攻太原；慶緒立，使思明歸守范陽，留將圍太原，爲光弼所擊走。同年，二月，車駕至鳳翔，隴右河西安西西域之兵皆會；江淮庸調，取間道而來，於是唐室始不必急憂兵食。子儀既引軍東出，以河東實居兩京之間，扼敵要衝，得河東則兩京始有可圖：俄而果下河東，唐廷卽以子儀爲司空，兵馬副元帥，並自鳳翔方面，進取長安；而廣平王俶又親統大軍，並發回紇之師亦至。同年，九月，敵兵大敗，京師爲唐有。俶留長安，鎮撫三日，自引大軍東出，遣使入蜀迎上皇還京。慶緒兵既不能保有長安，益突向東南，尹子奇圍睢陽，其勢日急；張巡使南霽雲告急於臨淮，臨淮軍不至。霽雲還，衆議東奔，巡與許遠謀：以睢陽爲江淮保障，若棄之，江淮必亡，且師飢，衆行必不達，不如堅守以待救師。先是睢陽守士人稟米日一合，雜以茶紙樹皮爲食；茶紙樹盡食馬，馬盡羅雀掘鼠，雀鼠又盡，巡出愛妾殺以食士，許亦殺其奴，城兵一萬，僅餘四百，終無叛者！同年十月，敵登城，將士病不能戰，城遂陷，巡遠霽雲皆被殺！唐西京得而江淮之間幾不能無事；幸而永王璘之亂，已於是年二月爲江南采訪使李成式所討平；而子儀東出，與慶緒相遇於新店（河南陝縣西），回紇從而乘之，敵軍大敗，慶緒棄東京北走保鄴，殺所獲唐將哥舒翰等三十餘人；廣平王俶馳入東京，於是兩京復爲唐有。亨與上皇先後入長安，而史思明亦以所部降唐，唐以爲歸義王、范陽節度使，並遣宦者宣慰河北；雖鄴郡仍爲慶緒所據，而河北諸部大致歸唐，唐室危而復安，河南關中一帶全靖。

安慶緒之初至鄴也，猶據七郡，兵糧豐備；而不親政事，專治亭沼樓船，爲長夜之飲！時謀臣嚴莊已先降唐，惟高尚猶在，與諸將不相協；其將蔡希德兵最銳，惟剛直，爲異黨所殺，三軍寃痛不爲用。肅宗亨在位之三年（卽乾元元年，民國紀元前一千二百五十四年），乃命朔方郭子儀、淮西魯炅、興平李奐、滑濮許叔冀、鎮西北庭李嗣業、鄭蔡季廣琛、河南崔光遠七節度使討之；又命河東李光弼、澤潞王思禮二節度使，將所部兵相助：亨以子儀光弼皆元勳，難相統屬，故不置元帥，但以宦官魚朝恩爲觀軍容宣慰處置使。子儀等拔衞州（河南汲縣），進圍鄴城，慶緒固守不下，遣使求助於思明；思明初已降唐，後知唐廷有圖己心，殺副使烏承恩起兵，然猶在范陽，未謀大逞也，慶緒使至，思明發范陽而下，得魏州，自稱燕王，按兵不進，謀乘唐師之懈。時唐師圍鄴城久，大兵無統御，進退鮮有稟承，自冬徂春，竟未破鄴，但引漳水以灌其城，城中食盡，易子而食。明年春，思明自魏州來，設計擾唐軍，燒其餉。李光弼王思禮許叔冀魯炅前軍遇敵於鄴南，與之接戰，夷傷相半，魯炅中流矢，子儀爲後，陳未及合，大風遽起，天地晦冥，唐師潰而南，敵軍潰而北，諸軍各還本鎮，子儀以朔方軍保河陽，斷浮橋，以固東京，東京士民駭散。思明知唐軍潰走，還屯鄴南，不與慶緒相聞，慶緒懼，上表稱臣於思明，思明乃手疏唁慶緒，願爲兄弟之國；慶緒大悅，自詣思明營，思明執而殺之，勒兵入鄴城，收其士馬，欲遂西，恐根本未固，乃遣將守之，而自還范陽。祿山父子，僅三年而滅；於是安氏之禍絕，而史氏之禍張，是爲安氏反事之終局。

史氏之亂，稍久於祿山慶緒；至其事略，亦可分爲前後二局言之，茲析述如次：

當史思明之復叛也，救慶緒，敗唐軍；既又殺慶緒，併有其衆：同年四月，改稱帝號，以范陽爲燕京。時洛陽猶爲唐守，而宦官魚朝恩與子儀不睦，召子儀入，以李光弼代之。九月，思明攻汴州，節度許叔冀合於思明，思明益振，光弼自洛移軍河陽（河南孟縣）禦之；思明至洛城，空無所得，引軍攻河陽，不勝，爲光弼所乘，敗退，據洛陽。其明年，爲肅宗亨在位之六年（卽上元二年，民國紀元前一千一百五十一年），或言於朝恩，思明將士皆燕人，久戍思歸，上下離心，急擊之可定！朝恩以爲然，朝旨因急遣光弼取東京，中使督責於道；光弼不得已，效哥舒翰靈寶之役，出師會朝恩等攻洛陽，陳北邙山下，思明率精銳來戰，唐師大敗，軍資器械，並爲敵有，河陽懷州均失！光弼渡河，保聞喜（山西聞喜縣）；朝旨以懷恩異同致敗，猶詔徵之，不爲罪也。思明雖據洛，形勢不固，又猜忌好殺，羣下人不自保。朝義，其長子也，無寵；愛少子朝清，使守范陽，常欲殺朝義，立朝清爲後。邙山既捷，欲乘勢入關，使朝義襲陝，自將大軍爲繼；朝義數進兵皆敗，思明詬怒，欲斬之，朝義憂懼，用其下之謀，使人殺思明，以自立，並殺朝清於范陽。時洛陽四面數百里，人相食，州縣爲墟；諸節度使皆祿山舊將，與思明等夷，朝義徵召不至，略相羈縻而已。是爲史氏反事之前局。

肅宗亨在位之七年（卽寶應元年，民國紀元前一千一百五十年），太上皇隆基沒；同年，亨亦沒，太子豫（初名俶）立，是爲代宗。時思明仍據東京，東京與宋州（河南商邱縣）東西通道，爲有事江淮者所必爭！往者祿山之亂，東京爲其有，賴張巡許遠之力守睢陽，江淮得無事；其後江淮都統劉展叛唐，未久，卽爲平盧兵馬使田神功所平，神功部下，雖大掠廣陵，而東南元氣，固猶未斂：唐廷有見於此，故當李光弼邙山敗後，卽使充河南淮南山南東道荆南等副元帥，出鎭臨淮，固東南後路。果也朝義代父，乘邙山之勝，寇申光等十三州，自領精騎，圍刺史李岑於宋州；岑力守不下，城中食盡，果毅劉昌曰：『倉中猶有麴數千斤，請屑食之，不過二十日，李太尉必救我』。光弼至臨淮，諸將以朝義兵尚強，請保揚州，光弼不可，徑趣徐州。神功時爲兗鄆節度，奉光弼命，進擊朝義，破之，宋州之圍解，江淮局固；而唐亦遣使如回紇乞援；回紇師至，制以皇子雍王适爲兵馬元帥，會諸道節度及回紇於陝州，以僕固懷恩爲副使，進討朝義；至於洛陽，光弼亦自陳留來會。朝義悉精兵十萬出戰，大敗，東走，斬首六萬；懷恩進克東京及河陽城，自與子瑒追朝義，連敗之，朝旨進懷恩爲河北副元帥，河朔告平。明年，朝義走莫州（河北任邱縣），莫州將田承嗣以城降唐；又走范陽，節度李懷仙本朝義所署，及是亦以地降；朝義至，不得入，欲東奔奚契丹，爲懷仙兵所追執，殺之，懷仙以首獻，僕固懷恩與諸軍皆還。是爲史氏反事之後局。

以上皆爲安史亂事之概情。唐平安史之亂，未爲不幸；所不幸者，莫如平安史而發生諸種之禍端。請繼此述之如下方：

（一）、假力於外兵　其始祿山之亂，肅宗亨遣使回紇修好，徵兵回紇；葛勒可汗盛強，自將來援，與郭子儀合討祿山蕃兵，破之河上。葛勒恃其強，陳兵引子儀拜狼纛而後見；其使者入朝，亨遇之有加禮。已而其太子葉護，復以兵馬四千餘衆，助唐討亂；亨命元帥廣平王俶見葉護，約爲兄弟，葉護大喜，呼俶爲兄。其後兩京之復，葉護與有其功，而其攻下洛陽，擅入府庫，收財帛，於城市村坊，剽掠三日，俶更賚以錦罽寶貝，驕恣縱暴，無可諱言！亨俱優詔許之，拜葉護司空，封忠義王，每歲送絹二萬匹，至朔方軍差使受領；又以帝女寧國公主嫁其可汗，當日李瑀奉使所謂：『寧國公主，天子眞女，又有才貌』者也。其後葛勒死，長子葉護先被殺，次子登里可汗代立。史氏再亂，回紇雖以兵助唐而不能勝。代宗豫即位，以史朝義尚在河洛，復遣中使劉清潭徵兵回紇；時回紇已爲史朝義所誘，云唐室無主，可發兵來收府庫；清潭至，謂曰：『先帝雖棄天下，今皇帝即廣平王，與葉護共收兩京者也。』回紇南下，所經州縣，大抵邱墟，乃萌輕唐心，因辱清潭，清潭遣使言狀。初，肅宗亨以僕固懷恩女嫁登里可汗，及是豫令懷恩往見之；懷恩言：『唐家恩信，不可違背。』登里悅，使遣使上表，助唐討亂，會懷恩等收復東京。然而多行殘殺，剽刼侮辱，不勝其弊！其攻入東京也，士女懼之，登寺中佛閣避其刼，回紇火佛閣，死寺中者萬計；又與魚朝恩等軍縱掠坊市及汝鄭等州，比屋蕩盡，人悉以紙爲衣，或有衣經者；其入朝賀，又縱橫大辱官吏，至以兵夜斫朱雀門入鴻臚寺，唐不能止也。初，僕固懷恩受詔與回紇可汗相見於太原，河東節度辛雲京恐其合謀襲己，閉城自守，懷恩怒，具表其狀，不報！中使駱奉仙至太原，雲京厚結之，使言懷恩反狀已露，懷恩亦請誅雲京、奉仙，有詔和解！懷恩自以兵興以來，所在力戰，一門死王事者四十六人，女嫁絕域，說諭回紇，再收兩京，平定河南北，功無與比，而爲人搆陷，憤怨殊深，上書自訟，詔使入朝，懷恩時鎭朔方，以懼死爲詞，竟不奉詔。其明年，爲代宗豫在位之二年（卽廣德二年，民國紀元前一千一百四十八年），詔使刑部尚書顏眞卿宣慰朔方，未行，而懷恩反，使其子瑒攻辛雲京於太原，不克，遂圍榆次（山西榆次縣）；朔方將士多郭子儀舊部，詔以子儀爲關內河東副元帥、河中節度使，討之。瑒圍榆次不拔，爲守將所攻殺，懷恩北走，其部衆多歸子儀；懷恩至靈武，收合散亡，其勢復振，於是復引回紇吐蕃六萬人入寇，而外患再興。

自唐初以來，開拓邊境，地連西域，皆置都督府；玄宗隆基盛時，又置諸節度使統之，歲發山東丁壯爲戍卒，邊關賴以寧靜；及祿山亂起，邊兵精銳者皆徵發入援，謂之「行營」，留兵單弱，數年之間，其地漸爲吐蕃所蠶食，自鳳翔以西，邠州以北，相繼淪沒；代宗豫卽位，河西隴右之地，盡爲所取，俄而至涇州，刺史高暉降之，爲其鄉導，至奉天（陝西乾縣）武功（陝西武功縣），京師大震！詔以雍王适爲關內元帥，郭子儀副之，出鎭咸陽。吐蕃帥吐谷渾党項氏羌二十餘萬衆，渡渭循山而東，怱怱過便橋，車駕出幸陝州，官吏六軍逃散；吐蕃入長安，立廣武王承宏（邠王守禮之子，高宗治之曾孫）爲帝，縱兵焚掠，長安蕭然！子儀使羽林大將軍長孫全緒將兵至韓公堆（陝西藍田縣橫嶺北），晝則擊鼓張旗幟，夜則多張火，以疑吐蕃，吐蕃惶駭，悉衆遁走！高暉東走潼關，爲唐兵所殺。子儀收復長安，召諸將入城，京畿再安，豫亦自陝歸，而吐蕃窺伺唐室之謀，則由玆益肆；及懷恩叛，遂受其誘引，與回紇共進師，同偪奉天，爲子儀所拒退。明年爲代宗豫在位之三年（卽永泰元年民國紀元前一千一百四十七年），懷恩復誘吐蕃回紇等大舉入寇，分道進師，使吐蕃在前，回紇繼之，而己又自領朔方之師，繼回紇後。寇皆騎兵，其來如飛，勢銳不可禦，幸懷恩於途中暴沒，其將范志誠領其衆。吐蕃十萬至奉天，始列營，朔方兵馬使渾瑊擊破之。詔使郭子儀自河中屯涇陽（陝西涇陽縣），下詔將親征。會大風雨旬日，吐蕃不能進，大掠而退；至邠州，遇回紇，復相與入寇，合兵圍涇陽，子儀嚴備不戰。時二寇聞懷恩死，爭長不相睦，子儀使牙將李光瓚說回紇，欲共擊吐蕃；回紇初入寇，懷恩紿言郭公已死，聞光瓚言不信，曰：『郭公在此，可得見乎？』光瓚還報，子儀與左右數騎馳出，使人傳呼曰：『郭公來，』回紇大驚，共曰：『請去甲，』子儀便脫兜鍪槍甲，策馬挺身前，回紇酋長相顧曰：『是也，』便下馬羅拜！子儀亦下馬取酒與其酋長盟，且與定約共擊吐蕃；吐蕃聞之，夜遁，回紇帥衆追吐蕃，殺獲萬計，詔罷親征。子儀還河中，勳名日盛，代宗豫禮重之，歷中書令，封汾陽王，而讒間不行；雖不預朝政，夷夏皆服其威名；麾下老將若李懷光輩數十人，皆王侯重貴子儀頤指進退，視同僕隸，幕府之盛，唐朝無比；始與李光弼齊名，雖威略不逮，而寬厚得人過之，唐室以其身爲安危者殆二十年；八子七壻皆顯，至德宗适之初始沒！

(二)分柄於閹人　先是玄宗隆基用高力士，宦官漸得志；然力士性和謹，不敢驕恣，雖漸植強勢，士大夫輩猶不以爲橫也。比祿山變起，宦官李輔國扈車駕至馬嵬，誅楊釗。輔國獻計太子亨，請分天子麾下兵，驅朔方以圖興復；輔國從至靈武，又勸亨即帝位以繫人心：故肅宗既立，甚思重用；既還京師，專典禁兵，四方章奏軍符，悉以委之。輔國外謹密，取人主親信，而內實深賊；又見張良娣有寵，陰附會之，與相表裏：亨子建寧王倓素惡二人，二人相與譖之，謂倓恨不得爲元帥，謀害廣平王俶，欲專東征功，倓遂賜死；及俶復二京，中國重定，亨即以輔國兼太僕卿，良娣爲皇后，二人益相附，而輔國日驕，朝臣爲之下；既又與太上皇（即玄宗隆基）不洽，遷之西內；顏眞卿率百僚上表問上皇起居，輔國惡之，與上皇宦侍高力士俱流遠州；復求爲宰相而不許，加兵部尚書。輔國專政久，漸與張后有隙；程元振者，亦閹人，黨於輔國：會亨疾篤，張氏召太子豫，將誅輔國、元振，豫不從，更召越王係（肅宗亨次子）圖之，元振知其謀，以告輔國。輔國伏兵宮門，迎豫伺變，是夜捕係及同謀者囚之，而殺張氏於他殿，係亦被害；及豫立，爲代宗，輔國聯合元振，益恃功驕橫！常奏曰：「大家但內裏坐，外事聽老奴處分。」豫頗怒其不遜，以其領禁軍，不欲遽責，乃尊爲尚父，政無巨細，皆委參決，加司空、中書令，又封博陸王，宦者之封王自此始。元振惡其強，密請加制，乃漸解輔國官爵，出居外第，旋遣盜殺之；於是唐之軍政大權，又爲元振之所獨專，一輔國去而一輔國又來，史氏之禍，尚未敉平，而唐已不能自固其內矣！初，張后專權，亦頗爲朝野所訾議，輔國討誅張后，於唐不得謂無功；而所以助成其功者，則爲程元振；故元振得代輔國掌禁兵，不踰歲，權震國內，而其凶決且過輔國！平時請託於襄陽節度使來瑱，瑱不肯從，及既握權，徵瑱入朝，瑱至，以罪誣之，竟坐死；宰臣裴冕，爲肅宗亨山陵之使，有事與元振違，乃發小吏贓私，貶冕施州刺史。來瑱名將，裴冕大臣，二人既被誣陷，四方藩鎮皆解體，元振猶以驕豪自處，不顧物議；已而吐蕃入寇，元振不以時奏，車駕狼狽幸陝州，詔徵諸道兵，李光弼等皆忌元振，莫有至者，中外切齒！太常博士柳伉上疏行在，請誅元振以謝天下，乃詔削元振官爵，放歸田里；及還長安，元振猶私入京師，規任用，乃流之遠州，道死。

抑又不獨一元振而已！魚朝恩者，又唐世宦官，性慧給而通書計；肅宗亨嘗令監軍事，九節度討安慶緒於相州，朝恩爲觀軍容宣慰處置使，觀軍容之名，自朝恩始。朝恩以功，累加左監門衞大將軍；時郭子儀頻立大功，當代無出其右，朝恩忌其功高，屢行間，謀而不能遂。自相州之敗，史思明再陷河洛，朝恩常統禁軍鎮陝；代宗豫在位，倉皇幸陝，時禁軍不集，徵召離散，比至華陰，朝恩大軍遽至迎奉，六師方振；由是深加寵異，改爲天下觀軍容宣慰處置使。歸京師後，朝恩專典神策軍，出入禁中，賞賜無算；仍忌子儀功高，陰遣盜發其父冢，子儀詭辭自解，以安衆疑。朝恩性本庸劣，自謂才兼文武，豫優遇之，加判國子監事，後又封韓國公。時元載方柄政，忌其橫恣，豫亦厭朝恩，謀去之，載乃乘間奏朝恩專恣不軌。豫在位之八年（即大歷五年，民國紀元前一千一百四十四年），始決計除朝恩，以寒食宴貴近於禁中，載守中書省宴罷，朝恩將出，豫責其異圖，使縊殺之；其黨劉希暹亦宦官，善候朝恩意旨，深被委信，得掌禁軍，嘗說朝恩於北軍置獄，召坊市凶惡少年，羅織城內富人，誣以違法，捕置獄中，忍酷考訊，錄其家產而沒入之，其罪狀尤著！朝恩既誅，希暹亦下獄，賜死，自是宦官暫不復典禁兵。

（三）養成權相之貪盈　魚朝恩之伏誅，其謀定於元載。載爲當時權相，在肅宗亨朝爲戶部侍郎，善奏對；時四方兵興，朝廷注意度支，乃使兼度支轉運使。載與李輔國善，輔國妻元氏，載之諸宗，因是相狎昵；代宗豫立，因輔國薦，同中書門下平章事，司度支轉運如故。載與劉晏素相友善，以己職務繁碎，乃悉以錢穀之務委之，薦晏自代。其後盜殺李輔國，載與其謀，故恩寵特盛。載復結內侍董秀，伺君上密旨，曲盡逢迎，迨魚朝恩誅，益誇肆，自謂有文武才略，弄權舞智，政以賄成，齎財帛求官者，無不如其志而去。妻王氏，狠戾自專，載出朝謁，縱其子伯和等游於外，關通貨賄，無所不爲！京師起載甲第，室宇宏麗，冠絕一時！與宰臣王縉同列，縉方務聚財，鑽營若商賈，遂睦於載，二人相得甚歡，日益縱橫；代宗豫悉察其跡，以載任寄多年，欲全君臣之分，載嘗獨見，誡之不悛，豫始謀誅載，金吾大將軍吳湊密與其謀：豫在位之十五年（卽大曆十二年，民國紀元前一千一百三十五年），命湊收載殺之，並貶縉爲遠州刺史，有司籍載家財，胡椒至八百石，他物稱是。

唐自大曆以降，政刑日壞，皆由王縉元載輩倡之。劉晏代載理財而無載貪，並以善於鉤核之故，唐財政日有起色，用兵數十年，斂不及民，皆由晏之功；後爲楊炎譖殺，籍其家，爲雜書兩乘，米麥數斛，與元載又適相反云！

（四）迭釀藩鎭之驕橫　當玄宗隆基盛時，節度之設，惟邊境有之；自祿山據洛陽，河南山南江淮諸道亦皆置鎭府：於是節度遍設於內地，武臣兼攝政治，尾大者不掉，而唐坐是亡。祿山之反也，平盧諸將劉客奴董秦王玄志等，舉鎭歸朝，唐以客奴爲平盧節度，賜名正臣，秦及玄志各拜官有差；已而正臣將襲范陽，未至，爲史思明所敗，比還，玄志酖殺正臣而代之。藩鎭之謀殺稱代自此始。玄志沒，肅宗亨遣中使往撫將士，察軍士所欲立者；高麗人李懷玉爲裨將，殺玄志之子，推其戚侯希逸代玄志，唐廷因以旌節授希逸，節度使由軍士廢立又自此始。及史朝義敗，其將薛嵩張忠志田承嗣李懷仙皆降，並迎僕固懷恩，乞行間自効；懷恩恐亂平寵衰，奏留嵩等，分帥河北，自爲黨援；朝廷亦厭苦兵革，苟冀無事，因而各授以官：即以忠志爲成德五州節度使，賜姓名李寶臣，治恆州（河北正定縣）；承嗣爲魏博五州節度使，治魏州（河北大名縣）；懷仙爲盧龍六州節度使，治幽州（故范陽）；嵩爲相衛九州節度使，治相州（河南安陽縣）。諸鎭中以田承嗣爲最強，有衆十萬；希逸時移鎭淄青，兼領平盧，其勢亦盛，既而爲李懷玉所逐，代宗豫不得已，即使懷玉知留後，賜名正己。時承嗣等在河北，收安史餘黨，治兵完城，自署文武將吏，不供朝賦；正己皆與之結爲婚姻，互相表裏，朝廷專事姑息，不能復制，諸人自此漸目無唐室：既而幽州兵馬使朱希彩殺李懷仙，自稱留後，成德李寶臣討之，爲希彩所敗，唐廷亦不復助寶臣，即以希彩爲節度使；未幾，希彩又爲其兵所殺，衆未知所從，經略副使朱泚營於城北，其弟滔推立之；於是泚遂代知留後，唐廷卽以盧龍節度使授之；薛嵩死，弟㟧代知留後，唐廷又卽以相衞留後授之；㟧爲其兵所逐，衆歸承嗣，承嗣遂兼有相衞地；朱泚入朝，使其弟領留後，唐廷又許之；薛㟧旣被逐，詣闕謝罪，唐廷並不問。延至代宗豫在位之十三年（卽大歷十三年，民國紀元前一千一百三十七年），藩鎭交閧之患成，而田承嗣反矣！

承嗣初強，爲安史父子立祠，謂之四聖；且求爲相。代宗豫諷令毀祠，加同平章事，慰之；並詔以皇女永樂公主妻其子華；而承嗣益慢！薛㟧被逐，實由其指使；相衞磁三州旣得，唐廷遣使止之，不從。諸鎭中李寶臣李正己，向爲承嗣所輕，乃共表討；於是詔貶承嗣刺史，命諸道兵進討。初，董秦入朝，賜姓名李忠臣，出鎭淮西，治蔡州；及是，正己結忠臣攻其南；而寶臣朱滔共謀，使河東節度使薛兼訓攻其北。承嗣懼，遣使說正己，正己按兵不進。成德兵馬使王武俊，亦說寶臣釋承嗣；承嗣復遣客結寶臣，共取幽州；寶臣遂與承嗣通謀，遣兵夜襲盧龍，朱滔敗走。諸鎭合攻魏博之局，至是全解；明年，承嗣自請入朝，正己亦屢爲之請，唐廷特赦入朝。而汴宋之亂復起：

同年，汴宋留後田神功沒，都虞候李靈曜殺兵馬使孟鑒，北結田承嗣爲援，詔卽以靈曜爲汴宋留後；靈曜益驕慢，悉以其黨爲管內八州刺史縣令，欲效河北諸鎭；於是唐命淮西節度李忠臣，永平節度李勉，河陽節度馬燧討之；淮南節度陳少游，淄靑節度李正己，皆進兵擊靈曜。燧忠臣與少游前軍合，戰敗靈曜；承嗣遣其姪悅將兵來救，敗永平淄青兵，乘勝進軍汴州城北，爲燧忠臣所敗，悅衆大潰，靈曜被擒，送京師伏誅。靈曜雖滅，其功由藩鎮，故諸藩仍驕，承嗣亦終不入朝，唐無如之何，復其官爵，令不必入朝。又諸鎮初立，固以承嗣爲特強；自靈曜起兵，諸道合力攻之，所得之地，各爲己有，正己得州五，地益大，法令齊一，賦均而輕，擁有強兵十萬人，爲鄰藩所共畏，其勢尤強於承嗣。後三年，承嗣沒，姪悅代其位；忠臣爲其將李希烈所逐，希烈代其位，藩鎮擅自殺立，朝廷不能問！悅繼承嗣，且開世襲之端！雖曰藩臣，實無臣節，於此而猶謂唐能小治，土宇無分，其誰信之？

以上諸禍，皆由安史之亂而生；而藩鎮之強，與安史之關係尤密：然此猶代宗豫時之事，禍雖明著而猶未爲甚也。代宗在位十七年沒，太子适立，是爲德宗。於是兩河諸鎮，寖以連兵，适事事姑息，而用人又不愼，衰歇久之，乃不能無望於元和（憲宗純年號）之定難矣。

唐中期百七十年間帝治漸衰之三（兩河諸鎮之連兵及元和之定難）（民國紀元前一千一百三十二年至一千零九十二年）

德宗适卽位，初政可觀，罷貢獻，罷梨園，罷榷酤，却祥瑞，出宮人；又以常袞爲不稱相職，罷之，代以崔祐甫，有志振作。淄青節度李正己畏适威名，表獻錢三十萬緡；适用祐甫計，以之頒賜淄青將士，正己慚服：中國以爲太平之治可望！又先世用第五琦爲度支使，奏請國中財賦，盡貯大盈內庫，使宦官掌之，由是以公賦爲人主私藏，有司不得窺其多少者，殆二十年？宦官蠶食其中，盤結根據，牢不可動；及是乃用楊炎之言，使財賦悉輸左藏：故建中（德宗适年號）初政，亦比美於貞觀，肅代以來，惟此時爲整治！然而强藩裂土，積重之勢久成，雖有善治，終不足屈諸鎭之心，而戢其未來之亂；加之祐甫旋病，薦楊炎自代，炎亦善爲理財之法，忌劉晏而殺之，适又惡炎，擢盧杞並相，杞一小人，陰狡有口辯，卒逐炎而專政，适不能辨，唐政自此亂：杞又引裴延齡爲集賢學士，小人多得志，炎亦旋爲所害，内治漸不舉，而諸鎭稱兵之禍益滋矣。

初，成德李寶臣與李正己田承嗣等相結，期以土地傳子孫，故承嗣之死，寶臣力爲田悅請繼襲；德宗适在位之二年（卽建中二年民國紀元前一千一百三十一年），寶臣死，子惟岳自稱留後，田悅屢爲惟岳請，唐廷不許，悅乃與正己各遣使於惟岳共謀起師。悅遂寇邢洺，邢州刺史李共臨洺（河北永年縣西）將張伾，堅壁共守；悅攻臨洺，累月不拔，昭義節度李抱眞告急於朝：詔河東節度馬燧，神策兵馬使李晟救之；又詔幽州留後朱滔討惟岳。燧等進軍臨洺，悅兵敗夜遁，邢州圍解；會李正己死，子納擅領軍務，與惟岳約期救悅，悅收散卒得二萬餘人，勢復振。其明年爲适在位之十三年（卽建中三年民國紀元前一千一百三十年），馬燧等與悅夾洹水（河南安陽縣西）而軍，與悅兵戰，悅又大敗，走歸魏州；而朱滔等亦戰勝惟岳，成德兵馬使殺之，傳惟岳首至京師。自寶臣據成德，僅二十九年，事垂定矣；乃以唐廷對此難制之藩臣，不能立時施其綏靖之謀：於是朱滔王武俊二人忽絕唐而與魏博之田悅相親，軍形又一變。

梁崇義者，本來瑱部將，後爲山南東道節度，治襄陽，與河朔淄青諸鎮相結，而兵勢寡弱，故事唐頗恭；田悅起事，朝廷徵之入朝，使者至襄陽，崇義懼，不受詔，德宗迺命淮寧（即淮西）節度李希烈督兵討之。荆南牙將吳少誠，以取崇義之策獻於希烈，希烈用爲先鋒；及田悅敗臨洺，崇義亦爲希烈兵所敗死：於是希烈遂强，謀欲得其地，而唐不從，掠襄陽而去，時猶未與河朔淄青合也。自朱滔王武俊共建討悅之功，方望朝廷厚賞，而唐吝予朱滔地，且不畀王武俊節度，二人皆怨：田悅聞之，遣使分說滔武俊，滔武俊俱許諾，相與刻日舉兵南向。會唐廷遣中使發盧龍諸州兵討田悅，武俊執使者送滔，滔欲即起事，其下不從，馬燧聞於朝，以力不能制，賜滔王爵，冀以安之，而滔謀反益甚，遂與武俊分兵掠地，共救魏州。詔調朔方節度李懷光拒之，不勝；滔且遣人以蠟書遺其兄鳳翔節度泚，唐廷聞其事，急召泚入，關中得無事。是時滔勢寖盛，田悅德之，與武俊議，謀奉滔爲主，而臣事之，滔不可；羣下共議，請與李納爲四國，俱稱王，而不改年號，滔等然之，乃自稱冀王，悅稱魏王，武俊稱趙王，又請李納稱齊王，築壇於魏縣中，告天受之，滔爲盟主稱孤，武俊悅納稱寡人，各以其長子爲元帥。希烈時在淮南，適有『使兼平盧，出討李納』之詔，見諸鎮方肆，已又不得於唐，因即移鎮許州，遣所親詣納與謀襲汴，並密與滔等交通；納亦數遣游兵度汴，迎希烈：於是河北之難未終，而河南之警又起。

朱滔王武俊之救魏州，其始勢頗強；已而與唐師久持，唐師有度支饋糧，諸道益兵，而滔與武俊孤軍深入，專仰給於田悅，主客日益困；聞李希烈軍勢甚盛，頗怨望，乃相與謀，遣使詣許州，勸希烈稱帝；希烈由是自稱建興王，天下都元帥。明年，爲德宗适在位之四年（卽建中四年，民國紀元前一千一百二十九年），希烈陷汝州，圍鄭州，東都大擾亂；朝廷猶爲涵容用盧杞計，詔遣顏眞卿宣慰之，稱兵如故。唐先後發兵拒之，俱無功，尋寇襄城，勢益熾！唐廷不獲已，發涇原等道兵討之：於是東面之警未平，而奉天之役又起。

是時唐廷用兵兩河，府庫不支，重爲聚歛，民怨載道；旣發涇原等道兵救襄城，其年十月，涇原節度使姚令言將兵五千至京師。軍士冒雨寒甚，多攜子弟來，冀得厚賜遺其家；旣至，一無所賜！發至滻水（陝西長安縣東），詔犒師，惟糲食菜餤，衆奴鼓譟還京師，德宗适倉卒出幸奉天（陝西乾縣），盧杞等自後至；翰林學士姜公輔進言：『朱泚嘗爲涇帥，廢處京師，心常怏怏！今亂兵若奉之以爲主，則難制矣』。适不從。衆果奉泚爲王，百官留京師者，多爲之用；惟司農卿段秀實不從，密謀誅泚，不克死！泚稱秦帝，尋改號曰漢，以滔爲皇太弟，姚令言爲侍中。時諸軍方有事魏博，朝使至行營，懷光卽帥衆至長安赴難，河北節度使李晟亦以師至。泚自長安偪奉天，幸金吾大將軍渾瑊，邠寧留後韓游瓌力拒泚，旋爲瑊挫，懷光亦敗泚兵於醴泉（陝西醴泉縣），泚懼，走長安，奉天之圍解。衆以爲懷光若三日不至，則奉天不守！比懷光至奉天，格於盧杞，詔進軍長安，咫尺不得見君主，意殊怏怏！頓兵抗表，論盧杞之罪，詔貶杞司馬，懷光志猶不愜。其明年，爲适在位之五年（卽興元元年，民國紀元前一千一百二十八年），李希烈在河南，尤強盛，适用考功郎中陸贄謀，下詔赦免李希烈田悅王武俊李納之罪，惟朱泚不赦；從前所加間架竹木茶漆榷鐵之稅，一切停罷。四方人心，爲之大悅！田悅王武俊李納，均去王號，上表謝罪，詔復其官爵；惟希烈恃其兵強，僭稱楚帝。其在關中，李晟李懷光雖已合軍；而懷光屯在咸陽累月逗留不進，密與朱泚通謀，事跡頗露，晟懼爲其所倂，請移軍東渭橋：於是二李之軍合而又分。懷光益怨，密貽韓游瓌書約使爲變，游瓌奏之；懷光復遣其將趙昇鸞入奉天，約爲內應，昇鸞詣渾瑊自言，瑊遽以上聞，且請決幸梁州：於是奉天之蹕未歸，而梁州之役又起。

李懷光既反於咸陽，與朱泚連兵，車駕再幸梁州（陝西南鄭縣）；懷光欲即以兵襲李晟，其衆不欲，乃東據河中，順道任其兵虜掠，涇陽等十二縣均盡。同年六月，李晟兵收復京城，泚與姚令言帥餘衆西走，俱爲其下所殺；車駕還長安，命渾瑊馬燧等討懷光。又明年，爲适在位之六年（即貞元元年，民國紀元前一千一百二十七年），懷光兵連爲燧瑊所敗，燧兵進至河中，懷光力絀自縊死，其衆悉隸渾瑊；适又用陸贄謀，詔諸道與淮西連接者，非被侵軼，不須進討，李希烈若降，當待以不死，自餘一無所問。又明年，希烈所得地，先後俱失，局促居蔡州，兵力日絀，遂爲其將陳仙奇所殺，詔以仙奇爲淮西節度；已而仙奇又爲其將吳少誠所殺，詔以少誠爲淮西留後。

其在河朔一方，田悅用兵數敗，漸爲其衆不容！兵馬使田緒，承嗣之子也，凶險多過失，爲悅所拘；悅以歸國，撤警備，致爲緒所害：將士共奉緒權知軍府，仍奉表歸唐，詔以緒爲魏博節度。朱滔初受其兄泚皇太弟之命，招誘回紇南攻魏博，謀於事成之頃西行入關；比田緒殺悅，魏州軍亂，滔即遣兵偪魏；德宗适慮二凶兵合，遣使授王武俊平章事，令與李抱眞協力擊滔，滔軍大敗，回紇亦引退；而是年適李晟收復京城，朱泚亦死。滔還幽州，又爲武俊所攻，竟不能軍，上章待罪；既即病死，詔以劉怦爲幽州節度。未幾，怦沒，以其子濟知節度事。

是時藩鎮布列內地，凡四十餘道，四方相望，大者連州十鎮，小者猶兼三四；故兵強則逐帥，帥強則叛君，或父死子握其兵而不肯代，或取舍由於士卒，往往自擇將吏，號爲「留後」，以邀命於朝，人主力不能制，則忍辱含垢，因而撫之，號爲「姑息」之政。蓋姑息起於兵驕，兵驕由於方鎮，姑息愈甚，則兵將愈驕，由是叛命稱師之局起，人主終不得而顚覆之矣。德宗适時，兩河諸鎮之橫，豈不在此？雖然，适對藩鎮務姑息，而用人則彌猜忌，故任賢不永，用裴延齡當國，致陸贄遭其譖貶，暱近宦官貪吏，致晚年政績不舉，而藩鎮愈橫！适皆不悟也。在位之十九年（卽貞元十四年，民國紀元前一千一百十四年），吳少誠起事淮西，侵掠隣州；翌二年，詔以韓全義爲蔡州招討使，用兵淮西，十七道兵皆受節度；諸道兵大潰，全義退保陳州。唐廷不得已，因少誠求昭洗，遂赦其罪；節鎮見唐兵不能下蔡，益卽於侈肆。貞元（德宗适年號）之弊，與大歷（代宗豫年號）正同；後人太息唐鎮之強，大歷與貞元，所以輒相對舉也。

德宗适在位二十六年沒，太子誦立，是爲順宗。誦任王伾王叔文二人，皆東宮舊臣，雖得重用，寖不滿衆望。誦故有風疾，失音，久而不愈，思早立太子。王叔文之黨，欲專大權，惡聞其事。宦官俱文珍等，疾叔文輩之專，乃啓誦召學士鄭絪等入草制，遂立純爲太子。誦在位八月，傳位太子，自號太上皇。太子卽位，是爲憲宗。貶王伾王叔文，伾病沒，叔文賜死。於是朝政復理，而元和之治成。

憲宗純初立，與杜黃裳論及藩鎮，黃裳深論德宗姑息之弊，謂陛下必欲振舉綱紀，宜先以法度裁制藩鎮，然後天下可得而理，純深然其說；於是始用兵討蜀，以至威行兩河，皆黃裳啓之；純之善於受言，於斯可見。茲就其討平藩鎭之略，分述如次：

(一)西川　初，韋皋除西川節度，沒，劍南度支副使劉闢，自爲留後，表求節鉞，朝廷不許，闢阻兵自守。憲宗純立，以力未能討，姑授闢西川節度副使。闢志益驕，求兼領三川，不得，乃發兵圍梓州。純議討闢，而重於用兵，獨杜黃裳以爲可取，薦神策軍使高崇文勇略可用。詔使崇文進討，以爲東川節度副使，征蜀諸軍悉取崇文處分。崇文入蜀，屢敗劉闢，長驅克成都，闢走吐蕃，爲唐兵所追擒，檻送京師。崇文命軍府一切遵韋皋故事。征蜀之功，雖成於崇文，而指授用兵方略則悉由黃裳，而其功實由不用宦者監軍致之。闢至京師，並族黨，皆處死。時純卽位之元年也（卽元和元年，民國紀元前一千一百零六年）。是年詔拜崇文爲西川節度使。

(二)夏綏　初，夏綏（治夏州）節度使韓全義奉命討淮西，兵敗，不朝覲而去，時憲宗純猶居藩邸，聞而惡之！純既卽位，全義懼，乃請入朝；杜黃裳直令致仕，而以將軍李演爲夏綏節度。全義初行，以其甥楊惠琳知留後，演至，惠琳拒命，河東節度嚴綬表請往討；俄而夏州兵馬使張承金斬惠琳，傳首京師：於是西北得無事。

(三)鎭海　夏蜀既平，藩鎭惕息！鎭海（治潤州，江蘇丹徒縣）節度李錡素驕縱，浙西在其治下，屢刻剝以自肥；及是始不自安，求入朝，而實無行意，將謀久據浙西。有詔徵之，錡計窮，遂反，殺留後王澹；制削錡官爵，遣淮南節度王鍔統諸軍進討。錡遣兵馬使張子良等出掠宣州（安徽宣城縣），子良等知錡必敗，與牙將裴行立同謀討之；行立者，錡甥，知錡謀，遂還趣潤州城，執錡，送京師。錡本淮安王神通之後，卒被處斬，不因親貴議輕典有司籍其家財，輸京師翰林學士李絳等言：『錡斂民用以富其家，不如以輸浙西百姓代今年租賦。』從之，由是唐之恩威復布於東南。時憲宗純在位之二年也（卽元和二年民國紀元前一千一百零五年）。

（四）魏博　先是田緒代悅鎭魏博，緒沒，子季安代立，當憲宗純時，季安病，軍政廢亂，夫人元氏立其子懷諫爲副大使知軍務，而以田興爲都知兵馬使。未幾，季安沒，懷諫幼弱，軍政皆治於家僮蔣士則，諸人數以愛憎移易諸將，衆皆憤怨，乃共奉興爲留後，殺士則等十餘人，遷懷諫於外。自田承嗣據魏博，至懷諫，凡四世，歷四十九年，而傳於田興，興祖延惲爲承嗣季父，故於承嗣爲近宗，既代懷諫，卽具事上聞，純用李絳計，卽除興節度，賜名弘正，仍令中書舍人裴度至魏州宣慰，賜魏博三軍賞錢一百五十萬貫，六州百姓均給復一年，軍民咸悅。興嘗喜聞前代忠孝立功之事，於府舍起書樓，聚書觀之；視事之隙，與賓佐講論古今，不爲倦；魏州自承嗣以來，館宇服玩有踰常制者，急命毀之，以正廳太侈不居，乃視事於采訪使廳；一切賓僚參佐，均請於朝，自有藩鎭以來，事上之恭順，未有如此者也！興既歸唐，幽恆鄆蔡有齒寒之懼，屢遣客間說，多方誘阻，而興始終不移其操，裴度善於文章議論，興最樂聞，遂深相結納，復請度徧行其部，宣布唐廷詔旨，由是奉唐之意逾謹。時憲宗純在位之七年也（卽元和七年民國紀元前一千一百年）。又七年，興入朝，純待之極厚，興三表請留，而純不許，興常恐一旦物故，魏人猶以故事繼襲，故兄弟子姪，皆仕於朝，唐待興之厚，與興事唐之忠，均爲一時所莫及焉！

（五）成德　初，成德節度王武俊沒，子士眞代其位；至憲宗純時，士眞沒，子副大使承宗自爲留後。當時河北二鎭相承，各置副大使，以其子爲之，父沒則代領軍務，沿爲常例，朝廷不能革；純欲去河北世襲之弊，乘王士眞死，欲自朝廷除人，不從則興師討之，朝議不決，因先遣京兆少尹裴武宣慰。時承宗雖代父自立，而猶未得朝命，甚以爲懼；武至，承宗待之甚恭，請獻德棣二州入唐：唐廷因於德棣別置節度曰保信，使德州刺史薛昌朝領之。已而承宗疑昌朝與唐先通，襲執之；唐聞，遣使諭承宗使放昌朝還鎭，承宗不許：詔削官爵，以宦官吐突承璀爲招討處置等使，出討承宗。時純在位之四年也（卽元和四年，民國紀元前一千一百零三年）。明年諸道兵已會定州，承璀至行營，威令不振，與承宗戰屢敗，將軍酈定進戰死，軍中奪氣；而昭義節度盧從史，又陰與承宗通謀，外以助唐爲名，出兵與承璀對營，承璀得其謀，召從史而執之，於是承宗之勢乃孤！旋遣使自陳爲從史所離間，乞輸貢賦，請官吏，許其自新；乃制雪承宗罪，復以德棣二州與之，悉罷諸道行營：而承璀以首唱用兵，疲敝中夏，卒無成功，因詔降承璀爲軍器使云。

成德歸唐，非由兵力，知其後終不能無事；當淮西亂起，宰相武元衡主征甚力，後爲刺客所殺，王承宗陰與其謀：有詔數承宗罪惡，絕其朝貢。時憲宗純在位之十年也（卽元和十年，民國紀元前一千零九十七年）。明年，制削承宗官爵，命田興出師臨其境，並鄰道六節度之衆討之。時方淮西用兵，國用虛竭，河北諸軍多觀望不進，獨昭義節度郗士美引精兵壓其境，破承宗師於柏鄉（河北柏鄉縣），軍威甚盛；俄詔權罷河北用兵，併力淮西，故承宗雖敗而仍無損。翌年，淮西平，承宗始求助於田興。又明年為純在位之十三年（卽元和十三年民國紀元前一千零九十五年），興遣承宗男知感知信於京師為質，又獻德棣二州圖印，兼請入管內租稅，除補官吏；下詔寬恤，且復其官爵，以德棣二州隸橫海節度。是歲李師道平，承宗奉法益謹；既而病沒，弟承元不敢世為留後，詔移鎭義成（治滑州），而以田興領其地。

（六）淮西　初，淮西節度吳少誠，寵其大將吳少陽，名以從弟，出入如至親；少誠病，少陽殺其子元慶；及少誠死，少陽遂自為留後，憲宗純時正用兵河朔，不能討少陽，乃以為節度使。少陽陰聚亡命，有反謀，未成而死；子元濟匿喪，自領軍務。適其臣楊元卿在朝，言經略淮西事於宰相李吉甫，於是唐廷得以為備，專以易將加兵於外，以待其亂；純在位之十年，元濟果縱兵旁掠，侵擾及東畿，詔以陳州刺史李光顏為忠武軍節度，又以山南東道節度嚴綬充申光蔡等州招撫使，發十六道往討。師稍久無功；純因遣御史中丞裴度詣行營宣慰，察用兵形勢。度還，言淮西必可取，於是唐廷討淮西意益堅，其兵事悉委宰臣武元衡籌措；既而元衡為人刺死，裴度代主用兵事。明年，唐鄧節度高霞寓兵敗於鐵城（河南遂平縣西南），或勸純罷兵，不從，貶霞寓，代以李愬；愬者，李晟子，善用兵。又明年為純在位之十二年（卽元和十二年民國紀元前一千零九十五年），愬得淮西將丁士良，不殺而用之，士良言於愬曰：『吳秀琳據文城柵（卽鐵城），唐軍不敢近者，有陳光洽為之謀主也，光洽勇而輕，好自出戰，請為公禽之，則秀琳降矣。』遂禽光洽以歸，秀琳果以柵降；愬又與秀琳謀取蔡，秀琳曰：『非得李祐不可，秀琳無能爲也』。俄而愬又設法禽祐，釋之，待以客禮，與謀取蔡事。舊軍令、舍敵諜者屠其家，愬除其令，使厚待之，諜反以情告，愬益知淮西虛實；元濟勢日細，上表請罪。時諸軍討淮西，久而不克，宰相李逢吉等競言師老財竭，意欲罷兵；度請自往督戰，詔乃以度兼彰義節度，充淮西宣慰招討使。先是諸軍皆有中使監陳，進退不由主將，勝則先使獻捷，不利則陵挫百端；度悉奏去之，諸將始得專其軍事，戰多有功。而李愬又用李祐之計，雪夜引兵襲蔡州城！蔡城自少誠拒命，唐軍不至者三十餘年，祐至城中無一人知者，元濟戎備無及，遂爲所禽，檻送京師，且告於裴度；其將董重質，本少誠壻，方擁精兵，據洄曲（河南商水縣西）抗唐，愬訪重質家，厚撫之，遣其子傳道，持書諭重質，重質遂單騎詣愬降，申光諸州兵亦相繼歸附。愬收兵待裴度，度入蔡州，有詔淮西百姓，給復二年，蔡人大悅。唐廷誅元濟，嘉愬等功，封愬涼國公，度晉國公，復入知政事，李祐爲神武將軍，以馬總爲淮西節度使。

（七）淄青　淄青節度，自李正己傳子納，納傳子師古，其異母弟曰師道，知密州，師古死，其家奴立之；適憲宗純初立，奉表京師，杜黃裳請乘其未定而分之，純以劉闢未平，仍以師道代師古；及吳元濟亂，師道屢上表請救元濟，不從，師道陰出兵助元濟，焚河陰轉運院，謀斷唐兵食，既又遣刺客暗殺武元衡，擊裴度傷首，又密遣兵襲東都，不克，屢謀竊發，然無能大逞。唐兵討王承宗，急切又未能見功，是以師道益驕，漸明援元濟；及元濟被禽，師道始懼：純在位之十三年（卽元和十三年，民國紀元前一千零九十四年），用幕僚李公度之計，遣子入侍，並獻沂海密三州，唐許其請，左散騎常侍李遜詣鄆州宣慰；而師道計中變，嚴師見遜，遜歸，師道表言軍情不聽納質納地！於是唐廷決意用兵淄青，以李光顏爲義成節度，合諸道兵進討，田興李愬皆與師道兵屢敗。明年，師道疑其將劉悟，謀殺之不成，反爲劉悟所殺，並其二子均被斬，函師道父子首送田興營，露布以聞，淄青等十二州俱定。自李正己鎮其地至師道，凡四世，歷五十四年。詔命戶部侍郎楊於陵宣撫淄青，分其地爲三道，移劉悟爲義成節度。自代宗以來，垂六十年，藩鎮跋扈河南北三十餘州，自除官吏，不供貢賦，目中無朝廷，兩河號爲反側之俗者，蓋以此故；憲宗紬知人善任，削平亂迹，於是兩河復爲王土，始凜然遵朝廷約束云。

（八）盧龍　劉怦初事朱滔，滔出用兵，怦嘗代之知留後事；滔死，怦代爲之節度，朝廷因而授之。其子濟，代父鎮幽州，於貞元諸鎮中最爲恭順，德宗适亦以恩禮接之；憲宗純卽位，奉詔討王承宗有功。其子總性陰譎，弒父濟及其兄緄，自領軍務，朝廷不知其細，因授以節鉞；及王承宗再拒命，總出師專持兩端，利唐供饋賞賜。是時吳元濟尙存，王承宗方跋扈，純因釐務姑息，加總同中書門下平章事；及元濟就禽，李師道梟首，王承宗憂死，總既無黨援，每圖自安之計，幽州將譚忠復說之歸唐，總泣且謝，因上疏願奉朝，請自是盧龍亦受唐號令矣。

（九）橫海　橫海節度，自程日華傳子懷直，懷直傳弟懷信，懷信傳子權，世襲節鎮，與河朔無殊；及吳元濟平，李師道亦受征討，內不自安，表請舉族入朝，許之，橫海將士樂自擅，不聽權去，掌書記林蘊諭以禍福，權乃得出：

純在位之十三年，至京師，又表辭節帥，因命華州刺史鄭權代之，於是橫海亦受朝命。既而權免，詔烏重胤代，奏曰：『河朔藩鎮所以能抗拒朝命者由諸州縣各置鎮將領事，收刺史縣令之權，自作威福也；向使刺史各得行其職，則雖有奸雄如安史，必不能以一州獨反。臣所領德棣景三州已舉牒各還刺史職事；應在州兵，並令刺史領之。』於是下詔諸道節度防禦等使所統支郡兵馬，並令領於刺史，其謀實肇端於重胤：自後河北諸鎮亦惟橫海爲最能順命焉。

以上爲憲宗純經略藩鎮之概情，元和之治，莫盛於此。惜諸鎮既平，意漸驕侈，欲娛樂！池臺館宇，稍增崇飾，判度支皇甫鎛鹽鐵使程异漸喻其意，數進羨餘，由是有寵；又以厚賂結吐突承璀，純信任不疑。在位之十三年，下詔以鎛异同平章事，鎛异務聚斂而無相才，宰臣裴度崔羣極言其不可，不從；於是元和之政日敝！度在相位，知無不言，鎛黨害之，出爲河東節度；羣亦敢言，終爲鎛所排，出爲湖南觀察使。純晚年任用鎛异，而鎛尤妄，嘗與金吾將軍李道古結爲邪謀，薦引方士柳泌，僧人大通，言可致長生，鍊藥進之；純服藥多躁怒，左右宦官，往往有因事致死者：在位之十五年（即元和十五年民國紀元前一千零九十二年），卒爲宦官陳弘志所害！

唐中期百七十餘年間帝治漸衰之四（禍端之迭發及大中之圖存）（民國紀元前一千零九十二年至一千零五十三年）

唐自安史亂後，國中政柄，屢分於閹宦；憲宗純治國以明決聞，顧其任用吐突承璀，已導宦官得志之機；純之死，雖由陳弘志爲之，而指使之者，實爲宦官王守澄。先是承璀欲立澧王惲（純次子）爲太子，而守澄不欲；既害純，奉太子恆卽位，是爲穆宗。守澄等殺承璀及惲，其行爲之凶悖，爲太和以前所未聞！唐世宦官擅行弒立自此始。恆在位荒昵，不恤國事，雖曾誅柳泌，貶皇甫鎛，而其後並無善政，既爲宦官所立，不獨宦官擅爲擁戴，貽唐廷之戚已也。翰林學士李德裕者，吉甫之子也，以中書舍人李宗閔嘗於憲宗純時，對策譏切其父，憾之；會禮部試貢舉，宗閔之戚有及第者，或謂不公，事聞，恆以問德裕，德裕曰然，宗閔等均坐貶，自是德裕宗閔各分朋黨，相傾軋，四十餘年之黨爭，此其導機也。然猶是李與李之爭而已，至李與牛之爭，則所關又不僅此：戶部侍郎牛僧孺者，初遇時，雖亦以對策譏吉甫，與德裕不相容，但爲恆所厚，恆在位之三年（卽長慶三年，民國紀元前一千零八十九年），以僧孺爲中書侍郎、同平章事，與門下侍郎李逢吉並相。逢吉故與吉甫異議，時德裕與僧孺皆有入相之望，逢吉以德裕爲吉甫子，特排德裕而引僧孺；由是僧孺宗閔相聯絡，德裕爲逢吉所軋，出爲浙西觀察，八年不遷。其始德裕以怨僧孺之故，並怨逢吉；其繼又以怨逢吉之故，益怨僧孺：由是牛李之憾日深，常分黨相傾，至恆沒而益烈！唐世朝臣之樹黨爭權，又自此始。

抑又不僅黨爭已也！方憲宗純時，河朔三鎭已奉朝命，至恆在位，三鎭復據地，終唐亡不能取。先是劉總見河南北諸鎭悉從唐命，願獻地棄官，朝旨許之，以張宏靖代總，懼諸將構亂，先籍豪銳不檢者送京師，朱滔之孫克融，亦在籍中，在京羈囚，自訴願得官自效，宰臣崔植杜元穎謂藩鎭且平，不復料中國安危，皆抑不與！尋勒歸本軍聽驅使。克融憤怒，既歸盧龍，軍亂，囚宏靖，迎克融爲留後，於是盧龍再與唐絕！及王庭湊之亂，乃赦克融以爲節度。又田興自從鎮成德以來，自以與鎮人久戰有仇，乃以魏兵二千自衞；請度支供其糧，戶部侍郎崔俊恐開事例，不肯給！與不得已遺魏兵歸。都知兵馬使王庭湊遂謀作亂，結牙兵殺與，自稱留後，奏求節鉞，恆不許，發諸道兵往討，庭湊遂出師拒戰，於是成德再與唐絕！唐兵進戰無功，不得已復赦庭湊以爲節度。又李愬初鎮魏博，聞庭湊之亂，謀出師而疾作；唐起田興之子布爲魏博節度。牙將史憲誠故與布善，布既之鎮，常寄以腹心；軍中精銳，悉以委之。既而庭湊師圍深州，詔使魏博分軍馳救，布軍潰歸憲誠；布還魏，召諸將議復出，諸將請布復行河朔舊事，布不從，刺刀明心死。憲誠遂以河朔舊事諭其衆；奉憲誠爲留後，於是魏博再與唐絕！時克融庭湊並據兵爲亂，唐皆不能討，何況憲誠？於是朝旨因而命之，即以憲誠爲節度。憲誠外奉朝命，而實與克融庭湊相結，河朔三鎮，從玆復叛；向日兩河諸鎮，爲元和所討定者，及是而已去其大部，唐世河朔之復淪化外，又自此始。

穆宗恆在位四年沒，子湛立，爲敬宗。宦官王守澄仍專權，而湛務嬉游，狎近羣小，故羣小益肆！在位三年，爲宦官劉克明所害，矯制命學士路隋草遺制，以絳王悟（憲宗純之子）權句當軍國事；又欲易置內侍之執權者：守澄等聞其事，別以牙兵迎江王涵（穆宗恆次子）入宮，討克明等，誅之，絳王亦爲亂兵所殺。時裴度猶存，即以度攝冢宰，收時望；奉涵即位，更名昂，是爲文宗。昂初即位，去奢從儉，出宮人，放鷹犬，罷別貯錢穀，悉歸有司，省教坊總監冗食千二百員！又自大曆以來，節度使多出禁軍大將，皆以倍稱之息貸錢賂中尉，動踰億萬，然後得；未嘗由執政；至鎮則重斂以償所負，謂之「債帥」：及是用裴度等言，始以太僕卿高瑀爲忠武節度，中外相賀，以爲革除「債帥」之習！然其事業僅如斯而止；宦官之禍，朋黨之爭，終無術解除，唐廷所由不振也。昂在位十四年沒，弟炎立，是爲武宗。

唐自憲宗純當國，治理秩然，後雖漸卽驕奢，尙不爲其初政之累；穆宗恆之世，唐政荒落，閹權由此烈，黨爭由此紛，河朔三鎭由此日強：故自敬宗湛至武宗炎二十年中，唐幾不能再治！要其禍端，則皆由穆宗恆時釀之。今綜述於次：

（一）由宦官弄權之肆而有甘露之大變　自穆宗恆以來，宦官肆行廢立之謀，威柄自恣，其勢日熾；迨文宗昂在位之二年（卽太和二年，民國紀元前一千零八十四年），賢良方正劉蕡對策，極言宦官專政之禍！考官馮宿等見蕡策皆歎服，而畏宦官不敢取。宦官勢益橫；兩朝弒逆之黨，且猶有在昂之左右者：守澄尤驕肆，招權納賄，昂不能制也。翰林學士宋申錫請漸除其偪，昂相申錫，與謀誅宦官；申錫引王璠爲京兆尹，諭以密旨，璠泄其謀；守澄設計誣申錫，謂將廢立，昂以爲信然，貶申錫，坐死徙者數千百人：由是宦官愈強，昂且爲所制。判官鄭注者，素附守澄弄權，昂素惡之，以畏守澄故特用之；注又善醫，昂有風疾，爲注醫愈，注因是有寵，又引李訓見守澄，守澄以聞，昂亦用之，由是注與訓相結：既得如其志，生平恩仇，絲毫必報！李德裕路隋李宗閔三宰相，連被斥逐，朝士多凜冽。注訓固小人，二人始依王守澄而進，既又引宦官仇士良以分守澄權；李訓本因鄭注而榮，既又謀出注於外城，獨專誅宦官之功，而後再圖注，昂皆不知也。昂在位之九年（卽太和九年，民國紀元前一千零七十七年），訓果託爲中外協勢之說，出注爲鳳翔節度；訓進位宰相，專決國事。先爲昂酖殺守澄，並與注約，其年十一月，誅中官；須假兵力，乃以其黨郭行餘爲邠寧節度，王璠爲太原節度，羅立言爲京兆尹，韓約爲金吾衞將軍。璠行餘未赴鎭，均分任布置；又與御史中丞李孝本，謀並注去之，宰相惟舒元輿與其事。及期，昂御紫宸殿班定，韓約奏金吾左仗院石榴樹夜來有甘露，因舞蹈再拜，宰相亦帥百官稱賀！訓等勸昂往觀，昂先命宰相視之；訓還奏非眞，未可宣布，昂令仇士良帥諸宦者往視之。宦者旣去，訓召行餘璠受敕，悉令二人部曲入內，惟璠兵至；左仗聞幕下有兵聲，驚恐走出，閽者欲扃閉之，爲中人所叱。宦者回奏，韓約氣懾汗流，不能奉旨；訓等機謀，不啻豁露。士良等奏曰：『事急矣！請陛下入內』。訓急呼金吾衞士上殿攀昂軟輿言曰：『陛下不得入內』。士良曰：『李訓反』。昂曰：『訓不反』。士良手搏訓而躓，訓壓之，將引刀鞾中，救至，士良免；金吾衞士數十人從訓入，羅立言李孝本共率其從人來助，凡四百餘人，上殿縱擊，宦官死傷者數十。訓時愈急，迤邐入宣政門，宦官郗志榮奮拳擊其胸，訓僵仆於地；昂入東上閤門，門卽闔，宦官呼萬歲者數四！須臾宦官率禁兵五百人露刃出閤門，遇人卽殺，訓與舒元輿等皆遁。已而元輿被執，訓亦爲人所殺；元輿與王璠羅立言韓約等尋皆被斬，元輿等親屬皆死，數日之間，殺坐除拜，皆決於宦寺。鄭注聞訓事發，自鳳翔率親兵五百餘人赴闕，中途聞訓敗，卽還；監軍張仲淸伏甲斬之，其親戚僚屬俱死，籍其家，得絹一百萬疋，他物稱是。士良等旣誅注訓，其權益尊，自是國內事皆決於北司，宰相第行文書而已。自甘露變後，昂意忽忽不樂，本有「神思衰滅」之症，及是益烈，或徘徊眺望，或偶語歎息，嘗召直學士周墀問曰：『朕可方前代何主』？對曰：『陛下，堯舜之主也』。昂曰：『朕豈敢比堯舜，所以問卿者，何如周赧漢獻耳』。墀驚曰：『彼亡國之主，豈可比聖德』？昂曰：『赧獻受制於強諸侯，今朕受制於家奴，以此言之，殆不如也』！卒以是鬱鬱死。

（二）由朋黨爭衡之烈而有維州之異論　唐中葉以來，內地節鎮，日事干戈，於是邊外諸夷，藉端闚伺，而吐蕃尤強。代宗豫以後，唐廷每有內憂，則興師入寇。德宗适時，乞立贊為贊普，屢掠邊境，唐遣渾瑊與盟，且為所刼；自是勝敗無恆，賴韋皋捍之，邊圉稍寧。陸贄因有備邊六失之論。迨乞立贊死，子足之煎立，吐蕃勢始衰；後由其弟傳可黎可足，涇隴諸州，寇盜稍希。至文宗昂時，而維州之事起。李德裕當穆宗恆時，與李僧孺分黨相傾，不得居朝廷；及敬宗湛之初，僧孺亦出為武昌節度。文宗昂即位，徵德裕為兵部侍郎，裴度薦以為相，會宗閔有宦官之助，遂以宗閔同平章事；宗閔惡德裕偪己，又懼其大用，出德裕為鄭滑節度。德裕初為僧孺所抑，在浙西八年，雖遠闕庭，每上章言事，文宗昂素知忠藎，採朝論徵之；到未旬時，又為宗閔所逐，中懷於邑，無以自白，賴鄭覃侍禁中，時稱其善，雖朋黨流言，而昂眷不衰。宗閔尋引僧孺同知政事，二憾相結，凡德裕所善者皆斥之於外。昂在位之四年（即太和四年，民國紀元前一千零八十二年）乃以德裕為西川節度；裴度於宗閔有恩，度征淮西時，請宗閔為彰義觀察判官，自後名位日進，乃反恨度援德裕，罷度相位，出為興元節度。宗閔僧孺，權勢震國內。西川承南詔入寇之後，地又偪於吐蕃，郭釗撫理無術，人不聊生；德裕乃復葺關防，繕完兵守，西川元氣漸復，為蜀人所依賴。明年，吐蕃將悉怛謀以維州請降；維地素稱天險，東望成都，若在井底，為西川控制吐蕃要路，吐蕃得其地，所謂「無憂城」者：悉怛謀又懼德裕不信，親帥衆詣成都，德裕卽遣將入據其城，具奏其狀；且言欲遣生羌三千，擣西戎腹心，可洗久恥。事下尚書省，集百官議，皆請如德裕策；而牛僧孺獨持異論，以爲『吐蕃之境，四面各萬里；失一維州，未能損其勢。比來修好，約罷戍兵，中國禦戎，守信爲上，應敵次之。今一朝失信，戎醜得以爲詞！若東襲隴坂，徑抵咸陽，而發兵枝梧，駭動京國；事或及此，雖得百維州，亦何補也』？昂以爲然！遂詔西川不納維州降將，送悉怛謀一部之人回，吐蕃得之，皆加虐刑。僧孺與德裕相仇，視而怙德裕者，以僧孺害其功，謗論沸然，昂亦以爲不宜！然終無緣和其隙也。已而監軍王踐言入朝，知樞密，嘗於昂前言悉怛謀縛送以快戎心，絕歸降之義！昂頗尤僧孺，遂召德裕入爲兵部尚書；僧孺罷相，出爲淮南節度。既而宗閔又罷，德裕代爲中書侍郎。會李訓鄭注當國，惡德裕排己，乃復相宗閔，出德裕爲鎮海節度；其後宗閔因事坐貶，而訓注又以造亂被戮，昂深悟前事，知德裕爲敵黨所誣，謀重用之，屢遷至淮南節度；及武宗炎卽位，謀用賢相振頓紀綱，時裴度已沒，求得如度之繫國安危，威動域外者用之，乃復召德裕淮南，用之爲相。德裕入見，力言邪正之辨，忠佞之分，炎極嘉納，專任德裕以國事；德裕復與炎論維州悉怛謀事，因謂：『當時不與臣者，望風疾臣，臣累表陳論，答詔嚴切』。炎悟前朝之失，乃加悉怛謀右衞將軍，於是唐維州之論乃定。

(三)由藩鎭專地之久而有澤潞之用兵　自穆宗恆以來，河朔三鎭，復同化外：其後盧龍朱克融當敬宗湛時，軍亂被殺，推其子延嗣爲留後；已而大將李載義殺延嗣，代之，就正拜；文宗昂時，載義又因軍亂被逐，推楊志誠爲留後，就正拜；數年，志誠又因軍亂被逐，史元忠爲留後，就正拜；武宗炎初立，元忠又因軍亂被逐，推陳行泰爲留後，張絳誅之，衆又逐絳，推張仲武爲留後，就正拜。此盧龍一鎮之更姓然也。魏博史憲誠，當文宗昂時，亦以軍亂被殺，推何進滔爲留後，就正拜；昂末年，進滔死，推其子重順爲留後，就正拜，詔賜名宏敬，至武宗炎時不改。此魏博一鎮之更姓然也。成德自王庭湊專兵，遂與朱克融史憲誠連衡相應；文宗昂初立，滄景節度李全略死，其子同捷欲倣河朔事，求代父任，朝旨授以兗海節度，同捷不奉詔，據地稱兵，投款庭湊，及盧龍李載義，載義不從，詔諸道兵進討庭湊，庭湊遂出兵撓魏北境以援同捷，唐廷下詔，有能斬庭湊者，賜錢二萬緡，優畀之官，以州縣降者等差爲比，故庭湊兵數敗！昂在位之三年（卽太和三年，民國紀元前一千零八十三年），横海節度李祐率諸道兵擊同捷，破之，同捷降，被殺；已而何進滔殺史憲誠於魏州，朝廷不能討，庭湊亦遣使謝罪，唐廷因而赦之，庭湊得良死。成德自李寶臣以來，雖惟岳承宗繼叛，其凶横尙不似庭湊之甚！庭湊死，軍中推其子元逵主軍事，就正拜，至武宗炎時不改，故盧龍魏博皆更姓，惟成德不更姓。凡此三鎮，雖曾迭拜唐命，唐廷勢力實不能及，武宗炎初立，藩鎮專地自封之習，漸次廣延，循至昭義節度（治潞州，山西長治縣）亦謀世襲，於是澤潞之師以起：

初，昭義節度劉悟死，子從諫代主軍事，就正拜；仇士良當國，從諫屢表言之，遂與朝廷相猜恨。已而從諫疾，與其下共謀效河北諸鎭故事，以弟之子稹爲兵馬使；從諫死，稹祕不發喪，偪監軍進言，以其子稹爲留後，武宗炎謀於宰相。時回紇已改名回鶻，屢寇唐邊，自登里可汗數傳至嗢沒斯可汗與其西北之黠戛斯部交兵，大敗，求內附；既而其部烏介可汗，又轉破黠戛斯，勢復強，復入唐邊；迨澤潞事起，回鶻餘燼猶未滅，故羣主息兵以舒國力。李德裕獨曰：『澤潞事體與河朔三鎭不同：河朔習亂已久，人心難化，是故累朝以來，置之度外；澤潞近處腹心，一軍素稱忠義，若又因而授之，則諸鎭誰不思效其所爲？天子威令，不復行矣！』炎問何以制之？對曰：『稹所恃者三鎭，但能鎭魏不與之同，則稹無能爲也。』於是炎遂決意討稹，命德裕草詔賜王元逵何弘敬二人，略曰：『澤潞一鎭與卿事體不同，勿爲子孫之謀，欲存輔車之勢；但能顯立功效，自然福及後昆。』又賜張仲武詔令專禦回鶻以防外寇。元逵弘敬得詔悚息聽命，卽以二人爲招討使，與河東節度劉沔，河陽節度王茂元合力進討。時武宗炎在位之三年也（卽會昌三年，民國紀元前一千零六十九年）。明年，河東將楊弁爲亂，唐軍誅弁，益專力劉稹，稹勢日蹙，其將郭誼殺稹降唐；唐誅稹並及誼，昭義五州給復一年，諸道將士皆有賞，德裕以功，賜爵衞國公。

武宗炎在位之六年（卽會昌六年，民國紀元前一千零六十六年），有疾，旬日不能言，宦官馬元贄等密於禁中定策，下詔以皇子幼沖，立光王怡（憲宗純之子）爲皇太叔，更名忱，令權句當軍國重事。忱幼年宮中以爲不慧；太和（文宗昂年號）以來，益務韜晦，羣居游處，未嘗發言，既當國，裁決庶務，咸當於理，人始知有隱德。炎沒，忱卽位，是爲宣宗。宣宗之政，善於文武，唐治久息，賴此一振。時李德裕爲政，頗狥愛憎，李宗閔牛僧孺，皆爲所貶竄，忱以德裕專，詔免其政，出爲荆南節度，旣又屢貶其秩，自此唐朋黨之爭始息；又嘗與宰臣令狐綯韋澳，謀處宦官之策，綯奏有罪勿捨，有闕勿補，自然漸耗至盡，由是宦官權勢爲之稍歛；又武寧（治徐州）軍亂，逐其帥李廓，詔以盧弘止爲節度，弘止能馭衆平徐餘亂，訓以忠義，軍府以定，由是東南節鎭又爲之少安。自穆宗恆以來，諸禍交乘，至此漸見結束；而其事功之特著者，尤以河湟之役爲最有名。請繼此以言唐復河湟之事：

自安史亂起，西陲邊戍，調遣中原，於是守衞空虛，河湟之地爲吐蕃有，唐西邊無寧宇，憲宗純有志復之，未遂而沒；無何，吐番自可黎可足傳弟達磨，治理乖方，部人不附，於是三州（秦州、原州、安樂州，秦甘肅秦縣，原固原縣，安樂、中衞縣）七關（石門，驛藏，制勝，石峽，木峽，六盤，蕭七關俱在固原界內）之險俱降於唐，唐乃因而受之，詔諸道皆出兵應援：宣宗忱在位之三年（卽大中三年民國紀元前一千零六十三年），涇原節度康季榮，靈武節度朱叔明，邠寧節度張君緒，分取諸州關。又三年，沙州（甘肅敦煌縣人）張義潮發兵擊定瓜、伊、西、甘、肅、蘭、鄯、河、岷、廓十州，遣其兄義澤奉圖籍入見；由是河湟之地，盡入於唐，詔置歸義軍於沙州，以義潮爲節度。

方三州七關之復，西川節度杜悰亦取維州；昔時李德裕所收而復棄者，及是終爲唐有。宣宗忱欲遂平党項，並稔知党項之反，由邊帥侵奪牛馬而起，乃選儒臣出鎭邊方，以代邊帥之貪暴者，而党項寇邊仍不絕；忱從容與翰林學士畢諴論邊事，諴援今據古，具陳方略，遂以諴爲邠寧節度使，招諭党項，党項遂安，西北邊方爲之悉定。然則安史以後邊陲之禍，亦於大中（宣宗忱年號）之世而結；大中之治，不沾沾在恭儉受言，重惜爵賞，而又有邊功！宜乎後人之思詠難忘，奉以「小太宗」之號也。

第四章 唐下（民國紀元前一千零五十二年至一千零零五年）

唐後期四十八年間帝權終替之一（內亂之紛紜及朱李之始大）（民國紀元前一千零五十二年至一千零二十四年）

宣宗忱在位十三年有疾，長子鄆王溫，無寵；愛第三子夔王滋，欲以爲嗣，爲其非次，故未立爲太子：及是以滋屬宦官王歸長等立之，獨王宗實不同心，歸長等相與謀矯詔出宗實於外；宗實入見，知忱已沒，乃責歸長等矯詔，而迎溫爲太子，更名漼，取歸長等殺之，漼立，是爲懿宗。佞佛怠政，濫用刑罰，大中之政爲之衰替！在位十四年有疾，宦官韓文約劉行深等立少子普王儼爲太子，漼沒，儼立，又名儇，是爲僖宗。尤荒肆專務游戲，寵宦官，縱方鎮，國日益亂，民日益離，唐亡之機，蓋決於此！今就懿僖兩朝亂事之特著者分述於下方：

（一）仇甫之亂　懿宗漼初立，仇甫起事浙東，攻陷象山（浙江象山縣）；唐兵不能禦，甫進陷剡縣（浙江嵊縣）。時兩浙久安，民不見兵革，節度鄭祗德率衆拒之屢敗，甫衆至三萬，自稱天下都知兵馬使，中原震懼！乃以王式爲浙東觀察，發諸道兵出討，甫軍大敗，被執，械送京師，斬之，浙東復定。翌二年，爲漼在位之三年（即咸通三年民國紀元前一千零五十年），徐州軍亂，詔式赴定難；徐故多驕兵，式至，殺驕兵數千人！敕改武寧爲徐州團練，隸兗海焉。（仇甫一作裘甫）

（二）龐勛之亂　龐勛之亂，起於桂州，而其禍則基於南詔之攻掠：先是唐當玄宗隆基之世，南詔酋閤羅鳳聯絡吐蕃，勢大強，建國號曰大蒙；代宗豫時，孫異牟尋立，苦吐蕃賦重，乃復相離；至懿宗漼時，自異牟尋四傳至酋龍，自稱皇帝，改國號曰大理，數窺唐邊。其先當憲宗純時，雖寇成都，入其郛，大掠而南；及是復一再攻陷交趾及嶺南西道諸州，唐軍屢敗！漼在位之七年（即咸通七年民國紀元前一千零四十六年）嶺南西道節度高駢（崇文孫）大破前詔，遂收復交趾，南陲之禍暫平，而龐勛之禍忽起：

初，南詔陷交趾，敕徐泗募兵二千赴援，分八百人別戍桂州，約三年而代；至漼在位之九年（即咸通九年，民國紀元前一千零四十五年），戍桂者已滿六載，屢求代還，徐泗觀察使崔彥曾以軍帑空虛，不能發兵，請令更留戍一年，戍卒聞之，怒，起兵推糧料判官龐勛爲主，刼庫兵北還，所過剽掠，州縣不能禦，輾轉陷彭城，囚彥曾，分遣黨與守要害，遠近羣盜皆歸之。明年，龐勛殺彥曾，自稱天冊將軍，勢日熾！詔以康承訓爲行營都招討使，督諸道兵出討；承訓初破南詔有功，及奉命，奏乞西突厥別種沙陀諸部，使朱邪赤心帥以自隨，是爲沙陀種人圖功中國之始。承訓與勛兵戰，沙陀助頗力，所向有功，龐勛兵大敗，守彭城自固；唐軍攻彭城，下之，悉誅戍桂州者，親戚皆死。勛將兵二萬，自石山（江蘇銅山縣南）出，承訓帥兵西擊，使朱邪赤心將數千騎，爲前鋒；勛襲宋州，焚南城，將南趨亳，沙陀追及之，唐軍大集，勛戰死，於是龐勛之亂全定。詔嘉朱邪赤心之功，置大同軍於雲州（山西大同縣），以赤心爲節度，賜姓名李國昌；又以承訓討勛不力，貶遠州司馬。

龐勛之亂作，南詔乘中國無備，復入寇邊境，進攻成都，不克而遁；至僖宗儇在位，南詔入寇西川，詔以高駢爲西川節度，力禦有功，自是南詔始不復入寇。已而酋龍亦沒，子法立，請和於唐；唐師困西南邊境之患，調餉糈，縻軍命，至不幸而召龐勛輩之內亂，皆酋龍爲之！酋龍患邊，殆二十年？至其身沒，中國始無事。

（三）王郢之亂　僖宗儇初立，趙隱出鎮浙西，狼山鎮遏使王郢等六十九人有戰功，隱賞以職名而不給衣糧，郢等論訴不獲，遂刼庫作亂；收衆萬人，攻陷蘇常州，乘舟往來，汎江入海，轉掠二浙，南及福建，大爲民患。至儇在位之四年（卽乾符四年，民國紀元前一千零三十五年），鎮海節度裴璩嚴兵設備，不與之戰，密招其黨朱實降之，散其徒凡六七千人，敕以實爲金吾將軍，郢黨始散；郢猶收餘衆，東至明州（浙江鄞縣），卒爲唐兵所殺。

（四）王仙芝之亂　自懿宗漼以來，用度日繁，兵戈不息，重爲聚斂，以促民生，民不堪其苦；加之關東水旱，百姓流離日多，其僅存者，乃相聚爲盜賊。僖宗儇初卽位，王仙芝聚衆數千，起事長垣（河北長垣縣）；明年與其黨尚君長陷曹濮二州，天平節度薛崇出兵擊之不利，轉入河南淮南荆南，聲勢益盛。詔以宋威爲諸道行營招討使，督兵攻仙芝；仙芝與唐軍戰，互相勝負。至僖在位之四年，遣尙君長請降，宋威刼執之，送京師，斬首；明年，仙芝數爲招討副使曾元裕所敗，黃梅（湖北黃梅縣）之戰，仙芝被殺，死者五萬人，餘黨盡散。

（五）黃巢之亂　寃句（山東菏澤縣南）人黃巢，本與仙芝輩爲同黨，以販私鹽爲業；及仙芝陷曹濮，巢聚徒相應，攻剽州縣，數月間，衆至數萬。時僖宗僎以幼主臨朝，號令出於臣下，南衙北司，迭相矛盾；巢師既起，士人從而附之，其馳檄四方，指目朝弊，多爲士不逞者之辭。巢徒黨既盛，與仙芝爲形援；及仙芝敗死，巢方攻亳未下，尙君長之弟讓帥仙芝餘衆歸之：推巢號衝天大將軍，署官屬，攻陷沂濮，遂渡江，奪江西諸州；轉入浙東，剽掠福建，旋爲鎭海節度高駢兵所敗，遂趣廣南，破廣州。巢初與王仙芝均有降唐謀，後唐廷賜官不及巢，巢結仙芝終不降唐；及巢據廣州，乞授天平節度，唐不可，又求安南都護，唐又不可。時僖宗僎在位之六年也（卽乾符六年，民國紀元前一千零三十三年）。巢以士衆烏合，欲據南海地，永爲巢穴，坐邀朝命；是歲自春及夏，其衆大疫，死者什三四，衆請北歸以圖大利：巢乃自桂州編筏沿湘而下，攻陷潭州；遣尙讓偪江陵下之，進趣襄陽。山南東道節度劉巨容拒之荊門，巢敗，轉陷鄂州，東掠饒信等十五州，明年，渡江圍天長六合。高駢在淮，懼其勢盛，稱病不復戰；巢遂渡淮而西，陷洛陽，入潼關，唐廷震懼！急以天平節鉞授巢，然不能止也。巢破京師，僎走興安，巢殺唐宗室在長安者無遺類！遂入宮，自稱大齊皇帝，以尙讓爲太尉；命其黨朱溫屯東渭橋，扼唐援師。是時諸道勤王之兵，四面而至，巢勢將不振；遣溫攻河中節度王重榮，復爲重榮敗，重榮遂與諸道兵進圍長安。又明年，爲儇在位之八年（卽中和元年，民國紀元前一千零三十一年），諸道兵攻偪益力，巢帥衆東走，副都統程宗楚先入長安，鳳翔司馬唐弘夫繼至，而軍令不整，爲巢悉巢還師襲長安，縱兵屠殺，流血成川，謂之「洗城」！於是諸道兵皆退避巢鋒，長安仍爲巢據。

沙陀之朱邪赤心既因龐勛之亂建功於唐，賜姓名李國昌，授振武節度（治單于都護）；其子克用，爲沙陀副兵馬使，戍蔚州。會唐室亂，雲州兵馬使李盡忠，旋遣人詣蔚，勸克用舉兵；克用乃率衆趨雲州，盡忠請克用爲留後，殺防禦段文楚。克用表求敕命，唐廷不許，而以國昌爲大同節度；國昌欲父子並據兩鎭，不從，殺監軍，與克用合兵，掠近地。時僖宗儇在位之五年也（卽乾符五年，民國紀元前一千零三十五年）。翌二年，幽州節度李可舉討克用，蔚朔節度李琢討國昌，均捷，國昌父子亡韃靼；及黃巢入長安，唐廷知克用可用，遣使赦其罪，召之來。克用帥兵南，陷忻代，不卽下，巢兵據長安如故。王重榮與宦者楊復光謀，設法召克用，以爲雁門節度；克用遂將沙陀萬七千人趣河中。克用少驍勇，軍中號曰「李鴉兒」；其一目眇，及其貴也，又號「獨眼龍」；所將兵又皆衣黑，巢衆謂之「鴉軍」。儇在位之十年（卽中和三年，民國紀元前一千零二十九年），克用兵進圍華州，巢遣尙讓往救，大敗！是時諸道兵皆會長安，大戰渭橋，巢兵敗走，克用乘勝追入京師；巢焚宮室東遁，長安復爲唐有。克用時年二十八，於諸將最少，詔以克用同平章事。

黃巢將朱溫，初守華州，旣又以州降唐，唐賜名全忠，使爲宣武節度；適巢東略，取蔡州，圍陳州，聲勢轉盛。明年，爲偓在位之十一年（卽中和四年民國紀元前一千零二十八年），溫等求救於克用，克用將蕃漢兵五萬救之；巢解陳圍，趣汴，克用追擊大破之，尙讓降，巢東走，讓追之；巢入泰山，其甥林言斬巢首降唐。其從子浩有衆七千，爲盜江湖間，自號「浪蕩軍」；後至昭宗曄時，謀據湖南，爲湘陰人所殺。

（六）秦宗權之亂　黃巢之自京師而東也，蔡州節度秦宗權降巢；及巢敗死，宗權轉張；遣將寇荆襄，陷東都，衆皆剽銳，師行所至，屠殺人物，焚燒郡邑，西至關內，東極靑齊，南出江淮，北至衞滑，魚爛鳥散，人烟斷絕！既窮於食，則啖人爲儲，軍士四出，鹽尸而從！關東州邑之僅存者，惟趙犨之陳，朱溫之汴而已。先是巢亂大熾，僖宗偓自興元南避成都；迨在位之十二年（卽光啓元年民國紀元前一千零二十七年），自成都返蹕，懼宗權爲患，下詔招撫，而宗權悍益甚；後至昭宗曄卽位，始爲其將所擒，送於朱溫，爲唐所殺。

宗權黨孫儒，初爲宗權攻陷東都；後轉掠淮南，攻下常潤蘇，聲勢亦盛；卒爲楊行密所敗死。

唐末，藩鎭相閱，禍始於朱李。李克用既復長安，勢盛强；及黃巢東略，克用復追敗之，至汴州；朱溫因請入城，館於上源驛（河南開封縣城南），置酒甚恭；克用飲醉，語頗侵之，溫不平，夜發兵圍驛！克用時爲河東節度，乃遁歸晉陽，治甲兵，奉表自稱爲朱溫所圖，乞遣使按問，發兵討之。時唐廷方務姑息，但下詔和解；克用前後八表，皆不從！由是藩鎭之素不相得者，各以權力相競爭，不復稟朝命，唐威益替。僖宗偓既歸京師，仍任宦者田令孜，使當國事；黃巢之反，禍實由令孜，而偓不悟！令孜與河中節度王重榮不相得，徙之泰寧（治兗州）；重榮自以有復京城功，爲令孜所擯，不肯行，上表數令孜十罪，令孜結邠寧節度朱玫、鳳翔節度李昌符以抗之。重榮懼，求救克用；克用方怨朝廷不誅朱溫，又以玫昌符皆陰附溫自固，乃即上疏，言玫昌符與溫相表裏，欲共滅臣，臣不得不自救，已集兵十五萬，決以來年濟河北討二鎮，還滅朱溫以雪仇恥。朝廷遣使諭釋無效，而玫昌符已出兵討重榮；於是克用即引師救重榮，敗玫昌符之衆，進偪長安。時僖宗還在位之十二年也。明年春，令孜劫還幸寶雞；玫昌符恥爲其用，轉與克用重榮合，追偪車駕，還又幸興元。玫昌符等連表請誅令孜，不從，因別奉襄王熅（肅宗亨玄孫）居京師，權監軍國事，自爲宰相，承制行封拜，以悅藩鎮，貢賦多不至興元而至長安，興元將士乏食，大勢幾不保！然玫與昌符，固皆小人，其始二人附令孜以攻重榮，既又合重榮而背令孜，及熅監國，玫爲宰相，而昌符無望，於是昌符又背玫而通表於興元。興元諸臣，知玫昌符勢已離，急遣使說重榮，使討玫於長安；克用亦以熅立爲非分，時雖還軍晉陽，亦遣使上表討玫熅，期自湔洗：於是克用重榮之師再出，玫勢漸落，即奉熅稱帝。時唐方傳檄關中，得朱玫首者，與靜難節度；玫將王行瑜數戰敗，乃與下謀，還軍襲長安，斬玫，熅奔河中，就重榮，爲重榮所殺，長安亂復定。又明年，爲僖在位之十四年（即光啓三年，民國紀元前一千零二十五年），始下詔流令孜；令孜時爲西川監軍，竟不行。車駕至鳳翔，李昌符恐治前罪，奏宮室未完，固請駐蹕府舍，許之，而昌符兵又起，保於隴州；河中軍同時亦亂，王重榮爲其下所殺！詔以其弟重盈代鎮，而遣武定節度李茂貞平昌符於隴州。昌符死，茂貞代爲鳳翔節度；又明年，車駕始還京。

黃巢亂後，朱溫李克用之釁開，藩鎮往往相攻，中國大亂！其桀驁者，不獨近畿已也！憲宗純以來，河朔三鎮，變故最多；至武宗炎時，已數著其沿革語在前章。盧龍自張仲武沒，子直方自稱留後；軍亂，逐直方，推周綝爲留後；未幾綝又沒，推張允伸爲留後，就正拜；允伸沒，張公素自稱留後，就正拜；至僖宗儇時，軍亂，被逐，李茂勛自稱留後，就正拜；茂勛致仕，子可舉自稱留後；已而可舉爲李全忠所攻死，全忠自稱留後，就正拜；全忠沒，子匡威自稱留後，就正拜；後傳弟匡籌，幷於李克用。此盧龍一鎮之更姓然也。魏博自何重順沒，其子全皡爲留後，就正拜；軍亂，被殺，推韓君雄爲留後，就正拜，賜名允忠；至僖宗儇時，允忠死，子簡自稱留後，就正拜；簡爲部下所殺，推樂彥禎爲留後，就正拜；已而軍亂，被逐，推羅宏信爲留後，就正拜；後傳子紹威，終於唐亡。此魏博一鎮之更姓然也。成德自王元逵沒，子紹鼎自稱留後，就正拜；紹鼎沒，軍中推其弟紹懿爲留後，就正拜；紹懿傳兄子景崇，就正拜；至僖宗儇時，景崇沒，子鎔年十歲，軍中推爲留後，亦就正拜。成德自憲宗純以後，迄未易姓，然均不爲唐廷教令之所及，故終唐之世，等於化外，唐不能討也。方是時，河朔專地之習既不能除，而河東宣武又開南北相爭之隙，鳳翔諸鎮，並從而犄角之，屢爲唐禍。方鎮之貽害一至於此！欲唐室之無亡，又何可得乎？

唐後期四十八年間帝權終替之二（宦官之結局及東遷後之禪梁）（民國紀元前一千零二十四年至一千零零五年）

僖宗儇在位十五年，有疾，皇弟吉王保長而賢，羣臣屬望；宦官楊復恭請立其弟壽王傑，乃下詔立其爲太弟！儇沒，傑立，是爲昭宗，更名曄。楊復恭輩復當權。時李克用兵盛強，屢攻近鎮，朱溫等表言克用可伐，事下百官議：議者多言不可，宰相張濬獨以爲沙陀前偪僖宗幸興元，罪當誅可伐；復恭故克用所善，亦極諫以爲不可！曄以爲然，詔諭溫等。溫陰賂濬使持其議益堅；曄不得已，乃以濬爲行營都統，韓建爲副，與克用戰趙城，大敗，濬建均遁還。克用兵大掠晉絳，至於河中，赤地千里！克用上表自訴，其辭侮慢，曄自引咎。明年爲曄在位之二年（卽大順元年，民國紀元前一千零二十二年），復拜克用河東節度，貶濬遠州刺史。楊復恭本不附會討河東之議，濬等師敗，復恭益專政，諸假子多出爲節度；又養宦官子六百，皆出爲監軍。國舅王瓌頗居中任事，復恭惡之，奏授黔南節度，於中途殺之，曄常切齒恨復恭：因用其假子守立，賜姓名李順節，以分復恭權；明年，詔復恭致仕。復恭退居京外，或誣其與假子守信謀反，詔順節率師出攻，順節師敗。復恭趨興元起兵以討順節爲名，詔殺順節，別遣鳳翔節度李茂貞靜難（卽邠寧）節度王行瑜攻復恭，復恭兵敗，亡走：於是宦官之禍稍定，而茂貞等又強。

李茂貞既強，唐廷徙爲山南西道節度，茂貞欲兼領鳳翔，不奉詔，驕橫益甚！且上表言：『陛下貴爲萬乘，不能庇元舅之一身（謂王瓌）；尊極九州，不能戮復恭之一豎』。昭宗曄怒，決計討之，命宰臣杜讓能掌其事，讓能固諫，不從；詔以覃王嗣周（據通鑑考異：順宗子經封郯王，嗣周當是其後）爲京西招討使，出討茂貞，茂貞合王行瑜拒唐兵，興平之役，唐兵望風潰！茂貞等進偪京師，衆欲誅杜讓能，讓能曰：『臣固先言之矣，惟殺臣可以紓國難。』曄泣下，貶讓能官，賜自盡；乃詔茂貞爲鳳翔兼山南西道節度，以行瑜兼太師，茂貞乃約行瑜罷兵走：自是朝廷動息，皆稟於茂貞行瑜，南北司往往依附二鎮以邀恩澤；唐都門之外，皆爲重敵，人主一跬步亦失其自由矣。

唐自僖宗儇以來，內亂之興，連年不絕，復恭亂定，繼以茂貞，時猶昭宗曄在位之五年也（卽乾寧元年，民國紀元前一千零十九年）。又二年，河中節度王重盈死，軍中請以重榮子珂知留後；重盈子珙不服，引兵擊珂，表言珂非王氏子。珂求援克用；珙厚結茂貞行瑜，並鎭國節度（治華州）韓建，於是三鎭亦俱爲珙請：時朝廷已先允克用奏，三鎭爭之不得。珙因使人謂三鎭曰：『珂與河東婚姻（珂爲李克用壻），必爲諸公不利！請討之』。行瑜使其弟同州刺史行約攻河中，而自與茂貞建各將精騎數千人入朝；曄詰其來由，茂貞行瑜不能對，獨建粗述入朝之由。曄與之宴，三帥奏稱南北司互相朋黨，請殺宰相韋昭度李谿，曄未之許，三帥擅殺之，並謀廢曄，立皇弟吉王保，未果；而克用舉兵來救，茂貞懼，與行瑜各留兵三千宿衞，約韓建共走。克用至河中，王珂迎謁，王行約逃；行瑜弟行實，茂貞養子繼鵬時在京師，謀刼曄幸鳳翔，京師大亂！曄出居於石門（陝西藍田縣西南）。茂貞以兵至鄠縣，斬繼鵬自贖，且遣使求和克用；俄而車駕還京，克用克邠州，行瑜爲部下所殺，詔克用進爵晉王；克用請乘勝取鳳翔，朝議以爲克用遠而茂貞近，因欲庇之，乃詔罷歸克用軍，克用歎曰：『唐不誅茂貞，憂未已也！』

初，李克用屯渭北，李茂貞韓建憚之，事唐廷禮甚恭；克用走三鎭，貢獻漸疏，表章驕慢。昭宗曄自石門還，置殿後四軍，選補數萬人，使諸王將之，茂貞謂唐將討己，亦治兵請覲，京師大恐，居人亡入山谷，茂貞遂偪京師。昭宗曄出幸華州，依韓建；茂貞入京師，宮室市肆，焚燒殆盡！時曄在位之八年也（卽乾寧三年，民國紀元前一千零十六年）。同年八月，克用再發兵入援，未至；曄遣宰相孫偓以兵討茂貞，茂貞上表謝罪，建爲左右之，終不出師。明年，建又偪曄詔罷諸王領兵及殿後四軍，於是人主之宿衞盡，不復似石門之固矣（初曄幸石門，諸王統兵十三萬宿衞）曄初意本不欲幸華州，及是更悔，而皇弟通王滋等十一人又皆爲建殺，不能救也。建既殺諸王，謀廢曄，立太子裕，未果；又聞李克用朱温皆將西迎車駕，稍懼，明年乃約茂貞致書克用，請奉車駕歸京師，曄位得無廢。

石門華州之幸，曄亦勞矣，無何，鎮難稍紓，而宦官之禍又起。相臣崔胤，本倚朱温而貴，曄在位之十二年（卽光化三年，民國紀元前一千零十二年），與胤謀去宦官，南北司益相憎疾，多恃藩鎮相傾軋！曄卒從胤計，殺宦官宋道弼景務修；二人素專權，既爲胤誅，胤勢益張，宦官皆側目；其黨劉季述等共謀矯詔，以太子裕監國，廢曄居東內，奪傳國寶授裕；曄以何皇后宮嬪數人隨行，幽於東宮，季述手持銀撾，於曄前以撾畫地，數曄罪狀曰：『某時某事，汝不從我言，其罪一也』；如此數十不止，其恣悖如此！乃手鎖其門，鎔鐵錮其扃鐍。時方凝冽，嬪御無被，哭聲聞於外，穴牆通食者兩月。時季述畏朱溫之強，不敢殺胤，但罷其相，胤復致書於溫，請出師反正，而溫兵不卽至；有神策指揮使孫德昭者，頗怒季述之廢立，胤伺知之，乃遣人與之結，使謀曄復位事。明年春，德昭結右軍都將董彥弼周承誨，夜殺季述黨王仲先，自迎曄與何后，毀扉出，胤奉曄，御長樂門樓，復帝位，帥百官稱賀；遂誅季述及其黨二十餘人，黜裕爲德王。賜德昭姓名李繼昭，承誨姓名李繼誨，彥弼亦賜姓李，皆以使相留宿衞，賞賜傾府庫，時人謂之「三使相」，並復崔胤相位，胤權益專。

季述等雖誅，宦官用事者仍不絕；韓全誨輩其尤著者也。胤以宦官終爲肘腋之患，欲以外兵制之，故深與朱温結；而全誨等亦自託於茂貞以圖抵制。自天復（昭宗曄年號）反正以後宦官初未嘗不畏胤，事無大小，咸稟命而行；胤嘗說曄請盡誅宦官但以宮人掌內司事事爲韓全誨等所知，嘗於曄前求哀請命！乃詔胤密事進囊封勿更口奏；宦官無由知其謀，乃求知書美婦人進內以偵陰事，由是胤謀頗洩，宦官每相聚流涕，愈不自安。胤知事急，則密遣溫書稱被密詔令以兵迎車駕，溫果舉師大梁；宦官益自備，聞溫將至，乃刼曄遷鳳翔，依李茂貞。溫師入長安，旋趣鳳翔，詔溫還鎭。時胤在華州爲溫畫圖王之策。其明年爲曄在位之十四年（卽天復二年民國紀元前一千零一十年），溫圍鳳翔益急，茂貞出師攻之不勝；茂貞勢孤，乃密謀誅宦官自贖。又明年，茂貞遂殺韓全誨等七十二人與溫和解；溫又密令京兆捕誅九十人，鳳翔圍解，車駕歸京師，復以胤爲相。胤與溫奏罷左右神策內諸司等使及諸道監軍，副監，小使內官三百餘人同日斬之於內侍省；諸道監軍隨處斬首以聞。內官旣盡屠戮，諸使悉罷，天子傳宣詔命，惟令宮人，於是唐室宦官之禍遂結！詔進溫爵梁王，還鎭汴。胤察溫威望漸有取唐代之之意，因又密戒兵備，以籌不虞，事爲溫知；又明年爲曄在位之十六年（卽天佑元年民國紀元前一千零零八年）溫欲遷曄都洛，知胤必立異，密表胤專權亂國，詔貶胤職，溫從而殺之！遂遷曄洛陽，盡易曄左右侍從，而以己黨代之，唐之亡可立而待矣。

曄至洛陽，李茂貞等各舉兵討溫，移檄來往，均以興復爲辭；溫方出師西討，以曄有英氣，恐變生於中，欲立幼君以謀禪代，乃遣人弒曄，廢裕不立，立輝王祚，更名柷，是爲哀帝，以何后爲太后。溫復殺裕等九人，皆昭宗曄子；又殺司空裴贄等百餘人，投其尸於河；旣又殺太后於洛陽，僅餘幼主矣。柷在位之四年（卽天祐四年，民國紀元前一千零零五年），乃下詔禪位於温，温廢柷爲濟陰王，遷於曹州，酖殺之，唐亡。歷主二十，凡二百九十年。其世次如下表：

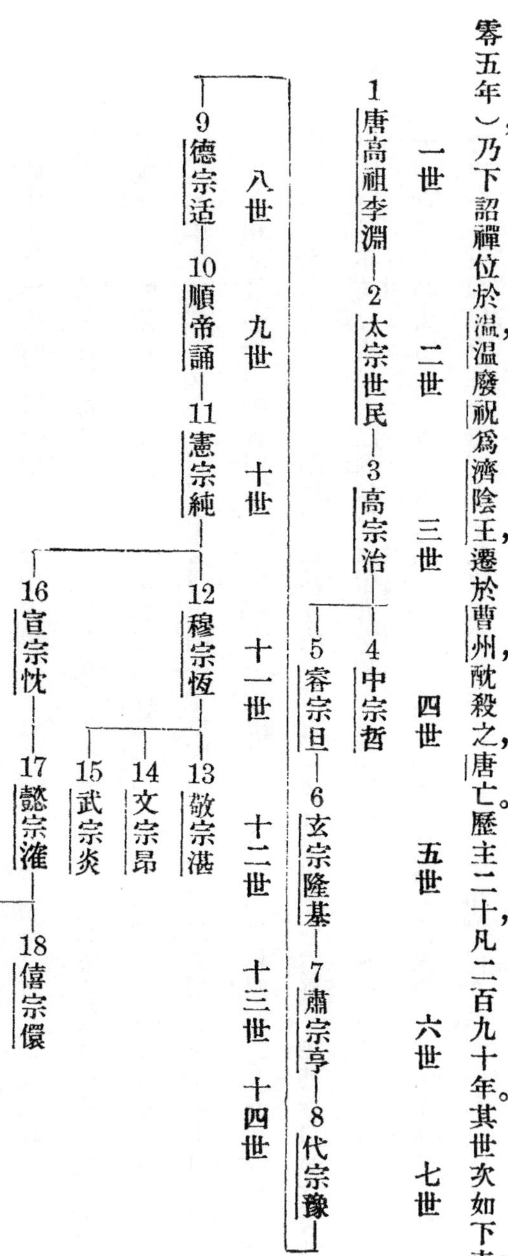

第五章　本時代之法制

本時代法制之一（建官及理財）

本邦漢以來之法制，以隋唐爲最良；綜其規制各端，上祛南北之弊而擷其長，下開兩宋之先而示之範，條序之整飭，綱維之畢張，歷世諸朝鮮有能及之者！要其概略，則仍得以下之諸目賅之。茲條舉如次：

（一）建官　隋世官制，依後周而建；唐興，略變其制，而官司之衆，稍過於隋。舉其大綱，則如下述：

（甲）京師　京師官之尊者，莫如宰相。隋改周官，不用宰相之名，而以內史納言爲代；然時亦用他官以參預其職，如柳述爲兵部尙書參贊機事；楊素爲右僕射，與高熲共掌朝政，皆其明例。唐世同平章事之制，殆昉於此？唐室初建，因隋名號，改納言爲侍中，內史爲中書令，與尙書令同爲三省之長，共議國政，均爲宰相；其後以太宗世民嘗爲尙書令，臣下遂不敢居其職，由是僕射爲尙書省長官，與侍中中書令同爲宰相。其品秩既崇，不欲輕以授人，故常以他官居宰相之職，而假以他名：或曰參議得失，或曰參知政事，或曰參預朝政，其名非一；而其後又有所謂同中書門下，同平章事，同中書門下三品，大抵皆爲宰相之別號。高宗治以後，爲宰相者，且必加同中書門下三品之稱矣。玄宗隆基以後，宰相常領他職：時方用兵，則爲節度使；時崇儒學，則爲大學士；時急財用，則爲鹽鐵轉運使。大抵唐制以侍中中書令爲眞宰相，其餘以他官參掌者，恆無定員，蓋亦漢行丞相事之例。試以新唐書宰相表考之，前後異稱，多至四十有餘，其名或有爲一人而設者。隋世置太師太傅太保各一人，是爲三師；又置太尉司徒司空各一人，是爲三公。煬帝廣時，三師之官廢；唐興，復立三師，以參三公，無其人則闕！位雖尊重而不爲重職，與宰相之任全異，但以爲一朝無上之貴官而已。此宰相及公卿之可知者也。隋世三省，尚書爲其一；而尚書之下，統列六部，有吏部、禮部、兵部、都官、度支、工部之異名；旋復改度支爲民部，都官爲刑部，於是六部之名定：其侍郎、員外郎、主事諸官，亦俱定於隋代，漢魏以來，尚書規制，至是而斟酌益密。唐沿其法，六部尚書，以尚書省統之，吏戶禮兵刑工之名，於茲確立；要其分職，尚不能如後世之專。此尚書之可知者也。九卿之設，隋同北齊，唐又同隋，積世相沿，未嘗更觚。此又諸卿之可知者也。以上皆諸官之集於京師者。

(乙)地方　地方之官，有京師外州之別。隋初，雍州亦置牧；後罷州置郡，京兆河南，皆爲尹，使兼理牧任：於是牧尹之職，混而無分！唐於雍州置牧，而京兆又有尹，牧尹兼置，後世譏之。此京尹與牧之可知者也。隋初，罷郡置州，以刺史爲太守；後至煬帝廣時，又改州爲郡，中國之大，析郡一百九十，刺史太守，遂爲郡守互名。唐世刺史太守，厥稱不常；而諸州之長，均隸於道。其初析道凡十：曰關內，曰河南，曰河東，曰河北，曰山南，曰隴右，曰淮南，曰江南，曰劍南，曰嶺南。至玄宗隆基，增爲十五：分關內置京畿，分山南爲東西二道，分江南爲江南東、西、黔中三道，改十道按察使爲採訪處置使，道各一人，凡十五人，以檢察非法，如漢刺史之職，諸州之長，盡爲所屬。又隋代刺史分九等，唐減爲三，縣令亦然；故兩朝之官級，先後相當，而等第則簡繁迥別。此又郡守縣令之可知者也。以上爲諸官之布在地方者。

若夫本時代制祿之率，較南北諸朝爲明。官品之制，既無變遷；其祿秩所區，亦無大異：大抵隋京官正一品、祿九百石，其下每以百石爲差，至正四品是爲三百石；從四品，二百五十石，其下每以五十石爲差，至正六品，是爲一百石；從六品九十石，以下每以十石爲差，至從八品，是爲五十石，其給皆以春秋二季。刺史太守縣令，則計戶而給祿，各以戶數爲九等之差。祿食之外，又有所謂職分田者：一品給田五頃，至五品則爲田三頃，其下每品以五十畝爲差，至九品爲一頃，其外又給公廨田，並有差。至唐、官正一品，米七百石，錢六千八百；從一品，米六百石；正二品，米五百石，錢六千；從二品，米四百六十石；正三品，米四百石，錢五千一百；從三品，米三百六十石；正四品，米三百石，錢四千二百；從四品，米二百六十石；正五品，米二百石，錢三千六百；從五品，米一百六十石；正六品，米一百石，錢二千四百；從六品，九十石；正七品，八十石，錢二千一百；從七品，米七十石；正八品，米六十七石，錢一千六百；從八品，米六十二石；正九品，米五十七石，錢一千三百；從九品，米五十二石。其外又給職分田，公廨田，並有差。此又兩朝祿制之可知者也。

(附)人才之任用與培養　人才之任用，多由選舉；而學校則別爲培養人才之地。唐初其制亦盛。茲分析述之：

(甲)選舉　九品中正之制，自魏以來，數世行之，其叢弊爲最甚。隋煬帝廣始建進士科，士始得投牒自進，而鄉舉里選之法，遂不復行。唐尙文辭，進士尤重，與明經明法諸科並行，其法謂之鄉貢，亦曰歲舉；歲舉以外，則有制舉，由人主自試，所以待非常之士，最爲愼重！而其後科目日多，授之初制，不無寬濫。又唐世歲舉士之及第者，未能便解褐入仕，則有試吏部一關；蓋唐制試士屬禮部，試吏屬吏部，舉士舉官，區爲兩事，與三代兩漢之制不同。試中於禮部，不過得出身；試中於吏部，然後可以獲祿。以韓愈之才，三試吏部而無所成，則十年猶布衣；且有出身二十年而猶未獲祿者，其入仕之難，可謂至矣！然而考其舉官之制，進士諸科而外，門蔭、武功、藝術、胥史之類，不可勝紀；中世以後，舉官益濫，銓選之法，無可道者。例嚴於彼而法寬於此，唐吏治之所以無可觀也！

(乙)學校　隋初學制，頗有可觀；後廢國子四門及州縣學，唯置太學博士及弟子七十二人，學政漸衰；至於大業，諸學復興，而內亂旋萌，制不能久。唐興，京師於崇文、宏文二館外，並有國子學、太學、四門學、書學、律學、算學；地方別有京都學、京縣學。學制之備，愈於漢時；而諸學生徒，又嚴著其等級。弘文隸門下，崇文屬東宮，惟皇族與貴官子弟得肄業其中；京都六學中，四門、律、書、算，雖皆容納庶人之子弟，但必須俊異或曾通其學者入之，制限之嚴，亦與古代相殊。唐代教育之趨重於貴族，殆無可諱？然而唐世文物，爲外人所取法，辨別之端雖峻，而新羅、百濟、高麗、吐蕃、高昌諸邦子弟，亦皆許其入學，同沐文明；伊古以來，京學之盛，未之有也！至玄宗隆基朝，諸學之外，別有玄學，亦曰道學，內外俱有；安史亂後，學制不舉。至於憲宗純之世，舊觀漸復，而制不如初。元和以後，唐廷屢亂，教化塞而學校之望絕，劉允章因此有請羣臣輸「光學錢」之奏，而唐亦漸亡矣。

(二)理財　隋唐理財制度，大略相同。今分別言之如左：

（甲）徵稅　隋制男女始生爲黃，四歲以上爲小，十六爲中，二十一爲丁，從課役，六十爲老，乃免。其田制皆遵北齊，而賦制則參用周法：丁男一床，租粟三石，桑土調以絹絁，麻土調以布，絹絁以疋，加綿三兩，布以端，加麻三斤，單丁及奴隸各半；其役制亦緣之附見：凡役丁爲十二番，匠則六番（一番爲三日）。其後調法漸次核減，而役亦因之；及南北統一，宇內無事，益寬徭賦，百姓年滿五十，則免役收庸。煬帝廣卽位，府庫盈溢，乃除婦人奴婢之課；迨後從事高麗，租賦之入益減，國內怨叛，以至於亡。唐興，沿用隋制，定均田租庸調之法：丁中之民，給田百畝，以二十畝爲永業，餘爲口分。田多可以足其人者爲寬鄉，少者爲狹鄉，授田減寬鄉之半。凡庶人徙鄉及貧無以葬者，得賣永業田；自狹鄉而徙寬鄉者，得並賣口分田。已賣者不復授。死者收之，以授無田者。凡收授皆以歲十月。其既授者，丁歲輸粟二石，謂之租；丁隨鄉所出，歲輸絹綾絁各二丈，布加五之一，輸綾絹者綿三兩，輸布者麻三斤，謂之調；用人之力，歲二十日，閏加二日，不役者日爲絹三尺，謂之庸。此唐初租庸調之制然也。租庸調三者，均以人丁爲本，開元以後，久不爲版籍，法度廢弊，丁口轉死，田畝換易，貧富升降，悉非向時，而戶部歲以空文上之；又戍邊者蠲其租庸調，六歲免歸，開元之世，夷狄戍者多死，邊將諱不以聞，故貫籍不除。後王鉷爲戶部使，務在聚斂，乃按舊籍，除當免者，積三十年，責其租庸，民苦無告，法遂大亂。其後兵亂數起，版圖空虛，正賦所入無幾，科斂凡數百石，廢者不削，重者不去，吏因其苛，蠶食於人。富人多丁者，以宦學釋老得免，貧人無所入則丁存，故課免於上，而賦增於下！是以國民殘瘁，蕩爲浮人，鄉居土著者百不四五。德宗适時，楊炎爲相，深疾其弊，乃請爲兩稅法以一其制：夏輸無過六月，秋輸無過十一月，置兩稅使以總之。凡百役之費，先度其數而賦於人，量出制入。戶無主客，以見居爲簿；人無丁中，以貧富爲差。不居處而行商者，所在州縣稅三十之一，度所以與居者均，使無僥利。其租庸雜役悉省，而丁額不廢，其田畝之稅，以代宗豫在位之十七年（即大歷十四年，民國紀元前一千一百三十三年），墾田之數爲定而均收之。遣黜陟使按諸道丁產等級，免鰥寡孤獨不濟者。使者按得國內主戶三百八十萬，客戶三十萬人。民不土斷而地著，不更版籍而得其虛實，於是租庸調之制，爲之全變！終唐之世，通行炎法，時論以爲便。蓋自後魏以來，班田之權在官，其授受不常，籍簿繁雜，而稅租不與貧富相應；及兩稅之法定，田皆人民之永業，而舊弊悉除：自是以來，班田之制，遂不復行！則楊炎變古之力也。又唐代雜稅，大抵興於中世以降。所以然者？兵事興而國帑不足供需求，常賦所入有限，乃不得不並行征商之法：於是肅宗亨時，始榷鹽；代宗豫時，始榷酤；德宗适時，始有竹木茶漆間架之稅。綜其所入，亦足佐常賦之所虧；而鹽利之額，尤占全賦之半數焉。

(乙)鑄錢　五銖之制，於魏晉南北朝爲最行。隋初，亦鑄五銖，重如其文。唐興，廢五銖錢，鑄開元通寶，每十錢重一兩，歷時既久，錢法寖壞，私鑄者日衆。至肅宗亨時，戶部侍郎第五琦以國用不足，幣重貨輕，乃請鑄乾元重寶錢，以一當十，與開元通寶參用；既又鑄重輪乾元錢，一當五十，法既屢易，物價騰貴，斗米有至七千錢者！其後重輪錢雖不行用，而私鑄之幣不絕，迄於唐亡，不能止也。五銖錢者，唐以前最行；至唐則五銖不用，而以開元通寶爲最行。故其錢幣之政世有更議；而開元通寶，則至唐亡不能廢。其他又有所謂飛錢者，當憲宗純時商賈至京師委錢諸路進奏院及諸軍諸使富家以輕裝趨四方合劵乃取之，號曰飛錢。是爲後世紙幣制度之始。唐以其亂錢幣之政，謀禁止，議者以爲不便，然其法終不能久行云。

（附）農工商之待遇　隋代統一南北以來，頗能講求農事之政，故家給人足，中國小康；唐興，太宗世民尤注意於農事，凡官司應授田而不授，應課農桑而不課者有禁！故唐初亦呈民物蕃息之觀，而中國賴之以理。又唐世大計，悉仰東南；故於東南農事尤爲廑念：德宗适時，淮南浙江大水，權德輿奏請宜擇羣臣明識通方者持節勞徠，問人所疾苦，蠲其租賦，與連帥守長講求所以佐農者，於是奚陟等遂奉朝命而行；唐之待遇農民，惟此爲著。自安史亂後，兵災洊至，人民流徙，蕩其本業，農人之生計，爲之減縮；朝廷對於農務，亦不復有所講求。加之班田之法既廢，自國家收入言之，固爲便捷；而自農民一方立論，則貧窮者既不能保其世業，豪富者皆得肆其兼吞。國之大地主由此增加；而農民之自業其田者，因之日寡。農業之衰落，又可知也！

隋自平陳以來，南北交通，關津無阻，文帝堅並除入市之稅，商情因之發育。唐至武氏以後，商賈之稅漸增，恤商之政，既不易行，而國亂之興，迄亦無能防制，商賈因時勢之影響，不能有所展拓：加之茶鹽由官專賣，商賈沾其餘瀝，僅能自潤；而憲宗純之世，又立商賈蓄錢之禁，朝廷不爲商賈獎勵懋遷之業，而獨禁之蓄錢，其爲梏商賈之自由，殆無疑義。蓋中國自古代以來，農有保護而商無保護，唐世猶行是策，故歷史上商業，無詳細之記載；惟各地之商況分端比較，而廣州揚州成都荊州諸市，尙散見於文人歌詠之中！然此純由於商賈之自爲，於朝議全然無與，固不能藉是爲唐人專崇商業之徵也。

商與工之關係，尤爲密合；工業與盛，則商賈坐是多輸運而利，卽由是生。唐之陶工織工漆工，雖雜見故書；而關於工事之進步如何？改良奚若？則史多不著。其衰落之狀況，殆與商同！

本時代法制之二（制兵及用法）

本時代之制兵及用法，常凌越夫前古，而又爲後世之所推崇；故於歷史上之關係，最爲切要。茲爲言其大概如左：

（一）制兵　自府兵制度，發端於後周，至隋漸臻完密：其十二衛，曰翊衛、驍騎衛、武衛、屯衛、禦衛、候衛，各分左右，皆置將軍，以分統諸府之兵，其下有郎將、府將、坊主、團主，以相統制；其外又有驃騎車騎二府，皆有將軍，後更驃騎曰鷹揚郎將，車騎曰副郎將，別置折衝、果毅。唐興，始置軍府，卽以驃騎、車騎二將軍府領之，後改驃騎曰統軍，車騎曰別將；太宗世民時，更號統軍爲折衝都尉，別將爲果毅都尉，諸府統曰折衝府。凡國內十道，置府六百三十四，皆有名號；而關內二百六十有一，皆以隸諸衞。凡府三等，兵千二百人爲上，千人爲中，八百人爲下。府置折衝都尉一人，左右果毅都尉各一人，長史兵曹別將各一人，校尉六人。士以三百人爲團，團有校尉；

五十人爲隊，隊有正；十人爲火，火有長。凡民年二十爲兵，六十而免，其能騎而射者爲越騎，其餘爲步兵。其隸於衞也，左右衞皆領六十府，諸衞領五十至四十不等。平時兵列府以居外，將列衞以居內；有事則將以征伐，事已則各解而去，立法甚善。高宗治以後，國內久不用兵，府兵法壞；宰相張說請行募兵入衞之制，號曰彍騎；自是以後，諸府兵益多不補，折衞將又積歲不得遷，士皆恥爲之。旣而彍騎盡隸十二衞，而府兵制度遂因之顯變；天寶以後，彍騎之法，又不講求，於是府兵制度再變，馴至有額無兵，內亂迭起，而唐不能弭！此後兵在節鎭，迄於唐亡，而其弊固尤未革也。又唐代天子禁軍本有南北衙兵之別：南衙者諸衞兵是也，北衙者禁軍也。中世以後，諸衞之制荒，而北衙之衆，亦多爲宦官所利用；禁軍初制，由是蕩然，唐室之亡，蓋於玆決矣。

（附）兵士之徵調　調兵之法，唐爲最明，其制有內調外調之別：凡發府兵，皆下符契，州刺史與折衞勘契乃發。若全府發，則折衞都尉以下皆行；不盡，則果毅行；少則別將行。此關於外調之制然也。凡當宿衞者，兵部以遠近給番，五百里爲五番，千里七番，一千五百里八番，二千里十番，外爲十二番，皆以月上；若簡留值衞者，五百里爲七番，千里八番，二千里十番，外爲十二番，亦月上。此關於內調之制然也。自府兵法度不守，軍士出於召募，於是向者更代番休之法不舉；外之方鎭各得專兵，內之宦官亦能擁衆，競爲隨時召募之法，市井小人亦得以充軍役，馴至內外交亂，而唐以亡。

（二）用法　自隋以前，五刑之目雖具，而法有出入；隋唐之世，則大抵從同。隋笞刑五，自十至於五十；杖刑五，自六十至於百；徒刑五，一年、一年半、二年、二年半、三年；死刑二，絞、斬，唐皆因之，惟流刑則隋唐互有不同。隋流刑千里、千五百里、二千里；唐二千里、二千五百里、三千里，此其少異者也。五刑之由來，有散見古代者，今綜述之，以見其概如次：

（甲）笞　笞者擊也，又訓爲恥，卽古之朴刑。漢笞用竹，後世則用楚。漢笞杖之刑尚無區別，隋始明定之。

（乙）杖　杖者持也，卽古之鞭刑。隋代以杖易鞭，唐因之不改。自隋以前，鞭笞之數，皆踰百，至此笞限五十，杖限百，視古爲輕。

（丙）徒　徒者奴也，蓋奴辱之法，始於周，後世迄不廢。

（丁）流　流宥五刑，肇始唐虞；隋唐均爲三流之法，而遠近不同。

（戊）死　斬刑起於遠代，絞刑興自西周，皆古大辟之刑，隋唐采用之，爲五刑之最重；自隋以前，斬絞之外，尚有磬、梟、裂，至此盡廢。

隋文帝堅以任法著稱，故殺戮之風甚熾，而姦回仍不戢；煬帝廣卽位，知人厭苛切，於是五刑之內，降從輕典者二百餘條，其枷杖決罰訊囚之制，並輕於舊。已而兵革繁起，賦斂日增，有司皆臨時迫脅，苟求濟凶，憲章遐棄，賄賂公行，窮人無告，聚爲盜賊。廣乃更立嚴法，敕國內竊盜以上，罪無輕重，不待聞奏，皆斬！而盜起愈甚，廣亦益肆濫刑；又詔爲盜者籍沒其家，於是國內大亂，而廣殺戮愈多，動施法外之刑，以至於亡。唐興，力行寬典；

武氏在位，用刑斯濫，酷吏踵起，其技與其具，俱出人理之外。天寶之世，李林甫當國，寵任吉温羅希奭爲御史，二人皆隨林甫所欲，輒用嚴刑，故時人有羅鉗吉網之稱；施法雖無武氏之苛，而民怨滋甚。代德以降，用刑始輕，唐室聲威，亦由之衰替！至於姦佞肆志，閹宦柄國，俱不能明正其罪，而唐亦旋亡矣。

（附）法典之編纂　魏晉之世，法典編纂之事業，極爲繁盛，其類别亦不一。隋時新律大業律之外，又有新令大業令，惟格式之書未備；至唐法典之編纂，更覺完成，律以正刑定罪，令以設範立制，格以禁違正邪，式以軌物程事，而此四者之中，亦迭有其沿革。律文雖有增減，而書無異名；令則有貞觀永徽開元之異，而其内容區别，又與律書不同。唐之律書篇目，語在上篇，令之與律歧者，律區篇爲十二，令區篇爲二十有七，選舉考課宫衛軍防諸目之外，又有官品及各職員之殊。令外又有格，其名亦有垂拱開元種種之不同，而其屬於曹司常務留存本司者曰留司格，屬於國内所共頒行州縣者曰散頒格。格外又有式，亦有垂拱開元諸種之異，而其篇目則以尚書二十四司爲之名。大抵四者之中，惟律之定義，爲專限於刑法，故其性質最爲明著。四者之外，又有所謂六典，其體裁以官名爲别，而以理教禮政刑事六者綰之；後世明清諸會典，蓋倣此而成，是又律令格式以外之一大要著矣。

第六八章　本時代之文化上

本時代文化之一（學藝）

中古之學藝，以本時代爲特良；就其要者言之，則如左列：

（一）文學　文學之別四：

（甲）經學　經學自東晉後，析爲南北；自唐以後，則有南學而無北學。北史儒林傳序云：『江左周易則王輔嗣（弼），尚書則孔安國，左傳則杜元凱（預）；河洛左傳則服子愼（虔），尚書周易則鄭康成（玄）。』南北不同，竟至如此。隋之盛時，雖有二劉（劉焯劉炫）拔萃出類，學通南北，所製諸經義疏，曾爲學者師宗；而傳之宏，則以陸元朗之經典釋文爲最著。觀其所撰敍錄，如王曉周禮音注云『江南無此書，不詳何人。』又如論語云『北學有杜弼注，世頗行之；而書中所引北音，亦祇一再見。北方大儒，如徐遵明諸人，皆不一引。』元朗入唐，拜國子博士。唐太宗世民勅羣下撰集五經正義，於時元朗最爲老師，未必不與其議，故正義亦用南學；不然，孔穎達本傳稱其習鄭氏尚書王氏易，是其學兼南北，又可斷言。其爲正義，何爲遵用南學?從知唐代經師，多崇南學而廢北學。且正義成書，又非自穎達一人之手，而顏師古司馬才章諸家，均與其事；高宗治之世，于志寧張行成高季輔等又從而增損之，書始頒布：是則唐世之尊崇南學者，更不僅此數人。師古爲之推之後，以言門第，則固北方之學者也；然而顏氏家訓書證篇，每是江南本而非河北本：故師古爲定本時，亦據晉宋以來古今本，以折服諸儒；穎達諸人，又從而是之，北學之廢，於是決定矣。而或者謂經術自漢以後，莫盛於唐，唐人折衷南北之學，故師說因玆大盛；不知唐代之經學，固猶是南方之經學也。抑有說者，漢學尙窮經，唐學尙疏注，於經學中非一派。自漢以後，箋注之學已行，南北之世，其流尤盛。孔穎達等旣受明詔，撰定正義，由是易書詩禮春秋之學，皆宗於一。後之人以爲是乃經學專制之時代，似矣；然此不過注疏之專制，本來之經訓，固未失也。武氏之後，唐政漸非，生徒不復以經學爲念，唯苟希僥倖以冀一得，加之唐之取士，尊重詩文，雖有帖經之試，而不足以勸獎專業之儒，則亦何益之有哉？大抵唐人經學之盛，惟初世爲然，以較兩漢，則未可並論；然亦幸有穎達諸家，使唐以前說經之書，後之人猶得按正義所引訂者，以考見其梗概；則謂漢以來之經學，至唐世而後結晶，亦未爲大謬也。

文字至後世而益多，其界說有音，有義，有形。音韻之學，中古之世，初祇四聲；其後配五音，乃有五聲之說，而平聲分陰陽。隋唐時代，其說益繁。又隋代陸法言，謀統南北之音，歸於一致，乃與劉臻等八人，同撰切韻，凡一萬二千一百五十八字；其後孫愐就切韻之舊本，有所損益，別爲唐韻，韻學益明。此關於音韻之可知者也。訓詁字義之書，隋唐之世，有曹憲之文選音義，憲本傳稱『太宗嘗讀書，有奇難字，輒遣使者問憲；憲具爲音注，援驗詳復，帝咨賞之。』惜其所纂音注，今已無傳；惟博雅十卷，尙傳於後世。此又關於訓詁之可知者也。字體之變遷，南北分治之世極矣。隋人起自北方，而並有南土，書法偏尙北派；至於唐初，王羲之之書盛行，南派之書法，由是大盛。未幾，虞世南，歐陽詢，褚遂良等，或沿南派，或沿北派，南北派別，又日見其融洽；

於是因南北政權統一之故，而書法亦漸形其統一。其後柳公權顏眞卿諸家，用筆雖不離北法，然其時已在南北派別渾合之後，彼善書者第自由選擇而組構之；猶之南派之行，亦不因其派別之調和而遂湮沒也。大抵唐書之最流行者爲眞書，故眞書家之著名者，方古爲盛；就字學言之，蓋幾乎成書法上之一時代。是又關於字形之可知者也。唐代文化之盛，即此可見其一班矣。

（乙）歷史　魏晉以降，史籍多而史例日富；就後人所列之正史言之：一爲晉書，唐房玄齡等撰，分十帝紀，二十志，七十列傳，三十載記，惟志特佳。一曰梁書陳書，均姚思廉撰。梁書分四本紀，四十九列傳；陳書分五本紀，三十列傳，條理間多未密。一曰周書，唐令狐德棻撰。分六本紀，四十二列傳，義例之善，實過北史。一曰北齊書北史南史，均李百藥撰。北齊書分七本紀，四十一列傳；南史分十本紀，七十列傳；北史分十二本紀，八十八列傳，而北史尤爲精實。一曰隋書，唐魏徵等撰。分三帝紀，十志，五十列傳，亦稱良史。凡此皆正史之可知者也。又其與正史並傳，而足爲正史參稽之用者：則有溫大雅之大唐創業起居注，後人列之編年類者也。許嵩之建康實錄，後人列諸別史類者也。吳兢之貞觀政要，余知古之渚宮舊事，裴庭裕之東觀奏記，後人列諸雜史類者也。樊綽之蠻書，後人列諸載記類者也。李吉甫之元和郡縣志，後人列諸地理類者也。玄宗御撰之唐六典，後人列諸儀注類者也。長孫無忌之唐律疏義，後人列諸政書類者也。劉知幾之史通，後人列諸史評類者也。而其尤善者，則莫如杜佑之通典。佑綱羅歷代制度，分食貨、選舉、職官、禮樂、兵刑、州郡、邊防八門，上溯黃虞，下迄唐之天寶，包括宏富，義例嚴整；其後通志通考諸書，皆以是爲前導。李翰所歎爲「至萃至精」者也。觀於唐代史學之盛，而益足驗唐人文化之昌矣。

（丙）哲理　本時代中哲理之學，無明著之進步。隋之王通，著有中說，雖崇信儒學，而以佛道之教，於己之所宗無害，故絕不肆其牴排之說。六朝以來，哲理界之思潮，爲之一變。至唐，克精心研理者，惟韓愈李翺。愈辨性情之別，以爲情之品有五，性之品有七。翺者愈之門人，其作復性書有云：『人之所以爲聖者性也，人之所以惑其性者情也』。愈言性情主平列，翺則主乎情。愈謂人之性情，各有上中下之差；翺則以性爲無差，而性之差別，由情之惑。師生所言各相殊異，要之皆哲學界有力之判詞也。自是以後，歷五季至宋，哲學上之辨論日新，而愈等所言，不啻爲其先機之導焉。

（丁）文詞　關於文詞上之派別，仍得分爲散韻二者言之：隋承南北之後，名家不多。唐興，駢儷之作大行；中世以降，古文始盛。據宋歐陽修等之所論，唐文之變，可約之爲三期：第一期則以駢儷之文爲最行，新書文藝傳所謂高祖太宗大難始夷，沿江左餘風，絺章繪句，揣合低昂，故王（勃）楊（炯）爲之伯者是也。第二期則駢儷之文始漸有所變遷，新書所謂玄宗好經術，羣臣稍厭彫琢，索理致，崇雅黜浮，氣益雄渾，則燕（張說）許（蘇頲）擅其宗者是也。第三期則駢儷之文衰，古文代之而盛，元結輩既倡導於前，韓柳因之，文字於焉復古。新書所謂大歷貞元間，英才輩出，濡嚌道眞，涵泳聖涯，於是韓愈柳宗元李翺皇甫湜等，排逐百家，法度森嚴，抵轢晉魏，上軋漢周，唐之文完然爲一王法者是也。此唐代散文變遷之可知者也。韻文自南北朝以來，至隋而盛，至唐世更盛。煬帝廣之詩名，稍治歷史者類能知之，至唐乃有初盛中晚之別。初唐自唐室開刱至玄宗隆基初凡百餘年，其初最著譽者，爲王勃楊烱盧照隣駱賓王四家，世稱四傑；其後沈佺期宋之問繼之而起，益尚彫鏤精鍊，私淑沈約庾信而又過之，回忌聲病，約句準篇，如錦繡成文，學者宗之，號爲沈宋：詩之尚駢儷和聲調，自此始。同時負詩名者有陳子昂，而其詩不染時俗，高雅沖淡，如對古人！韓愈所謂國朝盛文章，子昂始高蹈者，誠非目論：以視四家沈宋，別爲一科；惟同在初唐，故後世以初唐諸家目之。此唐詩之第一期也。盛唐自玄宗隆基開元初，至代宗豫大歷初，凡五十餘年，而此五十餘年中詩境之雄，則爲李白杜甫：其詩俱俊偉跌宕，不假彫琢之工；杜詩尤集古今之大成，百代而下，無有異詞，而其七言大篇，更爲前所未有，後所莫及！然則尙論全唐之詩品，莫如盛唐，盛唐莫如李杜，杜又勝於李，其詩之善，尤莫如七言大篇；其下如孟浩然王昌齡高適岑參王維，亦均以詩著於一時，唐詩之盛惟此。此其第二期也。中唐自代宗大歷初至文帝昂太和間，凡七十餘年，而以韓愈柳宗元爲特著，同時劉禹錫張籍白居易等亦俱以詩名相角逐；惟居易用語平易，以曲折盡情，自成一家，與韓之奇拔，柳之峭潔，同爲此期宗主。此唐詩第三期也。晚唐自文宗昂以後，至於唐末，凡八十餘年，其著者爲杜牧李商隱温庭筠諸家。牧詩豪艷，世稱小杜；温李雖有寄托，而傷於縟麗。此唐詩之第四期也。蓋自南北分裂以來，文詞之道，常顯著其進步至於隋代，政治之方面既已形成一統，文學之發達，因之愈著。唐代有國日久，於是文之時代，得區而爲三；詩之時代且化而爲四。文詩俱極一代之盛，而詩之派別尤多，凡此俱可見唐世之文化者也。

（二）質學　質學之目三：

（甲）天文　天文之學自魏晉以來，其傳未替；學說之流衍，屆隋唐之世而尤新。隋庾季才之垂象志，唐李淳風之乙巳占，均爲一代著要之書；而淳風父播，並有天文大象賦之作。家學之盛，可見古儀器之最重者，莫如渾儀。隋人置元魏渾儀於觀臺，故有觀臺渾儀之名；至唐李淳風又別製之，並撰法象志一書，以論前代渾儀得失之差。其後僧一行又造開元黃道游儀及武成殿水運渾天儀，儀器之盛，與漢時相伯仲矣。圖繪之學，爲言天文者所必資。隋世庾季才曾有蓋天圖之作，至唐黃覆矩諸圖，作者尤盛；要皆與儀器之學互有表裏。凡此皆關於天文之可知者也。又歷譜之學，亦根據於天文。自何承天以來，隋有張賓、劉焯諸家，至唐而淳風、一行輩並以歷術之學馳名於當世矣；擅藝之勝，又與宋之何承天相同焉。

（乙）算數　自來研究算數者，必兼諳天文歷譜之術，故九章算術、海島算經諸作，唐之李淳風，亦皆從事增注；傅仁均輩，非其儔也。唐代京師六學，算爲其一；凡入學者，九章、海島、孫子、五曹、張丘建、夏侯陽、周髀、五經，均有試，足知唐人關注算術之心矣。度量衡制度，隋唐沿用漢制，大小輕重長短，均有定律；而其太府卿之職掌，首以二法平物。所謂二法，一曰度量，二曰權衡。凡四方之貢賦，百官之俸秩，俱視此爲節度；又庫制凡官私斗秤量尺，每年八月詣太府寺校印署，無或參謬，然後聽用：此為周人仲春仲秋日夜分，則同度量平權衡之意，至唐世猶能體而行之云。

（丙）醫術　醫術之進步，至隋唐而更著。諸病源候論者，隋巢元方等所撰，書分六十七門，一千七百二十論；元方於醫術洞明源委，為有隋一代之專家。至唐更有孫思邈其人者，別著千金要方，方術之書，惟茲為備；王燾又以元方所著，為有論而無方，乃別撰次外臺祕要一書，極醫者之能事！醫之進步至此而明。抑觀唐之中世，其嬖臣之因醫得進，如馬秦客一流者，嘗不乏其人；而太常所屬之太醫署，隋唐立制，俱有殊異。太醫之所掌有四：曰醫師，鍼師，按摩師，咒禁師，皆有博士教之，其考試登用，如國子監之法。凡醫師，醫正，醫工，療人疾病，以其痊多少而書之，以為考課；又於京師置藥園一所，良田三頃，取庶人十六以上二十以下充藥園生，業成使補藥師，而佐醫師之不足：然則唐世之重視醫藥，觀其立官置職，而因有可得其大凡者。不獨此也，就太醫所屬之四者言之：醫博士掌以醫術教授諸生，習本草甲乙脈經，分而為業，一曰體療，二曰瘡腫，三曰少小，四曰耳目口齒，五曰角法。鍼博士掌教鍼生以經脈孔穴，使識浮沉澀滑之候；又以九鍼為補瀉之法：一曰鑱鍼，二曰圓鍼，三曰鍉鍼，四曰鋒鍼，五曰劍鍼，六曰圓利鍼，七曰毫鍼，八曰長鍼，九曰火鍼。凡鍼疾先察五臟有餘不足而補瀉之，凡鍼生習業者教之如醫生之法。按摩博士，掌教按摩生以消息導引之法，以除人八疾，一曰風，二曰寒，三曰暑，四曰濕，五曰飢，六曰飽，七曰勞，八曰逸。凡人支節腑臟，積而疾生，導而宣之使內疾不留，外邪不入；若損傷折跌者，以法正之。呪禁博士，掌教咒禁生，以咒禁祓除邪魅之爲厲者；而與醫鍼按摩三科並列，此猶古人巫醫同重之意。觀此而益知唐人於醫之甚費講求矣。

本時代文化之二（美術）

本時代之美術，較之魏晉以來，尤有進步。其分端如次：

（一）繪畫　古人有言，畫莫盛於唐；誠以唐世畫家，最爲繁盛。故唐張彥遠記歷朝名畫，謂閻立本，吳道玄，屏風一片，値金二萬，次者售一萬五千；尉遲乙僧一扇，亦値金一萬。由其價値推之，可知唐人重視畫學之心，較古人爲尤摯。唐朱景玄因之而有神品妙品能品逸品之區別，而神妙能三品之內，更有上中下之分。其能膺神品之上選者，僅吳道玄一人。李思訓之位置，在神品之下；王維之位置，在妙品之上。道玄本以人物佛像著稱，其筆法超妙，後世共推畫聖；要其所畫，雖兼善山水，但不專以山水馳名；故南北派之殊，於吳無所繫屬。其專長山水，後人推以爲南北派之肇祖者：於北則有李思訓，其山水以金碧著。董其昌畫旨，所謂北宗則李思訓父子（昭道思訓子，善山水，變父之勢，妙又過之，時人稱思訓大李將軍，昭道小李將軍）著色山水，流傳而爲宋之趙幹趙伯駒伯驌，以至馬遠夏珪輩者是也。於南則有王維，其山水以破墨著。畫旨所謂南宗則王摩詰（維之字）始用渲淡，一變拘研之法，文人之畫，實由玆始，其後董源巨然李成范寬爲嫡子，李龍眠王晉卿米南宮及虎兒皆從董巨得來者是也。然此僅就山水一宗言之也。唐世善畫者其人不一，韓滉則以村田著，邊鸞則以花鳥著，馮紹政則以鴻鷀著，劉商則以松柏竹著，李仲和等則以蕃馬著，白旻則以鷹鴿著，如此之類，未勝枚舉！唐人畫學之盛，於此足見其一班已。

（二）建築　古人建築之學，至隋代而逾精，其專家之盛，亦有爲唐人所莫及者；隋煬帝廣好事建築，故從事斯學者大都應運而起。宇文愷以巧思見幸，觀風行殿之作，上能容侍衞者數百人，離合爲之，下施輪軸，推移倏忽，有若神力，其制作精巧，爲一時所莫及；然而高麗之役，造遼水橋，迄無能就！廣遣何稠爲之，二日即成；稠又爲廣作六合城，夜中施之，周圍八里，城及女垣合高十仞，上布甲士，立仗建旗，四隅置闕，面別一觀，觀下三門，遲明而畢，高麗望見，有若神工！是稠之制作，或且有軼於宇文氏者。同時閻毗亦以善於建築著名，而長城運河之役，毗皆身督其事：由是觀之，隋世建築，雖或失之華奇侈譎，而其學固非後代可希。唐時京師宮殿之經營，甲第之剏建，恆務壯麗，而將作大匠閻立德亦以工匠技巧，見稱於唐廷。始盛之年，至於後世，憲宗純則有承暉殿之作，穆宗恒則有百尺樓之造，皆一代著名之事；其餘如道路之修整，橋梁之增設，關市城郭之營繕，皆與建築之學有重大關係，並爲唐人所注意。

（三）彫鑄　彫刻與冶鑄之術，本時代中亦頗有可觀。以言彫刻，何稠之父通，嘗以斲玉著矣；至唐，印璽之多，碑碣之盛，皆須假功彫刻，而其石經之立，有關於文化之前途者，其功尤巨。先是當南北分治之世，石經雖在後魏，而其書不完；唐文宗昂時，乃復校定九經文字，旋令上石。雖字體多乖師法，或不滿於通人；要之自玄宗隆基以來，唐人縱有刊經之舉而未集大成，及是而九經之石全立，不可謂非美術上之一大進步也。又書籍彫版，唐以前無之；唐末，益州始有墨版之書，此爲書册彫版之始。彫刻之術，初不過施之玉或石耳；及是而又施之板片，亦有足爲斯藝進步之徵者。至於冶鑄，隋唐二代中，關於兵器之興作，鼎彝之更瓶，錢幣之鎔造，無一不賴其術；而唐代黃金朱提之瓶，金削寶鈿之刀，俱雜見故書；且一切器用之由於唐鑄者，後世尙之，號曰唐風，尤足見美術之盛也。

(附)音樂　隋初統一南北，頗有志於正樂，而未得其道。唐興，以隋氏所傳南北之樂，梁陳盡吳楚之聲，周齊皆胡虜之音，未足以爲世法；於是別使祖孝孫等更定新樂，而唐樂始盛；然與古樂仍未能合節。其後玄宗隆基當國，又分樂爲三部：堂下立奏，謂之立部伎，堂上坐奏，謂之坐部伎；太常閱坐部不可教者隸立部，又不可教者乃習雅樂，視古樂甚易！於是聲音之道，日與古戾，而唐樂始衰矣。樂舞與樂歌關係最密，而唐之七德、九功、上元三舞，均出唐廷特製，與六代之樂不同，論音樂者尤重視之云。

第七章　本時代之文化下

本時代文化之三（宗教）

本時代之宗教，其自外傳入者特多，不僅佛氏一宗已也。茲仍上例仍分四端述之：

(一)宗教之起於國內者　南北分治之世，後魏最崇道教。隋起北方，承鮮卑之後，彼教之說不衰。唐興，以道教之徒，依附老子立言，而老子又與李淵同姓，故以道教爲國教，追尊老子爲太上玄元皇帝；其後屢加尊號，至玄宗隆基之世，崇信尤深，因田同秀言，於東西二都置廟祀之。建築初成，命工人於太白山砥石爲玄元皇帝聖容；又採白石爲玄宗聖容，立於玄元皇帝之右，衣以王者衮冕之服。唐人尊老子而重其道，至以皇帝之貴配之，並不以爲非分，故道教於唐最盛。其後趙歸眞等，遂於武宗炎之世，入宮禮懺，爲一世所推崇；而右拾遺王哲，且請度進士明經爲道士。同時劉玄靖則受廣成之號，鄧玄表則蒙通玄之名，金仙玉眞諸觀之爲道而置者，名尤不一；其女子入道者，則爲女冠，睿宗旦曾以二公主爲女冠矣。其尤異者，名臣如賀之章，亦請爲道士還鄉，捨會稽宅爲千秋觀；從知媚道以附時君之趨向者，正不止李林甫一流！又安怪唐之君主迷惑其說，妄餌丹藥以爲延年，而卒致召身死之禍耶？

(二)宗教之傳自方外者　隋唐之世，宗教自外方傳入者最多。佛教自南北朝以來，流行方宏，其初旣有八宗之立；至於唐隋又有天台華嚴法相眞言四宗，繼之而起。今分述如下：

(甲)天台宗之由來　天台宗者，起於北齊時之慧文，陳之慧思嗣之而起，至隋之智顗而後集其大成。智顗亦稱智者大師，以曾居天台山，此宗由是得名。智顗所說，一爲法華經，二爲法華玄義，三爲摩訶止觀，共稱天台三大部。其門下以灌頂爲最秀，亦稱章安大師。天台一宗，雖由智顗集其大成，然僅口說而已；至於章安，乃筆錄之而製爲章疏，三大部之成，多由章安。章安沒後，智威等繼起不久而天台宗中衰；至荆溪尊者湛然出，其教始復振。

（乙）華嚴宗之由來　華嚴宗者我國亦稱之爲賢首教。其先當東晉末年，跋陀羅來中國，始譯華嚴經六十卷，實爲後世華嚴經之起原；其後諸師講說流布，製疏撰章者雖多，然猶未能確然成一宗派也。隋唐間杜順通曉華嚴，著書以提示要領，是爲本宗開山之初祖。其門下智儼，深通師說，敷演杜順所論而光大之，是爲本宗之第二宗祖。智儼弟子法藏，著書尤富，深爲武氏所信，亦稱賢首國師，是爲本宗之第三祖。華嚴宗風至此大盛，故賢首亦稱華嚴太祖。賢首沒後，有慧苑者專創異義，本宗遽衰，倏忽百年，澄觀起而正之，諸祖心傳，賴以不墮，亦稱清涼國師，是爲本宗之第四祖。後澄觀又得宗密廣播其教，於是宗密復繼澄觀而興，是爲本宗之第五祖。所謂華嚴五祖，盡在於玆。宗密沒，武宗炎之法難旋興，華嚴與其他各宗因之不振。

（丙）法相宗之由來　法相與天台華嚴三宗，亦稱教下三家，皆大乘妙諦，而當時佛學中最光大者也。本宗之初祖曰玄奘，唐初求法西行，備嘗險阻艱難，得徧歷五印度，親謁戒賢師於中印度摩竭陀國之那蘭陀寺，盡受其經論，前後十七年始返，太宗世民高宗治兩世競尊信之。玄奘譯經甚多，而於唯識宗之教典尤所注意。唯識卽法相，實爲法相宗入中國之嚆矢。玄奘高足窺基，號慈恩法師，悉受微言，妙達玄旨，成唯識論十卷，集本宗之大成，故法相亦有慈恩教之名。由窺基傳惠沼，其教漸盛。自後經智周如理諸師，迭暢其宗風，法相遂日赴光明之域矣。

(丁)眞言宗之由來　佛教有顯密二者之別：眞言宗者，卽所謂密教，不恃言語以立教者也。本宗遠祖亦在印度，後善無畏來唐，翻大日經以授金剛智；其後有不空三藏者，承金剛智之緒，復從事翻譯，爲玄宗隆基時之國師，眞言宗之碻立實自此始。不空之門下，凡數十人，就中含光慧朗元皎覺超，號六大弟子，而慧果又爲日本空海之傳燈師云。

以上四宗之外，尙有律宗。其在南北之世，雖已盛行；然猶附著於諸宗之末，未能盛也。茲再申言之：

(戊)律宗之由來　律宗者，律教之總名。唐初之大盛者，乃四分律宗，而亦得以律宗約之者也。其在印度，戒律之分派甚多；其傳入中國者，有十誦律，僧祇四分律，五分律等。本東晉之世，四分律猶未盛著；南北分治時，五台山法聰律師出世，而四分律始漸行；其後法聰賡續傳授諸徒，至於洪遵，通釋四分戒律，所傳漸廣。洪遵之法孫曰法礪，始開相部宗；法礪之法孫曰懷素，始開東塔宗；又有智首道宣者，始開南山宗，於是四分律宗遂有三派之別。其後相東塔二宗，流傳不久，而教風漸息；獨南山宗至元代，猶保持其勢力不衰。

以上諸宗，合之上編所述之成實三論，涅槃，地論，淨土，禪，俱舍，攝論，爲宗十三；而其時涅槃歸天台，地論歸華嚴，攝論歸法相，祇爲十宗，唐時俱盛。佛教十宗之外，又有其他傳入之各教，其勢力雖不及佛，而傳播之區域亦廣。茲再述其事於後方：

基督教中有所謂乃司脫利安派者，初自東羅馬傳入波斯，波斯人多信奉之，與其國內之拜火教同重；南北朝之頃，西域諸國與波斯間之交通日啓，此兩教遂漸次侵入中國內地，中國號乃司脫安利派曰景教，拜火教則曰祆教。此外又有所謂摩尼教、摩罕默德教者，俱自西域方面傳播入唐。今分析言之如次：

景教之入唐，當太宗世民時，其僧曰波羅本，波斯人也，齎經東來，世民頗崇信之，詔於內殿譯經，躬受其教；又使都下剏立寺宇，號曰大秦。至高宗治時，景教之寺，漸及諸州；又尊阿羅本爲鎮國大法王，凡景教徒俱蒙厚遇。既而武氏當國，佛教大盛，其徒乘之，謀盡廢景教，賴景教徒有羅含其人者，悉力維持，宗風賴以不墜。至玄宗隆基世，景教復盛，肅代繼之，俱加優禮；於是大秦寺僧景淨等相謀，建立大秦景教流行中國碑，詳說景教之傳來及歷代帝者信崇之狀況。其後武宗炎排佛，兼及異教，而景教亦衰；至唐季五代之亂，碑亦湮沒入地；迄夫明末，始發現於長安。迄今論景教者，多恃此爲參考之物焉。

祆教之起原，中國古書多不能詳言；杜佑謂祆者西域天神，羣胡奉事，取火咒咀，不知此即拜火教也。唐太宗世民時，傳法穆護何祿，以祆教詣闕，敕立祆寺於長安。古書記載或曰祆廟，或曰祆祠，曰胡祆祠，或曰波斯胡寺；要之皆祆寺也。掌其職曰祆正，以胡人充之。其後至武宗炎排佛，敕穆護火祆寺六十餘人並還俗，而祆教亦衰。

摩尼教者，漢末波斯人摩尼所剏，與基督拜火兩教相混合，而又參取佛氏之說，別爲一派。唐武氏當國時，始傳入中國，其僧曰佛多誕，賫經東來，凡從彼教者，所守曰摩尼戒，男女不嫁娶，互持不語，病不服藥，死則裸葬。至玄宗隆基時，曾禁斷之。而其後回紇部人，復以其教至，其徒皆白衣冠，與中國異俗。迨武宗炎排佛，命有司收摩尼書若像燒於道，貲產入之官，而摩尼教亦自此不能再行於中國。

摩罕默德教即回教，隋時阿剌伯人摩罕默德所剏。高宗治時，阿剌伯擊幷波斯，拓土益廣，東接葱嶺，唐人謂之大食國。大食人常朝唐，或由磧路，或繞海程，於是其教漸播於東方。唐人又以廣杭諸州，與大食人互市，東南一帶，亦有其教徒，外教之入唐益盛矣。

(三)宗教與政治之關係　隋人有國不久，宗教之關係於政治，猶未能顯著也。唐代君主或崇道，或崇佛，或崇外教，而朝臣等亦多有依附之者：例如李林甫等之奉道，王縉等之奉佛，常因迷信宗教之故，而廢及政事；彼教中人亦因夫政治趨向之如何，而判其興替。武氏崇佛，則佛氏之徒因而得志；太憲武宣信道，則方士得借丹藥進身，而一代英主，終且因之而殞。武宗炎以崇道太過，致下詔排佛，毀國內寺院四千六百，蘭若四萬，僧尼之還俗者，凡二千六萬餘人。夫以政治上之元首，狥其好尚以迷信宗教，雖有智者，極力諫諍，要其覺悟，終乖易事，故彭偃雖有禁遏僧尼之議，韓愈雖有原道之作，迎佛骨之諫，而其效終無可見，馴至海內蒸爲習尚，或道或佛，依歸無定，而唐祚以終！政治上不能收其效，而或受其弊，此人主信教之所以必須審慎也。

(四)宗教與民習關係 外教之入中國，雖於唐爲盛；而人民之嗜奉，則以佛道二者爲尊。觀唐時寺觀之多，僧尼道士女冠之盛，可以想見當日民風之概。武宗炎下詔廢佛，有云『天下士庶之家，所有銅像，並限敕到一月內送官；其京城及畿內諸縣，衣冠百姓，家有銅像，並望送入京兆府』。然則唐世士庶之家，亦俱能祀佛，佛之較道爲盛，又可知也。又唐世僧尼道士女冠，嘗得爲人療疾及卜相，當時之民習，故多與「宗教徒」相迎合；加之人民之嗜尙，往往視其在上者待遇之如何：唐廷之崇道崇佛，雖無一定，而其時朝士多樂與彼教中人相周旋，故民人之崇拜二氏，視爲故然，宗教與民習，漸至無可相離，而唐俗之衰，半由於此，其關係亦可謂密矣。

本時代文化之四(風俗)

本時代之風俗，大別亦有四端。其說如左：

(一)風俗之成因基本於禮制者 隋唐禮制，較南北爲盛。隋文帝堅因太常卿牛宏之奏，遂令宏撰禮儀百卷，頒行中國，唐初沿用隋禮，至太宗世民時，又有貞觀之制作；自後歷世代有改善，故唐禮尤密於隋。今就其著者約言之如下：

(甲)婚姻 隋唐婚禮，史書所記，於宮廷爲詳；民間所行，大抵仍沿古代六禮之制，而奢華之習，仍與魏晉南北時代相同。觀太宗世民時，韋挺上疏有曰：『今貴族豪富婚姻之始，或奏管絃，以極歡宴，惟競奢侈，不顧禮經。』睿宗旦時，唐紹上疏，有曰：『士庶親迎之禮，備諸六禮，所以承宗廟事舅姑，當須昏以爲期，詰朝謁見。往者下里庸鄙，時有障車，邀其酒食，以爲戲樂。近日此風轉盛，上及王公，乃廣奏音樂，多集徒侶，遮擁道路，留滯淹時，邀致財物，動踰萬計』。凡斯之類，常見史書。又唐世婚姻，常重財貨，不獨士庶之家，習以爲常，卽在官僚，亦多不免。觀高宗治時下詔有云：『自今以後，天下嫁女受財，三品以上之家，不得過絹三百匹；四品五品，不得過二百匹；六品七品，不得過一百匹；八品以下，不得過五十匹，皆充所嫁女資裝等用，其在家不得受陪門之財』。由是觀之，唐於財婚之弊，固未能革，故朝廷必爲嚴定其限制，且有禁絕賣婚之詔也。又唐代定制，凡男年十五、女年十三以上，於法皆聽婚嫁。由是觀之，自魏晉以後，早婚之習，至唐仍未絕，而且懸爲明令以詔之也。又唐俗以子午卯酉年謂之當梁，其年娶婦，舅姑不相見，此尤爲悖於禮者之禮，至中世始禁革之。凡此皆本時代婚姻大端之可知者。

(乙)死喪　人子三年之喪，爲古今通義，隋唐俱因其制，未有改者；奪情之舉，唐世或於國有金革之日行之，至代宗豫時，下詔明禁，有云：『三年之喪，謂之達禮，自非金革，不可從權。其文官自今以後，並許終制，一切不得輒有奏聞！』從知唐廷之注重親喪，猶爲合於古制；奪情僅於朝廷不得已之日爲之，非永制也。又唐廷於婚姻死喪之節，在在勸民以儉，故玄宗隆基時下詔，以爲古之送終，所尙乎儉。其明器墓田等，令於舊數內遞減：三品以上，明器先是九十事，減爲七十事；五品以上，先是七十事，減爲四十事；九品以上，四十事，減爲二十事；庶人先無文限十五事，皆以素瓦爲之，不得用木及金銀銅器。其衣不得用羅飾繡畫。其下帳不得有珍禽奇獸魚龍化生。其園宅不得廣作院宅，多列侍從。其輪車不得用金銀花結釆爲龍鳳及長流蘇畫雲氣。其墓田一品塋地先方九十步，今減至七十步，墳先高一丈八尺，減至一丈四尺；二品先方八十步，減至六十步，墳先高一丈六尺，減至一丈四尺；三品墓田先方七十步，減至五十步，墳先高一丈四尺，減至一丈二尺。其四品墓田先方六十步，減至四十步，墳高一丈二尺，減至一丈一尺；五品墓田先方五十步，減至三十步，墳先高一丈，減至九尺；六品以下墓田先方二十步，減至十五步，墳高八尺，減至七尺；其庶人先無步數，今定方七尺，墳四尺。此種種規定，不獨示一國職分之所區；抑亦風國民以儉德之所存，固應爾也。凡此又本時代死喪儀節之可知者。

(丙)祭祀　隋唐時代天地鬼神之祭，悉循古制而行，然其間亦互有不同。隋起北方，天地主分祭；唐至武氏當國，則改分祭爲合祭。此其證之最明者也。封禪之禮，南北分治之世，有議欲行之者，而終不果；唐之太宗世民亦謀行之，至高宗治、玄宗隆基兩朝，則皆舉行封禪，而武氏且以婦人當國而亦行其事矣。此則古史之所未聞，而其事實始於唐者也。又古人崇祀孔子，其禮至尊，至隋不廢。唐興，尤致崇敬，詔州縣學俱作孔子廟。太宗世民時，詔以左邱明、卜子夏等二十二人配享孔子，此爲以先儒配孔子之始。又用許敬宗奏，國家遣官釋奠，此爲後世國學釋奠之始。而直省以長官主祭，亦始於此時。其後歷世祭孔，未之或衰；而孔子之祀，因之日重於此又見唐人尊崇孔學之一班焉。

(二)風俗之成因基本於自然者　本時代之風俗，亦有因夫自然之趨勢而成者，其概別如下：

(甲)語言　方言之繁，自上古以來有然矣；歷隋至唐，俗語諺詞之散見詩歌雜史者，種類不一，如『記得一樣』『商量方便』等語，不勝枚舉。又唐代稱人，喜用次第，後世某大某二之別，實沿於唐。徵之唐人詩集之中，其證尤富；他如閻朝隱之善滑稽，盧杞之習口辨，鄭綮之喜詼諧，雖負一時之譽，而其人多見惡於後儒，故論世者率無取焉。

(乙)好尙　凡一時代人之好尙，俱足以代表一時代之風俗。隋人有國不永，其朝士風氣，多沿北方；至唐則以尙武與好潔之二端爲著。文章之美，莫盛於唐，而唐人實不之重；其朝廷之大征伐大政事，類皆出自武人。唐武人之氣，尤爲最盛，常以躍馬鳴鏑殺虜報國，爲人生之樂事！其軼事常見唐人詩集之中；然好武而不知自戢，以致國內分裂，唐祚崩而武人以亡，此一徵也。唐人好潔，亦其特長，有非後世所能及者。試觀唐之謫官，詠及驛亭，皆盛言園林池館；雖懷鄉戀闕，幾於觸緒皆非，而絕無一語言其舍館之苦，則其時旅行之不惡可知矣。其他言道路者，必或及官樹；言房屋者，必言及幃幔；言飲食者，必言及芳潔，此皆今日外國之習，而中國所不可見者，是又一徵也。其餘尙遊宴，喜任俠，古多有之，唐時特沿行不變而已，茲不具論。

(丙)階級　南北分治時，階級之習尙最甚；隋世既不能革，唐益從之加甚。世家子弟之進身，恆較平民爲易，故張文成有言『選司考鍊，總是假手冒名。勢家囑請：手不把筆，即選東司；眼不識文，被舉南館』。當日之重閥閱而輕寒素，觀此可知。又其婚姻，亦爭尚門戶，觀太宗世民所下之詔有云：『自有魏失御，齊氏云亡，市朝旣遷，風俗陵替。燕趙右姓，多失衣冠之緒；齊韓舊俗，或乖德義之風。名雖著於州閭，身未免於貧賤，自號膏粱之冑，不敦匹敵之儀，問名惟在於竊貲，結褵必歸於富室。乃有新官之輩，豐富之家，慕其祖宗，競爲昏媾，多納貨賄，有如販鬻。或貶其家門，受屈辱於姻婭；或矜其舊族，行無禮於舅姑。積習成俗，迄今未已』。由是言之，南北崇尊氏族之風，固不因時代之遷流而有所泯滅也。奴婢之賣買，嶺南一帶爲甚，唐之中世，雖立禁止之法，而其俗仍未易捐除；從知唐人階級之俗，匪特無殊於古，而又且過之！此眞中古以來一種特殊之積習也。

(三)風俗與國勢之關係　隋起北方，風俗猶是周齊之舊，未能有所更進；至唐人趨科舉，故無所謂實學，僅有科舉之學而已！風俗之媮，蓋卽由此。尙武雖爲唐人美德，而有時反不如科舉風尙之甚，士習由玆日敝，無論賢不肖，恥不以文章達；加之唐世一般社會，咸重視進士，馴至鑽營舞弊，置廉恥不顧，而唐之國勢，又卽基是而頹，此風俗與國勢關係之烈而且著者也。

(四)風俗與人心之關係　隋唐兩世人心之作僞，方古尤甚。觀隋世盜難之多，可以見其一二；至唐世人民忠義之缺乏，虛榮心之競進，尤過於隋，風尙之媮，誠莫媮於此。加之唐人耽於逸樂，一切賭博鬬雞走馬養鷹之俗，終唐之世，恆見流行；唐初雖有觀風俗使之立，而自太宗世民在位八年以後，其官亦不復設，風俗之良楛，在位者多不注意及之：於是人心日卽澆漓，而風尚改善之端，遂終不著；其人民非無美德，而自爲其一切外物之所蒙蔽，雖有善者，亦末如之何也已矣。